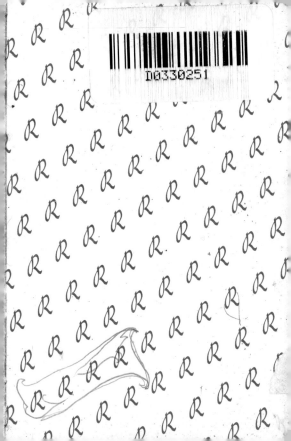

REDHOUSE
MİNİSÖZLÜĞÜ

REDHOUSE
MINIDICTIONARY

REDHOUSE
MİNİSÖZLÜĞÜ

REDHOUSE
MINIDICTIONARY

English-Turkish
Turkish-English

SEV Matbaacılık ve Yayıncılık A.Ş.
İstanbul, Türkiye

İstiklal Cad. Ünyon Han 485, Beyoğlu, İstanbul
adresinde bulunan SEV Matbaacılık ve Yayıncılık A.Ş.
tarafından yayımlanmıştır.

Birinci baskı 1984, Redhouse Yayınevi
Ondokuzuncu baskı 1999
ISBN 975 8176 09 9

Yüzüncü Yıl Matbaacılar Sitesi 17, Bağcılar, İstanbul
adresinde bulunan Ayhan Matbaası tarafından
basılmıştır.

AÇIKLAMALAR

Redhouse Minisözlüğü, 1975 yılında Robert C. Avery, Serap Bezmez, Anna G. Edmonds ve Mehlika Yaylalı tarafından hazırlanan **Redhouse Elsözlüğü**'nün minik boyutlu, düzeltmeli bir baskısıdır. **Redhouse Elsözlüğü**'nü **Redhouse Minisözlüğü** olarak yayıma hazırlayanlar Anna G. Edmonds ve Mehlika Yaylalı'dır.

Redhouse Minisözlüğü'nde yer alan Türkçe sözcükler Türk Dili Kurumu'nun 1973 yılında yayımladığı **Yeni Yazım Kılavuzu**'nun önerilerine göre yazılmıştır. Sözlükteki İngilizce sözcüklerin yazımı ise **Funk and Wagnalls Standard Dictionary**'nin 1968 baskısındaki önerilere dayanmaktadır.

İngilizce sözcüklerin okunuşu **İngilizce-Türkçe Redhouse Sözlüğü**'nün 1974 baskısında olduğu gibi Türkçe alfabeye göre yazılmıştır. Türk dilinde bulunmayan, İngilizceye özgü bazı sesler ise aşağıdaki sembollerle gösterilmiştir:

ä	(kät)	**cat**	û	(gûd)	**good**
î	(hîz)	**his**	â	(âp, ıbâv)	**up, above**
ô	(dôg)	**dog**	th	(thin)	**thin**
dh	(dhen)	**then**	hw	(hwayt)	**white**
w	(wil)	**will**			

Küçük boyutlarına karşın Türk ve İngiliz dillerinin bütün temel sözcüklerini kapsayan **Redhouse Minisözlüğü** güvenle kullanılabilecek bir başvuru kitabıdır.

ABBREVIATIONS - ENGLISH

aero.	aeronautics	math.	mathematics
anat.	anatomy	meas.	measure
archeol.	archeology	mech.	mechanics
astr.	astronomy	med.	medicine
auto.	automobile	mil.	military
biol.	biology	mus.	music
bot.	botany	naut.	nautical
Brit.	British, Great Britain	phil.	philosophy
		phys.	physics
chem.	chemistry	physiol.	physiology
colloq.	colloquial	plur.	plural
com.	commerce	poet.	poetry
dent.	dentistry	pol.	politics
elec.	electricity	print.	printing
fin.	finance	psych.	psychology
geog.	geography	rail.	railroad
geol.	geology	sing.	singular
geom.	geometry	tailor.	tailoring
gram.	grammar	teleg.	telegraphy
hort.	horticulture	text.	textiles
intern. law	international law	theat.	theater
kit.	kitchen	U.S.	United States
ling.	linguistics	w. cap.	with capital
log.	logarithm	zool.	zoology

KISALTMALAR - TÜRKÇE

A.B.D.	Amerika Birleşik Devletleri	hav.	havacılık
		huk.	hukuk
anat.	anatomi	İng.	İngilizce, İngiltere
ask.	askerlik	k. dili	konuşma dili
bahç.	bahçıvanlık	kim.	kimya
biyol.	biyoloji	mak.	makine
bot.	botanik	man.	mantık
coğr.	coğrafya	mat.	matematik
den.	denizcilik	matb.	matbaacılık
dişçi.	dişçilik	müz.	müzik
elek.	elektrik	oto.	otomobil
fels.	felsefe	pol.	politika
fiz.	fizik	sin.	sinema
foto.	fotoğrafçılık	terz.	terzilik
gazet.	gazetecilik	tıb.	tıbbi
geom.	geometri	tic.	ticaret
gram.	gramer	zool.	zoolcji

İNGİLİZCEDE KURAL DIŞI FİLLER

abide	abode	abode	creep	crept	crept
awake	awoke	awoke,	cut	cut	cut
		awaked	dig	dug	dug
be	was	been	do	did	done
bear	bore	born	draw	drew	drawn
beat	beat	beaten	drink	drank	drunk
become	became	become	drive	drove	driven
begin	began	begun	eat	ate	eaten
behold	beheld	beheld	fall	fell	fallen
bid	bid,	bid,	feed	fed	fed
	bade	bidden	feel	felt	felt
bind	bound	bound	fight	fought	fought
bite	bit	bitten	find	found	found
bleed	bled	bled	fly	flew	flown
blow	blew	blown	forbid	forbade	forbidden
break	broke	broken	forget	forgot	forgotten
bring	brought	brought	forgive	forgave	forgiven
build	built	built	freeze	froze	frozen
burn	burned,	burned,	get	got	got,
	burnt	burnt			gotten
burst	burst	burst	give	gave	given
buy	bought	bought	go	went	gone
can	could	could	grow	grew	grown
catch	caught	caught	hang	hung,	hung,
choose	chose	chosen		hanged	hanged
cling	clung	clung	have	had	had
come	came	come	hear	heard	heard
cost	cost	cost	hide	hid	hidden

hit	hit	hit	shut	shut	shut
hold	held	held	sing	sang	sung
hurt	hurt	hurt	sink	sank	sunk
keep	kept	kept	sit	sat	sat
know	knew	known	sleep	slept	slept
lay	laid	laid	slide	slid	slid
lead	led	led	sow	sowed	sown
learn	learned,	learned,	speak	spoke	spoken
	learnt	learnt	spend	spent	spent
leave	left	left	spit	spit,	spit,
lend	lent	lent		spat	spat
let	let	let	spring	sprang	sprung
lie	lay	lain	stand	stood	stood
light	lighted,	lighted,	steal	stole	stolen
	lit	lit	stick	stuck	stuck
lose	lost	lost	stink	stank	stunk
make	made	made	strike	struck	struck
mean	meant	meant	swear	swore	sworn
meet	met	met	swim	swam	swum
mistake	mistook	mistaken	swing	swung	swung
pay	paid	paid	take	took	taken
put	put	put	teach	taught	taught
read	read	read	tear	tore	torn
ride	rode	ridden	tell	told	told
ring	rang	rung	think	thought	thought
rise	rose	risen	throw	threw	thrown
run	ran	run	under-stand	under-stood	under-stood
say	said	said	wake	woke	waked,
see	saw	seen			woken
seek	sought	sought			
sell	sold	sold	wear	wore	worn
sent	sent	sent	weave	wove	woven
set	set	set	weep	wept	wept
shake	shook	shaken	wet	wetted,	wetted,
shine	shone	shone		wet	wet
shoot	shot	shot	win	won	won
show	showed	showed,	wring	wrung	wrung
		shown	write	wrote	written
shrink	shrank	shrunk			

TÜRKÇEDE SESLİ HARFLER

	Düz		**Yuvarlak**	
	Geniş	Dar	Geniş	Dar
Kalın	a	ı	o	u
İnce	e	i	ö	ü

SÖZBÖLÜKLERİ

bağ.	bağlaç
edat	
f.	fiil
i.	isim
s.	sıfat
ünlem	
z.	zarf
zam.	zamir

ÖLÇÜLER

A.B.D Sistemi		Metrik Sistem	
HACİM			
çay kaşığı	5 mililitre	mililitre	0.03 sıvı ons
çorba kaşığı	15 mililitre	litre	2.1 pint
sıvı ons	30 mililitre	litre	1.06 kuart
bardak	0.24 litre	litre	0.26 galon
pint	0.47 litre	metre küp	35 ayak küp
kuart	0.95 litre	metre küp	1.3 yarda küp
galon	3.8 litre		
ayak küp	0.03 metre küp		
yarda küp	0.76 metre küp		

UZUNLUK

inç	2.54 santimetre	milimetre	0.04 inç
ayak	30.5 santimetre	santimetre	0.4 inç
yarda	0.9 metre	metre	3.3 ayak
mil	1.6 kilometre	kilometre	0.6 mil

AĞIRLIK

ons	28 gram	gram	0.035 ons
libre	0.45 kilogram	kilogram	2.2 libre
küçük ton	0.909 ton	ton	1.1 küçük ton
(2,000 libre)		(1,000 kilogram)	

ISI

(Fahrenhayt - 32) x 5/9 = Santigrat   (Santigrat x 9/5) + 32 = Fahrenhayt

English - Turkish

A

A (ey) **i.** 1. birinci kalite, birinci derece. 2. la notası, la perdesi. 3. en yüksek not.

a (ey, ı) **s.** bir, herhangi bir. **twice a year** yılda iki kez.

a.back (ıbäk') **z.** used in: **taken aback** şaşalamak, şaşırıp kalmak.

a.ban.don (ıbän'dın) **f.** 1. bırakmak, terk etmek. 2. kendini kaptırmak. **abandoned s.** 1. metruk, terk edilmiş. 2. ahlâksız.

a.base (ıbeys') **f.** alçaltmak, gururunu kırmak.

a.bash (ıbäş') **f.** utandırmak, mahcup etmek, bozmak.

a.bate (ıbeyt') **f.** azaltmak, indirmek; azalmak, eksilmek, hafiflemek.

ab.bey (äb'i) **i.** manastır.

ab.bot (äb'ıt) **i.** manastır baş rahibi.

ab.bre.vi.ate (ıbri'viyeyt) **f.** kısaltmak; özetlemek. **abbreviation i.** kısaltma.

ABC's (eybisiz') 1. alfabe, abece. 2. temel ilkeler.

ab.di.cate (äb'dıkeyt) **f.** 1. -den çekilmek, feragat etmek. 2. tacını ve tahtını terk etmek. **abdication i.** terk, bırakma.

ab.do.men (äb'dımın) **i.** karın.

ab.duct (äbdäkt') **f.** zorla almak, kaçırmak.

a.bed (ıbed') **z.** yatakta.

ab.er.ra.tion (äbırey'şın) **i.** 1. hata, kusur. 2. akıl hastalığı.

a.bet (ıbet') **f.** yardakçılık etmek, desteklemek, yardım etmek.

ab.hor (äbhôr') **f.** iğrenmek, nefret etmek. **abhorrent s.** iğrenç, nefret verici, iğrenç.

a.bide (ıbayd') **f.** 1. bir yerde kalmak. 2. dayanmak, çekmek. 3. sakin olmak, oturmak. **abide by** 1. direşmek, sebat etmek. 2. uymak, itaat etmek.

a.bil.i.ty (ıbil'ıti) **i.** 1. yetenek, kabiliyet. 2. hüner.

ab.ject (äb'cekt) **s.** 1. sefil, alçak, aşağılık. 2. ümitsiz, çaresiz.

a.ble (ey'bıl) **s.** 1. yetenekli. 2. hünerli, becerikli. **to be able to ...** -ebilmek. **ably z.** hünerle; erkle.

ab.lu.tion (äblu'şın) **i.** yıkanma, aptes.

ab.nor.mal (äbnôr'mıl) **s.** anormal. **abnormality i.** anormallik.

a.board (ıbôrd') **z., edat** gemide, trende. **All aboard!** Haydi gemiye!

a.bode (ıbod') **i.** konut, ev, mesken.

a.bol.ish (ıbal'iş) **f.** kaldırmak, bozmak, iptal etmek, yok etmek.

ab.o.li.tion (äbıliş'ın) **i.** kaldırılma, ilga.

A-bomb (ey'bam) **i.** atom bombası.

a.bom.i.na.ble (ıbam'ınıbıl) **s.** iğrenç, kötü. **abomination i.** iğrenç şey.

a.bort (ıbôrt') **f.** 1. çocuk düşürmek. 2. boşa çıkmak, başarısızlıkla sonuçlandırmak. **a-bortion i.** çocuk düşürme; düşük.

a.bound (ıbaund') **f.** çok olmak, dolu olmak.

a.bout (ıbaut') **z.** 1. aşağı yukarı, takriben, kadar. 2. her tarafta. 3. etrafa, etrafına. 4. ötede beride, şurada burada. **about 7 o'clock** saat yedi sularında.

a.bout (ıbaut') **edat** 1. -e 'dair, hakkında. 2. çevresine, çevresinde. 3. yakınında, yöresinde, civarında. 4. ötesinde berisinde, her yerinde. 5. ile meşgul. 6. için. 7. üzere.

a.bout.face (ıbaut'feys') **i.** 1. (ask.) geriye dönüş. 2. fikir değişimi, cayma.

a.bove (ıbʌv') **edat** 1. yukarısına, üstüne; yukarısında, üstünde. 2. -den yukarıya, yukarıda, üstün. 3. daha çok.

a.bra.sion (ıbrey'jın) **i.** aşınma, yenme, yıpranma. **abrasive s.** aşındıran; törpüleyici.

a.breast (ıbrest') **z.** yan yana, beraber; aynı seviyede, başa baş.

a.bridge (ıbric') **f.** kısaltmak, özetlemek, kesmek. **abridgement i.** kısaltılmış yazı. 2. özet.

a.broad (ıbrôd') **z.** 1. ortalıkta, meydanda. 2. yurt dışında, dışarıda; yurt dışına.

ab.ro.gate (äb'rıgeyt) **f.** iptal etmek, feshetmek. **abrogation i.** iptal, feshetme.

a.brupt (ıbrʌpt') **s.** 1. birdenbire, ani. 2. ters, haşin. 3. çok dik. **abruptly z.** 1. birdenbire. 2. terslikle. **abruptness i.** 1. acele. 2. sertlik, terslik.

ab.scess (äb'ses) **i.** çıban; apse.

ab.scond (äbskand') f. zimmetine geçirip kaçmak.

ab.sence (äb'sıns) i. yokluk, eksiklik. **absent** s. namevcut, yok.

ab.sen.tee (äbsıntï') s., i. görevi başında bulunmayan (kimse).

ab.sent-mind.ed (äb'sıntmayn'dïd) s. dalgın.

ab.so.lute (äb'sılut) s. 1. mutlak, kayıtsız şartsız; sonsuz. 2. tam. **absolutely** z. tamamen, kesinlikle.

ab.solve (äbzalv') f. suçlarını veya günahlarını affetmek.

ab.sorb (äbzôrb') f. içine çekmek, soğurmak, emmek. **absorbent** s., i. içe çekici, alıcı, emici (madde). **absorbent cotton** hidrofil pamuk. **absorption** i. 1. içe çekme, soğurma, emme. 2. zihin meşguliyeti, dalgınlık.

ab.stain (äbsteyn') f. çekinmek, kaçınmak.

ab.stract (äb'sträkt) s. 1. soyut. 2. kuramsal. i. özet. **abstraction** i. 1. soyutlama. 2. zihin meşguliyeti, dalgınlık.

ab.surd (äbzırd') s. 1. anlamsız. 2. gülünç. **absurdity** i. 1. anlamsızlık. 2. delilik, maskaralık, gülünçlük. **absurdly** z. saçma bir şekilde.

A.bu Dha.bi (abu da'bï) Abu Dabi.

a.bun.dant (ıbân'dınt) s. bol, bereketli. **abundantly** z. bol bol. **abundance** i. 1. bolluk, çokluk, bereket. 2. servet.

a.buse (ıbyus') i. 1. kötüye kullanma, yolsuzluk, suiistimal. 2. kötü davranış. 3. küfür.

a.buse (ıbyuz') f. 1. kötüye kullanmak. 2. sövüp saymak. 3. ırza tecavüz etmek.

a.byss (ıbïs') i. uçurum.

a.cad.e.my (ıkä'imi) i. akademi. **academic** s. eğitimsel.

ac.cede (äksïd') f. razı olmak.

ac.cel.er.ate (äksel'ıreyt) f. hızlandırmak; hızlanmak, ivmek. **acceleration** i. hızlandırma; ivme. **accelerator** i. gaz pedalı.

ac.cent (äk'sent) i. 1. vurgu. 2. şive.

ac.cept (äksept') f. 1. kabul etmek, almak. 2. onaylamak, razı olmak. **acceptable** s. kabul edilir, makbul. **acceptance** i. kabul.

ac.cess (äk'ses) i. giriş; yol, geçit. **accessible** s. 1. yanına girilebilir, içine girilebilir. 2. kolay bulunur.

ac.ces.so.ry (äkses'ıri) i. 1. aksesuar. 2. suç ortağı.

ac.ci.dent (äk'sıdınt) i. 1. kaza. **accidental** s. 1. kaza eseri. 2. rastlantı eseri, tesadüfen. **accidentally** z. kazara, rasgele.

ac.claim (ıkleym') f. 1. alkışlamak. 2. bağırmak.

ac.com.mo.date (ıkam'ıdeyt) f. 1. uzlaştırmak. 2. başkasına iyilik etmek. 3. yer sağlamak.

accommodate oneself uymak, intibak etmek. **accommodating** s. iltifatçı, lütufkâr. **accommodation** i. uyma, intibak. **accommodations** i. yatacak yer.

ac.com.pa.ny (ıkâm'pıni) f. eşlik etmek, refakat etmek. **accompaniment** i. eşlik etme.

ac.com.plice (ıkam'plïs) i. suç ortağı.

ac.com.plish (ıkam'plïş) f. 1. başarmak, becermek, üstesinden gelmek. 2. tamamlamak. **accomplished** s. usta, hünerli. **accomplishment** i. 1. başarı. 2. tamamlama.

ac.cord (ıkôrd') i. 1. anlaşma, uzlaşma, birleşme. 2. uyum. **of one's own accord** kendiliğinden, kendi rızasıyla.

ac.cord.ance (ıkôr'dıns) i. uyum. **in accordance with** -e göre, -e uygun olarak.

ac.cord.ing (ıkôr'ding) z. uygun olarak, göre. **according to** göre, nazaran. **accordingly** z. binaen, bundan dolayı, binaenaleyh.

ac.cor.di.on (ıkôr'diyın) i. akordeon.

ac.cost (ıkôst') f. hitap etmek; sorguya çekmek.

ac.count (ıkaunt') i. 1. hesap. 2. söylenti, hikâye. 3. önem, değer. 4. açıklama. **account book** hesap defteri. **by all accounts** herkesin dediğine göre. **accountable** s. sorumlu. **accountant** i. sayman, muhasebeci. **accounting** i. muhasebe.

ac.cred.it (ıkred'ït) f. saygınlık göstermek, itimat etmek, itibar etmek. **accreditation** i. denklik belgesi.

ac.cu.mu.late (ıkyum'yıleyt) f. toplamak, biriktirmek; birikmek, yığılmak. **accumulation** i. 1. birikim, birikme. 2. biriktirme.

ac.cu.rate (äk'yırït) s. doğru, tam. **accuracy** i. 1. doğruluk. 2. dikkat, titizlik, incelik.

ac.cuse (ıkyuz') f. suçlamak, itham etmek. **accusation** i. suçlama. **accused** s. sanık.

ac.cus.tom (ıkâs'tım) f. alıştırmak. **accustom oneself to** alışmak, âdet edinmek. **be accustomed to** alışkın olmak.

ace (eys) i. as, birli.

ac.et.one (äs'ıton) i. aseton.

ache (eyk) i. ağrı, sızı, acı. f. ağırmak, sızlamak, acımak.

a.chieve (ıçïv') f. başarmak, yapabilmek, üstesinden gelmek. **achievement** i. başarı.

ac.id (äs'ïd) i., s. asit; ekşi.

ac.knowl.edge (äknal'ïc) f. kabul etmek, doğrulamak. **acknowledgement** i. doğrulama.

a.corn (ey'kôrn) i. meşe palamudu.

a.cous.tics (ıkus'tïks) i. akustik.

ac.quaint (ıkweynt') f. haberdar etmek. **be acquainted with** tanımak. **acquaintance** i. tanıdık, bildik, tanış.

ac.quire (ıkway'ır) f. elde etmek, edinmek,

kazanmak.

ac.quit (ıkwit') f. aklamak, temize çıkarmak, beraat ettirmek. **be acquitted** beraat etmek, temize çıkmak. **acquittal** i. aklanma, beraat.

a.cre (ey'kır) i. 0,4 hektarlık yüzölçümü.

ac.rid (äk'rid) s. acı, ekşi, keskin.

ac.ro.bat (äk'nbät) i. akrobat, cambaz. **acrobatics** i. akrobatlık, cambazlık.

a.cross (ıkrôs') z. karşıya, karşıdan, karşısına, karşısında. **come across** rast gelmek.

act (äkt) i. 1. iş, eylem. 2. yasa. 3. resmi yazı. 4. (tiyatro) perde. f. 1. rol yapmak, oynamak. 2. eyleme geçmek; davranmak. **acting s.** 1. yapan. 2. vekil.

ac.tion (äk'şın) i. 1. eylem, faaliyet. 2. etki.

ac.ti.vate (äk'tıveyt) f. faal hale getirmek.

ac.tive (äk'tiv) s. 1. etkin. 2. hareketli, canlı. 3. (gram.) etken. 4. eylemli.

ac.tiv.i.ty (äktiv'ıti) i. faaliyet, çalışma.

ac.tor (äk'tır) i. oyuncu, artist, aktör.

ac.tress (äk'tris) i. artist, aktris, kadın oyuncu.

ac.tu.al (äk'çuwıl) s. gerçek, asıl. **actually z.** gerçekten.

a.cute (ıkyut') s. keskin; ansızın saplanan, şiddetli, evegen. **acute angle** dar açı.

A.D. milâttan sonra, M.S.

ad (äd) i. ilân, reklâm.

ad.a.mant (äd'ımınt) s. çok sert.

a.dapt (ıdäpt') f. uyarlamak; uydurmak.

ad.ap.ta.tion (ädıptey'şın) i. 1. uygunluk. 2. adaptasyon.

a.dap.ter (ıdäp'tır) i. 1. uyarlayan kişi. 2. adaptör.

add (äd) f. katmak, eklemek; toplamak. **addition** i. 1. ilave, ek. 2. (mat.) toplama.

ad.dict (äd'ikt) i. tiryaki, müptela.

ad.dress (ıdres') f. 1. adres. 2. söylev, nutuk. f. hitap etmek. **addressee** i. (postada) alıcı.

ad.e.noid (äd'inoyd) i. lenf bezi.

a.dept (dept') s. usta, marifetli.

ad.e.quate (äd'ıkwit) s. uygun, elverişli, yeterli.

ad.here (ädhir') f. 1. yapışmak. 2. bağlı olmak.

ad.he.sive (ädhi'siv) s. yapışkan, yapıştırıcı. i. tutkal, zamk. **adhesive tape** plaster.

ad.ja.cent (ıcey'sınt) s. bitişik, yakın, komşu.

ad.jec.tive (äc'iktiv) i. sıfat.

ad.join.ing (ıcoy'ning) s. bitişik, yan yana.

ad.journ (ıcırn') f. oturuma son vermek; dağılmak.

ad.just (ıcãst') f. 1. ayar etmek; düzeltmek. 2. alışmak. **adjustment** i. 1. düzen. 2. uyum.

ad.min.is.ter (ädmin'istır) f. yönetmek. **administration** i. 1. yönetim. 2. müdüriyet. **administrator** i. yönetmen, yönetici.

ad.mi.ra.ble (äd'mırıbıl) s. takdir edilecek,

beğenilecek, çok güzel.

ad.mi.ral (äd'mırıl) i. amiral.

ad.mi.ra.tion (ädmırey'şın) i. hayranlık.

ad.mire (ädmay'ır) f. çok beğenmek, hayran olmak, takdir etmek. **admirer** i. âşık; hayran.

ad.mit (ädmit') f. 1. kabul etmek. 2. girmesine izin vermek, almak. **admission** i. 1. kabul. 2. girme izni. 3. girmelik; giriş ücreti. **admittance** i. girme. **No admittance.** Girilmez.

ad.o.les.cent (ädıles'ınt) s., i. delikanlı, genç. **adolescence** i. gençlik, büyüme çağı.

a.dopt (ıdapt') f. 1. edinmek, benimsemek. 2. evlat edinmek. **adoption** i. 1. benimseme. 2. evlat edinme.

a.dore (ıdôr') f. tapınmak, çılgınca sevmek. **adorable s.** tapınılacak, çok güzel ve sevimli.

a.dorn (ıdôrn') f. süslemek, donatmak **adornment** i. süs.

a.dul.ter.y (ıdãl'tıri) i. zina.

ad.vance (ädväns') i. 1. ilerleme, ileri gitme. 2. terfi. 3. avans, öndelik. f. 1. ilerletmek; ilerlemek. 2. artmak, yükselmek. 3. avans vermek. 4. önermek. **in advance** önceden. **advanced s.** ilerlemiş, ileri.

ad.van.tage (ädvän'tic) i. yarar, çıkar, üstünlük. **take advantage of** fırsattan yararlanmak; zaafından yararlanmak.

ad.ven.ture (ädven'çır) i. macera, serüven.

ad.verb (äd'vırb) i. belirteç, zarf.

ad.ver.sar.y (äd'vırseri) i. düşman.

ad.verse (ädvırs') s. zıt, karşı, aksi. **adversity** i. zorluk, güçlük.

ad.ver.tise (äd'vırtayz) f. 1. ilan etmek, bildirmek. 2. reklam yapmak. **advertisement** i. ilan, haber, reklam. **advertising** i. 1. reklam. 2. reklamcılık.

ad.vice (ädvays') i. öğüt, tavsiye.

ad.vise (ädvayz') f. 1. tavsiye etmek. 2. akıl öğretmek. 3. danışmak. **advisable s.** önerilebilir. **adviser** i. danışman.

ad.vo.cate (äd'vıkeyt) f. desteklemek, savunmak.

adz (ädz) i. keser.

Ae.ge.an Sea (ici'yın) Ege Denizi.

aer.i.al (er'iyıl) i. anten. s. havayla ilgili.

aer.o.gram (er'ıgräm) i. telsiz telgraf.

aer.o.gramme (er'ıgräm) i. hava mektubu.

aer.o.nau.tics (ärnô'tiks) i. havacılık.

a.far (ıfar') z. uzak, uzakta, uzaktan, uzar

af.fair (ıfer') i. 1. iş. 2. olay. 3. ilişki.

af.fect (ıfekt') f. 1. etkilemek. 2. dokun

af.fec.ta.tion (äfektey'şın) i. yapmacı

af.fec.tion (ıfek'şın) i. sevgi. **affec**

seven, sevecen.

af.fi.da.vit (äfidey'vit) **i.** yeminli beyan.

af.fin.i.ty (ıfin'ıti) **i.** eğilim.

af.firm (ıfırm') **f.** 1. beyan etmek. 2. onaylamak.
affirmative s. olumlu, onaylanan.

af.flict (ıflikt') **f.** dert, belâ.

af.flu.ence (äf'luwıns) **i.** bolluk; servet.

af.ford (ıförd') **f.** gücü yetmek.

Af.ghan.i.stan (äfgän'ıstän) **i.** Afganistan.

a.fire (ıfay'ır) **s.** tutuşmuş, yanmakta, alev alev.

a.float (ıflot') **s., z.** 1. yüzmekte. 2. denizde. 3. su basmış.

a.fraid (ıfreyd') **s.** korkan, korkmuş. **be afraid (of)** (-den) korkmak.

a.fresh (ıfreş') **z.** yeniden, tekrar.

Af.ri.ca (äf'rıkı) **i.** Afrika. **Republic of South Africa** Güney Afrika Cumhuriyeti.

af.ter (äf'tır) **z., edat, bağ.** ardında; -dan . sonra; ardı sıra; için; tarzında.

af.ter.life (äf'tırlayf) **i.** ahret, öbür dünya.

af.ter.math (äf'tırmäth) **i.** kötü sonuç; yan etki.

af.ter.noon (äftırnun') **i.** öğleden sonra.

af.ter.thought (äf'tırthôt) **i.** sonradan akla gelen fikir.

af.ter.ward(s) (äf'tırwırd, -z) **z.** sonra, sonradan.

a.gain (ıgen') **z.** tekrar, yine, bir daha.

a.gainst (ıgenst') **edat** karşı, aleyhinde, aykırı.

age (eyc) **i.** yaş, çağ, devir, devre. **aged s.** 1. yaşında. 2. yıllanmış. 3. yaşlı.

a.gen.cy (ey'cınsi) **i.** 1. vasıta. 2. acente.

a.gen.da (ıcen'dı) **i.** gündem, görülecek işler.

a.gent (ey'cınt) **i.** 1. acente, temsilci.

ag.gra.vate (äg'rıveyt) **f.** 1. kötüleştirmek, şiddetlendirmek. 2. kızdırmak.

ag.gres.sion (ıgreş'ın) **i.** 1. saldırı. 2. saldırganlık. **aggressive s.** 1. saldırgan. 2. hırslı.

ag.i.tate (äc'ıteyt) **f.** kışkırtmak. **agitation i.** 1. sıkıntı, heyecan. 2. fesat, kışkırtma. **agitator i.** kışkırtıcı.

a.go (ıgo') **z.** önce, evvel.

ag.o.ny (äg'ıni) **i.** 1. acı, ıstırap. 2. şiddetli heyecan.

a.gree (ıgri') **f.** kabul etmek, anlaşmak, uyuşmak. **agreeable s.** 1. hoş, tatlı. 2. uygun. **agreed s.** kararlaştırılmış. **agreement i.** anlaşma.

ag.ri.cul.ture (äg'rıkälçır) **i.** tarım; çiftçilik, ziraat. **agricultural s.** tarımsal.

a.ground (ıgraund') **s.** karaya oturmuş. **go aground** karaya oturmak.

ah (a) **ünlem** Aa! Vah!

A.H. hicri.

a.head (ıhed') **z.** ileri, ileride, başta, önde.

aid (eyd) **f.** yardım. **f.** yardım etmek.

ail (eyl) **f.** rahatsız olmak, hasta olmak. **ailing s.** keyifsiz, rahatsız. **ailment i.** rahat-

sızlık.

aim (eym) **i.** amaç, maksat, niyet. **f.** 1. hedef olmak. 2. niyet etmek. **aimless s.** amaçsız.

air (er) **i.** 1. hava, nefes. 2. nağme. 3. tavır, hal. **f.** 1. havalandırmak. 2. güneşe sermek. 3. açığa vurmak. **air conditioner** iklimleme aygıtı, klima. **air force** hava kuvvetleri.

air.craft (er'kräft) **i.** uçak, uçaklar.

air.field (er'fild) **i.** havaalanı, iniş pisti.

air.line (er'layn) **i.** havayolu. **airliner i.** yolcu uçağı.

air.plane (er'pleyn) **i.** uçak.

air.port (er'pôrt) **i.** havalimanı, havaalanı.

air.strip (er'strip) **i.** ufak havaalanı.

air.tight (er'tayt) **s.** hava geçirmez.

air.ways (er'weyz) **i.** havayolları.

aisle (ayl) **i.** sıralar arası yol.

a.jar (ıcar') **z.** aralık, az açık (kapı).

a.kin (ıkin') **s.** 1. benzer, yakın. 2. akraba, hısım.

al.a.bas.ter (äl'ıbästır) **i.** sumermeri, kaymaktaşı.

à la carte (a la kart') alakart.

a.larm (ılarm') **i.** 1. korku, dehşet. 2. tehlike işareti. **f.** 1. tehlikeyi haber vermek. 2. korkutmak, endişelendirmek. **alarm clock** çalar saat.

a.las (ıläs') **ünlem** Eyvah! Yazık!

Al.ba.ni.a (albey'niyı) **i.** Arnavutluk.

al.bum (äl'bım) **i.** albüm.

al.co.hol (äl'kıhôl) **i.** 1. alkol, ispirto. 2. içki. **denatured alcohol** mavi ispirto, karışık ispirto. **rubbing alcohol** tuvalet ispirtosu. **al.coholic s.** alkolik. **s.** ayyaş. **alcoholism i.** alkolizm.

ale (eyl) **i.** bira.

a.lert (ılırt') **s.** 1. tetik, açıkgöz, uyanık. 2. çevik. **f.** uyarmak.

al.fal.fa (älfäl'fı) **i.** kaba yonca.

al.ga (äl'gı) **i.** (çoğ. **al.gae**) (äl'gi, äl'ci) **i.** deniz yosunu.

al.ge.bra (äl'cıbrı) **i.** cebir ilmi.

Al.ge.ri.a (älcîr'iyı) **i.** Cezayir.

a.li.en (ey'liyın) **i.** yabancı, ecnebi.

a.like (ılayk') **s.** benzer, aynı. **z.** aynen.

al.i.men.ta.ry (älımen'tri) **s.** beslenmeye ait; besleyici. **alimentary canal** sindirim aygıtı.

al.i.mo.ny (äl'ımoni) **i.** nafaka.

a.live (ılayv') **s.** 1. sağ, canlı, hayatta, diri. 2. hayat dolu.

al.ka.li (äl'kılay) **i.** alkali, kalevi.

all (ôl) **s.** bütün, hep; her **i.** herkes, her şey. **all right** peki, tamam. **not at all** hiç.

al.lege (ılec') **f.** iddia etmek.

al.le.giance (ılî'cıns) **i.** sadakat, bağlılık.

al.le.go.ry (äl'ıgôri) **i.** kinaye.

al.ler.gy (äl'ırci) **i.** alerji. **allergic s.** alerjik.

al.ley (äl´i) **i.** geçit, dar sokak, ara yol.

al.li.ance (ılay´ıns) **i.** anlaşma, birleşme.

al.lied (ılayd´) **s.** müttefik, birleşik.

al.lo.cate (äl´ıkeyt) **f.** ayırmak, tahsis etmek.

allocation i. tahsisat.

al.low (ılau´) **f.** 1. izin vermek, bırakmak, müsaade etmek. 2. hoş görmek. **allowance i.** 1. tahsisat, harçlık, aylık. 2. karşılık. 3. hoşgörü. 4. indirim, tenzilat. 5. pay, tolerans.

al.loy (äl´oy) **i.** alaşım.

all.spice (ôl´späys) **i.** yenibahar.

al.lure (ılûr´) **f.** cezbetmek, çekmek.

al.ly (äl´ay) **i.** 1. müttefik. 2. dost, arkadaş.

al.ma ma.ter (äl´mı ma´tır) tahsil görülen okul.

al.ma.nac (ôlmınäk) **i.** yıllık, salname.

al.might.y (ôlmayt´i) **s.** 1. her şeye kadir. 2. muhtiş.

al.mond (am´ınd) **i.** badem.

al.most (ôlmost´) **z.** hemen hemen, az daha, takriben, yaklaşık olarak.

alms (amz) **i.** sadaka, zekât.

a.lone (ılon´) **s., z.** yalnız, tek başına.

a.long (ılông´) **z., edat** 1. boyunca, süresince. 2. yanı sıra, yakın. **all along** öteden beri, her zaman. **along with** ile beraber.

a.loud (ıluud´) **z.** yüksek sesle.

al.pha.bet (äl´fıbet) **i.** alfabe.

al.read.y (ôlred´i) **z.** 1. evvelce. 2. şimdiden, halen. 3. zaten.

al.so (ôl´so) **z.** da, dahi, hem, hem de, yine, aynı zamanda, keza.

al.tar (ôl´tır) **i.** 1. sunak, kurban taşı. 2. mihrap.

al.ter (ôl´tır) **f.** değiştirmek; değişmek. **alteration i.** değişiklik, düzeltme.

al.ter.nate (ôl´tırnit) **s.** karşılıklı, almaşık. **v.** ekil. **alternately z.** keşikleme, münavebe ile, sıra ile.

al.ter.nate (ôl´tırneyt) **f.** münavebe ile birbirini izlemek. **alternating current** (elek.) dalgalı akım.

al.ter.na.tive (ôltır´nıtiv) **i.** seçenek, alternatif, şık. **s.** diğer, başka.

al.though (ôldho´) **bağ.** gerçi, ise de, olmakla beraber.

al.ti.tude (äl´tıtud) **i.** yükseklik, yükselti.

al.to (äl´to) **i.** kontralto, alto.

al.to.geth.er (ôltgedh´ır) **z.** bütün bütün, tamamen.

al.um (äl´ım) **i.** şap.

a.lu.mi.num (ılu´mınım) **i.** alüminyum.

a.lum.na (ılǎm´nı) **i.** bir okul mezunu kız.

a.lum.nus (ılǎm´nıs) **i.** bir okul mezunu erkek.

al.ways (ôl´wiz) **z.** daima, her zaman; her defa.

am (am) **bak. be.**

a.m. öğleden önce.

a.mal.ga.mate (ımäl´gımeyt) **f.** bileşmek.

a.mass (ımäs´) **f.** yığmak, toplamak, biriktirmek.

am.a.teur (äm´ıçûr) **i.** özenci, amatör.

a.maze (ımeyz´) **f.** hayran bırakmak; şaşırtmak, hayrete düşürmek. **amazement i.** hayret. **amazing s.** şaşırtıcı, garip.

am.bas.sa.dor (ämbäs´ıdır) **i.** büyükelçi.

am.ber (äm´bır) **i.** kehribar.

am.bi.ence (äm´bıyıns) **i.** çevre, ortam.

am.big.u.ous (ämbig´yuwıs) **s.** belirsiz, iki anlamlı, muğlak. **ambiguity i.** belirsizlik, muğlaklık.

am.bi.tion (ämbiş´ın) **i.** 1. hırs, tutku, ihtiras. 2. heves. **ambitious s.** 1. hırslı. 2. istekli. 3. tutkun.

am.biv.a.lent (ämbiv´ılınt) **s.** 1. kararsız. 2. karışık hisler besleyen.

am.ble (äm´bıl) **f.** 1. eşkin gitmek. 2. avare avare gezinmek.

am.bu.lance (äm´byılıns) **i.** cankurtaran, ambülans.

am.bush (äm´bûş) **i.** pusu, tuzak. **f.** tuzak kurmak, pusuya düşürmek.

a.me.ba (ımi´bı) **i.** amipler.

a.mel.io.rate (ımil´yıreyt) **f.** 1. iyileştirmek. 2. düzelmek. **amelioration i.** iyileşme, düzelme.

a.men (a´men´) **ünlem** âmin.

a.me.na.ble (ımi´nıbıl) **s.** 1. uysal, yumuşak başlı. 2. yükümlü, sorumlu.

a.mend (ımend´) **f.** 1. düzeltmek. 2. (tasarıyı) değiştirmek. **amendment i.** 1. düzeltme, ıslah. 2. kanunu değiştirme.

a.mends (ımendz´) **i.** tazminat. **make amends for** kusurunu düzeltmek.

A.mer.i.ca (ımer´ıkı) **i.** Amerika.

a.mi.a.ble (ey´mıyıbıl) **s.** 1. cana yakın; hoş, sevimli. 2. dostça.

am.i.ca.ble (äm´ıkıbıl) **s.** dostane, dostça.

a.mid, -st (ımid´, -st) **edat** ortasına, ortasında, arasına, arasında.

a.miss (ımis´) **z.** yanlış; kusurlu. **take amiss** gücenmek.

am.i.ty (äm´ıti) **i.** dostluk, sevgi.

am.mo.nia (ımon´yı) **i.** amonyak.

am.mu.ni.tion (ämyınîş´ın) **i.** mühimmat, cephane.

am.ne.sia (ämni´jı) **i.** bellek yitimi, amnezi.

am.nes.ty (äm´nısti) **i.** genel af.

a.mong, -st (ımông´, -st´) **edat** arasına, arasında, içinde.

a.mor.al (eymor´ıl) **s.** ahlakdışı.

am.o.rous (äm´ırıs) **s.** 1. aşka meyilli; aşkla ilgili. 2. şehvetli.

a.mor.phous (ımôr´fıs) **s.** şekilsiz.

am.or.tize (âm'ırtayz) **f.** amorti etmek. **amor.tization i.** amortisman, itfa.

a.mount (ımaunt') **i.** miktar, yekûn, tutar. **amount to** olmak, etmek, varmak.

am.pere (âm'pir) **i.** amper.

am.phib.i.an (âmfîb'iyin) **s., i.** 1. iki yaşayışlı (hayvan). 2. hem suya hem karaya inip kalkabilen (uçak).

am.phib.i.ous (âmfîb'iyıs) **s.** 1. iki yaşayışlı. 2. hem suda hem karada giden.

am.phi.the.a.ter (âm'fıthiyıtır) **i.** amfiteatr.

am.ple (âm'pıl) **s.** bol, mebzul. **amply z.** bol bol, fazlasıyle.

am.pli.fy (âm'plıfay) **f.** 1. genişletmek, büyütmek. 2. sesini kuvvetlendirmek. **amplifier i.** amplifikatör.

am.pli.tude (âm'plıtud) **i.** bolluk, genişlik.

am.pule (âm'pyul) **i.** ilaç ampulü.

am.pu.tate (âm'pyuteyt) **f.** (bir uzvu) kesmek.

am.u.let (âm'yılît) **i.** muska, nazarlık; tılsım.

a.muse (ımyuz') **f.** eğlendirmek, avutmak. **amusement i.** eğlence, zevk. **amusing s.** eğlendirici; güldürücü.

an (ın, ın) **s.** bir.

a.nach.ro.nism (ınâk'rınîzım) **i.** tarih hatası.

an.a.gram (ân'ıgräm) **i.** harflerin sırasını değiştirerek yeni kelime bulma oyunu.

a.nal (ey'nıl) **s.** anüse ait, makatla ilgili.

an.al.ge.si.a (ânılcîz'iyı) **i.** acı yitimi, analjezi. **analgesic s., i.** ağrı kesici (ilaç).

an.a.logue (ân'ılôg) **i.** benzer şey, benzeş.

a.nal.o.gy (ınäl'ıci) **i.** 1. benzerlik, benzeşme. 2. karşılaştırma, kıyas.

a.nal.y.sis (ınäl'ısîs) **i.** çözümleme, analiz, tahlil.

an.a.lyt.ic, -i.cal (ânılît'îk, -îkıl) **s.** çözümsel, çözümlemeli.

an.a.lyze (ân'ılayz) **f.** çözümlemek, tahlil etmek.

an.ar.chy (ân'ırki) **i.** anarşi, kargaşalık. **anarchic s.** 1. anarşik. 2. kanun tanımayan. **anarchist i.** anarşist.

An.a.to.li.a (ânıto'lîyı) **i.** Anadolu.

a.nat.o.my (ınât'ımi) **i.** anatomi.

an.ces.tor (ân'sestır) **i.** ata, cet, dede. **ancestral s.** ecdada ait, ataç. **ancestry i.** atalar, ecdat.

an.chor (âng'kır) **i.** demir, çapa, lenger. **anchorage i.** demirleme yeri, liman.

an.cho.vy (ân'çıvi) **i.** hamsi balığı, ançüez.

an.cient (eyn'şınt) **s.** eski, eskiden kalma.

and (änd) **bağ.** ve, ve de, ile. **and so forth** ve saire.

an.ec.dote (ân'îkdot) **i.** fıkra, öykücük, anekdot.

a.ne.mi.a (ıni'mıyı) **i.** kansızlık, anemi.

an.es.the.sia (anîsthi'jı) **i.** duyum yitimi, anestezi. **anesthetic i.** anestezik.

a.new (ınu') **z.** yeniden, tekrar, baştan, bir daha.

an.gel (eyn'cıl) **i.** melek.

an.gel.ic (âncel'îk) **s.** melek gibi.

an.ger (äng'gır) **i.** öfke, hiddet. **f.** kızdırmak, öfkelendirmek.

an.gi.na (âncay'nı) **i.** anjin, boğak.

an.gle (äng'gıl) **i.** 1. açı. 2. sivri köşe. 3. görüş açısı. **angle iron** köşebent demiri.

an.gle (äng'gıl) **f.** olta ile balık avlamak.

an.gle.worm (äng'gılwırm) **i.** solucan.

An.go.la (äng.go'lı) **i.** Angola.

an.gry (äng'gri) **s.** öfkeli, hiddetli, kızgın; gücenik, dargın.

an.guish (äng'gwîş) **i.** ıstırap, acı, keder.

an.gu.lar (äng'gyılır) **s.** 1. köşeli. 2. açısal.

an.i.mal (ân'ımıl) **i.** hayvan. **s.** direksel, hayvansal.

an.i.mate (ân'ımeyt) **f.** hayat vermek, canlandırmak. **animated s.** canlı; neşeli. **animation i.** 1. canlılık. 2. canlandırma.

an.i.mos.i.ty (ânımas'ıti) **i.** düşmanlık, husumet, kin.

an.ise (ân'îs) **i.** anason.

an.kle (äng'kıl) **i.** ayak bileği.

an.klet (äng'klît) **i.** 1. halhal. 2. kısa çorap, şoset.

an.nex (ân'eks) **i.** 1. ilave. 2. ek bina, müştemilat.

an.nex (ıneks') **f.** ilhak etmek, katmak, eklemek.

an.ni.hi.late (ınay'ıleyt) **f.** yok etmek.

an.ni.ver.sa.ry (ânıvır'sıri) **i.** yıldönümü.

an.nounce (ınauns') **f.** bildirmek, ilan etmek. **announcement i.** bildiri, ilan. **announcer i.** spiker.

an.noy (ınoy') **f.** 1. taciz etmek, usandırmak, sıkmak. 2. kızdırmak. **annoyance i.** sıkıntı, üzüntü. **annoying s.** sinirlendirici, can sıkıcı.

an.nu.al (ân'yuwıl) **i.** 1. yıllık. 2. bir yıllık ömrü olan bitki. **s.** senelik, yıllık. **annually z.** her yıl, yılda bir.

an.nu.i.ty (ınu'wîti) **i.** 1. yıllık taksit. 2. ödenek, tahsisat.

an.nul (ınâl') **f.** iptal etmek, bozmak, kaldırmak.

an.nu.lar (ân'yılır) **s.** halka şeklinde.

an.ode (ân'od) **i.** pozitif elektrot, anot.

a.non.y.mous (ınan'ımıs) **s.** isimsiz, anonim.

an.oth.er (ınâdh'ır) **s.** başka, ayrı, diğer, öbür. **one another** birbirini, yekdiğerini.

an.swer (ân'sır) **i.** yanıt, cevap, karşılık. **f.** 1. yanıtlamak, cevap vermek. 2. gereksinmeyi karşılamak.

nt (änt) **i.** karınca.

n.tag.o.nism (äntäg'ınizım) **i.** husumet, kin, düşmanlık. **antagonist i.** karşıcı, muhalif.

n.tag.o.nize (äntäg'ınayz) **f.** 1. aleyhine çevirmek, kışkırtmak. 2. karşı çıkmak, karşı koymak.

n.te.ce.dent (äntisid'ınt) **s.** önce gelen. **i.** önerti.

n.te.lope (än'tilop) **i.** antilop.

n.ten.na (änten'ı) **i.** 1. anten. 2. dokunaç.

n.them (än'thım) **i.** ilahi. **national anthem** milli marş.

n.thol.o.gy (änthal'ıci) **i.** antoloji, seçmeler.

n.thro.pol.o.gy (änthrıpal'ıci) **i.** antropoloji, insanbilim.

n.ti.air.craft (äntiyer'kräft) **s.** uçaksavar.

n.ti.bi.ot.ic (äntibayat'ik) **i.** antibiyotik.

n.tic (än'tik) **i.** soytarılık, maskaralık, tuhaflık. **s.** antika, tuhaf.

an.tic.i.pate (äntis'ıpeyt) **f.** 1. beklemek, ummak. 2. sezinlemek. 3. önce davranmak.

an.ti.dote (än'tidot) **i.** panzehir.

an.ti.pa.thy (äntip'ıthi) **i.** antipati, nefret.

n⁻ ∷.quat.ed (än'tikweytıd) **s.** çok eski; modası geçmiş.

an.tique (äntik') **s.** eski devirlerden kalma. **i.** antika.

an.tiq.ui.ty (äntik'wıti) **i.** eski zamanlar, ilk çağlar.

an.ti.sep.tic (äntisep'tik) **i., s.** antiseptik.

an.ti.so.cial (äntiso'şıl) **s.** toplumsal yararlara karşı.

an.to.nym (än'tınim) **i.** karşıt anlamlı sözcük.

a.nus (ey'nıs) **i.** anüs, makat.

an.vil (än'vil) **i.** örs.

anx.i.e.ty (ängzay'ıti) **i.** endişe, kuruntu, vesvese.

anx.ious (ängk'şıs) **s.** endişeli, sıkıntılı, üzüntülü. **anxious to, anxious for** çok arzulu, hevesli.

an.y (en'i) **s.** 1. bir, herhangi, her ne kadar, her, her bir, bazı,birkaç, hiçbir, hiç. 2. daha. **any more** artık.

an.y.bod.y (en'ibädi) **i., zam.** kimse, herhangi biri, hiç kimse, herkes, her kim.

an.y.how (en'ihau) **z.** 1. her nasılsa, ne olursa olsun, her halde. 2. dikkatsizce.

an.y.one (en'iwân) **zam.** herhangi biri.

an.y.place (en'ipleys) **z.** herhangi bir yer.

an.y.thing (en'ithîng) **zam., i.** bir şey, herhangi bir şey, her şey, hiçbir şey.

an.y.way (en'iwey) **z.** 1. zaten. 2. ne ise. 3. dikkatsizce.

an.y.where (en'ihwer) **z.** herhangi bir yere veya yerde, her yere, hiçbir yere.

A-one (ey'wân') **s.** birinci kalite, birinci sınıf.

a.part (ıpart') **z.** 1. ayrı, bir tarafa, bir yana, bir tarafta. 2. müstakil bir şekilde. 3. parça parça. **s.** ayrı, farklı. **take apart** sökmek, parçalara ayırmak. **tell apart** birbirinden ayırmak, ayırt etmek.

a.part.ment (ıpart'mınt) **i.** apartman dairesi. **apartment house** apartman.

ap.a.thet.ic (äpıthet'ik) **s.** 1. duygusuz, hissiz. 2. aldırışsız, ilgisiz.

ap.a.thy (äp'ıthi) **i.** 1. duyumsamazlık. 2. aldırışsızlık.

ape (eyp) **i.** 1. maymun. 2. taklitçi. **f.** taklit etmek.

a.pex (ey'peks) **i.** doruk, zirve, tepe.

a.pi.ar.y (ey'piyri) **i.** arı kovanı.

a.piece (ıpis') **z.** parça başına, her biri, her birine.

a.plomb (ıplam') **i.** kendine güven, özgüveni.

a.pol.o.get.ic (ıpalıcet'ik) **s.** özür dileyen. **apologetically z.** özür dileyerek.

a.pol.o.gize (ıpal'ıcayz) **f.** özür dilemek.

a.pol.o.gy (ıpal'ıci) **i.** özür, mazeret.

ap.o.plex.y (äp'ıpleksi) **i.** inme, felç.

ap.pall (ıpôl') **f.** dehşete düşürmek, korkutmak, ürkütmek. **appalling s.** korkunç, müthiş, ürkünç.

ap.pa.ra.tus (äpırät'ıs) **i.** 1. takım, aletler, aygıt. 2. organ. 3. örgüt.

ap.par.el (ıper'ıl) **i.** giysi, kıyafet, kılık.

ap.par.ent (ıper'ınt) **s.** 1. kolay anlaşılır, idrak edilir. 2. açık, belli, apaçık. 3. gözle görülebilir, ortada olan. **apparently z.** görünüşe göre, galiba.

ap.pa.ri.tion (äpırîş'ın) **i.** hayalet.

ap.peal (ıpil') **i.** 1. yalvarış, yakarış. 2. çekicilik. 3. temyiz. **f.** 1. rica etmek, yalvarmak. 2. temyiz etmek. 3. başvurmak. 4. hoşa gitmek. **appealing s.** hoş, çekici, albenili, alımlı.

ap.pear (ıpir') **f.** 1. gözükmek, görünmek. 2. belirmek, meydana çıkmak. **appearance i.** 1. görünüş, gösteriş. 2. dış görünüş. 3. meydana çıkma.

ap.pease (ıpiz') **f.** 1. yatıştırmak. 2. bastırmak, tatmin etmek. **appeasement i.** ödün, taviz.

ap.pend (ıpend') **f.** 1. ilave etmek, eklemek. 2. iliştirmek.

ap.pen.dec.to.my (äpındek'tımi) **i.** apandis ameliyatı.

ap.pen.di.ci.tis (ıpendısay'tîs) **i.** apandisit.

ap.pen.dix (ıpen'diks) **i.** 1. ilave, ek. 2. apandis.

ap.pe.tite (äp'ıtayt) **i.** iştah; istek, arzu, şehvet.

ap.pe.tiz.er (äp'ıtayzır) **i.** çerez, meze.

ap.pe.tiz.ing (äp'ıtayzîng) **s.** iştah verici, iştah açıcı.

ap.plaud (ıplôd') **f.** 1. alkışlamak. 2. takdir etmek, beğenmek.

ap.plause (ıplôz') **i.** alkış.

ap.ple (äp'ıl) **i.** elma. **apple of one's eye** göz bebeği. **apple corer** elma oyacağı. **apple polish** dalkavukluk etmek.

ap.ple.sauce (äp'ılsös) **i.** 1. elma püresi. 2. saçma, boş laf.

ap.pli.ance (ıplay'ıns) **i.** alet.

ap.pli.ca.ble (äplik'ıbıl) **s.** uygulanabilir.

ap.pli.cant (äp'likınt) **i.** baş vuran kimse, aday.

ap.pli.ca.tion (äplikey'şın) **i.** dilekçe; müracaat, baş vurma.

ap.ply (ıplay') **f.** 1. uygulamak. 2. ait olmak. 3. müracaat etmek, başvurmak. 4. (kendini) adamak, vermek. **applied s.** 1. uygulamalı, tatbiki. 2. denenmiş.

ap.point (ıpoynt') **f.** atamak. **appointee i.** atanan kimse. **appointment i.** 1. atama, tayin; atanılan görev. 2. randevu.

ap.praise (ıpreyz') **f.** değer biçmek.

ap.pre.ci.a.ble (ıpri'şıbıl) **s.** sezilebilir.

ap.pre.ci.ate (ıpri'şıeyt) **f.** 1. takdir etmek, -den memnun olmak. 2. değer bilmek. 3. değerlenmek. **appreciation i.** 1. takdir. 2. değerlendirme. **appreciative s.** takdirkâr.

ap.pre.hend (äprihend') **f.** 1. anlamak, kavramak. 2. endişe etmek. 3. tutuklamak. **apprehension i.** 1. korku, endişe, kuruntu, vesvese. 2. kavrama. 3. tutuklama. **apprehensive s.** endişeli, vesveseli.

ap.pren.tice (ıpren'tis) **i.** çırak.

ap.prise (ıprayz') **f.** 1. haber vermek, bilgi vermek. 2. değer biçmek.

ap.proach (ıproç') **f.** yaklaşmak, yanaşmak.

ap.pro.pri.ate (ıpro'priyit) **s.** 1. uygun, yerinde. 2. mahsus, has. **appropriation i.** 1. ödenek, tahsisat. 2. ayırma.

ap.prove (ıpruv') **f.** uygun bulmak, onaylamak. **approval i.** 1. onaylama. 2. resmi izin.

ap.prox.i.mate (ıprak'sımit) **s.** takribi, tahmini. **approximately z.** yaklaşık olarak, takriben.

a.pri.cot (äp'rikat) **i.** kayısı, zerdali.

A.pril (ey'prıl) **i.** nisan. **April fool** nisanbalığı.

a.pron (ey'prın) **i.** 1. önlük, göğüslük, peştamal. 2. ön kısım.

ap.ro.pos (äpripo') **s.** vaktinde olan, yerinde, uygun.

apt (äpt) **s.** 1. eğiliminde. 2. kavrayışlı, zeki, anlayışlı.

ap.ti.tude (äp'titud) **i.** yetenek, kabiliyet.

a.quar.i.um (ıkwer'iyım) **i.** akvaryum.

a.quat.ic (ıkwät'ik) **s.** suda yaşar, sucul; suya ait.

aq.ue.duct (äk'wıdıkt) **i.** sukemeri.

A.rab (er'ıb) **i.** Arap. **Arabic numerals** Arap rakamları.

A.ra.bi.a (ırey'biyı) **i.** Arabistan.

ar.a.ble (er'ıbıl) **s.** işlenebilir (toprak).

ar.bi.trar.y (ar'bıtreri) **s.** kendince, keyfi.

ar.bi.trate (ar'bıtreyt) **f.** yargılamak, karar vermek. **arbitration i.** hakem kararıyla halletme. **arbitrator i.** hakem; arabulucu.

ar.bor (ar'bır) **i.** çardak.

arc (ark) **i.** 1. kavis. 2. kemer, ark, yay.

ar.cade (arkeyd') **i.** 1. sıra kemerler. 2. kemer altı, üstü kapalı çarşı.

arch (arç) **i.** kemer; kavis.

arch (arç) **s.** nazlı, cilveli, çapkın. **archness i.** cilvelilik.

ar.cha.ic (arkey'ik) **s.** eski; modası geçmiş.

arch.en.e.my (arçen'ımi) **i.** baş düşman.

ar.che.ol.o.gy (arkiyal'ıci) **i.** arkeoloji.

arch.er (ar'çır) **i.** okçu.

ar.chi.tect (ar'kıtekt) **i.** mimar. **architecture i.** 1. mimarlık. 2. inşaat, yapı.

ar.chives (ar'kayvz) **i.** arşiv, belgelik.

arc.tic (ark'tik) **i.** arktik.

ar.dent (ar'dınt) **s.** gayretli, şevkli.

ar.dor (ar'dır) **i.** gayret, şevk.

ar.du.ous (ar'cuwıs) **s.** güç, çetin.

ar.e.a (er'iyı) **i.** alan, yüzölçümü.

a.re.na (ıri'nı) **i.** arena.

Ar.gen.ti.na (arcıntı'nı) **i.** Arjantin.

ar.gue (ar'gyu) **f.** 1. tartışmak, münakaşa etmek. 2. ispatlamak. **argument i.** 1. tartışma, münakaşa. 2. inandırıcı delil.

a.ri.a (a'riyı) **i.** arya.

ar.id (er'id) **s.** 1. kuru, sıcaktan çatlamış, kıraç. 2. tatsız, yavan. **aridity, aridness i.** 1. kuraklık, kıraçlık. 2. yavanlık. 3. kuru şey.

a.ris.to.crat (ıris'tıkrät) **i.** aristokrat.

a.rith.me.tic (ırith'mıtik) **i.** aritmetik.

arm (arm) **i.** 1. kol. 2. dal. 3. koy. 4. otorite. **f.** silahlandırmak; silahlanmak. **armful s.** kucak dolusu.

Ar.me.ni.an (armi'niyın) **s., i.** 1. Ermeni. 2. Ermenice.

ar.mi.stice (ar'mıstis) **i.** ateşkes.

ar.mor (ar'mır) **i.** zırh.

arm.pit (arm'pit) **i.** koltuk altı.

arms (armz) **i.** 1. silahlar, cephane. 2. arma. **under arms** silahlanmış, harbe hazır. **up in arms** 1. ateş püskürmeye hazır. 2. ayaklanmış. 3. öfkelenmiş. **lay down arms** 1. barış yapmak. 2. teslim olmak.

ar.my (ar'mi) **i.** kara ordusu, ordu.

a.ro.ma (ıro'mı) **i.** koku, güzel koku.

ar.o.mat.ic (erımät'ik) **s.** güzel kokulu, baharat gibi kokan.

a.round (ıraund') **z.** etrafına, etrafında, yakında, civarda.

a.rouse (ırauz') **f.** 1. uyandırmak, canlandırmak, ayaklandırmak. 2. gözünü açmak.

ar.range (ıreync') **f.** 1. düzenlemek, dizmek.

2. kararlaştırmak, planlamak. **arrangement i.** 1. düzenleme. 2. düzen, nizam, tertip. 3. anlaşma, mukavele. 4. (müz.) aranjman.

ar.ray (irey') **i.** saf, sıra, düzen. **f.** giydirip kuşatmak, donatmak.

ar.rest (ırest') **i.** 1. tevkif, hapis. 2. kesme. **f.** 1. durdurmak, kesmek. 2. tutuklamak. 3. çekmek (dikkat). **under arrest** tutuklu.

ar.rive (ırayv') **f.** gelmek, varmak, ulaşmak, yetişmek. **arrival i.** geliş, varış.

ar.ro.gance (er'ıgıns) **i.** 1. kibir, gurur. 2. küstahlık. **arrogant s.** 1. kibirli. 2. küstah. **arrogantly z.** küstahça.

ar.row (er'o) **i.** ok.

ar.se.nal (ar'sınıl) **i.** tophane; mühimmat deposu.

ar.son (ar'sın) **i.** kundakçılık.

art (art) **i.** 1. hüner, sanat, ustalık. 2. ilim dalı, fen. **arts and crafts** el işleri. **fine arts** güzel sanatlar. **liberal arts** edebiyat ve beşeri ilimler. **artful s.** kurnaz.

ar.ter.y (ar'tıri) **i.** 1. atardamar. 2. büyük cadde.

ar.te.sian well (artiijın) artezyen kuyusu.

ar.ti.choke (ar'tıçok) **i.** enginar.

ar.ti.cle (ar'tıkıl) **i.** 1. makale, yazı. 2. madde, fıkra, bahis, kısım. 3. nesne, madde. 4. (gram.) harfi tarif ve harfi tenkir (**the** veya **a**).

ar.tic.u.late (artık'yılıt) **s.** 1. düşüncelerini rahatça ifade edebilen. 2. konuşkan. **articulation** i. telaffuz.

ar.ti.fi.cial (artıfiş'ıl) **s.** yapma, suni, sahte.

ar.til.ler.y (artil'ıri) **i.** 1. ağır silahlar. 2. topçu sınıfı.

ar.ti.san (ar'tızın) **i.** esnaf.

ar.tist (ar'tıst) **i.** 1. sanatçı, sanatkâr, ressam, heykeltraş.

as (äz) **z.** 1. gibi, veçhile, suretle. 2. iken. **bağ.** çünkü, mademki, nitekim. **as ... as** o kadar. **so as** 1. gibi, suretle, veçhile. 2. için. 3. ki. **as if**, **as though** sanki, güya.

as.bes.tos (äsbes'tıs) **i.** amyant.

as.cend (ısend') **f.** çıkmak, yukarı çıkmak.

as.cer.tain (äsırteyn') **f.** araştırmak, soruşturmak.

ash (äş) **i.** kül.

a.shamed (ışeymd') **s.** utanmış, mahçup.

a.shore (ışor') **z.** karaya, karada, kıyıya, kıyıda.

A.sia (ey'jı) **i.** Asya. **Asia Minor** Anadolu.

a.side (ısayd') **z.** bir yana, bir kenara, ayrı, kendi kendine.

ask (äsk) **f.** 1. sormak. 2. talep etmek, istemek. 3. davet etmek, teklif etmek.

a.sleep (ıslip') **s.** 1. uykuda. 2. uyuşmuş. **fall asleep** uykuya dalmak.

as.par.a.gus (ısper'ıgıs) **i.** kuşkonmaz.

as.pect (äs'pekt) **i.** görünüş.

as.phalt (äs'fôlt) **i.** 1. maden zifti. 2. asfalt. 3. asfalt yol.

as.phyx.i.ate (äsfik'siyeyt) **f.** boğmak, oksijensiz bırakmak.

as.pire (ıspayr') **f.** amaç edinmek; arzu etmek; göz dikmek.

as.pi.rin (äs'pırın) **i.** aspirin.

ass (äs) **i.** 1. eşek, merkep. 2. ahmak, aptal. 3. (argo) but, kaba et.

as.sas.si.nate (ısäs'ıneyt) **f.** suikast yapmak.

as.sault (ısôlt') **i.** saldırı, hamle, tecavüz. **f.** saldırmak, tecavüz etmek.

as.sem.ble (ısem'bıl) **f.** 1. toplamak; toplanmak. 2. monte etmek.

as.sem.bly (ısem'blı) **i.** toplantı, meclis, kongre. **assembly line** montaj fabrikası. **assembly room** toplantı salonu. **right of assembly** toplanma hakkı.

as.sent (ısent') **i.** rıza, onama. **f.** razı olmak, kabul etmek, onamak.

as.sert (ısırt') **f.** 1. doğru çıkarmak. 2. iddia etmek, öne sürmek.

as.sess (ıses') **f.** tayin etmek (vergi); değer biçmek.

as.set (äs'et) **i.** mal, kıymetli şey. **assets i.** (tic.) emval, servet, mevdudat, aktif, varlık.

as.sign (ısayn') **f.** 1. atamak, tayin etmek. 2. ayırmak, tahsis etmek. 3. kararlaştırmak. 4. atfetmek, hamletmek. 5. (huk.) devretmek. **assignment i.** okul ödevi, ev ödevi.

as.sim.i.late (ısim'ıleyt) **f.** 1. bağdaştırmak. 2. özümsemek. 3. benzeşmek. **assimilation** i. 1. benzeyiş, benzeşme. 2. özümseme.

as.sist (ısist') **f.** yardım etmek. **assistance i.** yardım, destek. **assistant i.** yardımcı. **assistant professor** asistan.

as.so.ci.ate (ıso'şiyeyt) **f.** 1. arkadaşlık etmek. 2. ortak etmek, birleştirmek. 3. benzetmek, aralarında ilişki kurmak. 4. ortaklık kurmak. **association** i. 1. kurum, cemiyet. 2. birlik. 3. şirket.

as.so.ci.ate (ıso'şiyit) **i.** 1. arkadaş, dost. 2. ortak. **s.** 1. ortak çıkar ve ilişkisi olan. 2. üyelik haklarından tam yararlanamayan. **associate professor** doçent.

as.sort (ısôrt') **f.** sınıflandırmak. **assorted s.** çeşitli. **assortment i.** çeşitler.

as.sume (ısum') **f.** farz etmek. **assumed s.** 1. farz olunan; hayali. 2. takma (ad).

as.sump.tion (ısâmp'şın) **i.** 1. farz, tahmin, zan. 2. küstahlık.

as.sure (ışür') **f.** 1. temin etmek, temin edici söz söylemek. 2. ikna etmek. 3. söz vermek. **assured s.** 1. önceden belli olan. 2. kendine güvenen. **assuredly z.** elbette, her halde, mutlaka. **assuringly z.** inandırıcı bir şekilde.

assurance i. 1. güven. 2. inanç. 3. söz, yemin. 4. (İng.) sigorta.

a.stern (ıstırn') **z.** (den.) geriye, gerisinde, arkaya, geminin kıçına.

asth.ma (äz'mı) **i.** nefes darlığı, astım.

asth.mat.ic (äzmät'ik) **s.** astımla ilgili, astımlı.

a.ston.ish (ıstan'iş) **f.** şaşırtmak, hayrete düşürmek. **be astonished at** hayret etmek, şaşmak. **astonishing s.** şaşırtıcı, şaşılacak. **a-stonishment i.** hayret, şaşkınlık.

a.stound (ıstaund') **f.** çok şaşırtmak, hayrette bırakmak. **astounding s.** şaşırtıcı.

a.stray (ıstrey') **z, s.** yoldan çıkmış, sapkın. **go astray** kötü yola sapmak. **lead astray** ayartmak, azdırmak.

as.trol.o.gy (ıstral'ıci) **i.** 1. astroloji, müneccimlik. 2. yıldız falcılığı.

as.tro.naut (äs'trınôt) **i.** astronot.

as.tro.nom.ic, -ical (ästrınam'ik, -ikıl) **s.** 1. çok fazla, aşırı, astronomik. 2. astronomi ile ilgili.

as.tron.o.my (ıstran'ımi) **i.** astronomi, gökbilim. **astronomer i.** astronom, gökbilimci.

as.tute (ıstut') **s.** akıllı, zeki, kurnaz.

a.sy.lum (ısay'lım) **i.** barınak. **give asylum to** barındırmak. **insane asylum** akıl hastanesi, şifa yurdu. **orphan asylum** yetimhane, öksüzler yurdu. **political asylum** siyasi iltica.

a.sym.me.try (eysim'ıtri) **i.** simetrisizlik, bakışımsızlık.

at (ät) **edat** 1. tarafından, -de, -da. 2. -e, -a. 3. üzere, halinde. 4. başına, her birine. 5. nezdinde. 6. yoınında, evinde. 7. ile meşgul. 8. hususunda. **at all** hiç, hiçbir surette. **at best** nihayet, olsa olsa. **at first** önce, evvela. **at home** 1. evde. 2. kabul günü. **at large** serbest. **at last** nihayet. **at least** hiç olmazsa. **at most** en çok. **at once** derhal, hemen.

a.the.ism (ey'thiyizım) **i.** ateizm, Tanrısızlık, Tanrıtanımazlık. **atheist i.** ateist, Allahsız, Tanrısız.

ath.lete (äth'lit) **i.** atlet, sporcu. **athlete's foot** madura ayağı.

ath.let.ic (äthlet'ik) **s.** atletik.

at.las (ät'lıs) **i.** atlas (harita kitabı).

at.mos.phere (ät'mısfir) **i.** 1. havaküre, atmosfer. 2. çevre, yöre.

at.om (ät'ım) **i.** atom; zerre.

a.tom.ic (ıtam'ik) **s.** atomik.

a.tro.cious (ıtro'şıs) **s.** 1. iğrenç, tiksindirici. 2. gaddar, zalim.

a.troc.i.ty (ıtras'ıti) **i.** gaddarlık, kötülük, canavarlık.

at.ro.phy (ät'rıfi) **i.** dumur, körelme.

at.tach (ıtäç') **f.** takmak, iliştirmek, bağlamak.

attached s. 1. bağlı, ilgili. 2. ilişik. 3. tutkun.

attachment i. 1. bağlılık. 2. sevgi, dostluk.

at.ta.ché (ätışey') **i.** ataşe.

at.tack (ıtäk') **f.** 1. hücum etmek, saldırmak, vurmak, tecavüz etmek. 2. aleyhinde söylemek. **i.** 1. saldırı, hücum. 2. tutulma, nöbet.

at.tain (ıteyn') **f.** kazanmak, bulmak, edinmek. **attainment i.** hüner, marifet.

at.tempt (ıtempt') **f.** 1. kalkışmak, yeltenmek, teşebbüs etmek. 2. gayret etmek. **i.** teşebbüs, yeltenme, kalkışma.

at.tend (ıtend') **f.** 1. (toplantıya) katılmak. 2. bakmak. 3. refakat etmek. **attendance i.** 1. devam. 2. refakat. 3. katılanlar, maiyet. **attendant i.** hizmetçi.

at.ten.tion (ıten'şın) **i.** dikkat.

at.ten.tive (ıten'tiv) **s.** dikkatli; kibar.

at.tic (ät'ik) **i.** tavan arası.

at.ti.tude (ät'ıtud) **i.** tutum, davranış, tavır.

at.tor.ney (ıtır'ni) **i.** avukat. **power of attorney** 1. vekâlet, temsil yetkisi. 2. vekâletname.

at.tract (ıträkt') **f.** çekmek; cezbetmek. **at-traction i.** cazibe, alımlılık. **attractive s.** cazibeli, çekici, alımlı.

at.tri.bute (ät'rıbyut) **i.** sıfat, nitelik, vasıf.

auc.tion (ôk'şın) **i.** açık artırma, mezat, müzayede.

au.di.ence (ô'dıyıns) **i.** dinleyiciler.

au.di.o-vis.u.al (ôdıyovi'ʒuwıl) **s.** görsel-işitsel.

au.dit (ô'dit) **i.** kesin hesap. **f.** hesapları kontrol etmek.

au.dit (ô'dit) **f.** dinlemek.

au.di.to.ri.um (ôditôr'iyum) **i.** toplantı salonu.

Au.gust (ô'gıst) **i.** ağustos.

aunt (änt) **i.** teyze, hala, yenge.

aus.pi.cious (ôspiş'ıs) **s.** uğurlu, hayırlı.

aus.tere (ôstir') **s.** 1. sert. 2. çok sade. **austerity i.** sertlik, haşinlik.

Aus.tra.lia (ôstreyl'yı) **i.** Avustralya.

Aust.ri.a (ôs'triyı) **i.** Avusturya.

au.thor (ô'thır) **i.** yazar.

au.thor.i.ty (ıthôr'ıti) **i.** yetke, otorite. **authoritarian s.** otoriter.

au.thor.ize (ô'thırayz) **f.** 1. yetkilendirmek. 2. ruhsat vermek. **authorization i.** izin, ruhsat.

au.to (ô'to) **i.** otomobil.

au.to.bi.og.ra.phy (ôtıbayag'rıfi) **i.** otobiyografi, özgeçmiş.

au.toc.ra.cy (ôtak'rısi) **i.** otokrasi.

au.to.crat (ô'tıkrät) **i.** diktatör, otokrat.

au.to.graph (ô'tıgräf) **i.** hatıra imzası; bir kimsenin kendi el yazısı.

au.to.mat.ic (ôtımät'ik) **s.** otomatik. **i.** otomatik tabanca.

au.to.mo.bile (ôtımô'bil) **i.** otomobil.

au.ton.o.my (ôtan'imi) **i.** özerklik, muhtariyet. **autonomous s.** özerk, muhtar.

au.top.sy (ô'tapsi) **i.** otopsi.

au.tumn (ô'tım) **i.** sonbahar, güz.

aux.il.ia.ry (ôgzil'yıri) **i., s.** yardımcı.

a.vail.a.ble (vey'lıbıl) **s.** hazır, elde mevcut.

a.venge (ıvenc') **f.** öç almak.

av.e.nue (äv'inyu) **i.** cadde, geniş yol, sokak.

av.er.age (äv'ric) **s.** ortalama, vasat, orta.

a.ver.sion (ıvır'jın) **i.** nefret, iğrenme, tiksinme.

a.vert (ıvırt') **f.** 1. başka tarafa çevirmek, yön değiştirmek. 2. önlemek.

a.vi.a.tion (eyviyey'şın) **i.** havacılık.

a.vi.a.tor (ey'viyey'tır) **i.** pilot, havacı.

a.void (ıvoyd') **f.** sakınmak, çekinmek, kaçınmak.

a.wait (ıweyt') **f.** beklemek, gözlemek, hazır olmak.

a.wake (ıweyk') **s.** uyanık, tetikte, sak.

a.wake, a.wak.en (ıweyk', -kın) **f.** 1. uyandırmak. 2. canlanmak, dirilmek.

a.ward (ıwôrd') **i.** ödül, mükâfat. **f.** ödüllendirmek.

a.ware (ıwer') **s.** haberdar, farkında, uyanık. **be aware of** farkında olmak. **awareness i.** farkında olma.

a.way (ıwey') **z.** 1. uzağa, uzakta. 2. bir yana. 3. -den, -dan. **be away** bulunmamak, başka yere gitmiş olmak. **carry away** alıp götürmek, sürüklemek. **go away** gitmek, ayrılmak. **hide away** saklamak, saklanmak. **right away** hemen, derhal. **send away** başka bir yere göndermek, kovmak.

awe (ô) **i.** korku, huşu.

aw.ful (ô'fıl) **s.** korkunç, müthiş; berbat. **awfully z.** çok.

a.while (ıhwayl') **z.** biraz, kısa bir zaman için, bir müddet.

awk.ward (ôk'wırd) **s.** 1. eli işe yakışmaz, biçimsiz, kaba. 2. idaresi güç. **awkwardly z.** acemicesine. **awkwardness i.** beceriksizlik, acemilik.

awl (ôl) **i.** biz, saraç ve kunduracı bizi.

awn.ing (ô'ning) **i.** tente, güneşlik, sayvan.

ax, axe (äks) **i.** balta.

ax.is (äk'sis) **i.** eksen, mihver.

ax.le (äk'sıl) **i.** dingil, mil.

ay, aye (ay, ey) **z.** evet, muhakkak, hay hay.

az.ure (äj'ır) **i.** gökyüzü.

B

baa (ba) **i.** meleme. **f.** melemek.

bab.ble (bäb'ıl) **f.** 1. anlaşılmaz sözler söylemek. 2. gevezelik etmek, saçmalamak; boşboğazlık etmek. 3. çağlamak. **babbler i.** geveze, boşboğaz.

babe (beyb) **i.** 1. bebek. 2. (argo) kız, piliç.

ba.by (bey'bi) **i.** 1. bebek, çocuk. 2. kız. **s.** küçük. **f.** 1. bebek muamelesi yapmak. 2. şımartmak. **babyish s.** çocuksu, bebeksi.

ba.by-sit (bey'bisit) **f.** çocuk bakıcılığı yapmak. **baby sitter** çocuk bakıcısı.

bach.e.lor (bäç'ılır) **i.** 1. bekâr erkek. 2. fen veya edebiyat fakültesi mezunu. **Bachelor of Arts** edebiyat fakültesi diploması.

ba.cil.lus (bısil'ıs) **i.** basil.

back (bäk) **i.** 1. arka, sırt, geri. 2. belkemiği. 3. bek, müdafi. **f.** 1. desteklemek, arka olmak, yardım etmek. 2. tarafını tutmak. 3. üzerine bahse girmek. **s.** 1. arkadaki, arkasındaki; arkaya doğru olan. 2. evvelki; eski. **z.** 1. geri, geriye. 2. yine, tekrar. **back and forth** ileri geri. **back country** taşra. **back down** caymak, sözünden dönmek. **back seat** 1. arka yer, arka koltuk. 2. ikinci mevki veya rol. **back talk** küstahça karşılık verme. **back to back** arka arkaya, sırt sırta. **back up** 1. geri sürmek, geri gitmek. 2. desteklemek. **behind one's back** arkasından, gıyabında. **go back on** inkâr etmek, yerine getirmemek. **backing i.** arka, destek.

back.ache (bäk'eyk) **i.** sırt ağrısı; bel romatizması, lumbago.

back.bite (bäk'bayt) **f.** arkasından konuşmak, iftira etmek.

back.bone (bäk'bon) **i.** 1. omurga, belkemiği. 2. metanet.

back.break.ing (bäk'breyking) **s.** bedenen yorucu, yıpratıcı.

back.fire (bäk'fayır) **f.** geri tepmek.

back.gam.mon (bäk'gämın) **i.** tavla.

back.ground (bäk'graund) **i.** 1. arka plan, zemin; fon. 2. bir kimsenin geçmişteki görgü, çevre ve tahsili. **in the background** ikinci planda.

back.hand.ed (bäk'händid) **s.** 1. elin tersi ile vurulan. 2. samimi olmayan.

back.lash (bäk'läş) **i.** şiddetli geri itme.

back.log (bäk'lôg) **i.** 1. destek. 2. birikmiş iş.

back.rest (bäk'rest) **i.** arkalık.

back.space (bäk'speys) **f.** daktiloda geri gitmek.

back.stage (bäk'steyc) **i.** kulis, perde arkası.

back.stitch (bäk'stiç) **i.** iğneardı dikiş.

back.track (bäk'träk) **f.** sözünden dönmek, geri dönmek.

back.ward (bäk'wırd) **z.** geriye doğru, tersine, geri geri. **s.** geç kavrayan. **backwards and**

forwards ileri geri. **backwardness** i. geç kavrama.

back.yard (bäk'yard') i. evin arka bahçesi.

ba.con (bey'kın) i. beykın, tuzlanmış veya tütsülenmiş domuz boğrü veya sırtı. **bring home the bacon** başarılı elde etmek, başarmak.

bac.te.ri.a (bäktir'iyı) i. bakteriler. **bacterial s.** bakteriye ait.

bac.te.ri.cide (bäktir'ısayd) i. bakterileri yok eden madde, bakterisid.

bad (bäd) s. 1. kötü, nahoş. 2. değersiz. 3. bozuk; zararlı. 4. keyifsiz, hasta. **feel bad** kendini iyi hissetmemek. **in bad** güç durumda. **badly** z. fena halde.

badge (bäc) i. nişan, işaret, rozet.

badg.er (bäc'ır) i. porsuk. **f.** kızdırmak, sinirlendirmek.

bad-tem.pered (bäd'tem'pırd) s. aksi, huysuz, ters.

baf.fle (bäf'ıl) **f.** 1. şaşırtmak. 2. engel olmak. **be baffled** şaşırmak. **baffling s.** şaşırtıcı, aldatıcı.

bag (bäg) i. torba, çanta; kese, çuval. **f.** 1. torbalamak, çuvala koymak. 2. yakalamak, avlamak. **to be left holding the bag** 1. kabak başına patlamak. 2. avucunu yalamak. **baggy** s. torba gibi, gevşek, sarkık.

bag.gage (bäg'ic) i. bagaj, yolcu eşyası.

bag.pipe (bäg'payp) i. gayda.

bah (ba) **ünlem** Tu!

Bah.rain (bahreyn') i. Bahreyn.

bail (beyl) i. kefil, kefalet; teminat. **bail out** kefaletle tahliyesini sağlamak.

bail (beyl) i. çember, halka.

bai.liff (bey'lif) i. 1. icra memuru. 2. gözetici, kâhya.

bait (beyt) i. olta yemi, kapan yemi. **f.** 1. yemlemek. 2. eziyet etmek.

bake (beyk) **f.** fırında pişirmek. **baking** i. 1. fırında pişirme. 2. bir pişim. **baking powder** kabartma tozu, baking powder. **baking soda** sodyum bikarbonat, karbonat.

bak.er (bey'kır) i. ekmekçi, fırıncı. **baker's dozen** on üç. **bakery** i. ekmek fırını.

bak.sheesh (bäk'şiş) i. bahşiş.

bal.ance (bäl'ıns) i. 1. terazi. 2. denge. 3. denklem. 4. bilanço. 5. bakiye. **f.** 1. tartmak, dengelemek. 2. eşit olmak, dengeli olmak. **balance due** zimmet bakiyesi, vadesi gelmiş bakiye, borç. **balance sheet** bilanço. **credit balance** alacak bakiyesi. **balanced s.** dengeli.

bal.co.ny (bäl'kıni) i. balkon.

bald (böld) s. 1. dazlak, kel. 2. sade. 3. aşikâr, besbelli.

bald.faced (böld'feyst) s. yüzsüz, küstah.

bald.head (böld'hed) i. kel.

bale (beyl) i. balya, denk. **f.** balyalamak, denk yapmak.

bale.ful (beyl'fıl) s. meşum, uğursuz.

balk.y (bô'ki) s. yürümemekte direnen, inat eden (hayvan).

ball (bôl) i. 1. top, küre. 2. yumak. **ball up** şaşırtmak, (işi) bozmak. **play ball** 1. top oynamak. 2. işbirliği yapmak. **ball bearing** bilyeli yatak; bilye.

ball (bôl) i. balo. **have a ball** eğlenmek.

bal.lad (bäl'ıd) i. balad; türkü.

bal.last (bäl'ıst) i. 1. (den.) safra. 2. balast.

bal.le.ri.na (bäleri'nı) i. balerin.

bal.let (bäl'ey) i. 1. bale. 2. bale trupu.

bal.loon (bılun') i. balon.

bal.lot (bäl'ıt) i. oy. **ballot box** oy sandığı. **ball-point** (bôl'pôynt) s., **ball-point pen** tükenmez, tükenmezkalem.

ball.room (bôlrum') i. dans salonu, balo salonu.

balm.y (ba'mi) s. sakin, dinlendirici, huzur verici.

ba.lo.ney (bılo'ni) i. 1. (argo) saçmalık. 2. bir cins salam.

bal.sam (bôl'sım) i. pelesenk.

bal.us.trade (bälıstreyd') i. korkuluk, tırabzan.

bam.bi.no (bämbi'no) i. bebek, çocuk.

bam.boo (bämbu') i. hintkamışı, bambu.

ban (bän) **f.** yasaklamak, menetmek. i. 1. yasak. 2. aforoz.

ba.nal (bey'nıl) s. adi, bayağı, banal.

ba.na.na (bınän'ı) i. muz.

band (bänd) i. 1. takım, zümre. 2. bando. **f.** birleşmek; bağlamak, bir araya toplamak.

band (bänd) i. 1. şerit, bant, kurdele; kolan; sargı. 2. kemer; kayış. 3. çizgi. **f.** çemberlemek. **band saw** testi testere.

band.age (bän'dic) i. sargı, bağ. **f.** sarmak, bağlamak (yara).

ban.dan.na (bändän'ı) i. büyük mendil.

ban.dit (bän'dit) i. haydut, eşkıya. **banditry** i. haydutluk.

ban.dy-leg.ged (bän'dilegid) s. çarpık bacaklı.

bang (bäng) i. 1. gürültü, patırtı; patlama. 2. heyecan, sevinç. **f.** 1. çarpmak, gürültü ile kapatmak; hızla vurmak. 2. gürültü yapmak. **z.** gürültüyle, çarparak.

Bang.la.desh (bänglades') i. Bangladeş.

bangs (bängz) i. perçem, kâkül, kırkma.

ban.ish (bän'iş) **f.** 1. sürgüne göndermek, sürmek. 2. kovmak, uzaklaştırmak. **banishment** i. sürgün.

ban.is.ter (bän'ıstır) i. tırabzan.

bank (bängk) i. 1. yığın, küme. 2. bayır; kıyı,

kenar. **f.** yığmak, set yapmak.

bank (bängk) **i.** banka. **f.** bankaya para yatırmak. **banker i.** bankacı. **banking i.** bankacılık.

bank.book (bängk'bûk) **i.** banka cüzdanı.

bank.rupt (bängk'răpt) **s., i.** batkın, iflas etmiş. **f.** iflas ettirmek. **go bankrupt** iflas etmek, batmak.

bank.rupt.cy (bängkräptsi) **i.** batkı, iflas. **declare bankruptcy** iflas etmek. **fraudulent bankruptcy** hileli iflas.

ban.ner (bän'ır) **i.** 1. bayrak, sancak, alem. 2. (gazet.) manşet.

banns (bänz) **i.** nikah ilanı, evlenme kağıdı. **publish the banns** nikah kağıtlarını asmak, nikahı ilan etmek.

ban.quet (bäng'kwît) **i.** ziyafet, resmi ziyafet.

ban.ter (bän'tır) **i.** şaka, takılma, alay. **f.** şaka etmek, takılmak.

bap.tism (bäp'tîzım) **i.** vaftiz.

bap.tize (bäp'tayz) **f.** vaftiz etmek; ad koymak.

bar (bar) **i.** 1. çubuk, sırık. 2. engel. 3. bar, meyhane. **f.** 1. sürgülemek. 2. engel olmak. 3. hariç tutmak. **bar none** istisnasız, ayrıksız. **bar of soap** sabun kalıbı. **behind bars** hapiste, mahpus. **barred s.** 1. parmaklıkla kapalı. 2. yasaklanmış.

barb (barb) **i.** 1. çengel; kanca. 2. iğneleyici söz. **barbed s.** dikenli, kancalı. **barbed wire** dikenli tel.

Bar.ba.dos (barbey'doz) **i.** Barbados.

bar.bar.i.an (barber'iyın) **i.** vahşi, barbar. **s.** zalim; gaddar.

bar.bar.ic (barber'îk) **s.** medeniyetsiz; barbar; vahşi.

bar.bar.i.ty (barber'ıti) **i.** 1. gaddarlık, zalimlik. 2. medeniyetsizlik; kabalık.

bar.ba.rous (bar'bırıs) **s.** medeniyetsiz; haşin, kaba.

bar.be.cue (bar'bıkyu) **i.** kuzu v.b.'nin bütün olarak çevrildiği açık hava yemeği.

bar.bell (bar'bel) **i.** halter.

bar.ber (bar'bır) **i.** berber. **f.** tıraş etmek. **bar.ber.shop** (bar'bırşap) **i.** berber dükkanı.

bard (bard) **i.** saz şairi, ozan.

bare (ber) **s.** 1. çıplak, açık, yalın. 2. sade, basit. 3. abartmasız. 4. ancak yetecek kadar. **f.** soymak, açmak. **bare chance** zayıf bir ihtimal. **bare living** ancak geçinme, kıt kanaat geçinme. **barely z.** ancak, güçbela.

bare.back (ber'bäk) **s.** eyersiz (at).

bare.faced (ber'feyst) **s.** 1. yüzü açık, peçesiz. 2. yüzsüz, arsız.

bare.foot (ber'fût) **s., z.** yalınayak.

bare.hand.ed (ber'hän'dîd) **s.** 1. silahsız. 2. elleri açıkta.

bare.head.ed (ber'hedîd) **s.** başı açık.

bare.leg.ged (ber'legîd) **s.** çorapsız, çıplak bacaklı.

bar.gain (bar'gın) **i.** 1. pazarlık, anlaşma. 2. işlem. 3. kelepir. **f.** 1. pazarlık etmek, uyuşmak. 2. şarta bağlamak. **into the bargain** üstelik, caba. **strike a bargain** uzlaşmak.

barge (barc) **i.** mavna, salapurya. **barge in** paldır küldür girmek; işe karışmak.

bark (bark) **i.** havlama. **f.** havlamak.

bark (bark) **i.** kabuk; ağaç kabuğu.

bar.keep.er (bar'kipır) **i.** barmen.

bar.ley (bar'li) **i.** arpa.

bar.maid (bar'meyd) **i.** barmen kız.

bar.man (bar'mın) **i.** barmen.

barn (barn) **i.** ahır, çiftlik ambarı.

barn.yard (barn'yard) **i.** çiftlik ambarı yanındaki avlu.

ba.rom.e.ter (bırım'ıtır) **i.** barometre.

ba.roque (brrok') **s.** 1. barok. 2. şatafatlı, çok süslü.

bar.racks (ber'îks) **i.** kışla.

bar.rage (braj') **i.** şiddetli hücum.

bar.rel (ber'ıl) **i.** varil, fıçı.

bar.ren (ber'ın) **s.** kısır; meyvasız; kıraç, verimsiz.

bar.ret (ber'ît) **i.** bere, kep.

bar.rette (bret') **i.** saç tokası.

bar.ri.cade (berıkeyd') **i.** barikat, siper. **f.** siper çekmek.

bar.ri.er (ber'iyır) **i.** 1. engel. 2. çit, korkuluk.

bar.room (bar'rum) **i.** meyhane, bar.

bar.tend.er (bar'tendır) **i.** barmen.

bar.ter (bar'tır) **f.** değiş tokuş etmek, trampa etmek; takas yapmak. **i.** değiş tokuş, trampa.

base (beys) **i.** 1. kaide, temel, esas. 2. (ask.) üs. 3. (kim.) alkali madde, baz. **f.** temel atmak, kurmak, tesis etmek. **base on** (bir temele) dayandırmak. **off base** yanlış yolda. **base.less s.** asılsız, temelsiz.

base (beys) **s.** 1. alçak, adi, rezil. 2. değersiz.

base.ball (beys'bôl) **i.** beysbol.

base.board (beys'bôrd) **i.** süpürgelik.

base.ment (beys'mınt) **i.** bodrum katı.

bash (bäş) **f.** kuvvetle vurmak, hızla vurmak. **i.** 1. hızlı vuruş; kuvvetli darbe. 2. cümbüş.

bash.ful (bäş'fıl) **s.** utangaç, sıkılgan, çekingen.

ba.sic (bey'sîk) **s.** 1. esas, temel. 2. (kim.) bazal. **basically z.** esasında, aslında.

ba.sil (bäz'ıl) **i.** fesleğen.

ba.sin (bey'sın) **i.** 1. leğen. 2. havuz. 3. havza.

ba.sis (bey'sîs) **i.** 1. kaide, temel. 2. menşe, kaynak. 3. ana dize.

bask (bäsk) **f.** güneşlenmek.

bas.ket (bäs'kît) **i.** 1. sepet, küfe, zembil. 2. (spor) sayı, basket.

basketball   14

bas.ket.ball (bäs'kitbôl) **i.** 1. basketbol, sepet-topu. 2. basketbol topu.

bass (bäs) **i.** levrek, hani.

bass (beys) **i.** basso, bas.

bas.soon (bäsun') **i.** fagot.

bass.wood (bäs'wûd) **i.** ıhlamur ağacı.

bas.tard (bäs'tırd) **s., i.** piç.

bas.tard.ize (bäs'tırdayz) **f.** alçaltmak; değerini düşürmek.

baste (beyst) **f.** 1. teyellemek. 2. eti pişerken yağlayıp yumuşatmak.

bas.tion (bäs'çın) **i.** kale burcu; tabya.

bat (bät) **i.** oyun sopası. **f.** 1. oyun sopası ile vurmak. 2. kırpmak (göz). **bat around** (argo) 1. gezmek. 2. tartışmak.

bat (bät) **i.** yarasa. **blind as a bat** tamamen kör.

batch (bäç) **i.** bir miktar; grup; takım, alay.

bath (bäth) **i.** 1. banyo, hamam. 2. kaplıca. 3. film banyosu.

bathe (beydh) **f.** 1. yıkamak, banyo etmek; banyo yapmak, yıkanmak. 2. ıslatmak, suya batırmak.

bath.robe (bäth'rob) **i.** bornoz.

bath.room (bäth'rum) **i.** 1. banyo, hamam. 2. tuvalet.

bat.tal.ion (bıtäl'yın) **i.** tabur, müfreze, kıta.

bat.ter (bät'ır) **f.** 1. sert darbelerle vurmak; hırpalamak, dövmek. 2. eskitmek.

bat.ter (bät'ır) **i.** sulu hamur. 2. topa vuran oyuncu.

bat.ter.y (bät'ıri) **i.** 1. pil, akümülatör, akü. 2. (ask.) batarya. 3. kötü davranış. 4. dizi, seri, takım.

bat.ting (bät'îng) **i.** tabaka halinde pamuk.

bat.tle (bät'ıl) **i.** savaş; döviş. **f.** savaşa katılmak; savaşmak. **battle cry** savaş narası. **join battle** savaşmak, savaşa başlamak.

bat.tle-ax (bät'ıläks) **i.** 1. cenk baltası, teber. 2. huysuz kocakarı.

bat.tle.field (bät'ılfild) **i.** savaş alanı.

bat.tle-scarred (bät'ılskard) **s.** savaşta alınmış yara izleri taşıyan.

bat.tle.ship (bät'ılşîp) **i.** zırhlı savaş gemisi.

bau.ble (bô'bıl) **i.** ucuz ve adi biblo.

baux.ite (bôk'sayt) **i.** boksit.

bawl (bôl) **f.** haykırmak, bağırmak, feryat etmek. **bawl out** (argo) azarlamak, haşlamak.

bay (bey) **i.** 1. koy, körfez. 2. pencere çıkması, cumba. **bay window** cumba.

bay (bey) **i.** 1. uluma. **f.** ulumak. **at bay** sıkışık durumda.

bay (bey) **i.** defne ağacı. **bay rum** defne ispirtosu.

bay.o.net (beyınet') **i.** süngü.

ba.zaar (bızar') **i.** pazar, çarşı; kermes.

B.B.C. (kıs.) **British Broadcasting Corporation** Britanya Radyo TV Kurumu.

B.C. (kıs.) **Before Christ** milattan önce, M.Ö.

be (bi) **f.** olmak, vaki olmak; mevcut olmak.

beach (biç) **i.** kumsal, plaj, sahil.

bea.con (bi'kın) **i.** 1. fener. işaret kulesi.

bead (bid) **i.** 1. boncuk, tane (tespih). 2. silahta arpacık. **draw a bead on** nişan almak. **beads** i. 1. tespih. 2. kolye.

beak (bik) **i.** gaga.

beak.er (bi'kır) **i.** geniş ağızlı büyük bardak.

beam (bim) **i.** 1. kiriş, hatıl, putrel. 2. direk, mertek. 3. araba veya saban oku. 4. ışın. 5. (den.) kemere. **on the beam** doğru yönde; doğru, tam. **off the beam** yanlış yolda; yanlış.

beam (bim) **f.** 1. yaymak, saçmak (ışık). 2. (yüzü sevinçle) parlamak. **beaming s.** parlak, sevinçle parlayan (yüz).

bean (bin) **i.** 1. fasulye. 2. tane, tohum. **broad bean, fava bean, horse bean** bakla. **green bean** taze fasulye. **haricot bean** kuru fasulye. **locust bean** keçiboynuzu.

bean.pole (bin'pol) **i.** 1. fasulye sırığı. 2. sırık gibi kimse.

bear (ber) **i.** ayı.

bear (ber) **f.** 1. taşımak, kaldırmak. 2. tahammül etmek, dayanmak. 3. (meyva) vermek. 4. doğurmak. **bear down** acı kuşvurmak. **bear out** desteklemek. **bear up** dayanmak, katlanmak. **bear with** sabırlı olmak.

beard (bîrd) **i.** sakal.

bear.er (ber'ır) **i.** taşıyan kimse. **to the bearer** hamiline.

bear.ing (ber'îng) **i.** 1. hal, tavır, davranış. 2. yatak, mil yatağı. 3. (den.) kerteriz. **lose one's bearings** şaşırmak, pusulayı şaşırmak. **take a bearing** kerteriz almak.

beast (bist) **i.** hayvan.

beat (bit) **f.** 1. dövmek, vurmak, çarpmak. 2. çalmak (davul). 3. yenmek, galip gelmek. 4. atmak (kalp). **beat about the bush** bin dereden su getirmek. **beat all hollow** tamamen yenmek. **beat a retreat** çekilmek, gerilemek. **Beat it!** Defol! **beat up** dövmek, dövüşte galip gelmek.

beat (bit) **s.** 1. yorgun, yıpranmış. 2. asi (genç).

beat (bit) **i.** 1. vuruş, darbe. 2. darbe sesi. 3. tempo. 4. polis devriyesi. 5. ilginç bir haberin rakip gazeteden önce yayımı. **beaten s.** dövülmüş; mağlup, yenilmiş. **beater i.** çırpma makinesi. **beating i.** 1. dövme, vuruş. 2. dayak. 3. yenilgi.

beau.ti.ful (byu'tıfıl) **s.** güzel, hoş. **beautifully z.** güzelce.

beau.ti.fy (byu'tıfay) **f.** güzelleştirmek; güzelleşmek.

beau.ty (byu'ti) **i.** 1. güzellik. 2. güzel kimse, güzel kadın. **beauty parlor, beauty shop** kuaför salonu.

bea.ver (bi'vır) **i.** kunduz.

be.cause (bîkâz') **bağ.** çünkü, zira, dolayısıyle, sebebiyle, için. **because of** -den dolayı.

beck.on (bek'ın) **f.** el etmek, işaretle çağırmak.

be.come (bîkâm') **f.** 1. olmak. 2. yakışmak, yaraşmak, gitmek. **becoming s.** 1. cazip, çekici. 2. uygun, münasip.

bed (bed) **i.** 1. yatak, karyola. 2. çiçeklik, tarh. 3. yığın. 4. nehir yatağı. **bed and board** tam pansiyon. **go to bed** yatmak. **make a bed** yatak yapmak. **put to bed** yatırmak.

bed.bug (bed'bâg) **i.** tahtakurusu.

bed.clothes (bed'kloz) **i.** battaniye gibi yatak takımları.

bed.ding (bed'îng) **i.** yatak takımı.

bed.fel.low (bed'felo) **i.** yatak arkadaşı.

bed.lam (bed'lim) **i.** kargaşa, gürültü, şamata.

bed.pan (bed'pän) **i.** yatak lazımlığı, ördek.

bed.roll (bed'rol) **i.** dürülü yatak.

bed.room (bed'rum) **i.** yatak odası.

bed.side (bed'sayd) **i.** yatağın başucu.

bed.sore (bed'sôr) **i.** (tıb.) yatak yarası.

bed.spread (bed'spred) **i.** yatak örtüsü.

bed.stead (bed'sted) **i.** karyola.

bed.time (bed'taym) **i.** yatma zamanı.

bee (bi) **i.** arı, bal arısı.

beech (biç) **i.** kayın ağacı.

beef (bif) **i.** 1. sığır eti. 2. sığır. 3. (argo) şikayet. **f.** (argo) şikayet etmek. **beef up** kuvvetlendirmek.

beef.steak (bif'steyk) **i.** biftek.

bee.hive (bi'hayv) **i.** arı kovanı.

bee.keep.er (bi'kipır) **i.** arıcı.

bee.line (bi'layn) **i.** 1. kestirme yol. 2. düz çizgi, düz hat.

bees.wax (biz'wäks) **i.** balmumu.

beet (bit) **i.** pancar. **beet greens, beet tops** pancar yaprağı. **beet sugar** pancar şekeri, şakaroz.

bee.tle (bit'ıl) **i.** kınkanatlı böcek.

be.fit (bîfît') **f.** uygun olmak, münasip olmak, denk gelmek. **befitting s.** uygun.

be.fore (bîfôr') **z.** 1. önce, evvel. 2. önünde, cephesinde. **edat** 1. tercihen, yerine. 2. huzurunda. **bağ.** -den önce. **before Christ (B.C.)** milattan önce, M.Ö. **before the wind** rüzgâr yönünde.

be.friend (bîfrend') **f.** dostça davranmak, yardım etmek.

beg (beg) **i.** 1. dilenmek. 2. dilemek, rica etmek.

beg.gar (beg'ır) **i.** 1. dilenci. 2. çapkın.

be.gin (bîgîn') **f.** 1. başlamak; başlatmak, ön ayak olmak. 2. meydana gelmek, vücut bulmak. **beginner i.** yeni başlayan kimse, başlayıcı. **beginning i.** 1. başlangıç. 2. kaynak, baş, esas.

be.grudge (bîgrâc') **f.** çok görmek, gözü kalmak.

be.guile (bîgayl') **f.** 1. aklını çelmek, ayartmak; saptırmak. 2. cezbetmek.

be.half (bîhäf') **i.** yan, taraf. **on behalf of** (birisinin) namına, adına.

be.have (bîheyv') **f.** davranmak, hareket etmek. **behave oneself** terbiyesini takınmak, terbiyeli davranmak.

be.hav.ior (bîheyv'yır) **i.** tavır, davranış. **behaviorism i.** davranışçılık.

be.head (bîhed') **f.** boynunu vurmak, kellesini uçurmak.

be.hind (bîhaynd') **z.** arkada, arkasında, ardında, gerisinde. **edat** geri, arka planda, geride; geri kalmış (saat). **i.** kıç.

be.hold (bîhold') **f.** 1. bakmak, gözlemlemek. 2. görmek.

be.hold.en (bîhol'dın) **s.** borçlu, minnettar.

beige (beyj) **s.** bej.

be.ing (bi'yîng) **i.** 1. oluş, varoluş. 2. varlık. 3. yaratık. 4. insan.

be.lat.ed (bîley'tîd) **s.** gecikmiş.

belch (belç) **f.** 1. geğirmek. 2. püskürtmek, fırlatmak. **i.** geğirme.

bel.fry (bel'fri) **i.** çan kulesi.

Bel.gium (bel'cım) **i.** Belçika.

be.lief (bîlif') **i.** inanç, itikat.

be.lieve (bîliv') **f.** 1. inanmak. 2. güvenmek. 3. iman etmek. 4. sanmak. **believe in** 1. inanmak. 2. güvenmek.

be.lit.tle (bîlît'ıl) **f.** küçültmek, alçaltmak; küçümsemek.

Be.lize (bılîz') **i.** Beliz.

bell (bel) **i.** çan, kampana; zil, çıngırak. **bell.boy, bell.hop** (bel'boy, bel'hap) **i.** otelde oda hizmetçisi çocuk.

belle (bel) **i.** dilber; salon kadını.

bell.flow.er (bel'flauwır) **i.** çançiçeği.

bel.li.cose (bel'ıkos) **s.** kavgacı, dövüşken, mücadeleci.

bel.lig.er.ent (bılîc'ırınt) **s.,i.** 1. münakaşacı, kavgacı, dövüşken. 2. savaşçı. **belligerence i.** 1. münakaşacılık. 2. savaşçılık.

bel.low (bel'o) **f.** 1. böğürmek, bağırmak. 2. bağırmak.

bel.lows (bel'oz) **i.** körük.

bel.ly (bel'i) **i.** karın.

be.long (bîlông') **f.** ait olmak. **belongings i.** şahsi eşya.

be.lov.ed (bîlâv'îd) **s.** sevgili, aziz.

be.loved (bilêvd') **s.** sevilen.

be.low (bilo') **z.** aşağı, aşağıda. **edat** -den aşağı.

belt (belt) **i.** kuşak, kemer, kayış; kolan. **f.** 1. kemer bağlamak. 2. kuşatmak, çevirmek. 3. dövmek. **belt buckle** kemer tokası. **tighten one's belt** kemerleri sıkmak.

bench (benç) **i.** 1. sıra, bank. 2. tezgâh.

bend (bend) **f.** 1. kıvırmak, bükmek, eğmek; kıvrılmak, bükülmek, eğilmek. 2. (den.) bağlamak. **i.** 1. kıvrım. 2. dirsek. 3. dönemeç, viraj. 4. (den.) bağ, düğüm.

bends (bendz) **i. : the bends** dalgıçlarda vurgun hastalığı.

be.neath (binith') **z.** altına, altında, altta. **edat** -den aşağıda.

ben.e.dic.tion (benıdîk'şın) **i.** kutsama, takdis.

ben.e.fac.tion (benıfäk'şın) **i.** iyilik, ihsan, hayır, nimet.

ben.e.fac.tor (ben'ıfäktır) **i.** iyilik eden, hayır sahibi.

be.nef.i.cent (bınef'ısınt) **s.** iyilikçi, yardımsever. **beneficence i.** iyilik, hayır, lütuf, ihsan.

ben.e.fi.cial (benıfîş'ıl) **s.** hayırlı; faydalı, yararlı. **beneficially z.** yararlı bir şekilde.

ben.e.fi.ci.ar.y (benıfîş'iyeri) **i.** 1. yararlanan kimse. 2. vâris.

ben.e.fit (ben'ıfît) **i.** fayda, kâr, yarar. **f.** 1. iyiliği dokunmak. 2. yararlanmak.

be.nev.o.lent (bınev'ılınt) **s.** 1. yardımsever. 2. kâr gayesi gütmeyen (kurum). **benevolently z.** gönülden. **benevolence i.** 1. iyiliksever, cömertlik. 2. yardım, sadaka.

be.nign (bınayn') **s.** 1. iyi kalpli, merhametli. 2. selim (tümör).

Be.nin (benin') **i.** Benin.

bent (bent) **s.** eğri, kıvrık, bükülmüş. **i.** 1. eğim, meyil. 2. eğilim.

be.queath (bikwidh') **f.** vasiyet etmek, miras olarak bırakmak.

be.quest (bikwest') **i.** vasiyet.

be.reave (bîriv') **f.** yoksun bırakmak. **be-reavement i.** yoksunluk.

be.reft (bîreft') **s.** yoksun bırakılmış.

ber.ry (ber'i) **i.** etli ve zarlı kabuksuz meyve.

ber.serk (bır'sırk) **s.** çılgınca hareket eden. **go berserk** çıldırmak, kırıp geçirmek.

berth (bırth) **i.** 1. yatak, ranza (taşıtta). 2. (den.) manevra yeri; palamar yeri. 3. iş, görev.

be.side (bîsayd') **edat** yanına, yanında; -e nazaran; üstelik, -den başka. **beside oneself** kendini kaybetmiş, çılgın.

be.sides (bîsaydz') **z.** bundan başka, ayrıca, yanı sıra; üstelik. **edat** -den hariç.

be.siege (bîsic') **f.** kuşatmak.

best (best) **s.** en iyi, en hoş, en uygun. **i.** en iyisi.

best man sağdıç. **at best** olsa olsa, taş çatlasa. **do one's best** elinden geleni yapmak. **get the best of** alt etmek, yenmek. **make the best of** azami derecede yararlanmak. **best seller** satış rekoru kıran kitap.

bes.tial (bes'çıl) **s.** hayvan gibi, vahşi.

be.stow (bîsto') **f.** hediye etmek, ihsan etmek.

bet (bet) **f.** bahse girmek, bahis tutuşmak; iddia etmek. **i.** bahis; iddia.

be.tray (bîtrey') **f.** 1. ihanet etmek. 2. ele vermek. 3. göstermek. 4. aldatmak. **betrayal i.** hıyanet, ele verme.

bet.ter (bet'ır) **s.** 1. daha iyi, daha güzel. 2. daha çok. **z.** daha iyi bir şekilde. **i.** 1. daha iyisi. 2. üstünlük. **get the better of** galip gelmek, üstün olmak. **better and better** gittikçe daha iyi. **for better or for worse** iyi de olsa, kötü de olsa; anca beraber kanca beraber. **get better** iyileşmek.

be.tween (bîtwin') **edat, z.** 1. arada, arasında, arasından; araya. 2. ortada, ortaya. **between you and me** söz aramızda. **few and far between** nadiren, seyrek.

bev.er.age (bev'rîc) **i.** içecek, meşrubat, içki.

be.ware (bîwer') **f.** sakınmak, kaçınmak; dikkat etmek, gözünü açmak.

be.wil.der (bîwîl'dır) **f.** şaşırtmak, sersemletmek.

be.witch (bîwîç') **f.** 1. büyü yapmak. 2. büyülemek, cezbetmek. **bewitching s.** büyüleyici.

be.yond (bîyand') **edat** 1. ötede, öteye, ötesine, ötesinde; dışında. 2. -den çok. **z.** fazla; daha ileri.

Bhu.tan (butan') **i.** Butan.

bi.an.nu.al (bayän'yuwıl) **s.** yılda iki kez olan.

bi.as (bay'ıs) **i.** 1. verev. 2. eğilim. 3. önyargı.

bib (bib) **i.** mama önlüğü.

Bi.ble (bay'bıl) **i.** Kitabı Mukaddes; Eski ve Yeni Ahit.

bib.li.og.ra.phy (bîbliyag'rıfi) **i.** bibliyografya.

bi.car.bo.nate (baykar'bınît) **i.** bikarbonat.

bick.er (bîk'ır) **f.** atışmak, çekişmek, münakaşa etmek.

bi.cy.cle (bay'sîkıl) **i.** bisiklet. **f.** bisiklete binmek.

bid (bid) **f.** 1. açık artırmada fiyat artırmak. 2. (briç) deklarasyon yapmak. 3. önermek. 4. emretmek, kumanda etmek. 5. demek, söylemek. **i.** 1. öneri. 2. girişim, teşebbüs. **bid farewell** veda etmek.

bi.en.ni.al (bayen'iyıl) **s.** iki yılda bir olan.

bi.fo.cal (bayfo'kıl) **s.** bifokal, çift odaklı.

big (big) **s.** 1. büyük, iri, kocaman. 2. önemli, etkili.

big.a.my (big'ımi) **i.** iki eşlilik evli olma.

big.ot (big'ıt) **i.** bağnaz, mutaassıp; dar görüşlü

kimse. **bigoted s.** bağnaz, mutaassıp. **bigotry i.** bağnazlık.

bike (bayk) **i.** bisiklet.

bi.lat.er.al (baylät'ırıl) **s.** iki taraflı, iki kenarlı.

bile (bayl) **i.** 1. öt, safra. 2. huysuzluk, terslik, aksilik.

bilge (bilc) **i.** 1. (den.) sintine, karina. 2. saçmalık.

bi.lin.gual (bayling'gwıl) **s.** iki dilli.

bil.ious (bil'yıs) **s.** 1. safraya ait. 2. küskün; aksi.

bilk (bilk) **f.** dolandırmak, aldatmak, kandırmak.

bill (bil) **i.** 1. fatura, hesap. 2. kağıt para. 3. kanun tasarısı. **f.** fatura çıkarmak. **bill of fare** yemek listesi, menü. **bill of health** sağlık belgesi. **bill of lading** konşimento; manifesto. **bill of rights** insan hakları beyannamesi. **bill of sale** fatura.

bill (bil) **i.** gaga.

bill.board (bil'bôrd) **i.** ilan tahtası.

bill.fold (bil'fold) **i.** cüzdan.

bil.liards (bil'yırdz) **i.** bilardo. **billiard ball** bilardo bilyesi.

bil.lion (bil'yın) **i.** 1. (A.B.D.) milyar, bilyon. 2. (İng.) trilyon.

bil.low (bil'o) **i.** büyük ve kaba dalga.

bi.month.ly (baymânth'li) **s.** 1. iki ayda bir olan. 2. ayda bir kere olan.

bin (bin) **i.** 1. ambar, kömürlük. 2. kutu, sandık.

bi.na.ry (bay'nıri) **s.** ikili, çift.

bind (baynd) **f.** 1. bağlamak; sarmak. 2. kenarını tutturmak. 3. ciltlemek. **binder i.** 1. ciltçi. 2. biçerbağlar. 3. tutkal. **bindery i.** ciltevi. **binding s.** 1. bağlayıcı. 2. zorlayıcı. **i.** 1. ciltleme; cilt. 2. kenar şeridi.

bin.oc.u.lars (baynok'yılırz) **i.** iki gözle bakılabilen dürbün veya teleskop.

bi.og.ra.phy (bayog'rıfi) **i.** yaşam öyküsü, biyografi. **biographer i.** biyografi yazarı.

bi.ol.o.gy (bayal'ıci) **i.** dirimbilim, biyoloji. **biological s.** biyolojik. **biologist i.** biyoloji bilgini, biyolog.

bi.par.ti.san (baypar'tızın) **s.** iki tarafı da tutan.

bird (bırd) **i.** kuş.

bird's-eye (bırdz'ay) **s.** kuşbakışı.

birth (bırth) **i.** 1. doğum, doğma, doğuş. 2. soy. 3. başlangıç, kaynak. **birth control** doğum kontrolü. **birth rate** doğum oranı. **give birth to** doğurmak, meydana getirmek.

birth.day (bırth'dey) **i.** doğum günü, yaş günü.

birth.place (bırth'pleys) **i.** doğum yeri.

bis.cuit (bis'kit) **i.** 1.çörek. 2. (İng.) bisküvi.

bi.sect (baysekt') **f.** ikiye bölmek. **bisector i.** açıortay.

bit (bit) **i.** 1. delgi, matkap. 2. gem.

bit (bit) **i.** parça, lokma, kırıntı. **a bit** biraz. **a little bit** azıcık, bir parça. **bit by bit** azar azar, yavaş yavaş. **not a bit** hiç de değil, asla.

bitch (bîç) **i.** 1. dişi köpek, kancık. 2. (argo) şirret kadın.

bite (bayt) **f.** 1. ısırmak, dişlemek. 2. oltaya vurmak (balık). 3. yakmak (biber, soğuk). 4. aşındırmak, yemek. **i.** 1. ısırık, parça, lokma. 2. keskinlik (içki, biber, soğuk).

bit.ter (bit'ır) **s.** 1. acı, keskin; sert, şiddetli. 2. amansız, acımasız.

bit.ter.sweet (bit'ırswit) **s.** 1. hem acı hem tatlı. 2. iyi ve kötü. **i.** yaban yasemini.

bi.tu.men (bitu'mın) **i.** bitüm; zift, katran. **bituminous i.** bitümlü; ziftli, zift gibi. **bituminous coal** madenkömürü.

bi.zarre (bizar') **s.** garip, tuhaf, acayip, biçimsiz.

blab (bläb) **f.** gevezelik etmek, boşboğazlık etmek. **i.** geveze; boşboğaz.

black (bläk) **s.** 1. siyah, kara. 2. zenci. 3. karanlık, kasvetli. 4. kirli. 5. uğursuz. **black and white** 1. yazı. 2. siyah beyaz resim. **black art** büyü. **black belt** judoda siyah kuşak. **black eye** 1. siyah göz. 2. morarmış göz. 3. kara leke. **black-eyed Susan** sarı papatya. **black out** 1. karartmak. 2. geçici olarak şuurunu kaybetmek, gözü kararmak. **black pepper** karabiber. **Black Sea** Karadeniz. **in the black** olacak bakiyesi olan.

black-and-blue (bläk'ınblu') **s.** çürük, morarmış.

black.ball (bläk'bôl) **i.** kırmızı oy, ret oyu; **f.** toplum dışı etmek.

black.ber.ry (bläk'beri) **i.** böğürtlen.

black.board (bläk'bôrd) **i.** kara tahta, taş tahta.

black.en (bläk'ın) **f.** 1. karartmak, karalamak. 2. lekelemek, iftira etmek.

black.mail (bläk'meyl) **i.** para için şantaj. **f.** şantaj yapmak. **blackmailer i.** şantajcı.

black.out (bläk'aut) **i.** karartma.

black.smith (bläk'smith) **i.** demirci, nalbant.

black.top (bläk'tap) **i.** asfalt yol, asfalt. **f.** asfaltlamak.

blad.der (bläd'ır) **i.** mesane, sidik torbası, sidikkavuğu.

blade (bleyd) **i.** 1. bıçak ağzı. 2. kılıç. 3. ince uzun yaprak. 4. kürek palası.

blame (bleym) **i.** 1. ayıplama. 2. kabahat, kusur. 3. azar. 4. sorumluluk. **f.** 1. azarlamak, suçlamak. 2. sorumlu tutmak. **be to blame for** suçlu olmak, sorumlu olmak. **blameless s.** suçsuz, masum.

blanch (blänç) **f.** ağartmak, beyazlatmak.

bland (bländ) **s.** yumuşak, mülayim.

blan.dish (blän'dış) **f.** yağcılık etmek. **blandishment** i. 1. yağcılık. 2. albeni, çekicilik.

blank (blängk) **s.** 1. boş, yazısız, açık, beyaz. 2. anlamsız. **i.** 1. yazısız kağıt. 2. piyangoda boş numara. 3. kuru sıkı fişek. **blank verse** kafiyesiz on heceli nazım şekli.

blan.ket (bläng'kit) **i.** battaniye. **s.** geniş kapsamlı. **f.** 1. sarıp sarmalamak. 2. örtbas etmek.

blast (bläst) **i.** patlama, infilak. **f.** tahrip etmek, yıkmak, yakmak. **blasted s.** 1. harap. 2. Allahın belası.

bla.tant (bley'tınt) **s.** apaçık, bariz, aşikâr.

blaze (bleyz) **i.** 1. alev, yalaz, ateş. 2. parlaklık. **f.** 1. alevlenmek. 2. saçmak (ışık).

blaz.er (bley'zır) **i.** spor ceket.

bleach (bliç) **f.** beyazlatmak, ağartmak, ağarmak. **i.** çamaşır suyu.

bleach.ers (bli'çırz) **i.** açık tribün.

bleak (blik) **s.** rüzgâra açık; kasvetli.

bleat (blit) **f.** 1. melemek. 2. mızırdanmak. **i.** meleme.

bleed (blid) **f.** kan kaybetmek, kanamak.

blem.ish (blem'iş) **i.** leke, kusur, hata.

blend (blend) **f.** karıştırmak, harmanlamak. **i.** harman, karışım. **blender i.** karıştırıcı.

bless (bles) **f.** 1. takdis etmek, kutsamak. 2. mutlu etmek. **blessed s.** 1. kutsanmış. 2. Allahın cezası. **blessing i.** 1. kutsama, takdis. 2. hayırdua. 3. inayet. 4. nimet. 5. hamt, şükran.

blight (blayt) **i.** 1. küf, mantar. 2. afet. **f.** soldurmak, kavurmak, mahvetmek; kurutmak.

blind (blaynd) **s.** 1. kör, âmâ. 2. çıkmaz (sokak). **f.** 1. kör etmek. 2. gözünü almak, kamaştırmak. **i.** perde, güneşlik. **blind alley** i. çıkmaz sokak. 2. çıkmaz iş, açmaz. **Venetian blind** jaluzi. **blindly z.** kör gibi.

blink (blingk) **f.** göz kırpmak.

blink.er (blingk'ır) **i.** sinyal lambası.

bliss (blis) **i.** mutluluk, saadet; neşe.

blis.ter (blis'tır) **i.** kabarcık, fiske. **f.** kabarmak, su toplamak.

blithe (blayth) **s.** neşeli, şen; sevinçli; memnun. **blithely z.** 1. neşeyle. 2. düşünmeden.

bliz.zard (bliz'ırd) **i.** tipi.

bloat (blot) **f.** şişirmek, hava vermek, kabartmak; şişmek, kabarmak.

bloc (blak) **i.** (pol.) blok.

block (blak) **i.** 1. blok, büyük parça. 2. blok, parsel. **f.** tıkamak, kesmek, kapamak; bloke etmek. **block and tackle** palanga. **block print** basma.

block.ade (blakeyd') **i.** abluka.

block.age (blak'ıc) **i.** tıkama, blokaj; tıkanma.

blond (bland) **s.** sarışın, san (saç).

blonde (bland) **s.,** i. sarışın (bayan).

blood (blʌd) **i.** 1. kan. 2. özsu. 3. nesep, soy.

blood bank kan bankası. **blood bath** katliam. **blood blister** kan oturması. **blood transfusion** kan nakli. **bloody s.** 1. kanlı; kan gibi. 2. kana susamış, gaddar, zalim.

blood.cur.dling (blʌd'kırdling) **s.** kan donduruçu, korkunç.

blood.thirst.y (blʌd'thırsti) **s.** kana susamış, canavar ruhlu, hunhar.

bloom (blum) **i.** 1. tazelik, taravet, gençlik. 2. meyva üzerindeki buğu. **f.** 1. çiçeklenmek, çiçek açmak. 2. açılmak. **in bloom** çiçek açmış. **blooming s.** 1. çiçekli 2. gençlik ve ihtirasla parlayan. 3. gelişen. 4. (argo) Allahın cezası, kör olası.

blos.som (blas'ım) **i.** çiçek, meyva baharı. **f.** 1. çiçek vermek, bahar açmak. 2. gelişmek.

blot (blat) **i.** 1. leke, mürekkep lekesi. 2. ayıp, kusur. **f.** 1. lekelemek. 2. kurutma kâğıdı ile kurutmak. **blot out** 1. bozmak. 2. ortadan silmek, yok etmek.

blotch (blaç) **i.** 1. leke, mürekkep lekesi. 2. kabartı, fiske. **f.** lekelemek; lekelenmek.

blot.ter (blat'ır) **i.**, **blotting paper** kurutma kâğıdı.

blouse (blaus) **i.** bluz, gömlek.

blow (blo) **i.** 1. darbe, vuruş. 2. hamle, saldırı. 3. yıkım, felaket. 4. rüzgâr, şiddetli esinti. **at one blow** bir hamlede. **come to blows** yumruk yumruğa gelmek.

blow (blo) **f.** 1. esmek. 2. üflemek. 3. rüzgârla sürüklenmek. 4. çalmak, çalınmak, ses vermek. **blow a fuse** 1. sigorta atmak. 2. (k.dili) tepesi atmak. **blow off** (argo) hiddetle parlamak. **blow out** 1. üfleyip söndürmek. 2. patlamak (lastik). **blow over** 1. dinmek (fırtına). 2. unutulmak, geçmek. **blow up** 1. şişirmek. 2. havaya uçurmak. 3. patlatmak; patlamak. 4. büyütmek, agrandisman yapmak. 5. parlamak, tepesi atmak.

blow.out (blow'aut) **i.** patlama (lastik).

blow.torch (blo'tôrç) **i.** alev lambası.

blow.up (blow'ʌp) **i.** 1. infilak, patlama. 2. kavga.

blue (blu) **s.** mavi. **feel blue** sıkılmak, hüzünlenmek. **out of the blue** aniden, damdan düşer gibi. **blue jay** mavi tüylü alakarga. **blue jeans** blucin.

blue.bell (blu'bel) **i.** çançiçeği.

blue.ber.ry (blu'beri) **i.** çayüzümü.

blue.print (blu'print) **i.** 1. mavi kopya. 2. proje, plan. **f.** 1. mavi kopya çıkarmak. 2. tasarlamak.

bluff (blʌf) **s.** 1. tok sözlü, açık. 2. sarp, dik (kıyı). **bluff** (blʌf) **f.** blöf yapmak, kuru sıkı atmak. **i.** blöf, kuru sıkı.

blu.ing (blu'wing) **i.** çivit.

blun.der (blân'dır) **i.** gaf, hata, falso. **f.** gaf yapmak, pot kırmak.

blunt (blânt) **s.** 1. kör, keskin olmayan. 2. sözünü sakınmayan, açık konuşan. 3. anlayışı kıt. 4. hissiz, duygusuz.

blur (blır) **f.** 1. bulanıklaştırmak. 2. bulaştırmak, yaymak, lekelemek. **i.** 1. leke. 2. bulanıklık. **blurry s.** bulanık.

blush (blâş) **f.** kızarmak, yüzü kızarmak; utanmak. **i.** kızarma; utanma.

blus.ter (blâs'tır) **f.** 1. tehdit savurmak. 2. patırtı etmek, yaygarayı basmak. **i.** 1. gürültü, yaygara. 2. yüksekten atma, martaval.

boar (bôr) **i.** 1. erkek domuz. 2. yabani domuz.

board (bôrd) **i.** 1. kereste, tahta. 2. (satranç) oyun tahtası. 3. mukavva. 4. yiyecek, içecek, iaşe. 5. yönetim kurulu. 6. (den.) borda. **f.** 1. tahta döşemek. 2. yiyecek içecek sağlamak. 3. (vapura, trene) binmek. 4. pansiyoner olmak. 5. (den.) borda etmek. **across the board** herkesi aynı derecede etkileyen (ücret, vergi). **go by the board** kaybolmak (fırsat). **on board** gemide. **boarding school** yatılı okul. **boarder i.** 1. pansiyoner. 2. yatılı öğrenci.

boast (bost) **f.** övünmek. **i.** övünme, kurumlanma. **boastful s.** övüngen.

boat (bot) **i.** 1. kayık, sandal, filika; vapur. 2. kayık tabak.

bob (bab) **f.** aşağı ve yukarı hareket etmek.

bob.bin (bab'in) **i.** 1. makara, bobin. 2. ufak iğ.

bod.y (bad'i) **i.** 1. beden, vücut, gövde. 2. ceset. 3. karoser. **bodily s.** bedensel. **z.** bütünüyle, tamamen.

bod.y.guard (bad'igard) **i.** muhafız asker.

bog (bag) **i.** bataklık.

bo.gus (bo'gıs) **s.** sahte, düzme, yapma.

boil (boy'ıl) **f.** kaynamak, haşlanmak; kaynatmak, haşlamak. **boil over** taşmak.

boil (boy'ıl) **i.** çıban.

boil.er (boy'lır) **i.** kazan, buhar kazanı. **double boiler** iki katlı tencere, benmari.

bois.ter.ous (boys'tırıs) **s.** 1. gürültülü. 2. şiddetli; fırtınalı.

bold (bold) **s.** 1. cesur, gözü pek; atılgan, cüretli. 2. arsız, küstah. 3. dik, sarp.

Bo.liv.i.a (bılîv'iyı) **i.** Bolivya.

bol.ster (bol'stır) **i.** uzun yastık; yastık, minder. **f.** yastıkla beslemek. **bolster up** desteklemek.

bolt (bolt) **i.** 1. sürgü, kol demiri. 2. kilit dili. 3. cıvata. 4. pirinç, kaçış. **f.** 1. sürgülemek. 2. fırlamak. 3. çiğnemeden yutmak. **bolt upright** dimdik. **shoot one's bolt** elinden geleni yapmak.

bomb (bam) **i.** bomba. **f.** bombalamak.

bom.bard (bambard') **f.** topa tutmak, bom-

bardıman etmek.

bom.bas.tic (bambäs'tik) **s.** abartmalı, saçma.

bomb.shell (bam'şel) **i.** 1. bomba. 2. büyük sürpriz.

bo.na fide (bo'nı fayd') hilesiz; hakiki; iyi niyetli.

bo.nan.za (bınän'zı) **i.** beklenmedik kazanç, piyango, devlet kuşu.

bond (band) **i.** 1. bağ. 2. ilişki. 3. bono, senet, tahvil. 4. kefalet. **f.** kefil olmak. **bond paper** iyi cins yazı kâğıdı. **bonded warehouse** gümrük antreposu.

bond.age (ban'dic) **i.** kölelik.

bond.hold.er (band'holdır) **i.** tahvil sahibi.

bonds.man (bandz'mın) **i.** kefil.

bone (bon) **i.** 1. kemik. 2. kılçık. 3. balina (çubuk). **f.** (kemiklerini) ayıklamak. **bone up on a subject** bir konu üzerinde okumak. **bony s.** kemikli, kemiksi.

bone-dry (bon'dray') **s.** kupkuru.

bone.head (bon'hed) **i.** aptal, mankafa.

bone.set.ter (bon'setır) **i.** çıkıkçı, kırıkçı.

bon.fire (ban'fayr) **i.** şenlik ateşi, açık havada yakılan ateş.

bo.ni.to (bını'to) **i.** torik.

bon.net (ban'it) **i.** 1. bağcıklı bone. 2. (İng., oto.) kaporta.

bo.nus (bo'nıs) **i.** ikramiye, prim.

bon vo.yage (bon vwayaj') iyi yolculuklar, yolunuz açık olsun.

boo (bu) **f.** yuhalamak.

boo.by (bu'bi) **i.** ahmak. **booby prize** en kötü oyuncuya verilen ödül. **booby trap** 1. kamufle edilmiş bomba. 2. tuzak.

book (bûk) **i.** kitap; cilt. **f.** yer ayırtmak, rezervasyon yapmak. **book of matches** kibrit paketi. **book club** kitap kulübü. **book review** kitap eleştirisi. **book value** defter değeri, maliyet. **booked s.** yeri ayrılmış. 2. defterde kayıtlı.

book.bind.er (bûk'bayndır) **i.** ciltçi.

book.case (bûk'keys) **i.** kitaplık, kitap rafı.

book.keep.er (bûk'kipır) **i.** muhasebeci, saymen.

book.let (bûk'lit) **i.** broşür, küçük kitap, risale.

book.sell.er (bûk'selır) **i.** kitapçı.

book.store (bûk'stôr) **i.** kitabevi.

boom (bum) **f.** 1. gümbürdemek, gürlemek. 2. atılmak, kamle yapmak. 3. hızla büyümek. **i.** 1. ilerleme, gelişme. 2. atılım, hamle. 3. gürleme, uğultu.

boost (bust) **f.** 1. itelemek. 2. lehinde konuşarak yardımcı olmak. 3. artırmak (fiyat). **i.** 1. destek, yardım. 2. artma, artış. **booster i.** 1. propagandacı. 2. rokette ek motor.

boot (but) **i.** çizme, potin, bot.

booty

boo.ty (bu'ti) **i.** ganimet, yağma, çapul.

booze (buz) **i.** alkollü içki.

bo.rax (bôr'äks) **i.** boraks.

bor.der (bôr'dır) **i.** 1. kenar; hudut, sınır. 2. kenar süsü. **f.** sınırlamak. **border on** 1. sınır komşusu olmak. 2. eğiliminde olmak.

bor.der.line (bôr'dırlayn) **s.** şüpheli, sınırda.

bore (bôr) **f.** delmek, oymak. **i.** kalibre, çap.

bore (bôr) **f.** can sıkmak, baş ağrıtmak. **i.** baş belası. **boredom i.** sıkıntı, can sıkıntısı.

born (bôrn) **s.** 1. doğmuş. 2. doğuştan.

bo.ron (bôr'an) **i.** bor.

bor.row (bar'o) **f.** ödünç almak.

bos.om (büz'ım) **i.** göğüs, sine, bağır, koyun. **s.** samimi. **bosom friend** samimi dost, can yoldaşı.

Bos.pho.rus, Bos.po.rus (bas'fırıs, bas'pırıs) **i.** İstanbul Boğazı, Karadeniz Boğazı. **the Bosphorus** İstanbul Boğazı, Karadeniz Boğazı, Boğaziçi'nın.

boss (bôs) **i.** patron, amir, işveren. **f.** 1. yönetmek. 2. patronluk etmek. **bossy s.** otoriter, hükmeden.

boss.y (bas'i) **i.** inek, dana.

bo.tan.i.cal (bıtän'ıkıl) **s.** bitkibilimsel, bitkisel. **bot.a.ny** (bat'ıni) **i.** botanik, bitkibilim. **botanist i.** botanikçi.

botch (baç) **f.** 1. beceriksizce yamamak. 2. bozmak. **botchy s.** kabaca yamanmış.

both (both) **zam.** her ikisi; ikisi de. **s.** her iki. **both he and I** hem o hem de ben.

both.er (badh'ır) **f.** sıkıntı, zahmet. **f.** canını sıkmak, üzmek, rahatsız etmek. **bothersome s.** sıkıcı, üzücü.

Bots.wa.na (batswa'na) **i.** Botsvana.

bot.tle (bat'ıl) **i.** 1. şişe. 2. emzik, biberon. **bottle opener** şişe açacağı.

bot.tle.neck (bat'ılnek) **i.** 1. dar geçit, dar boğaz. 2. engel.

bot.tom (bat'ım) **i.** 1. dip, alt. 2. esas, kaynak, temel. 3. vadi. 4. karina, tekne. **bottomless s.** 1. dipsiz; çok derin. 2. sonsuz, sınırsız.

bough (bau) **i.** ağaç dalı, büyük dal.

bouil.lon (bûl'yın) **i.** et suyu çorbası.

boul.der (bol'dır) **i.** iri kaya parçası.

boul.e.vard (bûl'ıvard) **i.** bulvar.

bounce (bauns) **f.** 1. sıçramak, sekmek; zıplatmak, sektirmek. **i.** 1. sıçrayış, zıplayış. 2. canlılık.

bound (baund) **f.** sıçrayış, zıplama; geri tepme. **f.** sekmek, sıçramak, zıplamak, fırlamak. **at a bound** bir hamlede.

bound (baund) **f.** 1. sınırlamak. 2. kuşatmak. **boundless s.** sınırsız, sonsuz. **bounds i.** sınır, sınırlar.

bound (baund) **s.** 1. bağlı, kayıtlı. 2. ciltli, ciltlenmiş. 3. gitmeye hazır, hareket halinde.

homeward bound memleket yolunda.

bound.a.ry (baun'dıri) **i.** hudut, sınır.

boun.ty (baun'ti) **i.** 1. hediye, ihsan. 2. ikramiye. **bountiful s.** cömert, eli açık. 2. bol, çok.

bou.quet (bukey') **i.** 1. buket, demet. 2. şarap kokusu.

bour.geois (bûrj'wa) **i., s.** burjuva, kentsoylu.

bout (baut) **i.** 1. müsabaka. 2. nöbet. 3. devre, gidiş geliş, sefer.

bo.vine (bo'vayn) **s.** sığır cinsinden.

bow (bo) **i.** baş, pruva.

bow (bau) **i.** baş eğerek selamlama, reverans. **f.** baş eğerek selamlamak, reverans yapmak. **bow and scrape** yaltaklanmak.

bow (bo) **i.** 1. yay, kavis. 2. gökkuşağı. 3. boyunduruk. **bow tie** papyon kravat.

bow.el (bau'wıl) **i.** bağırsak. **bowels i.** iç kısımlar.

bowl (bol) **i.** 1. kâse, tas. 2. tahta top.

bow.leg.ged (bo'legid) **s.** çarpık bacaklı.

bow.line (bo'layn) **i.** 1. barço boğa. 2. (den.) borina.

bowl.ing (bo'ling) **i.** ağır topla oynanan bir oyun.

bow.shot (bo'şat) **i.** ok menzili.

bow.string (bo'string) **i.** kiriş. **f.** iple boğmak.

box (baks) **i.** 1. kutu, sandık. 2. loca. **box number** posta kutusu numarası. **box office** (tiyatro, sinema, stadyumda) bilet gişesi.

box (baks) **f.** 1. tokat atmak, yumruklamak. 2. boks yapmak. **boxer i.** boksör, yumrukoyuncusu.

box.car (baks'kar) **i.** furgon.

box.ing (bak'sing) **i.** boks, yumrukoyunu. **boxing glove** boks eldiveni. **boxing match** boks maçı.

boy (boy) **i.** 1. erkek çocuk, oğlan; delikanlı. 2. genç uşak. **boy friend** erkek arkadaş. **boy scout** erkek izci. **boyish s.** oğlan gibi, çocukça. **boyhood i.** çocukluk devresi (erkek).

boy.cott (boy'kat) **f.** boykot yapmak; boykot etmek. **i.** boykot.

bra (bra) **i.** sutyen.

brace (breys) **i.** 1. bağ, kuşak. 2. matkap kolu. 3. (dişçi.) tel. **f.** 1. sağlamlaştırmak, desteklemek. 2. birbirine tutturmak, raptetmek. **bracing i.** destek, dayanak.

brace.let (breys'lit) **i.** 1. bilezik. 2. kelepçe.

brack.et (bräk'it) **i.** 1. dirsek, destek, kenet. 2. köşeli ayraç.

brack.ish (bräk'iş) **s.** 1. hafif tuzlu, acı. 2. tatsız.

brag (bräg) **f.** övünmek, yüksekten atmak. **brag.gart** (bräg'ırt) **i.** övüngen kimse.

braid (breyd) **f.** örmek. **i.** örgü, saç örgüsü.

brain (breyn) **i.** beyin. **f.** kafasını yarmak,

beynini patlatmak. **brainless s.** akılsız, kuş beyinli. **brains i.** kavrayış, zekâ, akıl, zihin. **brainly s.** kafalı, zeki.

brain.wash (breyn'wôş) **f.** beyin yıkamak.

brake (breyk) **i.** fren. **f.** fren yapmak. **brake drum** fren kasnağı. **brake fluid** fren yağı. **brake lining** fren balatası.

bram.ble (bräm'bıl) **i.** böğürtlen çalısı; kaba diken.

bran (brän) **i.** kepek.

branch (bränç) **i.** dal, kol, şube, bölüm. **f.** dal budak salmak; kollara ayrılmak. **branch off** ikiye ayrılmak. **branch out** genişlemek, yayılmak.

brand (bränd) **i.** 1. marka, alâmet. 2. dağlama. **f.** 1. dağlamak. 2. lekelemek, damgalamak.

bran.dish (brän'diş) **f.** sallamak, savurmak. **i.** sallama, savurma.

brand-new (bränd'nu) **s.** yepyeni, gıcır gıcır.

bran.dy (brän'di) **i.** konyak. **brandied s.** konyağa yatırılmış (meyva).

brash (bräş) **s.** 1. yüzsüz, küstah. 2. atılgan, girgin.

brass (bräs) **s.** pirinç, sarı. **i.** pirinçten yapılmış nefesli çalgılar. **brassy s.** yüzsüz, arsız.

bras.siere (brızir') **i.** sutyen.

brat (brät) **i.** velet.

bra.va.do (brıva'do) **i.** kabadayılık, kuru sıkı atma.

brave (breyv) **s.** 1. cesur, yürekli, yiğit. 2. yakışıklı. **f.** göğüs germek. **bravely z.** yiğitçe. **bravery i.** cesaret, kahramanlık, yiğitlik.

bra.vo (bra'vo) **ünlem** Aferin! Bravo!

brawl (brôl) **i.** ağız dalaşı, kavga.

bray (brey) **f.** anırmak.

bra.zen (brey'zın) **s.** 1. pirinç; pirinç gibi. 2. utanmaz, yüzsüz, arsız.

bra.zier (brey'jır) **i.** mangal, maltız.

Bra.zil (brızil') **i.** Brezilya.

breach (briç) **i.** 1. kırık, yarık, gedik. 2. uymazlık, karşı gelme (kanuna).

bread (bred) **i.** 1. ekmek. 2. yiyecek. 3. maişet, geçim. **bread box** ekmek kutusu. **bread crumb** ekmek kırıntısı. **bread and butter** 1. tereyağlı ekmek. 2. geçim, maişet.

bread.board (bred'bôrd) **i.** ekmek tahtası.

breadth (bredth) **i.** genişlik, en.

bread.win.ner (bred'wînır) **i.** ekmek parası kazanan kimse.

break (breyk) **i.** 1. kırık, çatlak. 2. aralık, açıklık; ara, fasıla. 3. paydos. 4. fırsat, şans. **f.** 1. kırmak, parçalamak; kırılmak. 2. kopmak (fırtına). **break down** 1. bozulmak. 2. ruhen yıkılmak. **break a habit** kötü alışkanlıktan kurtulmak. **break in** 1. zorla girmek. 2. lafa karışmak; araya girmek. 3. alıştırmak. **break**

into tecavüz etmek, zorla girmek. **break the law** suç işlemek, kanuna karşı gelmek. **break out** ortaya çıkmak, patlak vermek. **break a promise** sözünden vazgeçmek. **break a record** rekor kırmak. **break up** 1. dağılmak; dağıtmak. 2. bozuşmak. **the break of day** günün ağarması. **breakage i.** 1. kırma, kırılma. 2. kırılan şeylerin tutarı. **breaking i.** kırılma.

break.down (breyk'daun) **i.** 1. bozulma, durma. 2. sinir bozukluğu, çökme. 3. ayrıntılı hesap.

break.fast (brek'fıst) **i.** kahvaltı, sabah kahvaltısı.

break.through (breyk'thru) **i.** girişim, hamle.

break.wa.ter (breyk'wôtır) **i.** dalgakıran.

breast (brest) **i.** 1. göğüs, meme. 2. sine, kalp, gönül.

breast.bone (brest'bon) **i.** göğüs kemiği.

breath (breth) **i.** nefes, soluk. **out of breath** soluğu kesilmiş, soluk soluğa. **under one's breath** alçak sesle, fısıldayarak. **breathless s.** nefes nefese, soluğu kesilmiş.

breathe (bridh) **f.** 1. soluk almak, teneffüs etmek. 2. yaşamak, var olmak.

breath.tak.ing (breth'teyking) **s.** heyecan veren, nefes kesen.

breed (brid) **f.** 1. doğurmak, yavrulamak. 2. çiftleştirmek, üretmek. 3. eğitmek, okutmak. 4. türemek. **i.** 1. cins, soy, nesil. 2. çeşit, tip. **breeding i.** 1. terbiye. 2. doğurma. 3. yetiştirme.

breeze (briz) **i.** hafif rüzgâr, esinti, meltem. **in a breeze** kolayca.

breez.i.ty (brev'iti) **i.** kısalık.

brew (bru) **f.** 1. bira yapmak. 2. hazırlamak; kaynatmak. 3. sebep olmak (kötülük). **brewery i.** bira fabrikası.

bribe (brayb) **i.** rüşvet. **f.** rüşvet vermek. **bribery i.** rüşvetçilik.

brick (brik) **i.** tuğla.

bride (brayd) **i.** gelin. **bridal s.** geline ait, düğüne ait.

bride.groom (brayd'grum) **i.** güvey, damat.

brides.maid (braydz'meyd) **s.** gelinin nedimesi.

bridge (bric) **i.** 1. köprü. **f.** köprü yapmak, köprü kurmak.

bridge (bric) **i.** briç.

brief (brif) **s.** kısa. **i.** özet. **f.** özetlemek. **in brief** kısaca, özetle. **briefly z.** kısaca.

brief.case (brif'keys) **i.** evrak çantası.

brief.ing (bri'fing) **i.** brifing.

bri.er, bri.ar (bray'ır) **i.** funda.

brig (brig) **i.** (den.) 1. brik. 2. gemi hapishanesi.

bri.gade (brigeyd') **i.** 1. tugay, liva. 2. ekip.

brig.a.dier (brigıdîr') i. tuğbay. **brigadier general** tuğgeneral.

brig.and (brig'ınd) i. eşkıya, haydut.

bright (brayt) s. 1. parlak, aydınlık. 2. renkli. 3. şeffaf, berrak. 4. görkemli. 5. zeki. 6. canlı, hareketli. **brightly** z. parlak bir şekilde.

bright.en (brayt'ın) f. 1. parlamak. 2. neşelenmek, canlanmak; canlandırmak, neşelendirmek.

bril.liant (bril'yınt) s. 1. parlak, göz alıcı. 2. zeki. 3. pırlanta. **brilliantly** z. parlak bir şekilde, pırıl pırıl. **brilliance** i. 1. parlaklık, göz alıcılık. 2. zekâ parlaklığı.

brim (brim) f. ağzına kadar dolu olmak; ağzına kadar doldurmak. i. bardak ağzı, kenar. **brimful** s. ağzına kadar dolu, silme.

brim.stone (brim'ston) i. kükürt.

brine (brayn) i. 1. tuzlu su. 2. salamura. 3. deniz suyu.

bring (bring) f. getirmek. **bring about** neden olmak. **bring around** 1. kandırmak, ikna etmek. 2. ayıltmak, kendine getirmek. **bring forth** 1. meydana getirmek. 2. doğurmak. **bring out** 1. meydana çıkarmak, belirtmek. 2. yayımlamak. **bring suit** dava etmek. **bring up** 1. yetiştirmek, büyütmek. 2. söz konusu etmek.

bring.ing-up (bring'ingâp') i. çocuk yetiştirme.

brink (bringk) i. 1. kenar (uçurum, felaket). 2. kıyı.

brisk (brîsk) s. 1. canlı, hareketli, uyanık. 2. sert, kamçılayan (hava). **briskly** z. canlılıkla.

bris.tle (brîs'ıl) i. sert kıl, domuz kılı. f. tüylerini kabartmak, öfkelenmek; dikelmek. **bristly** s. 1. kıllı. 2. öfkeli.

Brit.ain (brît'ın) i. Britanya.

brit.tle (brît'ıl) s. kırılgan, gevrek.

broad (brôd) s. 1. geniş, enli. 2. sınırsız. 3. belli, açık. 4. belli başlı, ana, genel.

broad.cast (brôd'käst) f. 1. radyo ile yayımlamak, neşretmek. 2. saçmak. 3. yaymak (dedikodu). i. radyo yayını; radyo programı. s. 1. yayım (için). 2. saçılmış. z. geniş bir alana.

broad.en (brôd'ın) f. genişlemek; genişletmek.

broad-mind.ed (brôd'mayn'dîd) s. açık fikirli, geniş gönüllü.

bro.cade (brokeyd') i. brokar.

bro.chure (broşûr') i. broşür.

broil (broyl) f. ızgara yapmak, ateşte çevirmek. **broiler** i. 1. ızgara. 2. ızgaralık piliç.

broke (brok) s. meteliksiz, cebi delî.

bro.ken (bro'kın) s. 1. kırık, parçalanmış. 2. çiğnenmiş. 3. bozuk, kötü konuşulan (dil).

bro.ken-heart.ed (bro'kın.hartîd) s. kalbi kırık, ümitsizliğe kapılmış.

bro.ker (bro'kır) i. simsar, komisyoncu, tellal.

bron.chi.tis (brangkay'tîs) i. bronşit.

bronze (branz) i. bronz, tunç.

brooch (broç) i. broş, iğne.

brood (brud) f. 1. kuluçkaya yatmak. 2. derin derin düşünmek, düşünceye dalmak. i. kuluçka. **brooder** i. kuluçka makinesi. **broody s.** 1. kuluçkaya yatmak isteyen. 2. düşünceye dalan.

brook (brûk) i. çay, ırmak.

brook (brûk) f. dayanmak, tahammül etmek, çekmek, katlanmak.

broom (brum) i. 1. saplı süpürge. 2. katırtırnağı.

broom.stick (brum'stîk) i. süpürge sopası.

brothel (broth'ıl) i. genelev.

broth.er (brâdh'ır) i. erkek kardeş, birader. **brotherhood** i. kardeşlik, birlik, beraberlik; bir kuruluşun üyeleri. **brotherly z.** erkek kardeşe özgü, ağabeyce.

broth.er-in-law (brâdh'ırînlô) i. enişte; kayınbirader; bacanak.

brow (brau) i. 1. alın. 2. kaş. 3. çehre, yüz. 4. yamaç.

brow.beat (brau'bit) f. gözünü korkutmak, yıldırmak.

brown (braun) s. kahverengi. f. karartmak; kararmak.

bruise (bruz) f. çürütmek, berelemek, ezmek. i. çürük, bere, ezik.

bru.nette (brunet') i. esmer bayan.

brush (brâş) i. fırça. f. 1. fırçalamak. 2. hafifçe dokunmak, değinmek. **brush off** 1. başından atmak, savmak. 2. tozunu almak. **brush up** tazelemek (bilgiyi).

brush (brâş) i. çalılık, fundalık.

brush.off (brâş'ôf) i. geri çevirme, ret.

brush.wood (brâş'wûd) i. 1. çalı çırpı. 2. sık çalılık, fundalık.

brusque, brusk (brâsk) s. sert, ters, kaba.

bru.tal (brut'ıl) s. 1. vahşi, yabani. 2. merhametsiz. **brutally z.** vahşice.

bru.tal.i.ty (brutäl'ıti) i. vahşilik.

brute (brut) i.1. hayvan. 2. vahşi adam. **brute force** kaba kuvvet.

bub.ble (bâb'ıl) i. kabarcık.

buck (bâk) f. 1. sıçramak (at). 2. karşı gelmek. **buck up** canlanmak; canlandırmak.

buck (bâk) i. 1. erkek geyik. 2. erkek hayvan. 3. vurdumduymaz delikanlı. 4. dolar. **pass the buck** sorumluluğu başkasına yüklemek.

buck.et (bâk'ît) i. kova.

buck.le (bâk'ıl) i. toka, kopça. f. 1. tokalamak, kopçalamak, tutturmak. 2. eğrilmek, bükülmek (madeni eşya).

buck.saw (bâk'sô) i. çerçeveli testere.

buck.wheat (bâk'hwit) i. karabuğday.

bud (bâd) **i.** tomurcuk, konca, sürgün. **f.** 1. sürmek, tomurcuklanmak. 2. gelişmek.

bud.dy (bâd'i) **i.** arkadaş, ahbap, kafadar.

budge (bâc) **f.** kımıldamak, hareket etmek; kımıldatmak.

budg.et (bâc'it) **i.** bütçe.

buf.fa.lo (bâf'ılo) **i.** 1. bizon. 2. manda, kara sığır.

buff.er (bâf'ır) **i.** tampon.

buf.fet (bûfey') **i.** büfe.

buf.fet (bâf'it) **i.** tokat, yumruk. **f.** tokatlamak, yumruklamak.

bug (bâg) **i.** 1. böcek. 2. mikrop, virüs. 3. gizli dinleme cihazı. 4. kusur, ayarsızlık.

bug.gy (bâg'i) **i.** 1. fayton, brıçka. 2. çocuk arabası.

bu.gle (byu'gıl) **i.** (müz.) boru.

build (bild) **f.** bina etmek, inşa etmek, kurmak. **i.** yaradılış, yapı. **builder i.** yapıcı, inşaatçı, müteahhit. **build up** 1. toparlanmak. 2. göklere çıkarmak, desteklemek. 3. yeni binalar inşa etmek.

build.ing (bil'ding) **i.** yapı, bina.

built-in (bilt'in) **s.** gömme, yerli (dolap).

bulb (bâlb) **i.** 1. çiçek soğanı. 2. elektrik ampulü.

Bul.gar.i.a (bâlger'iyı) **i.** Bulgaristan.

bulge (bâlc) **f.** 1. bel vermek. 2. çıkıntı yapmak.

bulk (bâlk) **i.** 1. hacim, oylum. 2. çoğunluk. **in bulk** 1. açık, ambalajsız. 2. toptan. **bulky s.** iri, cüsseli, hacimli, hantal.

bull (bûl) **i.** 1. boğa. 2. (argo) saçma, zırva.

bull.doz.er (bûl'dozır) **i.** buldozer.

bul.let (bûl'it) **i.** mermi, kurşun.

bul.le.tin (bûl'ıtın) **i.** bildiri, belleten, bülten. **bulletin board** ilan tahtası.

bul.lion (bûl'yın) **i.** külçe altın veya gümüş.

bul.ly (bûl'i) **i.** kabadayı, zorba. **f.** zorbalık etmek, kabadayılık etmek.

bump (bâmp) **i.** 1. vuruş, çarpma. 2. şiş, yumru, tümsek. **f.** vurmak, toslamak, çarpmak, bindirmek.

bump.er (bâm'pır) **i.** (oto.) tampon.

bunch (bânç) **i.** 1. salkım, demet, hevenk, deste. 2. grup, takım.

bun.dle (bân'dıl) **i.** 1. bohça. 2. yığın. **f.** toplamak, bohçalamak.

bun.gle (bâng'gıl) **f.** acemice iş yapmak.

bunk (bângk) **i.** saçma, zırva.

bunk (bângk) **i.** ranza.

buoy (boy) **i.** şamandıra.

buoy.ant (boy'ınt) **s.** 1. yüzen, batmaz. 2. neşeli.

bur.den (bır'dın) **i.** yük, ağırlık. **f.** 1. yüklemek. 2. yüklenmek, sıkıntı vermek. **burdensome s.** külfetli, sıkıcı.

bu.reau (byûr'o) **i.** 1. büro, yazıhane, daire. 2. çekmeceli dolap.

bu.reauc.ra.cy (byûrak'rısi) **i.** 1. bürokrasi, kırtasiyecilik. 2. devlet memurları.

bu.reau.crat (byûr'ıkröt) **i.** bürokrat, kırtasiyeci.

bur.glar (bır'glır) **i.** ev hırsızı.

bur.i.al (ber'iyıl) **i.** gömme, defin.

bur.lap (bır'lâp) **i.** çuval bezi.

Bur.ma (bır'mı) **i.** Birmanya.

burn (bırn) **i.** yanık, yanık yeri. **f.** 1. yanmak. 2. yakmak.

burn.er (bır'nır) **i.** 1. yakıcı şey. 2. gaz memesi.

bur.sar (bır'sır) **i.** muhasebeci, okul veznedarı.

burst (bırst) **f.** patlamak, yarılmak. **i.** 1. patlama, çatlama. 2. ileri atılma.

Bu.run.di (bûrun'di) **i.** Burundi.

bur.y (ber'i) **f.** 1. gömmek, defnetmek. 2. gizlemek, saklamak, örtmek.

bus (bâs) **i.** otobüs.

bush (bûş) **i.** çalı, çalılık.

bush.el (bûş'ıl) **i.** kile; (İng.) 4/5 kile.

busi.ness (bîz'nîs) **i.** 1. iş, meslek, görev. 2. ticaret. 3. mesele, problem. **businesslike s.** ciddi, sistemli.

bust (bâst) **f.** 1. patlamak, patlak vermek; patlatmak. 2. mahvetmek.

bust (bâst) **i.** 1. göğüs. 2. büst.

bus.y (bîz'i) **s.** 1. meşgul. 2. hareketli, faal. **busy signal** meşgul işareti.

but (bât) **edat** -den gayri, -den başka. **bağ.** fakat, ama, lakin, ancak, halbuki, kı. 2. sadece, yalnız. **all but** 1. -den gayri. 2. az kalsın.

bu.tane (byu'teyn) **i.** bütan.

butch.er (bûç'ır) **i.** kasap. **f.** 1. kasaplık hayvan kesmek. 2. katletmek. 3. berbat etmek, rezil etmek. **butchery i.** 1. mezbaha, salhane. 2. katliam, kırım.

butt (bât) **i.** 1. uç, sap. 2. dipçik. 3. izmarit. 4. popo, kıç.

butt (bât) **i.** alay konusu kimse.

butt (bât) **f.** 1. tos vurmak, süsmek, boynuzlamak. 2. kafa atmak. **butt in** araya girmek, karışmak, burnunu sokmak.

but.ter (bât'ır) **i.** tereyağı.

but.ter.fat (bât'ırfät) **i.** süt kaymağı.

but.ter.fin.gers (bât'ırfîng.gırz) **i.** sakar kimse.

but.ter.fly (bât'ırflay) **i.** kelebek.

but.ter.milk (bât'ırmilk) **i.** yayık ayranı.

but.tocks (bât'ıks) **i.** but, kalça, kıç, popo, kaba et.

but.ton (bât'ın) **i.** 1. düğme. 2. elektrik düğmesi.

but.ton.hole (bât'ınhol) **i.** ilik, düğme iliği. **f.** yakasına yapışmak.

but.tress (bât'rıs) **i.** 1. payanda, ayak. 2. destek. **f.** desteklemek.

bux.om (bâk'sım) **s.** 1. sıhhatli, canlı; etli butlu. 2. çekici, neşeli.

buy (bay) **f.** satın almak, almak. **i.** 1. alış, alma. 2. kelepir. **buyer i.** alıcı, müşteri.

buzz (bâz) **i.** vızıltı. **f.** vızıldamak. **buzzer i.** vızıltılı elektrik zili.

by (bay) **edat** 1. yanında, yakınında; nezdinde. 2. yakınından, yanından. 3. ile, vasıtasıyle. 4. -den, tarafından. **by oneself** yalnız, kendi başına. **by the way** aklıma gelmişken... **day by day** günden güne. **six by nine** altıya dokuz ebadında.

bye-bye (bay'bay) **ünlem** 1. Allahaısmarladık. 2. güle güle.

by-gone (bay'gôn) **s.** geçmiş, eski.

by.law (bay'lô) **i.** yönetmelik maddesi.

by-pass (bay'pâs) **i.** kestirme yol. **f.** gidermek, atlatmak.

by-prod.uct (bay'prodıkt) **i.** yan ürün.

by.stand.er (bay'ständır) **i.** seyirci kalan.

Byz.an.tine (biz'ıntin) **s.** Bizans'a ait.

Byz.an.ti.um (bizân'çiyım) **i.** Bizans.

C

cab (käb) **i.** 1. taksi. 2. şoför mahalli.

cab.a.ret (käbırey') **i.** kabare, gece kulübü.

cab.bage (käb'ic) **i.** lahana.

cab.by (käb'i) **i.** sürücü, şoför.

cab.in (käb'in) **i.** 1. kulübe. 2. kamara, kabin. **cabin boy** kamarot. **cabin class** ikinci sınıf.

cab.i.net (käb'init) **i.** 1. dolap. 2. kabine, bakanlar kurulu.

ca.ble (key'bıl) **i.** 1. kablo. 2. telgraf. **f.** telgraf çekmek.

cack.le (käk'ıl) **f.** 1. gıdaklamak. 2. kıkırdamak. **i.** gıdaklama.

cac.tus (käk'tıs) **i.** kaktüs, atlasçiçeği.

ca.das.ter (kıdäs'tır) **i.** kadastro, çap. **cadastral s.** kadastroya ait.

ca.dav.er (kıdäv'ır) **i.** ceset, kadavra.

ca.dence (keyd'ıns) **i.** ritim, ahenk.

ca.det (kıdet') **i.** harp okulu öğrencisi.

ca.fé (käfey') **i.** 1. lokanta, kahvehane, pastane. 2. bar.

caf.e.te.ri.a (käfitir'iyı) **i.** kafeterya.

caf.feine (kaf'in) **i.** kafein.

cage (keyc) **i.** kafes. **f.** kafese kapamak.

cage.y (key'ci) **s.** kurnaz.

ca.jole (kıcol') **f.** aldatmak, yüzüne gülerek kandırmak.

cake (keyk) **i.** pasta, kek, çörek. **f.** katılaşmak.

ca.lam.i.ty (kılâm'ıti) **i.** bela, felâket, afet.

cal.ci.fy (käl'sıfay) **f.** taşlaşmak.

cal.ci.mine (käl'sımayn) **i.** badana.

cal.ci.um (käl'siyım) **i.** kalsiyum.

cal.cu.late (käl'kyıleyt) **f.** hesaplamak. **calculating s.** 1. hesaplayan. 2. egoist, çıkarcı. **calculation i.** 1. hesap. **calculator i.** 1. elektronik hesap makinesi.

cal.cu.lus (käl'kyılıs) **i.** hesap.

cal.en.dar (käl'ındır) **i.** takvim.

calf (käf) **i.** 1. dana, buzağı.

calf (käf) **i.** baldır.

calf.skin (käf'skin) **i.** vidala, vaketa.

cal.i.ber (käl'ıbır) **i.** çap, kalibre.

cal.i.brate (käl'ıbreyt) **f.** ayar etmek. **calibration i.** 1. ayarlama. 2. ölçü işareti.

cal.i.co (käl'ıko) **i.** basma; (İng.) pamuklu bez.

ca.liph (key'lif) **i.** halife.

call (kôl) **i.** 1. bağırma, çağırma. 2. ötüş. 3. kısa ziyaret, kapıdan uğrama. 4. davet, çağrı. 5. gerekseme, ihtiyaç. **calling card** kartvizit. **direct call** ara santralsız konuşma. **long distance call** şehirlerarası konuşma, uluslararası konuşma. **on call** hazır. **person to person call** ihbarlı konuşma, davetli konuşma. **toll call** ücrete tabi konuşma. **put a call through** telefon etmek.

call (kôl) **f.** 1. bağırmak, seslenmek, çağırmak. 2. davet etmek; çağrıda bulunmak. 3. telefon etmek. 4. adlandırmak. **call at** uğramak. **call attention to** dikkatini çekmek. **call back** 1. geri çağırmak. 2. arayan kimseye telefon etmek. **call for** gerekli olmak. **call off** iptal etmek. **call on** 1. istemek. 2. derse kaldırmak. 3. kapıdan uğramak. **call out** 1. yüksek sesle çağırmak. 2. işbaşına çağırmak. **call to mind** hatırlamak; hatırlatmak. **call up** 1. telefon etmek. 2. askere çağırmak. **caller i.** misafir.

cal.lig.ra.phy (kılig'rıfi) **i.** 1. elyazısı. 2. hattatlık.

cal.lous (käl'ıs) **s.** 1. katı, duygusuz. 2. nasırlı. **callously s.** umursuzca, aldırış etmeden.

cal.low (käl'o) **s.** toy, tecrübesiz.

cal.lus (käl'ıs) **i.** nasır.

calm (kam) **s.** sakin, dingin, durgun. **i.** sükûnet, durgunluk, dinginlik. **calm down** yatıştırmak; yatışmak, sakinleşmek.

cal.o.mel (käl'ımel) **i.** tatlısülümen, kalomel.

cal.o.ry (käl'ıri) **i.** kalori, ısı birimi.

cal.um.ny (käl'ımni) **i.** iftira.

cam (käm) **i.** dirsekli kurs, mil dirseği.

Cam.bo.di.a (kämbo'diyı) **i.** Kamboçya.

cam.bric (keym'brik) **i.** ince beyaz kumaş, patiska.

cam.el (käm'ıl) **i.** deve, hecin.

cam.el.hair (käm'ılher) **i.** 1. deve tüyü. 2. deve

tüyünden dokunmuş kumaş.

ca.mel.lia (kımil'yı) **i.** kamelya, çingülü, japongülü.

cam.er.a (käm'ırı) **i.** 1. fotoğraf makinesi. 2. kamera.

Came.e.roon (kämrun') **i.** Kamerun.

cam.ou.flage (käm'ıflaj) **i.** kamuflaj, saklama, gizleme. **f.** kamufle etmek, gizlemek.

camp (kämp) **i.** 1. kamp. 2. ordugâh. **f.** kamp kurmak, konaklamak. **camper i.** 1. kampçı. 2. içinde oturulup yatılabilen araba. **camping i.** kampçılık.

cam.paign (kämpeyn') **i.** 1. sefer, seferberlik. 2. kampanya. **f.** 1. mücadele etmek. 2. kampanyaya katılmak.

camp.fire (kämp'fayır) **i.** kamp ateşi.

camp.ground (kämp'graund) **i.** kamp alanı.

cam.phor (käm'fır) **i.** kâfur, kâfuru.

camp.site (kämp'sayt) **i.** kamp yeri.

cam.pus (käm'pıs) **i.** okul binaları ve avlusu. **f.** okulda kalma cezası vermek.

can (kän) **f.** -ebilmek, yapma imkânı olmak.

can (kän) **f.** konserve yapmak; kutulamak. **i.** konserve kutusu, teneke kutu. **can opener** konserve açacağı.

Can.a.da (kän'ıdı) **i.** Kanada.

ca.nal (kınäl') **i.** kanal, suyolu.

ca.nar.y (kıner'i) **i.** kanarya.

can.cel (kän'sıl) **f.** 1. üstüne çizgi çekmek, silmek. 2. iptal etmek. **cancellation i.** iptal.

can.cer (kän'sır) **i.** kanser.

can.did (kän'dıd) **s.** 1. samimi, içten. 2. dürüst.

can.di.da.cy (kän'dıdısi) **i.** adaylık.

can.di.date (kän'dıdeyt) **i.** aday.

can.dle (kän'dıl) **i.** mum.

can.dle.light (kän'dıl.layt) **i.** mum ışığı.

can.dle.pow.er (kän'dılpauwır) **i.** mum (ışık ölçü birimi).

can.dle.stick (kän'dılstik) **i.** şamdan.

can.dle.wick (kän'dılwik) **i.** mum fitili.

can.dor (kän'dır) **i.** 1. samimiyet, içtenlik. 2. dürüstlük.

can.dy (kän'di) **i.** şeker, bonbon, şekerleme. **f.** 1. bastonla dövmek. 2. hasırlamak.

ca.nine (key'nayn) **s.** köpekgillere ait. **i.** 1. köpek. 2. köpekdişi.

can.ker (käng'kır) **i.** pamukçuk.

can.na.bis (kän'ıbîs) **i.** 1. kendir, kenevir. 2. haşiş.

can.ni.bal (kän'ıbıl) **i.** yamyam.

can.non (kän'ın) **i.** top. **f.** topa tutmak, bombardıman etmek. **cannon ball** gülle.

can.o.py (kän'ıpi) **i.** gölgelik, sayvan.

cant (känt) **i.** eğim, meyil. **f.** eğmek, meylettirmek.

can.tank.er.ous (käntäng'kırıs) **s.** huysuz, aksi, geçimsiz.

can.teen (käntin') **i.** 1. matara. 2. kantin, büfe.

can.ter (kän'tır) **i.** eşkin gidiş. **f.** eşkin gitmek.

can.vas (kän'vıs) **i.** 1. yelken bezi, çadır bezi. 2. çadır. 3. yelken. 4. tuval. 5. tuval üzerine yapılmış resim. **under canvas** 1. çadırda. 2. yelken açmış.

can.vass (kän'vıs) **f.** 1. kapı kapı dolaşarak oy veya sipariş toplamak. 2. tartışmak. **i.** 1. sipariş toplama. 2. oy toplama. 3. anket, soruşturma.

can.yon (kän'yın) **i.** kanyon, derin vadi.

cap (käp) **i.** 1. kep, takke, kasket, başlık. 2. zirve, doruk, tepe. 3. kapak (tüp, şişe). 4. büyük harf, majüskül. 5. tabanca mantarı. **f.** 1. başlık geçirmek. 2. örtmek, kapamak.

ca.pa.ble (key'pıbıl) **s.** ehliyetli, yetenekli. **capability i.** yetenek, kabiliyet.

ca.pac.i.ty (kıpäs'ıti) **i.** 1. hacim, oylum. 2. istiap haddi. 3. yetenek. 4. güç, iktidar. 5. mevki, sıfat.

cape (keyp) **i.** pelerin, kap.

cape (keyp) **i.** (coğr.) burun.

ca.per (key'pır) **f.** zıplamak, hoplamak. **i.** hoplama, zıplama.

cap.il.lar.y (käp'ıleri) **i.** 1. kılcal damar. 2. ince boru.

cap.i.tal (käp'ıtıl) **i.** 1. başkent. 2. büyük harf; majüskül. 3. mal, sermaye, anamal, kapital. 4. sütun başı. **s.** 1. sermayeye ait. 2. belli başlı, baş, ana, önemli. 3. mükemmel, kusursuz. **capital punishment** ölüm cezası.

cap.i.tal.ism (käp'ıtılızm) **i.** kapitalizm, anamalcılık. **capitalist i.** kapitalist, anamalcı.

cap.i.tal.ize (käp'ıtılayz) **f.** büyük harfle yazmak.

cap.i.tol (käp'ıtıl) **i.** eyalet meclisi binası.

ca.pit.u.late (kıpîç'üleyt) **f.** 1. teslim olmak. 2. silahları bırakmak. **capitulation i.** şartlı teslim. **capitulations i.** kapitülasyonlar.

ca.price (kıprîs') **i.** kapris. **capricious s.** kaprisli, havai.

cap.size (käp'sayz) **f.** alabora olmak, devrilmek.

cap.stan (käp'stın) **i.** ırgat, bocurgat.

cap.sule (käp'sül) **i.** kapsül.

cap.tain (käp'tın) **i.** 1. kaptan, reis. 2. deniz albayı, yüzbaşı.

cap.tion (käp'şın) **i.** manşet, başlık.

cap.ti.vate (käp'tıveyt) **f.** büyülemek, cezbetmek.

cap.tive (käp'tiv) **i.** esir, tutsak. **s.** esir düşmüş. **captivity i.** tutsaklık.

cap.tor (käp'tır) **i.** tutsak eden kimse, ele geçiren kimse.

cap.ture (käp'çır) **f.** 1. zapt etmek, ele geçirmek. 2. tutsak etmek. **i.** zapt etme, ele geçirme.

car (kar) **i.** 1. otomobil, araba. 2. vagon.

car.a.mel (ker'ımıl) **i.** 1. yanmış şeker. 2. karamela.

car.at (ker'ıt) **i.** kırat, ayar.

car.a.van (ker'ıvän) **i.** 1. kervan. 2. üstü kapalı yolcu veya yük arabası. 3. (İng.) seyyar ev.

car.a.van.sa.ry (kerıvän'sıri) **i.** kervansaray.

car.bide (kar'bayd) **i.** karpit.

car.bine (kar'bayn) **i.** karabina, kısa tüfek.

car.bo.hy.drate (karbohay'dreyt) **i.** karbonhidrat.

car.bon (kar'bın) **i.** 1. karbon. 2. kopya kâğıdı. 3. kopya. **carbon black** is, lamba isi.

car.bon.ate (kar'bıneyt) **i.** karbonat.

car.bun.cle (kar'bângkıl) **i.** çıban, şirpençe.

car.bu.re.tor (kar'bıreytır) **i.** karbüratör.

car.cass (kar'kıs) **i.** leş; ceset.

card (kard) **i.** 1. kart. 2. iskambil kâğıdı. **cards i.** kâğıt oyunu. **in the cards** muhtemel, olasılı.

card.board (kard'bord) **i.** mukavva, karton.

car.di.gan (kar'dıgın) **i.** hırka, ceket.

car.di.nal (kar'dınıl) **s.** 1. belli başlı, ana, önemli. 2. parlak kırmızı. **i.** kardinal.

car.di.o.gram (kar'dıygräm) **i.** kardiyogram.

care (ker) **i.** 1. endişe, merak. 2. dikkat, ihtimam. **f.** 1. merak etmek, endişe etmek. 2. ilgilenmek. 3. üstüne almak, vazife edinmek. **care for** 1. bakmak. 2. ilgilenmek. 3. arzulamak. **in care of** eliyle.

ca.reer (kırir') **i.** meslek, meslek hayatı. **s.** profesyonel.

care.free (ker'fri) **s.** tasasız, kaygısız, dertsiz.

care.ful (ker'fıl) **s.** 1. dikkatli, özenli; tedbirli. 2. ölçülü. **carefully z.** dikkatle.

care.less (ker'lîs) **s.** 1. dikkatsiz. 2. bilgisiz, kayıtsız. **carelessly z.** dikkatsizce. **carelessness i.** dikkatsizlik, ihmal.

ca.ress (kıres') **i.** okşama, kucaklama. **f.** okşamak, sevmek, kucaklamak.

car.fare (kar'fer) **i.** (otobüste) bilet parası.

car.go (kar'go) **i.** kargo, yük.

car.i.ca.ture (ker'ıkıçır) **i.** karikatür. **f.** karikatürünü çizmek. **caricaturist i.** karikatürcü, karikatürist.

car.ies (ker'iz) **i.** (diş veya kemikte) yenirce.

car.nage (kar'niç) **i.** katliam, kırım, kan dökme.

car.nal (kar'nıl) **s.** 1. şehevi. 2. cinsel. 3. bedensel.

car.na.tion (karney'şın) **i.** karanfil çiçeği.

car.ni.val (kar'nıvıl) **i.** karnaval.

car.ni.vore (kar'nıvôr) **i.** etobur.

car.niv.o.rous (karnîv'ırıs) **s.** etçil.

car.ob (ker'ıb) **i.** keçiboynuzu, harnup.

car.ol (ker'ıl) **f.** şarkı söyleyerek kutlamak. **Christmas carol** Noel ilahisi.

ca.rouse (kırauz') **f.** içmek, kafayı çekmek.

car.ou.sel (kerısel') **i.** atlıkarınca.

carp (karp) **i.** sazan.

carp (karp) **f.** kusur bulmak, beğenmemek.

car.pen.ter (kar'pıntır) **i.** marangoz, dülger, doğramacı.

car.pet (kar'pît) **i.** halı.

car.riage (ker'ic) **i.** 1. binek arabası. 2. nakliye, taşıma.

car.ri.on (ker'iyın) **i.** leş.

car.rot (ker'ıt) **i.** havuç.

car.ry (ker'i) **f.** taşımak, nakletmek, götürmek. 1. götürmek. 2. büyülemek. **carry away** 1. götürmek. 2. büyülemek. **carry on** 1. devam etmek. 2. deli gibi davranmak. 3. idare etmek. **carry out** başarmak, yürütmek. **carry over** 1. aktarmak. 2. ertelemek. **carry through** bitirmek, sonuçlandırmak. **carrier i.** 1. taşıyıcı. 2. nakliye şirketi, nakliyeci.

cart (kart) **i.** 1. atlı yük arabası. 2. el arabası. **f.** at arabasıyle taşımak.

car.ti.lage (kar'tılîc) **i.** kıkırdak.

car.tog.ra.pher (kartag'rıfır) **i.** haritacı.

car.ton (kar'tın) **i.** karton kutu, mukavva kutu.

car.toon (kartun') **i.** 1. karikatür. 2. çizgi roman. 3. karton film.

car.tridge (kar'trîc) **i.** 1. film kutusu, kaset. 2. kartuş. **cartridge belt** palaska.

carve (karv) **f.** 1. oymak, kalemkâr etmek. 2. parçalara bölmek, kesmek (pişmiş et).

cas.cade (käskeyd') **i.** çağlayan, şelale.

case (keys) **i.** 1. durum, hal. 2. mesele, sorun. 3. hasta; vaka. 4. dava. 5. ismin hallerinden biri. **in any case** 1. ne olursa olsun. 2. her ne ise. **in case of, in case that** olduğu takdirde.

ca.se.in (key'siyîn) **i.** kazein.

case.ment (keys'mınt) **i.** 1. kanatlı pencere. 2. pencere kanadı.

cash (käş) **i.** 1. para, nakit para. 2. peşin para. **f.** 1. paraya çevirmek. 2. tahsil etmek. **cash on delivery** ödemeli. **cash register** otomatik kasa. **payable to cash** hamiline. **petty cash** küçük kasa.

cash.ier (käşir') **i.** veznedar, kasadar, kasiyer. **f.** işine son vermek, kovmak.

cas.ing (key'sing) **i.** 1. kaplama, çerçeve. 2. bumbar. 3. (oto.) dış lastik.

ca.si.no (kısi'no) **i.** gazino, kumarhane.

cask (käsk) **i.** varil, fıçı.

cas.ket (käs'kît) **i.** tabut.

cas.sa.va (kısa'vı) **i.** 1. manyok. 2. tapyoka.

cas.se.role (käs'ırol) **i.** cam tencere; güveç.

cas.sette (kıset') **i.** kaset.

cast (käst) **i.** 1. atma, fırlatma. 2. atılan şey. 3. (tıb.) alçı. 4. zar atma. 5. salma. 6. oynayanlar, oyuncular. 7. eğrilik, çarpıklık. **f.** 1. atmak, fırlatmak, savurmak. 2. çevirmek, attefmek (bakış). 3. olta atmak, ağ salmak. 4. kalıba dökmek. **cast a shadow** gölge yapmak. **cast a spell on** büyü yapmak. **cast a vote** oy vermek. **cast anchor** demir atmak. **cast down** canını sıkmak. **cast off** 1. reddetmek. 2. alarga etmek. **cast iron** dökme demir, pik, font.

cast.a.way (käst'iwey) **s.** 1. serseri. 2. akıntıyla sürüklenen. 3. değersiz diye atılmış. **i.** ıssız kıyıya sığınan kazazede.

caste (käst) **i.** kast.

cas.ti.gate (käs'tıgeyt) **f.** 1. paylamak, kakımak, azarlamak. 2. kınamak. **castigation i.** paylama, azarlama.

cast-i.ron (käst'ay'ırn) **s.** 1. pik. 2. çok sert, dayanıklı.

cas.tle (käs'ıl) **i.** kale, şato, hisar.

cast.off (käst'ôf) **s.** 1. eskiyip bir yana atılmış, kullanılmayan, istenilmeyen (şey, kimse).

cas.tor oil (käs'tır) hintyağı.

cas.trate (käs'treyt) **f.** hadım etmek, iğdiş etmek, burmak. **castration i.** hadım etme.

cas.u.al (käj'uwıl) **s.** 1. rasgele. 2. dikkatsiz, ihmalci. **casually z.** 1. dikkatsizce 2. rasgele.

cas.u.al.ty (käj'uwıltî) **i.** 1. kazazede. 2. şehit, ölü, yaralı; kayıp.

cat (kät) **i.** kedi.

cat.a.clysm (kät'ıklîzım) **i.** afet, tufan.

cat.a.log, cat.a.logue (kät'ılôg) **i.** katalog.

cat.a.lyze (kät'ılayz) **f.** kataliz etmek.

cat.a.pult (kät'ıpâlt) **i.** mancınık.

cat.a.ract (kät'ıräkt) **i.** 1. şelale, büyük çağlayan, çavlan. 2. katarakt, perde, akbasma.

cat.tas.tro.phe (kıtäs'trıfi) **i.** afet, felaket. **catastrophic s.** felaketli, mahvedici, yıkıcı.

catch (käç) **f.** 1. yakalamak, tutmak, ele geçirmek. 2. (taşıta) yetişmek. 3. suçüstü yakalamak, basmak. 4. vurmak, tutmak. 5. takılmak (elbise, çorap). 6. çekmek, göz almak. **i.** 1. tutma, yakalama. 2. kilit dili. 3. bir partide yakalan av veya balık. **catch cold** üşütmek. **catch fire** tutuşmak. **catching** 1. bulaşıcı. 2. çekici.

cat.e.go.ry (kät'ıgôrî) **i.** kategori, bölüm, sınıf, zümre, ulam. **categorical s.** 1. kategorik, kesin.

ca.ter (key'tır) **f.** 1. yiyecek sağlamak. 2. yemek işini üstüne almak.

traktör.

cat.gut (kät'gât) **i.** 1. kiriş. 2. katgüt.

ca.thar.tic (kıthar'tîk) **s.**, **i.** müshil.

ca.the.dral (kıthî'drıl) **i.** katedral.

cath.e.ter (käth'ıtır) **i.** (tıb.) sonda, akaç.

cath.ode (käth'od) **i.** katot, negatif elektrot.

Cath.o.lic (käth'ılîk) **s.** evrensel.

Cath.o.lic (käth'ılîk) **i.** Katolik.

cat.sup (kät'sıp) **i.** keçap.

cat.tle (kät'ıl) **i.** sığırlar.

caul.dron (kôl'drın) **i.** kazan.

cau.li.flow.er (kô'lîflauwır) **i.** karnabahar, karnabit.

caulk (kôk) **f.** kalafat etmek. **caulker i.** kalafatçı. **caulking i.** 1. üstüpü. 2. macun.

cau.sal (kô'zıl) **s.** nedensel.

cause (kôz) **i.** 1. neden, sebep, illet. 2. hedef, amaç. 3. dava konusu. **f.** 1. sebep olmak. 2. doğurmak. **causation i.** sebep olma.

causative s. 1. sebep olan. 2. ettirgen.

caus.tic (kôs'tîk) **s.** 1. yakıcı. 2. iğneli, kınayıcı. **caustic soda** sodyum hidroksit.

cau.ter.ize (kô'tırayz) **f.** (tıb.) yakmak, dağlamak.

cau.tion (kô'şın) **i.** 1. tedbir, ihtiyat. 2. uyarma. **f.** uyarmak.

cau.tious (kô'şıs) **s.** tedbirli, sakıngan, dikkatli. **cautiously z.** ihtiyatla.

cav.a.lier (kävılîr') **i.** atlı, şövalye. **s.** kibirli, mağrur.

cav.al.ry (käv'ılrî) **i.** suvari sınıfı. **cavalryman i.** süvari.

cave (keyv) **i.** mağara. **cave in** çökmek.

cav.ern (käv'ırn) **i.** büyük mağara. **cavernous s.** 1. derin. 2. kalın, derinden gelen.

cav.i.ar (käv'iyar) **i.** havyar.

cav.i.ty (käv'ıtî) **i.** 1. oyuk, boşluk. 2. çürük.

ca.vort (kıvôrt') **f.** sıçramak, oynamak.

caw (kô) **i.** karga sesi, gak. **f.** gaklamak.

cease (sîs) **f.** 1. durmak. 2. bitmek. 3. bırakmak, kesmek. **ceaseless s.** aralıksız, durmayan.

cease-fire (sîs'fayr') **i.** ateşkeş.

ce.dar (sî'dır) **i.** sedir, dağ-servisi.

cede (sîd) **f.** 1. devretmek, göçermek. 2. bırakmak.

ceil.ing (sî'lîng) **i.** tavan.

cel.e.brate (sel'ıbreyt) **f.** 1. kutlamak. 2. bayram yapmak. **celebrated s.** şöhretli, ünlü. **celebration i.** kutlama.

ce.leb.ri.ty (sıleb'rıtî) **i.** ünlü kimse.

cel.er.y (sel'ırî) **i.** sap kerevizi. **celery root** kereviz.

ce.les.tial (sıles'çıl) **s.** göksel, semavi.

cel.i.ba.cy (sel'ıbısi) **i.** bekârlık. **celibate i.**, **s.** bekâr; karabaş.

cell (sel) **i.** 1. hücre. 2. küçük oda. 3. pil.

cel.lar (sel'ır) **i.** 1. bodrum. 2. kiler. 3. mahzen.

cel.list (cel'ist) **i.** viyolonsel çalan kimse.

cel.lo (cel'o) **i.** viyolonsel.

cel.lo.phane (sel'ıfeyn) **i.** selofan.

cel.lu.lar (sel'yılır) **s.** hücreli.

cel.lu.loid (sel'yıloyd) **i.** selüloit.

cel.lu.lose (sel'yılos) **i.** selüloz.

ce.ment (sîment') **i.** 1. çimento. 2. yapıştırıcı. 3. dolgu alçısı. **f.** 1. beton kaplamak. 2. yapıştırmak. **cement block** briket.

cem.e.ter.y (sem'ıteri) **i.** mezarlık, gömütlük, kabristan.

cen.sor (sen'sır) **i.** sansürcü. **f.** sansürden geçirmek. **censorship i.** sansür.

cen.so.ri.ous (sensor'iyıs) **s.** durmadan kusur bulan, tenkitçi.

cen.sure (sen'şır) **i.** tenkit, kınama. **f.** tenkit etmek, yermek, kınamak.

cen.sus (sen'sıs) **i.** sayım, nüfus sayımı.

cent (sent) **i.** doların yüzde biri.

cen.ten.ni.al (senten'iyıl) **i.** yüzüncü yıldönümü.

cen.ter (sen'tır) **i.** merkez, orta. **f.** 1. ortaya almak, ortaya koymak. 2. toplamak.

cen.ti.grade (sen'tîgreyd) **s.** santigrat.

cen.ti.gram (sen'tîgräm) **i.** santigram.

cen.ti.me.ter (sen'tîmitır) **i.** santimetre.

cen.ti.pede (sen'tîpid) **i.** kırkayak, çıyan.

cen.tral (sen'trıl) **s.** 1. merkezi, orta. 2. ana, temel. **i.** telefon santralı. **central heating** kalorifer tesisatı.

Central African Republic Orta Afrika Cumhuriyeti.

Central America Orta Amerika.

cen.tral.i.za.tion (sentrılizey'şın) **i.** merkezileştirme.

cen.tral.ize (sen'trılayz) **f.** merkezde toplamak, merkezileştirmek.

cen.trif.u.gal (sentrif'yıgıl) **s.** merkezkaç, santrfüj.

cen.tri.fuge (sen'trîfyuc) **i.** santrfüjör.

cen.trip.e.tal (sentrip'ıtıl) **s.** merkezcil.

cen.tu.ry (sen'çıri) **i.** yüzyıl, asır.

ce.ram.ic (sıräm'îk) **i.** 1. seramik. 2. kil, porselen, toprak, çini. **ceramics i.** seramikçilik.

ce.re.al (sîr'iyıl) **i.** 1. tahıl, hububat, zahire. 2. tahılla hazırlanan kahvaltılık.

cer.e.bel.lum (serbel'ım) **i.** beyincik.

cer.e.bral (ser'ıbrıl) **s.** 1. beyne ait. 2. ussal.

cer.e.brum (ser'ıbrım) **i.** asıl beyin.

cer.e.mo.ny (ser'ımoni) **i.** 1. tören, merasim. 2. ayin. **ceremonial s.** törensel, resmi. **ceremonious s.** 1. resmi. 2. görgü kurallarına dikkat eden.

cer.tain (sır'tın) **s.** 1. kesin. 2. emin, kaçınılmaz. 3. şüphesiz. 4. belirli. 5. bazı. **for certain**
şüphesiz. **certainly z.** elbette, tabii, baş üstüne. **certainty i.** kesinlik.

cer.tif.i.cate (sırtîf'îkît) **i.** 1. belge, vesika. 2. sertifika. 3. ruhsat. 4. diploma.

cer.ti.fy (sır'tıfay) **f.** onaylamak; doğrulamak.

cer.ti.tude (sır'tıtud) **i.** kesinlik.

cer.vix (sır'vîks) **i.** 1. boyun. 2. rahim boynu.

ce.sar.e.an (sîzer'iyın) **i.** sezaryen.

cess.pool (ses'pul) **i.** 1. lağım çukuru. 2. mezbele.

Chad (çäd) **i.** Çad.

chafe (çeyf) **f.** 1. ovularak veya sürtünerek aşınmak. 2. rahatsız olmak.

chaff (çäf) **i.** 1. tahıl kabuğu. 2. saman, çöp.

cha.grin (şıgrîn') **i.** üzüntü, keder, sıkıntı, hayal kırıklığı.

chain (çeyn) **i.** 1. zincir, silsile (dağ). 2. bağ. 3. ölçme zinciri. **f.** zincirlemek, zincire bağlamak. **chain down, chain up** zincire bağlamak.

chair (çer) **i.** 1. iskemle, sandalye. 2. makam. 3. kürsü. **f.** (toplantıya) başkanlık etmek. **chair.man** (çer'mın) **i.** başkan. **chairmanship i.** başkanlık.

chair.per.son (çer'pırsın) **i.** başkan.

chalk (çôk) **i.** tebeşir.

chal.lenge (çäl'ınc) **i.** meydan okuma, mücadeleye davet. **f.** meydan okumak.

cham.ber (çeym'bır) **i.** 1. oda. 2. daire. 3. bölme. 4. fişek yatağı. **chamber music** oda müziği. **chamber of commerce** ticaret odası.

cha.me.le.on (kımi'liyın) **i.** bukalemun.

cham.ois (şäm'i) **i.** 1. dağkeçisi. 2. güderi.

champ (çämp) **f.** ısırmak, çiğnemek.

champ (çämp) **i.** şampiyon.

cham.pagne (şämpeyn') **i.** şampanya.

cham.pi.on (çäm'piyın) **i., s.** şampiyon. **f.** savunmak; tarafını tutmak, desteklemek.

chance (çäns) **i.** 1. talih, şans. 2. ihtimal. 3. fırsat. 4. risk, riziko. **s.** şans eseri olan. **f.** 1. şans eseri olmak, tesadüfen olmak. 2. rast gelmek. **by chance** tesadüfen, kazara. **chance on, chance upon** tesadüfen bulmak. **chancy s.** keskin olmayan, rizikolu.

chan.cel.lor (çän'sılır) **i.** rektör, başbakan.

chan.de.lier (şändîlir') **i.** avize.

change (çeync) **i.** 1. değişim, değişme, değişiklik. 2. yenilik. 3. bozukluk, paranın üstü. 4. aktarma. **f.** 1. değiştirmek; değişmek. 2. aktarma yapmak. 3. para bozdurmak. 4. para değiştirmek. 5. elbiselerini değiştirmek, üstünü değiştirmek. **change color** 1. yüzü kızarmak. 2. yüzü solmak. **change hands** sahip değiştirmek.

chan.nel (çän'ıl) **i.** 1. yatak (nehir), kanal,

mecra. 2. oluk. 3. televizyonda kanal. **f.** 1. yönetImek. 2. kanal açmak, oymak.

chant (çänt) **i.** şarkı, yır.

cha.os (key'as) **i.** 1. keşmekeş, karışıklık, kargaşa. 2. kaos.

cha.ot.ic (keyot'ik) **s.** karmakarışık, düzensiz.

chap (çäp) **i.** çatlak, yarık (ciltte).

chap.el (çäp'ıl) **i.** küçük kilise.

chap.er.on (şäp'ıron) **i.** şaperon.

chap.ter (çäp'tır) **i.** 1. bölüm, kısım.

char (çar) **f.** yakarak kömürleştirmek.

char.ac.ter (ker'ıktır) **i.** 1. karakter. 2. nitelik. 3. tip, şahıs. 4. işaret, harf. **character reference** bonservis. **characteristic s.** tipik. **i.** özellik.

char.ac.ter.ize (ker'ıktırayz') **f.** tanımlamak.

char.coal (çar'kol) **i.** 1. mangal kömürü. 2. kara kalem.

chard (card) **i.** pazı.

charge (carc) **i.** 1. masraf, fiyat. 2. ücret. 3. vergi, harç. 4. görev, sorumluluk. 5. yönetim, bakım. 6. emniyet. 7. suçlama, itham. 8. emir. 9. saldırı, hücum. 10. borç. 11. şarj. **f.** 1. hesaba geçirmek. 2. emretmek. 3. görevlendirmek. 4. suçlamak. 5. sorumlu tutmak. 6. (havayı) gerginleştirmek. 7. şarj etmek. 8. fiyat talep etmek. 9. saldırmak. **charge account** mağazada açık hesap.

charg.er (car'cır) **i.** şarjör.

char.i.ot (cer'iyıt) **i.** savaş arabası.

cha.ris.ma (kırız'mı) **i.** inayet, ihsan.

char.i.ta.ble (çer'ıtıbıl) **s.** 1. hayırsever, yardımsever, cömert. 2. merhametli, şefkatli. **charitably z.** 1. cömertçe. 2. hoşgörürlükle.

char.i.ty (çer'ıti) **i.** 1. hayırseverlik, yardımseverlik. 2. sadaka. 3. hayır işi. 4. yardım derneği.

char.la.tan (şar'lıtın) **i.** şarlatan.

charm (çarm) **i.** 1. cazibe, çekicilik. 2. tılsım. 3. muska. 4. büyü. **f.** 1. cezbetmek, büyülemek. 2. büyü yapmak. **charming s.** hoş, sevimli, cana yakın.

chart (cart) **i.** 1. deniz haritası. 2. plan, grafik. 3. çizelge. **f.** 1. plan yapmak, plan çıkarmak. 2. harita yapmak.

char.ter (çar'tır) **i.** 1. patent, imtiyaz, berat. 2. gemi kira kontratı. **f.** kiralamak, tutmak (uçak). **charter plane** kiralanmış ucuz tarifeli uçak.

char.y (çer'i) **s.** 1. dikkatli, ihtiyatlı. 2. cimri.

chase (çeys) **f.** 1. kovalamak, peşine düşmek. 2. avlamak.

chasm (käz'ım) **i.** 1. kanyon, dar boğaz. 2. derin yarık.

chas.sis (säs'i) **i.** şasi.

chaste (çeyst) **s.** 1. iffetli, namuslu, sili. 2. leke-

siz, basit, sade.

chas.ten (çey'sın) **f.** uslandırmak, yola getirmek.

chas.tise (çästayz') **f.** cezalandırmak, dövmek.

chas.ti.ty (çäs'hti) **i.** iffet.

chat (çät) **f.** hoşbeş etmek, sohbet etmek **i.** sohbet, hoşbeş.

cha.teau (şäto') **i.** şato, köşk.

chat.ter (çät'ır) **f.** gevezelik etmek.

chat.ter.box (çät'ırbaks) **i.** geveze, çenebaz, dillidüdük.

chauf.feur (şo'fır) **i.** özel şoför.

chau.vin.ism (şo'vınizım) **i.** aşırı milliyetçilik, şovenizm.

cheap (çip) **s.** 1. ucuz. 2. bayağı, adi.

cheap.skate (çip'skeyt) **i.** cimri, pinti.

cheat (çit) **i.** 1. hile, aldatma, dolandırıcılık. 2. oyun, dalavere. 3. dolandırıcı. **f.** hile yapmak, aldatmak, dolandırmak.

check (çek) **i.** 1. engel. 2. fren. 3. geciktirme. 4. kontrol, teftiş. 5. kontrol işareti. 6. fiş, vestiyer fişi. 7. (lokantada) hesap. 8. (kumaşta) ekose desen. 9. dama. 10. (satranç) şah. 11. çek. **f.** 1. engellemek. 2. kontrol etmek; kontrol işareti koymak. 3. emanete teslim etmek. 4. (satranç) şah demek. **check point** trafik kontrol yeri. **check in** otel veya uçak defterine kaydolmak. **check out** 1. hesabı ödeyip otelden ayrılmak. 2. soruşturmak, doğruluğunu araştırmak. 3. aldıklarını kasada hesaplatmak. 4. işleyişini kontrol etmek.

check.book (çek'bûk) **i.** çek defteri.

check.er (çek'ır) **i.** 1. dama. 2. müfettiş, kontrolcu. **f.** damalı yapmak, ekose desenle kaplamak. **checkered s.** 1. kareli, ekose. 2. değişik olaylarla dolu. **checkers i.** dama oyunu.

check.er.board (çek'ırbôrd) **i.** dama tahtası.

check.mate (çek'meyt) **i.** 1. (satranç) mat. 2. tam yenilgi. **f.** 1. (satranç) mat etmek. 2. hükme sermek.

check.up (çek'äp) **i.** tıbbi muayene.

cheek (çik) **i.** 1 yanak, avurt. 2. cüret, yüzsüzlük.

cheer (çir) **i.** 1. teşvik, alkış tutma. 2. kıvanç. 3. yiyecek. **f.** alkış tutmak. **cheerful s.** neşeli, şen, hoş. **cheerfully z.** neşeyle. **cheering i.** alkış, taraf tutma. **s.** memnun edici, neşelendirici. **cheery s.** 1. neşeli, keyifli, şen. 2. keyiflendirici. **cheer up** moralini düzeltmek. **Cheer up!** Keyfine bak! Geçmiş olsun!

cheese (çiz) **i.** peynir.

cheese.cloth (çiz'klôth) **i.** tülbent.

chef (şef) **i.** şef, ahçıbaşı, ahçı.

chem.i.cal (kem'ikıl) **i.** kimyasal (madde).

chem.ist (kem'ist) **i.** 1. kimyager. 2. (İng.) eczacı.

chem.is.try (kem'istri) **i.** kimya.

cher.ish (çer'iş) **f.** 1. aziz tutmak. 2. bağrına basmak.

cher.ry (çe'ri) **i.** kiraz.

chess (çes) **i.** satranç.

chest (çest) **i.** 1. göğüs. 2. sandık. 3. kutu. **chest of drawers** konsol, şifoniyer.

chest.nut (çes'nöt) **i.** kestane.

chew (çu) **f.** çiğnemek. **chewing gum** çiklet.

chic (şik) **s.** şık, modaya uygun.

chick (çik) **i.** civciv, piliç.

chick.en (çik'ın) **i.** 1. piliç, civciv, tavuk. 2. korkak, ödlek. **chicken pox** suçiçeği.

chick.pea (çik'pi) **i.** nohut. **roasted chickpea** leblebi.

chic.o.ry (çik'ıri) **i.** hindiba, güneğik.

chide (çayd) **f.** azarlamak, kusur bulmak.

chief (çif) **i.** şef, reis. **s.** belli başlı, ana. **chiefly z.** başlıca, en çok.

child (çayld) **i.** 1. bebek, çocuk. 2. çocuksu kimse. 3. evlat. **childhood i.** çocukluk devresi. **childish s.** 1. çocuksu. 2. saçma. **childlike s.** 1. çocuk ruhlu. 2. içten. **child's play** kolay iş.

child.birth (çayld'bırth) **i.** doğum.

chil.dren (çil'dırın) **i.** çocuklar.

Chil.e (çil'i) **i.** Şili.

chil.i (çil'i) **i.** kırmızıbiber.

chill (çil) **i.** 1. soğuk. 2. titreme, üşüme, ürperme. **f.** ürpermek, üşümek. **chilly s.** serin, soğuk, üşütücü.

chime (çaym) **i.** 1. ahenkli zil sesi. 2. menkil. 3. ahenk, uyum. **f.** ahenkle çalmak. **chime in** 1. uymak. 2. konuşmaya katılmak.

chim.ney (çim'ni) **i.** baca.

chim.pan.zee (çimpänzi') **i.** şempanze.

chin (çin) **i.** çene.

Chi.na (çay'nı) **i.** Çin. **People's Republic of China** Çin Halk Cumhuriyeti.

chi.na (çay'nı) **i.** porselen, seramik, çini.

chink (çingk) **i.** yarık, çatlak.

chip (çip) **i.** 1. yonga, çentik. 2. kumar fişi. **f.** yontmak, çentmek, budamak. **chips i.** patates kızartması.

chirp (çırp) **f.** cıvıldamak. **i.** cıvıltı.

chis.el (çiz'ıl) **i.** keski, kalem. **f.** 1. kalemle kesmek. 2. aldatmak.

chiv.al.ry (şiv'ılri) **i.** 1. şövalyelik. 2. nezaket. **chivalrous s.** nazik.

chlo.rine (klôr'in) **i.** klor.

choc.o.late (çôk'lit) **i.** çikolata.

choice (çoys) **i.** 1. seçme, ayırma. 2. seçme hakkı. 3. tercih. 4. seçenek, alternatif, şık. **s.** seçkin. **by choice** isteyerek.

choir (kwayr) **i.** kilise korosu, koro.

choke (çok) **f.** boğmak; boğulmak. **i.** (oto.) kısı-

cı, boğucu.

chol.er.a (kal'ırı) **i.** kolera.

choose (çuz) **f.** seçmek, tercih etmek, istemek. **choosy s.** müşkülpesent, titiz.

chop (çap) **f.** balta ile yarmak. **i.** pirzola. **chop up** kıymak, doğramak. **choppy s.** çırpıntılı.

chord (kôrd) **i.** birlikte çalınan birkaç nota.

cho.re.og.ra.phy (kôriyag'rıfi) **i.** koreografi.

chores (çôrz) **i.** günlük işler.

cho.rus (kôr'ıs) **i.** 1. koro. 2. nakarat, koro.

Christ (krayst) **i.** Mesih, İsa.

chris.ten (kris'ın) **f.** vaftiz etmek.

Chris.tian (kris'çın) **s., i.** Hıristiyan.

Chris.ti.an.i.ty (krisçiyän'iti) **i.** Hıristiyanlık.

Christ.mas (kris'mıs) **i.** Noel. **Christmas Eve** Noel arifesi.

chro.mat.ic (kromät'ik) **s.** 1. renklerle ilgili. 2. (müz.) kromatik.

chrome (krom) **i.** krom.

chron.ic (kran'ik) **s.** süreğen, müzmin, kronik.

chron.i.cle (kran'ikıl) **i.** tarih. **f.** tarihe geçirmek. **chronicler i.** tarihe kaydeden kimse.

chron.o.gram (kran'ıgräm) **i.** ebced hesabıyla tarih.

chro.nol.o.gy (krınal'ıci) **i.** kronoloji, zamandizin. **chronological s.** kronolojik.

chuck.le (çâk'ıl) **f.** kıkır kıkır gülmek, kıkırdamak. **i.** kıkırdama.

chum (çâm) **i.** yakın arkadaş, dost. **chummy s.** samimi.

chunk (çângk) **i.** külçe, yığın, topak. **chunky s.** 1. bodur, tıknaz. 2. topak topak.

church (çırç) **i.** 1. kilise. 2. kilise ayini. 3. cemaat.

churn (çırn) **i.** yayık. **f.** 1. tereyağı yapmak için sütü çalkamak. 2. karıştırmak.

ci.der (say'dır) **i.** elma suyu, elma şarabı.

C.I.F. (kıs.) **cost, insurance and freight** sif.

ci.gar (sigar') **i.** puro.

cig.a.rette (sigret') **i.** sigara.

cin.der (sin'dır) **i.** cüruf. **cinder block** cüruf briketi.

cin.e.ma (sin'ımı) **i.** sinema.

cin.na.mon (sin'ımın) **i.** tarçın.

ci.pher (say'fır) **i.** 1. sıfır. 2. önemsiz şey veya kimse. 3. şifre.

cir.cle (sır'kıl) **i.** 1. daire, çember, halka. 2. çevre, grup. **f.** 1. etrafını çevirmek, kuşatmak. 2. etrafında dolaşmak. 3. devretmek.

cir.cuit (sır'kit) **i.** 1. ring seferi. 2. (elek.) devre. **circuitous s.** dolaylı, dolambaçlı.

cir.cu.lar (sır'kyılır) **i.** daire şeklinde, yuvarlak.

cir.cu.late (sır'kyıleyt) **f.** 1. deveran etmek, dolaşmak. 2. elden ele geçirmek. 3. dolaştırmak. **circulation i.** 1. devir; deveran, dolaşım, kan dolaşımı. 2. sürüm, tedavül.

cir.cu.la.to.ry (sır'kyılitöri) **s.** kan dolaşımına ait.

cir.cum.cise (sır'kımsayz) **f.** sünnet etmek. **circumcision** i. sünnet.

cir.cum.fer.ence (sırkâm'fırıns) i. daire çevresi.

cir.cum.scribe (sırkımskrayb') **f.** 1. daire içine almak. 2. sınırlamak.

cir.cum.spect (sır'kımspekt) **s.** dikkatli, ihtiyatlı, tedbirli.

cir.cum.stance (sır'kımstäns) i. 1. hal, durum, vaziyet. 2. vaka, olay. **circumstantial s.** durumla ilgili. **circumstantial evidence** ikincil deliller.

cir.cum.vent (sırkımvent') **f.** hileyle önüne geçmek, atlatmak.

cir.cus (sır'kıs) i. sirk.

cis.tern (sis'tırn) i. sarnıç.

cit.a.del (sit'ıdıl) i. hisar, kale.

cite (sayt) **f.** aktarmak, bahsetmek.

cit.i.zen (sit'ızın) i. 1. uyruk, vatandaş, hemşeri. 2. şehirli. 3. sivil. **citizenship** i. uyrukluk, vatandaşlık, tabiiyet.

cit.rus (sit'rıs) **s.** turuncgillere ait. **citrus fruit** turuncgillerden bir meyva.

cit.y (sit'i) i. 1. şehir, kent. 2. şehir halkı.

civ.ic (siv'ik) **s.** yurttaşlıkla ilgili. **civics** i. yurt bilgisi, yurttaşlık bilgisi.

civ.il (siv'ıl) **s.** 1. vatandaşlarla ilgili. 2. sivil. 3. nazik, kibar. **civil engineering** inşaat mühendisliği. **civil law** 1. medeni hukuk. 2. Roma hukuku. **civil marriage** medeni nikâh. **civil rights** vatandaşlık hakları. **civil service** devlet hizmeti. **civil war** iç savaş. **civilian** i. sivil. **civility** i. nezaket, kibarlık, terbiye.

civ.i.li.za.tion (sivılızey'şın) i. uygarlık.

civ.i.lize (siv'ılayz) **f.** uygarlaştırmak. **civilized s.** 1. uygar. 2. kibar, nazik, ince.

clack (kläk) **f.** çatırdamak. i. çatırtı.

claim (kleym) i. 1. talep, iddia. 2. hak. 3. sigorta poliçesi üstünden ödenecek para. **f.** 1. hak talep etmek, istemek. 2. iddia etmek. 3. sahip çıkmak. **lay claim to** sahip çıkmak. **claimant** i. hak talep eden.

clair.voy.ance (klervoy'ıns) i. gaipten haber verme.

clam (kläm) i. ırarak, deniz tarağı, istiridye.

clam.ber (kläm'bır) **f.** tırmanmak.

clam.my (kläm'i) **s.** ıslak, yaş, yapışkan, soğuk.

clam.or (kläm'ır) i. 1. haykırma, feryat, yaygara. 2. gürültü. **f.** haykırmak, feryat etmek.

clamp (klämp) i. mengene, kıskaç, kenet. **f.** mengeyle sıkıştırmak.

clan (klän) i. 1. klan. 2. kabile.

clan.des.tine (kländes'tin) **s.** gizli, el altından.

clang (kläng) **f.** çınlamak. **clangor** i. 1. şakırtı,

çınlama. 2. gürültü.

clank (klängk) i. madeni ses. **f.** çınlamak.

clap (kläp) i. 1. şaklama. 2. gürleme. **f.** 1. tokatlamak. 2. alkışlamak, el çırpmak.

clar.i.fi.ca.tion (klerıfıkey'şın) i. aydınlatma, açıklama.

clar.i.fy (kler'ıfay) **f.** aydınlatmak, açıklamak.

clar.i.net (klerınet') i. klarnet, gırnata.

clar.i.ty (kler'ıti) i. açıklık, vuzuh.

clash (kläş) **f.** 1. çarpışmak. 2. uyuşmamak. i. 1. çarpışma, toslama. 2. uyuşmazlık.

clasp (kläsp) i. 1. toka, kopça. 2. kucaklama, kavrama, sıkma. **f.** 1. toka takmak. 2. kavramak, sıkıca tutmak.

class (kläs) i. 1. sınıf, tabaka, zümre. 2. çeşit, tür. 3. takım, grup. 4. ders. 5. mevki (tren). 6. (zool., bot.) sınıf. **f.** sınıflandırmak.

clas.sic (kläs'ik) **s.,** i. klasik. **classical s.** klasik.

clas.si.fy (kläs'ıfay) **f.** sınıflamak, bölümlemek. **classified advertisements** küçük ilanlar.

class.mate (kläs'meyt) i. sınıf arkadaşı.

class.room (kläs'rum) i. sınıf, dershane, derslik.

clat.ter (klät'ır) **f.** takırdamak, çatırdamak. i. patırtı, takırtı.

clause (klôz) i. 1. madde, bent, hüküm, fıkra. 2. cümlecik.

claus.tro.pho.bi.a (klôstırıfo'biyı) i. kapalı yer fobisi, klostrofobi.

claw (klô) i. pençe, tırnak. **f.** yırtmak, tırmalamak, pençe atmak.

clax.on (kläk'sın) i. klakson.

clay (kley) i. kil, balçık, çamur, toprak.

clean (klin) **s.** 1. temiz, pak. 2. halis. **f.** temizlemek, yıkamak, arıtmak. **cleaner** i. temizleyici.

clean.ly (klen'li) **s.** temiz. **cleanliness** i. temizlik.

cleanse (klenz) **f.** temizlemek. **cleanser** i. temizleyici.

clean.shav.en (klin'şey'vın) **s.** sinekkaydı (tıraş).

clear (klir) **s.** 1. açık, aydınlık, berrak. 2. şeffaf, saydam. 3. net. 4. kesin. 5. temiz. 6. açık (arazi). 7. takıntısız. 8. tamamen, bütünüyle. **f.** 1. temizlemek. 2. engeli aşmak. 3. temize çıkarmak. 4. gümrükten çekmek. 5. net kâr etmek. **clear conscience** vicdan rahatlığı. **clear off** kaldırıp temizlemek. **clear out** 1. çekilip gitmek, defolmak. 2. boşaltıp temizlemek. **clear the air** 1. işleri düzeltmek. 2. gerginliği gidermek. **clear the way** yol açmak. **clear up** 1. halletmek. 2. aydınlatmak. 3. açılmak (hava). 4. iyileşmek (hastalık). **clearly z.** kesinlikle, açıkça.

clear.ance (klir'ıns) i. 1. temizleme. 2. açıklık yer. 3. gümrük muayene belgesi.

clear.ing (klir'ing) **i.** 1. açıklık, meydan. 2. takas, kliring.

cleave (kliv) **f.** 1. yapışmak. 2. bağlanmak, sadık olmak.

cleave (kliv) **f.** yarmak, bölmek. **cleaver i.** satır, balta.

clef (klef) **i., müz.** anahtar.

cleft (kleft) **i.** 1. çatlak, yarık, ayrık.

clem.en.cy (klem'insi) **i.** 1. af. 2. merhamet, şefkat.

clench (klenç) **f.** sıkmak (yumruk, diş).

cler.gy (klır'ci) **i.** ruhban sınıfı. **clergyman i.** rahip.

cler.i.cal (kler'ıkıl) **s.** daire işiyle ilgili, kırtasiyecilikle ilgili.

clerk (klırk) **i.** 1. kâtip, yazıcı. 2. tezgâhtar, satıcı. **f.** tezgâhtarlık yapmak.

clev.er (klev'ır) **s.** 1. akıllı, zeki. 2. becerikli.

clew, clue (klu) **i.** 1. ipucu. 2. yelkenin uskuta yakası.

cli.ché (klişey') **i.** 1. klişe, basmakalıp söz. 2. (matb.) klişe.

click (klik) **i.** çıt, tıkırtı. **f.** tıkırdamak.

cli.ent (klay'ınt) **i.** müşteri, alıcı.

cliff (klif) **i.** uçurum, sarp kayalık.

cli.mac.tic (klaymäk'tik) **s.** kritik.

cli.mate (klay'mit) **i.** iklim, hava.

cli.mat.ic (klaymät'ik) **s.** iklimsel.

cli.max (klay'mäks) **i.** doruk, zirve.

climb (klaym) **f.** 1. tırmanmak. 2. çıkmak.

clinch (klinç) **f.** 1. perçinlemek. 2. sağlama bağlamak.

cling (kling) **f.** 1. yapışmak, sıkıca sarılmak, tutunmak. 2. yakınında olmak.

clin.ic (klin'ik) **i.** klinik. **clinical s.** 1. klinikle ilgili. 2. duygulardan arınmış, bilimsel, nesnel.

clink (klingk) **f.** tıkırdamak.

clip (klip) **f.** 1. kırkmak; kırpmak. 2. vurmak, indirmek. 3. kupür kesmek. **i.** 1. kesme. 2. bir kırkmada elde edilen yün. 3. darbe. 4. hız, sürat. **clipping i.** 1. kesme, kırpma, kırkma. 2. kupür, kesik.

clip.pers (klip'ırz) **i.** kırpma makası, saç kesme makinesi.

clique (klik) **i.** grup, komite, hizip, klik. **cliquish s.** grubu dışındakilere yüz vermeyen, ayrıcalık gözeten.

cloak (klok) **i.** pelerin. **f.** gizlemek.

cloak.room (klok'rum) **i.** vestiyer.

clock (klak) **i.** saat, duvar saati, masa saati. **f.** saat tutmak. **alarm clock** çalar saat. **clockwise z.** saat yelkovanı yönünde.

clock.work (klak'wırk) **i.** saatin parçaları. **like clockwork** saat gibi, tıkır tıkır.

clod (klad) **i.** toprak veya çamur parçası, kesek.

clog (klag) **i.** 1. engel. 2. köstek. 3. tahta ayak-

kabı, takunya, nalın. **f.** tıkamak; tıkanmak.

clon (klon) **i.** bölünen bir bitkiden oluşan bitkiler.

close (klos) **s.** 1. yakın. 2. sıkı. 3. kapalı. 4. dar, sıkışık. 5. havasız. 6. hemen hemen eşit. **close call, close shave** paçayı zor kurtarma. **closely z.** yakından.

close (kloz) **i.** sonuç. **f.** 1. kapamak; kapatmak. 2. tıkamak (delik). 3. son vermek; sona ermek. **close down, close up** kapamak; kapanmak. **closed s.** kapalı.

clos.et (klaz'it) **i.** dolap.

clot (klat) **i.** pıhtı. **f.** pıhtılaşmak.

cloth (klôth) **i.** kumaş, bez, örtü.

clothe (klodh) **f.** 1. giydirmek. 2. üstünü örtmek, kaplamak. **clothing i.** giysi, elbise.

clothes (kloz) **i.** elbise, giysiler.

cloud (klaud) **i.** bulut. **cloudy s.** 1. bulutlu. 2. bulanık.

cloud.burst (klaud'bırst) **i.** şiddetli sağanak.

clout (klaut) **i.** tokat, darbe. **f.** tokat atmak, vurmak.

clove (klov) **i.** karanfil (baharat).

clo.ven (klo'vın) **s.** yarık, ayrık, çatal.

clo.ver (klo'vır) **i.** yonca. **in clover** gönençli, hali vakti yerinde.

clo.ver.leaf (klo'vırlif) **i.** yonca yaprağı (kavşak).

clown (klaun) **i.** soytarı, palyaço. **f.** soytarılık etmek.

club (kläb) **i.** 1. sopa, çomak; cop. 2. golf sopası. 3. kulüp, dernek. 4. sinek, ispati. **f.** sopalamak, dövmek; coplamak.

club.house (kläb'haus) **i.** kulüp binası.

cluck (kläk) **f.** gıdaklamak. **i.** 1. gıdaklama. 2. aptal, ahmak.

clue (klu) **i.** ipucu, iz, anahtar.

clump (klämp) **i.** yığın, küme. **f.** yığmak, kümelemek.

clum.sy (kläm'zi) **s.** hantal, beceriksiz, sakar. **clumsily z.** hantalca. **clumsiness i.** hantallık.

clus.ter (klôs'tır) **i.** 1. salkım. 2. tutam, demet. 3. küme, grup. **f.** bir araya toplanmak.

clutch (kläç) **i.** 1. kavrama, sıkıca tutma. 2. debriyaj. **f.** 1. kavramak, yakalamak. 2. kapmak.

clut.ter (klât'ır) **f.** yığmak, düzensizce atmak. **i.** karışıklık, düzensizlik.

coach (koç) **i.** 1. fayton. 2. yolcu vagonu.

coach (koç) **i.** 1. antrenör. 2. yetiştirmek, antrenörlük etmek.

co.ag.u.late (kowäg'yıleyt) **f.** pıhtılaşmak.

coal (kol) **i.** kömür, madenkömürü. **coal black** kapkara, kömür gibi, kuzguni. **coals i.** kor.

coal.bin (kol'bin) **i.** kömürlük.

co.a.li.tion (kowliş'ın) **i.** koalisyon, birleşme.

coarse (kôrs) **s.** 1. adi, bayağı, kaba. 2. kalın. 3. terbiyesiz. 4. işlenmemiş. **coarsely z.** kabaca. **coarseness i.** kabalık.

coars.en (kôr'sın) **f.** kabalaşmak.

coast (kost) **i.** sahil, kıyı.

coast (kost) **f.** 1. yokuş aşağı kaymak. 2. kıyı boyunca gitmek.

coast.line (kost'layn) **i.** kıyı boyu.

coat (kot) **i.** 1. palto. 2. kat, tabaka. **f.** kaplamak. **coating i.** tabaka, kat.

coax (koks) **f.** tatlı sözlerle kandırmak, gönlünü yapmak, dil dökmek.

co.balt (ko'bôlt) **i.** kobalt.

cob.ble (kab'ıl) **i.** 1. kaldırım taşı. **f.** 1. kaldırım taşı döşemek. 2. (ayakkabı) tamir etmek, pençe vurmak. **cobbler i.** ayakkabı tamircisi.

cob.ble.stone (kab'ılston) **i.** parke taşı, kaldırım taşı.

cob.web (kab'web) **i.** örümcek ağı.

co.caine (kokeyn') **i.** kokain.

cock (kak) **i.** 1. horoz. 2. erkek kuş. 3. valf, musluk. **f.** hazır etmek, kurmak. **s.** erkek.

cock.eyed (kak'ayd) **s.** 1. şaşı. 2. çarpık, eğri. 3. saçma, budalaca. 4. (argo) küfelik.

cock.fight (kak'fayt) **i.** horoz dövüşü.

cock.horse (kak'hôrs) **i.** tahta at, oyuncak at.

cock.le (kak'ıl) **i.** 1. (zool.) deniz tarağı. 2. deniz tarağının kabuğu.

cock.pit (kak'pit) **i.** pilot kabini.

cock.roach (kak'roç) **i.** 1. hamamböceği. 2. karafatma.

cocks.comb (kaks'kom) **i.** 1. horoz ibiği. 2. (bot.) horozibiği. 3. züppe.

cock.sure (kak'şûr) **s.** kendinden emin, kendine fazla güvenen.

cock.tail (kak'teyl) **i.** kokteyl.

cock.y (kak'i) **s.** kendini beğenmiş. **cockiness i.** kendine aşırı güvenme.

co.coa (ko'ko) **i.** kakao.

co.co.nut (ko'kınât) **i.** büyük hindistancevizi.

co.coon (kıkun') **i.** koza.

cod (kad) **i.** morina.

C.O.D. (kıs.) **cash on delivery** ödemeli.

cod.dle (kad'ıl) **f.** üstüne titremek.

code (kod) **i.** şifre. **Morse code** Mors alfabesi.

co.deine (ko'din) **i.** kodein.

co.ed (ko'wed') **i.** karma yüksekokullarda kız öğrenci.

co.ed.u.ca.tion (kowecükey'şın) **i.** karma öğrenim, eşineğitim.

co.ef.fi.cient (kowıfiş'ınt) **i.** katsayı.

co.erce (kowırs') **f.** zorlamak, mecbur etmek. **coercion i.** zorlama, baskı.

cof.fee (kôf'i) **i.** kahve.

cof.fee.pot (kôf'ipat) **i.** cezve, kahve demliği.

cof.fer (kôf'ır) **i.** sandık, kasa, kutu.

cof.fin (kôf'in) **i.** tabut.

cog (kag) **i.** çark dişi, diş.

cog.i.tate (kac'ıteyt) **f.** düşünmek, düşünüp taşınmak, tasarlamak.

cog.wheel (kag'hwil) **i.** dişli çark.

co.hab.it (kohäb'it) **f.** beraber yaşamak.

co.her.ent (kohir'ınt) **s.** 1. uygun. 2. yapışık. **coherently z.** tutarlı olarak. **coherence i.** 1. tutarlılık, uygunluk. 2. yapışma.

coif.feur (kwafôr') **i.** kuvaför.

coif.fure (kwafyûr') **i.** saç biçimi, saç tuvaleti.

coil (koyl) **i.** 1. kangal. 2. roda. 3. (elek.) bobin. **f.** kangal etmek, sarmak, sarılmak.

coin (koyn) **i.** 1. madeni para. 2. para. **f.** madeni para basmak. **coin money** kısa zamanda servet yapmak. **coinage i.** 1. madeni para. 2. yeni türetilen sözcük.

co.in.cide (kowinsayd') **f.** uymak, uyuşmak. **coincide with** rastlaşmak, tesadüf etmek.

co.in.ci.dence (kowin'sidıns) **i.** rastlantı.

co.in.ci.den.tal (kowinsiden'tıl) **s.** rastlantılı, tesadüfi.

coke (kok) **i.** kok.

coke (kok) **i.** 1. kolalı içecek. 2. kokain.

col.an.der (kâl'ındır) **i.** süzgeç, kevgir.

cold (kold) **s.** 1. soğuk. 2. üşümüş. **i.** 1. soğukluk. 2. üşüme. 3. nezle, soğuk algınlığı. **cold feet** korkaklık, tabansızlık. **out in the cold** açıkta bırakılmış. **cold chisel** soğuk keski, demir kalemi. **cold cream** yüz kremi, cilt kremi. **cold cuts** soğuk et. **cold shoulder** soğuk davranış, yüz vermeyiş. **cold sore** uçuk. **cold storage** 1. soğuk hava deposu. 2. geçici olarak kullanmama. **cold wave** soğuk hava dalgası.

cold-blood.ed (kold'blâd'id) **s.** 1. duygusuz, acımasız, hunhar, soğukkanlı. 2. soğuğa hassas. 3. (zool.) soğuk kanlı.

col.ic (kal'ik) **i.** karın ağrısı.

co.li.tis (kılay'tis) **i.** kalınbağırsak iltihabı, kolit.

col.lab.o.rate (kıläb'ıreyt) **f.** işbirliği yapmak. **collaboration i.** işbirliği. **collaborator i.** beraber çalışan, işbirliği yapan.

col.lab.o.ra.tion.ist (kıläbırey'şınist) **i.** işbirlikçi.

col.lapse (kıläps') **f.** 1. çökmek, göçmek, yıkılmak; çökertmek, yıkmak. 2. katlanıp bükülmek (eşya). 3. sonuca bağlanmadan dağılmak (proje, plan). **i.** göçme, çökme, yıkılma. **collapsible s.** portatif, açılır kapanır.

col.lar (kal'ır) **i.** 1. yaka. 2. gerdanlık. 3. halka. 4. tasma. **f.** yakalamak.

col.lar.bone (kal'ırbon) **i.** köprücük kemiği.

col.league (kal'ig) **i.** meslektaş, koldaş.

col.lect (kılekt') **f.** 1. toplamak; toplanmak. 2. koleksiyon yapmak, biriktirmek; birikmek. 3. tahsil etmek (vergi). **s.** ödemeli. **collection i.**

1. toplama. 2. koleksiyon. **collective s.** toplu, ortak. **i.** ortaklaşma. **collector i.** 1. koleksiyoncu. 2. alımcı, tahsildar.

col.lege (kal'ic) **i.** üniversite; yüksekokul; fakülte.

col.lide (kılayd') **f.** çarpışmak; çarpmak.

col.li.sion (kılij'ın) **i.** çarpışma.

col.loid (kal'oyd) **i.** koloit. **s.** koloidal, koloidimsi.

col.lo.qui.al (kılo'kwiyıl) **s.** konuşma diline ait.

col.lu.sion (kılu'jın) **i.** danışıklı dövüş.

co.logne (kılon') **i.** kolonya.

co.lon (ko'lın) **i.** 1. iki nokta. 2. (tıb.) kolon.

colo.nel (kır'nıl) **i.** albay.

co.lo.ni.al (kılo'niyıl) **s.** sömürgeye ait. **colonialism** **i.** sömürgecilik.

col.o.nize (kal'ınayz) **f.** 1. sömürge kurmak. 2. sömürgede yerleşmek.

col.on.nade (kalıneyd') **i.** sıra sütunlar.

col.o.ny (kal'ıni) **i.** sömürge, koloni. **colonist** **i.** sömürgede oturan kimse.

col.or (kʌl'ır) **i.** renk, boya. **f.** boyamak. **colored s.** 1. renkli. 2. zenci. **colorful s.** renkli, canlı.

col.or.blind (kʌl'ırblaynd) **s.** renkkörü.

col.or.fast (kʌl'ırfäst) **s.** solmaz.

co.los.sal (kılas'ıl) **s.** muazzam, kocaman.

colt (kolt) **i.** tay.

Co.lum.bi.a (kılʌm'biyı) **i.** Kolombiya.

col.umn (kal'ım) **i.** 1. sütun, kolon. 2. direk. 3. (gazet.) fıkra. 4. (ask.) kol. **columnist** **i.** fıkra yazarı.

co.ma (ko'mı) **i.** koma.

comb (kom) **i.** 1. tarak. 2. ibik, tepe, sorguç. 3. petek. **f.** taramak; taranmak. **comb out** taramak, ayırmak.

com.bat (kam'bät) **i.** dövüş, çarpışma, savaş.

com.bat.ant (kam'bıtınt) **s.** savaşçı, savaşan.

com.bat.ive (kımbät'iv) **s.** kavgacı, hırçın.

com.bi.na.tion (kambıney'şın) **i.** 1. bileşim. 2. birlik. **combination lock** şifreli kilit.

com.bine (kambayn') **i.** 1. tröst; birlik. 2. biçerdöver.

com.bine (kımbayn') **f.** 1. birleştirmek; birleşmek. 2. toplamak.

com.bus.ti.ble (kımbʌs'tıbıl) **s.** yanar, tutuşur.

com.bus.tion (kımbʌs'çın) **i.** yanma, tutuşma.

come (kʌm) **f.** 1. gelmek. 2. sonuçlanmak. **come across** rastlamak. **come down with a cold** nezle olmak. **come near** yaklaşmak. **come of** çıkmak, -den gelmek. **come off** çıkmak, kopmak. **Come on!** Haydi gel! Yok canım! **come to** 1. ayılmak. 2. (para) tutarında olmak. **come to a head** doruk noktasına varmak. **come to blows** yumruk yumruğa gelmek. **come to grief** 1. başı darda olmak.

2. başarısızlığa uğramak. **come to grips with** ciddiyetle ele almak. **come to life** canlandırmak. **come to light** meydana çıkmak, aydınlanmak. **come to one's senses** aklını başına toplamak. **come true** gerçekleşmek. **come what may** ne olursa olsun. **to come** önümüzdeki, gelecek. **coming i.** geliş, varış, yaklaşma. **s.** gelen, gelecek, yaklaşan.

come.back (kʌm'bäk) **i.** 1. eski formunu bulma. 2. zekice ve yerinde cevap.

co.me.di.an (kımi'diyın) **i.** komedyen.

come.down (kʌm'daun) **i.** hayal kırıklığı, düşüş.

com.e.dy (kam'ıdi) **i.** komedi, güldürü.

come.ly (kʌm'li) **s.** sevimli, güzel.

com.et (kam'ıt) **i.** kuyrukluyıldız.

com.fort (kʌm'fırt) **i.** 1. rahat, refah, konfor. 2. teselli. **f.** 1. avutmak, teselli etmek. 2. yatıştırmak. **comfortable s.** 1. rahat. 2. rahatlatıcı. **comfortably z.** rahatça. **comforter i.** yorgan.

com.ic (kam'ik) **s.** güldürücü, komik. **comic book** çizgi roman. **comical s.** komik, gülünç.

com.ma (kam'ı) **i.** virgül.

com.mand (kımänd') **i.** 1. emir, komut. 2. yetki. **f.** emretmek, yönetmek. **commandant i.** komutan. **commandment i.** emir.

com.man.deer (kamındîr') **f.** müsadere etmek.

com.mand.er (kımän'dır) **i.** 1. komutan. 2. önder, baş. 3. deniz binbaşısı. **commander in chief** başkomutan.

com.man.do (kımän'do) **i.** komando.

com.mem.o.rate (kımem'ıreyt) **f.** anmak, zikretmek.

com.mence (kımens') **f.** başlamak. **commencement i.** 1. başlama, başlangıç. 2. diploma töreni.

com.mend (kımend') **f.** övmek. **commendable s.** övgüye değer.

com.men.da.tion (kamındey'şın) **i.** övme; övgü.

com.men.su.rate (kımen'şırit) **s.** 1. orantılı, eşit. 2. yeterli.

com.ment (kam'ent) **i.** yorum. **f.** açımlamak, fikrini söylemek. **comment on** 1. yorumlamak. 2. eleştirmek.

com.men.ta.tor (kam'ınteytır) **i.** yorumcu.

com.merce (kam'ırs) **i.** ticaret, iş, alım satım.

com.mer.cial (kımır'şıl) **s.** ticari. **i.** radyo ilanı, televizyon ilanı.

com.mis.er.ate (kımîz'ıreyt) **f.** kederini paylaşmak, dert ortağı olmak.

com.mis.sar.y (kam'ıseri) **i.** (ask.) iaşe ve levazımat mağazası.

com.mis.sion (kımîş'ın) **i.** 1. görev, iş. 2. işleme. 3. komisyon ücreti, yüzdelik. 4. kurul, komisyon. **f.** 1. atamak. 2. görevlendirmek. **commissioned officer** subay. **out of commission** bozuk.

com.mit (kımit') **f.** 1. işlemek, yapmak. 2. emaret etmek, teslim etmek.

com.mit.ment (kımit'mınt) **i.** 1. söz, taahhüt. 2. kesin karar.

com.mit.tee (kımit'i) **i.** kurul, komite.

com.mo.di.ous (kımo'diyıs) **s.** geniş, rahat, ferah.

com.mod.i.ty (kımad'ıti) **i.** mal.

com.mon (kam'ın) **s.** 1. genel, yaygın. 2. ortak. 3. evrensel. 4. adi, kaba. 5. alışılmış. **i.** meydan. **Common Market** ortak pazar. **in common** birlikte, ortaklaşa. **commonly z.** çoğunlukla, çoğu kez.

com.mon.place (kam'ınpleys) **s.** 1. adi, sıradan. 2. olağan. **i.** beylik laf, klişe.

com.mons (kam'ınz) **i.** 1. avam, halk tabakası. 2. (üniversitede) yemekhane. **House of Commons** Avam Kamarası.

com.mon.wealth (kam'ınwelth) **i.** 1. ulus. 2. cumhuriyet. 3. eyalet. **the Commonwealth** İngiliz Milletler Topluluğu.

com.mo.tion (kımo'şın) **i.** 1. gürültü. 2. karışıklık, ayaklanma.

com.mu.nal (kam'yınıl) **s.** toplumsal, halka ait.

com.mune (kam'yun) **i.** komün.

com.mune (kımyun') **f.** düşünmek, söyleşmek.

com.mu.ni.ca.ble (kımyu'nikıbıl) **s.** 1. bulaşıcı. 2. söylenebilir.

com.mu.ni.cate (kımyu'nıkeyt) **f.** 1. ifade etmek, anlatmak, nakletmek. 2. haberleşmek. **communication i.** 1. haber, mektup. 2. haberleşme. 3. ulaşım.

com.mun.ion (kımyun'yın) **i.** 1. Aşai Rabbani, komünyon. 2. arkadaşlık. 3. sohbet.

com.mu.ni.qué (kımyunikey') **i.** resmi tebliğ, bildiri.

com.mu.nism (kam'yınizım) **i.** komünizm. **communist i., s.** komünist. **communistic s.** komünizm yanlısı.

com.mu.ni.ty (kımyu'nıti) **i.** 1. toplum. 2. halk, amme.

com.mu.ta.tion (kamyıtey'şın) **i.** değiştirme, değiş. **commutation ticket** abone kartı, abone bileti.

com.mu.ta.tor (kam'yıteytır) **i.** çevirgeç, komütatör.

com.mute (kımyut') **f.** 1. değiş tokuş etmek. 2. değiştirmek, hafifletmek (ceza). **commuter i.** her gün işe ve işi arasında gidip gelen kimse.

Co.mor.os (komor'os) **i.** Komor.

com.pact (kam'päkt) **s.** 1. yoğun, sıkı, sık. 2. ince taneli. 3. kısa, özlü. **i.** pudriyer, pudralık.

com.pan.ion (kımpän'yın) **i.** 1. arkadaş, ahbap. 2. rehber. **companionship i.** arkadaşlık, eşlik.

com.pa.ny (kâm'pıni) **i.** 1. grup. 2. misafir. 3. şirket, ortaklık. 4. eşlik, arkadaşlık.

com.pa.ra.ble (kam'pırıbıl) **s.** karşılaştırılabilir.

com.pare (kımper') **f.** karşılaştırmak. **compare to** benzetmek. **comparative s.** 1. karşılaştırmalı. 2. orantılı.

com.par.i.son (kımper'ısın) **i.** karşılaştırma. **in comparison with** -e nispeten, -e oranla.

com.part.ment (kımpart'mınt) **i.** kompartman, bölme.

com.pass (kâm'pıs) **i.** 1. pusula. 2. pergel.

com.pas.sion (kımpäş'ın) **i.** şefkat, merhamet, sevecenlik. **compassionate s.** merhametli, sevecen.

com.pat.i.ble (kımpät'ıbıl) **s.** 1. geçimli. 2. uyumlu, tutarlı, uygun. **compatible with** geçimli. **compatibility i.** geçimlilik.

com.pel (kımpel') **f.** zorlamak, mecbur etmek.

com.pen.sate (kam'pınseyt) **f.** 1. zararı ödemek. 2. bedelini ödemek, karşılamak. **compensation i.** 1. karşılık, bedel. 2. takas, karşılama. 3. tazminat.

com.pete (kımpit') **f.** rekabet etmek, yarışmak.

com.pe.tence (kam'pıtıns) **i.** 1. yeterlik. 2. yetenek. 3. hak, yetki. **competent s.** 1. yeterli, işinin ehli. 2. yetkili.

com.pe.ti.tion (kampıtiş'ın) **i.** rekabet, yarışma.

com.pet.i.tor (kımpet'ıtır) **i.** rakip, yarışmacı.

com.pile (kımpayl') **f.** derlemek.

com.pla.cent (kımpley'sınt) **s.** 1. halinden memnun. 2. kendini beğenmiş.

com.plain (kımpleyn') **f.** şikâyet etmek, yakınmak; sızlanı dökmek. **complaint i.** 1. şikâyet, dert. 2. hastalık, keyifsizlik.

com.ple.ment (i. kam'plımınt; f. kam'plıment) **i.** tamamlayıcı, tümleç. **f.** tamamlamak. **complementary s.** tamamlayıcı.

com.plete (kımplit') **s.** 1. tamam, tam, bütün. 2. tamamlanmış, bütünlenmiş. 2. bitirmek. **completely z.** tamamen. **completion i.** 1. bitirme, tamamlama. 2. yerine getirme.

com.plex (kam'pleks) **i.** 1. bağlantılı kısımlardan oluşan şey. 2. karmaşa, kompleks. **complex** (kımpleks') **s.** 1. karmaşık. 2. çapraşık. 3. bileşik. 4. karışık. **complexity i.** karmaşıklık.

com.plex.ion (kımplek'şın) **i.** 1. cilt, ten. 2. görünüş.

com.pli.ant (kımplay'ınt) **s.** uysal, yumuşak başlı. **compliance i.** 1. uyma. 2. itaat.

com.pli.cate (kam'plıkeyt) **f.** karıştırmak. **com-**

plicated s. karmaşık. **complication i.** 1. zorluk. 2. karışıklık.

com.plic.i.ty (kımplîs'ıtî) **i.** suç ortaklığı.

com.pli.ment (f. kam'plîment; **i.** kam'plîmınt) **f.** 1. kompliman yapmak, iltifat etmek. 2. övmek. **i.** iltifat, kompliman. **compliments i.** selamlar. **with my compliments** 1. saygılarımla. 2. parasız, hediye olarak.

com.pli.men.ta.ry (kamplîmen'trî) **s.** 1. hediye olarak, parasız. 2. övücü.

com.ply (kımplay') **f. : comply with** 1. uymak. 2. itaat etmek.

com.po.nent (kımpo'nınt) **i.** öğe, unsur, parça, eleman.

com.port.ment (kımport'mınt) **i.** davranış, tavır.

com.pose (kımpoz') **f.** 1. meydana getirmek, oluşturmak. 2. bestelemek. 3. dizmek. **composed of** -den ibaret. **composed s.** sakin, kendi halinde. **composer i.** besteci.

com.pos.ite (kımpaz'ît) **s.** karma, karışık.

com.po.si.tion (kampızîş'ın) **i.** 1. bileşim, tertip, terkip. 2. kompozisyon. 3. beste.

com.pos.itor (kımpaz'ıtır) **i.** dizgici, mürettip.

com.post (kam'post) **i.** çürümüş yaprakla karışık gübre.

com.po.sure (kımpo'jır) **i.** sükûnet, huzur, dinginlik.

com.pound (s., i. kam'paund; **f.** kımpaund') **s.** bileşik. **i.** bileşim. **f.** 1. birleştirmek. 2. şiddetlendirmek.

com.pre.hend (kamprîhend') **f.** 1. anlamak, kavramak. 2. kapsamak. **comprehensible s.** anlaşılabilir, makul. **comprehension i.** 1. anlayış. 2. kapsam. **comprehensive s.** 1. geniş kapsamlı. 2. anlayışlı.

com.press (kam'pres) **i.** kompres.

com.press (kımpres') **f.** sıkmak, sıkıştırmak. **com.pres.sion** (kımpreş'ın) **i.** sıkıştırma.

com.prise (kımprayz') **f.** kapsamak.

com.pro.mise (kam'prımayz) **i.** uzlaşma, uyuşma. **f.** uzlaştırmak.

comp.trol.ler (kıntro'lır) **i.** denetçi.

com.pul.sion (kımpâl'şın) **i.** 1. zorlayış, zorlama. 2. zorunluluk.

com.pul.so.ry (kımpâl'sırî) **s.** 1. zorlayıcı. 2. zorunlu.

com.punc.tion (kımpângk'şın) **i.** 1. yerinme. 2. çekinme.

com.pu.ta.tion (kampyıtey'şın) **i.** hesap, hesaplama.

com.pute (kımpyut') **f.** hesap etmek, hesaplamak.

com.pu.ter (kımpyu'tır) **i.** bilgisayar, kompütür.

com.rade (kam'räd) **i.** arkadaş, yoldaş.

con.cave (kankeyv') **s.** içbükey, obruk, konkav.

con.ceal (kınsîl') **f.** gizlemek, gizli tutmak, saklamak, örtmek.

con.cede (kınsîd') **f.** teslim etmek, kabul etmek.

con.ceit (kınsît') **i.** kendini beğenmişlik, kibir, gurur.

con.ceive (kınsîv') **f.** 1. gebe kalmak. 2. anlamak, kavramak. 3. tasarlamak. **conceivable s.** akla uygun. **conceivably z.** belki, muhtemelen.

con.cen.trate (kan'sıntreyt) **f.** 1. yoğunlaştırmak. 2. özünü çıkarmak. 3. zihni bir noktaya toplamak. 4. toplanmak, üşüşmek. **i.** yoğun şey. **concentration i.** 1. toplanma; toplama. 2. yoğunluk.

con.cept (kan'sept) **i.** kavram; görüş.

con.cep.tion (kınsep'şın) **i.** 1. gebe kalma. 2. kavram.

con.cern (kınsırn') **i.** 1. ilgi. 2. iş. 3. tasa, kaygı, merak. 4. şirket. **f.** 1. ilgilendirmek. 2. tesir etmek. **concerned s.** 1. ilgili. 2. endişeli. **concerning z.** hakkında.

con.cert (kan'sırt) **i.** konser, dinleti.

con.cert.ed (kınsır'tîd) **s.** birlikte yapılmış.

con.ces.sion (kınses'ın) **i.** 1. teslim, itiraf. 2. imtiyaz, ayrıcalık.

con.cil.i.ate (kınsîl'îyeyt) **f.** 1. gönlünü almak. 2. uzlaştırmak. **conciliation i.** uzlaştırma. **conciliatory s.** uzlaştırıcı.

con.cise (kınsays') **s.** az ve öz, kısa, özlü.

con.clude (kınklud') **f.** 1. sonuçlandırmak. 2. bir karara varmak. 3. sonuç çıkarmak. 4. bitmek. **conclusion i.** 1. son, sonuç. 2. karar.

con.coct (kankakt') **f.** 1. karıştırarak hazırlamak, yapmak. 2. uydurmak.

con.cord (kan'kôrd) **i.** 1. uygunluk. 2. barış. 3. anlaşma, uyum.

con.crete (kan'krît) **s.** 1. somut. 2. betondan yapılmış. **i.** beton.

con.cur (kınkır') **f.** uyuşmak, mutabık olmak.

con.cus.sion (kınkâş'ın) **i.** 1. çarpışma. 2. sarsıntı.

con.demn (kındem') **f.** 1. suçlu çıkarmak. 2. mahkûm etmek.

con.den.sa.tion (kandensey'şın) **i.** 1. kısaltma, özet. 2. buğu.

con.dense (kındens') **f.** 1. yoğunlaştırmak. 2. özetlemek, kısaltmak. **condenser i.** yoğunlaç, kondansatör.

con.de.scend (kandîsend') **f.** tenezzül etmek. **condescension i.** tenezzül.

con.di.tion (kındîş'ın) **i.** 1. hal, durum. 2. şart. **on condition that** şartı ile. **conditional s.** şartlı, kayıtlı.

con.done (kındon') **f.** göz yummak, kusura

.kmamak.

con.duct (kın'dâkt) **i.** davranış, tavır, hareket.

con.duct (kın'dôkt) **f.** 1. davranmak. 2. yönetmek, yürütmek. 3. geçirmek, iletmek. **conduction i.** taşıma, iletme. **conductive s.** ileten, geçirgen.

con.duc.tor (kındâk'tır) **i.** 1. kılavuz, önder, lider, şef. 2. kondüktör, biletçi. 3. orkestra şefi, koro şefi. 4. iletken madde, geçirgen şey.

cone (kon) **i.** 1. koni. 2. koza, kozalak.

con.fec.tion (kınfek'şın) **i.** bonbon, şekerleme.

con.fed.er.ate (kınfed'ırit) **s.** konfedere. **i.** suç ortağı.

con.fer (kınfır') **f.** 1. danışmak, görüşmek. 2. bağışlamak, vermek.

con.fer.ence (kan'fırıns) **i.** görüşme.

con.fess (kınfes') **f.** itiraf etmek. **confession i.** itiraf.

con.fide (kınfayd') **f.** mahrem olarak söylemek, sır vermek. **confide in** emniyet etmek, güvenmek. **confide to** 1. teslim etmek, emanet etmek. 2. sır vermek.

con.fi.dence (kan'fıdıns) **i.** 1. güven, itimat. 2. sırdaşlık. **confidence game** dolandırıcılık. **confident s.** 1. emin, inanmış. 2. atılgan. **confidently z.** güvenle.

con.fi.den.tial (kanfiden'şıl) **s.** mahrem, gizli. **confidentially z.** sır olarak.

con.fine (kınfayn') **f.** 1. kuşatmak. 2. hapsetmek. 3. evde veya yatakta tutmak. **confinement i.** 1. kapanış, hapsedilme. 2. hasta olup evde kalma. 3. loğusalık.

con.fines (kan'faynz) **i.** sınırlar.

con.firm (kınfırm') **f.** 1. sağlama bağlamak, saptamak. 2. geçerli hale koymak. **confirmation i.** 1. belgeleme, doğrulama. 2. ispat.

con.fis.cate (kan'fıskeyt) **f.** müsadere etmek.

con.flict (kan'flîkt) **i.** 1. anlaşmazlık, ihtilâf. 2. çekişme, çarpışma, çatışma.

con.flict (kınflîkt') **f.** çekişmek, ihtilâfa düşmek.

con.form (kınform') **f.** 1. uydurmak; uymak. 2. boyun eğmek.

con.found (kınfaund') **f.** 1. utandırmak. 2. kahretmek.

con.front (kınfrânt') **f.** 1. karşı durmak, göğüs germek. 2. karşılaştırmak, yüzleştirmek.

con.fuse (kınfyuz') **f.** 1. karmakarışık etmek, karıştırmak. 2. ayırt edememek. 3. şaşırtmak, yanıltmak. **confusion i.** 1. şaşkınlık, bozulma. 2. karışıklık, düzensizlik. 3. utangaçlık.

con.geal (kıncil') **f.** 1. donmak. 2. pıhtılaştırmak; pıhtılaşmak.

con.gen.ial (kıncin'yıl) **s.** cana yakın, hoş.

con.ges.tion (kınces'çın) **i.** tıkanıklık, izdiham, kalabalık.

Congo, People's Republic of the Kongo Halk

Cumhuriyeti.

con.grat.u.late (kıngräc'üleyt) **f.** tebrik etmek, kutlamak. **Congratulations!** Tebrikler! Tebrik ederim.

con.gre.gate (kang'grıgeyt) **f.** birleşmek, bir araya gelmek. **congregation i.** 1. cemaat. 2. toplama, toplantı.

con.gress (kang'gris) **i.** 1. kongre, toplantı. 2. meclis.

con.jec.ture (kıncek'çır) **i.** varsayı, tahmin.

con.junc.tion (kıncângk'şın) **i.** 1. birleşme. 2. bağlaç.

con.jure (kan'cır) **f.** büyü yoluyla çağırmak.

con.nect (kınekt') **f.** 1. bağlamak, bitiştirmek. 2. birleşmek, bağlı olmak. **connecting rod** piston kolu. **connection i.** bağlantı, ilgi, ilişki.

con.quer (kang'kır) **f.** 1. fethetmek, zaptetmek. 2. galip gelmek, yenmek. **conqueror i.** fatih.

con.quest (kan'kwest) **i.** fetih, zapt.

con.science (kan'şıns) **i.** bulunç, vicdan.

con.sci.en.tious (kanşiyen'şıs) **s.** 1. bulunçlu, vicdani. 2. dürüst. 3. dikkatli.

con.scious (kan'şıs) **s.** 1. bilinçli. 2. farkında. 3. uyanık. **consciously z.** bile bile, bilinçle. **consciousness i.** bilinç.

con.se.crate (kan'sıkreyt) **f.** kutsamak, ululamak.

con.sec.u.tive (kınsek'yıtîv) **s.** ardıl, ardışık.

con.sen.sus (kınsen'sıs) **i.** fikir birliği.

con.sent (kınsent') **i.** rıza, muvafakat. **f.** razı olmak, kabul etmek.

con.se.quence (kan'sıkwens) **i.** sonuç; sonurgu. **consequently z.** dolayısıyla, onun için.

con.ser.va.tion (kansırvey'şın) **i.** 1. koruma, himaye. 2. doğal kaynakları koruma.

con.ser.va.tive (kınsır'vıtîv) **s.**, **i.** 1. tutucu, muhafazakâr. 2. ılımlı.

con.ser.va.to.ry (kınsır'vıtôri) **i.** 1. konservatuar. 2. limonluk, ser.

con.serve (kınsırv') **f.** 1. korumak. 2. konserve yapmak. **con.serve** (kınsı...) konserve.

con.sid.er (kınsîd'ır) **f.** 1. düşünmek, ölçünmek, göz önünde tutmak, tartmak. 2. saymak, kabul etmek. **considerable s.** 1. önemli, hatırı sayılır. 2. büyük, hayli. **considerably z.** oldukça. **considerate s.** saygılı; nazik. **consideration i.** 1. saygı. 2. düşünme, göz önüne alma. 3. karşılık, bedel. **considering edat** -e göre, göz önünde tutulursa.

con.sign (kınsayn') **f.** 1. göndermek. 2. tahsis etmek. **consignment i.** gönderilen mal.

con.sist (kınsîst') **f. : consist of** ibaret olmak, -den meydana gelmek.

con.sis.tent (kınsîs'tınt) **s.** tutarlı. **consistency i.** 1. bağlılık, tutarlık, uyum. 2. yoğunluk, kıvam, koyuluk.

con.so.la.tion (kansiley'şın) i. teselli, avunç.
con.sole (kınsol') f. teselli etmek, avundurmak. **be consoled** avunmak.
con.so.li.date (kınsal'ideyt) f. 1. birleştirmek; birleşmek. 2. pekiştirmek; pekişmek.
con.so.nant (kan'sınınt) i. sessiz, ünsüz.
con.spic.u.ous (kınspik'yuwıs) s. göze çarpan, belirgin, aşikâr, dikkati çeken.
con.spir.a.cy (kınspir'ısi) i. 1. komplo. 2. suikast.
con.spir.a.tor (kınspir'ıtır) i. suikastçı.
con.spire (kınspayr') f. suikast hazırlamak.
con.sta.ble (kan'stıbıl) i. 1. polis. 2. jandarma.
con.stant (kan'stınt) s. 1. değişmez. 2. sürekli, dural. 3. sadık. i. sabite. **constantly** z. daima, sürekli.
con.stel.la.tion (kanstıley'şın) i. takımyıldız, burç.
con.ster.na.tion (kanstırney'şın) i. şaşkınlık, hayret, korku, dehşet.
con.sti.pa.tion (kanstıpey'şın) i. peklik, kabızlık.
con.sti.tu.ent (kınstiç'uwınt) i. 1. seçmen. 2. öğe, unsur.
con.sti.tute (kan'stıtut) f. 1. oluşturmak, teşkil etmek. 2. kurmak.
con.sti.tu.tion (kanstıtu'şın) i. 1. anayasa. 2. bünye. 3. yaradılış. **constitutional s.** anayasal.
con.straint (kınstreynt') i. 1. sınırlama. 2. sıkıntı.
con.strict (kınstrikt') f. sıkmak, sıkıştırmak, büzmek, daraltmak.
con.struct (kınstrıkt') f. yapmak, kurmak. **construction** i. inşaat, yapı. **constructive s.** yapıcı, olumlu. **constructor i.** müteahhit, inşaatçı, üstenci.
con.sul (kan'sıl) i. konsolos. **consul general** başkonsolos.
con.su.late (kan'sılit) i. konsolosluk, konsoloshane.
con.sult (kınsält') f. danışmak. **consultant** i. danışman.
con.sul.ta.tion (kansıltey'şın) i. danışma.
con.sume (kınsum') f. 1. tüketmek, yok etmek. 2. çürütmek. 3. bitirmek. **consumer** i. tüketici.
con.sump.tion (kınsämp'şın) i. tüketim.
con.tact (kan'täkt) i. 1. temas, dokunma. 2. bağlantı. f. temas etmek, dokunmak.
con.ta.gious (kıntey'cıs) s. bulaşıcı, sâri.
con.tain (kınteyn') f. kapsamak, içine almak.
con.tam.i.nate (kıntäm'ıneyt) f. bulaştırmak, lekelemek, kirletmek.
con.tem.plate (kan'tımpleyt) f. 1. düşünmek. 2. tasarlamak. **contemplation** i. 1. düşünme. 2. tasarlama.
con.tem.po.rar.y (kıntem'pıreri) s., i. çağdaş.

con.tempt (kıntempt') i. 1. küçümseme, hor ma. 2. saygısızlık. **contemptible s.** aşağı alçak, rezil. **contemptuous s.** hakir göre kibirli.
con.tend (kıntend') f. 1. çarpışmak; çekişmek, uğraşmak. 2. iddia etmek, ileri sürmek.
con.tent (kan'tent) i. gerçek anlam. **contents i.** içindekiler, içerik.
con.tent (kıntent') s. hoşnut, memnun, razı. i. memnuniyet, rahatlık, rıza. f. hoşnut etmek, tatmin etmek. **contented s.** hal'.den memnun, rahat. **contentment** i. 1. memnuniye', rahatlık, gönül hoşluğu. 2. yetinme, kanaat.
con.ten.tion (kınten'şın) i. çekişme, mücadele, münakaşa.
con.test (kıntest') f. karşı koymak, itiraz etmek. **contestant** i. yarışmacı.
con.test (kan'test) i. 1. müsabaka. 2. çekişme. 3. tartışma.
con.ti.nent (kan'tınınt) i. kıta, anakara. **continental s.** kıtasal.
con.tin.gent (kıntin'cınt) s. şarta bağlı. i. 1. olasılık, ihtimal. 2. olay, rastlantı. 3. grup, asker grubu. **contingency i.** 1. olasılık, ihtimal. 2. beklenmedik olay.
con.tin.u.al (kıntin'yuwıl) s. 1. sürekli, aralıksız. 2. sık sık. **continually z.** mütemadiyen.
con.tin.ue (kıntin'yu) f. 1. devam etmek, sürmek. 2. kalmak. 3. uzatmak. **continuation** i. 1. devam, sürme. 2. uzatma. **continuous s.** 1. devamlı, sürekli. 2. kesintisiz. **continuously z.** mütemadiyen.
con.ti.nu.i.ty (kantınu'wıti) i. süreklilik, devamlılık.
con.tort (kıntôrt') f. burmak, bükmek. **contorted s.** buruşuk. **contortion** i. burulma.
con.tour (kan'tûr) i. dış hatlar, çevre.
con.tra.band (kan'trıbänd) s., i. kaçak (mal).
con.tra.cep.tion (kantrısep'şın) i. gebelikten korunma. **contraceptive s., i.** gebeliği önleyici (hap, alet).
con.tract (kan'träkt) i. anlaşma, mukavele, kontrat. **contractor** i. müteahhit, üstenci.
con.tract (kınträkt') f. 1. kasılmak; daraltmak, kısaltmak, büzmek. 2. yakalanmak, kapmak, duçar olmak. 3. anlaşma yapmak. 4. ilişki kurmak. **contraction** i. çekilme, büzülme, kısalma.
con.tra.dict (kantrıdikt') f. yalanlamak. **contradiction** i. 1. aykırılık, çelişme. 2. yalanlama. **contradictory s.** çelişkili, aykırı.
con.tra.ry (kan'treri) s., i. ters, karşı, aksi, zıt, aykırı.
con.trast (kan'träst) i. tezat, ayrılık, karşıtlık.
con.trib.ute (kıntrib'yut) f. bağışlamak, katkıda bulunmak. **contribution** i. 1. yardım,

bağış, iane. 2. makale, yazı.
con.trite (kıntrayt') **s.** pişman, nadim.
con.trive (kıntrayv') **f.** kurmak, düzenlemek, yolunu bulmak. **contrivance i.** 1. tertip, tertibat. 2. mekanizma.
con.trol (kıntrol') **i.** 1. denetim, kontrol, idare. 2. egemenlik. **f.** yönetmek, hâkim olmak. **controls i.** kumanda.cihazları. **controller i.** denetçi.
con.tro.ver.sy (kan'tırvırsi) **i.** tartışma, çekişme. **controversial s.** tartışmalı, çekişmeli.
con.va.les.cent (kanvıles'ınt) **s., i.** nekahet döneminde (hasta). **convalescence i.** nekahet.
con.vene (kınvin') **f.** toplamak, toplanmak.
con.ven.ient (kınvin'yınt) **s.** uygun, elverişli, rahat, kullanışlı. **convenience i.** uygunluk, rahatlık, kolaylık, elverişlilik.
con.vent (kan'vent) **i.** rahibe manastırı.
con.ven.tion (kınven'şın) **i.** 1. kongre, toplantı. 2. anlaşma. 3. kabul edilen düzen. 4. âdet, gelenek. **conventional s.** 1. göreneksel, geleneksel. 2. beylik, basmakalıp.
con.verge (kınvırc') **f.** birbirine yaklaşmak.
con.ver.sa.tion (kanvırsey'şın) **i.** konuşma, sohbet.
con.verse (kınvırs') **f. : converse with** konuşmak, sohbet etmek.
con.verse (kan'vırs) **s., i.** 1. zıt, aksi, ters. 2. karşıt.
con.vert (kan'vırt) **i.** dönme, mühtedi.
con.vert (kınvırt') **f.** değiştirmek, döndürmek, çevirmek. **converter i.** değiştirgeç. **conversion i.** dönme, değişme; değiştirme.
con.vex (kan'veks) **s.** dışbükey, konveks.
con.vey (kınvey') **f.** 1. nakletmek. 2. belirtmek.
con.vict (kan'vikt) **i.** 1. mahkûm. 2. suçlu.
con.vict (kınvikt') **f.** 1. mahkûm etmek. 2. suçlu bulmak. **conviction i.** 1. kanaat, inanç. 2. mahkûmiyet.
con.vince (kınvins') **f.** ikna etmek, inandırmak. **convinced s.** emin, kani. **convincing s.** inandırıcı.
con.voy (kan'voy) **i.** konvoy. **f.** 1. konvoyu korumak. 2. rehberlik etmek.
cook (kûk) **i.** aşçı. **f.** pişirmek; pişmek. **cook up** 1. pişirmek. 2. hazırlamak, uydurmak. **What's cooking?** N'aber? Ne var ne yok? **cooking i.** pişirme, yemek pişirme. **s.** yemeklik.
cook.book (kûk'bûk) **i.** yemek kitabı.
cook.ie (kûk'i) **i.** tatlı bisküvi, çörek, kurabiye.
cool (kul) **s.** 1. serin. 2. serin tutan (elbise). 3. sakin, kayıtsız, soğukkanlı, serinkanlı. **i.** 1. serinlik. 2. soğukkanlılık. **f.** serinletmek, soğutmak; serinlemek, soğumak. **coolly s.** kayıtsızca, serinkanlılıkla.

co-op (ko'wap) **i.** kooperatif.
coop (kup) **i.** kümes.
co.op.er.ate (kowap'ıreyt) **f.** beraber çalışmak, işbirliği yapmak. **cooperation i.** işbirliği.
co.op.er.a.tive (kowap'rıtiv) **s.** işbirliği yapan. **i.** 1. kooperatif. 2. kooperatif evi.
co.or.di.nate (kowôr'dinit) **s.** 1. aynı derecede, eşit. 2. düzenli, tutarlı. **i.** koordinat.
co.or.di.nate (kowôr'dineyt) **f.** 1. birbirine göre ayarlamak. 2. düzeltmek. **coordination i.** düzenleme; tutarlılık.
cop (kap) **i.** polis.
cope (kop) **f. : cope with** 1. başa çıkmak, başarmak. 2. çaresini bulmak, ile uğraşmak.
co.pi.lot (ko'paylıt) **i.** ikinci pilot.
co.pi.ous (ko'piyıs) **s.** bol, çok, bereketli. **copiously s.** bolca.
cop.per (kap'ır) **i.** 1. bakır. 2. ufak para.
cop.u.la.tive (kap'yıleytiv) **s.** birleştiren, bağlayıcı.
cop.y (kap'i) **i.** 1. kopya, suret, örnek. 2. metin, yazı. **f.** 1. kopya etmek, suretini çıkarmak. 2. kopya çekmek. **copier i.** kopya makinesi.
cop.y.right (kap'irayt) **i.** telif hakkı. **f.** telif hakkını saklı tutmak. **s.** telif hakkı saklı.
co.quet.tish (koket'iş) **s.** cilveli, şuh.
cor.al (kôr'ıl) **i.** mercan.
cord (kôrd) **i.** 1. ip, sicim, kaytan, şerit. 2. kiriş, çalgı teli.
cor.dial (kôr'cıl) **s.** samimi, yürekten, candan. **i.** likör. **cordially s.** candan, samimiyetle.
cor.du.roy (kôr'dıroy) **i.** fitilli kadife.
core (kor) **i.** 1. eşelek, göbek. 2. öz, iç.
cork (kôrk) **i.** mantar, tıpa. **f.** tıpalamak.
cork.screw (kôrk'skru) **i.** burgu, tirbuşon.
corn (kôrn) **i.** 1. mısır. 2. tane. 3. (İng.) buğday, tahıl. 4. nasır.
cor.ne.a (kôr'niyı) **i.** (anat.) saydam tabaka.
cor.ner (kôr'nır) **i.** 1. köşe, köşe başı. 2. dönemeç. 3. tekelcilikle piyasayı ele geçirme. **f.** bir köşeye kıstırmak. **cut corners** 1. tutumlu davranmak. 2. kaçamak yoluyla işten sıyrılmak.
corn.starch (kôrn'starç) **i.** mısır nişastası.
co.o.nar.y (kôr'ineri) **s.** 1. taçla ilgili. 2. toplardamara ait. **i.** kalp damarlarının kalp tarafından tıkanması.
cor.o.na.tion (kôrıney'şın) **i.** taç giyme töreni.
cor.o.ner (kôr'ınır) **i.** şüpheli ölüm olaylarını araştıran görevli.
cor.po.ral (kôr'pırıl) **i.** onbaşı. **s.** bedensel, cismani.
cor.po.rate (kôr'pırit) **s.** 1. anonim şirkete ait. 2. birlik olmuş, toplu.

cor.po.ra.tion (kôrpirey'şın) **i.** anonim şirket.

corps (kôr) **i.** 1. kolordu, müfreze, kıta. 2. topluluk. **diplomatic corps** kordiplomatik.

corpse (kôrps) **i.** ceset, ölü.

cor.pus.cle (kôr'pısıl) **i.** yuvar, kan küreciği.

cor.rect (kırekt') **f.** düzeltmek. **s.** doğru, yanlışsız, tam. **correction i.** düzeltme. **correctly z.** doğru olarak.

cor.re.late (kôr'ileyt) **f.** karşılıklı ilişkisi olmak.

cor.re.spond (kôrıspand') **f.** 1. uymak, uygun gelmek, karşılamak. 2. benzemek. **correspond to** benzemek. **correspond with** mektuplaşmak, haberleşmek. **correspondence i.** mektuplar; mektuplaşma, yazışma. **correspondent i.** muhabir. **corresponding s.** 1. yerini tutan. 2. mektuplaşan. **correspondingly z.** mukabil olarak, karşılığında.

cor.ri.dor (kôr'ıdır) **i.** koridor, geçit.

cor.rode (kırod') **f.** çürütmek, aşındırmak, yemek; çürümek, paslanmak, aşınmak, yenmek. **corrosion i.** paslanma, aşınma, çürüme.

cor.rupt (kırâpt') **s.** 1. namussuz, fırsatçı, rüşvete alışmış. 2. sapkın. 3. bozuk, çürük, **f.** bozmak, ayartmak, baştan çıkarmak. **corruption i.** 1. rüşvet yeme. 2. sapınç, sapkınlık.

cor.set (kôr'sıt) **i.** korse.

cos.met.ic (kazmet'ik) **i.** kozmetik, güzelleştirici. **i.** makyaj malzemesi.

cos.mic (kaz'mik) **s.** evrensel.

cos.mol.o.gy (kazmal'ıci) **i.** kozmoloji, evrenbilim.

cos.mo.pol.i.tan (kazmıpal'ıtın) **i.** kozmopolit.

cos.mos (kaz'mıs) **i.** evren, kozmos.

cost (kôst) **i.** 1. fiyat, değer. 2. zarar. 3. sermaye, bedel. **f.** 1. mal olmak. 2. pahası olmak, kıymette olmak. **cost, insurance and freight** sif. **cost of living** hayat pahalılığı, geçim masrafı. **cost price** maliyet fiyatı. **at all costs, at any cost** ne pahasına olursa olsun. **costly s.** pahalı, kıymetli. **costs i.** mahkeme harcı.

Cos.ta Ri.ca (kas'tı ri'kı) Kosta-Rika.

co.star (ko'star) **i.** baş oyunculardan biri.

cos.tume (kas'tum) **i.** kıyafet; kostüm.

cot (kat) **i.** bez karyola, portatif karyola.

cot.tage (kat'ic) **i.** 1. kulübe. 2. yazlık ev.

cot.ter (kat'ır) **i.** pim, kama. **cotter pin** çivi, kopilya.

cot.ton (kat'ın) **i.** pamuk; pamuklu bez. **s.** pamuklu. **cotton cake** çiğit küspesi. **cotton gin** çırçır. **cotton mill** pamuklu bez fabrikası. **cot.ton.seed** (kat'ınsid) **i.** çiğit. **cottonseed oil** pamukyağı.

couch (kauç) **i.** sedir, kanepe, divan.

cough (kôf) **i.** öksürük. **f.** öksürmek. **cough drop** öksürük pastili. **cough up** 1. öksürüp çıkarmak. 2. vermek, sökülmek, uçlanmak.

coun.cil (kaun'sıl) **i.** meclis, konsey, encümen, danışma kurulu, divan, şûra. **Council of Ministers** Bakanlar Kurulu, Kabine. **Council of State** Danıştay.

coun.sel (kaun'sıl) **i.** 1. danışma, görüşme. 2. avukat. 3. öğüt. **f.** öğüt vermek, akıl öğretmek. **counselor i.** danışman.

count (kaunt) **f.** 1. saymak, hesaplamak. 2. göz önünde tutmak, hesaba katmak. 3. sayılmak, itibarı olmak. **count for** değeri olmak. **count on** güvenmek. **count time** tempo tutmak. **countless s.** sayısız, pek çok.

coun.te.nance (kaun'tınıns) **i.** çehre, yüz, sima, görünüş.

coun.ter (kaun'tır) **i.** 1. tezgâh. 2. fiş, marka. 3. sayaç, sayıcı.

coun.ter (kaun'tır) **s.** 1. ters, zıt, aksi. 2. karşı. **f.** 1. karşı koymak. 2. mukabele etmek. **go counter to** 1. aykırı düşmek. 2. zıt gitmek.

coun.ter.act (kauntırâkt') **f.** önlemek, etkisiz hale getirmek.

coun.ter.at.tack (kaun'tırıtâk) **i.** karşı saldırı.

coun.ter.charge (kaun'tırçarc) **i.** karşı suçlama.

coun.ter.clock.wise (kauntırklak'wayz) **z.** saat yelkovanının ters yönünde, sola doğru.

coun.ter.cur.rent (kaun'tırkırınt) **i.** 1. anafor, ters akıntı. 2. ters eğilim.

coun.ter.dem.on.stra.tion (kaun'tırdemınstrey'şın) **i.** karşı gösteri.

coun.ter.es.pi.o.nage (kauntıres'piyınaj) **i.** karşı casusluk.

coun.ter.feit (kaun'tırfit) **s.** sahte, kalp. **i.** taklit. **f.** 1. kalp para basmak. 2. taklit etmek, sahtesini yapmak. **counterfeiter i.** kalpazan.

coun.ter.meas.ure (kaun'tırmejır) **i.** karşı tedbir.

coun.ter.part (kaun'tırpart) **i.** 1. taydaş. 2. karşılık. 3. suret.

coun.ter.pro.po.sal (kauntırpırpo'zıl) **i.** karşı öneri.

coun.ter.spy (kaun'tırspay) **i.** karşı casus.

coun.try (kân'tri) **i.** 1. memleket, vatan, yurt. 2. taşra. 3. kır, sayfiye.

coun.try.man (kân'trimın) **i.** 1. vatandaş, hemşeri. 2. taşralı.

coun.try.side (kân'trisayd) **i.** 1. kır, kırlık. 2. sayfiye.

coun.ty (kaun'ti) **i.** eyaletlerde idari bölüm.

coup (ku) **i.** askeri darbe, hükümet darbesi.

cou.ple (kâp'ıl) **i.** 1. çift, iki eş. 2. karı koca. **a couple of** iki, iki üç.

cou.plet (kâp'lit) **i.** beyit, iki dize.

cou.pling (kâp'ling) **i.** bağlama, kavrama.

cou.pon (ku'pan) **i.** kupon.

cour.age (kır'ic) **i.** cesaret, yiğitlik, yüreklilik.

cou.ra.geous (kırey'cıs) **s.** cesur, yiğit, yürekli, mert. **courageously z.** cesaretle, mertçe.

course (kôrs) **i.** 1. ders, kurs. 2. rota, yol, yön. 3. kap, tabak, servis.

court (kôrt) **i.** 1. avlu, iç bahçe. 2. saray. 3. kralin maiyeti. 4. mahkeme. 5. kur yapma. **f.** davet etmek.

cour.te.ous (kır'tiyıs) **s.** nazik, ince, saygılı. **courteously z.** nazikâne.

cour.te.sy (kır'tısi) **i.** 1. nezaket, kibarlık. 2. saygı. 3. iltifat, teveccüh, lütuf. **by courtesy of** sayesinde, izniyle.

court.house (kôrt'haus) **i.** 1. adliye sarayı, mahkeme binası. 2. ilçe hükümet binası.

court-mar.tial (kôrt'mar'şıl) **i.** askeri mahkeme. **f.** askeri mahkemede yargılamak.

court.room (kôrt'rum) **i.** mahkeme salonu.

court.ship (kôrt'şip) **i.** kur yapma.

court.yard (kôrt'yard) **i.** avlu, iç bahçe.

cous.in (kâz'ın) **i.** kuzen, kuzin.

cov.er (kâv'ır) **f.** 1. kapamak, örtmek. 2. kapsamak, karşılamak. 3. röportajını yapmak, yazmak. i. 1. kapak, örtü. 2. battaniye. 3. cilt. **cover up** örtmek, gizlemek. **under cover** 1. gizlenmiş. 2. sığınmış. **covering i.** 1. kaplama, muhafaza. 2. kat, tabaka. 3. perde, örtü.

cov.er.age (kâv'ıric) **i.** sigorta miktarı ve cinsi.

cov.er.alls (kâv'ırôlz) **i.** iş tulumu.

cov.ert (kâv'ırt) **s.** gizli, örtülü. **covertly z.** gizlice.

cov.er-up (kâv'ırâp) **i.** gizleme, örtbas etme.

cov.et (kâv'it) **f.** imrenmek, gıpta etmek, göz dikmek. **covetous s.** hırslı, açgözlü. **covetousness i.** açgözlülük.

cow (kau) **i.** inek.

cow.ard (kau'wırd) **i.** korkak. **cowardice i.** korkaklık, yüreksizlik. **cowardly s.** korkak, ödlek, yüreksiz.

cow.boy (kau'boy) **i.** kovboy, sığırtmaç.

cow.er (kau'wır) **f.** sinmek, korkup çekilmek.

co-work.er (kowır'kır) **i.** koldaş, meslektaş.

coy (koy) **s.** 1. cilveli, nazlı. 2. çekingen, utangaç. **coyly z.** cilveyle.

co.zy (ko'zi) **s.** rahat, sıcak, samimi, hoş.

crab (kräb) **i.** 1. yengeç, pavurya. 2. aksi, huysuz. **f.** mızırdanmak, homurdanmak. **crabby s.** ters, huysuz, sert, haşin.

crack (kräk) **i.** 1. çatlak, yarık. 2. çatırtı, şaklama; hızlı vuruş. 3. aralık. **f.** 1. çatlamak, yarılmak, kırılmak. 2. çatallaşmak (ses). **crack a joke** şaka yapmak. **crack a smile** gülümsemek. **crack down (on)** sıkı tedbirler almak, baskı yapmak. **crack the whip** kamçıyı şaklatmak. **the crack of doom** kıyamet günü. **cracked s.** 1. çatlak. 2. kaçık, delice.

crack.down (kräk'daun) **i.** sıkı tedbir.

crack.er (kräk'ır) **i.** kraker, tuzlu bisküvi.

crack.le (kräk'ıl) **f.** çatırdamak; hışırdatmak.

cra.dle (kreyd'ıl) **i.** beşik. **f.** korumak, sakınmak.

craft (kräft) **i.** 1. zanaat, el sanatı. 2. marifet. 3. hile. 4. tekne; gemiler. **crafty s.** hilekâr, şeytan, kurnaz.

crafts.man (kräfts'mın) **i.** esnaf, zanaatçı. **craftsmanship i.** ince iş.

crag (kräg) **i.** sarp uçurum, kayalık.

cram (kräm) **f.** 1. tıkamak, sıkıca doldurmak. 2. hafızlamak, çok çalışmak.

cramp (krämp) **i.** 1. kasınç, kramp. 2. karın ağrısı. **cramped s.** 1. kasılmış. 2. sıkışık, dar.

crane (kreyn) **i.** 1. turna. 2. vinç, maçuna.

cra.ni.um (krey'niyım) **i.** kafatası.

crank (kränk) **i.** dirsek, krank, kol, manivela. **cranky s.** ters, huysuz.

crank.shaft (kränk'şäft) **i.** krank mili.

crap (kräp) **i.** (argo) 1. saçma. 2. çöp, süprüntü. 3. pislik.

crape (kreyp) **i.** krep. **crape paper** krepon kâğıdı.

crash (kräş) **i.** 1. şiddetli gürültü, çatırtı. 2. kaza. **f.** 1. gürültüyle kırılmak; çatırdamak. 2. kaza geçirmek. 3. çökmek.

crate (kreyt) **i.** sandık, küfe. **f.** sandıklamak.

cra.ter (krey'tır) **i.** krater.

crave (kreyv) **f.** şiddetle arzulamak.

crawl (krôl) **f.** sürünmek, emeklemek.

cray.fish (krey'fiş) **i.** kerevides, karavide, böcek.

cray.on (krey'ın) **i.** mum boya.

cra.zy (krey'zi) **s.** deli, kaçık, çılgın.

creak (krik) **i.** gıcırtı. **f.** gıcırdamak. **creaky s.** gıcırtılı.

cream (krim) **i.** 1. kaymak, krema. 2. cilt kremi. 3. öz.

crease (kris) **i.** 1. kırma, pli. 2. buruşuk.

cre.ate (kriyeyt') **f.** 1. yaratmak. 2. yapmak. **creation i.** 1. yaradılış. 2. evren. **creative s.** yaratıcı. **creativity i.** yaratıcılık. **creator i.** yaratıcı.

crea.ture (kri'çır) **i.** yaratık.

cre.den.tial (krıden'şıl) **i.** kimlik kartı, ehliyet.

cred.i.ble (kred'ıbıl) **s.** inanılır, güvenilir. **credibility i.** güvenilirlik.

cred.it (kred'it) **f.** 1. itimat etmek, inanmak. 2. (tic.) matluba geçirmek. **i.** 1. kredi, güven. 2. itibar. 3. matlup. **credit balance** matlup bakiyesi. **credit card** kredi kartı. **letter of credit** akreditif. **on credit** veresiye.

cred.i.tor (kred'ıtır) **i.** alacaklı.

cred.u.li.ty (kridu'lıti) **i.** safdillik.

cred.u.lous (krec'ılıs) **s.** safdil.

creed (krid) **i.** iman ikranı, amentü.

creek (krik) **i.** çay, dere. **up the creek** zor

creep 42

durumda.
creep (krip) **f.** 1. sürünmek, emeklemek. 2. ürpermek. i. hoşa gitmeyen kimse. **creeper** i. 1. emekleyen. 2. sürüngen asma. **the creeps** tüyleri diken diken olma, ürperme. **creepy s.** ürpertici; ürperen.
cre.mate (krí'meyt) **f.** (ölüyü) yakmak. **cre.mation i.** ölüyü yakma.
crepe (kreyp) **i.** krep.
cres.cent (kres'ınt) **i.** hilal, yarımay.
cress (kres) **i.** tere.
crest (krest) **i.** 1. ibik, taç, tepe. 2. başlık, sorguç. 3. doruk.
crest.fall.en (krest'fôlın) **s.** yılgın, meyus.
Crete (krit) **i.** Girit.
cre.vasse (krıväs') **i.** büyük yarık.
crev.ice (krev'is) **i.** yarık, çatlak.
crew (kru) **i.** 1. tayfa, mürettebat. 2. takım. 3. güruh, kalabalık.
crib (krib) **i.** 1. çocuk karyolası. 2. yemlik.
crick.et (krik'it) **i.** 1. cırcırböceği. 2. kriket.
crime (kraym) **i.** 1. suç. 2. cinayet. 3. kabahat.
crim.i.nal (krím'ınıl) **s.,** i. suçlu, kabahatli.
crim.i.nol.o.gy (krímınal'ıci) **i.** kriminoloji.
crimp (krímp) **i.** kıvrım, dalga. **f.** kıvırmak.
crim.son (krím'zın) **s.** koyu kırmızı.
cringe (krinc) **f.** korkup çekilmek; sinmek.
crip.ple (krip'ıl) **i.** 1. sakat. **f.** 1. sakat etmek. 2. bozmak. **crippled s.** 1. kötürüm. 2. arızalı.
cri.sis (kray'sis) **i.** 1. kriz, bunalım.
crisp (krisp) **s.** 1. gevrek. 2. serin.
criss.cross (kris'krôs) **s.** çapraz. **f.** çapraz hatlar çizmek.
cri.te.ri.on (kraytīr'iyın) **i.** ölçüt, kriter.
crit.ic (krit'ik) **i.** 1. eleştirici. 2. karşı olan kimse. **critical s.** 1. tenkitçi. 2. eleştirel. 3. buhranlı, nazik, kritik.
crit.i.cism (krit'ısızım) **i.** 1. eleştiri. 2. yerme, kınama.
crit.i.cize (krit'ısayz) **f.** 1. eleştirmek. 2. yermek, kınamak, kusur bulmak.
cri.tique (kritīk') **i.** eleştiri.
croak (krok) **f.** 1. kurbağa gibi ötmek. **i.** kurbağa sesi, karga sesi.
cro.chet (kroşey') **i.** kroşe. **f.** kroşe yapmak. **crochet hook** tığ.
crock (krak) **i.** çanak, çömlek, toprak kap. **crockery i.** çanak çömlek.
croc.o.dile (krak'ıdayl) **i.** timsah.
crook (krûk) **i.** dolandırıcı, hırsız, sahtekâr. **crooked** (krûk'id) **s.** 1. eğri, çarpık. 2. namussuz. 3. hileli. 4. dolandırıcı.
crop (krap) **i.** 1. ürün, ekin, rekolte. 2. kursak. **f.** kırkmak, kesip kısaltmak. **crop up** birden açığa çıkmak.
cro.quette (kroket') **i.** kadınbudu (köfte).

cross (krôs) **i.** 1. çapraz işareti. 2. haç, put. 3. melez. **f.** 1. çaprazlamak. 2. karşıya geçmek. **s.** 1. dargın. 2. huysuz. 3. aksi. 4. çapraz. 5. aykırı. 6. karşıya geçen. **cross one's arms** kollarını kavuşturmak. **cross one's legs** ayak ayak üstüne atmak. **cross out** karalamak, bozmak, silmek (yazı). **cross up** işini bozmak. **Red Cross** Kızılhaç. **crossing i.** 1. geçiş. 2. geçit. **crosswise z.** çaprazlama.
cross.bar (krôs'bar) **i.** sürgü, kol demiri.
cross.breed (krôs'brid) **i.** melez. **f.** melez elde etmek.
cross.check (krôs'çek) **f.** sağlamasını yapmak.
cross.cur.rents (krôs'kırınts) **i.** zıt akımlar.
cross-ex.am.ine (krôs'igzam'in) **f.** sorguya çekmek, sıkıştırmak.
cross-eyed (krôs'ayd) **s.** şaşı.
cross-ques.tion (krôs'kwes'çın) **f.** karşı tarafın tanığına soru sormak.
cross-ref.er.ence (krôs'ref'rıns) **i.** kitapta bakılması gereken yeri gösteren not.
cross.road (krôs'rod) **i.** ara yol, yan yol. **crossroads i.** kavşak.
cross-stitch (krôs'stiç) **i.** kanaviçe işi.
cross.walk (krôs'wôk) **i.** yaya geçidi.
cross.word puzzle (krôs'wırd) çapraz bulmaca.
crotch (kraç) **i.** 1. ağaç çatalı. 2. kasık.
crouch (krauç) **f.** çömelmek, yere çökmek. i. çömelme.
crow (kro) **i.** 1. karga. 2. horoz ötüşü. **f.** 1. horoz gibi ötmek. 2. sevinçle haykırmak. 3. böbürlenmek, kabarmak.
crow.bar (kro'bar) **i.** manivela.
crowd (kraud) **i.** kalabalık. **f.** doluşmak, toplanmak, birikmek. **crowd out** sıkıştırarak çıkarmak.
crown (kraun) **i.** 1. taç. 2. hükümdarlık. 3. hükümdar. 4. tepe, baş. 5. başlık. 6. dıştacı. 7. kuron. **f.** 1. taç giydirmek. 2. başlık koymak, tamamlamak. 3. süslemek.
cru.cial (kru'şıl) **s.** çok önemli, can alıcı.
cru.ci.ble (kru'sıbıl) **i.** pota, maden eritme kabı.
cru.ci.fix (kru'sıfiks) **i.** çarmıha gerilmiş İsa resmi veya heykeli. **crucifixion i.** çarmıha gerilme.
cru.ci.fy (kru'sıfay) **f.** çarmıha germek.
crude (krud) **s.** 1. ham, arıtılmamış. 2. kaba, acemi. **i.** ham petrol. **crudely z.** kabaca.
cru.el (kruw'ıl) **s.** 1. zalim, insafsız, merhametsiz. 2. çetin. **cruelly z.** insafsızca. **cruelty i.** zulüm.
cruise (kruz) **f.** 1. (den.) seyrüsefer etmek. 2. (polis arabası) kol gezmek. **i.** vapur seferi. **cruiser i.** kruvazör.
crumb (krām) **i.** kırıntı, ekmek kırıntısı.

crum.ble (krâm'bıl) **f.** 1. harap olmak, çökmek. 2. parçalanmak. 3. ufalamak; ufalanmak.

crum.ple (krâm'pıl) **f.** 1. buruşturmak. 2. çökmek.

crunch (krânç) **f.** 1. çatır çatır çiğnemek. 2. çatırtı ile ezmek. **i.** 1. çatırtı. 2. güç durum.

cru.sade (kruseyd') **i.** 1. Haçlı Seferi. 2. kampanya.

crush (krâş) **f.** 1. ezmek. 2. baskı yapmak. 3. sıkmak, basmak. **i.** 1. kalabalık. 2. tutku.

crust (krâst) **i.** 1. ekmek kabuğu. 2. kabuk. **crusty s.** 1. kabuk gibi, kabuklu. 2. aksi, huysuz.

crutch (krâç) **i.** 1. destek. 2. koltuk değneği.

crux (krâks) **i.** 1. dönüm noktası, kritik an. 2. çapraz.

cry (kray) **f.** 1. ağlamak. 2. bağırmak. **i.** 1. ses. 2. ağlama. 3. feryat. **cry wolf** sebepsiz yere imdat istemek.

cry.ba.by (kray'beybi) **i.** sulu gözlü.

cryp.tic (krip'tik) **s.** örtülü, gizli, kapalı.

cryp.to.gram (krip'tıgräm) **i.** şifreli yazı.

crys.tal (kris'tıl) **i.** 1. kristal, billur. 2. kol saati camı. **s.** şeffaf, berrak.

crys.tal.lize (kris'tılayz) **f.** 1. billurlaştırmak; billurlaşmak. 2. belli olmak, sabit olmak.

cub (kâb) **i., s.** yavru (ayı, aslan, kaplan). **cub scout** yavrukurt.

Cu.ba (kyu'bı) **i.** Küba.

cub.by.hole (kab'ihol) **i.** göz, kapalı ufak yer.

cube (kyub) **i.** küp. **f.** 1. küçük parçalara bölmek. 2. (mat.) kübünü almak. **cube sugar** kesme şeker. **cubic s.** kübik.

cuck.oo (kûk'u) **i.** guguk. **s.** kaçık, deli. **cuckoo clock** guguklu saat.

cu.cum.ber (kyu'kâmbır) **i.** hıyar, salatalık.

cud (kâd) **i.** geviş. **chew the cud** 1. geviş getirmek. 2. derin derin düşünmek.

cud.dle (kâd'ıl) **f.** kucaklamak, bağrına basmak.

cudg.el (kâc'ıl) **i.** sopa, çomak. **f.** sopa çekmek.

cue (kyu) **i.** 1. kuyruk şeklinde saç örgüsü. 2. (bilardo) isteka. 3. sıra, kuyruk.

cuff (kâf) **i.** 1. kol ağzı, manşet, kolluk. 2. sille.

cu.li.nar.y (kyu'lıneri) **s.** aşçılıkla ilgili.

cull (kâl) **f.** 1. koparmak, toplamak. 2. ayırmak, seçmek; elemek.

cul.mi.nate (kâl'mineyt) **f.** sonuçlanmak. **culmination i.** 1. sonuç, son. bitiş. 2. doruk.

cul.pa.ble (kâl'pıbıl) **s.** kusurlu, kabahatli.

cul.prit (kâl'prit) **i.** suçlu.

cul.ti.vate (kâl'tıveyt) **f.** 1. tarlayı sürmek. 2. yetiştirmek. **cultivated s.** 1. ekili. 2. kültürlü. **cultivation i.** 1. tarım. 2. yetiştirme. 3. kültür.

cul.ture (kâl'çır) **i.** 1. ekinç, kültür. 2. terbiye, irfan. 3. münevverlik; uygarlık. **cultural s.** kültü-

rel. **cultured s.** kültürlü.

cum.ber.some (kâm'bırsım) **s.** 1. hantal. 2. sıkıcı.

cum.in (kâm'in) **i.** kimyon.

cu.mu.late (kyum'yıleyt) **f.** birikmek; biriktirmek. **cumulative s.** biriken, artan, çoğalan.

cu.mu.lus (kyum'yılıs) **i.** kümebulut.

cu.ne.i.form (kyuni'yıfôrm) **s., i.** çiviyazısı.

cun.ning (kân'ing) **s.** 1. kurnaz, şeytan. 2. hünerli. 3. şirin, sevimli (bebek).

cup (kâp) **i.** 1. fincan, bardak, kâse, kadeh. 2. (spor) kupa. **cupful i.** bardak dolusu.

cup.board (kâb'ırd) **i.** dolap, yüklük.

cur (kır) **i.** 1. it, sokak köpeği. 2. herif, it.

curb (kırb) **f.** 1. kaldırım kenar taşı. 2. engel. **f.** 1. engellemek, önlemek. 2. yenmek, durdurmak.

curd (kırd) **i.** 1. kesmik. 2. yumuşak ve tuzsuz lor peyniri.

cur.dle (kır'dıl) **f.** 1. pıhtılaştırmak; pıhtılaşmak, kesilmek.

cure (kyûr) **i.** 1. tedavi, çare, derman, şifa. **f.** 1. şifa vermek, iyi etmek. **curable s.** tedavisi mümkün.

cur.few (kır'fyu) **i.** sokağa çıkma yasağı.

cur.io (kyûr'iyo) **i.** biblo.

cu.ri.os.i.ty (kyûriyas'iti) **i.** 1. merak. 2. tuhaf şey. **out of curiosity** meraktan.

cu.ri.ous (kyûr'iyıs) **s.** 1. meraklı. 2. tuhaf, garip, acayip.

curl (kırl) **i.** kıvrım, bukle, lüle, büklüm. **f.** kıvırmak, bukle yapmak, bükmek; kıvrılmak, büklümek. **curl up** kıvrılmak. **curling iron** saç maşası. **curler i.** bigudi. **curly s.** kıvırcık, kıvrımlı.

curl.i.cue (kır'lıkyu) **i.** süslü kıvrım, kıvrımlı çizgi.

cur.rant (kır'ınt) **i.** 1. frenküzümü. 2. kuşüzümü.

cur.ren.cy (kır'ınsi) **i.** 1. nakit para. 2. sürüm, geçerlik.

cur.rent (kır'ınt) **i.** 1. akım. 2. akıntı. **s.** 1. geçerli. 2. şimdiki.

cur.ric.u.lum (kırık'yılım) **i.** müfredat programı.

cur.ry (kır'i) **f.** tımar etmek, kaşağılamak.

curse (kırs) **f.** 1. lanet etmek, beddua etmek, sövmek. 2. bela getirmek. **i.** 1. lanet, beddua. 2. bela. **cursed s.** talihsiz.

curs.ed (kır'sid) **s.** lanetli.

cur.sive (kır'siv) **s.** el yazısı gibi.

cur.so.ry (kır'sıri) **s.** acele yapılan.

curt (kırt) **s.** ters ve kısa (söz). **curtness i.** terslik.

cur.tail (kırteyl') **f.** kısaltmak, azaltmak.

cur.tain (kır'tin) **i.** perde.

curt.sy (kırt'si) **i.** reverans. **f.** reverans yapmak.

cur.va.ture (kır'vıçır) **i.** eğrilik; eğiliş.

curve (kırv) **i.** 1. eğri, kavis. 2. viraj. **f.** eğmek, bükmek; eğilmek, bükülmek. **curvy s.** eğrili.

cushion 44

cush.ion (kûş'ın) **i.** 1. minder. 2. yastık.

cusp (kâsp) **i.** sivri uç.

cus.pid (kâs'pid) **i.** köpekdişi.

cuss (kâs) **f.** küfretmek, sövmek, lanetlemek. **i.** herif.

cus.tard (kâs'tırd) **i.** krem karamel.

cus.to.dy (kâs'tıdi) **i.** 1. koruma. 2. gözaltı, nezaret.

cus.tom (kâs'tım) **i.** gelenek, âdet. **s.** ısmarlama. **customs i.** gümrük, gümrük resmi.

cus.tom.ar.y (kâs'tımeri) **s.** alışılmış. **customarily z.** alışıldığı üzere.

cus.tom.er (kâs'tımır) **i.** müşteri.

cus.tom.house (kâs'tımhaus) **i.** gümrük.

cus.tom-made (kâstım.meyd') **s.** ısmarlama.

cut (kât) **i.** 1. kesme, kesiş. 2. biçim, şekil. 3. dilim, parça. 4. (matb.) klişe. 5. hisse, pay. **f.** 1. kesmek, dilimlemek. 2. biçmek. 3. yontmak. 4. kısaltmak. **s.** 1. kesilmiş, kesik. 2. indirimli. **short cut** kestirme yol. **cut a tooth** diş çıkarmak (çocuk). **cut back** 1. azaltmak. 2. kesip kısaltmak. **cut corners** ucuz veya kestirme yoldan halletmek. **cut down** 1. (ağaç) kesmek. 2. azaltmak. **Cut it out!** Yapma! Bırak! **cut off** 1. kesmek. 2. yolunu kesmek. **cut out** 1. kesip çıkarmak. 2. bırakmak. **cut up** 1. parça parça kesmek; doğramak. 2. çok etkilemek. 3. yaramazlık etmek. **cut and dried** 1. hazır. 2. sıkıcı, tatsız. **cut glass** kristal.

cutter i. 1. kesici. 2. kotra. **cutting i.** 1. kesme, kesiş. 2. (bahç.) aşı kalemi. **s.** 1. keskin. 2. acı, içe işleyen.

cute (kyut) **s.** cana yakın, şirin, sevimli.

cu.ti.cle (kyu'tikıl) **i.** 1. tırnakların etrafını çevreleyen ölü deri. 2. üsderi.

cut.ler.y (kât'lıri) **i.** çatal bıçak takımı.

cut.let (kât'lit) **i.** pirzola, kotlet, külbastı.

cut.off (kât'ôf) **i.** 1. kestirme yol. 2. (imtiyazın) sona erme tarihi.

cut.out (kât'aut) **i.** kesilerek şekillendirilmiş şey.

cut.throat (kât'thrôt) **s.** amansız. **i.** katil.

cut.tle.fish (kât'ılfiş) **i.** mürekkepbalığı.

cut.up (kât'ûp) **i.** maskara.

cy.a.nide (say'ınayd) **i.** siyanür.

cy.ber.net.ics (saybırnet'iks) **i.** ayarlama -yönleme bilgisi, sibernetik.

cyc.la.men (sîk'lımın) **i.** siklamen, tavşankulağı.

cy.cle (say'kıl) **i.** 1. dönem, devre, devir. 2. bisiklet; motosiklet. **cyclist i.** bisikletçi; motosikletçi.

cy.clone (say'klon) **i.** 1. siklon. 2. kasırga, hortum.

cyl.in.der (sîl'ındır) **i.** silindir. **cylindrical s.** silindirsel.

cym.bal (sîm'bıl) **i.** (müz.) büyük zil. **cym-**

balist i. zil çalan.

cyn.ic (sîn'îk) **i.** herkesin yalnız kendi çıkarı için çalıştığına inanan kimse.

cyn.i.cal (sîn'îkıl) **s.** 1. alaycı. 2. ahlakı hor gören. **cynically z.** alay ederek.

cy-press (say'prıs) **i.** selvi, servi.

Cy.prus (say'prıs) **i.** Kıbrıs.

cyst (sîst) **i.** kist.

czar (zar), **tsar**, **tzar** (tsar) **i.** çar.

Czech.o.slo.va.ki.a (çekıslova'kiyı) **i.** Çekoslovakya.

D

dab (däb) **i.** dokunma, hafif vuruş.

dab.ble (däb'ıl) **f.** amatörce uğraşmak.

dachs.hund (daks'hûnt) **i.** mastı.

dad, dad.dy (däd, däd'i) **i.** baba, babacığım.

daf.fo.dil (däf'ıdil) **i.** zerrin, fulya, nergis.

dag.ger (däg'ır) **i.** kama, hançer.

dahl.ia (däl'yı) **i.** yıldızçiçeği.

Da.ho.mey (dıho'mi) **i.** Dahomey.

dai.ly (dey'li) **i.** gündelik, günlük. **z.** her gün. **i.** gündelik gazete. **daily bread** geçim, rızk.

dain.ty (deyn'ti) **s.** 1. narin, zarif, nazik. 2. titiz. **daintily z.** zarafetle. **daintiness i.** zarafet, nezaket.

dair.y (der'i) **i.** 1. mandıra. 2. sütçü dükkânı. **dairy farm** mandıra.

dai.sy (dey'zi) **i.** papatya.

dale (deyl) **i.** dere.

dal.ly (däl'i) **f.** 1. vakit öldürmek, oyalanmak. 2. hoylazlık etmek. **dally with** oynaşmak.

dam (däm) **i.** baraj, set, bent. **f.** baraj yapmak.

dam.age (däm'îc) **i.** 1. zarar, ziyan, hasar. 2. masraf. **f.** hasar yapmak, bozmak, zarar vermek. **damages i.** tazminat.

Da.mas.cus (dımäs'kıs) **i.** Şam.

dame (deym) **i.** 1. hanım, hatun, yaşlı kadın. 2. (argo) kadın.

damn (däm) **f.** 1. lanet etmek. 2. sövmek, beddua etmek. **i.** lanet. **Damn!, Damn it!, Damn him!** Allah belasını versin! **damnation i.** 1. lanet, bela. 2. cehennem cezası. **Damnation!** **ünlem** Lanet olsun! **damned s.** 1. melun. 2. mahkûm. 3. Allahın belası.

damp (dämp) **s.** nemli, yaş. **i.** 1. nem. 2. grizu. **f.** 1. boğmak, söndürmek. 2. durdurmak. 3. ıslatmak. **dampness i.** nem.

damp.en (däm'pın) **f.** 1. nemlendirmek. 2. ıslanmak. 3. (titreşimi) azaltmak.

damp.er (däm'pır) **i.** soba borusu anahtarı.

dance (däns) **i.** 1. dans. 2. balo. 3. dans müziği.

f. dans etmek, oynamak. **dancer i.** dansör, dansöz.

dan.de.li.on (dän'dılayın) **i.** karahindiba.

dan.druff (dän'drıf) **i.** kepek, konak.

dan.dy (dän'di) **s.** 1. züppe. 2. mükemmel, iyi.

dan.ger (deyn'cır) **i.** tehlike. **in danger** tehlikede. **dangerous s.** tehlikeli.

dan.gle (däng'gıl) **f.** 1. sarkmak, asılmak, sallanmak. 2. sarkıtmak.

daph.ne (däf'ni) **i.** defne.

dap.per (däp'ır) **s.** şık, zarif.

dap.ple (däp'ıl) **s.** benekli, nokta nokta.

Dar.da.nelles (dardınelz') **i.** Çanakkale Boğazı.

dare (der) **f.** 1. cüret etmek, kalkışmak. 2. meydan okumak. **daring s.** gözü pek, yiğit.

dare.dev.il (der'devıl) **s.** gözü pek.

dark (dark) **s.** 1. karanlık, koyu, esmer. 2. capraşık. 3. gizli. **s.** gölge. **dark blue** lacivert. **in the dark** 1. karanlıkta. 2. habersiz. **darkness i.** karanlık.

dark.en (dar'kın) **f.** 1. kararmak. 2. koyulaşmak.

dark.room (dark'rum) **i.** (foto.) karanlık oda.

dar.ling (dar'ling) **i.** sevgili, sevgilim. **s.** sevimli, cici, hoş.

darn (darn) **f.** yamamak, iğneyle örmek. **darning needle** 1. örgü iğnesi. 2. kızböceği.

darn (darn) **f.** lanetlemek. **Darn it!** Hay Allah!

dart (dart) **i.** 1. küçük ok. 2. ani hareket. 3. (terz.) pens. **f.** ok gibi fırlamak.

dash (däş) **f.** 1. hızlı koşmak. 2. kısa mesafe koşmak. 3. vurmak. 4. fırlatmak. 5. sıçratmak. **i.** 1. fire (-). 2. bir şeye katılmış az miktar; eser, iz. **dashing s.** 1. canlı. 2. gösterişli, şık.

dash.board (däş'bôrd) **i.** arabada kontrol paneli.

da.ta (dey'tı) **i.** veri.

date (deyt) **i.** hurma.

date (deyt) **i.** 1. tarih, zaman. 2. randevu. 3. flört. **f.** 1. tarih atmak. 2. flört etmek. **out of date** modası geçmiş. **dated s.** 1. tarihli. 2. modası geçmiş.

da.tive (dey'tiv) **i.** ismin -e hali.

daub (dôb) **f.** sürmek, sıvamak; lekelemek, kirletmek.

daugh.ter (dô'tır) **i.** kız evlat, kız.

daugh.ter-in-law (dô'trınlô) **i.** gelin.

dav.en.port (däv'ınpôrt) **i.** kanepe, sedir, divan.

daw.dle (dôd'ıl) **f.** zaman kaybetmek, oyalanmak.

dawn (dôn) **i.** 1. tan, şafak sökmesi, gün doğması. 2. ilk görünüş. **f.** görünmeye başlamak, aydınlanmak. **dawn on** anlaşılmak, sezilmek.

day (dey) **i.** 1. gündüz. 2. gün. 3. zaman, devir.

day after day günden güne. **pay day** maaş günü. **some day** bir gün, günün birinde. **the other day** geçen gün.

day.break (dey'breyk) **i.** tan, şafak, seher.

day.dream (dey'drim) **i.** hayal.

day.light (dey'layt) **i.** güneş ışığı, gün ışığı. **daylight-saving time** yaz saati.

day.time (dey'taym) **i.** gündüz.

daze (deyz) **f.** göz kamaştırmak, büyülemek. **i.** şaşkınlık. **dazed s.** 1. yarı şuursuz. 2. şaşkın.

daz.zle (däz'ıl) **f.** göz kamaştırmak.

dead (ded) **s.** 1. ölü. 2. sönük. 3. cansız. **dead end** 1. çıkmaz sokak. 2. çıkmaz, açmaz. **dead letter** 1. geçersiz kanun. 2. sahipsiz mektup. **dead tired** bitkin, yorgun. **the dead of night** gecenin körü. **deadly s.** öldürücü, zehirli.

dead.en (ded'ın) **f.** 1. kuvvetini kırmak, hafifletmek, boğmak (ses); uyuşturmak.

dead.line (ded'layn) **i.** son teslim tarihi, mühlet.

dead.lock (ded'lak) **i.** çıkmaz, açmaz.

deaf (def) **s.** 1. sağır. 2. kulak asmayan. **deaf mute** sağır-dilsiz.

deaf.en (def'ın) **f.** 1. sağır etmek. 2. kulağını tıkamak.

deal (dil) **i.** 1. pazarlık, anlaşma. 2. iş. 3. miktar. **deal with** 1. değinmek. 2. işini görmek. 3. müşterisi olmak. **dealer i.** satıcı. **dealings i.** 1. iş, alışveriş. 2. muamele.

dean (din) **i.** dekan. **dean of students** öğrenci işleriyle görevli memur.

dear (dîr) **i.** sevgili. **s.** 1. aziz. 2. samimi. 3. pahalı. **dearly z.** 1. sevgiyle. 2. pahalıya.

dearth (dırth) **i.** yokluk, kıtlık.

death (deth) **i.** ölüm. **deathly s.** 1. ölümsü. 2. öldürücü. **death struggle** can çekişme, ölüm kalım savaşı.

de.ba.cle (dibäk'ıl) **i.** çöküş, yenilgi, yıkım.

de.base (dibeys') **f.** değerini düşürmek, ayarını bozmak.

de.bate (dibeyt') **f.** tartışmak. **debatable s.** tartışılabilir.

de.bil.i.tate (dibil'iteyt) **f.** takatini kesmek. **debility i.** halsizlik, güçsüzlük.

deb.it (deb'it) **i.** zimmet, borç. **f.** zimmet kaydetmek.

de.brief.ing (dibrif'ing) **i.** dönüşte yapılan soruşturma.

de.bris (dıbri') **i.** döküntü, yıkıntı, enkaz.

debt (det) **i.** borç, alacak. **debtor i.** borçlu.

de.but (dıbyu') **i.** başlangıç, (sahneye) ilk çıkış.

dec.ade (dek'eyd) **i.** on yıl.

de.ca.dent (dek'ıdınt) **s.** çökmüş. **decadence i.** çökme, çöküş, yıkılış.

de.cay (dikey') **f.** çürümek, bozulmak; çürütmek. **i.** çürüme, bozulma, harap olma.

de.cease (disis') **i.** ölüm.

de.ceit (disit') **i.** 1. hile, yalan. 2. hilekârlık, dolandırıcılık, düzenbazlık. **deceitful s.** hilekâr, aldatıcı.

de.ceive (disiv') **f.** aldatmak,kandırmak. **deceiver s.** hilekâr.

De.cem.ber (disem'bır) **i.** aralık ayı.

de.cent (di'sınt) **s.** terbiyeli, nazik; temiz, iyi. **decently z.** 1. terbiye ölçüsünde. 2. yeterince. **decency i.** 1. terbiye, edep, nezaket. 2. ılımlılık. 3. iffet, namus.

de.cen.tral.ize (disen'trılayz) **f.** sorumluluğu dağıtmak.

de.cep.tion (disep'şın) **i.** hile, düzen, dolap. **deceptive s.** aldatıcı.

de.cide (disayd') **f.** karar vermek, kararlaştırmak. **decided s.** kesin. **decidedly z.** kesinlikle.

dec.i.mal (des'ımıl) **i.** ondalık.

dec.i.mate (des'imeyt) **f.** çoğunu yok etmek.

de.ci.pher (disay'fır) **f.** şifre çözmek.

de.ci.sion (disij'ın) **i.** karar, hüküm. **make a decision** karar vermek, karar almak.

de.ci.sive (disay'siv) **s.** kesin, kati.

deck (dek) **i.** güverte. **tape deck** hoparlörsüz teyp.

deck (dek) **f.** donatmak. **deck out** süslemek.

dec.la.ra.tion (deklırey'şın) **i.** 1. ilan. 2. demeç. 3. bildiri.

de.clare (dikler') **f.** 1. beyan etmek. 2. bildirmek.

de.clen.sion (diklen'şın) **i.** isim çekimi.

de.cline (diklayn') **f.** 1. meyletmek. 2. eksilmek, azalmak, düşmek. 3. reddetmek. **i.** 1. meyil, iniş. 2. gerileme.

de.code (dikod') **f.** şifreyi çözmek.

de.com.pose (dikımpoz') **f.** 1. ayrıştırmak. 2. çürümek; çürütmek.

de.com.po.si.tion (dikampıziş'ın) **i.** 1. ayrışma. 2. bozulma.

dec.o.rate (dek'ıreyt) **f.** süslemek. **decoration i.** 1. süsleme. 2. süs. 3. nişan, madalya. **decorative s.** süsleyici. **decorator i.** dekoratör. **dec.o.rous** (dek'ırıs) **s.** âdetlere uygun.

de.coy (dikoy') **i.** tuzak yemi. **f.** tuzağa düşürmek.

de.crease (dikris') **i.** eksilme, azalma. **f.** azalmak, eksilmek, küçülmek; azaltmak, eksiltmek.

de.cree (dikri') **i.** 1. resmî emir. 2. karar. 3. kararname. **f.** emretmek, buyurmak.

de.crep.it (dikrep'it) **s.** eskimiş, yıpranmış.

ded.i.cate (ded'ıkeyt) **f.** adamak, vakfetmek. **dedicated s.** ithaf olunmuş, adanmış. **dedication i.** adama.

de.duce (didus') **f.** sonuç çıkarmak.

de.duct (didʌkt') **f.** 1. çıkarmak. 2. sonuç çı-

karmak. **deduction i.** 1. tümdengelim. 2. sonuç. 3. hesaptan düşme.

deed (did) **i.** 1. iş, fiil. 2. senet, tapu senedi.

deem (dim) **f.** saymak, addetmek, zannetmek.

de-em.pha.size (diyem'fısayz) **f.** önemini azaltmak.

deep (dip) **s.** 1. derin. 2. anlaşılmaz. 3. şiddetli, ağır. 4. koyu (renk). 5. kalın, boğuk, pes. **in deep water** 1. başı dertte. 2. şaşkınlık içinde.

deep.en (di'pın) **f.** 1. derinleşmek; derinleştirmek. 2. artırmak. 3. koyulaştırmak (renk).

deep.freeze (dip'friz') **i.** dipfriz, dondurac.

deep.fry (dip'fray') **f.** bol yağda kızartmak.

deer (dir) **i.** geyik, karaca.

de.face (difeys') **f.** şeklini bozmak.

de.fault (difôlt') **i.** ihmal; yan çizme, kaytarma.

de.feat (difit') **f.** yenmek. **i.** bozgun, yenilgi.

de.fect (difekt') **i.** kusur, noksan, eksiklik. **defective s.** kusurlu, sakat, eksik.

de.fec.tor (difek'tır) **i.** karşı tarafa kaçan kimse.

de.fend (difend') **f.** savunmak, korumak, saklamak. **defendant s.** davalı.

de.fense (difens') **i.** savunma, koruma, himaye. **defensive s.** savunan.

de.fer (difır') **f.** 1. ertelemek. **deferment i.** erteleme. **deferred s.** ertelenmiş.

def.er.ence (def'ırıns) **i.** 1. riayet, uyma. 2. saygı, hürmet.

de.fi.ance (difay'ıns) **i.** 1. meydan okuma. 2. karşı koyma. **in defiance** göze alarak.

de.fi.ant **s.** 1. muhalif, karşı gelen. 2. çürütkâr, küstah. **defiantly z.** cüretle, küstahça.

de.fi.cient (difiş'ınt) **s.** eksik, yetersiz. **deficiency i.** eksiklik, yetersizlik.

def.i.cit (def'ısit) **i.** hesap açığı, zarar.

de.file (difayl') **f.** kirletmek, pisletmek, bozmak.

de.fine (difayn') **f.** tanımlamak.

def.i.nite (def'ınit) **s.** 1. belirli. 2. kararlaştırılmış. 3. kesin. **definitely z.** kesinlikle, tamamen. **definitive s.** kesin, son, tam.

def.i.ni.tion (definiş'ın) **i.** 1. tanım. 2. netlik.

de.flate (difleyt') **f.** 1. hava veya gazı boşaltmak. 2. gururonu kırmak.

de.flect (diflekt') **f.** yoldan saptırmak.

de.form (difôrm') **f.** biçimini bozmak. **deformity i.** 1. biçimsizlik. 2. sakatlık.

de.form (difôrm') **f.** biçimini bozmak. **deformity i.** 1. biçimsizlik. 2. sakatlık.

de.fraud (difrôd') **f.** dolandırmak, hakkını yemek.

de.fray (difrey') **f.** ödemek.

de.frost (difrôst') **f.** buzlarını eritmek.

deft (deft) **s.** becerikli, usta, marifetli.

de.funct (difʌŋkt') **s.** 1. ölü. 2. feshedilmiş.

de.fuse (di'fyuz) **f.** (bombadan) fitili sökmek.

de.fy (difay') **f.** meydan okumak, karşı gelmek.

de.gen.er.ate (dicen'irit) **s.** yozlaşmış, dejenere.

de.grade (digreyd') **f.** alçaltmak, rezil etmek. **degrading s.** alçaltıcı, haysiyet kırıcı.

de.gree (digri') **i.** 1. derece, mertebe. 2. diploma. **by degrees** yavaş yavaş, derece derece, gittikçe.

de.hu.mid.i.fy (dihyumid'ifay) **f.** nemini gidermek. **dehumidifier i.** nem gideren alet.

de.hy.drate (dihay'dreyt) **f.** suyunu gidermek.

deign (deyn) **f.** tenezzül etmek.

de.i.ty (di'yti) **i.** tanrı, ilah, mabut.

de.jec.tion (dicek'şın) **i.** neşesizlik, keder.

de.lay (diley') **f.** ertelemek, geciktirmek; gecikmek. **i.** 1. gecikme. 2. mühlet.

del.e.gate (del'igit) **i.** delege, temsilci.

del.e.gate (del'igeyt) **f.** havale etmek. **delegation i.** delegasyon.

de.lete (dilit') **f.** silmek, çıkarmak. **deletion i.** yazıdan çıkarılan parça.

de.lib.er.ate (dilib'ırit) **s.** 1. kasıtlı, mahsus. 2.düşünceli, aklı başında. **deliberately z.** kasten, düşünerek, mahsus.

de.lib.er.ate (dilib'ıreyt) **f.** düşünmek, üzerinde durmak, tartmak. **deliberation i.** 1. görüşme. 2. tartışma.

del.i.ca.cy (del'ıkısi) **i.** 1. lezzetli şey. 2. incelik.

del.i.cate (del'ıkit) **s.** 1. nazik, narin, ince. 2. kırılgan. 3. hassas, dakik, titiz. 4. nefis. 5. zarif. **delicately z.** nazikâne.

del.i.ca.tes.sen (delıkıtes'ın) **i.** mezeci, şarküteri.

de.li.cious (dılîş'ıs) **s.** lezzetli, nefis. **deliciously z.** nefis bir şekilde.

de.light (dilayt') **f.** 1. sevindirmek; sevinmek. 2. zevk almak. **i.** sevinç, zevk, keyif. **delightful s.** hoş, güzel; zevkli.

de.lin.quent (diling'kwınt) **s.** kabahatli, ihmalkâr. **delinquency i.** kabahat, kusur, hata.

de.lir.i.um (dilir'iyım) **i.** hezeyan, sayıklama.

de.liv.er (dilîv'ır) **f.** 1. bırakmak, vermek. 2. kurtarmak. 3. söylemek (nutuk). **deliverance i.** kurtarma; kurtuluş. **deliverer i.** kurtarıcı.

delivery i. 1. dağıtım. 2. doğum. 3. konuşma tarzı.

de.liv.er.y.man (dilîv'rımän) **i.** satılan malı eve teslim eden kimse.

del.ta (del'tı) **i.** 1. üçgen. 2. çatalağız, delta.

del.uge (del'yuc) **i.** şiddetli yağmur. **f.** su basmak.

de.lu.sion (dilu'jın) **i.** hayal, hulya, kuruntu.

de.luxe (dilöks') **s.** lüks, ihtişamlı.

de.mand (dimänd') **s.** istem, istek, talep. **f.** 1. talep etmek, istemek. 2. ısrar etmek. 3. gerektirmek.

de.mean (dimin') **f.** alçaltmak, küçültmek.

de.mean.or (dîmi'nır) **i.** davranışlar, hal, tavır.

de.ment.ed (dîmen'tid) **s.** deli, kaçık, çılgın.

de.mer.it (dîmer'it) **i.** ihtar, tembih (okulda).

de.mise (dîmayz') **i.** ölüm, vefat.

de.mo.bi.li.za.tion (dîmobilîzey'şın) **i.** seferberliğin bitmesi; terhis.

de.mo.bi.lize (dîmo'bılayz) **f.** terhis etmek.

de.moc.ra.cy (dîmäk'rısi) **i.** elerki, demokrasi.

dem.o.crat (dem'ıkrät) **i.** demokrat. **democratic s.** demokratik, halkçı.

de.mol.ish (dîmal'iş) **f.** yıkmak.

dem.o.li.tion (demîlî'ın) **i.** 1. yıkma, tahrip, yıkılma.

de.mon (dî'mın) **i.** 1. cin, kötü ruh, şeytan, ifrit. 2. kötü kimse. 3. enerjik kimse.

dem.on.strate (dem'ınstreyt) **f.** 1. ispat etmek, açımlamak, uygulamayla açıklamak. 2. nümayiş yapmak. **demonstration i.** 1. tanıt, ispat. 2. gösteri, nümayiş. 3. tatbikat dersi. **demonstrator i.** nümayişçi.

de.mon.stra.tive (dîman'strıtîv) **s.** 1. ispat eden, gösteren. 2. duygularını saklamayan.

de.mor.al.ize (dîmor'ılayz) **f.** cesaretini kırmak, moralini bozmak, yıldırmak.

de.mote (dîmot') **f.** aşağı dereceye indirmek, rütbesini indirmek.

de.mur (dîmır') **f.** kabul etmemek, itiraz etmek, karşı koymak.

de.mure (dîmyûr') **s.** uslu, yumuşak başlı, uysal.

den (den) **i.** 1. in, mağara. 2. sığınak. 3. çalışma odası.

de.ni.al (dînay'ıl) **i.** inkâr, yalanlama, ret, tekzip.

Den.mark (den'mark) **i.** Danimarka.

de.nom.i.na.tion (dînamıney'şın) **i.** sınıf, mezhep.

de.nom.i.na.tor (dînam'ıneytır) **i.** payda.

de.note (dînot') **f.** göstermek, belirtmek.

de.nounce (dînauns') **f.** 1. ihbar etmek. 2. suçlamak, kusurlarını açığa vurmak.

dense (dens) **s.** 1. sık, ağır, koyu, kesif, kalın. 2. kalın kafalı, ahmak. **density i.** yoğunluk, koyuluk.

dent (dent) **i.** ufak çukur, çentik, çöküntü, girinti, oyuk. **f.** çentmek; çöküntü yapmak.

den.tal (den'tıl) **s.** 1. dişsel. 2. dişçiliğe ait.

den.tist (den'tist) **i.** diş hekimi. **dentistry i.** diş hekimliği.

de.nun.ci.ate (dînan'siyeyt) **f.** suçlamak, açığa vurmak.

de.ny (dînay') **f.** 1. inkâr etmek. 2. yalanlamak, tekzip etmek, reddetmek. 3. esirgemek, vermemek.

de.o.dor.ant (diyo'dırınt) **s., i.** koku giderici (madde), deodoran.

de.part (dîpart') **f.** 1. ayrılmak, gitmek. 2. hareket etmek.

de.part.ment (dîpart'mınt) **i.** kısım, bölüm, şube, daire, kol. **department store** büyük mağaza, bonmarşe.

de.par.ture (dîpar'çır) **i.** hareket, gidiş, kalkış, ayrılış.

de.pend (dîpend') **f. : depend on** 1. güvenmek. 2. bağlı olmak, tabi olmak. **dependable s.** güvenilir. **dependent s.** bağlı.

de.plete (dîplit') **f.** tüketmek, bitirmek.

de.plore (dîplôr') **f.** üzüntü duymak, kederini belli etmek.

de.port (dîpôrt') **f.** sınır dışı etmek.

de.pos.it (dîpaz'ît) **i.** 1. emanet. 2. depozito. 3. mevduat. 4. tabaka, tortu. 5. döküntü. **f.** 1. koymak. 2. bankaya yatırmak.

de.pot (di'po) **i.** 1. depo, ambar. 2. istasyon. 3. cephanelik.

de.praved (dîpreyvd') **s.** ahlakı bozuk, baştan çıkmış.

de.prav.i.ty (dîprav'ıti) **i.** 1. ahlak bozukluğu, azgınlık. 2. fesat, doğru yoldan ayrılma.

dep.re.cate (dep'nkeyt) **f.** küçümsemek, yukarıdan bakmak.

de.pre.ci.ate (dîpri'şiyeyt) **f.** 1. fiyatını kırmak, kıymetten düşürmek. 2. amortize etmek. **depreciation i.** 1. kıymetten düşme. 2. aşınma payı; amortisman.

de.press (dîpres') **f.** 1. üzmek, canını sıkmak, moralini bozmak. 2. bastırmak. **depressed s.** 1. kederli, üzüntülü. 2. basılmış. **depression i.** 1. kasvet, keder. 2. piyasada durgunluk.

de.prive (dîprayv') **f.** mahrum etmek, yoksun bırakmak.

depth (depth) **i.** derinlik.

dep.u.ty (dep'yıti) **i.** 1. vekil, yardımcı, muavin. 2. polis. 3. milletvekili.

de.range (dîreync') **f.** 1. düzenini bozmak, karıştırmak. 2. delirtmek. 3. rahatsız etmek.

der.i.sion (dirîj'ın) **i.** istihza, alay.

der.i.va.tion (derivey'şın) **i.** 1. köken, menşe. 2. türetme.

de.riv.a.tive (dîriv'ıtîv) **s.** türemiş.

de.rive (dîrayv') **f.** çıkarmak, almak.

der.ma.tol.o.gy (dırmıtal'ıci) **i.** cildiye, dermatoloji.

de.rog.a.to.ry (dîrag'ıtori) **s.** küçültücü.

der.rick (der'îk) **i.** maçuna, vinç, dikme.

de.scend (dîsend') **f.** 1. inmek, alçalmak, çökmek. 2. soyundan gelmek. **descendant i.** torun. **s.** neslinden.

de.scent (dîsent') **i.** 1. iniş. 2. kuşak, nesil.

de.scribe (dîskrayb') **f.** tanımlamak, betimlemek.

de.scrip.tion (dîskrîp'şın) **i.** 1. tanımlama, betim. 2. cins, çeşit. **descriptive s.** tanıtımsal.

de.seg.re.gate (diseg'rigeyt) **f.** ırk ayrımını kaldırmak.

de.sen.si.tize (disen'sıtayz) **f.** uyuşturmak.

de.sert (dîzırt') **i.** liyakat, pay.

des.ert (dez'ırt) **i.** çöl, sahra, bozkır. **s.** boş, ıssız.

de.sert (dîzırt') **f.** 1. bırakmak. 2. kaçmak, firar etmek. **deserter i.** kaçak. **desertion i.** firar, terk.

de.serve (dîzırv') **f.** hak etmek, layık olmak. **deserving s.** değerli.

de.sign (dîzayn') **i.** 1. plan, taslak, proje. 2. amaç. 3. entrika, desise. **f.** planlamak.

des.ig.nate (dez'îgneyt) **f.** 1. belirtmek. 2. isimlendirmek. 3. tayin etmek. **designation i.** 1. atama, tayin, tahsis. 2. isim, unvan, lakap.

de.sire (dîzayr') **i.** 1. arzu, istek. 2. şehvet. **f.** 1. istemek, özlemek. 2. arzulamak. **desirable s.** istek uyandıran, çekici, cazip. **desirability i.** çekicilik, cazibe.

desk (desk) **i.** yazı masası, yazıhane.

des.o.late (des'ilît) **s.** 1. tenha, boş. 2. perişan.

des.o.late (des'ileyt) **f.** 1. harap etmek. 2. perişan etmek. **desolation i.** 1. haraplık, perişanlık. 2. kimsesizlik, yalnızlık. 3. keder.

de.spair (dîsper') **i.** ümitsizlik. **f.** ümitsiz olmak.

des.per.ate (des'prît) **s.** 1. ümitsiz. 2. çaresizlikten deliye dönmüş. 3. dehşetli. **desperately z.** ümitsizce.

des.per.a.tion (despırey'şın) **i.** ümitsizlik.

de.spise (dîspayz') **f.** küçümsemek, hor görmek; nefret etmek.

de.spite (dîspayt') **edat** -e rağmen.

de.spond (dîspand') **f.** ümidini kaybetmek. **despondency i.** yeis, keder, ümitsizlik.

des.sert (dîzırt') **i.** tatlı, yemiş, soğukluk.

des.ti.na.tion (destiney'şın) **i.** 1. gidilecek yer. 2. varış yeri. 3. hedef, amaç.

des.ti.ny (des'tıni) **i.** yazgı, alın yazısı, kader.

des.ti.tute (des'tıtut) **s.** 1. yoksul. 2. yoksun.

de.stroy (dîstroy') **f.** yıkmak; yok etmek.

de.struc.tion (dîstrûk'şın) **i.** 1. yıkılma. 2. yıkım. **destructive s.** yıkıcı, zararlı.

de.tach (dîtäç') **f.** koparmak; koparmak, sökmek.

de.tail (dîteyl') **i.** ayrıntı. **in detail** ayrıntılarıyla.

de.tain (dîteyn') **f.** 1. alıkoymak. 2. geciktirmek. 3. gözaltına almak.

de.tect (dîtekt') **f.** keşfetmek, sezmek.

de.tec.tive (dîtek'tiv) **i.** detektif, sivil polis. **detective story** polisiye roman.

de.ten.tion (dîten'şın) **i.** alıkoyma, engelleme.

de.ter (dîtır') **f.** 1. caydırmak. 2. yıldırmak. **deterrent i.** engel. **deterrent s.** engel, caydırıcı şey.

de.ter.gent (dîtır'cınt) **i.** deterjan, temizleyici.

de.te.ri.o.rate (dîtîr'iyreyt) **f.** fenalaşmak, bozulmak, gerilemek.

49 digress

de.ter.mine (dîtır'mîn) **f.** 1. karar vermek. 2. belirlemek, saptamak. **determination** **i.** 1. azim, kararlılık. 2. saptama. **determined s.** azimli, metin.

de.test (dîtest') **f.** iğrenmek, tiksinmek. **detestable s.** iğrenç, tiksindirici.

de.throne (dîthron') **f.** tahttan indirmek.

de.tour (dî'tûr) **i.** geçici yol. **make a detour** dolambaçlı yoldan gitmek.

det.ri.ment (det'rımınt) **i.** zarar, ziyan.

de.val.ue (dîväl'yu) **f.** değerini düşürmek. **devaluation i.** değerdüşürümü, devalüasyon.

dev.as.tate (dev'ısteyt) **f.** harap etmek, viran etmek.

de.vel.op (dîvel'ıp) **f.** 1. geliştirmek. 2. (foto.) yıkamak. 3. gelişmek. 4. genişlemek. 5. olgunlaşmak. 6. meydana çıkmak. **developer i.** (foto.) banyo eczası. **development i.** 1. gelişme, ilerleme. 2. meydana çıkma. 3. site.

de.vi.ate (dî'viyeyt) **f.** sapmak, şaşırmak. **deviation s.** sapma.

de.vice (dîvays') **i.** aygıt, alet.

dev.il (dev'ıl) **i.** 1. şeytan, iblis. 2. cin, ifrit. 3. kör şeytan.

de.vi.ous (dî'viyıs) **s.** 1. dolambaçlı. 2. sapkın.

de.vise (dîvayz') **f.** 1. tertip etmek. 2. kurmak, icat etmek.

de.vote (dîvot') **f.** adamak, vakfetmek. **devoted s.** sadık, bağlı. **devotee i.** düşkün, müptela. **devotion i.** bağlılık, düşkünlük. **devotions i.** ibadet, dua.

de.vour (dîvaur') **f.** 1. yiyip yemek, yutmak. 2. yok etmek.

de.vout (dîvaut') **s.** dindar, sofu. **devoutly z.** imanla.

dew (du) **i.** çiy, sebnem.

dex.ter.i.ty (dekster'ıti) **i.** ustalık, hüner, maharet.

dex.ter.ous (dek'strıs) **s.** eli uz, usta, hünerli.

di.a.be.tes (dayıbi'tîs) **i.** şeker hastalığı, diyabet. **diabetic s., i.** şeker hastası.

di.a.bol.ic (dayıbol'îk) **s.** şeytanca.

di.ag.nose (day'ıgnoz) **f.** tanılamak, teşhis etmek. **diagnosis i.** teşhis, tanı.

di.ag.o.nal (dayäg'ınl) **s.** köşegen.

di.a.gram (day'ıgräm) **i.** 1. diyagram. 2. çizge. 3. tasar, plan, şema.

di.al (day'ıl) **i.** kadran. **f.** telefon numarasını çevirmek. **dial tone** telefonda çevir sesi.

di.a.lect (day'ılekt) **i.** lehçe, ağız, dil.

di.a.lec.tics (dayılek'tîks) **i.** eytişim, diyalektik.

di.a.logue (day'ılôg) **i.** 1. diyalog. 2. karşılıklı konuşma, tartışma.

di.am.e.ter (dayäm'ıtır) **i.** çap, kutur.

di.a.met.ri.cal.ly (dayımet'rîklî) **z.** 1. çap boyunca. 2. tamamen.

dia.mond (day'mınd) **i.** 1. elmas. 2. baklava biçimi.

di.a.per (day'pır) **i.** çocuk bezi.

di.a.phragm (day'ıfräm) **i.** 1. diyafram kası. 2. zar, böleç. 3. diyafram.

di.ar.rhe.a (dayırî'yı) **i.** ishal, sürgün.

di.a.ry (day'ırî) **i.** 1. günce, günlük. 2. hatıra defteri.

dice (days) **i.** oyun zarları. **f.** ince doğramak.

dic.tate (dîkteyt') **f.** 1. dikte etmek, yazdırmak. 2. emretmek. 3. zorla kabul ettirmek. **dictation i.** 1. dikte. 2. emir.

dic.ta.tor (dîk'teytır) **i.** diktatör. **dictatorship i.** diktatörlük.

dic.ta.to.ri.al (dîktıtôr'iyıl) **s.** diktatörce, amirane.

dic.tion (dîk'şın) **i.** 1. konuşma tarzı. 2. telaffuz.

dic.tion.ar.y (dîk'şınerî) **i.** sözlük, lügat.

die (day) **i.** 1. zar, oyun zarı. 2. talih, şans.

die (day) **i.** kalıp, lokma; sikke damgası. **straight as a die** dümdüz.

die (day) **f.** ölmek, vefat etmek.

di.et (day'ıt) **i.** 1. rejim, perhiz. 2. günlük besin. **f.** perhiz yapmak, rejim yapmak. **be on a diet** perhiz yapmak, rejim yapmak.

dif.fer (dîf'ır) **f.** 1. farklı olmak. **differ from** başka olmak, benzememek. **differ with** uygun bulmamak.

dif.fer.ence (dîf'ırıns) **i.** 1. ayrılık, fark. 2. anlaşmazlık.

dif.fer.ent (dîf'ırınt) **s.** 1. farklı, başka, ayrı. 2. çeşitli. **differently z.** başka şekilde, başka türlü.

dif.fer.en.tial (dîfırenşıl) **i.** diferansiyel.

dif.fi.cult (dîf'ıkılt) **s.** 1. güç, zor, çetin. 2. geçimsiz. 3. titiz, müşkülpesent. 4. zor anlaşılabilen. **difficulty i.** 1. güçlük, zorluk. 2. engel. 3. sıkıntı, problem.

dif.fi.dent (dîf'ıdınt) **s.** çekingen, utangaç, sıkılgan.

dif.fuse (dîfyuz') **f.** yaymak.

dig (dîg) **f.** 1. kazmak, bellemek. 2. kazı yapmak. 3. dürtmek. 4. kafa yormak. **i.** 1. hafriyat, kazı. 2. iğneli söz, kinaye. **dig up i.** kazıp çıkarmak. 2. araştırıp bulmak.

di.gest (day'cest) **i.** özet.

di.gest (dîcest') **f.** sindirmek. **digestible s.** sindirimi kolay, hafif. **digestion i.** sindirim.

dig.it (dîc'ît) **i.** sıfırdan dokuza kadar tam sayıların her biri.

dig.ni.fy (dîg'nıfay) **f.** itibar etmek, şeref vermek, onurlandırmak. **dignified s.** ağır başlı.

dig.ni.tar.y (dîg'nıterî) **i.** rütbe veya mevki sahibi, kodaman.

dig.ni.ty (dîg'nıtî) **i.** 1. itibar. 2. vakar, asalet.

di.gress (dîgres') **f.** dışına çıkmak, konudan

ayrılmak.

dike (dayk) **i.** 1. set, toprak duvar. 2. hendek.

di.lap.i.dat.ed (dilåp'ideytîd) **s.** bakımsız, harap.

di.late (dayleyt') **f.** 1. şişmek; şişirmek. 2. genişlemek.

di.lem.ma (dilem'ı) **i.** müşkül durum, çıkmaz, açmaz.

dil.i.gent (dil'ıcınt) **s.** gayretli, dikkatli, çalışkan. **diligently z.** gayretle.

dill (dil)'**i.** dereotu.

di.lute (dilut') **f.** sulandırmak. **dilute(d) s.** sulu, hafif, açık. **dilution i.** sulandırılmış şey.

dim (dim) **s.** loş, donuk, sönük. **f.** donuklaştırmak, karartmak. **dimly z.** bulanık olarak.

dime (daym) **i.** on sent, doların onda biri.

di.men.sion (dimen'şın) **i.** boyut.

di.min.ish (dimin'iş) **f.** azaltmak, küçültmek, eksilmek; azalmak, küçülmek, kısalmak.

di.min.u.tive (dimin'yıtîv) **s.** 1. küçültücü, küçültme belirten. 2. küçük, minimini. **i.** (gram.) küçültme.

din (din) **i.** gürültü, patırtı, şamata.

dine (dayn) **f.** akşam yemeği yemek. **diner i.** 1. yemek yiyen kimse. 2. vagon restorana benzer lokanta. **dining room** yemek odası.

din.gy (din'ci) **s.** donuk, soluk, kirli, paslı. **dinginess i.** donukluk, kir, pas.

din.ner (din'ır) **i.** 1. günün esas yemeği. 2. akşam yemeği. 3. ziyafet. **dinner jacket** smokin. **din.ner.ware** (din'ırwer) **i.** yemek takımı.

di.no.saur (day'nısôr) **i.** dinosor.

dint (dint) **i.** 1. kuvvet. 2. çentik, oyuk. **by dint of** kuvvetiyle.

dip (dip) **f.** 1. batırmak, daldırmak, banmak; batmak, dalmak. 2. ıslatmak. **i.** 1. meyil. 2. daldırma mum.

diph.the.ri.a (difthîr'iyı) **i.** kuşpalazı, difteri.

diph.thong (dip'thông) **i.** ikili ünlü, diftong.

di.plo.ma (diplo'mı) **i.** diploma.

di.plo.ma.cy (diplo'mısi) **i.** diplomasi, diplomatlık, siyaset.

dip.lo.mat (dip'lımåt) **i.** hariciyeci, diplomat. **diplomatic s.** 1. diplomatik. 2. başkaları ile ilişkide ince, usta. 3. politikacı.

dip.per (dip'ır) **i.** maşrapa, kepçe. **Big Dipper** Büyükayı. **Little Dipper** Küçükayı.

dire (dayr) **s.** 1. uğursuz. 2. dehşetli, korkunç.

di.rect (dîrekt') **s.** 1. doğru, dosdoğru. 2. dürüst, tok sözlü. 3. dolaysız. **f.** 1. yönetmek, idare etmek. 2. yöneltmek, çevirmek. **direct current** doğru akım. **directive i.** yönerge, direktif, kararname. **directly z.** 1. doğrudan. 2. hemen. **director i.** yöneticı, müdür.

di.rec.tion (dîrek'şın) **i.** 1. yön, taraf. 2. yönetim, idare. **directions i.** yönerge, direktif.

di.rec.to.ry (dîrek'tırı) **i.** rehber.

dirt (dırt) **i.** 1. kir, pislik, çamur, toz. 2. leke. 3. dedikodu. **dirty s.** 1. kirli, pis. 2. bulanık. 3. iğrenç, çirkin. 4. alçak. **dirty work** el altından yürütülen iş, hileli oyun.

dis.a.bil.i.ty (dîsıbîl'ıti) **i.** sakatlık; yetersizlik.

dis.a.ble (dîsey'bıl) **f.** sakatlamak. **disabled s.** sakat.

dis.ad.van.tage (dîsıdvän'tîc) **i.** sakınca, mahzur.

dis.ad.van.ta.geous (dîsädvıntey'cıs) **s.** 1. sakıncalı. 2. elverişsiz.

dis.a.gree (dîsıgri') **f.** 1. uyuşmamak, uymamak. 2. anlaşamamak. 3. bozuşmak, tartışmak, atışmak. **disagree with** bünyesine uygun gelmemek, dokunmak (yiyecek). **disagreeable s.** 1. n-hoş, hoş olmayan. 2. kötü, huysuz, aksi, ters, sert. **disagreement i.** 1. anlaşmazlık, uyuşmazlık. 2. çekişme, münakaşa.

dis.ap.pear (dîsıpîr') **f.** 1. gözden kaybolmak. 2. yok olmak. **disappearance i.** kaybolma, yok olma.

dis.ap.point (dîsıpoynt') **f.** hayal kırıklığına uğratmak, canını sıkmak. **disappointed s.** hayal kırıklığına uğramış, ümidi kırılmış. **disappointment i.** hayal kırıklığı.

dis.ap.prove (dîsıpruv') **f.** beğenmemek, uygun görmemek. **disapproval i.** beğenmeyiş, hoşnutsuzluk.

dis.arm (dîsarm') **f.** silahsızlandırmak. **disarmament i.** silahsızlanma.

dis.ar.range (dîsıreync') **f.** karıştırmak, dağıtmak, düzenini bozmak.

dis.ar.ray (dîsırey') **i.** düzensizlik, karışıklık.

dis.as.ter (dîzäs'tır) **i.** felaket, bela, büyük kaza. **disastrous s.** felaket getiren, feci. **disastrously z.** feci halde.

dis.a.vow (dîsıvau') **f.** reddetmek, tanımamak. **disavowal i.** ret.

dis.band (dîsbänd') **f.** dağıtmak; dağılmak.

dis.be.lieve (dîsbıliv') **f.** inanmamak.

dis.burse (dîsbırs') **f.** kasadan para vermek.

dis.card (dîskard') **f.** atmak, ıskartaya çıkarmak.

dis.cern (dîsırn') **f.** 1. ayırt etmek. 2. sezmek, görmek, anlamak, farkına varmak. **discerning s.** anlayışlı. **discernment i.** anlayış.

dis.charge (dîsçarc') **f.** 1. çıkarmak, akıtmak. 2. işten çıkarmak. 3. terhis etmek. 4. serbest bırakmak. **i.** 1. ifa. 2. görevden alma, ihraç. 3. terhis. 4. cerahat.

dis.ci.ple (dîsay'pıl) **i.** çömez, mürit; havari.

dis.ci.pline (dîs'ıplın) **i.** 1. düzence, disiplin. 2. talim. 3. itaat, boyun eğme. 4. cezalandırma. 5. ilim, bilim dalı. **f.** 1. terbiye etmek, yola getirmek. 2. cezalandırmak. **disciplinary s.**

disiplinle ilgili.
dis.claim (diskleym') **f.** yadsımak, inkâr etmek.
dis.close (diskloz') **f.** ifşa etmek, açığa vurmak.
dis.col.or (diskàl'ır) **f.** rengini bozmak, soldurmak, lekelemek.
dis.com.fort (diskâm'fırt) **i.** rahatsızlık, huzursuzluk, sıkıntı, ağrı.
dis.con.nect (diskınekt') **f.** bağlantısını kesmek, ayırmak, çıkarmak.
dis.con.so.late (diskan'sılit) **s.** teselli kabul etmez, çok kederli.
dis.con.tent (diskıntent') **i.** hoşnutsuzluk.
dis.con.tin.ue (diskıntîn'yu) **f.** kesmek, yarıda bırakmak.
dis.cord (dis'kôrd) **i.** uyuşmazlık. **discordant s.** uyuşmaz, uyumsuz.
dis.count (dis'kaunt) **i.** indirim, ıskonto, tenzilat.
dis.cour.age (diskır'ic) **f.** gözünü korkutmak, hevesini kırmak, cesaretini kırmak. **discouragement i.** hevesin kırılması.
dis.course (dis'kôrs) **i.** konuşma.
dis.cour.te.ous (diskır'tiyıs) **s.** nezaketsiz, kaba, saygısız. **discourtesy i.** nezaketsizlik.
dis.cov.er (diskʌv'ır) **f.** keşfetmek, bulmak; meydana çıkarmak. **discovery i.** bulgu, keşif, buluş, meydana çıkarma.
dis.cred.it (diskred'ît) **i. 1.** itibarsızlık. **2.** itimatsızlık, şüphe. **f. 1.** şüpheye düşürmek, güvenini sarsmak. **2.** inanmamak, kulak asmamak. **discreditable s.** ayıplanacak, haysiyet kırıcı.
dis.creet (diskrit') **s.** tedbirli, ihtiyatlı. **discreetly z.** basiretle, akıllıca.
dis.crep.an.cy (diskrep'ınsi) **i.** ayrılık, başkalık.
dis.crete (diskrit') **s.** ayrı, farklı.
dis.cre.tion (diskreş'ın) **i. 1.** sağgörü, sağduyu. **2.** karar yetkisi, takdir hakkı.
dis.crim.i.nate (diskrîm'ineyt) **f. 1.** ayırmak, fark görmek. **2.** ayrı tutmak. **discriminating s. 1.** fark eden, ayırıcı, ayırt edici. **2.** görüş sahibi. **discrimination i. 1.** aleyhte davranma. **2.** ayırma.
dis.cuss (diskʌs') **f. 1.** tartışmak. **2.** görüşmek. **discussion i. 1.** tartışma. **2.** görüşme.
dis.dain (disdeyn') **i.** kibir, gurur. **f.** hor görmek. **disdainful s.** kibirli, mağrur.
dis.ease (diziz') **i.** hastalık, rahatsızlık, illet.
dis.en.chant (disençànt') **f.** gözünü açmak. **disenchantment i. 1.** büyüyü çözme. **2.** gözünü açma.
dis.en.gage (disengeyc') **f.** salıvermek, serbest bırakmak.
dis.fa.vor (disfey'vır) **f.** hoşnutsuzluk. **i.** aleyhinde olmak, karşı olmak.
dis.fig.ure (disfig'yır) **f.** çirkinleştirmek, biçimsizleştirmek.

dis.grace (disgreys') **f. 1.** rezil etmek. **2.** utandırmak. **i. 1.** gözden düşme. **2.** ayıp, yüz karası, utanç. **be in disgrace** gözden düşmek. **disgraceful s.** ayıp, utanç verici, rezil. **disgracefully z.** utanılacak bir şekilde.
dis.grun.tled (disgrʌn'tıld) **s.** üzgün, sıkkın.
dis.guise (disgayz') **f.** gizlemek; gizlenmek; kılığını değiştirmek. **i.** sahte kıyafet, tebdili kıyafet. **in disguise** kılık değiştirmiş.
dis.gust (disgʌst') **i. 1.** iğrenme, tiksinme. **2.** bezginlik, bıkkınlık. **f. 1.** iğrendirmek. **2.** bezdirmek. **be disgusted with** bıkmak. **disgusting s.** iğrenç.
dish (diş) **i. 1.** tabak, çanak. **2.** yemek. **dish drainer** bulaşıklık. **dish up** tabağa koymak. **dishful i.** tabak dolusu.
dish.cloth (diş'klôth) **i.** tabak kurulama bezi.
dis.heart.en (dishar'tın) **f.** cesaretini kırmak.
dis.hon.est (disàn'ist) **s.** namussuz, sahtekâr, aldatıcı. **dishonestly z.** namussuzca. **dishonesty i.** namussuzluk, sahtekârlık.
dis.hon.or (disàn'ır) **i.** ayıp, rezalet, namussuzluk, utanç, leke. **f. 1.** şerefine hakel getirmek. **2.** namusuna leke sürmek. **dishonorable s.** namussuz, haysiyetsiz, şerefsiz.
dish.pan (diş'pàn) **i.** bulaşık tası.
dish.tow.el (diş'tauwıl) **i.** tabak kurulama bezi.
dish.wash.er (diş'wôşır) **i. 1.** bulaşıkçı. **2.** bulaşık yıkama makinesi.
dish.wa.ter (diş'wôtır) **i.** bulaşık suyu.
dis.il.lu.sion (disîlu'jın) **f.** hayal kırıklığına uğratmak; gözünü açmak.
dis.in.fect (disînfekt') **f.** dezenfekte etmek, mikroptan arındırmak.
dis.in.her.it (disînher'ît) **f.** mirastan yoksun bırakmak.
dis.in.te.grate (disîn'tıgreyt) **f.** bölmek, parçalamak; parçalanmak. **disintegration i.** parçalanma.
dis.in.ter.est (disîn'trîst) **s. 1.** tarafsızlık. **2.** ilgisizlik. **disinterested s. 1.** tarafsız, önyargısız. **2.** çıkar gözetmeyen.
dis.joint.ed (discoyn'tîd) **s.** ek yerinden çıkmış.
disk (disk) **i. 1.** disk, kurs. **2.** gramofon plağı.
dis.like (dislayk') **f.** sevmemek, hoşlanmamak. **i.** nefret, hoşlanmayış.
dis.lo.ca.tion (dislokey'şın) **i.** (tıb.) çıkık.
dis.loy.al (disloy'ıl) **s.** vefasız, sadakatsiz, hain.
dis.mal (diz'mıl) **s. 1.** kederli, neşesiz, kasvetli. **2.** sönük.
dis.man.tle (disman'tıl) **f.** sökmek.
dis.may (dismey') **f.** yıldırmak. **i.** keder, ümitsizlik.
dis.miss (dismîs') **f. 1.** yol vermek. **2.** defetmek, bırakmak. **dismissal i. 1.** yol verme. **2.** izin.
dis.mount (dismaunt') **f. 1.** (hayvan veya bisik-

letten) inmek. 2. (mak.) sökmek.

dis.o.be.di.ence (dîsıbi'dîyıns) **i.** itaatsizlik, baş kaldırma. **disobedient s.** itaatsiz, asi.

dis.o.bey (dîsıbey') **f.** dinlememek, uymamak.

dis.or.der (dîsôr'dır) **i.** 1. düzensizlik. 2. karışıklık, gürültü. 3. hastalık. **disorderly s.** 1. düzensiz. 2. ahlaksız. 3. gürültülü.

dis.or.gan.ized (dîsôr'gınayzd) **s.** düzeni bozuk, altüst, karman çorman.

dis.own (dîson') **f.** reddetmek, inkâr etmek, tanımamak, sahip çıkmamak.

dis.pa.rate (dîsper'ıt) **s.** eşit olmayan, farklı.

dis.pas.sion.ate (dîspäs'ınît) **s.** serinkanlı.

dis.patch (dîspäç') **i.** 1. acele, hız, sürat. 2. yazışma. **f.** 1. göndermek. 2. sevketmek.

dis.pel (dîspel') **f.** defetmek, gidermek.

dis.pen.sa.ry (dîspen'sıri) **i.** 1. dispanser. 2. eczane.

dis.pense (dîspens') **f.** dağıtmak, vermek. **dispense with** vazgeçmek, yol vermek.

dis.perse (dîspırs') **f.** 1. dağıtmak; dağılmak. 2. yayılmak.

dis.place (dîspleys') **f.** 1. yerini almak. 2. yerini değiştirmek.

dis.play (dîspley') **i.** 1. sergi. 2. gösteriş. **f.** göstermek.

dis.please (dîspliz') **f.** darıltmak, gücendirmek.

dis.pleas.ure (dîplej'ır) **i.** gücenme, öfke.

dis.pose (dîspoz') **f. : dispose of** elden çıkarmak. **disposal i.** elden çıkarma.

dis.po.si.tion (dîspızîş'ın) **i.** 1. eğilim. 2. mizaç.

dis.pos.ses (dîspızes') **f.** (mala) el koymak.

dis.proof (dîspruf') **i.** aksini tanıtlama, ret.

dis.pro.por.tion (dîsprıpôr'şın) **i.** oransızlık. **disproportionate s.** 1. oransız. 2. aşırı, ifrata kaçan.

dis.prove (dîspruv') **f.** çürütmek (sav).

dis.pute (dîspyut') **i.** tartışma, münakaşa. **f.** 1. tartışmak. 2. itiraz etmek.

dis.qual.i.fy (dîskwal'ıfay) **f.** 1. yetkisini elinden almak. 2. yarış dışı bırakmak.

dis.re.gard (dîsrîgard') **f.** aldırmamak, saymamak.

dis.re.pair (dîsrîper') **i.** bakımsızlık. **in disrepair** tamire muhtaç, harap.

dis.rep.u.ta.ble (dîsrep'yıtıbıl) **s.** itibarsız, kötü şöhretli, haysiyetsiz.

dis.re.spect (dîsrîspekt') **i.** hürmetsizlik, saygısızlık, adam yerine koymama. **f.** saymamak. **show disrespect for** saygısızlık etmek.

dis.robe (dîsrob') **f.** soyunmak.

dis.rupt (dîsrâpt') **f.** aksatmak, bozmak. **disruptive s.** yıkıcı, bozucu.

dis.sat.is.fy (dîs.sät'îsfay) **f.** memnun etmemek, hoşnut etmemek. **dissatisfaction i.** hoşnutsuzluk, tatminsizlik.

dis.sect (dîsekt') **f.** parçalara ayırmak.

dis.sen.sion (dîsen'şın) **i.** anlaşmazlık, çekişme.

dis.sent (dîsent') **f.** karşı koymak, kabul etmemek. **i.** ihtilaf, ayrılık.

dis.ser.ta.tion (dîsırtey'şın) **i.** tez, travay.

dis.si.dent (dîs'ıdınt) **s.** muhalif, karşı koyan.

dis.sim.i.lar (dîsîm'ılır) **s.** farklı, ayrı.

dis.si.pate (dîs'ıpeyt) **f.** dağıtmak. **dissipated i.** 1. israf edilmiş. 2. uçarı, sefih. **dissipation i.** 1. dağılma. 2. israf. 3. sefahat.

dis.so.lute (dîs'ılut) **s.** ahlaksız, çapkın, sefih.

dis.solve (dîzalv') **f.** 1. erimek; eritmek. 2. çözmek, açmak. 3. feshetmek, dağıtmak.

dis.suade (dîsweyd') **f.** caydırmak, vazgeçirmek.

dis.tance (dîs'tıns) **i.** 1. mesafe, uzaklık, ara, menzil. 2. aralık. **at a distance** 1. uzakta. 2. belirli bir mesafede. **distant s.** 1. uzak, ırak. 2. soğuk, ağar.

dis.taste.ful (dîsteyst'fıl) **s.** tatsız, nahoş.

dis.tend (dîstend') **f.** şişirmek; şişmek.

dis.till (dîstîl') **f.** damıtmak. **distilled s.** damıtık. **distillation i.** 1. damıtma. 2. öz. **distillery i.** damıtık içki fabrikası.

dis.tinct (dîstîngkt') **s.** 1. ayrı, farklı, başka. 2. açık, belli. **distinction i.** 1. fark. 2. paye. 3. üstünlük. **distinctive s.** 1. ayırt edici. 2. özellik belirten. **distinctly z.** 1. açıkça. 2. ayrı, başka.

dis.tin.guish (dîstîng'gwîş) **f.** ayırt etmek, ayırmak. **distinguished s.** seçkin.

dis.tort (dîstôrt') **f.** değiştirmek, başka anlam vermek. **distortion i.** 1. çarpıklık, bükülme. 2. bozma; değişiklik.

dis.tract (dîsträkt') **f.** 1. ilgiyi başka tarafa çekmek. 2. rahatsız etmek. **distracted s.** şaşkın, 'aklı başından gitmiş. **distraction i.** dalgınlık, şaşkınlık.

dis.tress (dîstres') **i.** üzüntü, ıstırap. **f.** keder vermek, sıkmak. **distressing s.** keder verici, acıklı.

dis.trib.ute (dîstrîb'yût) **f.** dağıtmak, yaymak, bölmek. **distribution i.** dağıtım.

dis.trict (dîs'trîkt) **i.** mıntıka, bölge, mahalle.

dis.trust (dîsträst') **f.** şüphe etmek, güvenmemek, inanmamak. **i.** şüphe, güvensizlik. **distrustful s.** şüpheci, kuşkulu.

dis.turb (dîstırb') **f.** 1. karıştırmak, düzenini bozmak. 2. rahatsız etmek. 3. endişelendirmek. **disturbance i.** 1. karışıklık, kargaşalık, fesat. 2. rahatsızlık, sıkıntı.

dis.u.ni.ty (dîsyu'nıti) **i.** ayrılık, uyumsuzluk.

ditch (dîç) **i.** hendek, ark. **f.** 1. hendek kazmak. 2. hendeğe atmak.

di.van (dîvän') **i.** 1. sedir. 2. divan, büyük meclis.

dive (dayv) **f.** dalmak. **i.** 1. dalış. 2. pike. 3. batakhane.

di.verge (dîvırc') **f.** 1. ayrılmak. 2. sapmak. **divergent s.** çeşitli.

di.vert (dîvırt') **f.** ilgiyi başka yöne çekmek. **diversion i.** eğlence.

di.vest (dîvest') **f.** yoksun bırakmak.

di.vide (dîvayd') **f.** 1. bölmek, ayırmak, kesmek. 2. dağıtmak.

div.i.dend (dîv'ıdend) **i.** 1. bölünen. 2. kâr hissesi.

di.vine (dîvayn') **s.** tanrısal.

di.vin.i.ty (dîvîn'ıti) **i.** tanrılık özelliği.

di.vi.sion (dîvîj'ın) **i.** 1. bölme, taksim, ayırma. 2. parça, bölüm; daire. 3. tümen.

di.vi.sor (dîvay'zır) **i.** bölen.

di.vorce (dîvôrs') **i.** boşanma. **f.** boşamak.

di.vulge (dîvâlc') **f.** ifşa etmek, açığa vurmak.

diz.zy (dîz'i) **s.** 1. başı dönen, sersem, şaşkın, gözü kararmış. 2. sersemletici. **dizziness i.** baş dönmesi.

Dji.bou.ti (jîbu'ti) **i.** Cibuti.

do (du) **f.** 1. etmek, yapmak. 2. başarmak. 3. tamamlamak. 4. hazırlamak. 5. davranmak. 6. yetmek. **do one's best** elinden geleni yapmak. **do well** 1. işi iyi gitmek. 2. iyi para kazanmak. **do without** -sız kalmak. **How do you do?** Nasılsınız? **well to do** zengin, hali vakti yerinde.

dock (dak) **i.** 1. havuz, dok. 2. iskele, rıhtım. **f.** rıhtıma yanaşmak.

dock.et (dak'ît) **i.** gündem, yapılacak işler listesi.

doc.tor (dak'tır) **i.** doktor, hekim. **doctoral s.** doktorayla ilgili. **doctorate i.** doktora.

doc.trine (dak'trîn) **i.** öğreti, doktrin.

doc.u.ment (dak'yımınt) **i.** belge, senet. **f.** belgelemek.

doc.u.men.ta.ry (dakyımen'tıri) **s.** belgesel. **i.** dakümenter'yın's) belgeleme.

dodge (dac) **f.** 1. bir yana kaçmak. 2. kaçamak yapmak, atlatmak. **i.** hile, oyun, düzenbazlık.

doe (do) **i.** dişi geyik.

dog (dôg) **i.** köpek, it. **go to the dogs** mahvolmak, bozulmak.

dog.ged (dôg'îd) **s.** inatçı, dik kafalı, direngen.

dog.ma (dôg'mı) **i.** dogma, inak.

dog.mat.ic (dôgmät'îk) **s.** dogmatik, kesin.

do.ings (du'wîngs) **i.** işler, vakalar.

dole (dol) **i.** iane, sadaka, bağış.

dole.ful (dol'fıl) **s.** kasvetli, sıkıntılı, hüzünlü.

doll (dal) **i.** oyuncak bebek, kukla.

dol.lar (dal'ır) **i.** dolar.

dol.ly (dal'i) **i.** 1. bebek, kukla. 2. tekerlekli kriko. 3. iki tekerlekli yük taşıyıcısı.

dol.phin (dal'fîn) **i.** yunusbalığı.

do.main (domeyn') **i.** 1. mülk. 2. egemenlik.

dome (dom) **i.** kubbe.

domes.day (dumz'dey) **i.** kıyamet günü.

do.mes.tic (dımes'tîk) **s.** 1. eve ait; evcimen. 2. evcil. 3. kendi ülkesine ait, yurt içi, iç.

dom.i.nant (dam'ınınt) **s.** hâkim, galip, nüfuzlu.

dom.i.nate (dam'ıneyt) **f.** 1. hâkim olmak, idaresi altına almak. 2. üstün olmak.

Do.min.i.can Re.pub.lic (dımîn'îkın rîpâb'lîk) Dominikan Cumhuriyeti.

do.min.ion (dımîn'yın) **i.** 1. idare. 2. dominyon.

dom.i.noes (dam'inoz) **i.** domino oyunu.

do.nate (do'neyt) **f.** hediye etmek, bağışlamak. **donation i.** iane, hediye, bağış, hibe.

don.key (dang'ki) **i.** eşek.

do.nor (do'nır) **i.** 1. verici, veren. 2. bağışçı.

doom (dum) **i.** 1. kötü kader, kör talih. 2. ölüm. **f.** mahkûm etmek.

door (dor) **i.** kapı. **doorbell i.** kapı zili. **door knob i.** kapı tokmağı. **doorman i.** kapıcı. **door mat** paspas. **doorway i.** giriş, antre.

dope (dop) **i.** 1. koyu sıvı preparat. 2. uyuşturucu madde, narkotik. 3. budala, ahmak. 4. (argo) bilgi, malumat. **dopey s.** 1. esrar etkisinde. 2. budalaca.

dorm (dôrm) **i.** yatakhane.

dor.mant (dôr'mınt) **s.** 1. uykuda, uyuşuk, cansız. 2. kış uykusuna yatmış.

dor.mi.to.ry (dôr'mîtôri) **i.** 1. yatakhane. 2. yurt.

dos.age (do'sîc) **i.** dozaj.

dose (dos) **i.** bir defada alınan ilaç miktarı, doz, düze.

dot (dat) **i.** nokta, leke, benek. **on the dot** dakikası dakikasına, tam zamanında.

doub.le (dâb'ıl) **f.** 1. iki misli yapmak. 2. ikilemek. 3. ikiyle çarpmak. 4. bükmek, iki kat yapmak. **i.** 1. iki kat, çift. 2. eş, aynı. 3. kat. **s.** 1. bükülmüş, katlı. 2. iki kişilik. **double bass** kontrbas. **double bed** iki kişilik yatak. **double boiler** benmari.

doub.le-cross (dâb'ılkrôs') **f.** sözünden dönerek aldatmak; aldatmak, kazık atmak. **i.** kazık atma.

doub.le-space (dâb'ılspeys) **f.** daktilada çift aralıkla yazmak.

doubt (daut) **f.** 1. şüphelenmek, kuşkulanmak. 2. güvenmemek. **i.** şüphe, kuşku, tereddüt. **beyond doubt** şüphesiz. **in doubt** şüpheli. **no doubt** hiç şüphesiz, elbette. **doubtful s.** 1. şüpheli, belirsiz. 2. kararsız. **doubtless s.** 1. şüphesiz, muhakkak. 2. herhalde.

dough (do) **i.** hamur.

dove (dâv) **i.** güvercin, kumru.

dowel

dow.el (dau'wıl) **i.** geçme, tahta çivi.

down (daun) **z.** 1. aşağı. 2. güneye doğru. **down and out** hayatta yenilgiye uğramış, bezgin, bitkin. **down payment** taksitle satışveriste peşin ödenen para. **downward z.** aşağı doğru.

down.cast (daun'käst) **s.** üzgün, kederli.

down.fall (daun'fôl) **i.** düşüş, çöküş, yıkılış.

down.heart.ed (daun'har'tid) **s.** kederli, morali bozuk, keyifsiz.

down.hill (daun'hil') **z.** yokuş aşağı, aşağıya. **i.** inişli, meyilli. **go downhill** düşüş göstermek, bozulmak.

down.pour (daun'pôr) **i.** sağanak.

down.right (daun'rayt) **s.** kesin. **z.** 1. tamamen, büsbütün. 2. açıkça, dobra dobra.

down.stairs (daun'sterz') **z.** aşağı kata, aşağıya, alt katta, aşağıda. **i.** aşağı kat.

down.stream (daun'strim) **z.** akıntı aşağı, akışaşağı.

down.town (daun'taun) **i.** şehrin merkezi, çarşı. **z.** çarşı tarafında; çarşıya.

down.wind (daun'wind') **z.** rüzgâr yönüne; rüzgârla birlikte.

dow.ry (dau'ri) **i.** çeyiz.

doze (doz) **i.** hafif uyku, şekerleme, kestirme. **f.** uyuklamak, kestirmek. **doze off** uyuklamak, uykuya dalmak.

doz.en (dáz'ın) **i.** düzine.

drab (dräb) **s.** ölü (renk).

draft (dräft) **f.** 1. mecburi askerliğe almak. 2. kurayla askere almak. 3. hizmete zorlamak, zorla adaylığa seçmek. **i.** mecburi askerlik.

draft (dräft) **i.** 1. çekme, çekim, yudum. 2. geminin çektiği su. 3. police, çek. 4. hava akımı; soba borusunun çekmesi.

draft (dräft) **f.** tasarlamak, taslak çizmek, plan yapmak. **i.** müsvedde, taslak, tasarı.

drag (dräg) **f.** 1. sürüklemek, sürümek, çekmek; sürünmek. 2. taramak. 3. geride kalmak. **drag an anchor** demir taramak.

drag.on (dräg'ın) **i.** ejderha, ejder, evren.

drain (dreyn) **f.** 1. suyu akıtmak. 2. kurutmak, akaçlamak. **i.** hendek, lağım, kanalizasyon, kanal. **go down the drain** değerini kaybetmek, boşa gitmek. **drainage i.** akaçlama.

drain.pipe (dreyn'payp) **i.** akaç.

dra.ma (drä'mı) **i.** 1. oyun, piyes. 2. tiyatro edebiyatı, tiyatro sanatı.

dra.mat.ic (drımät'ik) **s.** 1. tiyatroyla ilgili. 2. dramatik, canlı, etkileyici, çarpıcı.

dram.a.tize (dräm'ıtayz) **f.** dramlaştırmak, oyunlaştırmak.

drapes (dreyps) **i.** kalın perde.

draw (drô) **f.** 1. çekmek. 2. sürüklemek. 3. ilgi

çekmek. 4. çizmek. 5. germek. 6. kapamak (perde). **draw back** geri çekilmek veya çekmek. **draw near** yaklaşmak. **draw up** 1. düzenlemek, yazmak (kontrat, senet). 2. yaklaşıp durmak. **drawing i.** 1. çizim. 2. karakalem resim. 3. resim taslağı. 4. piyango, çekiliş.

draw.bridge (drô'bric) **i.** yukarı çekilip açılabilen köprü.

draw.er (drôr) **i.** çekmece, göz.

draw.ers (drôrz) **i.** don, külot.

dread (dred) **f.** çok korkmak, endişe duymak. **i.** büyük korku, dehşet. **dreadful s.** 1. korkunç, dehşetli, heybetli. 2. iğrenç, berbat.

dream (drim) **i.** 1. düş, rüya. 2. hulya, hayal. 3. emel. **f.** 1. rüya görmek. 2. hayal kurmak.

drear.y (drîr'i) **s.** kasvetli, sıkıcı.

dredge (drec) **i.** tarak, tırmık, tarama aygıtı. **f.** deniz dibini taramak.

dregs (dregz) **i.** tortu, telve.

drench (drenç) **f.** ıslatmak, sırılsıklam etmek.

dress (dres) **f.** 1. giydirmek; giyinmek. 2. pansuman yapmak. **i.** elbise, giysi. **dress up** giyinip süslenmek. **dress rehearsal** kostümlü prova.

dressy s. 1. şık. 2. gösterişli giyinen.

dress.er (dres'ır) **i.** şifoniyer.

dress.ing (dres'ing) **i.** 1. pansuman, sargı. 2. tavuk dolması vs. 3. salça, mayonez, terbiye.

dress.mak.er (dres'meykır) **i.** kadın terzisi. **dressmaking i.** terzilik.

drib.ble (drib'ıl) **f.** 1. damlatmak; damlamak. 2. salyası akmak.

drib.let (drib'lıt) **i.** 1. az miktar. 2. damla, damlacık.

dri.er (dray'ır) **s.** daha kuru. **i.** kurutucu şey.

drift (drift) **i.** (rüzgâr veya akıntıyla) sürüklenme. **f.** 1. sürüklenmek, akıntıya kapılmak. 2. yığılmak, toplanmak. 3. olayların akışında sürüklenmek. **drifter i.** başıboş, serseri.

drift.wood (drift'wûd) **i.** suların sürüklediği ağaç dalları.

drill (dril) **i.** 1. delgi, matkap. 2. alıştırma. 3. mızbar, tohum ekme aygıtı. **f.** 1. delmek. 2. talim yaptırmak.

drink (drîngk) **f.** 1. içmek. 2. yutmak, içmek, almak. 3. şerefe kadeh kaldırmak. **i.** 1. içecek. 2. içki. 3. yudum. 4. fazla içme. **drinkable s.** içilebilir, içilir. **i.** içilecek, içici, içecek. **drinking i.** içki alışkanlığı. **drinkable s.** içilebilir. **drinking water** içme suyu.

drip (drip) **f.** damlatmak; damlamak. **i.** 1. damlama. 2. soçak. **dripping wet** sırılsıklam. **drippy s.** çok ıslak, yağmurlu.

drive (drayv) **f.** 1. sürmek. 2. araba kullanmak. 3. gütmek. 4. kovmak. 5. sıkmak, zorlamak.

6. fazla çalıştırmak. 7. acele ettirmek. 8. hızlı gitmek. **i.** 1. araba yolu. 2. dürtü. 3. kuvvet nakli, işletme tarzı. 4. hamle. 5. enerji, kuvvet, gayret. **drive at** demek istemek, kastetmek. **drive away, drive out** kovmak, defetmek. **drive mad** çıldırtmak. **drive shaft** çevirme mili. **driver i.** şoför, sürücü, arabacı. **driving i.** araba kullanma. **s.** enerjik, canlı.

drive.way (drayv'wey) **i.** garajla cadde arasındaki özel yol.

driz.zle (drîz'ıl) **f.** çiselemek.

droop (drup) **f.** 1. sarkmak, bükülmek. 2. halsiz olmak, kuvvetten düşmek.

drop (drap) **i.** 1. damla. 2. pastil. 3. düşme. 4. asma tiyatro perdesi, pano. 5. sarp yamaç. **f.** 1. elinden düşürmek. 2. indirmek. 3. düşmek, birdenbire inmek. **drop asleep** uyuyakalmak. **drop behind** geri kalmak. **drop down** 1. düşmek, yıkılmak. 2. akıntıyla gitmek. **drop in** uğramak. **drop off** 1. düşmek, azalmak, eksilmek. 2. uykuya dalmak. **drop out** 1. ayrılmak (üyelikten), çıkmak. 2. okula devam etmemek. **dropper i.** damlalık.

drought (draut) **i.** kuraklık, susuzluk.

drown (draun) **f.** suda boğulmak.

drow.sy (drau'zi) **s.** uykulu, ağırlık basmış.

drudg.er.y (drâc'ıri) **i.** ağır ve sıkıcı iş.

drug (drâg) **i.** 1. ilaç, ecza. 2. esrar, uyuşturucu madde. **drug addict** esrarkeş.

drug.store (drâg'stôr) **i.** 1. eczane. 2. ilaç, yiyecek, içecek ve kozmetik mağazası.

drum (drâm) **i.** davul, trampet, dümbelek.

drunk (drângk) **s.** 1. sarhoş, içkili. 2. esrik. **drunkard i.** ayyaş, içken. **drunken s.** sarhoş.

dry (dray) **s.** 1. kuru, yağmursuz, kurak, susuz. 2. susamış. 3. süt vermez, sütü kesilmiş. 4. sert, keskin. **f.** kurutmak; kurumak. **dry cell** kuru pil. **dry cleaning** kuru temizleme. **dry dock** suyu boşaltılabilen gemi onarım havuzu. **dryer i.** kurutucu.

du.al (du'wıl) **s.** ikili, çifte, çift, iki kat.

Du.bai (dubay'i) **i.** Dubai.

du.bi.ous (du'biyıs) **s.** şüpheli, müphem, belirsiz.

duch.ess (dâç'is) **i.** düşes.

duck (dâk) **i.** ördek. **f.** 1. darbeden sakınmak. 2. dalmak. 3. vuruştan kaçmak için yana çekilmek.

duct (dâkt) **i.** tüp, kanal.

dud (dâd) **i.** 1. patlamayan mermi veya bomba. 2. başarısız kimse; fiyasko.

duds (dâdz) **i.** elbise, giyim eşyası.

due (du) **s.** 1. ödenmesi gereken, vadesi dolmuş. 2. uygun, layık. 3. yeterli. 4. gelmesi gereken. **z.** tam, doğru. **due to** nedeniyle, yüzünden.

du.el (du'wıl) **i.** düello.

dues (duz) **i.** aidat, ödenti.

du.et (duwet') **i.** düet, düetto.

duke (duk) **i.** dük.

dull (dâl) **s.** 1. ağır, gabi. 2. anlayışsız. 3. sıkıcı, kasvetli. 4. kör, kesmez. 5. donuk, sönük.

du.ly (du'li) **z.** uygun olarak, usulen.

dumb (dâm) **s.** 1. dilsiz, dili tutulmuş. 2. sessiz, suskun. 3. sersem, kafasız, budala.

dum.my (dâm'i) **i.** 1. kukla, manken. 2. suret. 3. budala.

dump (dâmp) **f.** 1. boşaltmak, atmak. 2. damping yapmak, fiyatları düşürmek, toptan ucuza vermek. 3. düşmek. **i.** çöp yığını, çöplük, mezbele. **dump truck** damperli kamyon.

dumping i. indirim, ucuzluk, damping.

dumps (dâmps) **i.** 1. hüzün, neşesizlik, keder. 2. kuruntu, evham. **down in the dumps** melankolik bir halde.

dun (dân) **f.** alacağını istemek, borçluyu sıkıştırmak.

dunce (dâns) **i.** ahmak.

dune (dun) **i.** kumul.

dung (dâng) **i.** hayvan tersi, gübre.

dun.ga.rees (dângiriz') **i.** işçi tulumu.

dun.geon (dân'cın) **i.** zindan.

dunk (dângk) **f.** batırmak, banmak.

dupe (dup) **i.** safdil. **f.** aldatmak.

du.plex (du'pleks) **s.** çift.

du.pli.cate (i. du'plikit; f. du'plikeyt) **i.** 1. eş. 2. kopya. **f.** kopyasını çıkarmak, teksir etmek.

duplicator i. teksir makinesi.

du.ra.ble (dûr'ıbıl) **s.** dayanıklı, sağlam, eskimez.

du.ra.tion (dürey'şın) **i.** 1. devam, süreklilik. 2. süre.

du.ress (dûres') **i.** zorlama, baskı.

dur.ing (dûr'ing) **edat** boyunca, süresince, esnasında, -de.

dusk (dâsk) **i.** alacakaranlık, akşam karanlığı.

dusky s. koyu esmer.

dust (dâst) **i.** toz. **f.** 1. toz serpmek. 2. toz almak, fırçalamak. **dust mop** toz almak için sakallı.

dusty s. tozlu.

dust.cloth (dâst'klôth) **i.** toz bezi.

dust.heap (dâst'hip) **i.** toz veya süprüntü yığını.

dust.pan (dâst'pän) **i.** faraş.

du.ty (du'ti) **i.** 1. görev, ödev, vazife. 2. gümrük resmi. **dutiful s.** 1. ödevcil. 2. saygılı.

dwarf (dwôrf) **i., s.** cüce, bodur.

dwell (dwel) **f.** oturmak, ikamet etmek, sakin olmak. **dwelling i.** konut, ev, ikametgâh, mesken.

dwin.dle (dwin'dıl) **f.** yavaş yavaş azalmak.

dye (day) **i.** boya, renk. **f.** boyamak.

dye.stuff (day'stâf) **i.** boya ilacı.

dying

dy.ing (day'ing) **s.** ölen, ölmek üzere.
dy.nam.ic (daynäm'ik) **s.** dinamik, devimsel. **dynamics** **i.** dinamik.
dy.na.mite (day'nımayt) **i.** dinamit.
dy.na.mo (day'nımo) **i.** dinamo.
dy.nas.ty (day'nısti) **i.** hanedan.
dys.en.ter.y. (dis'ınteri) **i.** dizanteri, kanlı basur.

E

each (iç) **s.** her, her bir. **zam.** her biri, tanesi. **each one** her biri. **each other** birbirini, yekdiğerini.
ea.ger (i'gır) **s.** istekli, hevesli, şevkli. **eagerly** **z.** arzuyla, şevkle. **eagerness** **i.** şevk, istek, arzu.
ea.gle (i'gıl) **i.** kartal, karakuş.
ear (îr) **i.** kulak. **by ear** notasız, kulaktan.
ear (îr) **i.** başak.
ear.ache (îr'eyk) **i.** kulak ağrısı.
ear.drum (îr'drâm) **i.** kulakzarı.
ear.ly (ır'li) **z.** erken, vakitsiz. **s.** ilk, ilkel.
ear.mark (îr'mark) **f.** ayırmak, tahsis etmek.
earn (ırn) **f.** kazanmak, edinmek. **earnings** **i.** 1. kazanç, kâr. 2. maaş, gelir.
ear.nest (ır'nist) **s.** 1. ciddi. 2. gerçek. 3. içten, samimi. **in earnest** ciddi; gerçekten.
ear.phone (îr'fon) **i.** kulaklık.
ear.ring (îr'ring) **i.** küpe.
ear.shot (îr'şat) **i.** işitilecek mesafe, kulak erimi.
earth (ırth) **i.** 1. dünya, yeryüzü. 2. toprak. **earthen s.** toprak. **earthly s.** dünyevi. **earthy s.** 1. topraksı. 2. kaba, densiz, incelikten yoksun.
earth.en.ware (ır'thınwer) **i.** çanak, çömlek, toprak işi.
earth.quake (ırth'kweyk) **i.** deprem, yersarsıntısı, zelzele.
earth.worm (ırth'wırm) **i.** solucan.
ease (iz) **i.** 1. rahat, huzur. 2. kolaylık. **f.** 1. rahat ettirmek. 2. kolaylaştırmak. **at ease** rahat, teklifsiz.
east (ist) **i.** doğu. **eastern s.** doğusal.
East.er (is'tır) **i.** paskalya.
eas.y (i'zi) **s.** 1. kolay, rahat. 2. sakin. 2. kolayca, rahatça. **Take it easy.** Yavaş yavaş. Kolayına bak. **easily z.** 1. kolayca, rahatça. 2. şüphesiz. **easiness i.** 1. kolaylık. 2. yumuşak davranış.
eas.y.go.ing (i'zigo'wing) **s.** uysal, yumuşak başlı.
eat (it) **f.** 1. yemek. 2. tüketmek. 3. kemirmek.
eats (its) **i.** yemek.
eaves (ivz) **i.** saçak, çıkıntı. **eaves trough**

yağmur oluğu.
eaves.drop (ivz'drap) **f.** kulak misafiri olmak.
ebb (eb) **i.** 1. inme, alçalma, cezir. 2. bozulma. **f.** 1. inmek, alçalmak. 2. bozulmak, zayıflamak. **ebb tide** cezir, inik deniz. **at a low ebb** kötü vaziyette, müşkül durumda.
eb.on.y (eb'ini) **i.** abanoz.
ec.cen.tric (eksen'trik) **s.** 1. ayrıksı, eksantrik, garip. 2. dışmerkezli. **i.** ayrıksı kişi. **eccentricity i.** 1. ayrıksılık, tuhaflık. 2. dışmerkezlilik.
ech.o (ek'o) **i.** yankı. **f.** 1. yansımak, yankılanmak. 2. yinelenmek.
e.clipse (ıklîps') **i.** 1. güneş tutulması, ay tutulması. 2. sönme, gözden kaybolma. **f.** 1. ışığını karartmak. 2. gölgelemek.
e.col.o.gy (ıkal'ıci) **i.** ekoloji.
e.con.o.mize (ıkan'ımayz) **f.** idareli kullanmak, masrafı kısmak.
e.con.o.my (ıkan'ımi) **i.** iktisat, ekonomi, tasarruf.
ec.o.nom.ic (ekınam'ik) **s.** ekonomik. **economical s.** az masraflı, tutumlu. **economics i.** iktisat, ekonomi ilmi.
ec.sta.sy (ek'stısi) **i.** kendinden geçme, esrime, vecit.
Ec.ua.dor (ek'wıdôr) **i.** Ekvador.
ec.ze.ma (ek'sımı) **i.** egzama, mayasıl.
ed.dy (ed'i) **i.** girdap, anafor, burgaç.
E.den (i'dın) **i.** cennet bahçesi.
edge (ec) **i.** 1. kenar, ağız. 2. kesinlik. 3. avantaj, üstünlük.
edg.y (ec'i) **s.** sinirli, alıngan, huzursuz.
ed.i.ble (ed'ıbıl) **s.** yenebilir.
e.dict (i'dîkt) **i.** emir, ferman, bildiri, tebliğ.
ed.i.fice (ed'ıfis) **i.** büyük bina, yapı.
ed.i.fy (ed'ıfay) **f.** öğretmek, ahlâkça aydınlatmak.
ed.it (ed'ît) **f.** 1. başkasının yazısını basıma hazırlamak, telif etmek. 2. düzeltmek, düzenlemek. 3. editörlük yapmak. **edition i.** baskı, tabı. **editor i.** 1. müellif, editör. 2. gazete müdürü, başyazar.
ed.i.to.ri.al (edîtôr'iyıl) **i.** başmakale.
ed.u.cate (ec'ûkeyt) **f.** eğitmek, öğretmek, okutmak. **educated s.** eğitimli, tahsilli, aydın. **education i.** 1. eğitim, öğretim, öğrenim, tahsil. 2. eğitbilim, pedagoji. **educational s.** eğitimsel, eğitsel.
eel (il) **i.** yılanbalığı.
ee.rie, ee.ry (îr'i) **s.** tekinsiz, ürkütücü, meşum.
ef.fect (ıfekt') **i.** etki, sonuç. **f.** başarmak, gerçekleştirmek, sonuçlandırmak. **take effect** 1. yürürlüğe girmek. 2. etkisini göstermek.
ef.fec.tive (ıfek'tiv) **s.** 1. yürürlükte. 2. etkili, etkin. **effectively z.** etkili olarak. **effectiveness i.** 1. etki. 2. geçerlik.

ef.fer.ves.cent (efırves'ınt) **s.** köpüren; coşkun.
ef.fi.cient (ifiş'ınt) **s.** etkin, verimli, randımanlı.
ef.fi.gy (ef'ıci) **i.** heykel; tasvir.
ef.fort (ef'ırt) **i.** gayret, çaba.
ef.fu.sive (ifyu'siv) **s.** coşkun, taşkın.
egg (eg) **i.** yumurta, tohum. **egg beater** yumurta çırpma teli.
egg.plant (eg'plänt) **i.** patlıcan.
e.go (i'go) **i.** ben, ego.
ego.cen.tric (igosen'trik) **s.** benci, benlikçi.
e.go.ism (i'gowizım) **i.** bencillik, egoizm. **egoist** i. bencil, egoist. **egoistic s.** bencil.
e.go.tism (i'gıtizım) **i.** benlikçilik, egotizm, kendini beğenmişlik. **egotist** i. 1. benlikçi. 2. bencil. **egotistical s.** 1. benci, benlikçi. 2. bencil.
E.gypt (i'cıpt) **i.** Mısır.
eight (eyt) **s.** sekiz.
eight.een (ey'tin') **s.** on sekiz.
eight.y (ey'ti) **s.** seksen.
ei.ther (i'dhır) **s., zam.** ikisinden biri. **bağ.** ya, da. **either this or that** ya bu ya o.
e.ject (icekt') **f.** anıdan dışarı atmak.
e.lab.o.rate (iläb'ırit) **s.** ayrıntılı, incelikli; süslü. **elaborately z.** üzerinde dikkatle durarak.
e.lab.o.rate (iläb'ıreyt) **f.** incelikle işlemek, ayrıntılı bir şekilde hazırlamak. **elaboration i.** ihtimam, inceden inceye işleme.
e.lapse (iläps') **f.** geçmek, akmak (zaman).
e.las.tic (iläs'tik) **s.** 1. esnek, elastiki. 2. lastikli.
e.lat.ed (iley'tid) **s.** mutlu, sevinçli.
e.la.tion (iley'şın) **i.** sevinç, mutluluk, kıvanç.
el.bow (el'bo) **i.** dirsek. **elbowroom i.** geniş yer.
eld.er (el'dır) **i.** iki kişinin yaşça daha büyüğü. **s.** yaşlı, ihtiyar. **elderly s.** yaşını başını almış. **eldest s.** yaşça en büyük.
e.lect (ilekt') **f.** seçmek. **election i.** seçim. **elective s.** seçime ait.
e.lec.tor.ate (ilek'tırit) **i.** seçmenler.
e.lec.tric, -tri.cal (ilek'trik, -trikıl) **s.** elektrikli, elektriksel.
e.lec.tri.can (ilektriş'ın) **i.** elektrikçi, elektrik teknisyeni.
e.lec.tric.i.ty (ilektris'ıti) **i.** elektrik.
e.lec.tro.mag.net.ic (ilektromägnet'ik) **s.** elektromanyetik.
e.lec.tron (ilek'tran) **i.** elektron.
e.lec.tron.ics (ilektran'iks) **i.** elektronik bilimi.
e.le.gance (el'ıgıns) **i.** zarafet, şıklık, incelik.
e.le.gant (el'ıgınt) **s.** 1. zarif, şık. 2. nazik, ince, kibar. **elegantly z.** zarafetle, nezaketle.
el.e.gy (el'ıci) **i.** ağıt, mersiye.
el.e.men.ta.ry (elımen'tıri) **s.** 1. basit, sade, öz.

2. temel, başlangıç, giriş. **elementary e-ducation** ilköğretim. **elementary school** 1. ilkokul. 2. ilk ve ortaokul.
e.le.phant (el'ıfınt) **i.** fil.
el.e.vate (el'ıveyt) **f.** yükseltmek, yüceltmek.
elevation i. 1. yükseltme, yüceltme. 2. yükseliş. 3. yükselti.
el.e.va.tor (el'ıveytır) **i.** asansör.
e.lev.en (ilev'ın) **s.** on bir.
elf (elf) **i.** peri, cin.
el.i.gi.bil.i.ty (elicıbil'ıti) **i.** seçilme niteliği, uygunluk.
el.i.gi.ble (el'ıcıbıl) **s.** uygun, yaraşıklı.
e.lim.i.nate (ilim'ıneyt) **f.** çıkarmak, atmak. **elimination i.** çıkarma.
e.lite (elit') **i.** seçkinler, seçkin sınıf.
elm (elm) **i.** karaağaç.
el.o.quent (el'ıkwınt) **s.** 1. belagatli. 2. dokunaklı. **eloquently z.** belagatle.
El Sal.va.dor (el sal'vıdôr) **i.** El Salvador.
else (els) **s.** başka, daha. **z.** 1. başka. 2. yoksa.
else.where (els'hwer) **z.** başka yere, başka yerde.
e.man.ci.pate (imän'sıpeyt) **f.** özgür kılmak.
em.bar.go (imbar'go) **i.** ambargo.
em.bark (imbark') **f.** 1. gemiye binmek. 2. girmek, girişmek. **embarkation i.** gemiye binme.
em.bar.rass (imber'ıs) **f.** yüzünü kızartmak, utandırmak, sıkıntı vermek, şaşırtmak. **embarrassment i.** utanma, sıkıntı.
em.bas.sy (em'bısi) **i.** elçilik, sefaret.
em.bel.lish (imbel'iş) **f.** süslemek, güzelleştirmek.
em.ber (em'bır) **i.** kor, köz. **embers i.** sönmekte olan ateş.
em.bez.zle (imbez'ıl) **f.** zimmetine geçirmek. **embezzlement i.** zimmete geçirme.
em.blem (em'blım) **i.** amblem, simge, işaret.
em.bod.y (imbad'i) **f.** cisimlendirmek, şekillendirmek.
em.bold.en (imbol'dın) **f.** cesaret vermek, teşvik etmek.
em.brace (imbreys') **f.** 1. kucaklamak, bağrına basmak. 2. sarmak. 3. benimsemek.
em.broi.der (imbroy'dır) **f.** 1. üzerine nakış işlemek. 2. süslemek. **embroidery i.** 1. nakış, işleme. 2. süs.
em.bry.o (em'briyo) **i.** oğulcuk, embriyon.
e.mend (imend') **f.** düzeltmek, değişiklik yapmak.
em.er.ald (em'ırıld) **i.** zümrüt.
e.merge (imırc') **f.** çıkmak, hâsıl olmak, meydana çıkmak.
e.mer.gen.cy (imır'cınsi) **i.** acil ihtiyaç, acil vaka; tehlike. **in case of emergency** icabın-

da, acil bir durumda. **state of emergency** 1. olağanüstü hal. 2. sıkıyönetim.

em.er.y (em'iri) **i.** zımpara.

emi.grant (em'igrınt) **s.** göçmen, muhacir.

emi.grate (em'igreyt) **f.** göçmek, hicret etmek.

emi.nence, -cy (em'inıns, -si) **i.** 1. tepe, doruk. 2. yüksek mevki veya rütbe. **eminent s.** seçkin.

e.mir (imir') **i.** emir, reis.

em.is.sar.y (em'iseri) **i.** hükümet temsilcisi, özel görevli.

e.mis.sion (imiş'ın) **i.** dışarı verme, yayma.

e.mit (imit') **f.** çıkarmak, dışarı vermek.

e.mo.tion (imo'şın) **i.** heyecan, duygu, his. **emotional s.** 1. duygulu, duygusal. 2. heyecanlı.

em.per.or (em'pırır) **i.** imparator.

em.pha.sis (em'fısîs) **i.** 1. önem. 2. şiddet. 3. vurgu.

em.pha.size (em'fîsayz) **f.** üzerinde durmak, vurgulamak.

em.phat.ic (emfät'ik) **s.** 1. üzerinde durulmuş, etkili. 2. kesin. **emphatically z.** 1. muhakkak. 2. kesinlikle.

em.pire (em'payr) **i.** imparatorluk.

em.pir.i.cal (empir'ikıl) **s.** deneysel, ampirik.

em.ploy (imploy') **f.** kullanmak, çalıştırmak, işe almak. **i.** hizmet. **employee i.** memur, işçi. **employer i.** patron, işveren. **employment i.** 1. iş verme. 2. iş, görev.

em.pow.er (impau'wır) **f.** 1. yetkilendirmek. 2. izin vermek.

em.press (em'pris) **i.** imparatoriçe.

emp.ty (emp'ti) **s.** 1. boş. 2. yoksun. **f.** boşaltmak, dökmek; boşalmak, dökülmek.

em.u.late (em'yıleyt) **f.** izlemek, izinden yürümek.

e.mul.sion (imâl'şın) **i.** emülsiyon.

en.a.ble (iney'bıl) **f.** 1. olanak sağlamak, mümkün kılmak. 2. yetkilendirmek.

en.act (inäkt') **f.** 1. kanunlaştırmak. 2. yapmak. 3. temsil etmek.

en.am.el (inäm'ıl) **i.** emay, mine. **f.** 1. minelemek, mineyle kaplamak. 2. değişik renklerle süslemek.

en.am.or (inäm'ır) **f.** âşık etmek, büyülemek.

en.case (inkeys') **f.** kapamak, örtmek.

en.chant (inçänt') **f.** büyülemek. **enchanting s.** büyüleyici, çekici. **enchantment i.** sihir, büyü.

en.cir.cle (ensır'kıl) **f.** çevrelemek, çevirmek, kuşatmak. **encirclement i.** kuşatma.

en.close (inkloz') **f.** 1. kapamak, kuşatmak, çevirmek. 2. zarfa koymak, zarflamak.

en.clo.sure (inklo'jır) **i.** zarfa konulan şey. 2. duvar, çit.

en.code (enkod') **f.** sifre etmek.

en.core (ang'kôr) **ünlem** Bir daha! Tekrar!

en.coun.ter (inkaun'tır) **f.** 1. karşılaşmak. 2. çarpışmak.

en.cour.age (inkır'ic) **f.** cesaret vermek,teşvik etmek, umutlandırmak. **encouraging s.** ümit verici, cesaret verici.

en.croach (inkroç') **f.** tedricen veya sinsice tecavüz etmek, el uzatmak.

en.cum.ber (inkâm'bır) **f.** 1. engellemek. 2. yüklemek.

en.cy.clo.pe.di.a (ensayklıpi'diyı) **i.** ansiklopedi.

end (end) **i.** 1. uç, son. 2. amaç. **f.** bitirmek, son vermek. **in the end** sonunda. **on end** dik, dikine. **end up** sonunda olmak. **ending i.** 1. son. 2. uç. 3. sonek. **endless s.** sonsuz.

en.dan.ger (indeyn'cır) **f.** tehlikeye atmak.

en.dear (indir') **f.** sevdirmek. **endearment i.** okşama, sevgi dolu söz veya hareket.

en.deav.or (indev'ır) **f.** yapmaya çalışmak, çabalamak, gayret etmek. **i.** emek, çaba.

en.dorse, in.dorse (indôrs') **f.** 1. ciro etmek. 2. onaylamak. **endorsement i.** 1. ciro. 2. onay, tasdik.

en.dow (indau') **f.** : **endow with** 1. gelir bağlamak. 2. bahsetmek.

en.dure (indûr') **f.** 1. dayanmak, katlanmak. 2. devam etmek, sürmek. **endurance i.** sabır, dayanma.

end.ways, -wise (end'weyz, -wayz) **z.** 1. dik, dikine. 2. ucu ileriye doğru. 3. uzunluğuna.

en.e.ma (en'imı) **i.** lavman.

en.e.my (en'imi) **i.** düşman, hasım.

en.er.get.ic (enırcet'ik) **s.** faal, enerjik.

en.er.gy (en'ırci) **i.** 1. enerji, erke. 2. yetke, erk, kudret.

en.force (infôrs') **f.** 1. uygulamak, yürütmek. 2. kuvvetlendirmek.

en.gage (ingeyc') **f.** işe almak, angaje etmek. **engaged s.** 1. meşgul, tutulmuş. 2. nişanlı. **engagement i.** 1. meşguliyet. 2. nişanlanma. 3. randevu. **engaging s.** çekici, hoş.

en.gine (en'cin) **i.** 1. makine, cihaz. 2. lokomotif. **engine room** makine dairesi.

en.gi.neer (encinir') **i.** 1. mühendis. 2. makinist. 3. çarkçı. **f.** 1. yönetmek. 2. gerçekleştirmek. **engineering i.** 1. mühendislik. 2. makinistlik.

Eng.land (ing'glınd) **i.** İngiltere.

Eng.lish (ing'gliş) **s., i.** 1. İngiliz. 2. İngilizce.

en.grave (ingreyv') **f.** hakketmek, oymak. **engraving i.** 1. oyma klişeden çıkarılan resim. 2. oymacılık.

en.hance (inhäns') **f.** yükseltmek, artırmak, fazlalaştırmak.

e.nig.ma (inig'mı) **i.** bilmece, muamma.

en.ig.mat.ic (enigmät'ik) **s.** bilmece gibi, anlaşılmaz.

en.joy (incoy') **f.** zevk almak, beğenmek, hoşlanmak. **enjoy oneself** keyfine bakmak, hoşça vakit geçirmek. **enjoyable s.** hoş, zevkli, eğlenceli. **enjoyment i.** zevk, hoşlanma.

en.large (inlarc') **f.** büyültmek, çoğaltmak; büyümek, genişlemek. **enlargement i.** büyültme, agrandisman.

en.light.en (inlayt'ın) **f.** bilgi vermek, aydınlatmak. **enlightened s.** bilgi edinmiş, aydın.

en.list (inlist') **f.** 1. kaydetmek. 2. askere almak.

en.li.ven (inlay'vın) **f.** canlandırmak, neşelendirmek.

en.mi.ty (en'mıti) **i.** düşmanlık.

e.nor.mous (inôr'mıs) **s.** çok iri, pek büyük, müthiş, aşırı. **enormously z.** aşırı derecede.

e.nough (inâf') **i.** yeter miktar. **s.** kâfi, yeterli.

en.rage (inreyc') **f.** kızdırmak, öfkelendirmek.

en.rich (inriç') **f.** zenginleştirmek. **enrichment i.** zenginleştirme.

en.roll (inrol') **f.** kaydetmek. **enrollment i.** 1. kayıtlar. 2. kaydedilenlerin sayısı. 3. kaydetme, kaydolma.

en.sem.ble (ansam'bıl) **i.** genel etki; takım.

en.sign (en'sayn) **i.** 1. sancak, bandıra. 2. nişan.

en.slave (insleyv') **f.** köle yapmak, esir etmek, köleleştirmek.

en.sue (ensu') **f.** sonucunda olmak, izlemek.

en.sure (inşûr') **f.** sağlamak.

en.tan.gle (intäng'gıl) **f.** dolaştırmak, karıştırmak.

en.ter (en'tır) **f.** 1. girmek. 2. dahil olmak.

en.ter.prise (en'tırprayz) **i.** 1. girişim, teşebbüs, yatırım. 2. uyanıklık. **enterprising s.** uyanık, açıkgöz, girişken.

en.ter.tain (entırteyn') **f.** 1. eğlendirmek, avutmak. 2. ağırlamak. **entertaining s.** eğlenceli, hoş. **entertainment i.** 1. eğlence. 2. misafir etme, ağırlama.

en.thrall (inthrôl') **f.** büyülemek.

en.thu.si.asm (inthu'ziyäzım) **i.** gayret, istek, heves. **enthusiastic s.** hararetli, gayretli, hevesli.

en.tice (intays') **f.** ayartmak. **enticing s.** ayartıcı.

en.tire (intayr') **s.** tam, tamam, bütün. **entirely z.** büsbütün, tamamen.

en.ti.tle (intayt'ıl) **f.** hak kazandırmak, yetkilendirmek.

en.ti.ty (en'hti) **i.** varoluş, varlık, şey. 2. öz, kendilik, özlük.

en.trance (en'trıns) **i.** giriş.

en.trance (inträns') **f.** büyülemek.

en.treat (intrit') **f.** yalvarmak.

en.trust (inträst') **f.** 1. emniyet etmek, emanet etmek. 2. havale etmek.

en.try (en'tri) **i.** 1. giriş, antre. 2. kayıt.

e.nu.mer.ate (inu'mıreyt) **f.** birer birer saymak.

e.nun.ci.ate (inân'siyeyt) **f.** telaffuz etmek.

en.vel.op (invel'ıp) **f.** 1. sarmak. 2. kuşatmak. **envelopment i.** sarma.

en.ve.lope (en'vilop) **i.** zarf.

en.vi.ous (en'viyıs) **s.** kıskanç, günücü, gıpta eden.

en.vi.ron.ment (invayr'ınmınt) **i.** çevre, muhit, yöre.

en.vi.ron.men.tal (invayrınmen'tıl) **s.** çevresel, yöresel.

en.vi.rons (invayr'ınz) **i.** dolay, civar, havali, yöre.

en.vi.sion (enviJ'ın) **f.** tahayyül etmek, planlamak.

en.voy (en'voy) **i.** 1. elçi, sefir. 2. özel görevli diplomat.

en.vy (en'vi) **i.** 1. imrenme. 2. kıskançlık, haset. **f.** gıpta etmek, kıskanmak.

ep.ic (ep'ik) **s.** destansı. **i.** destan.

ep.i.cure (ep'ikyûr) **i.** epikürcü.

ep.i.dem.ic (epidem'ik) **s.** salgın, yaygın. **i.** salgın hastalık.

ep.i.der.mis (epidır'mis) **i.** üsderi.

ep.i.lep.sy (ep'ilepsi) **i.** sara, tutarak.

ep.i.logue (ep'ilôg) **i.** sonsöz, son.

ep.i.sode (ep'isod) **i.** olay, hadise.

ep.i.taph (ep'itäf) **i.** mezar kitabesi.

ep.i.thet (ep'ithet) **i.** sıfat, lakap.

e.pit.o.me (ipit'ımi) **i.** 1. özet, öz. 2. örnek.

ep.och (ep'ik) **i.** 1. devir, çağ. 2. tarih, zaman.

e.qual (i'kwıl) **s.** 1. eşit, aynı, bir. 2. eşdeğerli. **i.** 1. eşit olmak, bir olmak. 2. eşdeğerde olmak. **equally z.** eşit olarak, aynı derecede.

e.qual.i.ty (ikwal'iti) **i.** 1. eşitlik. 2. akranlık, aynılık.

e.qual.ize (i'kwılayz) **f.** eşitlemek.

e.quate (ikweyt') **f.** eşitlemek, denklemek.

e.qua.tion (ikwey'jın) **i.** denklem.

e.qua.tor (ikwey'tır) **i.** ekvator.

E.qua.to.ri.al Guin.ea (ikwıtôr'iyıl gin'i) Ekvator Ginesi.

e.qui.lib.ri.um (ikwılib'riyım) **i.** denge.

e.qui.nox (i'kwınaks) **i.** ekinoks, gün-tün eşitliği.

e.quip (ikwip') **f.** donatmak, teçhiz etmek. **equipment i.** gereç, malzeme.

eq.ui.ty (ek'wıti) **i.** adalet, insaf, denkserlik. **equitable s.** eşit, denkser.

e.quiv.a.lent (ikwiv'ılınt) **s.** 1. eşit. 2. muadil, denk. **i.** eşit miktar.

e.quiv.o.cate (ikwiv'ıkeyt) **f.** iki anlamlı söz söylemek. **equivocal s.** kaçamaklı, iki anlamlı.

e.ra (ir'ı) **i.** 1. tarih. 2. devir. 3. çağ.

e.rad.i.cate (iräd'ıkeyt) **f.** 1. kökünden söküp

atmak, defetmek. 2. yok etmek.

e.rase (ireys') **f.** silmek, bozmak, kazımak. **eraser i.** lastik, silgi.

ere (er) **bağ.** evvel, önce.

e.rect (irekt') **s.** dimdik, dikili, havaya kalkmış. **f.** dikmek (sütun, direk), inşa etmek. **erection i.** bina, yapı, inşaat.

e.rode (irod') **f.** 1. kemirmek, yemek. 2. aşındırmak.

e.ro.sion (iro'jın) **i.** erozyon, aşındırma, aşınma.

e.rot.ic (ırat'ik) **s.** cinsel arzu uyandıran, erosal; şehvani.

err (ır) **f.** 1. yanılmak, hata etmek. 2. günah işlemek. **erring s.** sapkın.

er.rand (er'ınd) **i.** iş için gönderilme.

er.rat.ic (ırät'ik) **s.** 1. kararsız, sebatsız. 2. düzensiz.

er.ro.ne.ous (ıro'niyıs) **s.** yanlış, hatalı.

er.ror (er'ır) **s.** yanlış, hata.

e.rupt (irāpt') **f.** püskürmek. **eruption i.** patlama, püskürme.

es.ca.la.tor (es'kıleytır) **i.** yürüyen merdiven.

es.cape (ıskeyp') **i.** kaçma, firar. **f.** kaçmak, firar etmek.

es.cort (es'kôrt) **i.** 1. kavalye. 2. maiyet.

es.cort (eskôrt') **f.** refakat etmek.

e.soph.a.gus (isaf'ıgıs) **i.** yemek borusu.

es.pe.cial (espeş'ıl) **s.** 1. özel. 2. müstesna. **especially z.** özellikle, bilhassa.

es.pi.o.nage (es'piyınic) **i.** casusluk.

es.say (es'ey) **i.** makale, deneme. **f.** denemek. **essayist i.** denemeci.

es.sence (es'ıns) **i.** öz, asıl, öz varlık.

es.sen.tial (sen'şıl) **s.** temelli, köklü, esaslı, gerçek. **essentially z.** zaten, aslında.

es.tab.lish (stäb'liş) **f.** 1. kurmak. 2. saptamak. **establishment i.** kurum, kuruluş, müessese.

es.tate (isteyt') **i.** mal, mülk, arsa.

es.teem (istim') **f.** saymak, kıymet vermek. **i.** saygınlık, hürmet.

es.thet.ic (esthet'ik) **s.** estetik. **esthetics i.** estetik ilmi.

es.ti.mate (es'tımeyt) **f.** tahmin etmek, kestirmek.

es.ti.mate (es'tımit) **f.** tahmin.

e.ter.nal (itır'nıl) **s.** 1. ebedî ve ezelî, sonsuz. 2. ölümsüz.

e.ter.ni.ty (itır'nıti) **i.** ebediyet, sonsuzluk.

e.ther (i'thır) **i.** 1. eter, lokmanruhu. 2. gökyüzü, esir.

eth.i.cal (eth'ikıl) **s.** ahlaki, törel, töresel. **ethically z.** ahlak kurallarına göre.

eth.ics (eth'iks) **i.** törebilim.

E.thi.o.pi.a (ithiyo'piyı) **i.** Habeşistan.

et.i.quette (et'ikel) **i.** görgü kuralları.

eu.gen.ics (yucen'iks) **i.** insan ırkının soyaçekim yoluyla ıslahına çalışan bilim dalı.

eu.lo.gy (yu'lıci) **i.** methiye, övgü, sena.

eu.nuch (yu'nık) **i.** hadım, harem ağası.

eu.phe.mism (yu'fımizım) **i.** nahoş bir sözü üstü kapalı bir şekilde söyleme.

Eu.rope (yūr'ıp) **i.** Avrupa.

e.vac.u.ate (ivãk'yuweyt) **f.** boşaltmak, tahliye etmek.

e.vade (iveyd') **f.** kaçınmak, sakınmak.

e.vag.i.nate (ivãc'ıneyt) **f.** (biyol.) ters çevirmek, tersyüz etmek, içini dışına çevirmek.

e.val.u.ate (ivãl'yuweyt) **f.** 1. değer biçmek. 2. tartmak.

e.vap.o.rate (ivãp'ıreyt) **f.** buharlaştırmak; buharlaşmak. **evaporation i.** buharlaşma, buğulanma.

e.va.sion (ivey'jın) **i.** kaçınma, sakınma.

eve (iv) **i.** 1. akşam. 2. arife. **even s.** 1. düz, düzlem. 2. eşit. 3. arife. **z.** hatta, bile, dahi.

e.ven (i'vın) **s.** 1. düz, düzlem. 2. eşit. 3. düzenli. **z.** hatta, bile, dahi.

eve.ning (iv'ning) **i.** 1. akşam. 2. suvare.

e.vent (ivent') **i.** 1. olay. 2. sonuç.

e.ven.tu.al (iven'çuwıl) **s.** sonuç olarak olan, en sonraki. **eventually z.** nihayet, sonunda, er geç.

ev.er (ev'ır) **z.** 1. asla. 2. durmadan. 3. herhangi bir zamanda.

ev.er.green (ev'ırgrin) **s.** yaprağını dökmeyen, her dem taze.

ev.er.last.ing (evırläs'ting) **s.** 1. ebedi, ölümsüz, sonsuz. 2. sürekli, bitmez tükenmez.

ev.er.more (evırmôr') **z.** ilelebet, ebediyen, daima. **for evermore** ebediyen.

eve.ry (ev'ri) **s.** 1. her, her bir. 2. her türlü.

eve.ry.bod.y (ev'rıbâdi) **zam.** herkes.

eve.ry.one (ev'rıwân) **zam.** herkes.

eve.ry.thing (ev'rıthing) **zam.** her şey.

eve.ry.where (ev'rıhwer) **z.** her yerde.

ev.i.dence (ev'ıdıns) **i.** tanıt, delil.

ev.i.dent (ev'ıdınt) **s.** açık, belli, aşikâr. **evidently z.** anlaşılan.

e.vil (i'vıl) **f.** günahkâr, kötü, kötücü. **i.** günah, kötülük.

e.voke (ivok') **f.** aklına getirmek, uyandırmak.

ev.o.lu.tion (evlu'şın) **i.** evrim, gelişme. **evolutionary s.** evrimsel.

e.volve (ivalv') **f.** geliştirmek.

ex.act (ıgzäkt') **s.** 1. tam, doğru. 2. kesin. **exactly z.** tamam, tamamen, aynen. **exactness i.** doğruluk, kusursuzluk.

ex.ag.ger.ate (ıgzäc'ıreyt) **f.** abartmak, büyütmek. **exaggerated s.** abartmalı. **exaggeration i.** abartma.

ex.alt (igzölt') **f.** 1. yüceltmek, paye vermek. 2. övmek. **exalted s.** 1. yüceltilmiş. 2. ulu, yüce.

ex.al.ta.tion (egzöltey'şın) **i.** heyecan, aşka gelme, coşku.

ex.am (igzäm') **i.** sınav.

ex.am.i.na.tion (igzämıney'şın) **i.** 1. sınav. 2. yoklama, muayene.

ex.am.ine (igzäm'ın) **f.** 1. incelemek, gözden geçirmek. 2. muayene etmek. 3. sınamak, imtihan etmek. **examiner s.** 1. ayırtman. 2. muayene eden kimse.

ex.am.ple (igzäm'pıl) **i.** örnek. **for example** örneğin.

ex.as.per.ate (igzäs'pıreyt) **f.** kızdırmak, öfkelendirmek. **exasperated s.** öfkeli, kızgın. **exasperation i.** öfke, sinirlenme.

ex.ca.vate (eks'kıveyt) **f.** kazı yapmak. **excavation i.** 1. kazı, hafriyat. 2. çukur. **excavator i.** ekskavatör, kazmaç.

ex.ceed (îksîd') **f.** geçmek, aşmak. **exceedingly z.** çok, fazlasıyla.

ex.cel (îksel') **f.** geçmek, üstün olmak.

ex.cel.lent (ek'sılınt) **s.** mükemmel, üstün. **excellently z.** pekâlâ, mükemmelen. **excellence i.** mükemmellik, üstünlük.

ex.cept (îksept') **f.** 1. saymamak, hariç tutmak, ayrı tutmak. 2. karşı çıkmak, itiraz etmek. **edat** -den başka, hariç. **exception i.** istisna. **exceptional s.** müstesna, ender, fevkalade.

ex.cess (îkses') **i.** aşırılık, fazlalık. **excessive s.** aşırı.

ex.change (îksçeync') **i.** 1. değiş, takas, trampa. 2. borsa. 3. kambiyo. **f.** mübadele etmek, değiş tokuş etmek. **exchange rate** 1. kambiyo kuru, döviz kuru. 2. değişim oranı. **foreign exchange** döviz.

ex.cite (îksayt') **f.** heyecanlandırmak, kışkırtmak. **excitable s.** kolay heyecanlanır. **excited s.** heyecanlı. **excitement i.** heyecan, telaş, galeyan. **exciting s.** heyecan verici.

ex.claim (îksleym') **f.** ansızın bağırıp çağırmak.

ex.cla.ma.tion (eksklımey'şın) **i.** ünlem.

ex.clude (îksklûd') **f.** hariç tutmak, yoksun bırakmak. **exclusion i.** kabul etmeyiş, yoksun bırakma. **exclusive s.** umuma açık olmayan.

ex.crete (îkskrît') **f.** ifraz etmek, çıkarmak. **excretion i.** salgı.

ex.cur.sion (îkskır'jin) **i.** gezinti, yolculuk.

ex.cuse (îkskyûz') **f.** affetmek, göz yummak. **excuse from** izin vermek. **Excuse me.** Özür dilerim. Affedersiniz.

ex.cuse (îkskyus') **i.** özür, mazeret, sebep.

ex.e.cute (ek'sîkyut) **f.** icra etmek, yürürlüğe koymak. **execution i.** 1. infaz, idam. 2. yerine getirme, ifa.

ex.ec.u.tive (îgzek'yıtîv) **i.** yönetici, yetkili kişi.

ex.empt (îgzempt') **s.** bağışık, muaf.

ex.er.cise (ek'sırsayz) **i.** 1. uygulama, yürütme. 2. idman. 3. alıştırma. 4. deney. **f.** 1. uygulamak, yürütmek. 2. idman yapmak.

ex.ert (îgzırt') **f.** (gayret, hak, güç) kullanmak. **exert oneself** çabalamak, uğraşmak, gayret sarfetmek. **exertion i.** gayret, çaba, emek.

ex.hale (eksheyl') **f.** nefes vermek.

ex.haust (îgzôst') **i.** egzoz. **f.** tüketmek, bitirmek. **exhausted s.** 1. tükenmiş. 2. yorgun, bitkin. **exhaustion i.** 1. yorgunluk, bitkinlik. 2. tüketme. **exhaustive s.** 1. etraflı, geniş, ayrıntılı. 2. yorucu.

ex.hib.it (îgzîb'ît) **i.** sergi. **f.** sergilemek. **exhibition i.** 1. sergi. 2. gösterme.

ex.hil.a.ra.tion (îgzîlırey'şın) **i.** neşe, canlılık, hayatiyet.

ex.ile (eg'zayl) **i.** sürgün.

ex.ist (îgzîst') **f.** var olmak, bulunmak. **existence i.** varlık, mevcudiyet.

ex.it (eg'zît) **i.** çıkış, gidiş.

ex.or.bi.tant (îgzôr'bıtınt) **s.** aşırı, fahiş (fiyat).

ex.ot.ic (îgzat'îk) **s.** yabancı, egzotik.

ex.pand (îkspänd') **f.** 1. geliştirmek; gelişmek. 2. şişirmek; şişmek. 3. büyümek, genişlemek. **expansion i.** yayılma, genişleme.

ex.pect (îkspekt') **f.** beklemek, ummak, ümit etmek.

ex.pec.ta.tion (ekspektey'şın) **i.** bekleme, ümit.

ex.pe.di.ent (îkspî'diyınt) **s.** uygun, münasip.

ex.pe.di.tion (ekspıdîş'ın) **i.** 1. sefer. 2. zor yolculuk.

ex.pel (îkspel') **f.** kovmak, defetmek.

ex.pend (îkspend') **f.** sarfetmek, harcamak. **expenditure i.** masraf, harcama.

ex.pense (îkspens') **i.** masraf, fiyat. **expensive s.** pahalı, masraflı.

ex.pe.ri.ence (îkspîr'iyıns) **i.** deney, tecrübe. **f.** görmek, başından geçmek. **experienced s.** tecrübeli.

ex.per.i.ment (îkspermınt) **i.** deney, deneme. **f.** deney yapmak. **experimental s.** deneysel.

ex.pert (ek'spırt) **i.** uzman, usta. **expertly z.** ustalıkla.

ex.pire (îkspayr') **f.** bitmek, sona ermek.

ex.plain (îkspleyn') **f.** anlatmak, açıklamak.

ex.pla.na.tion (eksplıney'şın) **i.** açıklama, izah. **ex.plic.it** (îksplîs'ît) **s.** 1. sarih, apaçık, aşikâr. 2. kesin.

ex.plode (îksplod') **f.** patlatmak; patlamak. **explosion i.** infilak, patlama. **explosive s.** patlayıcı.

ex.ploit (îksployt') **f.** sömürmek, istismar etmek.

ex.plo.ra.tion (eksplırey'şın) **i.** keşif.

ex.plore (îksplôr') **f.** 1. keşfetmek. 2. incelemek,

araştırmak. **explorer i.** kâşif.

ex.port (îkspôrt') **f.** ihraç etmek, ihracat yapmak. **exporter i.** ihracatçı.

ex.port (eks'pôrt) **i.** 1. ihracat. 2. ihraç malı.

ex.pose (îkspoz') **f.** 1. karşı karşıya getirmek. 2. göstermek.

ex.po.si.tion (ekspızîş'ın) **i.** sergileme; sergi.

ex.po.sure (îkspo'jır) **i.** 1. açma, keşfetme, teşhir. 2. (foto.) poz.

ex.press (îkspres') **s.** 1. açık, belli. 2. kesin. **i.** 1. nakliye şirketi, ambar. 2. sürat postası, ekspres. **expressly z.** 1. kesinlikle. 2. özellikle.

ex.press (îkspres') **f.** 1. tarif etmek. 2. ifade etmek, anlatmak. **expression i.** ifade, deyim. **expressive s.** anlamlı, dokunaklı.

ex.press.way (îkspres'wey) **i.** ekspres yol.

ex.pro.pri.ate (ekspro'priyeyt) **f.** kamulaştırmak.

ex.qui.site (eks'kwîzît) **s.** zarif; harika.

ex.tend (îkstend') **f.** 1. uzatmak, yaymak. 2. genişletmek. 3. kapsamına almak. **ex.tension i.** uzatma, genişletme. **extensive s.** geniş, yaygın, kapsamlı.

ex.tent (îkstent') **i.** 1. uzunluk, mesafe. 2. kapsam.

ex.te.ri.or (îkstîr'iyır) **s.** dış, harici.

ex.ter.mi.nate (îkstır'mîneyt) **f.** imha etmek, yok etmek.

ex.ter.nal (îkstır'nıl) **s.** harici, dış.

ex.tinct (îkstîngkt') **s.** nesli tükenmiş.

ex.tin.guish (îksting'gwîş) **f.** söndürmek.

ex.tra (eks'trı) **s.** fazla, gereksiz.

ex.tract (îksträkt') **f.** 1. çıkarmak. 2. söyletmek.

ex.tra.ne.ous (îkstrey'niyıs) **s.** konu dışı.

ex.traor.di.nar.y (îkstrôr'dineri) **s.** olağanüstü, fevkalade.

ex.trav.a.gant (îksträv'ıgınt)' **s.** tutumsuz, savurgan, müsrif.

ex.treme (îkstrîm') **s.** 1. son derece 2. aşırı. 3. son. **extremely z.** aşırı derecede.

ex.trem.i.ty (îkstrem'ıtî) **i.** uç, sınır.

ex.u.ber.ant (îgzu'bırınt) **s.** coşkun, taşkın.

eye (ay) **i.** 1. göz. 2. bakış, nazar. **see eye to eye** aynı fikirde olmak.

eye.ball (ay'bôl) **i.** göz küresi.

eye.brow (ay'brau) **i.** kaş.

eye.glass.es (ay'gläsîz) **i.** gözlük.

eye.lash (ay'läş) **i.** kirpik.

eye.lid (ay'lîd) **i.** gözkapağı.

eye.sight (ay'sayt) **i.** 1. görme yeteneği. 2. görüş mesafesi.

eye.strain (ay'streyn) **i.** göz yorgunluğu.

eye.wit.ness (ay'wîtnîs) **i.** görgü tanığı.

F

fa.ble (fey'bıl) **i.** 1. masal. 2. efsane.

fab.ric (fäb'rîk) **i.** kumaş.

fab.ri.cate (fäb'rıkeyt) **f.** 1. imal etmek. 2. uydurmak.

fab.u.lous (fäb'yılıs) **s.** 1. inanılmaz. 2. uydurma. 3. abartılmış.

face (feys) **i.** 1. yüz, çehre, surat. **f.** 1. yüzüne bakmak. 2. yönelmek. 3. karşılamak. 4. karşısında olmak. 5. cesaretle karşılamak. 6. kaplamak. **face down** yüzüstü, yüzükoyun. **face to face** karşı karşıya, yüz yüze. **in the face of** karşısında, dikkate alarak, rağmen. **have the face** yüzü tutmak, cüret etmek. **lose face** saygınlığını yitirmek. **make a face** yüzünü gözünü buruşturmak. **on the face of it** dış görünüşe göre.

fa.cial (fey'şıl) **s.** yüze ait.

fa.cil.i.tate (fısîl'ıteyt) **f.** kolaylaştırmak.

fa.cil.i.ty (fısîl'ıtî) **i.** 1. kolaylık. 2.serbestlik.**facilities i.** 1.vasıta, imkân. 2. bina, tesisat.

fac.sim.i.le (fäksîm'ılî) **i.** faksimile, kopya, tıpkıbasım.

fact (fäkt) **i.** hizip, grup, bölüntü.

fac.tion (fäk'şın) **i.** hizip, grup, bölüntü.

fac.tor (fäk'tır) **i.** 1. etken, faktör. 2. (mat.) çarpanlardan biri.

fac.to.ry (fäk'tırî) **i.** fabrika, atelye.

fac.tu.al (fäk'çuwıl) **s.** 1. olaylara dayanan. 2. kelimesi kelimesine tam.

fac.ul.ty (fäk'ıltî) **i.** 1. meleke. 2. yetenek. 3. bir üniversitenin öğretim üyeleri.

fade (feyd) **f.** solmak; kurumak, zayıflamak.

fail (feyl) **f.** 1. başaramamak. 2. kuvveti kesilmek. 3. iflâs etmek.

fail.ure (feyl'yır) **i.** başarısızlık.

faint (feynt) **i.** bayılma, bilinç, baygın. **f.** bayılmak.

fair (fer) **i.** pazar, panayır, fuar, sergi.

fair (fer) **s.** 1. güzel. 2. hoş, zarif. 3. dürüst, doğru. **fair weather** açık hava. **fairly z.** 1. oldukça. 2. eşitlikle.

fair.y (fer'î) **i.** peri. **fairy tale** 1. peri masalı. 2. inanılmaz hikâye, yalan.

faith (feyth) **i.** 1. inanç. 2. güven. **faithful s.** sadık, güvenilir. **faithless s.** sadakatsiz, hain, güvenilmez.

fake (feyk) **s.** sahte.

fal.con (fäl'kın) **i.** şahin, sungur, doğan.

fall (fôl) **f.** düşmek, dökülmek, yağmak. **i.** 1.

düşme. 2. yıkılma, çökme. **fall asleep** uykuya dalmak. **fall down** düşmek. **fall in love** âşık olmak. **fallen s.** düşük.

fal.low (fäl'o) **i.** nadas.

false (fôls) **s.** sahte, taklit, yanlış. **falsehood i.** yalan.

fal.si.fy (fôl'sifay) **f.** bozmak.

fal.ter (fôl'tır) **f.** 1. sendelemek. 2. duraklamak.

fame (feym) **i.** şöhret, nam, ün.

fa.mil.iar (fımîl'yır) **s.** 1. aşina, bildik. 2. tanınmış, bilinen.

fam.i.ly (fäm'li) **i.** 1. aile. 2. akraba. **family name** soyadı. **family tree** soyağacı, şecere.

fam.ine (fäm'în) **i.** kıtlık, açlık.

fa.mous (fey'mıs) **s.** ünlü, tanınmış.

fan (fän) **i.** 1. yelpaze. 2. pervane. 3. vantilatör. **f.** hava vermek, yelpazelemek.

fa.nat.ic (fınät'îk) **s., i.** fanatik, aşırı fikirli. **fanatical s.** aşırı, müfrit, fanatik.

fan.cy (fän'si) **i.** 1. hayal, düş, imge. 2. merak. 3. kapris. **f.** 1. hayal etmek, kurmak. 2. beğenmek, sevmek. **fanciful s.** gerçekten uzak, hayalperest.

fang (fäng) **i.** hayvanın azı dişi.

fan.tas.tic (fäntäs'tîk) **s.** garip, acayip.

far (far) **s., z.** uzak. **by far** büyük bir farkla.

farce (fars) **i.** gülünçlü tiyatro oyunu, fars.

fare (fer) **i.** yol parası, bilet ücreti.

fare.well (ferwel') **ünlem** Uğurlar olsun. Güle güle. **i.** veda.

far-fetched (farfeçt') **s.** tabii olmayan, zorlanmış.

farm (farm) **i.** çiftlik; tarla. **f.** ekmek, ekip biçmek, çiftçilik yapmak. **farmer i.** çiftçi. **farming i.** çiftçilik.

farm.house (farm'haus) **i.** çiftlik evi.

farm.yard (farm'yard) **i.** çiftlik avlusu.

far.sight.ed (far'saytîd) **s.** hipermetrop.

far.ther (far'dhır) **s., z.** daha uzak, ötedeki.

fas.ci.nate (fäs'ıneyt) **f.** büyülemek, hayran bırakmak. **fascinating s.** cazip, büyüleyici. **fascination i.** büyüleme; cazibe.

fash.ion (fäş'ın) **i.** 1. moda. 2. biçim, tarz. 3. davranış. **fashionable s.** modaya uygun.

fast (fäst) **f.** oruç tutmak, perhiz etmek. **i.** oruç, perhiz.

fast (fäst) **z., s.** 1. çabuk, tez, süratli. 2. ileri. **fast asleep** derin uykuda. **hold fast** 1. sıkıca tutmak, yapışmak. 2. dayanmak.

fas.ten (fäs'ın) **f.** 1. bağlamak. 2. dikmek, ayırmamak (gözü). **fastener i.** bağ, toka, bağlaç.

fat (fät) **s.** şişman. **i.** 1. yağ. 2. semizlik. **fatty s.** 1. şişman, semiz, yağlı. 2. şişko, dobiş.

fa.tal (feyt'ıl) **s.** öldürücü, yok edici. **fatally z.** ölecek derecede.

fa.tal.ist (feyt'ılîst) **i.** kaderci. **fatalistic s.** kaderci.

fa.tal.i.ty (fıtäl'ıti) **i.** kaza sonucu ölüm.

fate (feyt) **i.** 1. kader, kısmet, talih. 2. ecel. 3. akıbet, sonuç. **fateful s.** mukadder, kaçınılmaz.

fa.ther (fa'dhır) **i.** baba. **fatherly s.** baba gibi, babacan.

fath.om (fädh'ım) **i.** kulaç.

fa.tigue (fıtîg') **i.** yorgunluk, bitkinlik. **f.** yormak.

fat.ten (fät'ın) **f.** semirtmek, şişmanlatmak; şişmanlamak.

fau.cet (fô'sît) **i.** musluk.

fault (fôlt) **i.** kusur, kabahat, hata, yanlış. **find fault with** kusur bulmak. **faultless s.** kusursuz, mükemmel. **faulty s.** kusurlu, sakat, bozuk, yanlış.

fault.find.er (fôlt'fayndır) **i.** tenkitçi.

fau.na (fô'nı) **i.** fauna, direy.

fa.vor (fey'vır) **f.** 1. hoş görmek, tarafını tutmak, kayırmak. 2. onaylamak. **i.** 1. yardım. 2. tevecсüh, lütuf, iltifat. 3. iltimas, kayırma. 4. armağan. **ask a favor** ricada bulunmak. **do a favor** yardımda bulunmak. **in favor of** 1. lehinde, taraftar. 2. emrine (çek). **favorable s.** 1. uygun, elverişli, münasip. 2. taraftar, lehte. **favorably z.** lehinde, iyi, yolunda.

fa.vor.ite (fey'vrît) **i.** gözde. **s.** çok sevilen.

fawn (fôn) **i.** yavru karaca, yavru geyik.

fear (fîr) **i.** 1. korku, dehşet. 2. kuruntu, endişe. **f.** korkmak. **for fear of** korkusundan. **fearful s.** 1. korkunç. 2. korkak. 3. heybetli. 4. dehşetli. **fearless s.** korkusuz, gözü pek, yılmaz.

fea.si.ble (fi'zıbıl) **s.** mümkün, yapılabilir, uygulanabilir.

feast (fîst) **i.** 1. ziyafet. 2. bayram.

feat (fît) **i.** başarı.

feath.er (fedh'ır) **i.** tüy, kuş tüyü.

fea.ture (fî'çır) **i.** 1. özellik, nitelik. 2. asıl film. 3. makale.

Feb.ru.ar.y (feb'ruweri) **i.** şubat.

feck.less (fek'lîs) **s.** hünersiz, beceriksiz.

fe.cund (fî'kınd) **s.** verimli, doğurgan.

fe.cun.di.ty (fîkân'dîti) **i.** doğurganlık.

fed.er.al (fed'ırıl) **s.** federal.

fed.er.a.tion (fedırey'şın) **i.** federasyon.

fee (fi) **i.** ücret.

fee.ble (fi'bıl) **s.** zayıf, kuvvetsiz, dermansız, takatsız.

fee.ble-mind.ed (fi'bılmayndîd) **s.** geri zekâlı.

feed (fîd) **f.** 1. yedirmek, beslemek. 2. gıda almak. **i.** 1. yeme. 2. yem. 3. yiyecek, gıda.

feed.back (fîd'bäk) **i.** geri bildirim.

feel (fîl) **f.** 1. dokunmak, elle yoklamak. 2. hissetmek, duymak. 3. anlamak; görünmek, hissini vermek. **feel cold** üşümek. **feel like doing**

ci.

canı yapmak istemek.

feel.ing (fi'ling) i. 1. his, duyu, duygu. 2. dokunma duyusu. **feelings** i. his dünyası, iç âlemi. **hurt one's feelings** hatırını kırmak, gücendirmek.

feet (fit) i. ayaklar.

feign (feyn) f. taklit etmek.

fel.low (fel'o) i. 1. adam, kişi, insan. 2. herif, ulan. 3. arkadaş, yoldaş. 4. akran, eş. **s.** hemcins. **fellow citizen, fellow countryman** vatandaş, yurttaş. **fellowship** i. 1. arkadaşlık. 2. birlik. 3. dernek, cemiyet, kulüp.

fel.on (fel'ın) i. suçlu. **felony** i. cinayet, ağır suç.

fe.lo.ni.ous (fılo'niyıs) **s.** suçlu.

felt (felt) i. keçe, fötr.

fe.male (fi'meyl) **s.,** i. dişi, dişil.

fem.i.nine (fem'ının) **s.** 1. dişil. 2. kadın gibi, kadınsı. **femininity** i. kadınlık.

fem.i.nism (fem'ınizım) i. 1. feminizm. 2. erkekte dişil özellikler bulunması. **feminist** i. feminist.

fence (fens) i. parmaklık, çit; tahta perde. f. 1. çit veya parmaklıkla etrafını çevirmek. 2. eskrim yapmak. **fencer** i. eskrimci. **fencing** i. eskrim.

fend.er (fen'dır) i. çamurluk.

fen.nel (fen'ıl) i. rezene.

fer.ment (i. fırmınt; f. firment') i. 1. maya. 2. mayalanma, ekşime. 3. telaş, karışıklık, heyecan. f. 1. mayalanmak, ekşimek. 2. coşmak, heyecanlanmak. **fermentation** i. 1. mayalanma. 2. galeyan, heyecan.

fern (fırn) i. eğreltiotu.

fe.ro.cious (fıro'şıs) **s.** vahşi, yırtıcı, kudurmuş.

fe.roc.i.ty (fıras'ıti) i. vahşilik.

fer.ry (fer'i) i. feribot. f. vapurla karşı yakaya taşımak.

fer.tile (fır'tıl) **s.** 1. verimli, bereketli. 2. üreyebilen.

fer.til.i.ty (fırtıl'ıti) i. 1. verimlilik, bereket. 2. üreyebilme; doğurganlık.

fer.til.i.za.tion (fırtılzey'şın) i. dölleme, aşılama.

fer.til.ize (fır'tılayz) f. 1. gübrelemek. 2. verimini artırmak. 3. döllemek, tohumlamak, aşılamak. **fertilizer** i. gübre.

fer.vent (fır'vınt) **s.** şevkli, gayretli, hararetli, ateşli. **fervently z.** şevkle, hararetle, gayretle.

fes.ti.val (fes'tıvıl) i. 1. bayram, yortu. 2. festival.

fes.tive.i.ty (festiv'ıti) i. festival, şenlik.

fetch (feç) f. alıp getirmek, getirmek. i. mesafe. **fetching s.** çekici, alımlı.

fet.ish (fet'iş) i. fetiş. **fetishism** i. fetişizm.

fet.ter (fet'ır) i. 1. pranga, bukağı. 2. engel, mâni. f. prangaya vurmak; elini ayağını

bağlamak.

fe.tus (fi'tıs) i. dölüt, cenin. **fetal s.**dölüte ait.

feud (fyud) i. kan davası. f. kavga etmek.

feu.dal (fyud'ıl) **s.** derebeyliğe ait, feodal. **feudalism** i. derebeylik.

fe.ver (fi'vır) i. 1. (tıb.) ateş, hararet, sıcaklık, humma. 2. telaş, heyecan, asabiyet.

few (fyu) **s.** az. i. az miktar. **a few** birkaç.

fi.an.cé (eril), **fi.an.cée** (dişil) (fiyansey') i. nişanlı.

fi.as.co (fiyäs'ko) i. başarısızlık, bozgun, yenilgi, fiyasko.

fi.at (fay'ät) i. 1. emir. 2. karar.

fib (fib) i. küçük yalan, uydurma. **f.** yalan söylemek, uydurmak, atmak. **fibber** i.yalancı.

fi.ber (fay'bır) i. lif; iplik; tel. **fibrous s.** lifli.

fick.le (fik'ıl) **s.** şıpsevdi; dönek. **fickleness** i. şıpsevdilik; döneklik.

fic.tion (fik'şın) i. 1. kurgusal edebiyat. 2. hayal, masal, uydurma hikâye. 3. yalan. **fictional s.** kurgusal; hayali. **fictionist** i. romancı, hikâyeci.

fic.tion.al.ize (fik'şınılayz) f. romanlaştırmak.

fic.ti.tious (fiktiş'ıs) **s.** uydurma, hayali.

fid.dle (fid'ıl) i. keman. **fiddler** i. kemancı.

fi.del.i.ty (faydel'ıti) i. 1. sadakat, vefa. 2. doğruluk.

fidg.et (fic'ıt) **f.** kıpırdanmak, yerinde duramamak. **fidgety s.** rahat durmayan, kıpır kıpır.

field (fild) i. 1. çayır, kır, otlak. 2. tarla. 3. saha, meydan, alan. **field day** spor bayramı. **field glasses** çifte dürbün. **field trip** (öğretimde) gezi, tatbikat.

fiend (find) i. 1. şeytan, ifrit, iblis, zebani. 2. meraklı, tiryaki. **fiendish s.** 1. şeytanca. 2. gaddar, zalim. **fiendishly z.** şeytancasına.

fierce (firs) **s.** şiddetli, hiddetli, sert, vahşi. **fiercely z.** şiddetle, sertçe. **fierceness** i. şiddet, sertlik, vahşet.

fier.y (fayr'i) **s.** 1. ateşli, ateşten. 2. hararetli, şevkli. 3. kızgın, ateş kesilmiş.

fife (fayf) i. asker düdüğü, fifre.

fif.teen (fiftin') **s.** on beş.

fif.ty (fif'ti) **s.** elli. **fifty-fifty z.** yarı yarıya. f. 1. incir. 2. önemsiz şey.

fight (fayt) i. kavga, dövüş, savaş; mücadele. f. savaşmak, kavga etmek; mücadele etmek. **fighter** i. savaşçı.

fig.ment (fig'mınt) i. hayal, uydurma, icat.

fig.ur.a.tive (fig'yırıtiv) **s.** 1. mecazi, simgesel, sembolik. 2. süslü. 3. betimleyici. **figuratively z.** mecaz olarak.

fig.ure (fig'yır) i. 1. rakam, numara, sayı, adet. 2. vücut yapısı, boy bos. 3. şahsiyet, şahıs.

4. resim, suret. **5.** (geom.) şekil. **6.** dansta figür. **f. 1.** hesaplamak. **2.** desenlerle süslemek.

figure of speech mecaz, istiare, kinaye.

fig.ure.head (fig'yırhed) **i.** sözde mevki sahibi, kukla.

Fi.ji (fi'ci) **i.** Fiji.

fil.bert (fil'bırt) **i.** fındık.

file (fayl) **i.** eğe, törpü. **f.** eğelemek, törpülemek.

file (fayl) **i. 1.** dosya dolabı, dosya gözü. **2.** dosya, klasör. **3.** sıra, dizi, kuyruk. **f. 1.** dosyalamak. **2.** dosyaya geçirmek.

fi.let (filey') **i.** fileto, biftek.

fi.lings (fay'lingz) **i.** eğe talaşı.

fill (fil) **f.** doldurmak; dolmak. **i. 1.** dolumluk, doyumluk, dolduracak miktar. **fill in 1.** doldurmak. **2.** yerini doldurmak, vekillik yapmak. **fill out 1.** doldurup kabartmak; dolup kabarmak. **2.** (fiş) doldurmak. **fill the bill** ihtiyacı karşılamak. **fill a tooth** dolgu yapmak. **fill up** tamamen doldurmak; dolmak. **have one's fill** doymak. **filler i. 1.** tıkaç, dolgu. **2.** (boyada) katan.

fill.ing (fil'ing) **i. 1.** dolma içi. **2.** (dişçi.) dolgu.

filling station benzin istasyonu.

fil.ly (fil'i) **i.** kısrak.

film (film) **i. 1.** zar. **2.** ince örtü, ince tabaka. **3.** ince tel, lif. **f. 1.** zarla kaplamak. **2.** zar bağlamak.

film (film) **i.** film. **f.** film çevirmek.

fil.ter (fil'tır) **i.** filtre, süzgeç. **f.** süzmek; süzülmek.

filth (filth) **i. 1.** pislik, kir. **2.** ağız bozukluğu.

filth.i.ness i. kir, kirlilik, pislik. **filth.y s.** pis, kirli. **2.** ahlakı bozuk, iğrenç.

fin (fin) **i.** yüzgeç.

fi.nal (fay'nıl) **s. 1.** son. **2.** kesin. **finals i. 1.** (spor) final. **2.** sömestr sonu sınavı. **finally z.** sonunda.

fi.nal.ize (fay'nılayz) **f.** son şeklini vermek.

fi.nance (finäns') **i.** maliye; mali işler. **f.** masrafları karşılamak. **finances i. 1.** mali durum. **2.** gelir.

fi.nan.cial (fınän'şıl) **s.** mali.

fin.an.cier (fınänsir') **i. 1.** maliyeci. **2.** sermayedar. **3.** banker.

find (faynd) **f. 1.** bulmak, keşfetmek. **2.** sağlamak. **i.** buluş, bulgu, keşif. **find out** öğrenmek, farkına varmak.

fine (fayn) **s. 1.** güzel, ince, zarif. **2.** iyi; üstün. **fine arts** güzel sanatlar.

fine (fayn) **i.** para cezası. **f.** para cezasına çarptırmak.

fin.er.y (fay'nırı) **i. 1.** süs; şıklık. **2.** süslü giyim.

fi.nesse (fines') **i. 1.** incelik. **2.** kurnazlık.

fin.ger (fing'gır) **i.** (el) parmak.

fin.ick.y (fin'iki) **s.** titiz, kılı kırk yaran, çok meraklı.

fin.ish (fin'iş) **f. 1.** bitirmek, sona erdirmek, tamamlamak. **2.** terbiye etmek. **i. 1.** son. **2.** cila, rötuş. **finish up** bitirmek.

fi.nite (fay'nayt) **s. 1.** sınırlı, bitimli; ölümlü. **2.** ölçülebilir; sayılabilir. **3.** (mat.) sonlu.

Fin.land (fin'lınd) **i.** Finlandiya.

fir (fır) **i.** köknar.

fire (fayır) **i. 1.** ateş; alev. **2.** kıvılcım. **3.** yangın. **4.** cehennem, cehennem azabı. **5.** ısı, sıcaklık. **6.** hırs. **f. 1.** silahla ateş etmek. **2.** işten kovmak.

fire department itfaiye teşkilatı. **fire drill** yangından kaçma talimi. **fire engine** itfaiye arabası. **fire escape** yangın merdiveni. **fire extinguisher** yangın söndürme aleti. **fire hydrant** yangın söndürme musluğu. **catch fire** tutuşmak, ateş almak. **cease fire** ateş kesmek. **hang fire 1.** muallakta olmak. **2.** geri kalmak. **on fire 1.** yanmakta. **2.** coşmuş. **play with fire** ateşle oynamak, tehlikeli bir işe girişmek. **set fire to** ateşe vermek, tutuşturmak. **set on fire 1.** yakmak. **2.** alevlendirmek, kışkırtmak.

fire.fly (fayır'flay) **i.** ateşböceği.

fire.man (fayır'mın) **i. 1.** itfaiyeci. **2.** ateşçi.

fire.place (fayır'pleys) **i.** şömine, ocak.

fire.proof (fayır'pruf) **s.** yanmaz, ateş geçmez.

fire.side (fayır'sayd) **i. 1.** ocak başı. **2.** ev, yurt.

fire.works (fayır'wırks) **i.** donanma fişekleri.

firm (fırm) **i.** şirket, firma, ticarethane.

firm (fırm) **s. 1.** pek, katı, pekişmiş, sıkı. **2.** sabit, metin, dönmez. **firmly z. 1.** katiyetle. **2.** metanetle, sebatla. **firmness i.** metanet, sebat.

fir.ma.ment (fır'mımınt) **i.** sema, gök kubbe, asuman.

first (fırst) **s.** ilk, birinci, baş, en büyük. **z.** evvela, ilk önce; başta, en ileride. **first aid** ilk yardım. **first floor 1.** zemin kat. **2.** birinci kat. **at first** ilk önce, evvelce.

first-hand (fırst'händ') **z.** doğrudan doğruya, vasıtasız, aracısız. **s.** dolaysız.

first-rate (fırst'reyt') **s.** mükemmel, birinci sınıf.

fis.cal (fis'kıl) **s.** mali. **fiscal year** mali yıl.

fish (fiş) **i.** balık, balıklar. **f.** balık tutmak, balık avlamak.

fish.er (fiş'ır) **i. 1.** balıkçı. **2.** balıkçıl hayvan veya kuş. **fishery i. 1.** balıkçılık. **2.** balıklava; dalyan tarlası.

fish.er.man (fiş'ırmın) **i.** balıkçı.

fish.ing (fiş'ing) **i. 1.** balık avı, balıkçılık. **2.** ağız arama. **fishing boat** balıkçı teknesi. **fishing rod** olta kamışı.

fis.sion (fiş'ın) **i. 1.** ortadan ikiye ayrılma. **2.** (biyol.) ortadan bölünerek üreme.

fis.sure (fiş'ır) **i. 1.** yarık, çatlak. **2.** yarma.

fist (fist) **i.** yumruk, muşta.

fit (fit) **i.** hastalık nöbeti, tutarak. **fitful s.** düzensiz, kesik kesik.

fit (fit) **s.** 1. uygun, yakışır, yaraşır, layık, elverişli. 2. hazır. 3. sağlıklı. **f.** 1. uymak; uydurmak. 2. üstüne uydurmak, prova etmek. 3. yerleştirmek. 4. yakışmak. **i.** uyma, uyum. **fitting i.** 1. prova. 2. tertibat, donatı, takım. **s.** uygun, yerinde.

five (fayv) **s.** beş.

fix (fiks) **f.** 1. yerleştirmek, oturtmak. 2. sabitleştirmek. 3. kararlaştırmak. 4. düzenlemek. 5. tamir etmek. 6. (yemek) hazırlamak. **fix up** 1. tamir etmek. 2. düzenlemek, tertiplemek, hazırlamak. **fixer i.** 1. tamirci. 2. rüşvet yediren. 3. (foto.) fiksatif. **fixed s.** 1. durağan, kımıldamaz, bağlı. 2. sabit, solmaz (renk). 3. önceden ayarlanmış; şikeli.

fix.a.tion (fiksey'şın) **i.** 1. aşırı düşkünlük. 2. saptama. 3. katılaşma.

fix.ture (fiks'çır) **i.** 1. donatı. 2. sabit şey.

fiz.zle (fiz'ıl) **f.** vızlamak. **i.** fiyasko, başarısızlık. **fizzle out** suya düşmek.

flag (fläg) **i.** bayrak, sancak, bandıra, flama.

flag (fläg) **f.** 1. gevşemek. 2. yorulmaya başlamak, kuvveti kesilmek.

fla.grant (fley'grınt) **s.** 1. pek çirkin, kepaze. 2. göze batan, bariz.

flake (fleyk) **i.** 1. kar tanesi. 2. ince tabaka, ince parça; soyuntu.

flame (fleym) **i.** 1. alev, yalaz, ateş. 2. hiddet, şiddet. 3. aşk, aşk ateşi. **f.** alevlenmek.

flam.ma.ble (fläm'ıbıl) **s.** yanar, yanabilir.

flange (flänc) **i.** kenar, yaka, kulak, flanş.

flank (flängk) **i.** 1. böğür. 2. yan taraf.

flan.nel (flän'ıl) **i.** 1. fanila, flanel. 2. pazen.

flap (fläp) **i.** sarkan kanat veya kapak. **f.** kanat gibi vurmak, çırpmak.

flare (ter) **f.** birden alevlenmek. **i.** işaret fişeği. **flare up** parlamak.

flash (fläş) **f.** birden alevlenmek, parlamak. **i.** 1. parıltı, ani alev. 2. yanıp sönen ışık. 3. an. 4. bülten. **flash bulb** flaş. **flash flood** su baskını, taşkın. **flashy z.** parıltılı, gösterişli, frapan.

flash.light (fläş'layt) **i.** el feneri, elektrik feneri.

flask (fläsk) **i.** 1. barutluk. 2. termos. 3. matara.

flat (flät) **s.** 1. düz, yassı. 2. yüzüstü; sırtüstü. 3. yıkık, harap. 4. kesin. 5. mat, donuk. 6. tatsız, yavan. 7. bemol. **z.** 1. açıkça. 2. doğrudan doğruya. 3. tam. **flat tire** patlak lastik.

flat (flät) **i.** apartman dairesi.

flat.ten (flät'ın) **f.** 1. yassılaştırmak; yassılaşmak. 2. yere sermek. 3. neşesini kaçırmak. 4. matlaştırmak.

flat.ter (flät'ır) **f.** 1. yaltaklanmak, yağcılık

etmek, dalkavukluk etmek. 2. gururunu okşamak; ümit vermek. 3. övmek, göklere çıkarmak. **flattery i.** 1. dalkavukluk. 2. övgü, göklere çıkarma.

flaunt (flônt) **f.** caka satmak, gösteriş yapmak; kibirlenmek. **i.** gösteriş, caka, fiyaka.

fla.vor (fley'vır) **i.** lezzet, tat, çeşni. **f.** tat vermek, lezzetlendirmek. **flavoring i.** tat veren şey.

flaw (flô) **i.** 1. yarık, çatlak. 2. sakat, kusur, defo. 3. ayıp.

flax (fläks) **i.** keten.

flax.seed (fläks'sid) **i.** ketentohumu.

flea (fli) **i.** pire.

flea.bite (fli'bayt) **i.** pire ısırığı, pire yeniği.

flee (fli) **f.** 1. kaçmak, tüymek. 2. gelip geçmek, gözden kaybolmak. 3. bırakmak, terk etmek.

fleece (flis) **i.** 1. koyun postu; yapağı. 2. müflon. **f.** 1. koyun kırkmak. 2. (birisini) soymak, yolmak.

fleet (flit) **i.** donanma, filo.

fleet (flit) **s.** çevik, çabuk.

flesh (fleş) **i.** 1. et. 2. beden; ten. 3. insanlık. 4. yaratıklar. **flesh and blood s.** 1. nesil, kan, akraba. 2. insan tabiatı.

flex.i.ble (flek'sıbıl) **s.** 1. bükülebilir, esnek. 2. uysal, yumuşak başlı. **flexibility i.** 1. esneklik. 2. uysallık.

flick (flik) **i.** hafif vuruş, fiske. **f.** 1. fiske vurmak. 2. atıvermek.

flick.er (flik'ır) **i.** 1. titrek ışık. 2. geçici belirti. **f.** 1. çırpınmak. 2. titreyerek yanmak.

fli.er (flay'ır) **i.** 1. uçuş, uçma. 2. pilot, uçucu. 3. el ilanı.

flight (flayt) **i.** 1. uçuş, uçma. 2. seyir, yol alma, hareket. 3. göç, hicret. 4. bir kat merdiven. 5. firar, kaçış.

flight.y (flay'ti) **s.** 1. hafifmeşrep. 2. kararsız, dönek, maymun iştahlı.

flim.sy (flim'zi) **s.** hafif, ince, dayanıksız.

flinch (flinç) **f.** çekinmek, kaçınmak.

fling (fling) **f.** 1. atmak, fırlatmak, savurmak. 2. silkinmek; silkmek. 3. atılmak, girişmek, dalmak. 4. sıçramak. **i.** 1. atma, atış. 2. sıçrayış, fırlayış. 3. çılgınlık, eğlence; serbest davranış.

flint (flint) **i.** çakmaktaşı.

flip (flip) **f.** fiske vurmak.

flip.pant (flip'ınt) **s.** küstah. **flippancy i.** küstahlık.

flirt (flırt) **f.** flört etmek, kur yapmak. **i.** flört etmeye alışkın kimse. **flirtation i.** flört etme, kur yapma. **flirtatious s.** işvebaz, fındıkçı.

flit (flit) **f.** 1. hızla geçmek. 2. çırpınmak. **i.** çırpınma.

float (flot) **i.** 1. sal. 2. olta mantarı. 3. şamandıra, duba. **f.** 1. yüzmek, batmamak; yüzdürmek. 2. hava akımıyla sürüklenmek.

flock (flak) **i.** 1. sürü. 2. küme. 3. güruh, kalabalık. 4. cemaat, grup, zümre. **f.** 1. sürü halinde gitmek. 2. toplanmak, üşüşmek.

flog (flag) **f.** dövmek, dayak atmak; kamçılamak. **flogging i.** dayak, kötek; kamçılama.

flood (flâd) **i.** 1. sel, tufan, taşkın. 2. met, kabarma. 3. bolluk. **f.** 1. sel basmak. 2. sel gibi akmak, taşmak, coşmak. **the Flood** Nuh tufanı.

flood.light (flâd'layt) **i.** ışıldak, projektör.

floor (flôr) **i.** 1. döşeme, yer, zemin, taban. 2. dip. 3. kat. **f.** 1. taş veya tahta döşemek, kaplamak. 2. vurup yere yıkmak. 3. şaşırtmak. 4. yenmek. **floor plan** kat planı. **floor show** varyete, atraksiyon.

flop (flap) **f.** 1. çırpınmak. 2. devrilmek. 3. başaramamak. **i.** 1. çökme, devrilme. 2. başarısızlık.

flo.ra (flôr'ı) **i.** flora, bitey.

flor.id (flôr'id) **s.** 1. kırmızı, yüzüne ateş basmış (yüksek tansiyondan). 2. süslü.

flo.rist (flôr'ist) **i.** çiçekçi; çiçek yetiştiricisi.

floun.der (flaun'dır) **f.** 1. bata çıka yürümek. 2. didinmek, uğraşıp durmak.

flour (flauw'ır) **i.** 1. un. 2. ince toz.

flour.ish (flır'îş) **f.** 1. serpilmek, gelişmek, büyümek. 2. başarı kazanmak. 3. zenginleşmek.

flout (flaut) **f.** 1. karşı koymak. 2. alay etmek, eğlenmek.

flow (flo) **f.** akmak. **i.** 1. akış, akıntı. 2. met, kabarma. **flowing s.** akıcı, belagatli.

flow.er (flauw'ır) **i.** çiçek. **f.** 1. çiçeklenmek, çiçek açmak. 2. açılıp gelişmek, olgunlaşmak. **flower bed** çiçek tarhı, ocak. **flowery s.** i. çiçekli. 2. süslü, gösterişli.

flow.er.pot (flauw'ırpat) **i.** saksı.

flu (flu) **i.** grip.

fluc.tu.ate (flâk'çuweyt) **f.** düzensizce değişmek; bir kararda olmamak. **fluctuation i.** düzensiz değişim.

flue (flu) **i.** ocak bacası, baca; soba borusu.

flu.ent (fluw'ınt) **s.** 1. akıcı, açık, düzgün. 2. sürükleyici (ifade). **fluently z.** akıcı olarak, kolaylıkla.

fluff (flaf) **i.** 1. hafif tüy, kırpıntı. 2. kuş tüyü.

flu.id (flu'wîd) **s.** 1. akışkan. 2. akıcı, sıvı, sulu. **i.** sıvı madde; gaz. **fluidity i.** akıcılık.

fluke (fluk) **i.** 1. talih. 2. rastlantı, tesadüf.

flunk (flângk) **f.** başaramamak, kalmak, çakmak.

flu.o.res.cence (flûres'ıns) **i.** flüorışı. **fluorescent s.** floresan, flüorışıl.

flur.ry (flır'i) **i.** 1. kısa süren ani rüzgâr. 2. telaş, heyecan, acele.

flush (flâş) **f.** 1. birden akmak, hücum etmek (kan). 2. kızarmak; kızartmak. 3. akıtmak, bol su ile temizlemek. **i.** 1. kızarma. 2. kırmızılık, kızartı.

flush (flâş) **s.** 1. düz. 2. cebi para dolu. **f.** düzlemek. **z.** 1. düz. 2. tam.

flus.ter (flâs'tır) **f.** şaşırtmak, telaşlandırmak; şaşırmak, bocalamak, telaşlanmak.

flute (flut) **i.** flüt, flavta. **flutist i.** flütçü, flavtacı.

flut.ter (flât'ır) **f.** 1. kanat çırpmak. 2. çırpınmak, telaş etmek. **i.** 1. titreme. 2. heyecan.

flux (flâks) **i.** 1. akıntı, akma. 2. değişme, değişim. 3. (fiz.) akı.

fly (flay) **i.** sinek. **fly swatter** sineklik, sinek raketi.

fly (flay) **i.** 1. uçuş. 2. fermuar veya düğme ile kapatılabilen kısım. **f.** 1. uçmak; uçurmak. 2. çabuk geçmek. 3. kaçmak. 4. fırlamak, atılmak. 5. açıkla gitmek. **fly apart** kopup ayrılmak, parçalanmak. **fly away** i. uçup gitmek. 2. kaçmak. **flying i.** 1. uçma, uçuş. 2. havacılık. **s.** 1. uçan. 2. havacılıkla ilgili.

fly.leaf (flay'lif) **i.** kitabın baş veya sonundaki boş yaprak.

foam (fom) **i.** köpük. **f.** köpürmek. **foam rubber** sünger.

fo.cus (fo'kıs) **i.** odak. **f.** bir noktaya getirmek, odaklamak. **in focus** odağı ayarlı. **out of focus** ayarı bozuk, flu.

fod.der (fad'ır) **i.** saman, ot, hayvan yemi.

foe (fo) **i.** düşman, hasım.

fog (fag) **i.** sis; duman. **foggy s.** 1. sisli; dumanlı. 2. bulutlu, bulanık.

fo.gy (fo'gi) **i.** geri kafalı.

foi.ble (foy'bıl) **i.** 1. zaaf, zayıflık, kusur. 2. delilik, merak.

foil (foyl) **f.** 1. engellemek. 2. şaşırtmak; işini bozmak.

foist (foyst) **f.** hileyle kabul ettirmek, sokuşturmak.

fold (fold) **f.** 1. katlamak, bükmek. 2. (matb.) kırmak. 3. sarmak; sarılmak. 4. bağrına basmak, kucaklamak. 5. sarınmak, bürünmek. 6. kavuşturmak (elleri). **i.** 1. kat, kıvrım; büklüm. 2. boğum.

fold (fold) **i.** ağıl.

fold.er (fol'dır) **i.** 1. kırma makinesi. 2. dosya, sıralaç, klasör. 3. broşür.

fo.li.age (fo'liyîc) **i.** yapraklar, yeşillik.

folk (fok) **i.** 1. halk, ahali. 2. millet. **folk dance** halk oyunu. **folk song** halk şarkısı, türkü. **folks i.** 1. insanlar, kimseler. 2. akraba, aile, ana baba.

folk.lore (fok'lôr) **i.** folklor, halkbilgisi.

fol.low (fal'o) **f.** 1. takip etmek, izlemek. 2. sonucu olmak, anlaşılmak, çıkmak. **fol-**

lowing i. taraftarlar. **s.** 1. takip eden, izleyen. 2. ertesi. 3. aşağıdaki.

fol.ly (fal'i) **i.** delilik; ahmaklık, budalalık.

fond (fand) **s.** meraklı, düşkün, deli. **fond of** seven, âşık. **fondly z.** şefkatle, sevgiyle. **fondness i.** sevgi; merak, düşkünlük.

fon.dle (fan'dıl) **f.** okşamak, sevmek.

food (fud) **i.** 1. yemek, yiyecek. 2. gıda, besin. 3. yem.

fool (ful) **i.** 1. ahmak, budala, aptal. 2. soytarı. 3. küçük düşürülen kimse. **f.** 1. aldatmak, oynatmak. 2. maskaralık etmek. **fool around** boşuna vakit geçirmek, eğlenmek. **fool with** ile oynamak, boşuna uğraşmak.

fool.har.dy (ful'hardi) **s.** çılgın, atılgan, gözü pek.

fool.ish (fu'lîş) **s.** akılsız, mantıksız, saçma, budalaca. **foolishly z.** akılsızca, enayice. **foolishness i.** 1. enayilik, akılsızlık. 2. boş laf.

fool.proof (ful'pruf) **s.** salim, kazadan beladan uzak.

foot (fût) **i.** 1. ayak; kade-. 2. alt, (dağ) etek, dip. **foot the bill** parayı toslamak.

foot.ball (fût'bôl) **i.** ayaktopu, futbol.

foot.brake (fût'breyk) **i.** ayak freni.

foot.hill (fût'hîl) **i.** dağ eteği, bayır.

foot.hold (fût'hold) **i.** ayak basacak sağlam yer.

foot.ing (fût'îng) **i.** basılan yer; hal, durum.

foot.lights (fût'layts) **i.** (tiyatro) sahne önündeki bir sıra ışık.

foot.lock.er (fût'lakır) **i.** küçük sandık.

foot.loose (fût'lus) **s.** serbest, başıboş.

foot.note (fût'not) **i.** dipnot.

foot.print (fût'prînt) **i.** ayak izi.

foot.step (fût'step) **i.** 1. adım. 2. ayak sesi. 3. ayak izi. 4. basamak.

foot.wear (fût'wer) **i.** ayak giyecekleri.

foot.worn (fût'wôrn) **s.** 1. aşınmış. 2. yorulmuş, ayaklarına kara su inmiş.

for (fôr) **edat** 1. için, -e. 2. uğruna. 3. şerefine. 4. -den dolayı, nedeniyle. 5. -e mukabil, karşı. 6. uygun. 7. yerine. 8. konusunda, dair. **bağ.** çünkü, zira. **for good** bütün bütün, temelli olarak. **for sale** satılık.

for.age (fôr'îc) **f.** yiyecekleri yağma etmek.

for.bid (fırbîd') **f.** yasaklamak, menetmek. **God forbid!** Allah esirgesin! **forbidden s.** yasak. **forbidding s.** sert, haşin, ürkütücü.

force (fôrs) **i.** 1. güç, kuvvet, kudret. 2. zor, şiddet, baskı. 3. hüküm, etki. **f.** 1. zorlamak, mecbur etmek. 2. sıkıştırmak. **forceful s.** kuvvetli, şiddetli, güçlü. **forcible s.** zora dayanan.

ford (fôrd) **i.** ırmakta sığ yer. **f.** sığ yerden yürüyerek geçmek.

fore (fôr) **s.** ön, öndeki.

fore.bod.ing (fôrbo'dîng) **i.** önsezi.

fore.cast (fôr'käst) **f.** 1. önceden tahmin etmek. 2. belirtisi olmak. 3. tasarlamak. **i.** tahmin, hava tahmini.

fore.close (fôrkloz') **f.** parayı ödemediğinden ipotekli malı sahibinden almak.

fore.fa.ther (fôr'fadhır) **i.** ata, cet.

fore.fin.ger (fôr'fîng.gır) **i.** işaretparmağı.

fore.front (fôr'frânt) **i.** en ön, ön sıra.

fore.gone (fôr'gôn) **s.** geçmiş, bitmiş.

fore.ground (fôr'graund) **i.** ön plan.

fore.head (fôr'îd) **i.** alın.

for.eign (fôr'în) **s.** 1. yabancı. 2. dış, harici. **foreign affairs** dışişleri. **foreign exchange** 1. kambiyo. 2. döviz. **foreign minister** dışişleri bakanı. **foreigner i.** yabancı.

fore.man (fôr'mın) **i.** 1. ustabaşı. 2. başkan.

fore.most (fôr'most) **s.** başta gelen, en öndeki. **z.** başta.

fore.noon (fôr'nun) **i.** öğleden önce, sabah.

fore.see (fôrsi') **f.** önceden bilmek.

fore.sight (fôr'sayt) **i.** tedbir.

for.est (fôr'îst) **i.** orman. **forestry i.** ormancılık.

fore.stall (fôrstôl') **f.** önüne geçmek; önce davranmak.

fore.tell (fôrtel') **f.** önceden haber vermek, kehanette bulunmak.

for.ev.er (fırev'ır) **z.** ebediyen, daima.

fore.warn (fôrwôrn') **f.** uyarmak.

fore.word (fôr'wırd) **i.** önsöz.

for.feit (fôr'fît) **f.** ceza olarak hakkı kaybetmek.

forge (fôrc) **i.** demirci ocağı, demirhane. **f.** 1. demiri kızdırıp işlemek. 2. sahtesini yapmak.

forge (fôrc) **f.** ağır ağır ilerlemek. **forge ahead** 1. yarışta başa geçmek. 2. ilerlemek.

forg.er (fôr'cır) **i.** sahte imza atan, sahtekâr. **forgery i.** 1. sahte şey. 2. sahte imza. 3. sahtekârlık.

for.get (fırget') **f.** 1. unutmak. 2. ihmal etmek. **forgetful s.** 1. unutkan. 2. ihmalci.

for.give (fırgîv') **f.** affetmek, bağışlamak. **forgiveness i.** bağışlama. **forgiving s.** affeden, merhametli.

for.go (fôrgo') **f.** vazgeçmek.

fork (fôrk) **i.** çatal. **f.** 1. çatallaşmak. 2. (bahç.) bellemek.

for.lorn (fôrlôrn') **s.** 1. ümitsiz. 2. terkedilmiş. 3. kimsesiz, ıssız.

form (fôrm) **i.** 1. şekil, biçim, form. 2. beden. 3. kalıp. 4. müsvaddat fişi. 5. (matb.) forma. **f.** 1. biçimlendirmek. 2. düzenlemek. 3. kurmak. 4. türemek. **in good form** iyi halde, keyfi yerinde. **out of form** 1. keyifsiz. 2. biçimsiz. 3. (spor) formunda olmayan.

for.mal (fôr'mıl) **s.** 1. resmi. 2. biçimsel. **i.** tuvalet, gece elbisesi.

for.mal.i.ty (fôrmäl'iti) **i.** 1. formalite, usul. 2. resmiyet. 3. biçimsizlik.

for.mal.ize (fôr'mılayz) **f.** 1. resmileştirmek. 2. biçim vermek.

for.mat (fôr'mät) **i.** genel biçim.

for.ma.tion (fôrmey'şın) **i.** 1. düzen, tertip. 2. oluşum.

form.a.tive (fôr'mıtîv) **s.** 1. biçimlendirici. 2. geliştirici.

for.mer (fôr'mır) **s.** 1. önceki, evvelki. 2. eski, geçmiş, sabık. 3. ilk bahsedilen. **formerly z.** eskiden, önceden, evvelce.

for.mi.da.ble (fôr'mîdıbıl) **s.** korkunç, dehşetli, müthiş, heybetli.

for.mu.la (fôr'mıylı) **i.** 1. usul, kural, kaide. 2. reçete, tertip. 3. formül.

for.mu.late (fôr'mıyleyt) **f.** formül halinde anlatmak, formüle etmek. **formulation i.** formülle açıklama.

for.sake (fırseyk') **f.** yüzüstü bırakmak, terk etmek.

fort (fôrt) **i.** kale, hisar; istihkâm. **hold the fort** 1. savunmak. 2. işi yürütmek.

forte (fôrt) **i.** hüner, beceri, ustalık.

forth (fôrth) **z.** ileri, dışarı, dışarıya. **and so forth** ve saire, ve başkaları.

forth.com.ing (fôrth'kam'îng) **s.** yakında çıkacak, gelecek.

for.ti.fy (fôr'tıfay) **f.** kuvvetlendirmek, sağlamlaştırmak.

for.ti.tude (fôr'tıtud) **i.** dayanıklılık, metanet, sebat, tahammül.

fort.night (fôrt'nayt) **i.** iki hafta.

for.tress (fôr'trîs) **i.** istihkâm; kale, hisar.

for.tu.nate (fôr'çınît) **s.** talihli, şanslı, bahtiyar. **fortunately z.** çok şükür, Allahtan, bereket versin.

for.tune (fôr'çın) **i.** 1. talih, şans, baht. 2. uğur. 3. kısmet. 4. servet.

for.tune.tell.er (fôr'çıntelır) **i.** falcı.

for.ty (fôr'ti) **s.** kırk.

fo.rum (fôr'ım) **i.** forum.

for.ward (fôr'wırd) **s.** 1. ilerideki; öndeki, ön. 2. ileri, ilerlemiş. 3. küstah, cüretkâr. (i. futbol) forvet. **f.** 1. ilerletmek, ilerlemesine yardımcı olmak. 2. göndermek, sevk etmek.

for.ward, -s (fôr'wırd, -z) **z.** ileri doğru, ileri, doğru.

fos.sil (fas'ıl) **i.** fosil, taşıl.

fos.ter (fôs'tır) **f.** 1. beslemek, büyütmek, bakmak. 2. teşvik etmek. **foster brother** sütkardeş (erkek). **foster child** 1. evlatlık. 2. süt evlat. **foster mother** sütana, sütanne.

foul (faul) **s.** 1. iğrenç, tiksindirici, nefret verici. 2. kirli, pis. 3. çirkin, ayıp. 4. kötü, fena (hava).

5. dolaşmış, karışmış. **i.** (futbol) faul. **f.** 1. kirletmek, pisletmek, bulaştırmak. 2. bozmak 3. rezil etmek. **foul play** 1. kurallara aykırı oyun. 2. hıyanet; suikast. 3. cinayet. **foul up** allak bullak etmek, karıştırmak.

found (faund) **f.** kurmak, temelini atmak, tesis etmek. **founder i.** kurucu.

foun.da.tion (faundey'şın) **i.** 1. kuruluş, kurum, tesis. 2. temel, esas. 3. vakıf.

foun.der (faun'dır) **f.** 1. su dolup batmak. 2. çökmek.

foun.dry (faun'drî) **i.** dökümhane.

foun.tain (faun'tîn) **i.** 1. çeşme, pınar, kaynak, memba. 2. fıskıye. **fountain pen** dolmakalem, stilo. **drinking fountain** içme suyunu yukarıya fışkırtan çeşme.

four (fôr) **s.** dört.

four.teen (fôr'tin') **s.** on dört.

fowl (faul) **i.** 1. kuş. 2. kümes hayvanı.

fox (faks) **i.** 1. tilki. 2. kurnaz. **f.** aldatmak, hile yapmak. **foxy s.** tilki gibi, kurnaz.

foy.er (foy'ır) **i.** fuaye.

frac.tion (fräk'şın) **i.** 1. parça, kısım. 2. kesir. **fractional s.** 1. kesirli. 2. tikel.

frac.ture (fräk'çır) **i.** kırık. **f.** kırmak, çatlatmak; kırılmak.

frag.ile (frä'cıl) **s.** 1. kırılgan. 2. nazik, narin, ince.

frag.ment (fräg'mınt) **i.** kırık parça, kısım.

fra.grance (frey'grıns) **i.** güzel koku. **fragrant s.** güzel kokulu, mis gibi.

frail (freyl) **s.** 1. kırılgan. 2. kolay bozulur. 3. zayıf.

frame (freym) **f.** 1. çerçevelemek. 2. tasarlamak. 3. düzenlemek. 4. çatmak, kurmak. **i.** 1. çerçeve; bina iskeleti; kafes, çatı. **frame house** ahşap ev.

frame.work (freym'wırk) **i.** 1. çatı, iskelet. 2. çevre.

franc (fränk) **i.** frank.

France (fräns) **i.** Fransa.

fran.chise (frän'çayz) **i.** 1. oy hakkı. 2. imtiyaz, hak.

frank (fränk) **s.** 1. açıksözlü, samimî. 2. açık. **frankly z.** açıkça. **frankness i.** açıksözlülük, samimiyet.

fran.tic (frän'tîk) **s.** çılgın, kendinden geçmiş.

fra.ter.ni.ty (frıtır'nıtî) **i.** kardeşlik.

fra.ter.nal (frıtır'nıl) **s.** kardeşçe.

fraud (frôd) **i.** 1. hile; dolandırıcılık, sahtekârlık. 2. dolandırıcı, hileker, sahtekâr.

fraud.u.lent (frô'cılınt) **s.** 1. hileli, sahte. 2. hilekâr, dolandırıcı. **fraudulence i.** hilekârlık. **fraudulently z.** hileyle.

fraught (frôt) **s.** dolu, yüklü.

fray (frey) **i.** kavga, dalaş, karışıklık.

fray (frey) f. yıpratmak; yıpranmak.

fraz.zle (fräz'ıl) i. yıpranma. f. yıpratmak; yıpranmak.

freak (frik) i. 1. tuhaflık, gariplik, acayiplik. 2. hilkat garibesi, acibe. **freakish s.** acayip, garip.

freck.le (frek'ıl) i. çil, leke, benek. **freckled, freckly s.** çilli.

free (fri) s. 1. özgür, hür, serbest. 2. açık. 3. bedava, parasız. f. serbest bırakmak, çözmek, salmak. free of -den ari. **free port** açık liman. **freedom** i. özgürlük, hürriyet, serbestlik.

free-lance (fri'läns) f. serbest çalışmak, kendi hesabına çalışmak (yazar, fotoğrafçı).

free-spo.ken (fri'spo'kın) s. açıksözlü, tok sözlü.

free.stone (fri'ston) i. yarma şeftali.

free.think.er (fri'thîng'kır) i. serbest düşünür.

free.way (fri'wey) i. ekspres yol.

free-wheel.ing (fri'hwi'ling) s. 1. tekerlekleri serbest dönen. 2. serbest davranan, çekinmesiz.

free.will (fri'wîl') s. gönüllü, istekli.

freeze (friz) f. 1. donmak; dondurmak. 2. çok üşümek. 3. buz tutmak. 4.fiyatları dondurmak, narh koymak. i. donma, don. **freezer** i. 1. dondurma makinesi. 2. dondurucu dolap, dipfriz, dondurac̨.

freight (freyt) i. 1. navlun. 2. yük. 3. marşandiz, yük katarı. **freighter** i. şilep.

French horn korno.

fren.zy (fren'zi) i. çılgınlık, coşkunluk, taşkınlık. **fre.quen.cy** (fri'kwınsi) i. frekans, sıklık derecesi.

fre.quent (fri'kwınt) s. sık sık olan. **frequently z.** sık sık.

fres.co (fres'ko) i. fresk.

fresh (freş) s. 1. taze, yeni. 2. tatlı (su). 3. temiz, serin (hava). 4. canlı. 5. dinlenmiş. 6. küstah, cüretkâr. **freshly z.** taze olarak, dinlenmiş olarak.

fresh.man (freş'mın) i. 1. birinci sınıf öğrencisi.

fret (fret) f. 1. dert etmek, üzülmek, sıkılmak; söylenmek. 2. üzmek. **fretful s.** sinirli, huysuz.

fric.tion (frîk'şın) i. 1. sürtme; sürtünme. 2. ovma, friksiyon. 3. anlaşmazlık.

Fri.day (fray'di) i. cuma.

friend (frend) i. dost, arkadaş. **be friends with** ahbap olmak. **friendly s.** dost, dostça. **friendship** i. dostluk.

fright (frayt) i. 1. korku, dehşet. 2. korkutucu şey, korkunç kimse. 3. çirkin şey. **frightful s.** korkunç, müthiş.

fright.en (fray'tın) f. korkutmak; ürkütmek. **frightened s.** korkmuş; ürkmüş. **frightening s.** korkutucu; ürkünç.

frig.id (frîc'îd) s. 1. soğuk, buz gibi. 2. cansız, duygusuz.

frill (frîl) i. farbala, fırfır, volan. **frilly s.** farbalalı, fırfırlı, süslü.

fringe (frînc) i. 1. saçak. 2. perçem, kâkül. 3. kenar.

frisk.y (frîs'ki) s. neşeli, oynak.

fri.vol.i.ty (frîvel'ıti) i. uçarılık, hoppalık. 2. saçmalık.

friv.o.lous (frîv'ılıs) s. 1. saçma, boş. 2. uçan, hoppa.

frock (frak) i. 1. kadın elbisesi, rop.

frog (frag) i. kurbağa.

frol.ic (fral'îk) i. 1. eğlence. 2. coşma, neşe. f. gülüp eğlenmek.

from (främ) edat -den, -dan; den dolayı.

front (frʌnt) i. 1. farba. 2. (arsanın) yol kenarı. 3. birleşik hareket grubu, cephe. 4. hareket sahası, mücadele alanı. f. 1. yönelmek. 2. karşı gelmek. 3. karşılamak.

fron.tier (frʌntîr') i. 1. sınır. 2. boş bölge.

frost (frôst) i. 1. donma. 2. ayaz, don. **frosty s.** 1. ayaz. 2. buz tutmuş, donmuş.

frost.bit.ten (frôst'bîtın) s. donmuş.

frost.ing (frôs'tîng) i. kek kreması.

froth (frôth) i. 1. köpük. f. köpürmek. **frothy s.** köpüklü.

frown (fraun) f. 1. kaşlarını çatmak. 2. hiddetle bakmak. i. kaş çatma.

fro.zen (fro'zın) s. donmuş.

fru.gal (fru'gıl) s. 1. idareli, tutumlu. 2. sade. **fru.gal.i.ty** (frugäl'ıti) i. tutumluluk.

fruit (frut) i. 1. meyve, yemiş. 2. mahsul, verim. **fruit.ful** (frut'fıl) s. meyve veren, verimli. **fruit-fully z.** verimli bir şekilde. **fruitfulness** i. bereket, verim.

fruit.less (frut'lis) s. 1. semeresiz, verimsiz, kısır. 2. yararsız, nafile. **fruitlessly z.** boş yere.

frus.trate (frʌs'treyt) f. 1. işini bozmak, hayal kırıklığına uğratmak. 2. engellemek. **frustrated s.** 1. amacına ulaşamamış. 2. sinirli. **frustration** i. 1. hayal kırıklığı. 2. sinirlilik. **frustrating s.** 1. boşa çıkaran, engelleyen. 2. sinirlendirici.

fry (fray) f. kızartmak; kızarmak. **frying pan** tava.

fu.el (fyu'wıl) i. yakacak, yakıt.

fu.gi.tive (fyu'cıtiv) i, s. kaçak, firari.

Fu.ji.ra (fucay'rı) i. Fujaira.

ful.crum (fûl'krım) i. dayanma noktası.

ful.fill (fûlfîl') f. 1. yerine getirmek. 2. yapmak. 3. görmek, ifa etmek. 4. tamamlamak. **fulfillment** i. 1. ergi. 2. yerine getirme; tamamlama.

full (fûl) s. 1. dolu. 2. meşgul. 3. tok. 4. tam. 5. dolgun. **full pay** tam ücret veya maaş. **fully z.** tamamen, tamamıyla.

fum.ble (fâm'bıl) **f. 1.** el yordamıyle aramak. **2.** becerememek. **i.** tutamayış; beceremeyiş.

fume (fyum) **i.** duman; buhar. **f. 1.** tütmek. **2.** tütsülemek. **3.** kızmak, öfkelenmek, köpürmek.

fu.mi.gate (fyu'mıgeyt) **f.** buharla dezenfekte etmek.

fun (fân) **i.** eğlence, zevk. **for fun 1.** zevk için. **2.** şaka olsun diye. **make fun of** (biriyle) alay etmek, eğlenmek.

func.tion (fângk'şın) **i. 1.** işlev; iş, görev. **2.** (mat.) fonksiyon. **f.** işlemek, görevini yapmak. **functional s. 1.** görevsel. **2.** pratik.

fund (fând) **i.** fon, bir iş için ayrılmış para. **funds i.** para.

fun.da.men.tal (fândımen'tıl) **s. 1.** temel. **2.** önemli. **fundamentally z.** aslında, temelde.

fu.ner.al (fyu'nırıl) **i.** cenaze töreni.

fun.gus (fâng'gıs) **i.** (bot.) mantar.

fun.nel (fân'ıl) **i. 1.** huni. **2.** baca, boru.

fun.nies (fân'iz) **i.** çizgi romanlar.

fun.ny (fân'i) **s. 1.** eğlenceli, gülünç, komik. **2.** tuhaf, acayip.

fur (fır) **i.** kürk. **furry s.** kürklü.

fu.ri.ous (fyûr'iyıs) **s. 1.** öfkeli, kızgın. **2.** şiddetli, sert. **furiously z.** öfkeyle, hiddetle.

fur.lough (fır'lo) **i.** sıla izni, sılaya gitme.

fur.nace (fır'nis) **i.** ocak; kalorifer kazanı.

fur.nish (fır'niş) **f. 1.** donatmak, teçhiz etmek. **2.** döşemek. **3.** sağlamak, tedarik etmek. **furnished s.** möbleli, döşeli. **furnishings i.** mefruşat, mobilya, eşya.

fur.ni.ture (fır'nıçır) **i.** eşya, mefruşat, mobilya.

fur.row (fır'o) **i. 1.** saban izi, karık, çizi. **2.** kırışık.

fur.ther (fır'dhır) **s.** ötedeki, uzaktaki; daha uzak. **z. 1.** daha öte. **2.** ilaveten, ayrıca. **f.** ilerletmek, yardım etmek. **furthermore z.** bundan başka, ayrıca. **furthermost s.** en ötedeki.

fur.thest (fır'dhist) **s.** en uzak.

fur.tive (fır'tiv) **s.** gizli, sinsi. **furtively z.** gizlice, sinsice. **furtiveness i.** gizlilik, sinsilik.

fu.ry (fyûr'i) **i. 1.** hiddet, öfke; şiddet. **2.** çılgınlık, taşkınlık.

fuse (fyuz) **f. 1.** eritmek; erimek. **2.** eriyip kaynaşmak, yapışmak.

fuse (fyuz) **i. 1.** fitil. **2.** (elek.) sigorta.

fu.sion (fyu'jın) **i. 1.** erime; eritme. **2.** birleştirme.

fuss (fâs) **i. 1.** telaş, yaygara. **2.** tartışma. **3.** aşırı övgü, pohpohlama. **f. 1.** titizlenmek. **2.** meraklanmak. **3.** yakınmak. **4.** telaşlanmak. **fussy s. 1.** titiz. **2.** huysuz. **fussily z.** titizlikle.

fu.tile (fyu'tıl) **s. 1.** boş, nafile, abes. **2.** değersiz.

fu.til.i.ty (fyutil'ıti) **i.** yararsızlık.

fu.ture (fyu'çır) **i.** gelecek, istikbal. **s.** gelecek.

fuzz (fâz) **i. 1.** tüy. **2.** hav. **fuzzy s.** karışık.

G

gab.ble (gäb'ıl) **f. 1.** çabuk konuşmak. **2.** gevezelik etmek. **i.** gevezelik.

Ga.bon (gä'bın) **i.** Gabon.

gad.fly (gäd'flay) **i. 1.** atsineği. **2.** şırnaşık, yapışkan.

gad.get (gäc'it) **i. 1.** alet. **2.** zımbırtı, zırıltı.

gaff (gäf) **i.** balık zıpkını.

gag (gäg) **i. 1.** susturucu, tıkaç. **2.** şaka, latife. **f.** susturmak, söyletmemek; ağzını tıkamak.

gai.e.ty (gey'ıti) **i.** şenlik, neşe.

gain (geyn) **i. 1.** kazanç, kâr. **2.** yarar, fayda. **3.** artış. **f. 1.** kazanmak, kâr etmek. **2.** ileri gitmek (saat). **3.** ilerlemek. **gainful s.** kazançlı, kârlı. **gains i.** kazanç, gelir.

gait (geyt) **i.** yürüyüş, gidiş.

gal.a (gäl'ı) **i.** şenlik, bayram.

gal.a.xy (gäl'ıksi) **i.** gökada.

gale (geyl) **i.** sert rüzgâr, bora, fırtına.

gall (gôl) **i. 1.** safra. öt. **2.** safra kesesi. **3.** küstahlık.

gal.lant (gäl'ınt) **s. 1.** gösterişli, güzel. **2.** yiğit, cesur. **3.** kibar, nazik. **4.** atesli, âşık. **gallantly z. 1.** nazikçe. **2.** gösterişli bir şekilde. **3.** kahramanca, yiğitçe.

gal.ler.y (gäl'ıri) **i. 1.** dehliz, koridor. **2.** galeri. **3.** tünel.

gal.lon (gäl'ın) **i.** galon.

gal.lop (gäl'ıp) **f.** dörtnala gitmek.

gal.lows (gäl'oz) **i.** darağacı.

gall.stone (gôl'ston) **i.** safra taşı.

ga.lore (gılôr') **z.** bol bol.

ga.losh (gılaş') **i.** kaloş, kısa çizme.

gal.va.nize (gäl'vınayz) **f. 1.** harekete getirmek, heyecanlandırmak. **2.** galvanizlemek.

Gam.bi.a (gäm'biyı) **i.** Gambia.

gam.ble (gäm'bıl) **f. 1.** kumar oynamak. **2.** şansa bağlamak. **i.** tehlikeli girişim. **gambler i.** kumarbaz. **gambling i.** kumar oynama.

game (geym) **i. 1.** oyun. **2.** spor. **3.** plan, düzen. **4.** av, av eti. **s.** gözü pek, yiğit.

gang (gäng) **i. 1.** çete. **2.** takım, ekip. **3.** avene, yardakçılar. **4.** işçi takımı.

gan.gling (gäng'glıng) **s.** uzun boylu, leylek gibi.

gang.plank (gäng'plängk) **i.** iskele tahtası.

gan.grene (gäng'grin) **i.** kangren.

gang.ster (gäng'stır) i. gangster.

gang.way (gäng'wey) i. yol, geçit, pasaj.

gap (gäp) i. 1. yarık. 2. geçit. 3. aralık, ara. 4. açıklık; ayrılık. f. yol açmak, yarmak.

gape (geyp) f. 1. esnemek. 2. ağzı açık kalmak. 3. yarılmak, açılmak.

ga.rage (graj') i. garaj.

garb (garb) i. kıyafet, üst baş, kılık.f. giydirmek.

gar.bage (gar'bic) i. çöp, süprüntü. **garbage can** çöp tenekesi. **garbage man** çöpçü.

gar.den (gar'dın) i. 1. bahçe. 2. bostan. s. sıradan, alelade. f. bahçıvanlık yapmak. **gar.dener** i. bahçıvan. **gardening** i. bahçıvanlık.

gar.gle (gar'gıl) f. gargara yapmak, çalkalamak. i. gargara.

gar.land (gar'lınd) i. 1. çelenk. 2. antoloji, seçmeler, derleme eserler. f. çelenkle süslemek.

gar.lic (gar'lik) i. sarmısak.

gar.ment (gar'mınt) i. giysi, elbise.

gar.ner (gar'nır) f. toplamak, biriktirmek.

gar.nish (gar'niş) f. donatmak, süslemek.

gar.ret (gar'it) i. tavan arasındaki oda.

gar.ri.son (gär'ısın) i. garnizon.

gar.ter (gar'tır) i. çorap bağı, dizbağı, jartiyer.

gas (gäs) i. 1. gaz; havagazı. 2. benzin. f. 1. gaz vermek. 2. gazla zehirlemek. **gas station** benzin istasyonu.

gas.ket (gäs'kit) i. conta.

gas.o.line (gäsılin') i. benzin.

gasp (gäsp) f. solumak.

gas.tric (gäs'trik) s. mideye ait.

gas.tri.tis (gästray'tis) i. mide iltihabı, gastrit.

gate (geyt) i. 1. bahçe kapısı, kapı. 2. geçit, boğaz.

gate.keep.er (geyt'kipır) i. bahçe girişindeki kapıcı.

gath.er (gädh'ır) f. 1. toplamak. 2. devşirmek. 3. yığmak. 4. seçmek, biriktirmek. 5. anlamak, sonuç çıkarmak. 6. Büzmek, kırma yapmak. **gathering** i. toplantı.

gaud.y (gô'di) s. süslü, cicili bicili.

gauge (geyc) i. 1. ölçek, ölçü, mikyas. 2. geyç, ölçme aleti. f. ölçmek.

gaunt (gônt) s. zayıf, ince, kuru.

gauze (gôz) i. tül; gazlı bez.

gay (gey) s. 1. neşeli, şen. 2. parlak, canlı. 3. uçarı, sefih. 4. (argo) ibne. **gaily** z. neşeyle. **gayness** i. neşe.

gaze (geyz) f. gözünü dikmek. i. dik bakış.

ga.zelle (gızel') i. ceylan.

gear (gir) i. 1. dişli, dişli takımı. 2. vites, şanjman. 3. donanım, tertibat. 4. eşya. f. uymak; uydurmak.

gel.a.tin (cel'ıtin) i. jelatin.

gem (cem) i. kıymetli taş, cevher.

gen.darme (jan'darm) i. jandarma.

gen.der (cen'dır) i. ismin cinsi, cinsiyet.

ge.ne.al.o.gy (ciniyal'ıci) i. şecere; silsile, soy.

gen.er.al (cen'ırıl) s. 1. genel, umumi. 2. yaklaşık. i. general. **generally** z. genellikle.

gen.er.al.i.za.tion (cenırılızey'şın) i. genelleme.

gen.er.al.ize (cen'ırlayz) f. genelleştirmek.

gen.er.ate (cen'ıreyt) f. meydana getirmek, doğurmak. **generation** i. kuşak, nesil, soy.

generator i. jeneratör, dinamo.

gen.er.os.i.ty (cenıras'ıti) i. cömertlik.

gen.er.ous (cen'ırıs) s. 1. cömert, eli açık. 2. bol, bereketli. 3. verimli. **generously** z. cömertçe.

ge.sis (cen'ısis) i. 1. yaratılış. 2. başlangıç.

ge.net.ics (cınet'iks) i. soyaçekim bilgisi.

gen.ial (cin'yıl) s. güler yüzlü, güleç.

gen.i.tal (cen'ıtıl) s. tenasül uzuvlarına ait.

gen.ius (cin'yıs) i. dâhi; deha, üstün yetenek.

gen.o.cide (cen'ısayd) i. kırım, katliam.

gen.teel (centil') s. soylu, kibar.

gen.tle (cen'tıl) s. 1. nazik. 2. ılımlı. 3. soylu. 4. hafif. **gentleness** i. incelik, nezaket. **gently** z. yavaşça.

gen.tle.man (cen'tılmın) i. kibar adam, efendi centilmen.

gen.u.ine (cen'yuwin) s. 1. gerçek. 2. samimi. **genuinely** z. gerçekten.

ge.nus (ci'nıs) i. (biyol.) cins.

ge.og.ra.phy (ciyag'rıfi) i. coğrafya.

ge.ol.o.gy (ciyal'ıci) i. jeoloji, yerbilim.

ge.om.e.try (ciyam'ıtri) i. geometri.

ge.ra.ni.um (cirey'niyım) i. ıtır, sardunya.

ger.i.at.ric (ceriyät'rik) s. yaşlıların sağlığı ile ilgili.

germ (cırm) i. 1. mikrop. 2. tohum.

Ger.man (cır'mın) s., i. 1. Alman. 2. Almanca. **German Democratic Republic** Demokratik Almanya Cumhuriyeti. **German measles** kızamıkçık.

ger.mane (cırmeyn') s. ilgili.

Ger.man.y (cır'mıni) i. Almanya. **Federal Republic of Germany** Federal Almanya Cumhuriyeti.

ger.mi.cide (cır'mısayd) i. mikrop öldürücü, antiseptik.

ger.mi.nate (cır'mıneyt) f. 1. filizlenmek, sürmek. 2. gelişmeye başlamak. **germination** i. filizlenme, sürme.

ges.tic.u.late (cestik'yıleyt) f. konuşurken jestler yapmak.

ges.ture (ces'çır) i. hareket, jest. f. jestler yapmak.

get (get) f. 1. almak, elde etmek. 2. yakalamak. 3. götürmek. 4. hazırlamak. 5. yaptırmak.

6. neden olmak. 7. öğrenmek. 8. (hastalığa) tutulmak, olmak. 9. bağlantı kurmak. **get along** 1. gitmek, ayrılmak. 2. geçinmek, idare etmek. 3. başarmak. 4. anlaşmak, uymak. **get at** 1. varmak. 2. demek istemek. 3. başlamak, yapmak. 4. etkilemek. **get away** kaçmak, kurtulmak, savuşmak. **get away with** atlatmak, geçiştirmek. **get married** evlenmek. **get over** 1. (hastalığı) atlatmak. 2. açıklamak, izah etmek. **get ready** hazırlamak; hazırlanmak. **get rid of** kurtulmak, başından savmak, atmak. **get tired** yorulmak. **get together** 1. toplanmak, bir araya gelmek; toplamak. 2. anlaşmaya varmak. **get up** 1. kalkmak. 2. binmek, tırmanmak, çıkmak. 3. düzenlemek, hazırlamak. 4. uydurmak. **get used to** alışmak. **get wet** ıslanmak.

get.a.way (get'iwey) **i.** kaçıp kurtulma, paçayı kurtarma.

Gha.na (ga'nı) **i.** Gana.

ghast.ly (gäst'li) **s.** dehşetli, korkunç, iğrenç.

ghet.to (get'o) **i.** azınlığın oturduğu yoksul semt, getto.

ghost (gost) **i.** 1. ruh, can. 2. hayalet, hortlak. 3. cin.

gi.ant (cay'ınt) **i.** dev. **s.** dev gibi, iri, kocaman.

gib.ber.ish (cib'ıriş) **i.** laklakıyat.

gid.dy (gid'i) **s.** 1. başı dönmüş. 2. sersemletici. 3. hoppa, terelelli. 4. sersem, beyinsiz.

gift (gift) **i.** 1. armağan, hediye. 2. yetenek, kabiliyet. **gifted s.** yetenekli.

gi.gan.tic (caygän'tik) **s.** kocaman, dev gibi.

gig.gle (gig'ıl) **f.** kıkırdamak. **i.** kıkırdama.

gild (gild) **f.** 1. altın kaplamak, yaldızlamak. 2. süslemek.

gill (gil) **i.** solungaç.

gilt (gilt) **s.** yaldızlı, süslü. **i.** yaldız.

gim.let (gim'lit) **i.** burgu, delgi, matkap.

gim.mick (gim'ik) **i.** aldaç, göz boyayıcı hile; yutturmaca şey.

gin (cin) **i.** cin (içki).

gin (cin) **i.** çırçır. **f.** pamuğu çekirdeğinden ayırmak.

gin.ger (cin'cır) **i.** 1. zencefil. 2. canlılık.

gin.ger.bread (cin'cırbred) **i.** 1. zencefilli çörek. 2. gösterişli süs.

gi.raffe (cıräf') **i.** zürafa.

gird (gırd) **f.** kuşak sarmak.

gir.dle (gır'dıl) **i.** 1. kuşak, kemer. 2. korsa. **f.** kuşatmak, kuşaklıola sarmak.

girl (gırl) **i.** kız. **girlish s.** genç kız gibi.

girth (gırth) **i.** 1. çevre. 2. kolan. 3. kuşak.

give (giv) **f.** 1. vermek; hediye etmek. 2. devretmek. **give a play** temsil vermek, bir piyes oynamak. **give away** 1. vermek, hediye etmek. 2. ele vermek. **give back** geri vermek.

give birth to doğurmak. **give up** 1. vazgeçmek, teslim olmak, ümidi kesmek. 2. pes etmek.

give.a.way (giv'iwey) **i.** 1. açığa vurma. 2. hediye dağıtımı.

giz.zard (giz'ırd) **i.** (zool.) taşlık, katı, konsa.

gla.cier (gley'şır) **i.** buzul.

glad (gläd) **s.** 1. sevinçli. 2. güzel, parlak. 3. gülen. **gladly z.** kıvançla, memnuniyetle.

gladness i. kıvanç, memnunluk.

glad.den (gläd'ın) **f.** sevindirmek.

glad.i.a.tor (gläd'iyeytır) **i.** gladyatör.

glad.i.o.lus (glädiyo'lıs) **i.** glayol, kuzgunkılıcı.

glam.or (gläm'ır) **i.** 1. göz kamaştırma. 2. sahte parlaklık. **glamorously z.** cazip bir şekilde.

glance (gläns) **f.** göz gezdirmek. **i.** bakış.

gland (gländ) **i.** bez, gudde.

glare (gler) **f.** 1. ateş püsküren gözlerle bakmak. 2. göz kamaştırmak, parlamak. 3. göze çarpmak. **i.** 1. öfkeli bakış. 2. göz kamaştırıcı ışık.

glass (gläs) **i.** 1. cam. 2. bardak, kadeh. 3. ayna. **glasses i.** gözlük. **looking glass** ayna. **glassy s.** 1. camsı. 2. donuk.

glass.ware (gläs'wer) **i.** zücaciye.

glaze (gleyz) **f.** sırlamak. **i.** sır.

gleam (glim) **i.** 1. ışın. 2. pırıltı, parlaklık. **f.** pırıldamak.

glee (gli) **i.** coşkunluk, neşe. **gleeful s.** şen, neşeli.

glen (glen) **i.** dere, vadi.

glib (glib) **s.** 1. akıcı konuşan. 2. çevik.

glide (glayd) **f.** 1. kaymak, akmak. 2. süzülmek. **i.** kayma.

glid.er (glay'dır) **i.** planör.

glim.mer (glim'ır) **f.** parıldamak. **i.** parıltı.

glimpse (glimps) **i.** gözüne ilişme.

glint (glint) **i.** parıltı.

glis.ten (glis'ın) **f.** pırıldamak, parlamak.

glit.ter (glit'ır) **f.** 1. parıldamak. 2. göze çarpmak. **i.** 1. parıltı. 2. gösteriş.

gloat (glot) **f.** (başkasının başarısızlığından) zevk duymak.

glob (glab) **i.** 1. damla. 2. topak.

globe (glob) **i.** 1. küre, top, yuvarlak. 2. dünya. **global s.** dünyayı kapsayan, küresel.

glob.ule (glab'yul) **i.** kürecik. **globular s.** 1. küresel. 2. kürecikli.

gloom (glum) **i.** sıkıntı; kasvet. **gloomy s.** sıkıcı; kasvetli.

glo.ri.fy (glôr'ıfay) **f.** 1. övmek. 2. yüceltmek.

glo.ry (glôr'i) **i.** 1. şeref, şan, onur. 2. övgü. **f.** övünmek. **glorious s.** 1. şanlı, şerefli, ünlü. 2. parlak, muhteşem. **gloriously z.** şanla.

gloss (glôs) **f.** 1. parlaklık. 2. cila. **glossiness i.**

parlaklık. **glossy s.** parlak; cilalı.

gloss (glôs) **i.** açıklama. **f.** açıklamak.

glos.sa.ry (glôs'ıri) **i.** ek sözlük, lügatçe.

glove (glâv) **i.** eldiven.

glow (glo) **f.** 1. akkor olmak, korlanmak. 2. parlamak. **i.** 1. parlaklık. 2. hararet. 3. ateş.

glowing s. 1. kızarmış. 2. parlak.

glu.cose (glu'kos) **i.** glikoz.

glue (glu) **i.** zamk, tutkal. **f.** tutkallamak, zamklamak.

glum (glâm) **s.** asık yüzlü, suratsız.

glut (glât) **f.** tıka basa doyurmak. **i.** 1. bolluk. 2. tokluk.

glut.ton (glât'ın) **i.** obur. **gluttony i.** oburluk.

glyc.er.in (glis'ırin) **i.** gliserin.

gnarled (nârld) **s.** 1. budaklı. 2. boğum boğum.

gnash (nâş) **f.** diş gıcırdatmak.

gnat (nät) **i.** tatarcık.

gnaw (nô) **f.** 1. kemirmek. 2. sıkıntı vermek.

go (go) **f.** 1. gitmek; ilerlemek. 2. işlemek, çalışmak. 3. elden gitmek, bitmek. 4. satılmak. 5. denmek, söylenmek. **go ahead** 1. başlamak. 2. devam etmek. 3. ileri gitmek. **go around** 1. yetmek. 2. gezinmek. 3. çevirmek. **go by** geçmek, yanından geçmek. **go into effect** yürürlüğe girmek. **go mad** çıldırmak, delirmek. **go on** 1. devam etmek, ileri gitmek. 2. hareket etmek. **go out** 1. dışarıya çıkmak. 2. sönmek. **go over** 1. öbür tarafa geçmek. 2. tekrarlamak. 3. incelemek. **go with** 1. beraber gitmek. 2. uymak, yaraşmak. 3. ile flört etmek. **going i.** 1. gidiş, ayrılış. 2. yolların durumu. **s.** işleyen.

goad (god) **i.** üvendire. **f.** 1. üvendire ile dürtmek. 2. kışkırtmak.

goal (gol) **i.** 1. amaç, hedef. 2. gol.

goat (got) **i.** keçi, teke.

goat.ee (goti') **i.** sivri sakal, keçi sakalı.

gob.ble (gab'ıl) **f.** çabuk yemek, yutmak.

go-be.tween (go'bitwin) **i.** aracı, arabulucu.

god (gad) **i.** 1. tanrı, ilah. 2. put. **God i.** Allah, Tanrı.

god.dess (gad'is) **i.** tanrıça.

god-fear.ing (gad'firing) **s.** dindar.

god.for.sak.en (gad'firsey'kın) **s.** kahrolası.

god.ly (gad'li) **s.** dindar. **godliness i.** dindarlık.

gog.gles (gag'ılz) **i.** 1. güneş gözlüğü. 2. sualtı gözlüğü.

goi.ter (goy'tır) **i.** guatr.

gold (gold) **i.** 1. altın. 2. altın para. 3. servet. 4. yaldız.

gold.en (gol'dın) **s.** altın, altın renkli. **Golden Horn** Haliç.

golf (gôlf) **i.** golf.

gon.do.la (gan'dılı) **i.** gondol.

good (gud) **s.** 1. iyi, güzel, hoş. 2. uygun. **Good**

evening. İyi akşamlar. **Good morning.** Günaydın. **Good night.** İyi geceler. **Allah rahatlık versin. good will** iyi niyet. **goodly s.** güzel, hoş görünüşlü. **goodness i.** 1. iyilik, güzellik. 2. erdem. **goods i.** eşya, mal.

good-by (gudbay') **ünlem** Allahaısmarladık. Hoşça kal. Güle güle.

goose (gus) **i.** 1. kaz. 2. budala.

gorge (gôrc) **i.** koyak, vadi.

gorge (gôrc) **f.** atıştırmak, tıkınmak.

gor.geous (gôr'cıs) **s.** göz kamaştırıcı.

go.ril.la (gırıl'ı) **i.** goril.

go.ry (gôr'i) **s.** kanlı.

gos.sip (gas'ıp) **i.** dedikodu; gevezelik. **f.** dedikodu etmek.

gouge (gauc) **f.** 1. heykeltraş kalemi ile işlemek. 2. oymak.

gourd (gôrd) **i.** sukabağı.

gour.met (gürme') **i.** ağzının tadını bilen.

gout (gaut) **i.** gut hastalığı.

gov.ern (gâv'ırn) **f.** yönetmek, idare etmek. **governor i.** vali.

gov.ern.ment (gâv'ırnmınt) **i.** 1. hükümet. 2. yönetim.

gown (gaun) **i.** 1. kadın elbisesi. 2. cüppe.

grab (gräb) **f.** kapmak, zorla almak. **i.** 1. kapış, kapma. 2. el koyma.

grace (greys) **i.** 1. zarafet; nezaket. 2. lütuf, merhamet. **f.** 1. süslemek. 2. şeref vermek.

graceful s. zarif; nazik. **gracefully z.** zarafetle, incelikle. **gracefulness i.** zarafet; incelik, nezaket.

gra.cious (grey'şıs) **s.** cana yakın, şirin; hoş-sohbet.

grade (greyd) **i.** 1. derece. 2. sınıf. **f.** sınıflandırmak, derecelendirmek. **grade school** ilkokul.

grad.u.al (gräc'uwıl) **s.** tedrici, kademeli. **gradually z.** derece derece, tedricen, yavaş yavaş.

grad.u.ate (gräc'uwit) **i.** mezun, diplomalı kimse. **graduate school** üniversite mezunlarını kabul eden fakülte. **graduate student** ihtisas öğrencisi.

grad.u.ate (gräc'uweyt) **f.** 1. diploma vermek. 2. diploma almak, mezun olmak. **graduation i.** mezun olma.

graft (gräft) **i.** (bahç.) aşı. **f.** aşılamak.

graft (gräft) **i.** rüşvet. **f.** rüşvet almak.

grain (greyn) **i.** 1. tahıl. 2. tane, tohum, zerre. 3. ağaç damarı.

gram (gräm) **i.** gram.

gram.mar (gräm'ır) **i.** dilbilgisi, gramer. **grammar school** ilk ve ortaokul derecesinde resmi okul.

grand (gränd) **s.** 1. büyük, ulu, yüce. 2. muhteşem, muazzam. **grand vizier** sadrazam.

grand.daugh.ter (gränd'dôtır) **i.** kız torun.

gran.deur (grän'cır) **i.** büyüklük, yücelik, ihtişam.

grand.fa.ther (gränd'fadhır) **i.** büyükbaba, dede.

gran.dil.o.quence (grändil'ıkwıns) **i.** tumturaklı söz. **grandiloquent s.** tumturaklı.

grand.moth.er (gränd'mâdhır) **i.** anneanne, babaanne, nine.

grand.par.ents (gränd'perınts) **i.** büyükbaba ve büyükanne.

grand.son (gränd'sân) **i.** erkek torun.

grand.stand (gränd'ständ) **i.** tribün.

gran.ite (grän'it) **i.** granit.

grant (gränt) **f.** 1. bağışlamak, bahşetmek. 2. teslim etmek. 3. kabul etmek. **i.** 1. bağış, teberru. 2. burs.

gran.u.lar (grän'yılır) **s.** taneli.

gran.u.late (grän'yıleyt) **f.** tanelemek. **granulation i.** tanelenme.

gran.ule (grän'yul) **i.** tanecik.

grape (greyp) **i.** 1. üzüm. 2. asma.

grape.fruit (greyp'frut) **i.** greyfrut, altıntop.

grape.vine (greyp'vayn) **i.** asma.

graph (gräf) **i.** çizge, grafik.

graph.ic (gräf'ik) **s.** ayrıntıyla betimlenmiş, canlı. **graphic arts** grafik sanatlar. **graphically z.** 1. canlılıkla. 2. resimle.

graph.ite (gräf'ayt) **i.** grafit.

grasp (gräsp) **f.** 1. tutmak, yakalamak. 2. kavramak, anlamak. **i.** 1. yakalayış, tutma. 2. idrak, kavrayış. **grasping s.** haris, açgözlü.

grass (gräs) **i.** ot, çimen; çayır. **grassy s.** otlu, çimenli, çeşitlilikli.

grass.hop.per (gräs'hapır) **i.** çekirge.

grass.land (gräs'länd) **i.** otlak, çayır.

grate (greyt) **i.** ızgara.

grate (greyt) **f.** rendelemek. **grater i.** rende.

grate.ful (greyt'fıl) **s.** minnettar, değerbilir. **gratefully z.** minnetle, şükranla. **gratefulness i.** minnet, minnettarlık.

grat.i.fi.ca.tion (grätıfıkey'şın) **i.** memnuniyet, zevk, haz.

grat.i.fy (grät'ıfay) **f.** memnun etmek, tatmin etmek.

gra.tis (grey'tis) **s.** bedava, parasız, caba.

grat.i.tude (grät'ıtud) **i.** şükran, minnettarlık.

gra.tu.i.tous (grıtyu'wıtıs) **s.** 1. bedava, parasız. 2. sebepsiz, keyfi. 3. asılsız.

gra.tu.i.ty (grıtyu'wıti) **i.** bahşiş.

grave (greyv) **i.** mezar, gömüt.

grave (greyv) **s.** 1. ciddi, ağır, tehlikeli. 2. ağırbaşlı.

grav.el (gräv'ıl) **i.** 1. çakıl. 2. kum hastalığı. **f.** çakıl döşemek.

grav.er (grey'vır) **i.** 1. oymacı kalemi. 2. oymacı.

grave.stone (greyv'ston) **i.** mezar taşı.

grave.yard (greyv'yard) **i.** gömütlük, mezarlık.

grav.i.tate (gräv'ıteyt) **f.** 1. çekilmek. 2. çökelmek, çökmek. **gravitation i.** 1. yerçekimi gücü. 2. çekim gücü. 3. çekilme.

grav.i.ty (gräv'ıti) **i.** 1. yerçekimi. 2. çekim. 3. ağırlık. 4. ciddiyet, önem. 5. tehlike. **center of gravity** ağırlık merkezi. **specific gravity** özgül ağırlık.

gra.vy (grey'vi) **i.** et suyu, sos.

gray (grey) **s.** 1. gri, külrengi. 2. kır, ağarmış. **graze** (greyz) **f.** otlamak; otlatmak.

graze (greyz) **f.** sıyırıp geçmek, sıyırmak; sıyrılmak.

grease (gris) **i.** 1. yağ, içyağı, et yağı, kuyrukyağı. 2. makine yağı. **f.** yağlamak. **greasy s.** yağlı.

great (greyt) **s.** 1. büyük, kocaman, iri. 2. çok, külliyetli. 3. uzun, sürekli. 4. fazla. 5. önemli. 6. yüksek. 7. mükemmel. **z.** çok iyi, yolunda. **the great father** Tanrı. **Great Bear** Büyükayı. **a great deal** çok, pek çok. **greatly z.** pek çok. **greatness i.** büyüklük.

Great Britain Büyük Britanya.

great.coat (greyt'kot) **i.** palto.

great-grand.fa.ther (greyt'gränd'fadhır) **i.** büyük dede.

Greece (gris) **i.** Yunanistan.

greed (grid) **i.** 1. hırs. 2. açgözlülük. **greedy s.** 1. hırslı. 2. obur, açgözlü.

green (grin) **s.** 1. yeşil; yeşermiş. 2. taze,canlı. 3. ham. 4. acemi, toy. **i.** çimen, çayır, yeşillik. **green light** 1. trafikte yeşil ışık. 2. izin. **greens i.** 1. yaprak sebze. 2. süsleme için taze dal, yaprak. **greenery i.** yeşillik, nebatat.

green.house (grin'haus) **i.** limonluk, ser, sera.

Green.wich (gren'iç) **i.** Greenwich şehri. **Greenwich mean time, G.M.T.** Greenwich meridyenine göre saat ayarı.

greet (grit) **f.** selamlamak; karşılamak; selamlaşmak.

greet.ing (gri'ting) **i.** selamlama; selam. **greeting card** tebrik kartı.

gre.gar.i.ous (grïger'iyıs) **s.** sürücül, toplu yaşayan, topluluğu seven.

gre.na.da (grınä'dı) **i.** Grönad.

gre.nade (grıneyd') **i.** el bombası.

grey.hound (grey'haund) **i.** tazı.

grid (grid) **i.** ızgara.

grid.dle (grid'ıl) **i.** alçak kenarlı tava.

grid.i.ron (grid'ayırn) **i.** 1. ızgara. 2. Amerikan futbol sahası.

grief (grif) **i.** 1. keder, ıstırap, dert, acı. 2. fela-

grieve 76

ket, bela.

grieve (griv) **f.** kederlendirmek; kederlenmek; yas tutmak. **grievance i.** şikayet sebebi. **grievous s.** kederlendirici, acıklı.

grill (gril) **i.** 1. ızgara. 2. ızgara et. **f.** 1. ızgarada pişirmek. 2. sorguya çekmek, sıkıştırmak.

grim (grim) **s.** 1. vahşi, gaddar, zalim. 2. çirkin, suratsız. 3. ümitsiz. 4. korkunç.

gri.mace (gri'mıs) **i.** surat buruşturma. **f.** surat buruşturmak, yüz ekşitmek.

grime (graym) **i.** kir. **f.** kirletmek, karartmak. **grimy s.** kirli, pis.

grin (grin) **f.** sırıtmak. **i.** sırıtış.

grind (graynd) **f.** 1. öğütmek, çekmek, ezmek. 2. bilemek. **i.** 1. öğütme, ezme. 2. ömür törpüsü. **grinder i.** 1. el değirmeni. 2. bileyici. **grind.stone** (graynd'ston) **i.** bileğitaşı.

grip (grip) **i.** 1. kavrama. 2. el sıkma. 3. pençe, el. 4. tutak. **f.** 1. sıkı tutmak, kavramak. 2. etkilemek, hâkim olmak. **come to grips with** ile uğraşmak. **gripper i.** çıtçıt.

grip, grippe (grip) **i.** grip.

gris.ly (griz'li) **s.** korkunç.

gris.tle (gris'ıl) **i.** kıkırdak.

grit (grit) **i.** 1. iri taneli kum. 2. cesaret, yiğitlik. **f.** gıcırdatmak.

griz.zle (griz'ıl) **i.** kır saç; kır peruka. **s.** kurşuni, gri. **grizzly s.** kurşuni, gri, boz. **i.** bozayı.

groan (gron) **f.** inlemek. **i.** inilti.

gro.cer (gro'sır) **i.** bakkal. **grocery i.** bakkal dükkânı. **groceries i.** bakkaliye.

groin (groyn) **i.** kasık.

groom (grum) **i.** 1. seyis, uşak. 2. damat, güvey. **f.** 1. tımar etmek. 2. çeki düzen vermek. 3. giyinip kuşanmak.

groove (gruv) **i.** 1. oluk, yiv. 2. alışkanlık. **f.** oluk açmak.

grope (grop) **f.** 1. el yordamıyla yürümek veya aramak. 2. körü körüne araştırmak.

gross (gros) **i.** on iki düzine. **by the gross** on iki düzinelik paket halinde.

gross (gros) **i.** brüt. **s.** 1. iri, kaba, büyük. 2. toptan, tamam. 3. yontulmamış. 4. çirkin, iğrenç. **gross national product** brüt milli hâsıla. **gross weight** brüt ağırlık.

gro.tesque (grotesk') **s.** 1. acayip, garip. 2. kaba.

grot.to (grat'o) **i.** 1. mağara. 2. suni yeraltı odası.

grouch (grauç) **f.** homurdanmak, söylenmek. **i.** 1. mızmız, şikâyetçi. 2. şikâyet, yakınma. **grouchy s.** suratsız.

ground (graund) **i.** 1. yeryüzü; yer, zemin; toprak. 2. meydan, saha, arsa. **f.** 1. temel üzerine kurmak. 2. karaya oturtmak (gemi). 3. (elektriği) toprağa bağlamak. **ground**

floor zemin katı. **gain ground** 1. ilerlemek. 2. iyileşmek. 3. yol almak. **lose ground** gerilemek, rağbetten düşmek. **groundless s.** asılsız, temelsiz. **grounds i.** neden, bahane.

ground glass 1. buzlu cam. 2. cam tozu.

group (grup) **i.** grup, küme, öbek. **f.** gruplara ayırmak; gruplaşmak.

grove (grov) **i.** koru, ağaçlık.

grov.el (grâv'ıl) **f.** 1. yerde sürünmek. 2. yaltaklanmak.

grow (gro) **f.** 1. büyümek, gelişmek, serpilmek. 2. çoğalmak, artmak, ilerlemek. 3. olmak. 4. çıkmak. 5. büyütmek, yetiştirmek, meydana getirmek. **grow out of** hâsıl olmak, çıkmak. **grow up** büyümek, olgunlaşmak. **grower i.** yetiştirici, üretici.

growl (graul) **f.** 1. hırlamak. 2. homurdanmak. 3. gurlamak, guruldamak. **i.** 1. hırlama. 2. homurtu; homurdanma.

grown-up (gron'âp') **s.** yetişkin, olgun, büyümüş.

grown.up (gron'âp) **i.** yetişkin kimse.

growth (groth) **i.** 1. büyüme, gelişme, yetişme. 2. artma. 3. mahsul. 4. ur.

grub (grâb) **i.** 1. tırtıl, sürfe, kurtçuk. 2. (argo) yiyecek. **grubby s.** 1. kirli, pis. 2. düzensiz.

grudge (grâc) **f.** 1. isteksizce vermek; istememek, çok görmek. 2. kıskanmak, çekememek. **i.** kin, haset.

gru.el (gru'wıl) **i.** yavan un çorbası, yulaf lapası.

gru.el.ing (gru'wiling) **s.** çok yorucu, yıpratıcı.

grue.some (gru'sım) **s.** korkunç, dehşetli.

gruff (grâf) **s.** 1. ters, sert, huysuz. 2. boğuk, boğuk sesli.

grum.ble (grâm'bıl) **f.** söylenmek, yakınmak, sızlanmak.

grump.y (grâm'pi) **s.** aksi, hırçın.

grunt (grânt) **f.** homurdanmak, hırıldamak. **i.** homurtu, hırıltı.

guar.an.tee (gerınti') **i.** 1. kefil. 2. kefalet, teminat. 3. garanti. **f.** 1. garanti etmek. 2. kefil olmak.

guard (gard) **i.** 1. muhafız, nöbetçi; muhafız alayı. 2. koruma, savunma. 3. nöbetçilik, muhafızlık. **f.** 1. korumak. 2. gözaltına almak. 3. nöbet tutmak. **mount guard** nöbet tutmak. **off guard** hazırlıksız. **on guard** tetikte; nöbette. **guard against** önceden tedbir almak. **guarded s.** 1. uyanık, tetikte. 2. korunan. 3. saklanan.

guard.house (gard'haus) **i.** askeri karakol.

guard.i.an (gar'diyın) **i.** 1. vasi, veli. 2. koruyucu, muhafız; gardiyan.

guard.rail (gard'reyl) **i.** parmaklık, korkuluk.

Gua.te.ma.la (gwatıma'la) **i.** Guatemala.

gue.ril.la (giríl'i) **i.** çeteci, gerillacı. **guerilla warfare** çete savaşı, gerilla.

guess (ges) **f.** 1. tahmin etmek. 2. sanmak, zannetmek. **i.** tahmin; zan. **I guess so.** Galiba.

guest (gest) **i.** konuk, misafir, davetli.

guf.faw (gifô') **i.** kaba gülüş, kahkaha. **f.** kahkaha atmak.

guide (gayd) **f.** 1. yol göstermek; kılavuzluk etmek. 2. yönetmek, idare etmek. **i.** 1. kılavuz, rehber. 2. yönetmelik. 3. (makine) yatak, kızak, ray. **guided missile** güdümlü roket. **guidance i.** 1. rehberlik. 2. idare. 3. kılavuz.

guide.book (gayd'bûk) **i.** rehber, rehber kitabı.

guild (gild) **i.** esnaf birliği, lonca.

guile (gayl) **i.** aldatıcılık, kurnazlık.

guil.lo.tine (gil'itin) **i.** 1. giyotin. 2. kâğıt bıçağı.

guilt (gilt) **i.** 1. suç. 2. günahkârlık. **guiltless s.** masum, suçsuz. **guilty s.** 1. suçlu, kabahatli. 2. günahkâr.

guin.ea (gin'i) **i., guinea hen** beçtavuğu.

guinea pig 1. kobay. 2. denek.

Guin.ea (gin'i) **i.** Gine.

Guin.ea-Bis.sau (gin'i bisa') Gine-Bissau.

guise (gayz) **i.** 1. dış görünüş. 2. gösteriş. 3. aldatıcı görünüş.

gui.tar (gitar') **i.** gitar. **guitarist i.** gitarcı, gitarist.

gulf (gȧlf) **i.** 1. körfez. 2. uçurum.

gull (gȧl) **i.** martı.

gul.let (gȧl'ît) **i.** boğaz, gırtlak.

gul.li.ble (gȧl'ıbıl) **s.** ahmak, saf.

gul.ly (gȧl'i) **i.** sel ve yağmur suyuyla açılmış dere.

gulp (gȧlp) **f.** 1. yutuvermek. 2. boğazında düğümlenmek (hıçkırık). **i.** 1. yutma. 2. yudum. **gulp down** yutuvermek.

gum (gȧm) **i.** dişeti.

gum (gȧm) **i.** 1. zamk. 2. sakız; sakız ağacı. 3. çiklet. 4. lastik. **gummy s.** sakız gibi; sakızlı; yapışkan.

gum.shoe (gȧm'şu) **i.** 1. lastik çizme. 2. (argo) dedektif.

gun (gȧn) **i.** top; tüfek; tabanca. **gun dog** av köpeği. **a big gun** kodaman.

gun.boat (gȧn'bot) **i.** gambot.

gun.ner (gȧn'ır) **i.** 1. topçu. 2. topçu subayı. 3. avcı. **gunnery i.** topçuluk.

gun.ny (gȧn'i) **i.** çuvallık bez, çul. **gunny sack** çuval.

gun.pow.der (gȧn'paudır) **i.** barut.

gun.run.ning (gȧn'rȧnîng) **i.** silah kaçakçılığı.

gun.shot (gȧn'şat) **i.** 1. silah atışı. 2. top menzili.

gur.gle (gır'gıl) **f.** çağıldamak. **i.** çağıltı.

gush (gȧş) **f.** 1. fışkırmak. 2. coşmak, taşmak. 3. sel gibi akmak (gözyaşı). **i.** 1. fışkırma.

2. taşma, coşma. **gushy s.** konuşkan, geveze.

gus.set (gȧs'ît) **i.** elbise veya eldivenin üç köşeli peşi.

gust (gȧst) **i.** ani esim, bora.

gus.to (gȧs'to) **i.** 1. zevk alma. 2. haz, beğeni. 3. tatma.

gut (gȧt) **i.** 1. bağırsak. 2. mide. 3. çalgı kirişi. 4. dar geçit. **f.** yağma etmek. **guts i.** 1. bağırsaklar. 2. cesaret, yürek.

gut.ter (gȧt'ır) **i.** su yolu, oluk.

gut.tur.al (gȧt'ırıl) **s.** gırtlağa ait; gırtlaksı. **i.** gırtlaksı ses.

guy (gay) **i.** adam, herif. **f.** alay etmek.

Guy.a.na (giya'nı) **i.** Guyana.

guz.zle (gȧz'ıl) **f.** çok içmek, çakıştırmak.

gym (cîm) **i.** 1. spor salonu. 2. beden eğitimi. **gymnasium i.** spor salonu.

gym.nast (cîm'näst) **i.** beden eğitimcisi. **gymnastic s.** beden eğitimine ait. **gymnastics i.** 1. beden eğitimi. 2. idman, jimnastik.

gy.ne.col.o.gy (gaynıkal'ıci) **i.** kadın-doğum bilgisi, nisaiye, jinekoloji. **gynecologist i.** kadın-doğum uzmanı, nisaiyeci, jinekolog.

gyp (cîp) **i.** 1. hile, dubara. 2. düzenbaz, hileci. **f.** aldatmak, dolandırmak.

gyp.sum (cîp'sım) **i.** alçıtaşı.

Gyp.sy (cîp'si) **i.** 1. Çingene. 2. Çingenece.

gy.rate (cay'reyt) **f.** dönmek, devretmek.

gy.ro.scope (cay'rıskop) **i.** topaç, ciroskop.

H

hab.er.dash.er (hȧb'ırdȧşır) **i.** erkek giyimi satıcısı.

hab.it (hȧb'ît) **i.** 1. âdet, alışkı, alışkanlık. 2. iptila, düşkünlük.

hab.it.a.ble (hȧb'îtıbıl) **s.** oturulabilir.

hab.i.tat (hȧb'ıtat) **i.** 1. hayvan veya bitkinin yetiştiği yer. 2. bir şeyin doğal yeri.

hab.i.ta.tion (hȧbıtey'şın) **i.** 1. ikamet, oturma. 2. konut, mesken, ev.

hab.it-for.ming (hȧb'îtfôr'mîng) **s.** alışkanlık meydana getiren.

ha.bit.u.al (hıbîç'uwıl) **s.** 1. alışılmış, mutat. 2. daimi. **habitually z.** alışıldığı şekilde, âdet üzere.

hack (hȧk) **f.** 1. çentmek, yarmak, yontmak, kıymak. 2. kuru kuru öksürmek.

hack.neyed (hȧk'nid) **s.** 1. adi, harcıâlem, günlük. 2. dile düşmüş. 3. basmakalıp. 4. kaşarlanmış.

had.dock (hȧd'ık) **i.** mezgit, mezit.

hadj (häc) **i.** hac.

hag (häg) **i.** kocakarı, acuze.

hag.gard (häg'ırd) **s.** bitkin, argın.

hag.gle (häg'ıl) **f.** sıkı pazarlık etmek, çekişmek.

hail (heyl) **i.** dolu. **f.** dolu halinde yağmak.

hail.stone (heyl'ston) **i.** dolu tanesi.

hail.storm (heyl'storm) **i.** dolu fırtınası.

hair (her) **i.** 1. saç, kıl, tüy. 2. kıl payı mesafe. **hair curler** bigudi. **hairy s.** 1. kıllı, tüylü. 2. kıldan yapılmış.

hair.breadth (her'bredth) **s.** kıl payı.

hair.brush (her'brâş) **i.** saç fırçası.

hair.cut (her'kât) **i.** saç tıraşı, saç kesimi.

hair.do (her'du) **i.** saç tuvaleti, saç biçimi.

hair.dress.er (her'dresır) **i.** kuvaför, berber.

hair.pin (her'pin) **i.** saç tokası, firkete. **hairpin turn** keskin viraj.

hair-rais.ing (her'reyzing) **s.** tüyler ürpertici.

Hai.ti (hey'ti) **i.** Haiti.

hale (heyl) **s.** sağlam, dinç, zinde.

half (häf) **s.** yarım, buçuk. **z.** yarı, yarı yarıya; kısmen. **half pay** yarım maaş. **half sole** gizli pençe. **half time** 1. (spor) ara. 2. yarım günlük (çalışma).

half-baked (häf'beykt') **s.** 1. yarı pişmiş. 2. iyi tasarlanmamış.

half-moon (häf'mun') **i.** yarımay.

half-way (häf'wey') **z.** ortada, yarı yolda.

half-wit.ted (häf'witîd) **s.** ahmak, budala, alık.

Hal.i.car.nas.sus (hälıkarnäs'ıs) **i.** 1. Bodrum, Halikarnas.

hall (hôl) **i.** 1. koridor, dehliz. 2. hol. 3. salon.

hal.le.lu.jah (hälılu'yu) **ünlem** Allaha şükür!

Hal.low.een (hälowin') **i.** 31 ekim akşamı.

hal.lu.ci.na.tion (hılusiney'şın) **i.** sanrı, vehim, kuruntu.

hall.way (hôl'wey) **i.** 1. koridor. 2. hol.

ha.lo (hey'lo) **i.** hale, ağıl.

halt (hôlt) **i.** 1. duruş. 2. durma, duraklama, mola. **f.** durmak, duraklamak; durdurmak.

hal.ter (hôl'tır) **i.** 1. yular. 2. boyundan askılı ve sırtı açık kolsuz bluz.

halve (häv) **f.** 1. yarıya bölmek. 2. yarıya indirmek.

ham (häm) **i.** 1. jambon. 2. but.

ham.burg.er (häm'bırgır) **i.** 1. sığır kıyması. 2. köfte, hamburger.

ham.let (häm'lît) **i.** ufak köy.

ham.mer (häm'ır) **i.** çekiç, tokmak. **f.** 1. çekiçlemek. 2. çekiçle işlemek. 3. yumruklamak. 4. gümbürdemek.

ham.mock (häm'ık) **i.** hamak.

ham.per (häm'pır) **f.** engellemek.

hand (händ) **i.** 1. el. 2. el yazısı. 3. yardım. 4. işçi. 5. taraf, yan. 6. yelkovan, akrep. 7. alkış. in

hand 1. elde. 2. kontrol altında, gözaltında. **on hand** elde, hazır, mevcut. **upper hand** üstünlük. **hand down** 1. kuşaktan kuşağa devretmek. 2. karar vermek. **hand cut** dağıtmak. **handful i.** 1. avuç dolusu. 2. az miktar.

hand.bag (händ'bäg) **i.** el çantası, kadın çantası.

hand.ball (händ'bôl) **i.** (spor) hentbol.

hand.book (händ'bûk) **i.** elkitabı, rehber.

hand.cuff (händ'kâf) **i.** kelepçe. **f.** kelepçelemek.

hand.i.cap (hän'dikäp) **i.** 1. engel. 2. sakatlık. 3. handikap. **f.** engellemek. **handicapped s.** sakat, malul.

hand.i.craft (hän'dikräft) **i.** el sanatı.

hand.i.work (hän'diwirk) **i.** iş, elişi.

hand.ker.chief (häng'kırcîf) **i.** mendil.

han.dle (hän'dıl) **f.** 1. el sürmek, dokunmak. 2. ele almak. 3. kullanmak. 4. idare etmek. 5. satmak. **i.** 1. sap, kulp, kabza, tutamaç, tutak. 2. tokmak. 3. alet, bahane, vasıta. **handling i.** 1. elle dokunma. 2. işleme tarzı.

han.dle.bar (hän'dılbar) **i.** 1. yönelteç, gidon. 2. palabıyık.

hand.made (händ'meyd) **s.** el işi.

hand.shake (händ'şeyk) **i.** el sıkma.

hand.some (hän'sım) **s.** yakışıklı.

hand.work (händ'wirk) **i.** elişi.

hand.writ.ing (händ'rayting) **i.** el yazısı.

hand.y (hän'di) **s.** 1. hazır; yakın. 2. becerikli, usta. 3. elverişli, kullanışlı. **handily z.** kolayca, elverişli bir şekilde. **handiness i.** beceriklilik.

hand.y.man (hän'dimän) **i.** elinden her iş gelen işçi.

hang (häng) **f.** 1. asmak. 2. asarak idam etmek. 3. takmak. 4. sarkıtmak. 5. eğmek (baş). **hanger i.** 1. askı, askı kancası. 2. çengel. **hanging i.** 1. asma. 2. idam. **s.** 1. asılı, sarkan. 2. askıda kalmış, sonuca varılmamış.

han.gar (häng'ır) **i.** hangar.

hang.nail (häng'neyl) **i.** şeytantırnağı.

hang.o.ver (häng'ovır) **i.** içki sersemliği.

hang.up (häng'âp) **i.** (argo) 1. güçlük, engel. 2. takınak.

hank (hängk) **i.** 1. çile, yün veya iplik çilesi. 2. kangal.

han.ker (häng'kır) **f.** arzulamak; özlemek.

hap.haz.ard (häp'häz'ırd) **s.** rasgele, gelişi güzel.

hap.pen (häp'ın) **f.** olmak, meydana gelmek. **happen on** rast gelmek, bulmak. **happening i.** olay, vaka.

hap.pi.ly (häp'ıli) **z.** 1. mutlu, sevinçli. 2. talihli. **happily z.1.** mutlulukla, sevinçle. 2. iyi bir rastlantı eseri. **happiness i.** mutluluk.

har.ass (hıräs') **f.** rahat vermemek, tedirgin

etmek. **harassment** i. taciz, rahatsızlık.

har.bor (har'bır) **i.** 1. liman. 2. barınak, sığınak. **f.** barındırmak.

hard (hard) **s.** 1. katı, sert, pek. 2. güç, zor, çetin. 3. zalim. 4. şiddetli, kötü, acı. 5. ağır. 6. çalışkan. 7. inatçı, ters. **z.** 1. zorla, kuvvetle, hızla. 2. sıkıca. 3. çok aşırı. **hard luck** şanssızlık. **hard water** kireçli su. **hardly z.** ancak, hemen hemen. **hardness i.** 1. güçlük, zorluk. 2. sertlik.

hard-boiled (hard'boyld') **s.** 1. lop, katı (yumurta). 2. sert. 3. kararlı, iradeli.

hard-core (hard'kôr') **s.** kararlı, sabit fikirli, çetin ceviz.

har.den (har'dın) **f.** 1. sertleştirmek, katılaştırmak, pekiştirmek; sertleşmek, donmak, katılaşmak, pekişmek. 2. kuvvetlendirmek; kuvvetlenmek.

hard.head.ed (hard'hed'id) **s.** makul düşünen.

hard.heart.ed (hard'har'tid) **s.** katı yürekli.

har.di.hood (har'dihûd) **i.** 1. yiğitlik. 2. cüret.

hard-shell (hard'şel) **s.** 1. sert kabuklu. 2. sabit fikirli.

hard.ship (hard'şîp) **i.** 1. güçlük, sıkıntı, dertli. 2. eza, cefa.

hard.ware (hard'wer) **i.** 1. madeni eşya, hırdavat. 2. nalbur dükkânı.

hard.wood (hard'wûd) **i.** sert tahtalı ağaç.

har.dy (har'di) **s.** dayanıklı, kuvvetli.

hare (her) **i.** yabani tavşan.

hare.brained (her'breynd) **i.** kuş beyinli, kafasız.

hark (hark) **f.** dinlemek, kulak vermek.

har.lot (har'lıt) **i.** fahişe, orospu.

harm (harm) **i.** zarar, hasar. **f.** zarar vermek. **harmful s.** zararlı. **harmless s.** zararsız.

har.mon.ic (harman'ik) **s.** uyumlu.

har.mon.i.ca (harman'îkı) **i.** armonika, ağız mızıkası.

har.mo.ni.ous (harmo'niyıs) **s.** 1. uyumlu. 2. tatlı sesli. 3. düzenli.

har.mo.nize (har'mınayz)' **f.** 1. uyum sağlamak, düzen vermek. 2. uymak.

har.mo.ny (har'mıni) **i.** 1. uyum; uygunluk. 2. armoni.

har.ness (har'nis) **i.** koşum takımı. **f.** hayvanı koşmak.

harp (harp) **i.** (müz.) harp.

har.poon (harpun') **i.** zıpkın. **f.** zıpkınlamak.

har.row (her'o) **i.** tırpan. **f.** tırmık çekmek. 2. hırpalamak, eziyet etmek. 3. sinirlendirmek.

harrowing s. üzücü, sinir bozucu.

harsh (harş) **s.** 1. sert, acı. 2. kaba, haşin, ters.

harshly z. sertçe.

har.vest (har'vîst) **i.** 1. hasat. 2. hasat mevsimi. 3. ürün, mahsul, rekolte. **f.** biçmek, hasat

etmek, mahsul devşirmek.

hash (häş) **i.** 1. kıymalı patates. 2. karmakarışık şey. 3. haşiş.

hash.ish (haş'iş) **i.** 1. haşhaş. 2. haşiş.

haste (heyst) **i.** 1. acele, hız. 2. ivedilik. **in haste** aceleyle, tez. **hasty s.** 1. acele, tez, hızlı, seri. 2. düşüncesiz. **hastily z.** aceleyle.

has.ten (hey'sın) **f.** acele etmek.

hat (hät) **i.** şapka. **pass the hat** yardım için para toplamak.

hatch (häç) **f.** 1. civciv çıkarmak. 2. yumurtadan çıkmak. 3. (plan) yapmak, (kumpas) kurmak.

hatch.et (häç'ît) **i.** ufak balta.

hate (heyt) **f.** nefret etmek, nefret duymak. **i.** nefret, kin. **hateful s.** nefret edilen; nefret dolu.

ha.tred (hey'trîd) **i.** kin, nefret.

haugh.ty (hô'ti) **s.** mağrur, kibirli.

haul (hôl) **f.** 1. çekmek, taşımak. 2. vira etmek, hisa etmek. 3. yön değiştirmek, dönmek. **i.** bir ağda çıkarılan balıklar.

haunch (hônç) **i.** kalça. **haunches i.** kıç.

haunt (hônt) **f.** sık sık uğramak. **haunted s.** tekinsiz, perili. **haunting s.** zor unutulan, akıldan çıkmayan.

have (häv) **f.** 1. sahip olmak; olmak. 2. elinde tutmak. **have to** -meli, -malı.

ha.ven (hey'vın) **i.** 1. liman. 2. sığınak.

hav.oc (häv'ık) **i.** hasar, zarar ziyan.

hawk (hôk) **i.** şahin, doğan; atmaca; çaylak.

hawk (hôk) **f.** sokakta seyyar satıcılık yapmak.

hawk-eyed (hôk'ayd) **s.** keskin bakışlı.

haw.thorn (hô'thorn) **i.** alıç.

hay (hey) **i.** saman, kuru ot. **hay fever** saman nezlesi.

hay.stack (hey'stäk) **i.** büyük ot yığını, tınaz.

hay.wire (hey'wayr) **s.** ayarsız, bozuk.

haz.ard (häz'ırd) **i.** tehlike, riziko. **f.** 1. tehlikeye atmak. 2. şansa bırakmak. 3. cüret göstermek. **hazardous s.** tehlikeli, rizikolu.

haze (heyz) **i.** hafif sis, ince duman, pus. **hazy s.** sisli, dumanlı, puslu.

ha.zel (hey'zıl) **i.** 1. fındık ağacı. 2. kestane rengi. 3. elâ.

ha.zel.nut (hey'zılnät) **i.** fındık.

he (hi) **zam.** o (erkek).

head (hed) **i.** 1. baş, kafa, kelle. 2. reis, şef. 3. baş yer, baş taraf. 4. başak. 5. madde; konu. 6. akıl. **f.** 1. başta olmak, birinci olmak, önde gelmek. 2. başkan olmak. 3. yönelmek. **Heads or tails?** Yazı mı tura mı? **head over heels in love** sırılsıklam âşık. **from head to foot** baştan başa, baştan ayağa, tepeden tırnağa. **go to one's head** 1. başını döndürmek; aklını başından almak. 2. burnu büyümek. **keep one's head** soğukkanlılığını

korumak, kendine hâkim olmak. **out of one's head** deli, çıldırmış, zıvanadan çıkmış, kaçık.
head for (hedefe) doğru gitmek, yönelmek.
heading i. 1. başlık. 2. konu.
head.ache (hed'eyk) **i.** 1. baş ağrısı. 2. dert, güçlük, baş belası.
head.dress (hed'dres) **i.** başlık.
head.first (hed'fırst') **z.** baş aşağı.
head.land (hed'lınd) **i.** çıkıntı, burun.
head.light (hed'layt) **i.** araba farı, far.
head.line (hed'layn) **i.** başlık, manşet.
head.long (hed'lông) **z.** 1. başı önde. 2. paldır küldür. 3. önünü ardını düşünmeden.
head.mas.ter (hed'mäs'tır) **i.** özel okul müdürü.
head.most (hed'most) **s.** en baştaki, en ileri.
head-on (hed'an') **s., z.** baştan (çarpma), burun buruna (çarpışma).
head.phone (hed'fon) **i.** kulaklık.
head.quar.ters (hed'kwôrtırz) **i.** 1. karargâh. 2. yönetim merkezi.
head.strong (hed'strông) **s.** inatçı, dik başlı.
head.wait.er (hed'wey'tır) **i.** başgarson.
head.way (hed'wey) **i.** ilerleme, yol alma. **make headway** ilerlemek.
heal (hil) **f.** iyileştirmek; iyileşmek. **healer i.** 1. doktor. 2. üfürükçü.
health (helth) **i.** sağlık, sıhhat. **To your health** Sıhhatinize! **healthful s.** yararlı, sıhhi. **healthy s.** sağlıklı, sıhhatli, sağlam.
heap (hip) **i.** 1. yığın, küme, öbek, tınaz. 2. çok miktar. 3. kalabalık. **f.** yığmak, kümelemek. **heaping s.** dopdolu, tepeleme.
hear (hir) **f.** 1. işitmek, duymak. 2. dinlemek. 3. haber almak. **hear about, hear of** öğrenmek, haber almak.
hear.ing (hir'ing) **i.** 1. işitim; işitme. 2. duruşma, oturum. 3. ses erimi. **hard of hearing** ağır işiten.
heark.en (har'kın) **f.** dinlemek, kulak vermek.
hear.say (hir'sey) **i.** söylenti, dedikodu.
hearse (hırs) **i.** cenaze arabası.
heart (hart) **i.** 1. yürek, kalp. 2. gönül. 3. göğüs. 4. merkez, orta. 5. öz, can damarı. **by heart** ezbere. **take heart** cesur olmak, cesaretlenmek. **take to heart** 1. ciddi olarak düşünmek. 2. içine işlemek. 3. merak etmek. **with all my heart** bütün kalbimle, samimi olarak. **heart-less s.** kalpsiz, zalim, yüreksiz. **hearty s.** 1. candan, yürekten, içten. 2. sağlam, kuvvetli, sıhhatli.
heart.ache (hart'eyk) **i.** kalp ağrısı, ıstırap, keder.
heart.beat (hart'bit) **i.** yürek vuruşu.
heart.break (hart'breyk) **i.** kalp kırıklığı.
heart.en (har'tın) **f.** yüreklendirmek.

heart.felt (hart'felt) **s.** yürekten, candan, içten.
hearth (harth) **i.** 1. ocak, şömine. 2. yurt, aile ocağı.
heat (hit) **i.** 1. sıcaklık, ısı, sıcak. 2. hiddet, öfke. 3. kösnü, azma. **f.** 1. ısıtmak; ısınmak. 2. kızdırmak; kızmak. **heat rash** ısılık. **heated s.** hararetli, öfkeli. **heater i.** ısıtıcı.
heath (hith) **i.** kır, çalılık, fundalık.
hea.then (hi'dhın) **s., i.** 1. putperest. 2. barbar, kâfir.
heath.er (hedh'ır) **i.** süpürgeotu
heave (hiv) **f.** 1. fırlatmak. 2. kaldırmak.
heav.en (hev'ın) **i.** 1. cennet. 2. gök. **For heaven's sake!** Allah aşkına! **heavenly s.** 1. cennet gibi, çok güzel. 2. göksel. 3. tanrısal.
heav.y (hev'i) **s.** 1. ağır. 2. şiddetli, kuvvetli. 3. fazla, çok, aşırı. 4. kabarık (deniz). 5. kalın (elbise). 6. güç, zor. 7. bulutlu, kapalı (gök). 8. sıkıcı, ezici, usandırıcı. 9. sıkıntılı, üzücü. 10. kederli. 11. kaba. 12. sıkışık (trafik). **heavily z.** 1. ağır bir şekilde. 2. şiddetle. **heaviness i.** 1. ağırlık. 2. şiddet.
heav.y-hand.ed (hev'ihän'did) **s.** kaba, sert ve kırıcı konuşan.
heav.y-heart.ed (hev'ihar'tid) **s.** kederli.
heav.y.weight (hev'iweyt) **i.** ağır siklet.
He.brew (hi'bru) **i.** İbranice.
heck.le (hek'ıl) **f.** konuşmacının sözünü kesmek, soru yağmuruna tutmak, sıkıştırmak.
hec.tare (hek'ter) **i.** hektar, yeni dönüm.
hec.tic (hek'tik) **s.** heyecanlı, telaşlı.
hedge (hec) **i.** 1. çit, ağaç veya çalıdan çit. 2. engel. **f.** kuşatmak, sarmak, çevirmek.
hedge.hog (hec'hôg) **i.** kirpi.
heed (hid) **f.** dikkat etmek, dinlemek, önemsemek. **i.** dikkat, ihtimam. **pay heed, take heed** 1. dikkat etmek, bakmak. 2. sakınmak.
heedless s. 1. dikkatsiz. 2. pervasız.
heel (hil) **i.** 1. topuk, ökçe. 2. (argo) alçak herif. **take to one's heels** koşarak kaçmak, tabanları yağlamak.
height (hayt) **i.** 1. yükseklik, yükselti. 2. tepe, doruk.
height.en (hayt'ın) **f.** 1. yükseltmek; yükselmek. 2. artırmak; artmak.
heir (er) **i.** kalıtçı, vâris, mirasçı.
heir.ess (er'is) **i.** kadın mirasçı.
heir.loom (er'lum) **i.** nesilden nesile kalan değerli şey.
hel.i.cop.ter (hel'ıkaptır) **i.** helikopter.
he.lix (hi'liks) **i.** helis, sarmal eğri.
hell (hel) **i.** cehennem.
hel.lo (hılo') **ünlem** 1. Alo. 2. Merhaba. Günaydın.
helm (helm) **i.** (den.) dümen.
hel.met (hel'mit) **i.** miğfer, tolga; kask.

help (help) **f.** 1. yardım etmek. 2. yararlı olmak, faydası olmak. **i.** 1. yardım, çare. 2. yardımcı. **ünlem** İmdat! **help oneself** kendi kendine servis yapmak. **helper i.** yardımcı; hizmetçi.

helpful s. faydalı, yararlı; yardımcı. **helping i.** bir tabak yemek, porsiyon. **s.** yardımcı.

helpless s. 1. çaresiz, âciz. 2. zayıf, beceriksiz.

hem (hem) **i.** etek baskısı, baskı. **f.** kıvırıp bastırmak. **hem in** kuşatmak, içine almak.

hem.i.sphere (hem'isfir) **i.** yarıküre.

he.mo.phil.i.a (hi'mifiliyı) **i.** hemofili.

hem.or.rhage (hem'iric) **i.** kanama.

hem.or.rhoid (hem'iroyd) **i.** basur, emeroit.

hemp (hemp) **i.** 1. kenevir, kendir. 2. esrar, haşiş.

hen (hen) **i.** 1. tavuk. 2. dişi kuş.

hence (hens) **z.** 1. buradan, bundan. 2. bu yüzden, bundan dolayı.

hence.forth (hens'fôrth') **z.** bundan böyle.

hen.na (hen'ı) **i.** kına.

hen.peck (hen'pek) **f.** başının etini yemek, dırdır etmek. **henpecked s.** kılıbık.

hep.a.ti.tis (hepıtay'tîs) **i.** karaciğer iltihabı, kara-sarılık.

her.ald (her'ıld) **i.** haberci, müjdeci. **f.** haber vermek.

herb (ırb) **i.** 1. ot. 2. baharat. 3. şifalı bitki.

herd (hırd) **i.** hayvan sürüsü. **f.** 1. gütmek. 2. önüne katmak.

here (hîr) **z.** burada, buraya. **here and there** şurada burada; arası sıra. **Here you are.** Buyur, al. **Look here.** Buraya bak. Baksana.

here.af.ter (hîrâf'tır) **z.** ileride, bundan sonra.

he.red.i.ty (hıred'ıti) **i.** kalıtım, soyaçekim. **hereditary s.** kalıtsal.

her.e.sy (her'ısi) **i.** dinsel dalalet.

here.with (hîrwidh') **z.** bununla; ilişikte.

her.i.tage (her'ıtîc) **i.** kalıtım. 2. kalıt, miras.

her.mit (hır'mît) **i.** münzevi, kaçınık.

her.ni.a (hır'niyı) **i.** fıtık, kavlıç.

he.ro (hîr'o) **i.** kahraman, yiğit. **heroic s.**1. kahramanca, cesur. 2. destansı, epik.

her.o.in (her'owîn) **i.** eroin.

her.o.ine (her'owîn) **i.** kadın kahraman.

her.o.ism (her'owîzım) **i.** kahramanlık.

her.on (her'ın) **i.** balıkçıl.

her.ring (her'îng) **i.** ringa.

hes.i.tate (hez'ıteyt) **f.** tereddüt etmek, duraksamak. **hesitant s.** kararsız, duruksun, işircimli, tereddüt eden. **hesitantly z.** tereddütle; duraksayarak. **hesitation, hesitancy i.** duraksama, ikircim.

hew (hyu) **f.** 1. baltayla kesmek, yarmak. 2. yontmak, çentmek.

hex.a.gon (hek'sıgın) **i.** altıgen.

hey (hey) **ünlem** Haydi!

hi (hay) **ünlem** Merhaba.

hi.ber.nate (hay'bırneyt) **f.** kış uykusuna yatmak. **hibernation i.** kış uykusu.

hic.cup, hic.cough (hîk'ıp) **i.** hıçkırık. **f.** hıçkırmak. **the hiccups** hıçkırık tutma.

hick.o.ry (hîk'ıri) **i.** bir cins ceviz ağacı.

hide (hayd) **i.** hayvan derisi, post.

hide (hayd) **f.** saklamak, gizlemek; saklanmak, gizlenmek. **in hiding** saklı.

hide-and-seek (hayd'ınsik') **i.** saklambaç.

hid.e.ous (hîd'iyıs) **s.** çok çirkin, iğrenç, korkunç.

hi.er.ar.chy (hay'ırarki) **i.** hiyerarşi, aşama sırası.

hi.er.o.glyph (hay'ırıglîf) **i.** hiyeroglif.

high (hay) **s.** 1. yüksek. 2. yüce. 3. tiz. 4. pahalı. **high jump** yüksek atlama. **high school** lise. **high tide** kabarma. **highly z.** çok, pek çok. **highness i.** yücelik.

high.chair (hay'çer) **i.** yüksek mama iskemlesi.

high-class (hay'klâs') **s.** kaliteli.

high.lands (hay'lındz) **i.** dağlık yer, dağlık ülke.

high-pres.sure (hay'preş'ır) **i.** yüksek basınç. **s.** zorlayıcı.

high-strung (hay'strâng') **s.** sinirleri gergin.

high-ten.sion (hay'ten'şın) **s.** yüksek gerilimli.

high.way (hay'wey) **i.** anayol, cadde.

hi.jack (hay'cäk) **f.** 1. kuvvet zoru ile çalmak. 2. (uçak, taşıt) kaçırmak. **hijacker i.** uçak korsanı.

hike (hayk) **f.** 1. uzun yürüyüş yapmak. 2. yükseltmek. **i.** 1. uzun ve çetin yürüyüş. 2. yükselme.

hi.lar.i.ous (hıler'iyıs) **s.** gürültülü ve neşeli, şen şakrak. **hilarity i.** neşe, şenkahka.

hill (hîl) **i.** 1. tepe, bayır, yokuş. 2. yığın.

hill.side (hîl'sayd) **i.** yamaç, dağ eteği.

hill.top (hîl'tap) **i.** doruk, tepe.

hilt (hîlt) **i.** kabza, kılıç kabzası.

hind (haynd) **s.** arkadaki, art, geri. **hind legs** arka ayaklar.

hin.der (hîn'dır) **f.** engellemek. **hindrance i.** engel.

hind.most (haynd'most) **s.** en arkadaki, en gerideki, en sondaki.

hind.sight (haynd'sayt) **i.** sonradan anlama.

hinge (hînc) **i.** 1. menteşe. 2. dayanak noktası, destek. **f.** 1. dönmek. 2. dayanmak, bağlı olmak.

hint (hînt) **i.** ima, üstü kapalı söz. **f.** ima etmek, çıtlatmak. **hint at** hissettirmek, dokundurmak, ima etmek.

hin.ter.land (hîn'tırländ) **i.** hinterlant, iç bölge.

hip (hîp) **i.** kalça.

hip.pie (hîp'i) **i.** hippi.

hip.po.drome (hîp'ıdrom) **i.** hipodrom.

hip.po.pot.a.mus (hipipat'ımıs) i. suaygırı.

hire (hay'ır) f. 1. kira, ücret. 2. kiralama. **f.** ücretle tutmak, kiralamak.

hiss (his) f. ıslık sesi çıkarmak. i. 1. yılan sesi. 2. ıslık sesi.

his.to.ri.an (histôr'iyın) i. tarihçi.

his.tor.ic, -i.cal (histôr'ik, -ıkıl) s. tarihsel, tarihe geçmiş.

his.to.ry (his'tırı) i. tarih.

hit (hit) f. 1. vurmak; çarpmak. 2. isabet ettirmek. 3. varmak; erişmek. i. 1. vuruş, vurma. 2. isabet. 3. başarı, şans. **hit it off** anlaşmak, uyuşmak. **hit or miss** işigüzel.

hitch (hiç) f. 1. iple bağlamak; bağlamak, iliştirmek, takmak. 2. topallamak. 3. çekelemek. i. 1. engel. 2. aksama. 3. bağlantı parçası. 4. volta, bağ, adı düğüm.

hitch.hike (hiç'hayk) f. otostop yapmak.

hith.er (hidh'ır) z. buraya, beriye.

hith.er.to (hidh'ırtu) z. şimdiye kadar.

Hit.tite (hit'ayt) i. Eti, Hitit.

hive (hayv) i. arı kovanı.

hives (hayvz) i. ürtiker, kurdeşen.

hoar (hôr) s. ağarmış, kır. i. kırağı. **hoary** s. kır, ak, ağarmış.

hoard (hôrd) i. biriktirilmiş şey, stok. f. biriktirmek, stok etmek, istif etmek. **hoarder** i. istifçi. **hoarding** i. istifçilik.

hoarse (hôrs) s. boğuk, kısık; boğuk sesli. **hoarsely** z. boğuk sesle. **hoarseness** i. boğuk seslilik.

hoax (hoks) i. 1. şaka, latife. 2. hile, oyun. f. aldatmak, oyun etmek, işletmek.

hob.ble (hab'ıl) f. 1. topallamak, aksayarak yürümek. 2. bukağılamak, köstleklemek.

hob.by (hab'i) i. merak, zevk için yapılan uğraş, hobi.

hob.nob (hab'nab) f.1.sıkı fıkı olmak. 2. beraberce içip eğlenmek.

ho.bo (ho'bo) i. 1. gezici rençper. 2. serseri, aylak, boş gezenin boş kalfası.

hock (hak) i. rehin. f. rehine koymak.

hock.ey (hak'i) i. hokey.

hock.shop (hak'şap) i. rehinci dükkânı.

ho.cus-po.cus (ho'kıspo'kıs) i. hokus pokus; hokkabazlık, hile.

hodge.podge (hac'pac) i. karmakarışık şey, çorba.

hoe (ho) i. çapa. f. çapalamak.

hog (hôg) i. büyük domuz. **hog wild** çılgın. **go the whole hog** bir işi tam yapmak.

hoist (hoyst) f. yukarı kaldırmak, yukarı çıkarmak, yükseltmek. i. yük asansörü.

hold (hold) f. 1. tutmak, bırakmamak, zapt etmek. 2. (içine) almak. 3. alıkoymak, salıvermemek, sahip olmak, elinde

tutmak. 5. yapışmak. 6. dayanmak. 7. r:ıurn.ak. i. 1. tutuş. 2. tutamaç, tutamak. **hold 'uack** kendini tutmak, frenlemek. **hold off** uzakta tutmak, uzağa mesafe koymak. **Hold on.** Dur. Bekle. **hold one's tongue** dilini tutmak, konuşmamak. **hold together** 1. bir arada tutmak. 2. ayrılmamak. 3. tutarlı olmak. **hold up** 1. tutmak, yardımda bulunmak, korumak. 2. göstermek. 3. durdurmak, engel olmak. 4. kesip soymak. **hold water** su götürmek; makul olmak. **holder** i. 1. tutamaç, kulp, sap. 2. kap. 3. sahip, eldeci.

hold (hold) i. gemi ambarı.

hold.ing (hol'dîng) i. 1. tutma. 2. engelleme. **holdings** i. mal, mülk ve tahvil gibi eldeki değerler. **holding company** holding.

hold.up (hold'ʌp) i. 1. durdurma. 2. gecikme. 3. engel. 4. yol kesip soyma.

hole (hol) i. 1. delik. 2. boşluk. 3. çukur. **f.** delik açmak. **in the hole** borçlu; para kaybetmiş durumda.

hol.i.day (hal'ıdey) i. 1. tatil. 2. bayram, yortu.

Hol.land (hal'ınd) i. Hollanda.

hol.ler (hal'ır) f. bağırmak, haykırmak. i. bağırış, haykırış.

hol.low (hal'o) s. 1. boş, oyuk. 2. çukur, derin, çökük. f. oymak; oyulmak.

ho.ly (ho'li) s. kutsal. **holiness** i. kutsallık.

home (hom) i. ev, yuva, ocak. s. eve ait. z. eve doğru, evde. **home economics** ev bilgisi. **home room** esas dershane. **at home** 1. evde, evinde. 2. alışkın. 3. kabul günü. **feel at home** kendini rahat hissetmek, yadırgamamak. **homeless** s. evsiz barksız. **homely** s. 1. (İng.) basit, sade, rahat. 2. (A.B.D.) çirkin.

home.land (hom'länd) i. anavatan, anayurt.

home.made (hom'meyd') s. evde yapılmış.

home.mak.er (hom'meykır) i. ev kadını.

home.sick (hom'sik) s. ev hasreti çeken; sılacı. **homesickness** i. sıla hastalığı.

home.ward (hom'wırd) z. eve doğru.

home.work (hom'wırk) i. ev ödevi.

hom.i.cide (ham'ısayd) i. adam öldürme, katil.

ho.mog.en.ized (hımac'ınayzd) s. dövülüp kıvamına getirilmiş.

hom.o.nym (ham'ınîm) i. eşsesli.

ho.mo.sex.u.al (homısek'şuwıl) s. homoseksüel.

Hon.du.ras (handûr'ıs) i. Honduras.

hone (hon) i. bileğitaşı.

hon.est (an'îst) s. dürüst, namuslu; hilesiz. **honestly** z. 1. gerçekten. 2. dürüstçe. **honesty** i. dürüstlük.

hon.ey (hân'i) i. bal.

hon.ey.bee (hân'ibi) i. balarısı.

hon.ey.comb (hân'ikom) i. bal peteği.

hon.ey.moon (han'imun) **i.** balayı.

hon.ey.suck.le (hân'isâkıl) **i.** hanımeli.

honk (hôngk) **f.** klakson çalmak.

hon.or (an'ır) **i.** onur, şeref. **f.** 1. şeref vermek. 2. saygı göstermek. **in honor of** şerefine.

honorable s. 1. onurlu, şerefli. 2. sayın.

honorary s. onursal; fahri.

hood (hûd) **i.** 1. kukuleta, başlık. 2. gangster.

hood.wink (hûd'wîngk) **f.** aldatmak, göz boyamak.

hoof (hûf) **i.** toynak.

hook (hûk) **i.** kanca, çengel; kopça. **f.** çengelle yakalamak, tutmak.

hoop (hup) **i.** çember, kasnak.

hoot (hut) **f.** 1. baykuş gibi ötmek. 2. yuha çekmek. **i.** baykuş sesi.

hop (hap) **f.** 1. sıçramak, sekmek, zıplamak; sıçratmak. 2. üzerinden atlamak.

hop (hap) **i.** şerbetçiotu.

hope (hop) **i.** ümit, umut. **f.** ümit etmek, ummak.

hopeless s. ümitsiz. **hopeful s.** ümitli.

hopefully z. ümitle.

hop.scotch (hap'skaç) **i.** seksek.

horde (hôrd) **i.** horda.

ho.ri.zon (hıray'zın) **i.** ufuk, çevren.

hor.i.zon.tal (hôrızan'tıl) **s.** yatay, ufki.

hor.mone (hôr'môn) **i.** hormon.

horn (hôrn) **i.** 1. boynuz. 2. klakson, korna.

horn.beam (hôrn'bim) **i.** gürgen.

hor.o.scope (hôr'ıskop) **i.** zayiçe.

hor.ri.ble (hôr'ıbıl) **s.** müthiş, korkunç, iğrenç. **horribly z.** korkunç bir şekilde.

hor.rid (hôr'îd) **s.** korkunç, iğrenç. **horridly z.** korkunç bir şekilde.

hor.ri.fy (hôr'ıfay) **f.** korkutmak.

hor.ror (hôr'ır) **i.** dehşet, yılgı, korku.

hors d'oeuvre (ôr' dırv') **i.** ordövr, meze.

horse (hôrs) **i.** at, beygir; aygır. **horse chestnut** atkestanesi.

horse.play (hôrs'pley) **i.** eşek şakası; hoyratlık.

horse.pow.er (hôrs'pauwır) **i.** beygirgücü.

horse.shoe (hôr'şu) **i.** at nalı.

horse.whip (hôrs'hwîp) **i.** kamçı, kırbaç. **f.** kamçılamak.

hor.ti.cul.ture (hôr'tıkâlçır) **i.** bahçıvanlık.

hose (hoz) **i.** çorap.

hose (hoz) **i.** hortum.

hos.pi.ta.ble (has'pîtıbıl) **s.** konuksever, misafirperver.

hos.pi.tal (has'pîtıl) **i.** hastane.

hos.pi.tal.i.ty (haspîtal'ıti) **i.** konukseverlik, misafirperverlik.

hos.pi.tal.ize (has'pîtılayz) **f.** hastaneye yatırmak.

host (host) **i.** ev sahibi (erkek).

host (host) **i.** kalabalık, çokluk.

hos.tage (has'tîc) **i.** rehine, tutak, tutsak.

hos.tel (has'tıl) **i.** öğrenci yurdu.

host.ess (hos'tîs) **i.** 1. ev sahibesi. 2. hostes.

hos.tile (has'tıl) **s.** düşmanca, saldırgan. **hostility i.** düşmanlık.

hot (hat) **s.** 1. sıcak, kızgın. 2. acı. 3. şiddetli, sert, hiddetli. 4. yeni, taze. **hot dog** sosis.

ho.tel (hotel') **i.** otel.

hot.head (hat'hed) **i.** öfkeli kimse.

hot.house (hat'haus) **i.** limonluk, ser, sera.

hound (haund) **i.** tazı, av köpeği. **f.** peşini bırakmamak, izlemek.

hour (aur) **i.** saat (zaman).

hour.glass (aur'glâs) **i.** kum saati.

house (i. haus; f. hauz) **i.** ev, konut, hane. **f.** 1. bir eve koymak, kendi evine almak. 2. yerleştirmek. **house guest** gece yatısı misafiri.

housing i. 1. yerleştirme, iskân. 2. evler.

house.break.er (haus'breykır) **i.** ev hırsızı.

house.coat (haus'kot) **i.** sabahlık.

house.fly (haus'flay) **i.** karasinek.

house.hold (haus'hold) **i.** ev halkı, aile.

house.keep.er (haus'kipır) **i.** evde kâhya kadın.

house.top (haus'tap) **i.** dam.

house.wife (haus'wayf) **i.** ev hanımı.

house.work (haus'wırk) **i.** ev işi.

hov.er (hâv'ır) **f.** havada süzülmek.

how (hau) **z.** nasıl, ne, ne suretle. **How are you? How do you do?** Nasılsınız?

how.ev.er (hauwev'ır) **z.** bununla birlikte, mamafih.

howl (haul) **f.** 1. ulumak. 2. inlemek. **i.** 1. uluma. 2. inleme.

hub (hâb) **i.** 1. poyra. 2. dünyanın merkezi.

hub.bard squash (hâb'ırd) balkabağı.

hub.bub (hâb'âb) **i.** gürültü.

hub.cap (hâb'kâp) **i.** jant kapağı.

hud.dle (hâd'ıl) **f.** 1. bir araya sıkışmak. 2. birbirine sokulup sarılmak.

hue (hyu) **i.** renk tonu; renk. **hued s.** renkli.

huff (hâf) **i.** öfke. **huffy s.** alıngan.

hug (hâg) **f.** kucaklamak, sarılmak. **i.** kucaklama, sarılma.

huge (hyuc) **s.** çok iri, kocaman, muazzam.

hull (hâl) **i.** 1. kabuk. 2. kuru tekne.

hum (hâm) **f.** 1. vızıldamak. 2. mırıldanmak. **i.** 1. vızıltı. 2. mırıltı.

hu.man (hyu'mın) **s.** insani, beşeri. **i.** insan. **human being** insan, insanoğlu. **human nature** insan tabiatı; insan hali.

hu.mane (hyumeyn') **s.** insancı, insancıl, merhametli.

hu.man.ism (hyu'mınizım) **i.** hümanizm.

hu.man.i.tar.i.an (hyumânîter'iyın) **i.** iyiliksever, insancı, insani.

hu.man.i.ty (hyumän'iti) **i.** insan, beşer; insanlık.

hum.ble (hâm'bıl) **s.** 1. alçakgönüllü. 2. hakir, âciz. 3. saygılı. **f.** kibrini kırmak. **humbly z.** alçakgönüllülükle.

hum.bug (hâm'bâg) **i.** 1. yalan, hile, dolap. 2. hilekâr.

hum.drum (hâm'drâm) **s.** can sıkıcı, tekdüze.

hu.mid (hyu'mîd) **s.** rutubetli, nemli. **humidity i.** rutubet, nem.

hu.mid.i.fy (hyumîd'ıfay) **f.** nemlendirmek. **humidifier i.** nemlendirici.

hu.mil.i.ate (hyumîl'iyeyt) **f.** kibrini kırmak, utandırmak, hakaret etmek. **humiliation i.** kibrini kırma, utandırma.

hu.mil.i.ty (hyumîl'ıti) **i.** 1. alçakgönüllülük. 2. yumuşak başlılık.

hu.mor (hyu'mır) **i.** 1. gülünçlük. 2. nüktedanlık. 3. mizah, güldürü. **f.** ayak uydurmak; karşısına boyun eğmek. **good humor** iyi huy, hoş mizaç. **humorist i.** 1. şakacı, nükteden. 2. mizahçı, güldürü yazarı. **humorous s.** mizahi, gülünç, komik.

hump (hâmp) **i.** 1. kambur, hörgüç. 2. tümsek, tepe.

hun.dred (hân'drîd) **s.** yüz.

Hun.ga.ry (hâng'gıri) **i.** Macaristan.

hun.ger (hâng'gır) **i.** 1. açlık. 2. arzu, özlem. **f.** 1. acıkmak. 2. özlemini duymak.

hun.gry (hâng'gri) **s.** 1. aç. 2. istekli.

hunt (hânt) **f.** 1. avlanmak; peşine düşmek; avlamak. 2. araştırmak. **hunter i.** avcı. **hunting i.** avcılık.

hur.dle (hır'dıl) **i.** (yarışlarda) engel, çit. **f.** engel atlamak.

hurl (hırl) **f.** fırlatmak.

hur.rah (hûrô') **ünlem** Yaşa!

hur.ri.cane (hır'ıkeyn) **i.** kasırga, kiklon.

hur.ry (hır'i) **f.** acele etmek. **i.** acele, telaş. **hurried s.** aceleye gelen, telaşlı. **hurriedly z.** aceleyle, çabucak.

hurt (hırt) **i.** 1. yara, bere. 2. acı, ağrı, sızı. **f.** 1. incitmek, yaralamak. 2. zarar vermek. 3. acımak, ağrımak.

hus.band (hâz'bınd) **i.** koca.

hush (hâş) **i.** sessizlik, susku, sükût. **f.** susmak; susturmak.

husk.y (hâs'ki) **s.** kuvvetli, güçlü, dayanıklı.

hus.tle (hâs'ıl) **f.** itişip kakışmak, iteklemek, itelemek.

hut (hât) **i.** kulübe.

hy.a.cinth (hay'ısînth) **i.** sümbül.

hy.brid (hay'brîd) **i.** melez.

hy.dran.gea (haydreyn'cı) **i.** ortanca.

hy.drau.lic (haydrô'lîk) **s.** su basıncı ile.

hy.dro.e.lec.tric (hay'drowîlek'trîk) **s.** hidro-

elektrik.

hy.dro.gen (hay'drıcın) **i.** hidrojen.

hy.dro.pho.bi.a (haydrıfo'biyı) **i.** kuduz hastalığı.

hy.giene (hay'cin) **i.** sağlık bilgisi.

hymn (hîm) **i.** ilahi.

hy.per.bo.la (haypır'bılı) **i.** hiperbol.

hy.per.sen.si.tive (haypırsen'sîtîv) **s.** 1. aşırı duygun, duygulu. 2. alerjik.

hy.phen (hay'fın) **i.** tire işareti.

hyp.no.sis (hîpno'sîs) **i.** ipnoz.

hyp.not.ic (hîpnat'îk) **s.** uyutucu.

hyp.oc.ri.sy (hîpak'rısi) **i.** ikiyüzlülük.

hyp.o.crite (hîp'ıkrît) **i.** ikiyüzlü kimse. **hypocritical s.** ikiyüzlü.

hy.po.der.mic (haypıdır'mîk) **s.** deri altından olan. **i.** iğne, şırınga.

hy.poth.e.sis (haypath'ısîs) **i.** varsayım.

hy.po.thet.i.cal (haypıthet'îkıl) **s.** varsayılı.

hys.te.ri.a (hîstîr'iyı) **i.** isteri.

hys.ter.ic (hîster'îk) **s.** isterik. **hysterics i.** isteri nöbeti.

I

I (ay) **zam.** ben.

ice (ays) **i.** buz. **ice cream** dondurma. **break the ice** resmiyeti gidermek, havayı yumuşatmak. **icy s.** buzlu; buz gibi.

ice.berg (ays'bırg) **i.** buzdağı, aysberk.

ice.box (ays'baks) **i.** buzdolabı.

ice-cold (ays'kold') **s.** buz gibi.

Ice.land (ays'lınd) **i.** İzlanda.

i.ci.cle (ay'sîkıl) **i.** buz, buz saçağı, buz salkımı.

ic.ing (ay'sîng) **i.** kek kreması.

i.con.o.clasm (aykan'ıklâzım) **i.** 1. geleneklere karşı çıkma. 2. azizlerin resimlerini parçalama. **iconoclast i.** putkıran.

i.de.a (aydi'yı) **i.** fikir, düşünce.

i.de.al (aydi'yıl) **i.** ülkü, ideal. **s.** ülküsel, ideal. **idealism i.** ülkücülük, idealizm. **idealist i.** ülkücü, idealist. **ideally z.** ideal olarak, arzu edilen şekilde.

i.de.al.ize (aydi'yılayz) **f.** idealleştirmek.

i.den.ti.cal (ayden'tîkıl) **s.** aynı, bir, tıpkı, özdeş. **identically z.** aynen, aynı şekilde.

i.den.ti.fi.ca.tion (aydentîfıkey'şın) **i.** kimlik, hüviyet. **identification card** kimlik kartı.

i.den.ti.fy (ayden'tıfay) **f.** tanılamak, teşhis etmek.

i.den.ti.ty (ayden'tıti) **i.** 1. kimlik, hüviyet. 2. özdeşlik.

i.de.ol.o.gy (îdiyal'ıci) **i.** ideoloji.

id.i.om (id'iyim) **i.** deyim, tabir.

id.i.ot (id'iyıt) **i.** geri zekâlı; ahmak.

id.i.ot.ic (idiyat'ik) **s.** ahmak.

i.dle (ayd'ıl) **s.** işsiz, aylak. **f.** 1. boş gezmek. 2. oyalanmak. **idleness i.** aylaklık. **idly z.** tembelce, aylakça.

i.dol (ayd'ıl) **i.** put, sanem.

i.dol.a.ter (aydal'ıtır) **i.** putperest. **idolatry i.** putperestlik.

i.dol.ize (ayd'ılayz) **f.** 1. tapınmak. 2. putlaştırmak.

if (if) **bağ.** eğer, ise, şayet. **if not** aksi takdirde. **as if** güya, sanki, sözde. **What if...** ya... ise.

ig.nite (ignayt') **f.** tutuşturmak, yakmak; yanmak.

ig.ni.tion (igniş'ın) **i.** 1. tutuşma; tutuşturma, ateşleme, yakma. 2. (oto.) ateşleme tertibatı.

ig.no.ble (igno'bıl) **s.** 1. alçak, aşağılık, bayağı. 2. soysuz, şerefsiz. **ignobly z.** alçakça.

ig.no.min.y (ig'nımini) **i.** rezalet, alçaklık. **ignominious s.** alçakça, namussuzca.

ig.no.ra.mus (ignırey'mıs) **i.** cahil.

ig.no.rance (ig'ırıns) **i.** bilgisizlik, cahillik. **ignorant s.** 1. cahil. 2. habersiz. **ignorantly z.** cahilce.

ig.nore (ignôr') **f.** önemsememek.

ilk (ilk) **i.** sınıf, çeşit, tür, tip, cins.

ill (il) **s.** 1. hasta, rahatsız. 2. kötü, fena. 3. ters, uğursuz. **i.** fenalık, zarar. **z.** fena şekilde. **ill will** kötü niyet, kin. **illness i.** hastalık, rahatsızlık.

ill-bred (il'bred') **s.** terbiyesiz.

il.le.gal (ili'gıl) **s.** kanunsuz, yolsuz.

il.leg.i.ble (ilec'ıbıl) **s.** okunmaz. **illegibly z.** okunmayacak şekilde.

il.le.git.i.mate (ilicit'imit) **s.** 1. gayri meşru. 2. kanuna aykırı.

il.lic.it (ilis'it) **s.** kanunsuz, kanuna aykırı.

il.lit.er.ate (ilit'ırit) **s.** okumamış, cahil. **illiteracy i.** cahillik.

il.log.i.cal (ilac'ikıl) **s.** mantıksız, mantığa aykırı.

il.lu.mi.nate (ilu'mıneyt) **f.** aydınlatmak. **illumination i.** 1. aydınlatma; aydınlanma. 2. tezhip.

il.lu.mine (ilu'min) **f.** aydınlatmak.

il.lu.sion (ilu'jın) **i.** yanılsama.

il.lus.trate (il'ıstreyt) **f.** 1. örneklemek. 2. resimlemek. **illustration i.** 1. resim. 2. örnek.

il.lus.tri.ous (ilâs'triyıs) **s.** 1. ünlü, meşhur. 2. şanlı, şerefli.

im.age (im'ic) **i.** 1. şekil, suret, tasvir. 2. im. 3. görüntü. 4. put.

im.ag.i.nar.y (imâc'ıneri) **s.** imgesel, hayal mahsulü, hayali.

im.ag.i.na.tive (imâc'ınıtiv) **s.** 1. hayal gücü kuvvetli, yaratıcı. 2. iyi planlanmış. **imagina-**

tively z. hayal gücüne dayanarak.

im.ag.ine (imâc'ın) **f.** 1. hayal etmek, tasarımlamak. 2. sanmak, zannetmek. 3. kavramak, anlamak. **imagination i.** 1. hayal gücü. 2. imgelem, muhayyile.

im.bal.ance (imbäl'ıns) **i.** dengesizlik.

im.be.cile (im'bısil) **s.** geri zekâlı; budala, ahmak.

im.bibe (imbayb') **f.** 1. içmek. 2. soğurmak, emmek.

im.i.tate (im'iteyt) **f.** taklit etmek. **imitation i.** taklit.

im.mac.u.late (imäk'yılit) **s.** 1. lekesiz, pak. 2. saf.

im.ma.nent (im'ınınt) **s.** 1. her yerde mevcut. 2. dahili, batıni. **immanence i.** her yerde var olma.

im.ma.te.ri.al (imıtir'iyıl) **s.** 1. önemsiz. 2. konu dışı. 3. maddi olmayan.

im.ma.ture (imıçûr') **s.** olgunlaşmamış, ham; toy, gelişmemiş.

im.meas.ur.a.ble (imej'ırıbıl) **s.** ölçülemez; sınırsız.

im.me.di.ate (imi'diyıt) **s.** şimdiki. **immediately z.** hemen, doğrudan doğruya.

im.me.mo.ri.al (immôr'iyıl) **s.** hatırlanamayacak derecede eski, çok eski.

im.mense (imens') **s.** çok büyük; engin. **immensely z.** gayet, pek çok. **immensity i.** genişlik, enginlik.

im.merse (imırs') **f.** daldırmak, suya batırmak. **immersion i.** dalma, batma; daldırma.

im.mi.grate (im'igreyt) **f.** göç etmek, dış ülkeden gelip yerleşmek. **immigrant i.** göçmen, muhacir. **immigration i.** göç etme.

im.mi.nent (im'ınınt) **s.** yakında olmasından korkulan, yakın.

im.mo.bile (imo'bıl) **s.** kımıldatılamaz; hareketsiz. **immobility i.** hareketsizlik.

im.mo.bi.lize (imo'bılayz) **f.** kımıldayamaz duruma getirmek, saptamak.

im.mod.er.ate (imad'ırit) **s.** ılımsız, aşırı, çok fazla.

im.mod.est (imad'ist) **s.** utanmaz, arsız; açık saçık.

im.mor.al (imôr'ıl) **s.** ahlaksız, edepsiz.

im.mo.ral.i.ty (imırâl'ıti) **i.** ahlaksızlık.

im.mor.tal (imôr'tıl) **s.** ölümsüz, ebedi, sonsuz.

im.mor.tal.i.ty (imôrtäl'ıti) **i.** ölümsüzlük.

im.mune (imyun') **s.** bağışık, muaf. **immunity i.** 1. dokunulmazlık. 2. bağışıklık.

im.mu.nize (im'yınayz) **f.** bağışık kılmak, muaf kılmak.

im.mu.ta.ble (imyu'tıbıl) **s.** değişmez, sabit.

imp (imp) **i.** küçük şeytan.

im.pact (im'päkt) **i.** 1. vuruş. 2. çarpışma.

3. etki.

im.pair (imper') f. bozmak, zayıflatmak.

im.pale (impeyl') f. kazıklamak, kazığa oturtmak.

im.part (impart') f. bildirmek, vermek, söylemek.

im.par.tial (impar'şıl) s. tarafsız. **impartially z.** taraf tutmayarak.

im.par.ti.al.i.ty (imparşiyäl'ıti) i. tarafsızlık.

im.pass.a.ble (impäs'ıbıl) s. geçilemez, aşılamaz.

im.passe (im'päs) i. çıkmaz, açmaz, kördüğüm.

im.pas.sive (impäs'iv) s. 1. duygusuz, vurdumduymaz. 2. heyecansız.

im.pa.tient (impey'şınt) s. 1. sabırsız, tez canlı. 2. hoşgörüsüz. 3. sinirli. **impatience i.** 1. sabırsızlık. 2. sinirlilik. **impatiently z.** sabırsızlıkla.

im.peach (impiç') f. (devlet memurunu) mahkeme önünde suçlandırmak; suçlamak.

im.pec.ca.ble (impek'ıbıl) s. 1. günahsız. 2. arı, kusursuz. **impeccably z.** eksiksiz olarak.

im.pede (impid') f. engellemek.

im.ped.i.ment (imped'ımınt) i. 1. engel. 2. pelteklik.

im.pel (impel') f. sürmek, itmek, kışkırtmak.

im.pen.e.tra.ble (impen'ıtrıbıl) s. 1. delinmez, nüfuz edilemez. 2. anlaşılmaz.

im.pen.i.tent (impen'ıtınt) s. pişman olmayan.

im.per.a.tive (imper'ıtiv) s. 1. zorunlu, zaruri. 2. emreden.

im.per.cep.ti.ble (impırsep'tıbıl) s. görülemez, seçilemez.

im.per.fect (impır'fikt) s. eksik, kusurlu.

im.per.fec.tion (impırfek'şın) i. kusur, eksiklik.

im.pe.ri.al (impir'iyıl) s. 1. imparatora özgü. 2. şahane. 1. keçi sakalı. **imperialism i.** emperyalizm. **imperialist i.** emperyalist.

im.per.il (imper'il) f. tehlikeye atmak.

im.pe.ri.ous (impir'iyıs) s. zorba, müstebit.

im.per.ish.a.ble (imper'işıbıl) s. bozulmaz, yok olmaz.

im.per.me.a.ble (impır'miyıbıl) s. sugeçirmez, havayı geçirmez.

im.per.son.al (impır'sınıl) s. kişisel olmayan.

im.per.son.ate (impır'sıneyt) f. taklit etmek.

im.per.ti.nent (impır'tınınt) s. terbiyesiz, arsız, küstah; münasebetsiz. **impertinence i.** küstahlık; münasebetsizlik.

im.per.turb.a.ble (impırtır'bıbıl) s. ağırbaşlı, temkinli; soğukkanlı.

im.per.vi.ous (impır'iyıs) s. 1. sugeçirmez. 2. nüfuz edilemeyen.

im.pet.u.ous (impeç'uwıs) s. aceleci. **impetuously z.** düşünmeden.

im.pe.tus (im'pıtıs) i. 1. güç, zor, şiddet. 2. uyarım; dürtü; güdü.

im.pi.ous (im'piyıs) s. kâfir.

im.plau.si.ble (implô'zıbıl) s. inanılmaz.

im.ple.ment (f. im'plımınt; i. im'plımınt) f. yerine getirmek, yürütmek. i. alet, araç.

im.plic.it (implis'it) s. 1. tam, kesin. 2. ima edilen.

im.plore (implôr') f. yalvarmak, dilemek.

im.ply (implay') f. 1. ima etmek. 2. belirtmek, ifade etmek.

im.po.lite (impılayt') i. terbiyesiz, kaba. **impolitely z.** terbiyesizce, kaba bir şekilde. **impoliteness i.** terbiyesizlik, kabalık.

im.port (im'pôrt) f. ithal etmek. i. ithal malı. **importer i.** ithalatçı.

im.por.tant (impôr'tnt) s. 1. önemli. 2. gururlu, kibirli. 3. etkili, nüfuzlu, itibarlı. **importance i.** önem.

im.pose (impoz') f. 1. zorla yüklemek. 2. rahatsız etmek.

im.pos.ing (impo'zing) s. görkemli, heybetli, muhteşem.

im.po.si.tion (impızîş'ın) i. 1. üzerine koyma, yükleme. 2. hile, aldatma.

im.pos.si.ble (impäs'ıbıl) s. 1. olanaksız, imkânsız. 2. münasebetsiz, çekilmez. **impossibility i.** imkânsızlık. **impossibly z.** imkânsız bir şekilde.

im.pos.tor (impas'tır) i. sahtekâr, dolandırıcı.

im.po.tent (im'pıtınt) s. 1. kudretsiz, âciz, zayıf. 2. iktidarsız (erkek). **impotence, impotency i.** 1. iktidarsızlık. 2. etkisizlik.

im.prac.ti.cal (impräk'tîkıl) s. 1. elverişsiz. 2. becerîksiz.

im.press (impres') f. 1. etkilemek, aklına sokmak. 2. damga basmak. **impressive s.** duyguları etkileyen, etkileyici.

im.pres.sion (impreş'ın) i. 1. etki. 2. izlenim. 3. sanı. 4. damga. 5. baskı, basım. **impressionism i.** izlenimcilik, empresyonizm. **impressionist i.** izlenimci, empresyonist.

im.pris.on (impriz'ın) f. hapsetmek.

im.prob.a.ble (imprab'ıbıl) s. ihtimal dışı, umulmayan.

im.promp.tu (impramp'tu) s. hazırlıksız. z. hazırlıksız olarak, doğaçtan.

im.prop.er (imprap'ır) s. 1. uygunsuz. 2. yakışıksız, çirkin.

im.pro.pri.e.ty (imprıpray'ıti) i. uygunsuzluk.

im.prove (impruv') f. 1. düzeltmek, yoluna koymak; düzelmek, yoluna girmek. 2. değerlendirmek; değerlenmek. **improvement i.** düzelme, ilerleme.

im.pro.vise (im'prıvayz) f. 1. anında uydurmak. 2. çare bulmak.

im.pru.dent (imprud'ınt) s. tedbirsiz, ihtiyatsız. **imprudence i.** tedbirsizlik, ihtiyatsızlık.

im.pu.dent (im'pyıdınt) **s.** arsız, yüzsüz, küstah. **impudence i.** yüzsüzlük, arsızlık.

im.pulse (im'pʌls) **i.** 1. dürtü. 2. kışkırtma.

im.pul.sive (impʌl'siv) **s.** düşüncesizce davranan. **impulsively z.** düşünmeden, birdenbire.

im.pure (impyûr') **s.** 1. kirli, pis, murdar. 2. karışık, katışık. 3. iffetsiz. **impurity i.** 1. kirlilik, pislik, murdarlık. 2. saflığı bozan şey.

im.pute (impyut') **f.** 1. atfetmek. 2. üstüne yıkmak, yüklemek. 3. vermek.

in (in) **edat** içinde, içeriye, içine, -de, -da. **s.** iç, içsel, dahili.

in.a.bil.i.ty (inıbil'ıti) **i.** iktidarsızlık; ehliyetsizlik; yetersizlik.

in.ac.cu.rate (inäk'yırît) **s.** yanlış, kusurlu, hatalı.

in.ad.e.quate (inäd'ıkwît) **s.** yetersiz. **inadequacy i.** yetersizlik.

in.ad.ver.tent (inıdvır'tınt) **s.** kasıtsız, elde olmayan.

in.ane (ineyn') **s.** 1. budala. 2. boş, anlamsız. **inanely z.** 1. budalaca. 2. anlamsız bir şekilde.

in.an.i.mate (inän'ımît) **s.** cansız, ruhsuz, ölü.

in.ap.pro.pri.ate (inıpro'priyît) **s.** uygunsuz, münasebetsiz.

in.as.much as (inızmâç') mademki; çünkü.

in.au.di.ble (inô'dıbıl) **s.** işitilemez, duyulamaz.

in.au.gu.rate (inô'gyıreyt) **f.** 1. resmen işe başlamak. 2. açılışını kutlamak. **inauguration i.** açılış töreni.

in.aus.pi.cious (inôspîş'ıs) **s.** uğursuz, meşum.

in.born (in'bôrn') **s.** yaradılıştan, doğuştan.

in.cal.cu.la.ble (inkäl'kyılıbıl) **s.** hesap edilemez.

in.can.des.cent (inkındes'ınt) **s.** akkor.

in.ca.pa.ble (inkey'pıbıl) **s.** yeteneksiz, kabiliyetsiz; âciz, güçsüz.

in.cau.tious (inkô'şıs) **s.** dikkatsiz, tedbirsiz.

in.cense (in'sens) **i.** günlük, buhur, tütsü.

in.cense (insens') **f.** kızdırmak, öfkelendirmek.

in.cen.tive (insen'tiv) **s.** kışkırtıcı. **i.** dürtü; uyarım.

in.ces.sant (inses'ınt) **s.** devamlı, sürekli. **incessantly z.** sürekli olarak.

inch (inç) **i.** pus, parmak, inç.

in.ci.dent (in'sıdınt) **i.** olay, hadise.

in.ci.den.tal (insıden'tıl) **s.** 1. rastlantıya bağlı. 2. dıştan gelen. **incidentally z.** 1. aklıma gelmişken. 2. tesadüfen.

in.cise (insayz') **f.** hakketmek, oymak, kazımak.

in.ci.sive (insay'siv) **s.** keskin; zeki.

in.cite (insayt') **f.** kışkırtmak, teşvik etmek, tahrik etmek. **incitement i.** kışkırtma, teşvik.

in.cli.na.tion (inklıney'şın) **i.** 1. eğilim, meyil; istek, heves. 2. eğim.

in.cline (inklayn') **f.** 1. eğmek; eğilmek. 2. sapmak. **i.** eğri yüzey.

in.clude (inklud') **f.** içine almak, kapsamak. **included s.** dahil. **inclusion i.** kapsama; dahil olma. **inclusive s.** kapsayan, dahil.

in.co.her.ence (inkohîr'ıns) **i.** tutarsızlık. **incoherent s.** tutarsız.

in.come (in'kʌm) **i.** gelir, kazanç, irat.

in.com.pa.ra.ble (inkâm'pırıbıl) **s.** kıyaslanamaz, eşsiz, emsalsiz.

in.com.pat.i.ble (inkımpät'ıbıl) **s.** karşıt, birbirine zıt. **incompatibility i.** geçimsizlik; uyumsuzluk.

in.com.pe.tent (inkam'pıtınt) **s.** yetersiz; yeteneksiz.

im.com.plete (inkımplît') **s.** eksik, bitmemiş; kusurlu.

in.com.pre.hen.si.ble (inkamprîhen'sıbıl) **s.** anlaşılmaz, akıl almaz.

in.con.ceiv.a.ble (inkınsî'vıbıl) **s.** anlaşılmaz, inanılmaz, kavranamaz.

in.con.gru.ent (inkang'gruwınt) **s.** uyumsuz, ahenksiz; uygunsuz.

in.con.sis.tent (inkınsîs'tınt) **s.** uyuşmaz, aykırı, tutarsız.

in.con.ven.ient (inkınvîn'yınt) **s.** 1. uygunsuz. 2. zahmetli, müşkül. 3. elverişsiz. **inconvenience i.** güçlük, zahmet.

in.cor.po.rate (inkôr'pıreyt) **f.** içermek, kapsamak.

in.cor.rect (inkırekt') **s.** 1. yanlış; düzeltilmemiş. 2. biçimsiz.

in.cor.ri.gi.ble (inkôr'ıcıbıl) **s.** yola getirilemez, ıslah olmaz.

in.crease (inkrîs') **f.** artmak, çoğalmak; artırmak, çoğaltmak, büyütmek. **i.** 1. büyüme, çoğalma, artma. 2. ürün. 3. kâr. 4. hâsılat.

in.cred.i.ble (inkred'ıbıl) **s.** inanılmaz.

in.crim.i.nate (inkrîm'ıneyt) **f.** suçlamak.

in.cu.bate (in'kyıbeyt) **f.** 1. kuluçkaya yatmak. 2. civciv çıkarmak. **incubation i.** kuluçka devri.

in.cur (inkır') **f.** uğramak, maruz kalmak, girmek.

in.cur.a.ble (inkyûr'ıbıl) **s.** iyi olmaz, şifa bulmaz, onulmaz.

in.debt.ed (indet'îd) **s.** 1. borçlu. 2. minnettar. **indebtedness i.** 1. borçluluk. 2. borçlar.

in.de.cent (indi'sınt) **s.** yakışıksız, edepsiz, kaba. **indecency i.** edepsizlik.

in.de.ci.sion (indîsî'jın) **i.** kararsızlık, tereddüt.

in.deed (indîd') **z.** gerçekten, hakikaten, doğrusu.

in.def.i.nite (indef'ınît) **s.** belirsiz.

in.del.i.cate (indel'ıkît) **s.** 1. uygun olmayan. 2. kaba, nezaketsiz. **indelicacy i.** 1. uygunsuzluk. 2. kabalık.

in.dem.ni.ty (indem'niti) i. tazminat.

in.dent (indent') f. içerlek yazmak, paragraf başı yapmak.

in.de.pen.dent (indipen'dınt) s. bağımsız. **independently** z. birbirini etkilemeden. **independence** i. bağımsızlık.

in.dex (in'deks) i. 1. indeks, fihrist, dizin. 2. katalog. 3. gösterge.

In.di.a (in'diyı) i. Hindistan.

In.di.an (in'diyın) i. 1. Hintli. 2. kızılderili.

in.di.cate (in'dıkeyt) f. işaret etmek, göstermek, imlemek. **indication** i. 1. bildirme, anlatma, gösterme. 2. belirti, delil. **indicator** i. gösterge; ibre.

in.dic.a.tive (indîk'ıtîv) s. gösteren, belirten, bildiren.

in.dict (indayt') f. 1. suçlamak. 2. sorguya çekmek. **indictment** i. 1. iddianame, savca. 2. suçlama. 3. dava açma.

in.dif.fer.ent (indîf'ırınt) s. 1. kaygısız, aldırmaz, umursamayan. 2. duygusuz. 3. önemsiz. **indifference** i. 1. aldırmazlık. 2. ilgisizlik.

in.di.gest.i.ble (indîces'tîbıl) s. sindirilemeyen, hazmı zor.

in.di.ges.tion (indîces'çın) i. hazımsızlık, mide fesadı.

in.dig.nant (indîg'nınt) s. hiddetli, kızgın. **indignantly** z. hiddetle, kızgınlıkla.

in.dig.na.tion (indîgney'şın) i. kızgınlık, öfke, gazap.

in.dig.ni.ty (indîg'nıti) i. saygısızlık, hürmetsizlik.

in.di.rect (indırekt') s. dolaşık, dolambaçlı; dolaylı, araçlı. **indirect object** dolaylı tümleç, -e halindeki isim.

in.dis.pen.sa.ble (indîspen'sıbıl) s. gerekli, vazgeçilmez.

in.dis.posed (indîspozd') s. belirsiz, isteksiz.

in.dis.tinct (indîstînkt') s. belirsiz, secilemez, bulanık.

in.di.vid.u.al (indıvîc'uwıl) s. 1. tek, yalnız, ayrı. 2. bireysel. i. birey, fert, şahıs. **individualism** i. bireycilik. **individualist** i. bireyci. **individually** z. ayrı ayrı.

in.di.vis.i.ble (indıvîz'ıbıl) s. 1. bölünmez. 2. kesirsiz.

in.do.lent (in'dılınt) s. 1. tembel, üşengeç. 2. ağrısız, acısız. **indolence** i. tembellik.

in.dom.i.ta.ble (indam'îtıbıl) s. 1. yılmaz. 2. boyun eğmez, inatçı.

In.do.ne.sia (indıni'ji) i. Endonezya.

in.door (in'dôr) s. ev içine ait, ev içinde yapılan. **indoors** z. ev içine, ev içine.

in.duce (indus') f. neden olmak. **inducement** i. 1. neden, vesile. 2. teşvik, ikna.

in.duc.tion (indâk'şın) i. 1. memuriyete geçirme. 2. tümevarım. 3. sonuç çıkarma. **inductive** s. tümevarımsal.

in.dul.gent (indâl'cınt) s. hoşgörülü. **indulgence** i. 1. düşkünlük, iptilâ. 2. hoşgörü.

in.dus.tri.al (indâs'triyıl) s. sınai, endüstriyel. **industrial school** teknik okul.

in.dus.tri.al.ize (indâs'triyılayz) f. sanayileştirmek.

in.dus.tri.ous (indâs'triyıs) s. çalışkan, gayretli.

in.dus.try (in'dıstri) i. 1. sanayi, endüstri. 2. çalışkanlık, gayret. 3. iş, meşguliyet.

in.ed.i.ble (ined'ibıl) s. yenmez.

in.ef.fec.tive (inîfek'tîv) s. etkisiz.

in.ef.fi.cient (inîfîş'ınt) s. 1. etkisiz. 2. verimsiz. **inefficiency** i. 1. etkisizlik. 2. verimsizlik.

in.el.i.gi.ble (inel'ıcıbıl) s. yeterli nitelikleri olmayan.

in.e.qual.i.ty (înîkwal'ıti) s. 1. eşitsizlik, farklılık. 2. değişebilirlik.

in.eq.ui.ty (inek'wıti) s. haksızlık, insafsızlık.

in.ert (inırt') s. 1. süreduran, hareketsiz. 2. ağır. 3. tembel.

in.er.tia (inır'şı) i. atalet, süredurum.

in.es.cap.a.ble (inskey'pıbıl) s. kaçınılmaz.

in.es.ti.ma.ble (ines'tımıbıl) s. 1. hesaba sığmaz. 2. paha biçilmez, çok değerli.

in.ev.i.ta.ble (inev'ıtıbıl) s. kaçınılmaz, çaresiz. **inevitably** z. tam doğru olmayan, yanlış, hatalı.

in.ex.act (in'igzâkt) s. tam doğru olmayan, yanlış, hatalı.

in.ex.cus.a.ble (inîkskyu'zıbıl) s. affedilemez.

inexcusably z. affedilemeyecek şekilde.

in.ex.pen.sive (inîkspen'sîv) s. ucuz. **inexpensively** z. ucuza.

in.ex.pli.ca.ble (ineks'plîkıbıl) s. açıklanamaz.

inexplicably z. açıklanamayacak şekilde.

in.ex.press.i.ble (inîkspres'ıbıl) s. anlatılamaz; ifade edilemez. **inexpressibly** z. anlatılamayacak derecede.

in.fa.mous (in'fırmıs) s. 1. adı kötüye çıkmış. 2. rezil, kepaze. 3. ayıp.

in.fant (in'fınt) i. 1. bebek, küçük çocuk. 2. reşit olmayan kimse. **infancy** i. bebeklik, çocukluk; küçüklük.

in.fan.tile (in'fıntayl) s. çocuğa ait.

in.fan.try (in'fıntri) i. piyade.

in.fect (infekt') f. 1. hastalık bulaştırmak. 2. bozmak. **infection** i. bulaşma, geçme; bulaştırma.

in.fer.ence (in'fırıns) i. 1. sonuç çıkarma, anlam çıkarma. 2. çıkarsama. 3. sonuç, netice.

in.fe.ri.or (infîr'iyır) s. 1. aşağı. 2. adi. 3. ikinci derecede. **inferiority** i. aşağılık, adilik.

in.fer.no (infîr'no) i. cehennem.

in.fi.del.i.ty (infîdel'ıti) i. sadakatsizlik.

2. zina. 3. imansızlık, küfür.

in.fin.ite (în'finît) **s.** 1. sonsuz, sınırsız. 2. bitmez, tükenmez. **infinitely z.** çok, sonsuz olarak. **infinity i.** sonsuzluk, sınırsızlık.

in.fin.i.tive (înfîn'ıtîv) **i.** mastar, eylemlik.

in.fir.ma.ry (înfır'mırî) **i.** revir; klinik; hastane.

in.flam.ma.ble (înfläm'ıbıl) **s.** ateş alır, tutuşur.

in.flam.ma.tion (înflımey'şın) **i.** 1. alevlenme. 2. iltihaplanma.

in.flate (înfleyt') **f.** 1. hava ile şişirmek. 2. gururlandırmak. 3. piyasaya çok sayıda kağıt para çıkarmak. **inflated s.** 1. şişmiş, şişirilmiş, şişkin. 2. enflasyon haline getirilmiş. **inflation i.** enflasyon, para şişkinliği.

in.flex.i.ble (înflek'sıbıl) **s.** 1. eğilmez. 2. inatçı.

in.flict (înflîkt') **f.** (ağrı, acı) vermek.

in.flu.ence (în'fluwıns) **i.** etki, tesir, nüfuz.

in.flu.en.tial (înfluwen'şıl) **s.** 1. etkili. 2. sözü geçen.

in.flu.en.za (înfluwen'zı) **i.** grip, enflüenza.

in.form (înfôrm') **f.** bilgi vermek, bildirmek. **information i.** bilgi, haber, malumat. **informative s.** aydınlatıcı, eğitici. **informed s.** bilgili, tahsilli.

in.for.mal (înfôr'mıl) **s.** teklifsiz, resmi olmayan. **informality i.** teklifsizlik. **informally z.** teklifsizce, gayri resmi olarak.

in.fu.ri.ate (înfyûr'îyeyt) **f.** çıldırtmak, çok kızdırmak.

in.gen.ious (încîn'yıs) **s.** 1. hünerli. 2. zeki, usta. 3. usta işi. **ingeniously z.** ustalıkla.

in.ge.nu.i.ty (încınu'wıtî) **i.** ustalık, zekâ.

in.grat.i.tude (îngrät'ıtud) **i.** nankörlük, iyilik bilmezlik.

in.gre.di.ent (îngrî'dıyınt) **i.** malzeme, karışımdaki madde.

in.hab.i.tant (înhäb'ıtınt) **i.** ikamet eden kimse.

in.hale (înheyl') **f.** nefes almak.

in.her.it (înher'ît) **f.** miras almak, kalıt olmak. **inheritance i.** 1. miras, kalıt. 2. veraset.

in.hi.bi.tion (înhîbîş'ın) **i.** ket vurma.

in.hos.pi.ta.ble (înhas'pîtıbıl) **s.** misafir sevmez.

in.hu.man (înhyu'mın) **s.** insanlık dışı.

in.i.tial (înîş'ıl) **s.** baştaki, ilk, birinci. **initially z.** başlangıçta, evvela.

in.i.ti.ate (înîş'îyeyt) **f.** 1. başlatmak. 2. alıştırmak, göstermek. 3. üyeliğe kabul etmek. **initiative i.** 1. inisiyatif. 2. girişim, teşebbüs. **s.** başlatan.

in.ject (încekt') **f.** 1. içeri atmak. 2. sokuşturmak. 3. şırınga etmek, enjeksiyon yapmak. **injection i.** 1. enjeksiyon, iğne. 2. içeri atma.

in.jure (în'cır) **f.** 1. incitmek, zarar vermek. 2. bozmak.

in.ju.ri.ous (încûr'îyıs) **s.** 1. zararlı, dokunur.

2. kırıcı, yerici, aşağılayıcı.

in.ju.ry (în'cırî) **i.** 1. zarar, ziyan. 2. eza, üzgü. 3. haksızlık. 4. yara.

in.jus.tice (încäs'tîs) **i.** haksızlık, adaletsizlik.

ink (îngk) **i.** mürekkep.

in.land (în'lınd) **s.** denizden uzak, iç.

inn (în) **i.** han, otel.

in.nate (în'eyt') **s.** doğal, doğuştan.

in.ner (în'ır) **s.** 1. iç, dahili. 2. ruhani. 3. gizli. **innermost s.** en içerideki, en içteki.

in.keep.er (în'kîpır) **i.** hancı, otelci.

in.no.cent (în'ısınt) **s.** 1. masum, saf. 2. suçsuz, günahsız. **innocently z.** masumca, saflıkla. **innocency i.** saflık, masumluk. **innocence i.** masumiyet, suçsuzluk.

in.no.va.tion (înıvey'şın) **i.** 1. yenilik; buluş.

in.nu.mer.a.ble (înu'mırıbıl) **s.** sayılamaz, pek çok. **innumerably z.** sayılamayacak kadar.

in.put (în'pût) **i.** girdi.

in.quire (înkwayr') **f.** sormak, araştırmak, soruşturmak. **inquire about (a thing)** (bir şey) hakkında soru sormak. **inquire after (a person)** (bir kimsenin) hal ve hatırını sormak. **in.quir.y** (îng'kwırî) **i.** sorgu, soruşturma, araştırma.

in.quis.i.tive (înkwîz'ıtîv) **s.** meraklı.

in.sane (înseyn') **s.** deli, akıl hastası. **insane asylum** tımarhane. **insanely z.** delicesine.

in.san.i.ty (însän'ıtî) **i.** delilik, cinnet.

in.sa.tia.ble (însey'şıbıl) **s.** doymaz, açgözlü, kanmaz.

in.scrip.tion (înskrîp'şın) **i.** 1. kitabe, yazıt, yazı. 2. ithaf.

in.sect (în'sekt) **i.** böcek.

in.se.cure (însıkyûr') **s.** 1. emniyetsiz, tehlikeli. 2. endişeli.

in.sen.si.tive (însen'sîtîv) **s.** hissiz, duygusuz.

in.sert (însırt') **f.** sokmak, arasına sıkıştırmak.

in.side (î, s'nsayd; **edat** însayd') **i.** iç, iç taraf, dahil. **s.** içteki, dahili. **edat** içerisine, içerisinde.

in.sig.nif.i.cant (însîgnîf'îkınt) **s.** 1. önemsiz. 2. anlamsız. 3. pek az.

in.sin.cere (însînsîr') **s.** içten olmayan, ikiyüzlü. **insincerity i.** içtensizlik.

in.sist (însîst') **f.** üstelemek, ısrar etmek. **insistence i.** üsteleme, ısrar. **insistent z.** üsteleyici.

in.so.lent (în'sılınt) **s.** küstah, terbiyesiz, arsız. **insolence i.** küstahlık.

in.som.ni.a (însam'nîyı) **i.** uykusuzluk.

in.spect (înspekt') **f.** teftiş etmek, muayene etmek, yoklamak, denetlemek. **inspection i.** teftiş, muayene, yoklama. **inspector i.** müfettiş.

in.spi.ra.tion (înspırey'şın) **i.** 1. ilham, esin.

2. aşılama, telkin.

in.spire (înspayır') **f.** ilham etmek, esinlemek.

in.stall (înstôl') **f.** 1. yerine koymak. 2. kurmak, tesis etmek.

in.stal.la.tion (înstîley'şın) **i.** tesisat, tertibat, düzen.

in.stall.ment (înstôl'mınt) **i.** 1. taksit. 2. kısım, bölüm.

in.stance (în'stıns) **i.** 1. örnek. 2. kez, kere, defa. **for instance** örneğin, mesela.

in.stant (în'stınt) **i.** an, dakika. **instantly z.** hemen, derhal.

in.stead (însted') **z.** yerine, karşılık olarak. **instead of** yerine.

in.stinct (în'stînkt) **i.** içgüdü.

in.sti.tute (în'stîtut) **i.** 1. kuruluş, müessese. 2. enstitü, okul. **f.** kurmak, tesis etmek. **institution i.** kurum, kuruluş.

in.struct (înstrâkt') **f.** okutmak, öğretmek, eğitmek. **instructive s.** öğretici, eğitici. **instructor i.** 1. öğretmen, eğitmen. 2. asistan; okutman.

in.struc.tion (înstrâk'şın) **i.** öğretme, öğrenim, eğitim. **instructions i.** direktif, yönerge; açıklama.

in.stru.ment (în'strınmınt) **i.** 1. alet. 2. vasıta. 3. enstrüman; çalgı. 4. belge. 5. belgit, senet. **in.stru.men.tal** (înstrımen'tıl) **s.** 1. yararlı; etkili. 2. enstrümantal.

in.suf.fi.cient (însıfîş'ınt) **s.** eksik, yetersiz.

in.su.late (în'sıleyt) **f.** yalıtmak.

in.sult (i. în'sâlt; f. însâlt') **i.** hakaret. **f.** aşağısamak, hor görmek.

in.sure (înşûr') **f.** 1. sigorta etmek. 2. emniyet altına almak. 3. sağlamak, temin etmek. **insurance i.** sigorta. **insured s.** sigortalı.

in.take (în'teyk) **i.** giriş; içeri giren miktar.

in.tan.gi.ble (întän'cıbıl) **s.** manevi.

in.te.gral (în'tıgrıl) **s.** 1. bütünün ayrılmaz bir parçası. 2. gerekli. **i.** 1. bir bütün. 2. integral.

in.te.grate (în'tıgreyt) **f.** tamamlamak; bir bütün oluşturmak.

in.teg.ri.ty (înteg'rıti) **i.** 1. dürüstlük. 2. bütünlük.

in.tel.lect (în'tılekt) **i.** akıl, zihin, idrak, anlık. **intellectual s.** entelektüel, aydın.

in.tel.li.gent (întel'ıcınt) **s.** akıllı, zeki, anlayışlı. **in.tel.li.gence i.** 1. akıl, zeka, anlayış. 2. haber.

in.tend (întend') **f.** 1. kastetmek, amaçlamak. 2. tasarlamak.

in.tense (întens') **s.** 1. şiddetli, keskin, hararetli. 2. yoğun. 3. gergin. **intensely z.** 1. şiddetle. 2. yoğun bir şekilde. **intensity i.** 1. keskinlik, şiddet. 2. yoğunluk. **intensive s.** 1. şiddetli. 2. yoğun.

in.tent (întent') **i.** amaç, maksat, niyet. **s.** 1.

dikkatli. 2. niyetli. **intently z.** dikkatle.

in.ten.tion (înten'şın) **i.** 1. niyet. 2. kasıt. **intentional s.** kasıtlı. **intentionally z.** kasten.

in.ter.cede (întırsid') **f.** araya girmek.

in.ter.cept (întırsept') **f.** yolunu kesmek.

in.ter.con.ti.nen.tal (întırkantınen'tıl) **s.** kıtalararası.

in.ter.de.pend.ence (întırdıpend'ıns) **i.** karşılıklı dayanışma.

in.ter.est (în'trıst) **i.** 1. ilgi, alaka, merak. 2. kâr, kazanç. 3. faiz. **f.** 1. ilgilendirmek, merakını uyandırmak. 2. ortak etmek. **interested s.** 1.meraklı, ilgili. 2.çıkar gözeten. **interesting s.** ilginç, enteresan.

in.ter.fere (întırfîr') **f.** karışmak; müdahale etmek.

in.te.ri.or (întîr'iyır) **s.** iç, dahili. **i.** iç, dahil.

in.ter.jec.tion (întırcek'şın) **i.** ünlem.

in.ter.me.di.ate (întırmi'diyît) **s.** ortadaki, aradaki.

in.ter.mis.sion (întırmiş'ın) **i.** aralık, ara.

in.ter.mit.tent (întırmit'ınt) **s.** aralıklarla meydana gelen.

in.tern (în'tırn) **i.** staj yapan tıp öğrencisi.

in.ter.nal (întır'nıl) **s.** iç, dahili.

in.ter.na.tion.al (întırnäş'ınıl) **s.** uluslararası, arsıulusal, milletlerarası.

in.ter.pose (întırpoz') **f.** araya girmek.

in.ter.pret (întır'prît) **f.** 1. yorumlamak. 2. tercüme etmek. **interpretation i.** yorum, açıklama. **interpreter i.** 1.yorumcu. 2.tercüman.

in.ter.re.lat.ed (întır.rıley'tid) **s.** birbiriyle ilgili.

in.ter.ro.ga.tion (întırgey'şın) **i.** 1. sorguya çekme. 2. soru.

in.ter.rupt (întırâpt') **f.** yarıda kesmek; araya girmek. **interruption i.** ara, fasıla, kesinti.

in.ter.sect (întırsekt') **f.** 1. kesişmek. 2. kat etmek, kesmek. **intersection i.** 1. kesişme. 2. kavşak.

in.ter.val (în'tırvıl) **i.** 1. aralık. 2. süre, müddet. **at intervals** aralıklı, aralarla.

in.ter.vene (întırvin') **f.** araya girmek. **intervention i.** 1. aracılık. 2. karışma, müdahale.

in.ter.view (în'tırvyu) **f.** röportaj yapmak, görüşmek. **i.** röportaj, görüşme, mülakat.

in.ter.weave (întırwiv') **f.** birlikte dokumak; karıştırmak.

in.tes.tine (întes'tin) **i.** bağırsak.

in.ti.mate (în'tımît) **s.** 1. içten, yürekten, candan, yakın. 2. gizli, gizek. **intimacy i.** 1. gizlilik. 2. yakın dostluk. **intimately z.** içtenlikle.

in.ti.mate (în'tımeyt) **f.** ima etmek, imlemek.

in.tim.i.date (întîm'ıdeyt) **f.** gözünü korkutmak.

in.to (în'tu) **edat** içine, içeri.

in.tol.er.a.ble (intal'ırıbıl) s. çekilmez, dayanılmaz.

in.tol.er.ant (intal'ırınt) s. hoşgörüsüz. intolerance i. hoşgörüsüzlük.

in.tox.i.cate (intak'sikeyt) f. sarhoş etmek. intoxication i. 1. sarhoşluk. 2. zehirlenme.

in.tran.si.tive (inträn'sitiv) s. geçişsiz, nesnesiz (fiil).

in.tri.cate (in'trikit) s. karışık, çapraşık.

in.trigue (intrig') i. entrika, desise.

in.tro.duce (intrıdus') f. takdim etmek, tanıtmak; tanıştırmak.

in.tro.duc.tion (intrıdâk'şın) i. 1. takdim; tanıştırma. 2. tavsiye mektubu. 3. önsöz. 4. başlangıç. 5. giriş.

in.tro.vert (in'trıvırt) s., i. içedönük.

in.trude (intrud') f. zorla girmek.

in.tu.i.tion (intuwiş'ın) i. içine doğma; sezgi.

in.un.date (in'ândeyt) f. su ile kaplamak, sel basmak.

in.vade (inveyd') f. saldırmak, hücum etmek. invasion i. istila, saldırı, akın.

in.va.lid (in'vılid) i. hasta; yataklak; sakat.

in.va.lid (invälid') s. geçersiz, hükümsüz.

in.var.i.a.bly (inver'iyıbli) z. değişmez bir şekilde.

in.vent (invent') f. icat etmek, yaratmak 2. uydurmak. invention i. buluş, icat. inventive s. yaratıcı. inventor i. icat eden, yaratıcı.

in.ven.to.ry (in'vıntori) i. envanter.

in.verse (invırs') s. ters, aksi. inversely z. tersine.

in.vert (invırt') f. tersine çevirmek. inversion i. ters dönme, altüst olma.

in.ver.te.brate (invır'ıbrit) s. omurgasız.

in.vest (invest') f. 1. (para) yatırmak. 2. (para, güç, zaman) harcamak. investment i. yatırım.

in.ves.ti.gate (inves'tigeyt) f. araştırmak, incelemek. investigation i. araştırma, inceleme.

in.vis.i.ble (inviz'ıbıl) s. görülmez, görünmez.

in.vi.ta.tion (invıtey'şın) i. davet, çağrı.

in.vite (invayt') f. davet etmek, çağırmak.

in.voice (in'voys) i. fatura.

in.vol.un.tar.y (inval'ınteri) s. istemsiz. involuntarily z. istemeyerek.

in.volve (inalv') f. gerektirmek; içermek. be involved i. ilgisi olmak, karışmış bulunmak. 2-(işe) dalmak. involved s. 1. çapraşık, girift, girişik. 2. ilgili.

in.ward (in'wırd) s. 1. iç, dahili. 2. içe yönelik.

i.o.dine (ay'ıdayn) i. iyot.

I.ran (irân') i. İran.

I.raq (irâk') i. Irak.

i.rate (ay'reyt) s. öfkeli, kızgın.

Ire.land (ayr'lınd) i. İrlanda.

i.ris (ay'ris) i. 1. iris. 2. süsen.

i.ron (ay'ırn) i. 1. demir. 2. ütü. f. ütülemek.

i.ron.ic (ayran'ik) s. istihzalı, cinaslı. ironically z. alaylı, istihzayla.

i.ro.ny (ay'ırni) i. cinas.

ir.ra.tion.al (irâş'ınıl) s. mantıksız. irrationally z. mantıksızca; delice.

ir.reg.u.lar (ireg'yılır) s. 1. düzensiz. 2. kuralsız.

ir.rel.e.vant (irel'ıvınt) s. konu dışı.

ir.re.sis.ti.ble (irizis'tibil) s. karşı konulamaz.

ir.res.o.lute (irez'ılut) s. kararsız.

ir.re.spon.si.ble (irispan'sıbıl) s. sorumsuz.

ir.re.vers.i.ble (irivır'sıbıl) s. ters çevrilemez; kesin, katı.

ir.ri.gation (irıgey'şın) i. sulama.

ir.ri.ta.ble (ir'ıtbıl) s. çabuk kızan, alıngan, sinirli.

ir.ri.tant (ir'ıtınt) s. 1. sinirlendirici, öfkelendirici. 2. tahriş edici.

ir.ri.tate (ir'ıteyt) f. 1. sinirlendirmek, kızdırmak. 2. tahriş etmek. irritation i. 1. öfke, hiddet. 2. sinirlendirme. 3. tahriş.

Is.lam (islâm') i. İslam.

is.land (ay'lınd) i. ada.

isle (ayl) i. adacık.

i.so.late (ay'sıleyt) f. ayırmak. isolation i. 1. ayırma. 2. yalnızlık.

Is.ra.el (iz'riyıl) i. İsrail.

is.sue (iş'u) i. 1. yayımlama, yayın, basım. 2. konu. 3. sorun. 4. sonuç. 5. (dergi) sayı.

isth.mus (is'mıs) i. kıstak.

It (it) zam. o; onu; ona.

i.tal.ic (itäl'ik) i. italik.

It.a.ly (it'ıli) i. İtalya.

itch (iç) f. kaşınmak. itchy s. kaşıntılı.

i.tem (ay'tım) i. 1. parça, kalem, adet. 2. madde.

i.tem.ize (ay'tımayz) f. ayrıntılarıyla yazmak.

i.tin.er.ant (aytin'ırınt) s. dolaşan, seyyar.

i.vo.ry (ay'vıri) i. fildişi.

Ivory Coast Fildişi Sahili.

i.vy (ay'vi) i. sarmaşık.

J

jack (jäk) i. 1. kriko. 2. vale.

jack.al (câk'ıl) i. çakal.

jack.et (câk'it) i. ceket.

jack.knife (câk'nayf) i. çakı.

jade (ceyd) i. yeşim.

jag.ged (câg'id) s. dişli, kertikli.

jail (ceyl) **i.** cezaevi, tutukevi, hapishane. **jailer** **i.** gardiyan.

jam (cäm) **f.** kıstırmak, sıkıştırmak; tıkamak; tıkmak.

jam (cäm) **i.** reçel, marmelat.

Ja.mai.ca (cımey'kı) **i.** Jamaika.

jan.i.tor (cän'ıtır) **i.** bina bakıcısı; kapıcı; odacı.

Jan.u.ar.y (cän'yuweri) **i.** ocak ayı.

Ja.pan (cıpän') **i.** Japonya.

jar (car) **f.** 1. sarsmak, titretmek. 2. sinirlendirmek.

jar (car) **i.** kavanoz.

jar.gon (car'gın) **i.** meslek argosu.

jas.mine (cäs'min) **i.** yasemin.

jaun.dice (cön'dîs) **i.** (tıb.) sarılık.

jaw (cô) **i.** çene.

jazz (cäz) **i.** caz müziği.

jeal.ous (cel'ıs) **s.** kıskanç, günücü. **jealousy** **i.** kıskançlık.

jean (cin) **i.** kaba pamuklu kumaş. **jeans** **i.** blucin.

jeep (cip) **i.** cip.

jeer (cîr) **f.** alay etmek, eğlenmek. **i.** alay.

jel.ly (cel'i) **i.** meyva özünden yapılmış pelte. **f.** peltelestirmek; peltelesmek.

jel.ly.fish (cel'îfîş) **i.** denizanası, su medüzü.

jeop.ar.dy (cep'ırdi) **i.** tehlike, nazik durum.

jerk (cırk) **i.** ani çekiş, silkinme, silkme. **f.** şiddetle çekmek, silkip atmak; sıçratmak. **jerky** **s.** sarsıntılı.

jer.sey (cır'zi) **i.** jarse.

jest (cest) **i.** şaka, latife, alay. **f.** şaka etmek, şaka söylemek. **jester** **i.** soytarı.

jet (cet) **f.** 1. fışkırtmak; fışkırmak. 2. jetle yolculuk etmek. **i.** 1. jet. 2. fışkırma. 3. fışkıye.

jet.ton (cet'ın) **i.** jeton.

jet.ty (cet'i) **i.** 1. dalgakıran, mendirek. 2. kâgir iskele.

Jew (cu) **i.** Yahudi.

jew.el (cu'wıl) **i.** 1. mücevher. 2. cep veya kol saati içindeki taş. **jeweller** **i.** kuyumcu. **jewelry, jewellery** **i.** 1. mücevherat. 2. kuyumculuk.

jig.gle (cîg'ıl) **f.** sallanmak, salınmak, dingildemek, ırgalanmak; sallamak. **i.** titrek hareket; hafif sallantı.

jin.gle (cîng'gıl) **i.** 1. şıngırtı. 2. tekerleme.

job (cab) **i.** 1. iş, görev, vazife. 2. hizmet. **on the job** iş başında.

job.ber (cab'ır) **i.** toptancı.

jock.ey (cak'i) **i.** cokey, binici.

joc.u.lar (cak'yılır) **s.** şaka yollu; neşeli.

jog (cag) **f.** 1. itmek, sarsmak, dürtmek. 2. bir tempoda ilerlemek. **i.** dürtme.

jog.gle (cag'ıl) **f.** hafifçe sarsmak, yavaşça sallamak. **i.** 1. dürtme, sallama. 2. sarsıntı.

join (coyn) **f.** 1. katılmak. 2. birleştirmek; birleşmek, kavuşmak. 3. bağlamak; bağlanmak.

joint (coynt) **i.** 1. eklem, mafsal. 2. et parçası. **out of joint** çıkık, çıkmış.

joint (coynt) **s.** 1. birleşik, bitişik. 2. ortak. **joint stock company** anonim şirket. **jointly** **z.** ortaklaşa, birlikte.

joke (cok) **i.** şaka, latife, nükte. **f.** 1. şaka yapmak, şaka etmek. 2. eğlenmek, takılmak. **play a joke on (someone)** (birine) şaka yapmak, oyun oynamak. **take a joke** şaka kaldırmak, şakaya gelmek. **joker** **i.** şakacı.

jol.ly (cal'i) **s.** şen, neşeli.

jolt (colt) **f.** sarsmak. **i.** sarsma, sarsıntı.

jon.quil (can'kwıl) **i.** fulya, zerrin.

jos.tle (cas'ıl) **f.** itip kakmak, dürtüklemek. **i.** itip kakma.

jot (cat) **i.** pek az şey, zerre. **jot down** yazmak, kaydetmek.

jour.nal (cır'nıl) **i.** 1. günlük, muhtıra. 2. yevmiye defteri. 3. dergi, mecmua.

jour.nal.ism (cır'nılîzm) **i.** gazetecilik. **journalist** **i.** gazeteci.

jour.ney (cır'ni) **i.** yolculuk, gezi, seyahat. **f.** yolculuk etmek. **take a journey** yolculuk etmek.

jo.vi.al (co'viyıl) **s.** şen, neşeli.

jowl (caul) **i.** çene kemiği, altçene.

joy (coy) **i.** sevinç, keyif, neşe.

joy.ful (coy'fıl) **s.** sevinçli, sevindirici, neşeli. **joyfully** **z.** neşeyle. **joyfulness** **i.** neşelilik.

joy.ous (coy'ıs) **s.** sevinçli, keyifli, neşeli. **joyously** **z.** neşeyle.

ju.bi.lant (cu'bılınt) **s.** 1. sevinçli, coşkulu. 2. zafer sarhoşu.

ju.bi.la.tion (cubiley'şın) **i.** zafer şenliği.

ju.bi.lee (cu'bıli) **i.** jübile.

judge (cac) **i.** 1. yargıç, hâkim. 2. hakem. **f.** 1. hükmetmek; hüküm vermek. 2. yargılamak.

judg.ment (cac'mınt) **i.** 1. yargı, hüküm, karar. 2. bildiri. **Judgment Day, Last Judgment** kıyamet günü.

ju.di.cial (cudîş'ıl) **s.** adli, hukuki, türel.

ju.di.cious (cudîş'ıs) **s.** akıllı, tedbirli, sağgörülü.

ju.do (cu'do) **i.** judo.

jug (cag) **i.** testi; kupa. **jugful** **s.** testi dolusu.

jug.gle (cag'ıl) **f.** 1. hokkabazlık yapmak. 2. hile yapmak, aldatmak. **i.** 1. hokkabazlık. 2. hile. **juggler** **i.** hokkabaz.

juice (cus) **i.** 1. özsu, usare. 2. sebze suyu, meyva veya et suyu. **juiceless** **s.** özsüz, susuz, kuru.

juicy **s.** 1. özlü, sulu. 2. meraklı, cazip.

ju.jube (cu'cub) **i.** hünnap, çiğde.

Ju.ly (cûlay') **i.** temmuz.

jum.ble (cäm'bıl) **i.** karmakarışık şey; karışıklık, düzensizlik.

jum.bo (cäm'bo) **s.** çok büyük, iri, azman.

jump (câmp) **i.** 1. atlama, sıçrama. 2. fırlama, yükselme (fiyat). **f.** 1. sıçramak, atlamak, fırlamak, zıplamak; sıçratmak, atlatmak, fırlatmak, zıplatmak. **on the jump** 1. tetikte. 2. çok meşgul. **jumper i.** atlayan kimse. **jumpy s.** sinirli, diken üstünde.

jum.per (câm'pır) **i.** bluz üzerine giyilen askılı elbise.

junc.tion (cângk'şın) **i.** 1. birleşme yeri. 2. kavşak.

junc.ture (cângk'çır) **i.** 1. bitişme, bağlantı. 2. oynak yeri.

June (cun) **i.** haziran.

jun.gle (câng'gıl) **i.** cengel.

jun.ior (cun'yır) **s.** 1. yaşça küçük. 2. kıdemce aşağı.

ju.ni.per (cu'nıpır) **i.** ardıç.

junk (cângk) **i.** hurda şey; değersiz eşya, çöp. **junk dealer** eskici, hurdacı. **junk shop** eskici dükkânı.

jun.ta (cûn'tı) **i.** cunta.

ju.ris.dic.tion (cûrîsdîk'şın) **i.** 1. yargılama hakkı. 2. yetki. 3. yetki alanı.

ju.ror (cûr'ır) **i.** jüri üyesi.

ju.ry (cûr'i) **i.** jüri.

just (câst) **s.** 1. doğru, adil. 2. tam. **justly z.** adaletle, haklı olarak, hakça.

just (câst) **z.** 1. tam, tam tamına, kesinlikle. 2. hemen, şimdi, biraz önce. 3. ancak. 4. hemen hemen, neredeyse. 5. sadece, yalnız. **just now** hemen şimdi, biraz önce. **just then** o aralık, o sırada, derken. **just the same** 1. tıpatıp aynı. 2. bununla birlikte, yine de.

jus.tice (câs'tîs) **i.** 1. adalet, tüze, hak. 2. doğruluk. 3. hâkim.

jus.ti.fi.a.ble (câstîfay'ıbıl) **s.** doğruluğu tanıtlanabilir; savunulabilir. **justifiably z.** haklı olarak.

jus.ti.fy (câs'tıfay) **f.** 1. doğrulamak, haklı çıkarmak. 2. suçsuzluğunu tanıtlamak. **justification i.** haklı çıkarma, mazur gösterme; haklı çıkma.

jut (cât) **i.** çıkıntı. **jut out** çıkıntı oluşturmak.

ju.ve.nile (cu'vınîl) **s.** 1. genç; gençliğe özgü. 2. olgunlaşmamış. **juvenile delinquency** çocuğun suç işlemesi.

jux.ta.pose (câkstıpoz') **f.** yan yana koymak, sıralamak. **juxtaposition i.** bitişiklik, bitişme; yan yana koyma.

K

ka.bob (kıbab') **i.** kebap.

ka.lei.do.scope (kılay'dıskop) **i.** çiçek dürbünü, kaleydoskop.

kan.ga.roo (kâng.gıru') **i.** kanguru.

kar.at (ker'ıt) **i.** ayar, altın ayarı.

ka.ra.te (kara'tey) **i.** karate.

keel (kil) **i.** gemi omurgası.

keen (kin) **s.** 1. keskin, sivri. 2. acı. 3. sert, şiddetli, kuvvetli, yoğun. 4. zeki. **keenly z.** şiddetle. **keenness i.** 1. keskinlik. 2. akıllılık.

keep (kip) **f.** 1. tutmak, saklamak. 2. sahibi olmak. 3. beslemek. **i.** 1. geçim. 2. himaye. **keep away** uzak durmak; uzak tutmak. **keep going** devam etmek. **keep in mind** akılda tutmak, unutmamak. **keep on** devam etmek. **keep out** dışında kalmak; dışında bırakmak. **keep up with** geri kalmamak. **keeper i.** gardiyan; bakıcı. **keeping i.** 1. tutma, koruma. **keep.sake** (kip'seyk) **i.** andaç, anmalık, hatıra.

keg (keg) **i.** küçük fıçı, varil, bidon.

ken.nel (ken'ıl) **i.** köpek kulübesi.

Ken.ya (ken'yı) **i.** Kenya.

ker.chief (kır'çîf) **i.** başörtüsü, eşarp, boyun atkısı.

ker.nel (kır'nıl) **i.** 1. tahıl tanesi. 2. çekirdek içi. 3. iç.

ker.o.sene (kersîn') **i.** gazyağı, gaz.

ket.tle (ket'ıl) **i.** 1. tencere. 2. çaydanlık. 3. kazan.

key (ki) **i.** 1. anahtar, açkı. 2. kurgu. 3. çözüm yolu. 4. cevap cetveli. 5. tuş.

key.board (ki'bôrd) **i.** klavye.

key.hole (ki'hol) **i.** anahtar deliği.

key.note (ki'not) **i.** 1. esas not. 2. temel düşünce, ilke, dayanak.

khak.i (kâk'i) **s.** haki.

khan (kan) **i.** kervansaray, han.

kick (kîk) **f.** 1. tekmelemek, çiftelemek. 2. tepmek (tüfek). **i.** 1. tekme. 2. yakınma, şikâyet.

kick.back (kîk'bâk) **i.** 1. ters tepki göstermek. 2. rüşvet, komisyon.

kid (kîd) **i.** 1. oğlak. 2. çocuk. **the kids** çocuklar, bizimkiler, arkadaşlar.

kid.nap (kîd'nâp) **f.** 1. fidye için kaçırmak, kaldırmak.

kid.ney (kîd'ni) **i.** böbrek. **kidney bean** kuru fasulye.

kill (kîl) **f.** 1. öldürmek. 2. mahvetmek, yok etmek. **kill time** zaman öldürmek. **killer i.** öldürücü şey veya kimse. **killing i.** öldürme, katil.

kill-joy (kil'coy) **i.** neşe bozan kimse.

kiln (kiln) **i.** tuğla harmanı, kireç ocağı, fırın.

kil.o (kil'o) **i.** 1. kilogram. 2. kilometre. **kilo-gram i.** kilogram. **kilometer i.** kilometre.

kilowatt i. kilovat.

kin (kin) **i.** akraba, hısım, kandaş. **kinship i.** akrabalık, yakınlık, hısımlık.

kind (kaynd) **i.** çeşit, tür, cins.

kind (kaynd) **s.** 1. iyi kalpli, nazik, iyi huylu. 2. sevecen. **kindness i.** şefkat. **kindly z.** 1. şefkatle. 2. içten.

kin.der.gar.ten (kin'dırgartın) **i.** anaokulu.

kin.dle (kin'dıl) **f.** 1. tutuşturmak, yakmak. 2. alevlendirmek, uyandırmak.

kin.dred (kin'drid) **i.** akrabalar; soy. **s.** benzer.

ki.net.ic (kinet'ik) **s.** devimsel, kinetik.

king (king) **i.** kral. **kingdom i.** krallık. **kingly s.** krala ait; krala yaraşır.

kink (kingk) **i.** 1. halat, tel veya ipin dolaşması. 2. garip fikir, kapris. **kinky s.** dolaşık, girift.

kip.per (kip'ır) **i.** çiroz.

kiss (kis) **f.** 1. öpmek. 2. hafifçe dokunmak. **i.** 1. öpüş, öpücük. 2. hafif temas.

kit (kit) **i.** 1. takım. 2. alet takımı, avadanlık.

kitch.en (kiç'ın) **i.** mutfak. **kitchenette i.** ufak mutfak.

kite (kayt) **i.** 1. uçurtma. 2. çaylak.

kit.ten, kit.ty (kit'ın, kit'i) **i.** yavru kedi, encik.

klep.to.ma.ni.a (kleptımey'niyı) **i.** hırsızlık illeti, kleptomani.

knack (näk) **i.** ustalık, marifet, hüner.

knap.sack (näp'säk) **i.** sırt çantası.

knave (neyv) **i.** 1. hilekâr. 2. vale, bacak. **knavery i.** hilekârlık. **knavish s.** hilekâr.

knead (nid) **f.** 1. yoğurmak. 2. masaj yapmak.

knee (ni) **i.** diz.

knee-deep (ni'dip) **s.** diz boyu.

kneel (nil) **f.** diz çökmek; diz üstü oturmak.

knell (nel) **i.** matem çanı sesi.

knick.knack (nik'näk) **i.** biblo.

knife (nayf) **i.** bıçak, çakı. **f.** bıçaklamak. **knife sharpener** bıçak bilemek için alet.

knight (nayt) **i.** 1. silahşor, şövalye. 2. asılzade. 3. (satranç) at.

knit (nit) **f.** 1. örmek. 2. sıkı bağlamak. 3. kaynaşmak, kaynamak (kemik).

knit.ting (nit'îng) **i.** 1. örme. 2. örgü. **knitting machine** örgü makinesi. **knitting needle** örgü şişi.

knob (nab) **i.** 1. top, yumru. 2. topuz, tokmak. 3. tepecik.

knock (nak) **f.** 1. vurmak, çarpmak. 2. tokuşmak. 3. çalmak, vurmak (kapı). 4. (argo) kusur bulmak. **i.** 1. vurma, vuruş. 2. kapı çalınması. **knock down f.** yumrukla yere devirmek.

2. mezatta çekici vurup malı son fiyatı verenin üzerine bırakmak. **knock out** nakavt yapmak, oyun dışı etmek.

knoll (nol) **i.** tepecik.

knot (nat) **i.** 1. düğüm. 2. güçlük, zorluk. 3. rabıta, bağ. 4. küme. 5. budak. **f.** düğümlemek.

knotty s. 1. düğümlü; karışık, dolaşık. 2. budaklı.

know (no) **f.** 1. bilmek, tanımak. 2. seçmek, farketmek. **known s.** bilinen, tanınmış.

knowl.edge (nal'ic) **i.** 1. bilgi. 2. ilim.

knuck.le (nâk'ıl) **i.** parmağın oynak yeri, boğum.

knurl (nırl) **i.** 1. budak. 2. kertik, diş.

ko.a.la (ko.a'lı) **i.** keseli ayı.

kohl (kol) **i.** rastık.

kohl.ra.bi (kol'rabi) **i.** şalgam gibi köklü lahana.

Ko.ran (koran') **i.** Kuran.

Ko.re.a (koriy'ı) **i.** Kore. **Democratic People's Republic of Korea** Kore Demokratik Halk Cumhuriyeti. **Republic of Korea** Kore Cumhuriyeti.

ko.sher (ko'şır) **s.,** i. turfa olmayan (yemek), kaşer.

kow.tow (kau'tau) **f.** boyun eğmek, dalkavukluk etmek.

kur.bash (kûr'bäş) **i.** kırbaç. **f.** kırbaçlamak.

Kurd (kırd) **i.** Kürt.

Ku.wait (kuweyt') **i.** Kuveyt.

L

lab (läb) **i.** laboratuvar.

la.bel (ley'bıl) **i.** yafta, etiket. **f.** 1. etiketlemek. 2. sınıflandırmak, adlandırmak.

la.bor (ley'bır) **i.** 1. çalışma, iş, emek. 2. işçi sınıfı. **f.** 1. çalışmak, çabalamak. 2. uğraşmak, emek vermek. **in labor** doğurma halinde. **laborer i.** işçi, rençper.

lab.o.ra.to.ry (läb'rıtôri) **i.** laboratuvar.

la.bo.rious (lıbôr'iyıs) **s.** zahmetli, yorucu. **laboriously z.** emek vererek.

lab.y.rinth (läb'ırînth) **i.** 1. labirent. 2. çıkmaz, açmaz.

lace (leys) **i.** dantel; şerit; kaytan; kordon. **f.** kaytan geçirip bağlamak. **lacing i.** bağcık; kaytan; şerit. **lacy s.** dantel gibi.

lac.er.ate (läs'ıreyt) **f.** 1. yırtmak. 2. yaralamak.

lace.work (leys'wırk) **i.** dantel.

lack (läk) **i.** 1. eksiklik. 2. gereksinme. **f.** 1. eksiği olmak. 2. gereksemek, ihtiyacı olmak. 3. yoksun kalmak.

la.con.ic (lıkan'ik) **s.** az ve öz, özlü.

lac.quer (läk'ır) **i.** 1. sarı vernik. 2. reçineli vernik. **f.** verniklemek.

lad (läd) **i.** oğlan, delikanlı.

lad.der (läd'ır) **i.** portatif merdiven.

la.dle (ley'dıl) **i.** kepçe.

la.dy (ley'di) **i.** bayan, hanım, hanımefendi.

ladylike s. hanımca, hanım gibi, zarif.

la.dy.bird, la.dy.bug (ley'dibird, ley'dibãg) **i.** hanımböceği, gelinböceği.

lag (läg) **f.** geri kalmak, oyalanmak. **i.** gerileme, geri kalma.

lag.gard (läg'ırd) **s.** tembel, ağır, geri kalan.

la.ic (ley'ik) **s.** layik.

lair (ler) **i.** in.

la.i.ty (ley'ıti) **i.** meslekten olmayanlar.

lake (leyk) **i.** göl.

lamb (läm) **i.** 1. kuzu. 2. kuzu eti.

lame (leym) **s.** 1. topal, sakat. 2. eksik, kusurlu. **f.** topal etmek.

la.ment (lıment') **f.** inlemek. **i.** keder, hüzün. **lamentable s.** acınacak, esef edilecek. **lamentation i.** inleme. **lamented s.** matemi tutulan.

lam.i.nate (läm'ineyt) **f.** ince tabakalara ayırmak. **lamination i.** tabaka, varak, yaprak.

lamp (lämp) **i.** lamba. **lamp chimney** lamba şişesi. **lamp shade** abajur.

lamp.black (lämp'bläk) **i.** kandil isi.

lamp.post (lämp'post) **i.** sokak lambası direği.

lance (läns) **i.** mızrak.

land (länd) **i.** 1. kara. 2. toprak, yer, arsa. 3. ülke, diyar. 4. emlak, arazi. **f.** 1. karaya çıkmak, yere inmek; karaya çıkarmak. 2. isabet etmek.

land.ing (län'ding) **i.** 1. iniş. 2. iskele. 3. merdiven sahanlığı. 4. karaya çıkma veya çıkarma.

land.la.dy (länd'leydi) **i.** pansiyoncu kadın.

land.lord (länd'lôrd) **i.** emlakını kiraya veren mal sahibi.

land.mark (länd'mark) **i.** 1. sınır işareti. 2. göze çarpan şey. 3. dönüm noktası.

land.own.er (länd'onır) **i.** emlak ve arazi sahibi.

land.scape (länd'skeyp) **i.** kır manzarası, peyzaj.

land.slide (länd'slayd) **i.** toprak kayması, kayşa, heyelan.

lane (leyn) **i.** 1. dar yol; patika. 2. yol şeridi.

lan.guage (läng'gwic) **i.** dil, lisan.

lan.guid (läng'gwid) **s.** ruhsuz, gevşek, yavaş, ağır.

lan.guish (läng'gwiş) **f.** zayıf düşmek, takati kesilmek.

lan.guor (läng'gır) **i.** bitkinlik, dermansızlık, kuvvetsizlik.

lank.y (läng'ki) **s.** leylek gibi, sırık gibi.

lan.tern (län'tırn) **i.** fener.

La.os (la'os) **i.** Lao.

lap (läp) **i.** kucak.

lap (läp) **f.** katlamak.

lap (läp) **f.** 1. yalayarak içmek. 2. hafif çarpmak (dalga).

la.pel (lıpel') **i.** klapa.

lap.i.dar.y (läp'ıderi) **i.** hakkâk, oymacı, kıymetli taş kesicisi.

lapse (läps) **i.** 1. geçme. 2. yanılma. 3. yanlış. 4. sürçme. 5. sapma. **f.** hükmü kalmamak, geçmek.

lar.ce.ny (lar'sıni) **i.** hırsızlık.

lard (lard) **i.** domuz yağı.

lar.der (lar'dır) **i.** kiler.

large (larc) **s.** 1. büyük, geniş, iri. 2. bol, çok. **at large** 1. serbest. 2. genellikle. 3. bütün ayrıntılarıyla. **largely z.** genellikle.

lark (lark) **i.** tarlakuşu, çayırkuşu, toygar.

lark (lark) **i.** eğlence, eğlenti.

lar.va (lar'vı) **i.** tırtıl, kurtçuk, sürfe.

lar.yn.gi.tis (lerıncay'tis) **i.** gırtlak iltihabı, larenjit.

lar.ynx (ler'ingks) **i.** gırtlak, boğaz.

la.ser (ley'zır) **i.** lazer.

lash (läş) **i.** 1. kamçı darbesi. 2. kamçı ucu. **f.** 1. kamçılamak. 2. kınamak. 3. azarlamak.

lashing i. 1. kamçılama. 2. azarlama.

lash (läş) **f.** iple bağlamak. **lashing i.** 1. ip, halat. 2. iple bağlama.

lass (läs) **i.** genç kız.

las.si.tude (läs'ıtüd) **i.** bitkinlik, yorgunluk.

last (läst) **s.** 1. son, sonuncu. 2. geçen, evvelki. 3. sabık. **z.** en sonra, son olarak. **last night** dün gece. **at last** nihayet, sonunda.

last (läst) **f.** 1. sürmek. 2. dayanmak. 3. yetmek. **lasting s.** devam eden, dayanıklı, sürekli.

latch (läç) **i.** kapı mandalı. **f.** mandallamak; mandallanmak.

late (leyt) **s.** 1. geç; gecikmiş. 2. sabık, geçmiş. 3. merhum, rahmetli. **sooner or later s.** er, erken veya geç. **lately z.** bugünlerde, yakınlarda.

la.tent (ley'tnt) **s.** 1. gelişmemiş. 2. gözükmeyen, belirti göstermeyen.

lat.er.al (lät'ırıl) **s.** yanal; yandan gelen; yana doğru.

lathe (leydh) **i.** torna tezgâhı.

lath.er (lädh'ır) **i.** sabun köpüğü.

Lat.in (lät'ın) **s.,i.** 1. Latince. 2. Latin.

lat.i.tude (lät'ıtud) **i.** 1. arz derecesi. 2. genişlik. 3. bolluk. 4. serbestlik, hoşgörü.

la.trine (lıtrin') **i.** kamplarda hela.

lat.ter (lät'ır) **s.** 1. ikisinden sonuncusu, ikincisi. 2. son.

lat.tice (lät'is) i. pencere kafesi, kafes.

laud (lôd) f. övme. f. övmek, yüceltmek.

laudable s. övgüye değer. **laudatory** s. övücü.

laugh (läf) f. gülmek. i. gülme, gülüş. **laugh at** (birine) gülmek. **laugh off** gülerek geçiştirmek.

laugh.ter (läf'tır) i. gülüş, gülme, kahkaha.

launch (lônç) f. 1. kızaktan suya indirmek (gemi). 2. (roket) fırlatmak. 3. başlatmak (yeni iş).

laun.der (lôn'dır) f. yıkamak; yıkayıp ütülemek.

laun.dress (lôn'dris) i. çamaşırcı kadın.

laun.dry (lôn'dri) i. 1. çamaşırhane. 2. kirli çamaşır. 3. çamaşır yıkama.

lau.rel (lôr'ıl) i. defne. **laurels** i. şeref, şan, şöhret.

la.va (la'vı) i. lav, püskürtü.

lav.a.to.ry (läv'ıtôri) i. 1. umumi hela. 2. lavabo.

lav.en.der (läv'ındır) i. lavanta çiçeği.

lav.ish (läv'iş) s. 1. müsrif, savurgan. 2. bol, pek çok. f. bol bol harcamak, savurmak.

law (lô) i. 1. yasa, kanun, kural. 2. adalet. 3. hukuk. **law school** hukuk fakültesi. **lay down the law** diktatörlük etmek.

law-a.bid.ing (lô'ıbaydîng) s. yasaya uyan.

law.ful (lô'fıl) s. yasal, kanuni. **lawfully** z. yasaya göre, yasa gereğince.

law.less (lô'lis) s. 1. kanunsuz. 2. serkeş. **lawlessness** i. kanunsuzluk, kanun tanımazlık.

lawn (lôn) i. çimenlik yer.

law.suit (lô'sut) i. dava.

law.yer (lô'yır) i. avukat.

lax (läks) s. 1. gevşek, zayıf. 2. savsak, ihmalci; kayıtsız, kaygısız. 3. kesinlikten uzak. **laxity** i. gevşeklik.

lax.a.tive (läk'sîtîv) i. müshil.

lay (ley) s. layik.

lay (ley) f. 1. yatırmak; sermek. 2. yatıştırmak. 3. koymak. 4. yumurtlamak. 5. yüklemek. 6. yaymak. 7. kurmak (sofra). 1. duruş, yatış.

lay aside 1. bir yana koymak. 2. biriktirmek.

lay off 1. işten çıkarmak. 2. (alay etmekten) vazgeçmek. **lay on** 1. üzerine atılmak, yüklenmek, saldırmak. 2. sürmek. 3. kaplamak. **lay waste** tahrip etmek, yakıp yıkmak.

lay of the land durum.

lay.er (ley'ır) i. 1. kat, tabaka. 2. daldırma.

lay.man (ley'mın) i. bir meslek veya ilmin yabancısı.

lay.off (ley'ôf) i. geçici işsizlik.

lay.out (ley'aut) i. 1. plan. 2. mizanpaj.

la.zy (ley'zi) s. tembel, aylak, uyuşuk, gevşek.

lead (led) i. 1. kurşun. 2. grafit. **white lead** üstübeç. **leaden** s. 1. kurşun. 2. kurşuni. 3. ağır. 4. kasvetli.

lead (lid) f. 1. yol göstermek, rehberlik etmek, götürmek. 2. yönetmek. 3. başında olmak. i. önde gelme, ileride bulunma. **lead a happy life** mutlu bir yaşam sürmek. **lead astray** baştan çıkarmak, ayartmak. **lead the way** rehberlik etmek. **leading** s. önde olan, yol gösteren.

lead.er (li'dır) i. rehber, kılavuz; önder, baş. **leadership** i. öncülük, önderlik.

leaf (lif) i. 1. yaprak. 2. ince madeni tabaka.

leaf.let (lif'lit) i. 1. ufak risale. 2. yaprakçık.

league (lig) i. 1. birlik, cemiyet. 2. küme, lig.

leak (lik) i. su sızdıran delik veya çatlak. f. sızmak. **leakage** i. sızıntı. **leaky** s. sızıntılı.

lean (lin) s. 1. zayıf, sıska. 2. yağsız, etsiz. **leanness** i. 1. zayıflık. 2. yağsızlık.

lean (lin) f. 1. dayanmak. 2. eğri durmak, yana yatmak, eğilmek. **leaning** i. eğilim.

leap (lip) f. sıçramak, atlamak, fırlamak, hoplamak; sıçratmak. i. atlama, sıçrama, fırlama. **leap year** artıkyıl.

leap.frog (lip'frag) i. birdirbir.

learn (lırn) f. 1. öğrenmek. 2. haber almak. **learning** i. ilim, irfan.

lease (lis) i. kira kontratı. f. kontratla kiralamak.

leash (liş) i. yular. f. iple bağlamak.

least (list) s. en ufak, en küçük, en az, asgari. **at least** hiç olmazsa; en azından.

leath.er (ledh'ır) i. kösele, meşin.

leave (liv) i. 1. izin, ruhsat. 2. izin süresi. f. 1. bırakmak, terk etmek. 2. (taşıt) kalkmak. **on leave** izinli. **leave out** atlamak, hariç bırakmak.

leav.en (lev'ın) i. hamur mayası.

Leb.a.non (leb'ının) i. Lübnan.

lech.er (leç'ır) i. zampara. **lecherous** s. şehvetli, zampara.

lec.ture (lek'çır) i. 1. konferans, konuşma. 2. umumi ders. f. konferans vermek.

ledge (lec) i. çıkıntılı kaya tabakası, raf.

ledg.er (lec'ır) i. ana hesap defteri, defteri kebir.

lee (li) i. rüzgâr altı, boca.

leech (liç) i. sülük.

leek (lik) i. pırasa.

leer.y (lîr'i) s. 1. kuşkulu. 2. açıkgöz, kurnaz.

lee.way (li'wey) i. rahatça kımıldanacak yer, bol yer.

left (left) s., i. sol. **leftist** s., i. solcu. **lefty** i. solak.

left (left) s. kalan.

left-hand.ed (left'hän'dîd) s. 1. solak. 2. acemice, acemi. 3. sinsi.

left.o.ver (left'ovır) i. artan yemek. s. artan, artık.

leg (leg) **i.** 1. bacak. 2. ayak, mobilya ayağı.

leg.a.cy (leg'ısı) **i.** kalıt, miras.

le.gal (li'gıl) **s.** yasal, meşru, kanuni; hukuki. **legally z.** kanunen; hukuken.

le.gal.i.ty (ligal'ıti) **i.** kanuna uygunluk, kanunilik.

le.gal.ize (li'gılayz) **f.** yasalaştırmak.

leg.ate (leg'it) **i.** elçi.

leg.a.tee (legıti') **i.** kendisine vasiyet edilen kimse.

le.ga.tion (ligey'şın) **i.** elçilik heyeti.

leg.end (lec'ınd) **i.** efsane. **legendary s.** efsanevi.

leg.i.ble (lec'ıbıl) **s.** okunur, açık, okunaklı.

le.gion (li'cın) **i.** 1. ordu. 2. kalabalık.

leg.is.late (lec'ısleyt) **f.** kanun yapmak, yasa çıkarmak.

leg.is.la.tion (lecisley'şın) **i.** 1. yasama. 2. yasa, kanunlar.

leg.is.la.tive (lec'ısleytiv) **s.** kanun koyan, yasamalı.

leg.is.la.tor (lec'ısleytır) **i.** millet meclisi üyesi.

leg.is.la.ture (lec'ısleyçır) **i.** yasama kurulu.

le.git.i.mate (licit'imit) **s.** yasal, türel, kanuni.

leg.ume (leg'yum) **i.** baklagiller.

lei.sure (li'jır) **i.** 1. boş zaman. 2. serbestlik, fırsat. **leisurely s.** acelesiz yapılan.

lem.on (lem'ın) **i.** limon.

lem.on.ade (lemıneyd') **i.** limonata.

lend (lend) **f.** 1. ödünç vermek. 2. vermek; faizle vermek. **lend a hand** yardım etmek, el vermek. **lend an ear** kulak vermek, dinlemek.

length (lengkth) **s.** 1. uzunluk, boy. 2. süre, müddet; mesafe. **at length** 1. uzun uzadıya. 2. en sonunda. **lengthy s.** uzun, fazlasıyla uzun.

length.en (lengk'thın) **f.** uzatmak; uzamak.

length.wise (lengkth'wayz) **z.** uzunluğuna.

le.ni.ent (li'niyınt) **s.** yumuşak, ılımlı. **lenience i.** yumuşaklık.

lens (lenz) **i.** 1. mercek. 2. göz merceği.

len.til (len'til) **i.** mercimek.

leop.ard (lep'ırd) **i.** pars, panter.

lep.er (lep'ır) **i.** cüzamlı.

lep.ro.sy (lep'rısi) **i.** cüzam. **leprous s.** 1. cüzamlı. 2. cüzam gibi.

les.bi.an (lez'biyın) **i.** 1. homoseksüel kadın, sevici. **lesbianism i.** sevicilik.

Le.so.tho (lesu'tu) **i.** Lesotho.

less (les) **s.** daha küçük, daha az. **edat** eksi.

les.see (lesi') **i.** kiracı.

les.en (les'ın) **f.** küçültmek, ufaltmak, eksiltmek, azaltmak; küçülmek, azalmak.

les.son (les'ın) **i.** 1. ders. 2. ibret.

lest (lest) **bağ.** olmasın diye, etmesin diye; korkusu ile, olmaya ki.

let (let) **f.** 1. izin vermek. 2. kiraya vermek. **let out** 1. dışarıya bırakmak, koyvermek. 2. genişletmek, genişletmek. **let slip** kaçırmak, elinden kaçırmak. **let up** yumuşamak, sertliğini kaybetmek. to let kiralık.

le.thal (li'thıl) **s.** öldürücü.

leth.ar.gy (leth'ırci) **i.** 1. uyuşukluk. 2. letarji. **lethargic s.** uyuşuk.

let.ter (let'ır) **i.** 1. harf. 2. mektup, betik. **letters i.** ilim, edebiyat, bilgi. **letter of credit** itibar mektubu. **capital letter** büyük harf, majüskül. **small letter** küçük harf. **to the letter** harfi harfine. **lettered s.** tahsilli, okumuş. **lettering i.** harflerle belirtme.

let.ter.press (let'ırpres) **i.** tipo baskısı.

let.tuce (let'is) **i.** (yeşil) salata.

let.up (let'ʌp) **i.** 1. azalma. 2. ara.

leu.ke.mi.a (luki'miyı) **i.** lösemi, kankanseri.

Le.van.tine (livan'tin) **s.** Yakın Doğu'ya ait. **i.** Levanten.

lev.el (lev'ıl) **i.** 1. düzey. 2. düzeç. **s.** düzlem, yatay. **f.** 1. düzlemek, düzeltmek. 2. yıkmak, yerle etmek.

lev.el.head.ed (lev'ılhed'id) **s.** dengeli, sağduyulu, mantıklı.

lev.er (lev'ır) **i.** kaldıraç, manivela.

le.i.ty (lev'ıti) **i.** şakalaşma, gülüşme.

lev.y (lev'i) **f.** zorla toplamak.

lewd (lud) **s.** 1. edepsiz, ahlaksız. 2. açık saçık.

lex.i.cog.ra.phy (leksikag'rıfi) **i.** sözlükçülük. **lexicographer i.** sözlükçü.

lex.i.con (lek'sıkan) **i.** sözlük.

li.a.bil.i.ty (layıbil'ıti) **i.** 1. sorumluluk. 2. borç. 3. engel. **liabilities i.** borçların toplamı, pasif.

li.a.ble (lay'ıbıl) **s.** 1. sorumlu. 2. maruz.

li.ai.son (liyey'zan) **i.** irtibat, bitişme.

li.ar (lay'ır) **i.** yalancı.

lib (lib) **i.** özgürlük, kurtuluş. **women's lib** kadın özgürlük hareketi.

li.bel (lay'bıl) **i.** şeref kırıcı yayın, yazılı iftira.

lib.er.al (lib'ırıl) **i.** 1. erkinci, liberal. 2. açık fikirli, geniş gönüllü. **s.** 1. bol, pek çok. 2. cömert, eli açık. **liberally z.** 1. cömertçe. 2. serbestçe. **liberalism i.** erkincilik, liberalizm. **liberalist i.** 1. erkinci, liberal. 2. ilerici.

lib.er.al.i.ty (libırıl'ıti) **i.** 1. cömertlik. 2. liberallik.

lib.er.ate (lib'ıreyt) **f.** özgürlüğünü sağlamak, serbest bırakmak, salıvermek. **liberation i.** 1. kurtarma, serbest bırakma. 2. kurtuluş.

Li.ber.i.a (laybir'iyı) **i.** Liberya.

lib.er.ty (lib'ırti) **i.** 1. özgürlük, hürriyet. 2. cüret, küstahlık.

li.brar.y (lay'brer) **i.** kütüphane, kitaplık. **librarian i.** kütüphaneci.

Lib.y.a (lib'iyı) **i.** Libya.

li.cense (lay'sıns) **i.** 1. izin, ruhsat. 2. ruhsatname, lisans. 3. ehliyet. **f.** 1. izin vermek. 2. izin tezkeresi vermek. 3. yetkilendirmek.

li.cen.tious (laysen'şıs) **s.** ahlaksız, uçarı.

li.chen (lay'kın) **i.** liken.

lick (lik) **f.** 1. yalamak. 2. alev gibi yalayıp geçmek. **i.** yalama, yalayış.

lic.o.rice (lik'ırîs) **i.** meyan, meyankökü.

lid (lid) **i.** kapak.

lie (lay) **i.** 1. yalan. 2. yalan söyleme, aldatma. **f.** yalan söylemek, aldatmak.

lie (lay) **f.** 1. yatmak, uzanmak. 2. durmak, kalmak. **lie down** yatmak, uzanmak.

Liech.ten.stein (lîk'tınstayn) **i.** Liechtenstein.

lien (lîn) **i.** 1. ipotek. 2. ihtiyati haciz.

lieu.ten.ant (luten'ınt) **i.** 1. teğmen. 2. (den.) yüzbaşı. 3. vekil.

life (layf) **i.** 1. yaşam, hayat, ömür; dirim. 2. canlılık. 3. can. **life belt** cankurtaran kemeri. **life jacket** cankurtaran yeleği. **matter of life and death** ölüm kalım meselesi. **lifeless s.** cansız, ölü gibi. **lifelike s.** canlı, sağ gibi.

life.boat (layf'bot) **i.** cankurtaran sandalı, filika.

life.guard (layf'gard) **i.** plajda cankurtaran.

life.long (layf'lông) **s.** ömür boyu.

life.sav.er (layf'seyvır) **i.** cankurtaran, hayat kurtaran kimse veya şey.

life-size (layf'sayz) **s.** doğal büyüklükte (resim, heykel).

life.time (layf'taym) **i.** ömür.

lift (lift) **f.** 1. kaldırmak, yukarı kaldırmak; yükseltmek. 2. (argo) çalmak, aşırmak.

lig.a.ment (lig'ımınt) **i.** (anat.) bağ.

light (layt) **i.** 1. ışık. 2. aydınlık. **f.** 1. yakmak, tutuşturmak; yanmak, tutuşmak, alev almak. 2. aydınlatmak, ışık vermek.

light (layt) **f.** 1. konmak. 2. üzerine düşmek. 3. inmek.

light (layt) **s.** 1. hafif. 2. önemsiz. 3. ince. 4. çevik. **lightly z.** 1. hafifçe. 2. bir derereye kadar. 3. canlılıkla. 4. ciddiye almadan.

light.en (layt'ın) **f.** hafifletmek.

light.en (layt'ın) **f.** aydınlatmak.

light.er (lay'tır) **i.** mavna, salapurya.

light.er (lay'tır) **i.** çakmak, tutuşturucu aygıt.

light.heart.ed (iayt'har'tîd) **s.** kaygısız, endişesiz, tasasız.

light.house (layt'haus) **i.** fener kulesi.

light.ing (layt'îng) **i.** 1. aydınlatma. 2. ışıklandırma

light.ning (layt'nîng) **i.** şimşek, yıldırım. **lightning rod** yıldırımsavar, paratoner.

light.weight (layt'weyt) **s.** 1. hafif. 2. önemsiz. 3. tüysiklet.

light-year (layt'yîr) **i.** ışık yılı.

lig.nite (lig'nayt) **i.** linyit.

like (layk) **edat** gibi, benzer. **s.** eş. **i.** benzeri.

likeness i. 1. suret, kılık. 2. benzerlik, benzeşme.

like (layk) **f.** hoşlanmak, beğenmek. **likable s.** hoşa giden, hoş. **liking i.** sevgi; ilgi, eğilim.

like.li.hood (layk'lîhûd) **i.** olasılık, ihtimal.

like.ly (layk'lî) **s.** olasılı, muhtemel.

lik.en (lay'kın) **f.** benzetmek.

like.wise (layk'wayz) **z.** keza; ve de.

li.lac (lay'lâk) **i.** 1. leylak. 2. leylak rengi, açık mor.

lil.y (lîl'î) **i.** zambak.

limb (lîm) **i.** 1. kol ve bacak gibi vücuda eklemle bağlı uzuv. 2. ağacın ana dalı. 3. kol, dal.

lim.ber (lîm'bır) **s.** oynak.

lime (laym) **i.** kireç.

lime (laym) **i.** ıhlamur ağacı.

lime (laym) **i.** misket limonu.

lime.kiln (laym'kîln) **i.** kireç ocağı.

lime.stone (laym'ston) **i.** 1. kireç ocağı. 2. kireçtaşı.

lim.it (lîm'ît) **i.** nihayet, sınır, had, uç. **f.** sınırlandırmak. **limitless s.** sınırsız, sonsuz. **limitation i.** 1. sınırlama. 2. sınırlılık. 3. sınırlayıcı şey.

lim.it.ed (lîm'îtîd) **s.** 1. kısıtlı, sınırlı; az, sayılı. 2. çevrili. 3. ekspres (tren). **limited partnership** komandit şirket.

limp (lîmp) **f.** topallamak, aksamak. **i.** topallama.

limp (lîmp) **s.** yumuşak, eğilip bükülen. **limply z.** yumuşakça, gevşekçe.

lim.pid (lîm'pîd) **s.** berrak, şeffaf, duru.

lin.den (lîn'dın) **i.** ıhlamur ağacı. **linden tea** ıhlamur, ıhlamur çayı.

line (layn) **i.** 1. çizgi. 2. yol, hat. 3. ip, sicim. 4. satır; dize, mısra. 5. sıra. 6. kısa mektup, pusula, not. **f.** 1. çizgilerle göstermek. 2. çizgi çekmek. 3. dizmek, sıralamak. **hold the line** 1. değişik-liğe karşı olmak. 2. telefonu kapatmamak. **line up** sıraya girmek.

line (layn) **f.** astarlamak.

lin.e.age (lîn'iyic) **i.** soy, nesil, silsile.

lin.e.ar (lîn'iyır) **s.** 1. çizgisel. 2. doğrusal.

line.man (layn'mın) **i.** hat bekçisi; hat döşeyicisi.

lin.en (lîn'ın) **i.** keten bezi.

lin.er (lay'nır) **i.** 1. gemi. 2. uçak.

lin.ger (lîng'gır) **f.** 1. ayrılamamak, gitmemek. 2. gecikmek, oyalanmak.

lin.ge.rie (lan'jırî) **i.** kadın iç çamaşırı; gecelik.

lin.go (lîng'go) **i.** meslek argosu.

lin.guist (lîng'gwist) **i.** dilci.

lin.guis.tic (lîng.gwis'tîk) **s.** 1. dile ait. 2. dilbilime ait. **linguistic i.** dilbilim, lengüistik.

lin.ing (lay'ning) **i.** astar.

link (lingk) **i.** halka, zincir baklası. **f.** zincirlemek, birbirine bağlamak, birleştirmek. **linkage i.** bağlantı.

li.no.le.um (lîno'liyum) **i.** linolyum, döşemelik mantarlı muşamba.

li.no.type (lay'nıtayp) **i.** linotip.

lin.seed (lîn'sîd) **i.** ketentohumu. **linseed oil** beziryağı.

lint (lînt) **i.** iplik veya kumaş tiftiği ya da tüyü.

li.on (lay'ın) **i.** aslan. **lioness i.** dişi aslan.

li.on.heart.ed (lay'ınhärtîd) **s.** aslan yürekli, yiğit.

lip (lîp) **i.** dudak.

lip.stick (lîp'stîk) **i.** ruj.

liq.ue.fy (lîk'wıfay) **f.** eritmek, sıvılaştırmak.

li.queur (lîkır') **i.** likör.

liq.uid (lîk'wîd) **i.** sıvı. **s.** 1. akıcı, akışkan. 2. paraya kolayca çevrilebilir.

liq.ui.date (lîk'wîdeyt) **f.** ödeyip kapatmak (borç), tediye etmek. **liquidation i.** tasfiye, likidasyon, işi kapatma.

liq.uor (lîk'ır) **i.** içki, sert içki.

li.ra (lîr'ı) **i.** 1. lira. 2. liret.

lisp (lîsp) **f.** 1. yanlış telaffuz etmek. 2. peltek konuşmak. **i.** pelteklik.

list (lîst) **i.** liste, dizin, fihrist. **f.** listeye geçirmek, deftere yazmak. **list price** katalog fiyatı.

lis.ten (lîs'ın) **f.** dinlemek, kulak vermek. **listener i.** dinleyici.

list.less (lîst'lîs) **s.** neşesiz, halsiz.

lists (lîsts) **i.** 1. listeler. 2. yarışma yeri, mücadele alanı, er meydanı.

li.ter (lî'tır) **i.** litre.

lit.er.a.cy (lît'ırısi) **i.** okuryazarlık.

lit.er.al (lît'ırıl) **s.** kelimesi kelimesine, harfi harfine. **literally z.** 1. harfi harfine. 2. gerçekten.

lit.er.ar.y (lît'ıreri) **s.** edebî.

lit.er.ate (lît'ırît) **s.** 1. okuryazar. 2. tahsilli.

lit.er.a.ture (lît'ırıçûr) **i.** yazın, edebiyat.

lith.o.graph (lîth'ıgräf) **i.** taşbasması resim.

lith.o.sphere (lîth'ısfîr) **i.** taşküre, taşyuvarı, litosfer.

Lith.u.a.nia (lîthuwey'niyı) **i.** Litvanya.

lit.i.gant (lît'ıgınt) **i.** davacı.

lit.i.gate (lît'ıgeyt) **f.** 1. mahkemeye baş vurmak. 2. dava açmak. **litigation i.** 1. dava etme. 2. dava.

li.tig.ious (lîtîc'ıs) **s.** 1. kavgacı. 2. davaya ait. 3. davalı, çekişmeli, kavgalı.

lit.mus (lît'mıs) **i.** turnusol. **litmus paper** turnusol kâğıdı.

lit.ter (lît'ır) **i.** 1. döküntü, çerçöp, süprüntü. 2. düzensizlik, karışıklık. 3. bir defada doğan yavrular. 4. sedye. **f.** 1. darmadağın etmek.

2. doğurmak, birden çok yavrulamak.

lit.tle (lît'ıl) **s.** 1. küçük, ufak. 2. kısa, az. 3. cici. 4. önemsiz, değersiz. **i.** 1. az miktar. 2. ufak şey. 3. az zaman. **Little Bear, Little Dipper** Küçükayı. **little by little** azar azar, yavaş yavaş. **little or nothing** hiç denecek kadar az, hemen hemen hiç. **little theater** 1. amatör tiyatro. 2. deneysel tiyatro. **make little of** küçümsemek, önemsememek.

live (lîv) **f.** 1. yaşamak. 2. beslenmek. 3. geçinmek, ömür sürmek. 4. oturmak, ikamet etmek. **live fast** hızlı yaşamak. **live out** sonuna kadar yaşamak. **livable s.** 1. içinde yaşanabilir. 2. yaşamaya değer.

live (layv) **s.** 1. canlı, diri; zinde, hayat dolu. 2. hayata ait, yaşayanlara ait. 3. yanan. 4. elektrik yüklü.

live-in (lîv'în) **s.** 1. iş yerinde ikamet eden. 2. ikamet etmeyi gerektiren (iş).

live.li.hood (layv'lîhûd) **i.** 1. geçim, geçinme. 2. geçim vasıtası, rızk.

live.long (lîv'lông) **s.** bitmez tükenmez, bütün.

live.ly (layv'li) **s.** 1. canlı, neşeli. 2. parlak, keskin. **lively hope** kuvvetli ümit. **liveliness i.** canlılık. 2. parlaklık.

li.ven (lay'vın) **f.** neşelendirmek, canlandırmak; neşelenmek, canlanmak.

liv.er (lîv'ır) **i.** karaciğer.

live.stock (layv'stak) **i.** çiftlik hayvanları, mal.

liv.id (lîv'îd) **s.** 1. sinirden mosmor kesilmiş. 2. kurşuni. 3. öfkeli, kanı beynine sıçramış.

liv.ing (lîv'îng) **s.** 1. yaşayan, canlı, diri, sağ. 2. yaşayanlara ait. 3. tıpkı. **i.** 1. yaşam. 2. yaşam tarzı. 3. geçim. **the living** yaşayanlar. **living room** oturma odası.

liz.ard (lîz'ırd) **i.** kertenkele.

lla.ma (la'mı) **i.** lama.

load (lod) **i.** 1. yük. 2. ağırlık. 3. endişe, üzüntü, kaygı. 4. fikir yorgunluğu. **f.** 1. yükletmek; yüklemek. 2. hediye yağdırmak. 3. doldurmak. 4. (foto.) film koymak. **loads i.** çok miktar, yığın. **loads of love** pek çok sevgiler, kucak dolusu sevgiler. **loaded s.** 1. dolu. 2. hileli (zar). **loading i.** 1. yükleme. 2. yük.

loaf (lof) **i.** ekmek somunu, somun.

loaf (lof) **f.** aylakça vakit geçirmek, boş gezmek; haylazlık etmek. **loafer i.** 1. aylak, boş gezen; haylaz. 2. mokasen.

loan (lon) **i.** 1. ödünç verme. 2. ödünç alma, borçlanma. 3. ödünç verilen şey. **loan shark** tefeci. **on loan** ödünç olarak, eğreti olarak. **loan-word** (lon'wırd) **i.** başka bir dilden alınan sözcük.

loath (loth) **s.** isteksiz, istemeyen.

loathe (lodh) **f.** 1. nefret etmek. 2. tiksinmek, iğrenmek. **loathing i.** nefret. **loathsome s.**

tiksindirici, iğrenç.

lob.by (lab'i) **i.** 1. dehliz, koridor, geçit. 2. antre. 3. bekleme odası. 4. kulis faaliyeti. **f.** kulis yapmak.

lobe (lob) **i.** 1. yuvarlakça kısım. 2. kulak memesi. 3. (anat.) lop. **lobed s.** 1. yuvarlak uçlu. 2. loplu.

lob.ster (lab'stır) **i.** ıstakoz.

lo.cal (lo'kıl) **s.** 1. yerel, yersel, yöresel, mahalli. 2. dar, sınırlı. 3. (tıb.) lokal.

lo.cale (lokäl') **i.** yer, yöre, mahal.

lo.cal.i.ty (lokäl'ıti) **i.** yer, mevki, mahal.

lo.cal.ize (lo'kılayz) **f.** 1. bir yere sınırlamak. 2. yerini saptamak.

lo.cate (lo'keyt) **f.** 1. (bir yerde) iskân etmek, yerleştirmek; oturmak, yerleşmek. 2. yerini tayin etmek, yerini keşfetmek. **location i.** yer, mahal, konum.

loc.a.tive (lak'ıtiv) **i.** yer gösteren isim hali, ismin -de hali.

lock (lak) **i.** 1. saç tutamı. 2. bir tutam yün veya pamuk. **locks i.** saçlar.

lock (lak) **i.** 1. kilit. 2. silah çakmağı. 3. tesviye havuzu. **f.** kilitlemek; kilitlenmek.

lock.er (lak'ır) **i.** 1. kilitli çekmece veya dolap. 2. (den.) dolap, ambar.

lock.et (lak'ît) **i.** madalyon.

lock.jaw (lak'cô) **i.** tetanos.

lock.nut (lak'nất) **i.** emniyet somunu, kilit somunu.

lock.out (lak'aut) **i.** lokavt.

lock.smith (lak'smith) **i.** çilingir.

lo.co.mo.tive (lokımo'tiv) **i.** lokomotif.

lo.cus (lo'kıs) **i.** mevki, yer, mahal.

lo.cust (lo'kıst) **i.** 1. çekirge. 2. ağustosböceği.

lo.cust (lo'kıst) **i.** 1. salkım ağacı, yalancı akasya. 2. keçiboynuzu.

lo.cu.tion (lokyu'şın) **i.** 1. anlatım şekli. 2. deyim, terim.

lode (lod) **i.** maden damarı.

lode.star (lod'star) **i.** 1. Çobanyıldızı; Kutup yıldızı. 2. yol gösterici rehber veya ilke.

lode.stone (lod'ston) **i.** mıknatıs taşı.

lodge (lac) **i.** 1. tekke. 2. mason locası. 3. tatil evi.

lodge (lac) **f.** 1. misafir etmek; misafir olmak. 2. yerleştirmek. 3. arz etmek, sunmak, takdim etmek.

lodg.ing (lac'îng) **i.** 1. geçici konut. 2. kiralık oda. **lodgings i.** pansiyon.

loft (lôft) **i.** 1. tavan arası; tavan arası odası. 2. güvercinlik.

loft.y (lôf'ti) **s.** 1. yüksek, yüce. 2. azametli, çalımlı.

log (lôg) **i.** kütük, ağaç gövdesi.

log.a.rithm (lag'ırîdhım) **i.** logaritma.

log.book (lôg'bûk) **i.** gemi jurnalı.

log.ic (lac'îk) **i.** mantık, eseme. **logical s.** mantıklı, esemeli.

lo.gis.tics (locîs'tîks) **i.** lojistik.

loin (loyn) **i.** 1. bel. 2. fileto.

loin.cloth (loyn'klôth) **i.** peştemal, kuşak.

loi.ter (loy'tır) **f.** yolda oyalanmak, aylakça dolaşmak.

lol.li.pop (lal'ipap) **i.** çubuklu şeker, horoz şekeri.

Lon.don (lʌn'dın) **i.** Londra.

lone (lon) **s.** tek, yalnız. **lonesome s.** yalnızlıktan sıkılmış.

lone.ly (lon'li) **s.** 1. yalnız, kimsesiz. 2. ıssız, tenha. **loneliness i.** yalnızlık, kimsesizlik.

long (lông) **s.** 1. uzun. 2. uzun süren, yorucu. **z.** 1. çok, uzun zaman. 2. çoktan. **long since** çoktan beri, epey zamandır. **as long as** mademki. **so long as** sürece. **in the long run** nihayette, en sonunda.

long (lông) **f.** 1. çok istemek, arzulamak. 2. özlemek. **long for** özlemek, arzulamak.

longing i. özlem.

long-dis.tance (lông'dîs'tıns) **s.** 1. uzun mesafeli. 2. şehirlerarası (telefon).

long.hand (lông'händ) **i.** el yazısı.

lon.gi.tude (lan'cıtud) **i.** boylam.

long-lived (lông'layvd') **s.** uzun ömürlü.

long-play.ing (lông'pley'îng), **LP** (el'pi') **s.** uzun çalan devirli (plak).

long-term (lông'tırm') **s.** uzun vadeli.

look (lûk) **f.** 1. bakmak. 2. görünmek, gözükmek. **i.** 1. bakış, bakma. 2. görünüş; ifade, yüz ifadesi. **look about** etrafına bakmak, bakınmak. **look after** bakmak, gözetmek. **look down on** (birini) hor görmek, tepeden bakmak. **look for** 1. aramak. 2. beklemek. **look in on** kısa bir ziyaret yapmak. **look into** araştırmak, soruşturmak, incelemek. **look out** sakınmak; dikkat etmek. **look over** incelemek, göz gezdirmek, yoklamak. **look up** 1. aramak, bakmak. 2. yoklamak. **looking glass** ayna.

look.out (lûk'aut) **i.** 1. gözetleme yeri, gözleği. 2. gözetleme; gözleme.

loom (lum) **f.** hayal gibi belirmek.

loom (lum) **i.** dokuma tezgâhı.

loon.y (lu'ni) **s.** deli, çılgın, kaçık.

loop (lup) **i.** ilmik; ilik halkası. **f.** ilmiklemek.

loop.hole (lup'hol) **i.** kaçamak.

loose (lus) **s.** 1. başıboş. 2. dağınık, seyrek. 3. serbest, hafifmeşrep. **f.** 1. gevşetmek, çözmek, açmak. 2. salıvermek, serbest bırakmak. **loose ends** yarım kalmış işler. **get loose** kurtulmak. **loosely z.** 1. gevşekçe. 2. üstünkörü. 3. ahlaksızca. 4. hemen hemen, kabaca.

looseness i. gevşeklik.

loos.en (lu'sın) **f.** 1. gevşetmek, çözmek, açmak; gevşemek, çözülmek. 2. salıvermek.

loot (lut) **i.** ganimet. **f.** yağmalamak.

lop (lap) **f.** kesip düşürmek.

lop.sid.ed (lap'say'did) **s.** bir yana eğik; orantısız.

lo.qua.cious (lokwey'şıs) **s.** konuşkan, dilli.

lo.quat (lo'kwat) **i.** yenidünya, maltaeriği.

lord (lôrd) **i.** 1. efendi, sahip, mal sahibi. 2. hâkim, hükümdar. 3. lort. **House of Lords** Lortlar Kamarası. **lordly s.** 1. amirane, lortvari. 2. gururlu.

lore (lôr) **i.** ilim, bilgi, irfan.

lose (luz) **f.** 1. yitirmek, kaybetmek. 2. kaçırmak, elden kaçırmak. 3. şaşırmak. 4. yenilmek. **lose face** itibarını kaybetmek. **lose one's temper** kızmak.

loss (lôs) **i.** 1. ziyan, zarar, hasar. 2. kayıp.

lot (lat) **i.** 1. kısmet, kader, talih. 2. kura. 3. arazi parçası. 4. hisse, pay. 5. kısım, parça. **a lot** çok. **lots** i. birçok, çok miktar. **draw lots** kura çekmek.

lo.tion (lo'şın) **i.** losyon.

lot.ter.y (lat'ri) **i.** piyango, lotarya, kura.

lo.tus (lo'tıs) **i.** nilüfer. 2. hünnap, çiğde.

loud (laud) **s.** 1. yüksek (ses). 2. gürültülü, patırtılı. **out loud** normal konuşma sesi ile, sesli. **loudly z.** 1. yüksek sesle. 2. gürültüyle.

loud-speak.er (laud'spikır) **i.** hoparlör.

lounge (launc) **f.** tembelce uzanmak, yayılıp oturmak. **i.** 1. şezlong. 2. dinlenme odası, bekleme odası, salon.

louse (laus) **i.** bit. **lousy s.** 1. bitli. 2. kötü. 3. alçak, iğrenç.

lout (laut) **i.** kaba adam.

love (lâv) **i.** 1. sevi, sevgi, aşk. 2. sevgili, dost. **f.** sevmek, aşık olmak. **love affair** aşk macerası. **fall in love** abayı yakmak, aşık olmak. **for the love of** aşkına, hatırı için. **make love** sevişmek. **lovable s.** sevilir, sevimli, cana yakın, hoş. **lover i.** âşık, sevgili, yâr, dost.

love.bird (lâv'bird) **i.** muhabbetkuşu.

love.ly (lâv'li) **s.** güzel, hoş, sevimli.

love.sick (lâv'sik) **s.** aşk hastası, sevdalı.

lov.ing (lâv'ing) **s.** 1. seven. 2. sevecen, müşfik.

lovingly z. sevgi ile. **loving-kindness i.** şefkat.

low (lo) **s.** 1. alçak. 2. aşağıdaki. 3. alçak gönüllü. 4. hâkir, hor. 5. az. 6. ucuz, adi. 7. yavaş. 8. (müz.) pes. 9. kısmaya. **low gear** birinci vites. **low tide** cezir, inik deniz. **lowly s.** 1. rütbe veya mevkice aşağı. 2. mütevazı, alçak gönüllü. **z.** ikinci derecede, aşağı.

low-down (lo'daun') **s.** alçak, ahlaksız.

low.er (lau'wır) **f.** 1. surat asmak, somurtmak.

2. karartmak (bulut). **i.** 1. asık surat. 2. kaşları çatarak bakma.

low.er (lo'wır) **f.** 1. indirmek; inmek. 2. azaltmak, eksiltmek; azalmak, eksilmek. 3. zayıflatmak. 4. alçaltmak.

low.er (lo'wır) **s.** daha aşağı; daha alçak. **lower case** minüskül, küçük harf. **lower class** alt tabaka.

low.land (lo'lınd) **i.** düz arazi, ova.

low.necked (lo'nekt') **s.** açık yakalı, dekolte.

low-pres.sure (lo'preş'ır) **s.** alçak basınçlı.

low-spir.it.ed (lo'spir'itid) **s.** kederli, üzgün, tasalı.

loy.al (loy'ıl) **s.** sadık, vefalı. **loyalty i.** sadakat, bağlılık.

loz.enge (laz'inc) **i.** 1. pastil. 2. baklava biçiminde eşkenar dörtgen.

lu.bri.cate (lu'brikeyt) **f.** yağlamak. **lubricating oil** makine yağı, motor yağı.

lu.cid (lu'sid) **s.** 1. kolay anlaşılır. 2. aklı başında.

luck (lâk) **i.** 1. talih, şans. 2. uğur, yom. **lucky s.** talihli, şanslı, uğurlu. **luckily z.** çok şükür, talihine, bereket versin ki.

lu.cra.tive (lu'krıtiv) **s.** kârlı, kazançlı, yararlı.

lu.di.crous (lu'dikrıs) **s.** gülünç, güldürücü, komik.

lug (lâg) **f.** çekmek, sürüklemek; güçlükle taşımak.

lug.gage (lâg'ic) **i.** bagaj, yolcu eşyası.

luke.warm (luk'wôrm) **s.** 1. ılık. 2. soğuk, kayıtsız, ilgisiz.

lull (lâl) **i.** 1. geçici dinginlik. 2. ara verme, fasıla.

lull.a.by (lâl'ıbay) **i.** ninni.

lum.ba.go (lâmbey'go) **i.** bel ağrısı, lumbago.

lum.ber (lâm'bır) **i.** kereste. **f.** kereste kesmek; ormanda ağaç kesmek.

lum.ber.ing (lâm'bıring) **s.** hantal, kaba.

lum.ber.man (lâm'bırmın) **i.** keresteci, hızarcı, bıçkıcı.

lu.mi.nar.y (lu'mıneri) **i.** ışık kaynağı.

lu.mi.nous (lu'mınıs) **s.** parlak, aydınlık.

lump (lâmp) **i.** 1. parça, topak, yumru. 2. küme, öbek. 3. şiş. **f.** yığmak, bir araya toplamak. **lump sum** toptan verilen para.

lu.na.cy (lu'nısi) **s.** delilik, cinnet, kaçıklık.

lu.nar (lu'nır) **s.** 1. aya ait. 2. yarımay şeklinde. **lunar year** ay yılı.

lunch (lânç) **i.** hafif yemek, öğle yemeği. **lunch.eon** (lân'çın) **i.** hafif yemek, hafif öğle yemeği.

lunch.room (lânç'rum) **i.** hafif yemekler yenilen lokanta.

lung (lâng) **i.** akciğer. **at the top of his lungs**

avazı çıktığı kadar.

lunge (lânc) **i.** saldırış, hamle. **f.** saldırmak.

lu.pine (lu'payn) **s.** 1. aç kurt gibi. 2. vahşi, yırtıcı.

lurch (lırç) **f.** sendelemek.

lure (lûr) **i.** 1. yem. 2. cazibe; tuzak. **f.** cezbetmek.

lu.rid (lûr'id) **s.** 1. dehşetli, heyecan uyandıran. 2. donuk, uçuk renkli.

lurk (lırk) **f.** 1. pusuya yatmak, gizlenmek. 2. gizli gizli dolaşmak.

lus.cious (lâş'ıs) **s.** 1. pek tatlı, çok lezzetli. 2. fazla tatlı. 3. zevki okşayan.

lush (lâş) **s.** 1. çok sulu, çok özlü. 2. bereketli, bol. 3. cafcaflı.

lust (lâst) **i.** şehvet. **lustful s.** şehvetli.

lus.ter (lâs'tır) **i.** 1. parlaklık, parıltı. 2. cila. 3. şaşaa, göz alıcılık. **lustrous s.** parlak.

lusty (lâs'ti) **s.** 1. sağlam, dinç, canlı; gürbüz. 2. kuvvetli.

lute (lut) **i.** ut. **lutanist i.** udi.

Lux.em.bourg (lâk'sımbırg) **i.** Lüksemburg.

lux.u.ri.ant (lâgjûr'iyınt) **s.** 1. bereketli, çok bol. 2. çok süslü.

lux.u.ri.ous (lâgjûr'iyıs) **s.** lüks, zevk verici, çok rahat.

lux.u.ry (lâk'şıri) **i.** 1. lüks şey. 2. lüks hayat.

ly.cée (lisey') **i.** lise.

lye (lay) **i.** kül suyu, boğada suyu.

ly.ing (lay'ing) **i.** yalan söyleme.

ly.ing (lay'ing) **i.** yatış.

lymph (limf) **i.** lenf, lenfa.

lynch (linç) **f.** linç etmek.

lynx (lingks) **i.** vaşak.

lyre (layr) **i.** çenk, bir çeşit harp.

lyr.ic (lir'ik) **s.** lirik. **i.** lirik şiir.

ly.sol (lay'sol') **i.** lizol.

M

ma'am (mäm) **i.** madam, hanımefendi.

ma.ca.bre (mıka'bır) **s.** ölümle ilgili; dehşetli.

mac.ad.am (mıkäd'ım) **i.** makadam, şose.

mac.a.ro.ni (mäkıro'ni) **i.** makarna.

ma.chine (mışin') **i.** 1. makine. 2. motorlu araç. 3. örgüt. 4. mekanizma. **machine gun** makineli tüfek, mitralyöz. **machine oil** makine yağı.

ma.chin.er.y (mışi'nıri) **i.** 1. makineler. 2. mekanizma.

mack.er.el (mäk'ırıl) **i.** uskumru. **horse mackerel** istavrit.

mac.ra.mé (mäk'rımey) **i.** makrame.

mad (mäd) **s.** 1. deli. 2. çılgın. 3. çok kızmış, kudurmuş. 4. kuduz. **madly z.** çılgınca. **madness i.** delilik.

Mad.a.gas.car (mädıgäs'kır) **i.** Madagaskar.

mad.am (mäd'ım) **i.** bayan (evli), madam; hanımefendi.

mad.den (mäd'ın) **f.** 1. delirtmek; delirmek. 2. sinirlendirmek. **maddening i.** 1. çıldırtıcı, delirtici. 2. sinirlendirici.

mad.house (mäd'haus) **i.** tımarhane.

mad.man (mäd'mın) **i.** deli.

mag.a.zine (mägızin') **i.** dergi, mecmua.

mag.got (mäg'ıt) **i.** sürfe, kurt, kurtçuk.

mag.ic (mäc'ik) **i.** 1. sihirbazlık; sihir, büyü. 2. gözbağcılık, hokkabazlık. **s.** sihirli, büyülü. **magically z.** büyüleyerek.

ma.gi.cian (mıcîş'ın) **i.** 1. sihirbaz, büyücü. 2. gözbağcı, hokkabaz.

mag.is.trate (mäc'ıstreyt) **i.** sulh hâkimi.

mag.na.nim.i.ty (mägnınîm'ıti) **i.** âlicenaplık.

mag.nan.i.mous (mägnän'ımıs) **s.** âlicenap, yüce gönüllü.

mag.nate (mäg'neyt) **i.** kodaman. **oil magnate** petrol kralı.

mag.ne.sia (mägni'jı) **i.** manyezi. **milk of magnesia** manyezi sütü.

mag.ne.si.um (mägni'zıyım) **i.** magnezyum.

mag.net (mäg'nît) **i.** mıknatıs. **magnetism i.** 1. mıknatısiyet. 2. manyetizma.

mag.net.ic (mägnet'ik) **s.** 1. manyetik. 2. alımlı, cazip, çekici.

mag.net.ize (mäg'nıtayz) **f.** 1. mıknatıslamak. 2. cezbetmek.

mag.ne.to (mägni'to) **i.** manyeto.

mag.nif.i.ca.tion (mägnıfıkey'şın) **i.** büyültme.

mag.nif.i.cent (mägnîf'ısınt) **s.** 1. görkemli, tantanalı. 2. fevkalade, nefis. **magnificence i.** görkem, debdebe. **magnificently z.** fevkalade bir şekilde.

mag.ni.fy (mäg'nıfay) **f.** 1. büyütmek. 2. abartmak. **magnifying glass** büyüteç.

mag.ni.tude (mäg'nıtud) **i.** 1. büyüklük, boy. 2. önem.

mag.no.li.a (mägno'liyı) **i.** manolya.

mag.pie (mäg'pay) **i.** saksağan.

ma.hog.a.ny (mıhog'ıni) **i.** maun.

maid (meyd) **i.** 1. genç kız, kız çocuk. 2. hizmetçi.

maid.en (meyd'ın) **i.** genç kız, evlenmemiş kız. **s.** 1. erden, bakire. 2. ilk. **maiden name** evli kadının bekârlık soyadı. **maidenhood i.** kızlık, erdenlik.

mail (meyl) **i.** 1. posta. 2. posta arabası. **f.** postalamak.

mail.box (meyl'baks) **i.** posta kutusu.

mail.man (meyl'män) **i.** postacı.

mail-or.der (meyl'ördır) **s.** posta siparişiyle alınan.

maim (meym) **f.** sakat etmek, sakatlamak.

main (meyn) **s.** asıl, başlıca, ana. **mainly z.** başlıca.

main.land (meyn'länd) **i.** anakara.

main.spring (meyn'spring) **i.** büyük zemberek, ana yay.

main.stay (meyn'stey) **i.** başlıca dayanak.

main.tain (meynteyn') **f.** 1. sürdürmek. 2. korumak. 3. beslemek, bakmak. 4. iddia etmek.

main.te.nance (meyn'tınıns) **i.** 1. bakım. 2. koruma.

ma.jes.tic (mıces'tik) **s.** görkemli, şahane, heybetli. **majestically z.** heybetle.

maj.es.ty (mäc'isti) **i.** görkem, heybet. **Your Majesty, His Majesty, Her Majesty** Haşmetmeap, Majesteleri, Hazretleri.

ma.jor (mey'cır) **s.** 1. büyük. 2. başlıca, asıl. **i.** 1. binbaşı. 2. (müz.) majör. 3. üniversitede esas sertifika; esas sertifika öğrencisi. 4. ergin, reşit.

ma.jor.i.ty (mıcôr'iti) **i.** 1. çoğunluk, ekseriyet. 2. erginlik, reşitlik.

make (meyk) **i.** 1. yapılış, yapı, biçim. 2. marka. 3. verim, randıman. **f.** 1. yaratmak, yapmak. 2. kazanmak. 3. tutmak, etmek. 4. mecbur etmek, yaptırmak. 5. ulaşmak, yetişmek, erişmek. **make believe** oyun olarak faraz etmek. **make fun of** ile dalga geçmek, ile eğlenmek, alay etmek. **make sure** emin olmak. **make up** 1. hazırlamak. 2. oluşturmak. 3. barışmak. 4. uydurmak, icat etmek. 5. makyaj yapmak, boyanmak. **make up one's mind** karar vermek. **maker i.** yaratıcı, yapan.

make-be.lieve (meyk'bîliv) **i.** yalandan inanma. **s.** sahte, uydurma, yapma.

make-up (meyk'áp) **i.** 1. yapış. 2. makyaj. 3. mizanpaj. 4. bütünleme sınavı.

mal.ad.just.ed (mälicäs'tid) **s.** uyumsuz, intibaksız.

mal.a.dy (mäl'idi) **i.** hastalık, illet.

ma.lar.i.a (mıler'iyı) **i.** sıtma. **malarial s.** sıtmalı.

Ma.la.wi (ma'lawi) **i.** Malawi.

Ma.lay.sia (mıley'ji) **i.** Malezya.

mal.con.tent (mäl'kıntent) **s.** hoşnutsuz, memnun olmayan, tatmin olmayan.

Mal.dives (mäl'dayvs) **i.** Maldiv.

male (meyl) **s., i.** erkek.

mal.ev.o.lent (mılev'ılınt) **s.** kötücül, hain. **malevolence i.** kötü niyet.

mal.for.ma.tion (mälförmey'şın) **i.** kusurlu oluşum, sakatlık. **malformed s.** bünyesi kusur lu, sakat.

Ma.li (ma'li) **i.** Mali.

mal'ice (mäl'is) **i.** kötülük, garaz.

ma.li.cious (mılîş'ıs) **s.** kötü niyetli, kötücül. **maliciously z.** bile bile, kötü niyetle.

ma.lign (mılayn') **f.** iftira etmek, yermek.

ma.lig.nant (mılîg'nınt) **s.** 1. kötücül, kötü yürekli. 2. uğursuz. 3. habis (ur). **malignancy i.** 1. habislik. 2. habis ur. **malignity i.** kötülük, kötülükçülük.

ma.lin.ger (mılîng'gır) **f.** hastalık taslamak.

mal.nu.tri.tion (mälnutriş'ın) **i.** beslenme bozukluğu, gıdasızlık.

mal.prac.tice (mälpräk'tîs) **i.** yolsuzluk, kötü hareket.

malt (môlt) **i.** çimlendirilmiş arpa, malt.

Mal.ta (môl'tı) **i.** Malta.

mal.treat (mältrit') **f.** kötü davranmak, eziyet etmek. **maltreatment i.** kötü davranma.

mam (mäm) **i.** anne.

mam.mal (mäm'ıl) **i.** memelilerden biri.

mam.moth (mäm'ıth) **i.** mamut. **s.** iri, dev gibi.

man (män) **i.** 1. adam, erkek. 2. insan, insanoğlu. **manhood i.** erkeklik. **manlike s.** erkeğe yakışır, erkekçe. **manly s.** erkekçe. **mannish s.** erkeksi.

man.a.cle (män'ıkıl) **i.** kelepçe. **f.** kelepçelemek.

man.age (män'îc) **f.** 1. yönetmek, idare etmek. 2. yolunu bulmak, işini uydurmak. 3. geçinmek. **manageable s.** idare edilir. **management i.** 1. yönetim, idare. 2. yönetim kurulu; yöneticiler.

man.ag.er (män'ıcır) **i.** yönetmen, yönetici, müdür.

man.a.ge.ri.al (mänıcîr'iyıl) **s.** yönetimsel, idari.

man.date (män'deyt) **i.** manda; emir.

man.da.to.ry (män'dıtôri) **s.** zorunlu, gerekli.

man.do.lin (män'dılin) **i.** mandolin.

ma.neu.ver (mıhu'vır) **i.** manevra. **f.** manevra yapmak.

man.ful (män'fıl) **s.** erkekçe, mert, yiğit. **manfully z.** erkekçe, yiğitçe.

man.ga.nese (mäng'gınis) **i.** manganez, mangan.

mange (meync) **i.** hayvanlarda uyuz hastalığı.

man.ger (meyn'cır) **i.** yemlik, ahır yemliği.

man.gle (mäng'gıl) **f.** 1. parçalamak. 2. bozmak.

man.han.dle (män'händıl) **f.** itip kakmak.

ma.ni.a (mey'niyı) **i.** 1. aşırı düşkünlük, tutku, mani. 2. cinnet. **maniac i.** manyak.

man.i.cure (män'ıkyûr) **i.** manikür. **f.** manikür yapmak.

man.i.fest (män'ıfest) **i.** manifesto, gümrük bildirgesi, yük senedi.

man.i.fest (män'ıfest) **s.** aşikâr, belli, açık. **manifestly z.** açıkça.

man.i.fes.to (mänifes'to) **i.** bildiri.

man.i.fold (män'ifold) **s.** çok, değişik, çeşitli. **i.** taksim borusu.

man.i.kin (män'ikìn) **i.** 1. manken. 2. anatomi modeli.

ma.nip.u.late (mınìp'yıleyt) **f.** 1. elle işletmek; ustalıkla idare etmek. 2. hile karıştırmak.

manipulation i. 1. idare. 2. manevra, dalavere.

man.kind (män'kaynd) **i.** beşeriyet, insanlık, insanoğulları.

man-made (män'meyd) **s.** insan tarafından yapılan, suni.

man.ner (män'ır) **i.** 1. tavır. 2. usul.

man.pow.er (män'pauwır) **i.** 1. insan gücü. 2. işçi sayısı, personel.

manse (mäns) **i.** papaz evi.

man.sion (män'şın) **i.** büyük ev, kâşane.

man.slaugh.ter (män'slôtır) **i.** adam öldürme.

man.tel (män'tıl), **man.tel.piece** (män'tılpis) **i.** şömine rafı.

man.tle (män'tıl) **i.** 1. pelerin. 2. örtü. 3. fitil.

man.u.al (män'yuwıl) **s.** elle yapılan. **i.** elkitabı, kılavuz. **manual labor** 1. amelelik. 2. ağır iş. **manual training** elişi eğitimi.

man.u.fac.ture (mänyıfäk'çır) **i.** yapma, yapım, imalat. **f.** 1. imal etmek, yapmak. 2. uydurmak. **manufacturer i.** fabrikatör.

ma.nure (mınür') **i.** gübre.

man.u.script (män'yıskrìpt) **i.** 1. müsvedde. 2. el yazması, yazma kitap.

man.y (men'i) **s.** çok, bir hayli. **i.** birçoğu. **a great many** pek çok.

map (mäp) **i.** harita; plan. **f.** haritasını yapmak.

ma.ple (mey'pıl) **i.** isfendan, akçaağaç.

mar (mar) **f.** bozmak, sakatlamak, zarar vermek.

mar.a.thon (mer'ıthan) **i.** maraton.

ma.raud (mırôd') **f.** yağmalamak, çapulculuk etmek. **marauder i.** yağmacı, çapulcu.

mar.ble (mar'bıl) **i.** 1. mermer. 2. bilye, misket.

march (març) **i.** 1. asker yürüyüşü. 2. resmi yürüyüş. 3. ilerleme, gidiş. 4. marş. **f.** resmi yürüyüş yapmak. **marcher i.** yürüyüşçü.

March (març) **i.** mart.

mare (mer) **i.** kısrak.

mar.ga.rine (mar'cırìn) **i.** margarin.

mar.gin (mar'cìn) **i.** 1. kenar, sınır. 2. sayfa kenarı. **margin of safety** emniyet payı.

mar.i.jua.na (merıwa'nı) **i.** haşiş.

ma.rine (mırin') **s.** denizel; denizsel; deniz kuvvetlerine ait. **i.** deniz kuvvetleri mensubu.

mar.i.ner (mer'ınır) **i.** bahriyeli; gemici.

mar.i.o.nette (meriynet') **i.** kukla.

mar.i.tal (mer'ıtıl) **s.** evlenmeye ait.

mar.i.time (mer'ıtaym) **s.** denizsel, denizci.

mar.jo.ram (mar'cırım) **i.** 1. mercanköşk. 2. keklik otu.

mark (mark) **i.** 1. işaret, marka, alâmet. 2. not (ders). 3. iz. **f.** 1. işaretlemek, damga vurmak. 2. çizmek, yazmak. 3. not vermek. **marked s.** 1. belirgin. 2. işaretli.

mark (mark) **i.** mark.

mar.ket (mar'kìt) **i.** 1. pazar, çarşı. 2. piyasa. **f.** 1. pazarlamak. 2. alışveriş etmek.

mar.ket.ing (mar'kìting) **i.** 1. pazarlama. 2. alışveriş yapma.

marks.man (marks'mın) **i.** nişancı. **marksmanship i.** nişancılık.

mar.ma.lade (marmıleyd') **i.** portakal reçeli.

ma.roon (mırun') **s., i.** kestane rengi.

mar.row (mer'o) **i.** ilik; öz. **vegetable marrow** sakızkabağı.

mar.ry (mer'i) **f.** evlenmek; evlendirmek. **marriage i.** evlenme, evlilik. **married s.** evli.

marsh (marş) **i.** batak, bataklık. **marshy s.** 1. bataklığa ait, bataklık gibi. 2. bataklı.

mar.shal (mar'şıl) **i.** 1. mareşal. 2. teşrifatçı. **f.** sıraya koymak, düzenlemek.

marsh.mal.low (marş'melo) **i.** lokuma benzer şekerleme.

mar.tial (mar'şıl) **s.** 1. savaşa özgü. 2. askeri. 3. savaşçı, dövüşken. **martial law** sıkıyönetim.

mar.tyr (mar'tır) **i.** şehit.

mar.vel (mar'vıl) **i.** harika, mucize. **f.** hayret etmek, şaşmak. **marvelous s.** olağanüstü.

mas.cu.line (mäs'kyılin) **s.** eril.

mash (mäş) **f.** ezmek; püre yapmak. **mashed potatoes** patates püresi.

mask (mäsk) **i.** maske. **f.** maskelemek.

ma.son (mey'sın) **i.** duvarcı; taşçı. **masonry i.** taş işi, tuğla işi; duvarcılık.

mas.quer.ade (mäskıreyd') **i.** maskeli balo. **f.** sahte tavır takınmak.

mass (mäs) **i.** 1. parça, kütle, kitle, yığın, küme. 2. çokluk. 3. aylım, hacim. **mass media** kitle iletişim araçları. **mass movement** kitle hareketi. **mass production** toptan üretim. **massive s.** ağır, iri, cüsseli.

Mass (mäs) **i.** Katoliklerde büyük ayin.

mas.sa.cre (mäs'ıkır) **i.** kırım, katliam. **f.** katletmek, kırıp geçirmek.

mas.sage (mısaj') **i.** masaj. **f.** masaj yapmak, ovmak.

mast (mäst) **i.** direk, gemi direği.

mas.ter (mäs'tır) **i.** 1. efendi, patron, amir. 2. üstat. 3. üniversitede lisans üstü derece. 4. yönetici. 5. örnek, kopya edilecek şey. 6. mumlu kâğıt. 7. küçük bey. 8. kaptan. **s.** baş, temel, ana. **f.** 1. galip gelmek. 2. iyice öğrenmek, uzmanlaşmak. 3. yönetmek etki-

terful s. amirane, buyurucu.

mas.ter.mind (mäs'tırmaynd) **f.** çekip çevirmek.

mas.ter.piece (mäs'tırpis) **i.** 1. şaheser, başyapıt, üstün eser. 2. harika.

mas.ter.y (mäs'tıri) **i.** 1. hüküm. 2. hüner.

mas.tur.bate (mäs'tırbeyt) **f.** mastürbasyon yapmak.

mat (mät) **i.** 1. hasır. 2. paspas.

match (mäç) **i.** 1. eş, benzer. 2. evlenme. 3. rakip. 4. maç, karşılaşma, müsabaka. **f.** 1. uymak, benzemek. 2. uydurmak. 3. karşılaştırmak. 4. geçmek. **matchless** s. eşsiz, rakipsiz.

match (mäç) **i.** kibrit.

match.mak.er (mäç'meykır) **i.** çöpçatan.

mate (meyt) **i.** 1. eş. 2. ikinci kaptan. **f.** 1. eşlemek. 2. çiftleşmek; çiftleştirmek.

ma.te.ri.al (mıtir'iyıl) s. 1. maddesel, özdeksel, maddi, cismani. 2. önemli, gerekli. **i.** 1. madde, gereç, malzeme. 2. bez, dokuma, kumaş. **materialism** i. özdekçilik, maddecilik, materyalizm.

ma.te.ri.al.ize (mıtir'iyılayz) **f.** gerçekleşmek.

ma.ter.nal (mıtır'nıl) s. 1. anneye yakışır. 2. anne tarafından gelen.

ma.ter.ni.ty (mıtır'nıti) **i.** analık, annelik hali. **maternity hospital** doğumevi.

math.e.mat.ics (mäthımät'iks) **i.** matematik. **mathematical** s. matematikle ilgili; kesin, tam.

mat.i.nee (mätiney') **i.** matine.

ma.tri.arch (mey'triyark) **i.** aile veya kabile reisi kadın. **matriarchy** i. anaerki.

mat.ri.mon.y (mät'rimoni) **i.** evlenme, evlilik.

ma.tron (mey'trın) **i.** bir kurumun iç yönetimiyle ilgili görevli kadın.

mat.ter (mät'ır) **i.** 1. özdek, madde, cevher. 2. konu, sorun, iş. 3. şikâyet veya pişmanlık nedeni. **f.** önemi olmak. **as a matter of fact** işin doğrusu, gerçekte. **What's the matter** Ne var? Ne oldu?

mat.ter-of-fact (mät'ırıvfäkt') s. tabii, heyecansız.

mat.tress (mät'ris) **i.** yatak, şilte.

ma.ture (mıçur') **f.** olgunlaşmak; olgunlaştırmak. s. ergin, olgun. **maturity** i. 1. olgunluk. 2. vade.

maud.lin (môd'lin) s. aşırı duygusal.

maul (môl) **f.** dövmek; berelemek; hırpalamak.

Mau.ri.ta.ni.a (môrıtey'niyı) **i.** Moritanya.

Mau.ri.ti.us (môrîş'iyıs) **i.** Mauritius.

mau.so.le.um (môsıli'yım) **i.** anıtmezar, mozole.

max.im (mäk'sim) **i.** düstur, özdeyiş, vecize.

max.i.mum (mäk'sımım) **i.** azami. s. en çok.

May (mey) **i.** mayıs.

may (mey) **f.** -ebilmek.

may.be (mey'bi) **z.** belki, olabilir.

may.on.naise (meyıneyz') **i.** mayonez.

may.or (mey'ır) **i.** belediye başkanı.

maze (meyz) **i.** labirent.

mead.ow (med'o) **i.** çayır.

mea.ger (mi'gır) s. 1. yetersiz, eksik, az. 2. yavan, tatsız.

meal (mil) **i.** yemek, öğün.

meal.time (mil'taym) **i.** yemek zamanı.

mean (min) **f.** 1. anlamında olmak, demek. 2. kastetmek, demek istemek.

mean (min) s. 1. adi, aşağı, bayağı. 2. alçak. 3. cimri.

mean (min) s. orta, vasat.

me.an.der (miyän'dır) **i.** 1. dolambaçlı yol, labirent. 2. menderes, dolambaç, kıvrım. **f.** 1. dolana dolana gitmek. 2. gezinmek.

mean.ing (mi'ning) **i.** anlam. **meaningful** s. anlamlı. **meaningless** s. 1. anlamsız. 2. boş, abes.

means (minz) **i.** 1. vasıta, araç, vesile. 2. servet, varlık. **by means of** vasıtasıyla. **by no means** asla, katiyen.

mean.time, mean.while (min'taym, min'hwayl) **i.** ara, aradaki zaman. **z.** 1. arada. 2. aynı zamanda. **in the meantime** 1. arada. 2. -iken.

mea.sles (mi'zılz) **i.** kızamık.

meas.ure (mej'ır) **i.** 1. ölçü, miktar. 2. ölçüm, ölçme. 3. derece. **f.** ölçmek; tartmak. **beyond measure** son derece. **for good measure** fazladan, ek olarak. **take measures** tedbir almak, hazırlıklı bulunmak. **tape measure** mezura, mezür. **measurement i.** ölçü, ölçme, ölçüm.

meat (mit) **i.** 1. yenecek et. 2. öz.

me.chan.ic (mıkän'ik) **i.** makinist; makine ustası. s. mekanik. **mechanical** s. mekanik.

me.chan.ics (mıkän'iks) **i.** 1. mekanik, makine ilmi. 2. teknik.

mech.a.nism (mek'ınîzım) **i.** mekanizma.

med.al (med'ıl) **i.** madalya.

med.dle (med'ıl) **f.** karışmak, burnunu sokmak. **meddler** i. her şeye burnunu sokan kimse.

me.di.a (mi'diyı) **i.** vasıtalar, araçlar. **the media** iletişim araçları, yayın araçları.

me.di.an (mi'diyın) **i.** 1. orta. 2. medyan.

me.di.ate (mi'diyeyt) **f.** 1. aracılık etmek. 2. ara bulmak. **mediation** i. arabuluculuk. **mediator i.** arabulucu, aracı.

med.i.cal (med'ikıl) s. 1. tıbbi. 2. iyileştirici.

med.i.cine (med'ısın) **i.** 1. ilaç, deva. 2. hekimlik, tıp.

me.di.e.val (midiyi'vıl) s. ortaçağa ait, ortaçağ

gibi.

me.di.o.cre (midiyo'kır) **s.** alelade, olağan, sıradan, ne iyi ne kötü.

medi.i.tate (med'iteyt) **f.** 1. düşünceye dalmak. 2. düşünmek, tasarlamak. **meditation i.** düşünceye dalma.

Med.i.ter.ra.ne.an (meditırey'niyın) **i.** Akdeniz.

me.di.um (mi'diyım) **i.** 1. orta. 2. çevre, ortam. 3. araç, vasıta.

med.lar (med'lır) **i.** muşmula, döngel.

meek (mik) **s.** 1. uysal, sakin. 2. alçakgönüllü. **meekly z.** uysalca.

meer.schaum (mir'şım) **i.** eskişehirtaşı, lületaşı.

meet (mit) **f.** 1. rastlamak, karşılaşmak. 2. tanışmak. 3. buluşmak, toplanmak. **meeting i.** 1. toplantı. 2. birleşme, bitişme. 3. miting.

meg.a.phone (meg'ıfon) **i.** megafon.

mel.an.chol.y (mel'ınkoli) **i.** melankoli, kara sevda. **s.** melankolik.

me.li.o.rate (mil'yıreyt) **f.** düzeltmek; düzelmek. **melioration i.** düzeltme, ıslah.

mel.low (mel'o) **s.** 1. olgun. 2. yumuşak, tatlı (ses, renk). **f.** olgunlaşmak.

me.lo.di.ous (mılo'diyıs) **s.** ahenkli.

mel.o.dra.ma (mel'ıdramı) **i.** melodram.

mel.o.dra.mat.ic (melıdrımät'ik) **s.** melodram kabilinden; aşırı duygusal.

mel.o.dy (mel'ıdi) **i.** melodi, ezgi, nağme.

mel.on (mel'ın) **i.** kavun, karpuz.

melt (melt) **f.** 1. eritmek; erimek. 2. yumuşatmak; yumuşamak.

mem.ber (mem'bır) **i.** 1. üye. 2. organ. **membership i.** 1. üyelik. 2. üyeler.

mem.brane (mem'breyn) **i.** zar, örtenek.

mem.o (mem'o) **i.** kısa not.

mem.oirs (mem'warz) **i.** anılar.

mem.o.ra.ble (mem'ırıbıl) **s.** anılmaya değer.

mem.o.ran.dum (memırän'dım) **i.** 1. muhtıra. 2. not.

me.mo.ri.al (mımôr'iyıl) **s.** hatırlatıcı. **i.** anıt.

mem.o.rize (mem'ırayz) **f.** ezberlemek.

mem.o.ry (mem'ıri) **i.** 1. bellek, zihin. 2. hatıra, anı. **in memory of** hatırasına, anısına.

men.ace (men'is) **i.** gözdağı, tehdit. **f.** gözdağı vermek, tehdit etmek.

me.nag.er.ie (mınäc'ıri) **i.** 1. yabanıl hayvan koleksiyonu. 2. hayvanat bahçesi.

mend (mend) **f.** 1. onarmak (çamaşır). 2. ıslah etmek, düzeltmek. 3. iyileştirmek.

me.ni.al (mi'niyıl) **s.** 1. hizmetçiye ait. 2. köleye yakışır.

men.in.gi.tis (menıncay'tis) **i.** menenjit.

men.o.pause (men'ıpôz) **i.** menopoz.

men.stru.ate (men'streyt) **f.** âdet görmek, aybaşı olmak. **menstruation i.** âdet, aybaşı.

men.tal (men'tıl) **s.** zihni.

men.tal.i.ty (mentäl'ıti) **i.** 1. zihniyet, düşünüş. 2. anlak, zekâ.

men.tion (men'şın) **i.** 1. söyleme. 2. bahsetme, anma. **f.** anmak, sözünü etmek.

men.u (men'yu) **i.** yemek listesi, menü.

me.ow (miyau') **i.** miyav. **f.** miyavlamak.

mer.can.tile (mır'kıntil) **s.** ticari.

mer.ce.nar.y (mır'sıneri) **s.** kâr gözeten, çıkarcı, paragöz. **i.** yabancı orduda ücretli asker.

mer.chan.dise (mır'çındayz) **i.** ticari eşya, emtia, mal.

mer.chant (mır'çınt) **i.** tüccar. **s.** ticari.

mer.ci.ful (mır'sıfıl) **s.** 1. merhametli. 2. acı çektirmeyen. **mercifully z.** 1. merhametle. 2. acı çekmeden. 3. Allahtan.

mer.ci.less (mır'sılis) **s.** merhametsiz, amansız. **mercilessly z.** merhametsizce.

mer.cu.ry (mır'kyıri) **i.** cıva.

mer.cy (mır'si) **i.** 1. merhamet. 2. insaf. **at the mercy of** insafına (kalmış), elinde.

mere (mir) **s.** 1. katkısız, safi. 2. önemsiz. **merely z.** sadece, ancak, yalnız, sade.

merge (mırc) **f.** karışıp birleşmek. **merger i.** iki şirketin birleşmesi.

me.rid.i.an (mırid'iyın) **i, s.** meridyen.

mer.it (mer'it) **i.** 1. yarar, değer. 2. hüner. 3. hak. **f.** hak etmek, layık olmak.

mer.maid (mır'meyd) **i.** denizkızı.

mer.ri.ment (mer'imınt) **i.** eğlence, şenlik.

mer.ry (mer'i) **s.** şen, neşeli. **merrily z.** neşeyle. **merriness i.** neşe.

mer.ry-go-round (mer'igoraund) **i.** atlıkarınca, dönme dolap.

mer.ry.mak.ing (mer'imeyking) **i.** cümbüş, eğlence.

mesh (meş) **i.** 1. ağ gözü. 2. ağ, şebeke.

mess (mes) **i.** karışıklık, düzensizlik. **mess up** 1. yüzüne gözüne bulaştırmak. 2. kirletmek. 3. karışmak. **messy s.** 1. karmakarışık. 2. kirli, pasaklı.

mes.sage (mes'ic) **i.** 1. haber, mesaj. 2. resmi bildiri.

mes.sen.ger (mes'ıncır) **i.** 1. haberci, ulak. 2. kurye.

me.tab.o.lism (mıtäb'ılizm) **i.** metabolizma.

met.al (met'ıl) **i.** metal, maden.

me.tal.lic (mıtäl'ik) **s.** madeni.

met.al.lur.gy (met'ılırci) **i.** metalurji.

met.a.mor.phic (metımôr'fik) **s.** başkalaşan, başkalaşım geçiren.

met.a.mor.pho.sis (metımôr'fısis) **i.** başkalaşım, başkalaşma.

met.a.phor (met'ıfôr) **i.** mecaz. **metaphoric(al) s.** mecazi.

met.a.phys.ics (metıfiz'iks) **i.** fizikötesi, metafizik.

me.te.or (mi'tiyir) **i.** akanyıldız, ağma.

me.te.or.ol.o.gy (mitiyırol'ici) **i.** meteoroloji.

me.ter (mi'tır) **i.** 1. sayaç, saat. 2. metre. 3. vezin, ölçü. **f.** saatle ölçmek.

meth.od (meth'ıd) **i.** 1. yöntem, usul, metot; yol. 2. düzen.

me.thod.i.cal (mıthad'ikıl) **s.** 1. düzenli, yöntemli. 2. sistemli.

me.tic.u.lous (mıtik'yılıs) **s.** çok titiz, çok dikkatli.

met.ric, -ri.cal (met'rik, -rikıl) **s.** 1. metreye ait. 2. ölçülü. **metric system** metre sistemi.

me.trop.o.lis (mıtrap'ılis) **i.** 1. başkent. 2. büyük kent.

met.ro.pol.i.tan (metrıpal'ıtın) **s.** büyük kente ait.

met.tle (met'ıl) **i.** 1. huy, mizaç. 2. yüreklilik, atılganlık. **mettlesome s.** canlı, ateşli, gözü pek.

Mex.i.co (mek'siko) **i.** Meksika.

mi.ca (may'kı) **i.** mika, evrenpulu.

mi.crobe (may'krob) **i.** mikrop.

mi.cro.phone (may'krıfon) **i.** mikrofon.

mi.cro.scope (may'krıskop) **i.** mikroskop.

mid (mid) **s.** orta, ortadaki.

mid.dle (mid'ıl) **s.** 1. orta, vasat. 2. ortadaki, aradaki. **Middle Ages** ortaçağ.

mid.dle-aged (mid'ıleycd') **s.** orta yaşlı.

mid.dle.class (mid'ılklâs) **s.** orta sınıftan, burjuva.

mid.dle.man (mid'ılmân) **i.** komisyoncu, aracı.

mid.dling (mid'ling) **s.** orta.

midg.et (mic'it) **i.** cüce. **s.** mini.

mid.night (mid'nayt) **i.** gece yarısı.

midst (midst) **i.** orta, orta yer. **edat** ortasında. **in the midst of** ortasında, arasında.

mid.sum.mer (mid'sâm'ır) **i.** yaz ortası, yaz dönümü.

mid.wife (mid'wayf) **i.** ebe.

mid.win.ter (mid'win'tır) **i.** kış ortası, karakış.

might (mayt) **i.** kudret, kuvvet, güç, zor. **mighty s.** 1. kuvvetli, kudretli, güçlü, zorlu. 2. büyük. 3. fevkalade. **mightily z.** 1. büyük bir güçle. 2. çok fazla.

mi.grate (may'greyt) **f.** göç etmek. **migrant i.** göçmen. **migration i.** göç.

mi.gra.to.ry (may'gntôri) **s.** 1. göçebe. 2. göçücü, göçmen.

mild (mayld) **s.** 1. yumuşak, ılımlı. 2. hafif. 3. nazik, kibar. **mildly z.** 1. kibarca. 2. biraz. **mildness i.** 1. nezaket. 2. ılımlılık.

mil.dew (mil'du) **i.** küf. **f.** küflenmek.

mile (mayl) **i.** mil. **milage i.** mil hesabı ile mesafe.

mil.i.tant (mil'ıtınt) **s.** 1. militan. 2. saldırgan,

atak.

mil.i.tar.y (mil'ıteri) **s.** askeri. **militarism i.** militarizm.

mil.i.tate (mil'ıteyt) **f.** etkilemek, ağır basmak.

milk (milk) **i.** süt. **f.** sütünü sağmak. **milky s.** süt gibi, sütlü.

milk.man (milk'mân) **i.** sütçü.

mill (mil) **i.** 1. değirmen. 2. fabrika, imalathane. **miller i.** değirmenci.

mil.len.ni.um (mılen'iyım) **i.** 1. bin yıllık devre. 2. bininci yıldönümü. 3. mutluluk çağı.

mil.let (mil'it) **i.** darı.

mil.li.ner (mil'ınır) **i.** kadın şapkacısı.

mil.lion (mil'yın) **i.** milyon. **millionaire i.** milyoner.

mil.stone (mil'ston) **i.** 1. değirmen taşı. 2. ömür törpüsü.

mim.ic (mim'ik) **i.** 1. taklitçi. 2. taklit. **f.** taklidini yapmak. **mimicry i.** taklitçilik.

mi.mo.sa (mimo'sı) **i.** mimoza.

min.a.ret (minıret') **i.** minare.

mince (mins) **f.** kıymak. **mincing s.** yapmacık tavırlı.

mind (maynd) **i.** 1. akıl, zihin, bellek. 2. hatır. 3. fikir, düşünce. 4. zekâ, anlak. 5. istek, arzu. **call to mind** hatırlamak; hatırlatmak. **change one's mind** caymak, fikrini değiştirmek. **make up one's mind** karar vermek. **be mindful of** akıldan çıkarmamak, unutmamak. **mindless s.** 1. akılsız. 2. dikkatsiz.

mind (maynd) **f.** 1. bakmak, dikkat etmek. 2. meşgul olmak. 3. önemsemek. 4. endişe etmek. 5. boyun eğmek. **Never mind.** Zararı yok. Boş ver.

mine (mayn) **i.** 1. maden, maden ocağı. 2. hazine, kaynak. 3. mayın. **f.** kazıp çıkarmak (kömür, maden). **miner i.** madenci, maden işçisi. **mining i.** madencilik.

mine.field (mayn'field) **i.** mayın tarlası.

min.er.al (min'ırıl) **s.** 1. madensel, madeni. 2. mineral. **i.** 1. maden, mineral. 2. maden filizi. **mineral water** madensuyu.

min.gle (ming'gıl) **f.** 1. birbirine karıştırmak. 2. katmak.

min.i (min'i) **i.** mini.

min.i.a.ture (min'ıyıçır) **i.** minyatür. **miniaturist i.** minyatürcü.

min.i.mal (min'ımıl) **s.** en az, en aşağı, asgari.

min.i.mize (min'imayz) **f.** önemsememek, küçümsemek.

min.i.mum (min'ımım) **s.** asgari, minimum, en az, en aşağı.

min.is.ter (min'istır) **i.** 1. papaz, vaiz. 2. bakan, vekil. 3. ortaelçi. **ministry i.** 1. vaizlik, papazlık. 2. papazlar. 3. bakanlık.

mink (mingk) **i.** vizon.

mi.nor (may'nır) **s.** 1. küçük. 2. ikincil, önemi az.

mi.nor.i.ty (mınör'ıti) **i.** azınlık.

mint (mint) **i.** nane.

mint (mint) **i.** darphane.

mi.nus (may'nıs) **s.** eksi.

min.ute (min'it) **i.** 1. dakika. 2. an. **minutes i.** tutanak, zabıt.

mi.nute (maynut') **s.** 1. çok ufak. 2. önemsiz. 3. ayrıntılı, sıkı.

minx (mingks) **i.** civelek kız.

mir.a.cle (mir'ıkıl) **i.** mucize, harika.

mi.rac.u.lous (mirak'yılıs) **s.** harikulade, hayret verici.

mi.rage (miraj') **i.** serap, ılgım, yalgın.

mire (mayr) **i.** 1. çamur, batak. 2. kir, pislik. **f.** çamura batmak.

mir.ror (mir'ır) **i.** ayna.

mirth (mırth) **i.** şenlik, cümbüş.

mis.ad.ven.ture (misıdven'çır) **i.** kaza, bela, talihsizlik, felaket.

mis.an.thrope, mis.an.thro.pist (mis'ınthrop, misãn'thrıpist) **i.** insanlardan kaçan, merdümgiriz.

mis.be.have (misbiheyv') **f.** yaramazlık etmek. **misbehavior i.** 1. kötü davranış. 2. yaramazlık.

mis.car.riage (misker'ic) **i.** çocuk düşürme, düşük.

mis.cel.la.ne.ous (misley'niyıs) **s.** çeşitli, karışık.

mis.chance (misçãns') **i.** talihsizlik, kaza.

mis.chief (mis'çif) **i.** 1. yaramazlık. 2. haylaz kimse. **get into mischief** yaramazlık etmek. **mischievous s.** yaramaz; haylaz.

mis.con.duct (miskan'dâkt) **i.** 1. kötü davranış. 2. kötü yönetim.

mi.ser (may'zır) **i.** cimri, pinti. **miserly s.** cimri, hasis, pinti.

mis.er.a.ble (miz'ırıbıl) **s.** 1. sefil, yoksul. 2. dertli, mutsuz, perişan. 3. zavallı. **miserably s.** çok kötü.

mis.er.y (miz'ırı) **i.** 1. dert, ıstırap, acı. 2. sefalet. 3. mutsuzluk.

mis.fit (mis'fit) **i.** uygun gelmeyiş.

mis.for.tune (misfôr'çın) **i.** talihsizlik, felaket.

mis.hap (mis'hâp) **i.** aksilik, talihsizlik.

mis.judge (miscâc') **f.** yanlış hüküm vermek.

mis.lay (misley') **f.** yanlış yere koymak, kaybetmek.

mis.lead (mislid') **f.** yanlış yola yöneltmek.

mis.man.age (mismän'ic) **f.** kötü idare etmek. **mismanagement i.** kötü idare.

mis.place (mispleys') **f.** yanlış yere koymak, kaybetmek.

mis.print (f. misprint'; i. mis'print) **f.** yanlış bas-

---

mak. **i.** baskı yanlışı.

mis.pro.nun.ci.a.tion (misprınãnsiyey'şın) **i.** yanlış telaffuz.

mis.rep.re.sent (misreprizent') **f.** yanlış anlatmak; yanlış tanıtmak. **misrepresentation i.** yalan.

miss (mis) **f.** 1. isabet ettirememek. 2. kaçırmak. 3. özlemek. **missing s.** eksik, olmayan, kayıp.

miss (mis) **i.** genç kız. **Miss i.** Matmazel, Bayan.

mis.sile (mis'ıl) **i.** 1. mermi, kurşun. 2. ok, mızrak.

mis.sion (miş'ın) **i.** 1. misyon, memuriyet, hizmet. 2. misyoner heyeti. 3. elçilik. **missionary i.** misyoner.

mis.spell (misspel') **f.** imlasını yanlış yapmak. **misspelled s.** imlası yanlış.

mist (mist) **i.** 1. duman, pus, sis. 2. buhar, buğu. **misty s.** 1. sisli, dumanlı. 2. bulanık.

mis.take (misteyk') **i.** yanlış, hata, yanılma. **f.** 1. yanlış anlamak. 2. yanlışlıkla benzetmek. **mistaken s.** yanlış, yanılış fikre dayanan.

mis.trans.late (mistrãns'leyt') **f.** yanlış çevirmek. **mistranslation i.** yanlış çeviri.

mis.treat (mistrit') **f.** kötü kullanmak; incitmek.

mis.tress (mis'tris) **i.** 1. hanım; sahibe. 2. metres.

mis.trust (mistrâst') **i.** güvensizlik, şüphe. **f.** güvenmemek.

mis.un.der.stand (misândırständ') **f.** yanlış anlamak. **misunderstanding i.** anlaşmazlık.

mis.use (misyuz') **f.** kötüye kullanmak.

mite (mayt) **i.** 1. kene, sakırga. 2. çok ufak şey, zerre.

mit.ten (mit'ın) **i.** tek parmaklı eldiven.

mix (miks) **f.** 1. karıştırmak; karışmak. 2. katmak. i. karışım. **mixed s.** 1. karışık. 2. karma. **mixer i.** 1. karıştırıcı. 2. mikser, elektrikli yemek karıştırıcısı. **mixture i.** karışım.

mix.up (miks'âp) **i.** karışıklık, anlaşmazlık.

moan (mon) **f.** inlemek. **i.** inilti.

mob (mab) **i.** 1. kalabalık, izdiham. 2. ayak takımı, avam. **f.** gürüh halinde saldırmak.

mo.bile (mo'bıl) **s.** devingen, hareket eden.

mo.bi.li.za.tion (mobılızey'şın) **i.** seferberlik.

mo.bi.lize (mo'bılayz) **f.** seferber etmek, harekete geçirmek.

mock (mak) **f.** alay etmek, eğlenmek. **mockery i.** alay.

mode (mod) **i.** 1. usul, yol, yöntem. 2. (müz.)

mod.el (mad'ıl) **i.** 1. örnek, model. 2. kalıp. 3. resim, plan. 4. manken. **f.** 1. model yapmak. 2. biçimlendirmek. 3. defile yapmak.

mod.er.ate (mad'ırit) **s.** 1. ılımlı. 2. orta, ikisi ortası. 3. ılımlı kimse. **moderately s.** az çok.

mod.er.ate (mad'ıreyt) **f.** yatıştırmak, yumuşatmak. **moderation i.** 1. ılımlılık. 2. insaf.

moderator i. toplantı başkanı.

mod.ern (mad'ırn) **s.** çağdaş, yeni, modern.

mod.ern.ize (mad'ırnayz) **f.** modernleştirmek, yenileştirmek.

mod.est (mad'ist) **s.** 1. alçakgönüllü. 2. gösterişsiz. 3. ılımlı. 4. namuslu. **modestly z.** gösterişsizce. **modesty i.** 1. alçakgönüllülük. 2. iffet.

mod.i.fi.ca.tion (madıfikey'şın) **i.** değişiklik.

mod.i.fy (mad'ıfay) **f.** 1. biraz değiştirmek, tadil etmek. 2. azaltmak. 3. nitelemek. **modifier i.** 1. değiştiren şey. 2. tamlayıcı.

mod.ule (mac'ul) **i.** mikyas; modül.

mo.hair (mo'her) **i.** tiftik yünü.

moist (moyst) **s.** nemli, ıslak.

mois.ten (moys'ın) **f.** nemlendirmek, ıslatmak.

mois.ture (moys'çır) **i.** nem, rutubet.

mold, mould (mold) **i.** kalıp. **f.** şekil vermek, biçimlendirmek.

mold, mould (mold) **i.** küf. **f.** küflenmek. **moldiness i.** küf, küflülük. **moldy s.** küflü.

mole (mol) **i.** ben, leke.

mole (mol) **i.** köstebek, kör sıçan.

mol.e.cule (mal'ikyul) **i.** tozan. molekül, zerre.

mo.lest (mılest') **f.** rahatsız etmek, sataşmak.

molt (molt) **f.** tüylerini dökmek, deri değiştirmek.

mo.ment (mo'mınt) **i.** 1. an. 2. önem. 3. (fiz.) moment.

mo.men.tous (momen'tıs) **s.** önemli, ciddi.

Mon.a.co (man'ıko) **i.** Monako.

mon.arch (man'ırk) **i.** kral, hükümdar. **monarchy i.** krallık, tekerlik, monarşi.

mon.as.ter.y (man'ısteri) **i.** manastır.

Mon.day (mân'di) **i.** pazartesi.

mon.ey (mân'i) **i.** para. **money order** posta havalesi.

mon.ey.chang.er (mân'içeyncır) **i.** sarraf.

mon.ey.lend.er (mân'ilendır) **i.** faizci, tefeci.

Mon.go.li.a (mango'liyı) **i.** Moğolistan.

mon.grel (mang'grıl) **s.** melez.

mon.i.tor (man'ıtır) **i.** sınıf mümessili.

monk (mângk) **i.** keşiş.

mon.key (mâng'ki) **i.** maymun. **monkey business** maskaralık; oyun, dolap. **monkey wrench** İngiliz anahtarı. **monkey with** oynamak, kurcalamak.

mo.nog.a.my (mınag'ımi) **i.** tekevlilik, monogami. **monogamous s.** tekevli, monogam.

mon.o.logue (man'ılog) **i.** monolog.

mo.nop.o.lize (mınap'ılayz) **f.** tekeline almak.

mo.nop.o.ly (mınap'ıli) **i.** tekel, inhisar.

mon.o.syl.la.bic (monısılâb'ik) **s.** tek heceli.

mon.o.the.ism (man'ıthiyizım) **i.** tektanrıcılık, monoteizm.

mo.not.o.ny (mınat'ıni) **i.** yeknesaklık, tekdüzelik, monotonluk. **monotonous s.** monoton, tekdüze, sıkıcı.

mon.soon (mansun') **i.** muson.

mon.ster (man'stır) **i.** canavar. **s.** kocaman.

monstrous s. 1. canavar gibi; müthiş, korkunç. 2. anormal. 3. iri.

mon.stros.i.ty (manstras'iti) **i.** 1. canavar; canavarlık. 2. ucube.

month (mânth) **i.** ay. **monthly s.** aylık.

mon.u.ment (man'yımınt) **i.** 1. anıt, abide. 2. eser.

moo (mu) **f.** böğürmek.

mood (mud) **i.** ruh durumu, hal. **moody s.** karamsar, umutsuz, içedönük.

moon (mun) **i.** 1. ay, kamer. 2. uydu.

moon.light (mun'layt) **i.** mehtap, ay ışığı. **f.** ek işte çalışmak.

moor (mûr) **i.** kır.

moor (mûr) **f.** demir atmak.

mop (map) **i.** saplı tahta bezi. **f.** bezle silmek.

mor.al (môr'ıl) **s.** 1. törel, ahlaksal. 2. manevi. **i.** ahlak dersi. **morals i.** ahlak.

mo.rale (mıräl') **i.** moral.

mo.ral.i.ty (mıräl'iti) **i.** ahlak; ahlak doğruluğu; törelik.

mo.rass (mıräs') **i.** 1. bataklık. 2. engel.

mor.bid (môr'bid) **s.** 1. ürkütücü ve marazi konulara aşırı ilgi duyan. 2. hastalıklı, marazi.

more (môr) **s.** daha fazla, daha çok. **more or less** olduğu kadar, az çok.

mo.rel.lo (mırel'o) **i.** vişne.

more.o.ver (môrô'vır) **z.** bundan başka, üstelik.

morgue (môrg) **i.** morg.

morn.ing (môr'ning) **i.** sabah.

Mo.roc.co (mırak'o) **i.** Fas.

morn.ing-glo.ry (môr'ning.glori) **i.** gündüzsefası, kahkahaçiçeği.

mo.ron (môr'an) **i.** kısmen geri zekalı, ahmak.

mo.rose (mıros') **s.** somurtkan, suratsız.

mor.sel (môr'sıl) **i.** lokma, parça.

mor.tal (môr'tıl) **s.** ölümlü, fani. **i.** insan, insanoğlu. **mortally z.** öldürücü şekilde.

mor.tar (môr'tır) **i.** havan.

mor.tar (môr'tır) **i.** kireçli harç.

mort.gage (môr'gic) **f.** ipotek etmek. **i.** ipotek.

mor.ti.cian (môrtiş'ın) **i.** cenaze işleriyle uğraşan kimse.

mor.ti.fy (môr'tıfay) **f.: be mortified** mahcup olmak, rezil olmak.

mo.sa.ic (mozey'ik) **i.** mozaik.

Mos.lem (maz'lım) **s.** Müslüman, İslam.

mosque (mask) **i.** cami.

mos.qui.to (mıski'to) **i.** sivrisinek.

moss (môs) **i.** yosun.

most (most) **s.** en fazla, en çok. **z.** son derece, çok. **i.** çoğunluk. **mostly z.** çoğunlukla, en çok.

motel 110

mo.tel (motel') i. motel.

moth (môth) i. pervane; güve. **moth ball** naftalin topu.

moth.er (mâdh'ır) i. anne, ana. f. annelik etmek. **mother tongue** anadili. **motherhood** i. analık. **motherly s.** ana gibi; anaya yakışır.

moth.er-in-law (mâdh'ırinlö) i. kayınvalide, kaynana.

moth.er-of-pearl (mâdh'ırıvpärl') i. sedef.

mo.tif (motif') i. motif.

mo.tion (mo'şın) i. 1. devinim, hareket. 2. teklif; önerge. f. elle işaret etmek. **in motion** hareket halinde. **make a motion** (mecliste) teklifte bulunmak.

mo.ti.vate (mo'tıveyt) f. harekete getirmek. **motivation** i. 1. harekete getirme. 2. dürtü; güdü.

mo.tive (mo'tiv) i. güdü.

mo.tor (mo'tır) i. 1. motor. 2. makine. s. motorlu.

mo.tor.boat (mo'tırbot) i. deniz motoru, motorbot.

mo.tor.car (mo'tırkar) i. otomobil.

mo.tor.cy.cle (mo'tırsay'kıl) i. motosiklet.

mot.tled (mat'ıld) s. benekli.

mot.to (mat'o) i. düstur, özdeyiş, vecize.

mound (maund) i. 1. toprak yığını, tepe. 2. küme.

mount (maunt) i. binek hayvanı. f. 1. tırmanmak, çıkmak. 2. binmek. 3. monte etmek, kurmak. 4. oturtmak. 5. yükselmek, artmak. **mounting** i. 1. destek, bindi. 2. biniş.

moun.tain (maun'tın) i. 1. dağ. 2. yığın. **mountainous** s. dağlık.

mourn (môrn) f. 1. yas tutmak. 2. kederlenmek. **mourner** i. yas tutan kimse. **mournful s.** kederli, üzgün, yaslı. **mournfully** f. yas tutma. 2. yas, matem. 3. matem elbisesi.

mouse (maus) i. fare, sıçan.

mouse.trap (maus'trãp) i. 1. fare kapanı. 2. tuzak.

mouth (mauth) i. ağız. **mouthful** i. ağız dolusu.

move (muv) f. 1. kımıldatmak, oynatmak; kımıldamak, oynamak. 2. harekete getirmek; hareket etmek. 3. teşvik etmek. 4. taşınmak. 5. gitmek, kalkmak. 6. etkilemek. i. 1. hareket. 2. oynama. **movement** i. 1. hareket. 2. akım; eğilim. **moving s.** 1. hareket halindeyki. 2. dokunaklı.

mov.ie (mu'vi) i. sinema.

mow (mo) f. biçmek, tırpanlamak.

Mo.zam.bique (mozãmbik') i. Mozambik.

Mr. (mis'tır) i. Bay.

Mrs. (mis'tız) i. Bayan, Madam.

Ms. (mîz) i. Bayan.

much (mâç) s. çok fazla. z. çokça, fazlasıyla. i. çok şey.

muck (mâk) i. 1. bataklık çamuru. 2. pislik.

mu.cus (myu'kıs) i. sümük. **mucous s.** sümük salgılayan.

mud (mâd) i. çamur. **muddy s.** çamurlu, kirli. **mud.dle** (mâd'ıl) f. karıştırmak. i. karışıklık.

mud.guard (mâd'gard) i. çamurluk.

muf.fin (mâf'ın) i. pandispanya tadında ufak yuvarlak ekmek.

muf.fle (mâf'ıl) f. sesi boğmak.

muf.fler (mâf'lır) i. 1. susturucu. 2. boyun atkısı.

mug (mâg) i. 1. kulplu büyük bardak, kupa. 2. bardak dolusu.

mug (mâg) f. 1. saldırıp soymak. 2. mimiklerle maymunluk yapmak. **mugger** i. saldırıp soyan kimse.

mug.gy (mâg'i) s. sıcak ve nemli, kapalı, sıkıntılı.

mul.ber.ry (mâl'beri) i. dut.

mule (myul) i. katır.

mul.ti.lat.er.al (mâltîlät'ırıl) s. çok yanlı, çok kenarlı.

mul.ti.ple (mâl'tıpıl) s. çok yönlü; çok kısımlı, katmerli. i. katsayı.

mul.ti.pli.ca.tion (mâltıplıkey'şın) i. 1. çoğaltma; çoğalma. 2. çarpma.

mul.ti.plic.i.ty (mâltıplîs'ıti) i. 1. çokluk, çeşitlilik. 2. çoğalma.

mul.ti.ply (mâl'tıplay) f. 1. çoğaltmak; çoğalmak, üremek. 2. çarpmak.

mul.ti.tude (mâl'tıtud) i. 1. çok sayı. 2. kalabalık.

mum.ble (mâm'bıl) f. mırıldanmak. i. mırıltı.

mum.my (mâm'i) i. mumya.

mumps (mâmps) i. kabakulak.

munch (mânç) f. kıtır kıtır yemek.

mun.dane (mân'deyn) s. 1. günlük, olağan. 2. dünyevi.

mu.nic.i.pal (myunîs'ıpıl) s. belediyeye ait.

mu.nic.i.pal.i.ty (myunîsıpäl'ıti) i. belediye.

mu.nif.i.cent (myunîf'ısınt) s. cömert.

mu.ral (myö'rıl) s. duvarla ilgili.

mur.der (mır'dır) i. cinayet. f. katletmek, öldürmek. **murderer** i. katil, cani. **murderous s.** öldürücü.

murk.y (mır'ki) s. 1. karanlık. 2. bulutlu, bulanık.

mur.mur (mır'mır) i. 1. mırıltı. 2. söylenme, şikâyet. 3. uğultu. f. 1. mırıldanmak. 2. uğuldamak.

mus.cle (mâs'ıl) i. kas, adale. **muscular s.** adaleli.

muse (myuz) f. 1. ilham, esin. f. düşünceye dalmak.

mu.se.um (myuzi'yım) i. müze.

mush.room (mâş'rum) i. mantar.

mush.y (mâş'i) **s.** lapa gibi.

mu.sic (myu'zik) **i.** 1. müzik. 2. uyum, ahenk. 3. nağme, makam, nota. **musical s.** 1. müziğe ait. 2. ahenkli, uyumlu. 3. bestelenmiş. **musician i.** 1. müzisyen 2. çalgıcı.

musk (mask) **i.** misk. **musky s.** misk kokulu; misk gibi.

musk.mel.on (mâsk'melın) **i.** kavun.

Mus.lim (mâz'lîm) **i.** Müslüman.

mus.lin (mâz'lîn) **i.** muslin.

muss (mâs) **i.** karışıklık. **muss up** 1. buruşturmak, örselemek. 2. bozmak, kirletmek.

mus.sel (mâs'ıl) **i.** midye, kara kabuk midyesi.

must (mâst) **f.** -meli.

mus.tache (mıstâş') **i.** bıyık.

mus.tard (mâs'tırd) **i.** hardal.

mus.ter (mâs'tır) **f.** toplamak; bir araya toplanmak.

must.y (mâs'ti) **s.** küflü, küf kokulu.

mu.ta.tion (myutey'şın) **i.** değişme, dönüşme.

mute (myut) **s.** 1. sessiz, suskun. 2. dilsiz.

mu.ti.late (myu'tıleyt) **f.** 1. sakat etmek, kötürüm etmek. 2. bozmak, değiştirmek. **mutilation i.** 1. kötürüm etme. 2. bozma, değiştirme.

mu.ti.ny (myu'tıni) **i.** isyan, ayaklanma. **f.** isyan etmek, ayaklanmak. **mutinous s.** isyankâr, asi.

mut.ter (mât'ır) **f.** mırıldanmak, söylenmek. **i.** mırıltı, fısıltı.

mut.ton (mât'ın) **i.** koyun eti.

mu.tu.al (myu'çuwıl) **s.** 1. iki taraflı, karşılıklı. 2. ortak, müşterek.

muz.zle (mâz'ıl) **i.** somak, kalak, hayvan burnu. **f.** susturmak.

my.op.ic (mayap'îk) **s.** miyop.

myr.i.ad (mîr'iyıd) **s.** sayısız, çok.

myr.tle (mır'tıl) **i.** mersin ağacı.

mys.ter.y (mîs'tırı) **i.** 1. gizem, sır. 2. muamma. **mysterious s.** gizemli, esrarengiz, garip.

mys.tic (mîs'tîk) **s.** 1. gizemci. 2. mistik. **mysticism i.** gizemcilik, tasavvuf, mistisizm.

mys.ti.fy (mîs'tıfay) **f.** şaşırtmak, hayrete düşürmek.

myth (mîth) **i.** efsane, mit.

myth.o.log.i.cal (mîthılac'îkıl) **s.** mitolojik.

my.thol.o.gy (mîthal'ıci) **i.** mitoloji.

N

nab (näb) **f.** yakalamak, ele geçirmek.

nag (näg) **f.** dırdır etmek, başının etini yemek; rahatsız etmek.

nail (neyl) **i.** 1. çivi, mıh. 2. tırnak. **f.** mıhlamak, çivilemek. **nail down** 1. çiviyle tutturmak. 2. garantiye almak. **nail polish** tırnak cilası, oje.

na.ive (na.iv') **s.** 1. saf, bön, toy, tecrübesiz. 2. denenmemiş. **naively z.** safça.

na.ive.té (na.ivtey') **i.** saflık, tecrübesizlik.

na.ked (ney'kîd) **s.** 1. çıplak, yalın. 2. çaresiz, savunmasız. **stark naked** çırılçıplak, anadan doğma.

name (neym) **i.** 1. ad, isim. 2. şöhret, ün. **f.** ad koymak, isim vermek.

name.ly (neym'li) **z.** yani, şöyle ki.

name.sake (neym'seyk) **i.** adaş.

Na.mi.bi.a (nâmî'biyı) **i.** Namibia.

nap (näp) **i.** hav.

nape (neyp) **i.** ense.

naph.tha.lene (nâf'thılin) **i.** naftalin.

nap.kin (näp'kin) **i.** 1. peçete, peşkir. 2. (İng.) çocuk bezi.

nar.cis.sus (narsîs'ıs) **i.** nergis, zerrin, fulya.

nar.co.sis (narko'sîs) **i.** narkoz.

nar.cot.ic (narkat'îk) **s.**, **i.** uyuşturucu, narkotik.

nar.rate (nereyt') **f.** hikâye etmek, anlatmak. **narration i.** anlatım, anlatış.

nar.ra.tive (ner'ıtîv) **i.** hikâye, fıkra.

nar.row (ner'o) **s.** 1. dar. 2. sınırlı. **f.** daraltmak; daralmak.

nar.row-mind.ed (ner'omayn'dîd) **s.** dar görüşlü, bağnaz.

na.sal (ney'zıl) **s.** buruna ait; genizden veya burundan gelen.

nas.ty (näs'ti) **s.** 1. tiksindirici, iğrenç. 2. kötü, çirkin. 3. ayıp. 4. pis.

na.tion (ney'şın) **i.** ulus, millet.

na.tion.al (näş'ınıl) **s.** 1. ulusal, milli. 2. yurttaş, vatandaş. **nationalism i.** ulusçuluk, milliyetçilik. **nationalist i.** ulusçu, milliyetçi. **nationally z.** ulusça, milletçe.

na.tion.al.i.ty (näşınäl'ıti) **i.** 1. milliyet. 2. vatandaşlık, uyrukluk.

na.tion.al.ize (näş'ınılayz) **f.** ulusallaştırmak, milliletiştirmek.

na.tive (ney'tîv) **s.** 1. yerli, doğal; doğuştan. 2. (bir ülke) yerli, doğal, tabii. **naturally z.** tabii, şüphesiz.

nat.u.ral.ist (näç'ırılîst) **i.** tabiat bilgisi uzmanı.

nat.u.ral.ize (näç'ırılayz) **f.** uyrukluğa kabul etmek. **naturalization i.** uyrukluğa kabul.

na.ture (ney'çır) **i.** 1. mizaç, yaradılış. 2. doğa, tabiat. **by nature** tabiatıyla, yaradılıştan, doğuştan.

naught (nôt) **i.** 1. hiç. 2. sıfır.

naugh.ty (nô'ti) **s.** 1. yaramaz, haylaz. 2. serkeş. 3. ahlaksız.

Na.u.ru (na.u'ru) **i.** Nauru.

nau.se.a (nô'ziyi) **i.** 1. mide bulantısı. 2. deniz tutması. 3. tiksinme, iğrenme.

nau.ti.cal (nô'tikıl) **s.** denizel; denizsel.

na.val (ney'vıl) **s.** 1. savaş gemilerine ait. 2. denizel.

na.vel (ney'vıl) **i.** 1. göbek. 2. orta yer, merkez. **navel orange** Yafa portakalı.

nav.i.ga.ble (näv'ıgıbıl) **s.** gemi seferlerine elverişli.

nav.i.gate (näv'igeyt) **f.** gemi ile gezmek. **navigation i.** gemicilik.

na.vy (ney'vi) **i.** donanma; deniz kuvvetleri; deniz filosu. **navy blue** lacivert.

nay (ney) **z.** hayır, yok. **i.** olumsuz oy.

near (nîr) **z.** 1. yakın, yakında. 2. hemen hemen, neredeyse; aşağı yukarı. **Near East** Yakın Doğu.

near.by (nîr'bay) **s.** yakın. **z.** yanında.

near.ly (nîr'li) **z.** 1. neredeyse, hemen hemen. 2. yakından.

near.sight.ed (nîr'saytîd) **s.** miyop.

neat (nit) **s.** 1. temiz; düzgün. 2. katkısız, saf. 3. (argo) güzel. **neatly z.** temizce. **neatness i.** temizlik; düzgünlük.

neb.u.la (neb'yılı) **i.** bulutsu, nebülöz. **nebulous s.** 1. bulanık, bulanık. 2. karışık.

nec.es.sar.y (nes'ıseri) **s.** 1. gerekli, zorunlu. 2. çaresiz, kaçınılmaz. **necessarily z.** 1. ister istemez. 2. muhakkak.

ne.ces.si.tate (nıses'iteyt) **f.** gerektirmek, zorunlu kılmak.

ne.ces.si.ty (nıses'iti) **i.** 1. gerekli şey. 2. ihtiyaç, gerekseme, lüzum.

neck (nek) **i.** 1. boyun. 2. kıstak, boğaz.

neck.lace (nek'lis) **i.** gerdanlık, kolye.

neck.tie (nek'tay) **i.** kravat, boyunbağı.

ne.crol.o.gy (nekral'ıci) **i.** ölü listesi; ölü ile ilgili yazı.

need (nid) **i.** 1. gerekseme, ihtiyaç, lüzum. 2. fakirlik. **f.** muhtaç olmak, gereksemek, istemek; lazım olmak. **needless s.** gereksiz, lüzumsuz. **needlessly z.** gereksizce. **needy s.** muhtaç, fakir, yoksul.

nee.dle (nid'ıl) **i.** 1. iğne. 2. örgü şişi. 3. tığ. 4. ibre. **f.** iğnelemek.

nee.dle.work (nid'ılwırk) **i.** iğne işi.

neg.a.tive (neg'ıtiv) **s.** 1. olumsuz, negatif. 2. aksi, ters.

neg.lect (niglekt') **f.** 1. ihmal etmek, savsaklamak. 2. bakmamak, aldırmamak; yüzüstü bırakmak. 3. kusur etmek. **i.** savsama, ihmal.

neg.li.gee (neglijey') **i.** uzun sabahlık.

neg.li.gence (neg'lıcıns) **i.** ihmal, savsaklama; ihmalkârlık. **negligent s.** ihmalci, savsak.

neg.li.gi.ble (neg'lıcıbıl) **s.** ihmal edilir, önemsemeye değmez.

ne.go.ti.ate (nîgo'şiyeyt) **f.** 1. (anlaşmayı) görüşmek. 2. ciro etmek. **negotiable s.** 1. ciro edilebilir, devredilebilir. 2. görüşülebilir. **negotiation i.** görüşme, müzakere.

Ne.gro (ni'gro) **i.** zenci.

neigh (ney) **f.** kişnemek. **i.** kişneme.

neigh.bor (ney'bır) **i.** komşu. **neighborly s.** dostça.

neigh.bor.hood (ney'bırhûd) **i.** civar, yöre, semt, mahalle.

nei.ther (ni'dhır) **s., zam.** ikisinden hiç biri, ne bu ne öteki.

Ne.pal (nepal') **i.** Nepal.

neph.ew (nef'yu) **i.** erkek yeğen.

nerve (nırv) **i.** 1. sinir. 2. soğukkanlılık, cesaret. 3. küstahlık.

nerve-rack.ing (nırv'räking) **s.** sinir bozucu.

ner.vous (nır'vıs) **s.** 1. ürkek, çekingen. 2. sinirli, asabi. **nervous breakdown** sinir bozukluğu. **nervous system** sinir sistemi. **nervously z.** sinirli olarak. **nervousness i.** sinirlilik, asabiyet.

nest (nest) **i.** kuş yuvası.

nes.tle (nes'ıl) **f.** birbirine sokulmak.

net (net) **i.** ağ, şebeke.

net (net) **s.** 1. saf, halis. 2. net, kesintisiz. **f.** kazanmak, kâr etmek.

neth.er (nedh'ır) **s.** alt, alttaki.

net.tle (net'ıl) **i.** ısırgan. **f.** kızdırmak, sinirlendirmek.

net.work (net'wırk) **i.** şebeke, ağ örgüsü.

neu.ral.gia (nûräl'ciyı) **i.** nevralji, sinir ağrısı.

neu.ras.the.ni.a (nûristhi'niyı) **i.** nevrasteni, sinir yorgunluğu.

neu.rol.o.gy (nûral'ıci) **i.** nevroloji, sinirbilim.

neu.ro.sis (nûro'sis) **i.** nevroz, sinirce.

neu.ter (nu'tır) **s.** 1. cinssiz; eşeysiz, cinsiyetsiz. 2. geçissiz.

neu.tral (nu'trıl) **s.** tarafsız, yansız.

neu.tral.i.ty (nuträl'ıti) **i.** tarafsızlık.

neu.tral.ize (nu'trılayz) **f.** etkisiz bırakmak.

neu.tron (nu'tran) **i.** nötron.

nev.er (nev'ır) **z.** hiç, hiçbir zaman, asla, katiyen.

nev.er.more (nev'ırmôr') **z.** asla, bundan böyle hiçbir zaman.

nev.er.the.less (nevırdhıles') **z.** yine de, bununla birlikte, mamafih.

new (nu) **s.** yeni. **new moon** yeniay, ayça. **New Year** başı. **newly z.** 1. yakın zamanlarda. 2. yeniden.

new.com.er (nu'kâmır) **i.** yeni gelen kimse.

New Guin.ea (gin'i) Yeni Gine.

news (nuz) **i.** haber, havadis.

news.boy (nuz'boy) **i.** gazeteci, gazete satıcısı.

news.cast (nuz'käst) **i.** ajans haberleri, haber yayını.

news.let.ter (nuz'letır) **i.** süreli haber bülteni.

news.pa.per (nuz'peypır) **i.** gazete.

news.reel (nuz'ril) **i.** dünya haberlerini veren film.

news.stand (nuz'ständ) **i.** gazete tezgâhı.

news.worth.y (nuz'wırdhi) **s.** bahsedilmeye değer.

newt (nut) **i.** ufak keler, su keleri, semender.

New Zea.land (zi'lınd) Yeni Zeland.

next (nekst) **s.** 1. en yakın. 2. sonraki. 3. gelecek, öbür. **z.** sonra, hemen sonra. **next door** kapı komşu, bitişik, yakın. **next to** yanında, yanına; yakın.

nib.ble (níb'ıl) **f.** 1. azar azar ısırmak, kemirmek. 2. çöplenmek. **i.** 1. hafif ısırma. 2. ufak lokma.

Nic.a.ra.gua (nikıra'gwı) **i.** Nikaragua.

nice (nays) **s.** 1. hoş, cazip, güzel, iyi. 2. nazik. 3. latif, tatlı. **nicely z.** iyi, güzelce.

nick (nik) **i.** 1. diş, çentik, kertik. 2. işaretli yer. **f.** çentmek, kertik yapmak.

nick.el (nik'ıl) **i.** nikel.

nick.el-plate (nik'ılpleyt) **f.** nikelaj yapmak.

nick.name (nik'neym) **i.** lakap, takma ad. **f.** lakap takmak.

nic.o.tine (nik'ıtin) **i.** nikotin.

niece (nis) **i.** kız yeğen.

Ni.ger (nay'cır) **i.** Nijer.

Ni.ge.ri.a (naycir'iyı) **i.** Nijerya.

night (nayt) **i.** 1. gece, akşam. 2. karanlık.

night.club (nayt'kläb) **i.** gece kulübü.

night.gown (nayt'gaun) **i.** gecelik.

night.in.gale (nay'tıngeyl) **i.** bülbül.

night.mare (nayt'mer) **i.** kâbus, karabasan.

night.shirt (nayt'şırt) **i.** erkeklerin gecelik entarisi.

night.stick (nayt'stik) **i.** cop.

night.time (nayt'taym) **i.** gece vakti.

night.y (nay'ti) **i.** gecelik.

nim.ble (nîm'bıl) **s.** 1. çevik, atik. 2. uyanık, zeki, açıkgöz.

nine (nayn) **s.** dokuz.

nine.teen (nayn'tin') **s.** on dokuz.

nine.ty (nayn'ti) **s.** doksan.

nip (nip) **f.** 1. ısırmak. 2. çimdiklemek. 3. kırpmak, kırkmak. **i.** 1. ısırık, ısırma. 2. çimdik.

nip.ple (nip'ıl) **i.** 1. meme başı. 2. şişe emziği.

nit (nit) **i.** bit yumurtası, sirke.

ni.tro.gen (nay'trıcın) **i.** nitrojen.

no (no) **z.** 1. hayır, yok, değil. 2. hiç, hiçbir.

no.bil.i.ty (nobil'ıti) **i.** soyluluk, asalet.

no.ble (no'bıl) **s.** 1. soylu, asil. 2. âlicenap, yüce gönüllü. **nobleness i.** soyluluk, asalet. **nobly**

z. soyluca.

no.bod.y (no'badi) **zam.** hiç kimse.

noc.tur.nal (naktır'nıl) **s.** geceye özgü; geceleyin olan.

nod (nad) **f.** 1. kabul veya doğrulama ifade etmek için başı eğmek. 2. şekerleme yapmak.

node (nod) **i.** düğüm; boğum.

nod.ule (nac'ul) **i.** ufak boğum.

no.el (nowel') **i.** noel şarkısı. **Noel i.** Noel.

noise (noyz) **i.** ses, gürültü, şamata. **noiseless s.** sessiz, gürültüsüz. **noisy s.** sesli, gürültülü; yaygaracı.

no.mad (no'mäd) **i., s.** göçebe. **nomadic s.** göçebe, göçerkonar.

nom.i.nal (nam'ınıl) **s.** ismen var olan, sözde.

nom.i.nate (nam'ineyt) **f.** 1. aday göstermek. 2. atamak, görevlendirmek. **nomination i.** aday göstermek.

nom.i.na.tive (nam'ınıtiv) **s.** (gram.) yalın.

nom.i.nee (namini') **i.** aday, namzet.

non.cha.lant (nan'şılınt) **s.** kayıtsız, ilgisiz, soğukkanlı. **nonchalance i.** soğukkanlılık.

non.com.bat.ant (nankam'bıtınt) **i.** 1. geri hizmetlerde görevli kimse. 2. savaş zamanında sivil olan kimse.

non.com.mit.tal (nankımit'ıl) **s.** yansız, tarafsız; fikrini açıklamayan.

none (nʌn) **zam.** hiçbiri; hiç kimse. **z.** hiç, asla.

non.en.ti.ty (nanen'titi) **i.** önemsiz kimse.

none.the.less (nʌn'dhıles') **z.** her şeye rağmen.

non.fic.tion (nanfik'şın) **i.** kurgusal olmayan düzyazı.

non.par.ti.san (nanpar'tızın) **s.** 1. partiye bağlı olmayan. 2. tarafsız.

non.prof.it (nanprof'it) **s.** kâr gayesi gütmeyen.

non.re.sis.tance (nanrizis'tıns) **i.** karşı koymayış, direnmeyiş.

non.sense (nan'sens) **i.** 1. saçma, boş laf. 2. önemsiz şey.

non.stop (nan'stap') **s., z.** aralıksız, duraklamadan, direkt.

noo.dle (nud'ıl) **i.** şehriye.

nook (nûk) **i.** kuytu yer, köşe.

noon (nun) **i.** öğle.

noose (nus) **i.** ilmik, bağ. **f.** ilmiklemek.

nor (nôr) **bağ.** ne de, ne.

norm (nôrm) **i.** standart, norm, örnek.

nor.mal (nôr'mıl) **s.** normal. **normal school** öğretmen okulu. **normally z.** normal olarak.

nor.mal.ize (nôr'mılayz) **f.** tabiileştirmek, normalleştirmek.

nor.ma.tive (nôr'mıtiv) **s.** düzgülü, düzgüsel.

north (nôrth) **i.** kuzey.

north.ern (nôr'dhırn) **s.** kuzeye ait; kuzeyli.

northerner i. kuzeyli kimse.

Nor.way (nôr'wey) i. Norveç.

nose (noz) **i.** burun. **nosy s.** başkasının işine burnunu sokan, meraklı.

nose.bleed (noz'blîd) **i.** burun kanaması.

nose-dive (noz'dayv) **f.** 1. pike yapmak. 2. aniden düşmek.

nos.tal.gi.a (nastäl'cı) **i.** özlem, geçmişe duyulan özlem. **nostalgic s.** özlem dolu.

nos.tril (nas'trıl) **i.** burun deliği.

nos.trum (nas'trım) **i.** 1. kocakarı ilacı. 2. her derde deva.

not (nat) **z.** değil, olmayan. **not at all** hiç, asla, katiyen.

no.ta.ble (no'tıbıl) **s.** 1. dikkate değer. 2. ünlü, tanınmış. **notables i.** ileri gelenler, kodamanlar.

no.ta.ry (no'tırî) **i.** noter.

no.ta.tion (notey'şın) **i.** işaret veya rakamlarla gösterme sistemi.

notch (naç) **i.** çentik, diş. **f.** çentmek.

note (not) **i.** 1. not, işaret. 2. pusula, betik. 3. nota. **f.** 1. dikkat etmek, önem vermek. 2. not etmek. **noted s.** ünlü, meşhur.

note.book (not'bûk) **i.** defter.

noth.ing (nâth'îng) **i.** hiçbir şey, hiç.

no.tice (no'tîs) **i.** ilan, haber. 2. uyarma. 3. dikkat. **f.** 1. dikkat etmek. 2. farkına varmak.

no.ti.fi.ca.tion (notîfıkey'şın) **i.** bildirme, ihbar.

no.ti.fy (no'tıfay) **f.** bildirmek.

no.tion (no'şın) **i.** 1. zan, sanı. 2. fikir. **notions i.** tuhafiye.

no.to.ri.ous (notôr'iyıs) **s.** adı çıkmış.

not.with.stand.ing (natwîthstän'dîng) **edat** rağmen.

noun (naun) **i.** isim, ad.

nour.ish (nır'îş) **f.** 1. beslemek, gıda vermek. 2. büyütmek. **nourishment i.** 1. besin, gıda. 2. beslenme.

nov.el (nav'ıl) **i.** roman. **novelist i.** romancı.

nov.el (nav'ıl) **s.** 1. yeni, yeni çıkmış. 2. tuhaf, garip. **novelty i.** 1. yenilik. 2. yeni çıkmış şey. **novelties i.** tuhafiye.

No.vem.ber (novem'bır) **i.** kasım.

nov.ice (nav'îs) **i.** işe yeni başlayan kimse; çırak.

now (nau) **z.** şimdi, şimdiki halde. **bag.** mademki. **now and then** ara sıra, zaman zaman.

now.a.days (nau'wideyz) **z.** şimdi, bugünlerde.

no.where (no'hwer) **z.** hiçbir yerde.

noz.zle (naz'ıl) **i.** 1. hortum ağzı. 2. ibrik emziği.

nu.ance (nuwans') **i.** ince fark, ayırtı, nüans.

nub (nʌb) **i.** 1. yumru. 2. öz, nüve (hikâye).

nu.bile (nu'bîl) **s.** ergin, gelinlik (kız). **nubility i.** erginlik.

nu.cle.ar (nu'kliyır) **s.** çekirdeksel, nükleer.

nu.cle.us (nu'kliyıs) **i.** 1. öz, iç. 2. çekirdek, nüve.

nude (nud) **s.** çıplak. **nudity i.** çıplaklık.

nudge (nâc) **f.** dirseklemek, dürtmek. **i.** dürtme.

nug.get (nâg'ît) **i.** (altın) külçe.

nui.sance (nu'sıns) **i.** sıkıntı, dert, baş belası.

nul.li.fy (nâl'ıfay) **f.** iptal etmek.

numb (nʌm) **s.** hissiz, duygusuz; uyuşmuş. **f.** uyuşturmak.

num.ber (nâm'bır) **i.** sayı, numara, rakam. **f.** numaralamak.

nu.mer.al (nu'mırıl) **i.** rakam.

nu.mer.i.cal (numer'îkıl) **s.** sayısal, sayı belirten.

nu.mer.ous (nu'mırıs) **s.** çok, pek çok.

nun (nʌn) **i.** rahibe.

nurse (nırs) **i.** 1. hastabakıcı, hemşire. 2. sütnine; dadı. **f.** 1. (hastayı) bakmak. 2. emzirmek. 3. beslemek, çocuğa bakmak. **nursing i.** hemşirelik, hastabakıcılık. **nursing home** huzurevi; şifa yurdu.

nurse.maid (nırs'meyd) **i.** dadı.

nurs.er.y (nır'sırî) **i.** 1. çocuk odası. 2. fidanlık.

nur.ture (nır'çır) **i.** 1. gıda. 2. terbiye, yetişme. **f.** beslemek, bakıp büyütmek; yetiştirmek.

nut (nʌt) **i.** 1. fındık ve ceviz gibi sert kabuklu yemiş. 2. vida somunu. 3. (argo) çatlak kimse, deli. **nutty s.** 1. fındıklı. 2. ceviz tadı veren. 3. (argo) kaçık.

nut.crack.er (nât'kräkır) **i.** fındıkkıran.

nut.meg (nât'meg) **i.** küçük hindistancevizi.

nu.tri.ent (nu'triyınt) **s.** besleyici. **i.** besin, gıda.

nu.tri.ment (nu'trımınt) **i.** besin, gıda, yemek.

nu.tri.tion (nutrîş'ın) **i.** 1. gıda. 2. beslenme.

nutritious s. besinli, gıdalı.

nuz.zle (nâz'ıl) **f.** burun ile eşmek.

ny.lon (nay'lan) **i.** naylon.

nymph (nîmf) **i.** orman veya su perisi.

O

oak (ok) **i.** meşe.

oar (ôr) **i.** kürek, kayık küreği. **f.** kürek çekmek.

o.a.sis (owey'sîs) **i.** vaha.

oat (ot) **i.** yulaf.

oath (oth) **i.** 1. ant, yemin. 2. küfür, lânet. **take an oath** yemin etmek, ant içmek.

o.be.di.ence (obî'diyıns) **i.** itaat, söz dinleme.

obedient s. itaatli, söz dinleyen.

o.bey (obey') **f.** itaat etmek, söz dinlemek; boyun eğmek.

o.bit.u.ar.y (obîç'uwerî) **i.** ölü hakkında kısa biyografi.

ob.ject (ab'cikt) **i.** 1. şey, nesne. 2. hedef, amaç.

ob.ject (ıbcekt') **f.** itiraz etmek, karşı çıkmak. **objection i.** itiraz.

ob.jec.tive (ıbcek'tiv) **s.** nesnel, objektif. **i.** amaç. **objective case** ismin -i hali. **objectively z.** nesnel olarak. **objectivity i.** nesnellik, tarafsızlık.

ob.li.ga.tion (abligey'şın) **i.** 1. mecburiyet, yüküm. 2. senet, borç.

ob.lig.a.to.ry (ıblig'ıtôri) **s.** mecburi, zorunlu.

o.blige (ıblayc') **f.** 1. mecbur etmek, zorlamak. 2. iyilik etmek, memnun etmek. **I am much obliged.** Çok minnettarım.

o.blig.ing (ıblay'cing) **s.** nazik; yardıma hazır.

ob.lique (ıblik') **s.** 1. eğik, meyilli. 2. dolaylı.

ob.lit.er.ate (ıblît'ıreyt) **f.** yok etmek, silmek, gidermek. **obliteration i.** yok etme, silme.

ob.liv.i.on (ıblîv'iyın) **i.** 1. unutma; unutulma. 2. unutkanlık. 3. kayıtsızlık.

ob.long (ab'lông) **i.** dikdörtgen.

ob.nox.ious (ıbnak'şıs) **s.** iğrenç, tiksindirici.

o.boe (o'bo) **i.** obua.

ob.scene (ıbsin') **s.** müstehcen, açık saçık. **obscenely z.** müstehcen bir şekilde. **obscen.i.ty i.** açık saçıklık, müstehcenlik.

ob.scure (ıbskyûr') **s.** 1. çapraşık, anlaşılması güç. 2. belirsiz. **f.** 1. karartmak. 2. örtmek, gözden saklamak.

ob.serv.a.ble (ıbzır'vıbıl) **s.** görünür.

ob.ser.va.tion (abzırvey'şın) **i.** 1. inceleme. 2. gözlem. 3. düşünce.

ob.ser.va.to.ry (ıbzır'vıtôri) **i.** gözlemevi, rasathane.

ob.serve (ıbzırv') **f.** 1. dikkatle bakmak, dikkat etmek. 2. düşünceyi belirtmek. 3. gözlemek. **observance i.** 1. yerine getirme, uyma. 2. tören. **observer i.** gözlemci.

ob.sess (ıbses') **f.** tedirgin etmek; zihnini meşgul etmek. **obsession i.** saplantı.

ob.so.lete (ab'sılît) **s.** kullanılmayan, eski.

ob.sta.cle (ab'stıkıl) **i.** engel, mani.

ob.ste.tri.cian (abstîtrîş'ın) **i.** doğum mütehassısı.

ob.sti.nate (ab'stınît) **s.** inatçı, dik kafalı. **obstinacy i.** inatçılık, dik kafalılık. **obstinately z.** inatla.

ob.strep.er.ous (ıbstrep'ırıs) **s.** 1. gürültücü, yaygaracı. 2. ele avuca sığmaz, haylaz. **obstreperously z.** haylazca.

ob.struct (ıbstrâkt') **f.** 1. engellemek. 2. tıkamak, kapamak. **obstruction i.** engel, mâni, set. **obstructive s.** engelleyici.

ob.tain (ıbteyn') **f.** bulmak, almak, ele geçirmek.

ob.tuse (ıbtus') **s.** 1. anlayışı kıt. 2. geniş.

ob.vi.ous (ab'viyıs) **s.** aşikâr, açık, besbelli. **obviously z.** açıkça.

oc.ca.sion (ıkey'jın) **i.** fırsat, münasebet, vesile, elverişli durum. **f.** vesile olmak, sebep olmak. **on occasion** ara sıra, fırsat düştükçe. **occasional s.** ara sıra olan. **occasionally z.** ara sıra, bazen.

oc.ci.dent (ak'sıdınt) **i.** batı.

oc.cult (kâlt') **s.** 1. büyülü, esrarlı. 2. gizli, bilinmez.

oc.cu.pant (ak'yıpınt) **i.** işgalci.

oc.cu.pa.tion (akyıpey'şın) **i.** 1. iş; uğraş, meşguliyet; meslek, sanat. 2. işgal. **occupational s.** 1. mesleki. 2. işgal kuvvetleriyle ilgili.

oc.cu.py (ak'yıpay) **f.** 1. tutmak, işgal etmek. 2. meşgul etmek.

oc.cur (ıkır') **f.** 1. olmak, meydana gelmek. 2. akla gelmek. **occurrence i.** 1. oluş, meydana çıkma. 2. olay.

o.cean (o'şın) **i.** okyanus.

o'clock (ıklak') **z.** saata göre. **It's one o'clock.** Saat bir.

oc.ta.gon (ak'tıgan) **i.** sekizgen.

oc.tag.o.nal (aktâg'ınıl) **s.** sekiz kenarlı.

oc.tane (ak'teyn) **i.** oktan.

oc.tave (ak'tiv) **i.** oktav.

Oc.to.ber (akto'bır) **i.** ekim.

oc.to.pus (ak'tıpıs) **i.** ahtapot.

oc.u.lar (ak'yılır) **s.** göze ait.

oc.u.list (ak'yılîst) **i.** göz doktoru.

odd (ad) **s.** 1. acayip, bambaşka. 2. tek. 3. küsur. **oddity i.** tuhaflık, acayiplik. **odds i.** tahmin, ihtimal, şans. **odds and ends** ıvır zıvır.

ode (od) **i.** gazel; övgü; kaside.

o.di.ous (o'diyıs) **s.** tiksindirici, iğrenç.

o.dor (o'dır) **i.** koku. **odorous s.** kokulu; güzel kokulu.

of (ôv) **edat** -nin, -li, -den. **of course** tabii, elbette.

off (ôf) **z.** 1. uzağa; ileriye; öteye, ötede. 2. ayrıda. 3. tamamen. **be off** 1. ayrılmak, terketmek. 2. yanılmak. 3. deli olmak.

of.fal (ô'fil) **s.** sakatat.

off.beat (ôf'bit') **i.** vurgusuz nota. **s.** olağandışı.

of.fend (ıfend') **f.** kızdırmak; gücendirmek. **offended s.** küskün, dargın. **offender i.** suçlu.

of.fense (ıfens') **i.** 1. kusur, kabahat, suç. 2. saldırı, hücum. 3. gücendirme. **offensive s.** 1. çirkin, iğrenç. 2. saldırıya özgü. 3. yakışmaz. 4. kötü. 5. hakaret edici. **i.** saldırı, hücum.

of.fer (ô'fır) **f.** 1. takdim etmek, sunmak, ikram etmek. 2. teklif etmek, (fiyat) vermek. **i.** teklif.

off.hand (ôf'hând') **s.** düşünmeden yapılmış, rasgele yapılmış.

of.fice (ô'fîs) **i.** 1. yazıhane, iş yeri, daire, ofis. 2.

görev. **officer i.** 1. memur. 2. subay. 3. polis memuru.

of.fi.cial (ıfîş'ıl) **s.** 1. resmi. 2. memuriyete ait; memura yakışır. **i.** memur. **officially z.** resmen.

of.fi.cious (ıfîş'ıs) **s.** işgüzar.

off.set (ôf'set) **i.** (matb.) ofset.

off.shoot (ôf'şut) **i.** dal; yan çalışma.

off.spring (ôf'spring) **i.** 1. ürün. 2. döl, evlat.

of.ten (ôf'ın) **z.** sık sık; çoğu kez.

oh (o) **ünlem** Öyle mi? Ya! Sahi!

ohm (om) **i.** om.

oil (oyl) **i.** 1. yağ, sıvı yağ. 2. petrol. 3. yağlıboya. **f.** yağlamak, yağ sürmek. **oily s.** yağlı.

oil.can (oyl'kän) **i.** yağdanlık.

oil.cloth (oyl'klôth) **i.** muşamba.

oil.skin (oyl'skin) **i.** ince muşamba.

oint.ment (oynt'mınt) **i.** merhem.

O.K., OK (okey') **ünlem** Peki! Doğru! **s.** 1. geçer. 2. iyi, uygun. **i.** onay, tasdik. **f.** peki demek, onaylamak.

o.kra (o'krı) **i.** bamya.

old (old) **s.** 1. eski. 2. yaşlı, ihtiyar. 3. tecrübeli. **old age** yaşlılık, ihtiyarlık. **old maid** evlenmemiş yaşlı bayan. **oldster i.** yaşlı adam.

old-fash.ioned (old'fäş'ınd) **s.** eski moda, modası geçmiş.

old-tim.er (old'tay'mır) **i.** kıdemli kimse.

o.le.an.der (oliyän'dır) **i.** zakkum.

o.le.o.mar.ga.rine (oliyomar'cırîn) **i.** margarin.

ol.fac.to.ry (alfäk'tırî) **s.** koklamaya ait.

ol.i.gar.chy (al'igarki) **i.** takımerki, oligarşi.

ol.ive (al'îv) **i.** zeytin. **olive green** zeytuni yeşil. **olive oil** zeytinyağı.

O.lym.pi.ad (olîm'piyäd) **i.** olimpiyat.

O.man (oman') **i.** Umman.

om.e.let (am'lît) **i.** omlet, kaygana.

o.men (o'mın) **i.** kehanet.

om.i.nous (am'ınıs) **s.** meşum, uğursuz.

o.mis.sion (omîş'ın) **i.** 1. ihmal, boşlama, savsama. 2. kusur. 3. dışında bırakma.

o.mit (omît') **f.** 1. ihmal etmek, yapmamak. 2. dışarda bırakmak.

om.ni.bus (am'nıbıs) **i.** 1. otobüs. 2. seçmeler, antoloji.

om.nip.o.tent (amnîp'ıtınt) **s.** her şeye gücü yeten. **omnipotence i.** her şeye gücü yetme.

om.nis.cient (amnîs'ınt) **s.** her şeyi bilen. **omniscience i.** her şeyi bilme.

om.niv.o.rous (amnîv'ırıs) **s.** hepçil.

on (an) **edat** 1. üzerinde; üstüne. 2. yanında. 3. kenarında. 4. -de. 5. ile. 6. sırasında. 7. hakkında. 8. halinde. 1. ileriye; ileride. **on the contrary** tersine, bilakis. **on the whole** genellikle. **off and on** kesintili. **and so on** filan,

v.s., v.b. **on and on** ara vermeden. **later on** daha sonra, biraz sonra.

once (wʌns) **z.** 1. bir kez. 2. bir zamanlar, eskiden. **all at once** birden. **once in a while** ara sıra, ikide bir. **once or twice** bir iki kez. **once upon a time** bir varmış bir yokmuş. **at once** hemen, derhal.

on.com.ing (an'kāmîng) **s.** yaklaşmakta olan.

one (wʌn) **s.** 1. bir. 2. tek. 3. aynı. **i.** birisi, biri. **one another** birbirini. **one by one** birer birer, teker teker.

one.self (wʌnself') **zam.** kendisi, bizzat.

one-track (wʌn'träk) **s.** 1. tek yollu. 2. tek düşünceli.

one-way (wʌn'wey') **s.** tek yönlü.

on.ion (ʌn'yın) **i.** soğan.

on.ion.skin (ʌn'yınskîn) **i.** pelür, ince kağıt.

on.look.er (an'lûkır) **s.** seyirci, olaya karışmayan.

on.ly (on'lî) **s.** bir, tek, eşsiz. **z.** yalnız, ancak. **if only** keşke.

on.set (an'set) **i.** başlama, başlangıç.

on.shore (an'şor') **s.** kıyıya doğru olan. **z.** kıyıda.

on.slaught (an'slôt) **i.** şiddetli saldırı, hücum.

on.to (an'tu) **edat** üstüne.

on.ward, -s (anwırd, -z) **z.** ileriye doğru, ileri; ileride.

on.yx (an'îks) **i.** oniks.

ooze (uz) **i.** 1. sulu çamur; batak. 2. sızıntı. **f.** sızmak; sızdırmak.

o.pal (o'pıl) **i.** opal, panzehirtaşı.

o.paque (opeyk') **s.** ışık geçirmez.

o.pen (o'pın) **s.** 1. açık. 2. serbest. 3. aşikâr, meydanda. **f.** açmak. **open house** herkese açık davet. **open market** açık pazar. **openly z.** açıkça, açıktan açığa.

o.pen-end.ed (o'pınend'îd) **s.** sonuca bağlanmamış, açık bırakılmış.

o.pen-eyed (o'pınayd') **s.** 1. açıkgöz, dikkatli. 2. şaşkın.

o.pen.hand.ed (o'pınhän'dîd) **s.** eli açık, cömert.

o.pen.heart.ed (o'pınhar'tîd) **s.** açık kalpli, samimi, içten.

o.pen.ing (o'pınîng) **i.** 1. açılış, başlangıç. 2. açıklık, delik. 3. fırsat.

o.pen-mind.ed (o'pınmayn'dîd) **s.** açık fikirli.

op.er.a (ap'ırı) **i.** opera.

op.er.ate (ap'ıreyt) **f.** 1. iş görmek, işlemek. 2. işletmek, idare etmek. 3. ameliyat etmek. **operation i.** 1. iş, fiil. 2. etki, hüküm. 3. süreç. 4. ameliyat. **operator i.** 1. teknisyen. 2. operatör.

op.er.a.tive (ap'ırtîv) **s.** 1. işleyen, faal. 2. etkin, etkili.

o.pi.ate (o'piyit) **s.** 1. afyonlu. 2. uyuşturucu.

o.pin.ion (ıpin'yın) **i.** zan, tahmin, fikir, düşünsünce. **in my opinion** fikrimce, kanaatimce.

o.pin.ion.at.ed (ıpin'yıneytid) **s.** inatçı, fikrinden dönmeyen.

o.pi.um (o'piyım) **i.** afyon.

op.po.nent (ıpo'nınt) **i.** 1. düşman. 2. yarışçı, rakip.

op.por.tune (apırtun') **i.** 1. elverişli, uygun. 2. vakitli. **opportunely z.** tam zamanında.

op.por.tu.nism (apır'tu'nizım) **i.** fırsatçılık. **opportunist i.** fırsatçı.

op.por.tu.ni.ty (apırtu'niti) **i.** fırsat, elverişli durum.

op.pose (ıpoz') **f.** 1. karşılaştırmak. 2. karşı koymak, direnmek. **opposable s.** karşı konulabilir.

op.po.site (ap'ızit) **s.** 1. karşıki, karşı. 2. karşıt, ters, zıt, aksi.

op.po.si.tion (apızîş'ın) **i.** 1. muhalefet, karşı koyma. 2. karşıtlık, zıtlık.

op.press (ıpres') **f.** sıkmak, sıkıştırmak, baskı yapmak. **oppression i.** 1. zulüm, baskı, eziyet. 2. sıkıntı. **oppressive s.** 1. zulmedici. 2. bunaltıcı.

opt (apt) **f.** seçmek.

op.ta.tive (ap'titiv) **s.** istek belirten.

op.tic (ap'tik) **s.** göze ait; görsel.

op.ti.cal (ap'tikıl) **s.** 1. optikle ilgili. 2. görsel.

op.ti.cian (aptîş'ın) **i.** gözlükçü, dürbüncü.

op.ti.mism (ap'tımîzım) **i.** iyimserlik. **optimist i.** iyimser. **optimistic s.** iyimser.

op.ti.mum (ap'tımım) **s.** en uygun.

op.tion (ap'şın) **i.** seçme hakkı, tercih. **optional s.** zorunlu olmayan, isteğe bağlı.

op.u.lence (ap'yılıns) **i.** 1. servet, zenginlik. 2. bolluk. **opulent s.** 1. zengin. 2. bol.

o.pus (o'pıs) **i.** 1. eser; edebi eser. 2. müzik parçası, opus.

or (ôr) **bağ.** yahut, veya; yoksa.

o.ral (ôr'ıl) **s.** 1. ağıza ait. 2. ağıza ait. **orally z.** 1. ağızdan. 2. sözlü olarak. **orals i.** sözlü sınavlar.

or.ange (ôr'inc) **i.** portakal.

o.rate (ôr'eyt) **f.** nutuk çekmek. **oration i.** söylev, nutuk, hitabe.

or.a.tor (ôr'ıtır) **i.** hatip. **oratorical s.** hatipliğe ait. **oratory i.** 1. hatiplik, hitabet. 2. belagat, dil uzluğu.

or.bit (ôr'bit) **i.** yörünge.

or.chard (ôr'çırd) **i.** meyve bahçesi.

or.ches.tra (ôr'kıstrı) **i.** orkestra.

or.chid (ôr'kid) **i.** orkide.

or.dain (ôrdeyn') **f.** 1. takdir etmek. 2. papazlığa atamak.

or.deal (ôrdil') **i.** 1. karakter veya dayanıklılık

denemesi. 2. büyük sıkıntı.

or.der (ôr'dır) **i.** 1. düzen. 2. dizi. 3. usul. 4. emir. 5. sipariş. 6. havale. 7. tarikat. 8. (biyol.) takım. **f.** 1. buyurmak, emir vermek. 2. ısmarlamak, sipariş etmek. **order of business** gündem. **in order** düzenli; sıra ile; yolunda, usule göre. **out of order** 1. bozuk. 2. düzensiz. **orderly s.** düzgün, düzenli. **i.** 1. hastabakıcı. 2. emir eri.

or.di.nance (ôr'dınıns) **i.** 1. düzen, kural. 2. emir.

or.di.nar.y (ôr'dıneri) **s.** sıradan, olağan, bayağı, alelade. **ordinarily z.** genellikle, çoğunlukla.

ord.nance (ôrd'nıns) **i.** savaş gereçleri.

ore (ôr) **i.** maden cevheri.

or.gan (ôr'gın) **i.** 1. org, erganun. 2. örgen, organ, uzuv.

or.gan.dy (ôr'gındi) **i.** organze.

or.gan.ic (ôrgän'ik) **s.** örgensel, organik.

or.gan.ism (ôr'gınîzım) **i.** 1. örgenlik, organizma. 2. oluşum, örgüt.

or.gan.i.za.tion (ôrginızey'şın) **i.** 1. örgüt, kuruluş, kurum. 2. düzen.

or.gan.ize (ôr'gınayz) **f.** 1. düzenlemek. 2. örgütlemek. 3. sıralamak.

or.gy (ôr'ci) **i.** 1. sefahat. 2. aşırı düşkünlük.

o.ri.ent (ôr'iynt) **i.** doğu, şark. **orient oneself** uymak, alışmak.

o.ri.en.tal (ôriyen'tıl) **s.** 1. Doğulu. 2. Asyalı. **Orientalist i.** oryantalist.

o.ri.en.ta.tion (ôriyentey'şın) **i.** yönelim, yönelme.

or.i.gin (ôr'ıcîn) **i.** 1. köken, kaynak, asıl. 2. nesil, soy.

o.rig.i.nal (ırîc'ınıl) **s.** 1. ilk. 2. özgün, yeni, orijinal. **originally z.** aslında.

o.rig.i.nal.i.ty (ırîcınäl'ıti) **i.** 1. yaratıcılık. 2. özgünlük.

o.rig.i.nate (ırîc'ıneyt) **f.** icat etmek, çıkarmak, yaratmak; çıkmak.

or.na.ment (ôr'nımınt) **i.** süs, ziynet. **f.** süslemek, donatmak.

or.na.men.tal (ôrnımen'tıl) **s.** süsleyici.

or.nate (ôrneyt') **s.** çok süslü, şatafatlı.

or.phan (ôr'fın) **i.** yetim, öksüz. **f.** öksüz bırakmak. **orphanage i.** yetimhane, öksüzler yurdu.

or.tho.dox (ôr'thıdaks) **s.** 1. inançlarına bağlı. 2. doğru, tam. **Orthodox s.** Ortodoks.

os.cil.late (as'ıleyt) **f.** salınmak, gidip gelmek.

os.ten.si.ble (asten'sıbıl) **s.** görünüşteki, görünen. **ostensibly z.** görünürde, görünüşte.

os.ten.ta.tion (astıntey'şın) **i.** gösteriş. **ostentatious s.** dikkat çekici.

os.tra.cize (as'trısayz) **f.** toplum veya dernekten çıkarmak, sürmek.

os.trich (ôs'triç) **i.** devekuşu.

oth.er (ädh'ır) **s.** başka, diğer. **the other day** geçen gün. **every other day** günaşırı.

oth.er.wise (ädh'ırwayz) **z.** 1. başka türlü. 2. yoksa, olmazsa.

ot.ter (at'ır) **i.** susamuru.

Ot.to.man (at'ımın) **s., i.** Osmanlı.

ouch (auç) **ünlem** Ah! Of! Aman!

ought (ôt) **f.** -meli.

ounce (auns) **i.** 28,3 gram.

oust (aust) **f.** çıkarmak, dışarı atmak, kovmak.

out (aut) **z.** 1. dışarı; dışarıda; dışarıya. 2. ortaya. 3. tamamen. **out of breath** nefesi kesilmiş, soluk soluğa. **out of commission** bozuk. **out of danger** tehlikeyi atlamış. **out of order** bozuk. **out of print** mevcudu bitmiş (kitap). **out of reach** erişilmez, uzak. **tired out** çok yorgun, bitkin. **outer s.** dıştaki.

outing i. gezinti.

out-and-out (aut'ındaut') **s.** tamamen, düpedüz.

out.bid (autbîd') **f.** açık artırmada fiyatı artırmak.

out.break (aut'breyk) **i.** 1. feveran, patlama, isyan. 2. baş gösterme.

out.burst (aut'bırst) **i.** 1. birden patlama, patlak verme; feveran.

out.cast (aut'käst) **i.** 1. toplum dışına atılmış. 2. serseri.

out.class (autkläs') **f.** üstün olmak.

out.come (aut'kâm) **i.** sonuç.

out.cry (aut'kray) **i.** haykırış, çığlık, bağırış.

out.do (autdu') **f.** üstün gelmek, geçmek.

out.door (aut'dôr) **s.** dışarıda yapılan. **outdoors z.** dışarıya; dışarıda, açık havada.

out.fit (aut'fît) **i.** 1. takım donatısı. 2. gereçler. **f.** donatmak, gereçlerini sağlamak. **outfitter i.** 1. teçhizatçı. 2. giyim eşyası satan kimse.

out.go (aut'go) **i.** masraf.

out.go.ing (aut'gowîng) **s.** sempatik.

out.growth (aut'groth) **i.** doğal bir gelişme.

out.land.ish (autlän'dîş) **s.** tuhaf, acayip, garip.

out.law (aut'lô) **i.** 1. haydut, yasaya karşı gelen. 2. yasal haklardan yoksun bırakılmış kimse. **f.** 1. yasaklamak. 2. yasa dışı ilan etmek. **outlawry i.** yasaya karşı gelme.

out.lay (aut'ley) **i.** masraf, gider, harcama.

out.let (aut'let) **i.** 1. dışarı çıkacak yer, kapı; çıkak, çıkıt. 2. yol, delik. 3. fiş.

out.line (aut'layn) **i.** 1. ana hatlar. 2. taslak. **f.** taslağını çizmek.

out.live (autlîv') **f.** birinden fazla yaşamak.

out.look (aut'lûk) **i.** görünüş, manzara.

out.ly.ing (aut'laying) **s.** uzakta bulunan, uzak.

out.mod.ed (autmod'îd) **s.** demode.

out-of-doors (autıvdôrz') **z.** dışardaki.

out-of-the-way (autıvdhıwey') **s.** 1. uzak, zor ulaşılan, sapa, kuytu. 2. acayip.

out.pa.tient (aut'peyşınt) **i.** ayakta tedavi edilen hasta.

out.post (aut'post) **i.** ileri karakol mevkii.

out.put (aut'pût) **i.** verim, randıman, çıkış.

out.rage (aut'reyc) **i.** 1. zulüm. 2. rezalet. **f.** fena halde bozmak, kötü davranmak. **outrageous s.** 1. çok çirkin, pek fena. 2. edebe aykırı. 3. pek insafsız. **outrageously z.** 1. fazlasıyla. 2. taşkınca. 3. rezilce.

out.right (aut'rayt') **z.** 1. sınırsızca; birden, yekten. 2. bütün bütün, tamamen. 3. dosdoğru. **s.** 1. sınırsız. 2. tam, bütün. 3. devam eden. 4. karşılıksız. 5. düpedüz.

out.set (aut'set) **i.** başlangıç.

out.side (aut'sayd') **i.** dış taraf, dış; dış görünüş. **z.** dışarıda; dışarıya. **outsider i.** grup dışında kalan kimse.

out.skirts (aut'skırts) **i.** varoş, civar, dış mahalleler, banliyö.

out.spo.ken (aut'spo'kın) **s.** açık sözlü, tok sözlü.

out.stand.ing (autstän'dîng) **s.** 1. önemli, göze çarpan. 2. kalmış (borç).

out.strip (autstrîp') **f.** 1. yarışta geçmek. 2. üstün çıkmak.

out.ward (aut'wırd) **s.** dış, harici. **z.** 1. dışarıya doğru. 2. görünüşte. **outwards z.** dışarıya doğru.

out.weigh (autwey') **f.** 1. daha ağır gelmek. 2. ağır basmak.

out.wit (autwît') **f.** alt etmek, mat etmek.

o.val (o'vıl) **s.** yumurtamsı, oval, beyzi.

o.va.ry (o'vıri) **i.** yumurtalık.

o.va.tion (ovey'şın) **i.** coşkunca alkış.

ov.en (âv'ın) **i.** fırın.

o.ver (o'vır) **edat** 1. üzerinde, üstünde; üzerine. 2. yukarısına. 3.öbür tarafına. **z.** 1. yukarıda. 2. fazla, artık. 3. baştan, tekrar. **s.** bitmiş. **over and over** tekrar tekrar, üst üste, birbiri arkasından. **over there** orada, ta ötede.

overly z. fazla, aşırı derecede.

o.ver.all (o'vırôl') **s.** 1. baştan başa olan, bir uçtan bir uca olan. 2. kapsayıcı, ayrıntılı.

o.ver.alls (o'vırôlz) **i.** iş tulumu.

o.ver.bear.ing (ovırber'îng) **s.** zorba tavırlı.

o.ver.board (o'vırbôrd) **z.** gemiden denize.

o.ver.cast (o'vırkäst') **s.** bulutlarla kaplı, bulutlu.

o.ver.charge (ovırçarc') **f.** fazla fiyat istemek.

o.ver.coat (o'vırkot) **i.** palto.

o.ver.come (ovırkâm') **f.** 1. galip gelmek, yenmek. 2. üstesinden gelmek.

o.ver.do (ovırdu') **f.** 1. fazla özenmek. 2. gere-

packhorse

ğinden fazla pişirmek. 3. çok yorulmak.

o.ver.dose (o'virdos) **i.** aşırı doz.

o.ver.due (ovirdu') **s.** gecikmiş, vadesi geçmiş.

o.ver.eat (ovirit') **f.** fazla yemek, oburluk etmek.

o.ver.es.ti.mate (ovires'timeyt) **f.** fazla tahmin etmek.

o.ver.ex.pose (ovirikspoz') **f.** 1. gereğinden fazla teşhir etmek. 2. (foto.) filme fazla ışık vermek.

o.ver.flow (ovirflo') **f.** taşmak.

o.ver.haul (o'virhôl) **i.** bakım ve tamir.

o.ver.head (o'virhed) **i.** genel masraflar. **s.** yukarıda olan. **z.** baştan yukarı, yukarıda, tepede, üstte.

o.ver.hear (ovirhîr') **f.** kulak misafiri olmak, kulak kabartmak.

o.ver.joyed (ovircoyd') **s.** çok sevinçli.

o.ver.land (o'virländ) **z.** karada; karadan.

o.ver.lap (ovirläp') **f.** üst üste getirmek veya gelmek.

o.ver.load (ovirlod') **f.** fazla yüklemek, çok doldurmak. **i.** fazla yük.

o.ver.look (ovirlûk') **f.** 1. gözden kaçırmak. 2. önem vermemek. 3. yüksek bir yerden bakmak. **i.** 1. bakış, yukarıdan seyretme. 2. yüksek yer. 3. gözden kaçırma.

o.ver.night (o'virnayt') **z.** 1. geceleyin, bir gece içinde. 2. birdenbire.

o.ver.pass (o'virpäs) **i.** üst geçit.

o.ver.pop.u.la.tion (ovirpapyiley'şin) **i.** aşırı nüfus artışı.

o.ver.pow.er (ovirpauw'ir) **f.** 1. zararsız hale getirmek. 2. zor kullanarak yenmek. 3. etkilemek. **overpowering s.** 1. yıkıcı. 2. kuvvetli, güçlü.

o.ver.pro.duc.tion (ovirprıdâk'şın) **i.** aşırı üretim.

o.ver.rate (ovir.reyt') **f.** fazla önemsemek.

o.ver.rule (ovir.rul') **f.** geçersiz kılmak.

o.ver.run (ovir.rân') **f.** istila etmek; kaplamak.

o.ver.seas (ovirsiz') **s.** denizaşırı.

o.ver.see (ovirsi') **f.** idare etmek, denetlemek. **overseer i.** 1. idareci, müfettiş. 2. ustabaşı, kalfa.

o.ver.shoe (o'virşu) **i.** şoson, lastik.

o.ver.sight (o'virsayt) **i.** 1. yanlış, kusur. 2. gözetim, idare.

o.ver.size (o'virsayz') **s.** fazla geniş, fazla büyük.

o.ver.sleep (ovirslip') **f.** fazla uyuyup gecikmek.

o.ver.spend (ovirspend') **f.** fazla masraf yapmak, bütçeyi aşmak.

o.ver.step (ovirstep') **f.** geçmek, aşmak.

o.vert (o'virt) **s.** açık olarak yapılan, açıktan

açığa olan.

o.ver.take (ovirteyk') **f.** 1. yetişmek. 2. birden karşısına çıkmak.

o.ver.tax (ovirtäks') **f.** fazla iş yüklemek.

o.ver.throw (ovirthro') **f.** 1. yıkmak, düşürmek, yere vurmak. 2. bozmak, yenmek. 3. harap etmek.

o.ver.time (o'virtaym) **i.** fazla mesai.

o.ver.ture (o'virçır) **i.** uvertür.

o.ver.turn (ovirtirn') **f.** devirmek; altüst etmek, bozmak.

o.ver.weight (o'virweyt) **i.** fazla ağırlık. **s.** şişman.

o.ver.whelm (ovirhwelm') **f.** 1. basmak, kaplamak. 2. etkilemek; bunaltmak. 3. başından aşmak. **overwhelming s.** 1. kuvvetli, karşı konulamaz. 2. bunaltıcı.

o.ver.work (ovirwirk') **f.** fazla çalıştırmak; fazla çalışmak.

o.ver.wrought (ovir.rôt') **s.** 1. sinirleri bozuk. 2. aşırı heyecanlı.

owe (o) **f.** 1. borcu olmak, borçlu olmak. 2. minnettar olmak.

owl (aul) **s.** baykuş.

own (on) **s.** 1. kendine değgin, özel, kendinin, kendi. 2. öz. **f.** malik olmak, sahip olmak. **own.er** (o'nır) **i.** iye, sahip, mal sahibi. **ownership i.** iyelik, mülkiyet, sahiplik.

ox (aks) **i.** öküz.

ox.i.dize (ak'sıdayz) **f.** oksitlemek.

ox.y.gen (ak'sıcın) **i.** oksijen.

oys.ter (oys'tır) **i.** istiridye.

P

pace (peys) **i.** 1. adım, bir adımda alınan yol. 2. gidiş, yürüyüş. 3. yürüyüş hızı. **f.** 1. arşınlamak, volta atmak. 2. adımlamak. **set the pace** örnek olmak.

pa.cif.ic (pısîf'ik) **s.** 1. uzlaştırıcı, barışçı. 2. sakin.

pac.i.fism (päs'ıfîzım) **i.** barışseverlik.

pac.i.fy (päs'ıtay) **f.** 1. barıştırmak, uzlaştırmak. 2. yatıştırmak. **pacifier i.** 1. barıştıran kimse. 2. emzik.

pack (päk) **i.** 1. bohça, çıkın. 2. denk. 3. paket (sigara). 4. sürü. **f.** 1. denk yapmak. 2. hazırlamak, toplamak (bavul). 3. ambalaj yapmak; paketlemek.

pack.age (päk'ic) **i.** 1. paket; bohça. 2. paketleme. 3. denk yapma. 4. denk sandığı.

pack.et (päk'it) **i.** paket; çıkın, bohça.

pack.horse (päk'hôrs) **i.** yük beygiri.

pack.ing (päk'ing) i. salmastra, tıkaç, conta, tampon.

pack.sad.dle (päk'sädıl) s. semer.

pact (päkt) i. pakt, anlaşma, sözleşme.

pad (päd) i. 1. yastığa benzer şey. 2. bloknot. f. 1. (pamukla) doldurmak. 2. (söz veya yazıyı) şişirmek. **padding** i. 1. vatka. 2. abartma.

pad.dle (päd'ıl) i. kayık küreği. f. 1. kürek çekmek. 2. pataklamak.

pad.lock (päd'lak) i. asma kilit. f. asma kilitle kilitlemek.

pa.gan (pey'gın) i. putperest.

page (peyc) i. sayfa.

pag.eant (päc'ınt) i. alay, tören; gösteri.

pail (peyl) i. kova, gerdel.

pain (peyn) i. 1. ağrı, acı, sızı. 2. dert, keder. f. 1. ağrı veya acı vermek. 2. eziyet etmek, üzmek. **take pains** uğraşmak, gayret etmek. **pain.ful** (peyn'fıl) s. 1. ıstıraplı, ağrılı. 2. zahmetli, güç. **painfully** z. 1. ıstırapla. 2. zahmetle.

pain.kil.er (peyn'kilır) i. ağrı dindirici ilaç.

pain.less (peyn'lîs) s. acısız, ağrısız. **painlessly** z. ıstırap çekmeden.

pains.tak.ing (peynz'teyking) s. 1. titiz, itinalı. 2. zahmetli.

paint (peynt) i. 1. boya. 2. düzgün, allık; makyaj. f. 1. boyamak. 2. tasvir etmek, resmetmek. **painter** i. 1. ressam. 2. badanacı. **painting** i. 1. resim, tablo. 2. ressamlık. 3. badanacılık.

paint.brush (peynt'brāş) i. boya fırçası.

pair (per) i. çift.

pa.ja.mas (pıca'mız) i. pijama.

Pa.ki.stan (pakîstan') i. Pakistan.

pal (päl) i. arkadaş.

pal.ace (päl'îs) i. saray.

pal.ate (päl'ît) i. 1. damak. 2. tat alma duyusu.

pa.la.tial (pıley'şıl) s. saray gibi.

pale (peyl) i. sivri kazık.

pale (peyl) s. soluk, solgun, renksiz.

pa.lette (päl'ît) i. palet.

pal.lor (päl'ır) i. solgunluk, beniz sarılığı.

palm (pam) i. aya, avuç içi.

palm (pam) i. hurma ağacı; palmiye.

pal.pa.ble (päl'pıbıl) s. 1. hissedilir, dokunulabilir. 2. aşikâr, açık.

pal.pi.tate (päl'pıteyt) f. (kalp) hızlı atmak, çarpmak. **palpitation** i. çarpıntı, heyecan.

pal.sy (pôl'zi) i. inme, felç, nüzul.

pal.try (pôl'tri) s. değersiz, önemsiz.

pam.per (päm'pır) f. şımartmak; pohpohlamak.

pam.phlet (päm'flît) i. broşür, risale.

pan (pän) i. 1. tepsi, tava. 2. kefe.

Pan.a.ma (pän'ıma) i. Panama.

pan.cake (pän'keyk) i. gözleme.

pan.cre.as (pän'kriyıs) i. pankreas.

pane (peyn) i. pencere camı.

pan.el (pän'ıl) i. pano. **panel discussion** açık oturum.

pang (päng) i. şiddetli ağrı, sancı.

pan.ic (pän'ik) i. panik, ürkü.

pan.o.ram.a (pänıräm'ı) i. panorama. **panoramic** s. panoramik.

pan.sy (pän'zi) i. hercaimenekşe, alaca menekşe.

pant (pänt) f. solumak; nefesi kesilmek. i. soluma.

pan.ther (pän'thır) i. panter, pars.

pant.ies (pän'tiz) i. kadın külotu.

pan.to.mime (pän'tımaym) i. pandomima.

pan.try (pän'tri) i. kiler.

pants (pänts) i. 1. pantolon. 2. don, külot. **pair of pants** pantolon.

pan.ty.hose (pän'tihoz) i. külotlu çorap.

pa.pa (pa'pı) i. baba.

pa.pa.cy (pey'pısi) i. papalık rütbesi.

pa.per (pey'pır) i. 1. kâğıt. 2. senet. 3. gazete. f. kâğıt kaplamak, kâğıtlamak. **paper clip** raptiye, bağlaç. **blotting paper** kurutma kâğıdı. **on paper** 1. kâğıt üzerinde. 2. geçersiz.

pa.per.back (pey'pırbäk) s., i. karton kapaklı (kitap).

pa.per.bound (pey'pırbaund) s. karton kapaklı.

pa.per.knife (pey'pırnayf) i. kâğıt açacağı.

pa.per.work (pey'pırwırk) i. kırtasiyecilik.

pa.pri.ka (päpri'kı) i. kırmızıbiber.

Pap.u.a New Guin.ea (pa'puwı nu gin'i) Papua-Yeni Gine.

par (par) i. 1. normal ölçü. 2. itibari değer.

par.a.ble (per'ıbıl) i. mesel.

pa.rab.o.la (pıräb'ılı) i. parabol.

par.a.chute (per'ışut) i. paraşüt. f. paraşütle atlamak.

pa.rade (pıreyd') i. geçit töreni.

par.a.dise (per'ıdays) i. cennet.

par.a.dox (per'ıdaks) i. paradoks. **paradoxical** s. mantığa aykırı görünen.

par.af.fin (per'ıfîn) i. parafin. **paraffin i.**, **paraffin oil** (İng.) gazyağı.

par.a.graph (per'ıgräf) i. paragraf, bent, fıkra.

Par.a.guay (per'ıgwey) i. Paraguay.

par.al.lel (per'ılel) s. 1. koşut, paralel. 2. aynı, benzer. f. 1. paralel olarak koymak. 2. karşılaştırmak.

pa.ral.y.sis (pıräl'ısis) i. felç, inme, nüzul.

par.a.lyt.ic (perılît'ik) s. felçli, inmeli, kötürüm.

par.a.lyze (per'ılayz) f. 1. felce uğratmak. 2. sakatlamak.

par.a.phrase (per'ifreyz) *i.* açıklama, izah.

par.a.site (per'isayt) *i.* asalak, parazit.

par.a.sol (per'isôl) *i.* güneş şemsiyesi.

par.cel (par'sıl) *i.* 1. paket; bohça, çıkın. 2. parsel. **parcel post** paket postası.

parch (parç) *f.* kavurmak, yakmak; kavrulmak.

parch.ment (parç'mınt) *i.* parşömen, tirşe.

par.don (par'dın) *f.* affetmek. *i.* af, bağışlama. **Pardon me.** Pardon.

pare (per) *f.* 1. (kabuğunu) soymak. 2. azar azar eksilmek. **paring** *i.* kabuk, soyuntu.

par.ent (per'ınt) *i.* 1. anne veya baba. 2. ata, cet. **parent language** anadil. **parentage** *i.* 1. ana babalık. 2. soy, nesil.

pa.ren.the.sis (pıren'thısîs) *i.* parantez, ayraç.

par.en.thet.i.cal (perınthet'îkıl) *s.* parantez içi.

par.ish (per'îş) *i.* papaz idaresindeki bölge.

par.i.ty (per'ıtî) *i.* eşitlik.

park (park) *i.* park. *f.* park etmek. **parking lot** park yeri.

park.way (park'wey) *i.* bulvar.

par.ley (par'lî) *i.* toplantı, tartışma, münakaşa.

Par.lia.ment (par'lımınt) *i.* 1. Parlamento. 2. İngiltere Millet Meclisi.

par.lor (par'lır) *i.* oturma odası, salon.

par.o.dy (per'ıdi) *i.* edebi eserin gülünç taklidi.

pa.role (pırol') *i.* şartlı tahliye.

par.quet (parkey') *i.* parke.

par.rot (per'ıt) *i.* papağan.

par.ry (per'î) *f.* 1. bertaraf etmek (darbe). 2. kaçamak cevap vermek.

par.si.mo.ny (par'sımonı) *i.* hasislik, pintilik, cimrilik.

pars.ley (pars'lî) *i.* maydanoz.

par.son (par'sın) *i.* vaiz, rahip. **parsonage** *i.* papaz evi.

part (part) *i.* 1. parça, bölüm, kısım. 2. uzuv. 3. pay, hisse. 4. rol. 5. semt, taraf. **z.** kısmen. *f.* parçalamak, ayırmak, bölmek; parçalanmak, bölünmek. **part owner** hissedar. **parts of speech** sözbölükleri. **in part** kısmen. **partly z.** kısmen.

par.take (parteyk') *f.* 1. katılmak. 2. paylaşmak.

par.tial (par'şıl) *s.* 1. kısmi; kısmen etkili. 2. tarafgir, meyilli. **partially z.** 1. kısmen. 2. tarafgirlikle.

par.tici.pate (partîs'ıpeyt) *f.* katılmak. **participant** *i.* katılan, iştirakçi. **participation** *i.* katılma.

par.ti.ci.ple (par'tısîpıl) *i.* ortaç, sıfat-eylem. ek, ekler.

par.ti.cle (par'tîkıl) *i.* 1. zerre, tanecik. 2. edat; ek, takı.

par.tic.u.lar (pırtîk'yılır) *s.* 1. belirli; özel. 2. her bir. 3. titiz, meraklı. *i.* ayrıntı. **in particular** özellikle. **particularly z.** özellikle.

par.ti.san (par'tızın) *i., s.* partizan. **partisanship** *i.* partizanlık.

par.ti.tion (partîş'ın) *i.* bölme. *f.* bölmek, ayırmak.

part.ner (part'nır) *i.* 1. ortak; arkadaş. 2. eş. *f.* ortak etmek; ortak olmak. **partnership** *i.* ortaklık, şirket.

par.tridge (par'trîc) *i.* keklik.

part-time (part'taym) *s.* yarım günlük, part taym.

par.ty (par'tî) *i.* 1. parti, ziyafet, toplantı, eğlence. 2. siyasal parti. 3. grup.

pa.sha (pa'şı) *i.* paşa.

pass (päs) *i.* 1. geçiş, geçme. 2. paso, şebeke. 3. boğaz, geçit. *f.* 1. geçmek; geçirmek. 2. ileri gitmek, aşmak. 3. onaylamak; onaylattırmak. 4. sınavda geçmek. 5. sürmek (para). 6. bitmek, sona ermek. 7. devretmek. **pass for** diye geçirmek. **pass on** 1. gecikmeyip gitmek. 2. ileri gitmek. 3. ölmek. 4. geçirmek, başkasına vermek. **pass out** 1. bayılmak, kendinden geçmek. 2. geçmek, dağıtmak. **pass up** yararlanmamak, fırsatı kaçırmak.

pas.sage (päs'îc) *i.* 1. geçiş, gidiş. 2. yol; boğaz, geçit. 3. pasaj. 4. yolculuk. 5. koridor. 6. metin parçası, paragraf.

pas.sen.ger (päs'ıncır) *i.* yolcu.

pas.sion (päş'ın) *i.* 1. hırs; tutku. 2. aşk. 3. şehvet. 4. hiddet, öfke.

pas.sion.ate (päş'ınît) *s.* 1. aşırı tutkulu. 2. heyecanlı, hararetli, ateşli. 3. tutkun. **passionately z.** 1. tutkuyla. 2. hararetle.

pas.sive (päs'îv) *s.* 1. pasif, eylemsiz. 2. edilgen.

passivity *i.* 1. eylemsizlik. 2. boyun eğme. 3. dirençsizlik.

pass.key (päs'kî) *i.* 1. kapı anahtarı. 2. ana anahtar.

pass.port (päs'pôrt) *i.* pasaport.

pass.word (päs'wırd) *i.* parola.

past (päst) *s.* geçmiş, geçen, olmuş, sabık. **z.** geçerek. **edat** ötesinde. **ten past three** üçü on geçe.

pas.ta (pas'tı) *i.* makarna.

paste (peyst) *i.* beyaz tutkal. *f.* yapıştırmak. **paste.board** (peyst'bôrd) *i.* mukavva.

pas.tel (pästel') *i.* pastel.

pas.teur.ize (päs'çırayz) *f.* pastörize etmek. **pasteurizer** *i.* pastörize makinesi.

pas.til (päs'tîl) *i.* pastil.

pas.time (päs'taym) *i.* eğlence.

pas.tor (päs'tır) *i.* papaz.

pas.tra.mi (pıstra'mî) *i.* sığır pastırması.

pas.try (peys'trî) *i.* hamur işi, pasta.

pas.ture (päs'çır) *i.* çayır, otlak, mera. *f.* otlamak; otlatmak. **pasturage** *i.* otlak.

pas.ty (peys'tî) *s.* 1. hamur gibi, macun kıvamında. 2. solgun.

pat (pät) **f.** okşamak, hafifçe vurmak. **i.** okşama, hafif vuruş.

pat (pät) **s.** 1. tamamen uygun. 2. basmakalıp. 3. yeterli. **z.** 1. olduğu gibi. 2. kusursuz olarak, tam.

patch (päç) **i.** 1. yama; parça. 2. toprak parçası. **f.** yamalamak. **patch together, patch up** kabaca düzeltmek, hale yola koymak, onarmak.

patch.work (päç'wırk) **i.** 1. kumaş artıklarından dikilmiş yorgan. 2. uydurma iş. 3. yama işi.

pat.ent (pät'ınt) **i.** 1. patent, imtiyaz. 2. imtiyazlı arazi. **s.** 1. patentli. 2. imtiyazlı. **f.** imtiyazla elde etmek. **patent leather** rugan.

patent medicine müstahzar, hazır ilaç; kocakarı ilacı.

pat.ent (peyt'int) **s.** açık, aşikâr. **patently** **z.** açıkça, aşikâr olarak.

pa.ter.nal (pıtır'nıl) **s.** babaya ait; babacan; baba tarafından; babadan kalma. **paternity** **i.** babalık sıfatı.

path (päth) **i.** yol; patika. **the beaten path** herkesin geçtiği yol, işlek yol.

pa.thet.ic (pıthet'ik) **s.** acıklı, dokunaklı.

pa.thol.o.gy (pıthal'ıci) **i.** patoloji, hastalıklar bilimi. **pathologist** **i.** patolog.

path.o.log.i.cal (päthılac'ikıl) **s.** patolojik.

pa.thos (pey'thas) **i.** acıklılık.

pa.tience (pey'şıns) **i.** sabır, tahammül, dayanıklılık. **patient** **s.** sabırlı, dayanıklı. **i.** tedavi altında bulunan hasta. **patiently** **z.** sabırla.

pa.ti.o (pät'iyo) **i.** avlu, teras, veranda.

pa.tri.arch (pey'triyark) **i.** 1. ata, cet. 2. yaşlı ve saygın adam. 3. patrik. **partriarchal** **s.** patriğe özgü. **patriarchate** **i.** 1. patrikhane. 2. patriklik.

pat.ri.cian (pıtriş'ın) **i.** asilzade.

pat.ri.cide (pät'rısayd) **i.** 1. babayı öldürme. 2. baba katili.

pat.ri.ot (pey'triyıt) **i.** yurtsever. **patriotism** **i.** yurtseverlik.

pa.trol (pıtrol') **i.** karakol, askeri devriye. **f.** devriye gezmek. **patrolman** **i.** polis, devriye polis.

pa.tron (pey'trın) **i.** 1. hami, veli, koruyucu. 2. patron, efendi. 3. daimi müşteri. **patronage** **i.** koruma, himaye, yardım.

pa.tron.ize (pey'trınayz) **f.** korumak, himaye etmek.

pat.ter (pät'ır) **f.** pıtırdamak, tıpırdamak. **i.** pıtırtı, tıpırtı.

pat.tern (pät'ırn) **i.** 1. örnek, model; patron. 2. şekillerin düzeni. 3. şablon. **f.** 1. modele göre yapmak. 2. şekillerle süslemek.

pat.ty (pät'i) **i.** 1. yassı köfte. 2. küçük börek.

pau.ci.ty (pô'sıti) **i.** 1. azlık, kıtlık. 2. yetersizlik.

paunch (pônç) **i.** 1. karın, göbek. 2. işkembe.

pau.per (pô'pır) **i.** yoksul, fakir.

pause (pôz) **i.** 1. duruş, durgu. 2. fasıla, ara. **f.** durmak, duraklamak; duraksamak.

pave (peyv) **f.** asfaltlamak, taşla döşemek. **pavement** **i.** asfalt yol. **paving** **i.** 1. yol döşeme. 2. yol döşeme maddeleri.

pa.vil.ion (pıvil'yın) **i.** köşk.

paw (pô) **i.** 1. hayvan pençesi. 2. el. **f.** 1. pençe atmak. 2. kabaca ellemek. 3. eşelemek.

pawn (pôn) **i.** 1. (satranç) piyon, piyade, paytak. 2. bir işe alet edilen kimse.

pawn (pôn) **i.** rehin, rehine. **f.** 1. rehine koymak. 2. tehlikeye atmak.

pay (pey) **i.** 1. ödeme. 2. ücret, maaş. 3. bedel, karşılık. **f.** 1. ödemek. 2. karşılığını vermek. 3. kârlı olmak, yararlı olmak. **pay phone** umumi telefon. **pay a visit** ziyaret etmek. **pay up** borcunu ödemek. **payable s.** ödenmesi gereken. **payment** **i.** 1. ödeme. 2. ücret, maaş. 3. taksit.

pay.day (pey'dey) **i.** maaş günü.

pay.ee (peyi') **i.** alacaklı.

pay.off (pey'ôf) **i.** 1. ücret ödeme. 2. ödül veya ceza. 3. sonuç, son.

pay.roll (pey'rol) **i.** 1. maaş bordrosu. 2. maaşların toplamı.

pea (pi) **i.** bezelye.

peace (pis) **i.** 1. huzur, sükûn, rahat, asayiş. 2. barış.

peace.ful (pis'fıl) **s.** 1. rahat, sakin. 2. yumuşak başlı, uysal. **peacefully z.** sükûnetle; uysallıkla. **peacefulness i.** sükûnet; uysallık.

peace.mak.er (pis'meykır) **i.** barıştırıcı, uzlaştırıcı.

peace.time (pis'taym) **i.** barış zamanı.

peach (piç) **i.** şeftali.

pea.cock (pi'kak) **i.** tavus.

peak (pik) **i.** 1. tepe, doruk, zirve.

peak (pik) **f.** eriyip zayıflamak. **peaked s.** zayıf, bitkin.

pea.nut (pi'nät) **i.** yerfıstığı, Amerikan fıstığı. **peanut butter** fıstık ezmesi.

pear (per) **i.** armut.

pearl (pırl) **i.** 1. inci. 2. sedef. **pearl diver** inci avcısı.

peas.ant (pez'int) **i.** köylü; rençper.

peat (pit) **i.** turba. **peat bog** turbalık.

peb.ble (peb'ıl) **i.** çakıl. **pebbly s.** 1. çakıllı. 2. pürtüklü.

peck (pek) **f.** gagalamak. **i.** gagalama.

pe.cul.iar (pikyul'yır) **s.** 1. özgü; özel. 2. acayip, garip, tuhaf. **peculiarly z.** alışılmışın dışında.

pe.cu.li.ar.i.ty (pikyuliyer'ıti) **i.** 1. özellik. 2. acayiplik.

pe.cu.ni.ar.y (píkyu'niyeri) **s.** parayla ilgili, maddi.

ped.a.gog(ue) (ped'igag) **i.** eğitimci, pedagog.

ped.a.go.gy (ped'igaci) **i.** eğitbilim, pedagoji. **pedagogic s.** eğitbilimsel, pedagojik.

ped.al (ped'ıl) **i.** pedal, ayakçak, ayaklık. **f.** ayakla işlemek.

pe.dan.tic (pídän'tîk) **s.** bilgiç, ukala.

ped.dle (ped'ıl) **f.** seyyar satıcılık yapmak.

ped.dler (ped'lır) **i.** seyyar satıcı, gezici esnaf.

ped.es.tal (ped'îstıl) **i.** 1. duraç, taban, kaide. 2. temel.

pe.des.tri.an (pıdes'triyın) **i.** yaya.

pe.di.at.rics (pidiyät'rîks) **i.** çocuk hastalıkları bilimi.

pe.di.a.tri.cian (pidiyıtrîş'ın) **i.** çocuk doktoru.

ped.i.cure (ped'îkyûr) **i.** pedikür.

ped.i.gree (ped'ıgri) **i.** 1. soy. 2. şecere, soyağacı. **pedigreed s.** soyu belli, şecereli.

pee (pi) **f.** işemek.

peek (pik) **f.** gözetlemek, gizlice bakmak. **i.** gözetleme, göz atma.

peel (pil) **f.** 1. (kabuk, deri) soymak; soyulmak. 2. derisini yüzmek. **i.** meyva veya sebze kabuğu. **peeling i.** soyulmuş kabuk, soyuntu.

peep (pip) **f.** 1. «cık cık» ötmek. 2. cırtlak sesle konuşmak. **i.** cıvcıv sesi.

peep (pip) **f.** gizlice bakmak, gözetlemek, dikizlemek. **i.** kaçamak bakış; gözetleme. **peeping Tom** röntgenci.

peep.hole (pip'hol) **i.** gözetleme deliği.

peer (pir) **i.** 1. akran, taydaş. 2. kanun önünde aynı haklara sahip kimse. 3. İngiliz asilzadesi. **pearless s.** eşsiz.

peer (pir) **f.** gözetlemek, merakla bakmak.

peeve (piv) **f.** huysuzlaşmak. **j.** yakınma. **peeved at** -e küskün. **peevish s.** titiz, huysuz, hırçın.

pee.wee (pi'wi) **s.** ufacık. **i.** ufak boylu, ufaklık.

peg (peg) **i.** 1. tahta çivi. 2. çak, kazık.

pe.jo.ra.tive (pícôr'itîv) **s.** yermeli.

pel.i.can (pel'îkın) **i.** kaşıkçıkuşu, pelikan.

pel.let (pel'ît) **i.** 1. topak. 2. saçma, mermi.

pell-mell (pel'mel') **z.** paldır küldür, acele ile.

pelt (pelt) **i.** post.

pelt (pelt) **f.** 1. taşlamak. 2. atmak. 3. topa tutmak.

pel.vis (pel'vîs) **i.** havsala, leğen.

pen (pen) **i.** dolmakalem, kalem. **f.** yazmak. **pen name** takma ad.

pe.nal (pi'nıl) **s.** cezaya ait, ceza kabilinden.

pe.nal.ize (pi'nılayz) **f.** cezalandırmak.

pen.al.ty (pen'ılti) **i.** 1. ceza. 2. para cezası. 3. (spor) penaltı.

pen.ance (pen'ıns) **i.** pişmanlık belirten davranış. **do penance** kefaretini ödemek.

pen.cil (pen'sıl) **i.** kurşunkalem. **pencil sharpener** kalemtıraş.

pend (pend) **f.** askıda kalmak, muallakta olmak.

pen.dant (pen'dınt) **s.** 1. asılı şey. 2. küpe ucundaki süs.

pen.dent (pen'dınt) **s.** asılı, sarkık, sarkan.

pend.ing (pen'dîng) **s.** kararlaştırılmamış, askıda. **edat** sırasında, müddetince.

pen.du.lum (pen'cûlım) **i.** sarkaç, rakkas.

pen.e.trate (pen'ıtreyt) **f.** 1. girmek, içine işlemek. 2. etkilemek. 3. delip geçmek. **penetrating s.** 1. içe işleyen, keskin. 2. anlayışlı.

pen.guin (pen'gwin) **i.** penguen.

pen.i.cil.lin (penisîl'în) **i.** penisilin.

pe.nin.su.la (pınîn'sılı) **i.** yarımada.

pe.nis (pi'nîs) **i.** erkeklik uzvu.

pen.i.tent (pen'ıtınt) **s.** pişman; tövbekâr. **penitence i.** pişmanlık.

pen.i.ten.tia.ry (penıten'şıri) **i.** hapishane, cezaevi.

pen.knife (pen'nayf) **i.** çakı.

pen.man.ship (pen'mınşîp) **i.** el yazısı; hattatlık.

pen.nant (pen'ınt) **i.** flandra, flama.

pen.ny (pen'i) **i.** 1. peni, sterlinin yüzde biri. 2. sent, doların yüzde biri.

pen-pal (pen'päl) **i.** mektup arkadaşı.

pen.sion (pen'şın) **i.** emekli aylığı. **f.** emekli maaşı vermek.

pen.sive (pen'sîv) **s.** dalgın, endişeli, düşünceli.

pen.ta.gon (pen'tıgan) **i.** beşgen.

pent.house (pent'haus) **i.** 1. çatı katı, çekme kat. 2. sundurma.

pe.nu.ry (pen'yıri) **i.** aşırı yoksulluk.

peo.ple (pi'pıl) **i.** 1. ahali, halk; ulus, millet, kavim. 2. ırk. 3. aile, yakınlar. 4. insanlar.

pep (pep) **i.** kuvvet, enerji; çeviklik, canlılık. **pep talk** moral konuşması.

pep.per (pep'ır) **i.** biber. **f.** biber ekmek; biberlemek. **peppery s.** 1. biberli. 2. sert, keskin. 3. çabuk kızan.

pep.per.mint (pep'ırmînt) **i.** 1. nane. 2. naneşekeri. 3. naneruhu.

pep.py (pep'i) **s.** canlı, enerjik.

pep.tic (pep'tîk) **s.** hazmı kolaylaştıran, sindirici.

per (pır) **edat** 1. vasıtasıyla, eliyle; tarafından. 2. her bir ... için, her ... başına.

per.ceive (pırsiv') **f.** sezmek; kavramak, anlamak.

per.cent (pırsent') **i.** yüzde. **percentage i.** 1. yüzde, yüzde oranı. 2. yüzdelik.

per.cep.ti.ble (pırsep'tıbıl) **s.** algılanabilir, duyulur, anlaşılır. **perceptibly z.** sezilecek dere-

perception 124

cede.

per.cep.tion (pırsep'şın) i. algı, idrak; anlayış.

per.cep.tive (pırsep'tiv) s. anlayışlı; sezgili.

perch (pırç) i. tatlı su levreği.

perch (pırç) i. tünek. f. tünemek, tüneklemek.

per.co.late (pır'kıleyt) f. süzmek, filtreden geçirmek; süzülmek, sızmak. **percolator** i. süzgeçli kahve ibriği.

per.cus.sion (pırkâş'ın) i. 1. vurma, çarpma. 2. vurularak çalınan müzik aletleri.

per.emp.to.ry (pıremp'tıri) s. 1. kesin, mutlak. 2. inatçı. 3. otoriter, diktatörce.

per.en.ni.al (pıren'iyıl) s. yıllarca süren, daimi; yıllık, senelik.

per.fect (s. pır'fikt; f. pırfekt') s. tam, mükemmel; kusursuz. f. 1. tamamlamak, bitirmek. 2. geliştirmek. **perfection** i. 1. mükemmellik, kusursuzluk. 2. bitirme, tamamlama. **perfectly** t. tamamen; mükemmelen.

per.fid.i.ous (pırfid'iyıs) s. hain.

per.fo.rate (pır'fıreyt) f. delmek. **perforation** i. 1. delme. 2. delik.

per.force (pırfôrs') s. çaresiz; zorunlu.

per.form (pırfôrm') f. 1. yapmak, icra etmek, yerine getirmek. 2. oynamak, rolünü yapmak, canlandırmak. **performance** i. 1. gösteri, temsil. 2. yerine getirme, yapma, çalışma, işleme. **performer** i. 1. oyuncu, artist. 2. müzisyen.

per.fume (pır'fyum) i. parfüm, esans; güzel koku. **perfumery** i. parfümeri. 2. parfüm, koku. 3. ıtriyat.

per.func.to.ry (pırfângk'tıri) s. 1. mekanik olarak yapılan. 2. dikkatsiz, baştan savma. 3. sıkıcı, formalite gereği. **perfunctorily** z. 1. formalite gereğince. 2. dikkatsizce, baştan savma.

per.haps (pırhâps') z. belki.

per.il (per'ıl) i. tehlike; tehlikeye uğrama. **perilous** s. tehlikeli, korkulu.

pe.rim.e.ter (pırım'ıtır) i. iki boyutlu cismin çevre uzunluğu.

pe.ri.od (pır'iyıd) i. 1. devir. 2. dönem, devre. 3. nokta. 4. âdet, aybaşı.

pe.ri.od.ic (pıriyad'ik) s. 1. devirli. 2. peryodik. **periodical** i. dergi, mecmua. s. süreli, peryodik. **periodically** z. belli zamanlarda.

pe.riph.er.al (pırîf'ırıl) s. 1. yüzeysel. 2. kenara ait.

per.ish (per'iş) f. ölmek; mahvolmak, yok olmak. **perishable** s. kolay bozulur, dayanıksız.

per.jure (pır'cır) f.: **perjure oneself** yalan yere yemin etmek; yalancı tanıklık etmek. **perjury** i. yeminli yalan; yalancı tanıklık.

perk.y (pır'ki) s. cin gibi, afacan.

per.ma.nent (pır'mınınt) s. sürekli, daimi, aynı kalan. **permanent wave** perma, permanant. **permanently** z. sürekli olarak, daima. **permanence** i. süreklilik, devam.

per.me.ate (pır'miyeyt) f. nüfuz etmek, içine işlemek. **permeable** s. nüfuz edilebilen, geçirgen.

per.mis.si.ble (pırmîs'ıbıl) s. müsaade edilebilir, hoş görülebilir.

per.mis.sion (pırmîş'ın) i. izin; ruhsat.

per.mis.sive (pırmîs'iv) s. serbest bırakan.

per.mit (pırmît') f. 1. izin vermek; ruhsat vermek. 2. fırsat vermek.

per.mit (pır'mît) i. permi; izin belgesi, tezkere; ruhsatname.

per.ni.cious (pırnîş'ıs) s. 1. zararlı, tehlikeli. 2. kötü, kötücül. 3. öldürücü, habis.

per.pen.dic.u.lar (pırpındîk'yılır) s. 1. dikey, düşey. 2. dik, doğru.

per.pe.trate (pır'pıtreyt) f. (fena bir şey) yapmak, işlemek. **perpetrator** i. fail, (suç) işleyen kimse.

per.pet.u.al (pırpeç'uwıl) s. 1. daimi, sürekli. 2. ebedi, ölümsüz. 3. müebbet.

per.plex (pırpleks') f. zihnini karıştırmak, şaşırtmak. **perplexed** s. şaşkın, şaşırmış. **perplexing** s. şaşırtıcı. **perplexity** i. şaşkınlık; karışıklık.

per.se.cute (pır'sıkyut) f. zulmetmek, eziyet etmek. **persecution** i. zulüm, eziyet.

per.se.vere (pırsıvîr') f. direşmek, sebat etmek, azmetmek. **perseverance** i. sebat, azim. **persevering** s. direşken, sebatlı.

per.sim.mon (pırsîm'ın) i. trabzonhurması, japonhurması.

per.sist (pırzîst') f. 1. direşmek, sebat etmek. 2. ısrar etmek. 3. devamlı. **persistent** s. 1. ısrarlı, üzerinde durarak. 2. devamlı. **persistently** z. 1. ısrarla, üzerinde durarak. 2. devamlı.

per.son (pır'sın) i. kimse, şahıs, kişi. **in person** şahsen, bizzat. **personal** s. kişisel, özel. **personally** z. 1. şahsen, bizzat. 2. kendine gelince.

per.son.al.i.ty (pırsınâl'ıti) i. 1. kişilik. 2. şahıs, zat.

per.son.i.fi.ca.tion (pırsanıfikey'şın) i. şahıslandırma, canlandırma.

per.son.i.fy (pırsan'ıfay) f. canlandırmak, şahıslandırmak.

per.son.nel (pırsınel') i. personel.

per.spec.tive (pırspek'tiv) i. 1. perspektif. 2. görüş açısı.

per.spire (pırspayr') f. terlemek. **perspiration** i. ter.

per.suade (pırsweyd') f. 1. ikna etmek, inandırmak; razı etmek. 2. kandırmak. per-

suasion i. 1. inandırma, ikna etme. 2. kanaat, inanç. **persuasive s.** ikna edici.

pert (pırt') **s.** arsız, şımarık, yılışık; küstah.

per.tain (pırteyn') **f.: pertain to** 1. ait olmak, mahsus olmak. 2. ilgili olmak.

per.ti.nent (pır'tınınt) **s.** 1. ilgili, alakalı. 2. uygun.

per.turb (pırtırb') **f.** zihnini karıştırmak.

Pe.ru (pıru') **i.** Peru.

pe.ruse (pıruz') **f.** dikkatle okumak.

per.vade (pırveyd') **f.** kaplamak, yayılmak.

per.verse (pırvırs') **s.** 1. ters, aksi. 2. hüysuz. 3. ahlaksız. **perversely s.** 1. aksilikle. 2. ahlaksızca. **perversity i.** 1. aksilik. 2. ahlaksızlık.

per.ver.sion (pırvır'jın) **i.** 1. sapıklık. 2. sapkınlık, sapınç, dalalet.

per.vert (pırvırt') **f.** saptırmak, ayartmak. **perverted s.** 1. sapık. 2. sapkın, kötü.

pes.si.mism (pes'imizım) **i.** kötümserlik, karamsarlık. **pessimist i.** kötümser.

pest (pest') **i.** baş belası.

pes.ter (pes'tır) **f.** sıkmak, sinirlendirmek, usandırmak.

pes.ti.cide (pes'tısayd) **i.** böcek zehiri.

pes.ti.lence (pes'tılıns) **i.** kıran, ölet. **pestilent s.** bulaşıcı hastalık getiren.

pes.tle (pes'ıl) **i.** havaneli, havan tokmağı.

pet (pet') **i.** 1. evde beslenen hayvan. 2. gözde. **s.** 1. evcil. 2. gözde, en çok sevilen.**f.** sevmek, okşamak.

pet.al (pet'ıl) **i.** taçyaprağı.

pe.ti.tion (pıtiş'ın) **i.** 1. rica. 2. dilek, dua. 3. dilekçe. **f.** rica etmek, dilemek.

pet.ri.fy (pet'rıfay) **f.** 1. taşlaştırmak. 2. hayrete düşürmek.

pet.rol (pet'rıl) **i.** (İng.) benzin.

pe.tro.le.um (pıtro'liyım) **i.** petrol.

pet.ti.coat (pet'ikot) **i.** iç eteklıği, jüpon.

pet.tish (pet'iş) **s.** alıngan, hırçın, huysuz.

pet.ty (pet'i) **s.** önemsiz, adi, ufak tefek. **petty cash** küçük kasa.

pet.u.lant (peç'ûlınt) **s.** huysuz, alıngan, sinirli.

pew (pyu) **i.** kilisede oturacak sıra.

pew.ter (pyu'tır) **i.** kurşun ve kalay alaşımı.

phan.tom (fän'tım) **i.** 1. hayal. 2. hayalet. 3. görünüş.

phar.ma.col.o.gy (farmıkal'ıci) **i.** farmakoloji.

phar.ma.cy (far'mısi) **i.** 1. eczacılık. 2. eczane. **pharmacist i.** eczacı.

phar.ynx (fer'ingks) **i.** yutak.

phase (feyz) **i.** 1. evre, safha; görünüş. 2. faz.

pheas.ant (fez'ınt) **i.** sülün.

phe.nom.e.non (finam'ınan) **i.** 1. olay ve görüngü, fenomen. 2. olağanüstü şey, harika. **phenomenal s.** 1. doğal olaylarla ilgili.

2. olağanüstü, harikulade.

phil.an.throp.ic (filınthrap'ik) **s.** iyiliksever. **phi.lan.thro.py** (fılän'thrıpi) **i.** hayırseverlik. **philanthropist i.** hayır sahibi.

phil.at.e.ly (filät'ili) **i.** pul koleksiyonculuğu.

Phil.ip.pines (fil'ıpinz) **i.** Filipinler.

phi.lol.o.gy (filal'ıci) **i.** 1. filoloji. 2. dilbilim. **philologist i.** dil bilgini, filolog, dilci.

phil.o.soph.ic (filısof'ik) **s.** felsefi, filozofca.

phi.los.o.phy (filas'ıfi) **i.** felsefe. **philosopher i.** filozof.

phlegm (flem) **i.** balgam.

pho.bi.a (fo'biyı) **i.** fobi, korku.

phone (fon) **i.** telefon. **f.** telefon etmek.

pho.net.ic (fınet'ik) **s.** fonetik, sescil. **phonetic spelling** fonetik yazım. **phonetically z.** fonetik olarak. **phonetics i.** sesbilim, fonetik.

pho.no.graph (fo'nıgräf) **i.** pikap, fonograf.

pho.ny (fo'ni) **s.** (argo) sahte, düzme, kalp. **i.** (argo) bozuntu.

phos.phor (fas'fır) **i.** fosforlu madde. **phosphorescent s.** fosforlu.

phos.pho.rus (fas'fırıs) **i.** fosfor.

pho.to (fo'to) **i.** fotoğraf.

pho.to.cop.y (fo'tokapi) **i.** fotokopi. **photocopier i.** fotokopi makinesi.

pho.to.gen.ic (fotocen'ik) **s.** fotojenik.

pho.to.graph (fo'tıgräf) **i.** fotoğraf. **f.** fotoğrafını çekmek.

pho.tog.ra.pher (fıtag'rıfır) **i.** fotoğrafçı.

pho.tog.ra.phy (fıtag'rıfi) **i.** fotoğrafçılık.

pho.to.gra.vure (fotogrıvyür') **i.** fotogravür, fotoğrafla baskı yapma.

pho.to.syn.the.sis (fotosin'thısis) **i.** fotosentez.

phrase (freyz) **i.** ibare.

phys.i.cal (fiz'ikıl) **s.** 1. maddi. 2. bedensel. 3. fiziksel. **physical education** beden eğitimi.

phy.si.cian (fiziş'ın) **i.** doktor, hekim.

phys.ics (fiz'iks) **i.** fizik. **physicist i.** fizikçi.

phys.i.o.ther.a.py (fiziyother'ıpi) **i.** fizik tedavisi.

phy.sique (fizik') **i.** bünye, fizik yapısı.

pi.an.o (piyän'o) **i.** piyano. **pianist i.** piyanist.

pick (pik) **i.** 1. kazma. 2. seçme hakkı, seçme fırsatı. **f.** 1. seçmek. 2. koparıp toplamak. **pick on** 1. seçmek. 2. ile uğraşmak, kancayı takmak. **pick out** seçmek, ayırmak. **pick up** 1. kaldırmak, toplamak. 2. devşirmek. 3. almak. 4. gelişmek. 5. hızlanmak.

pick.ax (pik'äks) **i.** kazma.

pick.et (pik'it) **i.** 1. kazık. 2. grev gözcüsü. **f.** grev gözcülüğü yapmak.

pick.le (pik'ıl) **i.** 1. turşu. 2. salamura. **f.** turşu kurmak; salamura yapmak. **pickled s.** turşusu kurulmuş.

pick.pock.et (pik'pakit) **i.** yankesici.

pick.up (pik'ʌp) **i.** 1. hız alma. 2. küçük kamyon, pikap.

pic.nic (pik'nik) **i.** piknik. **f.** piknik yapmak.

pic.to.ri.al (piktôr'iyıl) **s.** 1. resimlere ait. 2. resimli.

pic.ture (pik'çır) **i.** 1. resim. 2. tanımlama. 3. görüntü. **f.** 1. betimlemek, resmetmek. 2. canlandırmak, hayal etmek.

pic.tur.esque (pikçıresk') **s.** pitoresk.

pie (pay) **i.** tart.

piece (pis) **i.** 1. parça, kısım, bölüm. 2. dama taşı. **go to pieces** 1. parçalanmak. 2.(kendini) dağıtmak.

piece.meal (pis'mil) **z.** parça parça, yavaş yavaş.

piece.work (pis'wırk) **i.** parça başı iş.

pied (payd) **s.** benekli, alaca.

pier (pir) **i.** iskele, rıhtım.

pierce (pirs) **f.** delmek, içine işlemek.

pi.e.tism (pay'ıtîzım) **i.** dindarlık, sofuluk. **pietist i.** sofu.

pi.e.ty (pay'ıti) **i.** 1. Tanrıya hürmet. 2. dindarlık.

pig (pîg) **i.** domuz.

pig.eon (pîc'ın) **i.** güvercin.

pig.eon.hole (pîc'ınhol) **i.** 1. güvercin yuvası. 2. yazı masasında kâğıt gözü.

pig.head.ed (pîg'hedîd) **i.** inatçı, dik kafalı, ters.

pig.ment (pîg'mınt) **i.** renk maddesi, boya maddesi.

pig.tail (pîg'teyl) **i.** atkuyruğu saç örgüsü.

pi.laf (pîlaf') **i.** pilav.

pile (payl) **i.** temel veya iskele kazığı.

pile (payl) **i.** yığın, küme. **f.** yığmak, kümelemek. **pile up** yığmak, biriktirmek; yığılmak, birikmek.

pil.fer (pîl'fır) **f.** çalmak, aşırmak.

pil.grim (pîl'grîm) **i.** hacı.

pill (pîl) **i.** hap.

pil.lage (pîl'îc) **i.** 1. yağma, çapulculuk. 2. ganimet. **f.** yağma etmek.

pil.lar (pîl'ır) **i.** direk, sütun; dikme.

pil.low (pîl'o) **i.** yastık.

pil.low.case (pîl'okeys) **i.** yastık yüzü.

pi.lot (pay'lıt) **i.** 1. pilot. 2. kılavuz, rehber. 3. dümenci. **f.** 1. kılavuzluk etmek, yol göstermek. 2. (uçak) kullanmak.

pi.men.to (pîmen'to) **i.** 1. yenibahar. 2. tatlı taze kırmızı biber.

pimp (pîmp) **i.** pezevenk, kadın simsarı.

pim.ple (pîm'pıl) **i.** sivilce. **pimply s.** sivilceli.

pin (pîn) **i.** 1. topluiğne. 2. broş, iğne. **f.** 1. topluiğneyle tutturmak. 2. iliştirmek.

pin.cers (pîn'sırz) **i.** kerpeten.

pinch (pînç) **f.** 1. çimdiklemek, kıstırmak. 2. ıstı-

rap vermek. 3. (argo) çalmak; aşırmak. **i.** 1. çimdik. 2. tutam. 3. kısıntı. **in a pinch** icabında, sıkışınca.

pinch.ers (pîn'çırz) **i.** kerpeten.

pin.cush.ion (pîn'kûşın) **i.** iğnedenlik.

pine (payn) **i.** çam. **pine cone** çam kozalağı.

pine (payn) **f.: pine away** üzülmek, zayıflamak, bitmek. **pine for** özlemek.

pine.ap.ple (payn'äpıl) **i.** ananas.

ping-pong (pîng'pang) **i.** pingpong, masatenisi.

pink (pîngk) **s.** pembe.

pin.na.cle (pîn'ıkıl) **i.** doruk, tepe, zirve.

pin.point (pîn'poynt) **i.** 1. iğne ucu. 2. ufak şey. **f.** belirlemek, saptamak.

pin.prick (pîn'prîk) **i.** 1. iğne batması. 2. hafif yara.

pins and needles karıncalanma, uyuşma.

pint (paynt) **i.** yarım litrelik sıvı ölçü birimi.

pi.o.neer (payınîr') **i.** öncü.

pi.ous (pay'ıs) **s.** dindar.

pipe (payp) **i.** 1. boru. 2. kaval, düdük. 3. pipo.

pipe.line (payp'layn) **i.** borular. 2. şerit, harç, sutası. **piping hot** çok sıcak; buram buram.

pip.ing (pay'pîng) **i.** 1. boru. 2. kaval, düdük. 3. pipo.

pi.rate (pay'rît) **i.** korsan. **f.** çalıntı eser yayımlamak, aşırmak. **piracy** (i.) 1. korsanlık. 2. aşırmacılık, intihal.

pis.ta.chi.o (pîsta'şiyo) **i.** şamfıstığı, antepfıstığı.

pistol (pîs'tıl) **i.** pıştov, tabanca.

pis.ton (pîs'tın) **i.** (mak.) piston.

pit (pît) **i.** 1. çukur. 2. hendek şeklindeki tuzak. 3. cehennem.

pit (pît) **i.** şeftali gibi etli meyvaların çekirdeği.

pitch (pîç) **i.** zift.

pitch (pîç) **f.** 1. atmak, fırlatmak. 2. kurmak (çadır). **i.** 1. alçalma veya yükselme ıçısı. 2. atış. 3. meyil, eğim. 4. (müz.) perde. **pitch in** 1. birlikte çalışmak. 2. girişmek.

pitch-black (pîç'bläk') **s.** simsiyah, kapkara.

pitch-dark (pîç'dark') **s.** zifiri karanlık.

pitch.er (pîç'ır) **i.** (beysbol) topu atan oyuncu.

pitch.er (pîç'ır) **i.** testi, sürahi, ibrik; maşrapa.

pitch.fork (pîç'fôrk) **i.** yaba.

pit.e.ous (pît'iyıs) **s.** merhamet uyandıran.

pit.fall (pît'fôl) **i.** gizli tehlike, tuzak.

pith (pîth) **i.** 1. süngerdoku. 2. öz, cevher, kuvvet, ruh. **pithy s.** 1. özlü. 2. kuvvetli, etkileyici, az ve öz.

pit.y (pît'i) **i.** 1. acıma, merhamet; şefkat. 2. acınacak şey. **f.** acımak, merhamet etmek. **pitiable s.** acıklı. **pitiful s.** 1. merhamet uyandıran, acınacak halde. 2. değersiz, aşağılık. **pitiless s.** merhametsiz, taş yürekli. **for pity's sake** Allah aşkına. **take pity on** merhamete gelmek. **What a pity!** Ne yazık! Vah vah!

piv.ot (pîv'ıt) i. mil; eksen, mihver. **f.** mil üzerinde dönmek. **pivotal s.** asıl, esas.

plac.ard (pläk'ard) i. yafta, afiş, levha.

pla.cate (pley'keyt) **f.** yatıştırmak, teskin etmek.

place (pleys) i. yer, konum, mevki. **f.** 1. koymak, yerleştirmek. 2. yatırmak (para). **in place of** yerine. **out of place** yersiz, uygunsuz. **take place** olmak, meydana gelmek. **placement i.** koyma, yerleştirme; sınıflandırma.

pla.cen.ta (plısen'tı) i. etene, son, meşime.

plac.id (pläs'îd) **s.** sakin, yumuşak, uysal.

pla.gia.rize (pley'cırayz) **f.** çalıntı eseri kendi imzasıyla yayımlamak, aşırmak.

pla.gia.ry (pley'cırî) i. aşırmacılık, intihal.

plague (pleyg) i. 1. bela. 2. veba, taun. **f.** 1. uğraşmak, rahatsız etmek. 2. eziyet vermek.

plaid (pläd) **s.** ekose.

plain (pleyn) **s.** 1. düz. 2. sade, süssüz, basit. 3. açık. i. ova, düzlük. **plainly z.** 1. açıkça. 2. sade olarak.

plain.tiff (pleyn'tîf) i. davacı.

plain.tive (pleyn'tîv) **s.** yakınan, kederli.

plan (plän) **i.** 1. plan. 2. kroki, taslak. 3. niyet, fikir. 4. usul. **f.** 1. planını çizmek. 2. planlamak, tasarlamak; düzenlemek.

plane i., plane tree (pleyn) çınar.

plane (pleyn) **i.** rende, planya.

plane (pleyn) **i.** 1. düzlem. 2. yüzey. 3. uçak.

plan.et (plän'ît) **i.** gezegen.

plank (plängk) **i.** 1. kalın tahta, döşemelik tahta. 2. dayanak.

plant (plänt) **i.** 1. bitki. 2. fabrika. **f.** 1. dikmek, ekmek. 2. kurmak. 3. tohumlarını atmak (fikir). **planter i.** 1. ekici. 2. tohum serpme makinesi. 3. büyük çiftlik sahibi.

plan.ta.tion (pläntey'şın) **i.** büyük çiftlik, plantasyon.

plaque (pläk) **i.** 1. süs tabağı. 2. madeni levha veya rozet.

plas.ma (pläz'mı) **i.** plazma.

plas.ter (pläs'tır) **i.** 1. sıva. 2. alçı. 3. (tıb.) yakı. **f.** sıvamak.

plas.tic (pläs'tîk) **s.** 1. plastik. 2. naylon. 3. yoğrulabilen.

plate (pleyt) **i.** 1. tabak. 2. madeni levha. **f.** madenle kaplamak.

pla.teau (pläto') **i.** plato.

plat.form (plät'form) **i.** 1. kürsü. 2. peron.

plat.i.num (plät'ınım) **i.** platin.

plat.i.tude (plät'ıtud) **i.** yavan söz, basmakalıp söz.

plat.ter (plät'ır) **i.** 1. düz ve büyük tabak. 2. plak.

plau.si.ble (plô'zıbıl) **s.** akla uygun, makul.

play (pley) **f.** 1. oynamak. 2. eğlenmek. 3. hareket etmek, kımıldamak. 4. (çalgı) çalmak. 5. rol yapmak, canlandırmak. **i.** 1. piyes. 2. oyun.

play fair hilesiz oynamak. **player i.** 1. oyuncu, aktör. 2. çalgıcı. **playful s.** 1. oyunu seven, oyuncu. 2. şen, şakacı. **playfully z.** 1. neşeyle. 2. şaka olarak. **playfulness i.** oyunculuk, şakacılık.

play.ground (pley'graund) **i.** oyun sahası.

play.ing card (pley'îng) oyun kâğıdı, iskambil kâğıdı.

play.mate (pley'meyt) **i.** oyun arkadaşı.

play.off (pley'ôf) **i.** (spor) rövanş.

play.pen (pley'pen) **i.** etrafı parmaklıklı oyun parkı.

play.thing (pley'thîng) **i.** oyuncak.

play.time (pley'taym) **i.** 1. oyun zamanı. 2. tatil saati.

play.wright (pley'rayt) **i.** oyun yazarı.

pla.za (pla'zı) **i.** meydan, çarşı yeri.

plea (pli) **i.** 1. yalvarma, rica. 2. (huk.) dava. 3. savunma. 4. mazeret, özür.

plead (plid) **f.** 1. yalvarmak, rica etmek. 2. (huk.) dava açmak. 3. iddia etmek.

pleas.ant (plez'ınt) **s.** hoş, güzel. **pleasantly z.** hoşça.

pleas.an.try (plez'ıntrî) **i.** 1. şaka; şakacılık. 2. neşe.

please (pliz) **f.** 1. sevindirmek, memnun etmek. 2. hoşuna gitmek. **z.** lütfen. **if you please** lütfen, rica ederim. **pleasing s.** hoş, sevimli.

pleas.ure (plej'ır) **i.** zevk, haz; sevinç, keyif, memnuniyet.

pleat (plît) **i.** pli. **f.** pli yapmak.

pledge (plec) **i.** söz, yemin, ant. **f.** 1. rehine koymak. 2. söz vermek; söz verdirmek.

plen.ty (plen'tî) **i.** bolluk. **s.** pek çok, bereketli. **plentiful s.** çok, bol, bereketli, verimli.

pleu.ri.sy (plûr'ısî) **i.** zatülcenp.

pli.a.ble (play'ıbıl) **s.** katlanabilir, eğilip bükülebilir; esnek.

pli.ant (play'ınt) **s.** 1. esnek. 2. yumuşak, uysal.

pli.ers (play'ırz) **i.** kerpeten.

plight (playt) **i.** kötü durum.

plod (plad) **f.** 1. ağır ağır ve zorla yürümek. 2. isteksizce çalışmak.

plot (plat) **i.** 1. arsa, parsel. 2. hikâyenin konusu. 3. entrika, suikast. **f.** 1. planını çizmek; haritasını çıkarmak. 2. entrika çevirmek.

plow (plau) **i.** saban. **f.** saban sürmek.

plow.share (plau'şer) **i.** saban demiri, saban kulağı.

pluck (plâk) **f.** 1. koparmak (çiçek, meyve), yolmak. 2. çekmek, asılmak, zorlamak. **i.** 1. koparma, yolma. 2. yiğitlik, cesaret. **plucky**

s. yiğit, yürekli, cesur.

plug (plâg) **i.** 1. tapa, tıkaç, tampon. 2. (elek.) fiş. 3. (oto.) buji. 4. yangın musluğu.**f.** tıkamak, tıkaçlamak.

plum (plâm) **i.** 1. erik. 2. bonbon, şekerleme.

plum.age (plu'mic) **i.** kuşun tüyleri.

plumb (plâm) **i.** iskandil kurşunu. **s.** düşey.

plumb.er (plâm'ır) **i.** boru tamircisi, boru tesisatçısı.

plumb.ing (plâm'ing) **i.** boru tesisatı; boru tesisatçılığı.

plume (plum) **i.** tüy, kuş tüyü.

plump (plâmp) **s.** dolgun, tombul, tıknaz.

plun.der (plân'dır) **f.** yağma etmek. **i.** yağma. 2. saplamak, sokmak. **i.** dalış; yüzüş.

plu.ral (plûr'ıl) **s., i.** çoğul.

plus (plâs) **bağ.** ayrıca, ve, ve de. **s.** 1. fazla. 2. sıfırdan büyük, artı, pozitif.

plush (plöş) **i.** uzun tüylü kadife, pelüş. **s.** (argo) lüks.

ply (play) **i.** 1. kat, katmer. 2. eğilim, meyil.

ply (play) **f.** 1. işletmek, kullanmak. 2. etmek, yapmak. 3. düzenli seferler yapmak, gidip gelmek.

ply.wood (play'wûd) **i.** kontrplak.

pneu.mat.ic (numät'îk) **s.** hava basıncıyla işleyen.

pneu.mo.nia (numon'yı) **i.** zatürree.

poach (poç) **f.** sıcak suya kırıp pişirmek (yumurta).

poach (poç) **f.** yasak bölgede avlanmak.

pock.et (pak'ît) **i.** 1. cep. 2. para. 3. çukur, gedik. **f.** 1. cebe yerleştirmek; cebine atmak. 2. gizlemek, saklamak.

pock.et.book (pak'îtbûk) **i.** 1. cüzdan. 2. cep kitabı.

pock.et.knife (pak'îtnayf) **i.** çakı.

pod (pad) **i.** bezelye v.b.'nin kabuğu.

po.em (po'wım) **i.** koşuk, şiir.

po.et (po'wît) **i.** şair, ozan.

po.et.ic (powet'îk) **s.** koşuk dilinde; şairane.

po.et.ry (po'witrî) **i.** şiir, koşuk, nazım.

poign.ant (poyn'yınt) **s.** 1. acı, keskin. 2. şiddetli. 3. dokunaklı.

point (poynt) **i.** 1. uç. 2. nokta. 3. gaye, amaç, hedef. 4. puan. 5. (matb.) punto. **f.** 1. işaret etmek, göstermek. 2. yöneltmek. 3. sivriltmek.

point of view görüş açısı. **beside the point** konu dışında. **pointed s.** 1. sivri uçlu. 2. keskin. 3. anlamlı. **pointless s.** 1. uçsuz. 2. anlamsız, etkisiz. 3. amaçsız.

poise (poyz) **f.** 1. denge. 2. ağır başlılık.

poi.son (poy'zın) **i.** zehir. **f.** zehirlemek. **poi.sonous s.** zehirli.

poke (pok) **f.** 1. itme, dürtme; dirsek vurma. **f.** 1. dürtmek, dirseklemek. 2. uzatmak, sokmak.

poke fun at alay etmek.

pok.er (po'kır) **i.** ölçer.

po.ker (po'kır) **i.** poker.

Po.land (po'lınd) **i.** Polonya.

po.lar.i.ty (poler'ıtî) **i.** kutuplaşma.

po.lar.ize (po'lırayz) **f.** 1. polarmak. 2. kutuplaştırmak.

pole (pol) **i.** kutup.

pole (pol) **i.** sırık, direk, kazık.

po.lem.ics (polem'îks) **i.** tartışma, polemik.

polemical s. tartışmalı.

po.lice (plîs') **i.** polis, zabıta. **police station** karakol.

po.lice.man (plîs'mın) **i.** polis, zabıta memuru.

pol.i.cy (pal'ısî) **i.** 1. siyaset, siyasa, politika. 2. sigorta senedi, police.

po.li.o (po'liyo) **i.** çocuk felci.

pol.ish (pal'îş) **f.** cilalamak, parlatmak. **i.** 1. cila, perdah. 2. incelik, nezaket, terbiye.

po.lite (plıyt') **s.** nazik, terbiyeli, kibar. **po.litely z.** nezaketle. **politeness i.** nezaket, incelik, kibarlık.

pol.i.tic (pal'ıtîk) **s.** 1. hünerli. 2. politik. 3. tedbirli. 4. kurnaz.

po.lit.i.cal (pılît'îkıl) **s.** siyasal, siyasi.

pol.i.ti.cian (palıtîş'ın) **i.** politikacı.

pol.i.tics (pal'ıtîks) **i.** 1. politika, siyaset. 2. politikacılık.

poll (pol) **i.** 1. seçimde oylar. 2. oy sayısı. 3. anket.

pol.len (pal'ın) **i.** çiçek tozu.

pol.lute (plut') **f.** kirletmek, pisletmek. **pol.lution i.** kirlenme.

po.lo (po'lo) **i.** polo, çevgen. **polo shirt** kalın tişört.

pol.y.an.dry (paliyän'drî) **i.** çok kocalılık.

pol.y.chrome (pal'îkrom) **s.** çok renkli.

pol.y.clin.ic (palîklîn'îk) **i.** poliklinik.

pol.yg.a.my (pılîg'ımî) **i.** çokevlilik, poligami.

pol.y.glot (pal'îglat) **s.** birçok dili kapsayan.

pol.y.gon (pal'îgan) **i.** çokgen, poligon.

pol.y.go.nal (pılîg'ınıl) **s.** çok köşeli, çokgen.

Pol.y.ne.sia (pal'înî'jı) **i.** Polinezya.

pol.y.phon.ic (palîfan'îk) **i.** çok sesli.

po.made (pomeyd') **i.** briyantin; pomat, merhem.

pome.gran.ate (pam'gränît) **i.** nar.

pom.mel (pâm'ıl) **f.** yumruklamak.

pomp (pamp) **i.** tantana, debdebe. **pompous s.** 1. azametli, gururlu. 2. süslü. 3. saltanatlı.

pom.pos.i.ty (pampas'ıtî) **i.** 1. tantana, debdebe. 2. azamet, kurum.

pond (pand) **i.** ufak göl; havuz.

pon.der (pan'dır) **f.** zihinde tartmak, düşünmek, ölçünmek.

pon.der.ous (pan'dırıs) **s.** 1. çok ağır. 2. kütle halinde. 3. can sıkıcı.

pon.tiff (pan'tif) **i.** papa.

pon.toon (pantun') **i.** duba, tombaz.

po.ny (po'ni) **i.** bodur at, midilli.

pooh-pooh (pupu') **f.** küçümsemek.

pool (pul) **i.** küçük göl; havuz; su birikintisi, gölcük.

pool.room (pul'rum) **i.** bilardo salonu.

poor (pûr) **s.** 1. yoksul, fakir. 2. zayıf. 3. az. 4. kuvvetsiz. 5. zavallı. 6. kötü, adi.

poor.house (pûr'haus) **i.** darülaceze, düşkünler evi.

pop (pap) **f.** pat diye ses çıkarmak, patlamak. **i.** 1. patlama sesi. 2. tüfek sesi. 3. gazoz.

pop (pap) **i.** baba.

pop.corn (pap'kôrn) **i.** patlamış mısır, cinmısırı.

Pope (pop) **i.** papa.

pop.eyed (pap'ayd) **s.** patlak gözlü.

pop.gun (pap'gân) **i.** oyuncak tüfek, mantarlı tüfek.

pop.lar (pap'lır) **i.** kavak.

pop.py (pap'i) **i.** gelincik.

pop.u.lace (pap'yılîs) **i.** halk, avam.

pop.u.lar (pap'yılır) **s.** 1. popüler. 2. halka ait. 3. herkesçe anlaşılır.

pop.u.lar.i.ty (papyıler'ıti) **i.** popülerlik, rağbette olma.

pop.u.lar.ize (pap'yılırayz) **f.** herkesin anlayacağı şekle sokmak.

pop.u.late (pap'yıleyt) **f.** nüfuslandırmak.

population **i.** nüfus. **populous s.** yoğun nüfuslu.

porce.lain (pôrs'lin) **s.** porselen.

porch (pôrç) **i.** kapı önünde bulunan sundurma.

por.cu.pine (pôr'kyıpayn) **i.** oklukirpi.

pore (pôr) **i.** gözenek, mesame. **porous s.** gözenekli.

pore (pôr) **f.** bakmak. **pore over** dikkatlice okumak.

pork (pôrk) **i.** domuz eti.

por.phy.ry (pôr'firi) **i.** somaki, porfir.

por.poise (pôr'pis) **i.** yunusbalığı.

port (pôrt) **i.** 1. liman; liman şehri. 2. geminin sol yanı, iskele.

port.a.ble (pôr'tıbıl) **s.** taşınır, portatif.

por.ter (pôr'tır) **i.** 1. kapıcı. 2. hamal.

port.fo.li.o (pôrtfo'liyo) **i.** 1. evrak çantası. 2. makam, görev.

port.hole (pôrt'hol) **i.** lombar.

por.tion (pôr'şın) **i.** 1. kısım, parça, cüz. 2. porsiyon, bir tabak yemek. 3. pay. **f.** bölüştürmek, taksim etmek.

por.trait (pôr'trît) **i.** resim, portre.

por.tray (pôrtrey') **f.** 1. resmetmek. 2. betimlemek, tanımlamak.

Por.tu.gal (pôr'çıgıl) **i.** Portekiz.

pose (poz) **f.** 1. vaziyet almak. 2. arz etmek; (soru) ortaya atmak. 3. poz vermek. **i.** vaziyet, poz, duruş; takınılan tavır.

po.si.tion (pızîş'ın) **i.** 1. yer, mevki. 2. tutum, görüş. 3. iş.

pos.i.tive (paz'ıtîv) **s.** 1. kesin, kati. 2. olumlu. 3. gerçek. 4. şüphesiz. 5. açık. 6. pozitif. **positively z.** muhakkak; kesinlikle.

pos.sess (pızes') **f.** 1. sahip olmak, malik olmak. 2. hükmetmek. **possession i.** 1. iyelik. 2. sömürge. **possessions i.** servet, mal, mülk. **possessive s.** 1. hükmeden, serbest bırakmayan. 2. iyelik belirten. **i.** (gram.) iyelik hali.

pos.si.ble (pas'ıbıl) **s.** olanaklı, mümkün. **possibility i.** olanak, imkân. **possibly z.** belki, olabilir ki.

post (post) **i.** kazık, destek. **f.** 1. asmak, yapıştırmak (ilan). 2. afişle ilan etmek.

post (post) **i.** 1. memuriyet, görev, iş. 2. ordugâh. 3. kol, karakol. **f.** koymak, yerleştirmek.

post (post) **i.** posta. **f.** 1. postaya vermek, postalamak. 2. (hesapları) yevmiye defterinden ana deftere geçirmek. **post card** kartpostal, posta kartı. **post office** postane. **postal s.** postayla ilgili.

post.age (pos'tîc) **i.** posta ücreti. **postage stamp** posta pulu.

post.er (pos'tır) **i.** yafta, afiş.

pos.te.ri.or (pastîr'iyır) **i.** kıç, kaba et.

pos.ter.i.ty (paster'ıti) **i.** 1. döl, zürriyet. 2. gelecek nesiller; halefler.

post.grad.u.ate (postgräc'uwît) **i.** doktora öğrencisi.

post.hu.mous.ly (pâs'çûmıslı) **z.** ölümden sonra.

post.man (post'mın) **i.** postacı.

post.mark (post'mark) **i.** posta damgası.

post.mas.ter (post'mästır) **i.** postane müdürü.

post-mor.tem (postmôr'tım) **i.** otopsi.

post.paid (post'peyd') **s., z.** posta ücreti ödenmiş (olarak).

post.pone (postpon') **f.** ertelemek. **postponement i.** erteleme.

post.script (post'skrîpt) **i.** not, dipnot, haşiye.

pos.ture (pas'çır) **i.** duruş, poz, vaziyet.

po.sy (po'zi) **i.** çiçek, çiçek demeti.

pot (pat) **i.** 1. toprak kap. 2. tencere. 3. (argo) haşiş.

pot.as.si.um (pıtäs'iyım) **i.** potasyum.

po.ta.to (pıtey'to) **i.** patates. **potato masher** patates ezicisi.

pot.bel.ly (pat'beli) **i.** 1. göbek. 2. göbekli kimse. **potbellied s.** göbekli.

po.tent (pot'ınt) **s.** 1. kuvvetli, güçlü. 2. etkili. 3. yetkili.

po.ten.tial (pıten'şıl) **s.** 1. muhtemel. 2. gizil, potansiyel.

po.tion (po'şın) **i.** 1. ilaç dozu. 2. iksir.

pot.sherd (pat'şırd) **i.** kırık çömlek parçası.

pot.ter (pat'ır) **i.** çömlekçi. **pottery i.** 1. çömlek imalathanesi. 2. çömlekçilik.

pouch (pauç) **i.** kese, torba.

poul.try (pol'tri) **i.** kümes hayvanları.

pounce (pauns) **i.** 1. yırtıcı kuş pençesi. 2. saldırma, atılma, hamle. **f.** üzerine atılıp avlamak (av).

pound (paund) **i.** 1. libre, 454 gram. 2. İngiliz lirası.

pound (paund) **f.** 1. vurmak, dövmek. 2. ezmek. 3. yumruklamak.

pour (pôr) **f.** 1. dökmek, akıtmak, boşaltmak. 2. bardaktan boşanırcasına yağmak. 3. dökülmek, akmak.

pout (paut) **f.** surat asmak, somurtmak.

pov.er.ty (pav'ırti) **i.** 1. yoksulluk, fakirlik, ihtiyaç. 2. yetersizlik.

pow.der (pau'dır) **i.** 1. toz; pudra. 2. barut.

pow.er (pau'wır) **i.** 1. yetenek. 2. güç, kuvvet. 3. hüküm. 4. etki. 5. yetki. 6. (fiz.) erk, erke. 7. (mat.) üs. **powerful s.** 1. güçlü, kuvvetli, kudretli. 2. yetkili, nüfuzlu. 3. keskin, sert. **powerfully z.** kuvvetle.

pow.er.house (pau'wırhaus) **i.** elektrik santralı.

prac.ti.ca.ble (präk'tıkıbıl) **s.** 1. yapılabilir. 2. kullanışlı, elverişli.

prac.ti.cal (präk'tıkıl) **s.** 1. pratik. 2. uygulamalı, tatbiki. 3. kullanışlı, elverişli. **practical joke** eşek şakası. **practically z.** 1. gerçekten, hakikaten. 2. hemen hemen. 3. faydalı şekilde, pratik olarak.

prac.tice (präk'tis) **i.** 1. uygulama, tatbikat. 2. pratik. 3. egzersiz, idman. 4. alışkanlık. 5. prova. **f.** 1. yapmak. 2. çalışmak. 3. uygulamak. 4. pratik yapmak, egzersiz yapmak.

prag.mat.ic (prägmät'ik) **s.** 1. (fels.) pragmatizme ait. 2. pratik.

prai.rie (prer'i) **i.** büyük çayırlık, ağaçsız geniş kır.

praise (preyz) **f.** övmek, methetmek. **i.** övgü. **praiseworthy s.** övülmeye değer.

prance (präns) **f.** at gibi zıplayarak oynamak.

prank (prängk) **i.** kaba şaka, oyun.

pray (prey) **f.** 1. dua etmek. 2. yalvarmak. 3. ibadet etmek.

prayer (prer) **i.** 1. dua. 2. temenni. 3. ibadet. **prayer beads** tespih. **prayer rug** seccade.

preach (priç) **f.** 1. vazetmek. 2. öğüt vermek. **preacher i.** vaiz.

pre.am.ble (pri'yämbıl) **i.** başlangıç, önsöz.

pre.ar.range (priyıreync') **f.** önceden düzen-

lemek, tertip etmek.

pre.car.i.ous (priker'iyıs) **s.** 1. güvenilmez. 2. nazik, tehlikeli.

pre.cau.tion (prikô'şın) **i.** ihtiyat, basiret.

pre.cede (prisid') **f.** önde olmak, önce gelmek. **preceding s.** önceki, bir önceki.

prec.e.dent (pres'ıdınt) **i.** örnek, numune.

pre.cinct (pri'sinġkt) **i.** mıntıka, bölge.

pre.cious (preş'ıs) **s.** 1. değerli, kıymetli. 2. ender.

prec.i.pice (pres'ıpis) **i.** uçurum; sarp kayalık.

pre.cip.i.tate (f. prisip'iteyt; i. prisip'itit) **f.** neden olmak, başlatmak. **i.** çökelti, çökel.

pre.cise (prisays') **s.** 1. tam, kesin. 2. çok dikkatli; dakik. **precisely z.** 1. kesinlikle. 2. tam.

pre.ci.sion (prisij'ın) **i.** 1. dikkat, kesinlik. 2. dakiklik. 3. doğruluk.

pre.clude (priklud') **f.** engel olmak, olanaksız kılmak.

pre.co.cious (prikô'şıs) **s.** vaktinden evvel gelişmiş.

pre.con.di.tion (prikındiş'ın) **i.** peşin şart.

pre.con.cep.tion (prikınsep'şın) **i.** önyargı.

pred.a.to.ry (pred'ıtôri) **s.** yağma veya soygunculukla geçinen.

pred.e.ces.sor (pred'ısesır) **i.** 1. öncel, selef. 2. ata, cet.

pre.des.ti.na.tion (pridestiney'şın) **i.** kader, nasip, kısmet.

pre.de.ter.mine (priditır'min) **f.** önceden kararlaştırmak, önceden belirlemek.

pre.dic.a.ment (pridik'ımınt) **i.** 1. kötü durum, bela. 2. durum, hal, vaziyet.

pred.i.cate (pred'ikit) **i.** yüklem.

pre.dict (pridikt') **f.** tahmin etmek, önceden söylemek. **prediction i.** tahmin, önceden söyleme.

pre.em.i.nent (priyem'ınınt) **s.** üstün, seçkin, mümtaz. **preeminence i.** üstünlük.

pre.empt (priyempt') **f.** 1. önceden ayırmak. 2. herkesten önce satın almak.

pre.fab (pri'fäb') **i.** prefabrike yapı.

pre.fab.ri.cate (prifäb'rikeyt) **f.** önceden hazırlamak, önceden imal etmek.

pref.ace (pref'is) **i.** önsöz, başlangıç.

pre.fer (prifır') **f.** yeğlemek, tercih etmek. **pref.er.a.ble** (pref'ırıbıl) **s.** tercih olunur, daha iyi. **preferably z.** tercihen.

pref.er.ence (pref'ırıns) **i.** tercih.

pre.fix (pri'fiks) **i.** önek.

preg.nant (preg'nınt) **s.** gebe, hamile. **pregnancy i.** gebelik.

pre.his.tor.ic (prihistôr'ik) **s.** tarihöncesi.

prej.u.dice (prec'ūdis) **i.** önyargı. **prejudiced s.** tarafgir.

pre.lim.i.nar.y (prilim'ıneri) **s.** hazırlayıcı, ilk,

ön.

prel.ude (prel'yud) i. 1. başlangıç, giriş. 2. (müz.) prelüd.

pre.ma.ture (primıçür') s. 1. vaktinden evvel olan veya gelişen; mevsimsiz. 2. erken doğan. **prematurely z.** vaktinden evvel, mevsimsiz olarak, erken.

pre.med.i.tate (primed'iteyt) f. önceden düşünmek, tasarlamak. **premeditated s.** kasıtlı.

pre.mi.er (primir') s. 1. birinci, ilk. 2. baş, asıl i. başbakan. **premiership i.** başbakanlık.

pre.miere (primir') i. gala.

prem.ise (prem'is) i. varsayım.

pre.mi.um (pri'miyım) i. 1. prim. 2. (satışta) hediye.

pre.oc.cu.pied (priyak'yıpayd) s. dalgın.

prep (prep) s. hazırlayıcı.

prep.a.ra.tion (prepırey'şın) i. 1. hazırlama; hazırlık. 2. tertip.

pre.pare (priper') f. 1. hazırlamak; hazırlanmak. 2. düzenlemek. **preparatory s.** hazırlayıcı.

prep.o.si.tion (prepızış'ın) i. edat, ilgeç.

pre.pos.ter.ous (pripas'tırıs) s. akıl almaz; mantıksız.

pre.req.ui.site (prirek'wızit) s., i. önceden gerekli olan (şey).

pre.rog.a.tive (prirag'ıtiv) i. ayrıcalık, yetki, hak.

pre.school (pri'skul') s. okulöncesi.

pre.scribe (priskrayb') f. 1. emretmek. 2. (tıb.) vermek (ilaç).

pre.scrip.tion (priskrip'şın) i. (tıb.) reçete.

pres.ence (prez'ıns) i. 1. huzur, hazır bulunma, varlık. 2. duruş. **presence of mind** serinkanlılık, soğukkanlılık.

pres.ent (prez'ınt) s. 1. şimdiki 2. hazır, mevcut. i. şimdiki zaman, şimdiki durum. **for the present** şimdilik, şu anda. **presently z.** 1. birazdan 2. şimdi, şimdilik.

pres.ent (prez'ınt) i. hediye, armağan.

pre.sent (prizent') f. 1. sunmak, arz etmek. 2. tanıştırmak, tanıtmak. 3. huzura çıkarmak. 4. göstermek. **presentable s.** düzgün görünüşlü.

pres.er.va.tion (prezırvey'şın) i. 1. saklama; saklanma. 2. korunma, muhafaza.

pre.serve (prizırv') f. 1. korumak, esirgemek. 2. saklamak. 3. reçeteli yapmak. 4. konservesini yapmak. i. reçel. **preservative s.,** i. koruyucu (madde).

pre.side (prizayd') f. başkanlık etmek.

pres.i.dent (prez'ıdınt) i. başkan; baş, reis; şef, amir. **presidency i.** başkanlık.

pres.i.den.tial (prezıden'şıl) s. başkanlığa ait.

press (pres) i. 1. basın; basın mensupları.

2. matbaa makinesi. 3. basımevi, matbaa. 4. pres. 5. sıkıştırma; sıkışma. f. 1. basmak. 2. sıkmak, sıkıştırmak. 3. baskı yapmak, zorlamak. 4. ütülemek.

pres.sure (preş'ır) i. 1. baskı, basınç. 2. basınç kuvveti. **pressure cooker** düdüklü tencere.

pres.tige (prestij') i. prestij, saygınlık, itibar.

pre.sume (prizum') f. 1. farz etmek, tahmin etmek. 2. ihtimal vermek. **presumably z.** tahminen, galiba.

pre.sump.tion (prizâmp'şın) i. 1. haddini bilmezlik, cüret, küstahlık. 2. zan, farz, tahmin. **presumptuous s.** 1 küstah. 2. mağrur, kibirli.

pre.sup.pose (prisıpoz') f. 1. önceden farz etmek. 2. gerektirmek.

pre.sup.po.si.tion (prisâpızîş'ın) i. önceden farz edilen şey.

pre.tend (pritend') f. 1. yapar gibi görünmek, yalandan yapmak, taslamak. 2. taklit etmek, benzetmek.

pre.tense (pri'tens) i. 1. bahane. 2. taslama, geçinme.

pre.ten.sion (priten'şın) i. 1. iddia. 2. gösteriş, kurum. **pretentious s.** gösterişçi, kurumlu.

pre.text (pri'tekst) i. bahane, sözde sebep.

pret.ty (prit'i) s. 1. güzel, hoş, sevimli. 2. iyi. z. oldukça, epeyce, hayli.

pre.vail (priveyl') f. 1. yenmek, galip olmak. 2. hakim olmak. 3. yürürlükte olmak. 4. yaygın olmak, âdet olmak. 5. başarmak, etkili olmak. **prevail on** razı etmek; rica etmek. **prevailing s.** galip gelen; hâkim olan.

prev.a.lent (prev'ılınt) s. olagelen, etkili, yaygın.

pre.var.i.cate (priver'ıkeyt) f. yalan söylemek; kaçamaklı sözle aldatmak.

pre.vent (privent') f. 1. önlemek, engellemek. **prevention** i. önleme, engelleme. **preventive s.** önleyici, engelleyici.

pre.vi.ous (pri'viyıs) s. önceki, evvelki, sabık, eski. **previously z.** önceden, evvelce.

prey (prey) i. av. f. av ile beslenmek. **prey on** 1. avlamak. 2. sıkmak, sıkıntı vermek.

price (prays) i. 1. paha, fiyat, bedel. 3. değer, kıymet. 4. rüşvet. f. 1. fiyat koymak. 2. fiyatını saptamak. **priceless s.** paha biçilmez, çok değerli.

prick (prik) i. 1. iğnelenme; iğnelenme. 2. sivri uçlu alet. 3. diken. f. 1. hafifçe delmek, (iğne, diken) sokmak. 2. batırmak; batmak.

prick.le (prik'ıl) i. 1. karıncalanma. 2. diken, sivri uç. f. 1. iğnelenmek, karıncalanmak.

prick.ly s. 1. dikenli. 2. karıncalanan.

pride (prayd) i. 1. gurur, kibir, azamet. 2. övünç, iftihar.

priest (prist) i. papaz, rahip, kahraba§.

prim (prim) **s.** fazla resmi, çok ciddi.

pri.ma.ry (pray'meri) **i.** asıl, ana, birinci; başlıca. **primary school** ilkokul. **primarily z.** 1. ilkin, önce, evvela. 2. aslında.

prime (praym) **i.** 1. gençlik, hayatın baharı. 2. (mat.) asal sayı. **s.** baş; birinci; ilk; asıl. **prime minister** başbakan.

prim.er (prim'ır) **i.** okuma kitabı.

prim.i.tive (prim'itiv) **s.** ilkel.

prim.rose (prim'roz) **i.** çuhaçiçeği.

prince (prins) **i.** prens.

prin.cess (prin'sis) **i.** prenses.

prin.ci.pal (prin'sıpıl) **s.** baş, ana, başlıca, asıl. **i.** 1. müdür; okul müdürü. 2. sermaye, anamal, anapara. **principally z.** genellikle, çoğunlukla; aslında.

prin.ci.ple (prin'sıpıl) **i.** 1. ilke, prensip, kural. 2. ahlak. 3. öz.

print (print) **i.** 1. bası, tabı. 2. basma, matbua. 3. basma işi kumaş. 4. negatiften yapılmış resim. **f.** 1. basmak. 2. yayımlamak. 3. matbaa harfleriyle yazmak. **in print** basılmış, satılmakta. **out of print** baskısı tükenmiş. **printer i.** basımcı, matbaacı.

pri.or (pray'ır) **s.** önceki, evvelki, sabık.

pri.or.i.ty (prayôr'iti) **i.** 1. kıdemlilik. 2. üstünlük hakkı. **give priority to** öncelik tanımak.

prism (prizm) **i.** biçme, prizma.

pris.on (priz'ın) **i.** tutukevi, hapishane, cezaevi. **prisoner i.** 1. tutuklu. 2. tutsak, esir.

pri.vate (pray'vit) **s.** 1. özel, hususi, kişisel. 2. gizli, mahrem. **i.** er, asker. **in private** özel olarak, baş başa. **privates i.** edep yeri.

pri.va.tion (prayvey'şın) **i.** yoksulluk, ihtiyaç, sıkıntı.

priv.i.lege (priv'ilic) **i.** 1. ayrıcalık, imtiyaz. 2. özel izin. 3. hak. **privileged s.** imtiyazlı.

priv.y (priv'i) **s.** 1. sır ortağı olan. 2. özel.

prize (prayz) **i.** ödül. **f.** 1. çok değer vermek. 2. paha biçmek.

prob.a.bil.i.ty (prabıbil'iti) **i.** olasılık, ihtimal; olasılı şey.

prob.a.ble (prab'ıbıl) **s.** olasılı, muhtemel. **probably z.** belki de, galiba.

pro.ba.tion (probey'şın) **i.** 1. gözaltı. 2. (memuru) deneme devresi.

probe (prob) **f.** 1. araştırmak, incelemek. 2. sondalamak, sondaj yapmak. **i.** 1. cerrah mili, sonda. 2. (A.B.D) araştırma, sondaj.

prob.lem (prab'lım) **i.** 1. sorun, mesele. 2. (mat.) problem. **s.** problemli.

pro.ce.dure (prosi'cır) **i.** yol, yöntem, metot.

pro.ceed (prosid') **f.** ilerlemek; yol tutmak, usul takip etmek.

pro.ceeds (pro'sidz) **i.** gelir, kazanç, hâsılat.

proc.ess (pras'es) **i.** 1. yöntem, metot, yol, usul.

2. süreç. 3. işlem. 4. ilerleme. **f.** muamelesini yapmak. .

pro.ces.sion (prıseş'ın) **i.** 1. alay. 2. oluş.

pro.claim (prokleym') **f.** ilan etmek.

proc.la.ma.tion (proklımey'şın) **i.** 1. ilan. 2. bildiri.

pro.cras.ti.nate (prokräs'tıneyt) **f.** 1. sürüncemede bırakmak, geciktirmek. 2. ertelemek.

pro.cre.ate (pro'kriyeyt) **f.** 1. döllemek. 2. hasıl etmek, doğurmak, yaratmak. **procreation i.** 1. dölleme. 2. doğurma, meydana getirme.

pro.cure (prokyûr') **f.** elde etmek, edinmek.

prod (prad) **f.** dürtmek.

prod.i.gal (prad'ıgıl) **s.** savurgan, müsrif.

pro.dig.ious (prıdic'ıs) **s.** çok büyük.

pro.duce (prıdus') **f.** 1. meydana getirmek. 2. göstermek. 3. yapmak, üretmek. **producer i.** 1. üretici. 2. fabrikatör. 3. (şin.) yapımcı.

pro.duce (prad'us) **i.** 1. ürün. 2. sebze.

prod.uct (prad'ıkt) **i.** 1. ürün. 2. sonuç. 3. çarpım.

pro.duc.tion (prıdak'şın) **i.** 1. üretim. 2. ürün.

pro.duc.tive (prıdak'tiv) **s.** 1. verimli. 2. yaratıcı.

pro.duc.tiv.i.ty (prodaktiv'iti) **i.** verimlilik.

prof (praf) **i.** profesör.

pro.fane (prıfeyn') **f.** 1. kirletmek. 2. hürmetsizce kullanmak. **s.** zındık.

pro.fan.i.ty (prıfän'iti) **i.** ağız bozukluğu.

pro.fess (prıfes') **f.** 1. itiraf etmek. 2. savlamak, taslamak. **professed s.** sözde.

pro.fes.sion (prıfeş'ın) **i.** meslek; sanat; iş kolu. **professional s.** 1. mesleki. 2. profesyonel.

pro.fes.sor (prıfes'ır) **i.** ordinaryüs profesör.

prof.fer (praf'ır) **f.** önermek.

pro.fi.cient (prıfiş'ınt) **s.** yetenekli, usta. **proficiency i.** ustalık, beceri.

pro.file (pro'fayl) **i.** 1. profil. 2. kısa biyografi, karakter portresi.

prof.it (praf'it) **i.** 1. kâr, kazanç. 2. yarar, fayda. **f.** 1. kazanç getirmek; kazanmak. 2. işe yaramak. **profitable s.** kârlı, kazançlı; yararlı.

prof.i.teer (prafitir') **f.** vurgunculuk etmek. **i.** vurguncu, fırsatçı.

pro for.ma invoice (pro fôr'mı) (tic.) proforma.

pro.found (prıfaund') **s.** 1. çok derin. 2. engin. **profoundly z.** 1. derinden. 2. tamamen.

pro.fun.di.ty (prıfan'diti) **i.** derinlik, genişlik.

pro.fuse (prıfyus') **s.** çok, bol. **profusely z.** fazlasıyla, bol bol. **profusion i.** bolluk.

prog.e.ny (prac'ini) **s.** soy, nesil, döl, torunlar.

prog.no.sis (pragno'sis) **i.** 1. prognoz. 2. tahmin.

prog.nos.ti.cate (pragnas'tikeyt) **f.** tahmin etmek. **prognostication i.** kehanet, tahmin.

pro.gram (pro'gräm) **i.** 1. program. 2. (bilgisayar) çalışma yönergesi, düzen. **f.** düzenlemek, programlamak.

prog.ress (prag'res) **i.** ilerleme, gelişme.

prog.ress (prıgres') **f.** ilerlemek, gelişmek.

progression i. ilerleme. **progressive s.** 1. ilerleyen. 2. ilerici. **progressively z.** ilerledikçe.

pro.hib.it (prohîb'ît) **f.** yasaklamak. **prohibition i.** yasak. **prohibitive s.** yasaklayıcı, engelleyici.

proj.ect (prıcekt') **f.** 1. ileriye doğru atmak, fırlatmak. 2. tasarlamak, düşünmek. 3. (film, resim) perdede göstermek. **projection i.** 1. çıkıntı, sundurma. 2. gösterim. **projector i.** projektör, sinema makinesi.

proj.ect (prac'ekt) **i.** plan, proje, tasarı.

pro.jec.tile (prıcek'tıl) **i.** mermi, kurşun.

pro.le.tar.i.an (proliter'iyın) **i.** proleter, emekçi. **proletariat i.** işçi sınıfı, proletarya.

pro.lif.er.ate (prolîf'ıreyt) **f.** çoğalmak, üremek.

pro.lif.ic (prolîf'îk) **s.** verimli.

pro.logue (pro'lôg) **i.** önsöz.

pro.long (prîlông') **f.** uzatmak, sürdürmek.

prom.e.nade (pramıneyd') **i.** yürüyüş, piyasa.

prom.i.nent (pram'ınınt) **s.** 1. ünlü, önemli. 2. göze çarpan. **prominence i.** 1. ün. 2. göze çarpan şey. 3. çıkıntı, burun.

pro.mis.cu.ous (prımîs'kyuwıs) **s.** rasgele; karmakarışık.

prom.ise (pram'îs) **i.** 1. söz, vaat. 2. ümit verici şey. **f.** 1. söz vermek. 2. ümit vermek. **promising s.** ümit verici.

pro.mote (prımot') **f.** 1. ilerletmek. 2. terfi ettirmek. **promoter i.** teşebbüs sahibi, kurucu. **promotion i.** terfi.

prompt (prampt) **s.** 1. çabuk, acele. 2. hazır. **promptly z.** derhal, çabucak.

prone (pron) **s.** 1. yüzükoyun. 2. eğilimli.

prong (prông) **i.** çatal dişi.

pro.noun (pro'naun) **i.** zamir, adıl.

pro.nounce (prınauns') **f.** telaffuz etmek, söylemek. **pronounced s.** 1. belli, belirgin. 2. kesin.

pro.nun.ci.a.tion (prınânsiyey'şın) **i.** telaffuz, söyleniş.

proof (pruf) **i.** 1. delil, kanıt, tanıt. 2. (matb.) prova. 3. (mat.) sağlama.

proof.read (pruf'rîd) **f.** provaları düzeltmek, tashih etmek. **proofreader i.** düzeltmen.

prop (prap) **f.** destek yapmak. **i.** 1. destek, dayak. 2. sahne donatımı.

prop (prap) **i.** uçak pervanesi.

prop.a.gan.da (prapıgän'dı) **i.** propaganda.

prop.a.gate (prap'ıgeyt) **f.** 1. üretmek. 2. yaymak.

pro.pel (prıpel') **f.** 1. ileriye sürmek. 2. itmek, sevk etmek.

pro.pel.ler (prıpel'ır) **i.** uçak pervanesi.

prop.er (prap'ır) **s.** 1. yakışır, uygun. 2. doğru. **properly z.** uygun şekilde. 2. haklı olarak.

prop.er.ty (prap'ırtı) **i.** 1. mülkiyet. 2. mal, emlak. 3. özellik.

proph.e.cy (praf'ısı) **i.** 1. kehanet. 2. keramet. 3. tahmin.

proph.e.sy (praf'ısay) **f.** 1. gaipten haber vermek. 2. tahminde bulunmak.

proph.et (praf'ît) **i.** 1. peygamber, yalvaç. 2. kâhin.

pro.phet.ic (prıfet'îk) **s.** isabetli (tahmin).

pro.por.tion (prıpôr'şın) **i.** 1. oran, orantı. 2. pay. 3. uygunluk. **in proportion to** -e oranla, -e göre. **proportional s.** orantılı.

pro.pose (prıpoz') **f.** önermek, teklif etmek. **proposal i.** 1. öneri. 2. evlenme teklifi.

prop.o.si.tion (prapızîş'ın) **i.** 1. teklif. 2. önerme.

pro.pri.e.tor (prıpray'ıtır) **i.** mal sahibi.

pro.pri.e.ty (prıpray'ıtı) **i.** uygunluk; âdetlere uyma.

pro.pul.sion (prıpâl'şın) **i.** ileri sürme, sevk; itici kuvvet.

prose (proz) **i.** düzyazı, nesir.

pros.e.cute (pras'ıkyut) **f.** dava açmak. **prosecutor i.** savcı.

pros.pect (pras'pekt) **i.** 1. manzara, görünüş. 2. ihtimal. **in prospect** beklenen. **prospector i.** maden arayıcısı.

pro.spec.tive (prıspek'tîv) **s.** 1. gelecekte olan, müstakbel. 2. muhtemel.

pros.per (pras'pır) **f.** 1. başarılı olmak. 2. zenginleşmek. **prosperous s.** 1. başarılı, gelişmiş. 2. zengin. **prosperous s.** 1. işi yolunda. 2. başarılı. 3. gönençli.

pros.per.i.ty (prasper'ıtı) **i.** 1. başarı. 2. gönenç.

pros.ti.tute (pras'tıtut) **i.** fahişe, orospu.

pros.trate (pras'treyt) **s.** yüzükoyun.

pro.tect (prıtekt') **f.** korumak. **protection i.** koruma. **protective s.** koruyucu. **protector i.** koruyucu.

pro.te.in (pro'tiyin) **i.** protein.

pro.test (prı'test) **i.** pro'test) **f.** protesto etmek; itiraz etmek. **i.** protesto; itiraz.

Prot.es.tant (prat'ıstınt) **i.** Protestan.

pro.to.col (pro'tıkôl) **i.** protokol.

pro.to.plasm (pro'tıpläzım) **i.** protoplazma.

pro.trac.tor (proträk'tır) **i.** iletki.

pro.trude (protrud') **f.** çıkıntı yapmak, dışarı çıkmak.

pro.tu.ber.ance (protu'bırıns) **i.** çıkıntı.

proud (praud) **s.** 1. gururlu, kibirli. 2. görkemli. **proudly z.** gururla.

prove (pruv) **f.** tanıtlamak, ispat etmek.

prov.erb (prav'ırb) **i.** atasözü.

pro.ver.bi.al (prıvır'biyıl) **s.** herkesçe bilinen, ünlü.

pro.vide (prıvayd') **f.** sağlamak, bulmak, tedarik etmek; önceden hazırlamak. **provided, providing bağ.** şartıyla, eğer, şayet.

prov.ince (prav'ins) **i.** 1. vilayet, il, eyalet. 2. bilgi alanı. 3. yetki alanı.

pro.vin.cial (prıvin'şıl) **s.** 1. taşralı. 2. görgüsüz.

pro.vi.sion (prıvij'ın) **i.** 1. tedarik. 2. koşul. **provisional s.** geçici, eğreti. **provisions i.** zahire, erzak.

pro.voke (prıvok') **f.** 1. kışkırtmak, dürtmek. 2. kızdırmak, sinirlendirmek. 3. neden olmak.

prow (prau) **i.** pruva.

prowl (praul) **f.** sinsi sinsi dolaşmak.

prox.im.i.ty (praksim'ıti) **i.** yakınlık.

prox.y (prak'si) **i.** 1. vekil, vekillik. 2. vekâletname.

prude (prud) **i.** aşırı iffet taslayan kimse. **prud-ish s.** fazla iffet taslayan.

pru.dent (prud'ınt) **s.** sağgörülü, basiretli.

prune (prun) **i.** kuru erik, çir.

prune (prun) **f.** budamak.

pry (pray) **f.** gizlisini saklısını araştırmak.

pseu.do (su'do) **s.** sahte.

pseu.do.nym (su'dınim) **i.** takma ad, lakap.

psy.che (say'ki) **i.** 1. ruh, tin. 2. can.

psy.chi.a.try (saykay'ıtri) **i.** psikiyatri. **psychiatrist i.** psikiyatr, ruh doktoru.

psy.chic (say'kik) **s.** 1. ruhi, ruhsal. 2. uzaduyumla ilgili.

psy.cho.a.nal.y.sis (saykowınâl'ısîs) **i.** psikanaliz.

psy.cho.an.a.lyze (saykowân'ılayz) **f.** psikanaliz yapmak. **psychoanalist i.** psikanalist.

psy.cho.log.i.cal (saykılac'îkıl) **s.** ruhbilimsel, psikolojik. **psychologically z.** psikolojik bakımdan.

psy.chol.o.gy (saykal'ıci) **i.** ruhbilim, psikoloji. **psychologist i.** ruhbilimci, psikolog.

psy.cho.path (say'kopâth) **i.** ruh hastası, psikopat.

psy.cho.sis (sayko'sis) **i.** akıl hastalığı, psikoz.

pu.ber.ty (pyu'bırti) **i.** ergenlik çağı, buluğ, erinlik.

pub.lic (pâb'lîk) **s.** 1. halka ait, umumi, genel. 2. açık, aleni. **i.** 1. halk, ahali, umum. 2. seyirciler. **public opinion** kamuoyu. **in public** alenen, açıkça.

pub.li.ca.tion (pâblıkey'şın) **i.** 1. yayım. 2. yayın.

pub.lic.i.ty (pâblîs'ıti) **i.** 1. reklam, ilan.

2. umuma açık olma.

pub.li.cize (pâb'lısayz) **f.** 1. reklamını yapmak. 2. ilan etmek.

pub.lish (pâb'lîş) **f.** yayımlamak. **publisher i.** 1. yayınevi. 2. yayımcı.

puck.er (pâk'ır) **f.** 1. buruşturmak, kırıştırmak; buruşmak, kırışmak. 2. büzmek; büzülmek.

pud.ding (pûd'îng) **i.** muhallebi, puding.

pud.dle (pâd'ıl) **i.** kirli su birikintisi.

puff (pâf) **i.** 1. üfürük, soluk. 2. beze, yumurta akıyla yapılan kurabiye. 3. pudra ponponu. **f.** 1. püflemek. 2. püfür püfür esmek. 3. solumak. **puffy s.** 1. şişkin, kabarık. 2. görkemli, abartmalı. 3. püfür püfür esen.

pug.na.cious (pâgney'şıs) **s.** kavgacı, hırçın.

pug.nac.i.ty (pâgnäs'ıti) **i.** kavgacılık.

pull (pûl) **f.** 1. çekiş, çekme. 2. tutamaç. 3. dayanıklılık. 4. iltimas, kayırma, piston, arka. 5. uğraşma, gayret. 6. gerilim. **f.** 1. çekmek; koparmak. 2. sürüklemek. **pull off** 1. çekip çıkarmak. 2. başarmak. **pull one's leg** aldatmak.

pul.let (pûl'ît) **i.** piliç, yarga.

pul.ley (pûl'i) **i.** (mak.) makara, kasnak.

pull.o.ver (pûl'ovır) **i.** süveter.

pul.mo.nar.y (pâl'mıneri) **s.** akciğere ait.

pulp (pâlp) **i.** 1. meyva eti, meyva özü. 2. kâğıt hamuru. **pulpy s.** etli, özlü, yumuşak.

pul.pit (pûl'pît) **i.** mimber, kürsü.

pulp.wood (pâlp'wûd) **i.** kâğıt yapımında kullanılan ağaç.

pul.sate (pâl'seyt) **f.** (nabız) atmak, (yürek) çarpmak.

pulse (pâls) **i.** 1. nabız. 2. çarpıntı. 3. genel eğilim.

pul.ver.ize (pâl'vırayz) **f.** ezip toz haline koymak.

pum.ice (pâm'îs) **i.** süngertaşı.

pump (pâmp) **i.** tulumba, pompa. **f.** 1. tulumbayla çekmek. 2. su çekmek. 3. pompalamak. 4. ağız aramak. **pump dry** tulumbayla suyunu çekip kurutmak. **pump up** pompayla şişirmek.

pump.kin (pâmp'kin) **i.** balkabağı.

pun (pân) **i.** kelime oyunu, cinas. **f.** kelime oyunu yapmak.

punch (pânç) **i.** zımba, delgi, matkap. **f.** zımbalamak.

punch (pânç) **i.** 1. yumruk, muşta. 2. (argo) kuvvet, enerji. **f.** yumruklamak, muştalamak.

punc.tu.al (pângk'çuwıl) **s.** dakik, tam vaktinde olan.

punc.tu.ate (pângk'çuweyt) **f.** noktalamak. **punctuation i.** noktalama.

punc.ture (pângk'çır) **f.** 1. delme. 2. göz, ufak delik. 3. patlama (otomobil lastiği). **f.** delmek.

pun.gent (pân'cınt) **s.** sert, acı; keskin; batan.

pun.ish (pân'îş) **f.** cezalandırmak. **punishment i.** ceza.

pu.ny (pyu'ni) **s.** çelimsiz, sıska.

pup (pʌp) **i.** yavru köpek, encik.

pu.pil (pyu'pıl) **i.** öğrenci, talebe.

pu.pil (pyu'pıl) **i.** gözbebeği.

pup.pet (pʌp'ît) **i.** kukla.

pup.py (pʌp'i) **i.** yavru köpek, encik.

pur.chase (pır'çıs) **f.** satın almak. **i.** 1. satın alma. 2. satın alınan şey.

pure (pyûr) **s.** 1. saf, som, has. 2. temiz. 3. kusursuz, lekesiz. 4. masum. **purity i.** temizlik, saflık, paklık.

pure.bred (pyûr'bred) **i.** saf kan.

pur.ga.tive (pır'gıtîv) **s., i.** müshil.

purge (pırc) **f.** 1. temizlemek, paklamak. 2. yok etmek.

pu.ri.fi.ca.tion (pyurıfıkey'şın) **i.** arıtma.

pu.ri.fy (pyûr'ıfay) **f.** 1. temizlemek, arıtmak. 2. temize çıkarmak. 3. sadeleştirmek.

purl (pırl) **f.** ters iğne örgü yapmak.

pur.ple (pır'pıl) **s.** erguvani, mor, eflatun.

pur.port (pır'pôrt) **i.** anlam, mana. **f.** anlamında olmak, göstermek, bildirmek.

pur.pose (pır'pıs) **i.** amaç, maksat, erek. **f.** tasarlamak, kastetmek. **on purpose** mahsus, bile bile, kasten. **purposely z.** kasten, mahsus, bile bile.

purr (pır) **f.** mırlamak. **i.** kedi mırlaması.

purse (pırs) **i.** 1. para kesesi, para çantası. 2. hazine.

purs.lane (pırs'lîn) **i.** semizotu.

pur.sue (pırsu') **f.** peşine düşmek, izlemek, kovalamak. **pursuit i.** 1. izleme, takip, kovalama. 2. meşguliyet, iş.

pus (pʌs) **i.** cerahat, irin.

push (pûş) **f.** 1. itmek, dürtmek. 2. sürmek, yürütmek. **i.** itiş. **push button** elektrik düğmesi.

push.cart (pû:'kart) **i.** el arabası.

pus.sy (pûs'i) **i.** kedi.

put (pût) **f.** 1. koymak, yerleştirmek. 2. ifade etmek. **put away** bir tarafa koymak, kaldırmak, saklamak. **put back** geri koymak, yerine koymak. **put down** 1. aşağı koymak, yere koymak. 2. bastırmak. 3. kaydetmek. 4. susturmak. **put on** giymek. **put out** 1. dışarı çıkarmak. 2. söndürmek. 3. rahatsız etmek. **put to bed** yatağa yatırmak. **put to death** öldürmek, idam etmek. **put up with** tahammül etmek, çekmek, katlanmak.

pu.tre.fy (pyu'trıfay) **f.** 1. çürümek, bozulmak. 2. kokmak, kokuşmak.

pu.trid (pyu'trîd) **s.** çürük, bozuk.

put.ty (pʌt'i) **i.** camcı macunu.

puz.zle (pʌz'ıl) **i.** bilmece, bulmaca. **f.** şaşırtmak. **be puzzled** şaşırmak, afallamak. **puzzling s.** şaşırtıcı.

pyg.my, pig.my (pîg'mi) **i.** cüce.

pyr.a.mid (pîr'ımîd) **i.** piramit, ehram.

Q

quack (kwäk) **f.** ördek sesi çıkarmak.

quack (kwäk) **i.** sahte doktor. **s.** şarlatan.

quad.ran.gle (kwäd'räng.gıl) **i.** 1. dörtgen. 2. avlu.

quad.ri.lat.er.al (kwadrılät'ırıl) **s.** dörtgen, dörtkenar.

quad.ru.ped (kwäd'rûped) **s., i.** dört ayaklı (hayvan).

quad.ru.ple (kwadru'pıl) **s.** dört kat. **f.** dörtle çarpmak.

quag.mire (kwäg'mayr) **i.** batak, bataklık.

quail (kweyl) **i.** bıldırcın.

quail (kweyl) **f.** yılmak; sinmek, ürkmek.

quaint (kweynt) **s.** antika, yabansı, acayip, tuhaf.

quake (kweyk) **f.** titremek. **i.** zelzele.

qual.i.fi.ca.tion (kwalıfıkey'şın) **i.** 1. yetenek. 2. şart. 3. kayıtlama, kısıtlama.

qual.i.fy (kwal'ıfay) **f.** 1. hak kazanmak, ehliyet kazanmak. 2. kısıtlamak, sınırlandırmak. 3. nitelendirmek. 4. hafifletmek. **qualified s.** 1. yetenekli. 2. şartlı, kısıtlı, sınırlı.

qual.i.ta.tive (kwal'ıteytîv) **s.** niteleyici, nitel.

qual.i.ty (kwal'ıti) **i.** 1. nitelik. 2. özellik. 3. üstünlük. 4. meziyet, artam.

qualm (kwam) **i.** 1. mide bulantısı. 2. vicdan azabı.

quan.da.ry (kwan'dri) **i.** şüphe, hayret, şaşkınlık.

quan.ti.ta.tive (kwan'tıteytîv) **s.** nicel.

quan.ti.ty (kwan'tıti) **i.** nicelik, miktar. **quantities i.** büyük miktar.

quar.an.tine (kwôr'ıntîn) **i.** karantina. **f.** karantinaya almak.

quar.rel (kwôr'ıl) **i.** kavga, çekişme; bozuşma. **f.** kavga etmek, çekişmek; bozuşmak. **quarrelsome s.** kavgacı; ters, huysuz.

quar.ry (kwôr'i) **i.** taş ocağı. **f.** taş ocağından kazıp çıkarmak.

quar.ry (kwôr'i) **i.** av.

quart (kwôrt) **i.** 1. dörtte bir, çeyrek. 2. 25 sentlik sikke. 3. mahalle, semt. **quarterly s.** üç ayda bir verilen veya olan. **quarters i.** 1. kışla. 2. geçici mesken.

quar.tet(te) (kwôrtet´) i. dörtlü, kuartet.

quartz (kwôrts) i. kuvars.

quash (kwaş) f. iptal etmek, kaldırmak, bozmak.

qua.si (kwa´zi) z. güya, sanki. s. gibi, hemen hemen.

Qat.ar (katar´) i. Katar.

quat.rain (kwat´reyn) i. rubai, dörtlük.

qua.ver (kwey´vır) f. titremek; titrek sesle şarkı söylemek. i. ses titremesi.

quay (ki) i. rıhtım, iskele.

quea.sy (kwi´zi) s. midesi bulanmış.

queen (kwin) i. 1. kraliçe. 2. arı beyi. 3. (satranç) vezir, ferz. 4. (briç) kız.

queer (kwîr) s. 1. acayip, tuhaf, garip. 2. (argo) kalp, sahte. 3. (argo) homoseksüel.

quell (kwel) f. 1. bastırmak. 2. yatıştırmak.

quench (kwenç, f. 1. söndürmek, bastırmak. 2. tatmin etmek. 3. suyla soğutmak.

quer.u.lous (kwîr´ılıs) s. şikayetçi; titiz, aksi.

que.ry (kwîr´i) i. 1. soru, sorgu. 2. soru işareti. f. sormak.

quest (kwest) i. arama.

ques.tion (kwes´çın) f. 1. sormak; sorguya çekmek. 2. şüphe etmek. 3. karşı gelmek. i. 1. soru. 2. sorun, mesele. 3. şüphe. 4. sorgu. 5. önerme. **question mark** soru işareti. **an open question** sürüncemede kalmış sorun. **beyond question** şüphesiz, olamaz. **out of the question** imkânsız, olamaz. **questionable** s. şüpheli.

ques.tion.naire (kwesçıner´) i. anket; form, belge.

queue (kyu) i. kuyruk, sıra.

quib.ble (kwib´ıl) i. baştan savma cevap; kaçamaklı söz. f. kaçamaklı cevap vermek.

quick (kwik) s. 1. çabuk, hızlı, tez. 2. anlayışlı. 3. tez elden. **quickly z.** çabuk, acele.

quick.en (kwik´ın) f. 1. canlandırmak, dirilmek. 2. hızlandırmak.

quick.lime (kwik´laym) i. sönmemiş kireç.

quick.sand (kwik´sänd) i. bataklık kumu.

quick.sil.ver (kwik´silvır) i. 1. cıva. 2. sır.

quick-tem.pered (kwik´tempırd) s. çabuk kızar, sinirli.

quick-wit.ted (kwik´wit´ıd) s. zeki, akıllı, çabuk anlar.

qui.et (kway´ıt) s. 1. sessiz, sakin. 2. hareketsiz, rahat. 3. nazik, yumuşak huylu, uslu. 4. gösterişsiz. i. rahat, huzur, asayiş, sessizlik, sükût. f. 1. susturmak. 2. kandırmak, yatıştırmak. **quiet down** susmak, sakinleşmek; susturmak. **quietly z.** yavaşça, sessizce, hareketsizce.

quilt (kwilt) i. yorgan.

quince (kwîns) i. ayva.

qui.nine (kway´nayn) i. kinin.

quin.tu.ple (kwin´tûpıl) s. beş kat, beş misli.

quip (kwip) i. hazır cevap.

quirk (kwırk) i. acayiplik.

quit (kwit) f. 1. bırakmak, vazgeçmek. 2. dinmek. 3. gitmek. 4. terk etmek. 5. işten ayrılmak. s. 1. kurtulmuş, serbest. 2. arı.

quite (kwayt) z. 1. tamamen, bütün bütün, her yönüyle. 2. gerçekten, hakikaten. 3. epey. **quite a bit, quite a lot** 1. epeyce. 2. pek çok defa.

quiv.er (kwiv´ır) f. titremek. i. titreme.

quix.ot.ic (kwiksat´ik) s. 1. Donkişotvari. 2. saçma şekilde romantik.

quiz (kwiz) i. 1. küçük imtihan. 2. sorgu. f. 1. sorguya çekmek. 2. imtihan etmek.

quiz.zi.cal (kwiz´ikıl) s. tuhaf, garip, gülünç.

quo.rum (kwôr´ım) i. yetersayı.

quo.ta (kwo´tı) i. 1. hisse, pay. 2. kontenjan, kota.

quo.ta.tion (kwotey´şın) i. 1. aktarma. 2. aktarılan söz. **quotation mark** tırnak işareti.

quote (kwot) f. aktarmak, birinin sözünü tekrarlamak.

quo.tient (kwo´şınt) i. (mat.) bölüm.

R

rab.bi (räb´ay) i. haham.

rab.bit (räb´it) i. tavşan.

rab.ble (räb´ıl) i. düzensiz kalabalık, halk yığını. **the rabble** ayaktakımı.

rab.id (räb´id) s. kudurmuş, kızgın.

ra.bies (rey´biz) i. kuduz hastalığı.

race (reys) i. 1. yarış, koşu. 2. koşuş, seğirtme. f. 1. yarışmak. 2. koşmak, seğirtmek.

race (reys) i. 1. ırk, soy. 2. döl, nesil.

race.horse (reys´hôrs) i. koşu atı.

race.track (reys´träk) i. koşu yolu.

ra.cial (rey´şıl) s. ırksal.

rac.ism (rey´sizm) i. ırkçılık. **racist** i. ırkçı.

rack (räk) i. parmaklıklı raf (tren, vapur).

rack.et, rac.quet (räk´it) i. raket.

rack.et (räk´it) i. 1. gürültü, şamata, velvele. 2. karışıklık. 3. haraççılık, para sızdırma. **racketeer** i. 1. şantajcı. 2. haraççı.

ra.dar (rey´dar) i. radar.

ra.di.ant (rey´diynt) s. 1. ışın yayan, parlak, şaşaalı. 2. neşe saçan.

ra.di.ate (rey´diyeyt) f. 1. ışın yaymak. 2. saçmak. **radiation** i. ışık veya ısı saçma.

ra.di.a.tor (rey´diyeytır) i. radyatör.

räd.i.cal (räd´ikıl) s. 1. köksel, temel. 2. kökten, esaslı, köklü. **radicalism** i. köktencilik, radikalizm.

ra.di.o (rey'diyo) **i.** radyo. **f.** 1. radyo ile yayımlamak. 2. telsiz telgrafla haberleşmek.

ra.di.o.ac.tive (reydiyowäk'tiv) **s.** radyoaktif.

rad.ish (räd'iş) **i.** kırmızı turp.

ra.di.um (rey'diyım) **i.** radyum.

ra.di.us (rey'diyıs) **i.** yarıçap.

raft (räft) **i.** sal.

rag (räg) **i.** paçavra, çaput. **rag rug** pala. **in rags** paçavralar içinde, yırtık pırtık.

rage (reyc) **i.** öfke, gazap, hiddet, köpürme. **f.** hiddetlenmek, tepesi atmak.

rag.ged (räg'id) **s.** 1. eski püskü, pejmürde. 2. düzensiz.

raid (reyd) **i.** akın, yağma, hücum. **f.** akın etmek, baskın yapmak. **raider i.** akıncı, baskıncı.

rail (reyl) **i.** 1. tırabzan, merdiven parmaklığı. 2. demiryolu, ray. **railing i.** parmaklık.

rail.road (reyl'rod), **rail.way** (reyl'wey) **i.** demiryolu.

rain (reyn) **i.** yağmur. **f.** 1. yağmur yağmak. 2. yağmur gibi boşanmak. **rain cats and dogs** pek şiddetli yağmur. **rain.bow** boşanmak. **rainy s.** yağmurlu. **rainy day** kara gün, sıkıntılı zaman.

rain.bow (reyn'bo) **i.** gökkuşağı, yağmurkuşağı, alkım.

rain.coat (reyn'kot) **i.** yağmurluk.

rain.drop (reyn'drap) **i.** yağmur damlası.

rain.fall (reyn'fôl) **i.** 1. yağış miktarı. 2. sağanak.

raise (reyz) **f.** 1. kaldırmak, yükseltmek. 2. toplamak (para). 3. yetiştirmek.

rai.sin (rey'zın) **i.** kuru üzüm.

ra.jah (ra'cı) **i.** raca.

rake (reyk) **i.** tarak, tırmık.

rake.off (reyk'ôf) **i.** (argo) 1. komisyon. 2. rüşvet. 3. haraç.

ral.ly (räl'i) **f.** 1. canlandırmak. 2. düzene girmek, toparlanmak. 3. yükselmek. **i.** 1. toplama; toplanma. 2. rallı.

ral.ly (räl'i) **f.** şakalaşmak, takılmak.

ram (räm) **i.** 1. koç. 2. şahmerdan. **f.** 1. kuvvetle çarpmak. 2. şahmerdan ile çakmak. **ram down one's throat** zorla kabul ettirmek.

ram.ble (räm'bıl) **f.** 1. enine boyuna dolaşıp gezmek. 2. konuyu dağıtmak. **i.** gezinme, gezinti. **rambler i.** gezginci. 2. sarmaşık gülü.

ram.i.fi.ca.tion (rämıfıkey'şın) **i.** 1. dallanma. 2. kol, şube, dal.

ram.i.fy (räm'ıfay) **f.** dal dal olmak; dallanıp budaklanmak.

ramp (rämp) **i.** rampa.

ram.page (räm'peyc) **i.** saldırı, hücum.

ram.pant (räm'pınt) **s.** 1. başıboş. 2. yaygın.

ram.part (räm'part) **i.** kale duvarı, sur.

ram.shack.le (räm'şäkıl) **s.** harap, yıkık.

ranch (ränç) **i.** büyük çiftlik, hayvan çiftliği. **rancher i.** çiftlik sahibi.

ran.cid (rän'sid) **s.** ekşimiş, kokmuş, küflü (yağ).

ran.cor (rängʹkır) **i.** kin, hınç.

ran.dom (rän'dım) **s.** tesadüfi, rasgele. **at random** rasgele, tesadüfen.

range (reync) **f.** 1. dizmek, sıralamak. 2. sınıflandırmak. 3. düzenlemek. **i.** 1. alan, saha. 2. mera, otlak. **in range** erim dahilinde. **out of range** erim dışında.

rank (rängk) **i.** 1. sıra, dizi, saf. 2. rütbe, derece. **f.** sıraya dizmek. **ranks i.** ordu.

ran.som (rän'sım) **i.** fidye. **f.** fidye ile kurtarmak.

rant (ränt) **f.** ağız kalabalığı etmek, yüksekten atmak. **i.** ağız kalabalığı.

rap (räp) **i.** 1. darbe, vuruş. 2. (argo) suçlandırma; ceza. **f.** vurmak, çalmak.

ra.pa.cious (npey'şıs) **s.** 1. yırtıcı. 2. açgözlü. 3. zorba.

rape (reyp) **f.** tecavüz etmek (kadına).

rap.id (räp'id) **s.** 1. hızlı, tez. 2. çabuk yapılmış. **rapidly z.** çabucak.

rap.port (npôr') **i.** ahenk, uyumluluk.

rap.ture (räp'çır) **i.** kendinden geçme, aşırı sevinç.

rare (rer) **s.** çiğ, iyi pişmemiş.

rare (rer) **s.** nadir, seyrek. **rarely z.** nadiren, seyrek olarak. **rarity i.** 1. seyreklik. 2. nadir şey.

rar.e.fy (rer'ıfay) **f.** 1. yoğunluğunu azaltmak. 2. seyrekleştirmek; seyrekleşmek.

Ras al-Khai.mah (ras al-kayma) Ras el Khaimah.

ras.cal (räs'kıl) **i.** yaramaz kimse.

rash (räş) **s.** atılgan, sabırsız, telaşçı, gözü pek. **i.** deride kızarıklık.

rasp (räsp) **f.** törpülemek, rendelemek. **i.** törpü.

rat (rät) **i.** iri fare, sıçan. **rat race** seçmeklik, koşuşturma, hengâme. **ratty s.** 1. sıçan gibi; sıçanlı. 2. uygunsuz.

rate (reyt) **i.** 1. oran. 2. kıymet. **f.** kıymet biçmek; sınıflandırmak. **rate of exchange** kambiyo sürümdeğeri. **rate of interest** faiz oranı. **at any rate** her nasılsa.

rath.er (rädhʹır) **z.** 1. -den ise, tercihen, -e kalırsa. 2. -den ziyade. 3. oldukça. 4. tersine, aksine.

rat.i.fy (rät'ıfay) **f.** onaylamak.

ra.tio (rey'şo) **i.** nispet, oran.

ra.tion (räş'ın) **i.** 1. pay, hisse. 2. vesikayla verilen miktar.

ra.tion.al (räş'ınıl) **s.** 1. akıl sahibi, mantıklı; ussal. 2. (mat.) rasyonel. **rationalism i.** ussalcılık.

ra.tion.al.ize (räş'ınılayz) **f. 1.** bahane bulmak. **2.** usa vurmak, uslamlamak.

rat.tle (rät'ıl) **f. 1.** takırdamak; takırdatmak. **2.** aklını karıştırmak. **i. 1.** takırtı. **2.** boş laf, gevezelik.

rat.tle.snake (rät'ılsneyk) **i.** çıngıraklıyılan.

rat.tle.trap (rät'ılträp) **i.** kırık dökük şey, eski araba.

rat.trap (rät'träp) **i. 1.** fare kapanı. **2.** çıkmaz, açmaz.

rave (reyv) **f.** çıldırmak, çılgınca bağırıp çağırmak.

rav.el (räv'ıl) **f.** bükülmüş şeyi açmak, çözmek.

ra.ven (rey'vın) **i.** kuzgun.

rav.en.ous (räv'ınıs) **s. 1.** çok aç. **2.** yırtıcı hale gelmiş.

rav.ish (räv'îş) **f.** esritmek; sevindirmek.

raw (rô) **s. 1.** çiğ. **2.** ham, işlenmemiş. **raw material** hammadde.

ray (rey) **i.** ışın.

ray.on (rey'an) **i.** suni ipekli kumaş.

raze, rase (reyz) **f.** yıkmak, yerle bir etmek, tahrip etmek.

ra.zor (rey'zır) **i. 1.** ustura. **2.** tıraş makinesi.

reach (riç) **f. 1.** uzatmak. **2.** uzanmak, erişmek. **3.** yetişmek. **i. 1.** uzatma. **2.** uzanma, erişme. **3.** erim. **out of reach** erişilmez, yetişilmez.

re.act (riyäkt') **f.** tepki göstermek, tepkimek. **reaction i. 1.** tepki, reaksiyon. **2.** tepkime.

re.ac.tion.ar.y (riyäk'şıneri) **s.** tepkici.

re.ac.ti.vate (riyäk'tıveyt) **f.** yeniden yürürlüğe koymak, tekrar çalıştırmak.

read (rid) **f.** okumak. **reader i.** okuyucu. **reading i. 1.** okuma. **2.** okunacak metin. **3.** göstergenin kaydettiği ölçüm.

re.ad.just.ment (rıyıcäst'mınt) **i. 1.** yeni şartlara alışma. **2.** alıştırma. **3.** yeniden düzenleme.

re.ad.mit (rıyıdmît') **f.** tekrar üyeliğe, öğrenciliğe kabul etmek.

read.y (red'i) **s. 1.** hazır, anık. **2.** yetenekli, istekli. **readily z. 1.** hazır olarak. **2.** istekle, arzuyla.

read.y-made (redimeyd') **s.** hazır.

read.y-to-wear (reditiwer') **i., s.** konfeksiyon.

real (ril) **s. 1.** gerçek. **2.** asıl. **3.** içten. **real estate** gayri menkul mal, mülk. **really z.** gerçekten.

re.al.ism (ri'yılîzım) **i.** gerçekçilik. **realist i.** gerçekçi.

re.al.i.ty (riyäl'ıti) **i. 1.** gerçeklik. **2.** gerçek.

re.al.ize (ri'yılayz) **f. 1.** anlamak. **2.** gerçekleştirmek. **realization i. 1.** gerçekleşme; gerçekleştirme. **2.** kavrama.

realm (relm) **i. 1.** ülke, memleket. **2.** krallık.

reap (rip) **f. 1.** biçmek, hasat etmek. **2.** mahsul

toplamak. **3.** semeresini almak. **reaper i.** orakçı, biçici. **2.** biçerdöver.

rear (rîr) **f. i.** geri, arka. **s.** arkadaki, en geri.

rea.son (ri'zın) **i. 1.** neden, sebep. **2.** akıl, fikir, idrak. **3.** mantık. **f. 1.** usa vurmak, uslamlamak. **2.** sonuç çıkarmak, anlamak. **reasonable s.** mantıklı, akla uygun. **reasonably z. 1.** makul surette. **2.** oldukça. **reasoning i.** uslamlama, usa vurma.

reb.el (reb'ıl) **i.** asi, şaki.

re.bel (rıbel') **f. 1.** isyan etmek, ayaklanmak. **2.** zorbalık etmek, serkeşlik etmek. **rebellion i.** isyan, ayaklanma. **rebellious s.** asi, serkeş, isyankâr.

re.buke (rıbyuk') **f.** azarlamak, paylamak. **i.** azar, paylama.

re.call (rıkôl') **f. 1.** geri çağırmak. **2.** hatırlamak, anımsamak.

re.cede (risid') **f. 1.** geri çekilmek. **2.** uzaklaşmak.

re.ceipt (risit') **i.** makbuz, alındı.

re.ceive (risîv') **f. 1.** almak. **2.** kabul etmek. **receiver i.** alıcı.

re.cent (ri'sınt) **s.** yeni, yakında olmuş. **recently z.** geçenlerde, son zamanlarda.

re.cep.ta.cle (rîsep'tıkıl) **i.** kap, zarf.

re.cep.tion (rîsep'şın) **i. 1.** kabul, kabul etme. **2.** kabul merasimi, resepsiyon. **3.** radyoda ses alma.

re.cep.tive (rîsep'tîv) **s.** alır, kabul eder.

re.cess (ri'ses) **i.** tatil, paydos, teneffüs, ara. **recess** (rîses') **i.** girinti, oyuk.

re.ces.sion (rîses'ın) **i. 1.** geri çekilme. **2.** iktisadi durgunluk.

rec.i.pe (res'ıpi) **f. 1.** yemek tarifi. **2.** reçete, tertip.

re.cip.i.ent (risip'iyınt) **i.** alıcı.

re.cip.ro.cal (risip'rıkıl) **s.** karşılıklı, iki taraflı.

re.cip.ro.cate (risip'rıkeyt) **f.** karşılıklı hareket etmek, karşılık yapmak.

rec.i.ta.tion (resitey'şın) **i.** ezberden okuma.

re.cite (risayt') **f. 1.** ezberden okumak. **2.** (öğrenci) ders anlatmak. **recital i.** resital.

reck.less (rek'lis) **s. 1.** dünyayı umursamayan, pervasız. **2.** dikkatsiz, kayıtsız. **recklessly z.** pervasızca. **recklessness i.** pervasızlık; cüretkârlık.

reck.on (rek'ın) **f. 1.** saymak, hesap etmek. **2.** farz etmek. **reckoning i.** hesap, sayma.

re.claim (rıkleym') **f.** geri istemek veya çağırmak.

re.cline (rıklayn') **f. 1.** boylu boyunca uzanmak. **2.** dayanmak, yaslanmak.

rec.og.ni.tion (rekıgnîş'ın) **i. 1.** tanıma; tanınma. **2.** onur, şeref.

rec.og.nize (rek'ıgnayz) **f. 1.** tanımak, kabul

etmek, itibar etmek. 2. söz hakkı vermek. 3. selam vermek. **recognizable s.** tanınabilir.

rec.ol.lect (rekilekt') **f.** anımsamak, hatırlamak.

recollection i. 1. anı, hatıra. 2. anısma.

rec.om.mend (rekimend') **f.** 1. salık vermek. 2. beğendirmek. 3. temiz iş kâğıdı vermek. **recommendation i.** 1. övme; tavsiye. 2. bonservis.

rec.om.pense (rek'ımpens) **i.** 1. karşılık, ödül. 2. ödeme.

rec.on.cile (rek'ınsayl) **f.** 1. uzlaştırmak, barıştırmak, aralarını bulmak. 2. razı etmek.

rec.on.cil.i.a.tion (rekınsiliyey'şın) **i.** uzlaşma, barışma.

rec.on.di.tion (rıkındîş'ın) **f.** tamir edip yenilemek.

rec.on.sid.er (rîkınsîd'ır) **f.** yeniden incelemek, yeniden düşünmek.

rec.on.struct (rîkınstrâkt') **f.** tekrar inşa etmek.

rec.ord (rîkôrd') **f.** 1. yazmak, kaydetmek; kaydını yapmak. 2. banda almak, plağa almak. **recorder i.** 1. kaydedici kimse. 2. kayıt aygıtı. 3. teyp. **recording i.** 1. plak. 2. bant.

rec.ord (rek'ırd) **i.** 1. kayıt, vesika. 2. sicil, defter. 3. plak. 4. rekor. **record player** pikap, fonograf. **records i.** arşiv.

rec.ord–break.ing (rek'ırdbreyking) **s.** rekor kıran.

re.count (rîkaunt') **f.** anlatmak, hikâye etmek.

re.count (ri'kaunt) **f.** tekrar saymak, yeniden hesaplamak. **i.** yeniden sayma.

re.coup (rîkup') **f.** 1. telafi etmek. 2. zarar ödemek. 3. (huk.) elde tutmak.

re.course (ri'kôrs) **i.** 1. yardım dileme, müracaat. 2. müracaat edilecek yer veya kimse. **have recourse to** baş vurmak, müracaat etmek.

re.cov.er (rîkâv'ır) **f.** 1. yeniden ele geçirmek, geri almak. 2. iyileşmek. **recovery i.** 1. yeniden ele geçirme. 2. düzelme, iyileşme.

rec.re.a.tion (rekriyey'şın) **i.** eğlence.

re.cruit (rîkrut') **i.** acemi asker.

rec.tan.gle (rek'täng.gıl) **i.** dikdörtgen.

rec.ti.fy (rek'tıfay) **f.** 1. düzeltmek, ıslah etmek. 2. tasfiye etmek. **rectifier i.** 1. doğrultmaç.

rec.ti.tude (rek'tıtud) **i.** dürüstlük, doğruluk.

re.cu.per.ate (rıku'pıreyt) **f.** sağlığını yeniden kazanmak.

re.cur (rıkır') **f.** yinelemek, tekrarlamak (olay, hastalık).

re.cy.cle (rîsay'kıl) **f.** yeniden işleyip kullanışlı hale getirmek.

red (red) **s.** kırmızı, kızıl, al.

red–blood.ed (red'blâd'îd) **s.** mert, erkekçe.

red.bud (red'bâd) **i.** erguvan.

red.den (red'ın) **f.** kırmızılaştırmak; kırmızılaşmak.

re.deem (ridim') **f.** bedelini verip geri almak, rehinden kurtarmak.

re.demp.tion (ridemp'şın) **i.** 1. kurtarma; kurtarılma. 2. paraya çevrilme.

red–hand.ed (red'hän'did) **s.** suçüstü.

red.head (red'hed) **i.** kızıl saçlı kimse.

red–hot (red'hat') **s.** 1. tavlı. 2. yepyeni (haber). 3. kızgın, heyecanlı.

re.dress (ridres') **f.** 1. doğrultmak, düzeltmek. 2. hakkını yerine getirmek.

re.duce (ridus') **f.** 1. azaltmak, indirmek, kırmak, küçültmek. 2. perhiz ile zayıflamak.

re.duc.tion (rîdâk'şın) **i.** azaltma, eksiltme, küçültme.

reed (rid) **i.** 1. kamış; saz. 2. kamış düdük. 3. kaval, ney.

re.ed.u.cate (riyec'ûkeyt) **f.** 1. yeniden eğitmek. 2. eğiterek ıslah etmek.

reef (rif) **i.** resif, kayalık.

reek (rik) **f.** koku yaymak.

reel (ril) **i.** çıkrık iği, makara.

reel (ril) **f.** sersemlemek, başı dönmek.

re.en.ter (riyen'tır) **f.** tekrar girmek.

re.e.val.u.ate (ri.ivâl'yuweyt) **f.** yeniden değerlendirmek, yeniden göz önüne almak.

re.ex.am.ine (riyîgzäm'ın) **f.** yeniden imtihan etmek; yeniden değerlendirmek.

re.fer (rîfır') **f.** 1. göndermek, havale etmek, baş vurmak. 2. işaret etmek. 3. danışmak, sormak.

ref.er.ee (refiri') **i.** yargıcı, hakem.

ref.er.ence (ref'ırıns) **i.** 1. ilgi. 2. kinaye, ima. 3. müracaat. 4. tavsiye eden kimse. 5. referans, tavsiyename. 6. bahis, bahsetme.

ref.er.en.dum (refıren'dım) **i.** referandum.

re.fine (rîfayn') **f.** arıtmak, tasfiye etmek. **re.fined s.** 1. ince, kibar, zarif. 2. saf. **refinement i.** 1. saflık, arılık. 2. incelik. 3. zariflik.

re.fin.er.y (rîfay'nıri) **i.** arıtımevi, rafineri.

re.flect (rîflekt') **f.** 1. yansıtmak; yansımak. 2. düşünmek. **reflection i.** 1. yansıma. 2. düşünce, fikir. **reflector i.** ayna, yansıtaç, reflektör.

re.flex (ri'fleks) **i.** tepke, yansı, refleks.

re.flex.ive (riflek'siv) **s.,i.** dönüşlü (fiil, zamir).

re.for.est (rîfôr'îst) **f.** yeniden ağaçlandırmak. **reforestation i.** yeniden ağaçlandırma.

re.form (rîfôrm') **f.** 1. ıslah etmek, reform yapmak. 2. ıslah olmak. **i.** ıslah, reform.

ref.or.ma.tion (refırmey'şın) **i.** ıslah.

re.form.a.to.ry (rîfôr'mıtôri) **i.** ıslahevi.

re.frac.tion (rîfräk'şın) **i.** kırılma.

re.frain (rîfreyn') **f.: refrain from** (yapmaktan) çekinmek, kendini tutmak, sakınmak.

re.fresh (rîfreş') **f.** 1. tazelemek; hayat vermek.

laşmak.

2. dinlendirmek. **refresh oneself** 1. canlanmak. 2. dinlenmek, tazelik kazanmak. **refresher i.** tazeleyici. **refreshing s.** canlandırıcı.

re.fresh.ments (rifreş'mınts) **i.** (ikram edilen) yiyecek içecek.

re.frig.er.ate (rifric'ıreyt) **f.** soğutmak. **refrigeration i.** soğutma. **refrigerator i.** buzdolabı, soğutucu.

ref.uge (ref'yuc) **i.** 1. sığınacak yer, sığınak. 2. barınak.

ref.u.gee (ref'yûci) **i.** sığınık, mülteci.

re.fund (f. rifând'; i. ri'fând) **f.** ödemek, alınmış parayı geri vermek. **i.** ödeme; ödenen meblağ.

re.fuse (rifyuz') **f.** kabul etmemek, reddetmek, razı olmamak. **refusal i.** ret, kabul etmeyiş.

ref.use (ref'yus) **i.** süprüntü.

re.fute (rifyut') **f.** yalanlamak, delillerle çürütmek.

re.gain (rigeyn') **f.** yeniden ele geçirmek, yeniden kazanmak.

re.gal (ri'gıl) **s.** krala ait; şahane.

re.gard (rigard') **f.** 1. dikkatle bakmak, dikkat etmek. 2. hürmet etmek. 3. kabul etmek, saymak, addetmek. **i.** 1. bakış, nazar. 2. hürmet, saygı. **in regard to** nazaran, -e gelince. **regarding** f.ed. hakkında, hususunda. **regardless s.** bakmaksızın, önemsemeden. **regardless** ne olursa olsun.

re.gen.er.ate (ricen'ıreyt) **f.** yenilemek.

re.gime (rijim') **i.** rejim, yönetim, sistem.

reg.i.ment (rec'ımınt) **i.** (ask.) alay.

re.gion (ri'cın) **i.** 1. diyar; ülke. 2. yöre, bölge. **regional s.** bölgesel.

reg.is.ter (rec'ıstır) **i.** kütük, kayıt defteri. **f.** kaydetmek, deftere geçirmek. **registered s.** kayıtlı. **registered letter** taahhütlü mektup. **registration i.** kayıt.

reg.is.trar (rec'ıstrar) **i.** (üniversitede) kayıt memuru.

reg.is.try (rec'ıstri) **i.** 1. kayıt. 2. sicil dairesi.

re.gres.sive (rigres'iv) **s.** geriye doğru, gerileyen.

re.gret (rigret') **f.** 1. teessüf etmek, kederlenmek. 2. pişman olmak. **i.** 1.esef. 2. pişmanlık. **regrettable s.** esef edilecek.

reg.u.lar (reg'yılır) **s.** düzenli, muntazam; kurallı. **regularly z.** muntazam, düzenli olarak.

reg.u.lar.i.ty (regyıler'ıti) **i.** düzen, intizam.

reg.u.lar.ize (reg'yılırayz) **f.** düzene koymak, düzenlemek.

reg.u.late (reg'yıleyt) **f.** 1. düzene sokmak, düzenlemek. 2. ayarlamak. **regulation i.** 1. düzen. 2. yönerge, talimat. **regulative s.** dü-

zenleyici. **regulator i.** 1. düzenleyici. 2. regülatör, düzengeç.

re.ha.bil.i.tate (rihibil'ıteyt) **f.** 1. onarmak. 2. eski haklarını iade etmek.

re.hearse (rihırs') **f.** (oyun, müzik) prova etmek. **rehearsal i.** prova.

reign (reyn) **i.** 1. saltanat. 2.devir. **f.** 1. saltanat sürmek. 2. hüküm sürmek.

rein.deer (reyn'dir) **i.** rengeyiği.

re.in.force (riyinförs') **f.** kuvvetlendirmek, takviye etmek. **reinforcement i.** takviye, kuvvetlendirici şey. **reinforced concrete** betonarme.

reins (reynz) **i.** dizginler, yular.

re.it.er.ate (riyit'ıreyt) **f.** yinelemek, tekrarlamak.

re.ject (ricekt') **f.** kabul etmemek, reddetmek, geri çevirmek. **rejection i.** reddetme, ret.

re.joice (ricoys') **f.** sevinmek, memnun olmak. **rejoicing s.** sevinç; şenlik.

re.ju.ve.nate (ricu'vıneyt) **f.** tekrar gençleştirmek.

re.lapse (rilaps') **f.** yeniden fenalaşmak. **i.** yeniden hastalanma.

re.late (rileyt') **f.** 1. anlatmak. 2. bağlantı kurmak. **related s.** 1. ilgili. 2. akraba, yakın.

re.la.tion (riley'şın) **i.** 1. ilgi, ilişki. 2. akraba. **relations i.** 1. ilişkiler. 2. akrabalar. **relationship i.** 1. ilişki. 2. akrabalık.

rel.a.tive (rel'ıtiv) **s.** 1. göreli, bağıntılı, bağıl, nispi. 2. ilişkin. **i.** akraba. **relatively s.** nispeten. **relativity i.** 1. ilişkinlik. 2. bağıntılılık, görelilik, relativizm.

re.lax (rilaks') **f.** 1. gevşetmek; gevşemek. 2. dinlenmek. **relaxation i.** dinlenme.

re.lay (ri'ley) **i.** elektrik düzenleyicisi. **f.** nakletmek.

re.lease (rilis') **f.** serbest bırakmak. **i.** kurtarma; tahliye.

re.lent (rilent') **f.** yumuşamak. **relentlessly z.** merhametsizce.

rel.e.vant (rel'ıvınt) **s.** uygun, ilgili. **relevance i.** ilgi.

rel.ic (rel'ik) **i.** kalıntı.

re.lief (rilif') **i.** 1. ferahlama. 2. kurtarma. 3. yardım. 4. çare, teselli.

re.lieve (riliv') **f.** 1. (gönlünü) ferahlatmak. 2. kurtarmak.

re.lig.ion (rilic'ın) **i.** din; iman. **religious s.** 1. dindar. 2. dinsel.

re.lin.quish (riling'kwiş) **f.** bırakmak, terk etmek.

rel.ish (rel'iş) **i.** güzel tat, lezzet, çeşni. **f.** beğenmek.

re.luc.tant (rilâk'tınt) **s.** gönülsüz, isteksiz. **reluctance i.** gönülsüzlük, isteksizlik.

re.ly (rilay') **f.: rely on** güvenmek, itimat etmek.

reliable s. güvenilir. **reliability i.** güvenirlik. **reliance i.** güvenme. **reliant s.** güvenen.

re.main (rimeyn') **f.** kalmak, durmak; olduğu gibi kalmak, elde kalmak. **remains i.** kalıntılar. **remainder i.** kalıntı, artan.

re.mark (rimark') **f.** söylemek, demek. **i.** söz. **remarkable s.** fevkalade. **remarkably z.** çok, fevkalade.

rem.e.dy (rem'idi) **i.** çare; ilaç, deva. **f.** icabına bakmak, düzeltmek.

re.mem.ber (rimem'bır) **f.** anımsamak, hatırlamak, anma.

re.mem.brance (rimem'brıns) **i.** andaç, hatıra.

re.mind (rimaynd') **f.** hatırlatmak. **reminder i.** hatırlatan şey.

rem.i.nis.cence (reminis'ıns) **i.** 1. anımsama. 2. anı.

re.mit (rimit') **f.** 1. bağışlamak. 2. göndermek. **remittance i.** para havalesi. **remittent s.** sık sık yoklayan (humma).

rem.nant (rem'nınt) **i.** 1. kalıntı, artık. 2. parça; parça kumaş.

re.mod.el (rimad'ıl) **f.** şeklini değiştirmek, yeniden düzenlemek (ev, apartman).

re.morse (rimôrs') **i.** vicdan azabı, pişmanlık. **remorseful s.** pişman. **remorseless s.** merhametsiz, amansız.

re.mote (rimot') **s.** 1. uzak, ırak. 2. yabancı.

re.move (rimuv') **f.** 1. kaldırmak, uzaklaştırmak. 2. yerini değiştirmek. **removal i.** kaldırma, yerini değiştirme.

Ren.ais.sance (ren'ısans) **i.** Rönesans.

ren.der (ren'dır) **f.** 1. sunmak. 2. sağlamak, tedarik etmek.

ren.dez.vous (ran'deyvu) **i.** buluşma; buluşma yeri; randevu.

ren.di.tion (rendiş'ın) **i.** 1. sunuş, icra. 2. çeviri.

re.new (rinu') **f.** 1. yenilemek, onarmak. 2. yeniden başlamak. 3. canlandırmak. **renewal i.** yenileme; onarım.

re.nounce (rinauns') **f.** vazgeçmek, iddiadan vazgeçmek.

ren.o.vate (ren'ıveyt) **f.** yenileştirmek. **renovation i.** yenileme.

re.nown (rinaun') **i.** ün, şöhret, nam, şan. **renowned s.** ünlü, meşhur, şöhretli.

rent (rent) **i.** kira. **f.** kiralamak. **rental i.** kira bedeli.

re.nun.ci.a.tion (rinânsiyey'şın) **i.** vazgeçme, feragat.

re.o.pen (riyo'pın) **f.** yeniden açmak; yeniden başlamak.

re.or.der (riyôr'dır) **f.** yeniden ısmarlamak.

re.or.gan.ize (riyôr'gınayz) **f.** yeniden düzenlemek.

re.pair (riper') **f.** onarmak. **i.** onarım, tamir. **repair shop** tamirhane.

re.pair.man (riper'mın) **i.** tamirci.

re.pay (ripey') **f.** geri vermek, ödemek. **re-payment i.** borcunu ödeme.

re.peal (ripil') **f.** kaldırmak (yasa), iptal etmek. **i.** iptal.

re.peat (ripit') **f.** 1. yinelemek, tekrarlamak. 2. ezberden söylemek, **repeatedly z.** tekrar tekrar.

re.pel (ripel') **f.** 1. itmek, itelemek. 2. (düşmanı) püskürtmek.

re.pent (ripent') **f.** 1. pişman olmak. 2. tövbe etmek. **repentance i.** 1. pişmanlık. 2. tövbe. **repentant s.** pişman.

re.per.cus.sion (ripırkâş'ın) **i.** 1. geri tepme, seğirdim. 2. tepki.

rep.er.toire (rep'ırtwar), **rep.er.to.ry** (rep'ırtôri) **i.** repertuvar.

rep.e.ti.tion (repitiş'ın) **i.** yineleme, tekrarlama. **repetitious s.** yinelemeli.

re.phrase (rifreyz') **f.** başka türlü ifade etmek.

re.place (ripleys') **f.** 1. yerine başka şey koymak; yerini doldurmak. 2. iade etmek, ödemek. **replacement i.** yedek.

re.plen.ish (riplen'iş) **f.** tekrar doldurmak, tazelemek; eksiğini tamamlamak.

rep.li.ca (rep'lıkı) **i.** ikinci nüsha, kopya.

re.ply (riplay') **f.** yanıtlamak, cevap vermek, karşılık vermek. **i.** yanıt, cevap, karşılık.

re.port (ripôrt') **f.** söylemek, anlatmak. **i.** 1. söylenti. 2. rapor. **report card** (A.B.D.) not karnesi. **reporter i.** gazete muhabiri.

re.pose (ripoz') **f.** dinlenmek. **i.** 1. dinlenme, istirahat. 2. sükûn.

rep.re.hen.si.ble (reprihen'sıbıl) **s.** ayıplanacak.

rep.re.sent (repriznt') **f.** 1. göstermek. 2. anlatmak, söylemek. 3. simgelemek, temsil etmek. **representation i.** 1. ifade. 2. temsil etme. **representative i.** 1. vekil, temsilci, mümessil. 2. milletvekili.

re.press (ripres') **f.** baskı altında tutmak, bastırmak.

re.prieve (ripriv') **f.** (cezayı) ertelemek. **i.** erteleme.

rep.ri.mand (rep'rimänd) **f.** azarlamak. **i.** azar, paylama.

re.print (ri'print) **i.** yeni baskı.

re.pri.sal (ripray'zıl) **i.** misilleme.

re.proach (riproç') **f.** 1. sitem etmek. 2. ayıplamak, kınamak. **i.** 1. ayıp; ayıplama, kınama. 2. sitem. 3. leke, yüzkarası. **reproachful s.** sitem dolu, sitemli.

re.pro.duce (riprıdus') **f.** 1. doğurmak, yavrulamak; çoğalmak, üremek; türetmek. 2. kopya

reptile   142

etmek. **reproduction i.** 1. üreme. 2. kopya.
rep.tile (rep'tayl) **i.** sürüngen.
re.pub.lic (ripab'lik) **i.** cumhuriyet.
re.pug.nant (ripâg'nınt) **s.** iğrenç, tiksindirici.
re.pul.sive (ripâl'siv) **s.** iğrenç, uzaklaştırıcı.
re.pu.ta.ble (rep'yıtıbıl) **s.** saygıdeğer.
re.pu.ta.tion (repyıtey'şın) **i.** ad, ün; itibar.
re.quest (rik'west') **i.** istek, rica, dilek. **f.** rica
  etmek, dilemek.
re.quire (rikwayr') **f.** 1. gereksinmek, muhtaç
  olmak, istemek. 2. gerekmek. **requirement i.**
  gerek, icap.
req.ui.site (rek'wızit) **s.** lazım, gerekli.
re.scind (risind') **f.** kaldırmak, iptal etmek.
res.cue (res'kyu) **f.** kurtarmak. **i.** kurtuluş; kur-
  tarış.
re.search (rısırç') **i.** araştırma.
re.sem.ble (rizem'bıl) **f.** benzemek, andırmak.
  resemblance i. benzerlik, andırma.
re.sent (rizent') **f.** (bir şeye) içerlemek. **re-
  sentful s.** gücenik. **resentment i.** gücenme,
  darılma, içerleme.
res.er.va.tion (rezırvey'şın) **i.** 1. koşul, şart.
  2. ayrılmış yer.
re.serve (rizırv') **f.** ihtiyaten saklamak, ilerisi
  için saklamak. **i.** 1. ihtiyat olarak saklanan şey.
  2. ağız sıkılığı. **reserve fund** ihtiyat akçesi.
  reserve officer yedek subay. **in reserve** ihti-
  yat olarak saklanılmış; yedekte. **reserves i.**
  yedek kuvvet. **reserved s.** 1. ayrılmış, saklan-
  nılmış. 2. ağzı sıkı.
res.er.voir (rez'ırvwôr) **i.** su deposu, sarnıç.
re.side (rizayd') **f.** oturmak, ikamet etmek.
  residence i. 1. ikamet. 2. konut, mesken,
  ikametgâh. **residence permit** ikamet tez-
  keresi. **resident i.** bir yerde oturan kimse,
  yerli.
res.i.due (rez'ıdu) **i.** kalıntı, artık.
re.sign (rizayn') **f.** istifa etmek, çekilmek. **re-
  signed s.** boyun eğmiş, uysal.
re.sig.na.tion (rezigney'şın) **i.** 1. istifa, çekilme.
  2. istifa mektubu. 3. boyun eğme.
re.sist (rizist') **f.** direnmek, karşı durmak, mu-
  kavemet etmek. **resistance i.** 1. direnme, karşı
  durma, mukavemet. 2. direnç.
re.sole (risol') **f.** pençe vurmak.
res.o.lute (rez'ılut) **s.** azimli, kararlı.
res.o.lu.tion (rezılu'şın) **i.** 1. azim. 2. karar.
re.solve (rizalv') **f.** karar vermek. **resolved s.**
  azimli, kararlı.
res.o.nance (rez'ınıns) **i.** 1. tını. 2. ses gürlüğü.
re.sort (rizôrt') **i.** gezinti ve dinlenme yeri,
  mesire. **f.** gitmek, sık sık uğramak. **resort to**
  baş vurmak. **last resort** son merci; son çare.
  summer resort sayfiye, yazlık.
re.sound (rizaund') **f.** çınlamak, tınlamak.

re.source (risôrs') **i.** kaynak, olanak. **natural
  resources** doğal kaynaklar. **resourceful s.**
  becerikli.
re.spect (rispekt') **i.** 1. bakım, yön, husus.
  2. saygı, hürmet, itibar. **f.** saygı göstermek,
  hürmet etmek. **respectable s.** saygıdeğer,
  saygın. **respectful s.** saygılı.
re.spec.tive (rispek'tiv) **s.** kendi. **respec-
  tively z.** sırasıyla.
res.pi.ra.tion (respırey'şın) **i.** solunum.
re.spond (rispand') **f.** 1. cevap vermek; karşılık
  vermek. 2. tepkimek. **response i.** 1. cevap;
  yanıtlama. 2. tepki.
re.spon.si.bil.i.ty (rispansıbîl'ıti) **i.** sorumluluk.
re.spon.si.ble (rispan'sıbıl) **s.** 1. sorumlu.
  2. sağduyulu. 3. güvenilir.
rest (rest) **f.** 1. dinlenmek, nefes almak; dinlen-
  dirmek. 2. dayanmak, dayalı olmak; daya-
  mak. 3. kalmak. 4. koymak. **i.** 1. dinlenme.
  2. sükûn, hareketsizlik. 3. asayiş. 4. (müz.) es.
  5. dayanak, mesnet. **rest room** tuvalet. **at
  rest** hareketsiz. **restful s.** dinlendirici; rahat,
  sakin. **restless s.** 1. kıpırdak. 2. huzursuz, ra-
  hatsız. 3. vesveseli. **restlessly z.** sinirli bir
  şekilde.
rest (rest) **i. : the rest** kalan miktar, kalanlar,
  geri kalan, artan.
res.tau.rant (res'tırınt) **i.** lokanta.
res.to.ra.tion (restırey'şın) **i.** restore etme,
  onarma.
re.store (ristôr') **f.** onarmak, restore etmek,
  yenilemek.
re.strain (ristreyn') **f.** geri tutmak, dizginlemek.
re.strict (ristrikt') **f.** sınırlamak.
re.stric.tion (ristrîk'şın) **i.** sınırlama, kısıtlama;
  koşul, şart.
re.sult (rizâlt') **i.** sonuç, son, akıbet.
re.sume (rizum') **f.** yeniden başlamak.
rés.u.mé (rezümey') **i.** özet.
res.ur.rect (rezırekt') **f.** yeniden diriltmek.
re.tail (ri'teyl) **i.** perakende (satış).
re.tain (riteyn') **f.** 1. alıkoymak. 2. kaybet-
  memek.
re.tal.i.ate (ritâl'iyeyt) **f.** misilleme yapmak.
re.tard (ritard') **f.** geciktirmek, yavaşlatmak.
ret.i.cent (ret'ısınt) **s.** suskun.
ret.i.na (ret'ını) **i.** ağtabaka, retina.
ret.i.nue (ret'ınu) **i.** maiyet.
re.tire (ritayr') **f.** 1. çekilmek, bir köşeye çekil-
  mek. 2. yatmaya gitmek. 3. emekliye çıkmak;
  emekliye ayırmak. **retired s.** emekli. **re-
  tirement i.** emeklilik. **retiring s.** çekingen.
re.tort (ritôrt') **f.** sert cevap vermek. **i.** karşılık,
  cevap.
re.touch (ritâç') **f.** (foto.) rötuş yapmak.
re.tract (ritrâkt') **f.** 1. geri çekmek. 2. sözünü

geri almak. **retraction i.** 1. geri çekme; geri çekilme. 2. sözünü geri alma.

re.tread (ri'tred'; i. ri'tred) **f.** lastik kaplamak. **i.** kaplanmış lastik.

re.treat (ritrit') **f.** çekilmek, geri çekilmek. **i.** 1. geri çekilme. 2. inziva köşesi.

re.trench (ritrenç') **f.** azaltmak, kısmak.

ret.ri.bu.tion (retribyu'şın) **i.** 1. cezalandırma. 2. ceza.

re.trieve (ritriv') **f.** 1. bulup getirmek. 2. yeniden ele geçirmek.

ret.ro.ac.tive (retrowäk'tiv) **s.** geçmişi kapsayan (kanun).

ret.ro.spect (ret'rıspekt) **i.** geçmişi düşünme, geçmişe bakış. **retrospective s.** geçmişi ele alan, geriye dönük.

re.turn (rıtırn') **f.** 1. geri dönmek, geri gelmek, geri gitmek. 2. karşılık vermek. 3. geri getirmek. 4. geri göndermek. 5. (kâr) sağlamak. **i.** 1. dönüş. 2. geri getirme. 3. geri gitme. 4. kâr, kazanç, hâsılat. **return address** gönderenin adresi.

re.un.ion (riyun'yın) **i.** yeniden bir araya gelme.

re.val.ue (rivál'yu) **f.** yeniden değerlendirmek. **revaluation i.** yeniden değerlendirme.

re.veal (rivil') **f.** 1. açıklamak, açığa vurmak. 2. göstermek. 3. ilham yoluyla bildirmek.

rev.el (rev'ıl) **f.** cümbüş etmek, eğlenip oynamak. **i.** cümbüş, eğlenti, şenlik.

rev.e.la.tion (reviley'şın) **i.** 1. açığa çıkma; keşif. 2. vahiy.

rev.el.ry (rev'ılri) **i.** şenlik, eğlenti.

re.venge (rivenc') **i.** öç, intikam. **f.** öç almak, intikam almak.

rev.e.nue (rev'ınu) **i.** gelir; devlet geliri.

re.ver.ber.ate (rivır'bıreyt) **f.** yankılanmak. **reverberation i.** yankılanma; yankı.

re.vere (rivir') **f.** saymak, saygı göstermek.

rev.er.ence (rev'ırıns) **i.** 1. saygı, ululama. 2. huşu. **reverend s.** saygıdeğer, sayın, muhterem (papaz, vaiz). **reverent s.** saygılı, hürmetli. **reverently s.** saygıyla; huşu ile.

rev.er.ie (rev'ıri) **i.** hayale dalma.

re.verse (rivırs') **s.** 1. aksi, terk, arka. 2. tersine dönmüş. **f.** 1. ters çevirmek; tersyüz etmek. 2. yerlerini değiştirmek. 3. feshetmek. **reversal i.** tersine çevirme. **reversible s.** tersine çevrilebilir.

re.vert (rivırt') **f.** geri gitmek, dönmek.

re.view (rivyu') **i.** 1. yeniden inceleme. 2. eleştiri. 3. teftiş. 4. edebiyat ve fikir dergisi. **f.** 1. yeniden incelemek. 2. eleştiri yazmak. 3. teftiş etmek. **reviewer i.** eleştirmen.

re.vile (rivayl') **f.** sövmek, yermek.

re.vise (rivayz') **f.** 1. gözden geçirip düzeltmek. 2. (İng.) tekrarlamak (ders). 3. değiştirmek.

re.vi.sion (rivij'ın) **i.** 1. düzeltme. 2. düzeltmeli baskı.

re.vive (rivayv') **f.** yeniden canlanmak; canlardırmak. **revival i.** 1. yeniden canlanma. 2. uyanış.

re.voke (rivok') **f.** geri almak, hükümsüz kılmak, feshetmek.

re.volt (rivolt') **f.** ayaklanmak, isyan etmek, karşı gelmek. **i.** ayaklanma, isyan. **revolting s.** tiksindirici, iğrenç, korkunç.

rev.o.lu.tion (revılu'şın) **i.** 1. dönme, devir. 2. devre. 3. devrim. **revolutionary s.** devrimci.

rev.o.lu.tion.ize (revılu'şınayz) **f.** tamamen değiştirmek.

re.volve (rivalv') **f.** dönmek, devretmek; döndürmek, çevirmek. **revolving s.** döner.

re.volv.er (rival'vır) **i.** tabanca, altıpatlar, revolver.

re.vue (rivyu') **i.** revü.

re.ward (riwôrd') **f.** ödüllendirmek; karşılığını vermek. **i.** ödül; karşılık.

re.word (riwırd') **f.** yeni kelimelerle söylemek.

rhap.so.dy (räp'sıdi) **i.** rapsodi.

rhe.o.stat (ri'yıstät) **i.** reosta.

rhet.o.ric (ret'ırik) **i.** konuşma sanatı.

rheu.ma.tism (ru'mıtizım) **i.** romatizma.

rhi.noc.e.ros (raynas'ırıs) **i.** gergedan.

Rho.de.sia (rodi'ji) **i.** Rodezya.

rhyme (raym) **i.** 1. uyak, kafiye. 2. şiir. **without rhyme or reason** mantıksız.

rhythm (ridh'ım) **i.** 1. vezin. 2. ritim, tartım. **rhythmic s.** ritmik, tartımlı.

rib (rib) **i.** kaburga kemiği, eğe.

rib.bon (rib'ın) **i.** kurdele; şerit.

rice (rays) **i.** pirinç; çeltik; pilav.

rich (riç) **s.** 1. zengin. 2. bitek, verimli, bereketli. 3. bol, çok. 4. yağlı, ağır. **the rich** zenginler. **riches i.** zenginlik, servet. **richly z.** fazlasıyla. **rick.ets** (rik'its) **i.** raşitizm.

rid (rid) **f.** kurtarmak. **get rid of** başından atmak, defetmek.

rid.dle (rid'ıl) **i.** bilmece.

ride (rayd) **f.** binmek. **i.** arabayla gezme. **rider i.** binici.

ridge (ric) **i.** 1. sırt, bayır. 2. dağ sırası. 3. çatı sırtı.

rid.i.cule (rid'ıkyul) **i.** eğlenme, alay; alay konusu. **f.** alay etmek, eğlenmek.

ri.dic.u.lous (ridik'yılıs) **s.** gülünç; tuhaf, saçma.

rid.ing (ray'ding) **i.** biniş; binicilik. **s.** binek.

ri.fle (ray'fıl) **f.** soymak; yağma etmek.

ri.fle (ray'fıl) **i.** tüfek.

rig (rig) **f.** 1. donatmak; giydirmek. 2. kulis yapmak. **i.** 1. donanım, arma. 2. takım. 3. kıyafet, kılık. **rigging i.** geminin arması, donanım.

rigger i. armador.

right (rayt) s. 1. doğru. 2. doğrulu, dik. 3. haklı, insaflı. 4. uygun. 5. gerçek. 6. dürüst. 7. iyi, sağlam. 8. sağ (taraf). z. 1. doğru, adaletli. 2. dosdoğru, doğruca. i. 1. hak; yetki. 2. doğruluk, dürüstlük. 3. sağ taraf. **right angle** dik açı. **right away** hemen, derhal. **rightful** s. haklı; hak sahibi. **rightist** s. sağcı.

right.eous (ray'çıs) s. dürüst, erdemli, doğru; âdil.

right-hand (rayt'händ') s. 1. sağ, sağdaki. 2. sağa dönen. 3. güvenilir.

rig.id (rîc'îd) s. 1. eğilmez, bükülmez, katı, dimdik. 2. sert, şiddetli.

rig.or.ous (rîg'ırıs) s. 1. özenli, ihtimamlı. 2. sert, şiddetli.

rim (rîm) i. 1. kenar. 2. ispit, jant.

rind (raynd) i. kabuk.

ring (rîng) f. kuşatmak, çember içine almak; halkalanmak. i. 1. halka, daire, çember. 2. yüzük. 3. ring.

ring (rîng) f. 1. çalınmak, ses vermek. 2. çınlamak; çınlatmak. 3. (zil) çalmak. i. 1. çan sesi. 2. çınlama sesi.

ring.lead.er (rîng'lîdır) i. idareci, elebaşı.

ring.let (rîng'lît) i. 1. saç lülesi. 2. ufak halka.

rinse (rîns) f. durulamak, çalkamak.

ri.ot (ray'ıt) i. 1. kargaşa. 2. ayaklanma, isyan. f. ayaklanmak, isyan etmek. **riotous** s. 1. gürültülü. 2. isyancı.

rip (rîp) f. 1. yarmak, kesmek; yarılmak. 2. çekip dikişlerini sökmek; dikişleri açılmak. i. 1. dikiş söküğü.

ripe (rayp) s. 1. olmuş, olgun. 2. tam vakti gelmiş. **ripeness** i. olgunluk.

rip.en (ray'pın) f. olmak, olgunlaşmak.

rip.ple (rîp'ıl) f. dalgacıklar.

rise (rayz) f. 1. yukarı çıkmak, yükselmek. 2. kalkmak, ayağa kalkmak. 3. (güneş, ay) doğmak. 4. artmak, çoğalmak. 5. kabarmak. i. 1. doğuş, yükseliş. 2. bayır, tümsek. 3. artış.

risk (rîsk) i. tehlike, risk, riziko. f. 1. tehlikeye sokmak. 2. göze almak. **risky** s. tehlikeli, rizikolu.

rite (rayt) i. ayin, dinsel tören.

rit.u.al (rîç'uwıl) i. 1. ayin. 2. ayin kitabı. 3. âdet, alışkı.

ri.val (ray'vıl) i. rakip, yarışçı. f. rekabet etmek, yarışmak. **rivalry** i. rekabet.

riv.er (rîv'ır) i. ırmak, nehir.

riv.et (rîv'ît) i. perçin çivisi, perçin. f. perçinlemek.

roach (roç) i. hamamböceği.

road (rod) i. yol.

road.block (rod'blak) i. mânia, yolu kapayan engel.

roam (rom) f. dolaşmak, gezinmek.

roar (rôr) f. 1. gümbürdemek. 2. kükremek.

roast (rost) f. 1. fırında kızartmak. 2. kavurmak. i. kızartma (et). s. kızarmış, kızartılmış.

rob (rab) f. soymak, yağmalamak, talan etmek. **robber** i. hırsız, haydut. **robbery** i. hırsızlık, soygun.

robe (rob) i. 1. cüppe, biniş. 2. kaftan.

rob.in (rab'în) i. 1. kızıl göğüslü ardıçkuşu. 2. (İng.) kızıl gerdan, narbülbülü.

ro.bot (ro'bıt) i. robot.

ro.bust (robâst') s. sağlam, gürbüz, güçlü.

rock (rak) i. kaya, kaya parçası. **rocky** s. kayalık; kaya gibi.

rock (rak) f. sallamak; beşik sallamak; sallanmak.

rock.et (rak'ît) i. havai fişek, roket.

rock.et (rak'ît) i. roka.

rod (rad) i. çubuk, değnek; asa.

ro.dent (rod'ınt) s. kemirici, kemirgen.

roe (ro) i. 1. karaca. 2. balık yumurtası.

Roent.gen rays (rent'gın) röntgen ışınları.

rogue (rog) i. hilekâr, düzenbaz.

role (rol) i. rol.

roll (rol) f. 1. yuvarlamak; yuvarlanmak, tekerlenmek. 2. çevirmek, devirmek. 3. top etmek, sarmak; top olmak, sarılmak. 4. gürlemek. i. 1. tomar; top rulo. 2. liste, defter, sicil, kayıt. 3. küçük ekmek. 4. geminin sallanması, yalpa. **roll call** yoklama. **roller** i. 1. silindir. 2. ufak tekerlek. **rolling** s. 1. yuvarlanan. 2. inişli yokuşlu. **rolling pin** oklava, merdane.

ro.mance (romäns') i. 1. aşk macerası. 2. romantik aşk. 3. macera romanı.

ro.man.tic (romän'tîk) s. aşkla ilgili; romantik. **ro.man.ti.cism** (romän'tısîzım) i. romantizm.

Ro.me.ni.a (romey'nîyı) i. Romanya.

romp (ramp) f. sıçrayıp oynamak.

roof (ruf) i. dam, çatı.

room (rum) i. 1. oda. 2. yer, meydan. **roomy** s. geniş. **roomer** i. pansiyoner.

room.mate (rum'meyt) i. oda arkadaşı.

roost (rust) i. tünek. f. tünemek.

roost.er (rus'tır) i. horoz.

root (rut) i. kök; kaynak, temel.

rope (rop) i. ip, halat. f. iple bağlamak. **know the ropes** bir işi iyi bilmek.

ro.sa.ry (ro'zırî) i. tespih.

rose (roz) i. gül. **rosy** s. 1. gül gibi; gül renkli. 2. ümit verici. 3. pembe.

rose.bud (roz'bâd) i. gül goncası.

rose.bush (roz'bûş) i. gül fidanı.

rose-col.ored (roz'kâlırd) s. gül renkli.

ros.trum (ras'trım) i. hatiplik kürsüsü, platform.

rot (rat) f. çürümek, bozulmak. i. 1. çürüme, bozulma. 2. küf.

ro.ta.ry (ro'tri) **s.** dönel.

ro.tate (ro'teyt) **f.** dönmek, eksen üzerinde dönmek; döndürmek. **rotator i.** dönen şey.

rote (rot) **i.** alışılmış hareket, âdet. by **rote** mekanik olarak; ezbere.

rot.ten (rot'ın) **s.** 1. çürük, bozuk. 2. ahlakça bozuk. 3. berbat, çok kötü.

ro.tund (rotând') **s.** 1. yuvarlak, toparlak. 2. dolgun, gür (ses).

rouge (ruj) **i.** allık. **f.** allık sürmek.

rough (râf) **s.** 1. pürüzlü. 2. taşlık. 3. inişli yokuşlu. 4. kaba. 5. zahmetli. 6. sert. 7. fırtınalı. 8. hoyrat. 9. kabataslak. **z.** kabaca. **play rough** itişip kakışmak. **roughly z.** 1. kabaca. 2. aşağı yukarı, yaklaşık olarak.

rough.en (râf'ın) **f.** 1. pürüzlendirmek; pürüzlenmek. 2. kabartmak; kabarmak.

round (raund) **s.** yuvarlak. **f.** 1. yuvarlaklaştırmak. 2. etrafını dolaşmak. **i.** 1. etrafına, etrafında. 2. devrederek. **edat** çevresine. **round trip** gidiş dönüş; tur.

round.a.bout (raund'ıbaut) **s.** dolambaçlı, dolaylı.

rouse (rauz) **f.** 1. uyandırmak. 2. canlandırmak.

rout (raut) **i.** bozgun. **f.** bozguna uğratmak.

route (rut) **i.** yol, rota.

rou.tine (rutin') **i.** 1. alışılmış çalışma yöntemi. 2. usul. **s.** alışılmış.

rove (rov) **s.** avare dolaşmak. **rover i.** 1. serseri. 2. korsan.

row (ro) **i.** sıra, dizi.

row (ro) **f.** kürek çekmek.

row (rau) **i.** kavga, kargaşa. **f.** kavga çıkarmak.

row.boat (ro'bot) **i.** kayık, sandal.

row.dy (rau'di) **i.** külhanbeyi.

roy.al (roy'ıl) **s.** 1. krala ait. 2. şahane, muhteşem. **royalist i.** kralcı. **royally z.** görkemle.

royalty i. 1. kral ailesinden kimseler. 2. kitap yazarına verilen pay. 3. hak sahibine verilen pay.

R.S.V.P. (kıs.) **Répondez s'il vous plaît.** Lütfen cevap veriniz.

rub (râb) **i.** 1. sürtme; sürtünme. 2. ovma. 3. güçlük, engel. **f.** 1. ovmak, ovalamak. 2. sürtmek. 3. sürtünerek tahriş etmek. **rub down** masajı yapmak. **rub it in** (argo) yüzüne vurmak. **rub off** silip çıkarmak; sürtünmeyle çıkmak, dökülmek. **rub one the wrong way** sinirlendirmek, tepesini attırmak.

rub.ber (râb'ır) **i.** 1. kauçuk; lastik. 2. silgi. **rubber scraper** spatula. **rubber stamp** 1. lastik mühür, istampa. 2. kişiliksiz kimse.

rub.bish (râb'îş) **i.** 1. çerçöp, süprüntü, döküntü. 2. saçma.

rub.ble (râb'ıl) **i.** moloz, yapı döküntüsü.

ru.by (ru'bi) **i.** yakut, lâl. **s.** kırmızı, al.

ruck.sack (râk'sak) **i.** sırt çantası.

rud.der (râd'ır) **i.** dümen, dümen bedeni. **rudder bar** (hav.) dümen pedalı.

rud.dy (râd'i) **s.** al yanaklı; al.

rude (rud) **s.** 1. kaba. 2. terbiyesiz. **rudely z.** kabaca. **rudeness i.** kabalık.

ru.di.ment (ru'dimınt) **i.** 1. ilke, ilk adım. 2. gelişmemiş şey.

ru.di.men.ta.ry (rudimen'tıri) **s.** gelişmemiş, eksik.

rue (ru) **f.** 1. pişman olmak. 2. esef etmek. **rueful s.** 1. pişman. 2. acıklı. **ruefully z.** pişmanlıkla.

ruf.fi.an (râf'iyın) **i.** vicdansız, alçak.

ruf.fle (râf'ıl) **f.** 1. buruşturmak. 2. kabartmak. 3. karıştırmak. 4. büzmek. **i.** kırma, fırfır, farbala.

rug (râg) **i.** halı.

rug.ged (râg'id) **s.** 1. arızalı, engebeli. 2. kuvvetli, zinde. 3. dayanıklı, sağlam.

ru.in (ru'win) **i.** 1. yıkım, yıkım. 2. ören, yıkıntı, harabe. **f.** 1. harap etmek, yıkmak. 2. perişan etmek. 3. bozmak. **ruinous s.** 1. harap edici, yıkıcı. 2. yıkık, perişan.

rule (rul) **f.** 1. yönetmek. 2. hükmetmek. 3. cetvelle çizmek. **i.** 1. yönetim. 2. kural. 3. cetvel. **as a rule** çoğunlukla, genellikle. **ruler i.** 1. yönetici. 2. cetvel.

Ru.ma.ni.a (rumey'niyı) **i.** Romanya.

rum.ble (râm'bıl) **f.** 1. gürlemek, gümbürdemek. 2. gurlamak. **i.** 1. gürültü, gürleme. 2. guruldama.

ru.mi.nate (ru'mineyt) **f.** 1. geviş getirmek. 2. düşünceye dalmak.

rum.mage (râm'ic) **f.** altüst edip aramak.

ru.mor (ru'mır) **i.** söylenti; dedikodu. **f.** dedikodu çıkarmak.

rump (râmp) **i.** but.

rum.ple (râm'pıl) **f.** 1. buruşturmak. 2. karmakarışık etmek.

run (rân) **i.** 1. koşu, koşma. 2. (çorapta) kaçık. **f.** 1. koşmak. 2. koşuşmak. 3. işlemek, çalışmak. **run across** rast gelmek. **run against** çatmak, uğramak. **run a risk** riske girmek. **run a temperature** ateşi çıkmak. **run away** kaçmak. **run away with** 1. alıp kaçmak. 2. kolay kazanmak. **run into** 1. rast gelmek. 2. çarpmak. **run off** 1. kaçmak. 2. akıntmak, kaçırmak. **run on** devam etmek, ilerlemek. **run short of** (malzeme) tükenmek, kıtlaşmak.

runner i. 1. koşucu. 2. kaçak. **running s.** 1. koşan. 2. sürekli. 3. üst üste.

run-down (rân'daun') **s.** 1. köhne, harap. 2. hastalıklı, bitkin.

run.down (rân'daun) **i.** özet.

rung (râng) **i.** merdiven veya tekerlek çubuğu.
run.way (ran'wey) **i.** pist.
rup.ture (rap'çır) **i.** fıtık.
ru.ral (rûr'ıl) **s.** kırsal, köysel.
rush (râş) **f.** 1. acele etmek; acele ettirmek. 2. saldırmak. i. 1. acele. 2. hamle. 3. üşüşme.
rush hour (iş veya trafikte) en sıkışık zaman. **in a rush** aceleyle.
Rus.sia (râş'ı) **i.** Rusya.
rust (râst) **i.** pas. **f.** paslanmak. **rusty s.** paslı.
rus.tic (râs'tik) **s.** 1. köysel, kırsal. 2. kaba.
rus.tle (râs'ıl) **f.** hışırdamak; hışırdatmak. **i.** hışırtı.
rut (rât) **i.** oluk; tekerlek izi.
ruth.less (ruth'lis) **s.** merhametsiz, insafsız.
Rwan.da (ruan'dı) **i.** Ruanda.
rye (ray) **i.** çavdar.

S

sa.ber (sey'bır) **i.** süvari kılıcı.
sa.ble (sey'bıl) **i.** samur. **s.** siyah.
sab.o.tage (säb'ıtaj) **i.** sabotaj.
sac.cha.rin (säk'ırin) **i.** sakarin.
sack (säk) **i.** torba, çuval.
sack.cloth (säk'klôth) **i.** çuval bezi, çul.
sa.cred (sey'krid) **s.** 1. kutsal. 2. dinsel.
sac.ri.fice (säk'rıfays) **i.** 1. kurban. 2. fedakârlık. **f.** kurban etmek.
sad (säd) **s.** kederli, üzgün. **sadly z.** kederle, hüzünle. **sadness i.** keder, hüzün, üzüntü.
sad.den (säd'ın) **f.** kederlendirmek; neşesini kaçırmak.
sad.dle (säd'ıl) **i.** 1. eyer, semer. 2. bisiklet selesi.
sad.dle.bag (säd'ılbäg) **i.** heybe, hurç.
sad.ism (sey'dizım) **i.** sadizm. **sadist i.** sadist.
safe (seyf) **s.** 1. emniyette, salim. 2. emin, sağlam. 3. emniyetli, mahfuz. 4. güvenilir. 5. tehlikesiz. **i.** 1. kasa. 2. teldolap. **safe -deposit box** bankada özel kasa. **safely z.** emniyetle, emin bir şekilde; sağ salim.
safe.guard (seyf'gard) **i.** 1. koruyucu. 2. tedbir. 3. emniyet tedbiri. **f.** korumak.
safe.keep.ing (seyfki'ping) **i.** saklama, koruma.
safe.ty (seyf'ti) **i.** emniyet, güven; asayiş. **safety glass** dağılmaz cam. **safety pin** çengelliğne. **safety razor** jiletli traş makinesi.
sag (säg) **f.** 1. eğilmek, bükülmek, çökmek, bel vermek; sarkmak. 2. çöküntü, eğilme, bel verme; sarkma.

sa.ga (sa'gı) **i.** destan.
sa.ga.cious (sıgey'şıs) **s.** 1. akıllı, zeki. 2. sezgin, anlayışlı.
sa.gac.i.ty (sıgäs'ıti) **i.** akıllılık, zekâ.
sage (seyc) **i.** adaçayı.
sage (seyc) **s.** 1. ağırbaşlı. 2. akıllı. **i.** bilge.
sail (seyl) **i.** 1. yelken; yelkenl'ı. 2. deniz yolculuğu. **f.** 1. gemiyle gitmek; suda gitmek. 2. uçmak; uçurmak. **sailor i.** gemici.
sail.boat (seyl'bot) **i.** yelkenli.
saint (seynt) **i.** evliya, aziz, eren. **saintly s.** evliya gibi, azizlere yakışır.
Saint Lu.ci.a (seynt lu'sıya) Sent Lusi.
Saint Vin.cent and the Gren.a.dines (seynt vi'sınt ınd dhı gren'ıdinz) Sen Vensan.
sake (seyk) **i.** hatır, uğur. **for heaven's sake** Allah aşkına. **for my sake** hatırım için.
sal.ad (säl'ıd) **i.** salata. **salad dressing** mayonez; salata sosu.
sa.la.man.der (säl'ımändır) **i.** semender.
sa.la.mi (sıla'mi) **i.** salam.
sal ammoniac nışadır.
sal.a.ry (säl'ıri) **i.** maaş, aylık; ücret.
sale (seyl) **i.** 1. satış, satım. 2. indirimli satış. 3. mezat. **for sale** satılık.
sales.clerk (seylz'klırk) **i.** satış memuru, tezgâhtar.
sales.man (seylz'mın) **i.** satıcı, satış memuru. **salesmanship i.** satıcılık.
sales.room (seylz'rum) **i.** satış yeri.
sa.line (sey'layn) **s.** tuzlu; tuz gibi.
sa.li.va (sılay'vı) **i.** salya, tükürük.
sal.ly (säl'i) **f.** 1. dışarı fırlamak. 2. geziye çıkmak.
salm.on (säm'ın) **i.** som balığı.
salt (sôlt) **i.** 1. tuz. 2. maden tuzu. **salty s.** tuzlu.
salt.cel.lar (sôlt'selır) **i.** tuzluk.
salt.pe.ter (sôltpi'tır) **i.** güherçile.
sa.lu.bri.ous (sılu'brıys) **i.** sağlığa yarar, sıhhi.
sal.u.tar.y (säl'yıteri) **s.** yararlı, faydalı.
sa.lute (sılut') **f.** selam çıkmak, selamlamak, esenlemek. **i.** selam; selam duruşu.
sal.vage (säl'vic) **i.** kurtarılan mal. **f.** (eşya) kurtarmak.
sal.va.tion (sälvey'şın) **i.** 1. kurtarış; kurtuluş. 2. mağfiret, yarlıgama.
salve (sâv) **i.** merhem.
same (seym) **s.** 1. aynı, tıpkısı; eşit. 2. adı geçen. **just the same** buna rağmen, yine de, mamafih.
Sa.mo.a (sımo'wı) **i.** Samoa Adaları.
sam.ple (säm'pıl) **i.** örnek, model, mostra. **f.** örnek olarak denemek.
san.a.to.ri.um (sänıtôr'iyım) **i.** sanatoryum.
sanc.ti.fy (sängk'tıfay) **f.** kutsallaştırmak. **sanctity i.** kutsallık.

sanc.tion (sängk'şın) **i.** 1. onaylama; kabul. 2. ceza, müeyyide, yaptırım. **f.** onaylamak.

sanc.tu.ar.y (sängk'çuweri) **i.** 1. tapınak, mabet. 2. kutsal yer. 3. sığınak. **take sanctuary** sığınmak. **wildlife sanctuary** yabanıl hayvanların korunduğu yer.

sand (sänd) **i.** kum. **f.** kum serpmek. **sandy s.** kumlu; kumsal; kum rengi (saç).

san.dal (sän'dıl) **i.** sandal, çarık.

sand.bar (sänd'bar) **i.** sığlık.

sand.pa.per (sänd'peypır) **i.** zımpara kâğıdı. **f.** zımparalamak.

sand.stone (sänd'ston) **i.** kumtaşı.

sand.storm (sänd'stôrm) **i.** kum fırtınası.

sand.wich (sänd'wiç) **i.** sandviç. **f.** arasına sıkıştırmak.

sane (seyn) **s.** 1. aklı başında, akıllı. 2. makul.

san.guine (sang'gwin) **s.** 1. emin. 2. hayat dolu, neşeli.

san.i.tar.y (sän'ıteri) **s.** sağlıkla ilgili, sıhhi.

san.i.ta.tion (sänıtey'şın) **i.** sıhhi şartları geliştirme, hıfzıssıhha.

san.i.ty (sän'ıti) **i.** akıllılık, aklı başında olma.

San Ma.ri.no (san marino) San Marino.

Sao Tome and Prin.ci.pe (san tumé and prin'sipi) Sen Tomas ve Prens Adaları.

sap (säp) **i.** 1. özsu, usare. 2. (argo) aptal, avanak.

sap (säp) **f.** takatını kesmek, tüketmek, bitirmek.

sap.phire (säf'ayr) **i.** 1. gökyakut, safir. 2. parlak mavi.

sar.casm (sar'käzım) **i.** istihza.

sar.cas.tic (sarkäs'tik) **s.** iğneleyici, alaylı, küçümseyici. **sarcastically z.** alay ederek.

sar.coph.a.gus (sarkof'ıgıs) **i.** lahit.

sar.dine (sardin') **i.** sardalye, ateşbalığı.

sash (säş) **i.** kuşak.

sash (säş) **i.** pencere çerçevesi.

sas.sy (säs'i) **s.** arsız, küstah.

Sa.tan (sey'tın) **i.** şeytan, iblis.

sa.tan.ic (seytän'ik) **s.** şeytanca.

satch.el (säç'ıl) **i.** el çantası.

sate (seyt) **f.** doyurmak; tıka basa yedirmek.

sat.el.lite (sät'ılayt) **i.** uydu, peyk.

sa.ti.ate (sey'şiyeyt) **f.** doyurmak.

sa.ti.e.ty (sıtay'ıti) **i.** doygunluk, tokluk.

sat.in (sät'ın) **i.** saten, atlas.

sat.ire (sät'ayr) **i.** hiciv, taşlama, yergi, yerme.

sa.tir.i.cal (sıtir'ıkıl) **s.** hicivli, hicivsel.

sat.i.rist (sät'ırist) **i.** taşlama yazarı, hicivci.

sat.i.rize (sät'ırayz) **f.** hicvetmek, yermek.

sat.is.fac.tion (sätisfäk'şın) **i.** hoşnutluk, memnuniyet, kanaat; tatmin. **satisfactory s.** 1. hoşnut edici. 2. tatminkâr, kâfi.

sat.is.fy (sät'isfay) **f.** 1. memnun etmek, tatmin etmek. 2. doyurmak. 3. yetmek, uymak, kar-

şılamak. **satisfying s.** doyurucu, tatmin edici.

sat.u.rate (säç'ıreyt) **f.** emdirmek, doyurmak. **saturated s.** doymuş.

Sat.ur.day (sät'ırdi) **i.** cumartesi.

sauce (sôs) **i.** salça, sos, terbiye.

sauce.pan (sôs'pän) **i.** uzun saplı tencere.

sau.cer (sô'sır) **i.** çay tabağı, fincan tabağı.

sau.cy (sô'si) **s.** arsız, sulu, şırnaşık; küstah.

Sa.u.di A.ra.bi.a (sau'di ırey'biyı) Suudi Arabistan.

sau.sage (sô'sic) **i.** sucuk, sosis.

sav.age (säv'ic) **s.** vahşi, yabani; canavar ruhlu; zalim. **i.** vahşi adam.

save (seyv) **f.** 1. kurtarmak. 2. korumak, saklamak. 3. artırmak, biriktirmek. **saving s.** 1. kurtarıcı. 2. idareci. 3. koruyan. **i.** tasarruf, iktisat. **savings i.** biriktirilmiş para. **savings account** tasarruf hesabı.

save (seyv) **bağ., edat** maada, -den başka, gayri.

sav.ior (seyv'yır) **i.** kurtarıcı.

sa.vor (sey'vır) **i.** tat, lezzet, çeşni.

saw (sô) **i.** bıçkı, testere. **f.** bıçkı ile biçmek, testere ile kesmek. **sawyer i.** bıçkıcı.

saw.horse (sô'hôrs) **i.** testere tezgâhı.

saw.mill (sô'mil) **i.** bıçkıhane.

saw-toothed (sô'tütht) **s.** testere dişli.

sax.o.phone (säk'sıfon) **i.** saksofon.

say (sey) **f.** demek, söylemek. **z.** 1. aşağı yukarı. 2. mesela.

say.ing (sey'ing) **i.** söz, tabir, atasözü.

scab (skäb) **i.** yara kabuğu.

scab.bard (skäb'ırd) **i.** kılıç kını.

scad (skäd) **i.** istavrit.

scads (skädz) **i.** büyük miktar.

scaf.fold (skäf'ıld) **i.** 1. yapı iskelesi. 2. darağacı platformu.

scald (sköld) **f.** haşlamak, kaynar su veya buhardan geçirmek.

scale (skeyl) **i.** balık pulu.

scale (skeyl) **i.** 1. derece. 2. ölçek, ölçü. 3. cetvel. 4. (müz.) gam. **f.** tırmanmak. **scale down** küçültmek. **scales i.** terazi.

scal.lion (skäl'yın) **i.** yeşil soğan.

scal.lop (skäl'ıp) **i.** (zool.) tarak.

scalp (skälp) **i.** 1. kafatasını kaplayan deri. 2. başarı simgesi. **f.** başın derisini yüzmek.

scam.per (skäm'pır) **f.** koşmak, seğirtmek, kaçmak.

scan (skän) **f.** 1. inceden inceye gözden geçirmek. 2. üstünkörü gözden geçirmek. 3. vezine göre okumak; şiir kurallarına uymak.

scan.dal (skän'dıl) **i.** 1. skandal, rezalet, kepazelik. 2. iftira, dedikodu. 3. rezil, kepaze, yüzkarası. **scandalous s.** rezilce, kepaze, lekeleyici.

scan.dal.ize (skän'dılayz) **f.** rezalet çıkararak birisini utandırmak.

scant (skänt) **s.** 1. az, kıt, dar. 2. yetersiz. 3. sınırlı. **scanty s.** çok az, kıt, dar, eksik.

scape.goat (skeyp'got) **i.** başkalarının ceza ve sorumluluğunu yüklenen kimse.

scar (skar) **i.** yara izi. **f.** yara izi bırakmak.

scarce (skers) **s.** seyrek, nadir, az; eksik, kıt. **scarcely z.** ancak, güçbela, zorla, güçlükle. **scarcity i.** kıtlık.

scare (sker) **f.** korkutmak, ürkütmek. **i.** ani korku, panik. **scare off** korkutup kaçırmak. **scary s.** korkunç.

scare.crow (sker'kro) **i.** bostan korkuluğu.

scarf (skarf) **i.** eşarp, atkı.

scar.let (skar'lit) **s.** al, kırmızı. **scarlet fever** kızıl (hastalık).

scath.ing (skey'dhing) **s.** sert, yakıcı, inciten.

scat.ter (skät'ır) **f.** dağıtmak, saçmak; yaymak, serpmek; dağılmak; yayılmak. **scattering i.** seyreklik.

scat.ter.brain (skät'ırbreyn) **i.** dağınık fikirli.

scav.en.ger (skäv'ıncır) **i.** 1. leş yiyen hayvan. 2. çöpleri karıştırarak işe yarar şeyler arayan kimse. 3. çöpcü.

sce.nar.i.o (siner'iyo) **i.** senaryo.

scene (sin) **i.** 1. manzara. 2. sahne, perde. 3. dekor, mizansen. 4. olayın geçtiği yer ve şartlar. 5. hadise. **behind the scenes** perde arkasında; gizlice. **scenic s.** manzaralı.

scen.er.y (si'nıri) **i.** 1. manzara. 2. sahne dekoru.

scent (sent) **f.** 1. kokusunu almak, sezmek. 2. güzel koku saçmak. 3. koklayarak izini aramak. **i.** koku; güzel koku, esans.

scep.ter (sep'tır) **i.** asa.

sched.ule (skec'il) **i.** 1. program. 2. liste. 3. tarife. **f.** programa koymak.

scheme (skim) **i.** 1. plan, proje. 2. entrika, dolap. **f.** 1. kurmak, tertip etmek; plan yapmak. 2. dolap çevirmek. **schemer i.** düzenbaz, hilekâr.

schism (skiz'ım) **i.** hizip, bölüntü.

schiz.o.phre.ni.a (skitsofri'niyı) **i.** şizofreni.

schol.ar (skal'ır) **i.** bilgin, âlim. **scholarly s.** bilimsel, ilmi, ilmî. **scholarship i.** 1. ilim, irfan. 2. burs.

scho.las.tic (skıläs'tik) **s.** 1. okul veya öğrenciye ait. 2. skolastik.

school (skul) **i.** 1. okul, mektep. 2. öğrenim devresi. 3. ekol. **school year** ders yılı. **boarding school** yatılı okul. **day school** gündüzlü okul. **graduate school** üniversite sonrası devam edilen fakülte. **grammar school** ilkokul; (İng.) ortaokul, lise. **high school** lise. **public school** (İng.) özel okul; (A.B.D.) parasız resmi okul. **reform school** ıslahevi. **schooling i.** eğitim ve terbiye.

school (skul) **i.** balık sürüsü.

school.book (skul'bûk) **i.** ders kitabı.

school.mate (skul'meyt) **i.** okul arkadaşı.

school.room (skul'rum) **i.** sınıf, dershane.

sci.at.i.ca (sayät'iki) **i.** siyatik.

sci.ence (say'ıns) **i.** fen, ilim, bilim, bilgi; ilim dalı. **science fiction** bilim-kurgu.

sci.en.tif.ic (sayıntif'ik) **s.** bilimsel.

sci.en.tist (say'ıntist) **i.** bilim adamı.

scis.sors (siz'ırz) **i.** makas. **pair of scissors** makas.

scle.ro.sis (skliro'sis) **i.** doku sertleşmesi, skleroz.

scoff (skaf) **f.** alay etmek, eğlenmek.

scold (skold) **f.** azarlamak, paylamak. **i.** şirret kadın.

scoop (skup) **i.** 1. büyük kepçe; şaşula, kürek. 2. (gazet.) atlatma. **f.** 1. kepçeyle çıkarmak. 2. (gazet.) atlatmak.

scoot (skut) **f.** birden kaçmak veya koşmak.

scooter i. trotinet.

scope (skop) **i.** 1. saha, faaliyet alanı. 2. teleskop; mikroskop.

scorch (skôrç) **f.** kavurmak, ateşe tutmak; yanmak, kavrulmak. **i.** hafif yanık.

score (skôr) **i.** 1. (oyunda) sayı, puan. 2. çizgi, işaret. **f.** sayı kazanmak.

scorn (skôrn) **i.** tepeden bakma, küçük görme. **f.** küçümsemek. **scornful s.** hakaret dolu, ağır.

scor.pi.on (skôr'piyın) **i.** akrep. **scorpion fish** iskorpit.

Scot.land (skat'lınd) **i.** İskoçya.

scoun.drel (skaun'drıl) **s.** alçak, adi, habis, hain.

scour (skaur) **f.** ovalayarak temizlemek.

scourge (skırc) **i.** afet, musibet, felaket.

scout (skaut) **i.** izci, gözcü, keşif kolu.

scowl (skaul) **f.** kaşlarını çatıp bakmak. **i.** gözdağı veren bakış.

scram.ble (skräm'bıl) **f.** 1. tırmalamak. 2. kapışmak. 3. karıştırmak. **i.** kapış, kapma. **scrambled eggs** çırpılıp yağda pişirilmiş yumurta.

scrap (skräp) **i.** 1. ufak parça. 2. artık, kırıntı. **f.** ıskarta etmek.

scrap.book (skräp'bûk) **i.** albüm.

scrape (skreyp) **f.** 1. kazımak. 2. sıyırtmak. **i.** 1. kazıma, sürtme. 2. varta, çıkmaz. **scraper i.** kazıma aleti; greyder.

scratch (skräç) **f.** 1. tırmalamak. 2. kazımak. 3. kaşımak, tahriş etmek; kaşınmak. 4. listeden çıkarmak. 5. eşelemek. **i.** 1. tırmık. 2. hafif yara. 3. gıcırdama. **scratch one's back** yağcılık etmek. **scratch out** 1. karalamak. 2. oymak, içini kazımak. **scratch paper** müsvedde kâğıdı. **scratchy s.** gıcırtılı, cızırtılı.

scream (skrim) **f.** bağırmak, feryat etmek, haykırmak, çığlık atmak. **i.** bağırış, feryat, çığlık.

screen (skrin) **i.** 1. perde; kafes; paravana; bölme, tahta perde. 2. elek. 3. sinema. **f.** 1. perde çekmek. 2. korumak. 3. saklamak. 4. elemek.

screw (skru) **i.** 1. vida. 2. uskur, gemi pervanesi. **f.** 1. vidalamak. 2. (argo) kazıklamak.

screw.driv.er (skru'drayvır) **i.** tornavida.

scrib.ble (skrib'ıl) **f.** karalamak, acele ile dikkatsizce yazmak.

scrimp.y (skrim'pi) **s.** 1. çok kıt, eksik. 2. cimri.

script (skript) **i.** 1. el yazısı. 2. konuşmacının elindeki notlar.

Scrip.ture (skrip'çır) **i.** Kitabı Mukaddes.

scroll (skrol) **i.** parşömen tomarı.

scrub (skrʌb) **i.** 1. çalılık, fundalık, maki. 2. bodur insan.

scrub (skrʌb) **f.** ovalamak; fırçalamak.

scrub.by (skrʌb'i) **s.** 1. fırça gibi sert. 2. bodur, çelimsiz.

scruff (skrʌf) **i.** ense.

scru.ple (skru'pıl) **i.** vicdani elvermeme. **f.** vicdanı elvermemek. **scrupulous s.** 1. vicdanının sesini dinleyen. 2. dakik, titiz.

scru.ti.nize (skru'tınayz) **f.** dikkatle bakmak, incelemek, ince eleyip sık dokumak.

scru.ti.ny (skru'tıni) **i.** inceleme, araştırma.

scuff (skʌf) **f.** ayağı sürüyerek yürümek; sürüyerek aşındırmak.

scuf.fle (skʌf'ıl) **f.** itişmek, çekişmek. **i.** itişme, çekişme.

sculp.tor (skʌlp'tır) **i.** heykeltıraş.

sculp.ture (skʌlp'çır) **i.** 1. heykel, heykeller; heykelcilik, heykeltıraşlık. **f.** oymak; heykel yapmak.

scum (skʌm) **i.** 1. köpük. 2. maden cürufu. 3. pislik. **scummy s.** 1. köpüklü. 2. kir bağlamış. 3. alçak, iğrenç.

scur.ry (skır'i) **f.** telaş etmek, kaçarcasına koşmak.

scur.vy (skır'vi) **s.** adi, alçak, iğrenç. **i.** iskorbüt.

scut.tle (skʌt'ıl) **f.** hızlı koşmak, seğirtmek.

scut.tle (skʌt'ıl) **f.** dinar musluğunu açıp gemiyi batırmak.

scythe (saydh) **i.** tırpan. **f.** tırpanlamak, tırpanla biçmek.

sea (si) **i.** deniz.

sea.coast (si'kost) **i.** deniz kıyısı, sahil.

sea.far.er (si'ferır) **i.** gemici.

sea.fowl (si'faul) **i.** deniz kuşu; deniz kuşları.

sea.go.ing (si'gowing) **s.** açık denize elverişli.

seal (sil) **i.** ayıbalığı.

seal (sil) **i.** mühür, damga. **f.** mühürlemek.

2. kapamak, yarıkları doldurmak.

seam (sim) **i.** 1. dikiş yeri, dikiş. 2. bağlantı yeri. **f.** birbirine dikmek. **seamy s.** 1. dikişli. 2. çirkin görünüşlü, biçimsiz.

sea.man (si'mın) **i.** denizci, gemici; deniz eri. **seamanship i.** gemicilik.

seam.stress (sim'stris) **i.** kadın terzi.

sea.port (si'pôrt) **i.** liman.

search (sırç) **f.** 1. araştırmak, aramak. 2. yoklamak, bakmak. 3. dikkatle incelemek. **i.** 1. arama, araştırma. 2. yoklama, bakma. **searching s.** 1. araştırıcı, inceden inceye araştıran. 2. nüfuz eden.

search.light (sırç'layt) **i.** ışıldak, projektör.

sea.shore (si'şôr) **i.** kıyı, sahil.

sea.sick.ness (si'siknis) **i.** deniz tutması.

sea.side (si'sayd) **i.** kıyı, sahil.

sea.son (si'zın) **i.** 1. mevsim. 2. süre, zaman; uygun zaman. 3. baharat. **f.** 1. iyice kurumak. 2. baharat katmak. 3. yumuşatmak. **seasonal s.** mevsimlik.

sea.son.ing (si'zıning) **i.** baharat.

seat (sit) **i.** oturacak yer, iskemle, sandalye; yer. **f.** oturtmak.

sea.weed (si'wid) **i.** deniz yosunu, su yosunu.

sea.wor.thy (si'wırdhi) **s.** denize dayanıklı, denize açılabilir.

se.cede (sisid') **f.** anlaşmayı bozmak, anlaşmadan çekilmek.

se.clu.sion (siklu'jın) **i.** inziva, köşeye çekilme.

sec.ond (sek'ınd) **i.** saniye.

sec.ond (sek'ınd) **s.** ikinci; bir daha; ikinci derecede, aşağı. **i.** (oto.) ikinci vites. **f.** bir öneriyi desteklemek.

sec.on.dar.y (sek'ınderi) **s.** ikincil. **secondary school** ortaokul, lise.

sec.ond.hand (sek'ındhänd') **s.** 1. kullanılmış, elden düşme. 2. dolaylı.

se.cre.cy (si'krısi) **i.** gizlilik.

se.cret (si'krit) **s.** 1. gizli, saklı. 2. esrarlı. **i.** 1. sır. 2. muamma.

sec.re.tar.y (sek'rıteri) **i.** 1. sekreter, kâtip, yazman. 2. bakan.

se.crete (sikrit') **f.** 1. gizlemek, saklamak. 2. salgılamak, salmak. **secretion i.** salgı.

sect (sekt) **i.** 1. mezhep. 2. fırka.

sec.tion (sek'şın) **i.** 1. kıta, parça, bölük; kısım, bölüm; bölge. 2. kesit.

sec.tor (sek'tır) **i.** daire dilimi, daire kesmesi, sektör.

sec.u.lar (sek'yılır) **s.** 1. dünyevi, cismani. 2. layık. **secularism i.** layıklık.

se.cure (sikyûr') **s.** emin, korkusuz, emniyetli. **f.** 1. korumak. 2. sağlamlaştırmak. 3. ele geçirmek. **securely z.** 1. emniyetle. 2. sımsıkı. **se.curity i.** 1. güvenlik. 2. teminat. 3. rehin, emanet. **securities** i. senetler.

se.date (sideyt') s. sakin, ağırbaşlı.

se.da.tion (sidey'şın) i. (ilaçla) yatıştırma.

sed.a.tive (sed'ıtiv) s. i. yatıştırıcı.

sed.en.tar.y (sed'ınteri) s. oturarak yapılan; oturarak geçirilen.

sed.i.ment (sed'ımınt) i. tortu, çökel, çökelti; posa, telve.

se.di.tion (sidîş'ın) i. fesat, fitne; kışkırtma.

se.di.tious (sidîş'ıs) s. fitneci; kışkırtıcı.

se.duce (sidûs') f. 1. ayartmak, azdırmak, baştan çıkarmak. 2. iğfal etmek. **seducer** i. iğfal eden adam.

se.duc.tion (sidâk'şın) i. 1. ayartma, baştan çıkarma. 2. iğfal.

se.duc.tive (sidâk'tiv) s. ayartıcı, çekici.

see (si) f. 1. görmek; bakmak. 2. anlamak, farkına varmak. 3. ile görüşmek, kabul etmek. **see eye to eye** aynı fikirde olmak, her konuda anlaşmak. **see red** öfkelenmek, gözünü kan bürümek.

seed (sid) i. 1. tohum; çekirdek. 2. asıl, kaynak. 3. döl, zürriyet, evlatlar. 4. meni, sperma. f. 1. tohum ekmek. 2. tohum veya çekirdeğini çıkarmak. **seedless** s. çekirdeksiz. **seedy** s. 1. çekirdekli. 2. tohuma kaçmış. 3. kılıksız; keyifsiz.

seed.bed (sid'bed) i. fidelik.

seed.ling (sid'lîng) i. fide.

seek (sik) f. 1. aramak, araştırmak. 2. çabalamak, çalışmak.

seem (sim) f. görünmek, gözükmek; gibi gelmek. **it seems as if, it seems as though** sanki, galiba, imiş gibi.

seem.ly (sim'li) s. yakışık alır, uygun.

seep (sip) f. sızmak.

see.saw (si'sô) i. tahterevalli.

seg.ment (seg'mınt) i. parça, bölüm, kısım, dilim.

seg.re.gate (seg'rıgeyt) f. ayırmak, tecrit etmek. **segregation** i. fark gözetme, ayrı tutma ayrım. **segregationist** i. ayrımcı, ırkçı.

seine (seyn) i. serpme (ağ).

seis.mic (sayz'mîk) s. depremsel, sismik.

seize (siz) f. 1. tutmak, yakalamak. 2. el koymak, zapt etmek, müsadere etmek, gaspetmek.

sei.zure (si'jır) i. 1. yakalama. 2: haciz, el koyma. 3. nöbet.

sel.dom (sel'dım) z. nadiren, pek az, seyrek.

se.lect (sîlekt') f. seçmek, ayırmak. s. seçme, seçkin. **selection** i. 1. seçme. 2. seçme şey.

se.lec.tive s. ayıran, seçici. **selective service** (A.B.D.) kuraylа askerlik.

self (self) i. 1. kişi, öz, zat, şahıs; kendi. 2. kişilik.

self-as.sured (self'ışûrd') s. kendine güvenen.

self-con.scious (self'kanşıs') s. 1. utangaç, sıkılgan. 2. kendi halini çok düşünen.

self-con.trol (self'kıntrol') i. kendine hâkim olma.

self.de.fense (self'dîfens') i. kendini savunma.

self-de.ni.al (self'dînay'ıl) i. feragat, kendini tutma.

self-de.ter.mi.na.tion (self'dîtırmıney'şın) i. 1. elindelik, hür irade. 2. kamunun kendi geleceğini saptaması.

self-es.teem (self'istîm') i. öz saygısı, onur.

self-ev.i.dent (self'ev'ıdınt) s. aşikâr, açık, belli, ortada, meydanda.

self-gov.ern.ment (self'gâv'ırnmınt) i. özerklik.

self-help (self'help') i. kendi kendine yetme, kendi başına yapabilme.

self-in.dul.gence (self'îndâl'cıns) i. kendi isteklerine düşkünlük.

self.ish (sel'fîş) s. bencil. **selfishly** z. bencilce. **selfishness** i. bencillik.

self-pit.y (self'pît'i) i. kendini zavallı hissetme, kendi kendine acıma.

self-por.trait (self'pôr'trît) i. ressamın çizdiği kendi portresi.

self-pres.er.va.tion (self'prezırvey'şın) i. kendini koruma.

self-re.li.ance (self'rilay'ıns) i. kendine güven.

self-re.spect (self'rispekt') i. öz saygısı, izzetinefis.

self-right.eous (self'ray'çıs) s. kendini erdemli sayan.

self-rule (self'rul) i. özerklik.

self-sac.ri.fice (self'säk'rıfays) i. özveri, fedakârlık.

self-sat.is.fied (self'sät'îsfayd) s. halinden memnun.

self-ser.vice (self'sır'vîs) s. selfservis.

self-suf.fi.cient (self'sıfîş'ınt) s. 1. kendine güvenen. 2. kendi kendine yeten.

self-sup.port (self'sıpôrt') i. kendini geçindirme.

self-will (self'wîl') i. inatçılık, benlikçilik.

sell (sel) f. 1. satmak; satılmak. 2. satışta rağbet görmek. **seller** i. satıcı, bayi.

se.man.tics (sîmän'tîks) i. anlambilim, semantik. **semantic** s. anlamsal.

sem.blance (sem'blıns) i. 1. biçim. 2. benzerlik. 3. görünüş.

se.men (si'mın) i. meni, sperma.

se.mes.ter (sîmes'tır) i. sömestr, dönem.

sem.i.an.nu.al (semiän'yuwıl) s. altı aylık.

sem.i.cir.cle (sem'îsırkıl) s. yarım daire.

sem.i.co.lon (sem'îkolın) i. noktalı virgül.

sem.i.con.duc.tor (semîkndâk'tır) i. yarı ilet-

ken.
sem.i.fi.nal (semifay'nıl) **i.** (spor) yarışon.
sem.i.nar (sem'ınar) **i.** seminer.
sem.i.nar.y (sem'ıneri) **i.** ilâhiyat fakültesi.
sem.i.pri.vate (semipray'vit) **s.** yarı özel. **semiprivate room** hastanede iki, üç veya dört yataklı oda.
sem.o.li.na (semıli'nı) **i.** irmik.
sen.ate (sen'it) **i.** senato. **senator i.** senatör.
send (send) **f.** göndermek, yollamak.
Sen.e.gal (sen'igâl) **i.** Senegal.
se.nile (si'nayl) **s.** bunak.
se.nil.i.ty (sinil'ıti) **i.** bunaklık.
sen.ior (sin'yır) **s.** 1. yaşca büyük. 2. kıdemli. **i.** son sınıf öğrencisi.
sen.ior.i.ty (sinyôr'ıti) **i.** kıdemlilik; kıdem.
sen.sa.tion (sensey'şın) **i.** 1. duyu; duygu; duyarlık. 2. sansasyon. **sensational s.** duygusal, heyecanlı, sansasyonel.
sense (sens) **i.** 1. duyu. 2. akıl. 3. anlam. **f.** idrak etmek, sezmek. **common sense** sağduyu. **in a sense** bir anlamda. **make sense** 1. anlamı olmak. 2. makul olmak. **senseless s.** 1. duygusuz. 2. akılsız. 3. saçma, anlamsız. **senselessly z.** anlamsızca.
sen.si.bil.i.ty (sensibil'ıti) **i.** duyarlık.
sen.si.ble (sen'sıbıl) **s.** 1. makul, akla uygun. 2. sezilir, hissedilir, farkına varılır. 3. duygulu. 4. anlayışlı, akıllı.
sen.si.tive (sen'sıtiv) **s.** duygulu, duyar, duygun; duygusal. **sensitivity i.** duyarlılık.
sen.so.ry (sen'sıri) **s.** duyumsal; duyusal.
sen.su.al (sen'şuwıl) **s.** şehvani; duyusal.
sen.su.al.i.ty (sen'şuwâl'ıti) **i.** şehvet, kösnü.
sen.su.ous (sen'şuwıs) **s.** duygusal, hissi.
sen.tence (sen'tıns) **i.** 1. cümle, tümce. 2. (huk.) karar, hüküm. **f.** mahkûm etmek.
sen.ti.ent (sen'şiyınt) **s.** sezgili; duygulu, duygun.
sen.ti.ment (sen'tımınt) **i.** 1. duygu; seziş; aşırı duyarlık. 2. düşünce, mütalaa.
sen.ti.men.tal (sentimen'tıl) **s.** duygusal.
sen.ti.men.tal.i.ty (sentimentâl'ıti) **i.** aşırı duygusallık.
sen.ti.nel (sen'tınıl) **i.** nöbetçi, gözcü.
sen.try (sen'tri) **i.** nöbetçi, nöbetçi asker.
sep.a.rate (sep'ırit) **s.** ayrı. **separately z.** ayrı ayrı, başka başka, bağlantısız olarak.
sep.a.rate (sep'ıreyt) **f.** ayırmak, bölmek. **separation i.** ayrılık, ayrılma, ayırma.
Sep.tem.ber (septem'bır) **i.** eylül.
sep.tic (sep'tik) **s.** bulaşıcı, mikroplu. **septic tank** fosseptik, lağım çukuru.
sep.ul.cher (sep'ılkır) **i.** gömüt, sin, mezar.
se.quel (si'kwıl) **i.** 1. devam. 2. son, sonuç.
se.quence (si'kwıns) **i.** 1. ardışık; ardıllık.

2. sıra, düzen; seri.
se.ra.glio (sirâl'yo) **i.** 1. saray. 2. harem dairesi. **the Seraglio** Topkapı Sarayı.
ser.e.nade (serıneyd') **i.** serenat.
se.rene (sirin') **s.** 1. sakin. 2. yüce.
se.ren.i.ty (siren'ıti) **i.** sükûnet, dinginlik, huzur.
serf (sırf) **i.** toprağa bağlı köle, serf.
ser.geant (sar'cınt) **i.** çavuş.
se.ri.al (sîr'iyıl) **s.** seri halinde. **i.** tefrika.
se.ries (sîr'iz) **i.** sıra, silsile; seri, dizi.
se.ri.ous (sîr'iyıs) **s.** 1. ciddi, ağırbaşlı. 2. önemli. **seriously z.** cidden, ciddi olarak. **seriousness i.** ciddiyet.
ser.mon (sır'mın) **i.** vaız.
ser.pent (sır'pınt) **i.** 1. yılan. 2. iblis.
se.rum (sîr'ım) **i.** serom.
ser.vant (sır'vınt) **i.** 1. hizmetçi, uşak. 2. köle, kul. 3. besleme, yanaşma. **public servant** memur.
serve (sırv) **f.** 1. hizmet etmek, yardım etmek. 2. kulluk etmek. 3. tapmak. 4. müşteriye bakmak. 5. servis yapmak. 6. işe yaramak, işine gelmek. 7. yetişmek, yetmek, elvermek.
ser.vice (sır'vis) **i.** 1. hizmet, görev. 2. iş. 3. ayin, ibadet. 4. askerlik. 5. yarar, yardım. 6. memuriyet. 7. (spor) servis. **f.** bakımını sağlamak, onarmak. **service station** benzin istasyonu. **be of service** yardımı dokunmak. **civil service** devlet memurluğu. **public service** kamu hizmeti. **secret service** gizli polis teşkilatı.
ser.vile (sır'vayl) **s.** köleye yaraşır; alçak, aşağılık.
ser.vi.tude (sır'vıtud) **i.** kulluk, kölelik.
ses.a.me (ses'ımi) **i.** susam. **sesame oil** susam yağı, tahin.
ses.sion (seş'ın) **i.** celse, oturum; toplantı.
set (set) **f.** 1. koymak, yerleştirmek. 2. batmak, kaybolmak. 3. kuluçkaya yatırmak; kuluçkaya yatmak. 4. kurmak, ayarlamak. 5. hazırlamak. 6. kırık veya çıkığını yerine oturtmak. 7. (saç) sarmak, mizanpli yapmak. 8. (matb.) dizmek. 9. dikmek (fidan). 10. pekişmek, katılaşmak, donmak. **set free** serbest bırakmak, salıvermek. **set in** başlamak. **set off** 1. ayrı koymak. 2. etkilemek. 3. yola çıkmak. 4. fitillemek. 5. göstermek. 6. belirginleştirmek. **set on fire** tutuşmak, ateşe vermek. **set out** yola koyulmak, ateşe vermek. **set out to** başlamak, girişmek. **set up** 1. havaya dikmek. 2. açmak 3. kurmak. **set up housekeeping** ev açmak. **set** (set) **i.** 1. takım, grup, klik; seri. 2. (tiyatro) dekor, stüdyo düzlüğü. 3. (sin.) set. 4. televizyon veya radyo alıcısı.
set (set) **s.** 1. belirli. 2. ayarlı. 3. yerleşmiş. 4. aynı, basmakalıp. 5. verilmiş. 6. değişmez.

7. hazır. 8. düzenli.
set.back (set'bäk) i. aksilik, işin ters gitmesi.
set.tee (set'i) i. kanepe.
set.ting (set'ing) i. 1. mücevher yuvası. 2. konunun geçtiği yer ve zaman, ortam. 3. batmak. 4. bir kişilik yemek takımı.
set.tle (set'ıl) f. 1. yerleştirmek; yerleşmek. 2. düzeltmek. 3. dibe çökmek, durulmak. 4. karara bağlamak, halletmek, karara varmak. 5. ödemek, hesabı kapatmak. 6. iskân ve imar etmek. **settle accounts** 1. hesaplaşmak. 2. hıncını almak. **settle down** yerleşmek, oturmak. **settled** s. yerleşik; sabit; halledilmiş. **settlement** i. 1. yerleşme. 2. kararlaştırma; halletme. 3. hesap görme. 4. yeni sömürge.
set.tler (set'lır) i. yeni bir yere yerleşen göçmen.
set.up (set'âp) i. durum, vaziyet.
sev.en (sev'ın) i. yedi.
sev.en.teen (sev'ıntin') i. on yedi.
sev.en.ty (sev'ınti) i. yetmiş.
sev.er (sev'ır) f. ayırmak, bölmek; koparmak.
sev.er.al (sev'ırıl) s. 1. birkaç, çeşitli. 2. ayrı, başka.
sev.er.ance (sev'ırıns) i. ayırma, ayrılma. **severance pay** işten ayrılma tazminatı.
se.vere (sıvir') s. 1. sert, şiddetli, haşin. 2. fazla ciddi. 3. kasvetli. **severely** z. şiddetle.
se.ver.i.ty (sıver'ıti) i. şiddet, sertlik.
sew (so) f. dikmek, dikiş dikmek. **sewer** i. dikici. **sewing** i. dikiş.
sew.age (su'wıc) i. lağım pisliği.
sew.er (su'wır) i. lağım.
sex (seks) i. seks, eşey, cinslik, cinsiyet. **sex appeal** cinsi cazibe, seksapel.
sex.tant (seks'tınt) i. sekstant.
sex.u.al (sek'şuwıl) s. cinsi, cinsel. **sexual intercourse** cinsel ilişki.
Sey.chelles (sey'şels) i. Seyşel.
shab.by (şäb'i) s. 1. kılıksız, pejmürde, eski püskü. 2. kötü, haksız. **shabbiness** i. 1. kılıksızlık. 2. haksızlık.
shack (şäk) i. derme çatma kulübe.
shack.le (şäk'ıl) i. pranga, zincir.
shade (şeyd) i. 1. gölge; karanlık. 2. siper, perde. 3. hayalet. 4. renk tonu. 5. derece. 6. ayırtı. f. gölgelemek; karartmak. **shady s.** 1. gölgeli. 2. şüpheli. 3. gizli, saklı. **shady dealings** entrika, dolap.
shad.ow (şäd'o) i. 1. gölge; karanlık. 2. yansı. 3. iz. 4. hayalet. f. gölgelemek; karartmak.
shaft (şäft) i. 1. mil, şaft. 2. sütun gövdesi. 3. maden kuyusu. 4. araba oku. **elevator shaft** asansör boşluğu.
shag.gy (şäg'i) s. 1. kaba tüylü. 2. taranmamış, yontulmamış.

shake (şeyk) i. sarsıntı, sarsma; titreme; sallanış; silkiş. f. sarsmak, çalkamak, sallamak; sallanmak, sarsılmak; titremek. **shake hands** el sıkışmak, tokalaşmak. **shake one's head** kabul etmemeyi veya beğenmediğini belirtmek. **shaky s.** 1. halsiz, keyifsiz. 2. titrek, sarsıntılı.
shake.down (şeyk'daun) i. 1. yer yatağı. 2. haraca bağlama.
shake.up (şeyk'up) i. yeniden düzenleme; yeni personel atama.
shale (şeyl) i. tortulu şist.
shall (şäl) f. -ecek.
shal.low (şal'o) s. 1. sığ. 2. yüzeysel.
sham (şäm) i. taklit, yapmacık; yalan.
shame (şeym) i. 1. utanç, ar, hayâ. 2. ayıp. 3. rezalet. f. utandırmak. **shameful s.** ayıp, utanç verici, yüzkarası. **shameless** s. utanmaz, arsız.
sham.poo (şämpu') i. şampuan. f. şampuanlamak.
shank (şängk) i. 1. baldır, incik. 2. aletin orta yeri.
shan.ty (şän'ti) i. kulübe.
shan.ty.town (şän'titaun) i. gecekondu bölgesi.
shape (şeyp) i. 1. biçim. 2. durum. f. biçimlendirmek. **take shape** biçim almak. **shapely s.** biçimli, endamlı.
shape.up (şeyp'âp) i. çalışacak işçileri seçme.
share (şer) i. 1. pay. 2. hisse senedi. f. bölüşmek, paylaşmak, üleşmek.
share.crop.per (şer'krapır) i. ortakçı.
share.hold.er (şer'holdır) i. hissedar, paydaş.
Shar.jah (şar'jı) i. Şarja.
shark (şark) i. köpekbalığı.
sharp (şarp) s. 1. keskin, sivri. 2. zeki, açıkgöz. 3. çok dikkatli. 4. acı; ekşi. 5. sert. 6. şiddetli. 7. dokunaklı, etkili.
sharp.en (şar'pın) f. bilemek, açmak, sivrilteştmek.
sharp.shoot.er (şarp'şutır) i. keskin nişancı.
sharp.wit.ted (şarp'wit'id) s. zeki, şeytan gibi.
shat.ter (şät'ır) f. kırmak, parçalamak, darmadağın etmek; parçalanmak.
shave (şeyv) f. 1. tıraş etmek; tıraş olmak. 2. rendelemek. i. tıraş. **a close shave** kıl payı kurtuluş. **shaver** i. 1. elektrikli tıraş makinesi. 2. oğlan. **shavings** i. talaş.
shawl (şôl) i. şal, omuz atkısı.
she (şi) zam. (dişil) s. dişi.
sheaf (şif) i. bağlam, deste, demet.
shear (şir) f. kırpmak, kırkmak; biçmek; kesip koparmak. **shears** i. makas.
shear.wa.ter (şir'wôtır) i. yelkovankuşu.
sheath (şith) i. kılıf, kın.

sheathe (şidh) **f.** kınına geçirmek; kılıflamak.

shed (şed) **f.** 1. dökmek, akıtmak; saçmak. 2. içine geçirmemek (su). **i.** argaç aralığı.

shed (şed) **i.** 1. sundurma. 2. baraka. 3. mahcup.

sheep (şip) **i.** koyun. **sheepish s.** utangaç, sıkılgan, mahçup.

sheep.fold (şip'fold) **i.** ağıl.

sheep.herd.er (şip'hırdır) **i.** koyun çobanı.

sheep.skin (şip'skin) **i.** 1. pösteki, koyun postu. 2. üniversite diploması.

sheer (şir) **s.** 1. çok ince, şeffaf (kumaş). 2. dimdik. 3. düpedüz, tamamen.

sheet (şit) **i.** 1. çarşaf. 2. levha. 3. tabaka, yaprak. **sheet iron** saç, demir levha.

sheik(h) (şik) **i.** şeyh.

shelf (şelf) **i.** 1. raf. 2. denizde sığlık.

shell (şel) **i.** 1. kabuk; bağa; istiridye kabuğu. 2. mermi kovanı. **f.** 1. kabuğunu ayıklamak. 2. bombardıman etmek.

shel.lac (şıläk') **i.** gomalak.

shell.fire (şel'fayr) **i.** mermi ateşi.

shell.fish (şel'fiş) **i.** kabuklu hayvan; kabuklular.

shel.ter (şel'tır) **i.** 1. sığınak, barınak, korunak, siper. 2. sığınma; korunma. **f.** 1. korumak. 2. sığınmak.

shelve (şelv) **f.** 1. rafa koymak. 2. bir kenara atmak, rafa kaldırmak.

shep.herd (şep'ırd) **i.** 1. çoban. 2. önder, kılavuz. **f.** yol göstermek.

sher.bet (şır'bit) **i.** 1. şerbet. 2. meyvalı dondurma.

sher.iff (şerif') **i.** kasabada polis şefi.

shield (şild) **i.** kalkan; siper; koruyucu. **f.** korumak, siper olmak.

shift (şift) **i.** 1. değişme. 2. çuval elbise. 3. vardiya, nöbet. 4. (oto.) şanjman. **f.** 1. yer değiştirmek. 2. değiştirmek; değişmek. 3. vites değiştirmek. 4. uydurmak; idare etmek. **shift for oneself** kendini geçindirmek. **shiftless s.** uyuşuk, miskin, uyuntu. **shifty s.** hilekâr.

shim.mer (şim'ır) **f.** donuk bir halde titremek (ışık). **i.** titrek ışık. **shimmery s.** titrek.

shin (şin) **i.** incik.

shine (şayn) **f.** 1. parlamak. 2. üstün olmak. 3. çevresine renk katmak. 4. parlatmak, cilalamak. **i.** 1. parlaklık, renk, canlılık. 2. cila. **shiny s.** 1. parlak. 2. açık, berrak.

shin.gle (şing'gıl) **i.** tahta kiremit, tahta pul, padavra.

shing.gles (şing'gılz) **i.** zona.

ship (şip) **i.** gemi, vapur. **f.** göndermek, nakletmek. **shipment i.** gönderilen mal. **shipper i.** nakliyeci.

ship.load (şip'lod) **i.** gemi yükü.

ship.mas.ter (şip'mästır) **i.** süvari, kaptan.

ship.ping (şip'îng) **i.** nakletme. **shipping**

company nakliye şirketi, ambar.

ship.shape (şip'şeyp) **s.** düzenli.

ship.wreck (şip'rek) **i.** 1. deniz kazası. 2. gemi enkazı.

ship.yard (şip'yard) **i.** tersane, dok.

shirk (şırk) **f.** işin içinden sıyrılmak, atlatmak, (görevden) kaçınmak.

shirt (şırt) **i.** gömlek.

shiv.er (şiv'ır) **f.** titremek. **i.** titreme.

shock (şak) **f.** 1. sarsmak. 2. şiddetle çarpmak. 3. nefret veya korku vermek. 4. elektrik akımına çarptırmak. **i.** 1. darbe, vuruş. 2. sarsma, sarsıntı. 3. şok. 4. elektrik çarpması. **shock absorber** amortisör, yumuşatmalık, tampon. **be shocked** şaşakalmak, donakalmak. **shocking s.** şaşırtıcı, şok tesiri yapan.

shoe (şu) **i.** 1. ayakkabı, kundura, pabuç. 2. nal. **f.** nallamak.

shoe.lace (şu'leys) **i.** ayakkabı bağı.

shoe.mak.er (şu'meykır) **i.** kunduracı.

shoe.string (şu'string) **i.** ayakkabı bağı. **on a shoestring** az parayla.

shoot (şut) **f.** 1. atmak, fırlatmak. 2. ateş etmek, vurmak. 3. fotoğraf çekmek. 4. çıkmak, fışkırmak. 5. fırlamak, atılmak. 6. filiz, sürgün. **shooting star** göktaşı. **shooter i.** vurucu, nişancı.

shop (şap) **i.** dükkân, mağaza; işlik, atelye; imalathane. **f.** çarşıya gitmek, alışverişe çıkmak. **shopping i.** çarşıya çıkma, alışveriş.

shop.lift.er (şap'liftır) **i.** dükkân hırsızı.

shore (şôr) **i.** kıyı, sahil.

shore (şôr) **i.** dayanak, destek, payanda. **shore up** (payandayla) desteklemek.

shore.line (şôr'layn') **i.** sahil hattı.

short (şôrt) **s.** 1. kısa; kısa boylu, bodur. 2. ters ve kısa (cevap). 3. eksik, dar. **z.** 1. birden, aniden. 2. eksik. **i.** 1. (elek.) kontak. 2. kısa film. **short circuit** (elek.) kısa devre. **short cut** kestirme yol. **cut short** birden kesmek, kısa kesmek. **in short** kısaca; kısacası. **shortly z.** 1. yakında. 2. terslikle. 3. kısaca.

short.age (şôr'tic) **i.** eksiklik, açık.

short.change (şôrt'ceync') **f.** eksik para vermek.

short-cir.cuit (şôrtsır'kit) **f.** kısa devre yapmak.

short.com.ing (şôrt'kâming) **i.** kusur, ihmal.

short-cut (şôrt'kât) **f.** kestirmeden gitmek.

short.en (şôr'tın) **f.** kısaltmak; kısalmak.

short.en.ing (şôr'tning) **i.** 1. yağ. 2. kısaltma.

short.hand (şôrt'händ) **i.** stenografi, steno.

short-hand.ed (şôrt'hän'did) **s.** yardımcısı az.

short.lived (şôrt'layvd') **s.** kısa ömürlü, ömürsüz; az süren.

shorts (şôrts) **i.** kısa pantolon, şort.

short.sight.ed (şôrt'say'tid) **s.** 1. miyop. 2. ileriyi göremeyen, basiretsiz.

short-tem.pered (şôrt'tempırd) **s.** çabuk kızan, öfkeli.

short-term (şôrt'tırm) **s.** kısa vadeli.

short-wind.ed (şôrt'win'did) **s.** nefes darlığı olan, tıknefes.

shot (şat) **i.** 1. atış. 2. erim, atım. 3. atıcı, nişancı. 4. (spor) gülle. 5. (k. dili) deneme, teşebbüs. 6. iğne, aşı. 7. miktar. 8. fotoğraf. **a shot in the arm** heveslendirme, canlandırma. **big shot** kodaman. **like a shot** ok gibi, birdenbire. **not by a long shot** hiç, katiyen. **a shot in the dark** kafadan atma.

shot.gun (şat'gan) **i.** av tüfeği, çifte.

shot-put (şat'pût) **i.** (spor) gülle atışı.

should (şûd) **f.** -meli.

shoul.der (sol'dır) **i.** 1. omuz. 2. destek. 3. banket. **f.** 1. omuzlamak, omuzuna vurmak. 2. sırtına almak. **shoulder blade** kürek kemiği.

shout (şaut) **f.** bağırmak, çağırmak; haykırmak; yaygara koparmak. **i.** bağırma, feryat, çığlık.

shove (şʌv) **f.** itmek, dürtmek, sürmek. **i.** itiş, dürtüş.

shov.el (şʌv'ıl) **i.** kürek; kürek dolusu. **f.** kürekle atmak; küremek.

show (şo) **f.** 1. göstermek. 2. anlatmak. 3. görünmek. **i.** 1. gösteri. 2. görünüş. 3. sergi. 4. gösteriş. **show off** gösteriş yapmak. **showy s.** gösterişli.

show.case (şo'keys) **i.** vitrin, camekân, sergen.

show.er (şau'wır) **i.** 1. sağanak. 2. duş. **f.** sağanak halinde yağmak. **shower bath** duş.

shred (şred) **f.** ince kesilmiş parça. **f.** parçalamak, kıymak.

shrewd (şrud) **s.** 1. akıllı, anlayışlı. 2. kurnaz, açıkgöz. **shrewdness i.** kurnazlık, açıkgözlük.

shriek (şrik) **f.** çığlık atmak, haykırmak. **i.** çığlık.

shrill (şril) **s.** tiz, cırtlak.

shrimp (şrimp) **i.** karides.

shrine (şrayn) **i.** bir azizin kabri; takdis olunmuş yer.

shrink (şrîngk) **f.** 1. çekmek, küçülmek. 2. fire vermek. 3. çekinmek. **shrinkage i.** 1. çekme payı. 2. fire.

shriv.el (şriv'ıl) **f.** kuruyarak büzülmek.

shroud (şraud) **i.** 1. kefen. 2. örtü.

shrub (şrʌb) **i.** çalı, bodur ağaç, funda, maki. **shrubbery i.** çalılık, fundalık.

shrug (şrʌg) **f.** omuz silkmek. **i.** omuz silkme.

shud.der (şʌd'ır) **f.** tüyleri ürpermek, titremek. **i.** titreme.

shuf.fle (şʌf'ıl) **f.** 1. karıştırmak, değiştirmek. 2. sürtmek (ayak). **i.** karıştırma; karışıklık.

shun (şʌn) **f.** sakınmak, kaçınmak.

shunt (şʌnt) **f.** yolunu değiştirmek.

shush (şʌş) **f.** susmak; susturmak.

shut (şʌt) **f.** kapamak, kapatmak. **s.** kapalı, kapanmış.

shut-in (şʌt'in) **i.** eve kapanmış hasta veya yaşlı.

shut.ter (şʌt'ır) **i.** 1. kepenk, pencere kanadı, panjur, kafes. 2. objektif kapağı.

shut.tle (şʌt'ıl) **i.** mekik. **f.** mekik dokumak.

shy (şay) **s.** çekingen, utangaç. **f.** ürkmek (at). **shy.ly z.** çekingence. **shyness i.** çekingenlik.

shy.ster (şays'tır) **i.** düzenbaz, dolaverecci.

sib.i.lant (sib'ılınt) **s.** ıslıklı. **i.** ıslıklı ünsüz.

sib.ling (sib'ling) **i.** kardeş.

sic.ca.tive (sik'ıtiv) **s.** kurutucu. **i.** sikatif.

sick (sik) **s.** 1. hasta. 2. bulantılı. **be sick of** bıkmak, usanmak. **sickness i.** hastalık.

sick.en (sik'ın) **f.** hastalanmak; hasta etmek. **sickening s.** tiksindirici, iğrenç.

sick.le (sik'ıl) **i.** orak.

side (sayd) **i.** yan, taraf, kenar. **s.** 1. yan. 2. ikincil. **side by side** yan yana. **side effect** yan tesir. **side show** asıl temsil veya programa ilâve olarak gösterilen oyun. **take sides** taraf tutmak.

side.line (sayd'layn) **i.** 1. ek iş, ek görev. 2. (spor) kenar çizgisi.

side.step (sayd'step) **f.** yan çizmek, sorumluluktan kaçmak.

side.swipe (sayd'swayp) **f.** yandan çarpmak.

side.track (sayd'träk) **f.** 1. yan hatta geçirmek. 2. konudan saptırmak.

side.walk (sayd'wôk) **i.** yaya kaldırımı.

side.ward (sayd'wırd) **s.** yana doğru. **z.** yandan; yana.

side.ways, side.wise (sayd'weyz, sayd'wayz) **s.** yan. **z.** yandan.

siege (sic) **i.** kuşatma.

Si.er.ra Le.o.ne (siyer'i liyo'ni) Sierra Leone.

si.es.ta (siyes'tı) **i.** öğle uykusu, öğle istirahati.

sieve (siv) **i.** kalbur, kevgir, elek.

sift (sift) **f.** 1. kalburdan geçirmek, elemek. 2. incelemek. **sifter i.** elek, kalbur, kevgir.

sigh (say) **f.** iç çekmek, göğüs geçirmek. **i.** iç çekme.

sight (sayt) **i.** 1. görüş, görüm. 2. manzara. 3. göz erimi. 4. nişangâh. **in sight** görünürde. **out of sight** gözden ırak.

sight-see.ing (sayt'siying) **i.** gezme; ilginç yerleri ziyaret.

sign (sayn) **i.** 1. işaret, belirti, iz. 2. tabela, levha. **f.** imzalamak. **sign up** kaydetmek; kaydolmak.

sig.nal (sig'nıl) **i.** işaret. **f.** işaret vermek.

sig.na.to.ry (sig'nıtôri) **s., i.** imzalayan.

sig.na.ture (sig'nıçır) **i.** imza.

sign.board (sayn'bôrd) **i.** tabela, yafta, levha.

sig.net (sig'nit) **i.** mühür.

sig.nif.i.cant (signif'ıkınt) **s.** 1. anlamlı. 2. önemli. **significance** i. 1. anlam. 2. önem.

sig.ni.fy (sig'nıfay) f. 1. belirtmek. 2. anlam vermek; anlamı olmak.

sign.post (sayn'post) i. 1. işaret direği, işaret gönderi. 2. kılavuz. 3. işaret.

si.lence (say'lıns) i. 1. sessizlik. 2. dinginlik. 3. sır saklama. f. susturmak. **silencer** i. susturucu.

si.lent (say'lınt) s. 1. sessiz. 2. suskun. **silently z.** sessizce.

sil.hou.ette (siluwet') i. siluet.

sil.i.ca (sil'ikı) i. silis.

silk (silk) i. ipek; ipekli kumaş. **silken s.** ipek gibi; ipekli.

silk.worm (silk'wırm) i. ipekböceği.

sill (sil) i. denizlik; eşik.

sil.ly (sil'i) s. 1. sersem, şaşkın, budala, akılsız. 2. ahmakça, gülünç; budalaca, saçma. **silliness** i. 1. ahmaklık. 2. saçmalık.

si.lo (say'lo) i. silo, sarpın.

silt (silt) i. suyun sürüklediği çamur.

sil.ver (sil'vır) i. 1. gümüş. 2. gümüş para. 3. gümüş eşya. **silver anniversary** yirmi beşinci evlenme yıldönümü. **silvery s.** 1. gümüşümsü. 2. berrak.

sil.ver.smith (sil'vırsmith) i. gümüşçü.

sil.ver.ware (sil'vırwer) i. 1. gümüş eşya; gümüş sofra takımı. 2. çatal, bıçak ve kaşık takımı.

sim.i.lar (sim'ılır) s. benzer; yakın.

sim.i.lar.i.ty (simıler'iti) i. benzerlik.

sim.i.le (sim'ili) i. benzetme, benzeti, teşbih.

si.mil.i.tude (simil'ıtud) i. benzerlik; benzer.

sim.mer (sim'ır) f. ağır ağır kaynamak.

sim.ple (sim'pıl) s. 1. basit, sade, süssüz. 2. yalın. 3. kolay. 4. saf. 5. tabii, yapmacıksız. 6. ahmak. **simple fraction** bayağı kesir. **simply z.** 1. ancak, sadece. 2. basit bir şekilde.

sim.plic.i.ty (simplis'ıti) i. 1. basitlik, sadelik. 2. kolaylık.

sim.pli.fy (sim'plıfay) f. basitleştirmek, kolaylaştırmak.

si.mul.ta.ne.ous (saymıltey'nıyıs) s. eşzamanlı.

sin (sin) i. günah. f. günah işlemek, günaha girmek. **sinful s.** günahkâr. **sinner** i. günahkâr.

since (sins) edat -den beri. **bağ.** -den dolayı, -e göre.

sin.cere (sinsir') s. içten, samimi. **sincerely z.** içtenlikle, samimiyetle. **Sincerely yours** Saygılarımla.

sin.cer.i.ty (sinser'iti) i. içtenlik, samimiyet.

sin.ew (sin'yu) i. veter, kiriş.

sing (sing) f. 1. şarkı söylemek. 2. ötmek, şakımak. **singer** i. şarkıcı.

Sin.ga.pore (sing'ıpôr) i. Singapur.

singe (sinc) f. alazlamak, hafifçe yakmak.

sin.gle (sing'gıl) s. 1. tek, bir, yalnız, ayrı. 2. bekâr. 3. tek kişilik. i. tek kişilik oda. **single out** seçmek, ayırmak; birer birer almak. **singly z.** yalnız, tek başına.

sin.gu.lar (sing'gyılır) s. 1. yalnız, tek, ayrı. 2. tuhaf, garip. 3. tekil.

sin.is.ter (sin'istır) s. 1. uğursuz, meşum. 2. netameli. 3. bozuk, kötü.

sink (singk) f. batmak, dalmak; batırmak, daldırmak.

sink (singk) i. lavabo.

si.nus (say'nıs) i. (anat.) sinüs.

sip (sip) f. yudumlamak. i. yudum.

si.phon (say'fın) i. sifon. f. sifonla su çekmek.

sir (sır) i. efendim, beyefendi.

si.ren (say'rın) i. siren, canavar düdüğü.

sir.loin (sır'loyn) i. sığır filetosu.

sis.sy (sis'i) i. muhallebi çocuğu.

sis.ter (sis'tır) i. 1. kız kardeş, hemşire, bacı, abla. 2. rahibe. **s.** kardeş.

sit (sit) f. oturmak. **sit down** oturmak. **site** (sayt) i. yer, konum, mevki, mahal.

sit-in (sit'in) i. oturma gösterisi.

sit.ting (sit'ing) i. oturum, celse. **sitting room** oturma odası, salon.

sit.u.a.tion (siçuwey'şın) i. 1. yer, mevki, durum. 2. görev, iş.

six (siks) s. altı.

six.teen (siks'tin') s. on altı.

six.ty (siks'ti) s. altmış.

size (sayz) i. 1. büyüklük, hacim. 2. boy. 3. beden (elbise). 4. numara (ayakkabı). **sizable s.** büyücek, oldukça iri.

siz.zle (siz'ıl) f. cızırdamak. i. cızırdama, cızırtı.

skate (skeyt) i. paten. f. patinaj yapmak, patenle kaymak. **skater** i. patinajcı.

skate (skeyt) i. tırpana; vatoz.

skein (skeyn) i. çile.

skel.e.tal (skel'ıtıl) s. iskelet gibi.

skel.e.ton (skel'ıtın) i. 1. iskelet. 2. kafes. 3. ana hatlar, taslak. **skeleton key** maymuncuk.

skep.tic (skep'tik) i. şüpheci kimse. **skeptical s.** şüpheci. **skeptically z.** inanmayarak, şüpheyle.

sketch (skeç) i. 1. taslak. 2. kabataslak resim. 3. kroki. 4. skeç. f. 1. taslak yapmak. 2. kabataslak resmini yapmak. 3. kısaca tarif etmek. **sketchy s.** 1. taslak kabilinden. 2. yarım yamalak, kusurlu, eksik.

skew (skyu) s. 1. eğri, çarpık. 2. paralel olmayan.

skew.er (skyu'wır) i. kebap şişi. f. şişlemek.

ski (ski) i. kayak, ski. f. kayak kaymak, ski yapmak.

skid (skid) i. 1. kayma; yana kayma. 2. kızak 3. tekerlek takozu. f. yana doğru kaymak.

savrulmak.

skill (skîl) **i.** hüner, marifet; beceri, maharet, ustalık. **skilled s.** mahir, usta, tecrübeli. **skillful s.** becerikli, hünerli, usta. **skillfully z.** ustalıkla. **skil.let** (skîl'ît) **i.** tava.

skim (skîm) **f.** 1. köpüğünü almak; kaymağını almak. 2. sıyırıp geçmek. 3. gözden geçirmek.

skimp (skîmp) **f.** 1. baştan savma yapmak. 2. cimrilik etmek. **skimpy s.** 1. kıt, az. 2. yarım yamalak, eksik.

skin (skîn) **i.** 1. deri, cilt. 2. tulum. 3. post. 4. kabuk. **f.** 1. derisini soymak, derisini yüzmek. 2. kabuğunu soymak. **skinny s.** sıska, çok zayıf.

skip (skîp) **f.** sıçramak, sekmek; atlamak, sıçrayarak geçmek.

skip.per (skîp'ır) **i.** gemi kaptanı, süvari.

skir.mish (skır'mîş) **i.** hafif çarpışma.

skirt (skırt) **i.** 1. etek, eteklik. 2. kenar. **f.** kenarından geçip gitmek.

skit (skît) **i.** 1. skeç. 2. şaka, latife.

skul.dug.ger.y (skåldåg'ırî) **i.** dalavere, hilekârlık.

skull (skål) **i.** kafatası; kafa.

skunk (skångk) **i.** kokarca.

sky (skay) **i.** gökyüzü, gök; hava. **sky blue** gök mavisi. **out of a clear sky** birdenbire, tepeden inme. **praise to the skies** göklere çıkarmak.

sky-high (skay'hay') **s.** göklere erişecek kadar yüksek.

sky.lark (skay'lark) **i.** tarlakuşu, toygar.

sky.light (skay'layt) **i.** dam penceresi.

sky.line (skay'layn) **i.** ufuk çizgisi.

sky.rock.et (skay'rakît) **i.** hava fişeği. **f.** birden yükselmek, hızla artmak.

sky.scrap.er (skay'skreypır) **i.** gökdelen.

slab (släb) **i.** 1. kalın dilim. 2. kerestenin dış parçası.

slack (släk) **s.** 1. gevşek, sarkık. 2. ağır, yavaş. 3. dikkatsiz. 4. halatın boş kısmı. 5. iş olmayan devre; kesat. 6. durgun su.

slack.en (släk'ın) **f.** 1. gevşemek. 2. hafiflemek. 3. durgunlaşmak, durulmak.

slacks (släks) **i.** pantolon.

slag (släg) **i.** cüruf, dışık.

slake (sleyk) **f.** gidermek, dindirmek, yatıştırmak. **slaked lime** sönmüş kireç.

slam (släm) **f.** vurmak, çarpmak (kapı); hızla vurmak, yere çalmak.

slan.der (slän'dır) **i.** iftira. **f.** iftira etmek. **slanderous s.** iftira niteliğinde.

slang (släng) **i.** argo.

slant (slänt) **f.** 1. yana yatmak. 2. gerçeği çarpıtmak. **i.** 1. eğim. 2. görüş açısı. 3. yan bakış. **slantwise z.** meyilli olarak; verevine.

slap (släp) **f.** hafifçe vurmak; tokat atmak. **i.** tokat, şamar. **z.** ansızın, birdenbire.

slap.dash (släp'däş') **s.** aceleci; savruk.

slap.hap.py (släp'häpi) **s.** yarı baygın, şaşkın; sersem.

slash (släş) **f.** 1. kamçılamak. 2. yarmak. 3. fiyatta büyük indirim yapmak. **i.** 1. uzun kesik veya yara. 2. yırtmaç. 3. kamçı vuruşu. 4. (matb.) eğri çizgi.

slat (slät) **i.** tiriz, lata.

slate (sleyt) **i.** 1. kayağantaş, kara kayağan, arduvaz. 2. koyu maviye çalar kurşun rengi. **f.** belli bir amaç ile planlamak. **clean slate** temiz mazi.

slaugh.ter (slô'tır) **i.** 1. hayvan kesme. 2. katliam, kan dökme. **f.** kesmek, boğazlamak.

slaugh.ter.house (slô'tırhaus) **i.** salhane, mezbaha.

slave (sleyv) **i.** köle, esir. **slavery i.** kölelik, esirlik.

slav.ish (sleyv'îş) **s.** lahana salatası.

slay (sley) **f.** öldürmek, kesmek, katletmek.

sled (sled) **i.** kızak. **f.** kızakla taşımak veya yolculuk etmek.

sledge (slec) **i.** ağır çekiç, varyos, balyoz.

sleek (slîk) **s.** 1. perdahlı, düzgün, kaygan. 2. besili.

sleep (slîp) **f.** uyumak. **i.** uyku. **go to sleep** 1. uyumak, uykuya dalmak. 2. (ayak, el) uyuşmak, karıncalanmak. **sleepy s.** uykulu, mahmur; uyuşuk, tembel; uyuklatıcı.

sleep.walk (slîp'wôk) **f.** uykuda gezmek. **sleepwalker i.** uyurgezer.

sleep.y.head (slî'pîhed) **i.** uykucu, ayakta uyuyan.

sleet (slît) **i.** sulusepken kar. **f.** sulusepken yağmak.

sleeve (slîv) **i.** 1. elbise kolu. 2. kol tertibatı. **roll up one's sleeves** kollarını sıvamak; bir işe girişmek.

sleigh (sley) **i.** yolcu taşıyan büyük kızak.

slen.der (slen'dır) **s.** 1. ince, uzun; zayıf, narin. 2. az, yetersiz.

slice (slays) **i.** dilim. **f.** dilimlemek, doğramak.

slick (slîk) **s.** 1. düz, parlak ve kaygan. 2. yüze gülen. 3. kurnaz; hilekâr.

slide (slayd) **f.** kaymak. **i.** 1. kayma. 2. kaydırak. 3. heyelan, toprak kayması. 4. diyapozitif, slayt. **sliding door** sürme kapı. **slide projector** projeksiyon makinesi. **slide rule** sürgülü hesap cetveli.

slight (slayt) **s.** 1. önemsiz. 2. az, cüzi. 3. ince, zayıf. **f.** yüz vermemek, görmezlikten gelmek, küçümsemek. **i.** yüz vermeyiş. **slightly z.** az.

slim (slîm) **s.** 1. ince, uzun yapılı. 2. zayıf. 3. yetersiz, cüzi.

slime (slaym) **i.** 1. balçık. 2. salgı. 3. salyangoz sümüğü. **slimy s.** yapışkan, kaygan; sümüksü; pis.

sling (sling) **i.** 1. sapan. 2. askı. 3. (den.) izbiro. **f.** fırlatmak.

sling.shot (sling'şat) **i.** sapan.

slink (slingk) **f.** sıvışmak. **slinky s.** kıvrak.

slip (slip) **f.** 1. kaymak. 2. sıvışmak, kaçmak. 4. gizlice vermek, eline sıkıştırmak. **i.** 1. kayma, kayış. 2. yanlışlık, hata, sürçme. 3. kadın iç gömleği, kombinezon. 4. yastık yüzü. 5. (A.B.D.) iki iskele arasındaki dar yer. 6. geminin karaya çekildiği kızak. 7. iskele palamar yeri. **slip up** yanılmak, sürçmek. **let slip** kaçırmak, salıvermek. **slip of the tongue** dil sürçmesi. **give someone the slip** birini atlatmak.

slip.per (slip'ır) **i.** terlik.

slip.per.y (slip'ıri) **s.** 1. kaypak, kaygan, kayağan. 2. hilekâr. 3. ele geçmez, yakalanmaz.

slip.shod (slip'şad) **s.** 1. dikkatsizce yapılmış. 2. pasaklı, şapsal.

slip-up (slip'áp) **i.** hata, yanlış, sürçme.

slit (slit) **f.** yarmak, uzunluğuna kesmek. **i.** yarık.

sliv.er (sliv'ır) **i.** 1. kıymık. 2. ince dilim.

slob (slab) **i.** şapşal.

slob.ber (slab'ır) **f.** salya akıtmak; salya akmak.

slo.gan (slo'gın) **i.** slogan, parola.

slop (slap) **f.** dökülmek, sıçramak; dökmek, sıçratmak.

slope (slop) **i.** bayır, yokuş. **f.** meyletmek.

slop.py (slap'i) **s.** 1. zifoslu, çamurlu; sulu. 2. şapsal, çapaçul. 3. dikkatsiz.

slosh (slaş) **f.** etrafa sıçratmak.

slot (slat) **i.** 1. yarık, delik. 2. yer, mevki.

slouch (slauç) **f.** 1. serserice yürümek. 2. yayılıp oturmak. **i.** serilme, yayılma.

slow (slo) **s.** 1. yavaş, ağır. 2. geri kalmış. 3. güç anlayan. **z.** yavaş, ağır. **slow up, slow down** yavaşlatmak; ağırlaşmak, yavaşlamak. **slow motion** yavaşlatılmış hareket. **slowly z.** yavaş yavaş, ağır ağır. **slowness i.** yavaşlık.

slow.wit.ted (slo'wit'id) **s.** güç anlayan.

slug (slag) **i.** sümüklüböcek.

slug (slag) **i.** jeton.

slug (slag) **f.** yumruk atmak.

slug.gish (slag'iş) **s.** 1. ağır, tembel tabiatlı. 2. hareketsiz.

sluice (slus) **i.** 1. savak. 2. savaktan akan su.

slums (slámz) **i.** yoksul semt; gecekondu bölgesi; kenar mahalle.

slum.ber (slám'bır) **f.** uyumak, uyuklamak. **i.** uyku, uyuklama.

slump (slámp) **i.** 1. çökme. 2. piyasada durgunluk. **f.** birden düşmek, çöküp düşmek; yı-

ğılmak.

slur (slır) **f.** 1. küçük düşürmek, önemsememek. 2. (sözü) gevelemek. **i.** iftira, yerme.

slurp (slırp) **f.** höpürdetmek.

slush (slâş) **i.** 1. sulu çamur. 2. yarı erimiş kar.

slut (slât) **i.** pasaklı ve pis kadın.

sly (slay) **s.** kurnaz, şeytan. **on the sly** gizli; sezdirmeden.

smack (smäk) **i.** 1. şapırtı. 2. tokat, şamar. **f.** 1. şapırtıyla öpmek. 2. şapırdatmak. 3. tokat atmak.

small (smôl) **s.** 1. ufak, küçük. 2. önemsiz. **small.pox** (smôl'paks) **i.** çiçek hastalığı. **small-scale** (smôl'skeyl) **s.** küçük ölçekli, ufak çapta.

smart (smart) **f.** acımak, yanmak.

smart (smart) **s.** 1. açıkgöz. 2. akıllı; usta. 3. şık.

smash (smäş) **f.** parçalamak, parçalanmak; ezilmek, parçalanmak. **smash into** çarpmak.

smash.up (smäş'áp) **i.** şiddetli çarpışma.

smat.ter.ing (smät'ıring) **i.** yüzeysel bilgi.

smear (smir) **f.** 1. sürmek. 2. (yapışkan veya yağlı şeyle) sıvamak. 3. lekelemek. 4. (A.B.D., argo) tamamen yenmek, bastırmak. **i.** leke, iftira.

smell (smel) **f.** 1. koklamak. 2. kokusunu almak, sezmek. 3. kokmak. **i.** koku. **smell a rat** şüphelenmek, hile sezmek. **smell out** kokusunu alarak izini bulmak. **smell up** kokutmak. **smelly s.** pis kokulu, kokmuş.

smelt (smelt) **f.** (maden) eritmek, kal etmek.

smelter i. tasfiye fırını.

smile (smayl) **f.** gülümsemek. **i.** gülümseme.

smirch (smırç) **f.** kirletmek, lekelemek.

smirk (smırk) **f.** sırıtmak; zorla gülümsemek. **i.** sırıtış, yapmacık tebessüm.

smite (smayt) **f.** 1. çarpmak. 2. şamar atmak.

smith (smith) **i.** demirci.

smit.ten (smit'ın) **s.** 1. çarpılmış. 2. âşık, vurgun.

smock (smak) **i.** iş gömleği, önlük.

smog (smag) **i.** dumanlı sis.

smoke (smok) **i.** 1. duman. 2. tütün; sigara. **f.** 1. tütmek, duman çıkarmak. 2. sigara içmek. 3. tütsülemek. **smoky s.** 1. dumanlı, tüten. 2. duman rengi, koyu füme.

smoke.stack (smok'stäk) **i.** vapur bacası; fabrika bacası.

smol.der (smol'dır) **f.** için için yanmak.

smooth (smudh) **s.** 1. düz, pürüzsüz, düzgün. 2. kolay. **f.** 1. düzeltmek, düzleştirmek; düzeltmek. 2. kolaylaştırmak. **smoothly z.** pürüzsüzce.

smooth.en (smu'dhın) **f.** düzeltmek.

smooth-tongued (smudh'tángd) **s.** nabza göre şerbet veren, riyakâr.

smoth.er (smâdh'ır) **f.** 1. boğmak; boğulmak.

smudge   158

2. bastırmak, zaptetmek; bastırılmak.
smudge (smʌc) i. is, leke. **smudgy s.** lekeli.
smug (smʌg) **s.** kendini beğenmiş.
smug.gle (smʌg'ıl) **f.** kaçakçılık yapmak, kaçırmak. **smuggler** i. kaçakçı. **smuggling** f. kaçakçılık.
smut (smʌt) **i.** 1. kurum, is. 2. küf. 3. pis laf. **smutty s.** 1. isli, kirli. 2. küflü. 3. açık saçık.
snack (snäk) **i.** kahvaltı, hafif yemek.
snag (snäg) **i.** engel, mâni. **f.** kancaya takıp yırtmak.
snail (sneyl) **i.** salyangoz.
snake (sneyk) **i.** yılan.
snap (snäp) **f.** 1. şakırdatmak. 2. çatırtıyla kopmak. 3. cırcıt. 2. kolay is. 3. fotoğraf. **snap out of it** kendine gelmek.
snap.drag.on (snäp'drägın) **i.** aslanağzı.
snap.py (snäp'i) **s.** canlı, enerjik.
snap.shot (snäp'şat) **i.** fotoğraf.
snare (sner) **i.** tuzak, kapan. **f.** tuzağa düşürmek.
snarl (snarl) **f.** köpek gibi hırlamak. **i.** hırlama.
snarl (snarl) **i.** çapraşık düğüm. **f.** dolaştırmak; dolaşmak.
snarl-up (snarl'ʌp') **i.** 1. (trafikte) tıkanıklık. 2. karışıklık.
snatch (snäc) **f.** 1. kapmak. 2. (argo) kaçırmak. **i.** 1. kapış. 2. an. 3. (argo) kaçırma. **snatch at** kapmaya çalışmak, atılmak.
sneak (snik) **f.** sinsice hareket etmek. **i.** sinsi.
sneak.er (sni'kır) **i.** altı lastik tenis pabucu.
sneer (snir) **f.** dudak bükmek; küçümsemek, alay etmek. **i.** dudak bükme.
sneeze (sniz) **f.** aksırmak, hapşırmak. **i.** aksırma.
snick.er (snik'ır) **f.** gülmekten kendini alamamak. **i.** zor zaptedilen kahkaha.
snide (snayd) **s.** sinsi, sövlenmiş.
sniff (snif) **f.** 1. havayı koklamak; koklamak. 2. kokusunun almak, sezmek. 3. burun kıvırmak. **i.** havayı koklama.
sniff.fle (snif'ıl) **f.** burun çekmek. **i.** burun çekme. **the sniffles** nezle.
snip (snip) **f.** kırpmak, kırkmak, çırpmak. **i.** 1. kırpma, kırkma. 2. kırpıntı, kesinti.
snipe (snayp) **f.** siperden ateş etmek.
snob (snab) **i.** züppe, snop. **snobbery i.** züppelik. **snobbish s.** kibarlık taslayan, züppe tavırlı, snop.
snoop (snup) **f.** karıştırmak, araştırmak; burnunu sokmak. **i.** mütecessis kimse.
snoot (snut) **i.** 1. burun. 2. yüz, surat. **snooty s.** züppe, kendini beğenmiş.
snooze (snuz) **f.** kestirmek, şekerleme yapmak. **i.** kısa uyku, şekerleme.
snore (snôr) **f.** horlamak. **i.** horultu, horlama.

snorkel (snôr'kıl) **i.** şnorkel.
snort (snôrt) **f.** horuldamak. **i.** 1. öfke belirten ses. 2. kahkaha.
snout (snaut) **i.** 1. hayvanlarda uzun burun, somak. 2. hortum.
snow (sno) **i.** kar. **f.** kar yağmak. **snowy s.** 1. karlı. 2. kar gibi.
snow.ball (sno'bôl) **i.** kar topu.
snow.drift (sno'drift) **i.** kar yığıntısı.
snow.fall (sno'fôl) **i.** bir defada yağan kar miktarı.
snow.flake (sno'fleyk) **i.** kar tanesi.
snow.man (sno'män) **i.** kardan adam.
snow.shoe (sno'şu) **i.** kar ayakkabısı.
snow.storm (sno'stôrm) **i.** kar fırtınası, tipi.
snow-white (sno'hwayt') **s.** kar gibi, bembeyaz.
snub (snʌb) **f.** hiçe saymak, hakir görmek, küçümsemek. **i.** hiçe sayma, hakir görme.
snub (snʌb) **s.** küçük ve kalkık (burun).
snuff (snʌf) **f.** burunu çekmek. **snuff out** söndürmek, püflemek (mum).
snuff (snʌf) **i.** enfiye, burunotu. **up to snuff** 1. umulduğu gibi. 2. kurnaz.
snuff.fle (snʌf'ıl) **f.** burnunu çekmek.
snug (snʌg) **s.** 1. çok rahat ve sıcacık. 2. üste oturan. 3. sıkı (geçme).
snug.gle (snʌg'ıl) **f.** 1. sokulup sarılmak. 2. sarınıp yatmak.
so (so) **z.** 1. böyle, şöyle, öyle. 2. o kadar. 3. bundan dolayı, onun için. 4. kadar. 5. çok. **bağ.** diye; ki. s. doğru. **so far** şimdiye kadar. **to to speak** sözde, gûya, sözün gelişi. **so that** 1. diye. 2. öyle ki. **So what?** Ne fark eder? N'olucak yani! **and so** 1. bunun gibi, böylece. 2. neticede. **and so on** ve saire, ve diğerleri. **an hour or so** bir saat kadar. **Is that so?** Öyle mi? **just so** yerli yerinde.
soak (sok) **f.** 1. iyice ıslatmak, sırılsıklam etmek. 2. suda ıslatmak. **soak up** emmek, içine çekmek.
soap (sop) **i.** sabun. **soapy s.** sabunlu; sabun gibi.
soap.suds (sop'sʌdz) **i.** sabun köpüğü.
soar (sôr) **f.** süzülerek yükselmek, süzülerek uçmak.
sob (sab) **f.** hıçkırarak ağlamak, hüngür hüngür ağlamak.
so.ber (so'bır) **s.** 1. kendine hâkim, ölçülü. 2. ciddi, ağır başlı. 3. içki etkisinde olmayan. **sober up** ayılmak, ağlı başına gelmek.
so.bri.e.ty (sobray'ıti) **i.** 1. itidal, ılımlılık; ağır başlılık. 2. ayıklık.
so-called (so'kôld') **s.** gûya, sözde.
soc.cer (sak'ır) **i.** futbol, ayaktopu.
so.cia.ble (so'şıbıl) **s.** 1. girgin, arkadaş canlısı.

2. tatlı, nazik. 3. hoşsohbet.

so.cial (so'şıl) **s.** toplumsal, sosyal. **social security** sosyal sigorta. **socialism i.** sosyalizm, toplumculuk. **socialist i.** sosyalist, toplumcu.

so.ci.e.ty (sısay'ıti) **i.** 1. toplum, topluluk; sosyete. 2. dostluk. 3. kurum, dernek.

so.ci.o.lo.gy (sosiyal'ici) **i.** sosyoloji, toplumbilim. **sociologist i.** sosyolog, toplumbilimci.

sock (sak) **i.** kısa çorap, şoset.

sock (sak) **f.** yumruklamak. **i.** yumruk, darbe, sille.

sock.et (sak'it) **i.** 1. duy. 2. duy prizi. 3. priz. 4. yuva. **socket wrench** yuvalı anahtar. **light socket** lamba duyu. **wall socket** duvar prizi.

sod (sad) **i.** 1. çim. 2. çimen parçası.

so.da (so'dı) **i.** 1. soda. 2. karbonat, sodyum bikarbonat. 3. çamaşır sodası. 4. gazoz. 5. dondurmalı ve sodalı bir içecek. **soda cracker** tuzlu bisküvi. **soda fountain** büfe. **washing soda** çamaşır sodası.

sod.den (sad'ın) **s.** sırılsıklam.

so.di.um (so'diyım) **i.** sodyum. **sodium bicarbonate** karbonat.

so.fa (so'fı) **i.** sedir, kanape.

soft (sôft) **s.** 1. yumuşak. 2. tatlı, nazik. 3. uysal, sakin. 4. yufka yürekli. 5. zayıf, ince, narin, dayanıksız. 6. hafif. **soft coal** adi madenkömürü. **soft drink** alkolsüz içki, içecek. **soft palate** (anat.) yumuşak damak. **soft water** tatlı su. **softly z.** 1. yavaş yavaş. 2. tatlılıkla.

softy i. 1. aşırı duygusal kimse. 2. hanım evlâdı.

soft-boiled (sôft'boyld') **s.** az pişmiş, rafadan.

sof.ten (sôf'ın) **f.** 1. yumuşatmak; yumuşamak. 2. gevşetmek. 3. yatıştırmak; yatışmak.

soft.heart.ed (sôft'har'tid) **s.** yufka yürekli.

soft-soap (sôft'sop) **f.** 1. yağlamak, ayartmak.

soft-spo.ken (sôft'spo'kın) **s.** tatlı dilli.

soft.wear (sôft'wer) **i.** kompütöre verilen plan.

sog.gy (sag'i) **s.** 1. sırsıklam. 2. ağır.

soil (soyl) **i.** 1. toprak. 2. ülke.

soil (soyl) **f.** 1. kirletmek; kirlenmek. 2. lekelemek; lekelenmek.

so.journ (so'cırn) **f.** kalmak, konaklamak. **i.** misafir kalmış. **sojourner i.** konuk, misafir.

sol.ace (sal'is) **i.** avunma, teselli; teselli sebebi.

so.lar (so'lır) **s.** 1. güneşle ilgili. 2. güneşe göre hesaplanan. **solar eclipse** güneş tutulması, gün tutulması.

sol.der (sad'ır) **i.** lehim. **f.** lehimlemek. **soldering iron** havya.

sol.dier (sol'cır) **i.** asker, er. **f.** işten kaçınmak, kaytarmak.

sole (sol) **i.** taban, ayakkabı tabanı. **f.** pençe vurmak.

sole (sol) **i.** dilbalığı.

sole (sol) **s.** tek, yalnız, biricik.

sol.emn (sal'ım) **s.** 1. ağırbaşlı, vakur. 2. heybetli; ciddi. **solemnly z.** ciddiyetle.

sol.feg.gio (solfec'o) **i.** solfej.

so.lic.it (sılis'it) **f.** rica etmek.

sol.id (sal'id) **s.** 1. katı. 2. sağlam. 3. som. 4. pek, sıkı, yoğun. 5. kesiksiz. 6. bütün, tam. 7. gerçek. 8. birleşik. 9. üç boyutlu. 10. güvenilir. 11. devamlı, kesintisiz. **i.** katı madde.

so.li.dar.i.ty (salıder'iti) **i.** dayanışma, birlik.

so.lid.i.fy (sılid'ıfay) **f.** katılaştırmak; katılaşmak.

so.lil.o.quy (sılil'ıkwi) **i.** kendi kendine konuşma.

sol.i.taire (sal'ıter) **i.** 1. tek taş mücevher. 2. tek başına oynanılan kâğıt oyunu.

sol.i.tar.y (sal'ıteri) **s.** 1. yalnız. 2. ıssız, tenha. 3. kasvetli. 4. tek, bir.

sol.i.tude (sal'ıtud) **i.** yalnızlık, tek başına olma.

so.lo (so'lo) **i.** solo.

Sol.o.mon Is.lands (sal'ımon ay'lındz) Solomon.

sol.stice (sal'stis) **i.** 1. gündönümü, gün durumu. **summer solstice** yaz gündönümü. **winter solstice** kış gündönümü.

sol.u.ble (sal'yıbıl) **s.** 1. eritilebilir. 2. çözülebilir.

so.lu.tion (sılu'şın) **i.** 1. eriyik. 2. erime. 3. çare, çözüm.

solve (salv) **f.** çözmek.

sol.vent (sal'vınt) **s.** 1. eritici. 2. çözücü.

So.ma.li.a (soma'lıyı) **i.** Somali.

som.ber (sam'bır) **s.** kasvetli, can sıkıcı, sıkıntılı.

some (sâm) **s.** 1. bazı. 2. bir. 3. birtakım. 4. birkaç, biraz, bir miktar. 5. bir hayli, epeyce. 2. yaklaşık olarak.

some.bod.y (sâm'bıdi) **zam.** biri, birisi.

some.how (sâm'hau) **z.** bir yolunu bulup, her nasılsa.

some.one (sâm'wân) **zam.** birisi.

some.place (sâm'pleys) **z.** bir yere, bir yerde.

som.er.sault (sâm'ırsôlt) **i.** taklak, perende. **f.** taklak atmak.

some.thing (sâm'thing) **i.** 1. bir şey. 2. falan.

some.time (sâm'taym) **s.** eski, sabık. **z.** bir zaman; ileride.

some.times (sâm'taymz) **z.** bazen, ara sıra.

some.way (sâm'wey) **z.** bir yolunu bulup.

some.what (sâm'hwıt) **z.** biraz, bir dereceye kadar.

some.where (sâm'hwer) **z.** bir yere, bir yerde.

som.nam.bu.lism (samnäm'byılizım) **i.** uyurgezerlik.

som.no.lent (sam'nılınt) **s.** uyku basmış.

son (sân) **i.** oğul, erkek evlat.

so.na.ta (sına'ta) **i.** sonat.

song (sông) i. şarkı, yır, türkü, ır, nağme. **for a song** çok ucuza, yok pahasına.

song.book (sông'buk) i. şarkı kitabı.

song.bird (sông'bırd) i. ötücü kuş.

son.ic (san'ik) s. 1. sesle ilgili. 2. hızı sese yaklaşan.

son.net (san'it) i. sone.

soon (sur) z. 1. hemen, şimdi, derhal. 2. çabuk. **sooner or later** er geç.

soot (sût) i. is, kurum. **sooty** s. isli, kurumlu.

soothe (sudh) f. 1. yatıştırmak, yumuşatmak. 2. rahatlamak. **soothing** s. yatıştırıcı.

sooth.say.er (suth'seyır) i. kâhin.

sop (sap) i. 1. sıvıda yumuşatılmış şey. 2. tirit. 3. yatıştırıcı şey. **f.** batırmak, banmak. **soppy** s. 1. tirit gibi. 2. sırılsıklam.

soph.ism (saf'ızım) i. safsata, bilgicilik, safsata.

so.phis.ti.cat.ed (sıfis'tıkeytîd) s. 1. bilgiç, kültürlü, görmüş geçirmiş. 2. incelikli. 3. bilmiş. 4. karmaşık. 5. ukala, çokbilmiş. 6. yapmacık. **sophistication** i. 1. incelikli düşünce ve davranışlar. 2. karmaşıklık. 3. çokbilmişlik.

soph.is.try (saf'istri) i. 1. safsata. 2. yanıltmaca.

soph.o.more (saf'ımôr) i. lise veya üniversitede ikinci sınıf öğrencisi.

so.po.rif.ic (sopırif'ik) s. uyku getiren.

so.pra.no (sıprän'o) i. soprano.

sor.cer.er (sôr'sırır) i. büyücü, sihirbaz.

sor.did (sôr'dîd) s. 1. kirli, pis. 2. alçak, sefil. 3. çıkarcı, paragöz.

sore (sôr) s. 1. dokununca acıyan. 2. hassas. 3. kederli. 4. kızgın, sinirli. i. yara. **sore throat** boğaz ağrısı. **sorely** z. 1. fena surette. 2. çok, pek çok, şiddetle. **soreness** i. acı, ağrı.

sor.row (sar'o) i. 1. keder, hüzün, üzüntü. 2. dert. **f.** kederlenmek. **sorrowful** s. kederli, hazin.

sor.ry (sar'i) s. 1. üzgün, kederli. 2. üzücü. 3. kasvetli. 4. pişman.

sort (sôrt) i. 1. çeşit, tür. 2. usul, yol, tarz. 3. soy, tabiat. **f.** ayırmak, ayıklamak, sınıflandırmak. **sort of** oldukça.

so-so (so'so) s. vasat, sıradan. z. şöyle böyle, orta karar.

soul (sol) i. 1. ruh, can, tin. 2. zenci müziğinin uyandırdığı heyecan veya his. 3. maneviyat. 4. öz, nüve. 5-6. canlılık. 6. kişi, kimse.

sound (saund) i. 1. ses. 2. ses erimi. **f.** ses çıkarmak, ses vermek.

sound (saund) s. 1. sağlam, kusursuz. 2. sıhhatli, salim, esen. 3. emin. 4. derin (uyku). 5. geçerli, sağlam. z. derin derin. **soundly** z. 1. derin derin (uyumak). 2. mükemmelen, iyice, bir güzel. **soundness** i. 1. sağlamlık, sıhhat. 2. doğruluk, geçerlik.

sound (saund) i. geniş boğaz.

sound.proof (saund'pruf) s. ses geçirmez.

soup (sup) i. çorba. **in the soup** başı dertte, sıkıntıya düşmüş.

sour (saur) s. 1. ekşi. 2. huysuz, hırçın, titiz. **f.** kesilmek, bozulmak, ekşimek. **go sour** 1. ekşimek. 2. kötüye gitmek, bozulmak. **sourly** z. tersçe.

source (sôrs) i. kaynak, köken.

south (sauth) i. güney.

south.east (sauthist') i. güneydoğu, keşişleme.

south.ern (sôdh'ırn) s. güneysel.

south.wards (sauth'wîrdz) z. güneye doğru.

south.west (sauthwest') i. güneybatı, lodos.

sou.ve.nir (suvınir') i. yadigâr, hatıra, andaç.

sov.er.eign (sav'rın) s. 1. âlâ, en yüksek. 2. şahane. 3. mutlak, bağımsız. 4. hükümdarca. i. 1. hükümdar, kral, imparator. **sovereignty** i. egemenlik.

So.vi.et (so'viyet) i. Sovyet.

sow (so) f. 1. tohum ekmek, tohum saçmak. 2. yaymak, saçmak.

sox (saks) i. şosetler.

soy (soy), **soy.bean** (soy'bin) i. soya.

space (speys) i. 1. yer, alan. 2. mesafe, aralık. 3. zaman, müddet. 4. uzay. 5. (matb.) espas. **f.** 1. aralık bırakmak. 2. aralıklara bölmek.

space.ship (speys'şip) i. uzay gemisi.

spa.cious (spey'şıs) s. 1. geniş, engin, açık. 2. bol, ferah.

spade (speyd) i. bahçıvan beli.

spa.ghet.ti (spıget'i) i. spagetti.

Spain (speyn) i. İspanya.

span (spän) i. 1. karış. 2. an. 3. süre. 4. kemer veya köprü ayakları arasındaki açıklık. **f.** 1. karışlamak. 2. bir yandan bir yana uzanmak, katetmek.

spank (spängk) f. kıçına şaplak atmak, dövmek. i. şaplak. **spanking** i. şaplak atma.

spar (spar) i. seren, direk, çubuk.

spare (sper) s. 1. yedek, ihtiyat. 2. az, kıt. 3. sıska, arık, zayıf. 4. fazla, artan. i. yedek parça. **f.** 1. kıymamak, canını bağışlamak. 2. esirgemek. **spare parts** yedek parçalar.

spark (spark) i. kıvılcım, çakım, çakın. **f.** 1. kıvılcım saçmak. 2. kışkırtmak. **spark plug** buji.

spar.kle (spar'kıl) f. 1. kıvılcımlar saçmak. 2. pırıldamak. i. 1. kıvılcım. 2. pırıltı.

spar.row (sper'o) i. serçe.

sparse (spars) s. seyrek, dağınık.

spasm (späz'ım) i. kasınç, ıspazmoz.

spas.mod.ic (späzmod'ik) s. 1. ıspazmozlu. 2. gelip geçici.

spas.tic (späs'tik) s. ıspazmozlu.

spat (spät) i. ağız dalaşı.

spa.tial (spey'şıl) z. 1. uzamsal. 2. uzaysı.

spat.ter (spät'ır) **f.** 1. serpmek, sıçratmak. 2. çamurlamak.

spat.u.la (späç'ûli) **i.** 1. mablak, spatula. 2. (tıb.) dilbasan.

spawn (spôn) **f.** 1. yumurta dökmek (balık). 2. meydana getirmek, çıkarmak.

spay (spey) **f.** dişi hayvanı kısırlaştırmak.

speak (spik) **f.** 1. konuşmak. 2. konuşma yapmak. **speaker i.** 1. konuşmacı. 2. spiker. 3. sözcü. 4. meclis başkanı. **speaking s.** 1. konuşan. 2. konuşacak gibi, canlı.

spear (spir) **i.** 1. kargı, mızrak. 2. zıpkın. **f.** mızrakla vurmak, zıpkınlamak.

spe.cial (speş'ıl) **s.** özel. **special delivery** ekspres (mektup); özel ulak. **specially z.** özellikle, bilhassa.

spe.cial.ist (speş'ılist) **i.** uzman, mütehassıs.

spe.ci.al.i.ty (speşiyäl'ıti) **i.** 1. özellik. 2. spesiyalite. 3. uzmanlık, ihtisas.

spe.cial.ize (speş'ılayz) **f.** uzmanlaşmak.

spe.cies (spi'şiz) **i.** tür.

spe.cif.ic (sıpisíf'ík) **s.** 1. özgül. 2. özel, belirli. 3. kesin.

spec.i.fi.ca.tion (spesıfıkey'şın) **i.** belirtme. **specifications i.** ayrıntılar, şartlar.

spec.i.fy (spes'ıfay) **f.** kesinlikle belirtmek.

spec.i.men (spes'ımın) **i.** örnek, model.

spe.cious (spi'şıs) **s.** sahte, aldatıcı.

speck (spek) **i.** 1. nokta, benek. 2. zerre.

speck.le (spek'ıl) **i.** ufak benek, leke. **f.** beneklemek. **speckled s.** benekli, çilli, karyağdı.

spec.ta.cle (spek'tıkıl) **i.** 1. görülecek şey. 2. dehşetli manzara. **spectacles i.** gözlük.

spec.tac.u.lar (spektäk'yılır) **s.** görülmeye değer, harikulade.

spec.ta.tor (spek'teytır) **i.** seyirci.

spec.ter (spek'tır) **i.** hayal, hayalet, hortlak.

spec.trum (spek'trım) **i.** tayf.

spec.u.late (spek'yıleyt) **f.** 1. tahmin etmek. 2. spekülasyon yapmak. **speculation i.** 1. tahmin. 2. görüş, fikir. 3. spekülasyon.

speculator i. spekülatör, vurguncu.

speech (spiç) **i.** 1. konuşma yeteneği, söyleme yetisi. 2. konuşma. 3. dil, lisan. 4. söylev. **figure of speech** mecaz. **speechless s.** 1. dili tutulmuş. 2. suskun.

speed (spid) **f.** 1. hız, ivinti, çabukluk. **f.** hızlı gitmek. **speedy s.** hızlı. **speedily z.** hızla.

speed.boat (spid'bot) **i.** sürat motoru.

speed.er (spi'dır) **i.** hız yapan şoför.

speed.om.e.ter (spidam'ıtır) **i.** hızölçer.

speed.way (spid'wey) **i.** ekspres yol.

spell (spel) **f.** 1. harf harf söylemek. 2. demek, anlamına gelmek. **spell out** 1. güçlükle okumak, sökmek. 2. ayrıntılarıyla açıklamak. **spelling i.** imla, yazılış, yazım.

spell (spel) **i.** büyü, afsun, sihir.

spell (spel) **i.** 1. nöbet. 2. süre.

spend (spend) **f.** harcamak.

spend.thrift (spend'thrift) **s.** savurgan, müsrif.

sperm (spırm) **i.** meni, sperma, atmık.

sphere (sfir) **i.** 1. küre. 2. alan. **spherical s.** küresel.

sphinx (sfingks) **i.** sfenks.

spice (spays) **i.** 1. bahar, baharat. 2. lezzet veren şey. 3. tat, çeşni. **f.** baharat katmak. **spicy s.** 1. baharatlı. 2. çeşnili. 3. hoş, zevkli.

spi.der (spay'dır) **i.** 1. örümcek. 2. demir tava. **spidery s.** 1. çok ince. 2. örümcekli.

spig.ot (spig'ıt) **i.** 1. musluk. 2. fıçı tapası.

spike (spayk) **i.** ekser, enser, büyük çivi. **f.** 1. enserle tutturmak. 2. bozmak, engellemek.

spill (spil) **f.** 1. dökmek, saçmak; dökülmek, saçılmak. 2. düşmek. **i.** düşüş. **spill the beans** ağzından baklayı çıkarmak.

spill.way (spil'wey) **i.** taşma savağı.

spin (spin) **f.** 1. eğirmek, bükmek. 2. (ağ) örmek. 3. döndürmek, çevirmek; dönmek.

spin.ach (spin'iç) **i.** ıspanak.

spi.nal (spay'nıl) **s.** belkemiğine ait, omurgada bulunan. **spinal column** belkemiği, omurga. **spinal cord** omurilik, murdarilik.

spin.dle (spin'dıl) **i.** kirmen, iğ.

spine (spayn) **i.** 1. omurga, belkemiği. 2. diken. 3. kılçık. 4. kitap sırtı. **spineless s.** 1. omurgasız. 2. dikensiz. 3. cesaretsiz. **spiny s.** dikenli, iğneli.

spin.ning (spin'ing) **i.** eğirme, bükme. **s.** eğiren. **spinning frame** eğirme tezgâhı. **spinning jenny** iplik eğirme makinesi, çıkrık makinesi. **spinning wheel** çıkrık.

spin.ster (spin'stır) **i.** kalık, evde kalmış kız.

spi.ral (spay'rıl) **s.** sarmal, helezoni. **i.** 1. helezon, helis. 2. (tıb.) spiral.

spire (spayr) **i.** kulenin sivri tepesi.

spir.it (spir'it) **i.** 1. ruh, can. 2. hayalet. 3. heves, canlılık. 4. hava. 5. huy. 6. mana. **spirited s.** canlı, ateşli; şevkli; cesaretli.

spir.its (spir'its) **i.** 1. sert içki; alkol. 2. keyif. **in high spirits** keyfi yerinde.

spir.i.tu.al (spir'içuwıl) **s.** 1. ruhsal, manevi, tinsel. 2. kutsal.

spit (spit) **i.** 1. şiş. 2. (coğr.) dil. **f.** meç saplamak.

spit (spit) **f.** tükürmek. **i.** tükürük.

spite (spayt) **i.** garez, kin. **f.** inadına yapmak. **in spite of** rağmen. **spiteful s.** garezkâr, kinci, hain. **spitefully z.** haince.

spit.tle (spit'ıl) **i.** tükürük, salya.

splash (spläş) **f.** çamur veya su sıçratmak. **i.** sıçrayan su sesi.

splat.ter (splät'ır) **f.** su veya çamur sıçratmak; sıçramak.

spleen (splin) **i.** 1. dalak. 2. terslik, huysuzluk.

splen.did (splen'did) **s.** 1. şahane, fevkalade. 2. muhteşem, görkemli. **splendidly z.** fevkalade bir şekilde.

splen.dor (splen'dır) **i.** 1. parıltı, şaşaa. 2. debdebe, tantana.

splice (splays) **f.** tutturmak, eklemek (örerek, yapıştırarak). **i.** 1. bağlantı yeri. 2. ekleme.

splint (splint) **i.** süyek, cebire. **f.** cebireye almak.

splin.ter (splin'tır) **f.** yarılıp parçalanmak. **i.** kıymık. **splintery s.** kıymıklı.

split (split) **f.** 1. yarmak, çatlatmak. 2. bölüştürmak. 3. bölmek. 4. paylaşmak, bölüşmek. **i.** 1. yarık, çatlak. 2. bozuşma, ayrılık. 3. bölünme. 4. kırık, çatlak, yarık. **split hairs** kılı kırk yarmak. **split off** 1. parçalanmak. 2. bölünmek. 3. ayrılmak. 4. kopmak. **split up** 1. bölüştürmek. 2. ayrılmak, bozuşmak.

split.ting (split'ing) **s.** keskin, şiddetli.

splotch (splaç) **i.** leke, benek. **f.** lekelemek.

splurge (splırc) **i.** savurganlık. **f.** har vurup harman savurmak.

splut.ter (splät'ır) **f.** 1. cızırdamak. 2. şaşkınlıktan karmakarışık şeyler söylemek. **i.** cızırtı.

spoil (spoyl) **f.** 1. bozmak; bozulmak. 2. azdırmak, şımartmak; azmak. **spoiled child** şımarık çocuk.

spoke (spok) **i.** tekerlek parmağı.

spo.ken (spo'kın) **s.** sözlü, konuşulan.

spokes.men (spoks'mın) **i.** sözcü.

sponge (spânc) **i.** 1. sünger. 2. asalak, ekti, parazit. **sponge bath** ıslak süngerle silinerek yapılan banyo. **sponge cake** pandispanya. **throw up the sponge** yenilgiyi kabul etmek.

sponger **i.** asalak. **spongy s.** 1. sünger gibi. 2. emici. 3. ıslak ve yumuşak.

spon.sor (span'sır) **i.** 1. kefil. 2. radyo veya televizyon programının masraflarını karşılayıp reklam yapan firma. **f.** 1. kefil olmak. 2. korumak, himaye etmek.

spon.ta.ne.i.ty (spantını'yıti) **i.** kendiliğinden olma.

spon.ta.ne.ous (spantey'niyıs) **s.** kendi kendine olan. **spontaneously z.** kendiliğinden.

spoof (spuf) **f.** şaka yapmak. **i.** şaka, muziplik.

spook (spuk) **i.** hayalet, tayf. **f.** 1. hayalet şeklinde görünmek. 2. korkutmak; rahatsız etmek. **spooky s.** 1. hayalet gibi. 2. tekin olmayan.

spool (spul) **i.** makara.

spoon (spun) **i.** kaşık. **f.** kaşıkla almak, kaşıklamak. **spoonful i.** kaşık dolusu.

spo.rad.ic (spôräd'ik) **s.** 1. ara sıra. 2. seyrek; dağınık. **sporadically z.** ara sıra, zaman zaman.

sport (spôrt) **i.** eğlence, oyun, spor. **f.** eğlen-

mek, alay etmek.

sports.man (spôrts'mın) **i.** 1. sporcu. 2. avcı.

sportsmanlike s. 1. sporcuya yakışır. 2. namuslu. **sportsmanship i.** sportmenlik.

sports.wear (spôrts'wer) **i.** spor giysi.

sport.y (spôr'ti) **s.** 1. hovarda; neşeli, canlı. 2. gösterişli.

spot (spat) **i.** 1. yer, mahal. 2. benek, nokta. 3. leke. 4. projektör ışığı. 5. kısa reklam. 6. güç durum. **s.** 1. peşin. 2. ara sıra. **f.** 1. beneklemek, lekelemek. 2. bulmak. 3. tanımak. **spot cash** peşin para. **hit the spot** tam yerinde olmak. **in a spot** utandırıcı veya müşkül bir durumda. **on the spot** 1. hemen, derhal. 2. güç durumda. **soft spot** zaaf, sevgi. **touch a sore spot** en hassas noktaya dokunmak. **spotless s.** 1.lekesiz, tertemiz. 2. kusursuz. **spotted s.** benekli, lekeli. **spotty s.** 1. benekli, noktalı. 2. lekeli. 3. eksik.

spot.light (spat'layt) **i.** projektör ışığı. **f.** üzerine dikkat çekmek.

spot-weld (spat'weld) **f.** nokta kaynağı yapmak. **i.** nokta kaynağı.

spouse (spaus) **i.** eş, koca veya karı.

spout (spaut) **f.** 1. fışkırtmak; fışkırmak. 2. heyecanla okumak. **i.** musluk.

sprain (spreyn) **f.** burkmak; burkulmak. **i.** burkulma.

sprawl (sprôl) **f.** yayılıp yatmak.

spray (sprey) **i.** 1. püskürtülen ilaç; serpinti, püskürtülen sıvı. 2. püskürgeç. **f.** püskürtmek. **spray gun** püskürtme tabancası.

spread (spred) **f.** 1. yaymak, sermek, açmak. 2. dağıtmak, saçmak. 3. bulaştırmak.

spree (spri) **i.** cümbüş, âlem. **shopping spree** eldeki bütün parayı alışverişe yatırma.

spright.ly (sprayt'li) **s.** canlı, şen, neşeli.

spring (spring) **i.** 1. (oto.) makas. 2. yay, zemberek. **f.** yay gibi fırlamak; ileri atılmak. **spring a leak** su sızdırmak. **springy s.** yaylı, elastiki.

spring (spring) **i.** ilkbahar.

spring (spring) **i.** kaynak, memba.

sprin.kle (spring'kıl) **f.** 1. serpmek. 2. ekmek, saçmak. 3. çisemek. **i.** 1. serpinti. 2. çisenti.

sprint (sprint) **f.** tabana kuvvet koşmak.

sprite (sprayt) **i.** 1. cin, peri. 2. hayalet, tayf.

sprout (spraut) **f.** sürmek, filiz vermek. **i.** filiz.

spruce (sprus) **i.** ladin.

spruce (sprus) **s.** şık, giyimine titiz.

spry (spray) **s.** dinç, canlı, faal, çevik.

spunk (spängk) **i.** azim, kuvvet, cesaret. **spunky s.** cüretli.

spur (spır) **i.** mahmuz. **f.** 1. mahmuzlamak. 2. kışkırtmak.

spurge (spırc) **i.** sütleğen.

spu.ri.ous (spyūr´iyıs) **s.** sahte, taklit, düzme.

spurn (spırn) **f.** 1. tekme ile kovmak. 2. reddetmek.

spurt (spırt) **f.** fışkırmak. **i.** fışkırma.

spurt (spırt) **f.** ani hamle yapmak, davranmak. **i.** ani hamle.

sput.ter (spât´ır) **f.** tükürük saçmak. **i.** kuru gürültü.

spu.tum (spyu´tım) **i.** salya, tükürük.

spy (spay) **i.** 1. casus, hafiye, ajan. 2. gözetleme. **f.** 1. casusluk etmek. 2. keşfetmek.

spy.glass (spay´gläs) **i.** küçük dürbün.

squad (skwôd) **i.** takım, ekip, küçük grup.

squal.id (skwal´id) **s.** kirli, pis, sefil.

squall (skwôl) **i.** bora, kasırga. **f.** fırtına çıkmak.

squal.or (skwal´ır) **i.** pislik; yoksulluk.

squan.der (skwan´dır) **f.** israf etmek, boş yere harcamak.

square (skwer) **i.** 1. kare. 2. meydan, alan. **s.** 1. kare, dördül, dört köşeli, dik açılı. 2. insaflı. 3. namuslu. 4. (argo) modadan habersiz, eski kafalı. **z.** 1. doğru, dosdoğru. 2. isabetli.

square (skwer) **i.** gönye; T cetveli.

square (skwer) **f.** 1. dört köşe yapmak. 2. doğrultmak. 3. karesini almak.

squash (skwôş) **f.** 1. ezmek. 2. bastırmak. 3. sıkıştırmak. **i.** «sap» sesi.

squash (skwôş) **i.** kabak.

squat (skwat) **f.** 1. çömelmek, çökmek. 2. gecekondu yaparak yerleşmek. **s.** bodur, tıknaz.

squatter **i.** gecekondu yapan kimse.

squawk (skwôk) **f.** 1. acı acı bağırmak, viyaklamak. 2. (argo) şikâyet etmek. **i.** 1. cırtlak ses. 2. (argo) şikâyet.

squeak (skwik) **f.** 1. cıyak cıyak bağırmak. 2. gıcırdamak. **i.** 1. cıyaklama. 2. gıcırdama.

squeaky s. cızırtılı, gıcırtılı; cırtlak.

squeal (skwil) **f.** 1. cıyaklamak, haykırmak. 2. (argo) ihanet etmek. **i.** 1. cıyaklama. 2. haykırış, bağrışma.

squeam.ish (skwi´miş) **s.** 1. iğrenen. 2. iffet taslayan. 3. midesi çabuk bulanan. **squeam.ishly z.** iğrenerek. **squeamishness i.** iğrenme, tiksinti.

squeeze (skwiz) **f.** 1. sıkmak, ezmek. 2. kısmak. 3. sıkıştırmak. **i.** sıkma, sıkıştırma. **in a squeeze** zor durumda.

squelch (skwelc) **f.** susturmak, bastırmak.

squint (skwint) **f.** 1. gözleri kısmak. 2. yan bakmak. 3. şaşı olmak.

squirm (skwırm) **f.** kıvranmak.

squir.rel (skwır´ıl) **i.** sincap.

squirt (skwırt) **f.** fışkırtmak; fışkırmak. **i.** ufaklık, yumurcak.

Sri Lan.ka (sri lan´ka) Sri Lanka.

stab (stäb) **f.** 1. sivri bir aletle yaralamak.

2. bıçaklamak, hançerlemek.

sta.bil.i.ty (stıbil´ıti) **i.** 1. sağlamlık. 2. denge. 3. karar, sebat.

sta.bi.li.za.tion (steybılızey´şın) **i.** 1. saptama. 2. dengeleme.

sta.bi.lize (stey´bılayz) **f.** 1. saptamak. 2. dengesini sağlamak.

sta.ble (stey´bıl) **s.** 1. sabit, dural. 2. bozulmaz. 3. kararlı.

sta.ble (stey´bıl) **i.** ahır. **f.** ahıra koymak.

stack (stäk) **i.** 1. yığın, istif. 2. baca. 3. bolluk. **f.** yığmak.

stacks (stäks) **i.** kitaplık deposu.

sta.di.um (stey´diyım) **i.** stadyum.

staff (stäf) **i.** 1. değnek, sopa, çomak; asa. 2. personel.

stag (stäg) **i.** 1. erkek geyik. 2. toplantıda kadın arkadaşı olmayan erkek. 3. erkekler için toplantı. **s.** erkeklere mahsus.

stage (steyc) **i.** 1. sahne. 2. sahne hayatı, tiyatroculuk. 3. evre, safha. **f.** 1. sahneye koymak, temsil etmek. 2. yapmak.

stag.ger (stäg´ır) **f.** 1. sendelemek. 2. hayrete düşürmek.

stag.nant (stäg´nınt) **s.** durgun.

stag.nate (stäg´neyt) **f.** durgunlaşmak. **stagnation i.** durgunluk.

staid (steyd) **s.** temkinli; ağırbaşlı, vakarlı.

stain (steyn) **f.** lekelemek; lekelenmek. **i.** 1. leke. 2. boya, vernik. **stained glass** renkli cam. **stainless s.** lekesiz, kusursuz. **stainless steel** paslanmaz çelik.

stair (ster) **i.** basamak. **stairs i.** merdiven.

stair.case (ster´keys) **i.** binanın merdiven kısmı, merdiven.

stair.way (ster´wey) **i.** merdiven.

stake (steyk) **i.** kazık. **f.** kazığa bağlamak; kazıklarla sınırlamak.

sta.lac.tite (stılâk´tayt) **i.** sarkıt.

sta.lag.mite (stılâg´mayt) **i.** dikit.

stale (steyl) **s.** 1. bayat, eski. 2. adi. 3. yıpranmış.

stale.mate (steyl´meyt) **i.** pata.

stalk (stôk) **i.** sap, bitki sapı.

stalk (stôk) **f.** sezdirmeden ava yaklaşmak.

stall (stôl) **i.** 1. ahır. 2. küçük dükkân.

stall (stôl) **f.** 1. duruvermek, stop etmek. 2. vakit kazanmaya çalışmak.

stal.lion (stäl´yın) **i.** damızlık at, aygır.

stal.wart (stôl´wırt) **s.** 1. iri yapılı. 2. cesur. 3. sadık.

stam.i.na (stäm´ını) **i.** dayanıklılık, kuvvet.

stam.mer (stäm´ır) **f.** kekelemek. **i.** kekemelik.

stamp (stämp) **f.** 1. damgalamak. 2. pul yapıştırmak. 3. basmak. **i.** 1. pul, posta pulu. 2. ıstampa. 3. damga.

stam.pede (stämpid´) **f.** 1. topluca koşuşmak;

panige kapılmak. 2. korkutup koşturmak.
stand (ständ) **f.** 1. ayakta durmak. 2. kalmak.
3. sebat etmek, dayanmak. 4. sabit olmak.
5. bulunmak. 6. durmak. 7. kalkmak, dikilmek;
dikmek. 8. durdurmak. **i.** 1. duruş. 2. tezgâh,
sergi. 3. tribün. 4. mahkemede tanık yeri. **take
a stand** 1. fikrini açıklamak. 2. taraf tutmak.
standing s. 1. ayakta duran. 2. daimi, devamlı. **i.** 1. devam, süreklilik. 2. geçerlik, yürürlük.
stan.dard (stän'dırd) **i.** 1. ölçü birimi, standart.
2. ayar. 3. sancak, bayrak, alem. **standard of
living** hayat standardı.
stan.dard.i.za.tion (ständırdızey'şın) **i.** ayarlama.
stan.dard.ize (stän'dırdayz) **f.** belirli bir ölçüye uydurmak.
stand.by (ständ'bay) **i.** yedek.
stand.point (ständ'poynt) **i.** görüş noktası, bakım.
stand.still (ständ'stil) **i.** durma, durgu, sekte. **be
at a standstill** durgun halde olmak.
stan.za (stän'zı) **i.** şiir kıtası.
sta.ple (stey'pıl) **i.** 1. bir yerin başlıca ürünü.
2. hammadde. 3. elyaf.
sta.ple (stey'pıl) **i.** tel, tel raptiye. **f.** zımbalamak. **stapler i.** zımba.
star (star) **i.** 1. yıldız. 2. talih. **s.** ünlü, meşhur.
starry s. yıldızlı.
starch (starç) **i.** 1. nişasta, ket. 2. kola.
starchy s. 1. nişastalı. 2. kolalı.
stare (ster) **f.** gözünü dikip bakmak. **i.** gözünü
dikip bakma. **stare at** dik dik bakmak.
star.fish (star'fiş) **i.** beşparmak, denizyıldızı.
stark (stark) **s.** süssüz, sade. **z.** tamamen. **stark
naked** çırılçıplak.
star.light (star'layt) **i.** yıldız ışığı.
star.ry-eyed (star'iyayd) **s.** hayranlıkla bakan.
start (start) **i.** 1. başlangıç. 2. kalkış. 3. sıçrama,
irkilme. **f.** 1. başlamak, harekete geçmek; başlatmak. 2. yola koymak. 3. kalkmak. 4. sıçramak, irkilmek. 5. kurmak. **start out** 1. başlamak. 2. yola koyulmak. **start up** çalıştırmak.
to start with ilk iş olarak, başlangıçta.
starting point başlangıç noktası.
start.er (star'tır) **i.** 1. (oto.) marş. 2. yoğurt
mayası.
star.tle (star'tıl) **f.** ürkmek.
star.tling (start'ling) **s.** şaşırtıcı, ürkütücü.
starve (starv) **f.** açlıktan ölmek veya öldürmek.
starvation i. 1. açlık. 2. açlıktan ölme.
state (steyt) **i.** 1. durum, vaziyet. 2. debdebe,
tantana. 3. devlet. 4. eyalet. 5. ülke. **s.** 1. devlete ait. 2. resmi. 3. siyasal. **stateless s.** vatansız. **stately s.** azametli, heybetli.
state (steyt) **f.** ifade etmek, belirtmek, ileri

sürmek. **stated s.** ifade edilmiş. **statement i.**
1. ifade. 2. demeç. 3. hesap.
states.man (steyts'mın) **i.** devlet adamı.
stat.ic (stät'ik) **s.** statik. **i.** (radyo) parazit.
sta.tion (stey'şın) **i.** 1. durak. 2. istasyon.
sta.tion.ar.y (stey'şıneri) **s.** sabit, durağan.
sta.tion.er.y (stey'şıneri) **i.** kırtasiye.
sta.tis.tics (stıtîs'tîks) **i.** istatistik.
stat.ue (stäç'u) **i.** heykel.
stat.ure (stäç'ır) **i.** boy, endam.
sta.tus (stey'tıs) **i.** 1. durum. 2. medeni hal. 3. rol.
stat.ute (stäç'ut) **i.** kanun, yasa, kural. **statute
law** yazılı kanun.
staunch (stônç) **s.** 1. sadık, güvenilir. 2. sağlam.
3. kuvvetli. **staunchly z.** 1. sebatla. 2. sağlamca.
stay (stey) **f.** 1. durmak. 2. kalmak. 3. alıkoymak, bırakmamak. **i.** 1. kalma. 2. durma.
3. ziyaret süresi. 4. erteleme.
stead.fast (sted'fäst) **s.** 1. sabit, değişmez.
2. metin. **steadfastness i.** sebat.
stead.y (sted'i) **s.** 1. sabit, değişiklik göstermez.
2. metin. 3. sağlam. 4. ciddi. 5. düzenli. 6. sürekli. **f.** sabit kılmak. **steadily z.** durmadan,
muntazaman. **steadiness i.** metanet, sarsılmazlık.
steak (steyk) **i.** biftek, kontrfile.
steal (stil) **f.** çalmak, aşırmak, hırsızlık etmek. **i.**
(argo) kelepir.
stealth (stelth) **i.** 1. gizli iş veya teşebbüs. 2. gizlilik. **by stealth** gizlice. **stealthy s.** sinsi.
stealthily z. gizlice, sinsice.
steam (stim) **i.** 1. buhar, istim. 2. kuvvet, enerji.
f. 1. buhar salıvermek; dumanı çıkmak.
2. buharda pişirmek. **blow off steam** 1. islim
çıkarmak. 2. hiddetlenip içini dökmek.
steamy s. buharlı.
steam.boat (stim'bot) **i.** vapur.
steam.er (sti'mır) **i.** vapur.
steam.roll.er (stim'rolır) **i.** yol işlerinde kullanılan silindir. **f.** zorla elde etmek. **s.** ezici.
steam.ship (stim'şip) **i.** vapur.
steel (stil) **i.** çelik.
steep (stip) **s.** 1. dik, sarp. 2. aşırı, yüksek (fiyat).
stee.ple (sti'pıl) **i.** kilise kulesi.
steer (stir) **f.** 1. dümen kullanmak, seyretmek.
2. yönetmek.
stem (stem) **i.** 1. sap. 2. gövde. **f.** çıkmak, -den
gelmek.
stem (stem) **i.** pruva, baş.
stem (stem) **f.** durdurmak.
stench (stenç) **i.** kötü koku, leş kokusu.
sten.cil (sten'sıl) **i.** 1. mumlu kâğıt.
ste.nog.ra.pher (stınag'rıfır) **i.** stenograf.
step (step) **f.** 1. ayak basmak. 2. adım atmak,
yürümek. 3. adımlamak. **i.** 1. adım. 2. basa-

mak. 3. ayak sesi. **step by step** adım adım, derece derece. **take steps** tedbir almak. **watch one's step** dikkat etmek, ayağını denk almak.

step.child (step'çayld) **i.** üvey çocuk.

step.fa.ther (step'fadhır) **i.** üvey baba.

step.lad.der (step'lädır) **i.** seyyar merdiven.

step.moth.er (step'mâdhır) **i.** üvey anne.

steppe (step) **i.** bozkır.

ster.e.o (ster'iyo) **s.** stereo.

ster.ile (ster'il) **s.** 1. sterilize. 2. kısır, verimsiz.

ste.ril.i.ty (stırîl'ıtî) **i.** kısırlık, verimsizlik.

ster.il.ize (ster'ılayz) **f.** sterilize etmek. **ster.ilization i.** kısırlaştırma; sterilizasyon. **sterilizer i.** sterilizatör.

ster.ling (stır'lîng) **i.** sterlin.

stern (stırn) **s.** 1. sert, haşin, katı. 2. şiddetli, kuvvetli.

stern (stırn) **i.** geminin arka kısmı, kıç.

steth.o.scope (steth'ıskop) **i.** stetoskop.

stew (stu) **f.** hafif ateşte kaynatmak; kaynamak. **i.** türlü, güveç. **in a stew** telaşla, heyecanla, acele ile.

stew.ard (stu'wırd) **i.** 1. vekilharç. 2. kamarot; gemi garsonu. 3. işçi temsilcisi.

stew.ard.ess (stu'wırdes) **i.** hostes.

stick (stîk) **i.** tahta parçası, baston, sopa. **f.** 1. saplamak. 2. delmek. 3. koymak. 4. sokmak. 5. yapışmak. **sticky s.** yapışkan.

stick.er (stîk'ır) **i.** 1. etiket. 2. diken.

stiff (stîf) **s.** 1. katı, sert, pek. 2. pekişmiş. 3. sıkı.

stiff.en (stîf'ın) **f.** 1. sertleşmek. 2. pekişmek.

stiff-necked (stîf'nekt) **s.** 1. boynu tutulmuş. 2. inatçı.

sti.fle (stay'fıl) **f.** boğmak; boğulmak.

stig.ma.tize (stîg'mıtayz) **f.** leke sürmek.

still (stîl) **s.** 1. sessiz, sakin. 2. durgun. **i.** sükût, sessizlik. **z.** 1. daha, yine. 2. bununla beraber. 3. daima. **f.** susturmak, yatıştırmak.

stim.u.late (stîm'yıleyt) **f.** 1. uyarmak, teşvik etmek, kamçılamak. 2. tembih etmek. **stimulation i.** uyarma, teşvik.

stim.u.lus (stîm'yılıs) **i.** uyarım.

sting (stîng) **f.** 1. arı gibi sokmak, batmak. 2. acımak, acı vermek; sızlamak. **i.** 1. batma. 2. acı, elem, sızı. **stinger i.** arı iğnesi.

stin.gy (stîn'ci) **s.** 1. cimri, pinti. 2. kıt. **stinginess i.** hasislik, cimrilik.

stink (stîngk) **f.** 1. pis kokmak, kokuşmak. 2. berbat olmak. **i.** pis koku.

stint (stînt) **f.** 1. dar tutmak. 2. cimrilik etmek.

stip.u.late (stîp'yıleyt) **f.** şart koşmak.

stir (stır) **f.** 1. karıştırmak. 2. harekete geçirmek; harekete geçmek. 3. kımıldamak, kalkmak. **i.** 1. gürültü, patırtı. 2. kaynaşma. **stirring s.** 1. heyecanlandırıcı, canlandırıcı. 2. kımılda-

yan.

stir.rup (stır'ıp) **i.** üzengi.

stitch (stîç) **i.** dikiş. **f.** dikmek, dikiş dikmek.

stock (stak) **i.** 1. stok, depo malları. 2. mevcut mal. 3. hisse senedi. 4. tüfek kundağı. **f.** stok yapmak, mal yığmak. **s.** 1. alelade. 2. beklenen. 3. stok olarak elde tutulan.

stock (stak) **i.** şebboy.

stock.bro.ker (stak'brokır) **i.** borsa tellalı.

stock.hold.er (stak'holdır) **i.** hissedar.

stock.ing (stak'îng) **i.** çorap. **in stocking feet** çorapla.

stock.pile (stak'payl) **i.** stok edilmiş mal. **f.** mal alıp stok etmek.

stock.room (stak'rum) **i.** ambar, depo.

stock-still (stak'stîl') **s.** tamamıyla hareketsiz.

stock.y (stak'î) **s.** tıknaz, bodur.

sto.ic (stow'îk) **i.** soğukkanlı kimse.

stom.ach (stâm'ık) **i.** 1. mide, karın. 2. iştah. 3. istek. **f.** katlanmak, dayanmak. **stomach ache** mide ağrısı.

stone (ston) **i.** .1. taş. 2. meyva çekirdeği. **s.** kâgir. **f.** taş atmak, taşa tutmak. **stony s.** 1. taşlı. 2. taş gibi. 3. sert, eğilmez.

stone.cut.ter (ston'kâtır) **i.** taşçı.

stool (stul) **i.** 1. iskemle, tabure. 2. oturak. 3. dışkı.

stoop (stup) **f.** eğilmek.

stop (stap) **f.** 1. durmak, stop etmek; durdurmak; fren yapmak. 2. alıkoymak, engellemek. 3. kesmek. 4. tıkamak. **i.** 1. durma, duruş. 2. durak yeri. **stopper i.** 1. tapa, tıkaç. 2. durduran kimse; durdurucu.

stop.gap (stap'gäp) **i.** geçici tedbir veya vasıta.

stop.light (stap'layt) **i.** 1. trafik lambası. 2. (oto.) stop lambası.

stop.o.ver (stap'ovır) **i.** mola, konaklama.

stop.page (stap'îc) **i.** 1. tıkama. 2. durdurma. 3. stopaj.

stor.age (stôr'îc) **i.** 1. depolama. 2. depo. **storage battery** akümülatör, akü.

store (stôr) **i.** 1. mağaza, dükkân. 2. stok. 3. ambar. **f.** 1. saklamak. 2. biriktirmek. **store up** 1. biriktirmek, yığmak. 2. depo etmek.

store.house (stôr'haus) **i.** ambar, depo.

store.keep.er (stôr'kîpır) **i.** dükkâncı, mağazacı.

store.room (stôr'rum) **i.** ambar.

stork (stôrk) **i.** leylek.

storm (stôrm) **i.** 1. fırtına, bora. 2. şiddetli öfke ve heyecan. **f.** 1. fırtına patlamak, bora çıkmak. 2. hiddetten köpürmek. **stormy s.** fırtınalı, boralı.

sto.ry (stôr'î) **i.** 1. öykü, hikâye. 2. makale. 3. masal. 4. yalan, martaval.

sto.ry (stôr'i) **i.** bina katı.

stout (staut) **s.** 1. kalın. 2. kuvvetli, sağlam. 3. iri, şişman. 4. yiğit, cesur.

stove (stov) **i.** 1. soba. 2. fırın, ocak.

stove.pipe (stov'payp) **i.** soba borusu.

stow (sto) **f.** istif etmek.

stow.a.way (sto'wwey) **i.** biletsiz kaçak gemi yolcusu.

strag.gle (sträg'ıl) **f.** 1. yoldan sapmak. 2. sürü veya bölükten ayrılıp dağınık gitmek. **straggler i.** arkada kalan kimse.

straight (streyt) **s.** 1. doğru, düz. 2. dürüst; güvenilir. 3. düzenli. 4. şaşmaz. 5. sapık alışmamış.

straight.edge (streyt'ec) **i.** cetvel.

straight.en (streyt'ın) **f.** doğrultmak, düzeltmek. **straighten out** düzeltmek; düzelmek. **straighten up i.** düzeltmek. 2. dürüst yola dönmek.

straight.for.ward (streytfôr'wırd) **s.** doğru sözlü, açıksözlü.

strain (streyn) **f.** 1. fazla gayret etmek, çabalamak. 2. fazla germek. 3. burkmak; burkulmak. 4. süzmek. **i.** 1. zora gelme. 2. gerginlik. 3. burkulup incinme.

strain (streyn) **i.** nesil, soy.

strain.er (strey'nır) **i.** süzgeç.

strait (streyt) **i.** dar yer, geçit, boğaz. **straits i.** 1. boğaz. 2. zor durum. **the Straits** İstanbul ve Çanakkale Boğazları.

strait.en (streyt'ın) **f.** 1. daraltmak. 2. sıkıntıya düşürmek.

strand (stränd) **i.** kıyı, sahil, yalı. **be stranded** 1. karaya oturmak. 2. yolda kalmak. 3. parasız kalmak.

strand (stränd) **i.** 1. halatın bir kolu. 2. iplik teli.

strange (streync) **s.** 1. görülmemiş. 2. alışılmamış. 3. tuhaf, garip, acayip. 4. yabancı. 5. utangaç. 6. acemi. **strangely z.** garip bir şekilde, şaşılacak derecede. **strangeness i.** 1. tuhaflık, acayiplik. 2. yabancılık.

stran.ger (streyn'cır) **i.** yabancı.

stran.gle (sträng'gıl) **f.** 1. boğmak, boğazlamak; boğulmak. 2. bastırmak.

strap (sträp) **i.** 1. kayış. 2. şerit, atkı, bant. 3. berber kayışı, ustura kayışı. **f.** 1. çemberlemek. 2. kayışla dövmek. **strapped s.** 1. çemberli. 2. meteliksiz. **strapping i.** 1. kayışla dövme. 2. çember. **s.** iri yarı.

strat.a.gem (strät'ıcım) **i.** 1. hile, tuzak, oyun.

stra.te.gic (strıtı'cîk) **s.** 1. stratejik. 2. elverişli, uygun.

strat.e.gy (strät'ıci) **i.** strateji.

stra.tum (strey'tım) **i.** tabaka, katman.

straw (strô) **i.** saman. **straw hat** hasır şapka. **clutch at a straw** ümitsizlik içinde her çareye baş vurmak. **drinking straw** kamış. **straw in the wind** ilk belirti.

straw.ber.ry (strô'beri) **i.** çilek.

stray (strey) **f.** 1. sürüden ayrılıp yoldan çıkmak. 2. doğru yoldan ayrılmak. **i.** sürüden ayrılmış hayvan. **s.** başıboş; umulmadık.

streak (strik) **i.** yol, çizgi. **f.** 1. çizgilemek, yol yol yapmak. 2. hızla geçmek, hızla gitmek. **streaky s.** yollu, çizgili.

stream (strim) **i.** 1. akarsu, dere. 2. akıntı. 3. akım. 4. gidiş. **f.** akmak. **stream of consciousness** bilinç akımı.

stream.er (stri'mır) **i.** 1. flama. 2. flandra. 3. serpantin.

stream.line (strim'layn) **f.** kolay ve elverişli duruma getirmek.

stream.lined (strim'laynd) **s.** 1. akış çizgisi biçimli. 2. modern. 3. elverişli.

street (strit) **i.** sokak, cadde, yol.

street.car (strit'kar) **i.** tramvay.

street.walk.er (strit'wôkır) **i.** fahişe.

strength (strengkth) **i.** 1. kuvvet, güç. 2. sertlik. 3. dayanıklılık. 4. şiddet.

strength.en (strengk'thın) **f.** 1. desteklemek. 2. kuvvet vermek.

stren.u.ous (stren'yuwıs) **s.** 1. gayretli, faal. 2. güç, ağır.

stress (stres) **i.** 1. gerilim; gerginlik. 2. önem. 3. vurgu. **f.** 1. önem vermek. 2. vurgulamak.

stretch (streç) **f.** 1. uzatmak; uzamak. 2. sermek. 3. çekip uzatmak, germek. 4. abartmak. 5. gerinmek. **i.** 1. gerginlik. 2. geniş yer. 3. aralıksız süre. **stretchy s.** esnek.

stretch.er (streç'ır) **i.** sedye.

strew (stru) **f.** saçmak, yaymak.

strict (strîkt) **s.** 1. sıkı. 2. dikkatli. 3. tam. 4. şiddetli, sert. **strictly z.** tam manasıyla.

stride (strayd) **f.** uzun adımlarla yürümek. **i.** uzun adım.

strife (strayf) **i.** mücadele, çekişme.

strike (strayk) **f.** 1. vurmak, çarpmak, darbe indirmek. 2. çatmak. 3. basmak. 4. çalmak (saat). 5. dikkatini çekmek. 6. ilerlemek. 7. birdenbire bulmak. 8. grev yapmak. **i.** 1. vurma, çarpma. 2. grev. **general strike** genel grev. **on strike** grev halinde. **striker i.** grevci. **striking s.** dikkati çeken, göze çarpan. **strike.break.er** (strayk'breykır) **i.** grev bozguncusu.

string (strîng) **i.** 1. ip, sicim, şerit. 2. spart. 3. dizi. **string bag** file. **string bean** çalı fasulyesi. **strings i.** yaylı sazlar.

strip (strîp) **f.** 1. soymak; soyunmak; soyulmak.

strip (strîp) **i.** 1. uzun ve dar parça. 2. şerit. 3. dar arazi.

stripe (strayp) **i.** 1. yol, çizgi. 2. biçim, tip. **f.** yol

yol etmek, çizgilerle süslemek. **striped s.** çizgili, yollu.

strip.ling (strip'ling) **i.** delikanlı, çocuk.

strive (strayv) **f.** 1. çalışmak, çabalamak. 2. çekişmek. 3. uğraşmak.

stroke (strok) **i.** 1. vuruş, darbe; vuruş sesi. 2. inme. 3. ani bir gayretle yapılan şey. 4. okşama. **f.** okşamak.

stroll (strol) **f.** gezinmek, dolaşmak. **i.** gezme, dolaşma.

strong (strông) **s.** 1. kuvvetli, güçlü. 2. metin. 3. sağlam. 4. sert, keskin. 5. ağır. 6. şiddetli. 7. gayretli. 8. esaslı. **strong drink** sert içki. **strong language** 1. sert ve ağır sözler. 2. küfür. **strongly z.** kuvvetle.

strong.box (strông'baks) **i.** kasa.

strong.man (strông'män) **i.** 1. diktatör; diktatör gibi adam. 2. adaleli adam.

strong-mind.ed (strông'maynʼdid) **s.** bildiğinden şaşmaz, düşüncesinde kararlı.

strong-willed (strông'wild') **s.** 1. kuvvetli iradeli. 2. inatçı.

struc.ture (strâk'çır) **i.** 1. yapı, bina. 2. inşaat, yapılış. 3. bünye. **f.** bütünüyle planlamak. **structural s.** yapısal. **structured s.** planlanmış.

strug.gle (strâg'ıl) **f.** çabalamak, uğraşmak. **i.** 1. çabalama, uğraşma. 2. mücadele, çaba, uğraş.

strut (strât) **f.** 1. caka satarak yürümek. 2. desteklemek. **i.** azametli yürüyüş.

stub (stâb) **i.** 1. sigara izmariti. 2. dip koçanı. **f.** (ayağı) taşa çarpmak. **stubby s.** 1. güdük. 2. kısa ve kalın. 3. tıknaz.

stub.born (stâb'ırn) **s.** 1. inatçı, dik başlı. 2. sert, çetin, müşkül.

stuck (stâk) **s.** 1. saplanmış. 2. sıkışmış. 3. takılmış. 4. yapışmış. **get stuck** 1. saplanmak. 2. yolda kalmak.

stud (stâd) **i.** iri başlı çivi, enser.

stud (stâd) **i.** 1. at ahırı, tavla. 2. damızlık erkek hayvan. **s.** damızlık.

stu.dent (stud'ınt) **i.** 1. öğrenci. 2. uzman.

stu.di.o (stu'diyo) **i.** stüdyo.

stu.di.ous (stu'diyıs) **s.** 1. çalışkan, gayretli. 2. dikkatli.

stud.y (stâd'i) **i.** 1. çalışma; okuma. 2. inceleme. 3. taslak. 4. çalışma odası. **f.** 1. okumak; çalışmak. 2. düşünmek. 3. araştırmak. 4. öğrenim yapmak. **study hall** 1. mütalaa salonu. 2. çalışma saati.

stuff (stâf) **i.** 1. madde. 2. eşya. 3. eşya. 4. saçma, saçmalık. 5. kumaş. 6. şey, zımbırtı, zırıltı. **f.** 1. tıka basa doldurmak. 2. tıkamak. 3. tıka basa yemek, tıkınmak. **stuff and nonsense** saçma sapan şey.

stuff.y (stâf'i) **s.** 1. havasız. 2. kibirli.

stum.ble (stâm'bıl) **f.** 1. kösteklenmek, sendelemek; sendeleyerek yürümek. 2. hataya düşmek. **i.** tökezleme, kösteklenme.

stump (stâmp) **i.** kütük. **stumpy s.** 1. kütüklerle dolu. 2. bodur.

stun (stân) **f.** 1. sersemletmek. 2. afallatmak, şaşkına çevirmek. **stunning s.** hayret verici, fevkalade.

stunt (stânt) **f.** bodur bırakmak.

stunt (stânt) **i.** 1. hüner gösterisi. 2. beceri gerektiren iş.

stu.pe.fy (stu'pıfay) **f.** 1. uyuşturmak. 2. sersemletmek.

stu.pen.dous (stupen'dıs) **s.** 1. harikulade. 2. heybetli.

stu.pid (stu'pid) **s.** 1. akılsız, aptal, budala. 2. saçma, değersiz. **stupidity i.** budalalık, ahmaklık.

stur.dy (stır'di) **s.** 1. kuvvetli, metanetli. 2. azimli.

stut.ter (stât'ır) **f.** kekelemek. **i.** kekemelik.

style (stayl) **i.** 1. tarz, üslûp, usul. 2. tip. 3. moda. 4. tavır. **f.** isimlendirmek, lakap takmak. **stylish s.** modaya uygun, şık.

suave (swâv) **s.** hoş tavırlı, tatlı dilli.

sub.con.scious (sâbkan'şıs) **s.** bilinçaltında olan. **i.** bilinçaltı. **subconsciously z.** bilinçsizce, şuursuzca. **subconsciousness i.** bilinçaltı.

sub.cu.ta.ne.ous (sâbkyutey'niyıs) **s.** deri altındaki.

sub.di.vide (sâbdivayd') **f.** parsellemek. **sub.di.vi.sion** (sâbdivî'jın) **i.** 1. parsellenmiş arazi. 2. alt bölüm.

sub.due (sâbdu') **f.** 1. boyun eğdirmek. 2. baskı altında tutmak. 3. yumuşatmak.

sub.head (sâb'hed) **i.** 1. ikinci derecede yazı başlığı. 2. bölüm başlığı.

sub.hu.man (sâbhyu'mın) **s.** insandan aşağı.

sub.ject (sâb'cikt) **i.** 1. uyruk. 2. kul. 3. hedef. 4. konu. 5. ders. 6. özne. **s.** buyruk altındaki. **subject to** 1. idaresi altında. 2. bağlı.

sub.ject (sıbcekt') **f.** 1. hükmü altına almak, boyun eğdirmek. 2. sunmak.

sub.jec.tive (sıbcek'tiv) **s.** 1. öznel. 2. kişisel. 3. dahili. 4. hayali. **subjectivity i.** öznellik. **subjectivism i.** öznelcilik.

sub.ju.gate (sâb'cügeyt) **f.** boyun eğdirmek.

sub.junc.tive (sâbcângk'tiv) **s., i.** (gram.) şart (kipi).

sub.lease (sâb'lîs') **f.** kiracının kiracısı olmak.

sub.lime (sıblaym') **s.** 1. yüce, ulu. 2. heybetli. 3. âlâ. **Sublime Porte** Babıâli. **sublimely z.** 1. çok mükemmel. 2. asilâne.

sub.ma.rine (sâbmırin') **i.** denizaltı. **s.** deniz altında olan.

sub.merge (sıbmırc') **f.** 1. batırmak, daldırmak; batmak. 2. örtmek.

sub.mis.sion (sıbmîş'ın) **i.** 1. boyun eğme. 2. alçakgönüllülük.

sub.mis.sive (sıbmîs'îv) **s.** uysal, boyun eğen.

sub.mit (sıbmît') **f.** 1. teslim etmek, iradesine bırakmak. 2. reyine veya onamasına sunmak. 3. ileri sürmek, teklif etmek, söylemek, beyan etmek. 4. boyun eğmek.

sub.nor.mal (sâbnôr'mıl) **s.** normalden aşağı.

sub.or.di.nate (sıbôr'dınît) **s.** 1. alt, ikincil. 2. bağlı. **i.** ast.

sub.or.di.nate (sıbôr'dıneyt) **f.** 1. ikinci dereceye koymak. 2. bağımlı kılmak. ·

sub.poe.na (sıpi'nı) **i.** mahkemeye çağrı.

sub.scribe (sıbskrayb') **f.** abone olmak; abone yapmak.

sub.scrip.tion (sıbskrîp'şın) **i.** abone.

sub.se.quent (sâb'sıkwınt) **s.** sonra gelen, sonraki; sonuç olarak izleyen.

sub.side (sıbsayd') **f.** 1. yatışmak. 2. çökelmek. 3. inmek.

sub.sid.i.ar.y (sıbsîd'îyeri) **s.** 1. yardımcı. 2. ek. 3. bağlı. **i.** şube.

sub.si.dize (sâb'sıdayz) **f.** para vermek; açığını dışarıdan gelen yardımla kapatmak.

sub.si.dy (sâb'sıdî) **i.** iane, para yardımı.

sub.stance (sâb'stıns) **i.** 1. madde, cisim. 2. cevher. 3. esas; öz. 4. kuvvet. 5. servet.

sub.stan.dard (sâbstän'dırd) **s.** standart altında olan.

sub.stan.tial (sıbstän'şıl) **s.** 1. metin. 2. değerli. 3. önemli. 4. hakiki.

sub.sti.tute (sâb'stıtut) **i.** 1. bedel. 2. vekil. **f.** vekil tayin etmek. **substitution i.** bir başkasını yerine koyma.

sub.ter.fuge (sâb'tırfyuc) **i.** kaçamak, bahane.

sub.ter.ra.ne.an (sâbtırey'niyın) **s.** 1. yeraltı. 2. gizli.

sub.tle (sât'ıl) **s.** 1. ince. 2. usta. **subtlety i.** incelik. **subtly z.** 1. incelikle. 2. ustaca.

sub.tract (sıbträkt') **f.** çıkarmak, hesaptan düşmek. **subtraction i.** çıkarma.

sub.urb (sâb'ırb) **i.** varoş, dış mahalle. **suburbs i.** banliyö. **suburban s.** varoşta olan. **suburban train** banliyö treni.

sub.ver.sive (sıbvır'sîv) **s.** yıkıcı, altüst eden.

sub.way (sâb'wey) **i.** 1. metro. 2. tünel.

suc.ceed (sıksid') **f.** 1. başarmak, becermek. 2. izlemek. 3. yerine geçmek. 4. vâris olmak.

suc.cess (sıkses') **i.** 1. başarı. 2. başarılı durum veya kimse. **successful s.** başarılı. **successfully z.** başarıyla.

suc.ces.sion (sıkseş'ın) **i.** 1. ardıllık. 2. dizi. 3. vekâlet, yerine geçme.

suc.ces.sive (sıkses'îv) **s.** 1. ardıl. 2. silsile halindeki. **successively z.** sıra ile.

suc.ces.sor (sıkses'ır) **i.** halef, ardıl, vâris.

suc.cinct (sıksîngkt') **s.** az ve öz, kısa. **succinctly z.** kısaca.

suc.cor (sâk'ır) **f.** yardım etmek, kurtarmak. **i.** 1. yardım, imdat. 2. imdada yetişen kimse.

suc.co.ry (sâk'ıri) **i.** hindiba.

suc.cu.lent (sâk'yılınt) **s.** 1. özlü. 2. (bot.) körpe ve sulu.

suc.cumb (sıkâm') **f.** 1. yenilmek, dayanamamak. 2. ölmek.

such (sâç) **s.** bunun gibi, böyle, şöyle, öyle. **such and such** filan. **such a one** 1. filan kimse. 2. öyle biri ki. **such as** gibi, örneğin.

such.like (sâç'layk) **s.** benzeri. **zam.** böylesi.

suck (sâk) **f.** 1. emmek. 2. içine çekmek, soğurmak; sorumak. **i.** 1. emme. 2. yudum. 3. ana sütü. **give suck** emzirmek.

suck.er (sâk'ır) **i.** 1. emen şey veya kimse. 2. çekmen. 3. kökten ayrı büyüyen fidan. 4. enayi. 5. horoz şekeri. **f.** 1. piçleri budamak. 2. kökün yanından filiz sürmek.

suck.le (sâk'ıl) **f.** 1. emzirmek. 2. meme emmek. **suckling i.** memede olan çocuk veya hayvan.

suc.tion (sâk'şın) **i.** emme. **suction pump** emme basma tulumba.

Su.dan (sudän') **i.** Sudan.

sud.den (sâd'ın) **s.** apansız, ani. **all of a sudden** ansızın, birdenbire. **suddenly z.** birdenbire, ansızın.

suds (sâdz) **i.** 1. sabunlu su. 2. köpük. **sudsy s.** köpüklü.

sue (su) **f.** dava açmak.

suede (sweyd) **i.** süet, podüsüet.

su.et (su'wît) **i.** içyağı.

suf.fer (sâf'ır) **f.** 1. ıstırap çekmek. 2. cefa çekmek. **sufferance i.** göz yumma. **sufferer i.** ıstırap çeken. **suffering i.** ıstırap, acı, keder.

suf.fice (sıfays') **f.** 1. yetişmek, elvermek, yetmek. 2. yeterli kılmak.

suf.fi.cien.cy (sıfîş'ınsi) **i.** yeterlilik.

suf.fi.cient (sıfîş'ınt) **s.** yeterli. **sufficiently z.** yeterince.

suf.fix (sâf'îks) **i.** sonek. **f.** sonek koymak.

suf.fo.cate (sâf'ıkeyt) **f.** 1. boğmak; boğulmak. 2. bastırarak söndürmek. **suffocating s.** bunaltıcı, boğucu. **suffocation i.** bunalma, boğulma.

suf.frage (sâf'rîc) **i.** 1. oy hakkı. 2. oy kullanma. 3. onay.

suf.fra.gette (sâfrıcet') **i.** kadınların oy hakkını savunan kadın.

Su.fi (su'fi) **i.** sofi, mutasavvıf. **Sufism i.** tasavvuf.

sug.ar (şûg'ır) **i.** 1. şeker. 2. (argo) şekerim. **f.** 1. şekerlemek; şekerlenmek. 2. tatlı sözle hafifletmek. **sugar beet** şeker pancarı. **sugar cane** şekerkamışı. **sugar maple**, **sugar tree** isfendan, akçaağaç. **sugary s.** 1. şekerli, şeker gibi. 2. yapmacık.

sug.ar-coat (şug'irkot) **f.** 1. şekerle kaplamak. 2. ballandırmak.

sug.ar.plum (şug'irplâm) **i.** şekerleme, bonbon.

sug.gest (sıgcest') **f.** 1. önermek, ileri sürmek, teklif etmek. 2. hatıra getirmek. 3. fikir vermek. 4. göstermek, ima etmek. **suggestible s.** 1. önerilebilir, teklif edilebilir. 2. kolaylıkla etki altında kalan. **suggestion i.** 1. öneri, teklif. 2. telkin. **suggestion box** şikâyet kutusu. **suggestive s.** 1. manalı, imalı. 2. müstehcen.

su.i.cide (suˈwisayd) **i.** kendini öldürme, intihar. **commit suicide** intihar etmek.

suit (sut) **i.** 1. takım elbise, kostüm; tayyör. 2. dava. (iskambilde) takım. **f.** 1. uymak, uygun gelmek. 2. işini görmek; işine gelmek. **suitable s.** uygun, yerinde. **suitability z.** uygunluk.

suit.case (sut'keys) **i.** valiz, bavul.

suite (swit) **i.** 1. takım. 2. apartman dairesi. 3. oda takımı. 4. maiyet.

suit.or (su'tır) **i.** 1. âşık, talip. 2. davacı.

sul.fur (sâl'fır) **i.** kükürt. **sulfurous s.** kükürtlü. **sul.fu.ric** (sâlfyûr'ik) **s.** kükürtlü. **sulfuric acid** sülfürik asit, zaçyağı, karaboya.

sulk (sâlk) **f.** somurtmak. **sulks i.** 1. somurtma. 2. küskünlük. **sulky s.** 1. küskün, asık suratlı. 2. kasvetli, kapanık.

sul.len (sâl'ın) **s.** 1. somurtkan. 2. ters, huysuz. 3. için için kaynayan. **sullenly z.** somurtarak. **sul.ly** (sâl'i) **f.** kirletmek, lekelemek; kirlenmek, lekelenmek.

sul.tan (sâl'tın) **i.** sultan, padişah.

sul.tan.a (sâltän'ı) **i.** 1. padişah karısı, kızı veya kız kardeşi; valide sultan. 2. sultani (üzüm).

sul.try (sâl'tri) **s.** 1. sıcak, bunaltıcı, durgun. 2. tutkulu.

sum (sâm) **i.** toplam, tutar. **f.** toplamak. **sum up** özetlemek. **a sum of money** bir miktar para. **in sum** kısacası.

su.mac (th) (su'mäk) **i.** sumak, somak.

sum.ma.rize (sâm'ırayz) **f.** özetlemek.

sum.ma.ry (sâm'ıri) **i.** özet.

sum.mer (sâm'ır) **i.** yaz. **f.** yazlamak. **s.** yazlık. **summer squash** kabak. **Indian summer** pastırma yazı.

sum.mit (sâm'it) **i.** doruk, zirve. **summit meeting** zirve toplantısı.

sum.mon (sâm'ın) **f.** çağırmak, çağırtmak, celp etmek. **summon up** toplamak (kuvvet, cesaret).

sum.mons (sâm'ınz) **i.** 1. çağrı, davet, celp.

2. celpname.

sump.tu.ous (sâmp'çuwıs) **s.** muhteşem, zengin.

sun (sân) **i.** güneş. **f.** güneşlendirmek; güneşlenmek. **sun bath** güneş banyosu. **sun tan** güneşte bronzlaşma. **sunny s.** 1. güneşli. 2. güneş gibi. 3. neşeli.

sun-bathe (sân'beydh) **f.** güneş banyosu yapmak.

sun.beam (sân'bîm) **i.** güneş ışını.

sun.burn (sân'bırn) **i.** güneş yanığı. **f.** güneşten yanmak.

sun.dae (sân'di) **i.** peşmelba.

Sun.day (sân'di) **i.** pazar günü.

sun.der (sân'dır) **f.** ayırmak, koparmak, bölmek; ayrılmak, kopmak.

sun.di.al (sân'dayıl) **i.** güneş saati.

sun.down (sân'daun) **i.** güneş batışı, gurup, akşam.

sun.dried (sân'drayd) **s.** güneşte kurutulmuş.

sun.dry (sân'dri) **s.** çeşitli, ufak tefek. **sundries i.** ıvır zıvır.

sun.flow.er (sân'flauwır) **i.** ayçiçeği, günçiçeği, günebakan.

sun.glass (sân'gläs) **i.** büyüteç, pertavsız. **sun.glass.es** (sân'gläsiz) **i.** güneş gözlüğü.

sunk.en (sâng'kın) **s.** 1. suya gömülmüş. 2. gömülü. 3. alçak seviyede. 4. çökük.

sun.light (sân'layt) **i.** güneş ışığı.

Sun.na (sûn'i) **i.** sünnet, farz.

sun.rise (sân'rayz) **i.** 1. gün doğumu. 2. sabah.

sun.room (sân'rum) **i.** çok pencereli ve güneşli oda.

sun.set (sân'set) **i.** 1. gün batımı, gurup. 2. akşam. 3. çöküş devri, gerileme devri.

sun.shade (sân'şeyd) **i.** güneş siperliği, güneşlik.

sun.shine (sân'şayn) **i.** güneş ışığı, güneş.

sun.spot (sân'spat) **i.** güneş lekesi.

sun.stroke (sân'strok) **i.** güneş çarpması.

su.per (su'pır) **i.** üstün kalite, ekstra cins. **s.** üstün.

su.per.a.bun.dance (supırbân'dıns) **i.** aşırı bolluk. **superabundant s.** pek çok, bol, taşkın.

su.perb (sûpırb') **s.** 1. muhteşem, görkemli. 2. nefis, harika. **superbly z.** fevkalade.

su.per.cil.i.ous (supırsil'iyıs) **s.** mağrur, kibirli.

su.per.fi.cial (supırfiş'ıl) **s.** 1. yüzeysel, üstünkörü; sıradan. **superficially z.** 1. görünüşte. 2. üstünkörü.

su.per.flu.ous (sûpır'fluwıs) **s.** fazla, gereksiz.

su.per.high.way (supırhay'wey) **i.** otoban, ekspres yol.

su.per.in.tend (supırintend') **f.** bakmak, yönetmek, kontrol etmek. **superintendent i.** yönetici, müdür, şef.

su.pe.ri.or (sıpîr'iyır) **s.** 1. daha yüksek, âlâ, üstün. 2. olağanüstü. 3. üst.

su.pe.ri.or.i.ty (sıpîriyôr'ıti) **i.** üstünlük.

su.per.la.tive (sıpır'lıtîv) **s.** en yüksek, üstün. 1. (gram.) enüstünlük derecesi.

su.per.man (su'pırmän) **i.** süpermen, üstün insan.

su.per.mar.ket (su'pırmarkît) **i.** mağaza, süpermarket.

su.per.na.tion.al (supırnäş'ınıl) **s.** milletlerüstü.

su.per.nat.u.ral (supırnäç'ırıl) **s.** 1. doğaüstü. 2. harikulade.

su.per.sede (supırsid') **f.** yerine geçmek.

su.per.son.ic (supırson'îk) **s.** süpersonik, sesten hızlı.

su.per.sti.tion (supırstîş'ın) **i.** hurafe, boş inan, batıl itikat.

su.per.sti.tious (supırstîş'ıs) **s.** batıl itikatlı.

su.per.struc.ture (su'pırstrâkçır) **i.** üstyapı.

su.per.vise (su'pırvayz) **f.** 1. denetlemek, nezaret etmek. 2. yönetmek, bakmak. **supervisor i.** müfettiş, denetçi.

su.per.vi.sion (supırvîj'ın) **i.** 1. denetleme. 2. yönetim.

sup.per (sʌp'ır) **i.** akşam yemeği.

sup.plant (sıplänt') **f.** 1. yerine geçmek. 2. yerini kapmak.

sup.ple (sʌp'ıl) **s.** 1. yumuşak, esnek. 2. uysal.

sup.ple.ment (**i.** sʌp'lımınt; **f.** sʌp'lıment) **i.** ek, ilave. **f.** eklemek. **supplementary s.** ek, ilave, bütünleyici.

sup.ply (sıplay') **f.** sağlamak, tedarik etmek. **i.** stok; mevcut. **supplies i.** erzak; gereç, malzeme.

sup.port (sıpôrt') **f.** 1. desteklemek. 2. dayanmak, kaldırmak, çekmek; geçindirmek. **i.** 1. destek, dayanak. 2. geçim. **supporter i.** 1. taraftar. 2. askı: dayanak. **supportive s.** destekleyici.

sup.pose (sıpoz') **f.** 1. sanmak, zannetmek. 2. varsaymak, farz etmek. 3. tahmin etmek. **supposed s.** sözde, farz edilen.

sup.po.si.tion (sʌpızîş'ın) **i.** varsayım.

sup.press (sıpres') **f.** 1. bastırmak, sindirmek. 2. önlemek. 3. gizli tutmak.

su.prem.a.cy (sıprem'ısi) **i.** üstünlük.

su.preme (sıprim') **s.** 1. en yüksek, yüce. 2. hâkim. **Supreme Court** Anayasa Mahkemesi. **supremely z.** fevkalade, en mükemmel şekilde.

sure (şûr) **s.** 1. muhakkak, şüphesiz. 2. kesin. 3. emin, güvenilir. **ünlem** tabii, elbette. **for sure** elbette, muhakkak. **make sure** temin etmek. **surely z.** elbette, muhakkak.

sure.ty (şûr'ti) **i.** 1. kefil. 2. teminat.

surf (sırf) **i.** köpüklü dalgalar. **f.** dalgalar üs-

tünde tahta ile kıyıya doğru kaymak.

sur.face (sır'fîs) **i.** 1. yüz, yüzey. 2. dış görünüş. **f.** 1. kaplamak. 2. su yüzüne çıkmak. **s.** 1. yüzeysel. 2. görünüşteki. **surface mail** adi posta.

sur.feit (sır'fît) **i.** 1. tokluk. 2. fazla miktar.

surge (sırc) **f.** kabarıp yuvarlanmak. **i.** ani kuvvet artışı.

sur.geon (sır'cın) **i.** cerrah, operatör.

sur.ger.y (sır'cıri) **i.** 1. operatörlük. 2. ameliyat.

sur.gi.cal (sır'cîkıl) **s.** cerrahi.

Su.ri.nam (sûnnam') **i.** Surinam.

sur.mise (sır'mayz) **i.** tahmin, sanı, zan.

sur.name (sır'neym) **i.** soyadı.

sur.pass (sırpäs') **f.** baskın çıkmak, üstün olmak, geçmek.

sur.plus (sır'plâs) **i.** artan miktar.

sur.prise (sırprayz') **i.** 1. sürpriz. 2. hayret, şaşkınlık. **f.** şaşırtmak. **take by surprise** şaşırtmak. **surprising s.** hayret verici, şaşırtıcı.

sur.re.al.ism (sırîl'yîlîzım) **i.** gerçeküstücülük.

sur.ren.der (sıren'dır) **f.** teslim olmak. **i.** 1. teslim. 2. feragat.

sur.rep.ti.tious (sıreptîş'ıs) **s.** 1. gizli. 2. gizlice yapılmış.

sur.round (sıraund') **f.** kuşatmak, çevirmek. **sur.round.ings** (sıraun'dîngs) **i.** çevre, muhit.

sur.tax (sır'täks) **i.** ek vergi.

sur.veil.lance (sırvey'lıns) **i.** 1. gözetim. 2. teftiş. **surveillant i.** nöbetçi öğretmen.

sur.vey (sırvey') **f.** 1. bakmak, gözden geçirmek. 2. mesaha etmek. **i.** 1. ölçüm, yüzölçümü. 2. kadastro. 3. araştırma, inceleme. **surveyor i.** mesahacı.

sur.vive (sırvayv') **f.** baki kalmak, yaşamak; daha uzun ömür olmak. **survival i.** kalım.

survivor i. sağ kalan kimse.

sus.cep.ti.ble (sısep'tıbıl) **s.** 1. hassas, yatkın. 2. şıpsevdi.

sus.pect (sâs'pekt) **s.** şüpheli. **i.** sanık, maznun. **f.** şüphelenmek, kuşkulanmak.

sus.pend (sıspend') **f.** 1. ertelemek. 2. asmak. 3. okuldan geçici olarak uzaklaştırmak.

sus.pense (sıspens') **i.** belirsizlik; askıda olma. **in suspense** süründürmede.

sus.pen.sion (sıspen'şın) **i.** 1. asma; asılma. 2. geçici olarak durdurma. **suspension bridge** asma köprü.

sus.pi.cion (sıspîş'ın) **i.** şüphe, kuşku. **suspicious s.** şüpheli, kuşkulu. **suspiciously z.** şüphe uyandıracak şekilde.

sus.tain (sısteyn') **f.** 1. tutmak, destek olmak. 2. tahammül etmek, dayanmak. **sustained s.** devamlı.

sus.te.nance (sâs'tınıns) **i.** 1. yaşatma, devam

ettirme. 2. gıda, yiyecek. 3. maişet, geçim.

swad.dle (swad'ıl) f. kundaklamak (çocuk).

swag.ger (swäg'ır) f. 1. kasılarak yürümek. 2. kabadayılık etmek. i. kabadayılık.

swal.low (swal'o) f. 1. yutmak. 2. emmek. 3. katlanmak, sineye çekmek. i. 1. yudum. 2. yutma.

swal.low (swal'o) i. kırlangıç.

swamp (swamp) i. batak, bataklık. **swampy** s. bataklı, batak.

swan (swan) i. kuğu.

swap (swap) f. değiş tokuş etmek. i. değiş tokuş, trampa.

swarm (swôrm) i. 1. arı oğlu. 2. sürü, küme, yığın. f. 1. oğul vermek. 2. sürü halinde toplanmak, kaynaşmak.

swarth.y (swôr'dhi) s. 1. esmer, siyah. 2. güneşten yanmış, yanık tenli.

swat (swat) f. yassı bir şeyle vurmak, ezmek. **swatter** i. sineklik.

sway (swey) f. 1. sallamak; sallanmak. 2. eğilmek, meyletmek. i. 1. yönetim. 2. sallanma.

Swa.zi.land (swa'ziländ) i. Swaziland.

swear (swer) f. 1. yemin etmek, ant içmek. 2. küfretmek, sövmek. **swear word** küfür.

sweat (swet) i. ter. f. terlemek. **sweaty z.** terli. **sweatiness** i. terlilik.

Swe.den (swi'dın) i. İsveç.

sweep (swip) f. 1. süpürmek. 2. sürüklenmek; sürüklemek. i. süpürme. **sweeper** i. çöpçü.

sweet (swit) s. 1. tatlı. 2. taze. 3. hoş, sevimli. **sweets** i. bonbon, şekerleme. **sweetly z.** tatlı tatlı, sevimli bir şekilde. **sweetness** i. tatlılık.

sweet.en (swit'ın) f. tatlılaştırmak.

sweet.heart (swit'hart) i. sevgili.

swell (swel) f. 1. şişmek, kabarmak. 2. yükselmek, artmak. s. (argo) güzel. **swell up** şişmek, kabarmak. **swelling** i. şiş, şişlik.

swel.ter (swel'tır) f. ter içinde kalmak. **sweltering** s. boğucu (sıcak).

swerve (swırv) f. birden direksiyon kırmak.

swift (swift) s. 1. çabuk, hızlı. 2. çevik. **swiftly z.** hızla. **swiftness** i. 1. hız, sürat. 2. çeviklik.

swim (swim) f. 1. yüzmek. i. yüzme. **swimmer** i. yüzücü. **swimming** i. yüzme. **swimming pool** yüzme havuzu. **swimming suit** mayo.

swim (swim) f. başı dönmek, sersemlemek.

swin.dle (swin'dıl) f. dolandırmak, kazıklamak. i. dolandırma. **swindler** i. dolandırıcı.

swine (swayn) i. domuz; domuzlar.

swing (swing) f. sallamak. i. 1. salıncak. 2. sallanma.

swipe (swayp) f. 1. tokat atmak. 2. aşırmak, yürütmek.

swirl (swırl) f. (girdap gibi) dönmek; döndür-

mek.

swish (swiş) f. 1. havada ıslık sesi çıkarmak. 2. hışırdamak. i. hışırtı, fışırtı.

switch (swiç) i. 1. ince dal, çubuk, değnek. 2. (elek.) anahtar; şalter. 3. elektrik düğmesi. f. 1. dönmek, kırbaçlamak. 2. değiş tokuş etmek.

switch.back (swiç'bäk) i. viraj, dönemeç.

switch.blade (swiç'bleyd) i. sustalı bıçak.

switch.board (swiç'bôrd) i. telefon santralı.

Switz.er.land (swit'sırlınd) i. İsviçre.

swol.len (swo'lın) s. şişmiş, şiş.

swoop (swup) f. birden inmek (uçak); atılmak (kuş).

sword (sôrd) i. kılıç, pala.

sword.fish (sôrd'fiş) i. kılıçbalığı.

sword.play (sôrd'pley) i. eskrim, kılıç oyunu.

syc.a.more (sik'ımor) i. 1. firavunincir. 2. çınar.

syl.lab.ic (sıläb'ik) s. 1. heceye ait. 2. hece vezniyle yazılmış.

syl.la.ble (sıl'ıbıl) i. 1. hece. 2. en ufak ayrıntı.

syl.la.bus (sıl'ıbıs) i. kitap veya ders özeti.

syl.lo.gism (sıl'ıcizm) i. (man.) tasım, kıyas.

sym.bol (sim'bıl) i. simge, sembol, belirti. **symbolism** i. simgecilik, sembolizm.

sym.bol.ic, -ical (simbal'ik, -ıkıl) s. simgesel, sembolik. **symbolically z.** simgesel, sembolik olarak. **symbolically z.** sembolik olarak.

sym.bol.ize (sim'bılayz) f. simgelemek, sembolü olmak.

sym.met.ric, -ri.cal (simet'rik, -rıkıl) s. bakışık, simetrik.

sym.me.try (sim'ıtri) i. bakışım, simetri.

sym.pa.thet.ic (simpıthet'ik) s. 1. karşısındakinin duygularına katılan. 2. sevgi ve acıma belirten. **sympathetically z.** sempati ile, karşısındakinin duygularına katılarak.

sym.pa.thize (sim'pıthayz) f. 1. başkalarının duygularına katılmak. 2. yakınlık duymak.

sym.pa.thy (sim'pıthi) i. duygudaşlık, sempati.

sym.phon.ic (simfan'ik) s. senfonik.

sym.pho.ny (sim'fıni) i. senfoni.

sym.po.si.um (simpo'ziyım) i. sempozyum, şölen.

symp.tom (sim'tım) i. belirti, alamet, emare.

symp.to.mat.ic (simtımät'ik) s. ârâz olan, alamet olan.

syn.a.gogue (sin'ıgôg) i. sinagog, havra.

syn.chro.nism (sing'krınizım) i. eşzamanlılık.

syn.chro.nize (sing'krınayz) f. 1. birlikte hareket etmek veya işlemek. 2. birbirine göre ayarlamak (saat). 3. ayarlamak (saat). **synchronous s.** eşzamanlı.

syn.cre.tism (sing'krıtizım) i. farklı ilkelerin birleştirilmesi.

syn.di.cate (sin'dıkit) i. sendika.

syn.od (sin'id) **i.** kilise meclisi.

syn.o.nym (sin'inîm) **i.** eşanlamlı sözcük, anlamdaş sözcük.

sy.non.y.mous (sinan'ımıs) **s.** eşanlamlı, anlamdaş.

sy.nop.sis (sinap'sîs) **i.** özet.

syn.tax (sin'täks) **i.** sözdizimi, sentaks.

syn.the.sis (sîn'thısîs) **i.** bireşim, sentez.

syn.thet.ic (sînthet'îk) **s.** 1. bireşimli, sentetik. 2. suni.

syph.i.lis (sîf'ılîs) **i.** frengi, sifilis.

Syr.i.a (sîr'iyı) **i.** Suriye.

sy.ringe (sîr'înc) **i.** şırınga. **f.** şırınga yapmak.

syr.up (sîr'ıp) **i.** şekerli sos, şurup. **syrupy s.** ağdalı.

sys.tem (sîs'tım) **i.** düzen, sistem. **the system** toplum düzeni.

sys.tem.at.ic (sîstımät'îk) **s.** düzenli, sistemli.

sys.tem.a.tize (sîs'tımıtayz) **f.** sistemleştirmek.

T

tab (täb) **i.** brit, askı; kayış; etiket.

ta.ble (tey'bıl) **i.** 1. masa. 2. sofra. 3. cetvel, çizelge. **f.** masaya koymak. **table linen** sofra örtüsü ile peçete takımı. **table tennis** masa tenisi, pingpong. **table of contents** (kitapta) içindekiler (kitapta). **turn the tables on one** durumu aleyhine çevirmek. **under the table** gizli.

tab.leau (täb'lo) **i.** resim.

ta.ble.cloth (tey'bılklôth) **i.** sofra bezi, sofra örtüsü.

tab.le d'hôte (tab'ıl dôt') tabldot.

ta.ble.spoon (tey'bılspun) **i.** 1. servis kaşığı. 2. yemek kaşığı.

tab.let (täb'lît) **i.** 1. bloknot. 2. tablet, levha. 3. yassı hap, tablet.

ta.ble.ware (tey'bılwer) **i.** sofra takımı (çatal, kaşık, bıçak).

tab.loid (täb'loyd) **i.** resimli ufak gazete.

ta.boo, ta.bu (tıbu') **i.** tabu. **f.** yasak etmek.

tab.u.late (täb'yıleyt) **f.** cetvel haline koymak.

tac.it (täs'ît) **s.** sözsüz ifade olunan. **tacitly z.** zımnen, dolayısıyla.

tac.i.turn (täs'ıtırn) **s.** konuşmaz, sessiz, suskun.

tack (täk) **i.** ufak çivi, pünez.

tack.le (täk'ıl) **i.** 1. palanga, takım. 2. tutma. **f.** 1. tutmak, zapt etmek. 2. uğraşmak, çaresine bakmak.

tack.y (täk'i) **s.** yapışkan.

tact (täkt) **i.** incelik, nezaket; zarafet. **tactful s.** 1. anlayışlı. 2. zarif. **tactfully z.** zarifçe. **tactless s.** nezaketsiz, inceliksiz, patavatsız.

tac.ti.cal (täk'tîkıl) **s.** 1. taktikle ilgili. 2. tedbirli.

tad.pole (täd'pol) **i.** iribaş.

tag (täg) **i.** 1. ufak sarkık uç. 2. pusula, fiş.

tail (teyl) **i.** 1. kuyruk. 2. tuğ.

tail.light (teyl'layt) **i.** arka lamba.

tai.lor (tey'lır) **i.** terzi. **f.** terzilik yapmak.

tai.lor-made (tey'lırmeyd) **s.** terzi elinden çıkmış, iyi dikilmiş.

taint (teynt) **i.** çürüme belirtisi. **f.** 1. bozmak. 2. pis kokutmak.

Tai.wan (tay'wan') **i.** Tayvan.

take (teyk) **f.** 1. almak. 2. götürmek. 3. kapmak. 4. anlamak, kavramak. **take a breath** nefes almak, dinlenmek. **take advantage of** faydalanmak. **take a joke** şakadan anlamak, şakaya gelmek. **take alarm** korkmak. **take along** beraber götürmek. **take an examination** sınava girmek. **take apart** ayırmak, koparmak. **take a picture** resim çekmek. **take at one's word** sözüne inanmak. **take away** alıp götürmek. **take back** geri almak. **take care** dikkat etmek, dikkatli olmak. **take care of** bakmak; korumak. **take charge** idaresini üzerine almak. **take down** 1. indirmek. 2. sökmek. 3. yazmak. **take effect** 1. yürürlüğe girmek. 2. tesir etmek. **take for** bir şeye almak, sanmak, zannetmek. **take hold** tutmak, ele geçirmek, işi yürütmek. **take in** 1. almak, içeriye almak. 2. kapsamak. 3. anlamak. 4. aldatmak. **take into account** hesaba katmak. **take it easy** işin kolayına bakmak, aldırmamak. **take it hard** çok etkilenmek. **take measures** tedbir almak. **take notice of** dikkat etmek, farkına varmak. **take off** 1. çıkarmak. 2. mimiklerini taklit etmek. 3. (uçak) havalanmak. **take over** 1. teslim almak. 2. idareyi elinde tutmak. **take pains with** çok uğraşmak, didinmek. **take part** katılmak. **take place** meydana gelmek, vuku bulmak. **take pride** gurur duymak. **take shape** şekil almak. **take sides** taraf tutmak. **take steps** tedbir almak. **take time** vakit almak, vakit istemek.

talc (tälk) **i.** talk.

tal.cum powder (täl'kım) talk pudrası.

tale (teyl) **i.** 1. hikâye, masal. 2. dedikodu. 3. yalan.

tale.bear.er (teyl'berır) **i.** dedikoducu kimse.

tal.ent (täl'ınt) **i.** kabiliyet, yetenek, hüner. **talented s.** yetenekli, hünerli.

talk (tôk) **f.** 1. konuşmak, söylemek, laf etmek. 2. görüşmek. **i.** 1. konuşma. 2. laf. 3. görüşme. **talk about, talk of** hakkında konuşmak, bahsetmek. **talk back** karşılık vermek. **talk one into** ikna etmek. **talk over** bir meseleyi hakkında konuşmak. **talk sense** makul konuşmak. **have a talk** konuşmak. **small talk** hoşbeş, sohbet, yarenlik.

talk.a.tive (tô'kıtîv) **s.** konuşkan.

tall (tôl) **s.** 1. uzun boylu, uzun. 2. yüksek. 3. abartmalı.

tal.low (täl'o) **i.** 1. donyağı. 2. mum yağı.

tal.ly (täl'i) **f.** 1. hesap. **f.** 1. uymak. 2. sayım yapmak.

tal.on (täl'ın) **i.** pençe.

tam.bou.rine (tämbırin') **i.** tef.

tame (teym) **s.** 1. evcil. 2. uysal. 3. zararsız. **f.** 1. evcilleştirmek. 2. uysallaştırmak. **tamely z.** uysalca. **tameness i.** 1. evcillik. 2. uysallık. **tamer i.** terbiyeci.

tam.per (täm'pır) **f.** dokunmak. **tamper with** 1. birinin işine karışmak. 2. kurcalamak.

tan (tän) **f.** 1. tabaklamak. 2. güneşe göstererek karartmak. 3. güneşte yanıp esmerleşmek. **i.** 1. sarımsı kahverengi. 2. güneşte yanmış ten rengi. **tanner i.** tabak, sepici. **tannery i.** tabakhane. **tanning i.** 1. sepileme, tabaklama. 2. pataklama.

tan.dem (tän'dım) **z.** arka arkaya.

tang (täng) **i.** acı tat veya koku, keskin çeşni.

tan.gent (tän'cınt) **s.** dokunan. **i.** teğet.

tan.ger.ine (täncırin') **i.** mandalina.

tan.gi.ble (tän'cıbıl) **s.** 1. dokunulur. 2. hissedilir. **tangibly z.** dokunulabilir şekilde.

tan.gle (täng'gıl) **f.** dolaştırmak, karıştırmak. **i.** karmakarışık şey; karışıklık.

tank (tängk) **i.** 1. sarnıç. 2. depo. 3. tank.

tank.er (täng'kır) **i.** tanker.

tan.ta.lize (tän'tılayz) **f.** gerçekleşmeyecek ümitler vermek.

tan.trum (tän'trım) **i.** ani hiddet; aksilik, terslik.

Tan.za.nia (tänzini'yı) **i.** Tanzanya.

tap (täp) **i.** 1. musluk. 2. tıkaç. 3. fıçı tapası. **f.** 1. delip sıvıyı akıtmak. 2. kılavuzla vida yuvası açmak. 3. bağlantı kurmak.

tap (täp) **f.** 1. hafifçe vurmak. 2. tıkırdatmak. **i.** 1. hafif vuruş. 2. tıkırtı.

tape (teyp) **i.** 1. bant, şerit, kurdele. 2. mezür. **f.** 1. şeritle bağlamak. 2. mezürle ölçmek. 3. banda almak. **tape recorder** teyp.

ta.per (tey'pır) **f.** gittikçe incelmek; inceltmek. **tapering s.** gittikçe incelen.

tap.es.try (täp'îstri) **i.** goblen.

tap.e.worm (teyp'wırm) **i.** bağırsak kurdu, şerit, tenya.

tap.room (täp'rum) **i.** meyhane, bar.

tap.root (täp'rut) **i.** bitkinin toprağa inen ana kökü.

tar (tar) **i.** katran. **f.** katranlamak.

tar.dy (tar'di) **s.** geciken. **tardiness i.** gecikme.

tare (ter) **i.** dara.

tar.get (tar'gît) **i.** hedef, nişangâh. **on target** hedefe yöneltilmiş.

tar.iff (ter'îf) **i.** 1. gümrük vergisi; gümrük vergi cetveli. 2. tarife.

tar.nish (tar'nîş) **f.** 1. kirletmek, lekelemek. 2. karartmak; kararmak, donuklaşmak. **i.** 1. leke, kir. 2. kararma.

tar.pau.lin (tarpô'lîn) **i.** katranlı muşamba tente veya ceket.

tar.ry (ter'i) **f.** 1. oyalanmak. 2. gecikmek.

tart (tart) **s.** 1. ekşi. 2. ters. 3. keskin, acı. **tartly z.** 1. terslikle. 2. ekşice.

task (täsk) **i.** 1. iş, görev, vazife. 2. hizmet. **task.mas.ter** (täsk'mästır) **i.** başkasına iş yükleyen kimse.

tas.sel (täs'ıl) **i.** püskül.

taste (teyst) **f.** 1. tatmak. 2. denemek. 3. tadı olmak. **i.** 1. tat, lezzet, çeşni. 2. beğeni, zevk. 3. yudumluk, tadımlık miktar. 4. tatma. **in good taste** uygun. **in bad taste** uygunsuz. **tasteful s.** uyumlu, zevkli; uygun. **tasteless s.** 1. kaba, uygunsuz. 2. zevksiz. **tasty s.** tatlı, lezzetli.

tat.ter (tät'ır) **i.** çaput, paçavra.

tat.tle (tät'ıl) **f.** fitlemek, gammazlamak. **tattler i.** fitneci kimse.

tat.tle.tale (tät'ılteyl) **i.** fitneci kimse.

tat.too (tätu') **f.** (vücuda) dövme yapmak. **i.** dövme.

taut (tôt) **s.** 1. sıkı, gergin. 2. düzenli. **tautly z.** gerginçe. **tautness i.** gerginlik.

tau.tol.o.gy (tôtal'ıci) **i.** lüzumsuz söz tekrarı.

tav.ern (täv'ırn) **i.** 1. taverna; meyhane. 2. han.

taw.dry (tô'dri) **s.** ucuz ve cafcaflı, bayağı.

taw.ny (tô'ni) **s.** açık kahverengi; koyu kumral.

tax (täks) **i.** vergi, resim. **f.** 1. vergi koymak, vergilendirmek. 2. isnat etmek, yüklemek; suçlamak. 3. tüketmek.

tax.a.tion (täkse'şın) **i.** vergilendirme.

tax.i, taxi.cab (täk'si, -käb) **i.** taksi.

tax.pay.er (täks'peyır) **i.** vergi veren kimse.

tea (ti) **i.** çay.

teach (tiç) **f.** öğretmek, eğitmek. **teacher i.** öğretmen. **teaching i.** öğretme; öğretim.

tea.cup (ti'kap) **i.** çay fincanı.

tea.house (ti'haus) **i.** çayevi.

tea.ket.tle (ti'ketıl) **i.** çaydanlık.

team (tim) **i.** takım, ekip. **f.** takım kurmak. **team.ster** (tim'stır) **i.** 1. yük arabacısı. 2. kamyon sürücüsü.

team.work (tim'wırk) **i.** grup çalışması.

tea.pot (ti'pat) **i.** çay demliği.

tear (ter) **f.** yırtmak; yırtılmak. **i.** yırtık. **tear down** 1. yıkmak. 2. kötülemek.

tear (tîr) **i.** gözyaşı. **tearful s.** ağlayan; göz yaşartıcı. **tearfully z.** ağlayarak.

tease (tiz) **f.** kızdırmak; takılmak.

tea.spoon (ti'spun) **i.** çay kaşığı.

teat (tit) **i.** meme başı, emcik.

tech.ni.cal (tek'nikıl) **s.** teknik. **technically z.** 1. teknik bakımdan. 2. resmi yönden.

tech.ni.cal.i.ty (teknikäl'ıti) **i.** 1. ilmi nitelik. 2. incelik, ayrıntı.

tech.ni.cian (teknis'ın) **i.** teknisyen, teknikçi.

tech.nique (teknik') **i.** teknik, yöntem.

tech.nol.o.gy (teknal'ıci) **i.** teknoloji.

te.di.ous (ti'diyıs) **s.** sıkıcı, yorucu; usandırıcı.

te.di.um (ti'diyım) **i.** can sıkıntısı, bezginlik.

teem (tim) **f.** çok olmak, kaynamak. **teeming s.** 1. dolu. 2. bereketli.

teen.age (tin'eyc) **s.** on üç ile on dokuz yaşlar arasındaki devreye ait. **teen-ager i.** on üç ile on dokuz yaşlar arasındaki genç.

teens (tinz) **i.** on üç ile on dokuz arasındaki yaşlar.

teethe (tidh) **f.** diş çıkarmak.

tel.e.gram (tel'ıgräm) **i.** telgraf.

tel.e.graph (tel'ıgräf) **f.** telgraf çekmek. **i.** telgraf düzeni.

tel.ep.a.thy (tılep'ıthi) **i.** telepati, uzaduyum.

tel.e.phone (tel'ıfon) **i.** telefon. **f.** telefon etmek, telefonla konuşmak.

tel.e.scope (tel'ıskop) **i.** dürbün, teleskop, ırakgörür. **f.** iç içe geçmek.

tel.e.scop.ic (telıskap'ik) **s.** 1. yalnız teleskopla görülebilen. 2. uzağı gören.

tel.e.vi.sion (tel'ıvîjın) **i.** televizyon.

tell (tel) **f.** 1. söylemek, anlatmak. 2. bildirmek. 3. etkilemek. **tell a tie** yalan söylemek. **tell fortunes** fala bakmak. **tell on** 1. yormak, bıkkınlık vermek. 2. gammazlamak. **tell things apart** birbirinden ayırt etmek. **all told** bütünüyle, hepsi beraber.

tell (tel) **i.** höyük.

tell.er (tel'ır) **i.** veznedar, kasa memuru.

tell.ing (tel'ing) **s.** etkili, tesirli.

tell.tale (tel'teyl) **i.** dedikoducu.

te.mer.i.ty (tımer'ıti) **i.** aşırı cüret.

tem.per (tem'pır) **f.** 1. yumuşatmak, hafifletmek. 2. tavlamak (maden). **i.** 1. terslik, huysuzluk. 2. mizaç, huy. 3. tav. **lose one's temper** hiddetlenmek, tepesi atmak.

tem.per.a.ment (tem'prımınt) **i.** yaradılış, mizaç, huy.

tem.per.a.men.tal (tempırımen'tıl) **s.** değişen mizaçlı.

tem.per.ance (tem'prıns) **i.** 1. ılımlılık, ölçülülük. 2. içkiden kaçınma.

tem.per.ate (tem'prît) **s.** 1. ılımlı. 2. ılıman.

tem.per.a.ture (tem'prıçır) **i.** 1. ısı derecesi. 2. sıcaklık. 3. ateş, ısı.

tem.pest (tem'pist) **i.** fırtına, bora.

tem.ple (tem'pıl) **i.** şakak.

tem.ple (tem'pıl) **i.** tapınak, mabet.

tem.po (tem'po) **i.** tempo.

tem.po.ral (tem'pırıl) **s.** 1. zamana ait. 2. geçici. 3. dünyevi.

tem.po.ra.ry (tem'pıreri) **s.** geçici.

tempt (tempt) **f.** ayartmak, baştan çıkarmak, kandırmak. **temptation i.** ayartı; günaha teşvik. **tempter i.** baştan çıkaran. **tempting s.** cezbedici, çekici.

ten (ten) **s.** on.

te.na.cious (tiney'şıs) **s.** 1. yapışkan. 2. direşken. 3. direngen.

te.nac.i.ty (tinäs'ıti) **i.** 1. yapışkanlık. 2. direşme, sebat.

ten.ant (ten'ınt) **i.** kiracı.

tend (tend) **f.** 1. meyilli olmak. 2. yönelmek.

ten.den.cy (ten'dınsi) **i.** eğilim.

tend.er (ten'dır) **i.** 1. yardımcı gemi. 2. tender.

ten.der (ten'dır) **f.** sunmak. **i.** teklif.

ten.der (ten'dır) **s.** 1. nazik, kolay incinir. 2. zayıf. 3. dokunaklı. 4. sevecen, sevgi dolu, müşfik. 5. yumuşak. **tenderly z.** şefkatle. **tenderness i.** sevecenlik, şefkat.

ten.der.heart.ed (ten'dırhar'tîd) **s.** sevecen, müşfik, şefkatli.

ten.don (ten'dın) **i.** sinir, tendon.

ten.dril (ten'drîl) **i.** asma veya sarmaşık filizi, bıyık.

ten.e.ment (ten'ımınt) **i.** 1. ucuz ve eski yapı. 2. konut.

ten.et (ten'ît) **i.** inan, öğreti, ilke.

ten.nis (ten'îs) **i.** tenis.

ten.or (ten'ır) **i.** 1. akış, düzen. 2. tenor.

tense (tens) **i.** fiil zamanı.

tense (tens) **f.** 1. gergin. 2. sinirli. **f.** germek; gerginleşmek. **tensely z.** gerginlikle. **tenseness i.** gerginlik.

ten.sile (ten'sîl) **s.** gerilebilir. **tensile strength** gerilme direnci.

tent (tent) **i.** çadır.

ten.ta.cle (ten'tıkıl) **i.** 1. kavrama uzvu. 2. dokunaç.

ten.ta.tive (ten'tıtîv) **s.** tecrübe olarak yapılan. **tentatively z.** tecrübe kabilinden.

ten.u.ous (ten'yuwıs) **s.** 1. ince, narin. 2. seyrek.

ten.ure (ten'yır) **i.** işgale kalabilme hakkı.

tep.id (tep'îd) **s.** ılık, sıcakça.

term (tırm) **i.** 1. terim. 2. söz. 3. şart. 4. süre. 5. dönem. 6. dönem. **f.** isim vermek, adlandırmak, demek. **come to terms** uzlaşmak, anlaşmak. **in terms of** bakımından.

ter.mi.nal (tır'mınıl) **i.** 1. uç, nihayet. 2. bağlantı. 3. terminal, gar.

ter.mi.nate (tır'mıneyt) **f.** 1. son vermek. 2. bitmek. **termination i.** 1. bitim. 2. sonuç.

ter.mi.nol.o.gy (tırmınal'ıci) **i.** terminoloji.

ter.race (ter'is) **i.** teras, taraça.

ter.res.tri.al (tıres'triyıl) **s.** 1. dünyevi, arza ait. 2. karasal.

ter.ri.ble (ter'ıbıl) **s.** korkunç, dehşetli. **terribly z.** aşırı derecede, çok.

ter.rif.ic (tırif'ik) **s.** 1. korkunç, dehşetli. 2. çok güzel.

ter.ri.fy (ter'ıfay) **f.** korkutmak, dehşete düşürmek.

ter.ri.to.ry (ter'itôri) **i.** toprak, alan. **territorial s.** karasal. **territorial waters** kara suları.

ter.ror (ter'ır) **i.** 1. dehşet. 2. terör, korkunç şey. **terrorist i.** terörist, tedhişçi.

terse (tırs) **s.** kısa ve özlü, veciz.

test (test) **i.** 1. sınav, imtihan, test. 2. tecrübe. **f.** 1. denemek. 2. çözümlemek. 3. imtihan etmek.

tes.ta.ment (tes'tımınt) **i.** vasiyetname. **New Testament** Yeni Ahit. **Old Testament** Eski Ahit.

tes.ti.cle (tes'tıkıl) **i.** erbezi, haya, taşak.

tes.ti.fy (tes'tıfay) **f.** 1. tanıklık etmek. 2. kanıtlamak.

tes.ti.mo.ni.al (testımo'niyıl) **i.** 1. tavsiye mektubu, bonservis. 2. takdirname.

tes.ti.mo.ny (tes'tımoni) **i.** 1. tanıklık, şahitlik. 2. kanıt. 3. tanıtlama.

tet.a.nus (tet'ınıs) **i.** tetanos.

teth.er (tedh'ır) **i.** 1. hayvanı bağlama ipi. 2. bağlayıcı şey.

text (tekst) **i.** 1. metin, parça; ana metin. 2. konu.

text.book (tekst'bûk) **i.** ders kitabı.

tex.tile (teks'tıl) **s.** dokuma, tekstil.

tex.ture (teks'çır) **i.** 1. dokum, dokunuş. 2. kumaş. 3. bünye, yapı.

Thai.land (tay'länd) **i.** Tayland.

than (dhın) **bağ.** -dan, -e göre.

thank (thängk) **f.** teşekkür etmek. **thankful s.** minnettar, memnun. **thankfully s.** minnetle, şükranla. **thankfulness i.** minnet, şükran.

thanks (thängks) **i.** teşekkür, teşekkürler. **thanks to** sayesinde.

thanks.giv.ing (thängksgiv'ing) **i.** 1. teşekkür, minnet. 2. şükran duası. 3. Allaha şükretme.

that (dhıt) **zam.** o, şu. **s.** öyle, o kadar. **so that** ki, diye.

thaw (thô) **f.** erimek. **i.** erime.

the (dhi, dhı) **s.** bir, o.

the.a.ter (thi'yıtır) **i.** tiyatro.

the.at.ri.cal (thiyät'rıkıl) **s.** 1. tiyatroya ait, temsili. 2. yapmacık.

theft (theft) **i.** hırsızlık, çalma.

the.ism (thi'yizım) **i.** tanrıcılık.

theme (thim) **i.** konu, tema.

then (dhen) **z.** 1. o zaman. 2. ondan sonra.

3. sonra. **by then** o zamana kadar. **now and then** bazen, ara sıra, arada bir. **since then** o zamandan beri.

the.ol.o.gy (thiyal'ıci) **i.** ilahiyat, tanrıbilim, teoloji.

the.o.rem (thir'ım) **i.** teorem, dava.

the.o.ret.ic, -i.cal (thiyret'ik, -ikıl) **s.** nazari, kuramsal. **theoretically z.** kuramsal olarak.

the.o.ry (thir'i) **i.** nazariye, teori, kuram.

ther.a.py (ther'ıpi) **i.** tedavi, terapi.

there (dher) **z.** 1. orada. 2. oraya.

there.af.ter (dheräf'tır) **z.** 1. sonra. 2. ondan sonra.

there.fore (dher'fôr) **z., bağ.** bu yüzden, bundan dolayı.

ther.mal (thır'mıl) **s.** 1. sıcağa ait. 2. termal.

ther.mom.e.ter (thırmam'ıtır) **i.** termometre, sıcakölçer.

ther.mos bottle (thır'mıs) termos.

ther.mo.stat (thır'mıstät) **i.** termostat.

the.sau.rus (thısôr'ıs) **i.** 1. kavramlar dizini. 2. hazine.

these (dhiz) **zam.** onlar.

they (dhey) **zam.** onlar.

thick (thik) **s.** 1. kalın. 2. sık. 3. koyu. **through thick and thin** her güçlüğe katlanarak, yılmadan. **thickness i.** 1. kalınlık. 2. sıklık.

thick.en (thik'ın) **f.** 1. sıklaştırmak; sıklaşmak. 2. kalınlaşmak; koyulaşmak. 3. çoğalmak. 4. yoğunlaşmak. **thickening i.** koyulaştırıcı şey.

thick.et (thik'it) **i.** sık çalılık, fundalık.

thief (thif) **i.** hırsız.

thigh (thay) **i.** uyluk.

thim.ble (thim'bıl) **i.** yüksük.

thin (thin) **s.** 1. ince. 2. seyrek. 3. hafif. 4. zayıf. 5. cılız.

thing (thing) **i.** şey, nesne, nen.

think (thingk) **f.** 1. düşünmek. 2. sanmak. 3. tasarlamak. **think of** 1. hatırlamak. 2. düşünmek, hayal etmek. **think over** bir şey üzerinde düşünmek. **thinker i.** düşünür.

thin.ner (thin'ır) **i.** tiner.

thin-skinned (thin'skind') **s.** hassas, duygulu.

thirst (thırst) **i.** susuzluk. **thirsty s.** susuz, susamış.

thir.teen (thır'tin') **s.** on üç.

thir.ty (thır'ti) **s.** otuz.

this (dhis) **zam., s.** bu, şu.

this.tle (this'ıl) **i.** devedikeni.

thith.er (thidh'ır) **z.** oraya; o yöne.

tho.rax (thôr'äks) **i.** göğüs kafesi.

thorn (thôrn) **i.** diken. **thorny s.** 1. dikenli. 2. çetrefil.

thor.ough (thır'o) **s.** tam, mükemmel; sıkı. **thoroughly z.** tamamen, adamakıllı.

thor.ough.bred (thir'obred) **s.** saf kan.

thor.ough.fare (thir'ofer) **i.** yol, geçit.

though (dho) **bağ.** 1. her ne kadar, gerçi. 2. olsa da.

thought (thôt) **i.** 1. düşünce, fikir. 2. görüş. **thoughtful s.** 1. düşünceli. 2. dikkatli. 3. saygılı, nazik. **thoughtfully z.** 1. düşünceye dalarak. 2. nazikçe, incelikle. **thoughtfulness i.** nezaket. **thoughtless s.** düşüncesiz, saygısız. **thoughtlessly z.** düşüncesizce. **thoughtlessness i.** düşüncesizlik.

thou.sand (thau'zınd) **s.** bin.

Thrace (threys) **i.** Trakya.

thrash (thräş) **f.** 1. dövmek, dayak atmak. 2. kamçılamak. **thrashing i.** dayak.

thread (thred) **i.** 1. iplik. 2. tel, lif. 3. yiv. **f.** 1. iplik geçirmek. 2. ipliğe dizmek.

thread.bare (thred'ber) **s.** havı dökülmüş, yıpranmış.

threat (thret) **i.** tehdit, korkutma, gözdağı.

threat.en (thret'ın) **f.** tehdit etmek, gözdağı vermek, korkutmak.

three (thri) **s.** üç.

three-phase (thri'feyz') **s.** trifaze.

thresh (threş) **f.** harman dövmek. **threshing floor** harman yeri. **thresher i.** harman dövme makinesi.

thresh.old (threş'old) **i.** 1. kapı eşiği. 2. başlangıç, eşik.

thrift (thrift) **i.** idare, tutum, ekonomi. **thrifty s.** idareli, tutumlu. **thriftily z.** idareyle.

thrill (thril) **f.** heyecanlandırmak; heyecanlanmak. **i.** heyecan.

thrive (thrayv) **f.** 1. işi iyi gitmek. 2. bayındır olmak.

throat (throt) **i.** boğaz, gırtlak.

throb (thrab) **f.** vurmak, çarpmak, atmak (nabız, kalp). **i.** 1. nabız atması; kalp çarpması. 2. çarpıntı.

throe (thro) **i.** 1. sancı. 2. dert. **throes i.** caba lama.

throm.bo.sis (thrambo'sîs) **i.** damar veya kalpte kan pıhtılaşması, tromboz.

throne (thron) **i.** 1. taht. 2. hâkimiyet.

throng (thrông) **i.** kalabalık; yığılışma. **f.** üşüşmek, kalabalık etmek, yığılmak.

throt.tle (thrat'ıl) **i.** kısma valfı, kelebek. **f.** 1. boğazını sıkmak; boğmak. 2. bastırmak.

through (thru) **edat** 1. içinden. 2. vasıtasıyla. 3. sayesinde. **z.** 1. sonuna kadar. 2. tamamen. **s.** 1. engelsiz (yol). 2. aktarmasız (tren), ekspres.

through.out (thruwaut') **edat** baştan başa.

through.way (thru'wey) **i.** ekspres yol.

throw (thro) **f.** atmak, fırlatmak. **i.** atış, atma. **throw away** atmak, yere atmak. **throw out**

dışarı atmak.

thrush (thrAş) **i.** ardıçkuşu.

thrust (thrAst) **f.** 1. itmek, dürtmek. 2. saplamak. **i.** 1. dürtme, itme. 2. hamle.

thud (thAd) **i.** gümbürtü. **f.** gümlemek.

thug (thAg) **i.** haydut, eşkıya; katil.

thumb (thAm) **i.** başparmak.

thumb.tack (thAm'täk) **i.** raptiye.

thump (thAmp) **f.** 1. güm güm vurmak. 2. dövmek. 3. gümbürdemek, hızlı hızlı çarpmak (yürek).

thun.der (thAn'dır) **i.** gök gürlemesi. **f.** gümbürdemek, gürlemek.

thun.der.bolt (thAn'dırbolt) **i.** yıldırım.

thun.der.clap (thAn'dırkläp) **i.** gök gürlemesi.

thun.der.cloud (thAn'dırklaud) **i.** fırtına bulutu.

thun.der.storm (thAn'dırstôrm) **i.** yıldırımlı fırtına.

thun.der.struck (thAn'dırstrAk) **s.** 1. yıldırım çarpmış. 2. hayrete düşmüş, şaşakalmış.

Thurs.day (thırz'di) **i.** perşembe.

thus (dhAs) **z.** böylece; bunun için.

thwart (thwôrt) **f.** engellemek.

thyme (taym) **i.** kekik.

thy.roid (thay'royd) **i.** tiroit, kalkanbezi.

tic (tîk) **i.** tik.

tick (tîk) **f.** tıkırdamak. **i.** tıkırtı.

tick (tîk) **i.** sakırga, kene.

tick.et (tîk'ıt) **i.** bilet.

tick.le (tîk'ıl) **f.** 1. gıdıklamak. 2. hoşa gitmek, memnun etmek.

tick.lish (tîk'lîş) **s.** 1. çok gıdıklanır. 2. nazik, tehlikeli.

tid.bit (tîd'bît) **i.** lezzetli parça.

tide (tayd) **i.** 1. gelgit. 2. zaman, mevsim. **tidal s.** gelgite ait.

tide.wa.ter (tayd'wôtır) **i.** 1. gelgit etkisinde kalan su. 2. deniz kıyısı. ◼

ti.dings (tay'dîngz) **i.** haber, havadis.

ti.dy (tay'di) **s.** 1. üstü başı temiz. 2. düzenli. **tidy up** düzeltmek. **tidily z.** düzenle. **tidiness i.** düzen, tertip.

tie (tay) **f.** 1. bağlamak. 2. düğümlemek. 3. birleştirmek. 4. berabere kalmak. **i.** 1. bağ, düğüm. 2. fiyonk. 3. boyunbağı, kravat. 4. bağlantı. 5. berabere kalma. 6. travers. **tie up** 1. bağlamak. 2. engellemek.

tie-up (tay'Ap) **i.** 1. gecikme; tıkanıklık. 2. bağlantı.

ti.ger (tay'gır) **i.** kaplan.

tight (tayt) **s.** 1. sıkı, gergin. 2. akmaz, sızmaz, su geçmez. 3. dar. 4. sıkışık. 5. eli sıkı, cimri. 6. müşkül, zor. **z.** sımsıkı. **tightly z.** sıkıca. **tightness i.** sıkılık.

tight.en (tayt'ın) **f.** 1. sıkıştırmak; sıkışmak. 2. gerginleştirmek.

tight.fist.ed (tayt'fîs'tîd) **s.** eli sıkı, cimri.

tight.lipped (tayt'lîpt') **s.** ağzı sıkı, sır söylemez.

tight.rope (tayt'rop) **i.** cambazlara mahsus sıkı gerilmiş ip.

tile (tayl) **i.** 1. kiremit. 2. yassı tuğla. 3. çini, fayans.

till (tîl) **f.** çift sürmek, (toprak) işlemek.

till (tîl) **edat, bağ.** -e kadar, -e gelinceye kadar. **till now** şimdiye dek.

till (tîl) **i.** para çekmecesi, kasa.

till.er (tîl'ır) **i.** dümen yekesi.

tilt (tîlt) **f.** eğilmek, bir yana yatmak; eğmek. **i.** 1. meyil, eğim, eğiklik. 2. atışma. **full tilt** son süratle, bütün hızıyla.

tim.ber (tîm'bır) **i.** kereste.

time (taym) **i.** 1. zaman, vakit. 2. süre, müddet. 3. devir, devre. 4. mühlet, vade. 5. kez, defa. 6. kat, misil. 7. tempo. **at the same time** mamafih, bununla birlikte, aynı zamanda. **for the time being** şimdilik. **from time to time** ara sıra, zaman zaman. **hard times** kötü günler, güç zamanlar. **have a good time** hoş vakit geçirmek. **lose time** 1. zaman kaybetmek. 2. geri kalmak (saat). on **time** tam zamanında. **time bomb** saatli bomba. **timely s.** 1. yerinde, uygun. 2. vakitli.

times (taymz) **i.** günler, zaman. **edat** kere.

time.ta.ble (taym'teybıl) **i.** tren veya vapur tarifesi.

tim.id (tîm'îd) **s.** 1. korkak, ürkek. 2. utangaç, çekingen. **timidly z.** 1. ürkekçe. 2. çekinerek. **ti.mid.i.ty** (tîmîd'ıtî) **i.** 1. ürkeklik. 2. utangaçlık.

tin (tîn) **i.** 1. kalay. 2. teneke. **f.** kalaylamak.

tinc.ture (tîngk'çır) **i.** tentür.

tin.foil (tîn'foyl) **i.** kalay yaprağı, stanyol.

tinge (tînc) **i.** hafif renk.

tink.er (tîngk'ır) **f.** kurcalamak; tamir etmek.

tin.kle (tîng'kıl) **i.** çınlamak.

tin.sel (tîn'sıl) **i.** parlak süsler.

tin.smith (tîn'smîth) **i.** tenekeci.

tint (tînt) **i.** 1. hafif renk. 2. renk çeşidi, ton.

ti.ny (tay'nî) **s.** minicik, ufacık, küçücük.

tip (tîp) **i.** 1. uç, burun. 2. tepe, doruk.

tip (tîp) **f.** 1. yana yatırmak; yana yatmak. 2. eğmek; eğilmek.

tip (tîp) **i.** 1. bahşiş. 2. ipucu. 3. tavsiye. **f.** bahşiş vermek. **tip off** 1. sır vermek. 2. tavsiye etmek.

tip.sy (tîp'sî) **s.** sarhoş, çakırkeyf.

tip.toe (tîp'to) **i.** ayak parmağının ucu.

ti.rade (tay'reyd) **i.** yokınmalı uzun konuşma.

tire (tayr) **f.** 1. yorulmak; yormak. 2. bitkin olmak. 3. usanmak, bıkmak; usandırmak, bıktırmak. **tired s.** 1. yorgun, bitkin. 2. usanmış, bıkkın.

tire (tayr) **i.** lastik, tekerlek lastiği.

tire.some (tayr'sım) **s.** yorucu, sıkıcı.

tis.sue (tîş'u) **i.** doku.

ti.tle (tayt'ıl) **i.** 1. başlık, kitap başlığı. 2. lakap, unvan, isim. 3. rütbe ismi. 4. kullanım hakkı, istihkak. 5. tapu. **title deed** tapu senedi. **title page** baş sayfa, başlık sayfası.

to (tu) **edat** 1. -e. 2. -e doğru, tarafına. 3. ile. 4. -e kadar, -e değin. 5. -e dair. 6. -e nazaran, -e nispetle. 7. -e göre. 8. hakkında, için. 9. -mak, -mek.

toad (tod) **i.** kara kurbağa.

toad.stool (tod'stul) **i.** zehirli mantar.

to-and-fro (tu'wınfro') **s.** öteye beriye, ileri geri.

toast (tost) **i.** kızartılmış ekmek (dilimi). **f.** kızarmak; kızartmak (ekmek).

toast.er (tos'tır) **i.** tost makinesi.

to.bac.co (tıbäk'o) **i.** tütün.

to.day (tıdey') **z.** bugün.

tod.dle (tad'ıl) **f.** sendelemek.

toe (to) **i.** 1. ayak parmağı. 2. ayak ucu.

toe.nail (to'neyl) **i.** ayak tırnağı.

to.geth.er (tıgedh'ır) **z.** beraber, birlikte, bir arada.

To.go (to'go) **i.** Togo.

toil (toyl) **f.** 1. çalışmak, yorulmak, didinmek, zahmet çekmek. 2. zorlukla ilerlemek. **i.** 1. zahmet, yorgunluk. 2. zahmetli iş. 3. uğraş.

toi.let (toy'lît) **i.** tuvalet. **toilet paper** tuvalet kâğıdı.

to.ken (to'kın) **i.** 1. belirti, nişan, işaret. 2. hatıra, andaç. 3. jeton.

tol.er.a.ble (tal'ınbıl) **s.** 1. dayanılabilir, çekilebilir, katlanılabilir. 2. orta, ne iyi ne kötü. **tolerably z.** oldukça, iyice.

tol.er.ance (tal'ırıns) **i.** 1. hoşgörü, müsamaha. 2. katlanma, tahammül. 3. (mak.) tolerans.

tol.er.ant (tal'ırınt) **s.** hoşgörülü, hoşgörücü. **tolerantly z.** hoşgörüyle.

tol.er.ate (tal'ıreyt) **f.** 1. hoş görmek, müsamaha etmek. 2. katlanmak, tahammül etmek. **tol.er.a.tion** (talıreyşın) **i.** 1. hoşgörü, müsamaha. 2. katlanma, tahammül, sabır.

toll (tol) **i.** 1. köprü veya yol parası, geçiş ücreti. 2. şehirlerarası telefon ücreti. **death toll** ölü sayısı. **toll bridge** geçiş ücreti alınan köprü. **toll call** şehirlerarası telefon konuşması. **toll line** şehirlerarası telefon hattı. **toll road** geçiş ücreti alınan yol.

toll (tol) **f.** (çanı) ağır ağır çalmak.

toll.gate (tol'geyt) **i.** geçiş ücreti ödenen köprü veya yol girişi.

to.ma.to (tımey'to) **i.** domates.

tomb (tum) **i.** 1. mezar, kabir, gömüt, sin. 2. türbe.

tom.boy (tam'boy) **i.** erkeksi kız.

tomb.stone (tum'ston) **i.** mezar taşı.

tom.cat (tam'kät) **i.** erkek kedi.

to.mor.row (tımar'o) **z., i.** yarın.

tom-tom (tam'tam) **i.** tamtam.

ton (tån) **i.** 1. ton. 2. (A.B.D., Kanada) 2000 libre (909 kilo.),3. (İng.) 2240 libre (1018 kilo).

tone (ton) **i.** 1. müzik sesi. 2. (müz.) aralık. 3. ton, perde. 4. nitelik. 5. renk tonu.

Ton.ga (tang'gı) **i.** Tonga.

tongs (tångz) **i.** maşa. **a pair of tongs** maşa.

tongue (tång) **i.** 1. dil. 2. lisan. 3. söz, konuşma. 4. konuşma tarzı. 5. araba oku. 6. sivri burun, dil. **hold one's tongue** susmak, dilini tutmak. **put out one's tongue** dilini çıkarmak.

tongue-tied (tång'tayd) **s.** dili tutulmuş.

ton.ic (tan'ik) **i.** 1. kuvvet ilacı, tonik. 2. (müz.) ana nota.

to.night (tınayt') **z.** bu gece, bu akşam.

ton.sil (tan'sıl) **i.** bademcik.

too (tu) **z.** 1. fazla, çok. 2. de, dahi, ilaveten, ek olarak, hem de. **Too bad!** Vah vah! **It's too late.** Artık çok geç.

tool (tul) **i.** alet. **tools** **i.** takım, avadanlık.

toot (tut) **f.** boru çalmak; boru sesi çıkarmak. **i.** boru sesi; düdük sesi.

tooth (tuth) **i.** diş.

tooth.ache (tuth'eyk) **i.** diş ağrısı.

tooth.brush (tuth'brâş) **i.** diş fırçası.

tooth.paste (tuth'peyst) **i.** diş macunu.

tooth.pick (tuth'pik) **i.** kürdan, diş çöpü.

top (tap) **i.** 1. üst, tepe. 2. zirve, doruk. 3. baş. **s.** 1. en yüksek. 2. birinci derecedeki, birinci sınıf, üstün. **f.** tepesini kesmek. **on top** 1. başta; en güçlü. 2. başarılı.

top (tap) **i.** topaç.

top.coat (tap'kot) **i.** palto.

top-heav.y (tap'hevi) **s.** üstü çok yüklü.

top.ic (tap'ik) **i.** konu. **topical s.** 1. konuya ait. 2. güncel. 3. (tıb.) lokal.

to.pog.ra.phy (tıpag'rıfi) **i.** topografya.

top.ple (tap'ıl) **f.** 1. devirmek; devrilmek. 2. düşecek gibi yana yatmak. 3. itip yuvarlamak, düşürmek. **topple over** düşmek, yıkılmak.

top-se.cret (tap'si'krit) **s.** çok gizli.

top.soil (tap'soyl) **i.** toprağın üst tabakası.

top.sy-tur.vy (tap'sitır'vi) **z., s.** altüst, baş aşağı, karmakarışık.

torch (tôrç) **i.** meşale.

tor.ment (tôr'ment) **i.** işkence, eziyet, ezinç. **f.** 1. işkence etmek, eziyet etmek. 2. canını sıkmak, başını ağrıtmak. 3. kızdırmak.

tor.na.do (tôrney'do) **i.** kasırga; hortum.

tor.pe.do (tôrpi'do) **i.** 1. torpil. 2. eğlence fişeği. 3. yuşturanbalığı, torpilbalığı. **f.** torpillemek. **torpedo boat** torpido.

tor.pid (tôr'pid) **s.** 1. uyuşuk. 2. cansız. 3. dur-

gun.

tor.por (tôr'pır) **i.** 1. uyuşukluk. 2. cansızlık.

tor.rent (tôr'ınt) **i.** 1. sel, hızlı akıntı. 2. sel gibi akan zorlu şey.

tor.rid (tôr'id) **s.** çok sıcak, kızgın, ateş gibi, yakıcı.

tor.so (tôr'so) **i.** 1. insan gövdesi. 2. heykel gövdesi.

tor.toise (tôr'tıs) **i.** kaplumbağa, tosbağa.

tor.ture (tôr'çır) **i.** işkence, eziyet. **f.** işkence etmek, eziyet etmek.

toss (tôs) **f.** 1. atmak. 2. havaya fırlatmak; çalkalamak; çalkalanmak. 4. silkinmek. 5. yalpalamak. **i.** 1. fırlatma. 2. atma; atılma. 3. yazı tura için para atma. 4. bahis.

toss.up (tôs'ʌp) **i.** 1. yazı tura için para atma. 2. düşeş, şans işi.

tot (tat) **i.** ufak çocuk, yeni büyüyen çocuk.

to.tal (tot'ıl) **s.** 1. tam, tamam, bütün. 2. top yekûn. **i.** 1. toplam, tutar. 2. topu, hepsi. **f.** 1. toplamak. 2. tutmak, etmek. **totally z.** tamamen, bütün bütün.

to.tal.i.tar.i.an (totalıter'iyın) **s.** bütüncül, totaliter.

tote (tot) **f.** taşımak. **i.** 1. taşıma. 2. yük.

to.tem (to'tım) **i.** ongun, totem.

tot.ter (tat'ır) **f.** sendelemek, yalpalamak, sallanmak.

touch (tʌç) **i.** 1. dokunmak, değmek, ellemek. 2. bitişik olmak. 3. etkilemek. **i.** 1. dokunma, dokunuş, değme. 2. dokunum. 3. üslup. **touch up** rötüş yapmak. **touch wood** (nazar değmesin diye) tahtaya vurmak. **touch and go** rizikolu durum. **a soft touch** kendisinden kolayca para koparılan kimse. **finishing touches** tamamlayıcı düzeltmeler, son rötuşlar. **keep in touch with** temasta bulunmak, ilişkiyi sürdürmek.

touch.down (tʌç'daun) **i.** gol.

touch.ing (tʌç'ing) **s.** dokunaklı, etkili.

touch.stone (tʌç'ston) **i.** denektaşı, mihenk.

touch-type (tʌç'tayp) **f.** bakmadan daktilo kullanmak.

touch.y (tʌç'i) **s.** 1. alıngan, darılgan. 2. titiz, huysuz. 3. nazik.

tough (tʌf) **s.** 1. kopmaz, kırılmaz. 2. sert, dayanıklı. 3. kart. 4. güç, zor, çetin. 5. kuvvetli, güçlü. 6. direşken. 7. belalı. **i.** kabadayı, külhanbeyi. **tough spot** çıkmaz.

tough.en (tʌf'ın) **f.** 1. katılaşmak; katılaştırmak. 2. güçlüklere alıştırmak.

tour (tûr) **i.** 1. gezi, tur, seyahat. 2. turne. 3. nöbet. **f.** seyahat etmek, tur yapmak.

tour.ism (tûr'izm) **i.** turizm.

tour.ist (tûr'ist) **i.** turist. **tourist agency** seyahat acentesi.

tour.na.ment (tir'nimint) **i.** yarışma, turnuva.

tow (to) **f.** 1. yedeğe alıp çekmek. 2. çekmek.

to.ward, -s (tôrd, -z) **edat** 1. -e doğru, doğrultusunda, tarafına doğru. 2. -e yakın, -e karşı.

tow.el (tau'wıl) **i.** havlu, silecek, peşkir. **throw in the towel** pes demek.

tow.er (tau'wır) **i.** 1. kule, burç. 2. kale, hisar.

town (taun) **i.** 1. kasaba. 2. şehir. **town hall** belediye binası. **go to town** 1. şehire inmek. 2. harıl harıl çalışmak.

town.ship (taun'şip) **i.** kasaba ile yöresi ve bağlantıları, kaza, ilçe.

tox.e.mi.a (taksi'miyı) **i.** kan zehirlenmesi.

tox.ic (tak'sik) **s.** zehirli.

tox.in (tak'sin) **i.** toksin.

toy (toy) **i.** oyuncak.

trace (treys) **f.** 1. iz. 2. zerre. **f.** 1. izlemek. 2. çizmek. 3. şeffaf kâğıt üzerinden kopya etmek. **tracing paper** aydinger kâğıdı, kopya kâğıdı.

tra.che.a (trey'kiyı) **i.** nefes borusu, soluk borusu.

tra.cho.ma (trıko'mı) **i.** trahom.

track (träk) **i.** 1. iz, eser. 2. ayak veya tekerlek izi. 3. yol. 4. koşu yolu. 5. atletizm. 6. ray. **f.** 1. izlemek. 2. iz bırakmak. **track down** izleyerek bulmak. **track meet** atletizm karşılaşması. **track shoe** kabaralı ayakkabı. **keep track of** 1. dikkatle izlemek. 2. ilişkiyi sürdürmek. **lose track of** bağlantıyı kaybetmek, izini yitirmek. **off the track** 1. hattan çıkmış. 2. konudan ayrılmış. **on the track** konuyla ilgili. **on the right track** doğru yolda. **in one's tracks** peşinde, izinde. **the beaten track** bilinen usul.

tract (träkt) **i.** alan, arazi.

trac.tion (träk'şın) **i.** 1. çekme; çekilme. 2. çekiş gücü.

trac.tor (träk'tır) **i.** 1. traktör. 2. kamyonun şoför mahalli.

trade (treyd) **i.** 1. alışveriş. 2. ticaret. 3. iş, sanat. 4. değiş tokuş, takas. **f.** 1. alışveriş etmek. 2. ticaret yapmak. 3. değiş tokuş etmek. **trade in** eskisini yenisine fiyat farkıyla değiştirmek. **trade mark** alameti farika, ticari marka. **trade school** meslek okulu, sanat okulu. **trade union** sendika. **trade wind** alize. **trader** **i.** 1. tüccar. 2. ticaret gemisi. **trading** **i.** 1. alışveriş. 2. değiş tokuş. **trading stamp** kâr pulu, pay kuponu.

trades.man (treydz'mın) **i.** dükkâncı, esnaf.

tra.di.tion (trıdi'şın) **i.** gelenek, görenek. **traditional s.** geleneksel. **traditionalist i.** gelenekçi.

traf.fic (träf'ik) **i.** 1. gidişgeliş, trafik. 2. alışveriş,

ticaret. **traffic jam** trafik tıkanıklığı. **traffic light** trafik lambası.

trag.e.dy (träc'ıdi) **i.** 1. ağlatı, trajedi, facia. 2. felaket, korkunç olay.

trag.ic (träc'ik) **s.** 1. facialı. 2. trajik. 3. korkunç, müthiş, feci.

trail (treyl) **f.** 1. sürüklemek. 2. izlemek. 3. sürünmek. 4. iz bırakmak. **i.** 1. iz. 2. patika, keçiyolu.

trail.er (trey'lır) **i.** 1. römork. 2. otomobilin çektiği ev tertibatlı araba.

train (treyn) **i.** 1. tren, katar. 2. silsile, takım, sıra.

train (treyn) **f.** 1. alıştırmak, eğitmek, öğretmek. 2. evcilleştirmek. **train up** yetiştirmek, terbiye etmek. **trained nurse** diplomalı hastabakıcı, hemşire. **trainer i.** antrenör. **training i.** 1. talim, terbiye. 2. antrenman.

trait (treyt) **i.** özellik.

trai.tor (trey'tır) **i.** hain, vatan haini.

tram (träm) **i.** tramvay.

tram.mel (träm'ıl) **f.** engellemek.

tramp (trämp) **f.** 1. serserice dolaşmak. 2. ağır adımlarla yürümek. 3. tabana tepmek. **i.** 1. serseri. 2. ağır adım. 3. tarifesiz yük gemisi.

tram.ple (träm'pıl) **f.** çiğnemek, ayaklar altına almak.

tram.po.line (träm'pılin) **i.** tramplen.

trance (träns) **i.** dalınç, esrime, vecit hali.

tran.quil (träng'kwil) **s.** 1. sakin, rahat. 2. durgun, dingin, sessiz. **tranquility i.** dinginlik, sessizlik.

tran.quil.iz.er (träng'kwılayzır) **i.** müsekkin, yatıştırıcı ilaç.

trans.act (tränsäkt') **f.** yapıp bitirmek, görmek (iş), muamele görmek. **transaction i.** 1. iş görme. 2. muamele.

trans.at.lan.tic (tränsıtlän'tik) **s.** Atlantik aşırı.

tran.scend (tränsend') **f.** üstün gelmek; aşmak.

tran.scen.den.tal (tränsenden'tıl) **s.** 1. deneyüstü. 2. fizikötesi, doğaüstü.

trans.con.ti.nen.tal (tränskantinen'tıl) **s.** kıtayı kateden.

tran.scribe (tränskrayb') **f.** 1. yazıya geçirmek. 2. temize çekmek. 3. (müz.) uyarlamak.

tran.script (trän'skript) **i.** 1. temize çekilmiş yazı. 2. suret.

trans.fer (tränsfır') **f.** 1. nakletmek, geçirmek. 2. devretmek. 3. aktarma yapmak, transfer etmek. **i.** 1. nakil, havale, transfer, geçirme. 2. devir. 3. çıkartma. 4. aktarma bileti. **transferable s.** nakli mümkün, devredilebilir, havale edilebilir.

trans.fix (tränsfiks') **f.** 1. mıhlamak. 2. sivri uçla delmek. 3. hayretten dondurmak.

trans.form (tränsfôrm') **f.** biçimini değiştirmek, dönüştürmek. **transformation f.** dönüşüm, dönüştürürüm.

trans.form.er (tränsfôr'mır) **i.** transformatör; trafo.

trans.fuse (tränsfyuz') **f.** sıvıyı aktarmak. **blood transfusion** kan nakli.

trans.gres.sion (tränsgreş'ın) **i.** 1. tecavüz, haddi aşma. 2. bozma, ihlal. 3. günah, suç.

tran.sient (trän'şınt) **s.** 1. geçici, süreksiz. 2. kalımsız. **i.** kısa zaman kalan misafir.

tran.sis.tor (tränzis'tır) **i.** transistor.

tran.sit (trän'sit) **i.** 1. geçme. 2. geçiş. 3. transit. **f.** transit geçmek. **transit lounge** transit salonu. **in transit** transit olarak.

tran.si.tion (tränzîş'ın) **i.** 1. geçiş. 2. bağlantı.

tran.si.tive (trän'sıtîv) **s.** nesneli, geçişli.

tran.si.to.ry (trän'sıtôri) **s.** 1. geçici, süreksiz. 2. kalımsız.

trans.late (tränsleyt') **f.** 1. çevirmek, tercüme etmek. 2. nakletmek. 3. dönüştürmek, değiştirmek. 4. tercümanlık yapmak. **translation i.** çeviri, tercüme. **translator i.** tercüman, çevirmen.

trans.lu.cent (tränslu'sınt) **s.** yarı şeffaf.

trans.mi.grate (tränsmay'greyt) **f.** göçmek, sıçramak (ruh).

trans.mis.sion (tränsmîş'ın) **i.** 1. geçirme. 2. nakil, gönderme, taşıma. 3. vites.

trans.mit (tränsmît') **f.** 1. geçirmek. 2. göndermek, nakletmek. **transmitter i.** verici.

tran.som (trän'sım) **i.** vasıstas, hava deliği.

trans.par.ent (tränsper'ınt) **s.** 1. saydam, şeffaf. 2. berrak. 3. açık, aşikâr. **transparency i.** 1. şeffaflık. 2. slayt.

trans.plant (tränsplänt') **f.** başka yere yerleştirmek. **i.** nakletme; nakil. **transplantation i.** doku nakli.

trans.port (tränspôrt') **f.** taşımak, nakletmek. **i.** 1. askeri araç. 2. kendinden geçme. 3. nakil, taşıma. **transportation i.** 1. nakil, ulaştırma. 2. nakil vasıtası. 3. taşıt ücreti.

trans.pose (tränspoz') **f.** sırasını değiştirmek.

trap (träp) **i.** 1. tuzak, kapan, kapanca. 2. hile, desise. **f.** 1. tuzağa düşürmek. 2. kapanca ile tutmak. 3. engel olmak.

tra.peze (trıpiz') **i.** trapez.

trash (träş) **i.** 1. çöp, süprüntü. 2. çalı çırpı. 3. çöplük. 4. avam, ayaktakımı. 5. artık. 6. saçma. **trashy s.** adi, değersiz.

trau.ma (trô'mı) **i.** 1. yara, incinme, travma. 2. sarsıntı.

trau.mat.ic (trômät'îk) **s.** sarsıntı doğuran.

trav.el (träv'ıl) **f.** yolculuk etmek, seyahat etmek. **traveler i.** yolcu, gezmen. **traveler's check** seyahat çeki.

trav.erse (träv'ırs) **s.** çapraz. **i.** 1. travers. 2. karşıdan karşıya geçme. **f.** bir yandan öbür

yana geçirmek; karşıya geçmek.

trav.es.ty (träv'îsti) **i.** taklit, alay, hiciv, karikatür.

trawl (trôl) **f.** 1. tarak ağı ile balık tutmak. 2. torba ağı ile denizin dibini taramak. **i.** 1. trol. 2. alkarna.

tray (trey) **i.** 1. tepsi, sini; tabla.

treach.er.y (treç'ıri) **i.** vefasızlık, hainlik, ihanet. **treacherous s.** 1. hain. 2. arkadan vuran. 3. korkulur, tehlikeli.

tread (tred) **f.** ayak basmak. **i.** tekerleğin tırtılı.

trea.dle (tred'ıl) **i.** pedal, ayaklık, basarık.

tread.mill (tred'mîl) **i.** 1. ayak değirmeni. 2. ömür törpüsü.

trea.son (tri'zın) **i.** hıyanet, hainlik.

treas.ure (trej'ır) **i.** 1. hazine. 2. değerli şey. **f.** çok değerli saymak, üstüne titremek. **treasurer i.** veznedar. **treasury i.** 1. hazine. 2. maliye dairesi.

treat (trît) **f.** 1. davranmak, muamele etmek. 2. tedavi etmek. 3. işlemden geçirmek. 4. ikram etmek. **i.** 1. zevk. 2. ikram. **treatment i.** 1. davranış. 2. tedavi.

trea.tise (tri'tîs) **i.** bilimsel inceleme, tez.

trea.ty (tri'ti) **i.** antlaşma.

tre.ble (treb'ıl) **s.** 1. üç misli, üç kat. 2. tiz. **i.** soprano ses. **f.** üç kat etmek; üç misli artırmak.

tree (tri) **i.** ağaç.

trel.lis (trel'îs) **i.** kafes işi.

trem.ble (trem'bıl) **f.** 1. titremek. 2. ürpermek. **i.** 1. titreme. 2. ürperme.

tre.men.dous (trimen'dıs) **s.** 1. heybetli. 2. kocaman, iri. 3. çok iyi, şahane. **tremendously s.** çok.

trem.or (trem'ır) **i.** 1. titreme. 2. sarsıntı.

trem.u.lous (trem'yılıs) **s.** 1. titrek. 2. ürkek, korkak.

trench (trenç) **i.** 1. çukur, hendek. 2. siper. **trench coat** trençkot.

trench.ant (tren'çınt) **s.** keskin, etkili.

trend (trend) **i.** eğilim, akım.

trep.i.da.tion (trepidey'şın) **i.** tereddüt, ikircinlik.

tres.pass (tres'pıs) **f.** 1. tecavüz etmek. 2. bozmak. 3. günah işlemek. **i.** 1. hakka tecavüz. 2. kanuna karşı gelme. 3. günah, suç.

tress (tres) **i.** lüle, belik, bukle.

tres.tle (tres'ıl) **i.** 1. masa ayaklığı, sehpa. 2. demir iskeletli köprü.

tri.al (tray'ıl) **i.** 1. duruşma, yargılama. 2. deneme; denenme. **trial and error** çeşitli yolları deneme, sınama ve yanılma. **trial jury** yargıcılar kurulu, jüri. **be on trial** 1. yargılanmak. 2. denenmek.

tri.an.gle (tray'äng.gıl) **i.** 1. üçgen. 2. gönye. 3. üçlü. **triangular s.** üçgen.

tri.an.gu.la.tion (trayâng.gıyley'şın) **i.** nirengi.

tribe (trayb) **i.** kabile, aşiret, oymak, uruk. **tribal s.** kabileye ait.

trib.u.la.tion (tribyıley'şın) **i.** 1. felaket, musibet. 2. dert, keder, büyük sıkıntı.

tri.bu.nal (tribyu'nıl) **i.** 1. mahkeme. 2. hâkim kürsüsü.

trib.une (trîb'yun) **i.** kürsü, platform; tribün.

trib.u.tar.y (trîb'yıteri) **s.** 1. vergi veren. 2. bağımlı. 3. haraç olarak verilen. 4. ırmağa karışan (çay). **i.** ırmak ayağı.

trib.ute (trîb'yut) **i.** 1. övme, sitayiş, takdir. 2. vergi. 3. haraç.

trice (trays) **i.** an, lahza. **in a trice** bir anda, çabucak.

trick (trîk) **i.** 1. hile, oyun, dolap. 2. marifet, ustalık. 3. el çabukluğu. **f.** aldatmak, hile yapmak. **play a trick** oyun oynamak, azizlik etmek. **tricky s.** 1. hileli. 2. ustalık ister.

trick.le (trîk'ıl) **f.** damlamak. **i.** damla damla akan şey.

trick.ster (trîk'stır) **i.** hilekâr, düzenbaz.

tri.cot (trî'ko) **i.** triko.

tri.cy.cle (tray'sîkıl) **i.** üç tekerlekli bisiklet.

tried (trayd) **s.** güvenilir, denenmiş.

tri.fle (tray'fıl) **i.** 1. önemsiz şey. 2. az miktar. **f.** oynamak. **trifle with** i. önem vermemek. 2. oyalanmak. 3. şaka yapmak. **a trifle** biraz. **trifling s.** 1. önemsiz, ufak, az. 2. değersiz, işe yaramaz.

trig.ger (trîg'ır) **i.** tüfek tetiği. **f.** neden olmak, başlatmak. **quick on the trigger** 1. çabuk ateş eden. 2. hazırcevap.

trig.o.nom.e.try (trîgınam'ıtri) **i.** trigonometri.

trill (trîl) **f.** sesi titretmek.

tril.lion (trîl'yın) **i.** 1. (A.B.D.) trilyon. 2. (İng.) on sekiz sıfırlı rakam.

tri.o.gy (trîl'ıci) **i.** üçlü eser, triloji.

trim (trîm) **s.** temiz ve yakışıklı, biçimli, şık. **f.** 1. budamak, kırkmak, kesip düzeltmek. 2. süslemek. i. 1. düzen. 2. süs. 3. geminin denk gelmesi. **trim one's sails** ayağını denk almak. **in good trim** 1. iyi durumda. 2. denk, ayarlı (gemi). **trimming i.** 1. süsleme. 2. süs. 3. garniture. 4. yenilgi, dayak. **trimmings i.** kırpıntı.

Trin.i.dad and To.ba.go (trîn'îdäd; tobey'go) Trinidad ve Tabago.

trin.i.ty (trîn'ıti) **i.** üçlü, üçlü birlik. **Trinity i.** teslis.

trin.ket (trîng'kît) **i.** 1. ufak süs. 2. oyuncak, bibilo.

tri.o (trî'yo) **i.** üçlü.

trip (trîp) **i.** 1. kısa yolculuk. 2. tur. **take a trip** seyahat etmek.

tripe (trayp) **i.** 1. işkembe. 2. saçma, saçmalık.

tri.ple (trîp'ıl) **s.** üç kat, üçlü, üç misli. **f.** üç misli

yapmak; üç misli olmak.

trip.let (trîp'lît) **i.** 1. üçlü. 2. üçüzlerden biri.

tri.pod (tray'pad) **i.** üç ayaklı sehpa; fotoğraf sehpası.

trite (trayt) **s.** 1. herkesçe bilinen, basmakalıp, adi. 2. bayatlamış, eskimiş.

tri.umph (tray'ımf) **i.** 1. zafer alayı. 2. zafer, başarı. **f.** 1. zafer kazanmak, galip gelmek, yenmek. 2. zafer töreni yapmak. **triumphant s.** 1. galip, utkulu. 2. övünen.

triv.i.al (trîv'iyıl) **s.** 1. saçma, abes. 2. cüzi, önemsiz.

troll (trol) **f.** oltayı sürükleyerek balık tutmak.

trol.ley (tral'i) **i.** tramvay. **trolley bus** troleybüs. **off his trolley** kafadan çatlak.

trom.bone (tram'bon) **i.** trombon.

troop (trup) **i.** 1. küme, sürü. 2. bölük, tabur. **f.** sürü halinde toplanmak. **troop off** gitmek, gidivermek. **troops i.** asker, erat.

troop.er (tru'pır) **i.** 1. atlı polis. 2. il jandarması.

tro.phy (tro'fi) **i.** 1. hatıra, andaç. 2. kupa. 3. ganimet.

trop.ic (trap'îk) **i.** dönence, tropika. **Tropic of Cancer** Yengeç Dönencesi. **Tropic of Capricorn** Oğlak Dönencesi. **tropical s.** tropikal. **tropics i.** tropikal kuşak.

trot (trat) **f.** 1. tırıs gitmek. 2. koşmak. 3. hızlı yürümek. **i.** 1. tırıs. 2. hızlı gidiş, koşuş.

trou.ba.dour (tru'bıdôr) **i.** saz şairi, âşık, ozan.

trou.ble (trâb'ıl) **f.** 1. rahatsız etmek, canını sıkmak. 2. karıştırmak, bulandırmak. 3. başını ağrıtmak. 4. zahmet etmek. 5. üzmek. **i.** 1. zahmet, sıkıntı, üzgü, üzüntü, dert, mesele. 2. rahatsızlık, hastalık. **ask for trouble** bela aramak, bela satın almak. **get into trouble** başı belaya girmek. **in trouble** başı belada. **take trouble** 1. zahmete katlanmak, zahmet etmek. 2. dikkat etmek. **troubled s.** 1. tedirgin. 2. üzgün. 3. meraklı.

troub.le.mak.er (trâb'ılmeykır) **i.** 1. mesele çıkaran kimse. 2. baş belası.

troub.le.some (trâb'ılsım) **s.** 1. zahmetli, sıkıntılı, üzgülü, belalı, üzüntülü. 2. baş belası, musibet.

trough (trôf) **i.** 1. tekne, yalak. 2. oluk.

troupe (trup) **i.** trup.

trou.sers (trau'zırz) **i.** pantolon. **pair of trousers** pantolon.

trous.seau (tru'so) **i.** çeyiz.

trout (traut) **i.** alabalık.

trow.el (trau'wıl) **i.** 1. mala, sürgü. 2. el küreği. **f.** sıvamak, malalamak.

tru.ant (tru'wınt) **i.** okul kaçağı.

truce (trus) **i.** 1. ateşkes; anlaşma. 2. ara.

truck (trâk) **i.** kamyon, yük arabası. **f.** kamyonla taşımak.

truck (trāk) **i.** 1. ilişik, alışveriş. 2. bostanda yetiştirilen sebze ve meyva. **truck farm** bostan.
true (tru) **s.** 1. gerçek, doğru. 2. sadık, içten. 3. tam, aynı. 4. asıl. **z.** gerçekten. **come true** doğru çıkmak, gerçekleşmek. **truly z.** 1. gerçekten. 2. doğrulukla. 3. bağlılıkla, içtenlikle.
true.love (tru'lāv) **i.** sevgili.
tru.ism (tru'wizım) **i.** herkesçe bilinen gerçek.
trump (trāmp) **i.** koz. **f.** koz oynamak. **trump up** uydurmak, icat etmek.
trum.pet (trām'pit) **i.** 1. boru. 2. borazan.
trun.cate (trāng'keyt) **f.** ucunu veya tepesini kesmek. **truncated s.** kesik.
trunk (trāngk) **i.** 1. gövde, beden. 2. sandık. 3. otomobil bagajı. 4. ana hat. 5. (zool.) hortum. **trunks i.** erkek mayosu.
truss (trās) **i.** fıtık bağı; makas.
trust (trāst) **i.** 1. güven, emniyet. 2. ümit. 3. emanet. 4. kredi. 5. mütemetlik. 6. tröst. **f.** 1. güvenmek. 2. emanet etmek. 3. inanmak. **in trust** himayesinde, gözetiminde. **on trust** güvenle, emniyetle. **trust in** güvenmek. **trusty s.** güvenilir, sadık, emin.
trus.tee (trās'ti') **i.** vekil; mutemet; mütevelli.
trust.wor.thy (trāst'wırdhi) **s.** güvenilir.
truth (truth) **i.** 1. gerçeklik, gerçek, doğruluk. **truthful s.** 1. doğru sözlü, doğru. 2. gerçek. **truthfully z.** 1. doğru olarak. 2. gerçekten.
try (tray) **f.** 1. uğraşmak, çalışmak. 2. girişmek, kalkışmak. 3. denemek, sınamak. 4. araştırmak, incelemek. 5. yargılamak. **i.** deneme. **try for** elde etmeye çalışmak. **try on** prova etmek, giyip denemek. **try out** birisinin yeteneğini denemek. **trying s.** yorucu, yıpratıcı, sıkıcı.
T-shirt (ti'şırt) **i.** tişört.
tub (tāb) **i.** 1. yarım fıçı, tekne; yayık. 2. banyo küveti.
tu.ba (tu'bı) **i.** tuba.
tube (tub) **i.** 1. boru, tüp. 2. yeraltı demiryolu, tünel. 3. (argo) televizyon.
tube.less (tub'lis) **s.** iç lastiksiz.
tu.ber (tu'bır) **i.** 1. yumru kök. 2. ufak ur.
tu.ber.cu.lar (tubır'kyılır) **s.** 1. yumrulu. 2. tüberkülozlu; tüberkülozla özgü.
tu.ber.cu.lo.sis (tubırkyılo'sis) **i.** verem, tüberküloz.
tu.bu.lar (tu'byılır) **s.** 1. boru şeklindeki. 2. borulu. 3. boru sesi gibi.
tuck (tāk) **f.** içine tıkmak, içine sokmak, altına kıvırmak. **i.** elbise kırması.
Tues.day (tuz'di) **i.** salı.
tuft (tāft) **i.** 1. küme, öbek. 2. tepe, sorguç. 3. püskül.
tug (tāg) **f.** çekmek, çekelemek. **i.** 1. kuvvetli çekiş. 2. büyük gayret. 3. römorkör. **tug of**

war 1. halat çekme oyunu. 2. şiddetli rekabet.
tug.boat (tāg'bot) **i.** römorkör.
tu.i.tion (tuwiş'ın) **i.** okul taksiti.
tu.lip (tu'lip) **i.** lale.
tum.ble (tām'bıl) **f.** 1. düşmek; yıkılmak, devrilmek; düşürmek. 2. yuvarlanmak. **i.** düşüş, yuvarlanma. **tumbling i.** 1. cambazlık. 2. taklak.
tum.ble-down (tām'bıldaun) **s.** yıkılacak gibi, köhne, yıkkın.
tum.bler (tām'blır) **i.** su bardağı.
tu.mor (tu'mır) **i.** ur, tümör.
tu.mult (tu'mālt) **i.** 1. gürültü, karışıklık, kargaşa. 2. heyecan.
tu.mul.tu.ous (tumāl'çuwıs) **s.** gürültülü, kargaşalı.
tu.mu.lus (tu'myılıs) **i.** höyük.
tu.na (tu'nı) **i.** tonbalığı, orkinos.
tune (tun) **i.** 1. beste, hava, nağme. 2. ahenk, düzen. 3. akort. **f.** akort etmek. **tune up** 1. akort etmek. 2. ayarlamak. **in tune** akortlu. **out of tune** 1. akortsuz. 2. ahenksiz, düzensiz.
tuneful s. ahenkli, nağmeli. **tuner i.** 1. akortçu. 2. amplifikatörü ve hoparlörü olmayan radyo.
tune-up (tun'āp) **i.** ayarlama.
tung.sten (tāng'stın) **i.** tungsten, volfram.
Tu.ni.sia (tuniş'ı) **i.** Tunus.
tun.nel (tān'ıl) **i.** tünel. **f.** tünel açmak.
tun.ny (tān'i) **i.** orkinos, tonbalığı.
tur.ban (tır'bın) **i.** 1. sarık. 2. turban.
tur.bid (tır'bid) **s.** 1. bulanık, çamurlu. 2. yoğun. 3. karışık, düzensiz.
tur.bine (tır'bin) **i.** türbin.
tur.bot (tır'bıt) **i.** kalkan balığı.
tur.bu.lent (tır'byılınt) **s.** 1. çalkantılı, dalgalı. 2. kavgacı, şamatacı. **turbulence i.** 1. çalkantılı hava. 2. kargaşa.
turf (tırf) **i.** 1. çimen, çim. 2. turba, kesek.
Tur.key (tır'ki) **i.** Türkiye.
tur.key (tır'ki) **i.** hindi.
tur.moil (tır'moyl) **i.** 1. gürültü, karışıklık, dağdağa. 2. telaş.
turn (tırn) **f.** 1. döndürmek, çevirmek; dönmek. 2. tersyüz etmek. 3. burkmak. 4. değiştirmek. 5. kıvırmak. 6. doğrultmak, yöneltmek; yönelmek. 7. bulandırmak; bulanmak. 8. geçmek. 9. dönüşmek. 10. kesilmek, olmak. 11. sapmak, eğilmek. 12. bozulmak, ekşimek. **i.** 1. dönüş, devir. 2. sapış, yönelme. 3. sapak, dönemeç. 4. viraj. 5. oyun sırası. 6. korkutma. 7. gezme, dolaşma. 8. sıra, nöbet. **turn down** 1. kıvırmak, bükmek. 2. reddetmek, geri çevirmek. 3. kısmak. **turn in** 1. içine kıvırmak, içeriye çevirmek. 2. teslim etmek. 3. yatmak. **turn into** olmak, kesilmek, dönmek. **turn off**

1. kapamak. 2. kesmek. **turn on** i. açmak.
2. çevirmek. **turn out** 1. dışarı atmak, kovmak. 2. dışına dönmek. 3. yapmak, meydana getirmek. 4. (ışık) söndürmek. 5. katılmak. 6. sonuçlanmak, çıkmak. **turn over** 1. çevirmek, devirmek. 2. havale etmek, teslim etmek, göçermek, devretmek. 3. altüst olmak, devrilmek. **turn up** 1. yukarı çevirmek, çevirip kaldırmak. 2. açmak, çevirmek. 3. ortaya çıkmak. 4. gelmek, bulunmak. **turn upside down** 1. altüst etmek; altüst olmak. 2. devrilmek. **at every turn** her defasında. **by turns** nöbetleşe. **take turns** nöbetleşmek, sırayla yapmak. **turning i.** 1. dönüş, dönme. 2. yoldan sapma, yoldan çıkma. 3. dönemeç. **turning point** dönüm noktası.

tur.nip (tır'nip) i. şalgam.

turn.out (tırn'aut) i. katılanlar, toplantı mevcudu.

turn.pike (tırn'payk) i. geçiş parası alınan yol.

turn.stile (tırn'stayl) i. turnike.

tur.pen.tine (tır'pıntayn) i. neftyağı, terebentin.

tur.pi.tude (tır'pıtud) i. ahlaksızlık, kötücülük.

tur.quoise (tır'koyz) i. firuze, turkuaz.

tur.tle (tır'tıl) i. kaplumbağa. **turtle neck** balıkçı yaka. •

tusk (tâsk) i. 1. fildişi. 2. hayvanın çıkıntılı azıdişi.

tus.sle (tâs'ıl) i. 1. güreşme. 2. itişme, itişip kakışma. 3. uğraşma, mücadele. **f.** mücadele etmek, uğraşmak.

tu.tor (tu'tır) i. 1. özel öğretmen. 2. veli; vasi. **f.** özel ders vermek.

tux.e.do (tâksi'do) i. smokin.

TV (ti'vi) i. televizyon.

tweed (twid) i. tüvit.

tweez.ers (twi'zırz) i. cımbız.

twelve (twelv) s. on iki.

twen.ty (twen'ti) s. yirmi.

twice (ways) z. 1. iki kere, iki defa. 2. iki kat.

twig (twig) i. ince dal, sürgün, çubuk.

twi.light (tway'layt) i. alaca karanlık.

twin (twin) s, i. 1. ikizlerden biri. 2. çift.

twine (twayn) i. sicim. **f.** sarılmak.

twinge (twinc) **f.** birdenbire sancı vermek. i. 1. sancı. 2. azap, üzüntü.

twin.kle (twing'kıl) **f.** 1. göz kırpıştırmak. 2. pırıldamak. i. 1. göz kırpıştırma. 2. pırıldama; pırıltı. **twinkling** i. 1. pırıltı. 2. bir an.

twirl (twırl) **f.** 1. dönmek. 2. fırıldatmak. 3. çevirmek.

twist (twist)**f.** 1. bükmek; bükülmek. 2. bumak; burulmak. 3. burkmak. 4. ters anlam vermek. 5. sarılmak. 6. döndürmek. 7. çevirmek. i. 1. bükme; büküm; bükülme. 2. sarılma. 3. bur-

ma. 4. burkulma.

twitch (twiç) **f.** seğirmek.

twit.ter (twit'ır) **f.** cıvıldamak.

two (tu) s. iki, çift.

two-faced (tu'feyst') s. ikiyüzlü.

two-fold (tu'fold) s. iki kat, iki misli.

type (tayp) i. 1. çeşit, cins. 2. tip. 3. örnek. 4. hurufat. **f.** daktiloda yazmak. **typist** i. daktilograf, daktilo.

type.set.ter (tayp'setır) i. dizmen, mürettip.

type.write (tayp'rayt) **f.** daktiloda yazmak.

typwriter i. yazı makinesi, daktilo.

ty.phoid (tay'foyd) i. tifo.

ty.phoon (tayfun') i. kasırga, tayfun.

ty.phus (tay'fıs) i. tifüs.

typ.i.cal (tip'ikıl) s. tipik.

ty.po (tay'po) i. dizgi hatası.

ty.pog.ra.phy (taypag'rıfi) i. basma sanatı.

ty.ran.ni.cal (tiran'ikıl) s. zalim, zorba, gaddar.

tyr.an.ny (tîr'ıni) i. zulüm, zorbalık, istibdat.

tyrannous s. zalimane, zorbaca.

ty.rant (tay'rınt) i. 1. zorba. 2. tiran.

tyre (tayr) i. (İng.) otomobil lastiği.

U

u.biq.ui.tous (yubik'witıs) s. hazır ve nazır.

ud.der (âd'ır) i. inek memesi.

U.gan.da (yugän'dı) i. Uganda.

ug.ly (âg'li) s. 1. çirkin. 2. iğrenç. 3. korkunç. 4. ters, huysuz. 5. nahoş. 6. fırtınalı. **ugliness** i. 1. çirkinlik. 2. iğrençlik.

ul.cer (âl'sır) i. ülser; çıban, yara.

ul.te.ri.or (âltîr'iyır) s. 1. sonraki. 2. açığa vurulmamış, gizli.

ul.ti.mate (âl'tımit) s. 1. son, en son, en uzak. 2. esas. **ultimately z.** eninde sonunda, nihayette.

ul.ti.ma.tum (âltıme'tım) i. ültimatom.

ul.tra.ma.rine (âltrımırin') i. lacivert.

ul.tra.vi.o.let (âltrıvay'ilit) s. ültraviyole, morötesi.

um.bil.i.cus (âmbil'ıkıs) i. göbek.

um.brel.la (âmbrel'ı) i. şemsiye.

Umm al- Qai.wain Um el Kayvan.

um.pire (âm'payr) i. hakem. **f.** hakemlik yapmak.

un.a.ble (âney'bıl) s. 1. yapamaz, -mez, iktidarsız, âciz. 2. beceriksiz.

un.a.bridged (ânıbrîcd') s. kısaltılmamış, orijinal, aslı gibi, tam.

un.ac.cept.a.ble (ʌnıksep'tıbıl) **s.** kabul edilemez.

un.ac.com.pa.nied (ʌnıkâm'pınid) **s.** refakatsiz.

un.ac.count.a.ble (ʌnıkaun'tıbıl) **s.** anlatılmaz, anlaşılmaz.

un.ac.cus.tomed (ʌnıkâs'tımd) **s.** alışılmamış; alışmamış.

un.a.dorned (ʌnıdôrnd') **s.** 1. süssüz. 2. asıl. 3. çıplak.

un.a.dul.ter.at.ed (ʌnıdâl'tıreytîd) **s.** karıştırılmamış, safiyeti bozulmamış.

un.af.fect.ed (ʌnıfek'tîd) **s.** 1. tabii, samimi. 2. etkilenmemiş.

un.aid.ed (ʌneyd'îd) **s.** yardımsız.

un.al.ter.a.ble (ʌnôl'tırıbıl) **s.** değiştirilemez.

u.nan.i.mous.ly (yunän'imsli) **z.** oybirliğiyle.

un.ap.peal.ing (ʌnıpi'ling) **s.** zevksiz, cazip olmayan, nahoş.

un.as.sist.ed (ʌnısis'tîd) **s.** yardımcısız 2. yardımsız.

un.as.sum.ing (ʌnısu'ming) **s.** alçakgönüllü, mütevazı, gösterişsiz.

un.at.tached (ʌnıtäçt') **s.** 1. bağlı olmayan. 2. bekâr.

un.at.tain.a.ble (ʌnıtey'nıbıl) **s.** elde edilemez, ulaşılamaz.

un.at.trac.tive (ʌnıträk'tîv) **s.** çekici olmayan, tatsız.

un.au.thor.ized (ʌnô'thırayzd) **s.** 1. yetkisiz. 2. resmi olmayan.

un.a.vail.a.ble (ʌnıvey'lıbıl) **s.** mevcut olmayan. •

un.a.void.able (ʌnıvoy'dıbıl) **s.** kaçınılmaz.

un.a.ware (ʌnıwer') **s.** farkında olmayan, habersiz.

un.bal.anced (ʌnbäl'ınst) **s.** 1. dengesiz. 2. tutarsız.

un.bear.a.ble (ʌnber'ıbıl) **s.** çekilmez, dayanılmaz; bunaltıcı.

un.beat.en (ʌnbi'tın) **s.** yenilmemiş.

un.be.com.ing (ʌnbîkâm'îng) **s.** yakışıksız, uygunsuz.

un.be.lief (ʌnbîlif') **i.** inançsızlık.

un.be.liev.a.ble (ʌnbîli'vıbıl) **s.** inanılmaz.

un.be.liev.er (ʌnbîli'vır) **i.** kâfir, gâvur.

un.bi.ased (ʌnbay'ıst) **s.** tarafsız.

un.bind (ʌnbaynd') **f.** 1. çözmek. 2. gevşetmek.

un.bleached (ʌnblîçt') **s.** ağartılmamış. **unbleached muslin** amerikanbezi.

un.blem.ished (ʌnblem'îşt) **s.** lekesiz, kusursuz.

un.born (ʌnbôrn') **s.** 1. doğmamış, henüz dünyaya gelmemiş 2. müstakbel, gelecek.

un.bound (ʌnbaund') **s.** ciltsiz.

un.bound.ed (ʌnbaun'dîd) **s.** 1. sınırsız. 2. kontrolsuz.

un.bro.ken (ʌnbro'kın) **s.** 1. kırılmamış, bütün. 2. bozulmamış. 3. devamlı.

un.bur.den (ʌnbır'dın) **f.** 1. yükten kurtarmak. 2. derdini dökmek.

un.but.ton (ʌnbât'ın) **f.** düğmelerini çözmek.

un.called-for (ʌnkôld'fôr) **s.** 1. lüzumsuz, istenilmeyen. 2. uygunsuz, münasebetsiz 3. çirkin.

un.can.ny (ʌnkän'i) **s.** acayip. 2. esrarengiz, nedeni anlaşılamayan.

un.cared-for (ʌnkerd'fôr) **s.** 1. ihmal edilmiş, bakımsız. 2. düzensiz.

un.ceas.ing (ʌnsi'sing) **s.** 1. sürekli, aralıksız. 2. sonsuz.

un.cer.e.mo.ni.ous (ʌnserımo'niyıs) **s.** 1. nezaketsiz, kaba. 2. laubali.

un.cer.tain (ʌnsır'tın) **s.** 1. kuşkulu, şüpheli. 2. kararsız. 3. değişken, dönek. **uncertainly z.** tereddütle, kararsızca. **uncertainty i.** 1. şüphe, tereddüt. 2. kesinsizlik.

un.civ.i.lized (ʌnsiv'ılayzd) **s.** 1. medeniyetsiz, insan girmemiş. 2. vahşi.

un.claimed (ʌnkleymd') **s.** sahipsiz.

un.cle (âng'kıl) **i.** 1. amca. 2. dayı. 3. eniste.

un.clear (ʌnklîr') **s.** zor anlaşılır.

un.com.fort.a.ble (ʌnkumf'tıbıl) **s.** 1. rahatsız. 2. nahoş.

un.com.mit.ted (ʌnkımît'îd) **s.** 1. taahhüt altına girmemiş. 2. bağımsız. 3. fikrini söylememiş.

un.com.mon (ʌnkam'ın) **s.** 1. nadir, seyrek. 2. olağanüstü.

un.com.mu.ni.ca.tive (ʌnkımyu'nıkîtîv) **s.** az konuşan, suskun; ağzı sıkı.

un.com.pro.mis.ing (ʌnkam'prımayzîng) **s.** 1. fikir veya prensiplerinden vazgeçmez. 2. ödün vermez. 3. uzlaşmaz, uyuşmaz.

un.con.cerned (ʌnkınsırnd') **s.** ilgisiz, kayıtsız, duygusuz.

un.con.di.tion.al (ʌnkındîş'ınıl) **s.** kayıtsız şartsız.

un.con.firmed (ʌnkınfırmd') **s.** doğrulanmamış.

un.con.scious (ʌnkan'şıs) **s.** 1. bilinçsiz. 2. baygın. **the unconscious** bilinçaltı. **unconsciously z.** bilinçsizce.

un.con.sti.tu.tion.al (ʌnkanstîtu'şınıl) **s.** anayasaya aykırı.

un.con.trolled (ʌnkıntrold') **s.** idaresiz.

un.con.ven.tion.al (ʌnkınven'şınıl) **s.** göreneklere uymayan.

un.count.ed (ʌnkaun'tîd) **s.** 1. sayılmamış. 2. sayısız.

un.couth (ʌnkuth') **s.** 1. kaba, inceliksiz. 2. tuhaf.

un.cov.er (ʌnkâv'ır) **f.** 1. örtüsünü kaldırmak, açmak. 2. açığa çıkarmak.

un.crit.i.cal (ânkrît'îkıl) **s.** eleştirmeyen, değerlendirici olmayan.

un.cul.ti.vat.ed (ânkâl'tıveytîd) **s.** işlenmemiş (toprak).

un.dam.aged (ândäm'îcd) **s.** zarar görmemiş.

un.dat.ed (ândey'tîd) **s.** tarihsiz.

un.daunt.ed (ândôn'tîd) **s.** gözü pek, cesur, yılmaz.

un.de.cid.ed (ândîsay'dîd) **s.** 1. karar verilmemiş, sallantıda. 2. kararsız.

un.de.fined (ândîfaynd') **s.** tarif edilmemiş, açıklanmamış.

un.de.mon.stra.tive (ândîman'strıtîv) **s.** hislerini belli etmeyen, çekingen.

un.de.ni.a.ble (ândînay'ıbıl) **s.** yadsınmaz, inkâr edilmez.

un.der (ân'dır) **edat** 1. altına, altında. 2. -dan aşağı, -dan eksik. 3. aşağısına, aşağısında. 4. himayesinde. 5. emrinde. **z.** 1. arasına, altına. 2. aşağıda. 3. daha az. **s.** 1. alt. 2. az. 3. bastırılmış.

un.der.bid (ândırbîd') **f.** istenilenden daha aşağı fiyat öne sürmek.

un.der.brush (ân'dırbrâş) **i.** çalılık.

un.der.clothes (ân'dırkloz) **i.** iç çamaşırları.

un.der.cov.er (ândırkâv'ır) **s.** gizli, casus gibi. **under cover** gizlice.

un.der.cur.rent (ân'dırkırınt) **i.** 1. alt akıntı. 2. gizli eğilim.

un.der.cut (ândırkât') **f.** otoritesini baltalamak.

un.der.de.vel.oped (ândırdîvel'ıpt) **s.** 1. az gelişmiş. 2. geri kalmış.

un.der.em.ployed (ândırımployd') **s.** istediği şekilde iş bulamayan; yeterince çalıştırılmayan.

un.der.es.ti.mate (ândıres'tımeyt) **f.** değerinin altında paha biçmek; eksik hesaplamak.

un.der.go (ândırgo') **f.** 1. çekmek, katlanmak. 2. olmak, geçirmek. 3. uğramak.

un.der.grad.u.ate (ândırgräc'uwît) **i.** üniversite öğrencisi.

un.der.ground (ân'dırgraund') **z.** 1. yeraltında. 2. gizli. **i.** 1. yeraltı. 2. yeraltı geçidi. 3. (İng.) metro. 4. yeraltı örgütü.

un.der.hand.ed (ân'dırhän'dîd) **s.** el altından yapılan, hileli, alçakça.

un.der.lie (ân'dırlay') **f.** temelini oluşturmak.

un.der.line (ân'dırlayn) **f.** 1. altını çizmek. 2. önemini belirtmek.

un.der.mine (ândırmayn') **f.** 1. altını kazmak. 2. ayağını kaydırmak.

un.der.neath (ândırnîth') **z., edat** altına, altında.

un.der.nour.ished (ândırnır'îşt) **s.** iyi beslenmemiş.

un.der.pants (ân'dırpänts) **i.** don, külot.

un.der.pass (ân'dırpäs) **i.** altgeçit.

un.der.priv.i.leged (ândırpriv'ılîcd) **s.** imkânları kıt.

un.der.score (ândırskôr') **f.** 1. altını çizmek. 2. üzerinde durmak.

un.der.sea (ân'dırsi) **s.** denizaltı.

un.der.sec.re.tar.y (ân'dırsek'rîteri) **i.** bakan müşaviri, müşteşar.

un.der.shirt (ân'dırşırt) **i.** iç gömleği, fanila.

un.der.stand (ândırständ') **f.** 1. anlamak. 2. kestirmek. 3. öğrenmek. 4. kavramak, bilmek. **understandable s.** anlaşılır. **understanding i.** 1. anlayış, kavrayış. 2. söz kesme. 3. anlaşma. **s.** anlayışlı.

un.der.take (ândırteyk') **f.** üzerine almak, yüklenmek.

un.der.tak.er (ândırtey'kır) **i.** cenaze işleri görevlisi.

un.der.tak.ing (ândırtey'kîng) **i.** taahhüt; girişim, teşebbüs.

un.der.wa.ter (ân'dırwô'tır) **s.** sualtı.

un.der.wear (ân'dırwer) **i.** iç çamaşırı.

un.der.weight (ân'dırweyt) **f.** 1. ağırlığı eksik. 2. zayıf.

un.der.world (ân'dırwırld) **i.** 1. ölüler diyarı. 2. suçlular tabakası, kanunsuzlar.

un.der.write (ân'dır.rayt) **f.** sigorta etmek. **underwriter i.** sigortacı.

un.de.sir.a.ble (ândîzayr'ıbıl) **s.** 1. istenilmeyen. 2. sakıncalı.

un.de.vel.oped (ândîvel'ıpt) **s.** 1. gelişmemiş. 2. banyo edilmemiş.

un.dig.ni.fied (ândîg'nîfayd) **s.** vakur olmayan.

un.dip.lo.mat.ic (ândîplımät'îk) **s.** diplomatik olmayan.

un.dis.ci.plined (ândîs'ıplînd) **s.** disiplinsiz, terbiye edilmemiş.

un.dis.closed (ândîsklozd') **s.** açığa vurulmamış.

un.dis.put.ed (ândîspyut'îd) **s.** karşı gelinmeyen.

un.dis.turbed (ândîstırbd') **s.** rahatsız edilmemiş.

un.di.vid.ed (ândîvay'dîd) **s.** bölünmemiş.

un.do (ându') **f.** 1. bozmak, iptal etmek. 2. çözmek, açmak, sökmek. 3. mahvetmek.

un.doubt.ed (ândau'tîd) **s.** kesin, şüphesiz. **undoubtedly z.** şüphesiz.

un.dress (ândres') **f.** soyunmak.

un.due (ându') **s.** 1. aşırı. 2. uygunsuz, yakışıksız. 3. gereksiz, yersiz. **unduly z.** 1. aşırı derecede. 2. boş yere. 3. haksız olarak.

un.dy.ing (ânday'îng) **s.** sonsuz.

un.earned (ânırnd') **s.** 1. çalışarak kazanılmamış. 2. hak edilmemiş.

un.earth (ânırth´) f. meydana çıkarmak, keşfetmek.

un.earth.ly (ânırth´li) s. korkunç, müthiş.

un.eas.y (âni´zi) s. 1. huzursuz, rahatsız, üzgün. 2. gergin, tutuk. 3. endişeli. **uneasiness i.** 1. huzursuzluk, rahatsızlık. 2. endişe.

un.ed.u.cat.ed (ânec´ûkeytïd) s. okumamış, tahsilsiz.

un.em.ployed (ânımployd´) s. işsiz. **unemployment i.** işsizlik.

un.en.dur.a.ble (ânïndûr´ıbıl) s. dayanılmaz, çekilmez.

un.en.joy.a.ble (ânïncoy´ıbıl) s. hoş olmayan, zevk vermeyen.

un.e.qual (âni´kwıl) s. 1. eşitsiz. 2. düzensiz. 3. farklı.

un.e.quiv.o.cal (ânikwiv´ıkıl) s. tek anlamlı, açık. **unequivocally z.** su götürmez şekilde.

un.e.ven (âni´vın) s. 1. düz olmayan, pürüzlü. 2. tek (sayı).

un.e.vent.ful (ânivent´fıl) s. olaysız, sessiz.

un.ex.pect.ed (ânikspek´tïd) s. beklenilmedik. **unexpectedly z.** ansızın.

un.ex.pired (ânikspayrd´) s. günü geçmemiş, vadesi gelmemiş, süresi dolmamış.

un.fail.ing (ânfey´ling) s. 1. gevşemeyen, yorulmaz. 2. güvenilir. 3. tükenmez, sonsuz.

un.fair (ânfer´) s. haksız, adaletsiz. **unfairly z.** haksızca. **unfairness i.** haksızlık.

un.faith.ful (ânfeyth´fıl) s. 1. sadakatsiz, hainkatsiz. 2. güvenilmez. **unfaithfulness i.** sadakatsizlik.

un.fa.mil.iar (ânfımïl´yır) s. yabancı.

un.fash.ion.a.ble (ânfâş´ınıbıl) s. modaya uymayan.

un.fast.en (ânfâs´ın) f. çözmek, gevşetmek, açmak; çözülmek, gevşemek.

un.fa.vor.a.ble (ânfey´vırıbıl) s. 1. uygun olmayan. 2. elverişsiz. 3. mahzurlu, zararlı. 4. aksi, ters.

un.feel.ing (ânfi´ling) s. 1. duygusuz. 2. zalim.

un.feigned (ânfeynd´) s. 1. yapmacıksız, samimi. 2. gerçek.

un.fin.ished (ânfin´işt) s. bitmemiş, tamamlanmamış.

un.fit (ânfit´) s. 1. uygunsuz. 2. uymaz. 3. ehliyetsiz.

un.fold (ânfold´) f. 1. kıvrımlarını açmak, yaymak. 2. göz önüne sermek, açıklamak. 3. gelişmek. 4. açılmak.

un.for.get.ta.ble (ânfırget´ıbıl) s. unutulmaz.

un.fore.seen (ânfôrsin´) s. beklenmedik, umulmadık.

un.for.tu.nate (ânfôr´çınıt) s. 1. talihsiz, bahtsız, bedbaht, biçare. 2. başarısız. **unfortunately z.** ne yazık ki, maalesef.

un.found.ed (ânfaun´dïd) s. temelsiz, asılsız.

un.friend.ly (ânfrend´li) s. arkadaşlığa yakışmayan, dostça olmayan, samimiyetsiz, nahoş.

un.god.ly (ângod´li) s. 1. dinsiz. 2. kötü. 3. berbat, pek fena. 4. pek çok.

un.grate.ful (ângreyt´fıl) s. 1. nankör. 2. nahoş, tatsız.

un.hap.py (ânhäp´i) s. 1. mutsuz, üzüntülü, kederli. 2. talihsiz, şanssız. 3. uğursuz, meşum.

un.health.y (ânhel´thi) s. sağlıksız; sağlığa zararlı.

un.hur.ried (ânhır´id) s. sükûnetle yapılan, acelesiz, telaşsız.

u.ni.form (yu´nıfôrm) s. 1. muntazam. 2. yeknesak. 3. bir kararda. i. üniforma. f. üniforma giydirmek.

u.ni.fy (yu´nıfay) f. birleştirmek. **unified s.** birleştirilmiş, birleşik.

u.ni.lat.er.al (yunılät´ırıl) s. tek yanlı.

un.im.por.tant (ânimpôr´tınt) s. önemsiz.

un.in.formed (ânïnfôrmd´) s. haberdar edilmemiş.

un.in.hab.it.ed (ânïnhäb´ıtïd) s. ıssız, boş, tenha.

un.in.ten.tion.al (ânïnten´şınıl) s. istemeyerek yapılan, kasıtsız. **unintentionally z.** istemeyerek.

un.in.ter.est.ed (ânïn´tırıstïd) s. ilgisiz, aldırışsız.

un.in.ter.rupt.ed (ânïntırâp´tïd) s. aralıksız.

un.ion (yun´yın) i. 1. birleşme, bağlaşma. 2. birlik. 3. sendika.

Union of Soviet Socialist Republics Sovyetler Birliği, Sovyet Sosyalist Cumhuriyetler Birliği.

u.nique (yunik´) s. 1. tek, yegâne, eşsiz. 2. nadir.

u.ni.son (yu´nısın) i. birlik, uyum, ahenk, uygunluk.

u.nit (yu´nït) i. birim, ünite.

u.nite (yunayt´) f. 1. birleştirmek; birleşmek. 2. bağlamak. 3. bitişmek. **united s.** birleşmiş, birleşik.

United Arab Republic Birleşik Arap Cumhuriyeti.

United Kingdom Britanya Krallığı.

United Nations Birleşmiş Milletler.

United States of America Amerika Birleşik Devletleri.

u.ni.ty (yu´nıti) i. 1. birlik. 2. birleşme.

u.ni.ver.sal (yunıvır´sıl) s. evrensel.

u.ni.verse (yu´nıvırs) i. evren, kâinat, âlem.

u.ni.ver.si.ty (yunıvır´sıti) i. üniversite.

un.just (âncʌst´) s. haksız, adaletsiz. **unjustly s.** haksız olarak.

un.kempt (ânkempt´) s. taranmamış, dağınık.

un.kind (ânkaynd´) s. 1. şefkatsiz; kırıcı. 2. zalim, sert. **unkindly** z. sertçe; şefkatsizce. **un-kindness** i. şefkatsizlik.

un.known (ân.non') s. bilinmeyen, meçhul, yabancı.

un.latch (ânlâç') f. açmak, mandalını açmak.

un.law.ful (ânlô'fil) s. kanunsuz, gayri meşru.

un.leash (ânliş') f. serbest bırakmak.

un.leav.ened (ânlev'ınd) s. mayasız. **un-leavened bread** hamursuz.

un.less (ânles') bağ. meğerki, -medikçe.

un.let.tered (ânlet'ırd) s. okuma yazması olmayan, okumamış.

un.like (ânlâyk') s. farklı.

un.like.ly (ânlâyk'li) s. olasısız, muhtemel olmayan.

un.lim.it.ed (ânlîm'îtîd) s. 1. sınırsız, sonsuz, sayısız. 2. kısıtsız, kayıtsız, şartsız.

un.load (ânlôd') f. yükünü boşaltmak.

un.lock (ânlâk') f. kilidi açmak.

un.luck.y (ânlâk'i) s. 1. talihsiz, bahtsız, şanssız. 2. uğursuz, meşum. **unluckily** z. şanssızlık eseri.

un.man.age.a.ble (ânmân'icıbıl) s. idaresi güç, idare edilemez.

un.mar.ried (ânmer'id) s. evli olmayan, bekâr.

un.mask (ânmâsk') f. 1. maskesini çıkartmak. 2. gerçeği açığa vurmak, meydana çıkartmak.

un.mer.ci.ful (ânmır'sifıl) s. merhametsiz, zalim. **unmercifully** z. merhametsizce.

un.mind.ful (ânmaynd'fıl) s. dikkatsiz, düşüncesiz. **unmindful of** düşünmeyerek, göz önüne almayarak.

un.mis.tak.a.ble (ânmistey'kıbıl) s. yanlış anlaşılmaz, açık. **unmistakably** z. şüphe götürmez bir şekilde.

un.mit.i.gat.ed (ânmit'ıgeytîd) s. tam; dindirilmemiş.

un.nat.u.ral (ân.nâç'ırıl) s. 1. tabiata aykırı, suni. 2. tuhaf, garip, anormal.

un.nec.es.sa.ry (ân.nes'ıseri) s. faydasız, gereksiz. **unnecessarily** z. gereksiz yere.

un.oc.cu.pied (ânak'yıpayd) s. işgal edilmemiş.

un.of.fi.cial (ânıfîş'ıl) s. gayri resmi.

un.or.gan.ized (ânôr'gınayzd) s. örgütsüz, teşkilâtsız, düzenlenmemiş.

un.pack (ânpâk') f. açmak (bavul), açıp boşaltmak.

un.paid (ânpeyd) s. ödenmemiş.

un.par.don.a.ble (ânpar'dınıbıl) s. affedilemez.

un.pa.tri.ot.ic (ânpeytriyat'îk) s. vatanperver olmayan.

un.pleas.ant (ânplez'ınt) s. nahoş, hoşa gitmeyen, tatsız. **unpleasantly** z. nahoşça. **unpleasantness** i. nahoşluk, tatsızlık.

un.pol.ished s. parlatılmamış, boyasız.

un.pop.u.lar (ânpap'yılır) s. 1. rağbet görmeyen, benimsenmeyen, tutulmayan. 2. gözden düşmüş.

un.prej.u.diced (ânprec'udîst) s. önyargısız, tarafsız.

un.pre.pared (ânpriperd') s. hazırlıksız.

un.pub.lished (ânpâb'lîşt) s. basılmamış, yayımlanmamış.

un.qual.i.fied (ânkwal'ıfayd) s. 1. ehliyetsiz, uygun nitelikleri olmayan. 2. tam, kesin.

un.ques.tion.a.ble (ânkwes'çınıbıl) s. 1. tartışılmaz. 2. şüphe götürmez, muhakkak. **un-questionably** z. şüphesiz.

un.read.y (ânred'i) s. hazır olmayan.

un.real (ânril') s. gerçeksiz, hayalî.

un.rea.son.a.ble (ânri'zınıbıl) s. 1. mantıksız. 2. makul olmayan. 3. aşırı, müfrit. **unreasonably** z. mantıksızca.

un.re.cord.ed (ânrikôr'did) s. kaydedilmemiş.

un.re.lent.ing (ânrilen'tîng) s. 1. merhametsiz, amansız, sert. 2. gevşemeyen.

un.re.li.a.ble (ânrilay'ıbıl) s. güvenilmez.

un.re.serv.ed.ly (ânrizır'vidli) z. 1. çekinmeden, açıkça. 2. şartsız olarak.

un.re.spon.sive (ânrispan'siv) s. tepki göstermeyen.

un.rest (ânrest') i. 1. asayişsizlik, huzursuzluk, kargaşa. 2. rahatsızlık.

un.re.strained (ânristreynd') s. denetsiz; frenlenmemiş, dizginsiz.

un.strict.ed (ânristrik'tîd) s. sınırsız, kısıtsız.

un.right.eous (ânray'çıs) s. 1. doğru olmayan, dürüst olmayan. 2. günahkâr, kötü. 3. haksız, adaletsiz.

un.ripe (ânrayp') s. ham, olgunlaşmamış.

un.ri.valed (ânray'vıld) s. rakipsiz, eşsiz.

un.roll (ânrol') f. (tomar) açmak.

un.ruf.fled (ânrʌf'ıld) s. heyecansız, telaşsız, sakin.

un.ru.ly (ânru'li) s. kanuna boyun eğmeyen. 1. zaptedilmez. 2. asi, itaatsiz. 4. azılı.

un.safe (ânseyf') s. emniyetsiz, tehlikeli, güvenilmez.

un.said (ânsed') s. söylenmemiş.

un.sat.is.fac.to.ry (ânsâtîsfâk'tırı) s. 1. kıvanç vermeyen. 2. yetersiz, tatmin etmeyen.

un.sa.vor.y (ânsey'vırı) s. 1. yavan. 2. nahoş, çirkin, kötü.

un.sci.en.tif.ic (ânsayıntîf'îk) s. bilimsel olmayan, bilime aykırı.

un.screw (ânskru') f. vidaları çıkartmak.

un.scru.pu.lous (ânskru'pyılıs) s. her şeyi göze alan; vicdansız.

un.seem.ly (ânsim'li) s. yakışıksız, uygunsuz, çirkin.

un.seen (ânsin') s. keşfedilmemiş, göze görünmeyen.

un.self.ish (ânsel'fîş) **s.** cömert, çıkar gözetmeyen.

un.set.tled (ânset'ıld) **s.** 1. kararsız, kararlaştırılmamış. 2. belirsiz. 3. değişken (hava). 4. ödenmemiş, kapanmamış. 5. yerleşmemiş.

un.shak.a.ble (ânşeyk'ıbıl) **s.** kolay değişmez, sabit, sarsılmaz, sağlam.

un.skilled (ânskîld') **s.** maharetsiz, hünersiz.

un.so.cia.ble (ânso'şıbıl) **s.** toplumdan kaçan.

un.so.phis.ti.cat.ed (ânsıfîs'tıkeytîd) **s.** hile bilmez, tecrübesiz, saf, masum.

un.sound (ânsaund') **s.** 1. sağlam olmayan, sıhhatsiz. 2. gerçeksiz, geçersiz. 3. derme çatma, çürük.

un.spoiled (ânspoyld') **s.** bozulmamış.

un.spo.ken (ânspo'kın) **s.** açığa vurulmamış.

un.sta.ble (ânstey'bıl) **s.** 1. sabit olmayan, kalımsız. 2. kararsız, hercai, gelgeç, dönek. 3. değişken.

un.stead.y (ânstedʹi) **s.** 1. sallanan. 2. titrek. 3. düzensiz. 4. değişken, kararsız.

un.suc.cess.ful (ânsıkses'fıl) **s.** başarısız.

un.suit.a.ble (ânsu'tıbıl) **s.** uygunsuz, yakışıksız.

un.sur.passed (ânsırpäst') **s.** geçilemez, üstün, eşsiz.

un.sus.pect.ing (ânsıspek'tîng) **s.** masum, saf, habersiz, şüphesi olmayan.

un.sys.tem.at.ic (ânsîstımät'îk) **s.** sistemsiz.

un.tan.gle (ântäng'gıl) **f.** açmak, çözmek.

un.tar.nished (ântar'nîşt) **s.** lekelenmemiş, kararmamış.

un.ten.a.ble (ânten'ıbıl) **s.** savunulmaz.

un.thank.ful (ânthängk'fıl) **s.** nankör.

un.think.ing (ânthîng'kîng) **s.** düşüncesiz, saygısız. **unthinkingly z.** düşünmeden.

un.ti.dy (ântay'di) **s.** düzensiz, tertipsiz, dağınık. **untidily z.** düzensizce.

un.tie (ântay') **f.** 1. çözmek, açmak. 2. halletmek.

un.til (ântîl') **edat, bağ.** -e kadar, -e değin, -e dek.

un.time.ly (ântaym'li) **s.** 1. zamansız, mevsimsiz. 2. erken gelen.

un.to (ân'tu) **edat** -e kadar.

un.told (ântold') **s.** tahmin edilemez, sayısız.

un.to.ward (ântôrd') **s.** 1. aksi, ters. 2. uygunsuz, münasebetsiz.

un.troub.led (ântrâbʹıld) **s.** 1. sıkıntısız. 2. durgun.

un.true (ântru') **s.** 1. yalan, sahte. 2. sadakatsiz, hakikatsiz.

un.trust.wor.thy (ântrâst'wırdhi) **s.** güvenilmez.

un.truth.ful (ântruth'fıl) **s.** 1. yalan, uydurma. 2. yalancı.

un.used (ânyuzd') **s.** kullanılmamış.

un.u.su.al (ânyu'juwıl) **s.** görülmedik, nadir, seyrek, olağanüstü. **unusually z.** fevkalade.

un.veil (ânveyl') **f.** 1. peçesini açmak. 2. göz önüne koymak, açmak.

un.want.ed (ânwân'tîd) **s.** istenilmeyen.

un.war.y (ânwer'i) **s.** uyanık olmayan, gafil, dikkatsiz, tedbirsiz.

un.wa.ver.ing (ânwey'vırîng) **s.** değişmez.

un.wel.come (ânwel'kım) **s.** nahoş, tatsız, hoş karşılanmayan, istenilmeyen.

un.well (ânwel') **s.** rahatsız, hasta.

un.whole.some (ânhōl'sım) **s.** sağlıksız; zararlı.

un.will.ing (ânwîl'îng) **s.** isteksiz, gönülsüz. **unwillingly z.** istemeyerek.

un.wind (ânwaynd') **f.** 1. (sarılmış şeyi) açmak. 2. gevşemek, açılmak; rahatlamak.

un.wise (ânwayz') **s.** 1. akılsız. 2. makul olmayan. **unwisely z.** akılsızca.

un.wor.thy (ânwır'dhi) **s.** 1. değmez. 2. değimsiz, uygun olmayan. 3. aşağılık.

un.wrap (ânrâp') **f.** çözmek, açmak; çözülmek, açılmak.

un.writ.ten (ânrît'ın) **s.** 1. yazılmamış, kitaba geçmemiş. 2. geleneksel.

un.yield.ing (ânyîl'dîng) **s.** 1. sert. 2. boyun eğmez, direngen.

up (âp) **z.** 1. yukarıya, yukarıda. 2. yükseğe. 3. ileriye. 4 -e kadar. 5. öne, ileri. 6. tamamen. **s.** 1. yükselmiş. 2. kalkmış, kalkık. 3. kaldırılmış. 4. yüksek, kabarık. 5. ilerlemiş. 6. hazır. **up to date** çağcıl, güncel, güncül, modern.

up.date (âpdeyt') **f.** güncelleştirmek.

up.heav.al (âphi'vıl) **i.** karışıklık, ayaklanma.

up.hill (âp'hîl) **z.** yokuş yukarı. **s.** 1. yukarı giden. 2. güç, çetin, müşkül.

up.hold (âphold') **f.** 1. desteklemek. 2. onaylamak.

up.hol.ster (âphol'stır) **f.** 1. döşemek. 2. donatmak. **upholstery i.** döşemelik eşya.

up.keep (âp'kip) **i.** 1. bakım, muhafaza. 2. bakım masrafı.

up.on (ıpan') **edat** 1. üstüne, üzerine; üstünde, üzerinde. 2. -e, -de.

up.per (âp'ır) **s.** 1. üstteki, üst kattaki. 2. yukarıki, yukarıdaki. 3. üst. **i.** saya, ayakkabı yüzü. **upper case** büyük harf. **upper class** üst tabaka. **uppers i.** kumaş tozluk.

up.per.most (âp'ırmost) **s.** 1. en üst, en yukarıdaki. 2. akla ilk gelen.

Upper Vol.ta (val'tı) Yukarı Volta.

up.right (âp'rayt) **s.** 1. doğru, dikey, dik. 2. dürüst. **z.** dikine. **i.** 1. direk. 2. dik piyano, düz piyano.

up.ris.ing (âp'rayzîng) **i.** ayaklanma, isyan.

up.roar (ȧp'rôr) **i.** gürültü, şamata, velvele.

up.set (ȧpset') **f.** 1. devirmek. 2. altüst etmek. 3. keyfini bozmak; sinirlendirmek. 4. bozguna uğratmak. 5. (midesini) bozmak. **s.** 1. düzeni bozulmuş, altüst olmuş. 2. üzüntülü, sinirli.

up.shot (ȧp'şat) **i.** sonuç, netice, nihayet.

up.side.down (ȧp'sayd.daun') **s., i.** 1. tepetaklak. 2. altüst.

up.stairs (ȧp'sterz) **z.** yukarıya, yukarıda. **s.** yukarıdaki. **i.** üst kat.

up.stand.ing (ȧpstän'ding) **s.** doğru, dürüst.

up.start (ȧp'start) **s.** türedi, sonradan görme, zıpçıktı.

up-to-date (ȧp'tıdeyt') **s.** çağcıl, güncel, modern.

up.town (ȧp'taun') **z.** şehir merkezi dışında **s.** şehir merkezi dışındaki. **i.** şehir merkezinin dışı.

up.ward (ȧp'wırd) **z.** yukarı doğru, yukarı.

u.ra.ni.um (yûrey'niyım) **i.** uranyum.

ur.ban (ır'bın) **s.** kentsel; şehirde bulunan.

urge (ırc) **f.** 1. sevk etmek, ileri sürmek. 2. dürtmek. 3. sıkıştırmak. 4. ısrar etmek. 5. ısrarla anlatmak. 6. kışkırtmak. 7. zorlamak. **i.** dürtü.

ur.gen.cy (ır'cınsi) **i.** 1. sıkıştırma. 2. zorunluk, kaçınılmazlık. **urgent s.** 1. âcil, ivedili. 2. zorunlu, kaçınılmaz. 3. ısrar eden; çok sıkıştıran. **urgently z.** 1. önemle. 2. aceleyle, ivedilikle.

u.ri.nar.y (yûr'ıneri) **s.** idrara ait.

u.ri.nate (yûr'ıneyt) **f.** işemek.

u.rine (yûr'ın) **i.** idrar, sidik.

U.ru.guay (yûr'ıgwey) **i.** Uruguay.

us.a.ble (yu'zıbıl) **s.** kullanılır, elverişli.

us.age (yu'sic) **i.** 1. kullanış, kullanma. 2. örf ve âdet; âdet, usul.

use (f. yuz; i. yus) **f.** 1. kullanmak. 2. davranmak. **i.** 1. kullanma, kullanım. 2. yarar, fayda. **use up** tüketmek, harcamak. **useful s.** yararlı. **usefully z.** yararlı bir şekilde. **usefulness i.** kullanışlılık, yararlılık. **useless s.** yararsız, faydasız, boş. **uselessly z.** yararsızca.

used (yuzd) **s.** kullanılmış, eski, **used to** (yust tu) alışmış, alışık. 2. (yust'ı) eskiden ... idi.

ush.er (ȧş'ır) **i.** 1. teşrifatçı. 2. (kilise veya tiyatroda) yer gösterici.

u.su.al (yu'juwıl) **s.** mutat, alışılmış, olağan, her zamanki. **as usual** âdet üzere, her zamanki gibi. **usually z.** çoğunlukla.

u.su.rer (yu'jırır) **i.** tefeci.

u.surp (yuzırp') **f.** gaspetmek, zorla almak, el koymak. **usurpation i.** gasıp. **usurper i.** gaspeden kimse, zorba.

u.su.ry (yu'jırı) **i.** 1. aşırı faiz. 2. tefecilik.

u.ten.sil (yuten'sıl) **i.** 1. kap. 2. alet.

u.ter.us (yu'tırıs) **i.** dölyatağı, rahim.

u.til.i.tar.i.an (yutîl'ıter'iyın) **s., i.** faydacıl. **utili-**

tarianism i. faydacılık.

u.til.i.ty (yutîl'ıti) **i.** 1. yarar, fayda, menfaat, yararlık. 2. kamu hizmet şirketi.

u.til.ize (yu'tılayz) **f.** 1. yararlı kılmak. 2. kullanmak. 3. yararlanmak.

ut.most (ȧt'most) **s.** 1. en uzak, en son. 2. azami, en büyük, en yüksek, en fazla. **i.** son derece, azami derece.

u.to.pi.a (yuto'piyı) **i.** 1. ideal yer veya hal. 2. ütopya. **utopian s.** ülküsel, ideal, hayali, ütopik. **i.** ütopyacı.

utter (ȧt'ır) **s.** 1. bütün bütün, tam, mutlak. 2. son derece. 3. kesin, son. **utterly z.** tamamen, bütün bütün.

ut.ter (ȧt'ır) **f.** söylemek.

V

va.can.cy (vey'kınsi) **i.** 1. boşluk. 2. boş yer, aralık. **vacant s.** boş.

va.cate (vey'keyt) **f.** terk etmek, bırakmak, boşaltmak.

vac.a.tion (veykey'şın) **i.** tatil.

vac.ci.nate (väk'sıneyt) **f.** 1. aşılamak. 2. çiçek aşısı yapmak. **vaccination i.** 1. aşı. 2. çiçek aşısı.

vac.cine (väk'sin) **i.** aşı maddesi, aşı.

vac.il.late (väs'ıleyt) **f.** iki yana sallanmak; kararsız olmak.

vac.u.um (väk'yum) **i.** boşluk. **vacuum cleaner** elektrik süpürgesi.

va.ga.bond (väg'ıband) **s., i.** serseri, avare, derbeder.

va.gar.y (vey'gırı) **i.** 1. aşırı merak. 2. kapris. 3. saplıklık.

va.gi.na (vıjay'nı) **i.** dölyolu, vajina.

va.grant (vey'grınt) **s., i.** serseri, derbeder. **vagrancy i.** serserilik.

vague (veyg) **s.** belirsiz; bulanık.

vain (veyn) **s.** 1. kibirli, gururlu. 2. gösterişçi. 3. boş. **in vain** 1. boş yere. 2. hürmetsizce.

val.iant (väl'yınt) **s.** yiğit, yürekli; kahramanca. **valiantly z.** kahramanca, yiğitçe.

val.id (väl'id) **s.** 1. geçerli. 2. doğru, sağlam. 3. yasal, meşru, kanuni.

val.i.date (väl'ıdeyt) **f.** 1. geçerli kılmak. 2. onaylamak. **validation i.** onaylama.

va.lid.i.ty (vılîd'ıti) **i.** 1. geçerlilik. 2. yürürlük. 3. sağlamlık, doğruluk.

va.lise (vılîs') **i.** küçük bavul, valiz.

val.ley (väl'i) **i.** koyak, vadi, dere.

val.or (väl'ır) **i.** yiğitlik, mertlik, kahramanlık.

val.u.a.tion (välyuwey'şın) **i.** 1. değer biçme.

value

2. biçilmiş değer.

val.ue (vâl'yu) **i.** 1. değer, kıymet. 2. itibar, önem. **f.** 1. değerlendirmek. 2. değer vermek, itibar etmek, takdir etmek. 3. paha biçmek.

valuable s. 1. değerli. 2. aziz. 3. pahalı.

valuables i. kıymetli eşya, mücevherat.

valued s. 1. değerlendirilmiş. 2. değerli.

valve (vâlv) **i.** 1. valf, supap. 2. kapakçık.

van (vän) **i.** üstü kapalı yük arabası.

van.dal.ism (vän'dılızm) **i.** vandalizm.

vane (veyn) **i.** rüzgârgülü, fırıldak, yelkovan.

van.guard (vän'gard) **i.** ileri kol, öncü.

va.nil.la (vınîl'ı) **i.** vanilya.

van.ish (vän'îş) **f.** kaybolmak, yok olmak, uçmak.

van.i.ty (vän'ıti) **i.** 1. kibir, gurur. 2. gösteriş, çaka. 3. boş şey; beyhudelik.

van.quish (vän'gkwîş) **f.** yenmek, alt etmek.

va.por (vey'pır) **i.** buhar, buğu, duman.

va.por.i.za.tion (veypırîzey'şın) **i.** buharlaşma.

va.por.ize (vey'pırayz) **f.** buharlaştırmak; buharlaşmak.

var.i.a.ble (ver'iyıbıl) **s.** değişir, değişken. **i.** değişken nicelik.

var.i.ance (ver'iyıns) **i.** 1. değişme, değişiklik. 2. uyuşmazlık, çelişki, ayrılık. **variant s.** 1. farklı, değişik. 2. dönek, yeltek. **i.** 1. başka şekil. 2. varyant. 3. değişen şey.

var.i.a.tion (veriyey'şın) **i.** 1. değişme, dönme, dönüşme. 2. (gram.) çekim. 3. çeşitleme, varyasyon.

var.i.cose (ver'ıkos) **s.** genişlemiş, varisli (damar).

var.ied (ver'îd) **s.** 1. çeşitli, türlü. 2. değişik.

va.ri.e.ty (vıray'ıti) **i.** 1. değişiklik, farklılık. 2. karışım. 3. çeşit. 4. cins, tür. **variety show** varyete. **variety store** tuhafiye dükkânı.

var.i.ous (ver'iyıs) **s.** 1. farklı, ayrı. 2. çeşitli. 3. değişik.

var.nish (var'nîş) **i.** vernik, cila. **f.** cilalamak, verniklemek.

var.y (ver'i) **f.** 1. değiştirmek. 2. başkalaştırmak.

vase (veys) **i.** vazo.

vas.e.line (väs'ilîn) **i.** vazelin.

vast (väst) **s.** 1. geniş, engin. 2. çok büyük. 3. çok. **vastly z.** çok.

Vat.i.can (vät'ıkın) **i.** Vatikan.

vault (vôlt) **i.** 1. tonoz, çatı kemeri, kemer. 2. gök, sema. 3. mahzen. 4. kasa. 5. (yeraltında) kemerli gömüt.

vault (vôlt) **i.** 1. atlama, atlayış. 2. sırıkla atlama. 3. atın sıçraması. **f.** atlamak, sıçramak.

veal (vil) **i.** dana eti.

vec.tor (vek'tır) **i.** 1. vektör. 2. (tıb.) taşıyıcı.

veer (vîr) **f.** 1. yön değiştirmek. 2. saat yelko-

vanı doğrultusunda yön değiştirmek. 3. dönmek; döndürmek. 4. değişmek. 5. çevirmek.

veg.e.ta.ble (vec'tıbıl) **i.** 1. sebze, göveri, yeşillik. 2. bitki. **s.** bitkisel. **vegetable bin, tray** sebzelik.

veg.e.tar.i.an (veciter'iyın) **i.** etyemez, otobur.

vegetarianism i. etyemezlik.

veg.e.tate (vec'ıteyt) **f.** 1. bitki gibi yaşamak. 2. kendi halinde yaşamak. **vegetation i.** bitkiler.

ve.he.ment (vi'yımınt) **s.** 1. şiddetli, hiddetli. 2. ateşli. **vehemently z.** şiddetle, hiddetle.

ve.hi.cle (vi'yıkıl) **i.** araç, taşıt, vasıta.

veil (veyl) **i.** 1. peçe, yaşmak; perde. 2. tül, duvak. 3. bahane, maske. 4. cenin zarı. **f.** 1. peçeyle örtmek. 2. üstünü kapamak, gizlemek.

vein (veyn) **i.** damar, toplardamar.

ve.loc.i.ty (vılas'ıti) **i.** hız, sürat.

vel.vet (vel'vît) **i.** kadife. **s.** kadife gibi.

ve.nal (vi'nıl) **s.** satın alınır, parayla elde edilir, rüşvetle kandırılır.

vend (vend) **f.** satmak. **vender i.** satıcı, işportacı, çerçi.

ve.neer (vınîr') **i.** 1. kaplama tahtası. 2. gösteriş, yapma tavır. **veneering i.** kaplama.

ven.er.a.ble (ven'ırıbıl) **s.** 1. saygıdeğer. 2. kutsal, huşu uyandıran.

ven.er.ate (ven'ıreyt) **f.** saygı göstermek, hürmet etmek, ululamak. **veneration i.** saygı.

ve.ne.re.al (vınîr'iyıl) **s.** zührevi.

Ven.e.zue.la (venızwey'lı) **i.** Venezüela.

ven.geance (ven'cıns) **i.** öç, intikam.

venge.ful (venc'fıl) **s.** öç alıcı, hınçlı, kinci. **vengefully z.** kinle, hınçla.

ve.ni.al (vi'niyıl) **s.** bağışlanır, affolunur.

ven.om (ven'ım) **i.** 1. yılan veya akrep zehiri, ağı. 2. garez, kin. **venomous s.** 1. zehirli, zehirleyici. 2. kin dolu.

ve.nous (vi'nıs) **s.** toplardamara ait.

vent (vent) **i.** 1. delik. 2. ağız, açma. 3. nefeslik. **f.** 1. dışarı salıvermek. 2. belirtmek. **give vent to** açığa vurmak.

ven.ti.late (ven'tıleyt) **f.** hava vermek, havalandırmak. **ventilation i.** havalandırma.

ventilator i. vantilatör.

ven.tral (ven'trıl) **i.** karna ait, karnında olan.

ven.ture (ven'çır) **i.** 1. risk, riziko. 2. şans işi, tehlikeli iş; cüret. **f.** 1. cüret etmek. 2. rize girmek. **venturesome s.** cüretli, atak, atılgan.

ve.ran.da (vırän'dı) **i.** veranda, taraça.

verb (vırb) **i.** (gram.) eylem, fiil.

ver.bal (vır'bıl) **s.** 1. söze ait, sözlü. 2. fiile ait, fiil kabilinden **verbal noun** isim-fiil, mastar ismi. **verbally z.** ağızdan, sözle, şifahen.

ver.dant (vır'dınt) **s.** 1. yeşil, taze. 2. yeşillikli.

ver.dict (vır'dîkt) **i.** 1. jüri kararı. 2. hüküm,

karar, ilam.

verge (vırc) **i.** sınır, had, kenar. **on the verge of** eşiğinde, üzere. **verge on** yakın olmak, benzemek.

ver.i.fy (ver'ıfay) **f.** 1. gerçeklemek, doğrulamak. 2. soruşturmak, araştırmak.

ver.i.ta.ble (ver'ıtıbıl) **s.** gerçek.

ver.i.ty (ver'ıti) **i.** 1. doğruluk, gerçeklik. 2. gerçek.

ver.mi.cel.li (vırmiseli'i) **i.** tel şehriye.

ver.min (vır'min) **i.** 1. haşarat. 2. iğrenç mahluk.

ver.nac.u.lar (vırnäk'yılır) **s.** yöresel dildeki. **i.** 1. günlük dil. 2. lehçe.

ver.nal (vır'nıl) **i.** ilkbahara ait, ilkbaharda olan.

ver.sa.tile (vır'sıtil) **s.** 1. çok yönlü. 2. becerikli, eli her işe yatkın. **versatility i.** 1. beceriklilik. 2. çok yönlülük.

verse (vırs) **i.** 1. dize, mısra. 2. şiir, koşuk. 3. kıta.

ver.sion (vır'jın) **i.** 1. (belirli bir görüşe dayanan) açıklama. 2. çeviri. 3. uyarlama.

ver.sus (vır'sıs) **edat** karşı.

ver.te.bra (vır'tıbrı) **i.** omur, vertebra.

ver.te.brate (vır'tıbreyt) **s.** omurgalı. **i.** omurgalı hayvan.

ver.tex (vır'teks) **i.** 1. doruk, zirve. 2. (geom.) köşe, açı.

ver.ti.cal (vır'tıkıl) **s.** düşey, dikey.

ver.y (ver'i) **s.** 1. tam, hakiki, ta kendisi. 2. aynı, tıpkısı. **z.** pek, çok.

ves.i.cle (ves'ikıl) **i.** kabarcık, kese, kist.

ves.sel (ves'ıl) **i.** 1. kap, tas. 2. tekne, gemi. 3. damar, kanal. 4. alet, vasıta.

vest (vest) **i.** yelek. **f.** yetkilendirmek.

ves.ti.bule (ves'tıbyul) **i.** giriş, antre.

ves.tige (ves'tic) **i.** eser, iz.

vet.er.an (vet'ırın) **s.** kıdemli. **i.** 1. kıdemli asker. 2. emekli asker.

vet.er.i.nar.y (vet'ırıneri) **i.** baytar, veteriner. **veterinarian i.** baytar, veteriner.

ve.to (vi'to) **i.** 1. veto. 2. yasak. **f.** veto etmek, reddetmek.

vex (veks) **f.** canını sıkmak, sinirlendirmek, kızdırmak. **vexed s.** üzgün, sinirli, canı sıkkın.

vex.a.tion (veksey'şın) **i.** üzüntü, sıkıntı. **vexatious s.** canı sıkıcı, üzücü.

vi.a (vıy'ı) **edat** yoluyla, -den geçerek.

vi.a.ble (vay'ıbıl) **s.** 1. yaşayabilecek. 2. geçerli.

vi.a.duct (vay'ıdäkt) **s.** sıra kemerli köprü, viyadük, aşıt.

vi.al (vay'ıl) **i.** ufak şişe.

vi.brant (vay'brınt) **s.** 1. canlı, enerjik, coşkun. 2. çarpıcı.

vi.brate (vay'breyt) **f.** titremek. **vibration i.** titreşim. **vibrator i.** 1. osilatör. 2. titreşimli masaj aleti.

vic.ar (vik'ır) **i.** kilise papazı.

vi.car.i.ous (vayker'iyıs) **s.** vekâleten yapılan.

vice (vays) **i.** 1. kötü alışkanlık, kötü huy.

vice (vays) **s.** yardımcı, muavin, ikinci.

vi.ce ver.sa (vays vır'sı) tersine, karşılıklı olarak.

vi.cin.i.ty (vısin'ıti) **i.** 1. yakınlık. 2. komşuluk. 3. çevre, civar, semt.

vi.cious (viş'ıs) **s.** kötü, kötücü. **vicious circle** kısır döngü.

vic.tim (vik'tim) **i.** 1. kurban. 2. mağdur.

vic.tim.ize (vik'tımayz) **f.** hileyle soymak, aldatmak.

vic.tor (vik'tır) **s., i.** fatih, galip. **victory i.** zafer, yengi, utku.

vid.e.o (vid'iyo) **s.** video.

view (vyu) **i.** 1. bakış. 2. görüş. 3. görüş alanı. 4. manzara, görünüm. **f.** 1. görmek, bakmak. 2. incelemek. 3. düşünmek. **in full view** tam göz önünde. **point of view** görüş noktası, bakış açısı.

view.point (vyu'poynt) **i.** görüş noktası, bakış açısı.

vig.il (vic'ıl) **i.** 1. uyanıklık. 2. gece nöbeti.

vig.i.lance **i.** uyanıklık, tetikte olmak, dikkat, ihtiyat. **vigilant s.** uyanık, tetikte, ihtiyatlı. **vigilantly z.** ihtiyatla, tetikte.

vig.or (vig'ır) **i.** kuvvet, dinçlik, enerji. **vigorous s.** kuvvetli, erkin, dinç.

vile (vayl) **s.** 1. aşağı, aşağılık, değersiz. 2. alçak, rezil, pespaye. 3. kötü, iğrenç, çirkin, pis.

vil.i.fy (vil'ıfay) **f.** 1. kötülemek, yermek. 2. iftira etmek.

vil.lage (vil'ic) **i.** köy. **villager i.** köylü.

vil.lain (vil'ın) **i.** kötü adam.

vim (vim) **i.** güç, kuvvet, enerji.

vin.dic.tive (vindik'tiv) **s.** kinci, intikamcı.

vine (vayn) **i.** 1. asma, bağ kütüğü. 2. sarılgan bitki.

vin.e.gar (vin'ıgır) **i.** sirke.

vine.yard (vin'yırd) **i.** bağ, üzüm bağı.

vin.tage (vin'tic) **i.** 1. bağbozumu. 2. bir mevsimin bağ mahsulü. 3. bir mevsimde çıkarılan şarap. **s.** 1. kaliteli. 2. eski, iyi, seçkin.

vi.o.la (viyo'lı) **i.** viyola, alto.

vi.o.late (vay'ıleyt) **f.** 1. bozmak, ihlal etmek. 2. tecavüz etmek. **violation i.** 1. ihtilal. 2. tecavüz.

vi.o.lence (vay'ılıns) **i.** 1. zor, şiddet. 2. tecavüz, zorlama. 3. zorbalık. 4. bozma. **violent s.** 1. sert, şiddetli, zorlu, kuvvetli. 2. zorba.

vi.o.lently z. şiddetle, vahşice.

vi.o.let (vay'ılît) **i.** 1. menekşe. 2. menekşe rengi.

vi.o.lin (vayılin') **i.** keman. **violinist i.** kemancı, viyolonist.

vi.per (vay'pır) **i.** 1. engerek. 2. sağıryılan.

vir.gin (vır'cin) **i.** kız, erden, bakire. **s.** 1. kullanılmamış, dokunulmamış, temiz. 2. tabii. 3. el değmemiş, bakir. **virginity i.** kızlık, bakirelik.

vir.ile (vir'ıl) **s.** erkeğe ait, erkekçe. **virility i.** erkeklik.

vir.tu.al (vır'çuwıl) **s.** 1. gerçek olmayan. 2. fiili. **virtually z.** 1. hemen hemen . 2. fiilen.

vir.tue (vır'çu) **i.** erdem, fazilet. **by virtue of** yetkisiyle, -den dolayı, nedeniyle, binaen. **virtuous s.** erdemli.

vi.rus (vay'rıs) **i.** virüs.

vi.sa (vi'zı) **i.** vize.

vis.cos.i.ty (viskas'ıti) **i.** yapışkanlık.

vis.cous (vis'kıs) **i.** yapışkan.

vise (vays) **i.** mengene.

vis.i.ble (viz'ıbıl) **s.** 1. görülür, görünür. 2. açık, belli. **visibility i.** 1. görünebilme. 2. görünürlük, görüş.

vi.sion (vîj'ın) **i.** 1. görüş. 2. görme. 3. hayal, imgelem. 4. kuruntu.

vis.it (viz'ît) **f.** ziyaret etmek, yoklamak, görüşmeye gitmek. **i.** 1. ziyaret, görüşme. 2. vizite. 3. sohbet. **visit with** ahbapça konuşmak. **visitor i.** misafir, ziyaretçi.

vis.ta (vis'tı) **i.** manzara, yaygın görünüş.

vis.u.al (vîj'uwıl) **s.** 1. görsel, optik. 2. görülebilir.

vis.u.al.ize (vîj'uwılayz) **f.** gözünde canlandırmak.

vi.tal (vayt'ıl) **s.** 1. dirimlik, hayati. 2. yaşayan, canlı, dirimsel. 3. önemli. **vitally z.** 1. hayati olarak. 2. çok.

vi.tal.i.ty (vaytäl'ıti) **i.** canlılık, hayat.

vi.ta.min (vay'tımîn) **i.** vitamin.

vi.ti.ate (vîş'iyeyt) **f.** 1. bozmak, ihlal etmek, iptal etmek. 2. hükümsüz kılmak.

vi.va.cious (vîvey'şıs) **s.** canlı, hayat dolu, neşeli, şen.

vi.vac.i.ty (vîväs'ıti) **i.** canlılık, neşelilik.

viv.id (vîv'îd) **s.** 1. parlak, canlı. 2. hayat dolu. **vividly z.** canlı bir şekilde.

vix.en (vîk'sın) **i.** 1. dişi tilki. 2. şirret kadın, huysuz kadın.

vi.zier (vîzîr') **i.** vezir. **Grand Vizier** sadrazam.

vo.cab.u.lar.y (vokäb'yılerî) **i.** 1. ek sözlük, lügatçe. 2. kelime bilgisi. 3. bir dilin bütün sözcükleri.

vo.cal (vo'kıl) **s.** 1. sesli. 2. dokunaklı. **i.** vokal. **vocal cords** ses kirişleri. **vocally z.** sesli olarak.

vo.ca.tion (vokey'şın) **i.** meslek, sanat, iş.

vo.cif.er.ous (vosîf'ırıs) **s.** gürültülü, şamatalı.

vod.ka (vad'kı) **i.** votka.

vogue (vog) **i.** 1. moda. 2. rağbet, itibar.

voice (voys) **i.** 1. ses, söz. 2. fikir. 3. (gram.) çatı. **f.** söylemek, ifade etmek.

void (voyd) **s.** 1. hükümsüz. 2. boş, ıssız. **i.** 1. boşluk. 2. boş yer. **f.** hükümsüz kılmak, iptal etmek.

vol.a.tile (val'ıtıl) **s.** 1. uçucu, buharlaşabilen, uçar. 2. dönek.

vol.can.ic (valkän'îk) **s.** volkanik.

vol.ca.no (valkey'no) **i.** yanardağ, volkan.

vo.li.tion (volîş'ın) **i.** irade, irade gücü.

vol.ley (val'î) **i.** 1. yaylım ateş. 2. vole. **vol.ley.ball** (val'îbôl) **i.** voleybol, uçantop.

volt (volt) **i.** volt.

volt.age (vol'tîc) **i.** voltaj, gerilim.

vol.u.ble (val'yıbıl) **s.** konuşkan, dilli.

vol.ume (val'yum) **i.** 1. cilt, kitap cildi. 2. hacim, oylum.

vo.lu.mi.nous (vılu'mınıs) **s.** hacimli, pek büyük.

vol.un.tar.y (val'ınterî) **s.** 1. gönüllü, ihtiyari, istemli, fahri. 2. iradeye bağlı. **voluntarily z.** gönüllü olarak.

vol.un.teer (valıntîr') **i.** 1. gönüllü. 2. gönüllü asker. **f.** 1. önermek, teklif etmek. 2. gönüllü olmak.

vo.lup.tu.ous (vılâp'çuwıs) **s.** 1. şehvetli, kösnülü. 2. sefahat düşkünü. 3. duysal.

vom.it (vam'ît) **f.** kusmak. **i.** kusma.

voo.doo (vu'du) **i.** 1. zencilere özgü bir çeşit büyü. 2. zenci büyücü. **f.** büyü yapmak.

vo.ra.cious (vôrey'şıs) **s.** doymaz, doymak bilmez, obur.

vote (vot) **i.** 1. oy. 2. oy hakkı. **f.** 1. oy vermek. 2. oyla seçmek. **voter i.** seçmen.

vouch.er (vau'çır) **i.** 1. senet, tanıt, belgit. 2. kefil.

vow (vau) **i.** 1. ant, yemin. 2. adak. **f.** 1. yemin etmek, ant içmek. 2. adamak, vakfetmek.

vow.el (vau'wıl) **i.** ünlü, sesli.

voy.age (voy'îc) **i.** 1. yolculuk, seyahat. 2. deniz yolculuğu. **f.** yolculuk etmek.

vul.can.ize (vâl'kınayz) **f.** kükürtle sertleştirmek.

vul.gar (vâl'gır) **s.** 1. kaba, terbiyesiz. 2. ağağılık. 3. bayağı, adi. 4. pespaye. 5. halka ait (dil). **vul.gar.i.ty** (vâlger'ıtî) **i.** kabalık, terbiyesizlik.

vul.ner.a.ble (vâl'nırıbıl) **s.** 1. yaralanması mümkün. 2. zedelenir, incinebilir.

vul.ture (vâl'çır) **i.** akbaba.

W

wad (wad) **i.** 1. tutam, tomar. 2. tıkaç, tampon. 3. topak. 4. büyük miktar, çok para. **f.** tampon yapmak.

wade (weyd) **f.** sığ su veya çamurda yürümek.

wag (wäg) **f.** sallamak. **i.** 1. sallama. 2. şakacı.

wage (weyc) **f.** ücret, maaş. **wages i.** ücret. **wage scale** barem.

wage (weyc) **f.** devam etmek, sürdürmek (savaş).

wa.ger (wey'cır) **i.** bahis, bahis tutuşma. **f.** bahis tutuşmak.

wag.on (wäg'ın) **i.** 1. dört tekerlekli yük arabası. 2. çekçek. 3. dört tekerlekli üstü açık oyuncak araba.

wail (weyl) **f.** 1. feryat etmek, figan etmek. 2. hayıflanmak, esef etmek. **i.** figan.

waist (weyst) **i.** bel.

waist.line (weyst'layn) **i.** bel yeri.

wait (weyt) **f.** 1. beklemek. 2. hazır olmak. 3. durmak. 4. ertelemek. **i.** bekleme, bekleme süresi. **wait for** beklemek. **lie in wait** pusuya yatmak.

wait.er (wey'tır) **i.** garson.

waive (weyv) **f.** (hakkından) vazgeçmek. **waiver i.** (hakkından) vazgeçme, feragat.

wake (weyk) **f.** 1. uyanmak; uyandırmak. 2. canlanmak. **wakeful s.** uykusuz.

wak.en (wey'kın) **f.** 1. uyandırmak; uyanmak. 2. uyarmak.

Wales (weylz) **i.** Gal.

walk (wôk) **f.** yürümek; yürütmek. **i.** 1. gezme; yürüme, yürüyüş. 2. hareket, gidiş. 3. kaldırım, yol.

wall (wôl) **i.** 1. duvar. 2. sur. **f.** duvar çekmek.

wal.let (wôl'ît) **i.** cüzdan, para cüzdanı.

wal.low (wal'o) **f.** çamur içinde yuvarlanmak, ağnanmak.

wall.pa.per (wôl'peypır) **i.** duvar kâğıdı.

wal.nut (wôl'nåt) **i.** 1. ceviz. 2. ceviz ağacı. 3. ceviz rengi.

wal.rus (wôl'rıs) **i.** mors.

waltz (wôlts) **i.** vals. **f.** 1. vals yapmak.

wand (wand) **i.** 1. değnek, çubuk. 2. asa.

wan.der (wan'dır) **f.** 1. dolaşıp gezinmek, dolanıp durmak. 2. konudan ayrılmak. **wan.derer i.** amaçsızca dolaşan, gezenti.

wane (weyn) **f.** azalmak, küçülmek. **i.** azalma.

wan.gle (wäng'gıl) **f.** 1. sızdırmak, hileyle koparmak. 2. dolaylı yoldan sağlamak.

want (wônt) **f.** 1. istemek, arzu etmek. 2. eksiği olmak. 3. aramak. 4. yoksul olmak. **i.** 1. yokluk. 2. eksiklik, noksan. 3. ihtiyaç. 4. sıkıntı, yoksulluk. 5. istek, arzu. **wanted s.** istenen, aranan. **wanting s.** eksik, noksan.

wan.ton (wan'tın) **s.** 1. zevk ve sefahat düşkünü. 2. şehvet düşkünü. 3. avare dolaşan. 4. ahlaksız. 5. düşünmeden yapılan.

war (wôr) **i.** 1. savaş, harp. 2. mücadele, çatış-

ma. **f.** savaşmak.

war.ble (wôr'bıl) **f.** şakımak.

ward (wôrd) **i.** 1. koğuş. 2. bölge, mıntıka. 3. vesayet altında bulunan çocuk. 4. koruma. **ward off** savuşturmak, geçiştirmek.

war.den (wôr'dın) **i.** bekçi, muhafız.

ward.robe (wôrd'rob) **i.** 1. bir kimsenin tüm giysileri, giyecekler. 2. gardırop, giysi dolabı.

ware (wer) **i.** takım (eşya). **wares i.** emtia, satılacak mallar.

ware.house (wer'hous) **i.** 1. eşya deposu. 2. ambar. 3. antrepo. 4. toptan satış yeri.

war.fare (wôr'fer) **i.** savaş.

war.like (wôr'layk) **s.** dövüşken, kavgacı.

warm (wôrm) **s.** 1. ılık. 2. ısıtan, sıcak tutan. 3. hararetli. 4. canlı. 5. gayretli, şevkli. 6. heyecanlı. 7. sıcakkanlı. 8. sıcak (renk). **f.** 1. ısıtmak, kızdırmak; ısınmak, kızmak. 2. şevklendirmek. **warm up** ısınmak; ısıtmak. **warmly z.** 1. samimiyetle, hararetle. 2. şevkle.

warm-blood.ed (wôrm'blåd'ıd) **s.** 1. sıcakkanlı. 2. enerjik. 3. tutkulu.

warm.heart.ed (wôrm'har'tid) **s.** sevgi besleyen; samimi, cana yakın.

war.mon.ger (wôr'mång.gır) **i.** savaşa kışkırtan kimse.

warmth (wôrmth) **i.** 1. sıcaklık, ılıklık. 2. hararet, ateşlilik, coşkunluk. 3. samimiyet.

warm.up (wôrm'åp) **i.** 1. ısınma. 2. son hazırlık.

warn (wôrn) **f.** 1. uyarmak, ikaz etmek, ihtar etmek; haber vermek. 2. ihbar etmek. **warn.ing i.** 1. uyarı, ihtar, ikaz. 2. ihbar. **s.** 1. uyarıcı. 2. ihbar eden.

warp (wôrp) **i.** 1. eğrilik, çarpıklık. 2. çözgü, arış.

war.rant (wôr'ınt) **i.** 1. (huk.) tutuklama emri. 2. arama tezkeresi. 3. kefalet, teminat, garanti. 4. ruhsat, yetki. **f.** 1. sağlamak, temin etmek. 2. garanti etmek, teminat vermek. 3. korkusuzca beyan etmek. 4. yetkilendirmek. **war.ranty i.** 1. kefalet, kefaletname. 2. garanti. 3. yetki, hak.

war.ri.or (wôr'iyır) **i.** savaşçı.

war.ship (wôr'şip) **i.** savaş gemisi.

wart (wôrt) **i.** siğil. **warty s.** siğilli. 2. siğil gibi.

war.time (wôr'taym) **i.** savaş zamanı.

war.y (wer'i) **s.** 1. sakıngan, ihtiyatlı. 2. uyanık, açıkgöz.

wash (wôş) **f.** 1. yıkamak; yıkanmak. 2. su ile silmek. 3. hafif hafif çarpmak (dalga). **i.** çamaşır. **washable s.** yıkanabilir.

wash-and-wear (wôş'änd.wer') **s.** ütü istemez ve yıkanabilir.

wash.bowl (wôş'bol) **i.** lavabo.

wash.cloth (wôş'klôth) **i.** sabun bezi.

washed-out (wôşt'aut') **s.** 1. solgun, soluk.

2. yorgun, bitkin.

washed-up (wôşt'áp') **s.** yıldızı sönmüş, bitmiş.

wash.er (wôş'ır) **i.** 1. (mak.) pul, rondela. 2. çamaşır makinesi.

was.hing (wôş'ing) **i.** 1. yıkama; yıkanma. 2. çamaşır. **washing machine** çamaşır makinesi. **washing soda** çamaşır sodası.

wash.out (wôş'aut) **i.** 1. sel sonucu oluşan çukur. 2. (argo) başarısızlık.

wash.rag (wôş'räg) **i.** sabun bezi.

wash.room (wôş'rum) **i.** tuvalet.

wash.stand (wôş'ständ) **i.** lavabo.

wash.tub (wôş'táb) **i.** çamaşır teknesi, leğen.

wasp (wasp) **i.** 1. yabanarısı. 2. sarı arı.

wasp.ish (was'piş) **s.** huysuz.

was.sail (was'ıl) **i.** 1. kutlama, şerefe içme.

wast.age (weys'tic) **i.** 1. israf. 2. fire.

waste (weyst) **s.** 1. atılmış, kullanılmaz. 2. boş. 3. çorak. 4. yıkık, viran. 5. artık, yerinden fazla **i.** 1. israf, telef, çarçur, savurma. 2. fire. 3. çöp, artık. **f.** 1. harap etmek. 2. yıpratmak. 3. boşuna harcamak, israf etmek. **wasteful s.** 1. harap eden. 2. savurgan. **wastefulness i.** israf, ziyankârlık.

waste.bas.ket (weyst'bäskit) **i.** çöp sepeti.

waste.pa.per (weyst'peypır) **i.** atılacak kâğıt, çöp kâğıt.

watch (waç) **i.** 1. cep veya kol saati. 2. bekçilik, gözetleme. 3. nöbet, posta, vardiya. 4. devriye. **f.** 1. bakmak, dikkat etmek. 2. gözlemek. 3. korumak, gözetmek. 4. gözetlemek, seyretmek. **watch for** beklemek, yolunu gözlemek. **watch out** dikkat etmek. **watchful s.** tetik, uyanık.

watch.mak.er (waç'meykır) **i.** saatçi.

watch.man (waç'mın) **i.** bekçi.

watch.word (waç'wırd) **i.** parola.

wa.ter (wô'tır) **i.** 1. su. 2. deniz, göl; gölek, gölcük. **f.** 1. sulamak; sulanmak. 2. suvarmak, su vermek. 3. su katmak, sulandırmak. **waters i.** 1. kara suları. 2. sular. **water closet** tuvalet, W.C. **water color** suluboya. **water meter** su saati. **high water** 1. met, kabarma. 2. sel. **low water** 1. cezir, inme. 2. suların çekilmesi. **watery s.** sulu.

wa.ter.borne (wô'tırbôrn') **s.** su yoluyla taşınan.

wa.ter.course (wô'tırkôrs) **i.** dere, su.

wa.ter.fall (wô'tırfôl) **i.** çağlayan, çavlan, şelale.

wa.ter.mel.on (wô'tırmeln) **i.** karpuz.

wa.ter.pow.er (wô'tırpauwır) **i.** su gücü.

wa.ter.proof (wô'tırpruf) **s.** sugeçirmez. **i.** yağmurluk. **f.** sugeçirmez hale koymak.

wa.ter.re.pel.lent (wô'tır.rípel'ınt) **s.** su çekmez.

wa.ter.side (wô'tırsayd) **i.** kıyı, sahil, yalı.

wa.ter.ski (wô'tırski) **f.** su kayağı yapmak. **i.** su kayağı.

wa.ter.soaked (wô'tırsokt) **s.** ıslak, sırsıklam.

wa.ter.sol.u.ble (wô'tırsalyıbıl) **s.** suda eriyebilen.

wa.ter.spout (wô'tırspaut) **i.** deniz hortumu.

wa.ter.tight (wô'tırtayt) **s.** sugeçirmez, sızmaz, akmaz.

watt (wat) **i.** vat.

wave (weyv) **f.** 1. dalgalanmak; dalgalandırmak. 2. sallamak; sallanmak. 3. ondüle yapmak. 4. elle işaret etmek. **i.** 1. dalga. 2. dalgalanma. 3. el işareti. 4. el sallama. **wavy s.** dalgalı.

wa.ver (wey'vır) **f.** 1. sallanmak. 2. duraksamak.

wax (wäks) **i.** 1. mum, balmumu. 2. parafin. **f.** 1. balmumu sürmek, mumlamak. 2. cilalamak. **wax paper** yağlı kâğıt. **waxy s.** mumlu.

wax (wäks) **f.** 1. artmak, yükselmek, büyümek. 2. olmak.

way (wey) **i.** 1. yol. 2. yön, yan, taraf. 3. usul. 4. âdet, huy. **way back** çok eskiden, uzun zaman önce. **way out** 1. hal çaresi. 2. (argo) mükemmel, harika. **a long way off** çok uzakta. **by the way** sırası gelmişken, aklıma gelmişken. **in a way** bir bakıma.

way.bill (wey'bil) **i.** manifesto.

way.far.er (wey'ferır) **i.** yolcu, yaya yolcu, gezenti.

way.far.ing (wey'fering) **s.** yolculuk eden.

way.lay (wey'ley) **f.** 1. yolunu kesmek. 2. pusuya yatmak.

way.side (wey'sayd) **i.** yol kenarı.

way.ward (wey'wırd) **s.** ters, dik başlı, inatçı, aksi.

we (wi) **zam.** biz.

weak (wik) **s.** 1. zayıf, güçsüz. 2. hafif, dayanıksız. **weakly s.** hasta, hastalıklı. **weakness i.** zaaf, kusur.

weak.en (wi'kın) **f.** 1. zayıflamak; zayıflatmak. 2. hafiflemek; hafifletmek.

weak.ling (wik'ling) **i.** cılız kimse.

wealth (welth) **i.** 1. zenginlik, servet, varlık, para, mal. 2. bolluk. **wealthy s.** zengin, varlıklı.

wean (win) **f.** sütten kesmek, memeden kesmek.

weap.on (wep'ın) **i.** silah.

wear (wer) **f.** 1. giymek. 2. kullanmak. 3. eskitmek, aşındırmak, yıpratmak; aşınmak, yıpranmak. 4. yormak. 5. dayanmak. **i.** 1. aşınma. 2. giysi, elbise. **wear away** aşındırmak. **wear out** 1. eskimek; eskitmek. 2. aşınmak. 3. yormak; yorulmak. **wearing s.** yıpratıcı, yorucu.

wea.ry (wir'i) **s.** 1. yorgun; bıkkın, bezgin. 2. sıkıcı. **f.** 1. yormak; yorulmak. 2. usanmak; usandırmak. **wearily z.** yorgunlukla; bezginlikle. **weariness i.** yorgunluk; bezginlik.

wea.sel (wi'zıl) **i.** sansar, gelincik, kakım, samur.

weath.er (wedh'ır) **i.** 1. hava. 2. kötü hava, fırtına. **f.** 1. hava etkisiyle değişmek. 2. atlatmak, savuşturmak, geçiştirmek. **weather bureau** meteoroloji bürosu. **weather station** meteoroloji istasyonu. **weather vane** rüzgâr fırıldağı.

weath.er.beat.en (wedh'ırbitın) **s.** fırtına yemiş.

weath.ered (wedh'ırd) **s.** (hava, güneş, rüzgâr, yağmur etkisiyle) yıpranmış.

weather strip, weather stripping pencere keçesi, tecrit şeridi.

weave (wiyv) **f.** 1. dokumak. 2. örmek. 3. zikzak yapmak. **i.** 1. dokuma. 2. örme. **weaver i.** dokumacı, çulha.

web (web) **i.** 1. ağ. 2. örümcek ağı. 3. dokuma. **web-toed** (web'tod) **s.** perdeayaklı.

wed (wed) **f.** evlenmek. **wedded s.** 1. evli, evlenmiş. 2. evliliğe özgü.

wed.ding (wed'îng) **i.** nikâh.

wedge (wec) **i.** kıskı, kama, takoz. **f.** sıkışmak; sıkıştırmak.

wed.lock (wed'lak) **i.** evlilik.

Wednes.day (wenz'di) **i.** çarşamba.

wee (wi) **s.** ufacık, küçücük, minimini, minicik.

weed (wid) **i.** yabani ot, zararlı ot. **f.** zararlı otları çıkarıp temizlemek.

week (wik) **i.** hafta.

week.day (wik'dey) **i.** hafta içindeki gün, işgünü.

week.end (wik'end) **i.** hafta sonu.

week.ly (wik'li) **s.** haftalık. **z.** haftada bir. **i.** haftalık yayın.

weep (wip) **f.** ağlamak, göz yaşı dökmek.

weft (weft) **i.** atkı, argaç.

weigh (wey) **f.** 1. tartmak. 2. düşünmek, ölçünmek. 3. ağırlığında olmak.

weight (weyt) **i.** 1. ağırlık. 2. yük, sıkıntı. 3. önem. 4. dirhem. **f.** ağırlık vermek. **weight lifter** halterci. **weighty s.** 1. ağır, güllü gibi. 2. yüklü. 3. önemli, hatırı sayılır, itibarlı, nüfuzlu.

weird (wird) **s.** 1. tekin olmayan. 2. esrarengiz, garip, acayip.

wel.come (wel'kım) **f.** 1. iyi karşılamak. 2. nezaket göstermek, samimiyet göstermek. **i.** samimi karşılama, hoş karşılama. **s.** 1. iyi karşılanan. 2. sevindirici, hoşa giden, makbule geçen. **ünlem** Hoş geldiniz! Buyurun!

weld (weld) **f.** 1. kaynak yapmak, kaynatmak. 2. sıkıca birleştirmek. 3. kaynaştırmak. **i.** kaynak yeri. **welder i.** kaynakçı.

wel.fare (wel'fer) **i.** 1. iyi hal, iyilik. 2. esenlik, sıhhat, afiyet, refah. 3. yoksullara yardım.

well (wel) **i.** kuyu. **well sweep** kaldıraç.

well (wel) **z.** 1. iyi, güzel, hoş. 2. hakkıyla, layıkıyla. 3. çok, pek. 4. tamamen, hayli, oldukça. **s.** 1. sıhhatli. 2. iyi. **as well** da, dahi, bile. **as well as** 1. olduğu kadar. 2. ile beraber, -e ilaveten.

well (wel) **ünlem** Pekâlâ! Ya! Hayret! Olur şey değil! Sahi Eh! Haydi!

well-be.haved (wel'bihevd') **s.** terbiyeli.

well-be.ing (wel'bi'ying) **i.** refah, iyilik, esenlik.

well-bred (wel'bred') **s.** 1. terbiyeli, kibar. 2. soylu.

well-done (wel'dân') **s.** 1. başarılı, iyi yapılmış. 2. iyi pişmiş.

well-heeled (wel'hild') **s.** (argo) zengin, para babası.

well-known (wel'non') **s.** ünlü, meşhur.

well-off (wel'ôf') **s.** 1. hali vakti yerinde. 2. mutlu.

well-read (wel'red') **s.** çok okumuş.

well-round.ed (wel'raun'did) **s.** 1. geniş kapsamlı, çok yönlü. 2. dolgun, tombul.

well-to-do (wel'tıdu') **s.** zengin, hali vakti yerinde.

well-wish.er (wel'wîşır) **i.** iyilikçi.

welt (welt) **i.** 1. kösele şerit. 2. değnek veya kamçı izi.

wel.ter (wel'tır) **i.** karışıklık, kargaşa.

west (west) **i., s.** batı.

west.ern (wes'tırn) **s.** 1. batı, batısal. 2. batıdan esen. **i.** kovboy romanı veya filmi. **westerner i.** batılı.

west.ern.ize (wes'tırnayz) **f.** batılılaştırmak.

West Germany Batı Almanya.

wet (wet) **s.** 1. yaş, ıslak. 2. yağmurlu. **f.** ıslatmak. **i.** yaşlık, nem, rutubet. **all wet** (argo) yanlış. **get wet** ıslanmak. **wet nurse** sütnine.

whack (hwâk) **f.** dövmek. **i.** pat, küt, vuruş sesi.

whale (hweyl) **i.** balina.

whale.bone (hweyl'bon) **i.** balina çubuğu.

wham (hwâm) **i.** vuruş. **f.** küt diye vurmak, çarpmak.

wharf (hwôrf) **i.** rıhtım, iskele.

what (hwat) **zam.** 1. ne. 2. ne kadar. 3. bir şey. **what's what** işin mahiyeti, gerçek durum. **what if** ya... ise. **what about** 1. unutmayalım. 2. ne haber.

what.ev.er (hwatev'ır) **zam. ne. s.** hangi.

wheat (hwit) **i.** buğday.

whee.dle (hwid'ıl) **f.** 1. yalvarmak. 2. yaltaklanmak, tatlılıkla kandırmak.

wheel (hwil) **f.** 1. tekerlek, teker. 2. çark, dolap. 3. dümen dolabı. **f.** dönmek. **at the wheel** 1. direksiyonda. 2. yönetiminde.

wheel.bar.row (hwil'bero) **i.** el arabası.

wheel.chair (hwil'çer) **i.** tekerlekli sandalye.

wheeze (hwiz) **f.** hırıltıyla solumak.

when (hwen) **z.** ne zaman, ne vakit. **bağ.** 1. ta ki, -e kadar. 2. olur olmaz. 3. -iken.

when.ev.er (hwenev'ır) **z., bağ.** her ne zaman.

where (hwer) **z.** 1. nere, nerede, nereye. 2. -da. **zam.** yer. **bağ.** 1. (olduğu) yer. 2. (bulunduğu) durum.

where.as (hwerâz') **bağ.** oysa; madem ki.

wher.ev.er (hwerev'ır) **z., bağ.** her nereye, her nerede.

where.with.al (hwer'widhôl) **i.** 1. gereçler, araçlar. 2. para.

whet (hwet) **f.**1.bilemek.2. kışkırtmak. 3.açmak (iştah). **i.** 1. bileme; bilenme. 2. iştah açan şey.

wheth.er (hwedh'ır) **bağ.** 1. olup olmadığını. 2. olursa. 3. -ise de.

whet.stone (hwet'ston) **i.** bileğitaşı.

which (hwiç) **zam., s.** 1. hangi, hangisi, hangisini. 2. olan, bulunan.

whiff (hwif) **i.** esinti; koku getiren esinti.

while (hwayl) **bağ.** 1. -iken, süresince. 2. olduğu halde, olmakla beraber. **for a while** bir süre.

whim (hwim) **i.** kapris.

whim.per (hwim'pır) **f.** inlemek, sızlanmak, ağlamasamak, mırıldamak. **i.** inceleme, sızlanma.

whim.sy (hwim'zi) **i.** 1. kapris. 2. mizah. **whim.sical s.** 1. acayip fikirli. 2. havai. 3. kaprisli.

whine (hwayn) **f.** ağlamasamak, zırıldamak, sızlanmak. **i.** sızlanış, zırıltı. **whiny s.** ağlamsık, mızmız.

whin.ny (hwin'i) **f.** kişnemek. **i.** kişneme.

whip (hwip) **f.** 1. kamçılamak. 2. çırpmak. 3. fırlatmak. 4. yenmek. **i.** kamçı, kırbaç. **whipping i.** 1. kamçılama, kırbaçlama. 2. dayak.

whirl (hwırl) **f.** 1. fırıldanmak, hızla dönmek. 2. fırıldatmak, hızla çevirmek. **i.** 1. hızlı dönüş. 2. telaş, acele. **whirling dervish** semazen.

whirl.pool (hwırl'pul) **i.** çevrinti, su çevrisi, burgaç, eğrim, girdap.

whirl.wind (hwırl'wind) **i.** kasırga, hortum.

whish (hwiş) **f.** hışırtıyla hareket etmek.

whisk (hwisk) **f.** hafif hafif süpürmek.

whisk.broom (hwisk'brum) **i.** elbise fırçası.

whisk.er (hwis'kır) **i.** sakal kılı. **whiskers i.** 1. bıyık. 2. yanak sakalı, yan sakal.

whis.key (hwis'ki) **i.** viski.

whis.per (hwis'pır) **f.** 1. fısıldamak. 2. gizli konuşmak. **i.** 1. fısıltı. 2. hışırtı. 3. ima.

whis.tle (hwis'ıl) **f.** 1. ıslık çalmak. 2. ıslık gibi ötmek. **i.** 1. ıslık. 2. düdük.

whit (hwit) **i.** zerre. **not a whit** hiç, asla, katiyen.

white (hwayt) **s.** 1. beyaz, ak. 2. renksiz, sararmış, soluk, solgun. **white lead** üstübeç. **white lie** zararsız yalan.

white-col.lar (hwayt' kal'ır) **s.** dairede çalışan.

white-hot (hwayt'hat') **s.** kızgın, akkor.

whit.en (hwayt'ın) **f.** beyazlatmak, ağartmak; beyazlaşmak, ağarmak.

white.wash (hwayt'wôş) **i.** 1. badana. 2. örtbas etme. **f.** 1. badanalamak. 2. örtbas etmek.

whiz (hwiz) **f.** vızlamak, vızıldamak. **i.** 1. cızırtı. 2. vızıltı. 3. (argo) usta.

who (hu) **zam.** kim.

whoa (hwo) **ünlem** Çüş! Dur!

who.ev.er (huwev'ır) **zam.** her kim.

whole (hol) **s.** 1. tam, bütün, tüm. 2. sağlam, sağ, iyi. **on the whole** genellikle; bütünüyle. **whole.heart.ed** (hol'har'tid) **s.** 1. içten, candan, samimi. 2. gayretli.

whole.sale (hol'seyl) **s.** toptan.

whole.some (hol'sım) **s.** 1. sıhhi, sağlığa yararlı. 2. sıhhatli.

whol.ly (hol'li) **z.** bütün bütün, tamamen.

whoop (hup) **f.** haykırmak, çığlık atmak. **i.** 1. çığlık, haykırış. 2. boğmaca öksürüğü sesi. **whoop it up** (argo) ortalığı heyecanda boğmak. **whooping cough** boğmaca.

whop.per (hwap'ır) **i.** 1. büyük şey. 2. kuyruklu yalan.

whop.ping (hwap'ing) **s.** çok iri, çok büyük, okkalı.

whore (hôr) **i.** orospu, fahişe.

why (hway) **z.** niçin, niye, neden.

wick (wik) **i.** fitil.

wick.ed (wik'id) **s.** 1. günahkâr, kötücül. 2. kötü. 3. adi, bayağı. **wickedness i.** günahkârlık.

wick.er (wik'ır) **i.** sepet işi.

wide (wayd) **s.** 1. geniş, açık, engin. 2. enli. **widely z.** genellikle, yaygın olarak.

wid.en (wayd'ın) **f.** genişletmek, açmak, bollaştırmak; genişlemek, açılmak, bollaşmak.

wide.spread (wayd'spred') **s.** yaygın.

wid.ow (wid'o) **i.** dul kadın.

wid.ow.er (wid'owır) **i.** dul erkek.

width (width) **i.** en, genişlik; enlilik.

wield (wild) **f.** kullanmak.

wife (wayf) **i.** karı, eş, hanım.

wig (wig) **i.** peruka, takma saç.

wig.gle (wig'ıl) **f.** kıpırdaşmak, kımıldamak. **i.** kıpırtı.

wild (wayld) **s.** 1. yabanıl, yabani, vahşi. 2. çılgın. 3. arsız, terbiyesiz. 4. zirzop. 5. savruk. 6. hiddetli, azgın. 7. fırtınalı. 8. çok hevesli, meraklı. 9. başıboş. **wildly z.** vahşice, çılgınca.

wild.cat (wayld'kät) **i.** yabankedisi, vaşak.

wil.der.ness (wil'dırnis) **i.** kır, sahra.

wild.fire (wayld'fayr) **i.** söndürülmesi güç ateş.

wild.flow.er (wayld'flauwır) **i.** kır çiçeği.

wild.fowl (wayld'faul) **i.** av kuşu, av kuşları.

wild.life (wayld'layf) **i.** 1. yabanıl hayat. 2. yabanıl hayvanları.

wile (wayl) **i.** oyun, hile.

will (wil) **f.** -ecek.

will (wil) **i.** 1. meram, maksat. 2. dilek, istek, niyet. 3. irade. 4. vasiyet, vasiyetname. **f.** 1. karar vermek, niyet etmek. 2. kastetmek, amaçlamak. 3. vasiyet etmek. **against one's will** isteğine karşı. **at will** istediği vakit, canı istediği gibi. **ill will** 1. kin, garez. 2. kötü niyet.

will.ful (wil'fıl) **s.** 1. inatçı, direngen. 2. kasıtlı.

will.full.y z. kasten, mahsus.

will.ing (wil'ing) **s.** istekli, hazır, gönüllü, razı.

will.ing.ly z. isteyerek, seve seve. **willingness i.** gönüllülük.

wil.low (wil'o) **i.** söğüt.

wil.ly-nil.ly (wil'inil'i) **z.** ister istemez.

wilt (wilt) **f.** solmak.

wi.ly (way'li) **s.** hilekâr, kurnaz.

win (win) **f.** 1. kazanmak, yenmek. 2. ele geçirmek. 3. gönlünü kazanmak. 4. amacına erişmek. **i.** 1. zafer, yengi, başarı. 2. kazanç.

wince (wins) **f.** ürküp çekilmek.

winch (winç) **i.** vinç, bocurgat.

wind (waynd) **f.** 1. dönmek. 2. sarmak. 3. çevirmek. 4. kurmak (saat). **i.** dönemeç. **wind up** 1. toplayıp sarmak. 2. bitirmek, halletmek, sonuçlandırmak.

wind (wind) **i.** 1. rüzgâr, yel, hava. 2. kasırga, hortum, bora. 3. soluk, nefes. 4. boş laf. **get wind of** sezmek, haber almak, duymak. **wind instrument** nefesli çalgı. **an ill wind** felaket, şanssızlık. **windy s.** 1. rüzgârlı. 2. geveze.

wind.bag (wind'bäg) **i.** çalçene, geveze.

wind.ed (win'did) **s.** soluğu kesilmiş, soluksuz.

wind.fall (wind'fôl) **i.** umulmadık para veya yardım, devlet kuşu.

wind.ing (wayn'ding) **i.** 1. sarmal sargı. 2. dönemeç. 3. dolambaç. 4. bobin, bobin dolamı, dolam. **s.** 1. sarmal. 2. dolambaçlı.

wind.lass (wind'lıs) **i.** bocurgat, ırgat.

wind.mill (wind'mil) **i.** yeldeğirmeni.

win.dow (win'do) **i.** 1. pencere. 2. pencere çerçevesi. **window blind** güneşlik.

win.dow.pane (win'dopeyn) **i.** pencere camı.

win.dow-shop (win'doşap) **f.** vitrin gezmek.

wind.pipe (wind'payp) **i.** nefes borusu.

---

wind.shield (wind'şild) **i.** (oto.) ön cam.

windshield wiper silgiç, silecek.

wind.storm (wind'stôrm) **i.** kasırga.

wind.swept (wind'swept) **s.** rüzgâra açık.

wind.ward (wind'wırd) **s., i.** rüzgâr üstü.

wine (wayn) **i.** şarap.

wing (wing) **i.** 1. kanat. 2. kol. **under one's wing** himayesinde.

wink (wink) **f.** göz kırpmak. **i.** 1. göz kırpma. 2. lahza, an.

win.now (win'o) **f.** elemek.

win.some (win'sım) **s.** 1. sevimli, hoş. 2. neşeli, şen. 3. çekici, alımlı.

win.ter (win'tır) **i.** kış. **f.** kışlamak.

win.try (win'tri) **s.** kışa yakışır; soğuk.

wipe (wayp) **f.** silmek. **wiper i.** 1. silici. 2. silgiç.

wire (wayr) **i.** 1. tel. 2. telgraf teli. 3. telgraf. **f.** 1. telle bağlamak. 2. elektrik tesisatı ile donatmak. 3. telgraf çekmek, telemek.

wire.less (wayr'lis) **s.** telsiz. **i.** radyo.

wire.tap (wayr'täp) **f.** telle gizlice dinlemek. **i.** telle gizlice dinleme.

wis.dom (wiz'dım) **i.** 1. akıl, akıllılık. 2. ilim. 3. bilgelik. **wisdom tooth** yirmi yaş dişi, akıl dişi.

wise (wayz) **s.** 1. akıllı, tedbirli. 2. bilgin. 3. bilgece. 4. (argo) haberli. **wisely z.** akıllıca.

wise (wayz) **i.** usul, tarz, yol, yöntem.

wise.crack (wayz'kräk) **i.** nükteli söz, şaka. **f.** nükteli söz söylemek. **wisecracker i.** nükteci, şakacı; hazırcevap.

wish (wiş) **f.** dilemek, istemek, arzu etmek. **i.** arzu, istek, dilek, emel. **wishing well** dilek kuyusu. **wishful s.** arzulu, istekli. **wishfully z.** arzuyla, hasretle.

wish.bone (wiş'bon) **i.** lades kemiği.

wisp (wisp) **i.** bağlam, deste, demet.

wis.ter.i.a (wistir'iyı) **i.** (bot.) salkım.

wist.ful (wist'fıl) **s.** 1. arzulu, istekli, özlemli. 2. dalgın. **wistfully z.** arzuyla, istekle.

wit (wit) **i.** 1. akıl, us. 2. anlayış, zekâ. 3. duygu. 4. nükte. 5. nükteci. **at one's wit's end** çözüm yolu bulamayan, tamamen şaşırmış. **witless s.** akılsız, kafasız.

witch (wiç) **i.** 1. sihirbaz kadın, büyücü kadın. 2. cadı, acuze, kocakarı. **witch doctor** büyücü. **witch hunt** düzene baş kaldıranları sindirme avı.

witch.craft (wiç'kräft) **i.** büyü, sihir. 2. büyücülük.

with (widh) **edat** 1. ile. 2. den. 3. -e. 4. -e rağmen. 5. ile beraber, ile birlikte.

with.draw (widhdrô') **f.** 1. geri çekmek, geri almak. 2. bankadan çekmek. 3. çekilmek.

with.er (widh'ır) **f.** solmak, kurumak, bozulmak; soldurmak. **withering s.** utandıran.

utandırıcı.

with.hold (with.hold') **f.** 1. bırakmamak. 2. kısıtlamak. 3. vermemek.

with.in (widhin') **z.** içeride. **edat** zarfında, içinde.

with.out (widhaut') **edat** 1. -sız, -meden, -meksizin, hariç. 2. dışında.

with.stand (withständ') **f.** dayanmak, karşı koymak.

wit.ness (wît'nîs) **i.** 1. şahit, tanık. 2. tanıklık. **f.** 1. tanıklık etmek. 2. görmek, şahit olmak.

wit.ti.cism (wît'isîzım) **i.** nükteli söz, espri.

wit.ty (wît'î) **s.** 1. zarif, nükteli, esprili; hazır-cevap. 2. zeki.

wiz.ard (wîz'ırd) **i.** büyücü, sihirbaz (erkek).

wob.ble (wab'ıl) **f.** yalpalamak, dingildemek, sendelemek.

woe (wo) **i.** 1. keder, elem, acı, üzüntü. 2. felaket. **woeful s.** kederli, hüzünlü, acıklı.

wolf (wûlf) **i.** kurt.

wom.an (wûm'ın) **i.** kadın. **womanhood i.** kadınlık. **womanish s.** kadın gibi, kadınsı. **womanly s.** kadın gibi, kadına yakışır. **wom.an.kind** (wûm'ınkaynd) **i.** kadınlar.

womb (wum) **i.** rahim, dölyatağı.

won.der (wʌn'dır) **i.** 1. tansık, harika, mucize. 2. acibe. 3. şaşkınlık, hayret. **f.** 1. şaşmak, hayret etmek. 2. hayran olmak. 3. merak etmek. **wonder if** merak etmek. **do wonders** mucizeler yaratmak. **I wonder.** Acaba. **No wonder!** Tabii! **wonderful s.** 1. harikulade, fevkalade. 2. şahane. 3. şaşılacak, garip. **wonderfully z.** 1. fevkalade. 2. şaşılacak bir şekilde.

won.der.land (wʌn'dırländ) **i.** harikalar diyarı.

won.der-struck (wʌn'dırstrʌk) **s.** hayretler içinde.

won.der-work.er (wʌn'dırwırkır) **s.** harikalar yaratan kimse.

wont.ed (wôn'tîd) **s.** alışılmış, mutat, her zamanki.

woo (wu) **f.** 1. kur yapmak; korte etmek. 2. kazanmaya çalışmak.

wood (wûd) **i.** 1. tahta, kereste, ağaç. 2. odun. 3. orman, koru. **s.** ahşap. **wooded s.** ağaçlı. **woods i.** orman, koru. **woody s.** 1. ormanlık, ağaçlık. 2. ağaçsı, odunsu.

wood.carv.ing (wûd'karvîng) **i.** 1. oymacılık. 2. tahta oyma işi.

wood.cock (wûd'kak) **i.** çulluk.

wood.cut.ter (wûd'kʌtır) **i.** baltacı, odun kesicisi.

wood.en (wûd'ın) **s.** 1. tahta, ağaç, ahşap. 2. kalın kafalı.

wood.land (wûd'lınd) **i.** ormanlık, ağaçlı arazi.

wood.peck.er (wûd'pekır) **i.** ağaçkakan.

wood.pile (wûd'payl) **i.** odun istifi.

wood.shed (wûd'şed) **i.** odunluk.

wood.winds (wûd'wîndz) **i.** tahtadan yapılmış nefesli sazlar.

wood.work (wûd'wırk) **i.** 1. bina içindeki ahşap kısımlar. 2. dülgerlik. 3. tahta işi.

woof (wuf) **i.** atkı, argaç.

wool (wûl) **i.** yün, yapağı. **woolly s.** 1. yünlü. 2. yünsü. 3. yumuşak.

wool.en (wûl'ın) **s.** yünlü, yün.

wool.gath.er.ing (wûl'gädhırîng) **i.** aklı başka yerde olma, hayal kurma, dalgınlık, dalgacılık.

word (wırd) **i.** 1. söz. 2. sözcük, kelime. 3. lakırdı, laf. 4. haber. 5. emir, işaret, kumanda. **f.** söylemek, ifade etmek. **word for word** kelimesi kelimesine. **word order** sözdizimi. **break one's word** sözünü tutmamak. **keep one's word** sözünü tutmak. **wordy s.** çok kelimeli.

word.age (wır'dîc) **i.** kelime sayısı, kelimelerin toplamı.

word.ing (wır'dîng) **i.** yazılış tarzı, üslup.

work (wırk) **i.** 1. iş. 2. görev. 3. emek. 4. eser. **f.** 1. çalışmak, iş yapmak; çalıştırmak. 2. uğraşmak. 3. işlemek; işletmek. 4. başarılı olmak. 5. mayalanmak. 6. çözmek, halletmek. **at work** iş başında, işte. **out of work** işsiz, boşta. **the whole works** hepsi. **work loose** laçka olmak, gevşetmek. **work on** 1. tesir etmek, etkilemeye çalışmak. 2. üstünde çalışmak. **work out** 1. sonuçlamak. 2. çözmek, halletmek. **workable s.** pratik, elverişli. **worker i.** işçi. **working s.** 1. çalışan. 2. işler, çalışır vaziyette.

work.bench (wırk'benç) **i.** tezgâh.

work.book (wırk'bûk) **i.** alıştırma kitabı.

work.day (wırk'dey) **i.** iş günü, adi gün.

work.load (wırk'lod) **i.** adam başına düşen iş.

work.man (wırk'mın) **i.** işçi. **workmanship i.** 1. zanaat. 2. usta işi. 3. ustalık.

work.room (wırk'rum) **i.** çalışma odası.

work.shop (wırk'şap) **i.** 1. atelye, işlik. 2. seminer.

world (wırld) **i.** 1. dünya. 2. evren. 3. yer, yeryüzü. 4. insanlar. 5. ömür, hayat. 6. toplum. **worldly s.** dünyevi, cismani.

world.wide (wırld'wayd) **s.** evrensel.

worm (wırm) **i.** 1. kurt, solucan. 2. aşağılık kimse, pısırık kimse. **wormy s.** kurtlanmış, kurtlu.

worn (wôrn) **s.** yıpranmış, aşınmış.

worn-out (wôrn'aut) **s.** çok eskimiş, işe yaramaz, yıpranmış.

wor.ry (wır'i) **f.** 1. üzülmek, sıkılmak; rahatsız etmek, etmek, canını sıkmak. 2. meraklanmak, tasalanmak, kaygılanmak. **i.** 1. üzüntü, endişe. 2. merak, tasa, kaygı.

worse (wırs) **s.** daha fena, daha kötü, beter.

wors.en (wır'sın) **f.** fenalaşmak, kötüleşmek; kötüleştirmek.

wor.ship (wır'şip) **i.** ibadet, tapınma, tapma. **f.** tapınmak, tapmak.

worst (wırst) **s.** en fenası, en kötüsü. **z.** en kötü şekilde. **at worst** en kötü ihtimale göre.

worth (wırth) **i.** 1. değer. 2. servet. 3. bedel. **edat** değerinde. **worthless** **s.** değersiz, işe yaramaz.

worth.while (wırth'hwayl') **s.** değerli, faydalı.

wor.thy (wır'dhi) **s.** 1. değerli. 2. değimli. 3. saygıdeğer.

would-be (wûd'bi) **s.** sözde.

wound (wund) **i.** 1. yara, bere. 2. gönül yarası. **f.** 1. yaralamak. 2. incitmek.

wrap (räp) **f.** 1. sarmak, sarmalamak. 2. bürümek. 3. bükmek, katlamak. 4. paketlemek. **i.** palto. **wrap up** 1. sarmak, paketlemek, sarmalamak. 2. sarıp saklamak. 3. bitirmek. **wrapper i.** 1. paket sargısı. 2. kitap ceketi. 3. sabahlık. **wrapping i.** 1. paket kâğıdı. 2. ambalaj ipi.

wrath (räth) **i.** öfke, gazap, hiddet. **wrathful s.** öfkeli, hiddetli.

wreak (rik) **f.** yapmak. **wreak vengeance** öç almak.

wreath (rith) **i.** çelenk.

wreathe (ridh) **f.** 1. kaplamak. 2. çelenk gibi olmak, çelenk halini almak. **wreathed in smiles** gülümsemeyle kaplı.

wreck (rek) **i.** 1. yıkı, harabe, virane. 2. kazazede gemi, gemi enkazı. 3. gemi kazası. **f.** 1. gemiyi karaya oturtmak. 2. harap etmek. 3. enkaz haline getirmek. 4. kazazede olmak. 5. yıkmak.

wreck.age (rek'ic) **i.** enkaz, yıkıntı.

wreck.er (rek'ır) **i.** 1. kurtarıcı, tamir arabası. 2. vinçli pikap. 3. yıkıcı, enkaz çıkarıcı, enkaz temizleyicisi.

wren (ren) **i.** çalıkuşu.

wrench (renç) **i.** 1. vida somunu anahtarı. 2. İngiliz anahtarı. 3. burkulma; burma. 4. bükülme; bükme. **f.** 1. burmak. 2. burkmak.

wres.tle (res'ıl) **f.** 1. güreşmek. 2. uğraşmak, çabalamak. **wrestler i.** güreşçi, pehlivan. **wrestling i.** güreşme; güreş.

wretch (reç) **i.** 1. sefil, zavallı. 2. alçak.

wretch.ed (reç'id) **s.** 1. kötü durumda, perişan, sefil. 2. bitkin, üzgün, bezgin. 3. kötülük getiren, sefalet getiren, acıklı. 4. kötü. 5. alçakça.

wretchedly z. 1. perişan halde. 2. kötü.

wretchedness i. 1. perişanlık, sefalet. 2. bezginlik.

wrig.gle (rig'ıl) **f.** 1. kıvranmak, sallanmak. 2. solucan gibi kıvrılmak.

wring (ring) **f.** 1. burup sıkmak. 2. burmak, bükmek. **wringer i.** çamaşır makinesinin sıkma aygıtı, silindir.

wrin.kle (ring'kıl) **i.** 1. buruşuk, kırışık. 2. metot, teknik. **f.** kırışmak, buruşmak; buruşturmak.

wrist (rıst) **i.** bilek. **wrist watch** kol saati.

write (rayt) **f.** yazmak. **write down** yazmak, kaydetmek. **write off** zarara geçmek. **writer i.** yazar. **writing i.** 1. yazı; el yazısı. 2. yazarlık.

writhe (raydh) **f.** 1. kıvırmak. 2. kıvranmak; kıvrandırmak. 3. debelenmek.

wrong (rông) **s.** 1. yanlış. 2. haksız. 3. ters. 4. uygunsuz. 5. bozuk. **i.** haksızlık, zulüm. **f.** zulmetmek, haksızlık etmek. **wrongful s.** haksız, insafsız. **wrongfully z.** haksız biçimde.

wrong.do.er (rông'duwır) **i.** günahkâr.

wrong-head.ed (rông'hedid) **s.** ters, inatçı.

wrought (rôt) **s.** 1. işlenmiş. 2. çekiçle dövülmüş. **wrought iron** dövme demir. **wrought up** heyecanlı, sinirli, gergin.

wry (ray) **s.** 1. eğri, çarpık. 2. acı.

wye (way) **i.** makas, yol ayrımı.

X

xen.o.pho.bi.a (zenıfo'biyı) **i.** yabancı düşmanlığı.

X-ray (eks'rey) **i.** röntgen ışını. **f.** röntgen ışınlarıyla muayene veya tedavi etmek.

xy.lo.phone (zay'lıfon) **i.** ksilofon.

Y

yacht (yat) **i.** yat. **yachting i.** yatçılık. **yachtsman i.** yatçı.

Yale lock (yeyl) Yale kilidi.

yank (yängk) **i.** birden ve kuvvetli çekiş. **f.** hızla ve birden çekmek. **yank out** birden zorla çıkarmak.

Yan.kee (yäng'ki) **i.** Amerikalı. **s.** Amerikan.

yard (yard) **i.** avlu.

yard (yard) **i.** 1. bir yardalık ölçü çubuğu. 2. kıstas, denektaşı.

yard.stick (yard'stik) **i.** 1. bir yardalık ölçü çubuğu. 2. kıstas, denektaşı.

yarn (yarn) **i.** 1. pamuk veya yün ipliği, bükülmüş iplik. 2. hikâye, masal, gemici masalı.

yawn (yôn) **f.** esnemek. **i.** esneme.

year (îr) **i.** sene, yıl. **yearly s. 1.** yılda bir. **2.** yıllık.

year.ook (yîr'bûk) **i.** yıllık, salname.

year.l ng (yîr'ling) **s.** bir yaşındaki, yıllık. **i.** bir yaşın a hayvan yavrusu.

yearn (ırn) **f. 1.** hislenmek. **2.** sempati duymak, sevgi eslemek. **yearn for** arzulamak, çok istemek özlemek. **yearning i.** arzu, hasret, özlem.

yeast (y st) **i.** maya, bira mayası.

yell (yel **f.** feryat etmek, haykırmak, çığlık atmak. haykırış, çığlık, feryat.

yel.low yel'o) **s. 1.** sarı. **2.** (argo) korkak.

yelp (yelp) **f.** kesik kesik ve acı acı havlamak. **i.** kesik ke sik havlayış.

Yem.en (yem'ın) **i.** Yemen. **People's Democratic** **Republic of Yemen** Yemen Demokratik Halk Cumhuriyeti. **Yemen Arab Republic** Yemen Arap Cumhuriyeti.

yen (yen) **i.** hasret, özlem, sevda. **f.** özlem duymak.

yes (yes) **z.** evet. **i.** olumlu cevap.

yes.ter.day (yes'tırdi) **i., z.** dün.

yet (yet) **z. 1.** henüz, daha, şimdiye kadar. **2.** hâlâ. **3.** yine, nihayet. **4.** bile. **bağ. 1.** amma, ancak, lakin. **2.** ve yine. **3.** gerçi. **4.** ise de bununla beraber.

yield (yild) **f. 1.** vermek. **2.** mahsul vermek. **3.** kabul etmek. **4.** teslim olmak. **5.** bel vermek, çökmek. **6.** yol vermek. **i.** ürün, mahsul, rekolte, hâsılat.

yip (yip) **f.** havlamak. **i.** havlama.

yo.ga (yo'gı) **i.** yoga.

yo.gi (yo'gi) **i.** yogi.

yo.gurt (yo'gûrt) **i.** yoğurt.

yoke (yok) **i. 1.** boyunduruk. **2.** çiğindirik, omuzluk. **3.** bağ, esaret. **4.** hizmet, kulluk. **5.** boyunduruğa koşulmuş çift hayvan. **f. 1.** boyunduruğa koşmak. **2.** bağlamak. **3.** birlikte çalışmak. **yoke of oxen** bir çift öküz.

yolk (yok) **i.** yumurta sarısı.

yon.der (yan'dır) **s.** ötedeki. **z.** orada, ötede.

you (yu) **zam.** siz, sizler; sen; sizi, seni; size, sana.

young (yâng) **s. 1.** genç, küçük. **2.** yeni, taze, körpe. **3.** yavru.

young.ster (yâng'stır) **i. 1.** çocuk. **2.** delikanlı. **3.** yavru.

youth (yuth) **i. 1.** delikanlı, genç. **2.** gençlik. **3.** gençler. **youthful s. 1.** genç, taze. **2.** dinç, kuvvetli.

Yu.go.sla.vi.a (yugosla'viyı) **i.** Yugoslavya.

Yule (yul) **i.** Noel.

yum.my (yâm'i) **s.** (argo) lezzetli, tatlı.

Z

Za.i.re (za.ire) **i.** Zaire.

Zam.bi.a (zäm'biyı) **i.** Zambia.

za.ny (zey'ni) **s.** tuhaf, gülünç.

zeal (zil) **i. 1.** heves, istek, şevk, gayret. **2.** hararet, coşkunluk.

zeal.ot (zel'ıt) **i. 1.** gayretli kimse. **2.** aşırı partizan.

zeal.ous (zel'ıs) **s.** gayretli, hararetli, şevkli.

ze.nith (zi'nith) **i. 1.** başucu, semtürreis. **2.** zirve, doruk.

zeph.yr (zef'ır) **i.** esinti, meltem.

ze.ro (zîr'o) **i.** sıfır.

zest (zest) **i. 1.** tat, lezzet; çeşni veren şey. **2.** zevk, hoşlanma, haz. **zestful s. 1.** zevkli. **2.** lezzetli. **3.** heyecanlı.

zig.zag (zig'zäg) **s.** yılankavi, zikzak, dolambaçlı, eğri büğrü. **i.** zikzak yol. **f.** zikzak yapmak.

Zim.ba.bwe (zimba'bwey) **i.** Zimbabve.

zinc (zingk) **i.** çinko, tutya.

zip (zip) **i.** gayret, enerji. **f. 1.** fermuarı kapatmak. **2.** hızlı gitmek.

zip.per (zip'ır) **i.** fermuar.

zo.di.ac (zo'diyäk) **i.** zodyak, burçlar kuşağı.

zone (zon) **i. 1.** kuşak. **2.** yöre, bölge, daire. **f.** bölgelere ayırmak. **zoning i.** bölgelere ayırma. **zoning plan** imar planı.

zoo (zu) **i.** hayvanat bahçesi.

zo.ol.o.gy (zowal'ıci) **i.** hayvanlar bilimi, zooloji. **zoologist i.** zoolog.

zoom (zum) **f. 1.** vınlamak. **2.** dikine yükselmek.

zuc.chi.ni (zûki'ni) **i.** bir tür dolmalık kabak.

Türkçe - İngilizce

A

aba 1. coarse woolen cloth. 2. cloak; aba.

abajur lampshade.

abanmak /a/ to lean forward; to push.

abanoz ebony.

abartmak /ı/ to exaggerate. **abartı, abartma** exaggeration.

abece ABC, alphabet.

abes 1. absurdity, nonsense. 2. absurd, nonsensical.

abıhayat, -tı water of life, elixir.

abi elder brother.

abide monument, memorial.

abla older sister.

ablak round, chubby (face).

abluka blockade. **abluka etmek** to blockade. **ablukayı yarmak** to run the blockade.

abone 1. subscriber. 2. subscription. **abone olmak** to subscribe (to).

abonman 1. subscription. 2. season ticket. **abonman kartı** monthly pass.

abraş speckled, dappled, piebald.

Abu Dabi Abu Dhabi.

abuk sabuk nonsensical, incoherent (talk).

abur cubur 1. snack. 2. incoherent.

acaba Do you suppose ...? I wonder.

acayip strange, queer, curious.

acele 1. hurry, haste. 2. urgent. 3. hasty, hurried. **acele etmek** to hurry; to be in a hurry.

acemi untrained, inexperienced. **acemilik** awkwardness, clumsiness.

acente 1. agent, representative. 2. agency.

acı 1. bitter; sour. 2. brackish. 3. biting, pungent, sharp, hot. 4. painful, pitiable.

acı 1. pain, ache. 2. grief, sorrow. **acı çekmek** 1. to feel pain, suffer. 2. to grieve.

acıklı sad, touching, pathetic.

acıkmak to feel hungry.

acımak 1. to hurt, feel sore. 2. /a/ to pity, feel compassion for.

acımak to turn rancid.

acındırmak /ı,a/ to arouse compassion for.

acıtmak /ı/ 1. to cause pain, hurt. 2. to make bitter.

âcil immediate, urgent, pressing, emergency.

aciz, -czi inability; insolvency.

âciz unable.

acun cosmos, universe.

acuze hag; witch.

aç, -çı 1. hungry. 2. greedy. **aç kalmak** to be left hungry.

açacak opener.

açalya azalea.

açar key.

açgözlü greedy, insatiable.

açı angle.

açık 1. open; the open. 2. uncovered; naked. 3. wide. 4. public. 5. deficit. **açık artırma** auction. **açık çek** signed blank check. **açık fikirli** broad-minded, open-minded. **açık oturum** panel discussion. **açık saçık** indecent. **açık seçik** 1. explicit, obvious. 2. clearly.

açıkça frankly, clearly, openly, plainly.

açıkgöz clever, sharp, smart, shrewd.

açıklamak /ı/ to reveal; to explain, make public, announce. **açıklama** explanation, statement. **açıklayıcı** explanatory.

açıksözlü outspoken, plain-spoken.

açıktan 1. from a distance. 2. extra, outside one's regular income.

açılış opening.

açılmak 1. to be opened; to open. 2. to come open, open up. 3. to clear up, recover. 4. /a/ to set sail. **açılır kapanır** collapsible, folding.

açımlamak /ı/ to comment in detail.

açış opening, inauguration.

açkı 1. polishing wax; polish. 2. punch, awl. 3. key. 4. opener.

açlık 1. hunger. 2. starvation, famine.

açmak /ı/ 1. to open. 2. to open up. 3. to untie. 4. to switch on. 5. to ring up. 6. to sharpen (pencil, appetite).

açmaz dilemma, impasse.

ad 1. name. 2. fame, repute, reputation. **adı geçen** aforesaid. **ad koymak** to call, name. **ad takmak** to nickname. **adlı** 1. named, called. 2. famous, celebrated. **adsız** nameless, unknown.

ada 1. island. 2. city block. **adacık** islet. **adalı** islander.

adaçayı, -nı 1. garden sage. 2. sage tea.

adak 1. vow. 2. promise. **adak adamak** to vow.

adale muscle. **adaleli** muscular.

adalet, -ti 1. justice, equity. 2. the courts. **adaletli** just, equitable. **adaletsiz** unjust, inequitable.

adam 1. man, human being. 2. person, individual. 3. servant, employee; representative.

adamak /ı,a/ 1. to gÍve (to). 2. to dedicate.

adamakıllı hard, thoroughly, to a fare-thee-well.

adap 1. customs. 2. way, customary procedure.

adaptasyon adaptation.

adaş namesake.

aday candidate. **adaylık** candidacy. **adaylığını koymak** to announce one's candidacy.

adçekmek to draw lots.

addetmek /ı/ to count, deem, esteem.

âdemoğlu, -nu mankind, humankind.

adese lens.

adet 1. number, amount. 2. unit.

âdet, -ti 1. custom, practice, usage; habit. 2. menses. **âdet edinmek** to form a habit. **âdet görmek** to menstruate.

âdeta almost; in fact, simply.

adıl pronoun.

adım 1. step (in walking). 2. pace. **adım adım** step by step. **adım atmak** to take a step. **adım başında** at every step.

adımlamak /ı/ to pace, pace off.

adi 1. customary, usual, everyday. 2. ordinary. 3. vulgar, common. **adilik** vulgarity, commonness.

âdil just, fair.

adlandırmak /ı/ to name.

adli judicial, juridical.

adliye 1. justice. 2. administration of justice. 3. courthouse.

adres address.

af, -ffı 1. forgiveness, pardon. 2. exemption. 3. dismissal. **af dilemek** to apologize, beg pardon of.

afacan handful (child), difficult (child).

afallamak to be bewildered.

aferin Bravo! Well done!

afet, -ti 1. calamity, disaster, catastrophe. 2. woman of bewitching beauty.

affetmek /ı/ 1. to forgive (act). 2. to excuse (person). **Affedersiniz.** I beg your pardon. Please excuse me.

Afganistan Afghanistan.

afili swaggering, ostentatious, showy.

afiş poster, placard, bill.

afiyet, -ti health. **Afiyet olsun.** Bon appetit.

aforoz excommunication. **aforoz etmek** /ı/ to excommunicate.

Afrika Africa.

afsun charm, spell, enchantment.

afyon opium.

afyonlamak /ı/ 1. to stupefy with opium. 2. to lead astray, brainwash.

ağ 1. net. 2. crotch. **ağ atmak** to cast a net.

ağa 1. local big landowner, agha. 2. Mr. (in a village).

ağabey older brother.

ağaç, -cı 1. tree. 2. wood, timber; post. 3. wooden. **ağaç kabuğu** bark.

ağaçkakan woodpecker.

ağaçlandırmak /ı/ to afforest. **ağaçlandırma** afforestation.

ağarmak 1. to turn gray or white. 2. to become lighter. 3. to dawn.

ağda 1. semisolid lemon or grape syrup. 2. such syrup used as a depilatory.

ağı poison, venom.

ağıl 1. sheepfold. 2. halo.

ağır 1. heavy, weighty. 2. hard. 3. grave, severe, serious. 4. sedate. 5. valuable. 6. rich. 7. slow. **ağır basmak** 1. to weigh heavily. 2. to have a strong influence. **ağır başlı** serious-minded, dignified, sedate. **ağır kanlı** lazy, indolent. **ağırına gitmek** to give offense, hurt the feelings. **ağır işitmek** to be partly deaf. **Ağır ol!** 1. Go slow! 2. Calm down! **ağır söylemek** to use hard words. **ağır yaralı** seriously wounded.

ağırlamak /ı/ to entertain with honor and respect.

ağırlaşmak 1. to get heavy. 2. to get more serious.

ağırlık 1. weight, heaviness. 2. gravity. 3. seriousness. **ağırlık basmak** to get sleepy.

ağırsamak /ı/ 1. to treat coldly, slight. 2. to ignore, neglect.

ağıt 1. dirge, lament, wailing. 2. elegy. **ağıt yakmak** to lament for the dead. **ağıtçı** professional mourner.

ağız, -ğzı 1. mouth. 2. opening; entrance. 3. edge, rim; brink. 4. habit or manner of speaking. **ağzına almamak** not to let pass one's lips. **ağzıbirliği etmek** to have agreed, consent. **ağzı bozuk, ağzı pis** foulmouthed. **ağız dalaşı** quarrel. **ağzında gevelemek** to mumble. **ağız kavgası** row, brawl. **ağzından lâf almak** to wangle words out of, trick into saying. **ağzının suyu akmak** to drool over. **ağız şakası** joke, banter. **ağız tadı** harmony, peace, sweetness.

ağızlık 1. mouthpiece. 2. cigarette holder.

ağlamak to weep, cry.

ağlamsamak to whimper, whimper.

ağlamsık whining, whimpering, tearful.
ağlaşmak 1. to weep together. 2. to wail.
ağlatı (theat.) tragedy.
ağrı ache, pain; childbirth labor. **ağrısı tutmak** to be in labor. **ağrılı** aching, painful. **ağrısız** painless.
ağrımak to ache, hurt, throb with pain.
ağustos August.
ağustosböceği, -ni cicada.
ah 1. Ah! Oh! Alas! 2. sigh, groan. **ah almak** to be cursed for causing unhappiness. **ah çekmek** to sigh.
ahali inhabitants, population, the people.
ahbap acquaintance; friend. **ahbap olmak** to strike up a friendship with.
ahçı cook.
ahdetmek /a/ to promise with an oath.
ahenk, -gi 1. harmony, accord, agreement. 2. party with music. **ahenkli** in tune, harmonious, in accord.
aheste 1. slow. 2. gentle.
ahır stable, barn.
ahit, -hdi 1. agreement, pact, covenant. 2. oath, promise.
ahize receiver, receiving set.
ahlak, -kı 1. morals, morality; ethics. 2. conduct, manners; character. **ahlakçı** moralist. **ahlaki** moral, ethical. **ahlaklı** of good conduct, decent. **ahlaksız** immoral, dissolute.
ahlakdışı amoral.
ahlamak to sigh.
ahlat, -tı wild pear.
ahmak stupid, foolish; fool, idiot.
ahret, -ti the hereafter, the next world.
ahşap wooden, made of timber.
ahtapot, -tu octopus.
ahududu, -nu raspberry.
ahval, -li 1. conditions, circumstances. 2. affairs, events.
aidat, -tı subscription, dues.
aile 1. family. 2. wife. **aile reisi** head of the family. **ailevi** regarding the family, private, domestic.
ait /a/ concerning, relating to; pertaining to, belonging to.
ajan agent.
ajanda date book, engagement calendar.
ajans 1. agency; news agency. 2. news bulletin.
ajur openwork, hemstitch.
ak, -kı 1. white. 2. clean, unsullied. 3. unblemished. **akla karayı seçmek** to have a very hard time.
akabinde immediately after, subsequently.
akaç drainpipe.
akaçlama drainage.
akademi academy.
akanyıldız meteor, shooting star.

akar flowing, fluid.
akar rental property.
akarsu flowing water.
akaryakıt, -tı fuel oil.
akasya locust, acacia.
akbaba vulture.
akbasma cataract.
akciğer lungs.
akçaağaç maple.
akçe 1. small silver coin. 2. money.
akçıl whitish, faded; unpleasantly white.
Akdeniz the Mediterranean.
akdetmek /ı/ to contract, agree.
akıbet, -ti consequence, outcome, result.
akıcı 1. fluid, liquid. 2. fluent. **akıcılık** fluency.
akıl, -klı 1. intelligence, wisdom; mind. 2. memory. 3. advice. **akıl almaz** unbelievable, inconceivable. **aklı başında** 1. intelligent, serious-minded. 2. in one's right mind. **akıl danışmak** to get advice, consult. **aklı ermek** to understand, grasp. **akıl etmek** to think (of). **aklına gelmek** to come to mind. **akıl hastalığı** mental disease. **akıl hastanesi** mental hospital. **aklını kaçırmak** to go crazy, go out of one's mind. **aklında tutmak** to bear in mind. **akıl vermek** to give someone advice. **akıllı** wise, intelligent. **akıllıca** intelligently, wisely, cleverly. **akılsız** unreasonable, foolish. **aklınca** He thinks that... (mistakenly).
akılcılık rationalism.
akıldişi, -ni wisdom tooth.
akıllanmak to become wiser by bitter experience.
akım current, trend; electrical current.
akın 1. rush, torrential flow. 2. raid. **akın etmek** 1. to rush together, crowd. 2. to attack.
akıntı current, flow.
akış flow, course, current.
akışkan fluid.
akıtmak /ı/ to cause to flow, pour, shed.
akide religious faith, creed.
akide (şekeri) sugar candy.
akik, -ki agate.
akis, -ksi 1. reflection, reverberation; echo. 2. response.
akit, -kdi compact, treaty, agreement, contract.
akkor incandescent. **akkorluk** incandescence, white hot.
aklamak /ı/ to acquit.
aklan slope, incline.
akılselim common sense.
akmak 1. to flow; to be shed. 2. to leak. 3. to run (dye). 4. to fray, unravel.
akont, -tu installment.
akordeon 1. accordion. 2. accordion pleats.

akort tune. **akordu bozuk** 1. out of tune. 2. discordant. **akort etmek** to tune.

akraba a relative, relatives.

akran equal, peer, match.

akreditif 1. letter of credit. 2. bank credit.

akrep 1. scorpion. 2. hour hand.

akrobat, -tı acrobat. **akrobatlık** akrobatics.

akropol, -lü acropolis.

aks axle.

aksak limping, lame; not well ordered.

aksam parts.

aksamak 1. to limp. 2. to go badly, be delayed.

aksan accent, stress.

aksatmak /ı/ to hinder.

aksesuar 1. accessory. 2. stage prop.

aksetmek 1. to be reflected. 2. to echo. 3. /a/ (news) to reach (a person).

aksırmak to sneeze. **aksırık** sneeze.

aksi 1. opposite, contrary. 2. adverse, unlucky. 3. perverse, peevish, cross. **aksi gitmek** to go wrong (things). **aksine** on the contrary. **aksilik** 1. misfortune. 2. obstinacy.

aksileşmek to have a fit of temper.

aksiseda echo.

aksu (med.) cataract.

akşam evening, late afternoon. **akşamdan kalma** having a hangover. **akşam üstü, akşam üzeri** toward evening. **akşam yemeği** supper, dinner. **akşamleyin** in the evening.

akşamcı 1. one who drinks every evening. 2. one who prefers to work at night. 3. night student.

akşamlamak 1. to stay until evening. 2. to spend the evening (in a place).

akşın albino.

aktar seller of herbs, spices and notions.

aktarım 1. transfer. 2. transplantation.

aktarma 1. transfer, turnover. 2. transshipment. 3. quotation. **aktarma bileti** transfer ticket. **aktarma yapmak** to change (trains, busses). **aktarmalı** connecting (bus, train).

aktarmak /ı/ 1. to transfer, move. 2. quote. 3. to translate. 4. to retile (roof).

aktif 1. active. 2. assets.

aktör actor.

aktöre morals, morality.

aktris actress.

aktüalite current events.

aktüel modern, contemporary.

akupunktur acupuncture.

akustik acoustics.

akü, akümülatör storage battery, car battery.

akvaryum aquarium.

al 1. vermilion, flame scarlet, red. 2. bay (horse). 3. rouge.

ala 1. spotted, speckled. 2. pied, variegated.

âlâ very good, excellent.

alabalık speckled trout.

alabildiğine to the utmost, at full speed.

alabora olmak to capsize, turn over.

alaca speckled, variegated, blaze. **alaca karanlık** twilight. **alacalı** speckled; piebald (horse). **alacalı bulacalı** of mixed colors, gaudy.

alacak 1. receivable, credit. 2. claim. **alacaklı** creditor.

alafranga European style.

alaka 1. connection, tie, relationship. 2. interest. **alaka duymak** to be interested (in). **alakalı** 1. related. 2. concerned.

alakadar 1. concerned, involved. 2. interested.

alamet, -ti sign, mark, symbol. **alameti farika** trademark.

alan 1. open space, clearing. 2. square (in a town); field, arena. 3. sphere. 4. (geom.) area.

alantopu, -nu tennis.

alarm alarm, warning.

alaşağı etmek /ı/ to tear down; to overthrow, depose.

alaşım alloy.

alaturka Turkish style; in the Turkish way.

alavere 1. passing or throwing a thing from hand to hand. 2. utter confusion, jumble.

alay 1. regiment. 2. procession; parade. 3. troops in line.

alay mockery, ridicule, teasing. **alaya almak** to pick on. **alay etmek** to make fun of. **alaylı** mocking (words).

alazlamak /ı/ 1. to scorch, singe. 2. to brand. **alaz** flame, blaze.

albay colonel; navy captain.

albeni charm, attractiveness, allure.

albüm album.

albümin albumin.

alçak 1. low. 2. vile, mean. 3. short. **alçak gönüllü** humble; modest. **alçaklık** 1. lowness. 2. despicableness, vileness.

alçalmak 1. to become low. 2. to stoop. 3. to lose esteem. 4. to descend. **alçaltıcı** degrading.

alçı plaster of Paris. **alçıya koymak** to put in a plaster cast.

aldanmak 1. /a/ to be deceived. 2. to be wrong.

aldatmak /ı/ to cheat, deceive, dupe.

aldırış etmemek /a/ not to mind, not to pay any attention (to).

aldırmak 1. /ı, a/ to order, send someone to get. 2. /a/ to mind, pay attention to. 3. to have (something) surgically removed.

aldırmaz indifferent, callous. **aldırmazlık** indifference.

alelacele hastily, hurriedly, in haste.

alelade ordinary, usual.

âlem 1. world; universe. 2. class of beings, realm. 3. state, condition. 4. field, sphere. 5. people, the public. 6. merry-making, festivity. **Ne âlemdesiniz?** How are you getting on?

alem 1. flag, banner. 2. mark, sign. 3. crescent on top of a mosque.

alenen publicly, openly.

aleni public, open.

alerji allergy. **alerjik** allergic.

alet, -ti 1. tool, implement, instrument, device. 2. apparatus, machine. 3. means, agent. **alet etmek** /ı/ to make a tool of (a person).

alev flame. **alev almak** 1. to catch fire. 2. to flare up. **alev lambası** blowtorch. **alevli** in flames, flaming.

alevlenmek to flare up.

aleyh against. **aleyhte** against, in opposition. **aleyhinde bulunmak** to be hostile (to), talk against.

aleyhtar opponent; opposed. **aleyhtarlık** opposition.

alfabe 1. alphabet, ABC. 2. primer. **alfabetik** alphabetic.

algılamak /ı/ to perceive. **algı** perception.

alıcı 1. customer. 2. receiver.

alık stupid, dumb. **alık alık** stupidly.

alıkoymak /ı, a/ to detain, keep.

alım 1. act of taking. 2. charm. **alım satım** business, trade. **alımlı** attractive, fetching.

alın, -lnı forehead, brow. **güneşin alnında** in the direct sun. **alın teri dökmek** to sweat (over), toil.

alındı receipt.

alıngan touchy, easily offended. **alınganlık** touchiness.

alınmak 1. to be bought. 2. /a, dan/ to take offense (at).

alıntı quotation.

alırlık receptivity.

alınyazısı, -nı destiny.

alış 1. taking. 2. buying. **alış fiyatı** purchase price.

alışık accustomed to, used to.

alışkanlık 1. force of habit, second nature. 2. addiction.

alışkı habit, practice, usage.

alışkın used to, accustomed to.

alışmak /a/ 1. to get used to, become familiar with. 2. to become tame. 3. to get to working smoothly.

alıştırmak /ı,a/ 1. to accustom (to), let acquire a habit. 2. to train. **alıştırma** exercise.

alışveriş 1. buying and selling, business, trade, commerce; shopping. 2. dealings, relations. **alışveriş etmek** to shop.

âli high, exalted, sublime.

âlim learned, wise; scholar.

alimallah by God.

alize trade winds.

alkali alkaline.

alkalin alkaline.

alkım rainbow.

alkış acclamation, cheer, applause.

alkışlamak /ı/ to acclaim, applaud.

alkol, -lü alcohol. **alkolik** alcoholic. **alkollü** containing alcohol.

Allah Allah. **Allahtan** happily, luckily, fortunately. **Allah aşkına** for heaven's sake. **Allah bağışlasın.** God bless him. **Allah esirgesin.** God forbid. **Allah kavuştursun.** May God unite you again. **Allah korusun (saklasın).** God forbid. **Allah rahatlık versin.** Good night. **Allah rahmet eylesin.** May God have mercy on him. **Allaha şükür.** Thank God. **Allahsız** atheist.

allahaısmarladık Good-by.

allak bullak confused. **allak bullak etmek** to make a mess of.

allı pullu highly colorful, spangled.

allık 1. redness. 2. rouge.

almak, -ır /ı/ 1. to take, get, obtain. 2. to buy. 3. to receive. 4. to accept, take in, contain; to include. 5. to carry away. 6. to capture, conquer. 7. to marry (a girl).

almanak almanac.

almangümüşü, -nü German silver.

Almanya Germany.

almaş 1. alternation. 2. permutation. **almaşık** 1. in turn. 2. alternating.

alo hello.

alşimi alchemy.

alt, -tı 1. beneath; bottom, underside; lower part. 2. lower, inferior. **alt alta üst üste** rough and tumble (fight). **altını çizmek** to underline. **alt kat** 1. ground floor. 2. the floor below. **alt yazı** footnote.

altbilinç the subconscious.

altçene the lower jaw.

altderi derma.

alternatif 1. (bot.) alternating. 2. alternative.

alternatör generator.

altgeçit underpass.

altı six. **altıncı** sixth.

altıgen hexagon.

altın 1. gold. 2. gold coin. 3. golden.

altlık support, base, coaster.

altmış sixty.

altüst, -tü upside down, topsy-turvy, in utter confusion. **altüst etmek** /ı/ to upset, throw into confusion.

altyapı 1. substructure. 2. infrastructure.

altyazı subtitle.

alyans wedding ring.

ama, amma but, yet, still, however, on the other hand.

âmâ blind.

amaç aim, intent, goal.

amaçlamak /ı/ to intend, purpose, aim.

amade ready, prepared to carry out (a command).

aman 1. Please. For goodness sake. 2. mercy. **amansız** merciless.

amatör amateur.

ambalaj packing, package. **ambalaj yapmak** /ı/ to pack, wrap up.

ambar 1. warehouse, storehouse. 2. grain silo. 3. hold. 4. express company. **ambarcı** warehouseman.

embargo embargo.

amber scent, perfume, fragrance.

ambülans ambulance.

amca paternal uncle. **amcazade** cousin.

amel 1. act, deed. 2. diarrhea. **ameli** practical, applied.

amele worker, workman.

ameliyat, -tı surgical operation. **ameliyat etmek** to operate (on). **ameliyat olmak** to have an operation.

ameliyathane operating room (in a hospital).

Amerika America. **Amerika Birleşik Devletleri** the United States of America.

amerikan, amerikanbezi unbleached muslin.

amfi, amfiteatr amphitheater.

âmin omen.

amir 1. commanding, imperative. 2. superior, chief, person in charge.

amiral, -li admiral.

amme the public; the common people.

amnezi amnesia.

amonyak ammonia.

amorti 1. redemption of a bond issue. 2. the smallest prize. **amorti etmek** to pay off.

amortisman amortization.

amortisör shock absorber.

amper ampere.

ampirik empirical.

amplifikatör amplifier.

ampul, -lü 1. electric bulb. 2. ampule.

amut 1. a perpendicular, an upright. 2. handstand. **amuda kalkmak** to do a handstand.

amyant, -tı asbestos.

.ın moment, instant.

ana 1. mother. 2. principle, main, fundamental, basic. **anadan doğma** 1. stark naked. 2. from birth, congenital. **ana hat** trunk line. **ana sütü** breast milk.

anaç 1. mature, capable of bearing fruit. 2. capable of becoming a mother.

anadil (ling.) parent language.

anadili mother tongue, native language.

Anadolu Anatolia.

anaerki matriarchy.

anafor 1. countercurrent, eddy. 2. (slang) illicit profit, something for nothing.

anahtar 1. key. 2. wrench. 3. electric switch. **anahtar deliği** keyhole.

anahtarlık key ring, key holder.

anakara continent.

analık 1. maternity, motherhood. 2. stepmother; adoptive mother; motherly woman, matron. **analık etmek** to be a mother to.

analiz analysis.

analoji analogy.

anamal capital. **anamalcı** capitalist. **anamalcılık** capitalism.

ananas pineapple.

anane tradition. **ananevi** traditional.

anaokulu, -nu kindergarten, nursery school.

anapara capital.

anarşi anarchy. **anarşist** anarchist. **anarşizm** anarchism.

anason anise.

anatomi anatomy.

anavatan motherland.

anayasa constitution.

anayol main thoroughfare.

anayön cardinal point of the compass.

anayurt motherland.

ancak 1. only; just; hardly. 2. but, however. 3. not until.

ançüez anchovy.

andaç 1. souvenir. 2. memorial.

andıran analogous.

andırış analogy.

andırmak /a, ı/ to bring to mind, remind.

anestezi anesthesia.

angarya 1. forced labor, corvée; drudgery. 2. fatigue duty.

Angola Angola.

anı memory.

anık apt, inclined, disposed, ready. **anıklık** aptitude, inclination, readiness.

anımsamak /ı/ to remember, recall.

anırmak to bray.

anıt, -tı monument. **anıtsal** monumental.

anıtkabir, -bri mausoleum.

ani 1. sudden. 2. suddenly. **aniden** suddenly.

anjin angina.

anket, -ti inquiry, poll.

anlak intelligence.

anlam meaning, sense. **anlamdaş** synonymous. **anlamlı** meaningful. **anlamsız** meaningless.

anlamak /ı/ 1. to understand, comprehend. 2. to find out. 3. /dan/ to know about, have knowledge of.

anlambilim semantics.

anlaşılmak to be understood.

anlaşma agreement; treaty. **anlaşmaya varmak** to come to an agreement.

anlaşmak /la/ 1. to understand each other. 2. to come to an agreement.

anlaşmazlık disagreement, incompatibility.

anlatı, anlatım narration, the act of narrating.

anlatmak /ı, a/ 1. to explain. 2. to relate, tell. 3. to describe.

anlayış understanding, intelligence. **anlayışlı** understanding, sympathetic. **anlayışsız** insensitive.

anlık intellect.

anmak /ı/ 1. to call to mind, remember, think of. 2. to mention. **anma günü** memorial day.

anne mother.

anneanne grandmother, mother's mother.

anonim anonymous. **anonim şirket** joint stock company.

anormal, -li abnormal.

anot anode.

ansımak /ı/ to remember.

ansızın suddenly.

ansiklopedi encyclopedia.

ant oath. **ant içmek** to take an oath, swear.

antarktika Antarctic.

anten antenna.

antepfıstığı, -nı pistachio.

antibiyotik antibiotic.

antidemokratik antidemocratic.

antifriz antifreeze.

antik ancient.

antika 1. antique. 2. hemstitch. 3. queer, funny, eccentric. **antikacı** antique dealer.

antipati antipathy.

antiseptik antiseptic.

antlaşma solemn agreement, pact.

antlaşmak to come to a solemn agreement.

antoloji anthology.

antrakt intermission, interval.

antre entrance, doorway.

antrenman exercise, training.

antrenör trainer.

antrepo bonded warehouse.

antrkot, -tu entrecote.

antropoloji anthropology.

apaçık open; clear.

apandis appendix.

apandisit, -ti appendicitis.

apansız, apansızın unexpectedly, without warning, all of a sudden.

apartman apartment house. **apartman**

dairesi apartment, flat.

apar topar headlong, in a scramble.

apayrı altogether separate, completely different.

aperatif apéritif, appetizer.

apış crotch.

apışmak 1. to founder (animal). 2. to be baffled.

aplik wall lamp.

apolet, -ti epaulet.

apre dressing, finishing.

apse abscess.

aptal stupid; simpleton, fool. **aptalca** stupidly; stupid (act). **aptallık** stupidity, foolishness. **aptallık etmek** to act like a fool.

aptallaşmak to become stupid.

aptes 1. ritual ablution. 2. bowel movement; feces. **aptes almak** to perform an ablution.

apteshane toilet, W.C.

ar bashfulness, shyness; modesty.

ar (meas.) are, ar, a hundred square meters.

ara 1. distance; interval; intermediate, intermediary. 2. state of relation, footing (between two persons). **arada, arasında** in between. **arada sırada** from time to time. **ara sıra** from time to time. **ara vermek** to pause, make a break; to stop.

araba 1. carriage, wagon, cart. 2. car, automobile. 3. carload, wagonload. **araba kullanmak** to drive a car. **araba vapuru** car ferry. **arabacı** driver of a horse-cart.

arabozan, arabozucu telltale, mischief-maker.

arabulucu mediator, go-between.

aracı 1. mediator, go-between. 2. middleman.

araç 1. means, medium; tool. 2. vehicle. **araçlı** indirect. **araçsız** direct.

aralamak /ı/ 1. to separate. 2. to space, spread out. 3. to leave ajar (door).

aralık 1. space, opening, interval, gap. 2. time, moment. 3. corridor; narrow passage. 4. ajar, half-open. 5. December.

arama search. **arama tarama** police search.

aramak /ı/ 1. to seek, look for, hunt for. 2. to search. 3. to long for, miss. 4. to ask for, demand, inquire (after).

Arap Arab.

arapsabunu, -nu strong soft soap.

arapsaçı, -nı tangled affair, mess.

arasöz digression.

araştırmak /ı/ 1. to search. 2. to investigate. **araştırıcı** 1. investigator. 2. searching. **araştırma** investigation, research. **araştırmacı** researcher.

arayıcı 1. exploratory. 2. searcher, seeker; prospector. 3. inspector. 4. finder (telescope).

araz symptoms.

arazi 1. land, field, 2. territory. 3. real property, estate, estates. **arazi arabası** jeep, land-rover.

arbede uproar, riot, row.

ardıç juniper.

ardıl consecutive.

ardınca behind, following (him).

ardışık consecutive.

ardiye 1. warehouse. 2. warehouse fee.

arena arena.

arganç woof, weft.

argın weak, feeble, tired.

argıt mountain pass, neck, ridge.

argo slang, cant.

arı bee; wasp. **arı beyi** queen bee. **arı kovanı** beehive. **arıcı** beekeeper. **arıcılık** apiculture. **ansütü, -nü** royal jelly.

arı clean; pure.

arık lean, thin.

arıkil kaolin.

arınmak to get clean, be purified.

arıtmevi, -ni refinery.

arıtmak /ı/ to clean, cleanse, purify.

arıza 1. defect, failure, breakdown. 2. unevenness, roughness (of the country). **arızalı** 1. out of order. 2. uneven, rough, rugged, broken.

arızalanmak to break down, get out of order.

arızı accidental, casual.

arif wise, sagacious.

arife eve.

aristokrasi aristocracy. **aristokrat, -tı** aristocrat.

aritmetik 1. arithmetic. 2. arithmetical.

Arjantin Argentina.

ark, -kı irrigation trench, canal.

arka 1. the back. 2. rear, reverse. 3. backer. 4. sequel, the remaining part. **arka arkaya** one after the other. **arkası sıra** following, after. **arka üstü yatmak** to lie on one's back. **arkası var** to be continued.

arkadaş friend, companion. **arkadaş olmak** to become friends. **arkadaşça** 1. friendly. 2. in a friendly fashion. **arkadaşlık** friendship.

arkaik archaic.

arkalık 1. porter's back pack. 2. sleeveless jacket. 3. back of (a chair).

arkeoloji archeology. **arkeolog** archeologist.

arktik arctic.

arlanmak to feel shame, be ashamed.

arma 1. coat of arms, armorial bearings. 2. rigging.

armağan gift, present.

armatör shipowner.

armoni harmony.

armonik, armonika 1. harmonica. 2. accordion.

armut pear.

armuttop, -pu punching bag.

arnavutkaldırımı, -nı rough cobblestone pavement.

Arnavutluk Albania.

arozöz watering-cart, sprinkler truck.

arpa barley. **arpa boyu** a very short distance; the slightest bit. **arpalık** 1. barley field. 2. barley bin.

arpacık 1. sty (eye). 2. front sight (of a gun).

arsa vacant lot.

arsenik arsenic.

arsız 1. insolent, shameless. 2. thrifty, vigorous (plant).

arş March!

arşın ell, yard.

arşınlamak /ı/ 1. to measure by the yard. 2. to walk with big strides.

arşiv archives.

art 1. back, rear. 2. the space behind. **art arda** one after another. **art düşünce** hidden intent. **ardı sıra** immediately following. **ardından** following.

artağan fruitful.

artakalmak to be left over.

artam additional merit, superiority.

artçı rear guard.

artezyen artesian well.

artı 1. plus. 2. positive.

artık 1. remaining, left. 2. remnant; leftovers 3. remn. work 1. than. 2. any more, any longer.

artıkgün leap year day.

artıkyıl leap year.

artırım economy, thrift.

artırma 1. increase. 2. auction.

artırmak /ı/ 1. to increase, augment. 2. to save a portion, economize.

artış increase, augmentation.

artist, -ti actor, actress.

artmak 1. to increase. 2. to be left over.

artrit, -ti arthritis.

arya aria.

arz the earth.

arz presentation, demonstration. **arz etmek** 1. to present. 2. to submit. 3. to offer.

arzu 1. wish, want, request. 2. desire, longing. **arzu etmek** to wish for, want.

arzuhal, -li petition, written application. **arzuhalci** writer of petitions, street letter-writer.

arzulamak /ı/ to desire, long for.

as (cards) ace.

asa scepter, staff.

asabi nervous, irritable, on edge.

asabiye 1. nervous diseases. 2. neurology, neuropathology. **asabiyeci** nerve specialist.

asabiyet, -ti nervousness, irritability.

asal basic, fundamental. **asal sayı** prime

number.

asalak parasite.

asalet, -ti nobility, nobleness.

asaleten acting as principal and not as a representative.

asansör elevator.

asap nerves. **asabı bozulmak** to get nervous, be upset.

asayiş public order, public security.

asbest, -ti asbestos.

aselbent gum benzoin, storax.

asetilen acetylene.

aseton acetone.

asfalt, -tı 1. asphalt. 2. paved road.

asgari minimum, least. **asgari ücret** minimum wage.

asık sulky.

asıl, -slı 1. origin; original; originally. 2. essence; essential, real, true; fundamentally. **aslında** originally; essentially. **asıl sayı** cardinal number. **asılsız** unfounded; insubstantial, trifling.

asılı hanging, suspended.

asılmak 1. to hang. 2. to pull one's full weight. 3. to stretch out, lean over. 4. to hang on, insist. 5. to be hanged.

asıntı delay.

asır, -srı 1. century. 2. age, time, period, era.

asi rebellious, refractory; rebel.

asil 1. noble, aristocratic. 2. fully appointed. **asilzade** nobleman, aristocrat, peer.

asistan 1. assistant professor. 2. assistant doctor. **asistanlık** assistantship.

asit acid.

As. İz., askeri inzibat military police.

askat, -tı submultiple.

asker soldier; soldiers; army. **askere almak** to recruit. **askere gitmek** to join the army. **asker kaçağı** deserter. **askerlik** military service.

askeri military, pertaining to the army. **askeri mıntıka** military zone.

askı 1. hanger. 2. suspenders. 3. coat rack. 4. sling. **askıda bırakmak** to leave in doubt, leave unfinished.

asla never, by no means.

aslan 1. lion. 2. brave man. **aslan payı** the lion's share.

aslanağzı, -nı (bot.) snapdragon.

aslen originally; fundamentally, essentially.

asli fundamental, essential, principal, original.

asma vine, grapevine.

asma 1. suspension. 2. suspended, pendulous. **asma kilit** padlock. **asma köprü** suspension bridge.

asmak 1. to hang up, suspend. 2. to hang. 3. to neglect.

aspiratör exhaust fan.

aspirin aspirin.

asri modern; up-to-date.

asrileşmek to be modernized, accept urban customs.

assubay noncommissioned officer.

ast, -tı 1. under, sub-. 2. (mil.) a subordinate.

astar 1. lining. 2. priming, undercoat. **astar vurmak** to apply an undercoat.

astarlamak /ı/ 1. to line. 2. to apply an undercoat.

asteğmen lowest ranking army officer.

astım asthma. **astımlı** asthmatic.

astigmat, -tı astigmatic.

astragan astrakhan.

astroloji astrology.

astronomi astronomy.

astronot astronaut.

asude quiet, tranquil, at rest.

Asya Asia. **Asyalı** Asiatic (person).

A.Ş., Anonim Şirketi joint-stock company.

aş cooked food.

aşağı 1. down, lower, inferior. 2. the lower part; downstairs; the space below. **aşağı görmek** to despise. **aşağı yukarı** approximately, more or less. **aşağıda** below; downstairs. **aşağıya** down, downwards, downstairs.

aşağılamak /ı/ to degrade; to treat as inferior.

aşağılık 1. vulgarity. 2. vulgar; coarse. **aşağılık duygusu** inferiority complex.

aşama rank.

aşçı cook. **aşçıbaşı**, -nı head cook, chef.

aşermek to have capricious desires during pregnancy.

aşevi, -ni small restaurant.

aşı 1. vaccination; inoculation. 2. graft, scion. 3. artificial insemination.

aşıboyası, -nı red ocher.

aşık 1. lover; in love. 2. wandering minstrel. **aşık olmak** to fall in love (with).

aşık, aşık kemiği anklebone.

aşılamak /ı,a/ 1. to inoculate, vaccinate; to inseminate. 2. to graft, bud. 3. to inculcate.

aşınmak to wear away, be corroded, be eroded. **aşınma** corrosion; wear and tear; erosion.

aşırı 1. excessive, extreme. 2. over, beyond. 3. every other. **aşırı derecede** excessively. **aşırı gitmek** to go beyond bounds. **aşırılık** excessiveness.

aşırıcılık 1. excessiveness, extravagance. 2. plagiarism.

aşırmak /ı/ 1. /dan/ to pass (over a high place). 2. to swipe, steal.

aşikâr manifest, evident, clear, open.

aşina 1. familiar, well-known. 2. acquaintance. **aşinalık** acquaintance, intimacy.

aşiret, -ti tribe.

aşk, -kı love, passion. **aşk etmek** to land (a blow).

aşkın /ı/ more than; over, beyond.

aşkolsun 1. Well done! 2. Shame on you!

aşmak /ı/ 1. to pass (over), go (beyond). 2. to surpass.

aşure pudding made in the month of Muharrem.

at, -tı horse. **ata binmek** to mount a horse; to ride a horse. **at meydanı** hippodrome. **at nalı** horseshoe. **at yarışı** horserace.

ata 1. ancestor. 2. father.

ataç ancestral.

ataerki patriarchy.

atak rash, audacious, reckless.

atamak /ı,a/ to appoint. **atanmak** /a/ to be appointed.

atardamar artery.

atasözü, -nü proverb.

ataşe attaché.

atelye 1. workshop. 2. studio.

ateş 1. fire, heat. 2. (mil.) Fire! 3. fever. 4. vivacity, ardor. **ateş açmak** to open fire (on). **ateş almak** to catch fire. **ateş etmek** to fire on. **ateş pahasına** very expensive. **ateş püskürmek** to spit fire. **ateşe vermek** to set on fire. **ateşçi** fireman, stoker. **ateşli** 1. fiery; vivacious, fervent. 2. feverish.

ateşböceği, -ni firefly, glowworm.

ateşkes cease-fire, armistice, truce.

ateşleme ignition. **ateşleme odası** combustion chamber.

ateşlemek /ı/ to set fire (to), ignite.

ateşlenmek 1. to get a fever. 2. to catch fire.

ateşperest, -ti fireworshiper.

atfen /a/ based on, referring to.

atfetmek /ı,a/ 1. to attribute. 2. to turn.

atıcı 1. sharpshooter. 2. braggart.

atıl idle, inactive, inert.

atılgan dashing, bold, reckless; plucky.

atılım advance, progress.

atılmak /a/ 1. to be thrown out. 2. to attack.

atım range (of a gun).

atışmak 1. to quarrel, squabble. 2. to engage in a contest of musical repartee.

atıştırmak 1. /ı/ to bolt (food). 2. to begin to rain or snow slowly.

ati future.

atik agile, swift, alert.

atik, -ki ancient.

atkestanesi, -ni horse chestnut.

atkı 1. shawl, stole. 2. woof, weft. 3. pitchfork. 4. shoe strap.

atlamak 1. to jump, leap. 2. to skip, omit; to miss. **atlama** jump.

atlambaç leaping, jumping; leapfrog.

atlangıç steppingstone.

atlas satin.

atlas atlas (maps).

atlatmak /ı/ 1. to have a narrow escape, overcome. 2. to put off.

atlet athlete. **atlet fanilası** undershirt. **atletik** athletic. **atletizm** athletics.

atlı horseman, rider.

atlıkarınca merry-go-round, carousel.

atmaca sparrow hawk.

atmak /ı,a/ 1. to cast, throw; to drop; to put in, eject. 2. to shoot. 3. to postpone. **atıp tutmak** 1. /ı/ to defame, malign. 2. to speak extravagantly.

atmosfer atmosphere.

atom atom. **atom bombası** atomic bomb.

atsineği, -ni horsefly.

av 1. hunt, hunting, chase. 2. game, catch. **ava çıkmak** to go hunting. **av hayvanı** game animal. **av köpeği** hunting dog, hound.

avadanlık set of tools.

aval fool, simpleton. **aval aval bakmak** to stare stupidly.

aval, -li endorsement of a check by a third party.

avam the common people. **Avam Kamarası** the House of Commons.

avanak gullible, simpleton.

avans advance. **avans almak** to get an advance.

avanta illicit profit.

avare idle; wandering. **avare dolaşmak** to drift about.

avaz cry, shout, clamor. **avaz avaz bağırmak** to shout loudly, yell.

avcı hunter, huntsman. **avcılık** hunting.

avdet, -ti return. **avdet etmek** to return.

avene helpers, accomplices, gang.

avize chandelier.

avlak hunting ground; place where game abounds.

avlamak /ı/ 1. to hunt, shoot. 2. to deceive.

avlu court, courtyard.

Avrasya Eurasia.

avrat 1. woman. 2. wife.

Avrupa Europe.

avuç 1. palm. 2. handful. **avuç açmak** to beg. **avuç avuç** by the handful, lavishly. **avuç içi** palm. **avuç içi kadar** very small, narrow, scanty.

avuçlamak /ı/ to grasp, grip.

avukat, -tı lawyer, solicitor. **avukatlık** law profession.

avunç consolation, comfort.

avunmak 1. /la/ to be distracted. 2. to be

consoled.

avuntu consolation, that which brings consolation.

avurt cheek, pouch.

Avustralya Australia.

Avusturya Austria.

avutmak /ı/ to distract, divert.

ay 1. moon. 2. month. **ay çöreği** croissant. **aydan aya** monthly. **ay tutulması** lunar eclipse. **ayda yılda bir** very rarely. **ay yıldız** star and crescent.

ay 1. Oh! 2. Ouch!

aya palm.

ayak 1. foot. 2. leg. 3. base, pillar. 4. tributary (of a river). 5. outlet (of a lake). 6. step, stair; rung. **ayakta** standing, erect; on one's feet. **ayağı alışmak** to frequent. **ayak basmak** to arrive (at), enter. **ayak bileği** ankle. **ayağına çabuk** quick, agile. **ayak diremek** to insist. **ayak izi** footprint. **ayağa kalkmak** 1. to stand up. 2. to recover. **ayak parmağı** toe. **ayak sesi** footstep. **ayak uydurmak** 1. to fall in step. 2. to conform. **ayak üstü, ayak üzeri** without sitting down, in haste.

ayakaltı, -nı much frequented (place).

ayakkabı shoe, boot; footwear. **ayakkabıcı** shoemaker; shoe salesman; shoe shop.

ayaklanmak 1. to revolt. 2. to begin to walk on one's feet. 3. to begin to walk (child). **ayaklanma** rebellion, revolt, mutiny.

ayaklık 1. pedal. 2. stilt.

ayaktakımı, -nı rabble, mob.

ayaktaş companion; accomplice.

ayaktopu, -nu soccer.

ayakucu, -nu foot of a bed. 2. (astr.) nadir.

ayakyolu, -nu toilet, W.C.

ayar 1. accuracy. 2. adjustment. 3. standard. 4. karat. **ayar etmek** to regulate, adjust. **ayarlı** 1. adjusted, set. 2. having (so many) karats.

ayarlamak /ı/ 1. to regulate, adjust. 2. to test, assay.

ayartmak /ı/ to entice, lead astray. **ayartıcı** seductive, corrupting, perverting.

ayaz dry cold air, nip in the air.

aybaşı, -nı menstruation. **aybaşı görmek** to menstruate.

ayça new moon.

ayçiçeği, -ni sunflower.

aydın 1. luminous, light; lucid. 2. enlightened, intellectual.

aydınlanmak 1. to become luminous. 2. to become clear.

aydınlatmak /ı/ 1. to illuminate. 2. to clarify. **aydınlatıcı** 1. illuminating. 2. enlightening, informative.

aydınlık 1. light, bright. 2. clear, brilliant;

clearness. 3. light shaft.

ayet, -ti verse of the Quran.

aygın baygın languid; languidly.

aygır stallion.

aygıt, -tı tool; instrument, apparatus.

ayı bear.

ayıbalığı, -nı (zool.) seal.

ayık wide-awake.

ayıklamak /ı/ to clear of refuse, clean, sort.

ayılmak 1. to sober up. 2. to come to.

ayıp 1. shame, disgrace. 2. shameful, disgraceful, unmannerly. 3. fault, defect.

ayıplamak /ı/ to blame, malign, vilify.

ayırıcı 1. separator. 2. distinctive.

ayırım 1. separation. 2. discrimination.

ayırmak /ı/ 1. to part, separate. 2. to select. 3. to distinguish. 4. to set apart.

ayırt etmek /ı,dan/ to distinguish, discern.

ayırtı nuance, shade.

ayırtmak /ı/ to reserve.

ayin rite, religious ceremony.

aykırı 1. incongruous. 2. /a/ contrary (to). 3. across, crosswise. **aykırılık** difference, opposition.

ayla halo.

aylak idle, unemployed.

aylık 1. monthly. 2. monthly pay. 3. a month old; a month long.

aymak to come to, awake.

ayna mirror; panel. **ayna gibi** 1. smooth and bright. 2. calm.

aynalık (naut.) backboard.

aynen 1. exactly. 2. in kind.

aynı same, identical. **aynılık** identity, sameness.

ayniyat, -tı goods, property, belongings.

ayol Well! Hey! You!

ayraç parenthesis.

ayran 1. drink made of yogurt and water. 2. buttermilk.

ayrı 1. separate, apart, alone. 2. different, distinct. **ayrı ayrı** one by one. **ayrı tutmak** to make a distinction. **ayrılık** 1. separation; isolation; absence. 2. difference.

ayrıbasım reprint.

ayrıca in addition, also, further, moreover.

ayrıcalı exceptional.

ayrıcalık privilege.

ayrık 1. wide apart. 2. exceptional.

ayrıksı different, eccentric.

ayrılış, ayrılma separation, severance.

ayrılmak 1. to part, separate from one another. 2. to depart.

ayrım 1. distinction. 2. difference. 3. point of separation.

ayrıntı detail.

ayrışmak 1. to separate. 2. to be decomposed.

ayrıt, -tı edge.
aysar moonstruck.
aysberk, -ki iceberg.
ayşekadın string bean.
ayva quince.
ayyaş drunkard.
az few; a few; not much, little, small; not enough; scarcely, rarely, seldom. **az çok** more or less. **az daha** almost, nearly. **az gelmek** to be insufficient.
aza 1. member. 2. limb.
azade 1. free. 2. /dan/ released (from).
azalmak to become less, lessen, be reduced. **azalma** decrease.
azaltmak /ı/ to lessen, reduce, lower, decrease.
azamet, -ti 1. greatness, grandeur. 2. arrogance, conceit. **azametli** 1. grand, great, august. 2. arrogant.
azami greatest, maximum. **azami hız** maximum speed.
azap pain, torment, torture. **azap çekmek** to suffer torment. **azap vermek** to torment.
azar scolding. **azar azar** little by little.
azarlamak /ı/ to scold, reprimand, rebuke.
azat free. **azat etmek** 1. to free, emancipate. 2. to dismiss (from school).
azdırmak /ı/ 1. to aggravate. 2. to spoil, corrupt.
azgelişmiş underdeveloped.
azgın 1. ferocious, depraved. 2. rough (sea). 3. inflamed, ulcered. 4. spoiled (child). 5. oversexed. 6. in rut. **azgınlık** fierceness; depravity.
azı, azıdişi, -ni molar tooth.
azıcık just a little bit.
azık provisions, food.
azılı ferocious, wild.
azımsamak /ı/ to regard as too little.
azınlık minority.
azıtmak to become unmanageable, become wild, get excited.
azil, -zli dismissal, discharge.
azim, -zmi determination.
aziz 1. dear, beloved. 2. holy; saint. **azizlik** 1. sainthood. 2. practical joke, trick. **azizlik etmek** to play a trick.
azletmek /ı/ to dismiss from office, fire.
azma hybrid, half-breed.
azmak 1. to be spoiled. 2. to get infected.
azman 1. enormous, overgrown. 2. hybrid.
azmetmek /a/ to resolve (upon), decide firmly.
azot, -tu nitrogen.

B

baba father. **babalık** 1. fatherhood. 2. stepfather.
baba 1. bollard; bitt. 2. newelpost.
babaanne father's mother, grandmother.
babacan good-natured, fatherly.
babayani unpretentious, free and easy.
babayiğit 1. heroic man. 2. brave.
Babıâli 1. the Sublime Porte. 2. the publishers' section of Istanbul.
baca 1. chimney; flue; (naut.)funnel. 2. skylight; smoke hole. 3. shaft; mine shaft.
bacak (cards) jack, knave.
bacak 1. leg. 2. shank. **bacak kadar** tiny, small, very short (person).
bacanak the husband of one's wife's sister.
bacı 1. Negro nurse. 2. elder sister; sister.
badana whitewash, color wash. **badanacı** whitewasher.
badanalamak /ı/ to whitewash.
badem almond.
bademcik tonsil.
bademyağı, -nı almond oil.
badi badi yürümek to waddle.
bagaj 1. luggage, baggage. 2. (auto.) trunk. **bagaja vermek** to check (baggage).
bağ 1. tie, bond; string, lace; bandage; knot. 2. bunch; bundle. 3. connection, link; affection. 4. impediment, restraint. **bağlı** 1. bound, tied, fastened; attached, connected. 2. dependent on. 3. faithful, devoted. **bağlılık** 1. devotion, attachment. 2. correlation.
bağ vineyard. **bağcı** grape grower. **bağcılık** viniculture.
bağa tortoise shell.
bağbozumu, -nu 1. grape harvest. 2. autumn.
bağdaş kurmak to sit crosslegged.
bağdaşmak /la/ to suit, get along well (with).
bağ gerund.
bağıl 1. dependent, conditional. 2. relative.
bağım dependence. **bağımlı** dependent. **bağımlılık** dependence. **bağımsızlık** independence.
bağıntı relation. **bağıntılı** relative. **bağıntılılık** relativity.
bağır, -ğrı bosom, breast. **bağrına basmak** 1. to embrace, hug. 2. to shelter, protect; to sponsor.
bağırmak to shout, cry out, yell.
bağırsak intestine.
bağırtı outcry, shout, yell.
bağış grant, donation.

banmak

bağışık immune.

bağışıklamak /ı/ to immunize.

bağışlamak /ı,a/ 1. to donate. 2. to pardon. 3. to spare (life).

bağlaç conjunction.

bağlam bunch, bundle, sheaf.

bağlama 1. a plucked musical instrument. 2. coupling. 3. crossbar.

bağlamak /ı/ 1. /a/ to tie, fasten, bind; to connect. 2. to bandage. **bağlayıcı** tying, binding, connecting.

bağlantı tie, connection.

bağlaşık allied.

bağnaz fanatical, bigoted.

bahane pretext, excuse.

bahar 1. spring. 2. flowers, blossoms.

bahar, baharat, -tı spices. **baharlı** spiced, spicy.

bahçe garden; park.

bahçıvan gardener.

bahis, -hsi 1. subject, topic. 2. wager, bet.

Bahreyn Bahrain.

Bahriye navy. **bahriyeli** sailor in the navy; naval officer.

bahsetmek /dan/ to discuss, talk about, mention.

bahşetmek /ı, a/ to give; to remit.

bahşiş tip, baksheesh.

baht, -tı luck, fortune. **bahtsız** unfortunate, unlucky.

bahtiyar lucky, fortunate, happy.

bakan minister, state secretary. **Bakanlar Kurulu** Council of Ministers. **bakanlık** ministry.

bakıcı 1. attendant, guard; nurse. 2. fortune-teller. **bakıcılık** 1. nursing. 2. fortunetelling.

bakım 1. care, attention, upkeep. 2. viewpoint, point of view. **bakımlı** well-cared for, well -kept. **bakımsız** neglected, unkempt, disorderly. **bakımsızlık** neglect.

bakımevi, -ni dispensary.

bakımyurdu, -nu asylum for the destitute.

bakınmak to look around.

bakır copper. **bakıra** coppersmith.

bakış glance, look; view.

bakışık symmetrical. **bakışım** symmetry.

bakışmak to look at one another.

baki 1. everlasting. 2. surplus.

bakir untouched, virgin. **bakire** virgin, maiden.

bakiye remainder.

bakkal grocer. **bakkaliye** grocery store.

bakla broad bean, horsebean, fava bean.

baklava a kind of sweet pastry.

bakmak /a/ 1. to look at, pay attention to, consider; to face towards. 2. to take care of; to be in charge of. **Bakalım.** Let's see.

bakraç copper bucket.

bakteri bacterium. **bakteriler** bacteria.

bakteriyolog bacteriologist.

bakteriyoloji bacteriology.

bal honey. **bal gibi** 1. like honey, very sweet. 2. altogether; properly, thoroughly.

balans ayarı wheel balance.

balata brake lining.

balayı, -nı honeymoon.

balçık wet clay, mud.

baldır shank; calf. **baldırı çıplak** 1. barelegged. 2. rowdy, rough, ruffian.

baldıran poison hemlock.

baldız sister-in-law, wife's sister.

bale ballet.

balerin ballerina.

balgam mucus, phlegm.

balık fish. **balık ağı** fishing net. **balık avlamak** to fish. **balıkçı** fisherman, fisher; fish peddler.

balıkadam skin diver.

balıkçıl heron.

balıketi, balıketinde shapely, neither thin nor fat (woman).

balıklama headlong, headfirst.

balıkyağı, -nı 1. fish oil. 2. cod-liver oil.

balina 1. whale. 2. whalebone.

balistik ballistics.

balkabağı, -nı sweet yellow gourd, winter squash.

balkon 1. balcony. 2. porch.

ballandırmak /ı/ to praise extravagantly.

ballıbaba dead nettle.

balmumu, -nu 1. wax, beeswax. 2. sealing wax.

balo ball, dance.

balon balloon.

balta ax, hatchet.

baltalamak /ı/ to sabotage, block.

balya (com.) bale.

balyoz sledge hammer.

bambaşka altogether different.

bambu bamboo.

bamya okra, gumbo.

bandıra flag, colors.

bando band (of musicians).

bangır bangır loudly, with a shout. **bangır bangır bağırmak** to shout loudly.

Bangladeş Bangladesh.

bank bench.

banka bank. **banka cüzdanı** passbook, bankbook. **banka çeki** bank bill. **banka hesabı** bank account.

banker banker.

banket, -ti shoulder of a road.

banliyö suburb. **banliyö treni** commuter train.

banmak /ı, a/ to dip (into).

bant 1. tape. 2. ribbon.

banyo 1. bathtub. 2. bathroom. 3. bath. 4. spa. **banyo etmek** to develop (film). **banyo yapmak** to take a bath.

bar 1. night club. 2. bar.

baraj 1. dam. 2. (mil.) barrage.

baraka 1. shed, hut. 2. construction shed.

Barbados Barbados.

barbar barbaric, barbarous.

barbunya red mullet.

barbunya fasulyesi a small reddish bean.

bardak cup, glass.

barem graduated pay scale.

barınak shelter.

barındırmak /ı,da/ to shelter.

barınmak 1. /da/ to take shelter (in). 2. to get along.

barış peace, reconciliation.

barışmak to be reconciled. **barışık** at peace, reconciled.

barıştırmak /ı/ to reconcile.

bari at least, for once.

barikat, -tı barricade.

baro bar, the body of lawyers.

barometre barometer.

barut, -tu gunpowder.

bas (mus.) bass.

basamak 1. step, stair; rung. 2. step, level, degree. 3. place in a decimal number.

basbayağı 1. ordinary. 2. altogether. 3. simply.

bası printing, impression. **basıcı** printer.

basık 1. low (ceiling). 2. flat. 3. pressed down, compressed.

basılı printed.

basım printing, impression.

basımevi, -ni printing house, press.

basın press, newspapers. **basın toplantısı** press conference.

basınç pressure.

basiret, -ti discernment; prudence.

basit, -ti simple, easy, plain.

basketbol, -lü basketball.

baskı 1. press. 2. constraint, restraint. 3. printing; number of copies printed. 4. pressure. 5. (tailor.) hem. **baskı altında** under pressure. **baskı yapmak** to put pressure on.

baskın 1. raid; unexpected visit. 2. more powerful, overpowering, heavy. **baskına uğramak** to be raided.

baskül weighing machine; scales.

basma 1. printed. 2. print, printed cloth, calico. 3. printed matter.

basmak /a/ 1. to tread on; to stand on. 2. to become (a certain age). 3. to press; to weigh down. 4. /ı/ to print; to coin. 5. to raid, surprise.

basmakalıp stereotyped, conventional.

bastıbacak shortlegged, bandylegged.

bastırmak /ı/ 1. to suppress, extinguish; to appease (hunger). 2. to hem. 3. to splice. 4. to surpass.

baston walking stick, cane.

basur piles, hemorrhoids.

baş 1. head. 2. chief, leader. 3. beginning, initial. 4. basis. 5. summit, crest. 6. prow. 7. main, chief, principal. **başı açık** bareheaded. **baş ağrısı** 1. headache. 2. trouble, nuisance. **başını ağrıtmak** to annoy by talking a lot. **baş aşağı** 1. headfirst, headlong. 2. upside down. **baştan** from the beginning. **baştan aşağı** from top to bottom, throughout. **başa baş** exactly equal. **baş belası** nuisance; troublesome. **başa çıkmak** to cope with, control. **baştan çıkarmak** to lead astray, corrupt. **baş döndürücü** dazzling, dizzy, dizzying. **başı dönmek** to feel dizzy. **başa geçmek** to take the top place. **başından geçmek** to happen, occur to. **başa gelmek** to happen, befall. **baş göstermek** to break out; to appear, arise. **baş kaldırmak** to rebel (against). **baş köşe** seat of honor. **baştan savma** carelessly, sloppily. **başı sıkışmak** to be too busy. **baş vurmak** to apply to; to have recourse to. **başa vurmak** to go to one's head (drink). **baş yemek** main dish, main course. **başsız** 1. headless. 2. having no chief. **Başınız sağ olsun.** May your life be spared (formula of condolence). **Baş üstüne!** With pleasure!

başak ear (of grain), head, spike.

başaklanmak to ear, come into ear.

başarı success. **başarılı** successful.

başarmak /ı/ to succeed, accomplish, achieve.

başasistan chief intern (in a hospital).

başat dominant.

başbakan prime minister, premier. **başbakan yardımcısı** deputy prime minister. **başbakanlık** 1. premiership. 2. the prime minister's office (building).

başbuğ commander, chief, leader, chieftain.

başhekim head doctor.

başıboş 1. left untethered; free. 2. wild.

başıbozuk irregular; disorderly.

başka 1. other, another, different. 2. except, apart from, other than. **başka başka** separate, different. **başkalık** difference; change. **başkaca** otherwise, further.

başkalaşmak 1. to change, grow different. 2. to undergo genetic variation. 3. to metamorphose. **başkalaşım, başkalaşma** metamorphosis.

başkan president; chairman; chief. **başkanlık** presidency; chairmanship.

başkası, -nı another, someone else.

başkent, -ti capital (of a country).

başkomutan commander in chief, supreme commander.

başkonsolos consul general. **başkonsolosluk** consulate general.

başlamak 1. to begin, start. 2. (knitting) to cast on.

başlangıç 1. beginning, start. 2. preface, foreword.

başlayıcı beginner.

başlayış start, beginning; mode of beginning.

başlı başına in itself, of its own nature.

başlıca principal, chief, main.

başlık 1. cap, headgear; bridal headdress; helmet. 2. capital (of a column). 3. title, headline, heading, caption. 4. money paid by the bridegroom to the bride's father.

başmakale editorial.

başmüfettiş chief inspector.

başöğretmen school principal.

başörtü, -yü, -nü kerchief, scarf.

başparmak thumb; big toe.

başpiskopos archbishop.

başrol, -lü (theat.) lead, leading role.

başsağlığı, -nı condolence.

başsavcı attorney general.

başşehir, -hri capital (of a country).

baştankara great titmouse.

başucu, -nu 1. head end (of a bed). 2. zenith. **başucunda** /in/ at the bedside, near, close to.

başvekil prime minister.

başyazar editor, editorial writer.

başyazı editorial.

batak 1. swampy, boggy; swamp, marsh. 2. floundering, unstable, unsound (business). **bataklık** bog, marsh, swamp, fen, moor.

batarya battery.

bateri drums.

batı west; western. **batılı** western.

Batı Almanya Federal Republic of Germany.

batık sunk, sunken, submerged.

batıl superstitious; null; absurd. **batıl itikat** superstition.

batılılaşmak to westernize.

batırmak /ı/ 1. to plunge, dip; to ruin. 2. to stick (into), prick. 3. to lose (fortune). 4. to speak ill of, run down.

batkı bankruptcy.

batkın 1. lost, sunk; ruined, bankrupt. 2. thrust in; depressed, hollow; deep.

batmak 1. to sink, founder. 2. to set (sun, moon). 3. to be lost; to go bankrupt. 4. to be splashed or soiled. 5. /a/ to prick, puncture. 6. /a/ to hurt. **bata çıka** struggling oneself along.

battal 1. large and clumsy. 2. oversize (paper). 3. useless, worthless.

battaniye blanket.

bavul suitcase.

Bay Mr. **bay** gentleman; sir.

bayağı 1. ordinary, common, plain. 2. vulgar. 3. simply, just.

bayağıkesir, -sri common fraction.

bayağılaşmak to become vulgar.

Bayan Miss; Mrs., Ms. **bayan** lady; madam.

bayat, -tı stale, flat, old; trite.

bayatlamak to get stale.

baygın 1. unconscious, in a faint. 2. faint. **baygınlık** faintness.

bayılmak 1. to faint; to feel faint. 2. /a/ to be thrilled with, like a lot.

bayıltmak /ı/ to cause to faint; to anesthetize.

bayındır rich and prosperous; cultivated; developed. **Bayındırlık Bakanlığı** Ministry of Public Works.

bayır 1. slope; slight rise, ascent. 2. hill.

bayi, -ii 1. supplier. 2. wholesale distributor.

baykuş owl.

bayrak flag. **bayrak çekmek** to hoist the flag. **bayrağı yarıya indirmek** to fly the flag at half mast.

bayraktar standard-bearer.

bayram religious festival; national holiday; festival, festivity.

bayramlaşmak /la/ to exchange good wishes at a holiday.

bayramlık 1. fit for the two religious holidays. 2. holiday present. 3. one's best dress.

baytar veterinarian. **baytarlık** veterinary medicine.

baz (chem.) base.

bazen sometimes, now and then.

bazı 1. some, certain; some of. 2. sometimes.

be (implies disapproval) Hey!

bebe baby.

bebek 1. baby. 2. doll.

beceri skill, cleverness.

becerikli skillful, adroit.

beceriksiz clumsy.

becermek /ı/ 1. to carry out successfully, manage cleverly. 2. to make a mess of.

bedava gratis, for nothing, free. **bedavacı** freeloader, sponger.

bedbaht, -tı miserable, unhappy; unfortunate.

bedbin pessimistic. **bedbinlik** pessimism.

beddua curse.

bedel 1. /a/ equivalent, substitute. 2. price, value.

beden 1. body. 2. trunk, principal part. **beden eğitimi** physical education. **bedeni, bedensel** physical, bodily.

bedesten covered bazaar.

bedevi Bedouin.

begonya begonia.

beğeni taste, esthetic sense.

beğenmek /ı/ 1. to like, admire; to approve of.

2. to choose.

beher each, per. **beheri** each one, apiece.

bej beige.

bek, -ki (gas) burner.

bekâr 1. single, unmarried, bachelor. 2. grass widower. **bekârlık** bachelorhood; celibacy.

bekçi watchman; night watchman; guard; lookout.

beklemek 1. to wait for, wait; /dan/ to expect, look for. 2. to guard, watch over. **bekleme** waiting. **bekleme odası, bekleme salonu** waiting room.

beklenmedik unexpected.

bekleyiş waiting.

bel 1. waist. 2. loin. 3. the small of the back. 4. mountain pass. 5. sperm. **beli açılmak** to lose bladder control. **bel bağlamak** to rely on, trust. **belini bükmek** to crush, leave without hope or means. **belini doğrultmak** to recover, get well. **beli gelmek** to have a discharge of sperm, come. **bel vermek** to bulge, sag.

bel spade; fork (for digging).

bela calamity, misfortune, evil, trouble. **belayı aramak** to look for trouble. **belasını bulmak** to get one's deserts. **belaya çatmak (girmek, uğramak)** to run into trouble. **bela okumak** to curse. **belalı** 1. troublesome, annoying. 2. quarrelsome, shrewish. 3. pimp.

belagat, -ti 1. eloquence. 2. rhetoric.

Belçika Belgium.

belde city.

belediye municipality.

belermek to be wide open (eyes), stare.

beleş gratis, for nothing. **beleşten** for nothing. **beleşe konmak** to get free. **beleşçi** sponger, freeloader.

belge 1. document. 2. certificate. **belgesel** documentary. **belgeli** dismissed from school for repeated failures.

belgelemek /i/ to document.

belgin precise.

belgisiz indeterminate, vague; (gram.) indefinite.

belgit, -ti 1. evidence. 2. receipt.

belirgin clear, evident.

belirlemek /i/ to determine, find out; to decide.

belirli determined, specific.

belirmek 1. to appear. 2. to become evident.

belirsiz 1. unknown, uncertain, indefinite, undetermined. 2. imperceptible.

belirteç adverb.

belirti sign; symptom.

belirtik explicit.

belirtmek /i/ 1. to state, make clear. 2. to determine.

belit, -ti axiom.

Beliz Belize.

belkemiği, -ni 1. backbone, spine. 2. basic part, pillar.

belki perhaps, maybe. **belki de** or maybe.

bellek memory.

bellemek /i/ to learn.

bellemek /i/ to spade.

belleten bulletin, learned journal.

belli 1. evident, obvious, known, clear; visible. 2. certain, definite. **belli başlı** main, chief. **belli belirsiz** hardly visible. **belli etmek** /i/ to show, not to be able to hide. **belli olmak** 1. to become perceptible. 2. to become definite.

belsoğukluğu, -nu gonorrhea.

bemol, -lü (mus.) flat.

ben 1. I; me. 2. ego.

ben mole, beauty spot.

bence in my opinion.

benci egotistic.

bencil selfish, egoistic. **bencillik** selfishness, egoism.

bende slave; servant. **bendeniz** your humble servant.

benek speckle, spot. **benekli** speckled.

bengi eternal. **bengilik** eternity.

bengilemek /i/ to make eternal.

bengisu water of life.

benimsemek /i/ 1. to appropriate, take over. 2. to assume, assimilate, adopt; to take on.

Benin Benin.

beniz, -nzi color of the face. **benzi atmak** to grow pale.

benlik 1. personality. 2. conceit, egotism.

benmari double boiler.

bent 1. dam, dike, weir. 2. reservoir. 3. paragraph; article. 4. stanza.

benzemek /a/ to resemble, look like, seem like.

benzeri the one that resembles it (him, her).

benzerlik similarity, resemblance.

benzeşmek to resemble each other.

benzeti simile, metaphor.

benzetmek /ı, a/ to compare mistakenly.

benzin gasoline, (Brit.) petrol; benzine. **benzin deposu** gas tank. **benzin istasyonu** filling station, gas station.

beraat, -tı acquittal. **beraat etmek** to be acquitted.

beraber 1. together; accompanying. 2. /la/ equal; level, in a line, abreast. **berabere kalmak** (sports) to tie. **beraberce** together. **beraberinde** together; with (someone). **beraberlik** 1. (sports) tie, draw. 2. unity, cooperation.

berbat, -tı very bad, terrible, disgusting.

berber barber; hairdresser.
bere bruise. **bereli** bruised.
bere beret.
bereket, -ti 1. abundance, plenty; fruitfulness. 2. fortunately.
berelemek /i/ to bruise.
beri 1. here; near; this side of. 2. /dan/ since; for (period of time).
beriki the nearest, the nearer one; that one.
berk, -ki hard, strong, firm, fast.
berkitmek /i/ to strengthen.
berrak clear, limpid.
berraklaşmak to get clear, become limpid.
bertaraf etmek to get rid of.
besbelli obvious; evidently.
besi fattening-up (animal). **besiye çekmek** to hold for fattening. **besili, besli** fat, plump, well-fed.
besin nutriment, nourishment, food.
besisuyu, -nu sap.
besleme girl servant brought up in the household.
beslemek /i/ 1. to feed, nourish. 2. to fatten (animal). 3. to keep, support, maintain. 4. to shim up. **besleyici** nutritious, nourishing.
beste tune, melody, composition. **besteci** composer.
bestelemek /i/ to compose; to set to music.
beş five. **beş aşağı beş yukarı** after some bargaining. **beş para etmez** worthless.
beşer man, mankind. **beşeri** human.
beşeriyet, -ti mankind, humanity.
beşgen pentagon.
beşik cradle.
beşinci fifth.
beşiz quintuplets.
beştaş jackstones, jacks.
bet bad, ugly, evil.
bet beniz color of the face. **beti benzi atmak** to grow pale from fear.
beter worse.
beti shape; figure.
betik book, work; note.
betim description.
betimlemek /i/ to describe.
beton concrete.
betonarme reinforced concrete.
betonyer cement mixer.
bevliye urology. **bevliyeci** urologist.
bey 1. gentleman, (after name) Mr. 2. ruler, master.
beyan declaration, expression. **beyan etmek** to express, declare, announce.
beyanname declaration, manifesto; manifest.
beyaz 1. white. 2. fair-skinned.
beyazlaşmak to get white.
beyazlatmak /i/ to whiten, bleach.

beyazperde 1. motion picture screen. 2. movies.
beyazpeynir white cheese.
beyefendi sir; (after name) Mr.
beyerki aristocracy.
beygir horse, pack horse.
beygirgücü, -nü horsepower.
beyhude useless; in vain; unsuccessfully. **beyhude yere** unnecessarily.
beyin, -yni 1. brain. 2. mind; brains, intelligence. **beyin kanaması** cerebral hemorrhage. **beyni sulanmak** to grow senile. **beynine vurmak** to go to one's head (drink). **beynini yıkamak** to brainwash. **beyinsel** cerebral. **beyinsiz** stupid.
beyincik cerebellum.
beyit, -yti couplet, distich.
beylik 1. principality. 2. stereotyped, commonplace.
beynelmilel international.
beysbol baseball.
beyzi oval, elliptical.
bez 1. cloth. 2. piece of cloth; diaper; dustcloth. **bez, beze** gland.
bezdirmek /i, dan/ to sicken, disgust, weary.
beze macaroon.
bezek ornament; decoration.
bezelye pea, peas.
bezemek /i/ to deck out, adorn, embellish.
bezen ornament, embellishment.
bezenmek 1. to decorate oneself. 2. to be ornamented or decorated.
bezgin disgusted; depressed. **bezginlik** weariness.
bezik bezique.
beziryağı, -nı linseed oil.
bezmek /dan/ to get tired of, be disgusted with.
bıçak knife. **bıçak bileyici alet** knife sharpener. **bıçak çekmek** to draw a knife. **bıçak kemiğe dayanmak** to overburden, press beyond endurance.
bıçaklamak /i/ to stab, knife.
bıçkın inflamed (sore).
bıçkı two-handed saw. **bıçkıcı** sawyer.
bıkkın disgusted, bored, tired. **bıkkınlık** boredom, disgust.
bıkmak /dan/ to get tired of, get bored with, be fed up.
bıldırcın quail.
bıngıl bıngıl fat and quivering like jelly.
bıngıldak fontanelle.
bırakmak /ı, a/ 1. to leave, set down. 2. to let go, drop. 3. to postpone. 4. to leave, relinquish, turn over. 5. to give up. 6. to grow (a beard). 7. to release, let loose; to allow. 8. to entrust; to bequeath. 9. to abandon.

bıyık

bıyık 1. mustache. **2.** whiskers. **3.** tendril. **bıyık altından gülmek** to laugh up one's sleeve.

biber pepper. **biber dolması** stuffed peppers. **biberli** peppered, peppery.

biberlik pepper shaker.

biberon feeding bottle.

bibliyografi, bibliyografya bibliography.

biblo knickknack, trinket.

biçare poor, wretched.

biçerbağlar reaper, binder, harvester.

biçerdöver combine, reaper-thresher.

biçim 1. form, shape; manner. **2.** elegant form. **3.** (tailor.) cut. **4.** harvest. **biçime sokmak** to give shape to. **biçimli** well-shaped, trim. **biçimsiz** ill-shaped, ugly.

biçimcilik formalism.

biçki cutting out (clothes).

biçmek /ı/ **1.** to cut. **2.** to cut out (cloth). **3.** to reap, mow. **biçme 1.** cut. **2.** prism.

bide bidet.

bidon oil drum, metal barrel.

biftek beefsteak, steak.

bigudi hair curler.

bihaber /dan/ unaware of, ignorant of.

bikini bikini.

bikir, -kri virginity, maidenhood.

bilahara later, at a later time.

bilakis on the contrary.

bilanço 1. balance sheet. **2.** weighing of comparative advantages.

bilardo billiards.

bildik 1. acquaintance. **2.** familiar.

bildirge 1. report (to a government office). **2.** tax report.

bildiri announcement, notice, proclamation. **bildirmek** /ı, a/ to tell, inform.

bile even, actually.

bileği bone sharpener.

bileğitaşı, -nı whetstone; grindstone.

bilek wrist. **bileğine güvenmek** to rely on one's fists.

bilemek /ı/ to sharpen, whet, grind. **bileyici** knife grinder. **bileğitaşı** hone.

bileşen component.

bileşik compound.

bileşim composition.

bileşke resultant.

bileşmek to form a compound.

bileştirmek /ı/ to compose, compound, combine.

bilet, -ti ticket. **bilet gişesi** ticket window. **biletçi** ticket man.

bilezik 1. bracelet. **2.** metal ring.

bilfiil actually, in fact.

bilge sagacious, wise.

bilgi 1. knowledge. **2.** information. **bilgi edinmek** to learn, be informed. **bilgili**

well-informed; learned. **bilgisiz** uninformed; ignorant.

bilgiç pedant. **bilgiçlik** pedantry.

bilgin scholar, scientist.

bilgisayar computer.

bilhassa especially, particularly.

bilim science. **bilimsel** scientific.

bilimkurgu science fiction.

bilinç the conscious. **bilinçli** conscious. **bilinçaltı, -nı** the subconscious. **bilinçdışı, -nı** the unconscious.

bilinçlenmek to become conscious.

bilirkişi expert.

billur crystal. **billursu** crystalline.

billurcisim, -smi (anat.) lens.

bilmece riddle; puzzle.

bilmek, -ir /ı/ **1.** to know. **2.** to consider, deem; to think, believe, suppose. **bile bile** on purpose. **bildiğini okumak** to insist on having one's own way. **bilmeden** at most. **bilmeden** unintentionally.

bilmezlik ignorance. **bilmezlikten gelmek** to pretend not to know, act innocent.

bilmukabele 1. in exchange (for). **2.** And the same to you.

bilye 1. marble. **2.** ball of a ball bearing. **bilyeli yatak** ball bearing.

bilyon a thousand million, (U.S.) billion.

bin thousand. **bin bir** a great many. **binde bir** scarcely, very rarely.

bina building. **bina etmek** to build. **bina vergisi** building tax.

binbaşı major; commander; squadron leader. **bindi** support.

bindirmek /ı, a/ **1.** to add on. **2.** to overlap. **3.** to see (someone) aboard. **4.** to collide (with).

binek 1. mount. **2.** riding. **binek atı** saddle horse.

binici rider, horseman. **binicilik** horsemanship.

binmek /a/ **1.** to get on, get in, embark, board, mount. **2.** to ride (horse, bicycle). **3.** to amount. **4.** to be added (to).

bir 1. one; a, an. **2.** unique. **3.** the same. **4.** united. **5.** only. **6.** equal, the same. **bir ağızdan** in unison. **bir an önce** as soon as possible. **bir ara, bir aralık** some time. **bir arada** all together. **bir araya gelmek** to come together. **bir avuç** a handful. **bir bakıma** in one way, from one point of view. **bir bir** one by one. **bir çırpıda** at one stretch; offhand. **bir daha 1.** once more. **2.** one more. **3.** ever again. **bir damla** very little. **bir de** also, too. **bir defa** once. **bir derece, bir dereceye kadar** to a certain degree. **bir deri bir kemik** very thin, only skin and bones. **bir gün 1.** eventually. **2.** one day. **bir hoş olmak** to feel embarrassed. **bir iki**

one or two. **bir kalemde** all at once. **bir kere** 1. in the first place. 2. one time, once. **bir kerecik** just once. **bir o kadar** as much again. **bir olmak** to join forces. **bir parça** 1. a little, a moment. 2. one piece. **bir sürü** a lot of, lots of. **bir şey** something. **bir tutmak** /ı/ to regard as equal. **bir türlü** 1. somehow. 2. in any way. 3. just as bad. **bir yana** aside from. **bir zaman, bir zamanlar** at one time. **Bir şey değil.** Don't mention it. You're welcome. **Bir varmış bir yokmuş...** Once upon a time...

bira beer. **bira fabrikası** brewery. **bira mayası** barm, yeast. **birahane** beer hall.

birader 1. brother. 2. fellow; Hey you!

biraz a little, some. **birazdan** a little later.

birbiri, -ni each other. **birbirine düşürmek** /ı/ to set at odds. **birbirine girmek** 1. to start quarreling. 2. to be stirred up.

bircinsten homogeneous.

birçok many, a lot (of).

birden 1. all at once, suddenly. 2. at one time, in a row.

birdenbire suddenly.

birdirbir leapfrog.

birebir most effective (remedy).

birer one each, one apiece. **birer birer** singly, one by one.

bireşim synthesis. **bireşimli** synthetic.

birey individual. **bireycilik** individualism. **bireylik** individuality. **bireysel** individual.

biri, -ni, -birisi, -ni 1. one of them. 2. someone.

biricik unique, the only.

birikim 1. accumulation, buildup; aggregation. 2. (geol.) the deposition of alluvium.

birikinti accumulation, deposit.

birikmek to come together, assemble, accumulate, collect.

biriktirmek /ı, a/ 1. to gather, pile up. 2. to save up, collect.

birim unit.

birinci 1. the first. 2. champion. 3. first quality. **birinci gelmek** to come in first (in a race). **birinci hamur** best quality (paper). **birinci mevki** first class, cabin class. **birincilik** championship.

birkaç, -çı a few, some, several.

birleşik united, joint.

birleşim 1. session, sitting. 2. consolidation.

birleşmek 1. to join together, unite. 2. to meet. 3. to agree. **birleşen** uniting. **Birleşmiş Milletler** United Nations.

birleştirmek /ı/ to put together, unite.

birli ace.

birlik 1. unity, accord. 2. sameness; identity. 3. union, association; (mil.) unit. **birlikte** together.

Birmanya Burma.

birtakım some, a certain number of.

bisiklet, -ti bicycle.

bisküvi, -yi biscuit, cracker.

bismillah in the name of God.

bit, -ti louse. **bitli** infested with lice, lousy. **bit sirkesi** nit.

bitap exhausted, feeble. **bitap düşmek** to get exhausted.

bitaraf neutral, impartial.

bitek fertile.

biteviye monotonous; monotonously.

bitey flora.

bitik exhausted, worn out; broken down.

bitim ending, end. **bitimli** finite. **bitimsiz** infinite.

bitirmek /ı/ 1. to finish. 2. to accomplish. 3. to exhaust, use up.

bitiş end.

bitişik 1. adjacent, adjoining; attached. 2. next door.

bitişmek to join, grow together.

bitki plant. **bitkisel** vegetable, vegetal.

bitkin exhausted, very tired.

bitlenmek to be infested with lice.

bitmek 1. to be used up, be all gone. 2. to be finished, be completed. 3. to get tired, be exhausted. 4. to be fond of.

bitmek to grow, sprout.

bitpazarı, -nı flea market.

bityeniği, -ni weak spot, doubtful aspect.

biyografi biography.

biyoloji biology.

biyopsi biopsy.

biz awl.

biz we. **biz bize** by ourselves, without outsiders.

Bizans Byzantium.

bizar disgusted, sick of.

bizzat, -tı personally, in person.

blok, -ku 1. block. 2. bloc.

blokaj blockage.

bloke (fin.) blocked.

bloknot, -tu pad of paper.

blöf bluff. **blöf yapmak** to bluff.

blucin jeans.

bluz blouse.

boa boa.

bobin bobbin, spool; coil. **bobinaj** winding.

boca etmek /ı/ to turn over, cant over, tilt.

bocalamak to falter, act in a confused manner.

bocurgat capstan.

bodrum cellar, basement. **bodrum katı** basement apartment.

bodur squat, dumpy.

boğa bull. **boğa güreşi** bullfight.

boğak angina.

boğaz 1. throat; gullet, esophagus. 2. neck, narrow part. 3. mountain pass. 4. strait. **boğaz ağrısı** sore throat. **boğazına düşkün** gourmet; fond of good food. **boğazından geçmemek** to stick in one's throat. **boğazına kadar** up to one's neck. **boğaz kavgası** struggle for a living. **boğazı kurumak** to get very thirsty.

Boğaz, Boğaziçi, -ni the Bosphorus.

boğazlamak /ı/ to slaughter.

boğazlı gluttonous.

boğmaca whooping cough, pertussis.

boğmak /ı/ 1. to choke, strangle. 2. to suffocate. 3. to drown (in). 4. to constrict by binding. 5. to overwhelm (with); to conceal (under a flood of words, jokes, etc.).

boğucu suffocating.

boğuk 1. hoarse, raucous. 2. muffled. **boğuk boğuk** 1. hoarsely. 2. with a muffled sound.

boğulmak 1. to drown. 2. to get hoarse.

boğum 1. knot, joint, node. 2. internode. 3. ganglion.

boğuntu profiteering.

boğuşmak 1. to scuffle, fight. 2. to quarrel.

bohça 1. bundle. 2. square cloth for wrapping a bundle.

bohçalamak /ı/ to wrap up in a bundle.

bohem bohemian.

bok, -ku 1. dung, excrement. 2. rubbish; bad.

bokböceği, -ni dungbeetle.

boks boxing. **boks etmek (yapmak)** to box.

boksör boxer.

bol 1. wide and loose-fitting. 2. abundant, ample. **bol bol** abundantly, generously.

bolca 1. somewhat wide. 2. rather amply.

bolero bolero.

Bolivya Bolivia.

bollaşmak 1. to become wide. 2. to become plentiful.

bolluk 1. wideness, looseness. 2. abundance.

bomba bomb.

bombalamak /ı/ to bomb.

bombardıman bombardment, bombing. **bombardıman uçağı** bomber.

bombos completely empty.

bonbon candy, bonbon.

boncuk bead. **boncuk gibi** beady (eyes). **boncuk mavisi** turquoise blue.

bone bonnet.

bonfile sirloin steak.

bono bond, bill, certificate of indebtedness.

bonservis letter of recommendation.

bora storm, squall, tempest.

boraks borax.

borazan 1. trumpet. 2. trumpeter.

borç 1. debt, loan. 2. duty, obligation. 3. debit.

borç almak to borrow (money). **borca girmek** to get into debt. **borç para** loan. **borç vermek** /a/ to lend (money). **borçlu** 1. debtor. 2. indebted.

borçlanmak /a/ to get into debt.

borda board, broadside, beam.

bordo claret red.

bordro list, register, roll; payroll.

bornoz bathrobe.

borsa stock exchange, exchange. **borsa fiyatı** stock exchange quotation.

boru 1. pipe, tube. 2. trumpet. **boru hattı** pipe line. **borumsu** tubiform.

borucuk tubule, tubulus.

bostan vegetable garden, kitchen garden. **bostan korkuluğu** 1. scarecrow. 2. a mere puppet.

boş 1. empty; hollow; blank. 2. uninhabited. 3. vacant (post). 4. unsown. 5. (print.) space. 6. futile. 7. unoccupied, at leisure; unemployed; free, not in use (machine). 8. loose, slack. **boşta** unemployed. **boşuna** in vain. **boşa çıkmak** to come to nothing. **boş gezmek** to wander about idly. **boşa gitmek** to be wasted. **boş kafalı** silly. **boş vakit** spare time. **boş vermek** /a/ not to bother (about). **boşluk** 1. blank. 2. cavity. 3. vacuum.

boşalım discharge.

boşalmak 1. to be emptied, empty itself, run out. 2. to unwind itself, run down.

boşaltaç exhaust pump.

boşaltım excretion.

boşaltma discharge, unloading. **boşaltma havzası** drainage basin.

boşaltmak /ı/ 1. to empty. 2. to discharge, fire (gun). 3. to evacuate. 4. to unload; to disembark.

boşamak /ı/ to divorce, repudiate (one's wife).

boşanmak /dan/ 1. to be divorced (from). 2. to be let loose, break loose. 3. to be discharged by accident. **boşanma** divorce.

boşboğaz garrulous, indiscreet. **boşboğazlık** idle talk. **boşboğazlık etmek** to blab.

boşlamak /ı/ to neglect; to let alone.

bot, -tu boat.

bot, -tu boot.

botanik botany.

Botswana Botswana.

boy 1. height; stature. 2. length. 3. size. 4. edge, bank (of a river). **boy boy** assorted. **boydan boya** all over. **boy göstermek** to show oneself. **boy ölçüşmek** to compete (with).

boy clan, tribe.

boya 1. paint. 2. dye 3. color. 4. make-up. **boya vurmak** /a/ to paint. **boyacı** 1. dyer; housepainter. 2. dealer in paints. 3. shoeshine

boy. boyalı painted, colored, dyed. **boyasız** uncolored, undyed, unpainted (shoe).

boyamak /ı, a/ to paint, dye, color.

boyanmak 1. to be painted. 2. to use make-up.

boyarmadde pigment.

boydaş 1. of the same height. 2. equal; peer.

boykot, -tu boycott. **boykotçu** boycotter.

boylam longitude.

boylamak /ı/ to end up (at).

boylanmak to grow taller or longer.

boylu tall, high. **boylu boslu** tall and well developed, handsome. **boylu boyunca** 1. at full length. 2. from end to end.

boynuz 1. horn, antler. 2. made of horn. **boynuzlu** horned.

boynuzlamak /ı/ to gore.

boyun, -ynu 1. neck. 2. pass, defile. **boyun atkısı** scarf, neckerchief. **boyun borcu** a binding duty. **boynu bükük** destitute; unhappy. **boyun eğmek** /a/ to submit; to hum 'late oneself (before). **boynuna sarılmak** /ın/ to embrace. **boynu tutulmak** to have a stiff neck.

boyuna 1. lengthwise, longitudinally. 2. incessantly, continually.

boyunbağı, -nı necktie.

boyunduruk yoke. **boyunduruk altında** under the yoke.

boyut, -tu dimension.

boz 1. gray; roan. 2. rough, waste, uncultivated.

boza boza, zythum. **bozacı** maker or seller of boza.

bozarmak to turn pale.

bozdurmak /ı, a/ to get change for (money).

bozgun 1. rout, defeat. 2. routed, defeated. **bozguna uğramak** to be routed. **bozguncu** defeatist. **bozgunculuk** defeatism.

bozkır steppe.

bozma 1. abrogation. 2. made out (of), adapted from.

bozmak 1. to undo; to demolish; to quash. 2. to change (money). 3. to spoil, ruin; to upset, disturb. 4. to taint; adulterate. 5. to break (oath). 6. to disconcert. 7. to violate. 8. to change for the worse.

bozuk 1. broken, destroyed; spoiled. 2. out of order. 3. bad, corrupt. **bozuk para** small change.

'bozukdüzen unsettled conditions.

bozukluk small change, coins.

bozulmak 1. to spoil. 2. to be disconcerted.

bozum embarrassment, humiliation. **bozum olmak** to be embarrassed.

bozuntu 1. discomfiture. 2. mere parody of. 3. old materials, scrap. **bozuntuya vermemek** to ignore, gloss over.

bozuşmak /la/ to break with one another.

bozut disorder; sedition.

böbrek kidney. **böbrek iltihabı** nephritis.

böbürlenmek to put on airs, strut.

böcek 1. bug, beetle. 2. insect. 3. louse. 4. crayfish. **böcekçil** insectivorous.

böceklenmek to become infested with vermin, get buggy.

böğür, -ğrü side, flank.

böğürmek to bellow, moo.

böğürtlen blackberry, blackberry bush.

böğürtü bellow, roar, moo.

bölen divisor.

bölge region, zone. **bölgeci** regionalist. **bölgesel** regional.

bölme 1. division. 2. partition, dividing wall. 3. compartment. **bölmeli** partitioned.

bölmek /ı/ 1. to separate. 2. to divide.

bölü divided by.

bölücü dividing. **bölücülük** divisiveness.

bölük 1. company. 2. squadron. 3. part, division, subdivision. 4. group, body (of men). 5. (math.) place. **bölük bölük** in groups. **bölük pörçük** in bits.

bölüm 1. section, part, division. 2. quotient. **bölümlemek** /ı/ to divide into classes, classify.

bölünen dividend.

bölünmek to be divided, be partitioned, be separated. **bölünme** division. **bölünmez** indivisible.

bölüntü part, section.

bölüşmek /ı/ to share.

bön imbecile, simple. **bön bön bakmak** to stare foolishly. **bönlük** simple-mindedness.

börek flaky pastry.

börülce cowpea, black-eyed pea.

böyle so, thus, in this way. **böylesi** such a one. **böyle böyle** in this way.

branda sailor's hammock. **branda bezi** canvas.

bravo Bravo! Well done!

Brezilya Brazil.

briç, -çi bridge (game).

brifing briefing.

briket, -ti briquette.

briyantin brilliantine.

brom bromine.

bronş bronchus. **bronşçuk** bronchiole.

bronşit, -ti bronchitis.

bronz bronze.

broş brooch.

broşür brochure, pamphlet.

bröve 1. pilot's license. 2. certificate, license.

brülör burner (for a furnace).

brüt, -tü gross.

bu, -nu this. **bu arada** 1. meanwhile. 2. among other things. **bu bakımdan** in this respect. **bu**

defa this time. **bu kadar** this much, so many; so. **bu münasebetle** in this connection. **bu yüzden** for this reason, so. **bundan başka** besides; moreover. **bundan böyle** henceforth. **bundan dolayı, bundan ötürü** therefore. **bundan sonra** 1. after this. 2. henceforth.

bucak 1. corner, nook. 2. subdistrict. **bucak bucak aramak** /ı/ to look all over, search everywhere.

buçuk and a half.

budak knot (in timber), butt.

budaklanmak 1. to become knotty. 2. to send forth shoots. **budaklı** gnarled, knotty.

budala 1. foolish, imbecile; fool. 2. crazy (about). **budalalık** 1. foolishness, stupidity. 2. craze. **budalalık etmek** to do something foolish.

budamak /ı/ to prune.

budun people, nation.

budunbetim ethnography.

budunbilim ethnology.

bugün today. **bugünlerde** in these days. **bugüne bugün** unquestionably, sure enough (used in emphatic speech). **bugünden tezi yok** right away. **bugün yarın** at any time, soon. **bugünkü** of today, today's. **bugünlük** for today.

buğday wheat. **buğday rengi** darkish (skin).

buğu vapor, steam, dewiness. **buğulu** 1. fogged, steamed up. 2. covered with bloom (fruit).

buğulama 1. steaming. 2. stew in a covered pot.

buğulanmak to be steamed up, mist over.

buhar steam, vapor. **buharlı** run by steam, using steam.

buharlaşmak to evaporate, vaporize. **buharlaşma** evaporation.

buhran crisis. **buhran geçirmek** to go through a crisis.

buhur incense.

buhurdan, buhurdanlık, buhurluk 1. censer. 2. incense box.

buji spark plug.

bukağı fetter, hobble. **bukağılık** pastern. **bukağılamak** /ı/ to fetter.

bukalemun chameleon.

buket, -ti bunch of flowers, bouquet.

bukle curl of hair, lock.

bulama a semisolid grape molasses.

bulamaç a moist pastry made with flour, butter and sugar.

bulamak /ı,a/ to roll (in flour); to besmear, bedaub (with); to smear (on).

bulandırmak /ı/ to muddy, roil.

bulanık turbid; cloudy; dim.

bulanmak 1. to get muddy. 2. to be upset.

bulantı nausea, queasiness.

bulaşıcı contagious (disease).

bulaşık 1. smeared, soiled, tainted. 2. contagious (disease). 3. dirty dishes. **bulaşık bezi** dishcloth. **bulaşık suyu** dishwater. **bulaşık tası** dish pan. **bulaşıkçı** dish washer. **bulaşıklık** dish drainer.

bulaşkan 1. sticky. 2. combative.

bulaşmak 1. to be smeared, get dirty. 2. /a/ to soil, get sticky. 3. /a/ to be spread by contagion. 4. /a/ to be involved (in an affair).

bulaştırmak /ı, a/ 1. to smear. 2. to infect.

buldok bulldog.

buldozer bulldozer.

Bulgaristan Bulgaria.

bulgu a finding, discovery.

bulgur boiled and pounded wheat. **bulgur pilavı** dish of boiled pounded wheat.

bulmaca word puzzle.

bulmak, -ur 1. /ı/ to find; to discover; to invent. 2. /ı/ to reach, hit; to meet (with). 3. /ı, a/ to find (fault with).

bulucu that finds, finder; inventor.

buluğ puberty.

bulunç conscience.

bulundurmak /ı/ to have ready, keep in stock.

bulunmak to be present, exist, be; to be available. **bulunmaz** unobtainable.

buluntu 1. a rare find. 2. foundling.

buluş 1. invention; discovery. 2. original thought.

buluşmak /la/ to come together, meet. **buluşma** meeting, rendezvous.

bulut, -tu cloud. **buluttan nem kapmak** to be very touchy or suspicious. **bulutlu** cloudy; opaque.

bulutlanmak to be cloudy.

bulutsu nebula.

bulvar boulevard.

bumbar 1. sausage casing. 2. sausage.

bunak in one's second childhood, dotard. **bunaklık** dotage.

bunalım 1. depression. 2. crisis.

bunalmak 1. to feel suffocated. 2. to be bored, be depressed.

bunaltmak /ı/ to depress, bore. **bunaltıcı** depressing, boring.

bunamak to become weak-minded with age. **bunama** dotage, second childhood.

bunca this much, so much. **bunca zaman** for such a long time.

bura this place, this spot. **buralı** native of this place. **burası** this place.

buram buram buram (smoke), in great quantities (smell, sweat).

burcu burcu fragrantly, smelling sweetly.

burç 1. castle tower. 2. sign of the zodiac.

burçak common vetch.
burgaç whirlpool.
burgu 1. auger, gimlet, drill. 2. corkscrew.
burgulamak /ı/ to bore with a gimlet.
burjuva bourgeois.
burjuvazi bourgeoisie.
burkmak /ı/ to sprain.
burkulmak to be sprained.
burmak /ı/ 1. to twist, screw; to wring. 2. to castrate. 3. to gripe (bowels).
burs a scholarship, bursary.
buruk acrid, astringent, puckery.
burun, -rnu 1. nose. 2. tip. 3. headland, spit. 4. prow, bow, front. **burun buruna** close to-gether. **burun buruna gelmek** /la/ to run in-to. **burnu büyük** arrogant. **burnu büyümek** to become conceited. **burun deliği** nostril. **burnunun dibinde** very near at hand. **burnu havada** conceited. **burnu kıvırmak** to turn one's nose up (at). **burnunu sokmak** to poke one's nose up. **burnu sürtmek** to be cut down to size, to be deflated. **burnunun ucunu görmemek** to be dead drunk. **burnunun dibinde** under one's nose.
Burundi Burundi.
burunsalık muzzle.
buruntu intestinal pain.
buruşmak to be puckered or crumpled.
buruşturmak /ı/ to wrinkle, crumple, contort.
buruşuk wrinkled, shrivelled, ruffled.
buse kiss.
but the buttocks, rump.
Butan Bhutan.
buut, -udu dimension.
buyruk command, decree.
buyurmak 1. /a/ to command. 2. (in respectful speech) /a/ to come. 3. to say. **buyur etmek** /ı/ to show in. **Buyurunuz.** Please come in.
buyuru command.
buz ice. **buz bağlamak** to ice up, freeze. **buz gibi** icy, ice-cold. **buz kesmek** to freeze, feel very cold. **buz tutmak** to ice up, freeze.
buzlu covered with ice, icy.
buzağı calf.
buzağılamak to calve.
buzdağı, -nı iceberg.
buzdolabı, -nı refrigerator, icebox.
buzhane 1. icehouse. 2. cold-storage plant.
buzkıran icebreaker.
buzlucam frosted glass.
buzluk 1. freezing compartment. 2. ice cube tray.
buzul glacier. **buzul devri** ice age.
buzulkar névé, firn.
buzultaş moraine.
bücür short, squat, not tall.

büfe buffet.
büken flexor.
büklüm 1. coil, twist; curl. 2. fold. **büklüm büklüm** curly.
bükmek /ı/ 1. to bend. 2. to twist, curl, contort. 3. to fold. 4. to spin; to twine. **bükme** twisted; spun.
bükük bent, twisted.
bükülgen flexible.
bükülü bent, crooked, twisted, curled, spun.
büküm twist, curl; torsion; bend, fold.
büküntü bend, fold, twist.
bülbül nightingale.
bülten bulletin.
bünye structure.
büro office.
bürokrasi bureaucracy; red tape.
bürümek /ı/ 1. to cover up, fill. 2. to infold.
bürünmek /a/ 1. to wrap around oneself. 2. to wrap oneself up (in).
büsbütün altogether, wholly, completely.
büst, -tü bust.
bütan butane.
bütçe budget.
bütün 1. whole, entire, total, complete. 2. unbroken, undivided. 3. (before plural form) all. 4. the whole. **bütün bütün** totally.
bütüncül totalitarian.
bütünleme make-up examination.
bütünlemek /ı/ to complete; to make complete.
büyü spell, incantation, sorcery, charm. **büyü yapmak** to practice sorcery, cast a spell.
büyücü sorcerer, witch. **büyücülük** sorcery, witchcraft. **büyülü** bewitched.
büyücek somewhat large.
büyük 1. great; large, big; important, serious; major. 2. older, elder; eldest. **büyükler** 1. the great. 2. the adults. **büyük aptes** feces, bowel movement. **büyük atardamar** aorta. **büyük harf** capital letter. **Büyük Millet Meclisi** the Grand National Assembly. **büyük ölçüde** on a large scale. **büyük söylemek** to talk big.
büyükanne grandmother.
büyükbaba grandfather.
büyükbaş cattle.
Büyük Britanya Great Britain.
büyükelçi ambassador. **büyükelçilik** em-bassy.
büyüklük 1. greatness, seniority. 2. impor-tance. 3. size. **büyüklük göstermek** to show generosity.
büyüksemek /ı/ to overrate.
büyülemek /ı/ to bewitch.
büyültmek /ı/ to enlarge.
büyümek 1. to grow. 2. to increase in size or importance.

büyüteç magnifying glass.
büyütme 1. enlargement; blowup. 2. foster child.
büyütmek /ı/ 1. to enlarge. 2. to exaggerate. 3. to bring up, rear, raise.
büz concrete pipe.
büzgen sphincter.
büzgü gather, shirr. **büzgülü** gathered.
büzme drawn together.
büzmek 1. to gather, constrict, pucker.
büzük contracted, constricted, puckered.
büzülmek 1. to shrink. 2. to crouch, cower.

C

caba 1. gratis. 2. and what's more. **cabadan** gratis.
cacık a dish made of yoghurt and cucumber.
cadaloz spiteful hag.
cadde avenue, thoroughfare.
cadı 1. witch; wizard. 2. hag. **cadılık** witchcraft.
cahil 1. ignorant. 2. uneducated. 3. inexperienced. 4. not knowing. **cahillik** ignorance. **cahillik etmek** to act foolishly.
caiz 1. proper, right. 2. lawful, permitted.
cam 1. glass; of glass. 2. window pane. **cam takmak** to fit with glass. **camlı** fitted with glass.
cambaz 1. acrobat. 2. horse dealer. 3. swindler.
cambazhane circus.
camcı glazier. **camcı macunu** putty.
camekân shop window; showcase.
camgöbeği, -ni turquoise.
camgöz 1. tope, shark. 2. greedy.
cami, -ii, -si mosque.
camia group, body, community.
camlamak /ı/ to fit with glass.
camsuyu, -nu water glass, sodium silicate.
camyünü, -nü, campamuğu, -nu fiberglass, glass wool.
can 1. soul. 2. life. 3. individual. 4. energy, zeal, vitality. 5. dear. **canı acımak** to feel pain. **can atmak** to desire strongly. **can çekişmek** to be in the throes of death. **canı çekmek** to long (for). **canı çıkmak** 1. to get very tired. 2. to die. **canı istemek** /ı/ to desire. **Canın sağ olsun!** Don't you worry. **can sağlığı** health. **canı sıkılmak** 1. to be bored (by). 2. to be annoyed. **can tatlı** fond of comfort, easy. **can tez** quick. **can vermek** to die. **canını yakmak** to hurt. **cana yakın** lovable. **canı yanmak** to feel pain. **can yoldaşı** congenial companion.

candan 1. wholeheartedly. 2. sincere. **canım** darling; my good fellow; precious. **cansız** 1. lifeless; spiritless; dull. 2. listless.
canan beloved.
canavar 1. wild beast. 2. brute. **canavar düdüğü** siren. **canavarlık** savagery, ferocity.
canciğer intimate.
cani murderer.
cankurtaran ambulance. **cankurtaran kemeri** safety belt, seat belt, life belt. **cankurtaran simidi** life buoy. **cankurtaran yeleği** life jacket.
canlandırmak /ı/ 1. to refresh. 2. to personify, play the part of. **canlandırıcı** 1. enlivening. 2. animator.
canlanmak 1. to come to life. 2. to become active.
canlı 1. living. 2. living being. 3. lively, active; vigorous. **canlı resim** animated film. **canlı yayın** live broadcast.
cari 1. current, in force. 2. valid. 3. moving. **cari hesap** current account.
cariye female slave.
casus spy.
cavlak bald; naked; hairless, featherless.
caydırmak /ı/ to cause (a person) to give up a plan.
caymak to go back (on).
caz jazz; jazz band.
cazırdamak to hiss, sputter.
cazırtı squeak, rasp.
cazibe charm, attractiveness.
cazip attractive, alluring.
cebir, -bri algebra. **cebirsel** algebraic.
cebir, -bri compulsion. **cebren** by force, compulsorily.
cefa 1. oppression. 2. unkindness. 3. suffering. **cefa (çekmek) (görmek)** to suffer. **cefa etmek** /a/ to inflict pain. **cefakâr** long-suffering.
cehalet, -ti ignorance.
cehennem hell. **cehennem azabı** hellish torture. **cehennemi** infernal.
ceket, -ti jacket.
cellat, -tı executioner.
celp summons; call. **celp etmek** /ı/ 1. to attract. 2. to summon.
celpname summons.
celse 1. session. 2. hearing, sitting. **celseyi açmak** to open the session. **celseyi kapamak** to close the session. **celseyi tatil etmek** to recess.
cemaat, -ti 1. congregation. 2. religious community.
cemiyet, -ti 1. society. 2. gathering, assembly.
cenaze 1. corpse. 2. funeral. **cenaze arabası** hearse. **cenazeyi kaldırmak** to bury someone.

cendere press, screw; mangle. **cendereye sokmak** to put under pressure, torture.

cengel jungle.

cenin fetus.

cenk, -gi battle, combat, war, strife. **cenkçi** warlike; warrior.

cennet, -ti paradise, heaven.

centilmen gentleman.

cep pocket. **cebi delik** penniless, broke. **cep saati** pocket watch.

cephane ammunition; arsenal.

cephe front. **cephe almak** to take sides (against).

cepkitabı, -nı pocketbook, small paperback.

cerahat, -ti matter, pus.

cerahatlanmak to suppurate.

cereyan 1. current; draft. 2. course of events. 3. movement. **cereyan etmek** to happen.

cerrah surgeon. **cerrahlık** surgery.

cesamet, -ti 1. bulkiness. 2. size, importance. **cesametli** huge.

cesaret, -ti courage. **cesaret etmek** /a/ to venture, dare. **cesaretini kırmak** to discourage. **cesaret vermek** /a/ to encourage. **cesaretli** courageous, bold.

cesaretlenmek to take courage.

ceset corpse, body.

cesur brave, courageous, bold.

cet, -ddi 1. forefather, ancestor. 2. grandfather.

cetvel 1. tabulated list, schedule. 2. column. 3. ruler, straightedge.

cevap answer, reply. **cevap vermek** /a/ to answer. **cevaplı** 1. having an answer. 2. reply paid (telegram).

cevaplandırmak /ı/ to answer.

cevher 1. ore. 2. precious thing. 3. ability.

ceviz walnut.

ceylan gazelle, antelope.

ceza 1. punishment, penalty; fine. 2. retribution. **cezasını bulmak** to get one's deserts. **cezaya çarptırmak** to fine. **ceza hukuku** criminal law. **ceza kesmek** to fine. **ceza mahkemesi** criminal court. **ceza vermek** 1. /a/ to punish. 2. to pay a fine. **cezalı** punished; fined.

cezaevi, -ni prison, jail.

cezalandırmak /ı/ to punish.

cezalanmak to be punished.

Cezayir Algeria.

cezbetmek /ı/ to draw, attract.

cezir, -zri ebb tide.

cezve Turkish coffee pot.

cılız puny, undersized.

cık, -kı 1. rotten; addled. 2. festering. **cık olmak** 1. to be spoiled. 2. to come to naught.

cımbız tweezers.

cırcır 1. creaking sound. 2. babbler. **cırcır delgi** ratchet borer.

cırcırböceği, -ni cricket.

cırlak 1. screechy, shrill. 2. cricket.

cırlamak 1. to creak; chirp. 2. to babble.

cırtlak braggart.

cıva mercury. **cıva gibi** lively, quick.

cıvata bolt; treenail. **cıvata anahtarı** wrench. **cıvata somunu** threaded nut.

cıvık 1. soft, sticky. 2. impertinent.

cıvıldamak to chirp, twitter.

cızbız grilled (meat). **cızbız köfte** grilled meat ball.

cızırdamak to sizzle.

cızlamak to make a sizzling noise.

cibinlik mosquito net.

Cibuti Djibouti.

cici 1. pretty; pretty thing. 2. toy. **Cicim!** My dear!

cicianne grandma.

cici bici ornaments, baubles. **cicili bicili** over-ornamented, embroidered.

cicim hand-woven napless rug with designs.

ciddi serious, earnest; true. **ciddiye almak** to take seriously.

ciddileşmek to get serious.

ciğer 1. liver. 2. lungs. **ciğerci** seller of liver and lungs.

cihan world; universe.

cihat holy war.

cihaz apparatus.

cihet, -ti 1. side, direction, quarter. 2. aspect.

cila 1. polish, gloss, finish. 2. polishing wax; varnish. **cila vurmak** to polish. **cilacı** polisher. **cilalı** polished, glossy.

cilalamak /ı/ to polish.

cilt 1. skin. 2. binding, volume. **ciltçi** bookbinder. **ciltsiz** unbound.

ciltlemek /ı/ to bind (book).

cilve coquetry, coquettish airs. **cilve yapmak** to be flirtatious.

cilve manifestation.

cimcime 1. small and delicious watermelon. 2. small and pretty.

cimnastik gymnastics.

cimri miser; mean, stingy. **cimrilik** meanness, stinginess.

cin djinn, sprite, evil spirit. **cin gibi** agile.

cin gin.

cinas play on words.

cinayet murder.

cindarısı, -nı popcorn.

cingöz shrewd.

cinnet, -ti insanity, madness. **cinnet getirmek** to go mad.

cins 1. kind, category. 2. genus. 3. race, breed. 4. of good race. **cins cins** of various kinds.

cinsel, cinsi sexual.

cinslik, cinsiyet, -ti sex; sexuality. **cinsliksiz** asexual.

cip, -pi jeep.

cirit the game of jereed. **cirit atmak** to overrun, run wild. **ciritçi** jereed player.

ciro 1. endorsement. 2. gross income. **ciro bankası** clearing bank. **ciro etmek** /ı/ to endorse.

cisim, -smi body; material thing, matter.

cisimcik corpuscle, particle.

civar neighborhood, vicinity.

civciv chick.

civelek lively, playful, coquettish.

coğrafi geographical.

coğrafya geography.

cokey jockey.

conta joint, packing, gasket.

cop, -pu nightstick, billy.

coplamak /ı/ to bludgeon.

coşku enthusiasm.

coşkun 1. exuberant, enthusiastic. 2. gushing.

coşmak 1. to be jubilant, exult. 2. to get violent (wind); to boil up.

cömert generous, liberal, munificent.

cuma Friday.

cumartesi Saturday.

cumba bay window.

cumhurbaşkanı, -nı president (of a republic).

cumhuriyet, -ti republic.

cunta junta.

curcuna noisy confusion.

cüce dwarf. **cücelik** dwarfishness.

cücük 1. bud. 2. heart of an onion.

cülus accession to the throne.

cümbür cemaat, /ı/ all together, the whole crowd.

cümbüş 1. merry-making. 2. a mandolin with a metal body. **cümbüş yapmak** to revel.

cümle sentence, clause.

cümle all. **cümlemiz** all of us.

cümlecik clause.

cümleten all together.

cüppe robe.

cüret, -ti 1. boldness. 2. insolence. **cüret etmek** to dare.

cüretkâr 1. bold. 2. insolent.

cüretlenmek to get bold.

cüruf slag, ashes, clinkers.

cürüm, -rmü crime, felony.

cüsse bulky body. **cüsseli** bulky.

cüz, -z'ü 1. part, fragment, particle; component. 2. fascicle.

cüzam leprosy, Hansen's disease.

cüzdan pocketbook, wallet.

cüzi insignificant, trifling, small.

Ç

çaba worry; effort.

çabalamak to struggle, do one's best. **çabalama** effort.

çabucacık, çabucak quickly.

çabuk quick, fast, swift, speedily, soon. **çabuk çabuk** quickly. **Çabuk ol!** Be quick! **çabukluk** quickness.

çaçaron chatterbox, windbag.

Çad Chad.

çadır tent. **çadır bezi** tent canvas. **çadır kurmak** to pitch a tent.

çağ 1. time, period. 2. age. **çağ açmak** to open a period.

çağdaş contemporary.

çağıldamak to burble, murmur.

çağıltı splash, burble, murmur.

çağırış, çağırma call, summons.

çağırmak /ı/ 1. to call; to invite; to summon. 2. to shout. 3. to sing.

çağla green almond. **çağla yeşili** almond green.

çağlamak to burble, splash.

çağlayan waterfall; cascade.

çağrı call (to arms); notice.

çağrışım (psych.) association.

çakal 1. jackal. 2. sly; tricky person.

çakı pocket knife, clasp knife. **çakı gibi** intelligent, sharp; quick.

çakıl 1. pebble. 2. gravel.

çakılı fixed, nailed (to something).

çakım flash of lightning.

çakır 1. grayish blue. 2. goshawk.

çakırkeyif half tipsy, somewhat drunk.

çakışmak 1. to fit into one another. 2. to collide.

çakmak /ı, a/ 1. to drive in with blows (nail); to tether to a stake. 2. to strike (fire, blow); to fire (gun). 3. (slang) to understand; to notice. 4. to flash. **çakma** 1. nailed on. 2. embossed.

çakmak pocket lighter.

çakmaklı flintlock gun.

çakmaktaşı, -nı flint.

çalakalem scribbled.

çalar saat 1. striking clock. 2. alarm clock.

çalçene chatterbox.

çalgı 1. musical instrument. 2. instrumental music. **çalgı çalmak** to play music. **çalgı takımı** band, orchestra.

çalgıcı musician.

çalı bush, shrub. **çalı çırpı** sticks, thorns and brambles. **çalı gibi** thick and rough (hair).

çalıfasulyesi, -ni string beans.

çalıkuşu, -nu wren.

çalılık thicket, bushes, brushwood.

çalım 1. swagger, strut, affected dignity. 2. a dodging.

çalışkan hard-working, diligent, industrious. **çalışkanlık** diligence.

çalışma work; study. **Çalışma Bakanlığı** Ministry of Labor.

çalışmak 1. to work. 2. to study. 3. to try.

çalıştırmak /ı/ 1. to operate. 2. to employ. 3. /a/ to tutor.

çalkalamak, çalkamak /ı/ 1. to shake. 2. to toss around. 3. to rinse. 4. to thresh.

çalkalanmak 1. to be tossed around. 2. to be choppy (sea).

çalkantı 1. choppiness. 2. whipped cream, beaten eggs. 3. siftings.

çalmak /ı/ 1. to strike. 2. /a/ to apply (salve); to mix (into). 3. to knock; to play, ring. 4. to steal. **çalıp çırpmak** to steal, take anything. **çalma** 1. stolen. 2. chased (metal object); chasework.

çalpara castanet.

çam pine. **çam devirmek** to put one's foot in it. **çamlı** covered with pines.

çamaşır 1. underclothing. 2. linen. 3. laundry. **çamaşır asmak** to hang out the laundry. **çamaşır değiştirmek** to change one's underclothes. **çamaşır ipi** clothesline. **çamaşır kazanı** boiler (washing). **çamaşır makinesi** washing machine. **çamaşır sıkmak** to wring out the laundry. **çamaşır yıkamak** to do the laundry, wash. **çamaşırcı** washerwoman; laundryman.

çamaşırhane laundry room.

çamaşırlık 1. laundry room. 2. underclothing material.

çamfıstığı, -nı pine nut.

çamlık pine grove.

çamsakızı, -nı 1. pine resin. 2. a persistent bore.

çamur 1. mud, mire; muddy. 2. mixture of clay, etc.; mortar. **çamur atmak** to sling mud (at). **çamura bulaşmak** to get involved in dirty work. **çamur sıçratmak** to splash with mud. **çamurlu** muddy, miry.

çamurlaşmak to turn into mud.

çamurluk 1. muddy place. 2. car fender.

çan 1. large bell. 2. gong. **çan çalmak** to ring the bell. **çan kulesi** belfry, bell tower.

çanak 1. earthenware pot. 2. calyx. **çanak çömlek** pots and pans. **çanak yalayıcı** toady.

çangırdamak to clang continuously, jangle.

çangırtı clanking, jangling sound.

çanta bag, case, handbag, briefcase, purse. **çantada keklik** a bird in hand.

çap, -pı 1. diameter. 2. caliber. 3. plan showing size and boundaries of a plot. **çap pergeli** calipers. **çaplı** 1. having the diameter. 2. large sized.

çapa 1. hoe. 2. anchor; fluke of an anchor; anchor sign. **çapacı** hoer.

çapaçul untidy, slovenly, disordered.

çapak rheum from the eyes. **çapaklı** rheumy.

çapak (zool.) bream.

çapaklanmak to become gummy (eye).

çapalamak /ı/ to hoe.

çaparı fishing line with many hooks.

çapariz obstacle, entanglement.

çapkın 1. woman-chaser. 2. naughty.

çaplamak /ı/ to gauge, measure the diameter of; to calibrate.

çapraşık involved, intricate, tangled.

çapraz 1. crosswise. 2. diagonally.

çaprazlama crosswise; diagonally.

çaprazlaşmak to get tangled.

çapul plunder, spoil; marauding expedition, sack. **çapulcu** raider, pillager. **çapulculuk** pillage, looting.

çar czar, tsar.

çarçabuk very quickly.

çarçur etmek to squander.

çardak trellis, bower.

çare 1. way, device. 2. remedy. **çaresine bakmak** /in/ to see to. **çare bulmak** /a/ to find a remedy. **çaresiz** 1. inevitable; of necessity, unavoidably. 2. irreparable. **çaresizlik** helplessness.

çarık rawhide sandal. 2. drag, skid.

çariçe czarina.

çark, -kı 1. wheel. 2. lathe. 3. flywheel. 4. paddle wheel. **çarkçı** engineer, mechanic. **çarkıfelek** 1. passion flower. 2. (fireworks) pinwheel.

çarmıh cross for criminals. **çarmıha germek** /ı/ to crucify.

çarnaçar willy-nilly, like it or not, of necessity.

çarpan multiplier. **çarpanlara ayırmak** to factor.

çarpı multiplication sign.

çarpıcı remarkable; striking.

çarpık crooked, warped; slanting, awry. **çarpık çurpuk** crooked.

çarpılan multiplicand.

çarpılmak 1. to be bent. 2. to be bedeviled by an evil spirit.

çarpım product. **çarpım tablosu** multiplication table.

çarpıntı palpitation.

çarpışmak 1. to collide. 2. to fight. **çarpışma** 1. clash; collision. 2. skirmish.

çarpıtmak /ı/ to make crooked, distort.

çarpmak 1. /a/ to bump, collide with. 2. /ı, a/

to hit. 3. to strike; to affect violently; to go to the head (wine). 4. /i/ to beat. 5. /ı, la/ to multiply by.

çarşaf bed sheet.

çarşamba Wednesday.

çarşı shopping district, market quarter. **çarşıya çıkmak** to go shopping. **çarşı hamamı** public bath.

çat sudden sharp noise, clack. **çat pat** a little. 2. now and then.

çatal 1. fork; pitchfork. 2. prong. **çatal bıçak** knives and forks, silverware. **çatallı** 1. forked. 2. difficult.

çatalağız (geog.) delta.

çatallanmak to fork, become forked.

çatana small steamboat.

çatı 1. gable roof; roof. 2. framework. 3. pubis. **çatı arası, çatı katı** attic. **çatı kirişi** rafter. **çatı penceresi** dormer window.

çatık 1. fitted together, joined. 2. stacked. 3. frowning. **çatık kaşlı** beetle-browed.

çatır çatır 1. with a crackling noise. 2. by force.

çatırdamak to make a crackling noise.

çatırtı crackling noise.

çatışmak 1. to clash. 2. to quarrel. 3. to be in conflict. **çatışık** contradictory, clashing. **çatışma** 1. combat. 2. conflict.

çatkı 1. cloth wrapped around the head. 2. stack of rifles.

çatkın frowning.

çatlak 1. slit, crack, crevice. 2. chapped. 3. hoarse. 4. mentally defective.

çatlamak 1. to crack. 2. to burst with impatience. 3. to die from overeating.

çatmak /i/ 1. to stack; to throw together; to baste together. 2. to tie (around the head). 3. to meet (trouble). 4. to scold. **çatma** 1. put up hastily; framework. 2. brought close together; basted.

çavdar rye.

çavuş 1. sergeant. 2. guard.

çay brook, rivulet, stream.

çay 1. tea; tea plant. 2. tea party, reception. **çaycı** seller of tea; tea merchant. **çay demliği** teapot.

çaydanlık teapot, teakettle.

çayevi, -ni tea house, tea room.

çayır 1. meadow; pasture. 2. pasture grass; green fodder, fresh fodder. **çayırlık** meadowland, pasture.

çaytak 1. kite. 2. greenhorn, gullible person.

çehre 1. face. 2. aspect, appearance.

çek, -ki check. **çek defteri** checkbook.

çekçek small four-wheeled handcart.

çekecek shoehorn.

çekelemek /ı/ to pull and tug.

çekememek /ı/ to be jealous (of).

çekememezlik, çekemezlik envy, jealousy.

çeki a weight of 250 kilos (firewood).

çekici 1. attractive. 2. pulling, dragging.

çekiç hammer.

çekidüzen tidiness, orderliness. **çekidüzen vermek** /a/ to put in order, tidy up.

çekik 1. slanting (eyes). 2. drawn out.

çekiliş a drawing (lottery).

çekilme 1. regression. 2. withdrawal.

çekilmek /dan/ to withdraw, recede; to draw off, resign.

çekilmez unbearable, intolerable.

çekim 1. a single act of drawing. 2. quantity drawn at a time. 3. attraction. 4. (gram.) inflection, conjugation. **çekimsiz** (gram.) indeclinable.

çekimlemek /ı/ to attract.

çekingen shy, withdrawn. **çekingenlik** reserve, modesty.

çekinik recessive.

çekinmek /dan/ to hesitate to do. **çekinmeden** without hesitation or bashfulness.

çekirdek 1. pip, seed, stone of a fruit. 2. nucleus. **çekirdek fiziği** nuclear physics. **çekirdek kahve** coffee beans. **çekirdekten yetişme** trained for something from the cradle. **çekirdeksiz** seedless.

çekirdekçik nucleolus.

çekirge 1. grasshopper, locust. 2. cricket.

çekişmek to quarrel, argue. **çekişe çekişe pazarlık etmek** to haggle.

çekiştirmek /ı/ 1. to pull at both ends. 2. to criticize maliciously.

çekmece 1. drawer, till. 2. ornamental box; small chest of drawers, desk. 3. shallow harbor.

çekmek /ı/ 1. to pull, drag; to tow; to transport. 2. to take away, save, clear, draw. 3. to construct (wall). 4. to send. 5. to photograph. 6. to grind. 7. to have a certain weight. 8. to bear. 9. to give (banquet). 10. to inflect. 11. to suffer. 12. to shrink (material). **çekip çevirmek** to manage. **çekip çıkarmak** to pluck out. **çekip gitmek** to go away. **çekme** 1. traction. 2. drawer, till. 3. drawn; pulled on.

çekmekat, -tı penthouse.

Çekoslovakya Czechoslovakia.

çekül plumb line.

çelebi well-bred, educated; gentleman. **çelebilik** politeness.

çelenk ağı wreath; garland.

çelik steel. **çelik gibi** very strong.

çelikçomak tipcat.

çelim stature, form. **çelimsiz** in poor condition.

çelişmek to be in contradiction. **çelişik** contradictory, clashing. **çelişme** contradiction.

çelme trip, snag. **çelme atmak (takmak)** to trip up.

çelmek /ı/ 1. to divert. 2. to change (another's mind).

çeltik rice in the husk.

çember 1. hoop; rim; ring-shaped. 2. metal strip. 3. circumference. 4. encirclement. **çember sakal** round trimmed beard.

çemen cumin.

çemenotu, -nu fenugreek.

çemkirmek to scold, answer rudely.

çene 1. jawbone. 2. chin. 3. loquacity. **çenesi düşük** garrulous. **çenesi kuvvetli** great talker. **çeneli** 1. having a chin. 2. talkative.

çenebaz chatterer, talker; garrulous.

çenek (bot.) valve.

çengel hook; hooked, crooked. **çengel takmak** /a/ to get one's claws into, be a nuisance. **çengelli** hooked.

çengellemek /ı/ to hook.

çengelliğne safety pin.

çengi public dancing girl.

çentiklemek /ı/ to notch. **çentik** 1. notched. 2. slight incision.

çentmek /ı/ 1. to notch, nick. 2. to slice into small pieces.

çepçevre, çepeçevre all around.

çerçeve frame; sash, shaft.

çerçevelemek /ı/ to frame.

çerçi peddler.

çerez appetizer; snack.

çerezlenmek 1. to eat tidbits. 2. to take advantage of.

çeşit 1. kind, variety. 2. assortment. **çeşit çeşit** assorted.

çeşitkenar of unequal sides, irregular.

çeşitleme variation.

çeşitli assorted; different. **çeşitlilik** assortment.

çeşme fountain.

çeşni flavor, taste. **çeşnisine bakmak** to taste. **çeşnili** tasty; properly flavored.

çeşnilenmek to become properly flavored.

çete band of rebels. **çete savaşı** guerrilla warfare. **çeteci** raider.

çetele tally. **çetele çekmek** to keep tally.

çetin 1. hard. 2. perverse. **çetin ceviz** stubborn person.

çetinleşmek to become hard.

çetrefil 1. confused. 2. muddled. 3. ungrammatical.

çevik nimble, agile, swift.

çevirgeç switch.

çeviri translation.

çevirici, çevirmen translator.

çevirim filming.

çevirmek 1. /ı/ to turn round; to rotate; to roast on a spit. 2. /ı, ıa/ to surround. 3. /ı/ to

send back. 4. /ı/ to manage. 5. /ı, a/ to change. 6. /ı, a/ to translate. **çevirme** 1. roasted lamb. 2. encircling. 3. translated.

çevre 1. surroundings. 2. circle. 3. circumference; circuit. 4. environment. **çevresel** 1. peripheral. 2. marginal. 3. environmental.

çevrebilim ecology.

çevrelemek /ı/ to surround, encircle.

çevren horizon.

çevrim cycle. **çevrimsel** cyclic.

çevrinti 1. circular motion. 2. whirlpool.

çevriyazı transcription.

çeyiz trousseau.

çeyrek quarter.

çıban boil. **çıban başı** 1. head of a boil. 2. a delicate matter.

çığ avalanche.

çığır 1. rut, track; path. 2. way. **çığır açmak** to open a new road. **çığırından çıkmak** to go off the rails.

çığırtkan tout, barker.

çığırtma a small primitive fife.

çığlık cry, scream. **çığlık atmak (koparmak)** to scream.

çıkagelmek to appear suddenly.

çıkar profit, interest. **çıkar yol** way out. **çıkarcı** opportunist.

çıkarmak /ı/ 1. to take out, bring out, push out, omit; to throw off. 2. to raise. 3. to derive from. 4. to vomit. 5. /ı, dan/ to subtract. 6. to publish.

çıkarma subtraction.

çıkarsama inference.

çıkartı excrement.

çıkartmak /ı/ 1. to take out, send out; to strike out; to publish. 2. to derive; to subtract.

çıkı small bundle.

çıkık 1. dislocated. 2. projecting. **çıkıkçı** bonesetter.

çıkın knotted bundle.

çıkınlamak /ı/ to bundle.

çıkıntı 1. projecting part. 2. marginal note. 3. anatomical process.

çıkış 1. exit. 2. sally.

çıkışmak 1. /a/ to rebuke, scold. 2. to be enough.

çıkma 1. overhang. 2. projection; promontory. 3. marginal note.

çıkmak /dan/ 1. to go out; to start off; to get out; to leave; to be subtracted (from). 2. to come out; to result. 3. to break out, rise; to come into use. 4. to go up to; to cost. 5. to lead to. 6. to appear.

çıkmaz blind alley. **çıkmaza girmek** to come to an impasse. **çıkmaz sokak (yol)** blind alley.

çıkrık 1. spinning wheel. 2. pulley. 3. lathe.

çıktı output.

çılbır dish of poached eggs with yoghurt.

çıldırmak to go mad.

çılgın mad, insane. **çılgınca** madly. **çılgınlık** madness, frenzy.

çınar plane tree.

çıngar quarrel. **çıngar çıkarmak** to start a quarrel.

çıngırak small bell.

çıngıraklıyılan rattlesnake.

çıngırdamak to jingle.

çınlamak 1. to give out a ringing sound. 2. to ring (ear).

çıplak naked, nude; bare. **çıplak gözle** with the naked eye.

çıra chip of pitch pine wood. **çıralı** resinous.

çırak 1. apprentice. 2. pupil, novice.

çırçıplak stark naked.

çırçır cotton gin.

çırpı chip, shaving, clipping; dry twigs.

çırpınmak 1. to flutter, struggle. 2. to be all in a flutter.

çırpıntılı slightly choppy (sea).

çırpma hemming stitch.

çırpmak /ı/ 1. to beat, clap; to flutter. 2. to trim, clip.

çıt, -tı crack, cracking sound.

çıta lath.

çıtçıt, -tı snap fastener.

çıtırdamak to crackle, make a crackling noise.

çıtırtı crackle, crackling.

çıtkırıldım 1. over-delicate. 2. sissified.

çıtlatmak /ı, a/ to drop a hint (about).

çıyan centipede.

çiçek flower, blossom. **çiçek açmak** to bloom. **çiçeği burnunda** fresh, new. **çiçek tozu** pollen. **çiçek yağı** essential oil from flowers. **çiçekçi** florist. **çiçekli** 1. in flower, in bloom. 2. ornamented with flowers.

çiçek smallpox, variola. **çiçek aşısı** vaccination. **çiçek çıkarmak** to have smallpox.

çiçekbozuğu, -nu pockmark; pock-marked.

çiçeklenmek to flower, blossom.

çiçeklik 1. vase, flower stand. 2. flower box, window box. 3. flower garden. 4. flower bed. 5. flower house, greenhouse.

çiçeksimek 1. to effloresce. 2. to erupt.

çift, -ti 1. couple, pair; double. 2. duplicate. 3. even (number). **çift çubuk** agricultural equipment. **çift hatlı** double-track. **çift kanatlı** folding (door, window). **çift koşmak** to harness (animals) to the plow. **çift sürmek** to plow.

çiftçi farmer. **çiftçilik** agriculture, farming, husbandry.

çifte 1. double, paired. 2. double-barreled

gun. 3. kick with both hind feet (horse). **çifte atmak** to kick with both hind feet at once.

çiftelemek /ı/ to kick with both hind feet at once.

çiftlemek /ı/ to pair, mate (animals).

çiftleşmek 1. to become a pair. 2. to mate. **çiftleşme** mating.

çiftlik farm, agricultural estate.

çiftsayı even number.

çiftteker bicycle.

çiğ 1. raw, uncooked. 2. out of place, improper.

çiğdem crocus, meadow saffron.

çiğit cotton seed.

çiğnemek /ı/ 1. to chew. 2. to trample down, run over.

çiklet, -ti chewing gum.

çikolata chocolate.

çil 1. freckle, speckle; freckled. 2. shiny, bright (coin).

çil ruffed grouse; francolin.

çile ordeal, trial, suffering. **çile çekmek** to pass through a severe trial. **çileden çıkarmak** to infuriate. **çileden çıkmak** to get furious. **çileli** 1. suffering, enduring. 2. full of suffering.

çile hank, skein.

çilek strawberry.

çilekeş sufferer, endurer; suffering.

çilingir locksmith.

çillenmek to get freckled, get speckled, get spotted.

çim garden grass; lawn.

çimdik pinch. **çimdik atmak** to pinch.

çimdiklemek /ı/ to pinch with the fingers.

çimen meadow, lawn, turf, grass. **çimenlik** meadow land.

çimento cement.

çimentolamak /ı/ to cement, cover with cement.

çimlenmek 1. to sprout. 2. to be covered with grass. 3. to get bits of profit out of other people's affairs.

Çin China. **Çin Halk Cumhuriyeti** People's Republic of China.

çingene stingy, miserly. **çingene pembesi** bright pink. **çingenelik** stinginess.

Çingene Gypsy. **Çingenece** Romany.

çini colored tile, encaustic tile; porcelain. **çini mürekkebi** India ink. **çini soba** tiled stove. **çinili** tiled.

çinko 1. zinc. 2. zinc plate.

çipil bleary, gummy, dirty (eye); bleary-eyed.

çiriş shoemaker's and bookbinder's paste.

çirişlemek /ı/ to smear with paste.

çirkef 1. filthy water. 2. very disgusting (person).

çirkin 1. ugly. 2. unbecoming; shameful, disgusting. **çirkinlik** ugliness.

çirkinleşmek to become ugly.

çirkinleştirmek /ı/ to make ugly.

çiroz salted dried mackerel. **çiroz gibi** very thin (person).

çiselemek to drizzle.

çisenti drizzle. **çisentili** drizzly.

çiş (child's language) urine. **çiş etmek** to urinate. **çişi gelmek** to want to go to the toilet. **çişi** wetted.

çit hedge; fence. **çitli** hedged in.

çitilemek /ı/ to rub (clothes) in washing.

çitlembik nettle tree. **çitlembik gibi** small and dark (girl).

çitlemek /ı/ to hedge; to enclose with a wicker fence.

çivi 1. nail. 2. peg, pin. **çivi gibi** healthy. **çivili** nailed.

çivileme 1. a dive with the feet foremost. 2. (sports) smash.

çivilemek /ı/ to nail.

çivilenmek /a/ to be fixed (to the spot).

çivit bluing; indigo, blue dye.

çivitlemek /ı/ to blue (laundry).

çiviyazısı, -nı cuneiform writing.

çiy dew. **çiyli** dewy.

çizelge printed form for filling in statistics.

çizge diagram, graph, curve.

çizgi 1. line; dash. 2. stripe. 3. scratch, scar. **çizgili** 1. marked with lines, ruled. 2. striped. **çizgisel** linear.

çizik 1. line. 2. scratched.

çizili 1. ruled. 2. scratched. 3. drawn. 4. canceled.

çizme boot. **çizmeci** bootmaker.

çizmek /ı/ 1. to draw. 2. to sketch. 3. to cross out.

çoban shepherd, herdsman. **çoban köpeği** sheep dog.

çocuk 1. child, infant. 2. childish. **çocuk aldırmak** to have an abortion. **çocuk arabası** baby carriage. **çocuk bahçesi** children's park. **çocuk bakımı** child care. **çocuk bezi** diaper. **çocuk doğurmak** to give birth to a child. **çocuk düşürmek** to have a miscarriage. **çocuk gibi** childlike. **çocuk mahkemesi** juvenile court. **çocuk yapmak** to bear a child. **çocuk yuvası** nursery school. **çocuk zammı** child allowance. **çocukça** childish (act). **çocukluk** 1. childhood. 2. childishness; folly. **çocuksu** childish.

çocukbilim pedology.

çocuklaşmak to become childish.

çoğalmak to increase, become more.

çoğaltmak /ı/ 1. to increase, make more. 2. to reproduce.

çoğu, -nu 1. the greater part. 2. the most.

3. mostly.

çoğul plural.

çoğunluk majority, more than half.

çok 1. much, great, long, very; often. 2. many. **çok fazla** too much. **çok geçmeden** before long, soon. **çok gelmek** to be too much (for). **çok görmek** 1. to consider to be too much. 2. to begrudge. **çok olmak** to go too far. **Çok yaşa!** Long live! Hurrah! **çokluk** abundance.

çokbilmiş crafty, shrewd, cunning.

çokça somewhat abundant, a good many.

çokgen polygon.

çolak crippled in one hand or arm.

çoluk çocuk 1. household, family, wife and children. 2. children.

çomak cudgel, stick, bat.

çomar mastiff, large watchdog.

çopur pock-marked.

çorak arid, barren, waste.

çorap stocking, sock, hose.

çorba 1. soup. 2. medley, mess. **çorba kaşığı** tablespoon.

çökelek 1. cheese, curds. 2. precipitate.

çökelmek to settle, precipitate.

çökelti precipitate.

çökmek 1. to collapse, fall in; to give way. 2. to cave in, be prostrated, break down. 3. to kneel down; to crouch down; to sit down. 4. to descend upon. **çökme** 1. collapse. 2. subsidence.

çökük 1. collapsed. 2. caved in, sunk; prostrated.

çöküntü 1. debris. 2. sediment. 3. subsidence.

çöl 1. desert. 2. wilderness.

çömelmek to squat down on one's heels.

çömlek earthen pot. **çömlekçi** potter.

çöp, -pü 1. chip, straw. 2. rubbish, trash, garbage. **çöp kutusu (tenekesi)** garbage can. **çöp sepeti** wastebasket. **çöpçü** garbage collector; street sweeper.

çöpçatan go-between, matchmaker.

çöplenmek 1. to pick up scraps for a meal. 2. to get bits of profit out of other people's affairs.

çöplük rubbish heap.

çörek 1. round cake or loaf. 2. ring-shaped thing.

çöreklenmek to coil oneself up.

çöreotu, -nu black cumin.

çöven soapwort.

çözgü (text.) warp.

çözme a kind of cotton sheeting.

çözmek /ı/ 1. to unfasten. 2. to unravel, undo. 3. to solve. 4. to dissolve.

çözük loose, untied, ravelled.

çözülmek 1. to be solved. 2. to be unfastened. 3. to thaw.
çözüm solution. **çözümsel** analytic.
çözümlemek /ı/ to analyze. **çözümleme** analysis.
çubuk 1. rod, bar; wand, staff. 2. pipe stem. 3. young branch.
çuha broadcloth.
çukur 1. pit, hollow. 2. cesspool. 3. dimple. 4. sunken.
çul 1. haircloth. 2. horsecloth.
çullanmak /a/ to fall on, hurl oneself on.
çulluk woodcock.
çuval sack.
çuvaldız sack needle.
çünkü because.
çürük 1. rotten, decayed, putrid; bad. 2. unsound, frail, unreliable. 3. bruised. 4. rejected as unfit; disabled. **çürük çank** rotten; worn out.
çürümek 1. to rot, go bad. 2. to be worn out. 3. to be bruised. 4. to be demoralized. 5. to be refuted.
çürütmek /ı/ 1. to cause to decay. 2. to refute.
çüş Whoa!

D

da, de 1. too, also. 2. and.
dadanmak /a/ 1. to acquire a taste for. 2. to visit frequently.
dadı child's nurse.
dağ 1. mountain. 2. heap, mound. **dağ başı** 1. mountain top, summit. 2. wilds, remote place. **dağ eteği** foothills. **dağdan gelmiş** uncouth, boorish. **dağ gibi** huge, tall and strong. 2. in enormous quantities. **dağcı** mountaineer. **dağlı** mountaineer, highlander. **dağlık** mountainous, hilly.
dağ brand made with a hot iron; cauterization. **dağlı** 1. branded. 2. scarred.
dağarcık pouch carried over the shoulder.
dağılım 1. dissociation. 2. dispersion.
dağılış dispersal.
dağılmak 1. to scatter; to disperse, separate. 2. to spread. 3. to be broken up; to be dissolved. 4. to get untidy.
dağınık 1. scattered. 2. untidy; disorganized. **dağınıklık** untidiness; dispersion.
dağıtım distribution.
dağıtmak /ı/ 1. to scatter. 2. to distribute. 3. to mess up. 4. to break to pieces. 5. to dissolve.
dağlamak /ı/ 1. to brand. 2. to burn. 3. to

cauterize.
dağlıç a kind of stump-tailed sheep.
daha 1. more, further; plus; (comparative) than. 2. still, not yet. 3. only. **Daha neler!** What's next!
dahi also, too, even.
dâhi genius, man of genius.
dahil 1. the interior, inside. 2. including. **dahil etmek** to insert; to include.
dahili inner, internal.
dahiliye 1. internal affairs; ministry of the interior. 2. internal diseases. **dahiliye mütehassısı** internist.
Dahomey Dahomey.
daima always, continually.
daimi 1. constant, permanent. 2. constantly.
dair /a/ about, concerning, relating to.
daire 1. circle; circumference. 2. department; office. 3. apartment.
dakik exact, particular, thorough.
dakika minute. **dakikası dakikasına** punctually, exactly on time.
daktilo 1. typist. 2. typewriter. **daktilo etmek** to type. **daktilo makinesi** typewriter.
daktilografi typewriting.
dal 1. branch; bough, twig. 2. subdivision.
dalak spleen.
dalalet, -ti error; corruption.
dalamak /ı/ 1. to bite. 2. to sting, prick; to burn, scratch.
dalaş dogfight, fight.
dalaşmak to fight savagely (dogs); to quarrel violently.
dalavere trick, maneuver, intrigue. **dalavere çevirmek** to plot. **dalavereci** intriguer, trickster.
daldırmak /ı/ to layer. **daldırma** layered; layer.
dalga 1. wave; corrugation; watering (on silk). 2. thingamabob; affair. **dalga geçmek** 1. to woolgather. 2. to make fun of. **dalgaa** 1. woolgatherer. 2. one who gets out of doing work. **dalgalı** rough (sea).
dalgacı diver.
dalgakıran breakwater.
dalgalanmak 1. to undulate, wave. 2. to get rough. 3. to be uneven (dye). 4. to float (price, exchange rate).
dalgıç diver.
dalgın 1. absent-minded, reflective. 2. unconscious. **dalgınlık** 1. absent-mindedness. 2. lethargy.
dalkavuk toady, flatterer.
dallanmak 1. to branch out. 2. to spread.
dalmak /a/ 1. to dive, plunge (into); to be plunged. 2. to enter suddenly. 3. to be absorbed (in work); to drop off (to sleep).

dalya dahlia.

dalyan fishing weir.

dam 1. roof. 2. roofed shed.

dam 1. lady partner. 2. (games) queen.

dama game of checkers. **damalı** checkered.

damacana demijohn.

damak palate.

damar 1. blood-vessel, vein. 2. tendency. 3. streak. 4. lode. **damarına basmak** to irritate. **damar sertliği** arteriosclerosis.

damat son-in-law; bridegroom.

damga 1. instrument for stamping, stamp, rubber stamp. 2. mark, stamp; hallmark; brand; stigma. **damga pulu** revenue stamp. **damga resmi** stamp duty. **damga vurmak** to stamp. **damgalı** 1. stamped, marked. 2. branded. 3. stigmatized.

damgalamak /ı/ 1. to mark with a stamp. 2. to brand. 3. to stigmatize.

damıtmak /ı/ to distill.

damız stable.

damızlık animal kept for breeding.

damla 1. drop; drops. 2. very small quantity, bit.

damlalık medicine dropper.

damlamak 1. to drip. 2. to come in suddenly.

damlatmak to dispense in drops, let drip.

damper dumping mechanism of a truck.

damping sale at reduced prices.

dana weaned calf. **dana eti** veal.

dangalak 1. thoughtless. 2. blockhead.

danışıklı döviş 1. sham fight. 2. put-up job.

danışma information; inquiry. **danışma bürosu** information office.

danışmak /ı, a/ 1. to consult (about). 2. to confer (about), discuss.

danışman counselor, advisor.

Danıştay Council of State.

Danimarka Denmark.

daniska the finest, the best.

dans dance. **dans etmek** to dance.

dansöz woman dancer.

dantel, dantela lace, lacework.

dar 1. narrow; tight. 2. scant. 3. difficulty; difficult; with difficulty. **dar açı** acute angle. **dar boğaz** crisis. **dar fikirli (kafalı)** narrow -minded. **darda kalmak** to be in need.

dara tare, weight of the container.

darağacı, -nı gallows.

daralmak to narrow, shrink, get tight.

darbe 1. blow, stroke. 2. coup d'état.

darbımesel proverb.

darbuka clay drum.

dargın cross, angry.

darı millet.

darılmak easily hurt.

darılmak /a/ 1. to be cross, be offended. 2. to scold.

darlaşmak 1. to narrow. 2. to become tight. 3. to be limited.

darlaştırmak, daraltmak /ı/ to make narrow.

darlık 1. poverty, need, trouble. 2. narrowness.

darmadağın, darmadağınık 1. in utter confusion. 2. all over the place.

darphane mint (for coinage).

darülaceze poorhouse.

dava 1. lawsuit, action. 2. trial. 3. claim; allegation. 4. proposition, thesis; matter; theorem; problem. **dava etmek** to bring a suit (against). **davacı** plaintiff, claimant; litigant. **davalı** 1. defendant. 2. in dispute, contested. 3. litigant.

davar 1. sheep or goat, sheep or goats. 2. flock.

davet 1. invitation. 2. call; summons. **davet etmek** 1. to call, summon; to convoke. 2. to invite. 3. to request. **davetli** 1. invited. 2. invited guest.

davetiye 1. invitation card. 2. summons, citation.

davlumbaz chimney hood.

davranış behavior, attitude.

davranmak 1. to take action, set about. 2. to act, behave. 3. /a/ to make for, reach for. 4. /a/ to treat.

davul drum. **davul gibi** swollen. **davulcu** drummer.

dayak 1. beating, action. 2. prop. **dayak yemek** to get a thrashing.

dayalı 1. /a/ leaning against. 2. propped up. **dayalı döşeli** completely furnished (house).

dayamak /ı, a/ 1. to prop up. 2. to lean, rest; to base; to hold (against); to draw up (against). 3. to present immediately.

dayanak support, base.

dayanıklı strong, lasting, enduring, resistant.

dayanılmaz 1. irresistible. 2. unbearable.

dayanışmak to act with solidarity. **dayanışma** solidarity.

dayanmak /a/ 1. to lean; to push, press; to rest, be based on, be backed (by), rely on; to confide. 2. to resist, endure. 3. to be drawn up against; to arrive at the door of. 4. to set about.

dayatmak /ı, a/ to insist.

dayı maternal uncle.

dazlak bald.

debagat, -ti tanner's trade.

debdebe pomp and circumstance.

debelenmek 1. to thrash about. 2. to struggle desperately.

debriyaj clutch pedal.
dede 1. grandfather. 2. old man.
dedektif detective.
dedikodu gossip, tittle-tattle; backbiting.
defa time, turn.
defetmek /i/ 1. to repel, rebuff, repulse. 2. to expel.
defile fashion show.
defin, -fni burial, interment.
define buried treasure; treasure.
deflasyon deflation.
defne sweet bay, laurel.
defnetmek /i/ to bury, inter.
defolmak 1. to be removed, go away. 2. to clear out, go.
defter 1. notebook. 2. register, inventory; tax roll. 3. account book. **defteri kebir** ledger. **defter tutma** bookkeeping. **defter tutmak** to keep the books.
değer 1. value; worth. 2. price. **değer vermek** /a/ to esteem.
değerbilir appreciative.
değerlendirmek /i/ 1. to put to use. 2. to appraise.
değerli valuable.
değgin /a/ concerning.
değil 1. (final) not. 2. (isolated) no. 3. (initial, in anticipation of a verb) not only, let alone. 4. (after locative) not caring.
değim value; merit, virtue.
değin until.
değinmek /a/ to touch (on a subject).
değirmen mill; grinder.
değirmi 1. round, circular. 2. square (cloth).
değiş exchange. **değiş tokuş** exchange, barter.
değişik 1. changed, novel. 2. varied. **değişiklik** change, variation.
değişim variation.
değişken 1. changeable. 2. variable.
değişmek 1. to change, be replaced. 2. to substitute; to exchange.
değişmez unchangeable, constant, immutable.
değiştirmek /i/ 1. to change. 2. to exchange (for).
değme contact.
değmek 1. to touch. 2. to hit, reach.
değmek to be worthwhile.
değnek stick, rod, cane, wand.
deha genius.
dehliz entrance hall, corridor.
dehşet, -ti 1. terror, horror, awe. 2. marvelous.
dek until, as far as.
dekan dean of a faculty.
dekor decor, setting; scenery.

delalet, -ti guidance.
delege delegate, representative.
delgi drill, gimlet.
deli 1. insane; crazy, wild. 2. foolish, rash. **delilik** insanity; mania; folly. **delisi** crazy about.
delice crazily, madly; crazy, mad (act).
delidolu thoughtless, inconsiderate.
delik hole, opening; having a hole. **delik deşik** full of holes.
delikanlı youth; young and sprightly.
deliksiz without a hole. **deliksiz uyku** sound sleep.
delil proof, evidence; indication.
delinmek to wear through, get a hole.
delirmek to go mad.
delmek /i/ to make a hole (in), pierce.
delta delta.
dem steeping. **demli** well-steeped (tea).
demeç speech; statement.
demek /i, a/ 1. to say (to); to produce the sound (of); to tell. 2. to give a name (to), call. **derken** 1. while saying so. 2. then.
demek so, thus, therefore.
demet, -ti 1. bunch, bundle. 2. sheaf.
demin just now, a second ago.
demir 1. iron. 2. anchor. 3. irons. **demir atmak** to anchor. **demir tava** griddle.
demirbaş 1. fixtures and equipment. 2. old -timer. **demirbaş eşya** inventory, stock.
demirci 1. ironworker. 2. hardware dealer. **demirci ocağı** smithy.
demirhane ironworks.
demirlemek 1. to anchor. 2. to bolt and bar.
demirperde Iron Curtain.
demiryolu, -nu railroad, railway.
demlemek /i/ to steep, brew.
demlik teapot.
demode old-fashioned, out-of-date.
demokrasi democracy.
demokrat democrat, democratic.
Demokratik Almanya Cumhuriyeti German Democratic Republic.
denden ditto mark.
denek subject of an experiment.
deneme 1. essay. 2. test, experiment.
denemek /i/ 1. to test, try, experiment; to attempt. 2. to tempt.
denet control.
denetlemek /i/ to check.
denetleyici inspector.
deney experiment. **deneysel** experimental.
deneyim experimentation.
deneykap test tube.
denge equilibrium, balance.
dengelemek /i/ to balance.

deniz 1. sea; ocean; marine, naval. 2. high sea.

deniz buzulu ice floe. **denize girmek** to go swimming. **deniz hukuku** maritime law. **deniz kazası** shipwreck. **denizci** seaman, sailor. **denizcilik** navigation; shipping. **denizel** marine; naval. **denizsel** maritime.

denizaltı, -nı 1. submarine. 2. submerged.

denizanası, -nı jellyfish.

denizaşırı overseas.

denizbilim oceanography.

denizkızı, -nı mermaid, siren.

denk, -gi 1. bale. 2. in equilibrium, equal; suitable; equivalent.

denklem equation.

denklemek /ı/ 1. to make up in bales. 2. to balance.

densiz tactless.

depo 1. depot. 2. warehouse, store.

depozit, depozito deposit, advance payment.

deprem earthquake.

derbeder 1. vagrant. 2. slovenly, disorderly.

dere 1. valley. 2. stream, rivulet. **dere tepe** up hill and down dale.

derebeyi, -ni 1. feudal lord. 2. bully.

derece 1. degree. 2. rank. 3. thermometer.

dereotu, -nu dill.

dergi periodical, review, magazine.

derhal at once, immediately.

deri 1. skin, hide. 2. leather.

derin 1. deep. 2. profound. **derinlik** 1. depth; depths. 2. profundity.

derinleşmek 1. to get deep. 2. to specialize.

derkenar marginal note; postscript.

derlemek /ı/ to gather together, collect.

derli toplu tidy; well coordinated.

derman 1. remedy, cure, specific. 2. strength, energy. **dermansız** exhausted, feeble.

derme gathered, collected together. **derme çatma** hastily put up; odds and ends.

dermek /ı/ to pick, gather, collect.

dernek association, society, club.

ders lesson, class, lecture; moral. **ders çalışmak** to study.

dershane classroom, schoolroom; specialized school.

dert 1. pain, suffering, disease. 2. trouble, sorrow, grief, worries. **dert ortağı** fellow sufferer. **dertli** 1. pained; sorrowful, wretched. 2. aggrieved, complaining.

dertlenmek to be pained (by), be sorry (because of).

dertleşmek /la/ to pour out one's grievances.

derviş dervish.

derya sea, ocean.

desen 1. design; ornament. 2. drawing.

desise trick, plot, intrigue.

destan 1. epic, epic poem. 2. ballad.

deste bunch, bouquet; packet.

destek support; beam used as a prop.

desteklemek /ı/ to support.

deşmek /ı/ 1. to lance (boil). 2. to open up (a painful subject).

deterjan detergent.

dev 1. ogre; fiend. 2. giant; gigantic.

deva remedy, medicine, cure.

devalüasyon devaluation.

devam 1. continuation. 2. duration. 3. a frequenting. 4. constancy. **devam etmek** 1. to last. 2. to continue. 3. to attend. 4. to extend (from, to). **devamlı** 1. continuous, uninterrupted. 2. constant, regular.

devaynası, -nı concave mirror, magnifying mirror.

deve camel. **deve yapmak** to embezzle.

devekuşu, -nu ostrich.

deveran circulation.

devetüyü, -nü 1. camel hair. 2. camel colored.

devim movement, motion.

devingen mobile.

devinmek to move.

devir, -vri 1. period, epoch, era. 2. cycle, turn. 3. circuit. 4. transfer.

devirmek /ı/ 1. to overturn, turn upside down. 2. to overthrow. 3. to tilt to one side. 4. to drink down.

devlet, -ti state; government; power. **devlet adamı** statesman. **devlet hazinesi** state treasury, exchequer. **devlet hukuku** the law of nations. **devlet kuşu** unexpected good luck, windfall. **devlet memuru** government official. **devlet tahvilatı** state bonds. **devletçi** partisan of state control, étatism. **devletçilik** state control, étatism.

devletleştirmek /ı/ to nationalize.

devre 1. period, term. 2. session; cycle. 3. circuit.

devretmek /ı, a/ to turn over, transfer.

devrik 1. folded, turned back on itself. 2. overthrown (government). 3. inverted (sentence).

devrim revolution. **devrimci** revolutionary.

devriye (police) beat. **devriye gezmek** to go one's rounds, walk the beat.

devşirmek /ı/ 1. to collect, pick. 2. to roll up.

deyim idiom; phrase, expression.

dırdır grumbling; nagging. **dırdır etmek** to nag.

dırıltı 1. grumbling. 2. squabble.

dış 1. outside, outer space. 2. external, outer; foreign. **dış haberler** foreign news. **dış hat** external line; international line. **dış ticaret**

foreign trade.

dışadönük extrovert.

dışarı 1. out; the outside. 2. the space outside; out of doors; outdoor. 3. the provinces; the country. 4. foreign lands.

dışbükey convex.

dışişleri, -ni foreign affairs. **Dışişleri Bakanlığı** Ministry of Foreign Affairs.

dışkı feces.

dışmerkezli eccentric.

dışsatım exportation.

dia slide, transparency.

dibek large mortar of stone or wood.

Dicle Tigris River.

didiklemek /ı/ 1. to pick into fibers and shreds. 2. to tear to pieces.

didinmek to tire oneself, wear oneself out.

didişmek /la/ to scrap, scuffle.

diferansiyel differential gear.

difteri diphtheria.

diğer other, the other.

dik, -ki 1. perpendicular, upright; right. 2. straight, stiff. 3. steep. 4. intent. **dik açı** right angle. **dik dik** angrily, heatedly. **dik dörtgen** rectangle. **dik kafalı** obstinate.

diken thorn; spine, needle. **dikenli** thorny, prickly.

dikensi spinoid, spinelike.

dikey perpendicular.

dikili 1. sewn. 2. planted, set. 3. set up.

dikilitaş obelisk.

dikiş 1. seam. 2. stitch. 3. suture. **dikiş makinesi** sewing machine.

dikit stalagmite.

dikiz (slang) look; roguish look. **dikiz aynası** rear view mirror.

dikkat, -ti 1. careful attention. 2. Take care! Look out! **dikkat etmek** 1. to pay attention (to). 2. to be careful. **dikkatli** attentive, careful.

diklenmek, dikleşmek 1. to become steep. 2. to get stubborn.

dikmek /ı/ to sew; to stitch.

dikmek /ı, a/ 1. to erect, set up. 2. to plant. 3. to drain (a cup).

diktatör dictator.

dikte dictation. **dikte etmek** to dictate.

dil 1. tongue. 2. language; dialect. 3. promontory. 4. bolt of a lock; key. **dile düşmek** to become the subject of common talk. **dilci** linguist. **dilli** talkative. **dilsiz** dumb, mute.

dilber beautiful (woman).

dilbilgisi, -ni grammar.

dilbilim linguistics.

dilek 1. wish. 2. request, petition, demand. **dilekçe** petition.

dilemek /ı/ 1. to wish for, desire, long for. 2. to ask for, request.

dilenci beggar.

dilenmek /dan/ to beg; to ask for.

dilim 1. slice; strip. 2. leaf of a radiator.

dilimlemek /ı/ to slice.

dillenmek 1. to learn to speak. 2. to become talkative.

dilmaç translator.

dilmek /ı/ to slice.

dimağ brain, mind.

din religion; belief, faith; creed. **dini, dinsel** religious. **dinsiz** atheistic; irreligious. **dinsizlik** atheism.

dinamik 1. dynamics. 2. dynamic.

dinamit, -ti dynamite.

dinamo dynamo.

dincilerki, -ni theocracy.

dinç vigorous, robust, active.

dindar religious, devout, pious.

dindaş coreligionist.

dingil axle, axletree.

dingin 1. calm. 2. exhausted.

dinlemek /ı/ 1. to listen to. 2. to obey.

dinlendirmek /ı/ to rest, let rest, restore. **dinlendirilmiş** 1. aged (wine). 2. fallow (ground).

dinlenmek to rest, relax.

dinleyici listener. **dinleyiciler** audience.

dinmek to cease; stop; to die down.

dip bottom; foot, lowest part; the back; base. **dipsiz** bottomless.

dipçik butt of a rifle.

dipçiklemek /ı/ to knock down with the butt of a rifle.

dipfriz deepfreeze.

dipkoçanı, -nı check stub.

diploma diploma; degree.

diplomat, -tı diplomat. **diplomatik** diplomatic. **diplomatlık** diplomacy.

dipnot, -tu footnote.

direk column, pillar; mast; flagstaff.

direksiyon steering wheel.

direktif instruction, order.

direnç resistance.

direngen stubborn.

direnim obstinacy.

direniş active opposition, resistance, boycott.

direnmek to put one's foot down, insist (on).

direşken insistent, persistent.

diretmek to be insistent.

direy fauna.

diri 1. alive. 2. vigorous. 3. fresh. 4. undercooked.

diriksel animal, physiological.

diriliş revival, resurgence.

dirilmek to return to life; to be revived.
diriltmek /ı/ to revive.
dirim life.
dirlik 1. peace, peaceful living together. 2. comfortable living, wealth. **dirlik düzenlik** harmonious social relations.
dirsek 1. elbow. 2. bend.
disiplin discipline.
disk, -ki 1. discus. 2. disk.
diskotek discothèque, disco.
dispanser dispensary.
diş 1. tooth; tusk. 2. cog (of a wheel); thread. 3. clove (of garlic). **diş ağrısı** toothache. **diş fırçası** toothbrush. **diş macunu** toothpaste. **dişçi** dentist.
dişi female.
dişil feminine.
dişlek having protruding teeth.
dişlemek /ı/ to bite, gnaw.
dişli 1. toothed, serrated; notched. 2. cogwheel, gear. 3. formidable.
dıştacı, -nı crown (of a tooth).
ditmek /ı/ to card, tease (cotton, wool).
divan divan, sofa, couch.
divan 1. council of state. 2. collected poems, divan.
diyalog dialogue.
diyanet 1. piety, devoutness. 2. religion. **Diyanet İşleri Başkanlığı** Department of Religious Affairs.
diyar country, land.
diye 1. because. 2. so that; lest. 3. by saying. 4. by mistake. 5. called, named.
diyet, -ti blood money.
diyez (mus.) sharp.
diz knee. **diz çökmek** to kneel. **diz üstü** kneeling.
dizanteri dysentery.
dize line (of poetry).
dizge system, arrangement, aggregate.
dizgi composition, typesetting.
dizgin rein, bridle. **dizginsiz** uncontrolled, unbridled.
dizi 1. line, row, series. 2. string; file.
dizici, dizgici typesetter, compositor.
dizilemek /ı/ to line up, arrange in a row.
dizili arranged in a line or row.
dizin index.
dizkapağı, -nı kneepan, kneecap.
dizlik knee breeches.
dizmek /ı/ 1. to line up, arrange in a row, string. 2. to set (type).
do (mus.) do; C.
dobra dobra bluntly, frankly.
doçent, -ti associate professor.
doğa nature. **doğal** natural. **doğalcılık** naturalism.
doğaç inspiration.
doğan falcon, hawk.
doğaötesi, -ni 1. metaphysics. 2. metaphysical.
doğaüstü, -nü supernatural.
doğma /dan/ born. **doğma büyüme** native.
doğmak 1. to be born. 2. to rise (sun, moon). 3. to appear, arise.
doğrama woodwork, joinery. **doğramacılık** carpentry.
doğramak /ı/ to cut into slices; to carve, chop to bits.
doğru 1. straight; direct. 2. right, true; honest. 3. /a/ toward, about. 4. correctly. 5. directly. 6. (isolated) That's right. **doğru akım** direct current. **doğru çıkmak** to come out right. **doğru durmak** 1. to stand straight. 2. to sit still. **doğruca** 1. more or less right. 2. directly. **doğruluk** 1. truth. 2. straightness. **doğrusal** linear; rectilinear. **doğrusu** the truth of the matter.
doğrulamak /ı/ to corroborate, confirm.
doğrulmak 1. to straighten on. 2. to sit up.
doğrultmaç rectifier.
doğrultmak /ı/ 1. to make straight. 2. to direct. 3. to make right, correct.
doğrultu direction.
doğu east; eastern.
Doğu Almanya German Democratic Republic.
doğum 1. birth. 2. year of birth. 3. confinement. **doğum yapmak** to give birth.
doğumevi, -ni maternity hospital.
doğurgan prolific, fecund.
doğurmak /ı/ to give birth to; to foal; to litter.
doğurtmak /ı/ to assist at childbirth.
doğuş birth. **doğuştan** innate; from birth; congenital.
dok, -ku dock, wharf.
doksan ninety.
doktor doctor.
doktora doctorate, doctoral degree.
doku (biol.) tissue.
dokubilim histology.
dokuma 1. woven. 2. cotton cloth. **dokumacı** weaver. **dokumacılık** textile industry.
dokumak /ı/ to weave.
dokunaç feeler, tentacle.
dokunaklı moving, touching.
dokundurmak /ı, a/ to hint at.
dokunma touch, sense of touch.
dokunmak /ı/ 1. to touch, feel. 2. to handle. 3. to concern, touch upon. 4. to affect. 5. to upset, disagree with.
dokunulmazlık (pol.) immunity.

dokuz nine. **dokuz doğurmak** to be anxious, be under tension.

dokuzuncu ninth.

dolama (med.) whitlow.

dolamak /ı, a/ to wind, wrap (around).

dolambaç curve, winding (in a road). **dolambaçlı** meandering, intricate.

dolandırıcı embezzler, swindler. **dolandırıcılık** fraud.

dolandırmak /ı/ to cheat, defraud.

dolanmak 1. /a/ to wind around. 2. to wander around.

dolap 1. cupboard. 2. Ferris wheel; merry-go-round. 3. horse-operated pump. 4. water-wheel irrigation pump. 5. trick, plot.

dolar dollar.

dolaşık 1. intricate, confused. 2. roundabout. **dolaşıklık** entanglement.

dolaşım (biol.) circulation.

dolaşmak 1. to go around; to wander. 2. to become entangled.

dolay surroundings, outskirts, environment.

dolayı because of. **dolayısıyla** 1. by reason of. 2. consequently.

dolaylı indirect.

dolaysız direct.

doldurmak /ı/ 1. to fill; to fill up. 2. to stuff; to charge (battery). 3. to load (gun). **doldurma** filled, filled up.

dolgu (dent.) filling.

dolgun 1. filled, full. 2. high (salary). 3. plump.

dolma 1. filled up, reclaimed (land). 2. stuffed. 3. stuffed food.

dolmak 1. to become full, fill up. 2. to be completed (period of time).

dolmakalem fountain pen.

dolmuş 1. taxi or boat which only starts when it is filled up with passengers. 2. full.

dolu 1. full, filled. 2. loaded (gun). 3. plentiful, in abundance.

dolu hail, hailstorm. **dolu yağmak** to hail.

doludizgin at full speed, galloping.

dolunay full moon.

domates tomato.

Dominikan Cumhuriyeti Dominican Republic.

domino dominoes (game).

domuz 1. pig, wild boar. 2. obstinate, malicious. **domuzluk** viciousness, maliciousness.

don frost, freeze.

don pair of drawers, underpants.

donakalmak to be petrified with horror.

donanım (naut.) rigging.

donanma 1. fleet. 2. celebrations with decorations and lights.

donanmak to be decked out, be lighted up.

donatı equipment.

donatım equipment; (mil.) ordnance.

donatmak /ı/ to deck out.

donduraç deepfreeze.

dondurma ice cream.

dondurmak /ı/ 1. to freeze, cause to solidify. 2. to freeze, suspend changes (prices, conditions).

donmak to freeze, solidify.

donuk dim, dull.

donuklaşmak to become dull.

donyağı, -nı tallow.

doruk summit, apex.

dosdoğru 1. absolutely right. 2. straight ahead.

dost, -tu friend, comrade, confidant, intimate. 2. friendly. 3. lover; mistress. **dost olmak** to become friends. **dostça** friendly; in a friendly manner. **dostluk** friendship.

dosya 1. dossier, file. 2. file folder.

dosyalamak /ı/ to file. 2. to open a file on.

doyasıya as much as one can.

doygun 1. satiated, sated. 2. saturated. **doygunluk** satiation.

doyma 1. satiety. 2. saturation.

doymak 1. to have eaten one's fill. 2. to be satisfied with.

doymaz insatiable, greedy.

doyum satiety, satisfaction.

doyurmak /ı/ 1. to fill, satisfy. 2. to saturate.

doz (med.) dose. **dozunu kaçırmak** to overdo.

dökme 1. poured. 2. cast (metal). **dökme demir** cast iron. **dökmeci** founder, metal worker.

dökmek /ı, a/ 1. to pour; to spill. 2. to cast. 3. to develop (skin eruptions). 4. to empty.

dökülmek 1. to be poured out. 2. to become shabby. 3. to fall out (hair).

döküm 1. casting. 2. enumeration.

dökümhane foundry.

dökünmek to throw water over oneself.

döküntü 1. remains, leavings. 2. scum of the earth. 3. skin eruption.

döl generation; descendants, offspring.

döllemek /ı/ to fertilize, inseminate.

döllenme insemination.

dölüt fetus.

dölyatağı, -nı womb.

döndürmek /ı/ 1. to turn. 2. to fail.

dönek fickle, changeable.

dönem period of time; term.

dönemeç road bend, curve. **dönemeçli** winding.

dönence turning point; (astr.) tropic; orbit.

döner turning, revolving, pivotal. **döner kebap** pressed lamb roasted on a large vertical spit. **döner sermaye** circulating capital.

döngü vicious circle.

dönme 1. rotation. 2. converted to Islam. **dönme dolap** Ferris wheel.

dönmek 1. to revolve, spin. 2. to return. 3. to become, turn into. 4. to change one's mind.

dönük directed toward.

dönüm 1. a land measure of 1000 square meters. 2. anniversary. 3. turn. **dönüm noktası** turning point.

dönüş return. **dönüşlü** reflexive.

dönüşmek /a/ to change into.

dönüşüm transformation.

dördül square.

dördüncü fourth.

dördüz quadruplet.

dört four. **dörtte bir** one fourth, a quarter. **dört bir yanı** all around it. **dört gözle beklemek** to wait eagerly (for).

dörtayak 1. quadruped. 2. on all fours.

dörtgen quadrangle.

dörtlü 1. having four parts or members. 2. quartet.

dörtlük 1. quatrain. 2. (mus.) quarter note.

dörtnal gallop. **dörtnala** galloping.

dörtyol crossroad, junction.

döş breast, bosom.

döşek mattress.

döşeli furnished.

döşem electricity and plumbing, fixtures.

döşeme 1. floor. 2. furniture. 3. upholstery.

döşemek /ı/ 1. to spread. 2. to cover, spread on the floor. 3. to furnish.

döveç wooden mortar.

döven threshing sled.

döviz 1. foreign exchange. 2. motto.

dövme 1. tattoo. 2. wrought (iron).

dövmek /ı/ 1. to hit, beat. 2. to beat (rug, laundry). 3. to pulverize. 4. to whip, beat. 5. to pound.

dövünmek 1. to beat oneself. 2. to gesticulate in sorrow or regret.

dövüş fight.

dövüşken belligerent.

dövüşmek 1. to fight. 2. to fist-fight.

draje 1. sugar-coated pill. 2. chocolate-coated raisin or nut.

dram 1. drama. 2. tragic event.

dramatic dramatic.

dua prayer. **dua etmek** to pray.

duba 1. pontoon. 2. flat-bottomed barge. **duba gibi** fat.

Dubai Dubai.

dublaj dubbing.

duçar subject (to). **duçar olmak** to be subject (to).

dudak lip. **dudak bükmek** to make a face, show displeasure.

duhuliye entrance fee.

dul widow; widowed; widower. **dul kalmak** to be widowed.

duman 1. smoke; fumes. 2. fog, mist. **dumanlı** 1. smoky, fumy. 2. misty, dim.

durağan fixed, stable.

durak 1. stop (bus). 2. halt, pause, break.

duraklamak to pause.

duraksamak to hesitate.

dural unchanging.

durdurmak /ı/ to stop.

durgu 1. stoppage. 2. (mus.) cadence.

durgun 1. calm. 2. subdued. 3. stagnant.

durgunlaşmak 1. to get calm, calm down. 2. to be dull, get stupid.

durmak, -ur 1. to stop. 2. to last. 3. to exist. 4. to fail to act. 5. to be (at a place). **Dur!** Wait! Stop! **durmadan** continually. **durup dururken** with no reason.

duru clear, limpid.

durulamak /ı/ to rinse.

durulmak 1. to become clear. 2. to settle.

durum state, situation, condition.

duruş 1. rest, stop. 2. posture.

duruşma a hearing in a lawsuit.

duş shower.

dut, -tu mulberry.

duvak bride's veil, bridal veil.

duvar wall. **duvar kâğıdı** wallpaper. **duvarcı** bricklayer, stonemason.

duy light socket.

duyar sensible. **duyarlı** sensitive. **duyarlık** sensitiveness.

duyarga (biol.) antenna.

duygu 1. sense, sensation. 2. feeling. 3. impression. **duygudaş** sympathizer. **duygulu** sensitive. **duygusal** emotional. **duygusuz** numb, insensitive.

duygulanmak to be affected, be touched.

duygun sensitive.

duymak /ı/ 1. to hear. 2. to get word of. 3. to be aware of. 4. to feel, sense.

duysal sensorial, sensory.

duyu (psych.) sense. **duyusal** sensory.

duyum sensation.

duyurmak /ı, a/ to announce.

duyuru announcement.

düdük whistle, pipe. **düdüklü tencere** pressure cooker.

düello duel.

düğme 1. button. 2. electric switch. 3. bud.

düğmelemek /ı/ to button up.

düğüm knot. **düğüm noktası** crucial point.

düğümlemek /ı/ to knot.

düğün wedding feast; circumcision feast.

dükkân shop.

dülger carpenter.

dümbelek a small drum.

dümdüz smooth.

dümen 1. rudder. 2. (slang) trick. **dümen kırmak** to change direction, veer.

dün 1. yesterday. 2. the past. **dün akşam** last night, yesterday evening.

dünür the father-in-law or mother-in-law of one's child.

dünya 1. world, earth. 2. this life. 3. people. **dünyada** never in this world. **dünyaya gelmek** to be born. **dünyaya getirmek** to give birth to. **dünyalık** worldly goods, wealth; money.

dünyevi worldly.

dürbün field glasses.

dürmek /ı/ to fold, roll up.

dürtmek /ı/ 1. to prod, goad. 2. to stimulate.

dürtü drive, compulsion, impulse.

dürtüklemek /ı/ to prod.

dürüm 1. roll (paper, cloth). 2. a rolled filled pastry.

dürüst, -tü honest. **dürüstlük** honesty.

düstur 1. code of laws. 2. norm. 3. codex.

düş dream; vision. **düş görmek** to have a dream.

düşelge share, allotted portion.

düşey perpendicular.

düşkün 1. fallen. 2. fallen on hard times. 3. addicted (to). 4. concerned with, involved in. **düşkünlük** 1. decay, poverty. 2. excessive fondness or addiction.

düşman enemy, foe. **düşmanca** in a hostile manner. **düşmanlık** enmity.

düşmek 1. to fall. 2. to decrease. 3. to be aborted. **düşe kalka** struggling along. **üstüne düşmek** to be overconcerned with.

düşük 1. fallen. 2. low (price, quality). 3. miscarriage.

düşün thought, cogitation, reflection.

düşünce 1. thought, idea. 2. reflection, observation. 3. anxiety. **düşünsel** ideational. **düşünceli** 1. pensive; worried. 2. thoughtful, careful. **düşüncesiz** 1. inconsiderate. 2. carefree.

düşündürücü thought-provoking.

düşünmek /ı/ to think of, consider.

düşünür thinker.

düşünüş way of thinking.

düşürmek /ı/ 1. to drop. 2. to reduce. 3. to abort.

düşüş 1. fall. 2. decrease.

düşüt, -tü aborted fetus.

düz 1. smooth, even; flat. 2. straight. 3. uniform, plain, simple.

düzayak on one level, without stairs.

düzeç level, spirit level.

düzelmek to improve, get better.

düzeltmek /ı/ 1. to put in order. 2. to correct. **düzeltme** 1. correction. 2. reform.

düzeltmen proofreader.

düzen 1. order. 2. orderliness, neatness. 3. ruse. **düzenli** 1. in order, orderly, tidy. 2. systematic.

düzenbaz liar, cheat, trickster.

düzence discipline.

düzenek plan.

düzengeç regulator.

düzenlemek /ı/ 1. to put in order. 2. to prepare.

düzenteker flywheel.

düzey 1. level. 2. rank.

düzgü norm. **düzgüsel** normative.

düzgün 1. smooth; regular, in order. 2. correct. 3. honest.

düzine dozen.

düzlem (geom.) plane.

düzlemek /ı/ to smooth, flatten, level.

düzlük 1. levelness. 2. flat place, level place, plain.

düzme false, fake.

düzmek 1. to gather; to compose; to prepare. 2. to invent; to counterfeit, fake.

düztaban flat-footed.

düzyazı prose.

E

e 1. Then. 2. Well. All right. 3. Oh!

ebat size; dimensions.

ebe 1. midwife. 2. «it». **ebelik** midwifery.

ebedi eternal. **ebediyen** eternally.

ebekuşağı, ebemkuşağı, -nı rainbow.

ebelemek /ı/ to tag (in a game).

ebeveyn parents.

ebru marbling, watering. **ebrulu** marbled.

ecdat ancestors.

ecel the appointed hour of death, death. **ecel teri dökmek** to be in mortal fear.

eciş bücüş out of shape, crooked, distorted.

ecnebi 1. stranger, foreigner, alien. 2. foreign.

ecza drugs, medicines. **eczacı** pharmacist, druggist.

eczane drugstore, pharmacy.

eda 1. manner. 2. style. **edalı** gracious.

edat, -tı particle; postposition; preposition.

edebi literary. **edebiyat, -tı** literature.

edep breeding, politeness, modesty. **edepli** well-behaved, well-mannered. **edepsiz** ill-mannered, rude, shameless.

edilgen (gram.) passive.

edinç attainment.

edinmek /ı/ to get, procure, acquire.

edinsel acquired.

edinti acquisition.

edip literary man; writer.

editör publisher; editor.

efe swashbuckling village dandy.

efektif cash, ready money.

efendi 1. gentleman. 2. gentlemanly. 3. master; owner.

efendim 1. Yes (as an answer to a call). 2. I beg your pardon? 3. sir; ma'am.

efkâr 1. thoughts, ideas. 2. anxiety.

eflatun lilac-colored.

efsane legend. **efsanevi** legendary. **efsaneleşmek** to become legendary.

Ege Aegean Sea.

egemen sovereign. **egemenlik** sovereignty.

egoist egoist, selfish.

egzama eczema.

egzersiz exercise.

egzoz (auto.) exhaust.

eğe file (tool).

eğelemek /ı/ to file.

eğer if; whether.

eğik 1. bent down. 2. inclined, sloping down, slanting. 3. oblique.

eğilim tendency; inclination.

eğilmek 1. to bend; to get bent; to warp. 2. to bow, bow down. 3. to stoop. 4. to incline, lean. 5. to get down to (a job).

eğim slope.

eğirmek /ı/ to spin.

eğirmen spindle, distaff.

eğitbilim pedagogy.

eğitici 1. pedagogue. 2. educational, instructive.

eğitim education. **eğitimci** educator, educationalist. **eğitimli** educated.

eğitmek /ı/ to educate.

eğitmen educator.

eğitsel educational.

eğlek residence, home.

eğlence amusement; entertainment. **eğlenceli** entertaining.

eğlendirmek /ı/ to entertain.

eğlenmek 1. to have a good time, enjoy oneself. 2. to make fun (of).

eğlenti party, entertainment.

eğleşmek 1. to reside, live. 2. to delay.

eğmeç bow.

eğmek /ı/ 1. to bend, curve. 2. to bow.

eğreti bracken, fern.

eğreti 1. temporary. 2. borrowed. 3. artificial.

eğri 1. crooked. 2. bent, curve, angle. 3. inclined, askew. 4. perverse. **eğri büğrü** bent and crooked.

eğrilmek to be bent.

ehemmiyet, -ti importance.

ehil, -hli 1. people. 2. person skilled in (a particular thing).

ehli tame, domestic.

ehliyet, -ti 1. efficiency, ability. 2. license. **ehliyetli** 1. capable. 2. licensed.

ehliyetname driver's license; license.

ejder, ejderha dragon.

ek, -ki 1. joint. 2. supplement. 3. prefix, suffix, infix. 4. a piece joined on. 5. additional. **ekli** pieced, put together.

ekili sown.

ekim 1. planting, sowing. 2. October.

ekin 1. crop; growing grain. 2. culture, civilization.

ekinoks equinox.

ekip team, crew, gang, company.

eklem joint, articulation.

eklemek /ı/ to join on; to add (to).

eklenti 1. suffix. 2. supplementary piece.

ekmek 1. bread. 2. food; livelihood. **ekmeğini kazanmak** to earn one's daily bread. **ekmeğinden olmak** to lose one's job. **ekmek kavgası** struggle to earn a living. **ekmek kutusu** bread box. **ekmek tahtası** bread board. **ekmekçi** baker; bread seller.

ekmek /ı/ 1. to sow. 2. to sprinkle 3. to drop, leave behind one.

ekonomi economy. **ekonomik** economic; economical.

ekose plaid.

ekran screen.

eksen 1. axis. 2. axle.

ekseri most. **ekseriya** usually.

ekseriyet, -ti majority.

eksi 1. minus. 2. negative.

eksik 1. deficiency, thing lacking. 2. lacking, defective. 3. deficient; incomplete. **eksik gelmek** to be insufficient. **eksiklik** 1. deficiency. 2. lack. **eksiksiz** 1. complete. 2. permanent.

eksilmek 1. to decrease. 2. to disappear.

eksiltmek /ı/ to reduce. **eksiltme** competitive bidding.

ekspres 1. express train. 2. express delivery; special handling.

ekstra best quality. **ekstra ekstra** the very best.

242

ekşi sour, tart, acid.

ekşimek 1. to turn sour. 2. to ferment. 3. to be upset (stomach).

ekvator equator.

Ekvator Ginesi Equatorial Guinea.

Ekvatör Ecuador.

el 1. hand. 2. power. **eli açık** openhanded, generous. **el altından** in an underhanded manner, secretly. **el arabası** wheelbarrow. **el bombası** hand grenade. **elden çıkarmak** to sell, dispose of. **el çırpmak** to clap one's hands. **el değiştirmek** to change hands. **el değmemiş** intact; untouched by hand. **elden düşme** secondhand. **el ele** hand in hand. **el ele vermek** to join forces. **el emeği** handwork. **elde etmek** to get, obtain. **el feneri** flashlight. **elinden gelmek** to be able to do. **el kadar** very small. **elde kalmak** to be left over. **el sanatları** handicrafts. **el sıkmak** to shake hands. **eli sıkı** close-fisted. **el şakası** horseplay, playful pushing and pulling. **elinden tutmak** to help. **eli uzun** light-fingered. **ele vermek** to give away; to betray. **el yazısı** handwriting. **el yazması** manuscript. **el yordamıyla** by groping, without seeing. **eldeki** in hand. **eliyle** via, care of, c/o.

el stranger, alien; others.

elâ hazel (eyes).

elâlem people, all the world, everybody.

elastiki elastic.

elbet, elbette certainly, decidedly, surely.

elbirliği, -ni cooperation.

elbise clothes, garments, dress, suit (of clothes).

elçi 1. ambassador. 2. envoy. **elçilik** embassy.

eldeci possessor, holder.

eldiven glove.

elebaşı, -yı ringleader, chief. 2. captain (in a game).

elek fine sieve, sifter.

elektrik electricity. **elektrik düğmesi** switch. **elektrikçi** electrician. **elektrikli** electric.

elektronik 1. electronic. 2. electronics. **elektronik hesap makinesi** calculator.

elem 1. pain; affliction. 2. sorrow, care.

eleman 1. member; worker. 2. element.

eleme elimination. **eleme sınavı** preliminary examination.

elemek /i/ 1. to sift. 2. to eliminate.

elemge winding reel, swift.

elerki, -ni democracy.

eleştiri criticism. **eleştirici** 1. critic. 2. critical.

eleştirmek /i/ to criticize.

eleştirmen critic.

elim painful, grievous, deplorable.

elips ellipse.

elişi, -ni handicrafts.

elkitabı, -nı handbook.

ellemek /i/ to handle, feel with the hand.

elli fifty.

elma apple. **elma oyacağı** apple corer.

elmacık cheekbone.

elmas 1. diamond. 2. diamond glass-cutter. **elmastıraş** cut glass, cut diamond.

El Salvador El Salvador.

elti sister-in-law (wife of the husband's brother).

elveda, -aı farewell, good-by.

elverişli suitable, handy, usable.

elvermek /a/ to suffice.

elyaf fibers.

elzem most necessary, indispensable.

emanet, -ti 1. a trust, thing left in trust. 2. checkroom. **emanet etmek** to entrust. **emaneten** for safekeeping.

emare sign, mark, token; indication.

emaye 1. enameled. 2. glaze.

emek 1. work, labor. 2. trouble, pains. **emeği geçmek** to contribute one's efforts in some accomplishment. **emek vermek** to work hard. **emekçi** worker, proletarian, laborer. **emekli** retired (official). **emektar** old and faithful (worker). **emektaş** fellow worker, comrade.

emeklemek to crawl on all fours.

emel desire, ambition, longing.

emici sucking.

emin 1. safe, secure. 2. certain; firm. 3. trustworthy. **emin olmak** to be sure (of).

emir, -mri order, command; decree. **emir subayı** (mil.) adjutant. **emir vermek** to order, command.

emlak, -ki real estate. **emlakçı** real estate agent.

emme suck, suction.

emmeç aspirator.

emmek /i/ 1. to suck. 2. to absorb. **emici** sucking, absorbent.

emniyet, -ti 1. safety, security. 2. confidence, belief. 3. the police. **emniyet kemeri** safety belt. **emniyetli** trustworthy, reliable; safe.

emperyalist imperialist; imperialistic.

emprime printed material, print.

emretmek /i, a/ to order, command.

emsal 1. similar cases. 2. equal, peer. 3. precedent. **emsalsiz** matchless.

emtia stock, goods.

emzik 1. pacifier. 2. baby's bottle. 3. spout (kettle).

emzirmek /i/ to breast-feed, nurse.

en most. **en aşağı** (az) at least. **en baştan** from the very beginning. **en önce** first-of all. **en son** final.

en width, breadth. **enine** in width. **enine**

boyuna 1. husky, huge. 2. completely, fully.
eninde sonunda at last, eventually. **enli** wide, broad. **ensiz** narrow.
encümen council, committee.
endam shape, stature. **endamlı** well-proportioned.
ender very rare; rarely.
endişe care, anxiety, perplexity. **endişe etmek** to be anxious.
Endonezya Indonesia.
endüstri industry.
enerji energy. **enerjik** energetic.
enfarktüs (med.) infarct.
enfes delightful, delicious, excellent.
enfiye snuff.
enflasyon inflation.
engebe unevenness, roughness (of the country).
engel obstacle, difficulty, handicap.
engellemek /ı/ to block, hinder; to prevent.
engerek adder, viper.
engin 1. open, wide. 2. the high seas.
enginar artichoke.
engizisyon the Inquisition.
enikonu thoroughly.
enişte sister's or aunt's husband.
enkaz wreckage; debris; ruins.
enlem latitude.
ense nape. **ensesine yapışmak** to seize, collar.
enselemek /ı/ to collar.
enstantane snapshot.
enstitü institute.
entari loose robe.
entelektüel intellectual.
enteresan interesting.
enternasyonal international.
entrika intrigue; trick. **entrika çevirmek** to intrigue, scheme.
enüstünlük (gram.) superlative.
envanter inventory.
epey 1. pretty well. 2. a good many, a good deal of. **epeyce** to some extent.
epik epic.
er 1. male. 2. brave man. 3. private (soldier). **erat, -tı** (mil.) privates, recruits.
erdem virtue. **erdemli** virtuous.
erden 1. virgin. 2. intact, untouched.
erek aim, end, goal.
er geç sooner or later.
ergen of marriageable age; bachelor. **ergenlik** 1. bachelorhood. 2. acne.
ergimek to melt. **ergime** fusion.
ergin 1. mature, ripe. 2. adult. **erginlik** maturity.
erguvan Judas tree, redbud. **erguvani** purple.

erigen which melts easily; dissolving.
erik plum.
eril masculine.
erim reach, range.
erimek 1. to melt. 2. to pine away. 3. to wear out.
erimez insoluble.
erin mature, adult.
erinç peace, rest.
erir soluble. **erirlik** solubility.
erişim 1. arrival. 2. communications.
erişkin adult, mature.
erişmek 1. /a/ to reach, attain. 2. to mature, ripen.
erişte vermicelli.
eriten solvent, dissolving.
eritmek /ı/ 1. to melt. 2. to squander (money).
eriyik (phys.) solution.
erk, -ki power, faculty.
erkân great men, high officials.
erke energy.
erkeç billy goat.
erkek 1. man; male. 2. manly. **erkeklik** masculinity. **erkeksi** tomboyish, mannish (woman).
erken early. **erkence** rather early. **erkenden** early.
erkin free. **erkinci** liberal.
ermek 1. /a/ to reach, arrive at, attain. 2. to arrive at maturity.
Ermeni Armenian.
eroin heroin.
ertelemek /ı/ to postpone.
ertem good manners.
ertesi the next, the following.
erzak, -kı provisions, stored food.
es (mus.) rest.
esans essence, perfume.
esaret, -ti slavery, captivity.
esas 1. foundation, base, basis. 2. true state. 3. fundamental, principle, essential. **esasen** 1. fundamentally, from the beginning. 2. anyhow. **esaslı** 1. real, true. 2. fundamental, main.
esef regret. **esef etmek** to be sorry.
eseme logic.
esen healthy. **esenlik** health, soundness.
eser 1. work, work of art, written work. 2. trace.
esin inspiration.
esinlenmek /dan/ to be inspired (by).
esinti breeze. **esintili** breezy.
esir 1. slave. 2. prisoner of war, captive. **esir düşmek** to be taken prisoner. **esirlik** captivity.
esirgemek /ı, dan/ 1. to spare, protect (from). 2. to grudge. **esirgeme** protection.

eski 1. old, ancient. 2. former. 3. old, worn out; secondhand. **eski püskü** old and tattered, castoff. **eskici** 1. secondhand dealer, itinerant junkman. 2. cobbler. **eskiden** formerly.

eskiçağı prehistoric period.

eskimek to wear out, get old.

eskitmek /ı/ to wear to pieces, use up.

eskiz preliminary sketch.

eskrim fencing.

esmek 1. to blow. 2. /a/ to come suddenly to mind.

esmer 1. brunet. 2. dark, brown.

esna interval, course, time. **esnasında** during, while, in the course of.

esnaf tradesmen, artisans; tradesman.

esnek 1. elastic. 2. ambiguous. **esneklik** elasticity.

esnemek 1. to yawn; to gape. 2. to stretch and recover shape. 3. to bend, give.

espri wit, clever remark, joke. **esprili** witty.

esrar 1. mystery. 2. secrets. **esrarlı** mysterious.

esrar hashish. **esrarkeş** hashish addict.

esrarengiz mysterious.

esrik drunk.

esrimek 1. to go into an ecstasy. 2. to get drunk.

estağfurullah 1. Don't mention it (said in reply to an expression of thanks). 2. Please don't say such a thing (said when someone either criticizes himself or praises you).

estetik esthetic.

esvap clothes; garment.

eş 1. one of a pair. 2. husband; wife. **eş dost** friends and acquaintances. **eşsiz** 1. unmatched, unique, peerless. 2. unpaired.

eşanlamlı synonymous.

eşarp scarf; stole.

eşcinsel homosexual.

eşdeğer equivalence. **eşdeğerli** equivalent.

eşek 1. donkey, ass. 2. perverse person. **eşek şakası** coarse practical joke. **eşekçe** coarsely. **eşeklik** folly; coarse behavior.

eşekarısı, -nı wasp, hornet.

eşelemek /ı/ to scratch and scrabble. 2. to investigate.

eşey sex. **eşeysel** sexual.

eşik 1. threshold. 2. bridge (of a stringed instrument).

eşit, -ti equal, match, the same. **eşitlik** equality. **eşitlemek** /ı/ to equalize.

eşkenar equilateral.

eşkıya brigand, bandit.

eşkin cantering.

eşlemek /ı/ to pair, match.

eşlik accompaniment. **eşlik etmek** to accompany.

eşmek /ı/ 1. to dig up slightly, scratch (the soil). 2. to investigate.

eşmerkezli concentric.

eşofman sweat suit.

eşsesli homonym.

eşya furniture; belongings; goods.

eşzamanlı synchronous.

et, -ti 1. flesh. 2. meat. 3. fleshy part of fruit. **et suyu** 1. meat broth. 2. gravy. **etli** 1. fleshy, plump. 2. made with meat.

etajer dresser; shelves, bookcase.

etamin coarse muslin.

etçil carnivorous.

etek 1. skirt (of a dress). 2. foot (of a mountain). **eteklik** skirt.

etene placenta.

etiket, -ti 1. label, ticket. 2. etiquette.

etken 1. agent, factor. 2. effective. 3. (gram.) active.

etki effect, influence. **etkili** effectual.

etkilemek /ı/ to influence.

etkin active. **etkinci** activist. **etkinlik** 1. effectiveness. 2. activity.

etmek, -der 1. to do, make. 2. to amount to; to be worth. 3. /ı, dan/ to deprive (of).

etmen factor.

etobur carnivorous.

etol, -lü (woman's) stole.

etraf sides; all sides, surroundings. **etrafında** around. **etraflı** detailed. **etraflıca** in detail.

ettirgen (gram.) causative.

etüt 1. research. 2. preliminary study. 3. study hall.

Etyopya Ethiopia.

ev 1. house. 2. home, household. **ev açmak** to set up housekeeping. **ev bark** household. **ev işi** housework. **ev kadını** housewife. **ev tutmak** to rent a house.

evcil domesticated, tame.

evcimen homebody, domestic.

evermek /ı/ to give in marriage (daughter); to marry off (son).

evet, -ti yes, certainly. **evet efendimci** yes man.

evgin urgent.

evham delusions, hallucinations.

evirmek /ı/ to change, alter, turn.

evlat 1. child; son, daughter. 2. children; descendants. **evlat edinmek** to adopt (a child). **evlatlık** 1. adopted child. 2. foster child.

evlendirmek /ı/ to marry off. **evlendirme dairesi** marriage office.

evlenmek to get married; /la/ to marry. **evlenme** marriage.

evli married.

evliya Muslim saint; saint-like person.

evrak, -kı documents, papers.

evre phase.

evren universe. **evrensel** universal.

evrim evolution. **evrimcilik** evolutionism.

evvel first; before, earlier, of old. **evvela** firstly, in the first place; to begin with. **evvelce** previously, formerly. **evvelden** beforehand, previously. **evvelki** 1. the former. 2. the (year, month, week, day) before last.

eyalet, -ti 1. province; state. 2. principality.

eyer saddle. **eyer vurmak** /a/ to saddle.

eylem 1. action. 2. operation. **eylemci** activist.

eylemek to make, do.

eylül September.

eytişim dialectics, dialectic.

eyvah Alas!

eyvallah 1. Thanks. 2. Good-by. 3. All right.

eza 1. torture, pain. 2. annoyance, vexation.

ezan call to prayer.

ezber 1. by heart. 2. memorization. **ezberden** by heart. **ezbere** without knowing. **ezbere bilmek** to know thoroughly. **ezbere konuşmak** to talk without knowledge.

ezberlemek /ı/ to learn by heart, memorize.

ezeli eternal.

ezgi 1. tune, note, melody. 2. style, tempo.

ezik 1. crushed. 2. bruised (fruit). 3. bruise.

ezilmek to be crushed.

ezinç pain, torment.

eziyet, -ti torment, cruelty, ill treatment, suffering. **eziyet çekmek** 1. to feel put upon. 2. to be tormented. 3. to experience great difficulty. **eziyet etmek** to torment. **eziyet vermek** to cause pain. **eziyetli** hard, painful, vexatious, tiring, trying.

ezmek /ı/ 1. to crush; to bruise. 2. to suppress. **ezici** crushing, overwhelming. **ezme** 1. crushed, pounded. 2. paste.

F

fa (mus.) fa.

faal, -li active.

faaliyet, -ti activity.

faanahtarı, -nı (mus.) bass clef.

fabrika factory, plant, works. **fabrikatör** factory owner, manufacturer.

facia 1. calamity. 2. drama, tragedy.

fagot (mus.) bassoon.

fahiş excessive, exorbitant.

fahişe harlot, prostitute.

fahri honorary (title, member); volunteer.

fail agent, author; perpetrator.

faiz interest. **faiz almak** to charge interest. **faizi işlemek** to yield interest. **faizle işletmek** to invest at interest. **faiz oranı** rate of interest. **faizci** usurer, moneylender. **faizli** at interest, interest-bearing. **faizsiz** free of interest.

fakat, -tı but, however.

fakir poor, needy; pauper. **fakir fukara** the poor.

fakülte college, school; faculty.

fal fortunetelling, soothsaying. **fal bakmak** to tell fortunes. **falcı** fortuneteller. **falcılık** fortunetelling.

falaka a staff with a loop of rope let through two holes by which the feet of a culprit are held up for the bastinado.

falan 1. so and so. 2. and so on. 3. and such.

fani transitory, perishable.

fanila 1. flannel undershirt. 2. flannel.

fantezi 1. fancy. 2. fantasia. 3. conceit. 4. distinctive-looking.

fanus 1. glass cover. 2. lamp glass.

far 1. headlight. 2. eye shadow.

faraş dustpan.

faraza supposing, let us suppose.

farazi hypothetical.

farbala furbelow.

fare 1. mouse. 2. brown rat.

farfara windbag; braggart. **farfaracı** braggart.

fark, -kı 1. difference. 2. discrimination. **fark etmek** 1. to notice, perceive. 2. to change. **fark gözetmek** to differentiate. **farkında olmak** to be aware (of). **farkına varmak** /ın/ to notice. **farklı** different.

Fars Persian.

farz 1. obligatory act. 2. supposition, hypothesis. **farz etmek** to suppose.

Fas Morocco.

fasa fiso nonsense, trash.

fasıl, -slı 1. chapter, section. 2. (mus.) a concert program all in the same makam.

fasıla interval; interruption.

fasih correct and clear, lucid, fluent.

fasikül fascicle.

fasulye beans, beans.

faşist, -ti fascist.

fatih conqueror.

fatiha the opening chapter of the Koran.

fatura invoice. **fatura kesmek** to make out an invoice.

favori 1. sideburns. 2. the favorite.

fayans wall tiling.

fayda profit; use; advantage. **faydalı** useful.

faydalanmak /dan/ to profit (by).

fayton phaeton.

faz phase.

fazilet, -ti virtue, goodness, grace; merit.

fazla 1. excessive, extra. 2. more (than). 3. too much. 4. a lot. **fazla gelmek** to be too much. **fazla olarak** besides. **fazlalık** excess; superabundance. **fazlasıyla** amply.

feci, -si tragic; painful; terrible.

fecir, -cri dawn.

feda sacrifice. **feda etmek** to sacrifice.

fedai 1. one ready to sacrifice his life. 2. bodyguard.

fedakâr self-sacrificing, devoted, loyal.

Federal Almanya Cumhuriyeti Federal Republic of Germany.

felaket, -ti disaster, calamity, catastrophe.

felç paralysis.

felek 1. firmament, heavens. 2. universe. 3. fate, destiny.

fellah fellah; Arab villager.

felsefe philosophy. **felsefe yapmak** to philosophize.

feminist, -ti feminist.

fen, -nni science; branch of science. **fenni** scientific, technical, expert.

fena 1. bad; evil. 2. ill, sick. 3. awful. **fena gitmek** to go badly. **fena halde** badly. **fena kalpli** wicked. **fena olmak** to feel bad; to feel faint. **fenaca** rather bad, somewhat bad.

fenalaşmak 1. to get worse, deteriorate. 2. to turn faint.

fenalık 1. badness. 2. injury. 3. fainting. **fenalık etmek** to harm. **fenalık geçirmek** to feel ill. **fenalık gelmek** to faint.

fener 1. lantern. 2. lighthouse. **fener alayı** torchlight procession. **fenerci** lighthouse keeper.

feragat, -ti 1. abnegation. 2. renunciation, cession, waiver; abdication.

ferah spacious, roomy. **ferah ferah** easily, abundantly, leisurely.

ferahlamak 1. to become spacious or airy; to clear up. 2. to become cheerful, feel relieved.

feribot, -tu ferryboat.

ferman 1. firman, imperial edict. 2. command.

fermejüp, -pü snap, fastener.

fermuar zipper, zip fastener.

fert person, individual; member.

feryat, -dı cry, scream. **feryat etmek** to cry for help.

fes fez.

fesat, -dı 1. disturbance, disorder. 2. sedition, treachery. 3. mischief-maker. **fesat çıkarmak** to plot mischief, conspire.

feshetmek /ı/ to abolish, cancel, annul, rescind.

fesih, -shi cancellation, dissolution, annulment.

fesleğen sweet basil.

festival, -li festival, season of entertainment.

fethetmek /ı/ to conquer.

fetih, -thi conquest.

fetva fatwa, opinion on a legal matter furnished by a mufti on application.

feveran a flaring up; rage. **feveran etmek** to boil over with anger.

fevkalade 1. extraordinary; exceedingly. 2. excellent.

feza space, outer space.

fıçı 1. barrel, cask. 2. tub.

fıkırdamak 1. to bubble. 2. to giggle.

fıkır fıkır 1. with a bubbling noise. 2. coquettish.

fıkırtı bubbling noise.

fıkra 1. anecdote; short column. 2. paragraph.

fındık hazelnut, filbert.

Fırat Euphrates River.

fırça brush. **fırça gibi** hard and coarse (hair).

fırçalamak /ı/ to brush.

fırdöndü swivel.

fırfır flounce.

fırıldak 1. weathercock. 2. spinning-top; whirligig. 3. ventilator.

fırın 1. oven; bakery. 2. kiln. 3. furnace. **fırıncı** baker.

fırınlamak /ı/ to dry in an oven or kiln.

fırlak protruding, sticking out.

fırlamak 1. to fly out; to leap up. 2. to rush. 3. to soar (price). 4. to protrude. **fırlama** a hurling, a throw.

fırlatmak /ı/ to hurl.

fırlayış 1. leap. 2. protruding.

fırsat, -tı opportunity, chance; occasion. **fırsat bulmak** to find an opportunity. **fırsat kollamak** to lie in wait for an opportunity. **fırsat vermek** /a/ to give an opportunity. **fırsatçı** opportunist.

fırt fırt continually.

fırtına storm, tempest, gale. **fırtınalı** stormy.

fısıldamak /ı/ to whisper.

fısıltı whisper.

fıskıye fountain, water jet.

fıslamak /ı, a/ 1. to whisper. 2. to impart secretly.

fıstık pistachio nut. **fıstık çamı** pine tree. **fıstıki** pistachio green, light green.

fışırdamak to make a splashing sound.

fışırtı splashing noise.

fışkı horse dung; manure.

fışkın shoot, sucker.

fışkırmak to gush out, spurt out, squirt forth, jet; spring up.

fıtık hernia, rupture. **fıtık olmak** to get irritated.

fiberglas fiberglass.

fidan 1. sapling, young tree. 2. plant. **fidanlık** (hort.) nursery.

fide seedling. **fidelik** nursery bed.

fidye ransom.

figan cry of distress. **figan etmek** to lament.

figür figure.

figüran walk-on; extra.

fiğ common vetch.

fihrist, -ti 1. table of contents; index. 2. catalogue, list.

fiil 1. act, deed. 2. verb. **fiilen** actually, really; in act; de facto.

Fiji Fiji.

fikir, -kri thought; idea; opinion; mind. **fikrini almak** to consult, ask someone's opinion. **fikri sabit** fixed idea. **fikir vermek** to give an idea (about). **fikir yürütmek** to put forward an idea, state one's opinion.

fil elephant.

filan so and so, et cetera.

filarmonik philharmonic.

fildişi, -ni ivory.

Fildişi Sahili Ivory Coast.

file 1. netting. 2. hair-net. 3. string bag.

fileto fillet, sirloin.

filigran watermark.

filika ship's boat.

Filipinler Philippines.

Filistin Palestine.

filiz young shoot; bud; tendril.

filizlenmek to shoot, sprout.

film film; movie. **filmini çekmek** 1. to film. 2. to X-ray. **film çevirmek** to film. **film makinesi** movie camera.

filo 1. fleet. 2. squadron.

filoloji philology.

filozof 1. philosopher. 2. philosophical (in character). **filozofça** philosophical.

filtre filter. **filtre kâğıdı** filter paper.

final, -li 1. final. 2. finale. **finale kalmak** (sports) to go on to the finals.

finanse etmek to finance.

finansman a financing.

fincan 1. coffee cup, tea cup. 2. porcelain insulator.

fingirdemek to behave coquettishly.

fink atmak 1. to flirt. 2. to be wild with joy.

Finlandiya Finland·

firar a running away, flight. **firar etmek** to run away.

firavun Pharaoh.

fire vermek 1. to dry up and shrink. 2. to be reduced by wastage.

firkete hairpin.

firma (com.) firm.

firuze 1. turquoise. 2. turquoise blue, azure.

fiske 1. flick, flip. 2. pinch. 3. pimple.

fiskos whispering; gossip.

fistül fistula.

fiş 1. plug. 2. counter. 3. card. 4. form. 5. chit.

fişek 1. cartridge. 2. rocket. 3. roll of coins. 4. fireworks. **fişeklik** cartridge belt; ammunition pouch.

fişlemek /i/ to make a card index (of).

fit, -ti instigation; incitement. **fit sokmak, fit vermek** /a/ to instigate, incite.

fitil 1. wick. 2. seton, tent. 3. fuse. 4. piping. 5. drunk.

fitlemek /i/ to instigate, incite.

fitne discord, strife. **fitneci** mischief-maker.

fitnelemek /i/ to criticize someone behind his back.

fiyasko fiasco, failure.

fiyat, -tı price.

fiyonk bow tie, bowknot.

fizik 1. physics. 2. physical. **fizik tedavisi** physical therapy.

fizikötesi, -ni metaphysics.

fizyoloji physiology.

flama signal flag; streamer, pennant.

flanel flannel.

flaş flash bulb.

floresan fluorescent.

florin florin, guilder.

floş floss silk.

flört, -tü flirt. **flört etmek** to flirt.

flurya greenfinch.

flüt flute. **flütçü** flutist.

fobi phobia.

fok, -ku seal.

fokurdamak to boil up, bubble noisily.

fokur fokur boiling up, bubbling noisily.

fokurtu bubbling noise.

folklor folklore.

fon 1. fund, asset. 2. background.

fonksiyon function.

forma 1. form. 2. folio; compositor's form. 3. colors (of a sport club). 4. uniform.

formalite 1. formality. 2. red tape.

formika formica.

formül formula.

fosfor phosphorus.

fosil fossil.

fosseptik septik tank.

foto photo.

fotoğraf photography, photograph. **fotoğraf çekmek** to take a picture. **fotoğraf makinesi** camera. **fotoğrafçı** photographer; cameraman.

fötr felt.

frak swallow-tail coat.

francala fine white bread; roll.
frank franc.
Fransa France.
frekans frequency.
fren brake. **frenlemek** /i/ to brake.
frengi syphilis.
Frenk, -gi European.
fresk, -ki fresco; wall-painting.
fuar fair, exposition.
fuhuş, -hşu prostitution.
Fujaira Fujaira.
fukara poor; pauper. **fukaralık** poverty, pauperism.
fulya jonquil.
funda heath, heather.
furgon freight car.
futbol, -lu soccer, football. **futbol takımı** soccer team.
fuzuli inappropriate; excessive; unnecessarily.
füze rocket.

G

Gabon Gabon.
gacır gucur with a creaking noise, gratingly.
gaddar cruel, tyrannical.
gaf faux pas, blunder, gaffe. **gaf yapmak** to blunder.
gafil unaware. **gafil avlamak** to catch unawares.
gaflet, -ti carelessness, heedlessness.
gaga beak, bill. **gaga burun** aquiline; hooknose.
gagalamak /i/ 1. to peck. 2. to scorn.
gaile anxiety, trouble, worry, difficulty.
Gal, -li Wales.
gala 1. gala, festivity. 2. state dinner.
galeri 1. art gallery. 2. (mining) working drift.
galeta small dry bread, biscuit, rusk.
galeyan rage, agitation, excitement. **galeyana gelmek** to be agitated.
galiba probably, presumably.
galip victorious; victor. **galibiyet** victory.
galon gallon.
galvanizlemek /i/ to galvanize.
gam 1. grief, anxiety, worry. 2. gloom. **gamlı** grieved, sorrowing.
gam (mus.) scale.
Gambiya the Gambia.
gambot, -tu gunboat.
gamlanmak to grow sad.
gamma gamma. **gamma ışınları** gamma rays.

gammaz tell-tale, informer, sneak.
gammazlamak /i, a/ to inform (against).
gamze dimple.
Gana Ghana.
gangster gangster.
ganimet, -ti spoil, booty, loot.
ganyan the winner (horse); winning ticket.
gar large railway station.
garaj garage.
garanti guaranty, guarantee. **garantili** 1. guaranteed. 2. sure, certain.
garantilemek /i/ to guarantee.
garaz grudge, resentment, malice. **garaz bağlamak** /a/ to cherish a grudge.
gardirop 1. cloakroom. 2. wardrobe.
gardiyan prison guard.
gargara gargle. **gargara yapmak** to gargle.
garip 1. strange, peculiar. 2. stranger, destitute, lonely. **garibine gitmek** to appear strange (to).
garipsemek 1. to feel lonely and homesick. 2. /i/ to find strange.
garnitür garnish.
garnizon garrison; garrison town.
garp west.
garson waiter.
garsoniyer bachelor's establishment.
gasıp, -spı 1. seizure by violence. 2. wrongful seizure.
gaspetmek /i/ to seize by violence; to usurp.
gâvur 1. giaour, infidel, non-Muslim. 2. godless, cruel.
gayda bagpipe.
gaye aim, object, end.
gayet /i/ very, extremely, greatly.
gayret, -ti 1. energy, effort. 2. zeal, ardor. **gayret etmek** to endeavor. **gayrete gelmek** to get into a working spirit. **gayret vermek** to encourage.
gayri /dan/ other than, besides, apart from. **gayri menkul** immovable; real estate, immovable property. **gayri meşru** illegitimate, unlawful; illicit. **gayri resmi** unofficial; informal. **gayri safi** gross.
gaz 1. kerosene. 2. gas. **gaza basmak** to step on the gas, accelerate.
gazap wrath. **gazaba gelmek** to get angry.
gaz bezi gauze.
gazete newspaper, daily paper. **gazeteci** 1. journalist. 2. seller of newspapers. **gazetecilik** journalism.
gazhane gasworks.
gazi ghazi, war veteran.
gazino café, casino.
gazlamak /i/ 1. to smear with kerosene. 2. to

249 .

accelerate (automobile).

gazoz sweetened carbonated water.

gazölçer gas meter.

gazyağı, -nı kerosene.

gebe pregnant, expectant. gebe kalmak to become pregnant (by).

gebermek to die (used contemptuously).

gebertmek /ı/ to kill off.

gece 1. night. 2. at night; last night; tonight. gece gündüz day and night, continuously. gece kalmak to stay for the night. gece yarısı midnight. gece yatısı overnight visit.

gececi working on the night shift.

gecekondu house built without acquiring land rights; squatter's shack.

gecelemek to spend the night.

geceleyin by night.

gecelik 1. pertaining to the night. 2. nightdress. 3. fee for the night.

gecesefası, -nı morning-glory.

gecikmek to be late, be delayed. gecikme delay.

geciktirmek /ı/ to delay.

geç late, delayed. geç kalmak to be late.

geçen temporary, transitory.

geçen past, last. geçen gün the other day. geçen sefer last time. geçenlerde lately, recently.

geçer current, in circulation, in common use. geçerlik validity; currency. geçersiz invalid.

geçici 1. passing, temporary, transitory. 2. contagious.

geçim 1. livelihood, living. 2. compatibility. geçim yolu means of subsistence. geçimli easy to get on with. geçimsiz difficult, quarrelsome.

geçindirmek /ı/ to make enough to live on, support (a person).

geçinmek 1. /la/ to get along (with), live (on). 2. /la/ to get on well (with). 3. to pretend to be. geçinip gitmek to manage to live. geçinim, geçinme subsistence.

geçirmek 1. /ı, a/ to infect. 2. /ı, a/ to slip on, fit, enter. 3. /ı/ to pass, undergo, get over.

geçiş 1. transition. 2. (mus.) transposition. geçişli (gram.) transitive. geçişsiz (gram.) intransitive.

geçiştirmek /ı/ to pass over (a matter) lightly.

geçit passage; mountain pass; ford. geçit töreni parade.

geçkin 1. elderly, past the prime of youth. 2. /ı/ past.

geçme 1. that fits into or onto something else. 2. tenon.

geçmek 1. to pass; /dan, a/ to inherit; to transmit. 2. to exceed. 3. /dan/ to undergo.

4. /a/ to move (to, into). 5. to expire, spoil. 6. to occur, happen. 7. /dan/ to cross.

geçmiş past; overripe. Geçmiş olsun! May you recover soon!

gedik 1. breach, gap. 2. mountain pass.

gedikli 1. regular guest. 2. regular N.C.O. 3. gapping; chipped.

geğirmek to belch, burp.

gelecek coming, next; future.

gelenek tradition. geleneksel traditional.

gelgit, -ti the tides.

gelin 1. bride. 2. daughter-in-law.

gelincik 1. poppy. 2. weasel. 3. cod.

gelinlik wedding dress.

gelir income; revenue; rent. gelir gider income and expense. gelir vergisi income tax.

geliş coming.

gelişigüzel by chance, at random.

gelişim, gelişme development, progress.

gelişmek to grow up; to mature; to develop.

geliştirmek /ı/ 1. to advance, improve. 2. to improvise.

gelmek, -ir 1. /dan, a/ to come (from, to); to get; to arrive; to proceed (from); to occur to. 2. /a/ to fit, suit; to bear. 3. /a/ to seem. 4. /a/ to cost. 5. /dan/ to pretend.

gem bit (of a bridle). gemi azıya almak to get out of control, bolt. gem vurmak to restrain. gemi ship, vessel, boat. gemici sailor, mariner.

gen gene.

genç young, youthful. gençlik 1. youth. 2. the young, younger generation.

gençleşmek to become youthful.

gene again.

genel general. genel olarak in general. genellikle generally.

genelev brothel.

genelge circular, notice.

genelkurmay General Staff.

genellemek /ı/ to generalize.

genel, -li (mil.) general.

geniş 1. wide, spacious, extensive. 2. carefree. geniş ölçüde on a vast scale. geniş zaman simple present tense. genişlik wideness, width; extensiveness.

genişlemek to widen, expand; to ease up.

geniz, -nzi nasal passage. genize kaçmak to go down the wrong way (food).

gensoru general questioning in parliament.

geometri geometry. geometrik geometrical.

gerçek 1. real, true, genuine. 2. truth. gerçekçi realist; realistic. gerçekçilik realism. gerçekten in fact.

gerçekleşmek to become true, materialize.

gerçeklik reality.

gerçi although, though.
gerdan 1. neck, throat. 2. front of the neck; double chin. 3. chuck. **gerdanlık** necklace, neckband.
gereç requisite. **gereçler** supplies.
gerek 1. whether... or... 2. both... and.
gerek necessary, needed, required. **gereksiz** unnecessary.
gerekçe reason, justification.
gerekirci determinist, deterministic.
gerekli deterministic.
gerekmek to be necessary; to be lacking.
gereksemek, gereksinmek /ı/ to consider necessary, feel the necessity (of).
gergedan rhinoceros.
gergef embroidery frame.
gergi instrument for stretching, stretcher.
gergin stretched, taut, tight; tense; strained.
gerginleşmek to become taut, become tense.
geri 1. back, backward, toward the rear, behind. 2. rear. 3. slow (clock); undeveloped. **geri almak** 1. /ı/ to back up; to take back; to recover. 2. to recall. **geri dönmek, geri gelmek** to come back, return. **geri kalmak** 1. to stay behind, remain behind. 2. to be slow (clock). **geriden** from behind. **geriye** back, backward.
gerici reactionary. **gericilik** reaction.
gerilemek 1. to move backward; to recede. 2. to worsen. **gerileme** retrogression; regression.
gerilim, gerilme tension.
gerilla guerrilla.
gerinmek to stretch oneself.
germek /ı/ to stretch, tighten.
getirmek /ı, a/ to bring.
getirtmek /ı, a/ 1. to send for 2. /ı, dan/ to order.
gevelemek /ı/ 1. to mumble. 2. to hem and haw.
geveze 1. talkative, babbler. 2. indiscreet.
gevezelik gossip. **gevezelik etmek** 1. to babble. 2. to be indiscreet, blab.
geviş rumination. **geviş getirmek** to ruminate.
gevrek 1. crisp, brittle, crackly. 2. dry toast.
gevşek 1. loose, lax. 2. feeble, lacking in zeal.
gevşemek 1. to become loose, slack, lax. 2. to grow feeble, slacken, diminish.
gevşetmek /ı/ to loosen.
geyik deer, stag, hart.
gezdirmek 1. /ı/ to show around. 2. to sprinkle.
gezegen planet.
gezgin widely traveled.
gezi 1. excursion, outing. 2. promenade.
gezici itinerant. **gezici esnaf** peddler; hawker.
gezinmek to wander about.
gezinti walk, stroll, pleasure trip, outing.

gezmek 1. to walk about, wander; to go places. 2. /ı/ to travel, visit, inspect.
gıcık tickling sensation in the throat.
gıcırdamak to creak.
gıda food; nourishment, diet; nutriment.
gıdıklamak to cackle.
gıdıklamak /ı/ to tickle.
gıdıklanmak to have a tickling sensation; to be tickled.
gıpta envy without malice. **gıpta etmek** to envy.
gırtlak larynx, throat.
gıyaben 1. by name only. 2. by default.
gıyabi in absentia.
gibi 1. like. 2. almost, nearly, somewhat. **gibisine gelmek** to seem.
gideğen outlet (of a lake).
gider expenses, expenditure.
giderayak at the last moment.
giderek gradually.
giderici remover.
gidermek /ı/ to remove, make disappear, cause to cease.
gidiş 1. departure. 2. going.
gidişgeliş 1. round trip. 2. traffic.
Gine Guinea.
Gine-Bissau Guinea-Bissau.
girdap whirlpool.
girdi input.
girgin coaxing, wheedling; pushing, bold.
girift, -ti involved, intricate.
girinti recess, indentation. **girintili** indented. **girintili çıkıntılı** wavy, zigzag.
giriş 1. entry, entrance. 2. introduction.
girişik intricate; complex.
girişim attempt, initiative.
girişken enterprising, pushing.
girişmek /a/ 1. to meddle, interfere. 2. to attempt.
Girit, -di Crete.
girmek /a/ 1. to come in, enter, go (in, into), get (into). 2. to join. 3. to begin.
gişe cashier's desk, ticket window, booking office.
gitar guitar.
gitgide as time goes on.
gitmek, -der 1. /dan, a/ to go, leave. 2. to go away, be lost; to die. 3. /a/ to suit. 4. to last. 5. to continue. 6. to go.
gittikçe as time goes on, increasingly.
giydirmek /ı/ to dress, clothe (someone).
giyecek clothes, wearing apparel.
giyim clothing, dress, attire. **giyimli** dressed.
giyinmek 1. to dress oneself. 2. /ı/ to put on.
giyinip kuşanmak to dress oneself up, put on one's best clothes.

giymek /ı/ to put on, wear.

giyotin guillotine; paper knife.

giysi clothing, garment.

giz secret.

gizem mystery. **gizemci** mystic.

gizli 1. potential, latent. 2. virtual.

gizlemek /ı, dan/ to hide, conceal. **gizleme** camouflage.

gizli hidden, secret, confidential. **gizli celse** secret session. **gizli gizli** secretly. **gizli kapaklı** clandestine. **gizli tutmak** /ı/ to hide, keep secret. **gizlice** secretly. **gizlilik** secrecy, stealth.

glikoz glucose.

gliserin glycerine, glycerol.

goblen Gobelin tapestry.

gocuk sheepskin cloak.

gocunmak /dan/ to take offense (at).

gol, -lü goal. **gol atmak** to score a goal, kick a goal. **gol yemek** to have a goal scored against.

golf golf. **golf pantolon** plus fours.

gonca bud.

gondol, -lü gondola.

goril gorilla.

gotik Gothic.

göbek 1. navel; umbilical cord. 2. paunch. 3. central part, center, heart. 4. generation. **göbek bağlamak** to have a stomach on one, be getting paunchy.

göbeklenmek 1. to become paunchy. 2. to develop a heart (vegetable).

göç, -çü migration, change of abode. **göç etmek** to migrate.

göçebe nomadic, migratory, migrating, wandering.

göçmek 1. /a/ to migrate. 2. to fall down, cave in.

göçmen immigrant, settler.

göğüs, -ğsü 1. chest, breast; bosom. 2. forward part. **göğüs germek** to face. **göğsü kabarmak** to be proud.

gök sky, firmament, heaven. **göklere çıkarmak** to praise to the skies. **gök gürlemek** to thunder.

gök blue, sky blue, azure; green. **gökçe** bluish, blue-green. **gökçül** bluish.

gökbilim astronomy.

gökcismi, -ni celestial body.

gökdelen skyscraper.

gökkuşağı, -nı rainbow.

göktaşı, -nı meteor, meteorite.

gökyüzü, -nü firmament.

göl lake.

gölcük small lake, pond.

gölek pond, puddle.

gölge shadow, shade; shading. **gölgede bırakmak** to put in the shade, surpass. **gölge etmek** to shade, cast a shadow. **gölgede kalmak** to keep in the background. **gölge oyunu** shadow play. **gölgeli** shadowy, shady; shaded. **gölgelik** shady spot; arbor, bower.

gölgelemek /ı/ 1. to put in the shade. 2. to overshadow. 3. (art) to shade in.

gömlek 1. shirt; chemise, smock. 2. (doctor's) white coat. 3. cover, case. 4. degree, shade (of color). 5. generation.

gömmek /ı, a/ to bury; to inter. **gömme** 1. burial. 2. buried; embedded; set in, inlaid.

gömülü 1. buried. 2. sunk; grown (into).

gömü buried treasure.

gömülmek 1. to be buried. 2. /a/ to sink deeply.

gömüt grave, tomb.

gönder pole, staff.

göndermek 1. /ı, a/ to send, dispatch. 2. /ı/ to send away. **gönderen** sender.

gönenç prosperity.

gönül, -nlü 1. heart; mind. 2. inclination. **gönül almak, gönlünü almak** to please, restore relations. **gönül bağlamak** to set one's heart (upon). **gönlü bulanmak** 1. to feel sick. 2. to feel suspicious. **gönül eğlencesi** toy of love. **gönlünü etmek, gönlünü yapmak** 1. to obtain the consent (of). 2. to please. **gönlüne göre** according to one's heart's desire. **gönül hoşluğu ile** willingly. **gönlü olmak** 1. to agree (to). 2. to be in love (with). **gönül vermek** to give one's heart (to). **gönülden** heartfelt. **gönlünce** to his heart's content.

gönüllü 1. volunteer. 2. willing. **gönülsüz** 1. humble, modest. 2. unwilling.

gönye square, try square.

göre /a/ 1. according to. 2. relative. **göreli** relative. **görelik** relativity.

görev duty; function. **görevli** charged.

görevlendirmek /ı, la/ to charge, entrust.

görgü 1. experience. 2. good manners. **görgü tanığı** eyewitness. **görgülü** 1. experienced. 2. of good manners. **görgüsüz** 1. inexperienced. 2. without manners. **görgüsüzlük** 1. inexperience. 2. unmannerliness.

görkem pomp, splendor. **görkemli** majestic, splendid.

görmek, -ür /ı/ 1. to see. 2. to notice, consider. 3. to visit. 4. to experience. 5. to do. **görmüş geçirmiş** experienced. **görme** sight, vision.

görmez unseeing, blind. **görmezlik** a pretending not to see. **görmezlikten gelmek** to pretend not to see.

görücü woman sent to find a prospective

bride.

görüm sight, eyesight.

görümce husband's sister.

görünmek /a/ 1. to show oneself (to), appear. 2. to seem.

görünmez invisible.

görüntü 1. phantom, specter. 2. image.

görünüm appearance.

görünürde in appearance; in sight.

görünüş appearance, sight, spectacle; external view; aspect. **görünüşte** apparently, as far as can be seen.

görüş 1. sight. 2. opinion. **görüş açısı** point of view.

görüşmek 1. /la/ to meet; to converse, have relations (with). 2. /ı/ to discuss. **görüşme** interview; negotiation; meeting.

görüştürmek /ı, la/ to arrange a meeting (for).

gösterge 1. indicator. 2. chart.

gösteri demonstration, manifestation, show.

gösteriş show, demonstration; striking appearance. **gösteriş yapmak** 1. to make an ostentatious display. 2. to make a demonstration. **gösterişli** of striking appearance.

göstermek 1. /ı/ to show, indicate; to demonstrate. 2. /ı, a/ to expose. 3. to appear.

göstermelik sample, specimen, showpiece.

göt, -tü (coarse) bottom; buttocks, backside.

götürmek /ı/ to take away. 2. /ı, a/ to lead.

götürü in the lump, by contract. **götürü çalışmak** to do piecework. **götürü iş** jobwork, piece-work.

götürüm endurance. **götürümlü** enduring, supporting.

gövde body, trunk, stem. **gövdeye indirmek** to gulp down. **gövde gösterisi** demonstration of strength. **gövdeli** stout, corpulent, husky.

gövermek 1. to turn green. 2. to turn blue.

göz 1. eye. 2. evil eye. 3. drawer; cell, pore. **gözlerini açmak** to wake up. **gözünü açmak** to open a person's eyes, undeceive. **gözü açık** wide awake. **gözü açılmak** to become shrewd. **göz açtırmamak** to give no respite (to). **göz almak** to dazzle. **göze almak** to venture. **göz alıcı** eye-catching. **göz atmak** to glance (at). **Gözün aydın!** **Gözünüz aydın!** Congratulations! **göz ayırmamak** not to take one's eyes off. **gözünü bağlamak** to blindfold. **göze batmak** to be conspicuous. **göz boncuğu** bead for averting the evil eye. **göz boyamak** to throw dust in someone's eyes. **göze çarpmak** to strike or catch the eye. **gözü dalmak** to gaze vacantly. **göz damlası** eye drops. **göz dikmek** to covet. **göz doymak** to become

satisfied. **gözünü dört açmak** to be all eyes. **gözden düşmek** to fall into disfavor. **göz etmek** to wink (at). **gözden geçirmek** to scrutinize, look over. **göze girmek** to curry favor. **göze gelmek** to catch someone's eye. **gözden kaçmak** to be overlooked. **gözü kalmak** to long for. **göz kamaştırıcı** brilliant. **göz karan** visual estimation, conjecture. **gözden kaybolmak** to be lost to sight. **gözüne kestirmek** 1. to have one's eye on something. 2. to feel oneself capable (of). **göz kırpmak** to wink, blink, twinkle; (physiol.) to nictate. **göz korkmak** /dan/ to go in fear. **göz önünde** in front of one's eyes. **göz süzmek** /a/ to regard coquettishly. **gözü tutmak** /ı/ to consider fit. **göz yaşı** tear. **gözü yaşarmak** (for the eyes) to water. **göz yummak** to connive (at). **göz yuvarlağı** eyeball. **gözde** in favor, much liked.

gözakı, -nı the white of the eye.

gözaltı, -nı 1. house arrest. 2. arrest. **gözaltına almak** /ı/ 1. to place under house arrest. 2. to arrest.

gözbebeği, -ni 1. pupil of the eye. 2. apple of the eye.

gözcü 1. watchman, scout. 2. oculist.

gözdağı, -nı intimidation.

gözde favorite (woman).

göze 1. cell. 2. spring, source.

gözenek stoma, pore.

gözerimi 1. horizon. 2. wink.

gözetlemek /ı/ to observe secretly, peep. **gözetleme** observation. **gözetleyici** observer, lookout.

gözetmek /ı/ 1. to look after, guard. 2. to consider, observe. **gözetim** supervision. **gözetme** taking care, guarding, protection.

gözkapağı, -nı eyelid.

gözlem observation.

gözleme 1. observation. 2. pancake.

gözlemek /ı/ to watch (for), wait (for). **gözleyici** observer.

gözlemevi, -ni observatory.

gözlük glasses, spectacles, eyeglasses. **gözlükçü** optician, maker or seller of eyeglasses. **gözlüklü** 1. wearing glasses. 2. hooded, spectacled.

gözükmek to be seen; to show oneself.

grafik 1. graphics, graph; diagram. 2. graphic.

grafit, -ti graphite, black lead, plumbago.

gram gram.

gramer grammar.

gramofon phonograph.

granit, -ti granite.

granül granule.

gravür engraving. gravürcü engraver.

gravyer Gruyère.

gres lubricating grease.

grev strike (of workers). grev yapmak to strike, be on strike. grevci striker.

greyder bulldozer.

greyfrut, -tu grapefruit.

gri gray.

grip influenza, grippe, flu.

grizu firedamp, pit gas.

grogren coarse-grained material, grosgrain.

gros gross.

Grönad Grenada.

grup group; section. grup grup in groups. grup halinde grouped, in groups.

gruplaşmak 1. to be grouped. 2. to form groups.

Guatemala Guatemala.

guatr goiter, goitre.

gudde gland.

guguk cuckoo. guguklu saat cuckoo clock.

gurbet 1. foreign land. 2. living far from one's home. gurbet çekmek to be homesick. gurbete gitmek to take to the road.

gurlamak to emit a hollow rumbling sound.

guruldamak to rumble.

gurultu rumbling noise.

gurup sunset; sundown.

gurur pride, vanity, conceit. gururunu okşamak to play on someone's pride. gururlu conceited, vain, haughty.

gururlanmak to feel proud (of), take pride (in).

gut gout.

gübre dung, manure, fertilizer, droppings.

gübrelemek /i/ to manure.

gücendirmek /i/ to offend, hurt, vex, anger.

gücenik offended, hurt, vexed, angry.

gücenmek 1. to be offended. 2. /a/ to be angry with.

gücü weaver's reed.

güç strength, force; violence; power. gücü yetmek to be able (to), have the force (of). güç difficulty; difficulty. güçüne gitmek to be offended. güçlü strong, powerful. güçsüz weak, feeble. güçsüzlük weakness.

güçbela with great difficulty.

güçleşmek to grow difficult.

güçlük difficulty, trouble, pain. güçlük çekmek to experience difficulties. güçlük çıkarmak, güçlük göstermek to make difficulties (for).

güderi chamois leather, deerskin; parchment.

güdmek drive, push; incentive, motive.

güdük 1. incomplete, deficient. 2. docked. 3. squut.

güdüm driving, management, guidance.

güdümlü controlled, directed. güdümlü mermi guided missile.

güfte text for music.

güğüm copper jug with handle, spout and lid.

güherçile saltpeter, potassium nitrate.

gül 1. rose. 2. rose-shaped. gül gibi geçinmek to get along very well.

güldürmek /i/ to cause to laugh, amuse.

güldürü farce.

güleç smiling, merry.

güler always laughing. güler yüz smiling, cheerful face. güler yüz göstermek to be friendly (to).

gülkurusu, -nu dirty pink.

güllaç sweet made from wafers, nuts and syrup.

gülle 1. canon ball. 2. weight.

gülmek to laugh. Güle güle! Good-bye.

gülsuyu, -nu rose water.

gülücük (nursery) smile. gülücük yapmak to smile.

gülümsemek to smile; /a/ to smile (at).

gülünç ridiculous, laughable. gülünçlü comical.

gülüş manner of laughing, laughter.

gülüşmek to laugh together.

gülyağı, -nı attar of roses.

güm hollow or booming sound. güme gitmek 1. to be lost in a confusion. 2. to be a victim.

gümbedek with a rumbling noise, suddenly.

gümbürdemek to boom, thunder, reverberate.

gümbürtü a booming.

gümeç cell of a honeycomb.

gümlemek 1. to emit a hollow sound. 2. to die.

gümrük 1. tariff. 2. custom house, customs. gümrük almak to collect duty (on). gümrükten geçirmek to clear (something) through customs. gümrük kaçakçısı smuggler. Gümrük ve Tekel Bakanlığı the Ministry of Customs and Monopolies. gümrüksüz duty-free.

gümüş 1. silver. 2. silvery. gümüş ayarı silver carat.

gümüşbalığı, -nı sand smelt.

gümüşi silver-gray.

gümüşlemek /i/ to silver-plate.

gün 1. day; daytime. 2. a lady's at-home day. 3. time; period. 4. feast day. günlerce for days. gününde in its day. gün ağarması daybreak. gün batması sunset, sundown. günün birinde one day. günlerden bir gün once upon a time. gün doğmak to dawn. gün görmek to live prosperously. günü gününe punctually, to the day. gün-tün

eşitliği equinox.

günah 1. sin. 2. Shame! **günahını almak** to accuse wrongly of. **günah çıkarmak** to confess. **günaha girmek** to sin. **günah işlemek** to commit a sin. **günahkâr** sinner, wrongdoer; culpable; impious. **günahlı** sinful.

günaşırı every other day.

Günaydın! Good morning!

günbatısı west; west wind.

gündelik 1. daily. 2. day's wages, daily fee. **gündelikçi** day laborer. **gündelikçi kadın** hired woman.

gündem agenda. **gündeme almak** to put on the agenda.

gündoğrusu, -nu, gündoğusu, -nu east; easterly wind.

gündönümü, -nü equinox.

gündüz daytime; by day, in or by daylight. **gündüzün** during the day, by day.

gündüzlü day student.

güneş sun, sunshine. **güneş açmak** to become sunny. **güneş batmak** to set, go down. **güneş çarpması** sunstroke. **güneş doğmak** to rise (sun). **güneş görmek** to be light and sunny. **güneş gözlüğü** sunglasses. **güneş saati** sundial. **güneş sistemi** solar system. **güneş tutulması** solar eclipse. **güneş vurmak** /a/ 1. to cause sunstroke. 2. to shine (on a place), hit. **güneşlik** 1. sunny place. 2. sunshade.

güneşlenmek 1. to sunbathe. 2. to be spread in the sun to dry.

güney south; southern.

Güney Afrika Cumhuriyeti Republic of South Africa.

günlük 1. daily; usual. 2. for or since so many days. 3. diary. **günlük güneşlik** sunny. **günlük iş** day's work.

günlük, günnük incense.

günübirlik confined to the day. **günübirliğine gitmek** to make a day visit.

güpegündüz in broad daylight.

gür abundant, dense, thick, rank. **gürlük** abundance, luxuriance, fullness.

gürbüz sturdy, robust, healthy.

gürel dynamic.

güreş wrestling, wrestling match, fight. **güreş etmek** to wrestle. **güreşçi** wrestler.

güreşmek to wrestle.

gürgen hornbeam, horn beech.

gürlemek to make a loud noise; to thunder.

gürüh gang, band, group, flock.

gürüldemek to make a loud, thundering noise.

gürül gürül bubbling, gurgling.

gürültü 1. noise. 2. trouble, confusion. **gürültü çıkarmak** to cause trouble or a disturbance.

gürültü patırtı noise, trouble. **gürültü yapmak** to make a noise.

gütmek 1. to drive; to watch over; to pasture; to follow. 2. to aim. 3. to cherish, nourish.

güve clothes moth.

güveç 1. earthenware cooking pot, casserole. 2. stew.

güven trust, reliance, confidence. **güveni olmak** to have confidence (in).

güvence guarantee.

güvenç trust, confidence, reliance.

güvenlik security.

güvenmek /a/ to trust (in), rely (on). **güvenilir** reliable, safe.

güvenoyu, -nu vote of confidence.

güvercin pigeon, rock dove.

güverte deck.

güvey bridegroom; son-in-law.

güya as though, as if.

Güyan Guyana.

güz autumn, fall.

güzel 1. beautiful, pretty, good, nice, fine, graceful; beauty. 2. Well! All right! **güzel güzel** calmly. **güzel sanatlar** fine arts. **güzelce** 1. pretty, fair. 2. thoroughly.

güzellik beauty, prettiness, goodness. **güzellikle** gently.

güzide distinguished, select, outstanding; choice.

H

ha hey! O! **Ha gayret!** Come on!

haber news, information, message; rumor. **haber almak** to receive information. **haber göndermek** to send news. **haberi olmak** to be informed (of). **haber vermek** /a/ to inform.

haberdar informed. **haberdar etmek** /ı/ to inform.

haberleşmek /la/ to correspond, communicate.

Habeşistan Abyssinia, Ethiopia.

haç, -cı pilgrimage to Mecca. **hacca gitmek** to go on a pilgrimage to Mecca.

hacet, -ti need, necessity; a want of nature.

hacı pilgrim, hadji.

hacıyatmaz tumbler (toy).

hacim, -cmi volume, bulk, size.

haciz, -czi distraint, sequestration, seizure. **haciz koymak** /a/ to sequestrate.

haç, -ı the cross.

had, -ddi 1. limit, boundary; end, point,

2. degree, term. **haddini bilmek** to know one's place. **haddini bilmez** impertinent.

hademe servant (in public buildings).

hadım eunuch. **hadım etmek** /ı/ to castrate.

hadise event, incident, occurrence.

hafız 1. one who has memorized the Quran. 2. fool.

hafıza memory.

hafif 1. light in weight. 2. slight. 3. flighty, amoral. **hafif tertip** lightly, slightly. **hafiflik** 1. lightness. 2. relief. 3. flightiness.

hafiflemek 1. to become less. 2. to be relieved.

hafifmeşrep flighty, frivolous; loose.

hafifsemek /ı/ to take lightly.

hafriyat, -tı excavation.

hafta week. **haftalarca** for weeks. **haftaya** in a week's time. **hafta arasında** during the week. **hafta sonu, hafta tatili** weekend.

haftalık 1. weekly. 2. weekly wages. 3. a weekly. **haftalıkçı, haftalıklı** workman paid by the week.

haham rabbi.

hain 1. treacherous, traitor. 2. ungrateful. **hainlik** treachery, perfidy.

Haiti Haiti.

hak, -kkı 1. the right; justice; law; just. 2. a right; due, remuneration. 3. truth; true. **hakkını aramak** to insist on one's rights. **hak etmek** /ı/ to deserve. **hakkından gelmek** to manage successfully. **hak kazanmak** 1. to deserve. 2. to be justified. **hak vermek** /a/ to acknowledge to be right. **hakkını vermek** to give one one's due. **hakkını yemek** to cheat. **haklı** right, just; rightful, legitimate. **haksız** unjust, unjustifiable.

hakan khan, sultan; emperor. **hakanlık** emperorship.

hakaret, -ti insult, contempt. **hakaret etmek** /a/ to insult.

hakem referee, umpire; arbitrator.

hakikat, -ti 1. truth; fact. 2. sincerity, loyalty. **hakikatli** faithful, true; loyal. **hakikaten** in truth, in reality.

hakiki 1. true, real; genuine. 2. sincere, unfeigned.

hâkim 1. ruler; dominating. 2. judge. **hâkim olmak** to dominate. **hâkimlik** judgeship; rulership.

hâkimiyet, -ti sovereignty; domination, rule.

hakir 1. insignificant, small. 2. mean. **hakir görmek** /ı/ to despise, hold in contempt.

hakkâk, -kı engraver.

hakketmek /ı, a/ to engrave, incise.

hakkında about; for; concerning, regarding.

hakkıyla properly, rightfully; thoroughly.

haklamak /ı/ 1. to beat, overcome, suppress. 2. to eat up.

haksızlık injustice, wrongfulness. **haksızlık etmek** to act unjustly; to do injustice (to).

hal, -li 1. state, condition, situation. 2. strength, energy. 3. quality; behavior. **haliyle** as a matter of fact. **halden anlamak** to sympathize. **hali olmamak** not to have enough strength. **halsiz** weak, exhausted. **halsizlik** weakness.

hal, -li 1. solution. 2. a melting.

hal, -li large covered fruit and vegetable market, wholesale market.

hala paternal aunt, father's sister.

hâlâ yet, still.

halat, -tı rope, hawser.

halay a folk dance.

halayık female slave, female servant.

halbuki whereas; however, nevertheless.

hale halo (round the moon).

halef successor; descendant, son.

halel injury, defect, damage, harm. **halel getirmek, halel vermek** /a/ to injure, spoil.

halen now, at the present time.

halı carpet, rug.

Haliç the Golden Horn.

halife Caliph.

halis pure, genuine.

halk, -kı the common people; folk; crowd. **halk ağzı** vernacular, colloquial language. **halk oyunu** folk dance. **halkçı** one who stands for the rights of the people, democrat, populist.

halka 1. ring; circle; flange. 2. ring-shaped biscuit. **halka olmak** to form a circle. **halkalı** furnished with rings, linked in coils.

halkbilgisi, -ni folklore.

hallaç cotton or wool fluffer who works with bow and mallet.

halletmek /ı/ 1. to solve; to settle; to explain; to analyze. 2. to dissolve.

halt, -tı improper act; stupid utterance. **halt etmek** to say something improper or provoking, talk utter nonsense. **halt karıştırmak, halt yemek** to make a great blunder.

halter dumbbell, barbell.

ham 1. unripe, immature. 2. raw, crude.

hamlık 1. unripeness, immaturity, crudeness. 2. inexperience.

hamak hammock.

hamal porter, carrier; stevedore.

hamam bath; public bath; Turkish bath. **hamam gibi** very hot.

hamamböceği, -ni cockroach.

hamarat, -tı hard-working, industrious (woman).

hamil bearer. **hamiline** (pay) to bearer.
hamile pregnant. **hamile kalmak** to become pregnant.
hamlaç blowpipe.
hamlaşmak to get out of condition.
hamle 1. attack, assault. 2. effort; dash.
hammadde raw material.
hamsi anchovy.
hamur 1. dough, paste. 2. half-cooked. 3. paper pulp. **hamur açmak** to roll out dough. **hamur gibi** doughlike, flabby. **hamur işi** pastry. **hamursuz** unleavened bread.
hamurlaşmak to become soggy.
hamut a draft-horse collar.
han 1. caravansary. 2. large commercial building. **hancı** inkeeper.
han sovereign, ruler; khan. **hanlık** 1. sovereignty, rulership. 2. khanate.
hançer short curved dagger, khanjar.
hane 1. house; building; household. 2. compartment. 3. square (of a chessboard). 4. place of a digit.
hanedan dynasty; noble family. **hanedanlık** nobility.
hangar hangar.
hangi which; whichever. **hanginiz** which of you. **hangisi, hangi biri** which one.
hanım 1. lady; woman; Mrs., Ms., Miss. 2. wife. 3. mistress.
hanımeli, -yi honeysuckle.
hani 1. Where? Where is it? 2. Well? 3. Well, what about it? 4. After all. **hanidir** for a long time.
hantal 1. clumsy, coarse. 2. huge. **hantallık** clumsiness, coarseness.
hantallaşmak to become clumsy or coarse.
hap, -pı 1. pill. 2. dope. **hapı yutmak** to be done for.
hapis, -psi 1. imprisonment. 2. prison. 3. prisoner. **hapis yatmak** to be in prison.
hapishane prison, jail.
hapsetmek /ı, a/ 1. to imprison, cast into prison. 2. to detain.
hapşırmak to sneeze.
hara stud farm, stock farm.
harabe ruin; tumbledown houses or town.
haraç tax, tribute. **haraca kesmek** to extort heavy taxes.
haram forbidden by religion; wrong. **haram etmek** to spoil (somebody's enjoyment of something).
harap 1. ruined. 2. desolated. 3. marred. **harap etmek** /ı/ to ruin, destroy.
hararet, -ti 1. heat, warmth. 2. fever. 3. thirst. **hararet basmak** to feel very thirsty. **hara-**

retli 1. thirsty. 2. feverish. 3. vehement.
hararetlenmek to become warm, become feverish, get thirsty.
haraşo plain knitting, stockinette.
harbiye military affairs.
harcamak /ı/ 1. to spend, use up. 2. to waste (oneself); to dispense (with).
harcıâlem common, ordinary.
harç 1. mortar; plaster. 2. ingredients; raw material. 3. trimming.
harç 1. expenditure. 2. customs duties.
harçlık allowance; pocket money.
hardal mustard.
hare watermarking (of silk, etc.). **hareli** moiré, wavy, waved.
hareket, -ti 1. movement. 2. act, conduct, activity. 3. departure. 4. excitement. **hareket etmek** 1. to move. 2. to behave. 3. to set out. **harekete geçmek** to begin. **hareketli** moving, active; vivacious, animated.
hareketlenmek to get into motion or action.
harelenmek to be rippled, be watermarked.
harem women's apartments, harem.
harf 1. letter (of the alphabet). 2. type.
harıl harıl continuously, with great effort.
hariciye 1. foreign affairs. 2. external diseases. **hariciyeci** 1. member of the Foreign Service. 2. specialist in external diseases.
hariç 1. outside, exterior. 2. excluded. 3. abroad. **haricen** outwardly, externally. **harici** 1. external, exterior. 2. foreign.
harika wonder, miracle; marvelous, extraordinary.
harikulade extraordinary, unusual, wonderful.
haris 1. covetous; avaricious. 2. ambitiously desirous.
harita geographic map, topographic plan. **haritacı** surveyor; cartographer. **haritacılık** surveying.
harlamak to be in flames, flare.
harlı burning in flames.
harman 1. heap of grain for threshing, threshing floor. 2. threshing. 3. harvest. 4. blend. **harman etmek** to blend; to sort and arrange. **harman makinesi** thresher. **harman savurmak** to winnow. **harmancı** 1. thresher. 2. blender.
harmanlamak to blend, collate.
harp, -pı harp.
harp, -bi war; battle, fight; combat.
has 1. special, private, peculiar (to). 2. pure.
hasar damage. **hasara uğramak** to suffer damage.
hasat 1. a reaping. 2. harvest.
haset envy, jealousy; jealous.

hâsıl result, effect; produced, growing. **hâsılı** in short. **hâsıl olmak** to result, be produced, happen.

hâsılat, -tı 1. produce; products. 2. revenue.

hasım, -smı adversary, antagonist, enemy.

hasır rush mat; matting. **hasır altı etmek** 1. to shelve a matter. 2. to hide. **hasır iskemle** wicker chair.

hasis 1. miser. 2. mean, petty. **hasislik** stinginess.

hasret, -ti 1. longing, nostalgia, homesickness. 2. feeling a loss. **hasret çekmek** to long (for). **hasret kalmak** to miss greatly.

hasretmek 1. to confine. 2. to appropriate (to).

hassas 1. sensitive, conscientious. 2. touchy.

hassasiyet, -ti 1. sensitiveness, sensitivity. 2. susceptibility.

hasta 1. sick, ill; invalid, patient. 2. worn out. **hasta düşmek** to fall sick. **hastalık** 1. sickness, illness. 2. disease. 3. addiction.

hastabakıcı trained nurse.

hastalanmak to become ill.

hastane hospital, infirmary.

haşarat insects, vermin.

haşarı out of hand, disorderly, naughty.

haşare insect.

haşhaş poppy.

haşin bad-tempered, harsh, rude.

haşiş hashish.

haşiye 1. footnote. 2. commentary.

haşlama boiled; boiled meat.

haşlamak /ı/ 1. to boil. 2. to scald. 3. to scold.

haşmet, -ti majesty, pomp, grandeur. **haşmetli** majestic.

hat, -ttı 1. line; stroke, stripe. 2. features.

hata 1. mistake, fault, blunder. 2. wrong action. **hata etmek** to make a mistake. **hata işlemek** to do wrong. **hata yapmak** to make a mistake. **hatalı** 1. faulty. 2. in the wrong. **hatasız** faultless.

hatır 1. influence, consideration, weight. 2. memory. 3. one's feelings. **hatıra gelmek** to occur, come to mind. **hatırım için** for my sake. **hatırını kırmak** to disappoint. **hatırı sayılır** 1. considerable. 2. respected. **hatırlı** influential, esteemed.

hatıra 1. memory, remembrance; memoirs. 2. souvenir.

hatırlamak /ı/ to remember, recall, recollect.

hatırlatmak /ı, a/ to remind.

hatim, -tmi a reading of the Koran from beginning to end.

hatip 1. public speaker, good speaker. 2. preacher.

hatta even; so much so that; besides.

hattat, -tı calligrapher.

hatun 1. lady. 2. woman; wife.

hav nap, pile of cloth. **havlı** having a nap or pile.

hava 1. air, atmosphere. 2. weather; breeze; climate. 3. sky. 4. melody. 5. air rights. **havadan** 1. for nothing; out of the blue. 2. worthless. **hava almak** 1. to take an airing. 2. (slang) to be left empty-handed. **hava geçmez** airtight. **hava raporu** weather report. **havaya uçurmak** to blow up. **havacı** airman, pilot. **havacılık** aviation. **havalı** airy; exposed to the air; breezy.

havaalanı, -nı airport.

havacıva 1. alkanet. 2. trifles.

havadar airy, having plenty of air.

havadis news; rumors.

havagazı, -nı public utility gas.

havai 1. aerial. 2. frivolous. 3. light sky-blue.

havalanmak 1. to be aired. 2. to be airborne. 3. to become flighty.

havale 1. assignment; the referring of a matter; a confiding to the charge of another. 2. money order. **havale etmek** 1. to assign. 2. to refer. **havale göndermek** to send a money order. **havaleli** high and somewhat overhanging, topheavy.

havali 1. neighborhood, vicinity, environs; suburbs. 2. regions, districts.

havalimanı, -nı airport.

havan mortar. **havan topu** (mil.) mortar, howitzer.

havari disciple, apostle.

havayolu, -nu airline.

havlamak to bark, bay.

havlu towel.

havra synagogue.

havsala intelligence, comprehension. **havsalaya sığmaz** incomprehensible.

havuç carrot.

havuz 1. artificial basin; pond. 2. dock. **havuzlamak** /ı/ to put into dry dock.

Havva Eve.

havyar caviar.

havza 1. river basin. 2. region, district.

hayâ shame; modesty, bashfulness.

haya testicle.

hayal, -li 1. imagination, idea; illusion. 2. apparition. **hayal etmek** to imagine. **hayal kırıklığı** disappointment. **hayali** imaginary, fantastic; utopian.

hayalet, -ti ghost, specter, apparition; shadow.

hayalperest, -ti given to imagination; daydreamer.

hayat, -tı 1. life; living; existence. 2. liveliness, movement. **hayatta** alive. **hayatını kazan-**

mak to earn one's living. **hayat pahalılığı** high cost of living. **hayati** vital, pertaining to life.

haydi, hadi 1. Hurry up. 2. All right.

haydut 1. bandit, robber. 2. naughty. **haydutluk** 1. brigandage. 2. mischief.

hayhay All right.

hayır 1. no. 2. on the contrary.

hayır, -yrı 1. good, goodness; prosperity; health; excellence. 2. philanthropy. **hayrı dokunmak** to be of use. **hayrını görmek** to enjoy the advantage (of). **hayır işleri** philanthropy. **hayırlı** 1. good, advantageous. 2. auspicious; beneficial; blessed. 3. happy, lucky. **hayırsız** good-for-nothing, useless.

hayırdua benediction.

hayırsever 1. philanthropist. 2. charitable.

haykırış cry, shout.

haykırmak to cry out, shout, scream.

haylaz vagabond; loafer. 2. lazy. **haylazlık** lazy idleness.

hayli many, much, very, a good deal.

hayran bewildered; filled with admiration; lover. **hayran olmak** 1. to be perplexed. 2. to admire.

hayret, -ti 1. amazement, surprise. 2. How surprising! **hayrette bırakmak** to astound. **hayret etmek** to be perplexed; be astonished, be surprised (at); to marvel.

haysiyet, -ti personal dignity, honor. **haysiyetli** dignified, self-respecting.

hayvan 1. animal, beast of burden. 2. fool. **hayvan gibi** asinine, stupid. **hayvani** 1. animal-like, bestial. 2. sensual, carnal.

hayvanat bahçesi zoological garden, zoo.

hayvancılık 1. stock-breeding. 2. cattle -dealing.

hayvanlaşmak to become like an animal; to be brutalized; to become sensual.

haz, -zzı pleasure, delight, enjoyment. **haz duymak** to be delighted, enjoy.

hazcılık hedonism.

hazım, -zmı digestion.

hazır 1. ready, ready-made. 2. present. 3. since, as. **hazır bulunmak** to be present. **Hazır ol!** Attention!

hazırcevap quick at repartee, witty. **hazırcevaplık** wittiness.

hazırlamak /ı/ to prepare, make ready. **hazırlama** preparation.

hazırlık readiness; preparatory; preparation. **hazırlık sınıfı** preparatory class. **hazırlıklı** prepared.

hazırlop, -pu 1. hard boiled (egg.) 2. ready-made, without trouble.

hazin 1. sad, sorrowful, touching, tragic.

2. pathetic.

hazine 1. treasure. 2. public treasury, exchequer. 3. reservoir; store-room; chamber.

haziran June.

hazmetmek /ı/ 1. to digest. 2. to stomach.

Hazreti Muhammet the Prophet Mohammed.

hazzetmek /dan/ to like, be pleased (with).

hece syllable. **hece vezni** syllabic meter.

hecelemek /ı/ to spell out by syllables.

hedef target, mark; object, aim.

hediye gift, present. **hediye etmek** to give as a gift.

hediyelik fit for a present; choice thing.

hegemonya hegemony.

hekim physician, doctor of medicine.

hektar hectare.

hela toilet, water closet.

helal, -li lawful, legitimate.

hele 1. above all, especially. 2. at least. 3. At last! 4. Now then! Well! Listen to me!

Helenistik Hellenistic.

helezon spiral, helix; helicoid.

helikopter helicopter.

helva halvah.

hem 1. both... and, and also, as well as. 2. and, too, and yet. **hem de** moreover.

hemcins fellow-man; of the same kind.

hemen 1. at once, instantly; right now, just. 2. nearly, almost, about. **hemen hemen** almost.

hemfikir, -kri of the same opinion, likeminded.

hemşeri fellow countryman, fellow citizen.

hemşire 1. sister. 2. nurse.

hendek ditch, trench, gutter, moat.

hengâme crowd, throng; uproar, tumult.

hentbol, -lü handball.

henüz just now, a minute or so ago, only just; (in negative sentence) yet.

hep, -pi 1. all; wholly, entirely. 2. always. **hepten** entirely.

hepçil omnivorous.

hepsi, -ni all, everyone.

her every, each. **her an** at any moment, always. **her biri** each one. **her dem taze** 1. evergreen; always fresh. 2. ageless. **her halde** in every case, under any circumstances. 2. for sure. 3. apparently. **her nasılsa** somehow or other. **her ne** whatever. **her nedense** somehow, somehow. **her neyse** anyhow. **her yerde** everywhere.

hercai inconstant, unsettled.

hercaimenekşe pansy.

hergele hoodlum, rough.

herhangi whichever, whatever; (in negative sentence) any.

herif fellow (derogatory).

herkes everybody, everyone.

hesap 1. calculation; arithmetic. 2. account; bill. 3. plan. **hesap açmak** to open an account. **hesabını bilmek** to be economical. **hesap cetveli** slide rule. **hesap cüzdanı** bankbook, passbook. **hesap çıkarmak** to make out the accounts. **hesaptan düşmek** to deduct. **hesap etmek** 1. to calculate. 2. to plan. **hesap görmek** to pay the bill. **hesabını görmek** 1. to settle somebody's account. 2. to do away with. **hesap tutmak** to keep an account. **hesap uzmanı** trained accountant. **hesap vermek** to render account (of). **hesaplı** 1. well-calculated, planned. 2. economical.

hesaplamak /ı/ 1. to calculate. 2. to take into consideration. 3. to plan.

hevenk, -gi hanging bunch of fruit.

heves strong desire; inclination; zeal. **hevesli** desirous, eager.

hey 1. Hello; Look here; See. 2. O...! **hey gidi hey** O those times!

heybe saddle-bag.

heybet, -ti 1. awe and dread. 2. grandeur.

heyecan excitement; enthusiasm, emotion. **heyecanlı** 1. exciting, thrilling. 2. excited. **heyecanlanmak** to get excited; to be moved.

heyelan landslide.

heyet, -ti committee; delegation; board.

heyhat, -tı Alas!

heykel statue.

heykeltıraş sculptor.

heyula bogey, apparition, spook.

hezimet, -ti crushing defeat, rout. **hezimete uğramak** to be defeated.

hıçkırık 1. hiccup. 2. sob. **hıçkırık tutmak** to have the hiccups.

hıçkırmak 1. to hiccup. 2. to sob.

hıncahınç jammed, crammed, greatly crowded.

hınç 1. hatred, rancor, grudge. 2. revenge.

hır 1. snarling sound. 2. row, quarrel. **hır çıkarmak** to cause a row.

hırçın ill-tempered, wicked (horse); angry (sea). **hırçınlık** bad temper, obstinacy, irascibility. **hırçınlaşmak** to become cross or obstinate.

hırdavat, -tı 1. small pieces, trash. 2. hardware; scrap iron.

hırgür noisy quarrel, squabble.

hırıldamak to snarl; to growl; to have a rattle in the chest.

hırıltı 1. sound of snoring or snarling, growling. 2. quarrel, squabble. 3. rôle.

Hıristiyan Christian.

hırka 1. cardigan. 2. woolen jacket; padded and quilted jacket.

hırlaşmak to snarl at each other; to squabble.

hırpalamak /ı/ to ill-treat; to misuse.

hırpani in tatters.

hırs 1. greed; furious exertion; passion. 2. rage. **hırsını alamamak** to be unable to vent one's anger. **hırslı** 1. angry; furious. 2. greedy; ambitious.

hırsız thief, burglar; robber; embezzler. **hırsızlık** theft, burglary, larceny.

hırslanmak to become furious, get angry.

hısım relative, kin. **hısımlık** relationship, kinship.

hışım, -şmı anger, rage, fury. **hışımlı** furious; haughty; arrogant.

hışırdamak to make a continous rustling noise.

hışırtı a rustling, grating.

hıyanet, -ti treachery; ingratitude; perfidy; treason.

hıyar 1. cucumber. 2. dolt, boor.

hız speed, velocity; rush, impetus. **hız almak** to get up speed. **hızını almak** to slow down. **hızlı** 1. swift, quick. 2. strong (blow). 3. loud. **hızlanmak** to gain speed or momentum.

hibe gift, present, donation. **hibe etmek** to donate.

hicap shame; bashfulness; modesty.

Hicaz the Hejaz.

hiciv a satirizing, lampooning; satire.

hicran 1. separation. 2. bitterness of heart.

hicret, -ti 1. emigration. 2. the Hegira.

hicri pertaining to the Hegira.

hicvetmek /ı/ to satirize.

hicviye satirical poem.

hiç, -çi 1. nothing. 2. (in negative sentence) no, none whatever, never. 3. (in interrogative sentence) ever. **hiç biri** not one of them. **hiç bir şey** nothing. **hiç bir yerde** nowhere. **hiç bir zaman** never. **hiç değilse** at least. **hiçe saymak** to disregard. **hiç yoktan** for no reason. **hiçlik** nothingness, nullity; utter insignificance.

hiddet anger, rage, fury; violence; irascibility. **hiddetli** passionate; irritable. angry, violent. **hiddetlenmek** to become furious; to be angry.

hidroelektrik hydroelectric.

hidrofil absorbent.

hidrojen hydrogen.

hidrolik hydraulic.

hikâye story, tale, yarn; short story.

hikmet, -ti 1. wisdom; philosophy. 2. inner meaning, motive.

hilaf 1. contrary, contradiction, difference. 2. lie.

hilafet, -ti the Caliphate.

hilal new moon, crescent.

hile trick, cheating, wile, stratagem, fraud. **hile yapmak** to swindle, cheat. **hileli** 1. dishonest. 2. impure; spurious, fraudulent. **hilesiz** 1. honest, true. 2. genuine, pure.

hilekâr trickster; cheat, deceiver; tricky.

himaye 1. protection. 2. patronage. 3. protectorate. **himaye etmek** 1. to protect. 2. to patronize.

himmet, -ti 1. endeavor, effort. 2. influence, help.

hindi (zool.) turkey.

Hindistan India.

hindistancevizi, -ni 1. coconut. 2. nutmeg.

hintkeneviri, -ni Indian hemp.

hintyağı, -nı castor oil.

hipnotizma hypnosis, hypnotism.

hipodrom hippodrome, race track.

hippi hippy.

his, -ssi 1. sense. 2. feeling, sentiment. **hisli** sensitive, sentimental. **hissi** 1. sentimental. 2. sensory.

hisar castle, fort.

hisse share; part, lot.

hissedar shareholder.

hissetmek /ı/ 1. to feel, understand. 2. to notice.

histeri hysteria.

hitabe speech, address.

hitaben addressing, as an address (to).

hitap an addressing (a person). **hitap etmek** to address, make a speech.

Hitit, -ti Hittite.

hiza line, level, standard. **bir hizada** on one level. **hizasına kadar** up to the level (of).

hizip, -zbi clique, coterie.

hizmet, -ti 1. service, utility. 2. duty; work. 3. employment. **hizmet etmek** to serve.

hizmetçi servant.

hizmetkâr servant.

hoca 1. teacher. 2. hodja, Muslim teacher.

hohlamak /a/ to breathe (upon).

hokka 1. inkstand, inkpot. 2. cup, pot.

hokkabaz 1. juggler, conjurer. 2. shyster.

hol, -lü entrance, hall, vestibule, corridor.

holding holding company.

Hollanda Holland, the Netherlands.

homurdanmak to mutter to oneself; to grumble.

homurtu a muttering, grumbling.

Honduras Honduras.

hoparlör loudspeaker.

hoplamak 1. to hop and jump about. 2. to palpitate; to get excited.

hoppa flippant, flighty; fop, foppish.

hor despicable, contemptible, abject. **hor görmek** /ı/ to look down upon. **hor kullan-**

-mak /ı/ to misuse.

horlamak /ı/ to insult; to look down upon.

horlamak to snore.

horoz 1. cock, rooster. 2. hammer of a gun. 3. bridge of a lock.

horozlanmak to strut about; to give oneself airs.

hortlak specter, ghost of a dead person.

hortlamak 1. to rise from the grave and haunt people. 2. to arise again (troublesome question).

hortum 1. trunk. 2. hose. 3. waterspout.

horuldamak to snore.

horultu snore.

hostes 1. hostess. 2. waitress.

hoş 1. pleasant, pleasing. 2. charming. 3. Well, but... **Hoş geldiniz!** Welcome! **hoşa gitmek, hoşuna gitmek** to please. **hoş görmek** to tolerate, overlook. **hoş tutmak** to treat well, be kind to. **hoşluk** 1. pleasantness. 2. health. 3. quaintness.

hoşaf compote.

hoşbeş friendly chat, friendly greeting.

hoşça well, somewhat pleasant. **Hoşça kal.** Good-by.

hoşgörü tolerance. **hoşgörücü** tolerant.

hoşlanmak /dan/ to like, be pleased (with); to enjoy.

hoşnut satisfied, pleased. **hoşnutluk** contentment.

hoşsohbet pleasant, agreeable; good company.

hotoz 1. hair done in a bun. 2. crest, plume.

hovarda 1. spendthrift, generous; rake. 2. rich lover of a prostitute. **hovardalık** dissoluteness.

hoyrat rough; boorish, boor.

höpürdetmek /ı/ to sip noisily.

hörgüç camel's hump. **hörgüçlü** humped.

höyük (archeol.) tell, tumulus.

hububat, -tı cereal grains.

hudut frontier; border, limit, end.

hukuk, -ku law, jurisprudence. **hukuki** legal.

hulasa 1. summary. 2. extract. 3. in short, summing up.

hulya fancy, daydream.

humma fever. **hummalı** 1. feverish. 2. intensively.

hunhar bloodthirsty.

huni funnel.

hurafe 1. superstition. 2. legend, myth; silly tale.

hurç large leather saddlebag.

hurda old (iron), scrap (metal). **hurdacı** scrap dealer.

hurdahaş smashed to bits.

huri houri. **huri gibi** very beautiful (girl).

hurma 1. date. 2. persimmon. **hurma ağacı** date palm.

hurufat, -tı (print.) type. **hurufat dökmek** tc , cast type.

husumet, -ti enmity, spite, hostility.

husus 1. matter, case. 2. a particular point.

hususi 1. special, distinctive. 2. private; reserved.

hususiyet, -ti 1. peculiarity, characteristic: 2. intimacy.

hutbe sermon delivered at the noon prayer on Friday and on certain other occasions.

huy 1. habit, temper. 2. bad habit; obstinacy. **huysuz** bad-tempered; obstinate. **huysuzluk** bad temper, obstinacy.

huylanmak 1. to get nervous, be irritated; to get excited (sensually). 2. to feel suspicious.

huzur 1. peace of mind; ease. 2. presence. **huzursuz** uneasy, troubled. **huzursuzluk** disorder.

huzurevi, -ni rest home.

hücre cell, room, chamber; alcove, niche.

hücum attack, assault; onset, charge; a storming. **hücum etmek** to attack, assault. **hücuma uğramak** to be attacked.

hükmen 1. in accordance with rules. 2. with the decision of the referee.

hükmetmek /a/ 1. to rule, dominate, govern. 2. to sentence, judge. 3. to consider, believe.

hüküm, -kmü 1. decree, jurisdiction. 2. rule, authority. 3. command. 4. statute. 5. effect. **hükmü geçmek** 1. to expire (validity). 2. to have authority (over). **hüküm sürmek** to rule, prevail. **hükümlü** sentenced, condemned; convict. **hükümsüz** null, void; abolished.

hükümdar ruler, sovereign. **hükümdarlık** kingdom.

hükümet, -ti government; state; administration; rule. **hükümet darbesi** coup d'état.

hüner skill, dexterity; ability; art; talent.

hüngür hüngür sobbingly.

hünnap, -bı jujube.

hür 1. free, free-born; freeman. 2. independent.

hürmet, -ti respect; regard. **hürmet etmek** /a/ to respect. **hürmetli** respectful.

hürriyet, -ti freedom, liberty; independence.

hüsran 1. disappointment. 2. frustration.

hüviyet, -ti 1. identity. 2. character, essence. **hüviyet cüzdanı** identity card.

hüzün, -znü sadness, sorrow, grief; melancholy.

I

ıhlamur 1. linden tree. 2. linden tea.

ıkınmak to grunt, moan.

ılgım mirage.

ılgın tamarisk.

ılıca hot spring, health resort.

ılık tepid, lukewarm. **ılıkça** slightly warm.

ılım temperance, moderation. **ılımlı** moderate.

ılıman mild (weather).

ılınmak to grow lukewarm.

ılıştırmak /ı/ to make tepid or lukewarm.

ırak far, distant, remote.

Irak, -kı Iraq.

ırgalamak /ı/ to shake, move.

ırgat day laborer, workman. **ırgatlık** day labor.

ırk, -kı race. **ırkçı** racist. **ırkçılık** racism.

ırmak river.

ırz chastity, purity, honor. **ırzına geçmek** to violate, rape.

ısı heat; thermal; hot, torrid. **ısıl** calorific, thermal.

ısınmak 1. to grow warm. 2. /a/ to become fond (of).

ısırgan stinging nettle.

ısırık bite; sting.

ısırmak /ı/ to bite.

ısıtmak to warm, heat. **ısıtma** a warming, heating.

ıskarmoz 1. oarlock, thole, thole pin. 2. rib of a ship.

ıskarta 1. waste. 2. discarded. **ıskarta etmek** /ı/ to discard.

ıskonto price reduction.

ıslah amelioration, correction; reformation. **ıslah etmek** /ı/ to better, correct. **ıslah olmaz** incorrigible.

ıslahat, -tı reform; improvement, betterment.

ıslahevi, -ni reformatory.

ıslak wet.

ıslanmak to get wet, be wetted.

ıslatmak /ı/ to wet; to soak, dampen. 2. to cudgel, beat.

ıslık whistle. **ıslık çalmak** to whistle; to hiss.

ısmarlama ordered, made to order.

ısmarlamak /ı, a/ 1. to order. 2. to commend.

ıspanak spinach.

ıspazmoz spasm, convulsion.

ısrar insistence, persistence. **ısrar etmek** to insist (upon, on); to persist (in). **ısrarla** insistingly, persistently.

ıssız lonely, desolate, uninhabited.

ıstakoz lobster.

ıstampa 1. inkpad. 2. stamp mark.

ıstırap suffering, pain. **ıstırap çekmek** to suffer.

ışık light; source of light. **ışık saçmak** to emit light, shine.

ışıklandırmak /ı/ to illuminate, light up.

ışıldak 1. searchlight, spotlight. 2. bright, sparkling.

ışıldamak to shine, gleam, sparkle, twinkle.

ışıl ışıl sparkling; shining brightly.

ışıltı brightness, flash, twinkle.

ışımak to grow light (dawn); to glow. **ışıma** radiation.

ışın ray.

ıtır, -trı perfume, fragrance, attar.

ıtriyat, -tı perfumes, perfumery.

ıvır zıvır trifles, knickknacks.

ızbandut huge and terrifying man.

ızgara gridiron; grate. 2. grilled.

İ

iade 1. restitution, return. 2. rejection. **iade etmek** /ı, a/ to return (to).

iadeli reply paid (letter). **iadeli taahhütlü** registered and reply paid (letter).

iane (donation). **iane toplamak** to collect contributions.

iaşe food; maintenance, commissariat.

ibadet, -ti worship, prayers, piety; act of worship.

ibare wording; paragraph.

ibaret, -ti /dan/ consisting (of), composed (of).

ibik (zool.) comb, crest.

iblis 1. Satan. 2. devil, demon, imp. 3. devilish man.

ibne catamite.

ibra acquittal, absolution.

İbrani Hebrew.

ibraz presentation. **ibraz etmek** to present (document).

ibre needle of an instrument, pointer.

ibret, -ti warning, example, admonition. **ibret olmak** to be a lesson to.

ibrik water ewer with handle and long spout.

ibrişim silk thread.

icap necessity, requirement; demand. **icap etmek** to be necessary. **icabında** when required.

icat creation; production; invention; innovation. **icat etmek** to invent; to create.

icra performance. **icra etmek** /ı/ 1. to execute, do work, act. 2. to play (musical instrument). **icra memuru** bailiff. **icraya vermek** to refer to the court bailiff.

iç, -çi 1. interior; lining. 2. heart, mind. 3. internal. 4. kernel, pulp. 5. the inside story. 6. the internal parts. **iç açısı** pleasant, heart-warming. **içine atmak** to endure in silence, stomach. **iç çamaşırı** underclothes. **iç çekmek** 1. to sigh. 2. to sob. **içinden çıkmak** to accomplish. **içine doğmak** to have a presentiment. **içini dökmek** to unburden oneself. **içi geçmek** to doze. **iç geçirmek** to sigh. **içine işlemek** 1. to feel deeply. 2. to get throughly soaked. **içi kararmak** to be dismayed. **iç pazar** domestic market. **iç savaş** civil war. **iç sıkıcı** wearisome; dull. **içi tez** energetic.

içbükey concave.

içecek beverage, drink; drinkable.

içedönük introvert.

içerı, içersı, -nı inside; interior, inner part.

içerik 1. content. 2. implicit.

içerlek set back (house); secluded.

içerlemek /a/ to be annoyed (with), resent.

içermek /ı/ to imply.

içgüdü instinct.

içim 1. a gulp; mouthful. 2. taste. **içimli** pleasant to drink.

için 1. for; on account of; by reason of. 2. in order to. 3. so that.

içindekiler contents.

için için 1. secretly. 2. internally.

içirmek /ı, a/ to give to drink.

içişleri interior affairs. **İçişleri Bakanlığı** Ministry of the Interior.

içitim injection.

içki intoxicating drink, liquor; drink.

içkili 1. serving alcoholic beverages. 2. intoxicated.

içlenmek to be emotionally affected.

içli 1. having an inside. 2. sensitive, emotional.

içlidışlı intimate.

içmek /ı/ 1. to drink. 2. to smoke. 3. to absorb.

içmeler mineral springs.

içmimar interior decorator.

içten 1. from within. 2. sincere, friendly. **içtenlik** sincerity.

içtüzük bylaws.

idam capital punishment, execution.

idare 1. managing, direction; the administration. 2. government office. 3. economy. 4. operating. **idare etmek** /ı/ 1. to manage, administer; to control; to govern; to conduct, direct. 2. to drive. 3. to tolerate. **idareci** manager, administrator, organizer. **idareli**

1. economical. 2. efficient.

iddia 1. claim. 2. pretention. 3. obstinacy. **iddia etmek** 1. to claim. 2. to insist. 3. to wager. **iddialı** pretentious; arrogant.

ideal, -li ideal. **idealist** idealistic; idealist.

idman gymnastics, physical exercise; training.

idrak, -ki perception, comprehension. **idrak etmek** /i/ 1. to perceive, understand. 2. to reach.

idrar urine.

ifa fulfilling. **ifa etmek** to fulfill, perform.

ifade explanation; statement. **ifadesini almak** to receive (and record) a person's statement.

iffet, -ti chastity, innocence; honesty, uprightness.

iflâh betterment, improvement.

iflas bankruptcy, insolvency. **iflas etmek** to go bankrupt.

ifrat, -tı excess, overdoing. **ifrata kaçmak** to overdo.

ifraz 1. secretion. 2. (law) parceling.

ifrit, -ti malicious demon. **ifrit olmak** to be mad with fury.

ifşa, -aı disclosure. **ifşa etmek** to disclose, reveal.

iftar the meal eaten at sundown (during the fast of Ramazan). **iftar etmek** to break one's fast with the evening meal.

iftihar laudable pride. **iftihar etmek** to take pride (in), be proud (of).

iftira slander, calumny. **iftira atmak, iftira etmek** to slander.

iğ spindle.

iğde oleaster, wild olive.

iğdiş 1. gelding. 2. castrated, emasculated. **iğdiş etmek** to geld, castrate.

iğfal, -li seduction, deception; rape.

iğne 1. needle, pin. 2. brooch. 3. thorn, prickle. 4. fishhook. 5. indicator. 6. injection. 7. pinprick; biting word. **iğne vurmak, iğne yapmak** /a/ to give an injection. **iğneli** 1. having a needle. 2. biting. **iğneli söz** biting word.

iğneci person who gives injections.

iğnedenlik, iğnelik pincushion.

iğnelemek /i/ 1. to pin. 2. to prick. 3. to hurt with words. **iğneleyici** pricking; stinging; biting.

iğrenç hateful; loathsome, disgusting.

iğrendirmek /i/ to disgust.

iğrenmek /dan/ 1. to feel disgust. 2. to hate.

ihale award of a contract.

ihanet, -ti treachery. **ihanet etmek** to betray.

ihbar denunciation. **ihbar etmek** /i/ to denounce, report.

ihbarname notice, warning; notification.

ihlal, -li infringement (treaty). **ihlal etmek** to infringe.

ihmal, -li neglect. **ihmal etmek** to neglect. **ihmalci, ihmalkâr** neglectful, negligent; careless.

ihracat, -tı export, exportation.

ihtar 1. a warning. 2. a reminding; a suggesting.

ihtilaf 1. conflict; dispute. 2. disagreement.

ihtilal, -li revolution, rebellion, riot. **ihtilalci** revolutionary.

ihtimal, -li 1. probability. 2. probably.

ihtimam a taking pains, care; carefulness.

ihtiras passion, ambition, greed.

ihtisas 1. specialization. 2. skill, expert knowledge. **ihtisas yapmak** to specialize (in).

ihtişam magnificence, splendor, pomp and circumstance.

ihtiyaç 1. necessity, need, want. 2. poverty. **ihtiyaç olmak** to be in need of.

ihtiyar aged, old; old person.

ihtiyari optional.

ihtiyarlamak to grow old, age.

ihtiyarlık old age. **ihtiyarlık sigortası** social security.

ihtiyat, -tı 1. precaution; prudence. 2. reserve. **ihtiyatlı** prudent, cautious.

ihzari preparatory.

ikamet residence; residing; dwelling. **ikamet etmek** /da/ to reside. **ikamet tezkeresi** residence permit.

ikametgâh 1. place of residence, legal domicile. 2. house.

ikaz warning. **ikaz etmek** /i/ to caution, warn.

iken 1. while, during, when. 2. though.

iki two; a couple of, double. **ikide bir, ikide birde** every now and then, all the time. **iki büklüm** bent double with age. **iki günde bir** every other day; frequently. **iki kat** 1. double; twofold; twice. 2. double. 3. bent double. **iki misli** twofold. **ikisi ortası** in between. **ikili** 1. having two parts. 2. bilateral. 3. duo, duet.

ikilem dilemma.

ikilemek /i/ to make two, make a pair.

ikilik 1. division, difference. 2. half note.

ikinci second. **ikincil** secondary.

ikindi afternoon.

ikircim uncertainty, quandary, vacillation.

ikiyüzlü two-faced, hypocritical.

ikiz 1. twins. 2. each one of a pair of twins.

iklim climate.

ikmal, -li 1. finishing; completion. 2. make-up examination. **ikmale kalmak** to have to take a make-up.

ikna, -aı persuasion. **ikna etmek** /i, a/ to convince, persuade.

ikram 264

ikram honor; kindness. **ikram etmek** 1. /ı, a/ to offer. 2. to discount.

ikramiye bonus, gratuity, prize in a lottery. **ikramiyeli** with a premium.

iktidar power, capacity. **iktidar partisi** party in power.

iktisat 1. economy; economics. 2. frugality. **iktisat yapmak** to cut down expenses. **iktisadî** economic.

iktisatçı economist.

il administrative province.

ilaç medicine; drug. **ilaçlı** medicated; disinfected.

ilaçlamak /ı/ to spray with a chemical substance; to medicate; to disinfect.

ilah god, deity.

ilahe goddess.

ilahî divine; heavenly.

ilahi hymn, psalm.

ilahiyat theology.

ilam judicial decree in writing; engrossment.

ilan 1. notice; announcement; proclamation. 2. advertisement. **ilan etmek** /ı/ 1. to declare. 2. to advertise.

ilave 1. addition. 2. supplement. **ilave etmek** to add (to).

ilçe administrative district, county.

ile 1. with, together with. 2. and. 3. through; by means of; by.

ilelebet forever.

ilenç curse, imprecation.

ileri 1. further, forward, ahead; front. 2. future. 3. advanced. 4. fast. 5. in front of. **ileri gelmek** /dan/ to be due to. **ileri gelenler** notables. **ileri geri** 1. forwards and backwards. 2. unsuitable (words). **ileri gitmek** to be rude. **ileri sürmek** to assert, affirm; to advance.

ilerici reformer.

ilerlemek 1. to advance, go forward; to progress; to improve. 2. to pass away (time). **ilerletmek** /ı/ 1. to cause to move forward. 2. to make (something) improve.

iletişim communicator.

iletki protractor.

iletmek /ı/ 1. to send; to take or carry away. 2. to conduct. **iletken** (phys.) conductor.

ilgeç preposition, particle.

ilgi 1. relation, connection. 2. interest. **ilgi göstermek** /a/ to be interested. **ilgili** 1. interested; connected with. 2. concerning. **ilgisiz** 1. indifferent. 2. irrelevant. **ilgisizlik** 1. indifference. 2. irrelevance.

ilgilendirmek /ı/ 1. to concern. 2. to arouse interest.

ilgilenmek /la/ to be interested; to pay attention (to).

ilginç interesting.

ilhak, -kı annexation. **ilhak etmek** to annex; to join on.

ilham inspiration, divine revelation.

ilik marrow.

ilik buttonhole; loop for a button. **iliklemek** /ı/ to button, fasten, loop.

ilim, -lmi science.

ilinti connection; relation.

ilişik 1. attached; enclosed herewith. 2. /a/ connected, related. 3. relation.

ilişki contact, connection; liaison.

ilişkin /a/ concerning, regarding, related to.

ilişmek /a/ 1. to touch lightly; to disturb. 2. to sit lightly.

ilistirmek /ı, a/ 1. to fasten lightly; to attach. 2. to tack up. 3. to hang up.

ilk, -ki 1. first. 2. initial. 3. primary. 4. original. **ilk yardım** first aid.

ilkbahar 1. spring. 2. vernal.

ilkçağ antiquity.

ilke element; principle; basis.

ilkel 1. elementary; primary; fundamental. 2. primitive.

ilkin first, in the first place; at first.

ilkokul primary school.

ilköğretim primary education.

illâ, ille whatever happens, in all probability.

illet, -ti 1. disease, malady. 2. defect.

ilmek, ilmik 1. loop; noose. 2. bowknot, slipknot.

ilmî scientific.

ilmiklemek /ı/ 1. to tie loosely. 2. to make a loop.

ilitica taking refuge, sheltering. **iltica etmek** to take shelter (with), take refuge.

iltifat, -tı 1. courtesy, kindness. 2. compliment. **iltifat etmek** to show appreciation of.

iltihap 1. inflammation. 2. infection.

iltihaplanmak to become inflamed.

iltimas preferential treatment, protection, patronage. **iltimas etmek** to favor, treat preferentially. **iltimaslı** favored, privileged.

ima allusion, innuendo. **ima etmek** to hint (at). **imalı** containing a hint, alluding to.

imal, -li manufacture. **imal etmek** to manufacture, make, produce, prepare.

imalat, -tı manufactured goods, products. **imalathane** workshop, factory; sweatshop.

imam imam. **imamlık** imamate.

iman 1. faith, belief. 2. belief in Islam.

imar public works. **imar durumu** regulations concerning construction.

imbat, -tı the steady summer sea breeze.

imbik still, retort. **imbikten çekmek** to distill.

imdat 1. help, aid, assistance. 2. Help! **imdat**

istemek to send an SOS signal.

imece community cooperation.

imge image. **imgesel** imaginary.

imgelem imagination.

imgelemek /i/ to imagine.

imha destruction; annihilation. **imha etmek** /i/ to obliterate, annihilate.

imkân 1. possibility; feasibility. 2. opportunity. **imkânsız** impossible.

imla orthography, spelling.

imparator emperor. **imparatorluk** empire.

imparatoriçe empress.

imrendirmek /ı, a/ to arouse someone's appetite (for); to arouse someone's envy.

imrenmek /a/ 1. to crave. 2. to covet; to envy.

imtihan examination, test. **imtihan etmek** /i/ to examine. **imtihan olmak** to take an examination.

imtiyaz 1. privilege; concession. 2. patent.

imza signature. **imza atmak** to sign. **imza sahibi** signatory.

imzalamak /i/ to sign, write one's signature.

in 1. lair, den. 2. cave.

inadına contrarily, willfully; out of spite.

inan 1. belief. 2. faith, trust, confidence.

inanca assurance, guarantee.

inanç belief.

inandırmak /ı, a/ to convince, persuade. **inandırıcı** convincing, persuasive.

inanılmak /a/ to be credible. **inanılır** credible, believable.

inanış belief; faith.

inanmak /a/ to believe (in).

inat 1. obstinacy, stubbornness. 2. persistence. **inat etmek** 1. to be obstinate. 2. to persist (in). **inadı tutmak** to have a fit of obstinacy. **inatçı** obstinate. **inatçılık** obstinacy, stubbornness.

ince 1. slender, fine, thin. 2. high-pitched. 3. refined. **ince ince** very finely, imperceptibly. **incecik** very slender, slim, thin, fine. **incelik** 1. slenderness. 2. fineness, subtlety of thought. 3. detail.

incebağırsak small intestine.

incelemek /i/ to examine carefully. **inceleme** study.

incelmek to become thin.

inci pearl.

incik shin; shinbone.

incik boncuk cheap jewelry.

incil the Gospel; the New Testament.

incinmek 1. to be hurt. 2. to be offended.

incir fig.

incitmek /i/ 1. to hurt, sprain. 2. to offend.

indirgemek /i/ to reduce.

indirim discount. **indirimli** reduced (price).

indirmek /i/ 1. to lower. 2. to land (a blow), clout.

indükleç inductor.

inek 1. cow. 2. (slang) studious pupil.

infaz executing, carrying out. **infaz etmek** /i/ to execute.

inflak, -ki explosion. **infilak etmek** to burst, explode.

İngiliz 1. English. 2. English person. **İngiliz anahtarı** monkey wrench.

İngilizce the English language; in English.

İngiltere England.

inhisar 1. monopoly. 2. restraint; limitation.

inik lowered. **inik deniz** low tide.

inilti moan, groan.

iniş 1. descent, landing. 2. slope, way down.

inkâr denial, refusal. **inkâr etmek** /i/ to deny, refute.

inkılap 1. revolution. 2. radical change. **inkılapçı** revolutionary.

inkişaf development, growth. **inkişaf etmek** to improve.

inlemek to moan, groan.

inme 1. apoplexy, stroke, paralysis. 2. ebb. **inme inmek** to have a stroke.

inmek 1. to descend, land. 2. to subside, decrease.

insaf 1. benign justice. 2. Have pity! **insaflı** just, fair; conscientious. **insafsız** unjust, unfair; pitiless.

insan 1. human being, man, mankind; person; people. 2. good and just, humane. 3. one, oneself. **insanca** 1. human; humane. 2. properly, decently. **insancık** 1. domestic. 2. humanistic. **insani** human; humane; kindly. **insanlık** 1. humanity. 2. humaneness; benevolence. 3. human nature.

insanoğlu mankind, humanity.

insanüstü superhuman.

inşa construction. **inşa etmek** /i/ to build, construct.

inşaat 1. construction. 2. buildings, works. **inşaatçı** (building) contractor; builder.

inşallah 1. God willing; if God wills. 2. I hope so.

intiba, -aı impression, feeling.

intibak, -kı 1. adjustment. 2. accommodation. **intibak etmek** to adjust oneself (to), orient.

intihar suicide. **intihar etmek** to commit suicide.

intikal, -li 1. transition. 2. perception. **intikal etmek** 1. to transfer. 2. to perceive. 3. to inherit.

intikam revenge. **intikam almak** to take vengeance.

intizam order, orderliness, tidiness.

inzibat, -tı discipline.

inziva seclusion, retirement.

ip, -pi rope; cord; string. **ip atlamak** to jump rope. **iple çekmek** to be anxiously waiting (for). **ipe sapa gelmez** irrelevant.

ipek silk. **ipekli** of silk, silken.

ipekböceği, -ni silkworm.

iplik 1. thread; yarn; sewing cotton. 2. fiber.

ipliklenmek to ravel.

ipotek mortgage. **ipotekli** mortgaged.

ipsiz 1. ropeless. 2. vagabond. **ipsiz sapsız** irrelevant, meaningless.

iptal, -li annulment. **iptal etmek** to annul; to cancel.

iptidai 1. primary, preliminary. 2. primitive.

iptila addiction.

ipucu, -nu clue; hint. **ipucu vermek** to give a clue.

irade will power, determination, will. **iradeli** 1. strong-willed, resolute, forceful. 2. voluntary. **iradesiz** 1. weak, irresolute. 2. involuntary.

İran Iran.

irat income, revenue.

irdelemek /i/ to examine, inspect, scrutinize.

irfan 1. culture; knowledge. 2. comprehension.

iri large, huge, big; coarse. **irili ufaklı** big and little. **irilik** largeness, greatness, bigness; coarseness.

irikıyım huge.

irileşmek to grow large.

irin pus, matter.

irinlenmek to suppurate, fester, run.

iris (anat.) iris.

iriyarı powerfully built, big, huge.

irkilmek to be startled, draw back in doubt or fear.

İrlanda Ireland.

irmik semolina.

irsi hereditary; inherited.

irsiyet heredity.

irtibat, -tı 1. attachment, connection, tie. 2. liaison.

irtica, -aı political reaction. **irticai** reactionary.

irticalen extempore, impromptu.

irtifa, -aı altitude; height; elevation.

is soot, lampblack, smut. **isli** sooty, begrimed; smoked.

İsa Jesus.

isabet, -ti 1. a hit; attainment. 2. a thing said or done just right. 3. to the point. 4. Touché! **isabet etmek** 1. /a/ to hit. 2. to come, fall (to someone). 3. to act appropriately.

ise although; however; as for; if. **ise de** even if.

ishal, -li diarrhea.

isilik heat rash.

isim, -smi 1. name, title. 2. noun.

iskambil card game. **iskambil kâğıdı** playing cards.

iskân settling in, inhabiting.

iskandil 1. sounding lead. 2. probe. **iskandil kurşunu** plumb.

İskandinavya Scandinavia.

iskarpin shoe, oxford.

iskele 1. landing place, wharf, quay. 2. port of call, seaport. 3. gangway. 4. scaffolding. 5. port side.

iskelet, -ti 1. skeleton. 2. framework, outline.

iskemle stool; chair.

İskoçya Scotland.

İslam 1. Islam. 2. Muslim.

islenmek /i/ to be blackened with soot.

islim steam.

ismen by name.

isnat imputation; accusation. **isnat etmek** to impute; to ascribe, attribute.

İspanya Spain.

ispat, -tı proof, evidence; confirmation. **ispat etmek** /i/ to prove; to affirm; to confirm. **ispatlamak** /i/ to demonstrate, prove.

ispinoz chaffinch.

ispirto alcohol; spirits.

israf prodigality. **israf etmek** to waste, squander.

İsrail Israel.

İstanbul Istanbul. **İstanbul Boğazı** the Bosphorus.

istasyon station.

istatistik statistics.

istavrit, -ti horse mackerel, scad.

istavroz cross, crucifix. **istavroz çıkarmak** to make the sign of the cross, cross oneself.

istek wish, desire; liking. **istekli** desirous; willing; keen. **isteksiz** disinclined, reluctant; indifferent. **isteksizlik** reluctance, apathy.

isteklendirmek /i/ to motivate.

istem 1. volition. 2. demand, request. **istemli** voluntary.

istemek 1. to want; to require; to need. 2. /dan, i/ to ask for. 3. /i/ to wish for. **isteyerek** willingly, gladly, eagerly.

isteri hysteria, hysterics.

istiap capacity. **istiap haddi** maximum capacity; tonnage.

istibdat despotism; absolute rule.

istida petition; official request. **istida vermek** to petition.

istidat aptitude, talent. **istidatlı** talented, promising, capable.

istif 1. heap, pile. 2. stack. **istifini bozmamak** to remain imperturbed. **istifçilik** hoarding.

istifa resignation. **istifa etmek** to resign.

istifade profit, gain; benefit. **istifade etmek** to profit (from).

istiflemek /ı/ to pile up; to stack.

istifrağ vomit.

istihkâm 1. fortification. 2. military engineering.

istihsal, -li 1. acquisition. 2. production. **istihsal etmek** to produce.

istihza ridicule, mockery; irony.

istikamet, -ti direction.

istikbal, -li future.

istiklal, -li independence.

istikrar stability, stabilization.

istila invasion; influx. **istila etmek** /ı/ 1. to invade. 2. to cover.

istim steam.

istimlak, -ki legal expropriation.

istimna masturbation.

istinat reliance.

istirahat, -ti repose, ease, relaxation. **istirahat etmek** to rest.

istiridye oyster.

istismar exploitation. **istismar etmek** /ı/ to exploit, profit by.

istisna exception. **istisnai** exceptional.

İsveç Sweden.

İsviçre Switzerland.

isyan rebellion, riot, revolt. **isyan etmek** to rebel.

isyankâr rebellious; refractory.

iş 1. work; service; labor. 2. business. 3. affair. 4. duty. **iş açmak** to cause trouble. **iş başında** on the job; during work time. **işine gelmek** to suit one's interests. **iş görmek** 1. to perform a service. 2. to be useful. **İş ve İşçi Bulma Kurumu** labor exchange, employment bureau. **iş yapmak** to do business. **işe yaramak** to be useful.

işadamı, -nı businessman.

işaret, -ti 1. sign, mark. 2. signal. **işaret etmek** 1. to make a sign. 2. to mark. 3. to indicate.

işaretlemek /ı/ to mark.

işaretleşmek to make signs to one another.

işaretparmağı, -nı index finger, forefinger.

işbaşı, -nı getting started.

işbırakımı, -nı (workers') strike.

işbirliği, -ni cooperation.

işbirlikçi cooperator.

işbölümü, -nü division of labor.

işbu the said.

işçi workman, laborer, worker. **işçi sınıfı** working class. **işçilik** 1. the occupation or pay of a worker. 2. workmanship.

işemek to urinate, make water.

işgal, -li occupation. **işgal etmek** /ı/ to occupy.

işgücü, -nü productive effort.

işgüder chargé d'affaires.

işgünü, -nü working day.

işgüzar officious. **işgüzarlık** officiousness.

işitim the sense of hearing.

işitmek /ı/ 1. to hear; to listen. 2. to learn (of). **işitme** hearing.

işkembe tripe, paunch.

işkence torture, torment. **işkence etmek** to torture, torment.

işkil doubt, suspicion.

işkillenmek to become suspicious.

işkolu, -nu branch of work.

işlek 1. much used, busy. 2. much frequented. **işlek yazı** cursive writing.

işlem 1. procedure. 2. operation.

işlemek 1. /ı/ to work, process; to do; to manipulate. 2. /a/ to penetrate. 3. to foster. 4. to embroider. **işleme** handwork, embroidery.

işletme 1. undertaking. 2. administration, management. **işletmeci** manager.

işletmek /ı/ 1. to run, operate, make work. 2. to hoodwink.

işlev function.

işlik workshop; atelier, studio.

işporta shallow open basket, wooden tray or cart. **işporta malı** shoddy goods. **işportacı** street seller.

işsiz having no work, out of work, unoccupied, unemployed. **işsiz güçsüz** unemployed.

iştah appetite; desire. **iştah açmak** to whet the appetite. **iştah açıcı** appetizing. **iştahlı** 1. having an appetite. 2. hungry; desirous.

iştahlanmak to be sharpened (appetite).

işte look; here; there; now; thus; like that.

iştirak, -ki participation. **iştirak etmek** to share; to participate, take part in.

işve coquetry. **işveli** flirtatious, coquettish.

işveren employer.

işyeri, -ni place of employment.

it, -ti 1. dog; cur. 2. vile man.

itaat, -ti obedience; submission. **itaat etmek** /a/ to obey; to submit oneself to.

İtalya Italy.

itelemek /ı/ 1. to keep on pushing; to nudge. 2. to repel.

itfaiye fire brigade. **itfaiyeci** fireman.

ithaf presentation; dedication. **ithaf etmek** /ı/ 1. to dedicate; to present.

ithal, -li importation. **ithal etmek** /ı/ to import.

ithalat, -tı imports. **ithalatçı** importer.

itham accusation, imputation. **itham etmek** /ı/ to accuse.

itibar 1. esteem; consideration; regard. 2. credit. **itibara almak** /ı/ to consider.

itibaren /dan/ from, dating from, as from.
itibari 1. theoretical, conventional. 2. nominal.
itidal, -li moderation; temperance; equilibrium.
itikat 1. belief; conviction. 2. creed, faith.
itilaf entente.
itilme repression.
itimat reliance, trust, confidence. **itimat etmek** to rely upon, trust.
itina care. **itina etmek** to give serious attention (to).
itiraf confession, admission. **itiraf etmek** to confess, admit.
itiraz 1. (ônpal'işt); disapproval. 2. protest. **itiraz etmek** to object (to).
itişmek to push one another; to scuffle.
itiyat habit, custom.
itmek /ı/ to push.
ittifak, -kı agreement, alliance; accord. **ittifakla** unanimously.
ivedi haste. **ivedili** urgent.
ivme acceleration.
iye possessor, owner. **iyelik** possession.
iyi 1. good; well. 2. in good health. 3. kind; beneficial. **iyi etmek** 1. to cure, heal. 2. to do the right thing. **iyi gelmek** 1. to suit. 2. to help. **iyi gitmek** 1. to go well. 2. to suit. **iyi kötü** somehow. **iyi olmak** 1. to recover. 2. to be good.
iyice pretty good, rather well, fairly good.
iyice, iyicene thoroughly, completely, carefully.
iyileşmek to get better; to improve.
iyilik 1. goodness, kindness; favor. 2. good side. **iyilikle** in a friendly way. **iyilik etmek** to do a kindness.
iyilikçi, iyiliksever good, benevolent.
iyimser optimistic. **iyimserlik** optimism.
iyot iodine.
iz 1. footmark, footprint. 2. trace, track, trail.
izah explanation. **izah etmek** to explain.
izahat explanations.
izale removal. **izale etmek** /ı/ to remove.
izam exaggeration. **izam etmek** /ı/ to exaggerate.
izbe 1. den; hovel; basement. 2. dark and dirty.
izci 1. boy scout. 2. tracker. **izcilik** scouting.
izdiham crowd, crowdedness.
izdivaç marriage, matrimony.
izin, -zni 1. leave, permission; consent; permit. 2. dismissal. **izin almak** to obtain leave. **izin vermek** /a/ 1. to give leave, permit. 2. to dismiss, send away. **izinli** with permission; on vacation, on leave.
İzlanda Iceland.
izlemek /ı/ 1. to follow. 2. to track, trace.

izlenim impression.
izlenimcilik impressionism.
izmarit, -ti 1. sea bream. 2. cigarette butt.
izole bant insulating tape, friction tape.
izzetinefis, -fsi self-respect.

J

jaluzi Venetian blind.
Jamaika Jamaica.
jambon ham.
jandarma police soldier, gendarme.
jant rim.
Japonya Japan.
jarse jersey.
jartiyer garter.
jelatin gelatine.
jeneratör 1. generator. 2. boiler.
jeoloji geology.
jest gesture.
jet jet.
jeton token, slug.
jilet, -ti razor blade.
jimnastik gymnastics.
jöle 1. jello. 2. gelatine.
judo judo.
jurnal report of an informer. **jurnal etmek** /ı/ to inform on. **jurnalcı** informer.
jübile jubilee.
jüpon underskirt, slip.
jüri jury.

K

kaba 1. rough, coarse. 2. vulgar, rude, boorish. 3. puffy. **kaba et** buttocks. **kaba saba** coarse; common; vulgar.
kabaca 1. somewhat grown-up; biggish. 2. in a rude way, grossly.
kabadayı 1. swashbuckler, bully. 2. manly; brave person. **kabadayılık** bravado.
kabahat, -ti fault, offense; guilt. **kabahatli** guilty, culpable.
kabak squash, pumpkin, vegetable marrow, gourd. **kabak dolması** stuffed squash. **kabak gibi** hairless, bare.
kabakulak mumps.

kabalaşmak to grow rough and rude; to become vulgar.

kabara hobnail; boss; ornamental brass-headed nail.

kabarcık small bubble; blister; swelling. **kabarcıklı düzeç** air level, spirit level.

kabarık swollen, puffy; blistered. **kabarık deniz** high tide, high water.

kabarma high tide.

kabarmak 1. to swell, rise; to increase. 2. to swagger. 3. to become rough (sea).

kabartı bulge, swelling, puffiness.

kabartma 1. relief. 2. raised, embossed, in relief.

kabataslak rough draft; in outline.

Kâbe the Kaaba at Mecca.

kabız, -bzı 1. constipation. 2. constipated.

kabil possible, feasible, practicable.

kabil sort, kind, category. **bu kabil, bu kabilden** of this sort, such, of such a kind.

kabile tribe.

kabiliyet, -ti ability, capability, capacity. **kabiliyetli** talented, able.

kabine 1. cabinet, administration. 2. bathhouse.

kabir, -bri grave, tomb.

kablo cable.

kabotaj cabotage, coasting trade.

kabristan cemetery, graveyard.

kabuk 1. outer covering. 2. shell; crust; scab. **kabuk bağlamak** to form a crust. **kabuğunu soymak** to peel, strip.

kabuklanmak to grow bark, form rind; to form a skin.

kabul, -lü 1. acceptance, admission, assent. 2. All right. **kabul etmek** to accept, admit; to receive. **kabul günü** reception day.

kabullenmek /ı/ 1. to accept. 2. to seize (for oneself), appropriate.

kaburga 1. rib; ribs. 2. frame timber. **kaburgaları çıkmak** to be skinny. **kaburga kemiği** rib bone.

kâbus nightmare, incubus.

kabza handle, butt.

kabzımal middleman in fruit and vegetables.

kaç, -çı How many, how much. **kaça** What is the price? **kaç tane** how many. **kaç yaşında** How old (is he)?

kaçak 1. fugitive; deserter; truant. 2. contraband, illicit. 3. leakage. **kaçak avlanmak** to poach. **kaçak eşya** smuggled goods. **kaçak yapmak** to leak.

kaçakçı smuggler. **kaçakçılık** smuggling. **kaçakçılık yapmak** to smuggle.

kaçamak 1. subterfuge; pretext. 2. escape. 3. loophole. **kaçamaklı** evasive, elusive,

vague, noncommittal.

kaçar How many each? How much each?

kaçık 1. a bit crazy, eccentric. 2. run, hole.

kaçıncı which one? (of an ordinal series).

kaçına defa after how many times?

kaçınılmaz inevitable, unavoidable, inescapable.

kaçınmak /dan/ to abstain (from), avoid.

kaçırma abduction; kidnapping.

kaçırmak /ı/ 1. to let slip, miss, lose. 2. to drive away. 3. to leak. 4. to smuggle; to hide. 5. to kidnap; to elope (with). 6. to be a bit crazy.

kaçışmak to flee in confusion; to disperse.

kaçkın fugitive, truant.

kaçlı Having how many? Of what number? Of what value (cards)? Of which year? What is his year of birth?

kaçlık Worth how many liras? At what price? Enough for how many? How old?

kaçma desertion; flight.

kaçmak 1. to flee, run away (from); to escape (from); to desert. 2. to veil (herself before men). 3. to go away; to run swiftly; to leave. 4. to slip into, get into, penetrate (water, dust, insect, etc. into the eye, ear, room). 5. to have a tint. 6. to run (stocking). 7. to leak out.

kadar 1. as much as, as many as, as... as, up to. 2. about, approximately. 3. till, by, until.

kadastro cadastre; land registry. **kadastro çalışmaları** surveying.

kadavra corpse; carcass, cadaver.

kadayıf any of various kinds of sweet pastry; partially cooked dough.

kadeh drinking glass, tumbler, goblet. **kadeh tokuşturmak** to clink glasses.

kadehçik (bot.) cupule.

kadem (meas.) foot; length of about 15 inches.

kademe degree, step.

kader destiny, fate. **kadercilik** (phil.) fatalism.

kadı cadi.

kadın woman, matron; lady; feminine, female. **kadın avcısı** womanizer, lady-killer. **kadın doktoru** gynecologist. **kadın düşmanı** woman hater, misogynist. **kadın ticareti** white slave trade. **kadın tüccarı** pimp. **kadınca** womanly, womanlike, feminine. **kadıncıl** womanizer. **kadınlık** womanhood. **kadınsı** womanish, effeminate.

kadirga galley.

kadife velvet; corduroy. **kadife gibi** velvety.

kadim old, ancient.

kadir, -dri 1. worth, value, rank; dignity. 2. (astr.) magnitude.

kadir mighty, powerful, strong.

kadirbilir, kadirşinas appreciative, discriminating.

kadit skin and bones, a mere skeleton. **kadidi çıkmak** to be all skin and bones.

kadran face, dial (of clock, barometer, etc.).

kadro list of government officials; staff, roll; cadre.

kafa 1. head, skull. 2. mind, intelligence. 3. mentality. **kafası almamak** not to be able to understand. **kafadan atmak** to talk without knowledge of. **kafayı çekmek** to drink heavily, get drunk. **kafa dengi** kindred spirit. **kafası dumanlı** tipsy. **kafası durmak** to be too tired to think. **kafa kafaya vermek** to put their heads together. **kafası kızmak** to get angry. **kafasına koymak** to decide to do something. **kafa patlatmak** to do a lot of hard thinking. **kafa sallamak** to approve of everything, be a yes-man. **kafası şişmek** to be tired out (with much talk and noise). **kafa tutmak** to oppose. **kafa yormak** to ponder, think hard. **kafalı** 1. headed. 2. intelligent, having brains. **kafasız** unintelligent, stupid.

kafadar intimate friend; like-minded.

kafatası, -nı skull, cranium.

kafes 1. cage; coop, pen. 2. lattice, lattice-work. **kafese koymak** to deceive, make a dupe (of), take in.

kafeterya cafeteria.

kâfi sufficient, enough.

kafile caravan; convoy.

kâfir 1. infidel, heretic; non-Muslim. 2. wretch; scamp.

kafiye rhyme.

Kafkasya Caucasus.

kaftan caftan.

kâfur camphor.

kâgir built of stone or bricks. **kâgir bina** stone building.

kâğıt 1. paper. 2. letter, note, document. 3. playing card. **kâğıt kaplamak** to paper, cover with paper. **kâğıt oynamak** to play cards. **kâğıt oyunu** game of cards; card-playing. **kâğıt para** paper money; note, bill. **kâğıtlamak** /ı/ to paper, cover with paper.

kağnı ox-cart with two solid wooden wheels.

kahır, -hrı grief, deep sorrow. **kahrını çekmek** to have to put up with a problem for a long time.

kahırlanmak to be grieved, be sorrowing.

kâhin soothsayer, seer, diviner.

kahkaha laughter, chuckle. **kahkaha atmak, kahkaha basmak** to burst into laughter, burst out laughing.

kahpe 1. harlot, prostitute. 2. deceitful, perfidious.

kahraman hero; brave, heroic. **kahramanca** heroic.

kahramanlık heroism, heroic acts. **kahramanlık destanı** epic, heroic poem. **kahramanlık göstermek** to show courage; to behave as a hero.

kahretmek 1. to oppress, crush, annihilate. 2. to feel great sorrow, be depressed.

kahrolmak to be depressed; to feel greatly annoyed or distressed. **Kahrolsun!** Damn him! To hell with him!

kahvaltı 1. breakfast. 2. light refreshment. **kahvaltı etmek** to breakfast, take light refreshment.

kahve 1. coffee. 2. coffee house, coffee shop, café. **kahve değirmeni** coffee mill; coffee grinder. **kahveci** keeper of a coffee shop.

kahverengi, -yi, -ni brown.

kâhya 1. steward; major-domo. 2. caretaker in a car park. 3. an officious meddler.

kaide 1. rule, regulation; custom. 2. base; pedestal.

kâinat, -tı cosmos, the universe; all creation.

kaka (nursery) 1. child's excrement. 2. nasty, dirty. **kaka yapmak** to defecate (child).

kakalamak to go b.m. (baby).

kakalamak to keep giving pushes, keep punching.

kakao 1. cacao, cocoa. 2. cocoa (beverage).

kakım ermine, stoat.

kakışmak to push each other.

kakma work in relief, repoussé work. **kakmalı** with a decoration in relief, inlaid, encrusted (with jewels, silver, etc.).

kakmak /ı/ 1. to push, give a push (to). 2. to drive a nail in. 3. to encrust, inlay.

kaknem thin and weak.

kaktüs cactus.

kâkül bangs, lock of hair, side lock.

kal a refining (of metals), cupellation.

kala remaining. **kala kala** there only remains; all that is left.

kalabalık 1. crowd, throng. 2. crowded, thickly peopled; overpopulated.

kalafat, -tı a caulking. **kalafatçı** caulker.

kalakalmak suddenly to find oneself in a difficult situation; to remain rooted to the spot.

kalan remaining; remainder.

kalas beam; joist (of a ceiling).

kalay tin; tinfoil. **kalaycı** tinner, tinsmith. **kalaylı** tinned; containing tin, mixed with tin.

kalaylamak /ı/ to tin.

kalben cordially, heartily, from the heart; heartfelt.

kalbur rimmed sieve with coarse meshes.

kalbura çevirmek to riddle with holes.

kalburüstü, -nü the best, the choicest.

kalça hip.

kaldıraç crank, lever.

kaldırım 1. sidewalk, footway, causeway. 2. pavement. **kaldırım aşındırmak** to loaf in the streets. **kaldırım taşı** paving stone, cobblestone.

kaldırmak /ı/ 1. to rouse, raise, elevate, lift, remove, take away. 2. to bear, endure, tolerate, support. 3. to abolish, abrogate, annul. 4. to steal.

kale 1. fortress, castle, stronghold, citadel. 2. goal post. **kaleci** goal-keeper.

kalem 1. pencil, pen. 2. chisel; gouge. 3. clerical office. **kalem açmak** to sharpen a pencil. **kaleme almak** to draw up, compose; to write out.

kalemtraş pencil sharpener.

kalender unpretentious.

kalevi alkaline.

kalfa 1. assistant master (in a workshop). 2. master builder; qualified workman; supervisor of workmen, overseer.

kalıcı permanent, lasting.

kalımlı permanent, lasting. **kalımsız** transient, transitory; fleeting.

kalın thick, stout, coarse. **kalın kafalı** thick-headed, stupid. **kalın ses** deep voice. **kalınlık** thickness; coarseness.

kalınbağırsak large intestine.

kalınlaşmak to become thick; to get stout.

kalıntı 1. remnant, remainder. 2. leftovers.

kalıp 1. mold, block, pattern, last. 2. matrix, casting-mold. 3. bar, cake, piece. 4. shape, form.

kalıplamak /ı/ 1. to mold, form, cast. 2. to clean and reblock.

kalıt, -tı inheritance. **kalıtçı** heir; heiress; successor.

kalıtım 1. inheritance. 2. heritage.

kalıtsal hereditary; inherited.

kalibre caliber.

kalite quality.

kalkan 1. shield, buckler. 2. turbot.

kalkanbezi, -ni thyroid (gland).

kalker limestone; chalky stone; calcareous.

kalkık risen, raised; erect; standing on end (hair). **kalkık burunlu** snub-nosed.

kalkındırmak /ı/ to ◆advance, develop, improve. **kalkındırma** progress, improvement, development.

kalkınmak to make progress, develop; to advance. **kalkınma** progress, improvement, development.

kalkış 1. rise; venture. 2. departure.

kalkışmak to try or pretend (to do something beyond one's ability).

kalkmak 1. to get up, stand up, rise. 2. to be lifted, be taken away. 3. to start. 4. to take into one's head (to do). 5. to be annulled, be cancelled, be abandoned. 6. to come unglued.

kalleş untrustworthy, unreliable, treacherous. **kalleşlik** deceit, dishonesty; dirty trick.

kalma /dan/ remaining, left behind; dating (from); handed down.

kalmak 1. to remain, stay, dwell, be kept; to be left; to be detained. 2. to be cancelled. 3. to fail to get a promotion. 4. to be postponed (until). 5. to fall to one's bid. 6. (after a gerund stem) to remain ...ing, become ...ed.

kalori calorie.

kalorifer central heating, furnace.

kalorimetre calorimeter.

kalp, -bi 1. heart. 2. core. 3. heart disease. 4. feeling. **kalbi atmak** to pulsate, beat. **kalp çarpıntısı** palpitation. **kalbini kırmak** to hurt someone's feelings. **kalp yetersizliği** cardiac insufficiency.

kalp, -pı false, forged; spurious, unreliable. **kalp para** false money, counterfeit coin.

kalpak fur cap.

kalpazan 1. counterfeiter. 2. liar; cheat.

kalsiyum calcium.

kaltak strumpet, harlot, whore.

kalya stewed marrow.

kalyon galleon.

kama 1. dagger, poniard; dirk. 2. wedge.

kamara 1. ship's cabin. 2. House or Chamber of Parliament.

kamarot, -tu ship's steward.

kamaşmak 1. to be dazzled (eyes). 2. to be set on edge (teeth).

kambiyo foreign exchange; rate of exchange. **kambiyo gişesi** exchange office. **kambiyocu** money changer.

Kamboçya Cambodia.

kambur 1. hump, hunch. 2. humpback, hunchback. 3. humpbacked, hunchbacked, humped; crooked, bulged, warped. **kamburu çıkmak** 1. to grow hunchbacked. 2. to become stoop-shouldered. **kambur zambur** bumpy, uneven.

kamburlaşmak to become hunchbacked, become bulged.

kamçı whip.

kamçılamak /ı/ 1. to whip, flog, flagellate. 2. to stimulate, whip up.

kamelya camellia.

kamer moon. **kamer ayı** lunar month. **kamer yılı** lunar year.

kameriye bower; summer house.

Kamerun Cameroon.

kamış 1. reed. **2.** bamboo. **3.** penis. **kamışlık** place overgrown with reeds, reed bed.

kâmil perfect; complete; mature; well-conducted.

kamineto spirit lamp.

kamp, -pı camp; encampment. **kamp kurmak** to pitch camp.

kampana bell.

kampanya campaign.

kamping camping place.

kamu the public.

kamuflaj camouflage.

kamufle etmek to camouflage.

kamulaştırmak /ı/ to nationalize.

kamuoyu, -nu public opinion.

kamutanrıcı pantheist. **kamutanrıcılık** pantheism.

kamutay National Assembly, Parliament.

kamyon truck, lorry.

kamyoncu 1. truck owner. **2.** truck driver. **kamyonculuk** trucking.

kamyonet, -ti small truck.

kan 1. blood. **2.** descent, lineage, family. **kan ağlamak** to be in deep distress. **kan akıtmak** to shed blood. **kan akmak 1.** to be blood (blood). **2.** to flow (blood). **kan aktarmak** to give a blood transfusion (to). **kan almak** to take blood (from), bleed, cup. **kan bankası** blood bank. **kan cisimciği** blood corpuscle. **kan davası** blood feud, vendetta. **kan dökmek** to shed blood. **kan grubu** blood type. **kan kardeşi** blood brother or sister. **kanı kaynamak 1.** to be hot-blooded, be restless or enthusiastic. **2.** to get to like, become attached (to), grow fond (of). **kan kırmızı** blood red, dark crimson, sanguine. **kan verme** blood transfusion. **kanlı 1.** bloody, blood-covered, bloodstained. **2.** bleeding. **kansız** anemic, bloodless. **kansızlık** deficiency of blood, anemia.

kanaat, -ti 1. conviction, opinion. **2.** contentment, satisfaction. **kanaat etmek** to be satisfied, be contented (with). **kanaatkâr** contented, satisfied with little; unassuming.

Kanada Canada; Canadian.

kanal 1. canal, waterway; channel; lane. **2.** duct.

kanalizasyon sewer system, drainage.

kanamak to bleed. **kanama** bleeding, hemorrhage.

kanarya canary. **Kanarya Adaları** Canary Islands.

kanat 1. wing; fin. **2.** leaf (of a door, window),

shutter, blind (of a window). **3.** sail, vane, paddle, spur; blade. **kanatlı** winged, finned.

kanatlanmak 1. to grow wings. **2.** to take wing and fly away.

kanava, kaneviçe canvas for embroidering.

kanca hook. **kancayı takmak** to get one's claws into, keep looking for a reason to quarrel. **kancalı iğne** safety pin.

kancık 1. female (animal). **2.** mean and treacherous person.

kançılar head of the registry office of a consulate.

kançılarya registry office of a consulate.

kandaş cognate. **kandaşlık** cognation.

kandırmak /ı/ to persuade, convince; to seduce, mislead. **2.** to satisfy, satiate (with drink). **kandırıcı** convincing; satisfying.

kandil 1. old-fashioned oil lamp; electric lamp in the shape of an oil lamp used in the mosque. **2.** one of five religious festivals.

kanepe 1. sofa, couch, settee; bench. **2.** canapé.

kangal coil; skein.

kangren gangrene.

kanguru kangaroo.

kanı conviction, opinion.

kanık satisfied, content.

kanıksamak /a/ to become indifferent, become insensitive.

kanış conviction, opinion.

kanıt, -tı 1. proof, evidence. **2.** (log.) argument. **kanıtlamak** /ı/ to prove.

kani, -ii convinced. **kani olmak** to be convinced (of); to be satisfied.

kanmak /a/ **1.** to believe; to be persuaded. **2.** to be misled, be deceived, be duped. **3.** to be satisfied. **kana kana içmek** to drink to repletion.

kanser cancer.

kantar steelyard.

kantaron centaury.

kantin canteen.

kanun law, statute, act; code (of laws); rule. **kanunen** by law, according to law, legally. **kanuni** lawful, legal, legitimate, statutory. **kanunsuz** lawless, unlawful, anarchic.

kanun zither-like musical instrument. **kanuni** player of the kanun.

kanunlaşmak to become a law, pass into law.

kanyak cognac, French brandy.

kanyon canyon.

kaos chaos.

kap 1. receptacle; container; envelope. **2.** covering. **3.** vessel; pot. **4.** course (of food). **kabına sığmamak** to be uncontrollably impatient or ambitious; to be very energetic

kap kacak pots and pans. **bir kap yemek** one-course dinner.

kapak 1. cover; lid, top. 2. segment.

kapalı closed, shut; covered up.

kapama lamb and onion stew.

kapamak /ı/ 1. to shut, close; to glue or paste shut. 2. to stop up, fill up (opening). 3. to cover up (face), draw (curtain). 4. to cut off (a view). 5. to hush up (a matter). 6. to turn off (tap); to obstruct, stop (traffic), blockade. 7. to close, settle (account, balance, dispute), conclude. 8. to confine, imprison. 9. to hide, hoard.

kapan trap. **kapana girmek** to be trapped, fall into a trap.

kapanca small trap.

kapanık 1. shut in, confined; gloomy (place). 2. cloudy, overcast. 3. shy, unsociable.

kapanış closing.

kapanmak 1. to shut, close of itself. 2. to veil (herself before men). 3. to shut down (factory). 4. to heal up (wound).

kaparo earnest money, deposit.

kapasite capacity.

kapatmak /ı/ 1. to close, cover. 2. to acquire by a trick or maneuver; to get something very cheap. 3. to keep (a mistress). 4. to close down, suppress (a periodical).

kapçık bud; husk. **kapçık meyva** (bot.) achene.

kapı 1. door, gate. 2. employment; place of employment. **kapısını aşındırmak** to pester with frequent visits. **kapı dışarı etmek** to show the door (to), dismiss. **kapı gibi** well -built (man). **kapı komşu** next door neighbor.

kapıcı doorkeeper, porter, janitor.

kapılanmak /a/ to get a job or situation, find a livelihood.

kapılgan easily misled, easily carried away.

kapılmak /a/ to be carried away.

kapışılmak to be sold like hot cakes.

kapışmak 1. to snatch (for), scramble (for) together; to buy eagerly, rush to purchase. 2. to scramble, snatch from one another; to grapple.

kapik kopek.

kapital, -li capital, funds.

kapitalist, -ti capitalist.

kapitalizm capitalizm.

kapitone padded, quilted.

kapitülasyon capitulation.

kapkaç, -çı thief, pickpocket.

kaplam extension, extent.

kaplama 1. cover, coverlet, coating, plate; veneer. 2. crown (of a tooth). 3. (naut.) planking, planks. 4. covered, coated, lined, faced, plated; crowned (tooth).

kaplamak 1. to cover over; to cover (with). 2. to overlay (with), plate (with); to sheathe (a ship). 3. to surround.

kaplan tiger.

kaplı covered, coated, plated.

kaplıca hot spring.

kaplumbağa tortoise, turtle. **kaplumbağa gibi** slow as a tortoise. **kaplumbağa yürüyüşü** snail's pace.

kapmak /ı/ 1. to snatch, seize, catch. 2. to carry off, cut off. 3. to learn quickly, pick up. 4. to catch (a disease).

kaporta hood.

kapris caprice, fancy.

kapsam scope, embrace, sphere.

kapsamak /ı/ to comprise, contain.

kapsül 1. capsule. 2. percussion cap, primer.

kaptan captain; shipmaster; skipper, mate.

kapuska cabbage stew.

kaput, -tu military cloak; capote.

kaputbezi, -ni coarse white calico.

kar snow, snowfall. **kardan adam** snowman. **kar gibi** snow-like, snow-white. **kara saplanmak** to be snowed in. **kar tanesi** snow-flake. **kar tutmak** to stick (snow). **kar yağmak** to snow, fall (snow). **karlı** snowy, snow-clad, covered with snow.

kâr profit, gain. **kâr bırakmak** to yield or bring profit. **kârlı** profitable, advantageous.

kara 1. black; dark, obscure; blackness. 2. unlucky; gloomy. **kara cahil** utterly ignorant. **kara haber** news of a death or disaster. **kara kuru** swarthy and skinny; ugly. **kara liste** black list. **kara tahta** blackboard. **kara yağız** very dark-skinned; swarthy and sturdy boy.

kara 1. land, dry land; mainland, continent; shore. 2. ground; territorial, terrestrial. **karaya çıkmak** to land, disembark, go ashore. **kara kuvvetleri** land forces. **karaya oturmak** (naut.) to run aground, to be stranded. **kara suları** territorial waters. **karaya vurmak** to run or be driven ashore (fish).

karalık blackness, darkness.

karaağaç elm.

karabasan nightmare.

karabaş 1. priest. 2. celibate. 3. Blackie (dog).

karabatak cormorant.

karabiber pepper.

karabina carbine; blunderbuss.

karaborsa black market.

karaca roe deer.

karaca somewhat black or dark.

karacı backbiter.

karaciğer liver. **karaciğer iltihabı** hepatitis.

karaçalı furze, gorse.

Karadeniz Black Sea.

karafatma black beetle.

karagöz 1. Turkish shadow show. 2. (w.cap.) main figure of the Turkish shadow show. 3. sea bream. **karagözcü** shadow show puppeteer, Karagöz player.

karakalem pencil or charcoal drawing; having a black design.

karakış severe winter, depths of winter.

karakol 1. police station, station house; outpost; guard. 2. patrol.

karakter character.

karakteristik characterization, characteristics; characteristic, distinctive.

karalama calligraphic exercise. **karalama kâğıdı** drafting paper, scratch paper.

karalamak /ı/ 1. to blacken, make black; to blot out. 2. to scribble; to write hastily. 3. to calumniate, slander.

karaltı 1. indistinct figure. 2. blackness, spot.

karamela caramel, burnt sugar.

karamsar pessimistic.

karanfil 1. garden pink; carnation; clove pink, gillyflower. 2. clove.

karanlık 1. darkness, blackness, gloom, obscurity; dark place. 2. dark, obscure. **karanlık basmak** to grow dark, become dusk; to fall (night). **karanlığa kalmak** to be overtaken by night. **karanlık oda** darkroom.

karantina quarantine.

karar 1. decision, resolution, resolve, determination; decree. 2. stability, firmness. 3. right quantity, reasonable degree. **karar almak** to take a decision (on), make a resolution (about). **karara bağlamak** to arrive at a decision, bring to a conclusion. **karar vermek** to decide (to), make up one's mind (to); to decide upon, give a ruling (on).

karargâh headquarters.

kararlamak /ı/ to estimate by eye, guess at by sight. **kararlama** estimated by guess.

kararlaşmak to be decided.

kararlaştırmak to decide, agree on.

kararlı 1. decided (to, upon). 2. stable, constant, fixed. 3. stationary (waves). **kararlı denge** stable equilibrium.

kararmak to become black, dark or obscure; to become overclouded or overcast; to darken.

kararname written decree, decision or agreement.

kararsızlık 1. indecision, irresoluteness, wavering. 2. instability, uncertainty.

karartmak /ı/ 1. to make dark or obscure, blacken, darken. 2. to shade, make shadows.

karartma blackout.

karasal continental.

karasapan primitive plow.

karasevda melancholy.

karasinek housefly.

karasu glaucoma.

karavana 1. copper dish used as a mess tin by soldiers and sailors. 2. soldiers' and sailors' meal.

karayazı black decree of Providence, evil fate.

karayel northwest wind; north west.

karayolu, -nu highway, road.

karbon carbon, carboniferous formation. **karbon dioksit** carbon dioxide. **karbon kâğıdı** carbon paper.

karbonat, -tı 1. carbonate. 2. bicarbonate of soda. 3. washing soda.

karbonhidrat, -tı carbohydrate.

karbonik carbonic. **karbonik asit** carbonic acid.

karbüratör carburetor.

kardeş brother or sister; sibling. **kardeş kardeş** brotherly, sisterly; fraternally. **kardeş katili** fratricide, brother's or sister's murderer. **kardeş payı** equal share. **kardeşçe** brotherly, sisterly, fraternal. **kardeşlik** brotherhood, sisterhood, fraternity.

kardinal, -li cardinal (of the Catholic church).

kare (math., geom.) square. **kareye yükseltme** quadrature. **kareli** checkered, cross-lined.

karekök square root. **karekökünü almak** to extract the square root of.

karga crow.

kargaşa, kargaşalık confusion, dispute, quarrel, disorder.

kargı pike; javelin; lance.

kargımak /ı/ to curse.

kargo cargo.

karı 1. woman, hag. 2. wife, spouse; married woman. **karı koca** wife and husband, married couple.

karın, -rnı 1. abdomen; stomach; belly; abdominal, ventral. 2. womb. 3. swelling, protuberant part; bulge of a vessel. 4. the inside. **karın ağrısı** 1. stomach ache, colic. 2. tiresome person. **karnından konuşmak** to ventriloquize.

karınca ant.

karıncalanmak to feel benumbed, feel pins and needles.

karıncık ventricle.

karış span (space). **karış karış** every inch (of), inch by inch, closely, carefully.

karışık 1. mixed; adulterated, not pure 2. confused, in disorder; complicated; com plex. **karışıklık** confusion, tumult; troubles, disorders, agitations.

karışım mix, mixture, medley.

karışlamak /ı/ to measure by the span.

karışmak 1. to be mingled, be mixed; to commingle, mix (with). 2. to become confused, be mixed up; to become changeable, become capricious (weather). 3. to meddle (with, in), interfere (in, with), mingle (in); to fall, flow (into). 4. to deal (with), be in charge (of), exercise control (over). **Karışma.** Mind your own business. Don't interfere. **Karışmam.** It is not my business. I'm staying out.

karıştırıcı 1. mixer, mixing; confusing, complicating, misleading. 2. trouble-maker.

karıştırmak /ı/ 1. to mix, blend, stir, confuse. 2. to complicate. 3. to search through.

karides shrimp, prawn.

karikatür 1. cartoon. 2. caricature. **karikatür serisi** comic strip. **karikatürünü yapmak** to make a caricature, draw a cartoon (of). **karikatürcü, karikatürist** caricaturist, cartoonist.

karikatürleştirmek to caricature, make a caricature (of).

karina bottom of a ship or boat.

karine conjecture, deduction from an accompanying circumstance. **karine ile anlamak** to infer, conjecture, deduce from an accompanying circumstance.

karma mixed. **karma komisyon** joint committee. **karma okul** coeducational school. **karma takım** mixed team.

karmaç (chem.) agitator.

karmak /ı/ 1. to make a mash of; to knead. 2. to mix (cement, etc. with water).

karmakarışık in utter disorder, in complete confusion.

karman çorman in utter confusion or disorder.

karmaşık complex.

karnabahar cauliflower.

karnaval carnival.

karne 1. book of tickets. 2. ration card. 3. report card.

karoser body (of a car or carriage).

karpit carbide.

karpuz watermelon.

karşı 1. opposite. 2. contrary, opposed. 3. against; contrary (to); towards, a little before; for; in return for. **karşıda** on the opposite side, across. **karşı çıkmak** /a/ to disagree, be in opposition to. **karşısına çıkmak** to appear suddenly in front of one. **karşı durmak** to resist, oppose. **karşı gelmek** /a/ to oppose, disobey; to answer

back impertinently. **karşı koymak** to oppose, resist, make a stand (against). **karşı olmak** to be against.

karşıgelim antagonism.

karşılamak /ı/ 1. to go to meet, welcome. 2. to respond. 3. to cover, meet (a need). 4. to prevent. **karşılama** a meeting, greeting, reception, welcome.

karşılaşmak 1. to meet (one another). 2. /la/ to be faced with, be confronted with. 3. to play each other. **karşılaşma** (sports) game, meet.

karşılaştırmak /ı/ to compare. **karşılaştırma** comparison. **karşılaştırmalı** comparative.

karşılık 1. return, recompense, requital, retaliation. 2. response. 3. equivalent. 4. (fin.) cover, reserve, provision. **karşılık olarak** 1. in return. 2. in reply (to). **karşılık vermek** /a/ 1. to talk back, argue, answer back. 2. to respond, be responsive.

karşılıklı 1. opposite, facing one another. 2. mutual, reciprocal. (math.) corresponding; mutually, reciprocally.

karşılıksız 1. (fin.) uncovered, not secured. 2. unreturned, unrequited, not reciprocated, unanswered.

karşın in spite of.

karşısav (phil.) antithesis.

karşıt, -tı contrary; counter, anti-. **karşıtlık** contrast.

kart, -tı 1. tough, hard; not fresh or tender. 2. past its prime. **kartlık** senility, oldness; lack of freshness.

kart, -tı card; postcard; visiting card.

kartal eagle. **kartal burun** aquiline nose.

kartel cartel.

kartlaşmak to grow old, lose its freshness.

karton 1. cardboard, pasteboard. 2. cartoon.

kartonpiyer papier-mâché.

kartopu, -nu snowball.

kartpostal postcard.

kartvizit, -ti calling card.

karyola bedstead, bed.

kas muscle; muscular.

kasa 1. cash box, chest, safe. 2. till; cashier's office; box office; cash register. 3. case (for bottles); type case, letter case. 4. window frame, door frame; framework of body (of a car). 5.gymnastic horse. **kasa açığı** deficit.

kasaba small town, borough.

kasadar cashier, teller.

kasap butcher. **kasaplık** 1.butchery, butcher's trade or business, butchering. 2. (animal) for slaughter.

kasatura sidearm, bayonet.

kasavet, -ti anxiety, sorrow, pain.

kâse bowl.

kasık groin; inguinal.

kasıl muscular.

kasılmak to be contracted, be shortened.

kasım November.

kasımpatı, -nı chrysanthemum.

kasınç tightness, tension, contraction.

kasırga whirlwind, cyclone; waterspout.

kasıt, -tı 1. intention, endeavor, aim, purpose. 2. premeditation; evil intent. **kasti olmak** to have evil intentions (against). **kasıtlı** purposeful; having a hidden meaning.

kaside ode, eulogy.

kaskatı very hard, as hard as stone.

kasket, -ti cap; peaked cap.

kasmak /ı/ to stretch tight, tighten; to take in (a garment); to curtail. **kasıp kavurmak** 1.to tyrannize; to oppress, terrorize. 2. to cause great damage.

kasnak 1. embroidery frame, embroiderer's hoop. 2. hoop or rim of a sieve or tambourine.

kast, -tı caste.

kastanyet, -ti castanet.

kasten, kasti 1. intentionally, deliberately. 2. (law) with malice aforethought.

kastetmek 1. /ı/ to purpose, intend. 2. /a/ to have a design against. 3. /ı/ to mean, understand (by).

kasvet, -ti depression, sadness; gloom. **kasvet basmak** to become dejected, become low spirited or gloomy. **kasvetli** oppressing, gloomy.

kaş 1. eyebrow. 2. projecting place; salient thing. **kaş çatmak** to knit the eyebrows, frown. **kaş göz etmek** to wink (at), make a sign with the eye and eyebrow. **kaşla göz arasında** in the twinkling of an eye, in a trice.

kaşağı 1. currycomb. 2. back scratcher.

kaşar sheep cheese.

kaşık 1. spoon. 2. spoonful. **kaşık kaşık** by spoonfuls.

kaşıkçın spoonbill.

kaşıklamak /ı/ to eat with a spoon; to spoon out, ladle out.

kaşımak /ı/ to scratch with the nails.

kaşıntı an itching.

kâşif discoverer, explorer.

kaşkol scarf, neckerchief.

kaşkorse under-bodice, camisole.

kaşmir cashmere.

kat, -tı 1. storey, story, floor. 2. layer, stratum; fold. 3. set (of clothes). 4. multiple. **kat çıkmak** to add a storey. **kat kat** 1. in layers; in several stories. 2. many times more, much more. **katlı** 1. storied. 2. folded, pleated.

katalog catalogue.

katar 1. railway train. 2. string, file or train (of animals, carts etc.). **katar katar** in rows, in files.

Katar Qatar.

katarakt, -tı (med.) cataract.

katedral, -li cathedral.

kategori category.

katetmek /ı/ 1. to cut, cut off or through; to clip; to interrupt. 2. to intersect. 3. to travel over, traverse.

katı hard, stiff; solid. **katı yürekli** hard-hearted, heartless. **katılık** hardness, stiffness, rigidness, solidity.

katı gizzard, maw, crop.

katık anything eaten with bread. **katık etmek** to eat with bread.

katılaşmak to become hard, dry, become stiff or solid, be solidified; to solidify; to coagulate. **katlaşma** solidification.

katılgandoku (biol.) conjunctive tissue.

katılmak /a/ to be added (to), be mixed (with); to join, participate.

katılmak to be out of breath (from laughing or weeping).

katır mule.

katırtırnağı, -nı broom, genista.

katışık mixed; complex.

katışmak /a/ to join in and mix (with).

kati decisive, definitive, final; definite; categorical, absolute.

katil murderer, assassin.

katil, -tli assassination, killing, murder. **katillik** murder.

kâtip clerk, scribe; secretary; writer.

katiyen 1. by no means, never. 2. categorically, absolutely, definitely, finally.

katiyet, -ti definiteness, decisiveness, irrevocability.

katkı addition, supplement, annex. **katkıda bulunmak** to be of help.

katlamak /ı/ to fold, pleat.

katlanmak 1. to be folded. 2. to bear, tolerate, endure. 3. to connive.

katletmek /ı/ to kill, murder, assassinate.

katliam massacre.

katma addition, appendage. **katma bütçe** subsidiary or supplementary budget.

katmak /ı, a/ 1. to add (to). 2. to mix (to, into).

katman stratum, layer, bed.

katmanbulut, -tu stratus.

katmanlaşma stratification.

katmer 1. layering. 2. double (flower). **katmerli** manifold; multiplied; double, many petaled.

Katolik Catholic.

katran tar. **katranlı** tarred, tarry.

katranlamak /ı/ to tar, smear with tar:

katrilyon quadrillion.

katsayı coefficient.

kauçuk India rubber; hard rubber.

kav tinder, punk. **kav gibi** 1. easily burned, very inflammable. 2. soft, very light.

kavak poplar.

kaval shepherd's pipe, flageolet. **kaval kemiği** (anat.) fibula.

kavalye a lady's escort.

kavanoz jar, pot.

kavas messenger of an embassy or consulate; kavass; doorkeeper of a big establishment.

kavga quarrel, row, brawl; fight. **kavga etmek** to quarrel (with), fight. **kavgacı** quarrelsome, brawling; quarreler.

kavim, -vmi people, nation; tribe, family; sect.

kavis, -vsi 1. bend, bow, curved line. 2. arc (of circle); arch.

kavram concept, idea, notion. **kavramcılık** conceptualism.

kavrama 1. comprehension. 2. clutch pedal.

kavramak /ı/ 1. to comprehend, conceive. 2. to seize, grasp, clutch.

kavrayış conception, comprehension.

kavruk 1. stunted, dried up. 2. scorched.

kavrulmak to be roasted; to roast.

kavrulmuş roasted.

kavşak crossing point, junction, crossroads.

kavuk quilted turban.

kavun muskmelon, melon. **kavuniçi** pinkish yellow color.

kavurma fried meat, preserved fried meat.

kavurmak /ı/ 1. to fry, roast. 2. to dry.

kavuşmak /a/ to meet, come together, meet again after a long absence.

kavuşturmak to unite, reunite; to provide.

kaya rock, stone. **kayalık** rocky; rocky place.

kayabalığı, -nı goby, black goby.

kayağan slippery.

kayağantaş slate.

kayak 1. ski. 2. skiing.

kaybetmek /ı/ to lose.

kaybolmak to be lost; to disappear from sight.

kaydetmek /ı/ 1. to enroll, register; to note down. 2. to take notice (of).

kaydırak 1. flat circular stone (used in a game resembling quoits). 2. hopscotch.

kaygan slippery.

kaygı anxiety, grief; care. **kaygılı** anxious, worried; causing anxiety. **kaygısız** without care or anxiety, carefree. **kaygısızlık** carefreeness, freedom from care or anxiety.

kaygılanmak to worry, grieve.

kayık boat, rowboat, caique.

kayıkçı boatman.

kayıkhane boathouse.

kayın, -ynı in-law; brother-in-law.

kayın beech.

kayınbirader brother-in-law.

kayınpeder father-in-law.

kayınvalide mother-in-law.

kayıp, -ybı loss; casualties.

kayırmak /ı/ to protect, back, support; to look after, care (for), favor. **kayırıcı** protector, supporter.

kayısı apricot.

kayış strap, thong; belt. **kayış gibi** 1. tough as leather (meat). 2. very brown (skin).

kayıt, -ydı 1. registration, record, enrollment, enlistment. 2. restriction, reservation; fetter. 3. heed. **kayıtlı** registered, recorded, enlisted; inscribed.

kayıtsız 1. indifferent, carefree; careless; without any condition or restriction. 2. unregistered, uninscribed. **kayıtsız şartsız** unconditional, unrestricted. **kayıtsızlık** indifference, unconcern; carelessness, nonchalance.

kaykılmak 1. to slant, slope. 2. to lean (against), rest.

kaymak 1. to glide, slide, slip. 2. to blink, squint.

kaymak cream, clotted cream. **kaymağını almak** to skim. **kaymak gibi** 1. very white and smooth. 2. delicious. **kaymaklı** creamy.

kaymakam head official of a district.

kaynak 1. spring, fountain, source. 2. weld, welding. **kaynak yapmak** to weld (together); to patch (a tire). **kaynakçı** welder.

kaynamak 1. to boil; to be boiled; to be hot (weather). 2. to ferment, effervesce; to burn, sour (stomach). 3. /dan/ to gush forth, well up out (of). 4. to teem with, be full (of). 5. to be perpetually moving; to be in agitation. 6. to weld, be welded; to heal up; to knit (bone). 7. to be lost in the midst of confusion, be forgotten.

kaynana mother-in-law. **kaynanalık etmek** to interfere.

kaynananazırıltısı, -nı toy rattle.

kaynar boiling, ebullient, bubbling.

kaynarca hot spring, thermal spring.

kaynaşmak 1. to weld; /la/ to coalesce (with). 2. to move restlessly, become agitated; to swarm, teem. 3. /la/ to become good friends; to get on well with each other, go well together.

kaynata father-in-law.

kaynatmak /ı/ 1. to boil. 2. to ferment; to burn (stomach). 3. to weld. 4. to heal up, knit (bones). 5. (slang) to pilfer, walk off with.

kaypak slippery, unreliable; fickle.

kaytan cotton or silk cord, braid.

kaytarmak /ı/ to get out of (doing), evade, shirk.

kayyım caretaker of a mosque.

kaz goose.

kaza accident, mishap; mischance, misfortune.

kaza administrative district, county.

kazaen by accident, by chance.

kazak pullover jersey.

Kazak Cossack.

kazan cauldron, large kettle, boiler.

kazanç 1. gain, profit, earnings, winnings. 2. advantage, benefit.

kazanmak /ı/ to win, gain, acquire, earn; make a profit, make money.

kazara by accident, by chance.

kazazede victim; wrecked; shipwrecked.

kazı 1. excavation, dig. 2. engraving.

kazıbilim archaeology.

kazık 1. stake, pile, pale. 2. deceit, trick, swindle. 3. very high price. **kazık atmak** to cheat, play a trick (on). **kazık gibi** straight and stiff as a mast. **kazık kadar** big (child). **kazık yemek** to be duped, be cheated. **kazıkçı** trickster, swindler.

kazımak /ı/ 1. to scrape off; to scratch. 2. to eradicate, destroy. 3. to shave off (a beard, hair).

kazıntı 1. scrapings, scraped off matter. 2. erasure.

kazma pickaxe, mattock.

kazmaç excavator, steam shovel.

kazmadiş bucktoothed.

kazmak /ı/ to dig, excavate, trench.

kebap 1. roast, broiled meat or vegetables. 2. roasted.

keçe felt; carpet, mat. **keçe gibi** matted.

keçeleşmek to felt, become matted.

keçi 1. goat. 2. nanny goat. 3. obstinate, stubborn.

keçiboynuzu, -nu carob, St. John's bread.

keçisakal French beard, goatee.

keçiyolu, -nu goat trail, footpath, narrow path, byway.

keder care, grief, affliction. **kederli** sorrowful, grieved; grievous.

kederlenmek to become sorrowful, be grieved.

kedi cat.

kedigözü, -nü (auto.) rear light.

kefal gray mullet.

kefalet, -ti 1. guarantee, guaranty, security. 2. bail, surety.

kefaletname bail bond, letter of guarantee.

kefe pan of a balance.

kefeki tartar (on teeth).

kefen shroud, winding sheet.

kefil guarantor, bailor; bail; security, surety. **kefil olmak** to go bail, stand surety (for); be the guarantor (of). **kefillik** guarantee, security.

kehanet, -ti augury, presage; oracle.

kehribar amber.

kek, -ki cake, tea cake.

kekelemek to stutter, stammer; to falter.

kekik garden thyme.

keklik partridge.

kekre acrid, harsh, sharp (in taste).

kel 1. infected with ringworm; scabby; bald. 2. ringworm, baldness. **kel kâhya** busybody.

kellik ringworm, tetter; baldness.

kelam 1. word, a saying, speech. 2. the words of the Scriptures.

kelebek 1. butterfly; moth. 2. throttle, throttle valve; disc throttle. 3. window catch. 4. wing nut.

kelek unripe melon.

kelepçe 1. manacle, handcuff. 2. pipe clip.

kelepçelemek /ı/ to handcuff.

kelepir chance bargain, golden opportunity; worth its price, very cheap.

kelime word, vocable; saying. **kelime kelime** word by word; word for word. **kelime oyunu** pun, quibble.

kelle 1. head. 2. loaf (of sugar); cake (of cheese).

kellifelli 1. well-dressed, showy. 2. serious, dignified.

Keloğlan the Turkish Horatio Alger.

kemal, -li perfection, maturity; cultural attainment.

Kemalizm Kemalism, the political doctrine developed in Turkey in the 1930's (named for Kemal Atatürk).

keman violin.

kemençe small violin.

kement lasso.

kemer 1. belt, girdle. 2. arch, vault. 3. aqueduct.

kemik bone; osseous. **kemikli** 1. having bones. 2. bony, large boned.

kemikleşmek to ossify, become bone.

kemirgen rodent.

kemirmek /ı/ 1. to gnaw, nibble; to eat away. 2. to corrode. **kemirici** 1. gnawing; rodent. 2. corrosive.

kem küm etmek to hem and haw.

kenar 1. edge, border, brink; margin. 2. marginal (note). 3. isolated place, nook, corner. **kenara atmak** to put aside. **kenara çekilmek** to get out of the way, retire apart. **kenar mahalle** suburb, out-of-the-way place.

kendi oneself; self; own. **kendinden geçmek** 1. to be in ecstasy. 2. to faint. **kendine gelmek** to come to oneself again, pull oneself together. **kendi halinde** quiet; inoffensive, harmless (person). **kendileri** themselves. **kendim** myself. **kendiminki** mine. **kendimiz** ourselves. **kendisi** himself, herself. **kendiliğinden** by itself; spontaneous.

kendilik entity.

kendir hemp.

kene tick.

kenet metal clamp (for strengthening a joint in masonry), cramp iron.

kenetlemek /i/ 1. to clamp, join by clamps. 2. to bind tightly; to clasp (hands).

kenevir hemp, hemp plant.

kent, -ti town, city.

kental /i/ weight of one hundred kilos.

kentsoylu bourgeois.

Kenya Kenya.

kep, -pi ceremonial car   nortarboard.

kepaze vile, contemp- ɔle. **kepazelik** 1. dishonor, degradation; vileness; ignominy. 2. shame, scandal.

kepçe 1. ladle, skimmer, scoop. 2. scoop net, butterfly net.

kepek 1. bran. 2. dandruff, scurf. **kepekli** 1. branny, mixed with bran, containing bran. 2. scurfy, covered with scurf. 3. mealy (apple).

kepeklenmek to become scurfy.

kepenk large pull-down shutter; trapdoor; wooden cover.

keramet, -ti miracle worked through the agency of a saint; wonder, marvel.

kerata 1. scoundrel, rascal (also used affectionately). 2. shoehorn.

kere time, times. **bir kere** 1. once; just. 2. for one thing...; to begin with.

kereste timber, lumber.

kerevet, -ti wooden bedstead, wooden divan.

kereviz celery root.

kermes local outdoor festival, fair, kermis.

kerpeten pair of forceps, pincers.

kerpiç 1. sun-dried brick, adobe. 2. made of sun-dried bricks; hard; dry.

kerte 1. rhumb (of the mariner's compass). 2. degree; bearing.

kertenkele lizard.

kertik 1. notch, cut, score, incision, gash; tally. 2. notched, gashed, cut, tallied.

kervan caravan.

kervansaray caravansary.

kesafet, -ti density, thickness; compactness.

kesat stagnant (market, trade); slack (season).

kese 1. purse; small bag, case; pouch. 2. coarse bath mitt. **keseli** having a bag or purse,

pouched; marsupial.

kesekâğıdı, -nı paper bag.

keselemek /i/ to rub with a bath mitt.

kesenek deduction.

keser adze.

kesici 1. cutter (agent or instrument). 2. cutting, sharp, incisive.

kesicidiş incisor, cutting tooth.

kesif dense; thick (foliage, forest).

kesik 1. cut (through, off), broken (off); a cut; interrupted; truncated. 2. excerpt. 3. curdled, coagulated.

kesiklik 1. weakness, languor, lassitude. 2. cut, brake.

kesiksiz continued, continuous. **kesiksiz akım** direct current.

kesilmek 1. to be cut. 2. to get tired. 3. to become like. 4. to curdle. 5. to cease. 6. to present oneself as.

kesim 1. act of cutting, slaughtering, slaughter (of animals). 2. (tailor.) cut, make, shape. 3. time of cutting, ending. 4. section, zone, sector.

kesin decisive, categorical, definitive, final; definite, certain. **kesinlik** decisiveness, definitiveness.

kesinti 1. deduction (from a sum or wages). 2. cuttings, clippings; cuts, curtailment. 3. interruption.

kesir, -sri fraction.

kesişen (geom.) concurrent, intersecting.

kesişmek to cut across, cut each other, intersect.

kesit, -ti crosscut, cross section; sectional area.

keski chisel; shoe knife, shoemaker's paring knife; hatchet.

keskin sharp, keen; acute; pungent. **keskin zekâlı** sagacious, ingenious, sharp-witted. **keskinlik** sharpness, keenness, clearness; pungency.

kesme 1. cut, faceted. 2. tin snips. 3. sector. **kesme işareti** apostrophe.

kesmece on condition of being cut for examination (melon).

kesmek /i/ 1. to cut; to slaughter, butcher. 2. to interrupt, block, break off; to stop; to break (circuit); to give up, abandon. 3. to deduct. 4. to punch (a ticket).

kesmeşeker lump sugar, cube sugar.

kestane chestnut. **kestane şekeri** marron glacé, candied chestnut.

kestirme estimate; short cut. **kestirme cevap** decisive or short answer.

kestirmek 1. /i, a/ to cause to cut. 2. /i/ to guess, estimate. 3. /i/ to discern, understand clearly. 4. to take a nap, doze.

keşfetmek /ı/ to discover.

keşif, -şfi 1. discovery, exploration. 2. reconnaissance, reconnoitering; a spotting.

keşiş Christian priest, monk; celibate.

keşişleme southeast wind.

keşke, keşki I wish, if only.

keşmekeş great confusion, disorder, mess.

keten 1. flax. 2. flaxen, linen.

ketenhelvası, -nı cotton candy.

ketentohumu, -nu flaxseed, linseed.

ketum discreet, reticent.

ket vurmak /a/ to handicap, impede, hinder.

kevgir 1. skimmer, perforated ladle. 2. colander.

keyfi arbitrary, despotic.

keyif, -yfi 1. pleasure, delight, enjoyment, happiness. 2. disposition, mood, spirits. 3. slight intoxication. **keyifli** merry, joyous, happy, in good humor. **keyifsiz** in a bad mood, indisposed, unwell, out of sorts. **keyiflenmek** to become merry; to enjoy oneself.

kez time. **bu kez** this time.

keza also, likewise, in like manner, ditto.

kezzap nitric acid.

kible 1. direction of Mecca, kiblah. 2. south; south wind.

Kıbrıs Cyprus.

kıç, -çı 1. buttocks, bottom, butt, behind, rump. 2. stern, poop.

kıdem seniority, priority of service; precedence. **kıdem tazminatı** separation pay on retirement. **kıdemli** senior in service.

kıkırdak 1. cartilage, gristle. 2. cracklings.

kıkırdamak 1. to giggle. 2. to shudder from the cold.

kıl 1. hair, bristle. 2. made of hair. **kıl testere** jigsaw. **kıllı** hairy, hirsute, bristly.

kılavuz 1. guide, leader. 2. pilot. 3. lead on a film. **kılavuzluk** pilotage; guidance.

kılcal capillary.

kılçık 1. fishbone. 2. string (beans). 3. awn.

kılgı practice, exercise, act. **kılgılı** practical.

kılıbık henpecked.

kılıç sword. **kılıçtan geçirmek** to put to the sword.

kılıçbalığı, -nı swordfish.

kılıçlama 1. edgewise, set on edge. 2. slung crosswise over the shoulder.

kılıf case, cover.

kılık 1. dress, costume. 2. outward form; appearance. **kılık kıyafet** external appearance; dress, attire. **kılıksız** ill-dressed, untidy, unkempt.

kıllanmak to become hairy; to begin to show a beard.

kılmak 1. /ı/ to render, make : **mümkün kılmak.** 2. to perform : **namaz kılmak.**

kımıldamak to move slightly, stir.

kımıltı motion, movement, stir, twitch.

kımız koumiss, kumiss.

kın sheath, scabbard.

kına henna.

kınamak /ı/ to blame, reproach.

kıpırdak quivering, restless.

kıpırdamak to quiver, stir, fidget.

kıpır kıpır wiggling, fidgeting.

kıpırtı twitch.

kır countryside, uncultivated land. **kırlık** open country. **kırsal** open (country).

kır grey. **kır düşmek** to turn grey.

kıraathane coffee house.

kıraç barren; unirrigated.

kırağı hoarfrost, rime.

kıran murrain.

kırat, -tı 1. carat. 2. quality, value, character.

kırba waterskin, leather water bag.

kırbaç whip, scourge.

kırbaçlamak /ı/ to whip, flog, lash, scourge.

kırçıl mixed with grey, greying.

kırçıllaşmak to grey.

kırgın disappointed; hurt, offended, resentful.

kırıcı heart-rending.

kırık 1. broken, fractured; refracted. 2. break, fracture. 3. failing grade. **kırık dökük** 1. in pieces, smashed. 2. odds and ends, scraps. 3. broken (language).

kırıkçı bonesetter.

kırıkkırak bread stick.

kırıklık indisposition, infirmity.

kırılgan fragile, brittle, breakable.

kırılmak 1. to be broken. 2. /a/ to be hurt, be offended. **kırılma** 1. break. 2. refraction.

kırım massacre.

Kırım Crimea.

kırıntı fragment; crumb.

kırışık 1. puckered, wrinkled, crumpled. 2. wrinkle, crease.

kırışmak to become wrinkled.

kırıştırmak to flirt with a man.

kırıtkan coquettish, flirtatious.

kırıtmak to behave in a coquettish manner; to strut.

kırk, -kı forty.

kırkayak 1. centipede. 2. millipede.

kırkbayır third stomach of a ruminant, omasum.

kırkım 1. a clipping, shearing. 2. shearing season.

kırkmak /ı/ to clip, shear.

kırlangıç swallow.

kırlaşmak to grey.

kırma 1. pleats. 2. mixed, half-breed. **kırmalı** pleated, kilted; folded.

kırmak /ı/ 1. to break; to split (wood). 2. to rough-grind (grain). 3. to hurt, offend. 4. to kill. **kırıp dökmek** to destroy. **kırıp geçirmek** 1. to massacre. 2. to tyrannize.

kırmız cochineal.

kırmızı red.

kırmızıbiber cayenne pepper, red pepper; paprika.

kırmızılaşmak to grow red, redden.

kırmızıturp, -pu radish.

kırpık clipped, shorn, cut down.

kırpıntı clippings.

kırpıştırmak /ı/ to wink.

kırpmak /ı/ 1. to clip, shear; to trim. 2. to wink.

kırsal country, rural.

kırtasiye stationery, writing materials. **kırtasiyeci** 1. stationer, seller of writing materials. 2. bureaucrat. **kırtasiyecilik** bureaucracy, red tape.

kısa short; brief; concise. **kısa kesmek** to cut short (a matter). **kısaca** in short, shortly, briefly. **kısacası** in a word, briefly.

kısalmak to become short, shorten, shrink in length.

kısaltmak /ı/ to shorten, abbreviate, abridge. **kısaltma** abbreviation.

kısas retaliation, reprisal. **kısasa kısas** an eye for an eye.

kısık 1. hoarse, choked (voice). 2. turned down (radio, lamp). 3. narrowed (eyes). **kısıklık** hoarseness.

kısım, -smı 1. part, piece; section, division. 2. kind, sort.

kısıntı restriction; cut.

kısır 1. barren, sterile. 2. unproductive. **kısır döngü** vicious circle. **kısırlık** barrenness, sterility.

kısırlaşmak to become barren, become sterile, become unproductive.

kısırlaştırmak /ı/ to render sterile; to spay. **kısıtlamak** /ı/ 1. to restrict. 2. to distrain.

kıskaç 1. pincers, pliers, nippers; forceps. 2. claw (of a crab).

kıskanç jealous, envious.

kıskandırmak /ı/ to arouse someone's jealousy.

kıskanmak /ı/ to be jealous (of), envy; /ı,dan/ to be jealous because of.

kıskı wedge, cleat.

kıskıvrak tightly, securely.

kısmak /ı/ 1. to reduce, cut (expenses). 2. to lower (voice); to turn down (lamp, radio).

kısmen partly, partially.

kısmet, -ti 1. chance, destiny, luck, kismet.

2. chance of marriage (for a woman). **kısmetli** fortunate, lucky.

kısmi partial.

kısrak mare.

kıstak isthmus.

kıstas criterion.

kıstırmak /ı, a/ 1. to squeeze. 2. to corner.

kış winter. **kış kıyamet** severe winter. **kış uykusu** hibernation. **kışın** in the winter, during winter. **kışlık** suitable for the winter; hibernal, wintery.

kışkırtı incitement, provocation, challenge.

kışkırtmak /ı/ to incite, excite; to provoke. **kışkırtıcı** provocative, inciting; provoker.

kışla barracks.

kışlak winter quarters.

kışlamak 1. to become wintery or cold. 2. /da/ to winter.

kıt, -tı scarce, little, few. **kıt kanaat** scarcely. **kıtlık** 1. famine. 2. scarcity, lack.

kıta 1. continent. 2. (mil.) detachment. **kıta sahanlığı** continental shelf.

kıtık tow; stuffing (of a mattress).

kıtır kıtır crunchy, crisp.

kıtırtı crunch, crack (sound).

kıtlama a drinking tea with a lump of sug· in the mouth.

kıtlaşmak to become scarce.

kıvam 1. consistency. 2. right amount. 3. right moment.

kıvanç 1. pleasure, joy. 2. proper pride.

kıvılcım spark.

kıvılcımlanmak to spark.

kıvırcık 1. curly (hair). 2. small-tailed, curly -haired sheep. **kıvırcık salata** crisp lettuce.

kıvırmak /ı/ 1. to curl, coil, twist. 2. to hem, fold.

kıvrak brisk, alert, swift; agile.

kıvranmak to writhe, suffer greatly.

kıvrık 1. curled, twisted. 2. hemmed, folded. **kıvrılma** (geol.) fold, crumpling.

kıvrılmak to curl up; to coil up.

kıvrım 1. curl, twist, twine, winding. 2. (geol.) fold, undulation. **kıvrımlı** curled, twisted, folded.

kıvrıntı winding, turn, twist, coil.

kıyafet dress, attire, costume; general appearance and dress. **kıyafet balosu** fancy dress ball.

kıyak nice, pretty, smart, elegant.

kıyamet, -ti 1. resurrection of the dead, last judgment, doomsday. 2. tumult, disturbance. **kıyamet gibi**, kıyamet kadar lots of. **kıyamet günü** doomsday. **kıyameti koparmak** to make a great fuss, raise hell.

kıyas 1. comparison; analogy. 2. syllogism,

argument.

kıyasıya murderously, mercilessly; ruthlessly.

kıyaslamak /ı/ to compare; to conclude by analogy.

kıygı 1. injustice. 2. cruelty.

kıyı 1. shore, coast; bank. 2. edge, side, border. **kıyıda köşede, kıyıda bucakta** in out-of-the -way places.

kıyım injustice, unfairness.

kıyma ground meat, hamburger.

kıymak 1. /ı/ to chop up fine. 2. /a/ not to spare; to spend, make a sacrifice (of). 3. /a/ to sacrifice.

kıymet, -ti value, worth. **kıymetini bilmek** to value or appreciate properly. **kıymet vermek** to attach importance (to), esteem. **kıymetli** valuable, precious.

kıymetlenmek to increase in value.

kıymık splinter.

kız 1. girl; daughter. 2. virgin, maiden. **kız kardeş** sister.

kızak 1. sledge, sled, sleigh. 2. (naut.) ways, sliding ways.

kızamık measles, rubeola.

kızamıkçık German measles.

kızan boy, lad, youth.

kızarmak 1. to turn red, become rosy. 2. to blush. 3. to be roasted, be toasted; to be fried, be sautéed. **kızarıp bozarmak** to grow red and pale by turns, be much confused. **kızarmış ekmek** toast.

kızartma 1. roasted. 2. fried food.

kızartmak /ı/ to fry.

kızdırmak /ı/ 1. to make angry, irritate. 2. to heat, make hot.

kızgın 1. hot, red hot. 2. angry, enraged. 3. in heat, in rut. **kızgınlık** 1. anger, rage. 2. rut.

kızıl 1. red; ruddy. 2. scarlet fever, scarlatina. 3. communist.

Kızılay Red Crescent (Red Cross counterpart).

kızılcık 1. cornelian cherry. 2. cornel; dogwood.

Kızıldeniz Red Sea.

Kızılderili American Indian.

Kızılhaç Red Cross.

kızılötesi, -ni infrared.

kızışmak 1. to get angry or excited; to increase in fury or violence. 2. to become heated.

kızlık girlhood, maidenhood; virginity.

kızmak 1. to be angry, get cross, be ill -tempered. 2. to get hot (fat, metal). 3. to be in heat.

ki 1. who, which, that. 2. so that.

kibar 1. refined, polite, urbane. 2. tasteful; well-bred. **kibarca** in refined manner, politely, civilly.

kibarlaşmak 1. to become more refined in one's manners. 2. to assume an air of superiority.

kibarlık refined manners, courtesy. **kibarlık taslamak** to play the fine gentleman, put on fine airs.

kibir, -bri haughtiness, pride, conceit. **kibirli** haughty, proud.

kibirlenmek to become haughty.

kibrit, -ti match. **kibrit çakmak** to light or strike a match.

kifayet, -ti sufficiency; ability, capacity. **kifayet etmek** to be enough, suffice.

kiklon cyclone.

kil fuller's earth, clay. **killi** clayey.

kile bushel (36 1/2 kilos).

kiler pantry, larder, storeroom.

kilim rug without a pile, kilim.

kilise church.

kilit lock, latch, padlock. **kilitli** locked.

kilitlemek /ı/ to lock.

kilo kilo, kilogram. **kilo almak** to put on weight. **kilo vermek** to lose weight, grow thin.

kilogram kilogram.

kilometre kilometer.

kilovat, -tı kilowatt.

kim who, whoever. **kimi** some (of them). **kimimiz** some of us. **Kim bilir!** Who knows! **Kime ne?** What does it matter to anyone? **Kim o?** Who is it? **Kim oluyor?** Who does he think he is? **kim vurduya gitmek** to be killed in a confused scuffle. **kimi zaman** sometimes.

kimlik personal identity. **kimlik belgesi (kartı)** identity card.

kimse someone, somebody, anyone, anybody; (with negative) nobody, no one. **Kimsesi yok.** He has no one. He has no friends.

kimsecik not a single soul.

kimsesiz without relations or friends, without support or protection; homeless. **kimsesizlik** homelessness, forlornness.

kimya chemistry. **kimya mühendisi** chemical engineer. **kimya sanayii** chemical industry. **kimyacı** chemist, teacher of chemistry. **kimyager** chemist. **kimyasal** chemical.

kimyadoğrulumu, -nu chemotropism.

kimyagöçümü, -nü chemotaxis.

kimyevi chemical. **kimyevi maddeler** chemicals.

kimyon cumin.

kin grudge, rancor, malice, hatred, deep -seated enmity. **kin beslemek, kin gütmek** to nurse a grudge. **kinci** vindictive, rancorous.

kinaye 1. allusion, hint, indirect remark, innuendo. 2. metaphor. **kinayeli** allusive.

kinematik kinematics.

kinetik kinetic.

kinik cynic.

kinin quinine.

kip, -pi (gram.) mood. **kiplik** modality.

kir dirt. **kirli** 1. dirty, soiled. 2. blemished, disreputable. 3. laundry.

kira rent, hire, hiring; tenancy. **kira ile** on hire, on lease. **kira kontratı** lease, rental contract. **kiraya vermek** to let out on hire, let, rent. **kiracı** tenant, renter, lodger. **kiralık** for rent, for hire, to let.

kiralamak /ı, a/ to rent, hire.

kiraz cherry. **kirazlık** cherry orchard.

kireç lime, chalk. **kireç ocağı** lime kiln. **kireç kuyusu** lime pit. **kireç suyu** lime water. **kireçli** calcareous, chalky; mixed with lime. **kireçkaymağı, -nı** calcium chloride.

kireçlemek /ı/ 1. to put in lime, add lime (to). 2. to whitewash, limewash.

kireçlenme calcification.

kireçtaşı, -nı limestone.

kiremit clay roofing tile.

kiriş 1. joist, plank (set up edgewise); rafter. 2. catgut, bowstring; violin string. 3. (geom.) chord.

krizma a trenching of land (by spade).

krizmalamak /ı/ to double-trench.

kirlenmek to become dirty or soiled.

kirletmek /ı/ to make dirty, soil, dirty.

kirlikan venous blood.

kirman fortress.

kirmen wooden spindle, distaff.

kirpi 1. hedgehog. 2. porcupine.

kirpik 1. eyelash. 2. cilium.

kist cyst.

kisve garb, garment, costume.

kişi individual, person, human being; one. **kişi dokunulmazlığı** personal inviolability, immunity from arrest or prosecution. **kişilik** 1. personality. 2. for (so many) persons. 3. humanity, benevolence. **kişiliksiz** without individuality. **kişisel** personal.

kişileştirme personification.

kişioğlu of gentle birth, noble.

kişnemek to neigh, whinny.

kişniş coriander.

kitabe inscription, epitaph.

kitabevi, -ni bookstore, bookshop.

kitap 1. book. 2. sacred scripture. **kitaba uydurmak** to do something dishonest in an apparently honest way. **kitapçı** bookseller. **kitaplık** 1. bookcase, book shelves. 2. library. **kitapsız** 1. not possessing a book. 2. not believing in a sacred book, pagan.

kitara guitar.

kitle heap.

kizir village headman's helper.

klakson horn.

klan clan.

klapa lapel.

klarnet, -ti clarinet.

klasik classic; classical.

klasör file, loose-leaf binder.

klavsen clavichord.

klavye keyboard.

klik clique, coterie.

klinik clinic.

klips clips.

klişe 1. (print.) halftone. 2. cliché.

klor chlorine.

klorofil chlorophyll.

kloroform chloroform.

kloş bell-shaped (garment). **kloş etek** circular skirt; skirt (cut on the bias).

koalisyon coalition.

kobay guinea pig, cavy.

koca husband.

koca 1. old, aged; ancient. 2. large, great; famous.

kocamak to grow old.

kocaman large, huge, enormous.

koç, -çu ram.

kocayemiş arbutus, strawberry tree.

koçan 1. corn cob. 2. stump; check stub. 3. heart (of a vegetable).

koçyumurtası, -nı ram's testicles.

kodamanlar bigwigs.

kof 1. hollow, dry or rotten inside. 2. ignorant and stupid; empty. **kofluk** hollowness; emptiness; ignorance.

kofana large bluefish.

koflaşmak to become hollow inside.

koğuş large room; dormitory; ward.

kok, -ku coke. **kok kömürü** coke.

kokak smelly.

kokana elderly Christian woman. **kokana gibi** overdressed.

kokarca polecat.

kokart cockade.

koket coquette; coquettish.

koklamak /ı/ to smell; to nuzzle.

koklaşmak 1. to smell one another. 2. to caress and kiss one another.

kokmak 1. to smell, have a smell. 2. to stink. 3. to give indications of.

kokmuş 1. rotten, spoiled, putrid. 2. very lazy; dirty.

kokoreç dish of sheep's gut.

kokot, -tu prostitute.

kokteyl cocktail.

koku 1. smell, scent, odor; perfume. 2. inkling.

kokusunu almak to get an inkling of.
kokusu çıkmak to be divulged. **kokulu**
1. smelly. 2. sweet smelling, fragrant;
perfumed.
kokuşmak to go bad, be spoiled.
kokutmak /ı/ to give out a smell; to cause
(something) to smell.
kol 1. arm; foreleg of an animal. 2. sleeve.
3. branch; subdivision. 4. side, direction.
5. neck (of a musical instrument). 6. team;
troop. 7. patrol; (mil.) column. 8. (school) club.
9. handle; bar. **kollarını açmak** to receive
with open arms. **kol demiri** crossbar. **kol
gezmek** to go about as a patrol, go the
rounds. **koluna girmek** to take someone by
the arm. **kol kapağı** cuff. **kol kola** arm in
arm. **kol saati** wrist watch.
kola starch, starch paste. **kolalı** starched.
kola cola, kola.
kolaçan etmek /ı/ to look around.
kolan 1. broad band or belt; girth. 2. rope of a
swing. **kolan vurmak** to swing standing on a
swing.
kolay easy; simple. **kolayına bakmak** to look
for the easiest way. **kolayını bulmak** to find
an easy way. **Kolay gele! Kolay gelsin!** May
it be easy (said to someone at work). **kolayca**
easily; fairly easy. **kolayda** handy.
kolaylamak /ı/ to facilitate; to have nearly
finished.
kolaylanmak to be nearly finished.
kolaylaşmak to become easy.
kolaylık 1. easiness; facility. 2. means; easy
circumstances, comfort; convenience. **kolay-
lık göstermek** to help, make things easy.
kolaylıkla easily.
kolcu watchman, custom house guard.
kolçak 1. mitten. 2. cuff protector; armlet,
armband.
koldaş associate; companion; mate.
kolej a school of lycée level teaching in a
foreign language.
koleksiyon collection.
kolektif collective. **kolektif ortaklık** joint
-stock company.
kolera cholera.
koli parcel post package.
kollamak /ı/ 1. to search; to keep under
observation. 2. to look after, protect.
kolluk 1. cuff. 2. armband, armlet.
Kolombiya Columbia.
kolon 1. (print.) column. 2. main pipe.
koloni colony.
kolonya eau de Cologne.
kolordu army corps.
koltuk 1. armpit. 2. armchair. **koltuk altı**

armpit. **koltuk değneği** crutch. **koltukları
kabarmak** to swell with pride.
kolye necklace.
kolyoz chub mackerel.
kolza rape, rapeseed.
koma coma. **komaya girmek** to go into a
coma.
komandit, -ti limited partnership.
komando commando.
kombina combine, factories, mills.
kombinezon 1. underskirt, slip. 2. arrange-
ment, way.
komedi, komedya 1. comedy. 2. farce.
komedyen comedian.
komi 1. employee. 2. bus boy.
komik 1. comedian. 2. comic.
komiser superintendent of police.
komisyon 1. commission, committee. 2. per-
centage. **komisyoncu** commission agent,
broker.
komita revolutionary committee; secret so-
ciety. **komitacı** member of a secret revo-
lutionary society.
komite committee.
komodin chest of drawers, commode.
Komor Comoros.
kompartman compartment.
kompas calipers.
komple 1. full, occupied. 2. complete.
kompliman compliment.
komplo plot, conspiracy.
komposto stewed fruit.
kompozisyon composition.
komprador collaborationist, quisling.
komprime pill.
kompütür computer.
komşu neighbor. **komşu kapısı** very near
place. **komşuluk** neighborly deed.
komut, -tu order, command, signal.
komuta command, order.
komutan commander; commandant. **komu-
tanlık** commandership.
komünist communist. **komünistlik, komü-
nizm** communism.
konak 1. halting place; inn. 2. a day's journey.
3. mansion; government house.
konaklamak to stay for the night (on a
journey).
konca flower bud, rosebud.
konç leg of a boot or stocking.
kondurmak /ı, a/ to put or place on; to
attribute to.
kondüktör conductor (on a train).
konfeksiyon ready-made clothes.
konferans lecture. **konferans vermek** to
give a lecture. **konferansçı** lecturer.

konfor modern accommodations; ease, comfort.

Kongo Halk Cumhuriyeti People's Republic of the Congo.

kongre congress.

koni cone. **konik** conic.

konkav concave.

konmak /a/ 1. to alight; to settle; to perch. 2. to be added to.

konser concert.

konservatuvar school of music or theater, conservatory.

konserve canned (food).

konsey council.

konsol 1. chest of drawers. 2. console.

konsolos consul. **konsolosluk** consulate.

konsültasyon medical consultation.

konşimento bill of lading.

kont, -tu count, earl.

kontak 1. short circuit. 2. crackbrained, touched. **kontak anahtarı** ignition key.

kontenjan quota.

kontes countess.

kontra 1. counter, against. 2. plywood.

kontralto (mus.) contralto, alto.

kontrat, -tı contract.

kontrbas (mus.) double bass.

kontrfile counter side of a fillet, club cut.

kontrol, -lü checking. **kontrol etmek** to inspect, check.

kontrplak plywood.

konu subject matter.

konuk guest; sojourner.

konuklamak /ı/ to entertain, put up.

konu komşu the neighbors; all the neighborhood.

konuksever hospitable.

konum position, situation, location.

konuşkan talkative, loquacious.

konuşmak 1. to talk, converse, chat, speak (together). 2. to talk about, discuss, give a talk. **konuşma** 1. speech, talk. 2. conversation, discussion.

konuşturmak /ı/ 1. to get (someone) to talk. 2. to make (someone) talk.

konut, -tu residence, house.

konut, -tu postulate, assumption.

konveks convex.

konyak brandy.

kooperatif cooperative (organization).

kopanaki bobbin lace.

koparmak /ı, dan/ 1. to pluck. 2. to break off, tear away with violence. 3. to take by force; to obtain by violence or stratagem; to get something out of someone. 4. to set up (outcry).

kopça hook and eye.

kopil rapscallion, rascal.

kopmak 1. to break in two, break off; to snap. 2. to set out, start off on an action. 3. to break out, begin (violent commotion, natural disturbance). 4. to drive violently.

kopuk 1. broken off, torn. 2. penniless, vagabond.

kopuz a plucked instrument.

kopya copy. **kopya defteri** copybook. **kopya kâğıdı** carbon paper. **kopyacı** 1. copier. 2. cribber.

kor ember; red hot cinder.

kordiplomatik diplomatic corps.

kordon 1. cord; watch chain. 2. strand of rope. 3. enclosing line of guards; cordon. 4. ribbon of an order. 5. umbilical cord. **kordon altına almak** to cordon off.

Kore Cumhuriyeti Republic of Korea.

Kore Demokratik Halk Cumhuriyeti Democratic People's Republic of Korea.

koridor corridor; passage.

korkak 1. timid; cowardly. 2. coward. **korkaklık** timidity; cowardice.

korkmak /dan/ to be afraid (of), fear.

korku 1. fear, fright, terror, dread. 2. alarm; anxiety, care. 3. danger, peril; threat, menace. **korkulu** dangerous, frightening; perilous; dreadful. **korkusuz** fearless, intrepid.

korkuluk 1. scarecrow. 2. banister, balustrade; parapet. 3. mere figurehead.

korkunç terrible, terrifying.

korkutmak /ı/ 1. to frighten, alarm; to cause to be anxious. 2. to threaten, menace, drive away by threats.

korna car horn.

kornet trumpet.

korniş cornice.

korno 1. (mus.) horn, French horn. 2. oil can.

koro chorus.

korsa corset.

korsan pirate; corsair. **korsanlık** piracy.

korte dating, courting. **korte etmek** to flirt, date.

koru small wood, grove. **korucu** rural guard; forest watchman.

koruk unripe grape, sour grape. **koruk suyu** verjuice.

korumak /ı/ 1. to protect, defend; to watch over. 2. to cover (expenses). **koruma** protection, defense. **koruyucu** 1. protecting, protective. 2. defender.

korun epidermis.

korunak shelter, refuge.

korunmak 1. to defend oneself; to take shelter. 2. to avoid. **korunma** defense.

Kosta-Rika Costa Rica.

kostüm suit; ensemble.

koşmaca tag.

koşmak 1. to run; to go in haste, race about. 2. to harness; to put harnessed beasts to a vehicle. 3. to put to work. 4. to lay down (condition).

koşturmak 1. to run about and tire oneself (in doing something). 2. to dispatch.

koşu race; racing. **bir koşu** quickly, like a flash. **koşucu** runner.

koşuk ballad; folk song.

koşul condition. **koşullu** conditional.

koşum harness.

koşuşmak to run together; to crowd in; to make a concerted rush.

koşut parallel. **koşutluk** parallelism.

kota quoted price, quotation; quota.

kotarmak 1. to dish up (food); to serve out. **pişirip kotarmak** to whip up (a meal).

kotlet, -ti cutlet, chop.

kotra cutter (boat).

kova bucket.

kovalamaca tag.

kovalamak 1. to pursue, run after, chase. 2. to endeavour to obtain.

kovan 1. hive. 2. cartridge case; shell case.

kovboy cowboy.

kovmak 1. to drive away; to send away in disgrace. 2. to turn back; to repel. 3. to persecute; to denounce.

kovuk hollow; cavity.

kovuşturmak to prosecute. **kovuşturma** legal proceedings, prosecution.

koy small bay, inlet.

koyak valley.

koymak 1. to put, place, set. 2. to affect, sadden, impress.

koyu 1. thick; dense. 2. deep, dark. 3. undiluted. **koyuluk** 1. thickness, density. 2. intensity (of a color).

koyulaşmak 1. to thicken (a liquid). 2. to darken (a color).

koyulmak 1. to be busied with; to set to (work, etc.), begin. 2. to become dense; to become dark (color).

koyun sheep. **koyun gibi** stupid, simpleton.

koyun, -ynu bosom; breast.

koyuvermek, koyvermek 1. to let go; to allow. 2. just to put down.

koz 1. walnut. 2. trump (at cards). **koz helvası** nougat.

koza silk cocoon.

kozak, kozalak pine cone, cone.

kozmetik a cosmetic.

köfte meat balls.

köftün oil cake (food for cattle).

köhne old; worn out; antiquated; secondhand.

köhnemek, köhneleşmek to become old, get worn and dilapidated.

kök, -kü 1. root; base. 2. origin. **kökünü kazımak** to extirpate, eradicate. **kökünü kurutmak** to exterminate. **kök salmak** to send out roots, to be deeply rooted. **köklü** 1. having roots; rooted. 2. fundamental.

kökboyası, -nı madder (root).

köken origin, source.

köklenmek to root.

kökleşmek to take root.

köknar fir.

köle male slave. **kölelik** slavery.

köleleştirmek to reduce to slavery.

kömür 1. charcoal. 2. coal. **kömür çarpmak** to overcome (charcoal fumes). **kömürcü** coal dealer; stoker. **kömürlük** coal hole; coal cellar.

kömürleşmek to become carbonized.

köpek dog, cur. **köpeklik** lowdown behavior; baseness.

köpekbalığı, -nı shark; dogfish.

köpekdişi, -ni canine tooth.

köprü bridge. **köprü başı** (mil.) bridgehead.

köprücük collar bone.

köpük 1. froth; foam. 2. scum; suds, lather. **köpüklü** frothy, foamy; foaming.

köpürmek 1. to froth; to foam. 2. to lather, make suds. 3. to effervesce. 4. to become furious, become enraged.

kör 1. blind. 2. blunt. 3. dim. **kör döğüşü** confusion, muddle. **kör kütük** dead (drunk). **kör olası** Damn! **kör talih** bad luck, evil destiny. **kör topal** incompletely, somehow, so so. **körlük** 1. blindness. 2. bluntness.

körbağırsak caecum.

kördüğüm 1. snarl, tangle. 2. Gordian knot; deadlock.

körebe blindman's buff; the blindfolded player.

körelmek to become blind, get blunt or dim. **körelme** atrophy.

körfez gulf; bay; inlet.

körkuyu dry well.

körlenmek, körleşmek to become dull.

körpe young, tender, fresh. **körpelik** freshness; tenderness; youth.

körük 1. a pair of bellows. 2. folding roof. **körüklü** 1. having bellows. 2. having a folding hood (carriage).

kös dinlemek to be inattentive, woolgather.

köse hairless. **köselik** alopecia.

kösele stout leather (used for soles). **kösele gibi** very tough.

kösnümek to be in heat.

köstebek (zool.) mole.

köstek 1. watch chain. 2. fetter, hobble.

kösteklemek /ı/ 1. to tether, fetter. 2. to tie up, prevent.

köşe 1. corner, angle. 2. nook; retreat. **köşe başı** street corner. **köşe bucak** every hole and corner. **köşe kapmaca** puss in the corner.

köşebent 1. angle iron. 2. corner.

köşeli cornered, angled. **köşeli ayraç** brackets.

köşk, -kü kiosk, villa; summerhouse; pavilion.

kötek beating, cudgeling.

kötü bad, wicked, evil. **kötü günler** hard times. **kötüye kullanmak** to abuse, maltreat.

kötücül 1. malevolent. 2. malicious. **kötülük** 1. badness; wickedness; bad act; wrong; harm. 2. inclemency.

kötülemek 1. /ı/ to speak ill of, slander. 2. to become a wreck (from illness).

kötüleşmek to become bad, deteriorate; to go astray.

kötümser pessimistic. **kötümserlik** pessimism.

kötürüm paralyzed; crippled.

köy village; country. **köylü** 1. villager, peasant; village. 2. fellow villager.

köz embers.

kral 1. king. 2. kingly. **kralcı** royalist. **kralcılık** royalism.

kraliçe queen.

kraliyet, krallık kingdom; realm; royalty.

krank crankshaft.

kravat, -tı necktie.

kredi credit.

krem face cream, hand cream.

krema 1. icing. 2. cream.

krep, -pi crepe.

krepon kâğıdı crepe paper.

kreş public nursery for infants, crèche.

kriko jack, lifting jack.

kristal -li crystal.

kritik 1. critic. 2. critical, crucial. 3. accusation, criticism.

kriz crisis.

kroki sketch, architect's drawing; draft.

krom chromium.

kronometre chronometer.

kros cross-country race.

kruvazör cruiser.

ksilofon xylophone.

kubbe dome, cupola. **kubbeli** domed.

kubur drain-hole in a toilet fixture.

kucak 1. breast; embrace; lap. 2. armful. **kucakta** in arms (infant). **kucak açmak** to receive with open arms. **kucağına almak** to

pick up, take on one's lap. **kucak kucağa** 1. in one another's arms. 2. very close together.

kucaklamak /ı/ to take in one's arms; to embrace.

kucaklaşmak to hug each other.

kuçukuçu 1. call to a dog. 2. doggie, bow -wow.

kudret, -ti power, might, strength.

kudurmak 1. to be infected with rabies. 2. to go mad.

kuduruk rabid, hydrophobic; furious.

kuduz 1. hydrophobia, rabies. 2. hydrophobic, rabid, mad.

Kudüs Jerusalem.

kuğu swan.

kuka ball of thread.

kukla puppet.

kukuleta hood; cowl.

kukumav little owl.

kul 1. slave. 2. creature, man (in relation to God). **kulluk** slavery.

kulaç fathom. **kulaç atmak** to swim the crawl.

kulaçlamak /ı/ 1. to measure in fathoms. 2. to swim the crawl.

kulak 1. ear. 2. peg. **kulak asmamak** to ignore, not to pay attention. **kulaklarını dikmek** to prick up the ears. **kulaktan dolma** hearsay. **kulak erimi** earshot. **kulak kabartmak** to eavesdrop. **kulak kepçesi** earlap. **kulak kesilmek** to be all ears. **kulak misafiri** eavesdropper. **kulak vermek** to listen, pay attention (to). **kulaklı** having ears or handles.

kulaklık 1. earflap. 2. headphone, earphone. 3. hearing aid.

kulakmemesi, -ni earlobe.

kulaktozu, -nu sensitive spot behind the ear.

kule tower; turret.

kulis backstage, wings. **kulis yapmak** to lobby.

kullanılmış secondhand, used, not new.

kullanış use. **kullanışlı** handy; serviceable.

kullanmak /ı/ 1. to use, employ. 2. to treat (in any manner); to deal tactfully with. 3. to handle, direct; to drive (car). 4. to take habitually (food, drink, tobacco).

kulp, -pu handle, lug (of a kettle).

kuluçka broody hen. **kuluçka devri** incubation period. **kuluçka makinesi** incubator. **kuluçkaya yatmak** to incubate.

kulun newborn foal.

kulunç stiff neck.

kulunlamak to foal.

kulübe hut; shed; cot; sentry box; booth; covered stall.

kulüp club.

kum sand; gravel. **kum havuzu** sandbox.
kum saati hourglass. **kumlu** 1. sandy;
gravelly; gritty. 2. speckled with small spots
(cloth). **kumluk** 1. sandy place; sands.
2. sandy. **kumsal** 1. sandy. 2. sandy place;
sand beach.

kuma any wife in a polygamous household.

kumanda military command, order. **kuman-
da etmek** to command, give a command.
kumandan military commander. **kuman-
danlık** commandership.

kumanya provisions; rations.

kumar gambling. **kumarbaz, kumarcı** gam-
bler.

kumarhane gambling den.

kumaş cloth; tissue; fabric. material.

kumbara moneybox, piggy bank.

kumla sandy beach.

kumpanya company; firm.

kumpas lesson.

kumru turtledove, ringdove.

kumtaşı, -nı sandstone.

kundak 1. swaddling clothes. 2. gunstock.
3. bundle of oily rags (for incendiary
purposes).

kundakçı 1. incendiary. 2. mischief-maker.
kundakçılık arson.

kundaklamak /ı/ 1. to swaddle. 2. to set fire
to, sabotage.

kundura shoe.

kunduz beaver.

kunt, -tu strong, solid.

kupa 1. cup, goblet; mug. 2. (cards) heart.

kupon 1. coupon. 2. dress length.

kupür clipping.

kur 1. course (of studies). 2. rate of exchange.
kur farkı difference in exchange rates.

kur courtship; flirtation. **kur yapmak** to court,
flirt.

kura 1. lot. 2. military conscription; year or
class of conscripts. **kura çekmek** to draw lots.

kurabiye cookie.

kurak dry, arid. **kuraklık** drought.

kural rule. **kurallı** regular. **kuralsız** irregular.

kuram theory. **kuramsal** theoretical.

Kuran the Quran.

kurbağa frog.

kurbağacık 1. tumor on the tongue. 2. window
lug.

kurbağalama breast stroke. **kurbağalama
tırmanmak** to shin, shinny.

kurban sacrifice; victim. **kurban etmek** to
sacrifice.

kurcalamak /ı/ 1. to meddle with; to fiddle
about with, tamper with. 2. to scratch, rub,

irritate.

kurdağzı, -nı dovetail tenon.

kurdele ribbon.

kurdeşen rash.

kurgan 1. fortification; castle, fortress. 2. (ar-
cheol.) tell.

kurgu 1. winding key, clock key, watch stem.
2. winding. 3. mounting, installation. 4. mon-
tage.

kurgubilim science fiction.

kurmak /ı/ 1. to set up, establish; to organize.
2. to plan; to meditate. 3. to set (trap). 4. to
cock (gun); to wind (clock). 5. to pitch (tent).
6. to make (pickles).

kurmay (mil.) staff. **kurmay subay** staff
officer.

kurna basin of a bath or fountain.

kurnaz sly, cunning; shrewd; foxy.

kuron 1. crown (of a tooth). 2. crown (coin).

kurs course, lesson.

kurs disc.

kursak craw, maw.

kurşun 1. lead. 2. bullet. **kurşuna dizmek** t~
execute by shooting. **kurşuni** lead colored,
gray.

kurşunkalem pencil.

kurşunlamak /ı/ 1. to cover or seal with lead.
2. to shoot with a gun.

kurt 1. wolf. 2. worm, maggot. **kurt köpeği**
wolf dog. **kurtlu** 1. maggoty, wormy.
2. uneasy, fidgety.

kurtarıcı 1. wrecker, tow truck. 2. savior.

kurtarmak /ı/ 1. to save, rescue. 2. to redeem.
3. to recover. **kurtarma** rescue, recovery.

kurtçuk larva, maggot.

kurtlanmak 1. to become maggoty or
wormeaten. 2. to become impatient; to fidget.

kurtulmak 1. to escape, get free. 2. to be
saved, be redeemed. 3. to slip out. 4. to give
birth.

kurtuluş escape; salvation; release. **Kurtuluş
Savaşı** War of Independence.

kuru 1. dry; dried. 2. withered, dead (plant).
3. emaciated, thin. 4. bare, mere, sheer. **kuru
gürültü** unnecessary excitement. **kuru kala-
balık** useless crowd. **kuru laf** impossible
promises. **kuru temizleme** dry cleaning.
kuru üzüm raisin. **kuru yemiş** dried fruits
and nuts.

kurucu founder; organizer.

kurukafa skull.

kurukahve roasted coffee beans.

kurul council; committee.

kurulamak /ı/ to wipe dry; to dry. **kurulama
bezi** dish towel.

kurulmak 1. to be set up 2. to pose; to

swagger. 3. to settle oneself comfortably.
kurultay council, assembly; congress.
kurulu 1. established; set up. 2. wound up (clock). 3. ready to fire (gun).
kuruluş 1. establishment, foundation. 2. structure.
kurum association; society; corporation.
kurum soot.
kurum pose; conceit. **kurum satmak** to put on airs. **kurumlu** stuck-up, conceited, self-important.
kurumak 1. to dry. 2. to dry up, wither. 3. to become thin.
kurumlanmak to be self-important, put on airs, be stuck-up.
kuruntu 1. fancy; unfounded suspicion. 2. illusion; hallucination. **kuruntulu** neurotic, hypochondriac.
kuruş kurush, piaster. **kuruşu kuruşuna** just barely enough, to the penny.
kurut, -tu dried milk product.
kurutma kâğıdı blotting paper.
kurutmak /ı/ to desiccate, dehumidify, dry; to shrivel.
kurutucu drying, siccative, drier.
kurye courier.
kuskun crupper strap.
kuskus pellet-sized pasta.
kusmak to throw up, vomit.
kusmuk vomit, vomitted matter.
kusturucu emetic.
kusur fault, defect; deficiency, imperfection. **kusurlu** 1. faulty, defective. 2. incomplete, deficient. **kusursuz** without defect, perfect; faultless.
kuş bird, fowl. **kuş beyinli** stupid, birdbrained. **kuş gibi** very light, very agile; brief. **kuşçu** 1. bird fancier. 2. falconer.
kuşak 1. girdle; sash; belt; cummerbund. 2. generation. 3. zone.
kuşanmak /ı/ to gird on.
kuşatmak /ı/ 1. to gird. 2. to surround, envelop; to besiege.
kuşbakışı bird's-eye view.
kuşbaşı, -nı 1. (meat) in small pieces. 2. in big flakes.
kuşdili, -ni children's jargon; thieves' slang.
kuşekâğıdı, -nı heavy glazed paper.
kuşet bunk, shelf.
kuşhane 1. small saucepan. 2. aviary.
kuşkonmaz asparagus.
kuşku suspicion. **kuşkulu** suspicious. **kuşkusuz** 1. unsuspicious. 2. certainly, undoubtedly.
kuşluk forenoon. **kuşluk yemeği** brunch.
kuşpalazı, -nı diphtheria.

kuşsütü, -nü any nonexistent thing.
kuştüyü, -nü feather, down.
kuşüzümü, -nü currant.
kuşyemi, -ni bird seed.
kutlamak, kutlulamak /ı/ 1. to congratulate. 2. to celebrate.
kutlu lucky, fortunate; auspicious; happy.
kutsal sacred, holy.
kutsamak /ı/ to sanctify, consecrate.
kutu box, case. **kutu gibi** small and cosy.
kutup, -tbu pole.
kutuplaşmak to polarize.
Kutupyıldızı, -nı North Star, Polaris.
kutur, -tru diameter.
kuvaför hairdresser.
kuvars quartz.
kuvöz incubator (for newborn infants).
kuvvet, -ti 1. strength, power, might, force. 2. vigor. 3. potency. **kuvvet almak** /dan/ to receive strength or courage. **kuvvetten düşmek** to weaken, lose strength. **kuvvet ilacı** tonic, elixir. **kuvvetle** strongly, greatly. **kuvvetli** 1. strong, powerful, mighty. 2. vigorous. **kuvvetsiz** weak, feeble, without strength.
kuvvetlendirmek /ı/ to strengthen.
kuvvetlenmek to become strong; to be strengthened.
kuyruk 1. tail; appendix. 2. follower. 3. queue. 4. train (of a dress). **kuyruk olmak** 1. to queue up, line up. 2. to follow blindly, be partial (to). **kuyruklu** tailed, having a tail. **kuyruklu piyano** grand piano. **kuyruklu yalan** whopper, lie.
kuyrukluyıldız comet.
kuyruksokumu, -nu coccyx.
kuyrukyağı, -nı fat rendered from the tail of the fat-tailed sheep.
kuytu sheltered; secluded.
kuyu well; pit. **kuyu bileziği** wellcurb. **kuyusunu kazmak** to lay a trap for someone. **kuyucu** well digger; well driller.
kuyumcu goldsmith; jeweler.
kuzen (male) cousin.
kuzey north; northern.
kuzgun raven.
kuzin (female) cousin.
kuzu lamb. **kuzu derisi** lambskin.
kuzukulağı, -nı sorrel.
kuzulamak to lamb.
Küba Cuba.
kübik cubic.
küçük 1. small, little. 2. young; younger. 3. insignificant, paltry; inferior. **küçük aptes** urination. **küçükten beri** from childhood. **küçük düşmek** to look small; to

feel small. **küçük görmek** to belittle. **küçük parmak** little finger or toe. **küçük** some large, some small; young and old. **Küçükayı** Little Dipper.

küçükdil uvula.

küçüklük 1. smallness, littleness. 2. childhood. 3. pettiness; indignity.

küçülmek 1. to become small; to be reduced. 2. to wane. 3. to feel insignificant.

küçültmek /ı/ 1. to make small. 2. to minimize. **küçültücü** humiliating, derogatory.

küçümsemek /ı/ to belittle; to despise.

küf mold, mildew. **küflü** moldy, rotten; musty.

küfe large deep basket. **küfeci** 1. basket maker. 2. porter (who carries goods in a basket on his back).

küflenmek 1. to get moldy, mildew. 2. to corrode. 3. to deteriorate.

küfretmek /a/ to curse, swear.

küfür curse, blasphemy; swearing. **küfürbaz** swearing; foul-mouthed.

küfür, -frü unbelief.

küheylan full-blooded Arab horse.

kükremek 1. to roar (lion). 2. to bellow with rage.

kükürt sulfur. **kükürtlü** sulfurous.

kül ashes. **kül olmak** 1. to be reduced to ashes. 2. to be utterly ruined.

külah conical hat or cap.

külçe ingot.

külfet, -ti trouble, inconvenience, effort, onus. **külfetli** troublesome; laborious.

külhanbeyi, -ni a bully, a tough.

külliyat, -tı complete works, writings, corpus.

külliye collection of buildings surrounding a mosque, a complex.

küllük 1. ash hole, ash heap. 2. ash tray.

külot, -tu 1. undershorts, briefs, underwear. 2. riding trousers.

külte 1. bunch, handful. 2. stratum. 3. ingot.

kültür culture. **kültürlü** cultured.

kültüstür shabby; rattletrap, ramshackled.

kümbet, -ti vault; cupola, dome.

küme 1. heap, mound, pile. 2. group, mass, hill.

kümebulut, -tu cumulus.

kümelenmek to come together in heaps or groups.

kümes 1. hen house, coop. 2. cottage. **kümes hayvanları** poultry.

künk earthenware water pipe.

künye identification tag, dog tag.

küp, -pü large earthenware jar. **küp gibi** enormously stout.

küp cube; cubic.

küpe 1. earring. 2. wattle.

küpeçiçeği, -ni fuchsia.

küpeşte 1. railing. 2. handrail.

kür health cure.

kürdan toothpick.

küre globe; sphere; ball. **küresel** global, spherical.

kürek 1. shovel; scoop. 2. oar, paddle, 3. baker's peel. **kürek cezası** condemnation to the galleys; hard labor with exile. **kürek çekmek** to row. **kürek kemiği** shoulder blade.

küremek /ı/ to shovel up.

kürk, -kü fur; fur coat. **kürkçü** furrier.

kürsü 1. pulpit; dais, platform. 2. chair, seat; professorship.

Kürt Kurd.

kürtaj 1. curetting, curettage. 2. abortion.

küsegen easily offended, touchy.

küskün disgruntled, offended. **küskünlük** vexation, sulkiness.

küsmek /a/ 1. to be offended; to sulk, pout. 2. to be stunted.

küspe oil cake.

küstah insolent, impertinent. **küstahlık** insolence, effrontery.

küsur 1. fractions. 2. remainder, additional amount, odd.

küsüşmek /la/ to get cross with each other.

küt 1. stump. 2. thud.

kütle heap; block; mass.

kütleşmek to become blunt.

kütük 1. tree trunk; balk; log. 2. stock (of a vine). 3. ledger, register. **kütük gibi** 1. dead drunk. 2. swollen.

kütüphane library.

kütürdemek to crash, crackle, crunch.

kütürtü crash, crackle, crunch.

küvet, -ti 1. basin, bathtub, sink. 2. developing tray. 3. bedpan.

L

la (mus.) la.

labada patience dock.

labirent, -ti labyrinth.

laboratuvar laboratory.

lacivert dark blue, navy blue.

laçka 1. let go, slacken off (rope). 2. play, slack (in machinery). **laçka etmek** to slacken, cast off (a rope). **laçka olmak** to get slack.

laden cistus.

lades a bet with the wishbone of a fowl. **lades kemiği** wishbone. **lades tutuşmak** to bet with a wishbone.

ladin spruce (tree).

laf 1. word; talk; chat. 2. windiness, nonsense. **laf anlamaz** 1. stupid. 2. obstinate; incorrigible. **laf aramızda** between you and me. **laf atmak** 1. to chatter. 2. to make fresh remarks. **laf işitmek** to be rebuked.

lafebesi, -ni 1. chatterbox. 2. quick with retorts.

lağım 1. sewer; drain. 2. underground tunnel; adit.

lağvetmek /ı/ to cancel, abrogate, abolish.

lahana cabbage.

lahit, -hdi sarcophagus; walled tomb.

lahmacun a kind of meat pizza.

lahza instant.

lakap nickname; by-name.

lakayt indifferent, careless; nonchalant.

lake lacquered.

lakerda salted tunny; sliced pickled tunny.

lakırdı 1. word. 2. talk; words.

lakin but; still; yet; however.

laklak 1. clacking noise made by storks. 2. senseless chatter. **laklak etmek** to chatter.

laklaka senseless chatter; talk.

laklakıyat, -tı prattle, idle talk.

lal, -li 1. ruby; garnet. 2. red ink.

lala male servant who takes care of a child.

lale tulip.

lam microscope slide.

lama llama.

lamba 1. lamp. 2. radio tube.

lame lamé.

lanet, -ti 1. curse, damnation. 2. peevish; cross. **lanet okumak** to curse. **lanetli** cursed.

lanetlemek /ı/ to curse.

Lao Laos.

lapa 1. watery boiled rice. 2. poultice. **lapa gibi** soft; mushy. **lapa lapa** in large flakes (snow). **lapacı** flabby; languid.

lappadak suddenly.

larenjit, -ti laryngitis.

lastik 1. rubber. 2. tire. 3. galoshes. 4. (knitting) ribbing.

lata (wooden) board.

latarna, laterna barrel organ.

latif fine; pleasant; charming; gracious.

latife joke.

Latin 1. Latin. 2. Eastern Catholic. **Latin harfleri** Latin characters. **Latince** Latin language; in Latin.

laubali free and easy; too familiar. **laubalilik** impertinence, brashness, freshness.

lav lava.

lavabo washbasin, sink.

lavanta lavender water. **lavanta çiçeği**

lavender (flower).

lavman enema.

layık worthy, deserving; fitting, appropriate. **layıkıyla** properly, adequately.

layik, -ki lay; secular. **layiklik** secularism, laicism.

layikleştirmek /ı/ to secularize.

Laz Laz.

lazer laser.

lazım necessary; requisite, essential.

lazımlık chamber pot.

leblebi roasted chickpea.

leğen 1. large shallow metal vessel; tub. 2. pelvis.

Leh Polish, Pole.

lehçe dialect.

lehim 1. solder. 2. solder joint. **lehimli** soldered.

lehimlemek /ı/ to solder.

lehinde in favor of, on the side of.

leke 1. stain; spot of dirt; mark, spot. 2. shame, dishonor. **lekeli** 1. spotted; stained. 2. dishonored; of ill repute. **lekeci** dry cleaner, clothes cleaner.

lekelemek /ı/ 1. to stain; to soil. 2. to defame.

lekelihumma typhus fever.

lenf, lenfa lymph.

lenger deep copper dish.

lenger anchor.

leopar leopard.

lepiska blond (hair), fair.

Lesotho Lesotho.

leş carcass.

letafet, -ti charm; grace, elegance.

levazım 1. supplies; provisions. 2. necessities; materials.

levha 1. picture; framed inscription. 2. signboard. 3. metal plate. 4. slab.

levrek sea bass.

leylak lilac.

leylek stork.

leyli boarder (at school).

leziz delicious; tasty, savory.

lezzet, -ti taste; flavor. **lezzetli** tasty, delicious. **lezzetlenmek** to become tasty.

liberal, -li liberal.

Liberya Liberia.

libre pound (weight).

Libya Libya.

lider leader.

lif 1. fiber. 2. vegetable sponge, luffa. 3. palm fibers (used for scrubbing in a bath).

lig (sports) league.

Lihtenştayn Liechtenstein.

likit 1. fluid. 2. liquid.

likör liqueur.

liman harbor; seaport. **liman işçisi** long-shoreman.

limanlamak 1. to come into harbor. 2. to die down (wind, sea).

limon lemon.

limonata lemonade.

limonluk greenhouse. 2. lemon squeezer.

limontozu, limontuzu, -nu citric acid.

linç, -çi lynching. **linç etmek** to lynch.

linyit, -ti lignite.

lir lyre.

lira lira (Turkish monetary unit).

liret, -ti Italian lira.

lirik lyrical.

lisan language.

lisans 1. bachelor's degree, master's degree. 2. import or export license.

lise high school, lycée.

liste list.

litre liter.

Litvanya Lithuania.

liyakat, -ti merit; capacity; suitability. **liyakatli** capable, efficient.

lobut, -tu cudgel; Indian club.

loca 1. box (at a theater), loge. 2. Masonic lodge.

lodos southwest wind; southwesterly gale.

lodoslamak to blow from the southwest (wind); to become mild (weather).

logaritma logarithm.

loğusa woman after childbirth. **loğusalık** childbed; lying-in, confinement.

lojman apartment or house provided by an employer.

lokal, -li 1. clubroom; club. 2. local.

lokanta restaurant. **lokantacı** restaurant keeper, restaurateur.

lokavt, -tı (com.) lockout.

lokma 1. morsel. 2. a small ball of fried sweet dough.

lokomotif railway engine, locomotive.

lokum Turkish delight.

lonca guild; corporation.

Londra London.

lop, -pu round and soft. **lop yumurta** hard -boiled egg.

lop, -pu (anat.) lobe. **lopçuk** lobule.

lor soft goat-milk cheese.

lostra shoe polish. **lostracı** shoeshine boy.

lostromo (naut.) chief of the crew; boatswain.

losyon eau de Cologne.

loş dark; gloomy; dim.

lotarya lottery.

Lozan Lausanne.

lök, -kü awkward; clumsy; sluggish.

lutr 1. otter. 2. otterskin.

Lübnan Lebanon.

lüfer bluefish.

lügat, -ti 1. word, term. 2. dictionary.

lüks luxury. **lüks lambası** pressurized kerosene lamp with an incandescent mantle. **lüks mevki** de luxe class.

Lüksemburg Luxemburg.

lüle 1. curl; fold. 2. spout at a fountain. 3. bowl of a tobacco pipe. **lüle lüle** curly (hair). **lüleci** maker or seller of pipe bowls. **lüleci çamuru** pipe clay.

lületaşı, -nı meerschaum.

lütfen please; kindly.

lütfetmek /ı, a/ to do a favor.

lütuf, -tfu kindness, goodness, favor.

lüzum necessity; need. **lüzumlu** necessary.

lüzumsuz unnecessary.

M

maada besides, except; in addition to.

maalesef unfortunately; with regret.

maarif education, public instruction.

maaş salary; allowance. **maaşlı** receiving a salary, on salary, salaried.

mabet place of worship, temple.

mablak spatula; putty knife.

mabut god; idol.

Macaristan Hungary.

macera adventure. **maceracı** adventurer. **maceralı** adventurous, hazardous.

maceraperest, -ti adventurer.

macun 1. paste; putty; cement. 2. medicated preparation of sugar like soft taffy. **macunlamak** /ı/ to stop up with putty.

maç, -çı (sports) game, match.

maça (cards) spade.

maçuna (naut.) crane; shears.

Madagaskar Madagascar.

madalya medal.

madalyon medallion.

madam madam, married lady (used only of non-Muslim women).

madde 1. article, substance. 2. material. 3. subject. 4. paragraph (of a regulation or law). **maddeci** materialist. **maddecilik** materialism. **maddeten** materially substantially.

maddi material; physical; materialistic.

madem, mademki since, as; while.

maden 1. mine; ore; mineral; metal. 2. metal lic. **maden damarı** lode; vein. **maden filizi** ore. **maden işçisi** miner; pitman. **mader**

mühendisi mining engineer. **maden ocağı** mine; pit. **maden tuzu** rock salt. **madeni, madensel** mineral, metal; metallic. **madensi** 1. metallic. 2. metalloid.

madeni 1. miner; mining expert. 2. metallurgist. 3. mine owner. **madencilik** 1. mining. 2. metallurgy.

madenkömürü, -nü coal.

madensuyu, -nu mineral water.

madrabaz cheat, impostor.

Mafia Mafia, Maffia.

mafsal joint, articulation.

magazin magazine, periodical.

magnezyum magnesium.

Magosa Famagusta.

mağara cave, cavern.

mağaza large store, shop.

mağdur wronged, unjustly treated; sufferer, victim; (law) injured party.

mağlubiyet, -ti defeat.

mağlup conquered, overcome, defeated.

mağrur proud, conceited, haughty.

mahal, -lli place, locality.

mahalle 1. street; quarter, district. 2. ward (in a city or town).

mahallebi sweet pudding made with milk and rice flour.

mahalli local.

maharet, -ti skill, proficiency.

mahcup 1. shy, bashful. 2. ashamed.

mahdut 1. limited, bounded. 2. restricted. 3. few, not much.

mahfaza 1. case, box; casket. 2. sheath; capsule; cover.

mahfuz kept, treasured; protected; looked after; safe; guarded.

mahir expert, skillful, well versed.

mahiyet, -ti 1. the reality; true nature of a thing; character. 2. (phil.) entity; essence.

mahkeme law court.

mahkemelik matter for the courts. **mahkemelik olmak** to have dispute which can only be settled in a court of law.

mahkûm 1. sentenced, condemned, judged. 2. doomed. 3. convict. **mahkûm etmek** to sentence, condemn.

mahkûmiyet, -ti condemnation; sentence.

mahluk, -ku creature.

mahlul, -lü (chem.) solution.

mahmur sleepy, languid (eye).

mahmuz 1. spur. 2. cockspur.

mahmuzlamak /ı/ to spur on (an animal).

mahpus imprisoned; prisoner.

mahreç 1. outlet. 2. origin, source.

mahrem 1. confidential; secret; intimate. 2. confidant. 3. prohibited; too closely related

to marry (each other).

mahremiyet, -ti secrecy.

mahrum deprived, destitute. **mahrum kalmak** to remain deprived of.

mahrumiyet, -ti deprivation, privation, destitution. **mahrumiyet bölgesi** underdeveloped area.

mahsuben on account, to the account (of).

mahsul, -lü 1. product; produce, crop. 2. result.

mahsur shut up, confined, cut off; besieged, blockaded.

mahsus 1. /a/ special, peculiar (to). 2. /a/ reserved (for). 3. on purpose. 4. as a joke.

mahşer 1. the last judgment. 2. great crowd, great confusion.

mahvetmek /ı/ to destroy.

mahvolmak to be destroyed, be ruined.

mahzen underground storeroom; granary, cellar.

mahzun sad, grieved, saddened, sorry.

mahzur objection, inconvenience. **mahzurlu** inconvenient; dangerous; disapproved.

maişet, -ti means of subsistence, livelihood; maintenance; living.

maiyet, -ti suite of an official; attendants; company, retinue. **maiyetinde** in his company or suite; under him.

majör major (mode, scale).

majüskül, -lü capital letter, majuscule.

makale article (in a newspaper).

makam 1. one's place, rank, station. 2. post, office.

makam (mus.) mode.

makara pulley, block; reel, spool, bobbin. **makara dili** sheave of a block.

makarna macaroni, spaghetti.

makas 1. scissors, shears. 2. (rail.) switch.

makasçı (rail.) switchman.

makaslama crosswise.

makaslamak /ı/ 1. to cut with scissors, clip. 2. to pinch (someone's cheek).

makat, -tı the behind, anus, rear.

makbul, -lü accepted; acceptable; liked, esteemed.

makbuz receipt (for payment).

maket, -ti sketch; outline; model.

maki scrub, bush, maquis.

maki lemur.

makina machine, engine. **makine mühendisi** mechanical engineer. **makine yağı** lubricating oil, machine oil.

makineleşmek to become like a machine.

makineleştirmek /ı/ to mechanize.

makineli fitted with a machine; engine-driven. **makineli tüfek** machine gun.

makinist, -ti engine driver; mechanic.

makrame macramé.

maksat intention, purpose, aim, object.

maksi maxi.

maksimum maximum.

maktul, -lü killed, slain.

makul, -lü 1. reasonable, wise; prudent; rational. 2. conceivable, comprehensible.

makyaj make-up.

mal 1. property; possession; wealth, riches. 2. goods. 3. scamp, scoundrel. **mal müdürü** head of the finance office (in a district). **mal mülk** goods, property. **mal etmek** /ı, a/ to take possession of, appropriate. **mal olmak** /ı, a/ to cost.

mala trowel.

malak young buffalo calf.

malarya malaria.

Malavi Malawi.

Maldiv Maldives.

Malezya Malaysia.

malgama amalgam.

mali pertaining to property; financial; fiscal.

Mali Mali.

malik, -ki possessor, owner; owning, possessing. **malik olmak** /a/ to have, possess, own.

malikâne state lands held in fief by a private owner; large estate.

maliye finance; finance office. **Maliye Bakanlığı** Ministry of Finance. **maliyeci** financier; economist.

maliyet, -ti cost.

malt, -tı malt.

Malta Malta.

maltaeriği, -ni loquat.

maltataşı, -nı Malta stone, fine white sandstone.

maltız brazier.

malul, -lü 1. diseased, ill; invalid. 2. defective; disabled.

malum known.

malumat, -tı information; knowledge, learning.

malzeme materials, necessaries; provisions, stock; stuff; supplies.

mama 1. baby food. 2 (baby talk) food.

mamafih nevertheless, however, yet.

mamulat, -tı manufactured goods, products.

mamur developed, inhabited.

mamut, -tu (zool.) mammoth.

mana 1. meaning, significance, sense; interpretation. 2. expression (face). **mana vermek** /a/ to interpret, find meaning in. **manalı** meaningful. **manasız** meaningless, senseless; pointless.

manastır monastery.

manav 1. fruit and vegetable store. 2. fruit seller, vegetable man.

mancınık 1. catapult, ballista. 2. spinning wheel for silk thread.

manda water buffalo.

manda (intern. law) mandate.

mandal 1. latch; bolt; catch; tumbler. 2. clothespin. 3. (mus.) peg.

mandalina tangerine.

mandallamak /ı/ 1. to shut with a latch or bolt. 2. to hang (laundry) up with clothespins.

mandater (pol.) mandatory.

mandıra dairy farm; cowshed; sheepfold.

mandolin mandolin.

manej manège.

manen morally (as opposed to materially); virtually; in truth.

manevi moral (as opposed to material); spiritual.

maneviyat, -tı 1. moral and spiritual matters. 2. morale.

manevra 1. maneuver, maneuvers. 2. (mech.) operation; (rail.) shunt. 3. trick; stratagem. **manevra yapmak** 1. (rail.) to shunt. 2. (mil.) to maneuver.

manga (mil.) squad.

mangal brazier. **mangal kömürü** charcoal.

manganez manganese.

mâni, -ii, -yi obstacle, impediment, hindrance. **mani olmak** /a/ to prevent.

mani a form of Turkish folk song. **mani söylemek** to sing a folk song.

mani mania.

mânia obstacle, difficulty; barrier.

manidar significant; expressive; full of meaning.

manifatura textiles; cloth.

manifesto (com.) manifest.

manikür manicure.

maniple (teleg.) sending key.

manipülatör 1. (teleg.) sending key. 2. telegraph operator.

manivela crank, lever; crowbar.

mankafa dull, stupid; awkward fool.

manken mannequin.

manolya magnolia.

manometre manometer.

mansiyon honorable mention.

Manş the English Channel. **Manş Denizi** the English Channel.

manşet, -ti 1. cuff. 2. newspaper headline.

manşon muff.

mantar 1. mushroom; fungus; toadstool. 2. cork; cork for a bottle.

mantık logic; reasoning faculty. **mantıkçı** logician. **mantıklı** logical; reasonable. **mantıksız** illogical, unreasonable.

mantıkdışı, -nı alogical.

mantis mantissa.

manto woman's coat.

manya mania.

manyak maniac, stupid fool.

manyetik magnetic.

manyetizma 1. mesmerism. 2. magnetism.

manyeto magneto.

manyezi magnesia.

manyok, -ku manioc, tapioca plant, cassava.

manzara view, sight, spectacle, panorama. **manzaralı** having a pleasant view.

manzum written in rhyme and meter; in verse.

manzume composition in rhyme or verse, verse, poem.

marangoz carpenter, cabinetmaker.

maraz disease; sickness, illness.

maraza quarrel, row.

mareşal, -li marshal.

margarin margarine.

marifet, -ti 1. skill, talent; skilled trade. 2. contrivance; curiosity. 3. intervention, means, mediation. **marifetli** skilled, talented; skillful; cleverly made.

mark, -kı mark (monetary unit of Germany).

marka 1. mark; sign; brand. 2. stamp; trademark. 3. (sports) tag, counter. **markalı** 1. marked; bearing the mark of. 2. stamped.

marki marquis.

markiz marchioness.

markizet, -ti marquisette.

Marksist Marxist.

Marksizm Marxism.

Marmara the Marmara, the Marmara.

marmelat, -tı marmalade.

maroken Morocco leather.

marpuç tube of a narghile.

marsık imperfectly burnt charcoal (giving off poisonous fumes).

marş 1. (mil.) Forward march! 2. (mus.) march. 3. treadle; gas pedal.

marşandiz freight train.

mart, -tı March.

martı gull.

marul romaine lettuce, cos lettuce.

maruz /a/ exposed to.

marya 1. ewe, female sheep. 2. female animal. 3. young fish, fry.

masa 1. table. 2. office desk. 3. department in a government office. **masa örtüsü** tablecloth.

masaj massage.

masal 1. story, tale; fairy tale. 2. lie, invention.

masat bone, steel.

masatenisi, -ni table tennis, ping-pong.

maskara 1. buffoon, laughingstock. 2. ridic-

ulous; dishonored. 3. cute child, little dear. 4. masquerader (in a carnival). 5. mask.

maskaralık 1. buffoonery. 2. making oneself ridiculous. 3. shame, dishonor.

maskaralaşmak to grow ridiculous.

maske mask. **maskeli** masked. **maskeli balo** masked ball, fancy ball.

maskelemek /i/ 1. to mask, hide. 2. to camouflage, mask with paint (light bulb).

maskot mascot.

maslahat, -tı business; affair.

maslahatgüzar chargé d'affaires.

maslak 1. stone trough (for watering animals). 2. running faucet. 3. water tower.

mason Freemason, Mason. **masonluk** Freemasonry.

masraf expense; outlay.

masrafçı notions shop.

massetmek /i/ to absorb.

mastar 1. infinitive. 2. (carpentry) strike board, lute.

mastı basset hound.

masum innocent; guiltless.

masura bobbin.

maşa tongs; pincers.

maşallah 1. Wonderful! Praise be! 2. blue bead, charm.

maşatlık non-Muslim cemetery.

maşrapa metal drinking pot, mug.

mat, -tı checkmate.

mat, -tı mat, dull (surface).

matah (contemptuous) goods, thing.

matara flask, canteen.

matbaa printing press, press; printing office. **matbaacı** printer. **matbaacılık** printing.

matbu, -uu printed.

matbua printed matter.

matbuat, -tı the press.

matem mourning; sorrow, grief. **matemli** mournful, in mourning.

matematik mathematics. **matematikçi** mathematician; mathematics teacher.

materyalist, -ti materialist; materialistic.

materyalizm materialism.

materyel material.

matine matinee.

matkap drill, gimlet, auger.

matmazel Miss, Mademoiselle.

matrah tax evaluation.

matris (print.) plate; matrix.

Mauritius Mauritius.

mavi blue.

mavna barge, lighter.

maya 1. ferment, leaven; yeast. 2. essence, root, origin.

mayalamak /i/ to work, ferment, leaven.

mayalanma fermentation.

mayasıl eczema.

maydanoz parsley.

mayhoş 1. pleasantly acid, tart. 2. slightly strained (friendly relations).

mayın (mil.) floating mine, mine.

mayınlamak /ı/ (mil.) to mine.

mayıs May.

mayıs fresh stable manure.

mayi, -ii liquid, fluid.

maymun 1. monkey, ape. 2. ugly and queer; funny (person).

maymuncuk skeleton key, lock pick.

mayo bathing suit.

mayonez mayonnaise.

maytap small fireworks, Bengal light.

mazbut, -tu 1. well protected (house); solid. 2. well organized.

mazeret, -ti excuse; apology.

mazgal embrasure (in a parapet), loophole.

mazı 1. arbor vitae. 2. gallnut; oak apple.

mazi the past.

mazlum 1. wronged, oppressed. 2. quiet, modest; inoffensive.

maznun (law) suspected; accused, defendant.

mazot, -tu diesel oil, fuel oil.

mazur excusable; excused; having a valid excuse.

meblâğ amount; sum of money.

mebus deputy, member of the Grand National Assembly.

mecal, -li power, ability; strength. **mecalsiz** powerless, weak, exhausted; unable.

mecaz metaphor, figure of speech. **mecazen** figuratively; metaphorically. **mecazi** figurative; metaphorical.

mecbur /a/ compelled, required, forced. **mecburen** by force, compulsorily.

mecburi compulsory, obligatory, forced. **mecburi istikamet** required direction. **mecburiyet, -ti** compulsion, obligation; necessity.

meclis 1. assembly, council; meeting. 2. place of assembly. 3. social gathering.

mecmua periodical, magazine, review.

mecnun 1. mad, insane. 2. madly in love.

mecra channel, conduit, watercourse.

meç, -çi rapier, small sword, foil.

meç, -çi streaked hair.

meçhul, -lü unknown.

meddah public story-teller and mimic.

meddücezir, -z:i tide, ebb and flow.

medeni civiliz:d; cultured; civil; civic. **medeni cesaret** moral courage. **medeni haklar** civil rights. **.:edeni hal** marital status. **medeni hukûk** civil law.

medeniyet, -ti civilization.

Medine Medina.

medrese Muslim university or theological school, medrese.

medyum (spiritualism) medium.

mefhum conception, idea; concept.

mefkûre ideal.

mefruşat, -tı furniture; carpets, mats.

megafon megaphone.

megaloman megalomaniac. **megalomani** megalomania.

meğer but, however; unless, and yet; only; perhaps. **meğerki** provided that; unless; only. **meğerse** and all the while.

mehil, -hli time, term, permitted delay, period of grace.

mehtap moonlight, full moon.

mehter band of Janissary musicians.

mekân 1. place, site; residence, abode. 2. space.

mekanik 1. mechanics. 2. mechanical.

mekanizma mechanism.

mekik shuttle.

Mekke Mecca.

mektep school.

mektup letter.

mektuplaşmak /la/ to be in correspondence (with).

melankoli melancholia.

melce, -ei refuge; asylum.

melek angel.

meleke 1. natural capability. 2. faculty. 3. mastery, readiness, skill; experience.

melemek to bleat.

melez 1. half-breed, cross-breed, mulatto, hybrid. 2. mixed; mixture.

melisa lemon balm.

melodi melody.

melodram melodrama.

melon bowler hat.

meltem offshore daily summer breeze.

melun damned, cursed.

melûl, -lü low-spirited; sad, melancholy.

memba, -aı 1. spring, fountain. 2. source, origin.

meme 1. teat, nipple; breast; udder, dug. 2. lobe (of the ear). 3. burner (of a lamp). **memede** suckling (baby).

memeliler mammals.

mememsi 1. papillary. 2. like a teat.

memleket, -ti dominion; country; a person's home district; native land.

memnu, -uu forbidden, prohibited; restricted.

memnun pleased, glad; satisfied.

memnuniyet, -ti pleasure, gladness; mem-

meşin

nuniyetle with pleasure, gladly.

memur official; employee; agent; officer.

memuriyet, -ti office, charge; post.

menajer (sports) manager.

mendebur 1. good for nothing; lazy. 2. miserable; wretched; disgusting.

menderes 1. winding course of a river, meander. 2. (w. cap.) the Meander River.

mendil handkerchief.

mendirek artificial harbor; breakwater.

menekşe violet.

menenjit, -ti meningitis.

menetmek /i/ to prevent, forbid; to hinder.

menfaat, -ti use; advantage; profit; benefit, interest.

menfi negative; contrary, perverse.

mengene press; vise, jackscrew, clamp.

meni semen, sperm.

menkul, -lü transported, conveyed; movable. menkul kıymetler stocks and bonds.

mensucat, -tı textiles.

mensup /a/ related to, connected with, belonging to.

menşe, -ei place of origin; source; beginning; root.

menteşe hinge.

mentol menthol.

menzil 1. day's journey, stage. 2. range (of a gun).

mera pasture, pasturage.

merak, -kı 1. curiosity. 2. whim, fancy; concern, passion, great interest. 3. anxiety; worry. meraklı 1. anxious; sensitive. 2. curious. 3. interested in, fond of. 4. meticulous.

meraklanmak /a/ to be anxious; to get curious.

meram intention, purpose, aim; desire.

merasim ceremony, commemoration.

mercan coral.

mercanada atoll, coral island.

mercek lens.

merci, -ii 1. recourse, reference. 2. competent authority; department or office concerned.

mercimek lentil.

merdane rolling pin; roller.

merdiven ladder; stairs, staircase.

merhaba Hello. Good day. Greetings. How do you do? Welcome.

merhabalaşmak to greet one another.

merhale stage; phase.

merhamet, -ti mercy, compassion; pity; tenderness; kindness. merhametli merciful, tenderhearted, kind. merhametsiz merciless, pitiless.

merhem ointment, salve.

merhum one whom God has taken into his mercy; deceased, the late.

merhume deceased (woman).

meridyen meridian.

merinos merino (sheep).

merkep donkey, ass.

merkez 1. center; administrative center, capital; central office. 2. police station; (mil.) main force. merkezcil centripetal. merkezi central; principal, main.

merkezcilik centralization.

merkezileşmek to be centralized.

merkezkaç centrifugal.

mermer marble.

mermerşahi a kind of muslin.

mermi projectile, shell.

merserize mercerized.

mersin 1. myrtle. 2. sturgeon.

mersiye elegy; dirge.

mert 1. brave, manly. 2. fine in character; dependable; decent. mertçe in a manly manner, straightforwardly. mertlik bravery; manliness.

mertebe degree; rank, grade; position.

mertek squared balk of timber, beam, post.

mesafe distance, space, interval.

mesaha measurement of land; survey.

mesai efforts, work; activities.

mesaj message, notice.

mesame pore, hole.

mesane urinary bladder.

mescit small mosque.

mesela for example, for instance.

mesele problem, question, matter; cffair.

Mesih the Messiah, the Anointed, Christ.

mesire promenade, excursion spot.

mesken dwelling, house; home, residence.

meskûn inhabited; habitable.

meslek profession, career, occupation. mesleki of a profession, professional.

meslektaş colleague.

mesnet support, basis.

mest, -ti light thin-soled boot.

mest 1. drunk, intoxicated. 2. enchanted.

mesul, -lü responsible, accountable.

mesuliyet, -ti responsibility, accountability. mesuliyetli 1. responsible. 2. involving responsibilities.

mesut prosperous and happy; fortunate, happy; blessed.

meşale torch.

meşe oak.

meşgale occupation, business; preoccupation.

meşgul, -lü busy, occupied; preoccupied.

meşguliyet, -ti occupation, preoccupation.

meşhur famous; notorious; generally known.

meşin leather; roan; sheepskin leather.

meşru, -uu lawful, legal; legitimate.
meşrubat, -tı soft drinks.
meşrutiyet, -ti constitution, constitutional government.
meşum inauspicious, ill-omened, sinister.
met, -ddi high tide.
meta, -aı goods, merchandise.
metabolizma metabolism.
metafizik metaphysics.
metal metal; type metal.
metanet, -ti 1. solidity, firmness, tenacity. 2. resistance, fortitude; courage. **metanetli** firm, resistant, strong; tenacious.
meteor meteor.
meteoroloji meteorology. **meteorolojik** meteorological.
meteortaşı, -nı meteorite.
methetmek /i/ to praise.
methiye eulogy.
metin, -tni text.
metin firm, strong, solid; trustworthy.
metot method.
metre meter. **metre kare** square meter. **metre küp** cubic meter.
metres mistress, kept woman.
metro subway.
metronom metronome.
metropolit, -ti Greek bishop.
metruk, -kü left, abandoned, deserted; neglected.
mevcudiyet, -ti 1. existence; being. 2. presence.
mevcut 1. existing, existent. 2. present; the number present (at an assembly); stock, supply; (mil.) effective force.
mevduat, -tı (com.) deposits.
mevki, -ii 1. class (of tickets). 2. place, site, locality. 3. situation, position; case, circumstance. 4. special place, luxury class (in train).
Mevlevi Mevlevi.
mevlit Islamic memorial service, ceremony.
mevsim season; proper time, period. **mevsimlik** suitable for spring or autumn; seasonal. **mevsimsiz** untimely, unseasonable; out of place.
mevzi, -ii place locality, situation; position. **mevzii** local; regional; positional.
mevzu, -uu subject, subject being discussed.
mevzuat, -tı 1. subjects under discussion. 2. the body of current law.
mevzubahis, -hsi under discussion.
mevzun shapely, good-looking.
meyankökü, -nü licorice.
meydan 1. open space; public square; the open. 2. arena, ring, ground; field, area. 3. opportunity, occasion; possibility.

meyhane wine shop, bar. **meyhaneci** tavern keeper, bartender.
meyil, -yli 1. leaning, inclination; tendency. 2. slope. 3. affection, love; propensity.
meyletmek /a/ 1. to incline, be inclined. 2. to have a liking or propensity (for).
meymenet, -ti auspiciousness, fortune. **meymenetsiz** 1. inauspicious, unlucky. 2. disagreeable (person).
meyus desperate, hopeless, despairing.
meyve, meyva fruit.
mezar tomb, grave. **mezarlık** graveyard, cemetery.
mezat, -tı auction; auction place; auction sale.
mezbaha slaughterhouse.
mezbele refuse heap, dunghill, dump.
meze appetizer, relish, snack; hors d'oeuvres.
mezgit whiting (fish).
mezhep sect.
meziyet, -ti 1. excellence, virtue, merit, good quality. 2. ability, talent. **meziyetli** excellent, virtuous, capable.
mezun 1. permitted, allowed; authorized. 2. graduated from; graduate.
mezuniyet, -ti graduation.
mezura tapeline, tape measure.
mıh nail; peg.
mıhlamak /ı, a/ 1. to nail. 2. to set (precious stone).
mıknatıs magnet; lodestone. **mıknatıslı** magnetic.
mıknatıslamak /ı/ to magnetize.
mıncıklamak /ı/ to squeeze and squash; to pinch repeatedly.
mıntıka zone, region, district.
mırıldamak, mırıldanmak to mutter to oneself, grumble; to murmur.
mırıltı grumbling; muttering; murmuring.
mırlamak to purr (cat).
mırnav meow.
Mısır Egypt.
mısır corn.
mısra, -aı line of poetry.
mıymıntı slow, lazy and exasperatingly passive.
mızıka 1. military band. 2. harmonica.
mızıkçı 1. unreliable, unpredictable (person). 2. poor sport.
mızmız 1. exasperatingly hesitant. 2. persnickety, finicky. **mızmızlık** hesitancy.
mızrak spear, lance; javelin.
mızrap plectrum.
miço cabin boy.
mide stomach. **mide bozukluğu** indigestion. **mide bulantısı** nausea.
midi middle. **midi etek** midi.

midye mussel.

migren migraine.

miğfer helmet.

mihnet, -ti trouble, affliction; torment; misery.

mihrace maharajah.

mihrak, -kı focus.

mihrap niche of a mosque indicating the direction of Mecca, mihrab.

mihver pivot; axle; axis.

mika mica.

mikrobiyoloji microbiology.

mikrofilm microfilm.

mikrofon microphone.

mikrop 1. microbe. 2. evil person.

mikroskop, -pu microscope.

mikser (kit.) mixer.

miktar 1. quantity, amount, measure. 2. portion, part; proportion. 3. dose.

mikyas 1. scale (on a map); measuring instrument. 2. proportion; standard size; measure.

mil 1. axle; pivot. 2. metal bar.

mil mile.

mil silt; clay.

miladi pertaining to the Christian era; A.D.

milat birth of Christ. **milattan önce** before Christ, B.C. **milattan sonra** after Christ, A.D.

miligram milligram.

mililitre milliliter.

milim 1. thousandth. 2. millimeter.

milimetre millimeter.

milis militia.

militan activist, militant.

millet, -ti 1. nation; people. 2. crowd, folk. **millet meclisi** the National Assembly.

milletlerarası, -nı international.

milletvekili, -ni deputy, member of the National Assembly.

milli national. **Milli Eğitim Bakanlığı** the Ministry of Education. **milli marş** national anthem. **Milli Savunma Bakanlığı** the Ministry of Defense.

milliyet, -ti nationality. **milliyetçilik** nationalism.

milyar a thousand million.

milyarder billionaire.

milyon million.

milyoner millionaire.

mim sign, mark. **mim koymak** to tick off; to write down, note, mark.

mim 1. mime. 2. mimer.

mimar architect. **mimarlık** architecture.

mimik mimic.

mimlemek /ı/ 1. to mark (item, etc.). 2. to note (bad behavior).

mimoza mimosa.

minare minaret.

minber minbar, pulpit.

minder 1. cushion, pad; mattress. 2. wrestling ring.

mine enamel.

mineral, -li mineral.

mineraloji mineralogy.

mini tiny. **minicik** tiny, very small.

minibüs small bus.

minik dear, small and sweet.

minimini tiny, very small, wee.

minimum minimum.

minnacık very tiny.

minnet, -ti gratitude. **minnettar** grateful, indebted.

mintan shirt.

minüskül small letter, miniscule.

minyatür miniature.

minyon dainty, tiny and delicate.

miraç ascent to heaven. **miraç gecesi** the night of the Prophet Mohammed's miraculous journey to heaven (the 26th of Recep).

miralay colonel.

miras inheritance; heritage; estate. **miras yemek** to inherit; come into an inheritance. **mirasçı** heir; heiress; successor.

mirasyedi 1. one who has inherited a great fortune. 2. playboy.

mis musk. **mis gibi** sweetly scented; fragrant; delicious.

misafir guest, visitor; company.

misafirhane public guesthouse for travellers.

misafirlik visit.

misafirperver hospitable. **misafirperverlik** hospitality.

misal, -li example, model; precedent.

misil, -sli similar, equal; equal amount; as much again.

misilleme retaliation, reprisal.

misk, -ki musk.

misket, -ti 1. muscatel. 2. marble(s).

miskin 1. supine, abject; apathetic. 2. leprous; leper.

mistik mystical.

mistisizm mysticism.

misyon mission.

misyoner missionary.

mit myth.

mitil uncovered quilt.

miting public meeting, demonstration.

mitoloji mythology. **mitolojik** mythological.

mitralyöz machine gun.

miyav meow. **miyavlamak** to meow.

miyop nearsighted, myopic.

mizaç 1. temperament; disposition. 2. humor, whim, mood.

mizah

mizah joke; humor. **mizahçı** humorist.
mizanpaj paging, pagesetting, make-up.
mizanpli setting (of hair).
mizansen (theat.) set.
mobilya furniture. **mobilyalı** furnished.
moda fashion, style. **modası geçmek** to be out of fashion.
model 1. model, pattern; example. 2. mannequin; artist's model. 3. fashion magazine.
modern modern.
modernleşmek to become modern.
Moğol Mongol.
Moğolistan Mongolia.
moher mohair.
mola rest, pause. **mola vermek** to rest oneself; to halt; to take a break.
molekül molecule.
molla mullah.
moloz rough stone; rubble.
Monako Monaco.
monarşi monarchy.
monolog monologue.
monopol monopoly.
monotip, -pi monotype.
monoton monotonous.
montaj (mech.) assembly, mounting, fitting, setting.
monte etmek /ı/ (mech.) to assemble.
mor violet, purple. **morsalkım** wisteria.
moral, -li morale. **morali bozulmak** to become depressed.
morarmak 1. to become purple. 2. to become bruised.
morartı bruise.
morfem morpheme.
morfin morphine.
morg morgue.
morina white sturgeon.
Moritanya Mauritania.
Mors Morse (telegraph). **Mors alfabesi** Morse alphabet, Morse code.
mors walrus.
moruk dotard, old man.
motel motel.
motif pattern, motif.
motor 1. motor; engine. 2. motorboat.
motosiklet, -ti motorcycle.
mototren, motorlu tren diesel train.
mozaik mosaic.
Mozambik Mozambique.
möble furniture.
mösyö 1. monsieur, M. 2. foreign gentleman.
muadil equivalent; alike; similar.
muaf 1. exempted; excused; free (from). 2. immune.
muafiyet, -ti 1. exemption. 2. immunity.

muallak, -kı hung, hanging; suspended. **muallakta** in suspense; undecided.
muamele 1. treatment; conduct. 2. formality, procedure; transaction.
muamma 1. mystery. 2. riddle, puzzle.
muarız against, opposing, hostile; opponent, antagonist.
muavin 1. assistant, helper. 2. assistant director; assistant principal; assistant official.
muayene inspection, examination. **muayene etmek** /ı/ to inspect, scrutinize; to examine.
muayenehane doctor's office.
muayyen definite; determined, known.
muazzam great, enormous.
mubah neither commanded nor forbidden by religious law; allowed, tolerated, permissible.
mucit inventor.
mucize miracle.
mucur gravel (for roads).
muğlak, -kı obscure; complicated.
muhabbet, -ti love, affection.
muhabbetkuşu, -nu lovebird.
muhabere correspondence (by letter).
muhabir correspondent.
muhaceret, -ti emigration; immigration.
muhacir emigrant, refugee.
muhafaza protection, conservation, preservation; maintenance. **muhafaza etmek** /ı/ to guard, protect, keep, maintain; to conserve, preserve. **muhafazakâr** conservative.
muhafız guard, defender; warden.
muhakeme 1. a trial. 2. judgment, discernment.
muhakkak, -kı 1. certain, sure. 2. certainly.
muhalefet, -ti opposition. **muhalefet etmek** to oppose.
muhalif 1. opposing, contradictory. 2. adversary, opponent.
muharebe war; battle.
muharrir writer, author, editor.
muhasara siege, blockade.
muhasebe 1. accountancy, bookkeeping. 2. business office, cashier's office. **muhasebeci** accountant.
muhayyile imagination, fancy.
muhit, -ti surroundings; environment, milieu.
muhrip (navy) destroyer.
muhtaç 1. in want, needy, indigent. 2. in need of.
muhtar 1. autonomous. 2. head man, mukhtar.
muhtarlık a mukhtar's office.
muhtelif various; different.
muhtelit probable, likely.
muhtemelen probably.
muhterem honored, respected, esteemed,

venerable.

muhteşem majestic, magnificent; great, powerful.

muhteva contents.

muhtıra memorandum; note.

mukabele reciprocation; retaliation. **mukabele etmek** to reciprocate. **Bir mukabele.** And to you also.

mukabil 1. opposite, counter. 2. /a/ in return, in exchange.

mukaddes sacred, holy.

mukavele contract; agreement.

mukavemet, -ti resistance; endurance.

mukavva cardboard, pasteboard.

mukayese comparison.

muktedir 1. able, capable. 2. powerful, mighty.

mum 1. candle. 2. candlepower. 3. watt. 4. wax.

mumlu waxy; waxed. **mumlu kâğıt** stencil.

mumya mummy.

munis 1. sociable, friendly. 2. tame.

muntazam 1. regular. 2. tidy, orderly.

murat wish, desire; intention, aim.

murdar dirty, filthy.

musalla taşı stone on which the coffin is placed during the funeral service.

musallat, -tı worrying, annoying. **musallat olmak** /a/ to pester; to infest.

Musevi Jew; Jewish.

musibet, -ti 1. calamity, evil. 2. ill-omened.

musiki music.

muska written charm, amulet.

muslin muslin.

musluk faucet, tap, spigot.

muson monsoon.

muşamba 1. oilcloth; tarpaulin. 2. linoleum. 3. raincoat; waterproof.

muşmula medlar.

muşta 1. fist. 2. brass knuckles.

muştu good news.

mutaassıp fanatical, bigoted.

mutabık, -kı conformable, agreeing; consenting, in agreement.

mutat customary; habitual.

muteber 1. esteemed, respected. 2. valid, legal.

mutedil moderate, temperate; mild.

mutemet man entrusted with money.

mutena select, choice.

mutfak kitchen.

mutlak, -kı absolute.

mutlaka absolutely.

mutlu happy. **mutluluk** happiness.

muvafakat, -ti agreement, consent.

muvaffak successful.

muvaffakıyet, -ti success.

muvafık, -kı 1. suitable. 2. of the same opinion.

muvakkat, -ti temporary; provisional. **muvakkaten** temporarily.

muvazene equilibrium, balance.

muz banana.

muzaffer victorious, triumphant.

muzır, -rrı harmful; mischievous.

muzip teasing, mischievous.

mübadele exchange; substitution.

mübalağa exaggeration. **mübalağa etmek** to exaggerate.

mübarek blessed, holy, sacred.

mübaşir court officer.

mücadele struggle, strife. **mücadele etmek** /la/ to struggle.

mücahit combatant, fighter.

mücellit bookbinder.

mücevher jewel.

müdafaa defense. **müdafaa etmek** /ı/ to defend.

müdahale interference; intervention. **müdahale etmek** /a/ to interfere.

müdavim frequenter, regular visitor.

müddei plaintiff.

müddet, -ti period, interval.

müdür director, manager, administrator.

müdüriyet, -ti 1. directorship. 2. office of a director.

müebbet perpetual, eternal. **müebbet hapis** life sentence.

müellif author, writer, compiler, composer.

müessese institution, establishment, foundation.

müessif regrettable, deplorable, sad.

müessir effective.

müezzin muezzin.

müfettiş inspector, supervisor.

müflis bankrupt.

müflon buttoned-in lining.

müfredat, -tı curriculum.

müftü mufti.

mühendis engineer. **mühendislik** engineering.

mühim, -mmi important.

mühlet, -ti fixed term of respite, delay, grace.

mühür, -hrü seal, signet; impression of a seal. **mühürlü** sealed, under seal; stamped.

mühürlemek /ı/ to seal; to stamp with a seal.

müjde good news.

müjdelemek /ı, a/ to announce good news.

mükâfat, -tı reward, compensation.

mükellef 1. /la/ charged with. 2. taxpayer.

mükemmel perfect, excellent.

mülakat, -tı interview, audience.

mülayim mild, gentle, soft.

mülk, -kü a possession, property; real estate.

mülkiyet, -ti possession.

mülteci refugee.

mümbit, -ti fertile.

mümessil representative, delegate; agent.

mümeyyiz examining official (at a school).

mümin believer in Islam, Moslem.

mümkün possible.

münakaşa dispute, argument. **münakaşa etmek** to argue, dispute.

münasebet, -ti relation, connection. **münasebetsiz** 1. unreasonable, absurd. 2. unseemly, unsuitable, improper.

münasip fit, suitable, proper, opportune.

münavebe alternation. **münavebe ile** by turns, alternately.

münazara debate, argument, discussion.

müneccim astrologer.

münevver enlightened; educated, intellectual.

münhal, -li vacant, vacated (post, office).

münzevi recluse, hermit.

müphem vague, indefinite; uncertain.

müptela 1. addicted to; having a passion for. 2. suffering from.

müptezel commonplace, vulgar.

müracaat, -ti reference, application. **müracaat etmek** to refer to, apply to.

mürai hypocritical.

mürdümeriği, -ni damson plum.

mürebbiye governess.

müreffeh prosperous, well-to-do.

mürekkep 1. compound. 2. ink.

mürekkepbalığı, -nı cuttlefish.

mürettebat, -tı complement, crew.

mürettip compositor, typesetter.

mürit disciple.

mürur 1. passage. 2. lapse (of time). **mürur hakkı** right of way.

müsaade permission, permit. **müsaade etmek** to give permission to.

müsabaka competition, race.

müsademe 1. skirmish. 2. collision.

müsadere confiscation, seizure. **müsadere etmek** /ı/ to confiscate.

müsait favorable, convenient.

müsamaha tolerance, forbearance. **müsamahakâr** tolerant, indulgent.

müsamere entertainment, school program.

müsekkin sedative, anodyne.

müshil purgative, laxative.

Müslim, Müslüman Moslem, Mohammedan. **Müslümanlık** Islam.

müspet, -ti 1. proved. 2. positive.

müsrif extravagant, spendthrift.

müstahdem employed; employee.

müstahsil producer.

müstahzar ready-made drug, preparation.

müstakbel future.

müstakil, -lli 1. independent. 2. separate.

müstehcen obscene.

müstemleke colony.

müsterih at ease; relieved.

müstesna 1. except. 2. exceptional.

müsteşar permanent undersecretary of a ministry.

müsvedde rough copy, draft; manuscript.

müşavir councilor; consultant; adviser.

müşfik, -ki kind, tender, compassionate.

müşkül 1. difficult, hard. 2. difficulty.

müşkülpesent fastidious, exacting.

müştemilat, -tı annexes.

müşterek, -kki 1. common, shared. 2. cooperative. **müşterek bahis** parimutuel.

müşteri customer, purchaser; buyer; client.

mütalaa 1. study. 2. opinion.

mütareke truce, armistice.

müteahhit contractor.

müteakıp 1. successive. 2. /ı/ following immediately after.

mütebessim smiling.

mütecaviz 1. that exceeds, exceeding. 2. invader, aggressor.

mütecessis inquisitive, prying, curious.

müteessir 1. touched, grieved, sad. 2. /dan/ influenced.

mütehassıs specialist, expert.

mütemadiyen continuously.

mütenasip 1. symmetrical. 2. well-proportioned.

mütercim translator; interpreter.

müteşekkil consisting, composed (of).

müteşekkir thankful, grateful.

mütevazı, -ı humble, modest.

müteveffa deceased, dead, the late.

mütevelli administrator, trustee.

müthiş 1. terrible, horrible; awful. 2. enormous; terrific.

müttefik, -ki ally, confederate.

müvezzi, -ii postman; paper boy.

müzakere consultation, conference. **müzakere etmek** /ı/ to talk over, discuss.

müzayede auction.

müze museum. **müzelik** 1. worthy of a museum. 2. queer, strange, antiquated.

müzik music.

müzikhol, -lü vaudeville theater.

müzisyen musician.

müzmin chronic.

N

naaş, -a'şı corpse.
nabız, -bzı pulse.
nadan tactless, unmannerly.
nadas fallow land.
nadide rare, precious.
nadir rare, unusual. **nadiren** rarely.
nafaka 1. livelihood, means of subsistence.
2. alimony.
nafile useless; in vain.
naftalin naphthalene.
nağme 1. tune; song. 2. musical note.
nahiye 1. ward; township. 2. region.
nahoş disagreeable, unpleasant.
nakarat, -tı refrain.
nakavt, -tı knockout.
nakden cash, in cash.
nakdi in cash; pecuniary.
nakış, -kşı embroidery.
nakil, -kli 1. transport, transfer. 2. narration.
nakit, -kdi ready money, cash.
naklen by relay; live (broadcast).
nakletmek 1. /ı, a/ to transport (to), transfer.
2. /a/ to move to. 3. /ı/ to recount.
nakliyat, -tı transport, shipping.
nakliye transport expenses.
nal horseshoe.
nalbant blacksmith.
nalbur hardware dealer.
nalın pattens, clogs.
nallamak /ı/ to shoe (a horse).
nam 1. name, title. 2. fame, renown; reputation. **namlı** famous, renowned.
namaz ritual worship, prayer, namaz.
namert cowardly, despicable, vile.
Namibya Namibia.
namlu gun barrel.
namus honor; honesty; good name. **namuslu** honorable, honest; modest; chaste. **namussuz** dishonest, shameless; scoundrel.
namzet candidate; applicant.
nane mint, peppermint.
naneruhu, -nu oil of peppermint.
naneşekeri, -ni peppermint drop.
nankör ungrateful, thankless.
nar pomegranate.
nara loud cry, shout.
narenciye citrus fruits.
nargile water pipe, hookah, narghile, hubble-bubble.
narh officially fixed price.

narin slender, slim, delicate.
narkotik narcotic.
narkoz (med.) anesthesia.
nasıl how, what sort. **nasılsa** in any case, somehow or other. **Nasılsınız?** How are you? How do you do?
nasır corn, callus. **nasırlı** calloused.
nasırlaşmak to become calloused.
nasihat, -ti advice, counsel. **nasihat etmek** /a/ to advise.
nasip lot, share, portion.
natır attendant in a woman's bath.
natürmort, -tu still life.
Nauru Nauru.
navlun freight charge for cargo.
naz coyness, demureness. **naz etmek** /a/ to feign reluctance, act coy. **nazlı** coy.
nazar 1. look, glance. 2. the evil eye. **nazar boncuğu** blue bead.
nazaran according to.
nazari theoretical.
nazariye theory.
nazarlık charm against the evil eye, amulet.
nazım, -zmı verse, poetry.
nazır 1. minister (of state). 2. /a/ overlooking, facing.
Nazi Nazi.
nazik, -ki 1. delicate. 2. polite, refined, courteous.
nazlanmak to be coy, feign reluctance.
ne 1. what. 2. whatever. 3. how. **Ne ise!** Fortunately! Well, never mind. Anyway... **ne de olsa** still, all the same, after all. **Ne olur! Ne olursun!** Oh please! **ne olur ne olmaz** just in case. **ne olursa olsun** come what may. **neden sonra** long after, belatedly. **ne var ki** 1. but. 2. in fact. **ne yapıp yapıp** in some way or other, by every possible means. **Ne zaman?** When?
ne..., ne... neither..., nor... **ne o, ne bu** neither that nor this, neither one.
nebat, -tı plant. **nebati** vegetable; botanical.
nece in what language.
nedamet, -ti remorse.
neden 1. why, what for, for what reason.
2. cause. **nedense** for some reason or other.
nedensel causal. **nedensellik** causality.
nedime lady of the court.
nefer private soldier.
nefes breath. **nefes almak** 1. to breathe.
2. to breathe freely. **nefes borusu** trachea, windpipe. **nefesli saz** wind instrument.
nefis, -fsi 1. self, one's own personality.
2. sensuality.
nefis excellent, fine, beautiful.
nefret, -ti disgust, loathing, hatred. **nefret**

, to detest, hate.
, nephritis.
..., -ti, neftyağı, -nı 1. naphtha. 2. turpentine.
...egatif negative.
nehir, -hri river.
nekahet, -ti convalescence.
nem moisture, dampness;, humidity. **nemli** moist, damp.
nemlenmek to become damp.
Nepal, -li Nepal.
nere what place, what part. **nereli** where from, of what place.
nerede where, wherever. **nerede ise** before long, pretty soon.
nereden from where, whence.
nereye where, to what place, whither.
nergis narcissus.
nesil, -sli generation; descendants.
nesir, -sri prose.
nesne 1. thing; anything. 2. object. **nesnel** objective.
neşe joy. **neşeli** cheerful, joyous, merry. **neşesiz** sad, dejected, dispirited.
neşelenmek to be joyful.
neşretmek /i/ 1. to publish. 2. to diffuse.
neşriyat, -tı publications.
net, -ti 1. clear, sharp. 2. net (amount).
netice consequence, end, result; effect. **neticesiz** useless, futile, inconclusive.
neticelenmek to result (in), come to a conclusion.
nevi, -v'i sort, kind, variety.
nevresim protective cover for a quilt.
nevroz neurosis.
ney reed flute. **neyzen** player of the ney.
nezaket, -ti delicacy; politeness.
nezaret, -ti inspection; supervision. **nezarete almak** to arrest.
nezih upright, moral, pure.
nezle cold, head cold. **nezle olmak** to catch cold.
nışadır sal ammoniac.
nışadırruhu, -nu ammonia.
nice 1. how many, how many a... 2. how.
nicel quantitative.
nicelik quantity.
niçin why.
nida interjection.
nihale trivet, hot pad.
nihayet, -ti 1. end. 2. at last.
Nijer Niger.
Nijerya Nigeria.
nikâh civil wedding; marriage. **nikâh kıymak** to perform a civil wedding.
nikâhlanmak to get married.
Nikaragua Nicaragua.

nikel nickel.
nikotin nicotine.
nilüfer water lily.
nimet, -ti blessing.
nine grandmother.
ninni lullaby.
nisaiye gynecology. **nisaiyeci** gynecologist.
nisan April.
nisanbalığı, -nı April fool.
nispet, -ti 1. ratio, proportion. 2. relationship, relation. 3. spite. **nispetçi** spiteful.
nispeten relatively, in comparison, in proportion.
nispi relative, comparative.
nişan 1. sign, mark. 2. target. 3. engagement. **nişan almak** to aim at (something). **nişanlı** 1. engaged to be married. 2. fiancé; fiancée.
nişangâh 1. back sight (of a gun). 2. target.
nişanlanmak to get engaged.
nişasta starch.
nitekim as a matter of fact.
nitel qualitative.
nitelemek /i/ to qualify.
nitelik quality.
niye why, what for.
niyet, -ti intention, purpose. **niyet etmek** /a/ to intend.
nizam order, regularity.
nizamname rules and regulations.
Noel Christmas. **Noel baba** Santa Claus.
nohut chickpea.
noksan 1. deficient, defective; missing. 2. defect; missing thing.
nokta 1. point; dot, period. 2. spot, speck. 3. isolated sentry. **noktalı** 1. punctuated. 2. dotted; speckled. **noktalı virgül** semicolon.
noktalamak /i/ to punctuate.
normal, -li normal.
Norveç Norway.
not, -tu 1. note, memorandum. 2. mark, grade. **not etmek** to note down, jot down. **not tutmak** to take notes. **not vermek** /a/ 1. to give a grade (to). 2. to pass judgment (on).
nota 1. musical note. 2. diplomatic note.
noter notary public.
nöbet, -ti 1. turn (of duty); watch (of a sentry). 2. onset (of fever); fit. **nöbetçi** 1. on guard; on duty. 2. sentry, watchman.
nöbetleşe by turns.
numara 1. number. 2. grade, mark. 3. size. 4. trick, performance. **numaracı** impostor, fraud. **numaralı** numbered.
numaralamak /i/ to number.
numune 1. sample. 2. model.
nur 1. light. 2. glory, divine light.
nutuk, -tku speech, oration.

nüfus 1. population. 2. inhabitants. **nüfus cüzdanı, nüfus kâğıdı** identity card. **nüfus sayımı** census.

nüfuz 1. personal influence, power. 2. penetration. **nüfuz etmek** /a/ to penetrate. **nüfuzlu** influential, powerful.

nükleer nuclear.

nüksetmek to relapse.

nükte subtle point, nicety (of language); witty remark. **nükteci, nüktedan** witty.

nümayiş demonstration. **nümayişçi** demonstrator.

nüsha 1. copy, edition. 2. issue.

nüve nucleus.

nüzul, -lü apoplexy, stroke.

O

o, -nu 1. that. 2. he, she, it. **o kadar** 1. so much; so. 2. That's all.

oba 1. large nomad tent. 2. nomad group. 3. encampment.

objektif objective.

obruk 1. concave. 2. pit.

obua (mus.) oboe.

obur gluttonous. **oburluk** gluttony.

obüs shell; howitzer.

ocak 1. furnace, hearth, kiln, fireplace; oven. 2. stone quarry, mine. 3. family line; home. 4. political body, guild, fraternity. **ocak ayı** January. **ocakçı** 1. chimney sweep. 2. stoker.

od fire.

oda room; chamber. **oda müziği** chamber music. **odacı** janitor.

odak focus.

odun firewood, log. **oduncu** 1. seller of firewood. 2. woodcutter. **odunluk** 1. woodshed. 2. tree suitable for firewood.

odunkömürü, -nü charcoal.

of Ugh!

ofis office, department.

oflamak to breathe a sigh, grunt with vexation.

ofsayt (sports) offside.

ofset, -ti offset.

oğlak kid.

Oğlak Capricorn. **Oğlak dönencesi** Tropic of Capricorn.

oğlan 1. boy. 2. catamite. 3. (cards) jack.

oğlancı pederast.

oğul, -ğlu 1. son. 2. swarm of bees.

oğulcuk embryo.

oh oh.

oje nail polish.

ok, -ku 1. arrow. 2. beam, pole (of a carriage). **okçu** archer, bowman. **okluk** quiver.

okaliptüs eucalyptus.

okka oka.

okkalı 1. large. 2. weighty. **okkalı kahve** large cup of coffee.

oklava long, thin rolling pin.

oksijen oxygen.

okşamak /ı/ 1. to caress, stroke, pat, fondle. 2. to beat.

oktav octave.

okul school. **okul kaçağı** truant.

okuldaş schoolmate.

okulöncesi, -ni 1. preschool age. 2. preschool.

okulsonrası, -nı 1. post-school age. 2. postschool.

okuma reading. **okuma yazma** literacy. **okuma yitimi** word blindness, alexia.

okumak /ı/ 1. to read. 2. to study, learn. 3. to chant, sing; to recite.

okumuş well-read, learned, educated.

okunaklı legible, readable, clear.

okur reader.

okuryazar literate.

okutmak /ı/ to teach.

okutman lecturer (at a university).

okuyucu 1. reader. 2. singer.

olabilir possible.

olağan usual, normal, common.

olağandışı, -nı unusual, unnatural.

olağanüstü, -nü 1. extraordinary, unusual. 2. unexpected.

olan that which.

olanak possibility. **olanaklı** possible. **olanaksız** impossible.

olanca utmost; to the full.

olası probable. **olasılı** probable. **olasılık** probability.

olay event. **olay çıkarmak** to create an incident.

oldubitti, olupbitti fait accompli.

oldukça rather, somewhat; quite a bit.

oldurgan causative.

olgu phenomenon.

olgun ripe; mature. **olgunluk** ripeness; maturity.

olgunlaşmak to become ripe or mature.

oligarşi oligarchy.

olimpiyat, -tı Olympiad.

olmadık unheard-of, unprecedented.

olmak, -ur 1. to be; to exist; to happen, occur. 2. to become. 3. to have, catch (sickness). 4. to be completed; to be cooked, be prepared. 5. to ripen; to mature. 6. to be suitable; to fit. 7. /dan/ to lose, be bereft (of).

olmamış unripe.

olmayacak 1. unseemly. 2. impossible.

olmuş completed; ripe; mature.

olta fishing tackle. **olta iğnesi** fishhook.

oluk 1. gutter. 2. watering trough. 3. groove.

olumlu positive, affirmative; constructive, fruitful.

olumluk curriculum vitae.

olumsuz negative; unfruitful, unsuccessful.

olur 1. possible. 2. All right. **olur olmaz** any old, any.

oluş 1. existence, being. 2. genesis; formation.

oluşmak to take form.

oluşum formation.

omlet, -ti omelet.

omur vertebra.

omurga 1. backbone, spine. 2. keel.

omurgalılar Vertebrata.

omurgasızlar Invertebrata.

omurilik spinal marrow.

omuz, -mzu shoulder. **omuza omuza** shoulder to shoulder. **omuz silkmek** to shrug.

omuzdaş companion.

omuzlamak /ı/ 1. to shoulder. 2. to push with the shoulder. 3. (slang) to carry off.

omuzluk epaulet.

on ten. **onluk** 1. of ten parts. 2. ten kuruş piece; ten lira bill.

onamak /ı/ to approve.

onarım repair, restoration.

onarmak /ı/ to mend; to repair, restore.

onay 1. consent, approval. 2. convenient, suitable. **onaylı** approved.

onaylamak /ı/ to approve, ratify.

onbaşı, -yı corporal.

ondalık 1. a tenth part; ten percent. 2. tithe. **ondalık kesir** decimal fraction.

ondüle curled, curly.

ongun 1. flourishing, prosperous. 2. blessed, happy. 3. totem. **onguncluk** totemism.

onikiparmak bağırsağı duodenum.

onlar those, they.

onmak 1. to heal up. 2. to improve, mend (person).

onsuz without, without him, without her, without it.

onun için therefore, so.

onur dignity, self-respect; honor. **onuruna dokunmak** to hurt one's pride. **onurlu** self -respecting, dignified. **onursal** honorary.

onurlandırmak /ı/ to honor.

opera 1. opera. 2. opera house.

operakomik opéra comique, light opera.

operasyon operation.

operatör 1. surgeon. 2. (mech.) operator.

operet, -ti operetta, musical comedy.

optik 1. optics. 2. optical.

ora that place.

oraakta just there.

orak sickle, reaping hook. **orakçı** reaper.

oralı of that place; born there. **oralı olmamak** to feign indifference; to pay no attention.

oramiral, -li admiral.

oran 1. proportion. 2. symmetry. 3. estimate. 4. ratio, rate. **oranlı** 1. proportional. 2. symmetrical. **oransız** badly proportioned; asymmetrical.

orandışı (math.) irrational (number).

orangutan orang-utan.

oranlamak /ı/ to calculate, estimate.

orantı ratio. **orantılı** proportional.

ordinaryüs senior professor holding a chair in a university.

ordinat, -tı (math.) ordinate.

ordövr hors d'oeuvre, appetizer.

ordu army; army corps.

orduevi, -ni officers' club.

orduğâh military camp, encampment.

org, -gu (mus.) organ.

organ (anat.) organ.

organik organic.

organizma organism.

organze organdy.

orgeneral, -li full general, army commander.

orijinal, -li 1. original. 2. unusual, different.

orkestra orchestra.

orkide orchid.

orkinos large tunny.

orman forest; thicket; woods. **ormancı** forester, forest guard. **ormancılık** forestry. **ormanlık** 1. thickly wooded, covered with trees. 2. woodland.

orospu (slang) prostitute, whore. **orospuluk** 1. prostitution. 2. dirty trick.

orsa (naut.) the weather side.

orta 1. middle; midst; center; central. 2. mean, medium. **ortaya atmak** to suggest. **ortaya çıkmak** 1. to come into being. 2. to come to light. **Orta Doğu** Middle East. **ortaya dökmek** to disclose, make public. **orta hali** neither poor nor rich. **ortada kalmak** 1. to be left destitute. 2. to be in trouble. **ortadan kaldırmak** to do away with; to remove. **ortadan kaybolmak** to disappear. **ortaya koymak** 1. to bring up (a matter). 2. to bring into public view. 3. to make. **orta ma**... 1. common property; common to all. 2. prostitute. **orta şekerli** moderately sweet (coffee...

Orta Afrika Cumhuriyeti, -ni the Central African Republic.

ortaç verbal adjective, participle.

ortaçağ the Middle Ages.

ortadamar median vein.

ortaderi mesoderm.

ortaelçi minister plenipotentiary.

ortak 1. partner; associate; accomplice. 2. common, in common, shared. 3. any wife in a polygamous household. **ortak çarpan** ratio of a geometric progression. **ortak fark** common increment of an arithmetic progression. **ortak ölçülmez sayılar** incommensurable numbers. **Ortak Pazar** Common Market. **ortakçı** sharecropper.

ortakkat, -tı common multiple.

ortaklaşa 1. as a partner; in common. 2. sharing equally. 3. collectively.

ortaklık 1. partnership. 2. firm, company.

ortakulak middle ear, tympanum.

ortakyapım joint production.

ortakyaşama symbiosis.

ortalamak /ı/ 1. to reach the middle. 2. (soccer) to center. **ortalama** average, medium; mean.

ortalık one's immediate surroundings; the world around. **ortalığı süpürmek** to sweep up. **ortalığı toplamak** to tidy up, put things in order. **Ortalık karardı.** Evening has fallen. **Ortalık karıştı.** Trouble has broken out. **Ortalıkta kimse yok.** There is nobody around.

ortam 1. environment, surroundings, milieu. 2. circumstances.

ortanca middle; middle child.

ortanca hydrangea.

ortaokul junior high school.

ortaoyunu, -nu Turkish folk play given in an open space without props.

ortaöğretim secondary education.

ortaparmak middle finger.

ortaşım (psych.) association.

Ortodoks Orthodox. **Ortodoksluk** Orthodoxy.

ortopedi orthopedics.

oruç 1. fasting, fast. 2. abstinence. **oruç tutmak** to fast. **oruçlu** fasting (person).

orun 1. place, site. 2. office, post.

oryantal oriental. **oryantalist** Orientalist.

Osmanlı Ottoman. **Osmanlıca** the Ottoman Turkish language.

osurmak to break wind, fart.

ot, -tu 1. grass, herb; weed; fodder. 2. filled or made with straw. **otluk** 1. hayrick, haystack; hayloft. 2. grassy. **otsu, otsul** herbaceous.

otağ large and luxurious tent, state tent, pavilion.

otarşi 1. autarchy. 2. economic self-sufficiency, autarky.

otçul herbivorous.

otel hotel.

otlak pasture, pasturage, grassland. **otlakçı** sponger.

otlamak 1. to graze, be out to pasture. 2. sponge.

otlatmak /ı/ to pasture (cattle, animals).

oto auto, car, automobile.

otobiyografi autobiography.

otobüs bus.

otogar intercity bus depot.

otokrasi autocracy.

otokrat, -tı autocrat.

otomat, -tı 1. automaton. 2. flash heater. 3. timed light switch.

otomatik automatic.

otomobil car, automobile.

otonomi autonomy.

otopark, -kı parking lot, (Brit.) car park.

otopsi autopsy, post-mortem examination.

otorite authority.

otoriter bossy, authoritarian.

otostop, -pu hitchhiking.

oturak 1. chamber pot. 2. bottom, foot, stand.

oturaklı 1. well settled, solidly based. 2. imposing, dignified (person). 3. well-chosen, suitable (words).

oturmak 1. to sit; to sit down. 2. to dwell, live, reside. 3. to fit well.

oturma odası living room.

oturtmak /ı/ 1. to seat, place. 2. to set, mount (jewel). 3. to let dwell. 4. to place right, make fit.

oturum session.

otuz thirty.

ova plain, lowland. **ovalık** having plains.

oval oval.

ovalamak /ı/ to break up small, crumble (by hand).

ovmak /ı/ 1. to rub and press with the hand, massage. 2. to polish.

ovuşturmak /ı/ to rub, knead.

oy 1. opinion, view. 2. vote. **oy birliği** unanimity. **oy sandığı** ballot box. **oy vermek** to vote. **oycu** vote hunter.

oya pinking, embroidery on the edge of a garment. **oya gibi** very fine and pretty. **oyalı** pinked.

oyalamak /ı/ 1. to detain, put (someone) off (to gain time). 2. to distract, divert; to amuse.

oyalanmak 1. to waste time; to be detained. 2. /la/ to amuse (someone).

oyalayıcı entertaining, diverting.

oydaş of the same opinion.

oylamak /ı/ to vote. 2. to put to a vote. **oylama** voting.

oylaşım deliberation.

oylum 1. volume. 2. three-dimensional effect, depth.

oyma 1. carving; engraving. 2. engraved; carved, cut in, incised. **oymacı** engraver. **oymalı** carved; engraved.

oymabaskı engraving.

oymak /ı/ to engrave; to carve, incise; to scoop out.

oymak 1. subdivision of a tribe, phratry. 2. boy scout troop.

oynak 1. playing, moving. 2. unstable, unreliable. 3. playful, frisky; fickle; flirtatious. 4. (anat.) joint. **oynak kemiği** kneecap.

oynamak 1. to play. 2. to dance, skip and jump about. 3. to move; to vibrate. 4. /ı/ to perform (a play). 5. /la/ to risk. 6. to amuse oneself. **oynaya oynaya** joyfully, with much pleasure.

oynanmak to be played.

oynaş sweetheart, lover, paramour.

oynaşmak to play with one another.

oynatmak 1. /ı/ to put on (a puppet show, movie). 2. /ı/ to cause to move. 3. to go out of one's head.

oysa, oysaki whereas, yet, however.

oyuk 1. hollow, grooved, hollowed out. 2. cavity; pit.

oyum 1. excavation. 2. pit, hollow; hole.

oyun 1. game. 2. dance. 3. play, performance. 4. trick, deception; joke. **oyuncu** 1. player. 2. actor; dancer.

oyunbaz 1. playful. 2. deceitful; swindler.

oyunbozan 1. killjoy, spoilsport; quarrelsome. 2. double-crosser. **oyunbozanlık etmek** to be a killjoy.

oyuncak 1. toy, plaything. 2. trifle, easy job. 3. laughingstock.

oyuntu hollow, opening.

ozan bard; poet.

ozon ozone.

Ö

öbek heap; mound; group.

öbür the other. **öbürü, öbürkü** the other one; that one. **öbür dünya** the next world. **öbür gün** the day after tomorrow.

öcü ogre, bogyman.

öç revenge. **öç almak** to get revenge.

öd gall, bile. **öd kesesi** gall bladder.

ödem edema.

ödeme payment. **ödemeli** cash on delivery, C.O.D.; with reversed charges.

ödemek /ı/ 1. to pay. 2. to indemnify.

ödenek appropriation, allowance.

ödenti fee, dues.

ödeşmek /la/ to settle accounts (with one another).

ödev 1. duty, obligation. 2. homework. **ödevcil** dutiful.

ödlek timid, cowardly.

ödül reward, prize.

ödüllendirmek /ı/ to reward.

ödün compensation.

ödünç loan; borrowed. **ödünç almak** to borrow. **ödünç vermek** to lend.

ödünlemek /ı/ to compensate.

öf Ugh! (expressing disgust).

öfke anger, rage. **öfkeli** angry.

öfkelendirmek /ı/ to infuriate.

öfkelenmek /a/ to get angry.

öge element.

öğle noon. **öğleden sonra** in the afternoon. **öğle yemeği** noon meal, lunch.

öğlenci child attending the afternoon session of a school.

öğlende, öğleyin at noon.

öğrenci pupil, student.

öğrenim education.

öğrenmek /ı/ to learn; to hear.

öğreti doctrine.

öğretim instruction, education. **öğretim görevlisi** teaching assistant. **öğretim üyesi** faculty member. **öğretim yılı** school year.

öğretmek /ı/ to teach, instruct. **öğretici** instructive.

öğretmen teacher. **öğretmen okulu** teachers' training school. **öğretmenlik** teaching.

öğün meal.

öğürmek to retch.

öğüt advice, counsel, recommendation.

öğütlemek /ı, a/ to advise, recommend.

öğütmek /ı/ to grind.

ökçe heel.

ökse birdlime.

öksürmek to cough.

öksürük cough, coughing.

öksüz 1. orphan; motherless. 2. without relations or friends. **öksüzlük** orphanhood.

öküz 1. ox. 2. dull, stupid. **öküz gibi** blockhead, very stupid.

ölçek 1. measure of capacity (for grain). 2. measure, scales; criterion.

ölçmek /ı/ 1. to measure. 2. to consider, weigh.

ölçü 1. measure; measurement. 2. moderation. **ölçülü** 1. measured; well-balanced, well-proportioned. 2. temperate, moderate. **ölçüsüz** 1. immeasurable. 2. immoderate, inor dinate.

ölçüm 1. measure; measuring. 2. dimension.

ölçümlemek /i/ 1. to reason. 2. to value.

ölçünmek /i/ 1. to measure, consider, weigh.

ölçüt, -tü criterion.

öldürmek /i/ to kill.

öldürücü killing, mortal, fatal, deadly.

ölesiye to the point of death.

ölgün withered, shrivelled.

ölmek, -ür 1. to die. 2. to fade, wither.

ölmezlik immortality.

ölmüş 1. dead; faded, withered. 2. one who has died.

ölü 1. dead; deceased. 2. corpse. 3. lifeless, feeble; faded, withered.

ölüm death. **ölüm cezası** capital punishment. **ölüm döşeğinde** at the point of death. **ölüm kalım meselesi** a matter of life and death. **ölümcül** 1. mortal, fatal. 2. dying. **ölümlü** mortal. **ölümsü** deathlike. **ölümsüz** immortal. **ölümsüzlük** immortality.

ömür, -mrü 1. life span. 2. amusing, pleasant. **ömründe** in all his life, never. **ömür adam** very pleasant man. **ömürlü** long-lived. **ömürsüz** short-lived, ephemeral.

ön front; space in front; foremost; fore. **önünü almak** to prevent, avoid. **ön ayak olmak** /a/ to initiate, take the lead. **önüne geçmek** to avoid; to take measures against.

önbilgi introductory information, first principles.

önce 1. first, at first. 2. before, previously. 3. ago. 4. /dan/ prior to, before. **önceden** at first. **önceki** previous, former. **önceleri** at first, formerly.

öncel predecessor.

öncelik precedence. **öncelikle** first, with the highest priority.

öncü vanguard; advance guard.

öncül premise.

öndelik advance, money advanced.

önder leader, chief. **önderlik** leadership.

önek prefix.

önem importance. **önemli** important. **önemsiz** unimportant.

önemsemek /i/ to consider important.

önerge proposal, written motion.

öneri suggestion.

önerme proposition.

önermek /i/ to propose, suggest.

öngörmek /i/ to keep in mind.

öngörü foresight, prudence. **öngörülü** foresighted, prudent.

önlemek /i/ to prevent, check. **önleyici** preventive.

. . . apron; smock; bib.

önseçim primary election, primary.

önsel a priori.

önsezi presentiment.

önsöz foreword, preface, introduction.

öntaslak preliminary sketch.

önyargı prejudice.

öpmek /i/ to kiss.

öpücük kiss.

öpüş kissing.

öpüşmek to kiss one another.

ördek 1. duck. 2. urinal (for using in bed).

öreke distaff.

ören ruins, ruined remains.

örf custom, common law.

örfi (law) conventional, customary. **örfi idare** martial law.

örgen (anat.) organ. **örgenlik** organism. **örgensel** organic.

örgü 1. knitting. 2. plait, braid.

örgüt, -tü organization.

örgütlemek /i/ to organize.

örmek /i/ 1. to knit; to darn; to plait. 2. to interweave, weave. 3. to build (wall); to lay (bricks). **örme** 1. knitted; darned; plaited. 2. woven.

örmeğin for example, for instance.

örnek 1. specimen, sample. 2. pattern, model. 3. example. **örneklik** model, sample.

örneklemek /i/ to exemplify.

örs anvil.

örselemek /i/ 1. to mistreat, abrade, spoil, shake up, wear out. 2. to weaken.

örtbas etmek /i/ to suppress, hush up, cover up.

örtmece euphemism.

örtmek /i/ 1. to cover. 2. to conceal. 3. to shut, close.

örtü 1. cover; wrap. 2. roof.

örtülü 1. covered; wrapped up. 2. concealed. 3. shut, closed. 4. roofed. 5. obscure (speech). **örtülü ödenek** discretionary fund.

örtünmek 1. to cover oneself. 2. to veil oneself.

örücü mender, darner, reweaver.

örümcek spider. **örümcek ağı** cobweb. **örümcek kafalı** die-hard, reactionary. **örümcekli** covered with cobwebs.

örümceklenmek to become covered with cobwebs.

östaki borusu Eustachian tube.

öşür, -şrü tithe.

öte 1. the further side. 2. further, beyond. 3. the rest; the other. 4. the other side.

öteberi this and that, various things.

öteki, -ni the other; the other one.

ötleğen whitethroat (warbler).

ötmek 1. to sing (bird); to crow (cock). 2. to

resound, echo; to ring.
öttürmek /ı/ to blow (whistle).
ötürü /dan/ because of.
övendire oxgoad.
övgü praise.
övmek /ı/ to praise.
övünç pride, self-respect, sense of success.
övünmek 1. to praise oneself, boast, brag. 2. /la/ to feel proud of. **övüngen** boastful.
öykü story. **öykücü** 1. story writer. 2. story-teller.
öyle such, like that, so. **Öyle mi?** Is that so? **Öyle olsun.** All right. As you wish. **Öyle ya!** Of course! Oh, yes! **öylece** like that, that way. **öylelikle** thus. **öylesi** such, the like, that sort. **öylesine ... ki** so ... that. **öyleyse** in that case; if so, then.
öz 1. self. 2. essence. 3. pith. 4. true, real. 5. pure. **özlü** pithy, meaty. **özsel** essential.
özbeöz real, true, genuine.
özdek matter. **özdekçilik** materialism.
özdenlik aseity.
özdeş identical. **özdeşlik** identity.
özdeyiş maxim.
özdışı, -nı extrinsic.
özdirenç resistivity.
özel 1. private, personal. 2. special. **özel ad** proper noun. **özel girişim** private enterprise. **özel okul** private school. **öze: ulak** special delivery.
özeleştiri self-criticism.
özellik special feature, peculiarity, characteristic.
özellikle particularly, specially.
özen pains, care. **özenli** painstaking, careful.
özenci amateur.
özenmek /a/ to take pains, try hard. **özene bezene** carefully, painstakingly.
özenti inclination to imitate.
özerk autonomous. **özerklik** autonomy.
özet, -ti summary.
özetlemek /ı/ to summarize.
özgeçmiş curriculum vitae.
özgü special to, peculiar to; pertaining to.
özgül specific. **özgül ağırlık** specific weight.
özgün original. **özgünlük** originality.
özgür free. **özgürlük** freedom.
özgüveni self-confidence.
özlem longing, desire, yearning.
özlemek /ı/ to miss, long for, wish for, yearn for.
özne subject. **öznel** subjective. **öznelcilik** subjectivism. **öznellik** subjectiveness.
özsu juice, sap.
özümlemek, özümsemek /ı/ to assimilate.
özünlü intrinsic.

özür, -zrü 1. (valid) excuse. 2. defect, handicap. 3. impediment, hindrance. **özür dilemek** /dan/ 1. to ask pardon, excuse oneself. 2. to beg to be excused. **özürlü** 1. defective, faulty. 2. excused.
özveri renunciation, self-denial. **özverili** unselfish, self-denying.

P

pabuç shoe. **pabuççu** cobbler, shoemaker.
paça 1. bottom of the trouser leg. 2. trotters. **paçayı kurtarmak** /dan/ to escape, get through safely. **paçaları sıvamak** to get down to the job.
paçavra rag.
padavra thin board.
padişah sultan.
pafta section of a large map.
paha price, value. **paha biçilmez** priceless, invaluable. **pahacı** charging high prices, expensive. **pahalı** expensive, costly.
pahalanmak, pahalılaşmak to become more expensive.
pak, -kı clean. **paklık** cleanness.
paket, -ti 1. package, parcel; pack. 2. small box.
paketlemek /ı/ to package, wrap up.
Pakistan Pakistan.
paklamak /ı/ to clean.
pala scimitar.
pala rag rug.
palabıyık long and curved mustache.
palamar hawser, mooring rope.
palamut bonito.
palamut, -tu 1. valonia oak. 2. acorn.
palan broad soft saddle without a frame.
palanga pulley, block and tackle.
palaska cartridge belt.
palas pandıras hastily, abruptly.
palavra idle talk, boast, swagger. **palavra atmak** to lie, brag. **palavracı** braggart, boaster.
palaz duckling, gosling.
palazlanmak 1. to grow fat. 2. to grow up (child). 3. to get rich.
paldır küldür with a great clatter, noisily.
palet, -ti 1. palette. 2. caterpillar tread. 3. flippers.
palmiye palm tree.
palto overcoat.
palyaço clown.
pamuk cotton. **pamuklu** cotton (cloth).

pamukaki cotton embroidery yarn.

pamukçuk (med.) thrush.

Panama Panama.

panayır fair, market.

pancar beet.

pandantif pendant (necklace).

pandispanya sponge cake, plain cake.

pandomima pantomime.

panik panic. **paniğe kapılmak** to panic.

panjur slatted shutters.

pankart, -tı placard, poster.

pankreas pancreas.

pano panel.

panorama panorama.

pansiyon boarding house. **pansiyoner** boarder.

pansuman dressing for a wound. **pansuman yapmak** to dress (a wound).

panter panther.

pantolon trousers, pants.

pantufla felt slippers.

panzehir antidote.

papa the Pope. **papalık** the Holy See, Papacy.

papağan parrot.

papara 1. dish of dry bread and broth. 2. scolding.

papatya daisy, camomile.

papaz 1. priest. 2. (cards) king.

papirüs papyrus.

Papua - Yeni Gine Papua New Guinea.

papyon bow tie.

para 1. money, currency; coin. 2. para. **para şişkinliği** inflation. **paralı** 1. rich. 2. requiring payment, having a fee.

parabol, -lü parabola.

paradoks paradox.

parafe etmek /ı/ to initial.

parafin paraffin wax.

paragöz money-loving.

paragraf paragraph.

Paraguay Paraguay.

paralamak /ı/ to tear, rip up. **lügat paralamak** to talk nonsense.

paralanmak 1. to be broken to pieces. 2. to wear oneself out.

paralanmak to get money.

paralel parallel.

paralelkenar parallelogram.

paramparça all in pieces.

parantez parenthesis.

parasız 1. without money; penniless. 2. free. **parasız pulsuz** penniless. **parasızlık** pennilessness.

paraşüt, -tü parachute. **paraşütçü** parachutist.

paratoner lightning rod.

paravana folding screen.

parazit, -ti 1. parasite. 2. atmospherics; static; jamming.

parça piece, fragment; bit. **parça başına** per piece. **parça parça** in pieces; in bits. **parça** 1. seller of piece goods. 2. seller of spare parts. **parçalı** pieced; in parts.

parçalamak /ı/ to break into pieces, cut into parts.

parçalanmak 1. to break into pieces. 2. to wear oneself out.

pardon Pardon me. Excuse me.

pardösü light overcoat.

parfüm perfume.

parıldamak to gleam, glitter, twinkle.

parıltı gleam, glitter, twinkle.

park, -kı 1. public garden, park. 2. parking lot. 3. playpen. **park etmek (yapmak)** /ı, a/ to park (a vehicle).

parka parka.

parke 1. parquet, parquetry. 2. cobblestone pavement.

parlak 1. bright, brilliant, shining. 2. successful, influential. **parlaklık** brilliance.

parlamak 1. to shine. 2. to flare up. 3. to acquire influence.

parlamenter 1. member of parliament. 2. parliamentary.

parlamento parliament.

parlatmak /ı/ to polish, burnish.

parmak 1. finger; toe. 2. spoke (of a wheel). **parmaklık** 1. railing, balustrade. 2. fingerstall.

parola watchword, password.

pars leopard.

parsa money gathered up from the crowd.

parsel plot of land, parcel.

parsellemek /ı/ to subdivide, parcel.

parşömen parchment, vellum. **parşömen kâğıdı** parchment paper.

parter parterre (in a theater).

parti 1. political party. 2. party (social).

partici party member. **particilik** partisanship.

partizan partisan. **partizanlık** partisanship.

pas rust; tarnish; mildew. **paslı** rusty.

pas (sports) pass.

pasaj 1. arcade with shops. 2. passage (of a writing).

pasaklı dirty; filthy; slovenly.

pasaport, -tu passport.

pasif 1. passive. 2. (com.) liabilities.

paskalya Easter.

paslanmak 1. to rust. 2. to be coated (tongue).

paslaşmak to pass the ball to each other.

paso pass, ticket (allowing one to enter at a reduced rate).

paspas doormat.

pasta 312

pasta cake; pastry; tart. **pastacı** pastry seller.

pasta pleat, fold.

pastane pastry shop.

pastel pastel.

pastırma pressed meat cured with garlic and other spices, pastrami. **pastırma yazı** Indian summer.

pastil pastille, lozenge, cough drop.

pastörize pasteurized.

paşa 1. pasha. 2. general; admiral.

pataklamak /ı/ to spank.

patates potato. **patates ezicisi** potato masher.

patavatsız tactless.

paten skate, roller skate.

patent, -ti 1. patent, license. 2. (naut.) bill of health.

patırdamak to clatter.

patırtı 1. noise; row. 2. tumult, disturbance.

patik baby shoe.

patika footpath, track.

patinaj 1. ice skating. 2. skidding.

patiska cambric.

patlak 1. burst; torn open. **patlak gözlü** popeyed. **patlak vermek** to be divulged.

patlamak 1. to burst, explode. 2. to occur suddenly. 3. to blurt out. **patlama** explosion.

patlayıcı explosive.

patlangaç, patlangıç 1. popgun. 2. devil chaser.

patlatmak /ı/ 1. to blow up. 2. to infuriate. 3. /a/ to hit.

patlıcan eggplant.

patoloji pathology.

patrik patriarch. **patrikhane** patriarchate.

patron 1. employer; boss. 2. pattern, model.

pavurya hermit crab.

pavyon 1. night club. 2. detached building.

pay 1. share; lot, portion. 2. part. 3. margin, tolerance. 4. numerator. 5. reproach, blame. **pay etmek** /ı/ to share, divide. **pay vermek** /a/ to answer back.

payanda prop, support.

payda denominator.

paydaş participator, partner.

paydos recess, break, rest; end of a work period. **paydos etmek** /ı/ to stop working.

paye rank.

paylamak /ı/ to scold.

paylaşmak /ı/ to divide and share.

paytak knock-kneed; bandy-legged.

payton phaeton.

pazar 1. market, bazaar. 2. Sunday.

pazarlamak /ı/ to market. **pazarlama** marketing.

pazarlık bargaining. **pazarlık etmek** to

bargain.

pazartesi, -yi Monday.

pazen cotton flannel.

pazı chard.

pazı biceps; upper arm.

peçe veil. **peçeli** veiled.

peçete napkin, table napkin.

pedagog pedagogue.

pedagoji pedagogy.

pedal pedal.

peder father.

pedikür pedicure.

pehlivan wrestler.

pejmürde shabby; worn out.

pek, -ki very, much, extremely. **pek çok** very much.

pek, -ki 1. hard, firm; strong. 2. swiftly. 3. firmly fixed.

pekâlâ 1. very good. 2. all right, very well.

peki all right.

pekişmek to become hard, get tight or firm.

pekiştirmek /ı/ to stiffen, harden, intensify.

pekiyi very good, excellent, all right.

peklik constipation.

pekmez grape molasses.

peksimet, -ti hard biscuit, zwieback.

pelerin cape.

pelesenk balm, balsam.

pelikan pelican.

pelte 1. starch pudding. 2. (chem.) gel.

peltek having a lisp.

pelür, pelüs 1. onionskin. 2. plush.

pembe pink.

pencere window.

pençe 1. paw, claw. 2. sole. **pençe atmak** /a/ to claw. **pençe vurmak** /a/ to resole (shoe). **gizli pençe** half sole.

pençelemek /ı/ to claw, paw. 2. to resole.

pençeleşmek /la/ to come to grips with; to struggle.

penguen penguin.

penisilin penicillin.

pens 1. pliers. 2. pleat.

penye summer-weight tricot.

pepelemek to stammer, stutter.

pepeme stammering, stuttering.

perakende retail.

perçem bangs; tuft of hair.

perçin rivet.

perçinlemek /ı/ 1. to rivet, clench. 2. to reinforce, strengthen.

perdah 1. polish, glaze; gloss. 2. finishing shave.

perde 1. curtain; screen. 2. partition. 3. act of a play. 4. cataract. 5. (mus.) pitch.

perende flip, front flip, back flip.

pergel pair of compasses.

perhiz 1. diet. 2. abstinence.

peri fairy, beautiful djinn.

peribacası, -nı Cappadocian cone.

perişan 1. scattered, disordered. 2. perplexed, bewildered.

perma permanent wave.

permanganat potassium permanganate.

permi permit (for import or export).

peroksit peroxide.

peron (rail.) platform.

personel personnel, staff.

perspektif perspective.

perşembe Thursday.

pertavsız magnifying glass.

Peru Peru.

peruka wig.

pervane 1. moth. 2. flywheel; propeller; paddle wheel.

pervasız fearless, unrestrained.

pervaz border, cornice, molding, fringe.

pes low, soft (voice).

pes demek to accept one's defeat, give up.

pespaye mean, common, vulgar.

pestil fruit pulp dried in thin layers. **pestilini çıkarmak** 1. to beat someone to a jelly. 2. to tire extremely. 3. to crush.

peş space behind, back. **peşi sıra** 1. behind him. 2. afterwards. **peşinde** in pursuit of.

peşin in advance. **peşin para** 1. cash. 2. advance payment.

peşkir table napkin, napkin.

peştamal large bath towel.

petek honeycomb.

petrol, -lü petroleum, oil.

pey earnest-money, deposit.

peydahlamak /ı/ to pick up, acquire (something undesirable).

peyderpey bit by bit.

peygamber prophet.

peyk, -ki satellite.

peynir cheese.

peyzaj landscape.

pezevenk, -gi pimp; procurer.

pıhtı clotted blood.

pıhtılaşmak to coagulate, clot.

pılı pırtı collected junk, old stuff.

pınar (water) spring.

pırasa leek.

pırazvana tang of a tool for a handle.

pırıldak dark lantern, signal lantern.

pırıldamak to glitter, gleam, glisten.

pırıl pırıl 1. brightly. 2. spick-and-span.

pırıltı glitter, gleam.

pırlanta brilliant (diamond).

pırtık torn, ragged.

pırtlak loose, easy to remove.

pısırık shy, diffident; incapable.

pıtırtı tap, rap.

piç, -çi 1. bastard. 2. offshoot, sucker.

pide slightly leavened flat bread.

pijama pajamas.

pik, -ki cast iron.

pikap 1. phonograph, record player. 2. pickup truck.

pike piqué.

pike (aero.) nose dive.

piknik picnic.

pil electric battery, dry cell.

pilaki fish or beans with oil and onions.

pilav pilaf.

piliç young chicken.

pilot, -tu pilot.

pineklemek to doze.

pinpon decrepit (old man).

pinti miserly, stingy.

pipo (tobacco) pipe. **pipo tütünü** pipe tobacco.

pir patron saint; founder of an order.

piramit pyramid.

pire flea.

pirelenmek 1. to be infested with fleas. 2. to be suspicious and restless.

pirinç rice.

pirinç brass. **pirinçten yapılmış nefesli çalgılar** (mus.) brass instruments.

pirzola chop, cutlet.

pis dirty, filthy; obscene. **pislik** dirt, mess.

pisboğaz greedy, gluttonous.

pisi pussy-cat.

pisibalığı, -nı plaice.

piskopos bishop.

pislemek /a/ to soil, dirty.

pisletmek /ı/ 1. to make dirt. 2. to make a mess of.

pist, -ti 1. running track. 2. runway.

piston 1. piston. 2. backing, influence, pull.

pişik diaper rash; heat rash.

pişirmek /ı/ 1. to cook. 2. to cause to mature. 3. to cause a rash. 4. to learn well.

pişkin 1. well-cooked. 2. thick-skinned.

pişman regretful, sorry. **pişman olmak** to repent. **pişmanlık** regret, penitence.

pişmaniye candy made of sugar, oil and flour.

pişmek 1. to be cooked. 2. to ripen, mature. 3. to break out in a rash. 4. to suffer from the heat.

piyade foot soldier.

piyango lottery. **piyango çekmek** to draw the winning numbers in a lottery. **piyango vurmak** to win in a lottery.

piyanist, -ti pianist.

piyano piano.

piyasa 1. pleasant stroll. 2. the market. 3. current price.

piyaz 1. beans with chopped onions. 2. (slang) flattery.

piyes (theat.) play.

plaj beach.

plak phonograph record.

plaka 1. license plate. 2. plaque, tablet.

plaket, -ti plaque.

plan plan, scheme. **plan kurmak** to scheme. **planlı** planned.

planlamak /ı/ to plan. **planlama** planning.

planör glider.

planya plane, planer, planing machine.

plaster adhesive tape.

plastik plastic.

platform platform.

platin platinum.

plato 1. plateau. 2. (cinema) set.

plazma plasma.

plebisit, -ti plebiscite.

pli pleat.

podyum podium.

pofurdamak to puff, snort.

poğaça rich pastry, flaky pastry.

pohpoh flattery. **pohpohlamak** /ı/ to flatter.

poker poker (game).

polarma polarization.

poliçe 1. bill of exchange. 2. insurance policy.

poligon 1. ground for firing practice. 2. polygon.

poliklinik outpatient clinic.

Polinezya Polynesia.

polis the police; policeman.

politika 1. politics. 2. policy. **politikacı** politician.

Polonya Poland.

pomat pomade.

pompa pump. **pompalamak** /ı/ to pump.

ponpon pompon; powder puff.

ponza pumice.

poplin poplin.

popo buttock.

porselen porcelain.

porsiyon a dish of food, helping, portion, serving.

porsuk badger.

portakal orange.

portatif portable, movable.

porte (mus.) staff.

Portekiz Portugal.

portmanto coat stand.

portre portrait.

posa residue after juice is squeezed from fruit. **osbıyık** having a bushy mustache.

post, -tu 1. fleece, tanned skin with the fur on. 2. post, office, position.

posta 1. mail; post, postal service. 2. mail train, mail steamer. 3. train, boat; service. 4. shift, relay; time, turns. **postacı** mailman.

postal heavy shoe.

postalamak /ı/ to mail, post.

postane post office.

postrestant, -tı general delivery, poste restante.

pot, -tu crease. **pot kırmak** to make a blunder, commit a faux pas.

pota crucible.

potasyum potassium.

potin boot.

potur baggy knickers.

poyra hub of a wheel, axle end.

poyraz 1. northeast wind. 2. northeast.

poz 1. pose. 2. exposure.

pozitif positive.

pörsük shrivelled, withered.

pörsümek to shrivel up, wrinkle, wither.

pösteki sheepskin.

pragmacı pragmatist.

pranga fetters, shackles.

pratik 1. practical; handy. 2. practice.

prens prince.

prenses princess.

prensip principle.

pres press, pressing machine.

prevantoryum sanitarium for tuberculosis suspects.

prezervatif condom.

prim 1. premium. 2. incentive payment.

priz electric socket.

prizma prism.

problem problem.

profesör professor.

profesyonel professional.

profil profile.

program program. **programcı** programmer.

programlamak /ı/ to program.

proje project.

projeksiyon projection.

projektör projector.

proleter proletarian.

propaganda propaganda.

prospektüs prospectus.

prostat, -tı prostate gland.

Protestan Protestant.

protesto protest.

protez prosthesis.

protokol, -lü protocol.

prova 1. trial; rehearsal. 2. (print.) proof. 3. (tailor.) fitting.

pruva bow (of a ship).

psikanaliz psychoanalysis. **psikanalist** psychoanalyst.

psikolog psychologist.

psikoloji psychology. **psikolojik** psychological.

psikopat, -tı psychopath.

psikoz psychosis.

puan 1. dot, polka dot. 2. point; score (game, test).

pudra powder, face powder.

pudralık, pudriyer compact (for make-up).

pudraşeker powdered sugar.

puf big circular cushion to sit on.

pufböreği, -ni puff pastry.

puflamak to blow, puff.

puhu eagle owl.

pul 1. stamp. 2. sequin. 3. scale (of a fish). 4. thin round disc; piece. 5. washer (for a screw).

pulluk modern plow.

punto point, type size.

pupa stern.

puro cigar.

pus mist, haze, slight fog. **puslu** hazy, misty.

pus inch.

pusarık 1. hazy, misty. 2. mirage.

puset, -ti baby carriage.

puslanmak to become misty, get cloudy.

pusu ambush. **pusu kurmak** to set a trap for. **pusuya yatmak** to lie in wait.

pusula 1. note. 2. slip of paper.

pusula (naut.) compass.

puşt, -tu catamite. **puştluk** 1. sodomy. 2. (slang) fickleness.

put, -tu 1. idol, god. 2. the cross. **put gibi** like a statue; very quiet and rigid.

putlaştırmak /ı/ to idolize.

putperest, -ti idolater, pagan.

putrel I-beam.

püflemek /ı/ to blow upon, blow out, puff.

püf noktası vital spot.

pulverizatör atomizer.

püre purée.

pürtük knob; roughness. **pürtüklü** knobby, rough, bumpy.

pürüz 1. roughness; unevenness, irregularity. 2. hitch, difficulty. **pürüzlü** 1. rough. 2. beset with difficulties.

püskül tassel, tuft.

püskürmek /ı/ 1. to blow out water from the mouth; to spray (liquid). 2. to erupt (volcano).

püskürteç atomizer, sprayer.

püskürtmek /ı/ 1. to spray. 2. to repulse.

püskürtü lava.

püskürük eruptive, volcanic.

pütür knob. **pütür pütür** chapped.

R

Rab, -bbi the Lord, God.

rabıta 1. tie, connection. 2. congruity.

raca Hindu rajah.

radar radar.

radyatör radiator.

radyo radio. **radyoevi, -ni** broadcasting studio.

radyoaktif radioactive.

raf shelf.

rafadan soft-boiled (egg).

rafineri refinery.

rağbet, -ti 1. inclination, desire. 2. demand. **rağbet görmek** to be in demand.

rağmen in spite of.

rahat, -tı 1. ease, rest; comfort, tranquility; quiet. 2. at ease, comfortable; tranquil; easy. 3. comfortably, quietly. **rahat etmek** 1. to be at ease. 2. to make oneself comfortable, rest. **rahatlık** comfort.

rahatlamak to become comfortable, feel relieved, calm down.

rahatsız 1. uncomfortable. 2. anxious. 3. sick, ill. **rahatsız etmek** to bother, inconvenience, annoy, disturb.

rahibe nun.

rahim, -hmi uterus, womb.

rahip 1. monk, celibate. 2. priest.

rahle low reading stand.

rahmet, -ti 1. God's mercy and grace. 2. rain. **rahmetli** the deceased, the late.

rahvan 1. amble; ambling pace. 2. ambling (horse).

rakam figure, numeral; number.

raket, -ti (sports) racket.

rakı raki, arrack.

rakım elevation.

rakip rival.

rakkas pendulum.

raksetmek to dance.

ralanti idling.

ramazan Ramadan, Ramazan.

rampa ramp; loading platform. **rampa etmek** (naut.) to come alongside.

randevu appointment, rendezvous.

randevuevi brothel.

randıman yield. **randımanlı** profitable; productive.

ranza bunk; berth.

rapor 1. report. 2. doctor's report. **raporlu** on medical leave.

raptiye 1. paper clip. 2. thumbtack.

rasat astronomical or meteorological observation.

rasathane observatory; meteorological station.

Ras el Khaimah Ras al-Khaimah.

rasgele 1. by chance. 2.' haphazard; at random, chance.

raspa rasp, wood rasp.

raspalamak /ı/ to scrape, rasp.

rast gelmek /a/ to meet, encounter, come across.

rastık cosmetic for blackening the eyebrows, kohl.

rastlamak /a/ 1. to meet by chance. 2. to coincide (with).

rastlantı chance, coincidence.

ray rail.

rayiç market price, current value.

razı satisfied, contented, willing.

realist, -ti realistic.

reçel jam, fruit jam.

reçete 1. prescription. 2. recipe.

reçine resin.

redaktör redactor, editor.

reddetmek /ı/ to reject, refuse.

refah comfort, luxury, affluence.

refakat, -ti 1. companionship. 2. (mus.) accompaniment. **refakat etmek** to accompany.

referandum referendum.

referans good letter of recommendation.

refleks reflex.

rehavet, -ti slackness, lethargy.

rehber guide; guidebook, directory. **rehber öğretmen** guidance counselor. **rehberlik** guidance.

rehin pawn, pledge, security; hostage.

rehine hostage.

reis 1. head, chief, president; principle. 2. skipper.

reisicumhur president of a republic.

rejim 1. regime, system of government. 2. diet. **rejim yapmak** to diet.

rejisör director.

rekabet, -ti rivalry, competition.

reklam advertisement. **reklamcılık** advertising.

rekolte harvest, crop.

rekor (sports) record.

rekortmen record holder.

rektör president of a university), rector.

rençper 1. laborer; workman. 2. farmer.

rende 1. carpenter's plane. 2. grater.

rendelemek /ı/ 1. to plane. 2. to grate.

rengârenk multicolored, variegated.

rengeyiği, -ni reindeer.

renk, -gi 1. color, hue. 2. sort, kind, variety. **rengi atmak** to grow pale. **renkli** colored; colorful. **renksiz** 1. colorless, pale. 2. nondescript, dull.

renkkörlüğü, -nü color blindness.

renklendirmek /ı/ to enliven.

repertuvar repertory, repertoire.

resim, -smi 1. picture, photograph; drawing; design; illustration. 2. painting. 3. tax, excise tax. 4. state ceremony, formality. **resim çekmek** to take a photograph. **resim yapmak** to draw, paint. **resimli** illustrated.

resimlemek /ı/ to illustrate (book).

resital, -li recital.

resmen officially.

resmi official; formal.

resmiyet, -ti formality.

ressam artist, painter; designer; draftsman.

rest çekmek to give an ultimatum.

restoran restaurant.

reşit adult.

ret, -ddi rejection, expulsion, refusal; refutation; repudiation.

revaç demand, marketability; currency.

reverans bow, courtesy.

revir 1. infirmary. 2. small military hospital; sickbay.

revü revue.

rey vote.

reyon a section of a store, counter.

rezalet, -ti scandal; scandalous behavior; disgrace.

rezervasyon reservation (of a place).

rezil 1. vile, disreputable; disgraced. 2. scoundrel. **rezil etmek** /ı/ to disgrace. **rezil olmak** to be put to shame. **rezillik** 1. disreputableness, infamy. 2. scandal.

rıhtım quay, wharf.

rıza consent, approval. **rıza göstermek** to consent.

rızık, -kı 1. one's daily food, sustenance. 2. the necessities of life.

riayet, -ti 1. respect, esteem; consideration, regard. 2. conformity, obedience.

rica request. **rica etmek** to request, ask for.

rimel mascara.

risale treatise; pamphlet, brochure.

risk, -ki risk.

ritim, -tmi rhythm.

rivayet, -ti rumor.

riya hypocrisy. **riyakâr** hypocrite; hypocritical.

riziko risk.

Rodos 1. Rhodes. 2. Rhodian.

roka (bot.) rocket.

roket, -ti (mil.) rocket.
rol, -lü role, part.
rom rum.
roman novel.
romantik romantic.
Romanya Rumania.
romatizma rheumatism.
rop dress.
rosto roast meat.
rot, -tu steering rod.
rota course (of a ship).
rozet, -ti rosette.
römork, -ku trailer (vehicle).
römorkör 1. tugboat. 2. tractor.
Rönesans Renaissance.
röntgen X-ray.
röportaj 1. reporting. 2. set of feature articles.
rötar delay.
rötuş a retouching.
rövanş return match.
rugan patent leather.
ruh 1. soul, spirit. 2. essence. 3. vitality. 4. ghost.
ruhbilim psychology.
ruhi 1. psychic. 2. psychological, mental.
ruhsat, -tı permission; permit; license. **ruhsatname** permit; credentials.
ruj lipstick.
rulet, -ti roulette.
rulo roll (of paper).
Rum Greek of Turkish citizenship.
Rumeli European Turkey, Rumelia.
rumuz symbol; abbreviation; initial; cipher.
Rusya Russia.
rutubet, -ti dampness, humidity; moisture.
rüküş a comically dressed woman.
rüşt, -tü majority, of age.
rüşvet, -ti bribe.
rütbe degree; grade; rank.
rüya dream, vision. **rüya görmek** to have a dream.
rüzgâr wind, breeze.
Rvanda Rwanda.

S

saadet, -ti happiness; prosperity; felicity.
saat, -ti 1. hour; time. 2. watch, clock. 3. meter (electric, gas). **saat gibi** like clockwork. **saat kaç?** What time is it? **saat kulesi** clock tower.
saatçi 1. watchmaker; watch repairer. 2. seller of watches.
sabah 1. morning; in the morning; forenoon. 2. dawn, daybreak. **sabah akşam** all the

time, early and late.
sabahçı 1. early riser. 2. working or remaining till daybreak. 3. pupil who goes to school only in the mornings.
sabahki this morning's.
sabahlamak to sit up all night, pass the whole night.
sabahleyin in the morning, early.
sabahlık dressing gown, housecoat.
saban plow.
sabık, -kı former, previous, preceding.
sabıka former misdeed; previous conviction. **sabıkalı** previously convicted, confirmed criminal.
sabır, -brı 1. patience. 2. endurance, fortitude. **sabırlı** patient, forbearing.
sabit, -ti fixed, stationary; established, definite.
sabotaj sabotage.
sabretmek to be patient.
sabun soap. **sabunluk** 1. soap dish. 2. washcloth.
sabunlamak /ı/ to soap, wash with soap.
sacayağı, -nı, sacayak trivet.
saç, -çı hair. **saçlı** hairy.
saç sheet iron; made of sheet iron.
saçak 1. eaves of a house. 2. fringe.
saçakbulut, -tu cirrus (cloud).
saçkıran loss of hair (disease).
saçma 1. nonsense; nonsensical; absurdity. 2. anything scattered or sprinkled. 3. BB's, buckshot. **saçma sapan** nonsense, absurd.
saçmak /ı/ 1. to scatter, sprinkle. 2. to sow, broadcast.
saçmalamak to talk or act unreasonably.
sada sound, voice; cry.
sadaka alms, charity.
sadakat, -ti faithfulness, fidelity, devotion, loyalty.
sade 1. simple. 2. unmixed; pure, mere. 3. unsweetened (coffee). **sadelik** plainness, simpleness; simplicity.
sadece simply, merely.
sadeleşmek to become plain; to be simplified.
sadeleştirmek /ı/ to simplify.
sadeyağ, sağyağ cooking butter.
sadık faithful; devoted, true, sincere, honest.
sadist, -ti sadist.
sadme collision; sudden blow or misfortune.
sadrazam grand vizier.
saf 1. pure, unadulterated. 2. innocent, artless.
saflık 1. pureness, artlessness. 2. purity, cleanness.
saf, -ffı row, line; rank.
safa enjoyment, pleasure, delight.
safdil simple-hearted, innocent, artless; cred-

ulous.

safha phase.

safi 1. clear. 2. pure. 3. mere; net (quantity).

safra ballast.

safra bile, gall. **safra kesesi** gall bladder.

safsata false reasoning, sophistry; nonsense.

sağ 1. alive. 2. safe; trustworthy. 3. unadulterated. **sağ salim** safe and sound.

sağ right, right side. **sağlı sollu** on both sides, right and left. **sağcı** rightist.

sağanak heavy rainstorm, downpour, shower.

sağbeğeni good taste.

sağdıç 1. bridegroom's best man. 2. intimate friend of the bride or bridegroom.

sağduyu common sense.

sağgörü prudence.

sağır 1. deaf. 2. giving no sound, dull; indistinct (sound or voice). **sağırlık** deafness.

sağlam 1. sound, whole; safe. 2. healthy; wholesome. 3. sure; honest. 4. firm.

sağlama proof, check.

sağlamak /ı/ 1. to make safe, make certain. 2. to get; provide.

sağlamak to keep to the right, drive on the right; veer to the right.

sağlamlaşmak to become sound, be safe, get strong.

sağlık 1. good health. 2. life. **sağlık sigortası** health insurance. **sağlığında** during one's lifetime.

sağmak /ı/ to milk.

sağmal milch.

sağrı rump.

saha 1. court, courtyard. 2. field, area, region.

sahaf dealer in secondhand books.

sahan copper food dish.

sahanlık landing (stairs).

sahi really, truly. **sahici** real, genuine, true. **sahiden** indeed, truly.

sahil shore, coast, bank.

sahip 1. owner, possessor, master. 2. protector.

sahne scene; stage. **sahneye koymak** /ı/ to stage, produce.

sahra open country, wilderness; desert.

sahte 1. false, counterfeit. 2. artificial. **sahtekâr** forger; liar; crook.

sahtiyan morocco.

sahur meal before dawn during Ramazan.

saka water carrier.

saka goldfinch.

sakal beard; whiskers. **sakallı** bearded.

sakar awkward, clumsy.

sakarin saccharine. **sakaroz** saccharose.

sakat, -tı 1. unsound, defective. 2. disabled, crippled.

sakatat, -tı variety meats; offal; giblets.

sakatlamak /ı/ to injure, mutilate.

sakın Beware! Take care! Don't!

sakınca objection, drawback. **sakıncalı** objectionable, undesirable.

sakıngan prudent, cautious.

sakınmak /dan/ 1. to take care of oneself. 2. to be wary of. **sakınma** caution.

sakız chewing gum, mastic.

sakin 1. quiet, motionless. 2. calm. 3. dweller.

sakinleşmek to get quiet, calm down.

saklamak /ı/ 1. to hide. 2. to keep secret. 3. to save, preserve. **saklı** 1. hidden, concealed; secret. 2. put aside.

saklambaç hide-and-seek.

saksağan magpie.

saksı flowerpot.

saksofon saxophone.

sal raft.

salahiyet, -ti authority, power.

salak silly, doltish.

salam salami, sausage.

salamura brine for pickling; anything pickled in brine.

salaş booth; market stall, temporary shed.

salata 1. salad. 2. lettuce.

salatalık cucumber.

salça tomato paste; tomato sauce. .

saldırgan aggressive, aggressor.

saldırı aggression, attack.

saldırmak /a/ 1. to make an attack. 2. to rush upon.

saldırmazlık nonaggression.

salep salep.

salgı secretion.

salgın 1. contagious; epidemic. 2. invasion.

salhane slaughterhouse.

salı Tuesday.

salıncak swing; hammock. **salıncaklı koltuk** rocking chair.

salınım oscillation.

salınmak 1. to swing, wave; to sway. 2. to oscillate.

salıvermek /ı/ to let go, set free, release.

salim safe, sound.

salimen in safety, safely and soundly.

salkım bunch, cluster. **salkım saçak** unkempt, untidy.

salkımsöğüt weeping willow.

sallamak /ı/ to swing, rock; to wave. 2. to procrastinate.

sallanmak 1. to swing, rock, roll. 2. to dawdle.

sallantı 1. rocking, rolling. 2. quandary.

sallapati careless, tactless.

salmak 1. /ı/ to set free. 2. /ı, a/ to send, pend forth.

Salomon Solomon Islands.

salon hall, salon.

salt, -tı mere, simple; solely.

saltanat, -tı 1. sovereignty, sultanate. 2. magnificence, state.

salya saliva.

salyangoz snail.

saman straw. **samanlık** hayloft.

samanuğrusu, -nu, samanyolu, -nu the Milky Way.

samimi cordial, sincere.

samimiyet, -ti cordiality, sincerity.

Samoa Adaları Samoa.

samur sable.

samyeli, -ni simoom.

san esteem, reputation; name. **sanlı** esteemed, well-known, reputed.

sanal conjectural. **sanal sayı** imaginary number.

sanat, -tı 1. art; craft; trade. 2. skill, ability. **sanatçı, sanatkâr** artisan, craftsman; artist; actor. **sanatlı** artful, skillful, ingenious.

sanatoryum sanatorium.

sanayi, -ii industry.

sanayileşmek to become industrialized.

sancak 1. flag, banner; standard. 2. starboard.

sancı 1. stomach ache, colic. 2. labor pain, contraction.

sancılanmak 1. to have a stomach ache. 2. to be in labor.

sancımak to ache.

sandal sandal (shoe).

sandal rowboat. **sandalcı** boatman.

sandalye 1. chair. 2. office. **sandalye kavgası** struggle for a position.

sandık 1. chest, coffer, box. 2. fund; cashier's office. **sandık odası** storeroom.

sandıklamak /ı/ to box, crate.

sandviç sandwich; roll.

sanı suspicion.

sanık suspected; accused.

saniye second; moment.

sanki as if, as though, supposing that.

sanmak, -ır /ı/ to deem, suppose, think, imagine.

San Marino San Marino.

sanrı hallucination.

sanrılamak /ı/ to hallucinate.

sansar stone marten.

sansür censorship.

santigram centigram.

santimetre centimeter.

santral, -lı telephone exchange.

santur dulcimer.

sap, -pı 1. handle. 2. stalk, stem. 3. single thread. 4. stack.

sapa off the road; out of the way, secluded;

devious. **sapa yol** byroad, side street.

sapak turn.

sapaklık divergence, anomaly.

sapan 1. sling shot. 2. sling, catapult.

sapasağlam, sapsağlam well and sound, very strong.

sapık 1. perverted; pervert. 2. crazy, lunatic.

sapınç deviation.

sapıtmak 1. to go off one's head; to talk nonsense. 2. to lead astray; to go astray.

sapkı deviancy, perversion.

sapkın 1. astray, off the right road. 2. perverted, deviant.

saplamak /ı, a/ to thrust into, pierce.

saplantı fixed misconception.

sapmak /a/ 1. to swerve, turn. 2. to go astray; to err. 3. to fall into sin. **sapma** deviation.

saptamak /ı/ 1. to fix. 2. to ascertain.

sara epilepsy; epileptic fit. **saralı** epileptic.

saraç saddler, leather worker. **saraçhane** harness shop, saddlery.

sararmak to turn yellow; to grow pale.

saray 1. palace. 2. large government building.

sardalye sardine.

sardunya geranium.

sarf 1. expenditure; consumption. 2. grammar.

sarf etmek to spend, expend.

sarfiyat, -tı expenses, expenditure; consumption.

sargı bandage.

sarhoş drunk, drunkard. **sarhoşluk** drunkenness.

sarı 1. yellow. 2. blond. 3. pale, sallow. 4. yolk. 5. brass.

sarık turban.

sarılgan 1. winding. 2. climbing.

sarılık 1. yellowness. 2. jaundice.

sarılmak /a/ 1. to entwine. 2. to embrace. 3. to begin right away.

sarınmak /ı/ 1. to wrap oneself in. 2. to gird oneself.

sarışın blond, blonde.

sâri contagious, epidemic.

sarih clear, explicit, evident, manifest.

sarkaç pendulum.

sarkık dangling; hanging loosely; flabby; drooping.

sarkıntılık importunate or insulting behavior to a woman.

sarkıt stalactite.

sarkmak 1. to hang loosely, hang down. 2. /a/ to lean out.

sarmak /ı/ 1. to wind, wrap around; to bandage. 2. to embrace; to cling (to). 3. to encircle.

sarmal spiral.

sarman 1. huge, enormous. 2. yellow cat.

sarmaşık ivy; climbing vine.

sarmısak garlic.

sarnıç cistern; tank.

sarp, -pı 1. very steep. 2. difficult. 3. inaccessible.

sarraf money-changer; banker.

sarsak wavering, shaky.

sarsıntı 1. shock; jolt. 2. concussion. 3. earthquake.

sarsmak /ı/ 1. to shake; to jar, shock. 2. to agitate; to upset.

sataşkan aggressive; aggressor, meddler.

sataşmak /a/ 1. to be aggressive; to pick a quarrel. 2. to annoy, interfere with; to tease.

saten satin.

satıcı salesman, seller; peddler, dealer.

satıh, -thı surface; exterior surface, plane.

satlık for sale; on sale.

satılmak to be sold.

satın almak /ı/ to buy, purchase.

satır meat cleaver.

satır a line of writing or print.

satırbaşı, -nı paragraph indentation.

satış sale, sales.

satmak 1. /ı, a/ to sell. 2. /ı/ to pretend.

satranç chess.

savaş struggle, fight; battle, war. **savaşçı** combatant, fighter, warrior. **savaşkan** combative, bellicose.

savaşmak 1. to struggle, fight, dispute. 2. to work and struggle hard (at a thing).

savcı attorney general, public prosecutor.

savmak /ı/ 1. to send away, turn away; to get rid (of). 2. to avoid, escape. 3. to get over (an illness).

savruk careless, untidy.

savrulmak to be winnowed.

savsak negligent, dilatory.

savsaklamak /ı/ to delay, put off.

savsamak /ı/ to put off, neglect.

savulmak to stand aside, get out of the way.

savunmak /ı/ to defend. **savunma** defense.

savurmak /ı/ 1. to toss about violently, hurl. 2. to winnow. 3. to brandish (sword). 4. to bluster. 5. to spend extravagantly.

savuşmak to slip away, go away stealthily.

saya upper, vamp.

saydam transparent. **saydam tabaka** cornea.

sayfa page.

sayfiye summer house; country house; villa.

saygı 1. respect, esteem. 2. thoughtfulness, consideration. **saygılı** respectful, considerate; well-mannered. **saygısız** disrespectful.

saygıdeğer estimable.

saygın honorable, respected.

saygı 1. number; enumeration. 2. number, issue.

sayılı 1. counted, numbered. 2. marked. **sayısal** numerical, numeral. **sayısız** innumerable; unnumbered.

sayıklamak 1. to talk in one's sleep; to rave. 2. to dream (of something longed for).

sayılama 1. numeration. 2. statistics.

sayım counting; census.

sayın esteemed, excellent, honorable.

Sayıştay the exchequer and audit department, the National Treasury.

saylav deputy, member of parliament.

saymaca 1. in counting. 2. nominal; considered as.

saymak /ı/ 1. to count, enumerate. 2. to regard, count as. 3. to value. 4. to suppose.

sayrı ill, sick, ailing. **sayrılık** sickness, disease.

sayvan 1. awning, roof, tent. 2. external ear.

saz musical instrument. **saz şairi** minstrel, bard.

saz rush, rushes, reed. **sazlık** reed bed, marshy place.

sazan carp.

seans 1. session. 2. performance.

sebat, -tı stability, firmness, perseverance, constancy. **sebatlı** stable, persevering, enduring.

sebep 1. cause, reason. 2. source, means; occasion. **sebebi olmak** to cause; to be the means (of).

sebeplenmek to benefit; to get a small profit out of something.

sebil free distribution of water; public fountain.

sebze vegetable; green plant.

sebzelik 1. vegetable garden. 2. vegetable tray, vegetable bin.

seccade prayer rug.

seçenek alternative.

seçi choice.

seçik distinct, clear.

seçim election, polls.

seçkin select, choice, distinguished, outstanding.

seçmek /ı/ 1. to choose, select; to elect. 2. to perceive, distinguish, see, discern.

seçmen voter. **seçmen kütüğü** electoral roll.

sedef mother-of-pearl. **sedef hastalığı** psoriasis.

sedir divan, sofa.

sedir cedar.

sedye stretcher.

sefahat, -ti foolish squandering, dissipation.

sefalet, -ti poverty; misery.

sefaret, -ti ambassadorship; embassy; legation. **sefarethane** embassy building, legation.

sefer 1. journey, voyage, travel. 2. state of war. 3. time, occurrence.

seferberlik mobilization; state of war.

sefertası, -nı portable food container.

sefih prodigal, dissolute.

sefil 1. poor, destitute. 2. base, low.

seğirmek to twitch nervously, tremble.

seğirtmek to run, hurry.

seher time just before dawn; early morning.

sehpa 1. tripod; three-legged stool or table. 2. easel. 3. gallows.

sekiz eight. **sekizgen** octagon. **sekizinci** eighth.

sekmek 1. to hop. 2. to ricochet; to miss.

sekreter secretary.

seks sex.

seksek hopscotch.

seksen eighty.

sekte 1. stoppage, interruption. 2. pause; interval.

sel torrent, flood.

selam salutation, greeting, salute. **selam vermek** /a/ to salute, greet.

selamlamak /ı/ to salute, greet.

selamlaşmak to greet or salute each other.

Selçuk Seljuk.

sele 1. flattish wicker basket. 2. saddle (of a bicycle).

self predecessor; ancestor.

selektör 1. selector. 2. dimmer. 3. clutch pedal. 4. sifter.

selim 1. free from defect or danger; safe, sound. 2. benign.

seloteyp cellophane tape.

selüloz cellulose.

selvi cypress.

sema sky, heaven.

semaver samovar.

sembol, -lü symbol.

semer packsaddle.

seminer seminar.

semirmek to grow fat.

semiz fat, fleshy, overweight.

semizotu, -nu purslane.

sempatik likable, attractive.

sempozyum symposium.

semt, -ti region, neighborhood; quarter, district.

sen (sing.) you .

senaryo scenario.

senato senate. **senatör** senator.

sendelemek to totter, stagger.

sendika trade union. **sendikacı** unionist.

sene year.

Senegal Senegal.

senet promissory note; title deed; instrument; voucher, receipt.

senfoni symphony. **senfoni orkestrası** symphony orchestra. **senfonik** symphonic.

senlibenli familiar; unpretentious, free-and-easy.

sentetik synthetic.

sentez synthesis.

Sent Lusi Saint Lucia.

Sen Tomas ve Prens Adaları Sao Tome and Principe.

Sen Vensan Saint Vincent and the Grenadines.

sepet, -ti 1. basket; wickerwork. 2. sidecar.

sepettopu, -nu basketball.

sepi dressing for hides, tanning. **sepilemek** /ı/ to tan; to prepare furs.

septik sceptical.

ser, sera greenhouse; hothouse.

seramik ceramics, tile, pottery.

serap mirage.

serbest, -ti 1. free. 2. unreserved. 3. unrestrained. **serbestçe** freely; with ease. **serbestlik** freedom; lack of restraint.

serçe sparrow.

serçeparmak little finger or toe.

seren (naut.) yard; boom, spar.

serenat serenade.

sereserpe free and unrestrained.

sergi exhibition, show; display.

sergilemek /ı/ to exhibit.

seri, -li quick; swift, rapid, speedy. **seri imalat** mass production.

serin cool; chilly. **serinlik** coolness; chilliness.

serinkanlı cool-headed, imperturbable.

serinlemek to cool, get cool or chilly.

serkeş unruly, rebellious, disobedient.

sermaye capital, stock.

sermek /ı/ 1. to spread out; to spread over. 2. to hang up. 3. to beat down. 4. to neglect.

serom serum.

serpantin paper streamer.

serpelemek to sprinkle (rain).

serpinti 1. drizzle; light rain, sleet or snow. 2. spray. 3. trace.

serpiştirmek /ı, a/ 1. to sprinkle. 2. to scatter, distribute.

serpmek /ı, a/ 1. to sprinkle. 2. to scatter, strew.

sersem 1. stunned, bewildered; muddled, distracted. 2. fool. **sersemlik** 1. stupefaction, confusion. 2. bewilderment.

sersemlemek, sersemleşmek to be stunned, be stupefied; to be confused.

serseri 1. vagabond, tramp, vagrant. 2. loose, floating (mine). **serserilik** vagrancy, vagabondage.

sert, -ti 1. hard; rough. 2. sharp, severe, harsh, stern, austere. 3. strong, violent (wind). 4. potent; pungent. **sertlik** 1. hardness, severity. 2. violence; potency.

sertifika certificate.

serum serum.

serüven adventure, escapade.

servet, -ti riches, wealth.

servi cypress.

servis 1. service. 2. department.

ses 1. sound; noise; voice; cry. 2. note, tone. **ses erimi** earshot. **sesli** 1. having a voice. 2. noisy; voiced; sounding. 3. talking (film). 4. vowel. **sessiz** 1. voiceless. 2. quiet, silent, meek. 3. consonant.

sesbilgisi, -ni phonetics. **sesbilim** phonology.

seslenmek 1. to call out. 2. to say something.

set, -ti 1. retaining wall. 2. terrace. 3. (sports) set.

sevap good works.

sevda love, passion; intense longing; strong wish or desire. **sevdalı** madly in love.

sevdalanmak to fall in love.

sevecen compassionate, sympathetic.

sevgi 1. love, affection. 2. compassion. **sevgili** beloved; dear; darling.

sevi love, affection.

sevici lesbian.

sevimli sweet, attractive, likeable.

sevinç joy, pleasure, delight. **sevinçli** joyful.

sevindirmek /i/ to please.

sevinmek 1. to make love. 2. to like one another, to be good friends.

seviye level, rank, degree.

sevk, -kı 1. driving, urging, inciting. 2. sending, shipping. 3. dispatch. **sevk etmek** /a/ 1. to send. 2. to drive, impel.

sevmek /i/ 1. to love; to like. 2. to pet, fondle, caress.

seyahat, -ti journey, trip, voyage; expedition. **seyahat çeki** traveler's check. **seyahat etmek** to travel.

seyahatname book of travels.

seyir, -yri 1. progress, motion. 2. spectacle, show. 3. observation. 4. excursion.

seyirci spectator, onlooker.

seyis groom, tender of horses.

seyrek 1. wide apart; loosely woven, sparse. 2. few and far between; rare; rarely.

seyretmek /i/ to look, watch. 2. to travel.

Seyşel Seychelles.

sezaryen cesarean.

sezgi 1. perception, discernment. 2. intuition.

sezi feeling; intuition.

sezinlemek /i/ to become aware of, get an inkling of.

sezmek /i/ to perceive, feel; to discern, intuit.

sezon season.

sıcacık warm, pleasantly hot.

sıcak 1. hot; heat. 2. public bath. 3. warm, hearty.

sıcakkanlı 1. amiable; lovable. 2. warm-blooded.

sıcakölçer thermometer.

sıçan rat; mouse.

sıçramak 1. to leap, spring, jump. 2. to start; to spurt out. 3. to splash. 4. /a/ to pounce on.

sıfat, -tı 1. quality, attribute. 2. appearance, aspect. 3. adjective. 4. character, capacity.

sıfır zero, naught; nothing.

sığ 1. shallow. 2. shoal, sandbank. **sığlık** 1. shallowness. 2. shallow, sandbank.

sığdırmak /ı, a/ to fit in, cram in, squeeze in, force into.

sığın moose, elk.

sığınak shelter.

sığınık refugee.

sığınmak /a/ 1. to take shelter in; to take refuge. 2. to crouch down (behind).

sığıntı dependent.

sığır ox, bull, cow, buffalo.

sığırcık starling.

sığırtmaç herdsman, drover.

sığışmak to squeeze in (people).

sığmak /a/ to fit into; to be contained by.

sıhhat, -ti 1. health. 2. truth; truthfulness, correctness.

sıhhi hygienic.

sık 1. close together; dense, thick. 2. frequently, frequent. 3. tight. **sık sık** frequently, often. **sıklık** frequency.

sıkacak 1. press. 2. juicer.

sıkı 1. tight; firmly driven or wedged in. 2. severe, strict. 3. hurried, brisk. 4. stingy. 5. pressing necessity.

sıkıcı tiresome, boring.

sıkılgan bashful, shy.

sıkılmak to be bored, be annoyed, be uneasy; to be ashamed.

sıkıntı 1. discomfort; distress; embarrassment; trouble. 2. financial straits. 3. boredom, annoyance.

sıkışık 1. closely pressed together, close; crowded. 2. congested.

sıkışmak 1. to be closely pressed together; to be caught between. 2. to be in trouble. 3. to become urgent. 4. to be squeezed, be tightened. 5. to need to urinate.

sıkıştırmak /ı/ 1. to squeeze. 2. to force by importunity. 3. to give the third degree to. 4. /a/ to slip (someone money).

sıkıyönetim martial law.

sıkkın annoyed, disgusted; distressed.

sıklaşmak to become frequent.

sıklet, -ti heaviness, weight.

sıkmak /ı/ 1. to squeeze, press; to wring out. 2. to tighten. 3. to annoy, embarrass, discomfort. 4. to discharge (firearm).

sıla 1. reunion. 2. visit to one's native place.

sınai industrial.

sınamak /ı/ to try, test, examine.

sınav examination.

sınıf 1. class; category. 2. sort, kind. 3. classroom.

sınıflamak, sınıflandırmak /ı/ to classify.

sınır frontier; border; boundary, limit. **sınırlı** 1. limited. 2. definite.

sınırdaş having a common frontier; bordering.

sınırlamak /ı/ 1. to border. 2. to limit.

sıpa donkey foal.

sır, -rrı secret; mystery.

sır 1. glaze. 2. silvering.

sıra 1. row, file, rank. 2. order, sequence. 3. series. 4. regularity. 5. turn. 6. right time. 7. desk. 8. in a row. **on the way.**

sıradağ, sıradağlar mountain chain, mountain range.

sıralamak /ı/ 1. to arrange in order. 2. to enumerate. 3. to begin to walk (by holding on to one thing after another).

sırça glass.

sırdaş fellow-holder of a secret, confidant, intimate.

sırf pure, mere, sheer, only.

sırık pole; stick. **sırıkla atlama** pole vault, pole jump.

sırım leather thong; strap.

sırıtkan given to grinning.

sırıtmak 1. to grin, show the teeth. 2. to come out, become manifest (defect); to be a fiasco.

sırlamak /ı/ 1. to glaze. 2. to silver.

sırma silver or gilt thread.

sırnaşık tiresome, worrying; importunate.

sırnaşmak to annoy, worry (a person).

sırt, -tı 1. back. 2. ridge.

sırtlamak /ı/ 1. to take on one's back, shoulder. 2. to back, support.

sırtlan hyena.

sıska thin and weak, puny.

sıtma malaria.

sıva plaster.

sıvamak /ı/ to plaster; to stucco; to daub; bedaub.

sıvamak /ı/ to roll up, fold up.

sıvazlamak /ı/ to stroke, caress, pet.

sıvı liquid, fluid.

sıvışmak to slip away, disappear, decamp.

sıyırmak 1. to tear, peel off; to rip. 2. to brush, graze. 3. to draw (sword). 4. to polish off.

sıyrık 1. peeled; skinned; abraded; abrasion. 2. scratch.

sıyrılmak 1. to be scraped, be barked. 2. to slip off; to squeak through.

sızdırmak 1. to leak. 2. to squeeze (money) out (of).

sızı ache, pain.

sızlı 1. complaint, lament. 2. discontent.

sızıntı oozings, leakage.

sızlamak to ache, smart.

sızlanmak 1. to moan with pain. 2. to complain.

sızmak 1. to ooze; to trickle; to leak. 2. to leak out (secret). 3. (mil.) to infiltrate. 4. to drop into a drunken slumber.

sicil 1. register; judicial record. 2. qualification.

sicim string, cord.

sidik urine.

Sierra Leone Sierra Leone.

sifon 1. siphon. 2. toilet flush tank. 3. S-trap.

siftah 1. first sale. 2. for the first time. **siftah etmek** to make a first sale.

sigara cigarette.

sigorta 1. insurance. 2. fuse.

siğil wart.

sihir, -hri 1. magic; witchcraft. 2. charm, spell. **sihirbaz** magician, sorcerer.

sikke coin; die.

siklon cyclone.

silah weapon, arm. **silahlı** armed.

silahlanmak to take up arms, arm oneself.

silahsızlandırmak /ı/ to disarm.

silahşor warrior; knight; musketeer.

silecek 1. large bath towel. 2. windshield wiper.

silgi 1. blackboard duster. 2. eraser.

silgiç windshield wiper.

silik 1. rubbed out; worn. 2. indistinct; insignificant.

silindir 1. cylinder. 2. steamroller.

silkelemek /ı/ to shake off.

silkinmek 1. to shake oneself. 2. to shake off the effects of something; to shake oneself free.

silkmek /ı/ to shake, shake off.

sille swat, slap.

silme struck measure, level measure.

silmek /ı/ 1. to wipe. 2. to wash and scrub; to rub. 3. to erase.

silo silo.

silsile 1. chain; line, series, range. 2. dynasty.

pedigree; genealogy.

sim silver.

sima face, features.

simge symbol. **simgelemek** /ı/ to symbolize.

simit 1. roll of bread in the shape of a ring. 2. life buoy.

simsar 1. broker. 2. middleman; commission agent.

simya alchemy.

sin tomb, grave.

sinagog, -gu synagogue.

sincap squirrel.

sindirim digestion.

sindirmek /ı/ to digest.

sine bosom, breast.

sinek 1. fly. 2. (cards) clubs. **sineklik** fly whisk; fly swatter.

sinema motion picture, movie, cinema, picture show.

Singapur Singapore.

sini round metal tray.

sinik crouching, cowed.

sinir 1. nerve, sinew; fiber. 2. (bot.) rib, vein. 3. nervous habit. **sinirli** 1. on edge, irritable; nervous. 2. sinewy, wiry.

sinirbilim neurology.

sinirce neurosis.

sinirdoku neural tissue.

sinirlenmek to get nervous, be irritated.

sinmek 1. to crouch down; to be hidden. 2. to be humiliated.

sinsi stealthy; slinking; sneaking; insidious.

sipariş order for goods.

siper 1. shield; shelter; protection; guard; screen. 2. trench; rampart.

sirayet, -ti contagion, infection.

sirk, -ki circus.

sirke vinegar.

sirke nit.

siroz cirrhosis.

sis fog, mist. **sisli** foggy, misty; hazy.

sistem system. **sistemli** systematic.

sistemleştirmek /ı/ to systematize.

site 1. apartment development. 2. city-state.

sitem reproach, rebuke.

sivil 1. civilian; in mufti. 2. plainclothes policeman.

sivilce pimple, pustule.

sivri sharp, pointed; tapering.

sivrilmek 1. to become pointed, become prominent. 2. to advance rapidly.

ˈvrisinek mosquito.

ˈh 1. black. 2. dark.

a politics, diplomacy. **siyasal, siyasi** ˈical.

t, -ti politics; policy; diplomacy.

siyatik sciatica.

siz (plur.) you.

skandal scandal.

ski skiing.

skolastik scholastic.

slayt (photography) slide.

slogan slogan.

smokin dinner jacket, tuxedo.

soba stove.

sobe free (in a game).

sobelemek /ı/ to get home free.

soda soda.

sodyum sodium.

soğan 1. onion. 2. bulb.

soğuk 1. cold. 2. frigid, unfriendly. **soğuk algınlığı** a cold, chill. **soğuk damga** embossed stamp. **soğukluk** 1. cold, coldness. 2. chilliness. 3. cooling room. 4. cold dessert, fruit.

soğumak 1. to become cold, cool. 2. /dan/ to cease to care (for).

soğurmak /ı/ to absorb.

soğutmak /ı/ to cool.

soğutucu refrigerator.

sohbet, -ti conversation, chat, talk. **sohbet etmek** to have a chat.

sokak 1. road, street, alley. 2. outside, out of doors.

sokmak 1. /ı, a/ to thrust into, insert, introduce. 2. /ı, a/ to let in. 3. /ı/ to sting, bite.

sokulgan gregarious, sociable.

sokulmak /a/ 1. to push oneself into (a place). 2. to cultivate friendly relations with.

sokuşturmak /ı/ to slip (bad goods) in with the good (in selling).

sol left; left side. **solcu** leftist.

solak left-handed.

solanahtar, -nı treble clef.

solfej solfeggio.

solgun pale; faded; wilted.

solist, -ti soloist.

sollamak to cross over to the left side of the road (driver); to veer to the left.

solmak 1. to fade; to wilt. 2. to become pale.

solucan 1. earthworm. 2. ascarid, roundworm.

soluk faded; withered; pale.

soluk 1. breath; panting. 2. a short time, while.

solumak to breathe heavily, pant.

solungaç gill.

solunum respiration.

som 1. solid, not hollow. 2. pure.

somaki porphyry.

Somali Somalia.

som balığı salmon.

somun loaf (of bread).

somun nut (to a bolt).

somurtkan sulky.

somurtmak to pout, sulk, frown.

somut, -tu (phil.) concrete.

somutlaşmak to take a material form.

somya spring mattress.

son 1. end; last; ultimate; latter, final. 2. result, issue. 3. afterbirth.

sonbahar autumn, fall.

sonda 1. surgeon's probe. 2. bore; catheter.

sondaj test bore, exploratory well.

sonek, -ki suffix.

sonlu (math.) finite.

sonra 1. in the future, hereafter; then, afterwards; /dan/ later (than), after. 2. later time, consequence, sequel, latter part of a series.

sonradan subsequently, afterward, following.

sonrasız eternal, endless. **sonrasızlık** eternity.

sonsuz endless, eternal, infinite. **sonsuzluk** 1. infinity. 2. eternity.

sonuç result, end, outcome; conclusion.

sonuçlanmak to result, end, come to a conclusion.

sop, -pu clan.

sopa 1. thick stick, club. 2. blow, beating.

soprano (mus.) soprano.

sorgu question, inquiry. **sorguya çekmek** to cross-examine.

sorguç 1. crest, aigrette. 2. plume.

sorgulamak /ı/ to interrogate, cross-examine.

sormak /ı, a, or dan/ to ask, inquire (about).

soru question, interrogation. **soru işareti** question mark.

sorum responsibility. **sorumlu** responsible. **sorumluluk** responsibility. **sorumsuz** irresponsible. **sorumsuzluk** irresponsibility.

sorun problem, matter.

soruşturmak 1. to make inquiries. 2. /ı/ to inquire about, investigate. **soruşturma** investigation, inquiry; research.

sos sauce.

sosis sausage.

sosyal, -li social.

sosyalist, -ti socialist. **sosyalizm** socialism. **sosyalleştirmek** /ı/ to socialize.

sosyete 1. the upper classes. 2. society.

sosyoloji sociology.

Sovyet, -ti Soviet. **Sovyet Sosyalist Cumhuriyetleri Birliği** the Union of Soviet Socialist Republics.

soy 1. family; race, lineage; ancestors; descendants. 2. of pure blood, noble. 3. good. 4. sort, kind; species. **soysal** well-bred, of blue blood.

soya soybean.

soyaçekim heredity.

soyadı, -nı family tree.

soydaş 1. of the same strain or race. 2. related by blood.

soygun 1. robbery. 2. pillage. **soyguncu** 1. robber. 2. pillager.

soykırım genocide.

soylu of a good family, noble. **soyluluk** nobility.

soymak /ı/ 1. to peel. 2. to strip; to undress. 3. to rob; to sack.

soysuzlaşmak to degenerate.

soytarı clown, buffoon. **soytarılık** buffoonery.

soyulmak 1. to be peeled. 2. to be robbed.

soyunmak to undress.

soyuntu anything stripped off; peel, bark.

soyut, -tu abstract.

soyutlamak /ı/ to abstract, isolate. **soyutlama** abstraction.

söğüş boiled meat; cold meat.

söğüt willow.

sökmek /ı/ 1. to tear down; to pull up. 2. to rip open; to undo; to dismantle. 3. to break through (obstacle); to surmount (difficulty). 4. to uproot (plant). 5. to decipher. 6. to succeed. 7. to take effect (purgative). 8. to appear.

sökük 1. unraveled; unstitched, tipped, burst open. 2. dropped stitch in knitting; rent.

sökülmek 1. to be unraveled, be unstitched. 2. /ı/ (slang) to be forced to give or pay.

söküntü rip in a seam; raveled place.

sömester semester.

sömürge colony. **sömürgeci** colonist.

sömürmek 1. to exploit, seize for private gain. 2. /ı/ to gobble down; to devour.

sömürü exploitation. **sömürücü** exploiter.

söndürmek /ı/ to extinguish. **söndürücü** fire extinguisher.

sönmek 1. to be extinguished, go out (fire). 2. to be deflated. 3. to become slack.

sönük 1. extinguished; extinct. 2. dim; tarnished; lusterless. 3. obscure; undistinguished.

sövgü swear word, profanity.

sövmek /a/ to curse, swear.

söylemek /ı/ 1. to speak, say, tell. 2. to declare, utter, explain. 3. to betray, disclose, divulge. 4. to sing.

söyleniş pronunciation.

söylenmek to grumble, mutter.

söylenti rumor.

söyleşi conversation.

söyleşmek /la/ 1. to talk over, discuss. 2. to converse or consult with.

söylev speech.

söz 1. word; talk. 2. promise, agreement. 3. rumor, gossip. **söz vermek** /a/ to promise.

sözbirliği, -ni unanimity, agreement.

sözbölükleri, -ni parts of speech.

sözcü spokesman.

sözcük word.

sözde 1. as if, as though. 2. so-called; pseudo.

sözdizimi, -ni syntax.

sözgelişi for example; supposing that; for the sake of argument.

sözleşmek /la/ to agree together; to make an appointment. **sözleşme** 1. agreement, contract. 2. appointment.

sözlü 1. verbal, oral. 2. agreed together; having promised. 3. engaged to be married.

sözlük dictionary; vocabulary.

spatula spatula; rubber scraper.

spekülasyon speculation.

sperma sperm.

spiker announcer (radio, TV).

spor sports, games. **sporcu** athlete; sportsman; athletic.

spor spore.

sportmen athlete.

sportoto sweepstakes based on soccer.

Sri Lanka Sri Lanka.

stad, stadyum stadium.

staj 1. apprenticeship; training. 2. course of instruction; probation.

stajyer apprentice, probationer.

standart standard.

steno, stenografi shorthand, stenography.

step, -pi steppe.

sterilize sterilized.

sterlin sterling, pound sterling.

stok, -ku stock, inventory.

stop, -pu stop.

strateji strategy.

striptiz striptease.

stüdyo studio.

su 1. water, fluid. 2. sap, juice. 3. stream, brook. 4. broth; gravy. 5. temper (of steel). 6. (embroidery) running pattern. **su almak** (boat) to leak. **su basmak** /ı/ to flood. **sucu** water seller. **sudan** of no significance, empty (talk), insubstantial. **su dökmek** to urinate. **sulu** 1. watery, wet; sappy; juicy. 2. fluid. 3. silly, importunate; too familiar. **susuz** waterless, dry, arid. **susuzluk** 1. waterlessness, aridity. 2. thirst.

sual, -li question; inquiry.

suare evening performance.

suaygırı, -nı hippopotamus.

subay (mil.) officer.

subilim hydrology.

sucuk 1. garlic-flavored sausage. 2. confection made of grape juice boiled and dried on strings of nuts.

sucul hydrophytic, hydrophilous.

suç, -çu 1. fault; offense; guilt. 2. crime; sin. **suç ortağı** accomplice, accessory. **suçlu** guilty; culprit; sinner. **suçluluk** guilt; guiltiness.

suçiçeği, -ni chicken pox.

suçlamak /ı, la/ to accuse, lay the blame (on).

suçlandırmak /ı/ 1. to accuse. 2. to find guilty.

suçüstü, -nü red-handed, in the act.

Sudan Sudan.

sudolabı, -nı wheel for raising water.

suflör (theat.) prompter.

sugeçirmez waterproof.

suikast, -tı assassination plot, conspiracy.

sukabağı, -nı gourd.

sukemeri, -ni aqueduct.

sulak 1. watery, wet. 2. water trough; bird bath.

sulamak /ı/ to water; to irrigate.

sulanmak 1. to become watery. 2. to be watered. 3. /a/ (slang) to bother.

sulh peace, reconciliation.

sultan 1. ruler, sovereign; sultan. 2. princess of the imperial house, sultana. 3. lord, master, chief.

suluboya water color.

sulusepken sleet.

sumak sumac.

sunak altar.

sundurma penthouse, open shed; lean-to roof.

suni artificial; false; affected.

sunmak /ı, a/ 1. to put forward, offer. 2. to present; hand, give.

sunta fiberboard.

sunu (com.) supply. **sunu ve istem** supply and demand.

supap (mech.) valve.

sur city wall, ramparts.

surat, -tı 1. face, countenance. 2. sour face; angry look.

sure sura.

suret, -ti 1. form, shape, figure. 2. aspect, manner; method. 3. copy.

Surinam Surinam.

Suriye Syria.

susam sesame.

susamak 1. to be thirsty. 2. /a/ to thirst (for), long (for).

suskun quiet, taciturn, reserved.

susmak to be silent, stop talking, be quiet.

susmalık hush money.

susta safety catch. **sustalı** 1. having a safety catch. 2. switchblade. **sustalı çakı** switchblade knife.

susturmak /ı/ to silence, shut up, cut off. **susturucu** silencer; muffler.

sutaşı, -nı braid, trimming.

sutyen brassiere.

Suudi Arabistan Saudi Arabia.

suyolu, -nu 1. water conduit; aqueduct. 2. watermark (in paper).

süet, -ti suede.

sükse show, ostentation.

sükûn rest, calm, quiet, repose, tranquillity.

sükûnet, -ti quiet, calm, rest.

sükût, -tu silence; reticence.

sülale family, line; descendants.

sülfür sulfur.

süliğen red lead.

sülük leech.

sülün pheasant.

sümbül hyacinth.

sümkürmek to blow one's nose.

sümsük uncouth; imbecile; spiritless.

sümük mucus.

sümüklüböcek slug.

sünger sponge.

süngü bayonet. **süngülemek** /ı/ to bayonet.

sünmek to stretch, become stretched out, become extended.

sünnet, -ti 1. Sunna. 2. circumcision.

süper super.

süprüntü 1. sweepings, rubbish. 2. rabble.

süpürge broom. **süpürgelik** plinth; mopboard.

süpürmek /ı/ 1. to sweep; to brush. 2. to sweep away, clear.

sürahi pitcher, decanter, water bottle.

sürat, -ti speed, velocity, haste.

sürçmek to stumble; to slip; to make a mistake.

süre period; extension. **süreli** periodical.

süredurum (phys.) inertia.

süreğen 1. continued, lasting. 2. chronic.

sürek 1. duration. 2. drove (of cattle). **sürekli** lasting, prolonged, continuous.

sürgit forever.

sürgü 1. bolt (of a door). 2. sliding bar. 3. bedpan.

sürgülemek /ı/ to bolt, fasten with a bolt.

sürgün 1. banishment, exile. 2. an exile; exiled. 3. shoot, sucker. 4. diarrhea.

sürme kohl.

sürme 1. bolt, sliding bar. 2. drawer, till.

sürmek /ı, a/ to drive, lead. 2. to banish. 3. to

advance. 4. to sprout. 5. to rub, smear. 6. to plow. 7. to spend (time, life). 8. to market; to circulate. 9. to push on; to continue.

sürmelemek /ı/ to bolt (a door).

sürpriz surprise.

sürtmek 1. /ı, a/ to rub one thing against another; to rub with the hand. 2. to wander about aimlessly.

sürtük 1. streetwalker. 2. gadabout (woman).

sürtünmek /a/ to rub oneself (against).

sürü 1. herd, flock. 2. crowd; gang. **bir sürü** a lot of.

sürücü drover; driver.

sürüklemek 1. /ı/ to drag. 2. /ı/ to carry with one (audience, readers). 3. /ı, a/ to involve, lead to, entail. **sürükleyici** fascinating, attractive.

sürüm rapid sale, great demand.

sürümek /ı/ to drag along the ground.

sürünceme delay; negligence; a matter's dragging on.

sürüngen reptile.

sürünmek 1. /ı/ to rub on, rub in. 2. /a/ to rub oneself against.

süs ornament, decoration. **süslü** 1. ornamented, decorated. 2. fancy, elaborate; dressy.

süsen (bot.) iris.

süslemek /ı/ to adorn, embellish, decorate.

süslenmek to adorn oneself, deck oneself out.

süt, -tü milk. **süt tozu** milk powder, dried milk.

sütçü milkman, dairyman.

sütana, sütanne wet nurse; foster mother.

sütdişi, -ni milk tooth.

sütkardeş foster brother or sister.

sütlaç rice pudding.

sütleğen spurge, euphorbia.

sütun column.

süvari 1. cavalryman; cavalry. 2. captain (of a ship).

süveter sweater.

Süveyş Kanalı Suez Canal.

süyek splint.

süzgeç, süzgü 1. strainer, colander, filter. 2. rose, spray head.

süzgün 1. languid, half-closed (eye). 2. grown thin.

süzmek /ı/ 1. to strain, filter. 2. to half close the eyes. 3. to examine closely.

süzüntü dregs.

Svaziland Swaziland.

şablon (mech.) pattern.

şadırvan fountain of water (with a jet in the middle); reservoir.

şafak dawn.

şaft, -tı shaft.

şah 1. shah. 2. (chess) king.

şahadet, -ti testimony.

şahadetparmağı, -nı index finger.

şahane royal, imperial; regal, magnificent.

şahdamarı, -nı aorta.

şaheser 1. masterpiece. 2. perfect, excellent.

şahıs, -hsı person, individual.

şahin peregrine falcon.

şahit witness. **şahitlik** testimony.

şahlanmak to buck, rear.

şahmerdan battering-ram; pile driver; beetle.

şahsen personally.

şahsi personal, private.

şahsiyet, -ti 1. personality; character. 2. important person.

şair 1. poet. 2. minstrel; public singer.

şaka joke, fun. **şakacı** joker.

şakacıktan as a joke.

şakak (anat.) temple.

şakalaşmak /la/ to joke with one another.

şakayık, -kı peony.

şakımak to sing loudly (bird).

şakırdamak 1. /ı/ to rattle and clatter together, jingle. 2. to sing vociferously (nightingale).

şakırtı repeated or continuous clatter or rattle.

şaki brigand, robber.

şaklaban 1. mimic, buffoon; clown. 2. flatterer.

şaklatmak /ı/ 1. to crack (whip). 2. to make a loud cracking noise.

şakrak noisy, mirthful; vivacious; chatty.

şakul, -lü plumb line, plumb bob, plummet.

şakullemek /ı/ to set up with a plumb line.

şal shawl.

şalgam turnip.

şalter power switch.

şalvar baggy trousers.

Şam Damascus.

şamandıra buoy, float.

şamar slap on the face; cuff.

şamarlamak /ı/ to slap.

şamata great noise, uproar, hubbub.

şamdan candlestick.

şamfıstığı, -nı pistachio nut.

şampanya champagne.

şampiyon champion.

şampuan shampoo.

şan 1. fame, renown. 2. dignity, honor, glory, reputation.

şangırdamak to rattle; to crash, make the noise of breaking glass.

şangırtı the noise of breaking glass.

şanjman gearshift.

şanjman shot (silk).

şans luck, lucky.

şantaj blackmail, extortion.

şantiye 1. yard; shipyard. 2. building constructor's supply shed.

şantöz female singer.

şap, -pı alum.

şapırdamak to make a smacking noise; to make a loud splashing noise.

şapırtı smacking noise of the lips.

şapka hat.

şaplak smack, spank.

şaplamak to make a smacking noise (lips or hand).

şappadak all at once, suddenly.

şapşal untidy, slovenly.

şarampol 1. shoulder (of a road). 2. stockade.

şarap wine.

şarapnel shrapnel.

şarbon anthrax.

şarıltı gurgling, splashing noise.

şarj 1. electric charge. 2. charging.

Şarja Sharjah.

şarjör battery charger.

şarkı song. **şarkı söylemek** to sing. **şarkıcı** singer.

şarküteri pork shop, delicatessen.

şarlatan charlatan; quack.

şart, -tı condition; stipulation; article of agreement. **şartlı** conditional.

şartlandırmak /ı/ 1. to put conditions on, stipulate. 2. (psych.) to condition.

şartname list of conditions; specifications; specification; contract.

şasi chassis.

şaşalamak to be bewildered, be confused.

şaşı cross-eyed; squinting.

şaşırmak 1. to be confused (about something). 2. /ı/ to lose (the way). 3. to be bewildered or embarrassed.

şaşırtmak /ı/ to confuse, bewilder.

şaşkın 1. bewildered, confused. 2. stupid, silly.

şaşmak 1. /a/ to be surprised or bewildered (by). 2. /dan/ to lose one's way, go astray; to deviate. 3. to miss its object.

şatafat, -tı luxury; ostentation. **şatafatlı** showy, pretentious.

şato castle, chateau.

şayak homespun woolen cloth, serge.

şayet if.

şayia rumor.

şebboy wallflower, stock.

şebek baboon.

şebeke 1. band (of robbers). 2. net, network. 3. university student's identity card.

şecere genealogical tree, pedigree.

şef chief, leader.

şefaat, -ti intercession.

şeffaf transparent, translucent.

şefkat, -ti 1. compassion. 2. pity, solicitude.

şeftali peach.

şehir, -hri city, town. **şehirli** townsman; citizen. **şehirlerarası, -nı** long-distance (telephone call); intercity (call).

şehit 1. martyr. 2. one who died during military service.

şehriye vermicelli.

şehvet, -ti lust, sexual desire; libido.

şehzade prince; a sultan's son.

şeker 1. sugar. 2. candy. 3. darling. **şeker hastası** diabetic. **şeker hastalığı** diabetes. **şeker pancarı** sugar beet. **şekerci** 1. confectioner. 2. sugar merchant.

şekerkamışı, -nı sugar cane.

şekerleme 1. candy; candied fruit. 2. doze, nap.

şekerlemek /i/ to sugar, sweeten, candy.

şekerlik sugar bowl.

şekil, -kli 1. form, shape; figure. 2. plan. 3. kind, sort. 4. features.

şekillendirmek /i/ to give shape to.

şelale waterfall.

şema diagram, plan; outline.

şempanze chimpanzee.

şemsiye umbrella; parasol.

şen joyous, cheerful.

şenlik 1. cheerfulness, gaiety, merriment. 2. public celebration. 3. population.

şerbet, -ti 1. sweet fruit drink. 2. solution or suspension of a solid in a liquid.

şeref honor, excellence, glory.

şerefe gallery of a minaret.

şereflendirmek /i/ to honor.

şeriat, -tı canonical law, shariat.

şerit tape, ribbon. 2. band, belt, strip. 3. tapeworm.

şevk, -ki eagerness, ardor.

şey thing.

şeyh sheikh.

şeytan 1. Satan; devil. 2. devilish, crafty.

şeytanminaresi, -ni whelk.

şeytantırnağı, -nı hangnail.

şezlong chaise longue.

şık, -kı chic; smart, elegant. **şıklık** elegance, smartness.

şıkırdamak to rattle, jingle. **şıkırtı** jingling, clinking.

şımarık spoiled (child); impertinent.

şımarmak to be spoiled by indulgence.

şımartmak /i/ to spoil, indulge.

şıpıdık mule, scuff.

şıpırtı splash.

şıppadak at once, quickly.

şıpsevdi quick to fall in love; susceptible.

şıra raisin wine.

şırfıntı slut, hussy.

şırıldamak to flow with a babbling sound.

şırıltı noise of running water, splashing, gurgling.

şırınga hypodermic syringe, injection.

şiddet, -ti 1. violence; severity. 2. strength; intensity. **şiddetli** severe, violent, vehement; strong.

şiddetlenmek 1. to become severe and violent. 2. to become intensified.

şifa recovery, cure. **şifalı** healing; wholesome.

şifon (cloth).

şifoniyer dresser, chiffonier.

şifre cipher, code.

şiir poetry, poem, verse.

şikâyet, -ti complaint.

şike thrown game.

şilep tramp steamer; cargo ship.

Şili Chile.

şilin shilling.

şilte thin mattress.

şimdi now, at present; the present time. **şimdilik** for the present; at present.

şimendifer 1. railway. 2. train.

şimşek lightning; a flash of lightning.

şimşir boxwood.

şirin 1. sweet; delicious. 2. charming, affable.

şirket, -ti 1. company. 2. partnership, joint ownership.

şirpençe large carbuncle, anthrax.

şirret, -ti shrew, virago; quarrelsome.

şiş 1. spit; skewer. 2. knitting needle. 3. rapier.

şiş 1. swelling, tumor. 2. swollen, swelled.

şişe 1. bottle; flask. 2. lamp chimney.

şişirmek /i/ 1. to inflate, distend. 2. to exaggerate. 3. to do something hastily and carelessly.

şişkebap shish kebab.

şişkin swollen, puffed up.

şişko plump; fatty.

şişlemek /i/ 1. to spit, skewer. 2. to stab.

şişman fat, obese. **şişmanlamak** to grow fat.

şişmek 1. to swell; to be inflated, be blown up. 2. to burst with pride.

şive accent, way of pronouncing.

şizofreni schizophrenia.

şofben hot-water heater, flash heater.

şoför chauffeur; driver.

şok, -ku shock.

şort, -tu shorts.

şose macadamized road, highway.

şoset, -ti socks, sox.

şoson galoshes.

şöhret, -ti fame, reputation, renown.

şölen feast.

şömine fireplace.

şövalye knight.

şöyle 1. in that manner, so; just. 2. of that sort, such. **şöyle böyle** 1. so-so, not too well. 2. roughly speaking.

şu, -nu 1. this, that. 2. this thing; this person.

şua, -aı ray. **şua tedavisi** radiotherapy.

Şubat, -tı February.

şube 1. branch, section, department. 2. division. 3. division of the police organization.

şuh 1. lively, full of fun. 2. coquettish, unreserved, pert.

şûra council.

şurası 1. this place. 2. this fact.

şurup syrup.

şuur 1. comprehension; intelligence. 2. consciousness.

şuuraltı, -nı subconscious.

şuurdış, -nı unconscious.

şükran thanksgiving, thanks, gratitude.

şükretmek /a/ to thank, praise (God); to be thankful for.

şükür, -krü gratitude; thanksgiving.

şüphe doubt; suspicion; uncertainty. **şüpheci** suspicious; sceptic. **şüpheli** 1. doubtful, uncertain. 2. suspicious.

şüphelenmek /dan/ to get suspicious.

T

ta until; even as far as.

taahhüt obligation, contract. **taahhütlü** registered (letter).

taarruz attack, aggression; assault.

taassup bigotry, fanaticism.

taba rust, brick-red.

tabak plate, dish. **tabak bezi** dish cloth.

tabak tanner. **tabaklamak** /ı/ to tan (skin, hide).

tabaka 1. layer, stratum; level. 2. sheet. 3. rank; social class.

tabaka tobacco box, cigarette box.

taban 1. sole; heel. 2. floor; base; plateau.

tabanca 1. pistol, revolver. 2. spray gun, sprayer.

tabela 1. sign. 2. menu. 3. chart.

tabetmek /ı/ to print.

tabı, -b'ı /ı/ impression, edition.

tabi, -ii dependent; subject; servant.

tabiat, -tı 1. nature. 2. natural quality, character, disposition. 3. habit. **tabiatıyla** 1. naturally. 2. of itself.

tabii 1. natural, normal. 2. naturally, of course.

tabiiyet, -ti nationality, citizenship.

tabip physician, doctor.

tabir 1. expression; term; phrase. 2. interpretation (of a dream).

tabla tray; ash tray; flat disk.

tabldot, -tu table d'hôte.

tablet, -ti tablet; pill.

tablo 1. picture. 2. tableau.

tabu taboo.

tabur 1. battalion. 2. line, row, file.

taburcu discharged from a hospital.

tabure footstool.

tabut, -tu coffin.

tabya bastion, redoubt; fort.

taciz etmek /ı/ to annoy, harass, disturb.

taç 1. crown. 2. corolla.

tadım taste.

tadilat, -tı change, alteration, amendment.

tafsilat, -tı full explanation; details.

tafta taffeta.

tahakkuk, -ku realization.

tahammül forbearance, long-suffering, patience.

tahayyül idea, notion, fancy; imagination.

tahdit limitation, circumscription.

tahıl (harvested) grain; cereal.

tahin sesame oil.

tahkikat, -tı 1. investigation; research. 2. inquiry, examination.

tahlil analysis.

tahliye etmek /ı/ to set free.

tahmin conjecture, guess.

tahrik, -ki incitement, provocation.

tahrip devastation, destruction.

tahriş irritation.

tahsil 1. study, education. 2. collection of taxes.

tahsilat, -tı 1. revenue. 2. tax revenue.

tahsildar collector of moneys; tax collector.

tahsisat, -tı special appropriation; money earmarked for a special purpose.

taht, -tı throne, sovereign's throne.

tahta 1. board, plank. 2. wood; wooden.

tahtakurusu, -nu bedbug.

tahterevalli seesaw, teeter-totter.

tahtırevan litter; palanquin.

tahvil 1. transfer; conversion. 2. draft, commercial bill. 3. stock share.

tak, -kı arch, vault; triumphal arch.

taka small sailing boat.

takas exchange; compensation; clearing.

takat, -ti 1. strength; power; capacity. 2. potency; energy.

takdim 1. presentation. 2. offer.

takdir 1. appreciation. 2. estimate; prearrangement.

takdirname letter of appreciation.

takdis 1. sanctification. 2. consecration.

takı 1. (gram.) particle. 2. wedding present (jewelry).

takılgan teasing.

takılmak /a/ 1. to be tangled up. 2. to attach oneself to a person. 3. to annoy with ridicule; to deride, banter. **takılıp kalmak** /da/ to be stuck.

takım 1. a set, lot, number (of things). 2. suit (of clothes). 3. tea or dinner service. 4. squad of men; boat's crew; gang, (sports) team; (mil.) squad. 5. class (of people). 6. set of tools. 7. (biol.) order.

takınmak /ı/ 1. to assume, put on (airs). 2. to wear (ornaments).

takırdamak to rattle.

takip pursuit. **takip etmek** to follow.

takke cap.

takla, taklak somersault.

taklit 1. imitation. 2. imitated, counterfeit, sham.

takma 1. stuck on; attached. 2. false. **takma ad** nickname.

takmak /ı, a/ 1. to attach. 2. to give as a present (to a bride). 3. to put on. 4. to give (a name).

takoz 1. short stake, cleat, stopper; wooden wedge. 2. prop (to shore up a ship on the ways).

takriben about, more or less, approximately.

takrir 1. explaining. 2. motion.

taksi taxi, cab.

taksim 1. division; partition, distribution. 2. an instrumental improvisation.

taksimetre taximeter.

taksit, -ti installment.

taktik tactics.

takunya, takunye clog.

takvim calendar, almanac.

takviye reinforcement.

talan pillage, plunder; raid.

talaş 1. wood shavings; sawdust. 2. fillings; raspings.

talebe student; pupil.

talep 1. request. 2. desire; demand.

talih fortune, luck.

talim 1. training, instruction. 2. exercise, practice; drill.

talimat, -tı instructions; directions.

talip 1. desirous, wishful. 2. suitor; customer. **talipli** 1. desirous. 2. suitor.

talk, -kı talc.

tam 1. complete, entire; exact. 2. completely, exactly. 3. perfect.

tamam 1. complete; finished; ready. 2. just right; true, correct. 3. ending; end. 4. the whole. **tamamen** completely, entirely.

tamamlamak /ı/ to complete, finish. **tamamlayıcı** complementary, supplementary.

tambur classical lute.

tambura any string instrument played by plucking.

tamim written general order, circular.

tamir repair; restoration. **tamirci** repairman.

tamirat, -tı repairs.

tamirhane repair shop.

tamlanan (gram.) modified.

tamlayan (gram.) determinative, modifying.

tampon 1. buffer. 2. tampon, wad, plug. 3. bumper.

tamsayı whole number.

tamtam tom-tom.

tan dawn.

tandır oven made in a hole in the earth.

tane 1. grain, seed; pip, berry. 2. a single thing; piece.

tanı diagnosis.

tanıdık acquaintance.

tanık witness. **tanıklık** testimony.

tanım definition.

tanımak /ı/ 1. to know, be acquainted with. 2. to recognize; to acknowledge.

tanımlamak /ı/ to define.

tanınmak to become known, gain fame. **tanınmış** well-known; famous.

tanış an acquaintance.

tanışmak /la/ to get acquainted with one another.

tanıştırmak /ı, la/ to introduce to one another.

tanıt proof; evidence.

tanıtıcı that which gives information about.

tanıtlamak /ı/ to prove.

tanıtmak /ı, a/ to introduce.

tank, -kı tank.

tanker tanker.

Tanrı God. **Tanrıça** goddess. **Tanrısız** atheist.

Tanrıbilim theology.

tanrılaştırmak /ı/ to deify.

tansık miracle.

tansiyon blood pressure.

tantana pomp, display; magnificence.

tanyeri, -ni the daybreak sky, dawn.
Tanzanya Tanzania.
tanzim etmek /i/ 1. to organize. 2. to reorganize; to arrange.
tanzim satışı sale of foodstuffs by a municipality in order to regulate prices.
tapa stopper, cork; plug.
tapınak place of worship, temple.
tapınmak 1. to bow down in worship. 2. /a/ to worship, adore.
tapmak /a/ to worship.
tapu title deed.
taraça terrace, balcony.
taraf 1. side, edge, border. 2. direction. 3. district. 4. part. 5. party (to a cause or dispute).
taraftar supporter, follower.
tarak 1. comb. 2. rake; harrow. 3. hackle; weaver's reed. 4. crest (of a bird). 5. instep (of the foot). 6. (zool.) scallop.
tarama 1. combing. 2. hatching. 3. research. 4. hors d'oeuvre of fish eggs.
taramak /i/ 1. to comb. 2. to hackle. 3. to rake. 4. to search.
tarçın cinnamon.
tarh flower bed; garden border.
tarhana dried yoghurt and dough for soup.
tarım agriculture.
tarife 1. price list. 2. timetable. 3. instruction sheet.
tarih 1. date. 2. history; annals. **tarihçi** historian. **tarihi, tarihsel** historical.
tarihöncesi, -ni prehistoric (period).
tarikat, -tı religious order, order of dervishes.
tarla arable field.
tartaklamak /i/ to manhandle, assault.
tartı weight, balance; scale; measure.
tartışı debate, discussion.
tartışma discussion, dispute.
tartışmak to dispute, argue; /i/ to discuss.
tartmak /i/ 1. to weigh. 2. to ponder; to consider carefully.
tarz 1. mode, manner, style; method. 2. form, shape, appearance. 3. sort, variety.
tas bowl.
tasa anxiety, care; grief, affliction.
tasalanmak /a/ to regret, be sad; to worry, be anxious (about).
tasarı bill; draft law. 2. project, plan.
tasarlamak /i/ to plan, project.
tasarruf 1. power of disposal; possession. 2. economy, frugality. 3. savings. **tasarruf etmek** to save, economize.
tasavvuf Islamic mysticism, Sufism.
tasavvur idea; conception.
tasdik, -ki 1. confirmation. 2. affirmation, assertion. 3. ratification.

tasdikname 1. certificate. 2. certificate given to a student (who has to leave school because of failure).
tasfiye 1. purification. 2. liquidation.
tashih correction.
taslak 1. rough draft; sketch; model. 2. wishy-washy person.
taslamak /i/ to pretend to (something); to make a show of.
tasma 1. collar (of a dog). 2. strap (of clogs).
tasnif classification.
tasvip approval.
tasvir picture; design.
taş 1. stone; rock. 2. (games) piece, man. **taş ocağı** stone quarry.
taşçı stonemason; quarryman.
taşıl fossil.
taşımak /i/ 1. to carry, transport. 2. to bear, support, sustain.
taşınmak 1. to move one's belongings to another place; to move. 2. to be carried. 3. /a/ to go frequently.
taşırmak /i/ 1. to cause (something) to overflow. 2. to cause (someone) to lose (his patience).
taşıt, -tı means of transportation, vehicle.
taşkın 1. overflowing. 2. excessive; exuberant.
taşkömürü coal.
taşlamak /i/ 1. to stone, stone to death. 2. to malign.
taşlık 1. stony place. 2. paved courtyard; stone threshold.
taşmak 1. to overflow, run over; to boil over. 2. to lose one's patience.
taşra 1. the outside. 2. the provinces.
taşyürekli hard-hearted, cruel.
tat taste, flavor; relish.
tatarcık sandfly, midge.
tatbik, -ki utilization. **tatbik etmek** to put into effect, use, follow, apply.
tatbikat, -tı 1. utilization. 2. practice, application. 3. maneuvers.
tatil 1. holiday, vacation. 2. temporary closure.
tatlı 1. sweet; pleasant, agreeable. 2. dessert. 3. tasty. **tatlılık** 1. sweetness; pleasantness. 2. kindness.
tatmak, -dar /i/ 1. to taste. 2. to experience.
tatmin reassurance; satisfaction. **tatminkâr** satisfactory.
tatsızlık 1. insipidity, dullness. 2. disagreeable behavior.
tav proper condition.
tava 1. frying pan. 2. fried food.
tavan ceiling.
taverna drinking place with music.
tavır, -vrı 1. mode, manner. 2. attitude;

arrogant manner.
taviz concession; compromise.
tavla stable (for horses).
tavla backgammon.
tavlamak /ı/ 1. to bring (a thing) to its best condition. 2. to swindle.
tavsamak to moderate, slacken.
tavsiye recommendation; advice, suggestion.
tavşan hare, rabbit.
tavuk hen, chicken.
tavus peacock.
tay colt, foal.
taydaş equal, peer.
tayf spectrum.
tayfa ship's crew.
tayfun typhoon.
tayin appointment, designation; determination.
Tayland Thailand.
Tayvan Taiwan.
tayyare airplane.
tayyör tailored suit.
taze 1. fresh; new; recent. 2. young, tender.
tazelik 1. freshness, tenderness; youth. 2. newness, recentness.
tazelemek /ı/ 1. to renew, freshen up. 2. to replenish.
tazı greyhound.
tazminat, -tı damages; indemnity, compensation; reparations.
tazyik, -ki 1. pressure. 2. oppression.
teati exchange.
tebdil alteration, modification.
teberru, -uu charitable gift, donation.
tebessüm smile.
tebeşir chalk.
tebliğ proclamation, announcement. **tebliğat, -tı** official communication.
tebrik, -ki congratulation.
tecavüz 1. aggression, attack, invasion. 2. transgression; excess.
tecessüs 1. search, scrutiny. 2. inquisitiveness, curiosity.
tecil postponement.
tecrit insulation, separation, isolation.
tecrübe 1. trial, test, experiment. 2. experience.
teçhizat, -tı equipment.
tedarik, -ki preparation; provision.
tedavi medical treatment, cure.
tedbir expedient; precaution.
tedhiş terror. **tedhişçi** terrorist.
tedirgin uneasy, disquieted, troubled.
tediye payment.
tedricen by degrees. **tedrici** gradual.
tedrisat, -tı 1. instruction. 2. school session.

teessüf sorrow, sadness, regret.
teessür sorrow.
tef tambourine with cymbals.
tefeci usurer. **tefecilik** usury.
teferruat, -tı details; accessories.
tefrik, -ki 1. distinction. 2. separation.
tefrika installment (of a story).
tefsir interpretation, commentary.
teftiş investigation; inquiry; inspection.
teğmen lieutenant.
tehdit threat, menace.
tehir delay, postponement.
tehlike danger, risk. **tehlikeli** dangerous; risky.
tek, -ki 1. a single thing. 2. odd. 3. unique. 4. alone, solitary. 5. only; only once. **tek yönlü sokak** one-way street.
tekâmül evolution.
tekaüt 1. retirement. 2. retired, pensioned.
tekdir reprimand, scolding; punishment.
tekdüzen monotonous.
teke he-goat, billy goat.
tekel monopoly.
teker wheel.
teker teker one at a time. **teker teker** one by one.
tekerlek 1. wheel. 2. disk.
tekerleme 1. jingle. 2. playful formula used in folk narrative.
tekerlemek /ı/ to roll.
tekerrür repetition; recurrence.
tekil singular.
tekin auspicious. **tekinsiz** 1. ill-omened, uncanny. 2. taboo.
tekir 1. tabby (cat). 2. goatfish, red mullet.
tekke dervish lodge.
teklemek 1. to miss, misfire (motor). 2. (slang) to stammer.
teklif proposal, motion; offer.
teklik 1. oneness, uniqueness. 2. one lira.
tekme kick.
tekmelemek /ı/ to kick.
tekmil all; the whole of.
tekne 1. wooden trough. 2. ship's hull. 3. ship, boat; tub.
teknik 1. technique. 2. technical.
teknisyen, teknisyen technician, mechanic.
teknikokul technical school.
teknoloji technology.
tekrar 1. repetition. 2. recurrence. 3. repeatedly; again.
tekrarlamak /ı/ to repeat.
teksir duplication. **teksir makinesi** mimeograph machine.
tekstil textile.
tekzip denial. **tekzip etmek** /ı/ to deny, contradict.
tel 1. wire; fiber. 2. single thread or hair.

3. (mus.) string.

tela horsehair stiffening.

telaffuz pronunciation.

telafi compensation.

telakki interpretation, view.

telaş 1. flurry, confusion. 2. alarm; hurry.

telaşlanmak to get flurried, get anxious.

teldolap screened cupboard.

telef destruction, death; ruin, perdition.

teleferik cable lift.

telefon telephone. **telefon etmek** /a/ to telephone.

telefonlaşmak /la/ to talk over the telephone.

teleks telex.

telepati telepathy.

teleskop, -pu astronomical telescope.

televizyon television.

telgraf telegraph; telegram.

telif 1. composition, compilation. 2. reconciliation. **telif hakkı** copyright.

telkin suggestion, inspiration; inculcation.

tellak bath attendant.

tellal 1. broker. 2. middleman.

telsiz radio, wireless. **telsizci** wireless operator.

telve coffee grounds.

tema theme, subject.

temas contact.

temaşa spectacle, show, scene; the theater.

temayül 1. inclination; bias. 2. tendency; liking.

tembel lazy.

tembih 1. warning. 2. stimulation.

temel 1. foundation; base. 2. basic, fundamental. **temelli** 1. having a foundation; true. 2. well-founded. 3. permanent; permanently.

temenni desire, wish.

temin assurance; confidence.

teminat, -tı 1. security; deposit. 2. guarantee, assurance.

temiz 1. clean, pure; cleanly. 2. well-cared for, spotless, neat. **temizlik** 1. cleanliness. 2. cleaning.

temizlemek /ı/ 1. to clean; to clean up. 2. to clear away. 3. (slang) to kill. **temizleyici** 1. cleansing. 2. cleaner.

temkin self-possession, deliberateness.

temmuz July.

tempo 1. time; tempo. 2. manner, way.

temsil 1. performance (of a play). 2. representation. **temsilci** representative.

temyiz etmek /ı/ (law) to appeal.

temyiz mahkemesi court of appeals.

ten skin, flesh.

tencere saucepan, pot.

teneffüs 1. respiration. 2. rest; recess.

teneke 1. tinplate; made of tinplate. 2. can.

teneşir bench on which the corpse is washed.

tenezzül condescension.

tenha scarcely populated, uncrowded.

tenis tennis.

tenkit criticism. **tenkit etmek** /ı/ to criticize.

tenor (mus.) tenor.

tente awning.

tentene lace.

tentürdiyot tincture of iodine.

tenzilat, -tı reduction, discount.

teori theory.

tepe 1. hill, mound. 2. summit, peak. 3. apex. 4. crown, crest. **tepeli** crested (bird).

tepeleme brimful, heaped.

tepelemek /ı/ 1. to knock on the head; to kill. 2. to thrash unmercifully.

tepetaklak upside down, head over heels.

tepinmek 1. to throw one's legs and arms about; to kick and stamp. 2. to dance (with joy or in anger).

tepke reflex.

tepki reaction.

tepkimek to react.

tepmek /ı/ 1. to kick; to spurn. 2. to recoil; to recur (illness). 3. not to appreciate; to throw away (a good chance).

tepsi tray.

ter sweat, perspiration.

terakki advancement, progress, advance.

teras terrace; balcony.

terazi balance, pair of scales.

terbiye 1. education, training. 2. culture; good manners, good breeding. 3. seasoning for food, sauce. **terbiyeci** educator; trainer. **terbiyeli** 1. well brought up; educated; polite. 2. flavored (with sauce).

tercih preference.

tercüman interpreter; translator.

tercüme translation.

tercümeihal, -li curriculum vitae.

tere garden cress.

terebentin 1. turpentine. 2. resin.

tereddüt 1. hesitation, doubt, indecision. 2. stammer.

tereke estate (of a deceased person).

tereyağı, -nı fresh butter.

terfi, -ii promotion; advancement.

terhis discharge, demobilization.

terim term.

terk, -ki 1. abandonment, desertion. 2. renunciation.

terkip 1. composition. 2. composite whole; compound; synthesis; mixture; structure.

terlemek to sweat, perspire.

terlik slippers.

termal, -li hot spring, thermal spring.
terminal, -li terminal (building).
termometre thermometer.
termos thermos bottle.
termosifon hot-water heater.
terör terror.
ters 1. reverse, back. 2. wrong, opposite. 3. inside out; upside down; inverted, introverted. 4. peevish, contrary. 5. perplexing, troublesome.
tersane dockyard.
terslemek /i/ to scold, answer harshly; to snub.
tertibat, -tı 1. arrangement; disposition. 2. apparatus, installation.
tertip 1. arrangement, order. 2. plan, project. 3. recipe, medical prescription; composition. **tertipli** 1. tidy. 2. prearranged.
tertiplemek /i/ to organize, arrange.
terzi tailor, dressmaker.
tesadüf chance meeting, chance event; happening, coincidence.
tescil registration. **tescilli marka** trademark.
teselli consolation, comfort.
tesir effect; impression; influence.
tesis foundation, establishment. **spor tesisleri** sports facilities.
tesisat, -tı installation. **tesisatçı** plumber.
teskin calming.
teslim 1. delivery; payment. 2. concession. 3. surrender, submission.
tespih prayer beads.
tespit etmek /i/ 1. to establish, make firm. 2. to prove, ascertain.
testere saw; handsaw.
testi pitcher, earthenware jug.
tesviye etmek /i/ 1. to settle (an account). 2. to plane, smooth. 3. to make level.
teşbih comparison, simile; parable.
teşebbüs 1. enterprise; effort, initiative. 2. attempt.
teşekkül 1. formation. 2. organization; association.
teşekkür thanks; gratitude. **Teşekkür ederim.** Thank you.
teşhir public exposure; exhibition.
teşhis 1. diagnosis. 2. recognition; identification.
teşkil formation; organization. **teşkil etmek** /i/ to form; to constitute.
teşkilat, -tı organization.
teşrif 1. honor. 2. polite visit.
teşrifat, -tı 1. ceremonies. 2. official etiquette, protocol. **teşrifatçı** master of ceremonies.
teşvik, -ki incitement, encouragement.
tetanos tetanus.
tetik trigger (of a gun).
tetik quick, vigilant, agile. **tetikte olmak** to be

on the alert.
tetkik, -ki investigation.
tevazu, -uu humility; modesty; lack of conceit.
teveccüh favor, kindness.
tevkif arrest.
Tevrat, -tı the Old Testament.
tevzi, -ii 1. distribution. 2. delivery (of letters).
teyel (tailor.) tacking, basting. **teyellemek** /i/ to baste, tack.
teyp tape recorder.
teyze maternal aunt, mother's sister.
tez quick; quickly, promptly.
tez thesis.
tezahür manifestation.
tezahürat, -tı public demonstration, ovation.
tezat, -dı 1. mutual opposition; contrast; contradiction; incompatibility. 2. antithesis.
tezek dried dung (used as fuel).
tezgâh 1. loom. 2. workbench, counter. 3. shipbuilding yard.
tezgâhlamak /i/ 1. to equip. 2. to set up in business.
tezgâhtar one who serves at a counter, salesman, salesclerk.
tezkere 1. note. 2. official certificate, permit.
tıbbi medical.
tıbbiye medical school, college of medicine.
tığ 1. crochet needle. 2. bodkin, awl.
tıka basa crammed full.
tıkaç stopper, plug of cloth; gag.
tıkamak /i/ to stuff up; to plug; to gag.
tıkanık 1. stopped up. 2. choked.
tıkanmak 1. to be stopped up. 2. to choke; to be suffocated. 3. to lose one's appetite.
tıkınmak to stuff oneself; to eat hastily, gulp down.
tıkırdamak to make a rattling and clinking noise.
tıkırtı a rattling or clinking sound.
tıkıştırmak /i/ 1. to cram. 2. to bolt (food).
tıkız 1. fleshy; hard. 2. tightly packed together.
tıklım tıklım 1. filled to overflowing; brimful. 2. crammed or squeezed together.
tıkmak /i, a/ to thrust, squeeze, cram (into).
tıknaz plump, fat.
tıknefes short of breath, asthmatic.
tıksırık a suppressed sneeze.
tıksırmak to sneeze with the mouth shut.
tılsım talisman, charm; magical spell.
tımar grooming a horse.
tımarhane lunatic asylum.
tınaz stack of hay or grain.
tıngırdamak to tinkle, clink, clang.
tıngırtı clinking, clanging noise.
tıp, -bbı medicine, clinical medicine.
tıpa stopper; cork.
tıpkı exactly like; in just the same way.

tıpkıbasım facsimile.

tırabzan hand rail; banister.

tıraş shaving; shave; haircut.

tırıs trot; gentle canter.

tırmalamak /ı/ 1. to scratch, claw. 2. to offend (the ears, the taste).

tırmanmak /a/ 1. to cling with the claws or the finger tips. 2. to climb, clamber.

tırmık 1. scratch. 2. rake; harrow.

tırnak 1. fingernail; toenail. 2. claw; hoof. **tırnak işareti** quotation mark.

tırpan scythe.

tırtık notch.

tırtıl 1. (zool.) caterpillar. 2. milling (of a coin), perforation (of a stamp). 3. knurl.

ticaret, -ti trade, commerce.

ticari commercial.

tifo typhoid fever.

tiftik 1. mohair. 2. fine soft wool.

tifüs typhus.

tik, -ki twitching, tick.

tikel partial, part.

tiksinmek /dan/ to be disgusted (with), be sickened (by); to loathe.

tiksinti disgust, loathing.

tilki 1. fox. 2. cunning person; sly fellow.

timsah crocodile.

tin spirit; soul. **tinsel** spiritual; moral.

tip, -pi 1. type. 2. queer specimen. **tipik** typical.

tipi blizzard, snowstorm.

tiraj circulation (of a newspaper).

tirbuşon corkscrew.

tire sewing cotton, cotton thread.

tire dash, hyphen.

tirit bread soaked in gravy.

tiriz 1. lath, batten. 2. molding. 3. (tailor.) piping.

tirşe 1. pale green; of a delicate pea-green color. 2. vellum; parchment.

tiryaki addict.

tişört, -tü T-shirt.

titiz 1. peevish; hard to please. 2. fastidious. 3. particular.

titizlenmek 1. to be tiresome and hard to please. 2. to be annoyed and cross.

titrek trembling, shaky; tremulous.

titremek to shiver, tremble, quiver, quake.

titreşim vibration.

tiyatro 1. theater. 2. drama, play.

tiz 1. high-pitched, high. 2. (mus.) sharp.

Togo Togo.

tohum 1. seed; grain. 2. semen. 3. germ. 4. insect eggs.

tok, -ku 1. satiated; filled, full. 2. deep (voice). 3. closely woven.

toka buckle.

tokaç 1. reamer. 2. stick, rod, bat.

tokalaşmak /la/ to shake hands (with).

tokat blow, slap. **tokatlamak** /ı/ to slap.

tokgözlü contented; not covetous.

tokmak 1. mallet; beetle (implement). 2. door knocker.

tokuşturmak /ı/ to clink (glasses).

tolerans tolerance.

tolga lotto.

tombala lotto.

tombul plump (person).

tomruk heavy log (from the main trunk of a tree).

tomurcuk bud.

ton ton.

ton 1. tone. 2. manner. 3. color quality or value; tint, shade.

tonaj tonnage.

tonbalığı, -nı tunny, tuna.

Tonga Tonga.

top 1. ball. 2. knob; round. 3. collected together; a whole; the whole lot; all. 4. a bolt of cloth. 5. cannon, gun.

topaç top (plaything).

topak roundish lump.

topal lame; cripple.

topallamak to limp.

toparlak round, globose.

toparlamak /ı/ 1. to gather together, collect; to pack up. 2. to summarize.

toparlanmak 1. to be collected. 2. to pull oneself together.

topatan elongated muskmellon.

topçu 1. artilleryman; gunner. 2. the artillery.

toplam total.

toplama addition.

toplamak /ı/ 1. to collect; to gather. 2. to call together; to sum up. 3. to tidy up. 4. to put on weight.

toplantı assembly, gathering, meeting.

toplardamar vein.

toplu 1. having a knob. 2. compact. 3. tidy. 4. plump.

topluiğne pin, straight pin.

topluluk community.

toplum society, community. **toplumsal** social.

toplumbilim sociology.

toplumcu socialist. **toplumculuk** socialism.

toprak 1. earth, soil; ground. 2. land; territory; country. 3. earthen, earthenware.

toptan 1. wholesale. 2. collectively; in all.

toptancı wholesaler.

topuk heel.

topuz 1. mace, war club. 2. globular knob (on a stick). 3. knot of hair.

topyekûn 1. altogether. 2. total.

torba bag.

torik large bonito.

torna lathe.

tornavida screwdriver.

tornistan 1. sternway. 2. reversal.

torpido torpedo.

torpil 1. mine (explosive). 2. torpedo. 3. pull, influence.

tortu deposit; dregs; sediment; precipitate.

torun grandchild.

tos blow (with the head or horns), butt.

toslamak 1. /ı/ to butt. 2. /a/ to have a slight collision; to pitch (ship).

tost, -tu toasted sandwich.

toy raw, inexperienced.

toynak hoof.

toz 1. dust. 2. powder. **toz almak** to dust. **toz almak için saçaklı** dust mop. **toz bezi** dust cloth. **tozlu** dusty.

tozlanmak to get dusty.

tozluk gaiter, legging.

tozşeker granulated sugar.

tozutmak /ı/ to raise dust.

töhmet, -ti 1. guilt, offense. 2. accusation.

tökezlemek to stumble.

tömbeki Persian tobacco (smoked in hubble-bubbles).

töre custom, traditional practice. **törel** moral, ethical.

törebilim ethics.

tören ceremony, celebration.

törpü rasp, file. **törpülemek** /ı/ to rasp, file.

tövbe repentance; vow not to repeat an offense. **tövbekâr** penitent.

töz essence, root.

trafik traffic.

trafo transformer station.

trahom trachoma.

trajedi tragedy.

traktör tractor.

trampa barter, exchange.

trampet, -ti snare drum.

tramplen springboard, diving board, trampoline.

tramvay streetcar, trolley, tram.

transfer transfer.

transformatör transformer.

transistor transistor.

transit, -ti transit.

transmisyon transmission.

trapez trapeze.

tren train.

trençkot, -tu trenchcoat.

treyler trailer.

tribün grandstand, bleachers.

trigonometri trigonometry.

triko tricot.

trilyon a million million, trillion.

Trinite ve Tobago Trinidad and Tobago.

triptik triptyque, carnet, customs pass for a car.

troleybüs trolley bus.

trombon trombone.

trompet, -ti trumpet.

tropik tropic.

tropikal, -li tropical.

trotinet, -ti scooter.

tröst, -tü (com.) trust, combine.

tuba tuba.

tufan 1. flood; violent rainstorm. 2. the Flood.

tugay brigade.

tuğla brick. **tuğla harmanı** brickyard.

tuğra sultan's monogram.

tuhaf 1. funny, ridiculous. 2. curious, odd. **tuhafiye** notions, small articles, clothing accessories.

tulum 1. skin bag. 2. bagpipe. 3. sleepers; coveralls; overalls.

tulumba 1. pump. 2. fire engine.

tumturaklı bombastic, pompous, high-flown.

Tuna the Danube.

tunç bronze.

Tunus Tunisia.

tur tour, promenade.

turba turf, peat.

turfanda early (fruit, vegetable).

turing, -gi touring.

turist, -ti tourist. **turistik** touristic.

turizm tourism.

turkuaz turquoise.

turna crane (bird).

turne tour, the road. **turnede** on tour.

turnike turnstile.

turnuva tournament.

turp, -pu radish.

turşu pickle.

turuncu orange color.

turunç Seville orange, bitter orange.

tuş key (piano, typewriter).

tutacak pot holder.

tutaç 1. pot holder. 2. pincers, tongs.

tutak 1. handle. 2. pot holder. 3. pincers, tongs. 4. hostage.

tutam pinch; small handful.

tutamak 1. handle. 2. proof, evidence.

tutanak minutes (of a meeting); court record.

tutar total, sum.

tutarak fit, seizure, spell.

tutarlı consistent, congruous. **tutarlılık** consistency.

tutkal glue; sizing, size. **tutkallamak** /ı/ to

glue, size.

tutku passion.

tutkun /a/ 1. affected by; given to. 2. in love with.

tutmak /ı/ 1. to hold. 2. to catch. 3. to keep. 4. to detain. 5. to take up. 6. to keep. 7. to occupy. 8. to support. 9. to catch on. 10. to agree with. 11. to hire. 12. to get started. 13. to affect. 14. to come about. 15. to reach, amount to. 16. to be effective.

tutsak captive, prisoner (of war).

tutturmak 1. /ı, a/ to have (someone) hold (something). 2. /ı/ to keep bothering; to insist. 3. /ı/ to be preoccupied by, be obsessed with.

tutu pledge, pawn, deposit.

tutucu conservative, die-hard.

tutuk tongue-tied, hesitant.

tutukevi, -ni prison; jail.

tutuklamak /ı/ to arrest.

tutuklu prisoner; under arrest.

tutulmak 1. to be caught. 2. to be eclipsed. 3. to have a cramp. 4. /a/ to fall in love with. 5. to be affected.

tutum 1. manner, conduct, attitude. 2. economy, thrift. **tutumlu** thrifty. **tutumsuz** spendthrift, extravagant.

tutunmak 1. /a/ to hold (on), cling; to take hold. 2. /da/ to get along well (with).

tutuşmak to catch fire.

tutuşturmak 1. /ı/ to set on fire, ignite. 2. /ı, a/ to thrust into one's hands.

tuval canvas (painting).

tuvalet, -ti toilet. 2. toilette. **tuvalet kâğıdı** toilet paper.

tuz salt. **tuzlu** 1. salted; salty. 2. expensive.

tuzak trap, snare.

tuzla saltpan.

tuzlamak /ı/ to salt, pack in salt.

tuzluk saltshaker, saltcellar.

tuzruhu, -hu household hydrochloric acid.

tüberküloz tuberculosis.

tüccar merchant.

tüfek gun, rifle.

tükenmek 1. to come to an end. 2. to be exhausted.

tükenmezkalem ball-point pen.

tüketici consumer.

tüketim (com.) consumption.

tüketmek /ı/ to use up, consume.

tükürmek /ı/ to spit; to spit out.

tükürük spittle, saliva.

tükürüklemek /ı/ to wet with saliva.

tül tulle.

tülbent gauze.

tüm whole; entire.

tümce (gram.) sentence.

tümdengelim (log.) deduction.

tümel universal.

tümen 1. great number, a great many. 2. (mil.) division.

tümevarım (log.) induction.

tümleç (gram.) complement.

tümlemek /ı/ to complete.

tümör tumor.

tümsayı complement, full number.

tümsek 1. small mound; protuberance. 2. prominent, protuberant.

tünaydın Good evening, Good night.

tünek perch, roost.

tünel tunnel.

tünemek to perch, roost.

tüp 1. tube, canister. 2. test tube. **tüplük** tube -holder.

tür 1. (bot., zool.) species. 2. kind, sort.

türbe tomb, mausoleum.

türe rule, law.

türedi upstart.

türemek 1. to spring up, come into existence, appear. 2. to increase and multiply. 3. /dan/ to be derived (from).

türetmek /ı/ to form, make up, create.

türev derivative.

Türk, -kü Turk; Turkish.

Türkçe Turkish language; in Turkish.

Türkiye Turkey.

türkü folk song.

türlü 1. sort, kind, variety. 2. various. 3. stew.

tütmek to give out smoke (chimney); to smoke.

tütsü incense.

tütsülemek /ı/ 1. to cure by smoking. 2. to cast a spell with incense.

tüttürmek to smoke (cigarette, pipe).

tütün tobacco.

tüvit tweed.

tüy 1. feather; down; quill. 2. fine hair.

tüylenmek 1. to grow feathers. 2. to become hairy.

tüysiklet, -ti featherweight (boxer).

tüze justice; equity. **tüzel** legal.

tüzelkişi juristic person.

tüzük rules and regulations, charter.

TV television.

U

ucuz inexpensive, cheap. **ucuzluk** 1. cheapness. 2. bargains, sale.

ucuzlamak to get cheap, go down in price.

uç 1. tip, point; end. 2. pen point, nib. **uç uca** 1. end to end. 2. barely.

uçak airplane.

uçaksavar antiaircraft.

uçandaire flying saucer.

uçantop, -pu volleyball.

uçarı dissolute.

uçkur drawstring.

uçmak 1. to fly; to be blown away. 2. to evaporate. 3. to fall (from a great height). 4. to fade, disappear. 5. to go with great speed. 6. to be wild (with joy).

uçsuz bucaksız vast, endless.

uçucu 1. flying. 2. volatile. 3. pilot.

uçuçböceği, -ni ladybug.

uçuk cold sore. **uçuklamak** to get a cold sore.

uçuk faded, pale.

uçurmak /ı/ 1. to fly (kite). 2. to chop off, lop off.

uçurtma paper kite.

uçurum cliff, precipice.

uçuş flying; flight.

uçuşmak to fly in a swarm.

ufak small, little. **ufak para** change. **ufak tefek** 1. trifling; trivial, of no account. 2. small and short, tiny.

ufaklık 1. smallness, littleness. 2. change. 3. little one.

ufalamak /ı/ to crumble.

ufalmak to get small.

ufuk, -fku horizon.

Uganda Uganda.

uğramak much frequented (place), haunt, hangout.

uğramak /a/ 1. to stop by in passing. 2. to meet with, suffer.

uğraş 1. struggle, fight. 2. occupation.

uğraşmak /la/ 1. to struggle. 2. to work at. 3. to be working against (someone).

uğraştırmak /ı/ to cause a lot of work; to annoy.

uğuldamak 1. to hum; to buzz. 2. to howl (wind).

uğultu humming, buzzing; ringing in the ears.

uğur good omen; good luck. **uğurlu** lucky; auspicious.

uğur, -ğru way, direction. **uğruna, uğrunda** for the sake of; for.

uğurlamak /ı/ to bid Godspeed to someone, see someone off.

ukala wiseacre, smart aleck.

Ukrayna Ukraine.

ulaç (gram.) participle.

ulak messenger. **özel ulak** special delivery.

ulama 1. supplement, addition. 2. (gram.) contraction.

ulan 1. Hey, fellow! Hey, you! 2. You rascal!

ulaşım communication; contact.

ulaşmak /a/ to reach, arrive at.

ulaştırma communications. **Ulaştırma Bakanlığı** Ministry of Transportation.

ulaştırmak /ı, a/ to convey, communicate; to bring (to a place).

ulu 1. exalted, sublime. 2. great.

ululamak /ı/ to extol; to exalt, honor.

ulumak to howl (dog).

uluorta rashly, indiscreetly, without thinking.

ulus nation, people. **ulusal** national.

uluslararası, -nı international.

umacı ogre, bogey man.

Um el Kayvan Umm al-Qaiwain.

ummadık unexpected.

ummak /ı/ to hope, hope for; to expect.

Umman Oman.

umum 1. universal; all. 2. the public. **umumi** general, universal; common; public.

umur matter of importance, concern. **Umurumda değil.** I don't care.

umursamak /ı/ to be concerned about; to consider important.

umut hope. **umutlu** hopeful.

un flour, meal.

unsur element.

unutkan forgetful. **unutkanlık** forgetfulness.

unutmak /ı/ 1. to forget. 2. to leave by mistake.

unvan title.

ur wen, tumor; excrescence.

urgan rope.

Uruguay Uruguay.

us mind, intelligence, wisdom. **usa vurmak** /ı/ to reason.

usanç boredom, tedium.

usandırmak /ı/ to bore, disgust. **usandırıcı** boring, tedious.

usanmak /dan/ to be tired of, be disgusted with, be bored (with), be fed up.

usare sap, juice.

usdışı, -nı irrational.

uskumru mackerel.

uslamlamak /ı/ to reason.

uslanmak to become well-behaved.

uslu well-behaved, good (child).

usta 1. craftsman. 2. foreman, overseer. 3. skilled. **ustalık** 1. mastery, proficiency. 2. masterstroke.

ustura straight razor.

usul, -lü 1. method, system. 2. procedure. 3. tempo.

uşak 1. male servant. 2. boy, youth.

ut lute.

ut shame, sense of shame.

utanç shame.

utandırmak /ı/ to shame.

utangaç bashful, shy.
utanmak 1. to be ashamed. 2. to be shy or bashful.
utanmaz brazen, shameless.
utku victory, triumph.
uvertür overture.
uyak rhyme.
uyandırmak /ı/ to waken, wake (someone) up, awaken.
uyanık 1. awake. 2. vigilant, wary. 3. sharp, smart, quick.
uyanış awakening, revival.
uyanmak 1. to wake up, awaken. 2. to be aroused.
uyarı warning, admonition. **uyarıcı** stimulant; admonitory.
uyarım (biol.) stimulation.
uyarlamak /ı/ to adapt.
uyarmak /ı/ 1. to wake up, arouse. 2. to warn. 3. to stimulate.
uydu satellite.
uydurmak 1. /ı, a/ to make fit. 2. /ı/ to invent, make up. 3. to find a way of doing, manage. **uydurma** invented, false, made-up.
uydurmasyon 1. invention, lie, whopper. 2. made-up, fabricated.
uyduruk made-up.
uygar civilized. **uygarlık** civilization.
uygarlaşmak to become civilized.
uygulamak /ı/ to apply, follow, carry out.
uygulamalı practical, applied.
uygun 1. appropriate, in accord, fitting. 2. agreeable, favorable. **uygunluk** 1. appropriateness. 2. agreeableness, favorableness. **uygunsuz** unsuitable; improper.
uyku sleep; sleepiness. **uykusu gelmek** to feel sleepy.
uykusuzluk sleeplessness; insomnia.
uyluk thigh.
uymak /a/ 1. to suit. 2. to fit, match. 3. to agree, conform (to). 4. to follow, listen (to).
uyruk subject, citizen. **uyruklu** citizen of. **uyrukluk** citizenship.
uysal conciliatory, easy-going, docile.
uyuklamak to doze.
uyum 1. accord, harmony. 2. adjustment.
uyumlu 1. harmonious. 2. well-adjusted.
uyumsuz 1. discordant. 2. maladjusted.
uyumak to sleep; to go to sleep.
uyurgezer somnambulist, sleepwalker.
uyuşmak 1. to get along together, be compatible. 2. to harmonize, go well together. 3. to reach an agreement.
uyuşmak to get numb.
uyuşmazlık incompatibility, discord.
uyuşturmak to numb; to narcotize, drug.

uyuşturucu narcotic; anesthetic. **uyuşturucu maddeler** narcotics.
uyuşuk 1. numbed, insensible. 2. sluggish, indolent.
uyuşum harmony, compatibility.
uyutmak /ı/ to put to sleep. **uyutucu** soporific.
uyuz 1. the itch, mange, scab. 2. itchy, mangy, scabby.
uz skillful, able, adroit.
uzaduyum telepathy.
uzak 1. distant, remote, far off; distant place; the distance. 2. improbable, unlikely. **uzaklık** distance; remoteness.
Uzakdoğu the Far East.
uzaklaşmak /dan/ 1. to go away. 2. to become alienated.
uzaklaştırmak /dan, ı/ to take away, take off, remove.
uzam space, extent.
uzamak 1. to grow longer; to extend, lengthen. 2. to be prolonged.
uzanmak 1. to stretch out, lie down. 2. /a/ to go. 3. /a/ to stretch, reach (for).
uzantı extension, extending part.
uzatmak /ı/ 1. to extend, stretch out. 2. to hand (to someone). 3. to prolong. 4. to let get long.
uzay space. **uzay gemisi** spaceship.
uzlaşmak to be reconciled. **uzlaşma** reconciliation.
uzman specialist, expert. **uzmanlık** specialization.
uzun long; tall. **uzun atlama** broad jump. **uzun boylu** 1. tall (person). 2. long, lengthy; at length. **uzunluk** length; lengthiness.
uzunçalar long-playing record.
uzuneşek leapfrog.
uzunlamasına lengthwise.
uzuv, -zvu organ, member.

Ü

ücra remote, out of the way.
ücret, -ti 1. pay, wage, fee. 2. cost, price. **ücretli** wage earner; employed for pay. **ücretsiz** unpaid; without payment; gratis, free.
üç, -çü three. **üç aşağı beş yukarı** more or less, roughly.
üçayak tripod.
üçboyutlu three-dimensional.
üçgen 1. triangle. 2. triangular.
üçkâğıtçı flimflam man.

üçlü 1. consisting of three, triple. 2. trio.

üçüncü third.

üçüz 1. triplets. 2. tripartite.

üflemek 1. to blow, puff. 2. /a/ to blow upon. 3. /i/ to blow out.

üfürmek /i/ to blow away.

üleşmek /i/ to share, go shares.

üleştirmek /i, a/ to parcel out, distribute.

ülke (pol.) country, territory.

ülkü ideal. **ülkücü** idealist. **ülkücülük** idealism.

ülser ulcer.

ültimatom ultimatum.

ümit hope, expectation. **ümit etmek** to hope, expect. **ümitli** hopeful. **ümitsiz** hopeless.

ümitlenmek to become hopeful; to raise one's hopes.

ün 1. fame, reputation. 2. voice, sound. **ün salmak** to become famous.

üniforma uniform.

ünite unit.

üniversite university.

ünlem interjection.

ünlü 1. famous, renowned. 2. vowel.

ünsüz consonant.

Ürdün Jordan.

üremek 1. to reproduce. 2. to increase, grow. 3. to proliferate. **üreme** reproduction, procreation.

üremi uremia.

üretici 1. producer. 2. productive.

üretim production.

üretmek /i/ 1. to breed, raise. 2. to produce.

ürkek timid, fearful, shy, easily frightened.

ürkmek to be frightened; to start with fear; to shy (horse).

ürkütmek /i/ to frighten, scare, startle.

ürpermek to shiver, have one's hair stand on end.

ürperti shiver, shudder.

ürün product, produce.

üs, -ssü base, military installation.

üsderi epidermis.

üslup style.

üst, -tü 1. upper or outside surface. 2. top; superior; upper; uppermost. 3. space over a thing. 4. clothing. 5. remainder, change (money). **üst baş** dress, clothes. **üstüne almak** /i/ to assume responsibility for. **üstüne atmak** /a/ to charge (another) with (one's own fault). **üst çıkmak** to win. **üstünde durmak** /in/ to concentrate (on); to stress, emphasize. **üstüne düşmek** /ın/ 1. to be deeply interested in. 2. to urge. **üstü kapalı** roundabout, not frank. **üstüne titremek** /ın/ to be excessively concerned about. **üst üste** one on top of the

other; one right after the other. **üstüne varmak** /a/ to press, hammer at. **üstüne yürümek** /a/ to set upon, sail into, attack.

üstat master, expert.

üsteğmen first lieutenant.

üstelemek 1. to recur (illness). 2. to insist.

üstelik furthermore, in addition.

üstgeçit overpass.

üstinsan superman.

üstlenmek /i/ to take on, undertake.

üstübeç white lead.

üstün superior. **üstünlük** superiority.

üstünkörü superficial, offhand, slapdash.

üstüpü oakum; cotton waste.

üstyapı superstructure.

üşengeç, üşengen lazy, sluggish.

üşenmek /a/ to be too lazy to (do something); not to take the trouble to (do a thing).

üşümek to feel cold; to shiver with cold.

üşüşmek /a/ to crowd together.

üşütmek 1. /i/ to cause to feel cold. 2. to catch cold.

ütopya, ütopi utopia.

ütü 1. iron, flatiron. 2. the ironing. **ütücü** ironer.

ütülemek /i/ 1. to iron. 2. to singe. **ütülü** ironed.

üvendire goad.

üvey step-. **üvey ana** stepmother. **üvey baba** stepfather.

üvez common service tree.

üye member. **üyelik** membership.

üzengi stirrup.

üzengikemiği, -ni (anat.) stirrup bone.

üzere (after infinitive) 1. on condition that; for the purpose of. 2. at the point of, just about to.

üzerinde on, over. **üzerinde durmak** /in/ to consider; to dwell (on a subject).

üzerine onto, over. **üzerine almak** /i/ to undertake.

üzgü oppression.

üzgün anxious, worried, unhappy, sad. **üzgünlük** anxiety, worry; sadness.

üzmek /i/ to trouble, depress. **üzücü** depressing, troubling.

üzülmek to be sorry, be worried.

üzüm grape.

üzüntü sadness; anxiety, worry. **üzüntülü** sad; anxious, worried.

V

vaat, -di promise. **vaat etmek** to promise.

vade 1. fixed term or date. 2. maturity (of a

bill). **vadeli** having a fixed term.

vadi valley.

vaftiz baptism. **vaftiz etmek** /ı/ to baptize.

vagon railway car.

vah Oh! Alas! **Vah vah!** What a pity! Too bad!

vahim dangerous, grave, serious.

vahşet, -ti wildness, savageness.

vahşi wild, savage; brutal. **vahşilik** wildness; brutality.

vaiz, -a'zı sermon.

vaiz preacher.

vaka event, happening.

vakar gravity, dignity.

vakfetmek /ı, a/ to devote.

vakıf, -kfı pious foundation, wakf.

vâkıf /a/ aware (of), cognizant. **vâkıf olmak** /a/ to be aware (of).

vaki, -ii 1. happening. 2. true, actual.

vakit, -kti 1. time. 2. hour; season. **vakit geçirmek** to pass time. **vakit öldürmek** to kill time.

vaktiyle in the past, once.

vakur grave, dignified.

vale (cards) jack, knave.

valf valve.

vali governor of a province, vali.

valide mother.

valiz suitcase.

vallahi by God; I swear it is so.

vals waltz.

vampir 1. vampire. 2. vampire bat.

vana valve.

vanilya vanilla.

ventilatör ventilator; fan.

vantuz 1. cupping glass. 2. (zool.) sucker.

vapur steamer, steamship, ferry, boat.

var 1. existent; present; available; there is; there are. 2. (following possessed subjects) to have. 3. belongings, possessions; wealth. **var kuvvetiyle** with all possible force. **var olmak** to exist. **van yoğu** all that one has. **bir varmış bir yokmuş** once upon a time.

varak 1. gold leaf, silver leaf. 2. leaf (of a book).

varaka sheet of paper; printed form.

varaklamak /ı/ to ornament with gold leaf.

vardiya 1. (naut.) watch. 2. shift.

vareste free, exempt; void (of).

varış arrival.

varil barrel, cask.

vâris heir.

varis varicosity.

varlık 1. existence, being, presence. 2. wealth.

varmak /ır /a/ 1. to arrive (at), reach, attain. 2. to approach.

varoluşçuluk existentialism.

varoş suburb.

varsayım hypothesis.

varsaymak /ı/ to assume, suppose.

varyant, -h variant reading.

varyete variety show.

vasat, -h 1. middle; average. 2. environment.

vasati mean, average.

vasıf, -sfı quality.

vasıflandırmak /ı/ to qualify, characterize.

vasıl arriving, joining. **vasıl olmak** /a/ to arrive, reach.

vasıta 1. means. 2. intermediary. 3. means of transportation. **vasıtasıyla** 1. by means of. 2. in care of (address on a letter). **vasıtasız** without intermediary; direct.

vâsi, -ii extensive, wide.

vasi executor, trustee, guardian.

vasistas transom.

vasiyet, -ti will, testament. **vasiyet etmek** /a/ to bequeath; to give as one's last injunction.

vasiyetname written will, last will and testament.

vaşak lynx.

vat, -h watt.

vatan one's native country, motherland.

vatansız stateless.

vatandaş citizen, subject.

vatanperver patriotic, patriot.

Vatikan Vatican.

vay Oh! Alas!

vazelin vaseline.

vazetmek /a/ to admonish, preach.

vazgeçmek /dan/ to give up; to cease from; to abandon (a project).

vazife 1. duty; obligation; task; function. 2. homework, classwork.

vaziyet, -ti 1. position; situation. 2. attitude.

vazo vase.

ve and.

veba plague, pestilence; any fatal epidemic disease.

vecit, -cdi ecstasy, rapture; frenzy.

veciz laconic, terse.

vecize terse saying; epigram, aphorism.

veda, -aı a leave-taking; farewell. **veda etmek** /a/ to bid farewell to, say good-by.

vedalaşmak /la/ to say good-by to each other, take leave of.

vefa fidelity; loyalty; faithfulness. **vefalı** faithful, loyal, constant. **vefasız** unfaithful, disloyal, untrustworthy.

vefat, -h death; decease. **vefat etmek** to die.

vehim, -hmi fearing, foreboding; groundless fear.

vekâlet, -ti 1. attorneyship; proxy. 2. Ministry. **vekâlet etmek** /a/ 1. to represent someone.

2. to act as agent or attorney.

vekâleten as representative or deputy; by proxy.

vekâletname power of attorney, proxy.

vekil 1. agent; representative; deputy; attorney; proxy. 2. Minister of State.

velespit, -ti bicycle.

velev, velev ki even if, even though.

velhasıl in short.

veli 1. protector, guardian. 2. saint, friend of God.

veliaht, -tı heir apparent, crown prince.

velur velvet.

velut prolific; productive.

velvele outcry; clamor, hubbub. **velveleci** clamorous, noisy. **velveleye vermek** /ı/ to cause confusion.

Venezüela Venezuela.

veranda porch, sun porch.

veraset, -ti inheritance.

verecek debt. **verecekli** debtor.

verem tuberculosis. **veremli** tuberculous.

veresiye on credit.

verev oblique; diagonal, slanting.

vergi 1. tax, duty. 2. gift, present; talent. **vergili** generous, munificent; bountiful.

veri datum.

verici 1. transmitter. 2. giver.

verim 1. produce; yield; output; return; profit. 2. efficiency. **verimli** productive; profitable. **verimsiz** unproductive, unfruitful.

veriştirmek /a/ to utter abuse, swear at.

vermek, -ir /ı, a/ 1. to give; to deliver. 2. to pay. 3. to sell. 4. to offer. 5. to attribute. 6. (added to another verb) just, quickly, with ease.

vernik varnish.

verniklemek /ı/ to varnish.

vesaire, v.s. et cetera, etc.

vesait, -ti means of transportation, vehicles.

vesayet, -ti executorship; trusteeship.

vesika document; title deed.

vesile 1. means; cause. 2. opportunity. **bir vesile ile** by some means, under some pretext.

vesselam So that's that. That's the end of it.

vestiyer cloakroom; coat rack.

vesvese anxiety, misgivings. **vesvese etmek** to be anxious, have misgivings. **vesveseli** anxious; preoccupied.

veteriner veterinarian.

veto veto.

veya, veyahut or.

vezin, -zni (poet.) meter.

vezir 1. vizier; minister. 2. (chess) queen.

vezne cashier's office, cashier's window; treasury.

veznedar treasurer; cashier. **veznedarlık** treasury.

vıcık viscid; gooey; sticky.

vınlamak to buzz; to hum.

vırıltı 1. whir, buzz. 2. tiresome talk; nagging.

vız gelir. Buzz, whiz. Forget it. It doesn't matter.

vızıldamak 1. to buzz, hum. 2. to keep on complaining.

vızıltı 1. buzz, whir. 2. whining, complaining.

vızlamak to whiz.

vicdan conscience. **vicdan azabı** pangs of conscience. **vicdanen** conscientiously. **vicdanlı** conscientious, honest. **vicdansız** unscrupulous.

vida screw. **vidalı** fastened with screws.

vidalamak /ı/ to screw down.

video video.

Vietnam Vietnam.

vilayet, -ti vilayet, province.

villa villa, suburban residence.

vinç, -çi crane, winch.

vira continously; continually.

viraj curve of a road, bend.

viran ruined, in ruins.

virane a ruin.

virgül comma.

virüs virus.

viski whisky.

vişne sour cherry, morello.

vişneçürüğü, -nü purplish brown color.

vitamin vitamin.

vites gear; gears. **vites değiştirmek** to shift gears.

vitrin shopwindow.

viyaklamak to squawk.

viyola viola.

viyolonsel violoncello, cello.

vize visa.

vizite 1. medical visit. 2. doctor's fee.

vizon mink, mink fur.

vodvil vaudeville.

volan 1. flywheel. 2. flounce.

voleybol, -lü volleyball.

volkan volcano.

volt, -tu (elec.) volt.

voltaj voltage.

votka vodka.

v.s. etc. (see **ve saire**).

vuku 1. event; occurrence. **vuku bulmak, vukua gelmek** to occur, happen, take place. **vukuat, -tı** 1. events, incidents. 2. cases of trouble, crime).

vukuf knowledge; information.

vurdumduymaz insensitive, thick-skinned.

vurgu (ling.) accent, stress. **vurgulu** stressed.

vurgun 1. /a/ in love with; enamored. 2. profiteering. 3. the bends.

vurguncu speculator, profiteer. **vurgunculuk** speculation, profiteering.

vurma çalgılar (sazlar) percussion instruments.

vurmak, -ur 1. /a/ to strike, hit; to knock. 2. /ı/ to hit and kill, shoot dead. 3. /ı, a/ to apply.

vurulmak 1. to be shot, be hit. 2. /a/ to fall in love (with).

vuruş 1. blow; fight. 2. (mus.) beat.

vuruşmak to fight with one another, hit each other.

vuzuh clearness; clarity.

vücut human body. **vücut bulmak** to come into existence, arise.

Y

ya 1. yes, yeah, uh-huh. 2. so; what about. 3. after all; and then.

ya Oh, O.

ya..., ya either..., or.

yaba wooden pitchfork, hayfork.

yabalamak /ı/ to winnow or toss with a pitchfork.

yaban 1. desert, wilderness. 2. wild; savage, strange.

yabanarısı, -nı wasp.

yabancı 1. stranger; foreigner. 2. foreign.

yabancılaşma estrangement, alienation.

yabandomuzu, -nu boar.

yabanıl 1. wild, uncultivated. 2. untamed, undomesticated. 3. primitive.

yabani 1. untamed, wild. 2. boorish, unmannerly. 3. very shy.

yabanlık one's best clothes, Sunday-best.

yabansı peculiar, strange.

yad foreign, faraway. **yad etmek** /ı/ to mention, bring to mind.

yadırgamak /ı/ 1. to regard as stranger. 2. to cry at a stranger (child).

yadigâr keepsake; souvenir, remembrance.

yadsımak /ı/ to deny, reject.

yafta label; placard; price tag.

yağ 1. oil; fat. 2. grease; ointment; lubricant. 3. butter. **yağ çekmek** /a/ to butter up. **yağ sürmek** /ı/ 1. to butter. 2. to rub oil upon.

yağcı 1. dealer in fats. 2. lubricator. 3. unctuous person.

yağcılık 1. trade of a dealer in fats. 2. toadying. **yağcılık etmek** /a/ to fawn, toady.

yağdanlık oil can.

yağhane oil mill; butter factory; creamery.

yağı enemy; alien.

yağılaşmak /la/ to be at swords' points, fight.

yağımsı oily; greasy.

yağış precipitation. **yağışlı** rainy, showery, snowy.

yağız 1. black (horse). 2. swarthy, very dark.

yağlamak /ı/ 1. to oil; to butter. 2. to grease, lubricate. 3. to flatter. 4. to grease the palm of.

yağlı 1. fat; greasy; oily. 2. rich, free with money. 3. profitable. **yağlı kâğıt** wax paper. **yağlı müşteri** profitable customer. **yağsız** 1. without fat or oil. 2. skim.

yağlıboya 1. oil paint; oil painting. 2. Make way!

yağlık 1. napkin; handkerchief. 2. headscarf.

yağma 1. booty, loot. 2. sack, pillage. **yağma etmek** /ı/ to sack, pillage; to loot, plunder.

yağmacı pillager; looter, plunderer. **yağmacılık** pillage, plundering.

yağmak 1. to rain. 2. to be poured out in great quantity.

yağmalamak /ı/ to pillage.

yağmur rain. **yağmur boşanmak** to pour heavily. **yağmurlu** rainy.

yağmurlamak to turn rainy.

yağmurluk raincoat.

yahni meat stew with onions.

yahşi pretty; agreeable, good.

yahu See here! O God!

Yahudi Jew; Jewish.

yahut or; else; otherwise.

yaka 1. collar. 2. edge, bank, shore. **yakasını bırakmamak** /in/ not to let someone go. **yakayı ele vermek** to be caught, be arrested. **yakayı kurtarmak** to escape. **yaka paça** dragging by force, collared. **yakasına yapışmak** /in/ to hold responsible; to force someone to do something.

yakacak fuel.

yakalamak /ı/ 1. to seize, get hold of; to collar, catch. 2. to hold responsible.

yakalık 1. cloth suitable for a collar. 2. removable collar of a shirt.

yakamoz phosphorescence (in the sea).

yakarı, yakarış 1. begging. 2. prayer, entreaty.

yakarmak /a/ to implore, entreat.

yakı blister-plaster.

yakıcı burning, smarting; biting (to the taste).

yakın 1. near, close. 2. neighborhood, nearby place. 3. from near at hand; closely. **yakın akraba** close relative. **yakın zamanda** 1. not long ago, recently. 2. soon, in a short time. **yakında** 1. near by. 2. in the near future.

3. recently.

yakınlaşmak 1. to be near, approach. 2. to become friends.

yakınlık nearness, proximity. **yakınlık göstermek** /a/ to show sympathy and concern, be friendly.

yakınmak to complain.

yakınmak /ı, a/ to apply (henna).

yakışık suitability; appropriateness. **yakışıklı** handsome, comely. **yakışıksız** unsuitable, unbecoming; inappropriate.

yakışmak /a/ 1. to be suitable or becoming, be proper. 2. to look good (on).

yakıştırmak /ı, a/ 1. to make something suitable. 2. to think something becoming (to a person).

yakıt, -tı fuel.

yaklaşık approximate.

yaklaşım approach.

yaklaşmak /a/ to draw near; to approach; to approximate.

yaklaştırmak /ı/ to bring near.

yakmak /ı/ 1. to burn, scorch, singe. 2. to light, turn on; to set on fire. 3. to inflame. 4. to apply (henna, poultice). 5. to compose (a song).

yakut, -tu ruby.

yalabık 1. shining, glittering. 2. sheen; sparkle.

yalabımak to shine; to glitter, sparkle; to twinkle.

yalak trough; drinking basin. **yalak taşı** stone trough where cattle are watered.

yalama 1. a lick. 2. worn off by friction. 3. erosion, abrasion. 4. (art) shading; washing.

yalamak /ı/ 1. to lick; to lick up. 2. to sweep over. 3. to graze (the surface of). **yalayıcı** licking; grazing.

yalan 1. lie, falsehood. 2. false, deceitful. **yalan dolan** lies and frauds; deceits and subterfuge. **yalan söylemek** to lie. **yalan yanlış** false, erroneous; carelessly, superficially.

yalancı 1. liar. 2. false; imitated, not real. 3. deceitful; imitation. **yalancı çıkarmak** /ı/ to call someone a liar. **yalancı şahit** false witness.

yalancıktan pretending, simulating.

yalancılık lying.

yalandan not seriously; only for appearance; falsely. **yalandan söylemek** not to mean what one says.

yalanlamak /ı/ to deny, contradict.

yalanmak 1. to lick oneself. 2. to be licked.

yalaz, yalaza flame.

yalçın smooth and bare; rugged; steep.

yaldırak bright, brilliant, shining.

yaldız 1. gilding. 2. false decoration, veneer.

yaldızcı 1. gilder. 2. one who does superficial work. **yaldızcılık** gilding. **yaldızlı** 1. gilt; lacquered. 2. falsely adorned.

yaldızlamak /ı/ 1. to gild. 2. to put a false finish (to).

yale padlock.

yalı 1. shore; beach. 2. waterside residence. **yalı boyu** shore, beach.

yalım 1. flame. 2. blade (of a sword).

yalın 1. bare, bared, stripped; naked. 2. single (fold). **yalın durum** (gram.) nominative case; uninflected form.

yalın flame.

yalınayak, yalnayak barefoot.

yalıncak naked; bare.

yalıtmak /ı/ to insulate.

yallah Go away! Get going!

yalman 1. leaning, inclined. 2. steep and jagged.

yalnız 1. only; but. 2. alone, solitary. **yalnız başına** alone, by oneself, single-handed. **yalnızca** by oneself. **yalnız ve yalnız** exclusively, simply, solely. **yalnızlık** loneliness.

yalpa the rolling of a ship at sea. **yalpa vurmak** to roll heavily, sway about, lurch.

yalpak friendly.

yaltak fawning; sycophantic. **yaltaklık** fawning, flattery.

yaltaklanmak to flatter obsequiously.

yalvarıcı entreating; imploring.

yalvarmak /a/ to beg, entreat, implore.

yama patch. **yamalı** 1. patched. 2. blotched,. scarred.

yamacı patcher; repairer.

yamaç slope, side. **yamaçlı** uneven, with a rising slope.

yamak assistant.

yamalamak /ı/ to patch.

yamamak /ı/ 1. to patch. 2. to palm off, foist on.

yaman 1. capable, intelligent, efficient. 2. frightful.

yamanmak 1. to be patched. 2. /a/ to foist oneself on, get on a footing (with).

yamçı 1. thick rough felt cape. 2. felt saddle cover.

yamrı yumru gnarled, uneven and lumpy.

yamuk 1. bent, crooked. 2. trapezoid.

yamyam cannibal. **yamyamlık** cannibalism.

yan 1. side; flank. 2. place, vicinity (of a thing). 3. direction, bearing. **yandan** from the side; sideways; in profile. **yan bakmak** /a/ to look askance. **yanı başında** at his very side, next to it. **yan cümle** (gram.) subordinate clause. **yan çizmek** /dan/ to sneak off. **yan gelmek**

to make oneself comfortable. **yan gözle** with the corner of the eye. **yanı sıra** 1. by his side. 2. in addition to. **yan yan** sideways, sidelong. **yan yana** side by side. **yan** to side. to side.

yanak cheek.

yanal (math.) lateral.

yanar inflammable.

yanardağ volcano.

yanardöner shot (silk).

yanaşık adjacent, contiguous. **yanaşıklık** contiguity.

yanaşılmaz unapproachable, inaccessible.

yanaşma casual laborer.

yanaşmak /a/ 1. to draw near, approach. 2. to come alongside (ship). 3. to accede (to a request).

yanay profile, section.

yandaş supporter.

yangı infection.

yangın 1. conflagration, fire. 2. madly in love. 3. fever. **yangın çıkarmak, yangına vermek** to start a fire; to cause a fire.

yanık 1. burn, scald. 2. burned, scorched; singed. 3. tanned. 4. blight; blighted. 5. lighted; burned out. 6. piteous, doleful. **yanık kokmak** to smell of burning; to have a smoky flavor.

yanıkmak to complain, whine.

yanılgı mistake, fault.

yanılmak to err, make a mistake; to go wrong. **yanılmaz** infallible; unfailing.

yanıltmaca 1. riddle based on a pun. 2. misleading argument; fallacy.

yanıltmaç 1. tongue twister. 2. puzzle.

yanıltmak /ı/ to mislead.

yanıt, -tı answer.

yani that is, namely, you see.

yankesici pickpocket.

yankı 1. echo. 2. reaction.

yanlamak /ı/ to move sideways, sidle.

yanlı /in/ supporter.

yanlış 1. error, blunder, mistake. 2. wrong, incorrect, mistaken. **yanlışını çıkarmak** /ın/ to find out one's mistake.

yanlışlık mistake, error, blunder.

yanmak 1. to burn, be consumed by fire, catch fire. 2. to be burned out. 3. to be scorched. 4. to be blighted. 5. to be painful, hurt; to be very thirsty. 6. to be ruined, become invalid; to be forfeited: to be out. **yanıp tutuşmak** to burn with great passion.

yansı 1. reflection. 2. reflex.

yansılamak /ı/ 1. to reflect. 2. to imitate.

yansımak to reflect.

yırak talkative, garrulous.

yır amak to be talkative, be indiscreet; to

blab.

yapağı, yapak wool.

yapayalnız, yapyalnız absolutely alone, quite alone.

yapı 1. building, edifice. 2. build; structure.

yapıcı 1. maker, builder. 2. constructor. 2. creative; constructive.

yapılı built, constructed; made.

yapılış structure.

yapım 1. construction. 2. production.

yapımevi, -ni workshop, shop.

yapınmak to have made for oneself.

yapışık stuck on, attached; adhering.

yapışkan 1. sticky, adhesive. 2. persistent, pertinacious, importunate. **yapışkanlık** stickiness; pertinacity.

yapışma sticking, clinging (thing).

yapışmak /a/ 1. to stick, adhere. 2. to get stuck on. 3. to work enthusiastically.

yapıştırmak /ı, a/ 1. to fasten, glue on. 2. to say something in quick reply. 3. to hit.

yapış yapış sticky.

yapıt, -tı opus, work.

yapma 1. made, done. 2. artificial. 3. sham; pretended.

yapmacık 1. artificial, feigned. 2. false.

yapmak /ı/ 1. to do; to make. 2. to construct; to build; to arrange. 3. to set to rights; to make good.

yaprak 1. leaf. 2. sheet of paper; flake. 3. layer. **yaprak dökümü** fall of the leaves, autumn. **yapraklı** 1. leafed; leafy. 2. flaked. 3. ornamented with leaf patterns. **yapraksız** 1. leafless. 2. bare (tree).

yapraklanmak 1. to come into leaf. 2. to become flaky.

yaptırım sanction.

yâr, -ri friend; lover; one's beloved. 2. helper. **yâr olmak** to help, assist.

yar precipice, abyss.

yara 1. wound; sore; cut. 2. boil. 3. pain, injury. **yara açmak** 1. to wound. 2. to hurt. **yaralı** 1. wounded. 2. marked, notched.

Yaradan the Creator.

yaradılış 1. creation. 2. nature, temperament; constitution.

yaralamak /ı/ to wound.

yaramak /a/ 1. to be serviceable; to be useful. 2. to be suitable.

yaramaz 1. useless; good-for-nothing. 2. naughty. **yaramazlık** 1. uselessness. 2. naughtiness. 3. rudeness.

yaranış, yaranma 1. fawning. 2. polite attention.

yaranmak /a/ to curry favor; to pay polite but insincere attention.

yarar 1. useful. 2. use; advantage. **yararlı** useful. **yararlık** usefulness, capability.

yarasa bat.

yaraşık 1. pleasing appearance; suitability. 2. elegance.

yaraşmak /a/ to be suitable; to be pleasing.

yaraştırmak /ı, a/ to make suit; to deem suitable.

yaratıcı creative; creating.

yaratık creature.

yaratmak /ı/ to create; to give existence to.

yarbay lieutenant colonel.

yarda yard (measure).

yardak assistant, mate; accomplice. **yardakçı** accomplice. **yardakçılık** complicity.

yardım help, aid, assistance. **yardımcı** 1. auxiliary. 2. helper. **yardımcı fiil** auxiliary verb. **yardımcısız** without a helper; without assistance.

yardımlaşmak to help one another.

yardımsever philanthropic.

yarga one-year-old chicken.

yargı 1. lawsuit. 2. decision in a court of law. **yargı yeri** law court.

yargıç 1. litigant. 2. judge, arbitrator. 3. referee.

yargıç judge.

yargılamak /ı/ to hear a case; to try; to judge. **Yargıtay** Supreme Court of Appeal.

yarı half. **yarıda bırakmak** /ı/ to discontinue, interrupt. **yarı gece** midnight. **yarı yarıya** halfway; taking equal shares.

yarıçap, -pı radius.

yarık 1. split, cracked, cleft. 2. crack, fissure.

yarıküre hemisphere.

yarılamak /ı/ to be halfway through; to be halfway to.

yarım 1. half. 2. incomplete. 3. invalid. **yarımda** at half past twelve. **yarım yamalak** only half (done), incompletely.

yarımada peninsula.

yarımay half-moon.

yarımca migraine.

yarımküre hemisphere.

yarımlamak /ı/ to halve.

yarın tomorrow; the morrow.

yarınki, -ni of tomorrow.

yarış race, competition. **yarışçı** competitor.

yarışmak to race; to compete. **yarışma** competition.

yarkurul working commission, committee.

yarlıgamak /ı/ to forgive.

yarma 1. act of splitting. 2. cleft, fissure. 3. (mil.) breakthrough. **yarma şeftali** free-stone peach.

yarmak /ı/ to split, rend, cleave, cut.

yarmalamak /ı/ to cut or tear in halves lengthwise.

yas mourning (for the dead). **yas tutmak** to be in mourning. **yaslı** in mourning.

yasa law; code of laws.

yasak 1. forbidden, prohibited. 2. prohibition; interdict. **yasak etmek** /ı/ to forbid.

yasaklamak /ı/ to prohibit, forbid; to deprive of.

yasal legal.

yasama legislation. **yasamalı** legislative.

yasamak 1. to make laws; to govern. 2. /ı/ to put straight.

yasemin jasmine.

yaslamak /ı/ to support.

yaslanmak /a/ to lean against (something); to support oneself (on).

yassı flat and wide. **yassılık** flatness; broadness of surface.

yassılanmak, yassılaşmak, yassılmak to become flat and wide.

yassıltmak /ı/ to flatten; to make flat and wide.

yastık 1. pillow, bolster; cushion. 2. pad. **yastık kılıfı, yastık yüzü** pillowcase.

yaş 1. wet; damp, moist, wetness. 2. fresh. 3. tears. 4. unseasoned. **yaş dökmek** to shed tears. **yaşlı** wet; suffused with tears.

yaş age, years (of a person). **yaşında** 1. in his ...th year. 2. ... years old. 3. one year old. **yaş günü** birthday. **yaş haddi** age limit; retirement age. **yaşlı** old, aged; advanced in years. **yaşlı başlı** of mature years. **yaşlıca** getting on in years; oldish.

yaşam life.

yaşamak 1. to live; to know how to live. 2. to thrive.

yaşamöyküsü, -nü biography.

yaşantı life style, way of living.

yaşarmak 1. to become wet. 2. to fill with tears.

yaşatmak /ı/ to keep alive, let prosper.

yaşayış manner of living; life; livelihood.

yaşdönümü, -nü menopause.

yaşıt of the same age.

yaşlanmak to grow old.

yaşlı 1. wetness. 2. damp weather.

yaşlılık old age; advanced years.

yaşmak veil. **yaşmaklı** veiled.

yaşmaklamak /ı/ to veil.

yat, -tı yacht.

yatağan heavy curved knife, yataghan.

yatak 1. bed; couch, mattress. 2. lair. 3. anchorage, berth. 4. bearing (of a shaft). **yatak çarşafı** bed sheet. **yatağa düşmek** to take to one's bed. **yatağa girmek** to go to bed. **yatak odası** bedroom. **yatak takımı** complete set of bedding.

yatakhane dormitory.

yataklı 1. furnished with a bed; having beds. 2. deep-channeled (river). **yataklı vagon** wagon-lit, sleeping car, sleeper.

yataklık 1. bedstead; place for storing beds. 2. for (so many) beds.

yatalak bedridden.

yatay horizontal.

yatı 1. lying down; going to bed. 2. place where one rests; halting place. **yatı izni** permission to stay home.

yatık leaning to one side.

yatılı 1. boarding (school). 2. boarder (student).

yatır 1. place where a saint is buried. 2. saint.

yatırım deposit; investment.

yatırmak /ı, a/ 1. to lay something down; to fell. 2. to put to bed. 3. to deposit (in a bank); to invest. 4. to marinate.

yatısız 1. day student. 2. not accepting boarders (school).

yatıştırmak to calm down; to become quiet.

yatıştırmak /ı/ to calm, tranquilize.

yatkın 1. laid down; inclined. 2. deteriorated, stale. 3. trained, skilled (hand). **yatkınlık** familiarity; habit.

yatmak 1. to lie down; to go to bed; to be in bed. 2. to pass the night. 3. to be imprisoned.

yavan 1. plain, dry (food without any fat); tasteless, insipid. 2. unpleasant, disagreeable.

yavanlaşmak to become tasteless or insipid.

yavaş 1. slow. 2. gentle, mild; soft (sound). 3. docile. **yavaş yavaş** slowly, gradually, softly. **yavaşça, yavaşçacık** gently, slowly. **yavaşlık** slowness; gentleness; mildness.

yavaşlamak 1. to become slow or mild; to slow down; to become soft. 2. to lose force (rain).

yaver 1. helping; helper. 2. assistant; aide-de-camp. **yaverlik** status and duties of an aide-de-camp.

yavru 1. the young (of an animal). 2. affectionate term for any child. **yavrulu** with young. **yavrum** my dear.

yavruağzı, -nı light pinkish orange.

yavrucak poor little child. **yavrucuk** poor little dear.

yavrucuk little one; little darling.

yavrukurt cub scout.

yavrulamak to bring forth young.

yavuklamak /ı, a/ to engage, betroth.

yavuz stern; ferocious; tough.

yay 1. bow. 2. spring. **yaylı** 1. armed with a bow. 2. having springs.

yaya on foot; pedestrian. **yaya geçidi** pedestrian crossing. **yaya kalmak** 1. to be in

an impossible situation. 2. to be without help. **yaya kaldırımı** sidewalk.

yayan 1. walking, by foot. 2. uninformed.

yaygara shout; outcry, clamor. **yaygarayı basmak, yaygarayı koparmak** to make a great to-do about nothing. **yaygaracı** noisy; brawling.

yaygı ground cloth.

yaygın 1. widespread. 2. diffused.

yayık spread out; broad, wide.

yayık churn. **yayık yağı** churned butter.

yayılmak to spread; to spread out.

yayım publication.

yayımlamak /ı/ 1. to publish. 2. to broadcast.

yayın 1. distribution; diffusion. 2. publication.

yayınevi, -ni publishing house.

yayla 1. high plateau. 2. summer camping ground.

yaylamak 1. to spend the summer in the mountains. 2. to graze.

yaylanmak 1. to become furnished with a bow or spring. 2. to rock as though on a spring.

yaylı 1. stringed. 2. with springs. **yaylı çalgılar (sazlar)** stringed instruments, strings.

yaylım ateşi volley.

yayma small trader's stall.

yaymak /ı/ 1. to spread, scatter. 2. to spread abroad; to publish. 3. to lead to pasture (cattle).

yayvan broad; spreading out; squat.

yaz summer. **yaz kış** all year long. **yaz saati** daylight saving time.

yazar writer, author.

yazgı fate.

yazı 1. writing; inscription. 2. handwriting; calligraphy. 3. manuscript. 4. article. 5. destiny. **yazı makinesi** typewriter. **yazı tahtası** blackboard.

yazıcı scribe, professional writer; clerk. **yazıcılık** clerkship.

yazıhane 1. office. 2. writing table, desk.

yazık 1. a pity; a shame. 2. What a pity! What a shame! **yazık olmak** /a/ to be too bad. **yazıklanmak** /a/ to pity; to be sorry for.

yazılı 1. written; registered. 2. decreed by fate, destined. 3. (written) test, examination.

yazılış method of writing; spelling.

yazılmak to be written, be registered.

yazım spelling.

yazın literature.

yazın in summer.

yazış manner of writing.

yazışma correspondence.

yazışmak /la/ to correspond.

yazıt, -tı inscription.

yazlamak 1. to spend the summer in a place. 2. to become summery, warm up (weather).

yazlık 1. suitable for the summer. 2. summer clothing. 3. summer house; summer rent.

yazı kışı summer and winter alike.

yazma 1. written, manuscript. 2. hand painted or hand printed kerchief or bed spread. 3. hand painted. 4. mumps.

yazmak /ı/ 1. to write; to inscribe. 2. to register; to enroll (for military service). 3. to adorn, embellish (the face of a bride).

yazman secretary.

yedek 1. reserve. 2. spare part. **yedeğe almak** 1. to take in tow; to tow. 2. to take as a reserve. **yedek parça** spare part. **yedek subay** reserve conscript officer.

yedi seven. **yedisinden yetmişine kadar** everybody. **yedinci** seventh.

yedirmek 1. to let eat. 2. to feed. 3. to let absorb; to mix in slowly.

yediveren any prolific plant; plant producing several crops a year.

yedmek /ı/ to lead or tow with a rope.

yegâne sole, unique.

yeğ better, preferable.

yeğen nephew; niece.

yeğin 1. active, violent. 2. superior.

yeğlemek /ı, a/ to prefer.

yeis, -esi despair.

yek one.

yekdiğeri, -ni one another, each other.

yeknesak uniform; monotonous. **yeknesaklık** uniformity; monotony.

yekpare of a single piece, all of a piece.

yekten all at once.

yekûn total, sum.

yel 1. wind. 2. flatulence. **yel değirmeni** windmill.

yele mane (animal). **yeleli** maned.

yelek 1. waistcoat, vest. 2. feather.

yelken sail. **yelken açmak** to hoist sail. **yelkenleri suya indirmek** to humble oneself, give in. **yelkenci** 1. sailor (on a sailing vessel). 2. sail maker. **yelkenli** 1. fitted with sails. 2. sailboat.

yelkenlemek to go along under sail.

yelkovan 1. minute hand of a watch. 2. weathercock.

yellenmek to fart.

yelpaze fan.

yelpazelemek /ı/ to fan.

yeltenmek /a/ to strive or dare to do (something beyond one's ability).

yem 1. fodder; feed; grain, swill. 2. bait.

yemek 1. food; meal. 2. dish or course of food. 3. dinner, supper. **yemek odası** dining room.

yemek vermek /a/ to give a dinner. **yemek yemek** to eat. **yemekli** with food; with a meal, food included. **yemeklik** serving as food; edible.

yemek /ı/ 1. to eat. 2. to consume. 3. to accept. **yiyip içmek** to eat and drink.

yemekhane large dining room.

Yemen Arap Cumhuriyeti Yemen Arab Republic. **Yemen Demokratik Halk Cumhuriyeti** People's Democratic Republic of Yemen.

yemeni 1. colored cotton kerchief, head scarf. 2. a kind of light shoe.

yemin oath. **yemin etmek** /a/ to swear. **yeminli** having sworn to something.

yemiş 1. fruit; fruits. 2. figs. **yemişli** fruit bearing.

yemişlik 1. fruit garden. 2. fruit store. 3. fruit dish. 4. fig orchard.

yemleme 1. priming. 2. bait.

yemlemek /ı/ 1. to bait. 2. to prime.

yemlik 1. suitable for fodder. 2. trough, manger. 3. nosebag. 4. bribe. 5. sucker.

yen sleeve; cuff.

yenge 1. uncle's wife. 2. sister-in-law. 3. elderly woman who helps and attends a bride.

yengeç crab. **Yengeç Dönencesi** Tropic of Cancer.

yengi victory.

yeni 1. new; recent. 2. raw, inexperienced. 3. recently. **yeniden, yeni baştan** over again from the beginning, afresh, anew.

yenibahar allspice.

yenice fairly new or recent.

yeniçeri janissary.

yenidünya the New World, America.

yenidünya Japanese medlar, loquat.

yenik 1. eaten. 2. trace, track.

yenik conquered.

yenilemek /ı/ to renew; to renovate.

yenilgi defeat.

yenilik 1. newness; novelty. 2. rawness, inexperience.

yenilmek to be eaten. **yenilir** edible.

yenilmek to be beaten.

yenişmek 1. to try to beat one another. 2. to wrestle; to grapple.

Yeni Zelanda New Zealand.

yenmek /ı/ to overcome, conquer, be victorious; to win.

yer 1. the earth. 2. surface of the earth; ground. 3. place; space. **yer almak** /da/ 1. to take one's place; to occupy a place. 2. to take up a position; to take part. 3. to buy property. **yerle beraber** level with the ground. **yerle bir etmek** /ı/ to wreck altogether. **yerden**

bitme short, squat. **yer etmek** /dα/ 1. to leave a mark. 2. to make an impression. **yerine geçmek** /in/ to replace, substitute. **yerinden oynamak** 1. to get out of place. 2. to get worked up. **yerinde saymak** to mark time; to make no progress. **yer sermek** /ı/ to knock down, beat; to subdue. **yer vermek** /α/ to give place to; to cause to happen. **yere vurmak** /ı/ 1. to dash to the ground. 2. to defeat; to discredit. **yer yer** here and there.

yerden yere from one place to another.

yerde on the ground; on the earth.

yeraltı, -nı under the earth, hidden, subterranean, underground.

yerçekimi, -ni gravitation, gravity.

yerel local.

yeralması, -nı Jerusalem artichoke.

yerfıstığı, -nı peanut.

yergi satire.

yerinde 1. appropriate. 2. in its place. fit to be.

yerinmek /α/ to feel regret for; to be sorry about.

yerkabuğu, -nu crust (of the earth).

yerküre 1. earth. 2. globe.

yerleşik settled; established.

yerleşim settlement.

yerleşmek /α/ 1. to settle down; to become established. 2. to get into a job or office.

yerleştirmek /ı, α/ to put in place, put in order.

yerli 1. local; indigenous. 2. native. 3. fixed, built-in.

yermek /ı/ 1. to blame, criticize, slander. 2. to ridicule, deride.

yersarsıntısı, -nı earthquake.

yersiz 1. without a home. 2. out of place.

yeryüzü, -nü face of the earth, the world.

yeşil 1. green. 2. verdant. 3. fresh.

Yeşil Burun Cape Verde.

yeşillenmek to get green; to be freshened.

yeşillik 1. greenness. 2. meadow. 3. green vegetable, greens.

yeşim jade.

yetenek ability, capacity.

yeter 1. sufficient. 2. Enough! **yeterlik** competence, capacity, qualification. **yetersiz** insufficient, inadequate. **yetersizlik** insufficiency, inadequacy.

yetersayı quorum.

yeti (psych.) faculty, power.

yetim orphan; fatherless child.

yetimhane orphanage.

yetinmek /α/ to be contented with.

yetişkin 1. grown-up, adult. 2. old enough to get married (girl).

yetişmek /α/ 1. to reach, arrive, catch up with;

to have lived long enough to have seen (a person or event); to be ready by... 2. to grow up; to grow (plant); to be brought up. 3. to be sufficient. **Yetiş!** Help!

yetişmiş mature, grown-up.

yetiştirmek /ı/ 1. to raise (plants, animals). 2. to send (information). 3. to train (personnel, specialist). 4. to deliver (something) in time.

yetki 1. authority, power. 2. competence; qualification. **yetkili** competent, qualified, authoritative.

yetkin perfect. **yetkinlik** perfection.

yetmek /α/ 1. to suffice, be enough. 2. to reach, attain.

yetmiş seventy.

yevmiye daily pay; day's wages, daily fee. **yevmiye defteri** (com.) daybook, journal.

yığın 1. heap, pile. 2. crowd. **bir yığın** a great deal.

yığınak 1. concentration. 2. heap, mass.

yığıntı 1. heap, pile. 2. accumulation. 3. crowd.

yığışmak to crowd together.

yığmak /ı/ 1. to collect in a heap, pile up; to mass. 2. to accumulate, hoard.

yıkamak /ı/ 1. to wash, cleanse. 2. to develop (films).

yıkanmak to wash oneself, have a bath.

yıkı a ruin, ruined remains.

yıkıcı 1. destructive. 2. demolisher. 3. junk-dealer.

yıkık demolished, razed; dilapidated, fallen down.

yıkılmak 1. to collapse, fall down; to become decrepit. 2. (slang) (for a disliked person) to clear out.

yıkım 1. ruin. 2. bankruptcy.

yıkıntı 1. heap of ruins; debris. 2. act of ruining.

yıkmak /ı/ 1. to pull down; to knock down, demolish. 2. to throw down; to ruin, overthrow. 3. to cast down. 4. /α/ to accuse.

yıl year. **yıllar yılı** for a very long time.

yılan 1. snake, serpent. 2. ungrateful man, spiteful person. **yılan gibi** snake-like; treacherous; repulsive.

yılanbalığı, -nı eel.

yılankavi spiral, winding.

yılbaşı, -nı New Year, New Year's Day.

yıldırım thunderbolt, lightning. **yıldırım telgrafı** urgent telegram.

yıldırımsavar lightning rod.

yıldırmak /ı/ to daunt, intimidate.

yıldız 1. star. 2. north. 3. destiny. **yıldızlı** set with stars, starred.

yıldızçiçeği, -ni dahlia.

yıldönümü, -nü anniversary.

yılgı terror.

yılışık importunate, saucy, grinning unpleasantly. **yılışıklık** cheek, bumptiousness.

yılışmak to feign cordiality.

yıllanmak 1. to be a year or several years old. 2. to stay for several years. 3. to age.

yıllık 1. one year old, (so many) years old. 2. one year's rent; a year's salary. 3. yearbook, annual; annals.

yılmak /dan/ to dread, shrink from.

yılmaz undaunted, unshrinking, intrepid.

yıpranmak 1. to be worn out. 2. to lose authority.

yır folk song.

yırtıcı tearing, rending; rapacious. **yırtıcı hayvan** beast of prey.

yırtık 1. torn, rent, ragged. 2. shameless, brazen-faced. **yırtık pırtık** all in pieces; in rags.

yırtılmak to be torn.

yırtınmak to struggle hopelessly.

yırtmaç slit (in a garment).

yırtmak /ı/ 1. to tear, rend, slit. 2. to tear to pieces. 3. to scratch.

yiğit 1. young man; fine manly youngster. 2. hero. 3. brave. **yiğitlik** courage, pluck; heroism.

yine again.

yinelemek /ı/ to repeat.

yirmi twenty. **yirmi yaş dişi** wisdom tooth.

yitmek to be lost; to disappear. **yitik** lost; astray. **yitirmek** /ı/ to lose.

yiv 1. groove, chamfer; stripe. 2. rifling (of a gun). **yivli** grooved; chamfered; rifled.

yiyecek food.

yiyici one who takes bribes. **yiyicilik** bribery, corruption, subornation.

yobaz religious fanatic. **yobazlık** bigotry, fanaticism.

yoğaltmak /ı/ to consume, use up.

yoğun dense. **yoğunluk** density.

yoğunlaşmak to become dense.

yoğurmak /ı/ to knead, work.

yoğurt yogurt. **yoğurt çalmak** to make yogurt.

yok, -ku, -ğu non-existent; absent; there is not; no. **yok etmek** /ı/ to destroy utterly. **yok olmak** to be annihilated, cease to exist, disappear. **yok yere** without reason; uselessly.

yoklama 1. test; inspection. 2. roll call.

yoklamak /ı/ 1. to feel, examine, inspect, search. 2. to try, test. 3. to visit.

yokluk 1 absence; non-existence. 2. lack; poverty.

yoksa [1]. if not; otherwise; or; or else. 2. I wondr r if.

yoksul poor, destitute. **yoksulluk** destitution, poverty.

yoksun /dan/ deprived (of).

yokumsamak /ı/ to deny.

yokuş rise, ascent, slope. **yokuş aşağı** downhill. **yokuş yukarı** uphill.

yol 1. road, path, way; street, passage. 2. means. 3. course, manner, system. 4. purpose. **Yolunuz açık olsun!** Have a good trip! Bon voyage! **yol almak** 1. to get up speed. 2. to advance. **yolunu bulmak** to find a means. **yolu düşmek** /a/ 1. to happen to go that way. 2. to be the right moment (for). **yol göstermek** /a/ to show the way, guide. **yol parası** travel expenses. **yolda kalmak** to be kept back, be detained. **yolunu kaybetmek** to lose one's way. **yol kesme** highway robbery, brigandage. **yola koyulmak** to start off. **yol üstü** 1. lying on one's road (place). 2. looking on the road (window). **yol vermek** /a/ 1. to make way for. 2. to discharge, dismiss from service. **yol yol, yollu** striped; in lines. **yol yordam** manners, behavior.

yolcu traveler, passenger. **yolcu etmek** /ı/ to see off (a traveler). **yolculuk** traveling, travel, journey, trip.

yoldaş 1. traveling companion, comrade. 2. companion, friend.

yollamak /ı, a/ to send, send off.

yolmak /ı/ 1. to pluck. 2. to tear out. 3. to strip bare. 4. to rob, cheat.

yolsuz 1. roadless, trackless. 2. irregular, contrary to law or custom. 3. without means, without money.

yoluk plucked; hairless.

yolunmak to tear one's hair (with grief).

yom luck; good luck.

yonca clover.

yontma hewn, whittled; dressed (stone).

yontmak /ı/ 1. to chip into shape; to dress by cutting (stone); to sculpt. 2. to sharpen (pencil). 3. to exploit, chisel.

yontulmak 1. to be hewn. 2. to be sharpened. 3. to be educated, be refined.

yordam agility; dexterity; skill.

yorgan quilt. **yorgan yüzü** outer covering of a quilt. **yorgancı** quilt-maker.

yorgun tired, weary, worn out. **yorgun argın** dead tired. **yorgun düşmek** to be worn out. **yorgunluk** weariness, fatigue.

yormak /ı/ to tire, weary, fatigue.

yormak /ı, a/ to interpret; to presage.

yortu Christian feast.

yorucu tiring, fatiguing, wearisome.

yorulmak to get tired.

yorum interpretation, commentary. **yorumcu**

commentator.

yorumlamak /ı/ to comment on, interpret.

yosma 1. pretty, graceful, attractive. 2. fashion plate. 3. coquette.

yosun moss. **yosunlu** mossy.

yoz degenerate.

yozlaşmak to degenerate.

yön 1. direction, quarter. 2. side, aspect. **yönlü** sided.

yönelim orientation.

yönelmek /a/ 1. to incline or turn (towards). 2. to be directed (towards).

yönerge directive, instruction.

yönetici administrator, director.

yönetim direction, administration, management. **yönetim kurulu** executive committee.

yönetmek /ı/ to administer, direct; to manage.

yönetmelik governing statutes; written regulations; drill book.

yönetmen director.

yönseme (psych.) tendency.

yöntem method, way.

yöre neighborhood; suburb.

yörünge orbit, trajectory.

yudum a swallow (food, drink), sip.

yufka thin dough.

Yugoslavya Yugoslavia.

yuhalamak /ı/ to boo, jeer.

yukarı 1. high; upper, top. 2. above; upwards; to high, up. 3. upstairs. **yukarıda** on high; overhead; upstairs. **yukarıdan** from above.

Yukarı Volta Upper Volta.

yulaf oats.

yular halter.

yumak ball (of wool, string).

yumaklamak /ı/ to wind into a ball.

yummak /ı/ to shut, close (eye).

yumru 1. round, globular. 2. tumor, lump.

yumruk fist.

yumruklamak /ı/ to hit with the fist.

yumurcak child; brat.

yumurta egg. **yumurta akı** egg white. **yumurtayı çalkamak (çırpmak)** to beat an egg. **yumurta sarısı** yolk.

yumurtalık 1. ovary. 2. egg cup.

yumurtlamak 1. to lay eggs. 2. to let the cat out of the bag.

yumuşak soft; mild; yielding. **yumuşak başlı** docile. **yumuşaklık** softness; mildness; gentleness.

yumuşamak 1. to become soft. 2. to become pliant or yielding; to calm down.

Yunanistan Greece.

yunmak to bathe.

yunusbalığı, -nı porpoise, dolphin.

yurdu eye of a needle.

yurt 1. native country. 2. home; habitation. 3. student dormitory. 4. institute.

yurtsever patriotic. **yurtseverlik** patriotism.

yurttaş fellow countryman, compatriot. **yurttaşlık** citizenship. **yurttaşlık bilgisi** civics.

yutak pharynx.

yutkunmak to gulp (in suppressing one's emotions).

yutmak /ı/ 1. to swallow; to gulp down, devour. 2. to believe (a lie). 3. to win.

yuva 1. nest; home. 2. socket; seating (of a valve). **yuva kurmak** to set up a home. **yuvasını yapmak** /ın/ to give (someone) a scolding, teach (someone) a lesson.

yuvak 1. cylinder. 2. roof roller.

yuvalamak to nest; to make a nest.

yuvarlak 1. round, spherical, globular. 2. ball; sphere. **yuvarlak hesap** round figure.

yuvarlamak /ı/ 1. to rotate, roll. 2. to roll up; roll along.

yuvarlanmak 1. to revolve, turn round. 2. to roll along; to topple over.

yücelmek to become high, rise.

yüceltmek /ı/ to raise, exalt.

yük, -kü 1. load, burden. 2. heavy task or responsibility. 3. cargo. 4. pile of bedding. **yük arabası** wagon. **yükte hafif pahada ağır** light but valuable. **yük hayvanı** pack animal. **yük olmak** to be a burden (on a person). **yüklü** loaded, laden; burdened.

yüklem predicate; attribute.

yüklemek /ı, a/ 1. to load. 2. to throw the blame (on). 3. to impute, attribute.

yüklenmek /ı/ to shoulder (a burden).

yüklük large cupboard or closet for bedding.

yüksek 1. high; elevated; tall. 2. loud. **yüksekten atmak** to boast. **yüksek atlama** high jump. **yükseklik** height, elevation, altitude.

yüksekokul university, college.

yükselmek to mount, rise.

yükselti elevation.

yüksük thimble.

yüküm burden; obligation; liability. **yükümlü** obliged, required.

yün wool; woolen. **yünlü** 1. woolen. 2. wooly. 3. woolen cloth.

yürek 1. heart. 2. courage, boldness. **yürek çarpıntısı** palpitation of the heart. **yüreği sıkılmak** to feel depressed or bored. **yürekli** brave, bold. **yüreksiz** 1. fainthearted, timid. 2. heartless. **yürekten** sincerely, heartfelt.

yürüme walk; pace.

yürümek 1. to walk, move. 2. to advance, make progress. 3. to march (army).

yürürlük (law) effectiveness, validity. **yürürlüğe girmek** to become effective.

yürütmek /i/ 1. to walk. 2. to validate. 3. to impose. 4. to propose. 5. (slang) to pinch, steal.

yürüyüş march.

yüz hundred; one hundred.

yüz 1. face. 2. surface. **yüz bulmak** to be emboldened; to become presumptuous. **yüz çevirmek** to be estranged, turn away from. **yüze gülmek** to feign friendship, dissimulate scorn or hate. **yüzü gülmek** to be happy or delighted. **yüz kızartma** shameful, disgusting. **yüz vermek** /a/ to be indulgent (to), spoil; to give encouragement. **yüz yüze gelmek** /la/ to come face to face with, meet. **yüzünde** on, on the surface of.

yüzbaşı, -yı captain (army).

yüzde percent; percentage; rate.

yüzdürmek /i/ to float.

yüzertop, -pu float, bob.

yüzey surface.

yüzgeç 1. fin. 2. swimmer.

yüzkarası, -nı dishonor, disgrace, shame.

yüzlemek /i/ to accuse openly, put on the spot.

yüzleşmek /la/ to meet face to face, confront one another.

yüzmek to swim; to float.

yüzmek /i/ 1. to flay, skin. 2. to charge a lot.

yüznumara toilet.

yüzölçümü, -nü area, surface measurement.

yüzsüz unabashed, shameless.

yüzücü swimmer.

yüzük ring.

yüzükoyun face downwards, prostrate; upside down.

yüzükparmağı, -nı ring finger.

yüzüstü 1. face downwards. 2. as things are, incomplete.

yüzyıl century.

Z

zabıt, -ptı minutes (of a meeting), proceedings. **zabıt tutmak** to take minutes.

zabıta police.

zabit, -ti (mil.) officer.

zaç, -çı iron or zinc sulfate.

zacyağı, -nı sulfuric acid.

zade son.

zafer success, attainment; accomplishment; victory.

zafiyet, -ti 1. weakness, debility, thinness. 2. tuberculosis.

zağlamak /i/ 1. to give a keen edge to, hone. 2. to polish (sword, knife).

zahire store of grain or provisions.

zahmet, -ti trouble; difficulty. **zahmet çekmek** to go to a lot of trouble, have difficulty. **zahmetli** troublesome; difficult.

zaif, -a'fı weakness, feebleness, infirmity.

zail transitory, passing. **zail olmak** to go away, disappear.

Zaire Zaire.

zakkum oleander.

zalim unjust; cruel; tyrant.

zam, -mmı increase, addition.

zaman 1. time; period; epoch; era. 2. present life. 3. (gram.) tense. **zamanla** in the course of time. **zaman zaman** occasionally, from time to time. **zamansız** untimely.

zamane the age; present, modern, current.

zambak lily.

Zambiya Zambia.

zamir pronoun.

zamk, -kı glue, paste, gum.

zamklamak /i/ to mix or smear with gum; to glue.

zampara womanizer, rake. **zamparalık** debauchery.

zan, -nnı 1. opinion. 2. surmise; suspicion.

zanaat, -tı craft; handicraft.

zangırdamak to tremble, clank, rattle.

zangır zangır trembling.

zanlı defendant, accused.

zannetmek /i/ to think, suppose.

zapt etmek /i/ 1. to seize, take possession of. 2. to restrain. 3. to take down in writing.

zaptiye gendarmerie; gendarme.

zar die; dice.

zarafet, -ti elegance, grace, delicacy.

zarar 1. damage, injury. 2. harm; harmfulness. **zarar etmek, zarar görmek** to suffer harm; to lose. **zarar ve ziyan** damages. **Zararı yok.** Never mind. **zararlı** 1. harmful. 2. harmed. **zararsız** 1. harmless, innocuous. 2. unhurt. 3. not so bad.

zarf 1. receptacle. 2. envelope; cover; wrap. 3. case, sheath. 4. adverb.

zarfında included in, during, within.

zarflamak /i/ to put in an envelope.

zargana needlefish.

zarif 1. graceful, elegant; delicate. 2. witty, clever. 3. gentlemanly. **zariflik** elegance, delicacy.

zaruret, -ti need, want, necessity.

zaruri necessary.

zar zor willy-nilly; barely.

zat, -tı person, individual; personality.

zaten essentially; in any case; as a matter of fact.

zati 1. essential, original, natural. 2. personal.

zatülcenp pleurisy.

zatürree pneumonia.

zavallı miserable, wretched; unlucky.

zaviye (geom.) angle.

zayıf weak, thin; infirm. **zayıflık** 1. weakness, debility. 2. thinness, emaciation.

zayıflamak to become enfeebled; to get thin or weak; to lose weight.

zayi, -ii 1. lost, gone. 2. perished; destroyed. **zayi etmek** to lose. **zayi olmak** to be lost, perish.

zayiat, -tı losses. **zaiat vermek** to suffer losses.

zayiçe 1. horoscope. 2. astronomical table.

zebani demon of hell; cruel monster.

zebra zebra.

zebun 1. weak, helpless. 2. exhausted, worn out.

zedelemek /ı/ to damage by striking; to maltreat; to bruise, batter.

zehir, -hri 1. poison. 2. bitter. 3. very keen or sharp thing. **zehirli** poisonous; venomous.

zehirlemek /ı/ to poison.

zekâ quickness of mind; intelligence.

zekât, -tı alms.

zeki sharp, quick-witted, intelligent.

zelzele earthquake.

zem, -mmi blame, censure; disparagement.

zemberek 1. spring (of a watch). 2. spring door latch. **zembereği boşalmak** to unwind and laugh heartily.

zembil basket (woven of rushes or palm leaves).

zemheri intense cold.

zemin ground; background.

zemmetmek /ı/ 1. to slander, blame. 2. to ridicule, deride, mock.

zencefil ginger.

zenci 1. Negro, Black. 2. Ethiopian.

zengin rich, wealthy. **zenginlik** riches, wealth. **zenginleşmek, zenginleşmek** to get rich.

zerdali wild apricot.

zerk etmek /ı, a/ (med.) to inject.

zerre atom; mote; minute particle.

zerrin jonquil.

zerzevat, -tı vegetables.

zeval, -li decline; decadence; adversity. **zeval bulmak** to decline, pass away (empire).

zevce wife.

zevç husband.

zevk, -ki 1. taste; flavor. 2. delight, pleasure,

enjoyment; fun, amusement. **zevk almak** /dan/ to find pleasure in, enjoy. **zevk için** for fun. **zevkini okşamak** /in/ to please. **zevk vermek** /a/ to give pleasure or amusement. **zevkli** pleasant, amusing, delightful. **zevksiz** tasteless; ugly; in bad taste.

zevzek silly; giddy; talkative.

zeybek 1. western Anatolian village dandy. 2. dance of western Anatolia.

zeytin olive.

zeytinyağı, -nı olive oil.

zeytuni olive green.

zıbarmak 1. to get drunk and sleepy. 2. to go to bed, sleep. 3. to die.

zıbın jacket for a baby.

zıddiyet, -ti opposition.

zıh 1. edging; border. 2. fillet. 3. molding.

zımba drill; punch.

zımbalamak /ı/ to drill, punch.

zımbırtı 1. screech, noise. 2. thingamabob.

zımnen by implication; between the lines, tacitly. **zımnen anlatmak** to imply.

zımni implied, indirectly or tacitly understood.

zımpara emery. **zımpara kâğıdı** emery paper; sandpaper.

zındık misbeliever; atheist.

zıngırdamak to tremble violently, rattle.

zıpka a kind of tight fitting trousers.

zıpkın fish spear, harpoon.

zıplamak to jump, hop, skip or bounce around.

zıppadak suddenly, unexpectedly.

zıpzıp, -pı marble (plaything).

zırdeli raving mad.

zırh armor. **zırhlı** 1. armored; armor-plated. 2. battleship.

zırıldamak 1. to chatter. 2. to mutter. 3. to whine.

zırıltı 1. whining. 2. squabble. 3. noise. 4. thingamabob.

zırlamak 1. to keep up a continuous noise. 2. to cry (contemptuous), blubber.

zırnık orpiment, yellow arsenic.

zırva silly chatter; nonsense.

zırvalamak to talk nonsense.

zıd, -ddı the contrary; the opposite.

zıbidi oddly dressed; eccentric, crazy.

zifir tar deposited in a pipe stem. **zifiri** pitch black; very dark.

zifos splash of mud. **zifos atmak** /a/ 1. to annoy, tease. 2. to backbite, slander.

zift, -ti pitch, tar.

ziftlemek /ı/ to tar.

ziftlenmek 1. to be tarred. 2. (colloq.) /ı/ to eat.

zihin, -hni 1. mind, intelligence; intellect.

2. memory. **zihin bulanıklığı** (psych.) mental confusion. **zihni karışmak** to be confused.

zihnen mentally, in one's mind.

zihniyet, -ti mentality.

zikir, -kri 1. mention. 2. dervish worship ceremony.

zikretmek /ı/ to mention.

zikzak zigzag.

zil 1. cymbal; bells on a tambourine. 2. gong; bell; electric bell. **zil zurna sarhoş** riotously drunk.

Zimbabve Zimbabwe.

zimmet, -ti 1. (com.) debit. 2. charge; debt. **zimmetine geçirmek** /ı/ to embezzle.

zina adultery.

zincir 1. chain; fetters. 2. succession, series. **zincir baklası** link of a chain.

zincirleme in continuous series, successive.

zincirlemek /ı/ 1. to chain. 2. to connect in a series or chain.

zindan prison; dungeon.

zinde alive; active, energetic.

zinhar by no means.

zira because, inasmuch as, since.

ziraat, -ti agriculture.

zirve summit; peak; apex. **zirve toplantısı** summit meeting.

ziya light. **ziya vermek** to give out light.

ziyadar sunny, well-lit.

ziyade 1. more; much. 2. a lot of. 3. excessive; superfluous. **ziyadesiyle** mostly, largely; very.

ziyafet, -ti feast, banquet; dinner party. **ziyafet çekmek, ziyafet vermek** /a/ to give a banquet.

ziyan loss; damage. **ziyanına** at a loss.

ziyankâr wasteful; destructive.

ziyaret, -ti 1. visit. 2. pilgrimage. **ziyaret etmek** to visit. **ziyaretçi** visitor.

ziynet, -ti ornament, decoration; adornment; jewelry.

zoka fishhook; artificial bait, spinner.

zom drunk. **zom olmak** to get very drunk.

zooloji zoology.

zor 1. hard, difficult; fatiguing. 2. difficulty. 3. strength; force, compulsion.

zoraki forced; involuntary; under duress; by force.

zorba 1. rebel; bully. 2. violent; brutal.

zorlamak /ı/ 1. to force; to use force, coerce. 2. to exert one's strength.

zorlaşmak to grow difficult, become harder.

zorlu 1. strong; violent. 2. powerful; influential.

zorluk difficulty; arduousness.

zorunlu necessary, obligatory. **zorunluk** necessity; mandatory.

zuhur appearance; happening, coming to pass. **zuhur etmek** to appear, come into existence.

zulmetmek /a/ to tyrannize; to torture, torment.

zulüm, -lmü wrong; oppression; cruelty.

zurna a double-reed instrument similar to an oboe.

zücacye glassware.

züğürt poor, destitute; moneyless.

zührevi venereal. **zührevi hastalıklar** venereal diseases.

zülüf, -lfü lock of hair.

zümre body, set of people; group; class.

zümrüt emerald.

züppe fop, dandy.

zürafa giraffe.

zürriyet, -ti issue, progeny, descendants.

Fatima.
Phone# ~~##~~ (516)
639-1487.